NOMOSLEHRBUCH

Prof. Dr. Dr. h.c. mult. Urs Kindhäuser
Rheinische Friedrich-Wilhelms-Universität Bonn

Prof. Dr. Martin Böse
Rheinische Friedrich-Wilhelms-Universität Bonn

Strafrecht Besonderer Teil II

Straftaten gegen Vermögensrechte

13. Auflage

Die Deutsche Nationalbibliothek verzeichnet diese Publikation in
der Deutschen Nationalbibliografie; detaillierte bibliografische
Daten sind im Internet über http://dnb.d-nb.de abrufbar.

ISBN 978-3-7560-1274-9 (Print)
ISBN 978-3-7489-4025-8 (ePDF)

13. Auflage 2025
© Nomos Verlagsgesellschaft, Baden-Baden 2025. Gesamtverantwortung für Druck
und Herstellung bei der Nomos Verlagsgesellschaft mbH & Co. KG. Alle Rechte, auch die
des Nachdrucks von Auszügen, der fotomechanischen Wiedergabe und der Übersetzung,
vorbehalten.

Vorwort

Ziel des Buches ist die Vermittlung gründlicher Kenntnisse auf dem Gebiet des Vermögensstrafrechts. Der Schwerpunkt liegt in der Gesetzesauslegung. Historische und kriminologische Bezüge kommen nur zur Sprache, wenn dies für das Verständnis einer Norm oder eines Lehrsatzes unumgänglich erscheint. Die dogmatischen Teile sind knapp gehalten, wenn sich hinter einem Lehrsatz keine Streitfrage mit nennenswerten Konsequenzen für die Normanwendung verbirgt. Dagegen sind diejenigen Teile umfangreich erläutert, in denen mehr oder minder umstrittene Lehrsätze mit praktischen Auswirkungen dargestellt werden. Neben dem Pflichtstoff sind auch solche Delikte, die – wie zB die Insolvenzstraftaten – für den universitären Schwerpunktbereich im Strafrecht bedeutsam sein können, relativ ausführlich behandelt.

Mit der 13. Auflage liegt nunmehr die vierte von mir bearbeitete Auflage des von *Urs Kindhäuser* begründeten Lehrbuchs vor. Die von ihm entwickelte Grundkonzeption habe ich weiterhin beibehalten und den Inhalt durchgehend aktualisiert und überarbeitet. Kritik und Anregungen greife ich gern auf (Adressen: Strafrechtliches Institut, Adenauerallee 24 – 42, 53113 Bonn und boese@jura.uni-bonn.de).

Bei der inhaltlichen Neubearbeitung wie auch den Korrekturen haben mich meine studentischen Mitarbeiter tatkräftig unterstützt; zu danken habe ich namentlich Eva Blanz, Carmina Esser, Matthias Kuhn und Hannah Schmitt. Die reibungslose Organisation von Sekretariat und Bibliothek habe ich Frau Daniela Schmitz zu verdanken.

Bonn, im Sommer 2024 *Martin Böse*

Inhaltsübersicht

Vorwort		5
Abkürzungsverzeichnis		29
§ 1	Grundlagen und Systematik	39

1. Teil: Diebstahl und Unterschlagung

§ 2	Diebstahl (§ 242)	41
§ 3	Besonders schwere Fälle des Diebstahls (§ 243)	79
§ 4	Diebstahl mit Waffen, Bandendiebstahl und Wohnungseinbruchsdiebstahl (§ 244)	98
§ 5	Schwerer Bandendiebstahl (§ 244a)	114
§ 6	Unterschlagung und Veruntreuung (§ 246)	115
§ 7	Beschränkungen der Strafverfolgung (§§ 247, 248a)	132

2. Teil: Diebstahlsähnliche Delikte

§ 8	Entziehung elektrischer Energie (§ 248c)	137
§ 9	Unbefugter Gebrauch (§§ 248b, 290)	140
§ 10	Pfandkehr (§ 289)	145
§ 11	Wilderei (§§ 292–295)	148

3. Teil: Raub und Erpressung

§ 12	Schutzzweck und Systematik	157
§ 13	Raub (§ 249)	159
§ 14	Schwerer Raub (§ 250)	170
§ 15	Raub mit Todesfolge (§ 251)	177
§ 16	Räuberischer Diebstahl (§ 252)	183
§ 17	Erpressung (§ 253)	189
§ 18	Räuberische Erpressung (§ 255)	206
§ 19	Räuberischer Angriff auf Kraftfahrer (§ 316a)	211

4. Teil: Sachbeschädigung und Datenveränderung

§ 20	Sachbeschädigung (§ 303)	218
§ 21	Gemeinschädliche Sachbeschädigung (§ 304)	228
§ 22	Zerstörung von Bauwerken (§ 305)	231
§ 23	Zerstörung wichtiger Arbeitsmittel (§ 305a)	233
§ 24	Datenveränderung (§ 303a)	235
§ 25	Computersabotage (§ 303b)	239

5. Teil: Betrug (§ 263)

§ 26	Grundlagen	243
§ 27	Der Betrugstatbestand	252

6. Teil: Betrugsähnliche Delikte

§ 28	Computerbetrug (§ 263a)	294
§ 29	Subventionsbetrug (§ 264)	312
§ 30	Kapitalanlagebetrug (§ 264a)	320
§ 31	Kreditbetrug (§ 265b)	323
§ 32	Versicherungsmissbrauch (§ 265)	327
§ 33	Erschleichen von Leistungen (§ 265a)	332
§ 34	Sportwettbetrug und Manipulation berufssportlicher Wettbewerbe (§§ 265c-265e)	339

7. Teil: Untreue und untreueähnliche Delikte

§ 35	Untreue (§ 266)	348
§ 36	Vorenthalten und Veruntreuen von Arbeitsentgelt (§ 266a)	368
§ 37	Missbrauch von Scheck- und Kreditkarten (§ 266b)	374

8. Teil: Gefährdung von Gläubigerrechten

§ 38	Vollstreckungsvereitelung (§ 288)	381
§ 39	Bankrott (§§ 283, 283a)	385
§ 40	Verletzung der Buchführungspflicht (§ 283b)	396
§ 41	Gläubigerbegünstigung (§ 283c)	397
§ 42	Schuldnerbegünstigung (§ 283d)	402

Inhaltsübersicht

9. Teil: Ausnutzung von Schwächelagen

§ 43	Unerlaubtes Glücksspiel (§§ 284–287)	405
§ 44	Wucher (§ 291)	411

10. Teil: Wettbewerbsdelikte

§ 45	Submissionsabsprachen (§ 298)	417
§ 46	Bestechlichkeit und Bestechung (§§ 299–301)	421

11. Teil: Begünstigung, Hehlerei und Geldwäsche

§ 47	Begünstigung (§ 257)	433
§ 48	Hehlerei (§§ 259–260a)	441
§ 49	Geldwäsche (§ 261)	453
Definitionen		466
Stichwortverzeichnis		481

Inhalt

Vorwort   5

Abkürzungsverzeichnis   29

§ 1 Grundlagen und Systematik   39
   I. Die Rechtsgüter der Person   39
   II. Systematik   39
      Wiederholungs- und Vertiefungsfragen   40

1. Teil: Diebstahl und Unterschlagung

§ 2 Diebstahl (§ 242)   41

A. Allgemeines   41
   I. Der Diebstahl im Zusammenhang der Eigentumsdelikte   41
   II. Praktische Bedeutung   41
   III. Schutzzweck   41

B. Definitionen und Erläuterungen   42
   I. Objektiver Tatbestand   42
     1. Tatobjekt   42
     2. Tathandlung   46
   II. Subjektiver Tatbestand   57
     1. Vorsatz   57
     2. Absicht rechtswidriger Zueignung (Grundlagen)   57
     3. Zueignungsabsicht (Einzelfragen)   61
       a) Zueignung und Wegnahme   61
       b) Gegenstand der Zueignung   62
       c) Geplante Verwendung   63
       d) Dauer der An- und Enteignung   64
       e) Äußere Form der Zueignung   66
       f) Wiederholte Zueignung   67
       g) Legitimationspapiere und Ausweise   67
     4. Abgrenzung zur Sachbeschädigung und Sachentziehung   69
     5. Abgrenzung zur Gebrauchsanmaßung   70
     6. Drittzueignung (Einzelfragen)   72
   III. Versuch, Vollendung und Beendigung   74

C. Anwendung   76
   I. Aufbau   76
   II. Beteiligung   76
   III. Konkurrenzen   77
      Wiederholungs- und Vertiefungsfragen   77

Inhalt

§ 3	**Besonders schwere Fälle des Diebstahls (§ 243)**	79
A.	**Allgemeines**	79
B.	**Definitionen und Erläuterungen**	80
	I. Die Regelbeispiele	80
	1. Einbruchs- und Nachschlüsseldiebstahl (Nr. 1)	80
	a) Räumlicher Schutzbereich	81
	b) Tatmodalitäten	82
	c) Zwecksetzung	84
	2. Diebstahl besonders gesicherter Sachen (Nr. 2)	84
	a) Schutzvorrichtung	85
	b) Verschlossenes Behältnis	86
	3. Gewerbsmäßiger Diebstahl (Nr. 3)	86
	4. Kirchendiebstahl (Nr. 4)	87
	5. Diebstahl von Kulturgütern (Nr. 5)	88
	6. Diebstahl unter Ausnutzung von Hilflosigkeit ua (Nr. 6)	89
	7. Waffen- und Sprengstoffdiebstahl (Nr. 7)	90
	II. Geringwertigkeitsklausel (Abs. 2)	90
	III. Subjektiver Tatbestand	91
	1. Vorsatz	91
	2. Fehlende Geringwertigkeit	91
	3. Vorsatzwechsel	92
	IV. Versuch	93
	1. Versuchtes Grunddelikt, vollendetes Regelbeispiel	93
	2. Vollendetes Grunddelikt, versuchtes Regelbeispiel	94
	3. Versuch von Grunddelikt und Regelbeispiel	94
	4. Versuchsbeginn	95
C.	**Anwendung**	95
	I. Aufbau	95
	II. Beteiligung	96
	III. Konkurrenzen	96
	Wiederholungs- und Vertiefungsfragen	97
§ 4	**Diebstahl mit Waffen, Bandendiebstahl und Wohnungseinbruchsdiebstahl (§ 244)**	98
A.	**Allgemeines**	98
B.	**Definitionen und Erläuterungen**	98
	I. Diebstahl mit Waffen bzw. gefährlichen Werkzeugen (Abs. 1 Nr. 1a)	98
	1. Tatmittel	98
	2. Beisichführen	102
	II. Diebstahl mit sonstigen Werkzeugen (Abs. 1 Nr. 1b)	104
	1. Tatmittel	104
	2. Beisichführen in Gebrauchsabsicht	105
	III. Bandendiebstahl (Abs. 1 Nr. 2)	106
	1. Mitgliedschaft und Zwecksetzung	106
	2. Ausführung	108
	3. Subjektiver Tatbestand	109
	4. Akzessorietät	109

	IV. Wohnungseinbruchsdiebstahl (Abs. 1 Nr. 3)	110
C.	Anwendung	112
	Wiederholungs- und Vertiefungsfragen	113

§ 5 Schwerer Bandendiebstahl (§ 244a) — 114

§ 6 Unterschlagung und Veruntreuung (§ 246) — 115

- A. Allgemeines — 115
- B. Definitionen und Erläuterungen — 115
  - I. Grundtatbestand (§ 246 Abs. 1) — 115
    1. Tatobjekt — 115
    2. Tathandlung — 116
       a) Definitionen — 116
       b) Objektive und subjektive Tatseite — 117
       c) Manifestation des Zueignungswillens (Grundlagen) — 118
       d) Manifestation des Zueignungswillens (Fallgruppen) — 119
       e) Drittzueignung — 122
    3. Subjektiver Tatbestand — 123
    4. Wiederholte Zueignung — 124
  - II. Veruntreuung (Abs. 2) — 125
    1. Anvertraut — 125
    2. Nichtige Auflagen — 126
    3. Subjektive Tatseite — 126
  - III. Vollendung und Versuch — 126
- C. Anwendung — 127
  - I. Aufbau — 127
  - II. Einzelfragen — 128
    1. Amtsunterschlagung — 128
    2. Unbefugtes Geldabheben — 128
    3. Verpfändung und Pfändung — 128
    4. Mehrfache Sicherungsübereignung — 129
    5. Organe und Vertreter — 129
    6. Wiederholte Zueignung — 129
  - III. Beteiligung — 129
  - IV. Konkurrenzen — 130

  Wiederholungs- und Vertiefungsfragen — 130

§ 7 Beschränkungen der Strafverfolgung (§§ 247, 248a) — 132

- A. Haus- und Familiendiebstahl (§ 247) — 132
  - I. Allgemeines — 132
  - II. Definitionen und Erläuterungen — 132
    1. Strafantragsvoraussetzungen — 132
    2. Zeitpunkt — 133
    3. Verletzter — 133
    4. Unbeachtlichkeit eines Irrtums — 133
    5. Mehrere Tatbeteiligte — 134

B. Diebstahl und Unterschlagung geringwertiger Sachen (§ 248a)	134
I. Allgemeines	134
II. Definitionen und Erläuterungen	134
1. Geringwertigkeit	134
2. Unbeachtlichkeit eines Irrtums	135
3. Rechtsfolgen	135
C. Anwendung	136
Wiederholungs- und Vertiefungsfragen	136

2. Teil: Diebstahlsähnliche Delikte

§ 8 Entziehung elektrischer Energie (§ 248c)	137
A. Allgemeines	137
B. Definitionen und Erläuterungen	137
I. Objektiver Tatbestand	137
1. Tatobjekt	137
2. Elektrische Anlagen und Einrichtungen	137
3. Entziehen	138
4. Leiter	138
II. Subjektiver Tatbestand	139
Wiederholungs- und Vertiefungsfragen	139
§ 9 Unbefugter Gebrauch (§§ 248b, 290)	140
A. Unbefugter Gebrauch eines Fahrzeugs (§ 248b)	140
I. Allgemeines	140
II. Definitionen und Erläuterungen	140
1. Objektiver Tatbestand	140
2. Subjektiver Tatbestand	142
3. Konkurrenzen	142
B. Unbefugter Gebrauch von Pfandsachen (§ 290)	143
I. Allgemeines	143
II. Definitionen und Erläuterungen	143
Wiederholungs- und Vertiefungsfragen	144
§ 10 Pfandkehr (§ 289)	145
A. Allgemeines	145
B. Definitionen und Erläuterungen	145
I. Objektiver Tatbestand	145
1. Tatobjekt	145
2. Wegnahme	146
3. Rechtswidrigkeit	147
II. Subjektiver Tatbestand	147
III. Konkurrenzen	147
Wiederholungs- und Vertiefungsfragen	147

Inhalt

§ 11 Wilderei (§§ 292–295) — 148
A. Allgemeines — 148
B. Definitionen und Erläuterungen — 148
    I. Jagdwilderei (§ 292 Abs. 1) — 148
        1. Jagdbefugnis und Jagdbezirk — 148
        2. Wildereitatbestand (Abs. 1 Nr. 1) — 150
        3. Verletzung des Jagdrechts an Sachen (Abs. 1 Nr. 2) — 151
        4. Subjektiver Tatbestand — 151
    II. Besonders schwere Fälle (§ 292 Abs. 2) — 152
    III. Fischwilderei (§ 293) — 153
    IV. Strafantrag (§ 294) — 153
C. Anwendung — 154
    I. Aufbau — 154
    II. Einzelfragen — 154
        1. Irrtums- und Abgrenzungsprobleme — 154
        2. Rechtswidrigkeit — 156
    Wiederholungs- und Vertiefungsfragen — 156

3. Teil: Raub und Erpressung

§ 12 Schutzzweck und Systematik — 157
    Wiederholungs- und Vertiefungsfragen — 158

§ 13 Raub (§ 249) — 159
A. Allgemeines — 159
B. Definitionen und Erläuterungen — 159
    I. Objektiver Tatbestand — 159
        1. Qualifizierte Nötigung — 159
        2. Wegnahme — 161
        3. Objektiver Zusammenhang von Nötigungsmittel und Wegnahme — 162
        4. Mehrpersonenverhältnisse — 164
    II. Subjektiver Tatbestand — 165
        1. Subjektive Tatmerkmale — 165
        2. Finalzusammenhang — 165
    III. Versuch, Vollendung und Beendigung — 167
C. Anwendung — 167
    I. Aufbau — 167
    II. Einzelfragen — 168
    III. Beteiligung — 168
    IV. Konkurrenzen — 168
    Wiederholungs- und Vertiefungsfragen — 169

§ 14 Schwerer Raub (§ 250) — 170
A. Allgemeines — 170
B. Definitionen und Erläuterungen — 170
    I. Die Raubqualifikationen nach Abs. 1 — 170
        1. Raub mit Waffen (Abs. 1 Nr. 1a) und sonstigen Werkzeugen (Abs. 1 Nr. 1b) — 170
        2. Gefährlicher Raub (Abs. 1 Nr. 1c) — 171
        3. Bandenraub (Abs. 1 Nr. 2) — 173
    II. Die Raubqualifikationen nach Abs. 2 — 173
        1. Raub unter Verwendung von Waffen (Abs. 2 Nr. 1) — 173
        2. Bandenraub mit Waffen (Abs. 2 Nr. 2) — 174
        3. Raub unter schwerer körperlicher Misshandlung (Abs. 2 Nr. 3a) — 174
        4. Lebensgefährlicher Raub (Abs. 2 Nr. 3b) — 174
    III. Versuch — 175
C. Anwendung — 175
    Wiederholungs- und Vertiefungsfragen — 176

§ 15 Raub mit Todesfolge (§ 251) — 177
A. Allgemeines — 177
B. Definitionen und Erläuterungen — 177
    I. Objektiver Tatbestand — 177
        1. Erfolg — 177
        2. Durch den Raub — 177
    II. Subjektive Zurechnung — 179
    III. Versuch — 180
C. Anwendung — 180
    I. Aufbau — 180
    II. Beteiligung — 181
    III. Konkurrenzen — 181
    Wiederholungs- und Vertiefungsfragen — 181

§ 16 Räuberischer Diebstahl (§ 252) — 183
A. Allgemeines — 183
B. Definitionen und Erläuterungen — 183
    I. Objektiver Tatbestand — 183
        1. Vortat — 183
        2. Betreffen — 183
        3. Auf frischer Tat — 185
        4. Tathandlung — 186
    II. Subjektiver Tatbestand — 186
    III. Versuch und Vollendung — 187
C. Anwendung — 187
    I. Aufbau — 187
    II. Beteiligung — 187
    III. Konkurrenzen — 188
    Wiederholungs- und Vertiefungsfragen — 188

§ 17 Erpressung (§ 253) — 189
- A. Allgemeines — 189
- B. Definitionen und Erläuterungen — 189
  - I. Objektiver Tatbestand — 189
    1. Tathandlung — 189
    2. Nötigungserfolg — 192
    3. Vermögensnachteil — 195
    4. Kausalität — 197
    5. Dreieckserpressung — 198
  - II. Subjektiver Tatbestand — 199
    1. Vorsatz — 199
    2. Bereicherungsabsicht — 199
  - III. Rechtswidrigkeit — 201
    1. Rechtswidrigkeit der Tat im Ganzen — 201
    2. Verwerflichkeit — 201
  - IV. Versuch und Vollendung — 202
  - V. Besonders schwere Fälle (Abs. 4) — 203
- C. Anwendung — 203
  - I. Aufbau — 203
  - II. Beteiligung — 203
  - III. Konkurrenzen — 204

  Wiederholungs- und Vertiefungsfragen — 205

§ 18 Räuberische Erpressung (§ 255) — 206
- A. Allgemeines — 206
- B. Definitionen und Erläuterungen — 206
- C. Anwendung — 207
  - I. Vertiefung: Raub und (räuberische) Erpressung — 207
    1. Zur Überflüssigkeit des Raubtatbestands — 207
    2. Zur Abstufung der Nötigungsmittel — 208
    3. Zur qualitativen Abschichtung des Diebstahls von der Gebrauchsanmaßung — 209
  - II. Folgerungen zum Konkurrenzverhältnis — 209

  Wiederholungs- und Vertiefungsfragen — 210

§ 19 Räuberischer Angriff auf Kraftfahrer (§ 316a) — 211
- A. Allgemeines — 211
- B. Definitionen und Erläuterungen — 211
  - I. Objektiver Tatbestand — 211
    1. Angriff — 211
    2. Opfer- und Täterkreis — 213
    3. Besondere Verhältnisse des Straßenverkehrs — 213
  - II. Subjektiver Tatbestand — 215
    1. Vorsatz — 215
    2. Absicht — 215
  - III. Vollendung und Versuch — 216
  - IV. Erfolgsqualifikation — 216

C. Anwendung	216
Wiederholungs- und Vertiefungsfragen	217

4. Teil: Sachbeschädigung und Datenveränderung

§ 20 Sachbeschädigung (§ 303)   218

A. Allgemeines	218
I. Systematik	218
II. Schutzzweck	218
B. Definitionen und Erläuterungen	219
I. Abs. 1	219
1. Tatobjekt	219
2. Handlung und Erfolg	220
3. Subjektiver Tatbestand	222
4. Rechtswidrigkeit	222
II. Abs. 2	222
1. Tatbestand	223
2. Rechtswidrigkeit	224
C. Anwendung	224
I. Aufbau	224
II. Einzelfragen	224
1. Prüfungsreihenfolge	224
2. Abgrenzungen	225
III. Konkurrenzen und Prozessuales	226
Wiederholungs- und Vertiefungsfragen	227

§ 21 Gemeinschädliche Sachbeschädigung (§ 304)   228

A. Allgemeines	228
B. Definitionen und Erläuterungen	228
I. Tatbestand	228
1. Tatobjekte	228
2. Tathandlungen	229
3. Subjektiver Tatbestand	230
II. Konkurrenzen	230
Wiederholungs- und Vertiefungsfragen	230

§ 22 Zerstörung von Bauwerken (§ 305)   231

A. Allgemeines	231
B. Definitionen und Erläuterungen	231
I. Tatbestand	231
1. Tatobjekte	231
2. Tathandlung	231
3. Subjektiver Tatbestand	232
II. Konkurrenzen	232
Wiederholungs- und Vertiefungsfragen	232

§ 23 Zerstörung wichtiger Arbeitsmittel (§ 305a) — 233
A. Allgemeines — 233
B. Definitionen und Erläuterungen — 233
Wiederholungs- und Vertiefungsfragen — 234

§ 24 Datenveränderung (§ 303a) — 235
A. Allgemeines — 235
B. Definitionen und Erläuterungen — 235
    I. Tatbestand — 235
        1. Daten — 235
        2. Tathandlungen — 236
        3. Rechtswidrigkeit — 237
        4. Subjektiver Tatbestand — 238
        5. Versuch und Vollendung — 238
    II. Konkurrenzen — 238
Wiederholungs- und Vertiefungsfragen — 238

§ 25 Computersabotage (§ 303b) — 239
A. Allgemeines — 239
B. Definitionen und Erläuterungen — 239
    I. Tatbestand — 239
        1. Tatobjekt — 239
        2. Tathandlungen — 240
        3. Erfolg — 240
        4. Geschützte Einrichtungen iSd Abs. 2 — 241
        5. Subjektiver Tatbestand — 241
    II. Besonders schwere Fälle (Abs. 4) — 241
    III. Konkurrenzen — 241
Wiederholungs- und Vertiefungsfragen — 242

5. Teil: Betrug (§ 263)

§ 26 Grundlagen — 243
A. Schutzzweck und Deliktsstruktur — 243
    I. Betrug als mittelbare Vermögensschädigung — 243
    II. Die Merkmale des Betrugs — 243
B. Geschichte — 244
C. Vermögensbegriff und Vermögenszuordnung — 245
    I. Vermögenslehren — 245
        1. Juristischer Vermögensbegriff — 245
        2. Wirtschaftlicher Vermögensbegriff — 246
        3. Personaler Vermögensbegriff — 247
        4. Juristisch-ökonomischer Vermögensbegriff — 247
    II. Einzelfragen der Vermögenszuordnung — 248
        1. Vermögensgegenstände — 248
        2. Keine Vermögensgegenstände — 249

		3. Streitfragen	249
		Wiederholungs- und Vertiefungsfragen	251
§ 27	Der Betrugstatbestand		252
A.	Definitionen und Erläuterungen		252
	I. Objektiver Tatbestand		252
		1. Täuschung über Tatsachen	252
		a) Tatsachen	252
		b) Täuschung	255
		aa) Ausdrückliche Täuschung	255
		bb) Konkludente Täuschung	255
		cc) Fallgruppen konkludenter Täuschungen	256
		dd) Täuschung als unerlaubtes Risiko („Recht zur Lüge")	259
		ee) Täuschen durch Unterlassen der Aufklärung	259
		2. Irrtum	261
		3. Vermögensverfügung	265
		4. Vermögensverfügung in Dreiecksverhältnissen	266
		5. Vermögensschaden	271
		a) Die juristische Schadenslehre	271
		b) Die Zweckverfehlungslehre	272
		c) Die wirtschaftliche Schadenslehre	272
		6. Kausaler und funktionaler Zusammenhang	277
	II. Subjektiver Tatbestand		278
		1. Vorsatz	278
		2. Absicht rechtswidriger Bereicherung	278
	III. Versuch, Vollendung, Beendigung		280
	IV. Regelbeispiele (Abs. 3) und Qualifikation (Abs. 5)		281
B.	Anwendung		282
	I. Aufbau		282
	II. Einzelfragen		283
		1. Täuschung und Verfügung in Selbstbedienungsläden	283
		2. Schadensgleiche Vermögensgefährdung	283
		3. Fallgruppen	285
		a) Leistungsbetrug	285
		b) Eingehungsbetrug und Anstellungsbetrug	285
		c) Erfüllungsbetrug	287
		d) Prozessbetrug	289
		e) Spendenbetrug	289
		f) Verbotene Geschäfte	290
	III. Konkurrenzen		292
		Wiederholungs- und Vertiefungsfragen	292

6. Teil: Betrugsähnliche Delikte

§ 28 Computerbetrug (§ 263a) — 294

A. Allgemeines — 294
B. Definitionen und Erläuterungen — 294
  I. Überblick — 294
  II. Datenverarbeitung — 295
  III. Tathandlungen — 295
   1. Unrichtige Gestaltung des Programms — 295
   2. Verwendung unrichtiger oder unvollständiger Daten — 296
   3. Unbefugte Verwendung von Daten — 297
   4. Sonstige unbefugte Einwirkung auf den Ablauf — 300
  IV. Beeinflussung des Ergebnisses eines Datenverarbeitungsvorgangs — 300
   1. Funktion — 301
   2. Ergebnis des Datenverarbeitungsvorgangs — 301
   3. Unmittelbarkeit — 301
   4. Dreiecksverhältnisse — 302
  V. Vermögensschaden — 302
  VI. Subjektiver Tatbestand — 303
  VII. Versuch, Vollendung und Verweisungen (Abs. 2) — 303
  VIII. Vorbereitungshandlungen und tätige Reue (Abs. 3, 4) — 303
C. Anwendung — 304
  I. Aufbau — 304
  II. Einzelfragen — 304
   1. Codekartenmissbrauch — 304
   2. Missbrauch des POS-Systems — 308
  III. Beteiligung — 311
  IV. Konkurrenzen — 311
  Wiederholungs- und Vertiefungsfragen — 311

§ 29 Subventionsbetrug (§ 264) — 312

A. Allgemeines — 312
B. Definitionen und Erläuterungen — 312
  I. Begriff der Subvention (Abs. 8) — 312
   1. Anwendungsbereich — 312
   2. Legaldefinition — 313
  II. Objektiver Tatbestand (Abs. 1) — 314
   1. (Aktive) Täuschung (Nr. 1) — 314
   2. Zweckwidrige Verwendung (Nr. 2) — 317
   3. Verletzung einer Offenbarungspflicht (Nr. 3) — 317
   4. Gebrauch durch Täuschung erlangter Bescheinigungen (Nr. 4) — 317
  III. Subjektiver Tatbestand — 317
  IV. Regelbeispiele (Abs. 2) — 318
  V. Qualifikationstatbestand (Abs. 3) — 318
  VI. Konkurrenzen und Anzeigepflicht — 318
  Wiederholungs- und Vertiefungsfragen — 319

§ 30 Kapitalanlagebetrug (§ 264a) — 320
A. Allgemeines — 320
B. Definitionen und Erläuterungen — 320
    I. Tatbestand — 320
        1. Täuschungshandlung — 320
        2. Gegenstand — 321
        3. Subjektiver Tatbestand — 322
    II. Vollendung — 322
    III. Tätige Reue — 322
    IV. Konkurrenzen — 322
    Wiederholungs- und Vertiefungsfragen — 322

§ 31 Kreditbetrug (§ 265b) — 323
A. Allgemeines — 323
B. Definitionen und Erläuterungen — 323
    I. Tatbestand — 323
        1. Kredit — 323
        2. Kreditgeber und -nehmer — 323
        3. Täter — 324
        4. Tathandlung — 324
        5. Subjektiver Tatbestand — 325
    II. Vollendung — 326
    III. Tätige Reue — 326
    IV. Konkurrenzen — 326
    Wiederholungs- und Vertiefungsfragen — 326

§ 32 Versicherungsmissbrauch (§ 265) — 327
A. Allgemeines — 327
B. Definitionen und Erläuterungen — 327
    I. Tatbestand — 327
        1. Tatobjekt — 327
        2. Tathandlungen — 328
        3. Subjektiver Tatbestand — 328
    II. Vollendung, tätige Reue und Subsidiarität — 329
C. Anwendung — 330
    Wiederholungs- und Vertiefungsfragen — 331

§ 33 Erschleichen von Leistungen (§ 265a) — 332
A. Allgemeines — 332
B. Definitionen und Erläuterungen — 332
    I. Entgeltlichkeit des Erlangten — 332
    II. Leistung eines Automaten (Abs. 1 Var. 1) — 333
        1. Automaten — 333
        2. Entleeren von Warenautomaten — 333
    III. Telekommunikationsleistungen (Abs. 1 Var. 2) — 334
    IV. Beförderung durch ein Verkehrsmittel (Abs. 1 Var. 3) — 334

V.	Zutritt zu Veranstaltungen oder Einrichtungen (Abs. 1 Var. 4)	335
VI.	Erschleichen	335
	1. Begriff	335
	2. Tatmodalitäten	335
VII.	Subjektiver Tatbestand	338
VIII.	Subsidiarität und Konkurrenzen	338
	Wiederholungs- und Vertiefungsfragen	338

§ 34 Sportwettbetrug und Manipulation berufssportlicher Wettbewerbe (§§ 265c-265e) — 339

A. Allgemeines — 339
B. Sportwettbetrug (§ 265c) — 340
    I. Bestechlichkeit (Abs. 1, Abs. 3) — 340
        1. Täterkreis — 340
        2. Tatsituation — 341
        3. Tathandlung — 342
        4. Unrechtsvereinbarung — 342
        5. Subjektiver Tatbestand — 344
    II. Bestechung (Abs. 2, Abs. 4) — 344
    III. Besonders schwere Fälle (§ 265e) — 344
C. Manipulation berufssportlicher Wettbewerbe (§ 265d) — 345
    I. Bestechlichkeit (Abs. 1, Abs. 3) — 345
    II. Bestechung (Abs. 2, Abs. 4) — 346
D. Anwendung — 346
    I. Bestechlichkeit (§ 265c Ab. 1, 3; § 265d Abs. 1, 3) — 346
    II. Bestechung (§ 265c Abs. 2, 4; § 265d Abs. 2, 4) — 346
    III. Konkurrenzen — 347
    Wiederholungs- und Vertiefungsfragen — 347

7. Teil: Untreue und untreueähnliche Delikte

§ 35 Untreue (§ 266) — 348

A. Allgemeines — 348
    I. Schutzzweck — 348
    II. Deliktsstruktur — 348
B. Definitionen und Erläuterungen — 350
    I. Missbrauchsvariante (Abs. 1 Alt. 1) — 350
        1. Fremdes Vermögen — 350
        2. Verfügungs- oder Verpflichtungsbefugnis — 350
        3. Missbrauch der Befugnis — 351
        4. Vermögensbetreuungspflicht — 356
    II. Treubruchsvariante (Abs. 1 Alt. 2) — 356
        1. Vermögensbetreuungspflicht — 356
        2. Pflichtverletzung — 361
    III. Vermögensschaden — 362
    IV. Subjektiver Tatbestand — 364

V. Regelbeispiele und Strafantragserfordernis — 365
C. Anwendung — 365
    I. Aufbau — 365
    II. Einzelfragen — 366
    III. Konkurrenzen — 366
    Wiederholungs- und Vertiefungsfragen — 366

§ 36 Vorenthalten und Veruntreuen von Arbeitsentgelt (§ 266a) — 368
A. Allgemeines — 368
B. Definitionen und Erläuterungen — 368
    I. Vorenthalten von Arbeitnehmerbeiträgen (Abs. 1) — 369
    II. Vorenthalten von Arbeitgeberbeiträgen (Abs. 2) — 371
    III. Veruntreuen von Arbeitsentgelt (Abs. 3) — 372
    IV. Subjektiver Tatbestand — 372
    V. Sonstiges — 372
    Wiederholungs- und Vertiefungsfragen — 373

§ 37 Missbrauch von Scheck- und Kreditkarten (§ 266b) — 374
A. Allgemeines — 374
B. Definitionen und Erläuterungen — 374
    I. Tatobjekt — 375
        1. Scheckkarte — 375
        2. Kreditkarte — 375
        3. Codekarte — 377
    II. Tathandlung — 378
    III. Schaden — 379
    IV. Subjektiver Tatbestand — 379
C. Anwendung — 379
    I. Aufbau — 379
    II. Konkurrenzen — 380
    Wiederholungs- und Vertiefungsfragen — 380

8. Teil: Gefährdung von Gläubigerrechten

§ 38 Vollstreckungsvereitelung (§ 288) — 381
A. Allgemeines — 381
B. Definitionen und Erläuterungen — 381
    I. Objektiver Tatbestand — 381
        1. Täter — 381
        2. Drohende Zwangsvollstreckung — 382
        3. Tathandlungen — 383
    II. Subjektiver Tatbestand — 384
    III. Konkurrenzen — 384
    Wiederholungs- und Vertiefungsfragen — 384

§ 39 Bankrott (§§ 283, 283a) — 385

- A. Allgemeines — 385
  - I. Anwendungsbereich — 385
  - II. Schutzzweck und Täterkreis — 385
  - III. Gesetzessystematik — 387
- B. Definitionen und Erläuterungen — 388
  - I. Objektiver Tatbestand — 388
    1. Abs. 1 — 388
    2. Abs. 2 — 393
  - II. Subjektiver Tatbestand — 393
  - III. Objektive Strafbarkeitsbedingung (Abs. 6) — 394
  - IV. Besonders schwere Fälle des Bankrotts (§ 283a) — 394
- C. Anwendung — 395
  - I. Aufbau — 395
  - II. Konkurrenzen — 395

  Wiederholungs- und Vertiefungsfragen — 395

§ 40 Verletzung der Buchführungspflicht (§ 283b) — 396

§ 41 Gläubigerbegünstigung (§ 283c) — 397

- A. Allgemeines — 397
- B. Definitionen und Erläuterungen — 397
  - I. Objektiver Tatbestand — 397
    1. Tathandlung — 397
    2. Begünstigter Gläubiger — 398
    3. Inkongruenz — 399
    4. Begünstigungserfolg — 400
  - II. Subjektiver Tatbestand — 400
  - III. Notwendige Teilnahme und Konkurrenzen — 400

  Wiederholungs- und Vertiefungsfragen — 401

§ 42 Schuldnerbegünstigung (§ 283d) — 402

- A. Allgemeines — 402
- B. Definitionen und Erläuterungen — 402
  - I. Voraussetzungen — 402
  - II. Tatvarianten — 402
  - III. Subjektiver Tatbestand — 403
  - IV. Beteiligung — 403
  - V. Konkurrenzen — 403

  Wiederholungs- und Vertiefungsfragen — 404

9. Teil: Ausnutzung von Schwächelagen

§ 43 Unerlaubtes Glücksspiel (§§ 284–287) — 405

- **A. Allgemeines** — 405
- **B. Unerlaubte Veranstaltung eines Glücksspiels (§ 284)** — 406
  - I. Tatbestand — 406
    1. Glücksspiel — 406
    2. Tathandlungen — 408
    3. Subjektiver Tatbestand — 408
  - II. Qualifikation — 408
  - III. Werben (Abs. 4) — 409
- **C. Beteiligung am unerlaubten Glücksspiel (§ 285)** — 409
- **D. Unerlaubte Veranstaltung einer Lotterie oder einer Ausspielung (§ 287)** — 409
  - Wiederholungs- und Vertiefungsfragen — 410

§ 44 Wucher (§ 291) — 411

- **A. Allgemeines** — 411
- **B. Definitionen und Erläuterungen** — 411
  - I. Tatbestand — 411
    1. Objektiver Tatbestand — 411
    2. Subjektiver Tatbestand — 415
  - II. Besonders schwere Fälle (Abs. 2) — 415
  - III. Konkurrenzen — 415
  - Wiederholungs- und Vertiefungsfragen — 415

10. Teil: Wettbewerbsdelikte

§ 45 Submissionsabsprachen (§ 298) — 417

- **A. Allgemeines** — 417
- **B. Definitionen und Erläuterungen** — 417
  - I. Tatbestand — 417
    1. Objektiver Tatbestand — 417
    2. Subjektiver Tatbestand — 419
  - II. Tätige Reue, Strafantrag und Konkurrenzen — 420
  - Wiederholungs- und Vertiefungsfragen — 420

§ 46 Bestechlichkeit und Bestechung (§§ 299–301) — 421

- **A. Allgemeines** — 421
- **B. Definitionen und Erläuterungen** — 423
  - I. Bestechlichkeit (Abs. 1) — 423
    1. Täterkreis — 423
    2. Tatsituation — 424
    3. Tathandlungen — 424
    4. Besonderheiten der Bestechlichkeit nach Abs. 1 Nr. 1 — 425
    5. Besonderheiten der Bestechlichkeit nach Abs. 1 Nr. 2 — 426
    6. Subjektiver Tatbestand — 428

II.	Bestechung (Abs. 2)	428
	1. Besonderheiten der Bestechung nach Abs. 2 Nr. 1	428
	2. Besonderheiten der Bestechung nach Abs. 2 Nr. 2	429
III.	Bestechlichkeit und Bestechung im Gesundheitswesen (§§ 299a, 299b)	429
	1. Bestechlichkeit (§ 299a)	429
	2. Bestechung (§ 299b)	430
IV.	Besonders schwere Fälle (§ 300)	430
C. Anwendung		431
I.	Bestechlichkeit (§ 299 Abs. 1, § 299a)	431
II.	Bestechung (§ 299 Abs. 2, § 299b)	431
	Wiederholungs- und Vertiefungsfragen	432

11. Teil: Begünstigung, Hehlerei und Geldwäsche

§ 47 Begünstigung (§ 257) — 433

A. Allgemeines		433
B. Definitionen und Erläuterungen		433
I.	Objektiver Tatbestand	433
	1. Vortat und Vorteil	433
	2. Tathandlung	434
	3. Vollendung	436
II.	Subjektiver Tatbestand	436
	1. Vorsatz	436
	2. Absicht der Vorteilssicherung	437
III.	Selbstbegünstigung	437
IV.	Verfolgbarkeit	438
V.	Tätige Reue	439
C. Anwendung		439
I.	Aufbau	439
II.	Einzelfragen	439
	Wiederholungs- und Vertiefungsfragen	440

§ 48 Hehlerei (§§ 259–260a) — 441

A. Allgemeines		441
B. Definitionen und Erläuterungen		441
I.	Objektiver Tatbestand	441
	1. Tatobjekt	441
	2. Tathandlungen	444
II.	Subjektiver Tatbestand	449
III.	Antragserfordernis	450
IV.	Qualifikationen (§§ 260, 260a)	450
C. Anwendung		451
I.	Aufbau	451
II.	Einzelfragen	451
III.	Konkurrenzen	451
	Wiederholungs- und Vertiefungsfragen	452

§ 49 Geldwäsche (§ 261) — 453
A. Allgemeines — 453
B. Definitionen und Erläuterungen — 453
- I. Tatobjekt — 453
  1. Gegenstand — 453
  2. Herrühren — 454
  3. Strafloser Zwischenerwerb — 457
- II. Tathandlungen — 457
  1. Abs. 1 Nr. 1 — 457
  2. Abs. 1 Nr. 2 — 458
  3. Abs. 1 Nr. 3 — 458
  4. Abs. 1 Nr. 4 — 459
  5. Abs. 2 — 460
- III. Tatbestandseinschränkungen — 460
  1. Sozialadäquate Geschäfte — 460
  2. Speziell sanktionierte Geschäfte — 461
  3. Honorarzahlung an Strafverteidiger — 461
- IV. Subjektiver Tatbestand — 462
- V. Qualifikation, Strafschärfung und tätige Reue — 463

C. Anwendung — 464
- I. Aufbau — 464
- II. Einzelfragen — 464

Wiederholungs- und Vertiefungsfragen — 465

Definitionen — 466

Stichwortverzeichnis — 481

Abkürzungsverzeichnis

Paragrafen ohne Gesetzesangaben sind solche des StGB; Absätze werden mit römischen Zahlen beziffert.

aA	anderer Ansicht
abl.	ablehnend
Abl. EG	Amtsblatt der Europäischen Union
Abs.	Absatz
abw.	abweichend
Achenbach-FS	Schröder ua (Hrsg.), Festschrift für Hans Achenbach, 2011
AL	Ad Legendum
aE	am Ende
aF	alte Fassung
AG	Amtsgericht
AktG	Aktiengesetz
allg.	allgemein
ALR	Allgemeines Landrecht für die Preußischen Staaten
Alt.	Alternative
Amelung-FS	Böse/Sternberg-Lieben (Hrsg.), Festschrift für Knut Amelung, 2009
Anm.	Anmerkung
AnwK-Bearbeiter	Leipold, Tsambikakis, Zöller (Hrsg.), AnwaltKommentar Strafgesetzbuch, 3. Aufl. 2020
Art.	Artikel
Arzt/Weber/Heinrich/Hilgendorf	Arzt, Weber, Heinrich, Hilgendorf, Strafrecht Besonderer Teil, Lehrbuch, 4. Aufl. 2021
AT	Allgemeiner Teil
Aufl.	Auflage
ausf.	Ausführlich
Bankrechts-Handbuch	Schimansky/Bunte/Lwowski, Bankrechts-Handbuch, Band I, 6. Aufl. 2022
BayObLG	Bayerisches Oberstes Landesgericht
BayObLGSt	Entscheidungen des Bayerischen Obersten Landesgerichts in Strafsachen
BB	Betriebs-Berater
Bd.	Band
BDSG	Bundesdatenschutzgesetz
Bemmann-FS	Schulz/Vormbaum (Hrsg.), Festschrift für Günter Bemmann, 1997
Bespr.	Besprechung
Beulke-FS	Fahl/Müller/Satzger/Swoboda (Hrsg.), Festschrift für Werner Beulke, 2015
BGB	Bürgerliches Gesetzbuch
BGBl.	Bundesgesetzblatt (Teil, Seite)
BGH	Bundesgerichtshof
BGH-FS	Krüger-Nieland (Hrsg.), 25 Jahre Bundesgerichtshof, 1975
BGHR	Rechtsprechung des Bundesgerichtshofs in Strafsachen
BGHSt	Entscheidungen des Bundesgerichtshofs in Strafsachen
BGHZ	Entscheidungen des Bundesgerichtshofs in Zivilsachen

Binding	Binding, Lehrbuch des Gemeinen Deutschen Strafrechts, Besonderer Teil, Bd. I, 2. Aufl. 1902
BJagdG	Bundesjagdgesetz
BNatSchG	Gesetz über Naturschutz und Landschaftspflege (Bundesnaturschutzgesetz)
Bockelmann-FS	Kaufmann, Arthur ua (Hrsg.), Festschrift für Paul Bockelmann, 1979
Brandner-FS	Pfeiffer (Hrsg.), Festschrift für Hans Erich Brandner, 1996
BR-Drs.	Bundesratsdrucksache (Nummer/Jahr)
BRJ	Bonner Rechtsjournal
Bruns-FS	Frisch ua (Hrsg.), Festschrift für Hans-Jürgen Bruns, 1978
BT	Besonderer Teil
BT-Drs.	Bundestagsdrucksache (Wahlperiode/Nummer)
BtMG	Gesetz über den Verkehr mit Betäubungsmitteln (Betäubungsmittelgesetz)
BVerfG	Bundesverfassungsgericht
BVerfGE	Entscheidungen des Bundesverfassungsgerichts
BVerwG	Bundesverwaltungsgericht
bzgl	bezüglich
bzw.	beziehungsweise
ca.	circa
CR	Computer und Recht (Zeitschrift)
Dahs-FS	Widmaier ua (Hrsg.), Festschrift für Hans Dahs, 2005
Dannecker-FS	Bülte ua (Hrsg.), Festschrift für Gerhard Dannecker, 2023
DB	Der Betrieb
ders.	derselbe
dh	das heißt
dies.	dieselbe(n)
diff.	differenzierend
DIN	Deutsche Industrie-Norm(en)
Dreher-FS	Jescheck ua (Hrsg.), Festschrift für Eduard Dreher, 1977
DuD	Datenschutz und Datensicherheit (Zeitschrift)
EGFinSchG	Gesetz zu dem Übereinkommen vom 26. Juli 1995 über den Schutz der finanziellen Interessen der europäischen Gemeinschaften (EG-Finanzschutzgesetz)
EGStGB	Einführungsgesetz zum Strafgesetzbuch
einschr.	einschränkend
Eisele BT II	Eisele, Strafrecht – Besonderer Teil II, Eigentums- und Vermögensdelikte, 6. Aufl. 2021
Eisenberg-FS	Müller ua (Hrsg.), Festschrift für Ulrich Eisenberg, 2009
EWiR	Entscheidungen zum Wirtschaftsrecht (Zeitschrift)
f.	folgende (Randnummer, Seite, Vorschrift)
Feuerbach	Feuerbach, Anselm Ritter von, Lehrbuch des gemeinen in Deutschland gültigen peinlichen Rechts, 6. Aufl. 1818
ff.	folgende (Randnummern, Seiten, Vorschriften)
Fischer	Fischer, Strafgesetzbuch und Nebengesetze, 71. Aufl. 2024

Fischer-FS	Krehl ua (Hrsg.), Festschrift für Thomas Fischer, 2018
Flume-FS II	Heinrich (Hrsg.), Festschrift für Werner Flume, Band 2, 1978
Fn.	Fußnote
Frank	Frank, Das Strafrecht für das Deutsche Reich, 18. Aufl. 1931
Frisch-FS	Freund ua (Hrsg.), Grundlagen und Dogmatik des gesamten Strafrechtssystems, Festschrift für Wolfgang Frisch zum 70. Geburtstag, 2013
G	Gesetz
GA	Archiv für Strafrecht und Strafprozeß, begründet von Th. Goltdammer; (später:) Goltdammer's Archiv für Strafrecht
Gallas-FS	Lackner ua (Hrsg.), Festschrift für Wilhelm Gallas, 1973
Gauweiler-FS	Bub ua (Hrsg.), Festschrift für Peter Gauweiler, 2009
Geerds-FS	Schlüchter (Hrsg.), Kriminalistik und Strafrecht. Festschrift für Friedrich Geerds, 1995
gem.	gemäß
GenStA	Generalstaatsanwalt
Geppert-FS	Geisler ua (Hrsg.), Festschrift für Klaus Geppert, 2011
ggf	gegebenenfalls
GJW-Bearbeiter	Graf/Jäger/Wittig (Hrsg.), Wirtschafts- und Steuerstrafrecht, 3. Aufl. 2024
GmbH	Gesellschaft mit beschränkter Haftung
GmbHG	Gesetz betreffend die Gesellschaften mit beschränkter Haftung
GmbHR	Die GmbH-Rundschau
Gössel	Gössel, Strafrecht Besonderer Teil, Bd. 2, Straftaten gegen materielle Rechtsgüter des Individuums, 1996
Gössel-FS	Dölling/Erb (Hrsg.), Festschrift für Karl Heinz Gössel, 2002
grds.	grundsätzlich
Grünwald-FS	Samson ua (Hrsg.), Festschrift für Gerald Grünwald, 1999
GWB	Gesetz gegen Wettbewerbsbeschränkungen
Haft/Hilgendorf I	Haft/Hilgendorf, Strafrecht Besonderer Teil I, 9. Aufl. 2009
Hälschner	Hälschner, Das gemeine deutsche Strafrecht, systematisch dargestellt, Bd. 2, Der Besondere Theil des Systems, 1. Abtheilung 1884, 2. Abtheilung 1887
Heidelberg-FS	Hochschullehrer der Juristischen Fakultät der Universität Heidelberg (Hrsg.), Richterliche Rechtsfortbildung. Festschrift zur 600-Jahr-Feier der Ruprecht-Karls-Universität, 1986
HeimArbG	Heimarbeitsgesetz
Heinze-GS	Waltermann (Hrsg.), Gedächtnisschrift für Meinhard Heinze, 2004
Hellmann	Hellmann, Wirtschaftsstrafrecht, 6. Aufl. 2023
Herzberg-FS	Putzke ua (Hrsg.), Festschrift für Rolf Dietrich Herzberg, 2008
HGB	Handelsgesetzbuch

Hillenkamp BT	Hillenkamp/Cornelius, 40 Probleme aus dem Strafrecht Besonderer Teil, 13. Aufl. 2020
v. Hippel	von Hippel, Robert, Lehrbuch des Strafrechts, 1932
Hirsch-FS	Weigend/Küpper (Hrsg.), Festschrift für Hans Joachim Hirsch, 1999
HKGS-Bearbeiter	Dölling/Duttge/Rössner (Hrsg.), Gesamtes Strafrecht, Handkommentar, 5. Aufl. 2022
hL	herrschende Lehre
hM	herrschende Meinung
Hohmann/Sander	Hohmann, Sander, Strafrecht Besonderer Teil, 4. Aufl. 2021
Honig-FS	Juristische Fakultät der Georg-August-Universität Göttingen (Hrsg.), Festschrift für Richard M. Honig, 1970
HRRS	Onlinezeitschrift für Höchstrichterliche Rechtsprechung im Strafrecht
Hrsg.	Herausgeber
iE	im Ergebnis
ieS	im engeren Sinn
InsO	Insolvenzordnung
iSd	im Sinne des/der
iSe	im Sinne eines/einer
iSv	im Sinne von
iur	Informatik und Recht (Zeitschrift)
iVm	in Verbindung mit
iwS	im weiteren Sinn
JA	Juristische Arbeitsblätter
Jäger	Jäger, Examens-Repetitorium Strafrecht Besonderer Teil, 10. Aufl. 2024
Jakobs	Jakobs, Strafrecht Allgemeiner Teil, 2. Aufl. 1991
Jakobs-FS	Pawlik ua (Hrsg.), Festschrift für Günther Jakobs, 2007
Jauernig/Bearbeiter	Jauernig (Hrsg.), Bürgerliches Gesetzbuch, 19. Aufl. 2023
Jescheck-FS	Vogler ua (Hrsg.), Festschrift für Hans-Heinrich Jescheck, 1985
Jescheck/Weigend	Jescheck, Weigend, Lehrbuch des Strafrechts, Allgemeiner Teil, 5. Aufl. 1996
jew.	jeweils
JMBlNRW	Justizministerialblatt für das Land Nordrhein-Westfalen
Joecks-GS	Dünkel ua (Hrsg.), Gedächtnisschrift für Wolfgang Joecks, 2018
Joecks/Jäger	Joecks/Jäger, Studienkommentar StGB, 13. Aufl. 2021
JR	Juristische Rundschau
Jura	Juristische Ausbildung
JuS	Juristische Schulung
JZ	Juristenzeitung
K&R	Kommunikation und Recht (Zeitschrift)
KG	Kammergericht
Kindhäuser-FS	Böse ua (Hrsg.), Festschrift für Urs Kindhäuser, 2019
Kindhäuser/Zimmermann AT	Kindhäuser/Zimmermann, Strafrecht Allgemeiner Teil, 11. Aufl. 2023

Abkürzungsverzeichnis

Kindhäuser/Schramm BT I	Kindhäuser/Schramm, Strafrecht Besonderer Teil I, Straftaten gegen Persönlichkeitsrechte, Staat und Gesellschaft, 11. Aufl. 2023
Klesczewski BT	Klesczewski, Strafrecht – Besonderer Teil, 2016
Klug-FS	Kohlmann (Hrsg.), Festschrift für Ulrich Klug, 1983
Kohlmann-FS	Hirsch ua, Festschrift für Günter Kohlmann, 2003
Kohlrausch-FS	Bockelmann (Hrsg.), Probleme der Strafrechtserneuerung, Festschrift für Eduard Kohlrausch, 1978
Kohlrausch/Lange	Kohlrausch, Lange, Strafgesetzbuch, 43. Aufl. 1961
Krause-FS	Schlüchter ua (Hrsg.), Recht und Kriminalität. Festschrift für Friedrich-Wilhelm Krause, 1990
Krey/Hellmann/Heinrich	Krey, Hellmann, Heinrich, Strafrecht BT, Bd. 2, Vermögensdelikte, 18. Aufl. 2021
krit.	Kritisch
KrWaffKontrG	Kriegswaffenkontrollgesetz
Kudlich I	Kudlich, Strafrecht Besonderer Teil I. Vermögensdelikte, 5. Aufl. 2021
Küper/Zopfs	Küper/Zopfs, Strafrecht Besonderer Teil. Definitionen mit Erläuterungen, 11. Aufl. 2022
KWKG	Ausführungsgesetz zu Art. 26 Abs. 2 des Grundgesetzes (Gesetz über die Kontrolle von Kriegswaffen)
L-Kühl/Heger	Lackner, Kühl, Heger, Strafgesetzbuch mit Erläuterungen, 30. Aufl. 2023
Lackner-FS	Küper ua (Hrsg.), Festschrift für Karl Lackner, 1987
Lange-FS	Warda ua (Hrsg.), Festschrift für Richard Lange, 1976
Lenckner-FS	Eser ua (Hrsg.), Festschrift für Theodor Lenckner, 1998
LG	Landgericht
v. Liszt/Schmidt	von Liszt, Schmidt, Lehrbuch des Deutschen Strafrechts, Bd. II, 25. Aufl. 1927
LK-Bearbeiter	Cirener, Radtke, Rissing-van, Saan, Rönnau, Schluckebier (Hrsg.), Strafgesetzbuch. Leipziger Kommentar, 13. Aufl. seit 2021; Laufhütte, Rissing-van Saan, Tiedemann (Hrsg.), Strafgesetzbuch. Leipziger Kommentar, 12. Aufl., seit 2007
LPK	Kindhäuser/Hilgendorf, Strafgesetzbuch. Lehr- und Praxiskommentar, 9. Aufl. 2022
Lüderssen-FS	Prittwitz ua (Hrsg.), Festschrift für Klaus Lüderssen, 2002
LZ	Leipziger Zeitschrift
Madrid-Symposium	Schünemann, Suarez Gonzalez, Bausteine des europäischen Wirtschaftsstrafrechts. Madrid-Symposium für Klaus Tiedemann, 1994
maW	mit anderen Worten
M-G/B/Bearbeiter	Müller-Gugenberger/Bieneck (Hrsg.), Handbuch des Wirtschaftsstraf- und -ordnungswidrigkeitenrechts, 7. Aufl. 2020
M/R-Bearbeiter	Matt/Renzikowski, Strafgesetzbuch, 2. Aufl. 2020
M-Schroeder/Maiwald I	Maurach/Schroeder/Maiwald/Hoyer/Momsen, Strafrecht Besonderer Teil, Teilbd. 1, Straftaten gegen Persönlichkeits- und Vermögenswerte, 11. Aufl. 2019

M-Schroeder/Maiwald II	Maurach, Schroeder, Maiwald, Strafrecht Besonderer Teil, Teilbd. 2, Straftaten gegen Gemeinschaftswerte, 10. Aufl. 2012
Maurach-FS	Schroeder ua (Hrsg.), Festschrift für Reinhart Maurach, 1972
Mayer-FS	Geerds ua (Hrsg.), Beiträge zur gesamten Strafrechtswissenschaft. Festschrift für Hellmuth Mayer, 1966
MDR	Monatsschrift für Deutsches Recht
Meurer-GS	Graul ua (Hrsg.), Gedächtnisschrift für Dieter Meurer, 2002
Mitsch	Mitsch, Strafrecht Besonderer Teil 2, Vermögensdelikte, 3. Aufl. 2015
MK-Bearbeiter	Erb, Schäfer (Hrsg.), Münchener Kommentar zum Strafgesetzbuch, 5. Aufl. seit 2024; Erb, Schäfer (Hrsg.), Münchener Kommentar zum Strafgesetzbuch, 4. Aufl. seit 2020.
MK BGB-Bearbeiter	Säcker, Rixecker, Oetker, Limperg (Hrsg.), Münchener Kommentar zum Bürgerlichen Gesetzbuch, Bd. 1, 9. Aufl. 2021; Bd. 3, 9. Aufl. 2022: Bd. 6, 9. Aufl. 2023.
MK-HGB-Bearbeiter	Drescher, Fleischer, Schmidt (Hrsg.), Münchener Kommentar zum Handelsgesetzbuch, Bd. 6, 5. Aufl. 2024.
MMR	Multimedia und Recht
mwN	mit weiteren Nachweisen
NJ	Neue Justiz
NJW	Neue Juristische Wochenschrift
NK	Neue Kriminalpolitik
NK-Bearbeiter	Kindhäuser, Neumann, Paeffgen, Saliger (Hrsg.), Nomos-Kommentar zum Strafgesetzbuch, 6. Aufl. 2023
Nr.	Nummer
NStE	Rebmann ua (Hrsg.), Neue Entscheidungssammlung für Strafrecht
NStZ	Neue Zeitschrift für Strafrecht
NStZ-RR	NStZ-Rechtsprechungs-Report Strafrecht
NZI	Neue Zeitschrift für das Recht der Insolvenz und Sanierung
NZV	Neue Zeitschrift für Verkehrsrecht
NZWiSt	Neue Zeitschrift für Wirtschafts-, Steuer- und Unternehmensstrafrecht
OLG	Oberlandesgericht
OLGSt	Entscheidungen der Oberlandesgerichte zum Straf- und Strafverfahrensrecht
Otto	Otto, Grundkurs Strafrecht, Die einzelnen Delikte, 7. Aufl. 2005
Otto-FS	Dannecker ua (Hrsg.), Festschrift für Harro Otto, 2007
Grüneberg/Bearbeiter	Grüneberg, Bürgerliches Gesetzbuch mit Nebengesetzen, 83. Aufl. 2024
Peters-FS	Baumann ua (Hrsg.), Einheit und Vielfalt des Strafrechts. Festschrift für Karl Peters, 1974

Abkürzungsverzeichnis

Pfeiffer-FS	Freiherr von Gamm ua (Hrsg.), Strafrecht, Unternehmensrecht, Anwaltsrecht. Festschrift für Gerd Pfeiffer, 1988
prStGB	Strafgesetzbuch für die preußischen Staaten
Puppe-FS	Paeffgen ua (Hrsg.), Festschrift für Ingeborg Puppe, 2011
RegE	Regierungsentwurf
Rengier I	Rengier, Strafrecht Besonderer Teil I, Vermögensdelikte, 26. Aufl. 2024
Rengier II	Strafrecht Besonderer Teil II, Delikte gegen die Person und die Allgemeinheit, 25. Aufl. 2024
Rengier-FS	Hecker ua (Hrsg.), Festschrift für Rudolf Rengier, 2018
RG	Reichsgericht
RGBl	Reichsgesetzblatt (Teil, Seite)
RGSt	Entscheidungen des Reichsgerichts in Strafsachen
Rissing-van Saan-FS	Bernsmann ua (Hrsg.), Festschrift für Ruth Rissing-van Saan, 2011
Rn.	Randnummer
Roxin/Greco AT	Roxin/Greco, Strafrecht Allgemeiner Teil, Bd. 1, Grundlagen. Der Aufbau der Verbrechenslehre, 5. Aufl. 2020
Roxin-FS I	Schünemann ua (Hrsg.), Festschrift für Claus Roxin, 2001
Roxin-FS II	Heinrich ua (Hrsg.), Strafrecht als Scientia Universalis, Festschrift für Claus Roxin, Bd. 1 und 2, 2011
Roxin, Imme-FS	Schulz ua (Hrsg.), Festschrift für Imme Roxin, 2012
Rspr	Rechtsprechung
RStGB	Reichsstrafgesetzbuch
S.	Satz, Seite
s.	Siehe
Salger-FS	Eser ua (Hrsg.), Straf- und Strafverfahrensrecht, Recht und Verkehr, Recht und Medizin, Festschrift für Hannskarl Salger, 1995
Schmidhäuser BT	Schmidhäuser, Strafrecht Besonderer Teil, 2. Aufl. 1983
Schmidt, Eb.-FS	Bockelmann/Gallas (Hrsg.), Festschrift für Eberhard Schmidt, 1961
Schreiber-FS	Amelung ua (Hrsg.), Strafrecht Biorecht Rechtsphilosophie, Festschrift für Hans-Ludwig Schreiber, 2003
Schroeder-FS	Hoyer ua (Hrsg.), Festschrift für Friedrich-Christian Schroeder, 2006
Schroth	Schroth, Strafrecht Besonderer Teil, 5. Aufl. 2010
S/S-Bearbeiter	Schönke, Schröder, Strafgesetzbuch. Kommentar, 30. Aufl. 2019
S/S/W-Bearbeiter	Satzger, Schluckebier, Werner, Strafgesetzbuch. Kommentar, 6. Aufl. 2024
SchwZStr	Schweizerische Zeitschrift für Strafrecht
SGB III	Sozialgesetzbuch Drittes Buch, Arbeitsförderung
SK-Bearbeiter	Wolter, Hoyer (Hrsg.), Systematischer Kommentar zum Strafgesetzbuch, 10. Aufl. seit 2022; Wolter (Hrsg.), Systematischer Kommentar zum Strafgesetzbuch, 9. Aufl. seit 2015
s.o.	siehe oben
sog.	sogenannt(e, er)

Sonnen	Sonnen, Strafrecht Besonderer Teil, 2005
Spendel-FS	Seebode (Hrsg.), Festschrift für Günter Spendel, 1992
SprengG	Gesetz über explosionsgefährliche Stoffe (Sprengstoffgesetz)
StGB	Strafgesetzbuch
StGB-DDR	Strafgesetzbuch der Deutschen Demokratischen Republik
StPO	Strafprozessordnung
str.	Streitig
StrÄndG	Strafrechtsänderungsgesetz
StraFo	Strafverteidiger Forum (Zeitschrift)
Stree/Wessels-FS	Küper ua (Hrsg.), Beiträge zur Rechtswissenschaft. Festschrift für Walter Stree und Johannes Wessels, 1993
StrRG	Gesetz zur Reform des Strafrechts
Stürner-FS	A. Bruns ua (Hrsg.), Festschrift für Rolf Stürner zum 70. Geburtstag, 2013
StV	Strafverteidiger
StVG	Straßenverkehrsgesetz
Tiedemann-FS	Sieber ua (Hrsg.), Festschrift für Klaus Tiedemann, 2008
TierschG	Tierschutzgesetz
Triffterer-FS	Schmoller (Hrsg.), Festschrift für Otto Triffterer, 1996
Tröndle-FS	Jescheck ua (Hrsg.), Festschrift für Herbert Tröndle, 1988
u.a.	und andere; unter anderem
umstr.	Umstritten
unstr.	Unstreitig
UrhG (Urheberrechtsgesetz)	Gesetz über Urheberrecht und verwandte Schutzrechte
usw	und so weiter
UWG	Gesetz gegen den unlauteren Wettbewerb
VDB	Birkmeyer ua (Hrsg.), Vergleichende Darstellung des deutschen und ausländischen Strafrechts, Besonderer Teil, Bd. VI, 1907, Bd. VIII, 1906
vgl.	Vergleiche
VRS	Verkehrsrechts-Sammlung
VVG	Gesetz über den Versicherungsvertrag
W/J/S/*Bearbeiter*	Wabnitz/Janovsky/Schmitt (Hrsg.), Handbuch Wirtschafts- und Steuerstrafrecht, 5. Aufl. 2020
WaffG	Waffengesetz
Weber-FS	Heinrich ua (Hrsg.), Festschrift für Ulrich Weber, 2004
Welzel	Welzel, Das Deutsche Strafrecht, 11. Aufl. 1969
Welzel-FS	Stratenwerth ua (Hrsg.), Festschrift für Hans Welzel, 1974
Werner-FS	Hadding ua (Hrsg.), Festschrift für Winfried Werner, 1984
W-Hillenkamp/Schuhr	Wessels/Hillenkamp/Schuhr, Strafrecht Besonderer Teil/2. Straftaten gegen Vermögenswerte, 46. Aufl. 2023
Wieacker-FS	Behrends ua (Hrsg.), Festschrift für Franz Wieacker, 1978
wistra	Zeitschrift für Wirtschaft, Steuer, Strafrecht
Wittig	Wittig, Wirtschaftsstrafrecht, 6. Aufl. 2023

Abkürzungsverzeichnis

WM	Wertpapier-Mitteilungen (Zeitschrift)
zB	zum Beispiel
ZfWG	Zeitschrift für Wett- und Glücksspielrecht
ZGR	Zeitschrift für Unternehmens- und Gesellschaftsrecht
ZinsO	Zeitschrift für das gesamte Insolvenzrecht
ZIP	Zeitschrift für Wirtschaftsrecht
ZJS	Zeitschrift für das Juristische Studium
ZPO	Zivilprozessordnung
ZStW	Zeitschrift für die gesamte Strafrechtswissenschaft
zust.	Zustimmend
zutr.	Zutreffend

§ 1 Grundlagen und Systematik

I. Die Rechtsgüter der Person

Die Vermögensdelikte gehören zu den Straftaten gegen **individuelle Rechtsgüter** der Person. Diese Rechtsgüter lassen sich in **zwei große Gruppen** unterteilen:

- Zur einen Gruppe gehören solche Güter, die **bestimmte, den Status einer Person im Recht definierende Freiheiten** zum Gegenstand haben. Beispiele sind die Bewegungsfreiheit (§ 239), die Ehre (§§ 185 ff.) oder das Recht auf Leben und körperliche Unversehrtheit (§§ 211 ff., 223 ff.). Da solche Güter konstitutiv für eine Person sind, werden sie auch als **höchstpersönliche Güter** bezeichnet. In Eingriffe in solche Güter kann zwar ihr Inhaber – ggf. entgeltlich – einwilligen,[1] aber diese Güter können **nicht** von einer Person auf eine andere **übertragen** werden.

- Zur anderen Gruppe gehören solche Güter, die einer Person **Chancen freier Entfaltung** vermitteln. Diese Güter kommen ihrem Inhaber nicht schon kraft seines Personseins im Recht zu, sondern werden von ihm erworben.[2] Solche Güter sind nicht konstitutiv für die „rechtliche Existenz" einer Person; sie dienen ihr vielmehr zur Wahrnehmung ihrer jeweiligen Interessen. Entsprechend ihrer Funktion sind diese Rechte grds. **übertragbar**. Die Gesamtheit der einer Person zugeordneten übertragbaren Güter kann als ihr **Vermögen** bezeichnet werden.

Dieser Vermögensbegriff ist ein (rechtlich) **formeller Vermögensbegriff**. Er besagt nur, dass die dem Vermögen unterfallenden Güter der Form nach übertragbar[3] und als Mittel beliebiger Interessenwahrnehmung einsetzbar sind. So ist etwa das **Eigentum** der Form nach die umfassende Herrschaftsbefugnis über einen Gegenstand (vgl. § 903 BGB) und demnach **das formelle Vermögensrecht schlechthin**. Der strafrechtliche Vermögensschutz durch die Tatbestände des Besonderen Teils bezieht sich teils auf das Vermögen insgesamt, teils – wie etwa beim Pfandrechtsschutz in § 289 – auf die Gegenstände bestimmter Vermögensrechte. Sofern sich der strafrechtliche Schutz – zB durch die Verbote des Betrugs (§ 263) und der Erpressung (§ 253) – auf das Vermögen insgesamt bezieht, ist umstritten, ob der formelle Vermögensbegriff noch enger zu definieren ist. So rechnet zB die hM nur solche Güter zum geschützten Vermögen, die einen wirtschaftlichen Wert haben, die also auf dem Markt gegen Geld veräußert werden können (vgl. § 26 Rn. 16 ff.).

II. Systematik

Dem Vermögensstrafrecht fehlt eine systematische Struktur. Die Formulierungen der Tatbestände sind Ergebnisse einer spezifischen Deliktsgeschichte und nicht Ausdruck eines begrifflich und teleologisch konsistenten kriminalpolitischen Konzepts. Die einzelnen Delikte entstammen nicht nur unterschiedlichen Epochen der Rechtsentwicklung, sondern haben teilweise auch ihre Wurzeln nicht im Vermögensstrafrecht. So ist

---

1 Zur Einwilligung und ihren Voraussetzungen vgl. *Kindhäuser/Zimmermann* AT § 12/1 ff. mwN.
2 Nicht etwa nur im Wirtschaftsleben, sondern zB auch durch die elterliche Fürsorge oder durch staatliche Ansprüche auf Sozialhilfe. Allerdings kann der Erwerb von Vermögensrechten einer Person rechtlich garantiert sein.
3 Der Übertragbarkeit kann das Recht aus Schutzgründen unter bestimmten Bedingungen und in bestimmtem Umfang Grenzen setzen.

etwa der Betrug (§ 263) mit den Fälschungsdelikten eng verwoben, zu denen auch die Münz-, Urkunds- und Aussagedelikte gehören (vgl. § 26 Rn. 7).

6 Diese „urwüchsige Gestalt" des Vermögensstrafrechts zwingt dazu, die inhaltliche Eigenart der einzelnen Delikte zu respektieren. Ein System des Vermögensschutzes, in dem jedes einzelne Delikt eine spezifische, von anderen Delikten genau abgrenzbare Aufgabe hätte, lässt sich nicht entwickeln. Jedoch haben die Delikte Gemeinsamkeiten hinsichtlich des Rechtsguts, der Tatmodalität und des geschützten Personenkreises, aufgrund derer Deliktsgruppen gebildet werden können. Insoweit können die Delikte zunächst danach untergliedert werden, ob sie das Vermögen umfassend (zB § 266) oder ob sie nur bestimmte Vermögensrechte (zB §§ 242, 292 f.) schützen. Sodann können diese beiden Hauptgruppen der Vermögensdelikte danach unterteilt werden, ob der Tatbestand die Vermögensbeeinträchtigung unter Bezugnahme auf bestimmte Täter (zB § 283), bestimmte Opfer (zB § 291) und/oder bestimmte Tathandlungen (zB § 253) deliktisch typisiert. Nach solchen Typisierungen ist dieses Lehrbuch gegliedert.

7 Der **fragmentarische Charakter** des Strafrechts zeigt sich besonders im Vermögensstrafrecht, was eng mit seiner „urwüchsigen Gestalt" zusammenhängt. Im Vordergrund steht – historisch bedingt – die Betonung des Eigentumsschutzes an Sachen. Dies beruht auf der Vorstellung, dass der Besitz an körperlichen Gegenständen eine besonders zu schützende Publizitätswirkung hat.[4] Diebstahl und Raub werden mit ihren vielen Qualifikationstatbeständen detailliert geregelt, während das besitzlose Vermögen nur durch wenige (deshalb abstrakte und konturlose) Vorschriften wie vor allem durch die Untreue (§ 266) geschützt wird. Das ist der Funktion des Strafrechts, Güter durch vertyptes Unrecht zu schützen, keineswegs unangemessen: Das Strafrecht darf und soll Schwerpunkte setzen und insoweit auch in seinem Schutzumfang hinter dem Zivilrecht zurückbleiben.

8 Schon traditionell gehört zu den **Schutzlücken** die mangelnde Strafbarkeit des „Gebrauchsdiebstahls" (furtum usus). Mit wenigen Ausnahmen (vgl. §§ 248b, 290) ist die Wegnahme einer Sache ohne Zueignungsabsicht und nur zum (nicht beschädigenden) Gebrauch nicht strafbar. So kriminalpolitisch einleuchtend diese Strafbarkeitslücke sein mag, so problematisch sind ihre Konsequenzen für die Dogmatik. Denn auch sinnvolle Schutzlücken sind Wertungslücken und blockieren die Gleichbehandlung von Gleichem. Wenn der Gebrauchs*diebstahl* kein Diebstahl ist, warum sind dann nicht auch der Gebrauchs*betrug* kein Betrug und die Gebrauchs*erpressung* keine Erpressung? Soll mangels Diebstahls der Gebrauchs*raub* mit Schusswaffen nur eine Nötigung (§ 240) sein, die Gebrauchs*erpressung* mit Schusswaffen aber mit der Mindeststrafe (fünf Jahre Freiheitsentzug) des schweren Raubs (§§ 255, 250 Abs. 2 Nr. 1) geahndet werden?[5]

Wiederholungs- und Vertiefungsfragen

> In welche zwei großen Gruppen lassen sich die individuellen Rechtsgüter unterteilen? (Rn. 1 ff.)
> Was besagt der sog. formelle Vermögensbegriff? (Rn. 4)

---

[4] Das Zivilrecht hat sich von diesen Vorstellungen weitgehend gelöst, wie ua das Sicherungseigentum, der (verlängerte) Eigentumsvorbehalt und die praktische Bedeutung von Forderungszessionen zeigen.
[5] Das ist in der Tat die Konsequenz, wenn einer verbreiteten Lehrmeinung entsprechend die räuberische Erpressung eine Vermögensverfügung des Genötigten voraussetzt, vgl. § 17 Rn. 22, § 18 Rn. 3.

1. Teil: Diebstahl und Unterschlagung

§ 2 Diebstahl (§ 242)

A. Allgemeines

I. Der Diebstahl im Zusammenhang der Eigentumsdelikte

1. Der **Diebstahl** ist ein Eigentumsdelikt und gehört damit zu denjenigen Vermögensstraftaten, die (nur) ein bestimmtes Vermögensrecht, nämlich das Eigentum, schützen. Die Eigentumsdelikte lassen sich in zwei Gruppen unterteilen, und zwar in die **Schädigungsdelikte** mit der Sachbeschädigung (§ 303) als Grundtatbestand, und die **Zueignungsdelikte**, bei denen der Täter eine fremde Sache dem Berechtigten entzieht, um sich oder einem Dritten die (angemaßte) Verfügungsbefugnis eines Eigentümers über sie zu verschaffen (§§ 242, 246, 249, 252 und mehrere Qualifikationstatbestände, zB §§ 244, 250 f.).

2. Der **Grundtatbestand** der Zueignungsdelikte ist die **Unterschlagung** (§ 246).[1] Teilweise wird § 246 nicht als Grundtatbestand der Zueignungsdelikte, sondern wegen der Subsidiaritätsklausel als Auffangtatbestand verstanden.[2] Diese Interpretation ändert jedoch nichts daran, dass der Unterschlagung jede Zueignung einer fremden beweglichen Sache unterfällt. Der Diebstahl erfasst den Sonderfall der (beabsichtigten) rechtswidrigen Zueignung **unter Bruch fremden Gewahrsams**.[3]

II. Praktische Bedeutung

Der Diebstahl ist das **Massendelikt** schlechthin. Nahezu ein Drittel aller gemeldeten Straftaten sind Diebstähle.[4] In jüngerer Zeit zeigt sich dabei eine ansteigende Tendenz der statistisch erfassten Diebstahlsdelikte.[5] Die Zahl der nicht registrierten Fälle dürfte erheblich höher liegen. In Bezug auf den Ladendiebstahl wird seit den 1970er Jahren eine Entkriminalisierung gefordert (vgl. Rn. 18); dabei wird nicht nur auf den Bagatellcharakter derartiger Taten, sondern auch darauf verwiesen, dass mit der Präsentation der Waren in einem Selbstbedienungsladen bereits eine Gewahrsamslockerung einhergeht, welche das Erfolgsunrecht erheblich mindere.[6]

III. Schutzzweck

Das Verbot des Diebstahls bezweckt nach ganz hM den Schutz des **Eigentums an beweglichen Sachen**. Gesichert wird die sich aus dem Eigentum ergebende, auf den Besitz bezogene Verfügungsgewalt des Berechtigten, mit der Sache nach Belieben zu

---

1 *Kindhäuser* Gössel-FS 451 ff.; *Lesch* JA 1998, 474 (477); *Otto* § 39/8.
2 *Basak* GA 2003, 109 (122); *Fischer* § 246 Rn. 2; W-*Hillenkamp/Schuhr* Rn 319; *Hohmann/Sander* NStZ 1998, 276; *Hörnle* Jura 1998, 171; siehe auch BT-Drs. 13/8587, 43 f.
3 Zum Verhältnis von Zueignung und Wegnahme vgl. Rn. 77 ff.
4 Polizeiliche Kriminalstatistik 2023 (Zeitreihen Übersicht Falltabellen): 33 % bei einer Gesamtkriminalität von ca. 5,94 Millionen Straftaten.
5 Polizeiliche Kriminalstatistik 2024 (Zeitreihen Übersicht Falltabellen): Gegenüber 2021 hat sich die Zahl der erfassten Diebstähle von 1,5 Millionen auf knapp 2 Millionen Fälle erhöht.
6 *Harrendorf* NK 2018, 250 (259, 262 f.); zusammenfassend zur Entkriminalisierungsdebatte H.E. *Müller* Ignor-FS 329 (332 ff.).

verfahren (vgl. § 903 BGB). In diesen Schutzbereich greift der Täter ein, indem er die für ihn fremde Sache wegnimmt, damit er oder ein Dritter den Besitz an ihr erlangt, um über sie wie ein Eigentümer verfügen zu können.

5 Eine verbreitete Ansicht hält neben dem Eigentum auch den vom Täter durch die Wegnahme gebrochenen **Gewahrsam** für ein **selbstständiges Rechtsgut** des Diebstahls.[7] Dem steht entgegen, dass der strafrechtliche Gewahrsam keine Besitzberechtigung voraussetzt. Auch der Täter eines Diebstahls begründet durch die Wegnahme neuen Gewahrsam und kann seinerseits bestohlen werden. Da dieser Gewahrsam aber ersichtlich mit dem Recht des Eigentümers in Widerspruch steht, kann er schwerlich als Rechtsgut zusammen mit dem Eigentum geschützt sein. Vielmehr ist im Gewahrsamsbruch nur eine spezifische Angriffsart zu sehen.[8]

6 Praktische Auswirkung hat der Streit für die Frage, ob neben dem Eigentümer auch der Gewahrsamsinhaber antragsbefugt iSv §§ 247, 248a ist (vgl. § 7 Rn. 6 ff., 15), wenn ein anderer als der Eigentümer das Tatobjekt in Gewahrsam hatte.

B. Definitionen und Erläuterungen

I. Objektiver Tatbestand

1. Tatobjekt

▶ **Fall 1:** Informatikstudent A verdient sich ein gutes Zubrot damit, dass er Konstruktionspläne eines ortsansässigen Unternehmens, die über ein Funknetzwerk von der Prototypenabteilung zur Fertigung übertragen werden, abfängt und Konkurrenzunternehmen gegen eine günstige „Aufwandsentschädigung" zur Verfügung stellt. ◀

▶ **Fall 2:** Während einer Urlaubsreise der Hauseigentümer bauen A und B die teuren Fenster im Obergeschoss des Hauses aus, um diese für den eigenen Hausbau zu nutzen. ◀

▶ **Fall 3:** Durch das große Grundstück des B fließt ein natürlicher, fischreicher Bach. B erstattet Strafanzeige wegen Diebstahls, nachdem er beobachtet hat, wie A eimerweise Wasser samt Fischen aus dem Bach entnommen und abtransportiert hat. ◀

▶ **Fall 4:** Eines Abends entdeckt A auf dem Bürgersteig eine Kiste mit noch guten gebrauchten Spielsachen, die mit einem Zettel „Für die Aktion Waisenweihnacht e.V." versehen ist. In dem Glauben, solchen „Sperrmüll" dürfe man mitnehmen, erfreut er mit diesen Spielsachen am darauffolgenden Weihnachtsfest seine eigenen (enttäuschten) Kinder. ◀

7 Tatobjekt des Diebstahls ist eine **fremde bewegliche Sache**.

8 a) **Sachen:** Sachen sind körperliche Gegenstände (vgl. § 90 BGB).

9 Unabhängig davon, ob man einen autonomen strafrechtlichen Sachbegriff präferiert[9] oder die Sacheigenschaft zivilrechtsakzessorisch[10] bestimmt, gehören Tiere um ihres Schutzes willen zu den Sachen iSd Eigentumsdelikte (vgl. § 90a S. 2 und 3 BGB sowie

---

7 BGHSt 29, 319 (323); SK-*Hoyer* § 242 Rn. 1; M-*Schroeder*/Hoyer I § 33/1; *Rengier* I § 2/1.
8 Arzt/Weber/Heinrich/Hilgendorf § 13/31; S/S-*Bosch* § 242 Rn. 1/2; W-Hillenkamp/Schuhr Rn. 75; *Otto* § 39/4; *Rönnau* JuS 2009, 1088; MK-*Schmitz* § 242 Rn. 9; *Zivanic* NZWiSt 2022, 7 (9 f.).
9 *Fischer* § 242 Rn. 3; ausf. LK-*Vogel*/Brodowski § 242 Rn. 4 mwN.
10 *Schramm* JuS 2008, 678 (679); SK-*Hoyer* § 242 Rn. 3 mwN.

Art. 20a GG).[11] Ohne Belang für die Sachqualität sind der (ökonomische) **Wert** und der jeweilige **Aggregatzustand** (fest, flüssig, gasförmig).

Keine Sachqualität besitzen **Energien** als solche (zB Strom, Wellen).[12] Auch **immaterielle Güter** (zB Pläne, Ideen, Rechte, Forderungen) sind keine Sachen. Allerdings unterfallen die Urkunden, in denen Rechte schriftlich fixiert bzw. verbrieft sind (zB Scheck, Grundschuldbrief, Vertragsformular, Schuldschein), dem Sachbegriff. Gleiches gilt für die **elektronische Datenverarbeitung**, in der nur die Datenträger (Hardware, Disketten) und nicht die Daten selbst (Software) dem Sachbegriff unterfallen. In **Fall 1** kann daher aus zwei Gründen die Sachqualität der datenbasierten Konstruktionspläne verneint werden: Weder die Daten selbst noch die Pläne sind körperlich fixiert. Nicht zu vergessen ist freilich, dass bei Entwendung **unkörperlicher Gegenstände** eine Reihe von Spezialvorschriften in Betracht kommt, in **Fall 1** zB § 202a StGB, § 27 TTDSG. Weiter ist in vielen Fällen auch an §§ 248c, 265a StGB und § 106 UrhG zu denken.

b) **Beweglich**: Eine Sache ist beweglich, wenn es möglich ist, sie von ihrem jeweiligen Standort zu entfernen.

Das Merkmal der Beweglichkeit bezieht sich allein auf die faktische **Transportfähigkeit** und nicht auf die (normative) zivilrechtliche Differenzierung zwischen beweglichen und unbeweglichen Sachen (vgl. §§ 93 ff. BGB).[13] Somit können auch Gegenstände gestohlen werden, die im zivilrechtlichen Sinne als Bestandteile einer unbeweglichen Sache gelten (§ 94 BGB), wenn sie nur abgetrennt und weggenommen werden können. In **Fall 2** sind die Fenster durchaus als taugliche Tatobjekte anzusehen.

c) **Fremd**: Eine Sache ist fremd, wenn sie verkehrsfähig und nicht herrenlos ist und auch nicht im Alleineigentum des Täters steht oder – positiv formuliert – wenn sie zumindest auch im Eigentum eines anderen steht.[14]

Über die Fremdheit einer Sache iSd StGB entscheidet **ausschließlich das Zivilrecht**.[15] Allerdings sind die zivilrechtlichen **Rückwirkungsfiktionen** (§§ 142, 184, 1953 BGB) für das stets auf den Tatzeitpunkt abstellende Strafrecht **ohne Belang**. Zu beachten sind das Abstraktionsprinzip und § 134 BGB. Gegenstände sind auch dann eigentumsfähig und taugliche Tatobjekte eines Diebstahls, wenn ihr **Erwerb oder Besitz verboten** ist (s. aber Rn. 73).[16]

aa) Eine Sache, die **nicht verkehrsfähig** ist (res extra commercium), kann in niemandes Eigentum stehen und dementsprechend auch nicht fremd sein. So ist in **Fall 3** das Wasser im Bach auf dem Grundstück des B, da es einen natürlichen Zu- und Abfluss hat, ebenso wenig verkehrsfähig wie zB auch Luft in der Atmosphäre.

bb) **Herrenlos** sind Sachen, die niemandem gehören.

■ Herrenlos sind zunächst alle **Sachen, die von Natur aus in niemandes Eigentum stehen.** Beispielhaft für herrenlose Sachen sind Tiere in freier Wildbahn. Für wil-

---

11 BayObLG NJW 1993, 2760 (2761); SK-*Hoyer* § 242 Rn. 6; *Küper* JZ 1993, 435 ff.
12 RGSt 29, 111 (116); 32, 165 (185 f.).
13 Vgl. *Klesczewski* BT § 8/49.
14 S/S-*Bosch* § 242 Rn. 12.
15 BGHSt 6, 377 (378); SK-*Hoyer* § 242 Rn. 11 ff.; S/S/W-*Kudlich* § 242 Rn. 12; MK-*Schmitz* § 242 Rn. 33; einschr. LK-*Vogel/Brodowski* § 242 Rn. 18, 21 ff.
16 Vgl. zB Waffen (§ 2 Abs. 2, 3 WaffG), Falschgeld und sonstige Wertzeichen (§§ 146, 148, 152a StGB) sowie Betäubungsmittel (§ 29 BtMG); zu deren Tauglichkeit als Tatobjekt vgl. BGH NJW 2006, 72; *Marcelli* NStZ 1992, 220 f.; *Vitt* NStZ 1992, 221 f.; M/R-*Schmidt* § 242 Rn. 8; aA *Engel* NStZ 1991, 520 ff.; MK-*Schmitz* § 242 Rn. 18.

de Tiere gelten insbesondere die Vorschriften des § 960 BGB. Soweit Tiere dem Jagdrecht unterliegen (§ 2 BJagdG), sind sie bis zur Aneignung durch den Berechtigten herrenlos.[17] In **Fall 3** ist daher auch die Entnahme der Fische aus dem Bach hinsichtlich des Diebstahls tatbestandslos (möglich ist allerdings eine Strafbarkeit wegen Fischwilderei gem. § 293, vgl. § 11 Rn. 27).

18 ■ Eine Sache kann auch **durch Dereliktion herrenlos** werden. Voraussetzung hierfür ist, dass der Berechtigte seinen Besitz an der Sache mit dem nach außen hin deutlich gewordenen Willen aufgibt, auf das Eigentum zu verzichten (§ 959 BGB). Exemplarisch hierfür ist regelmäßig das Bereitstellen von Sachen für die Abfuhr von (Sperr-)Müll.[18] Für die Dereliktion ist der Wille kennzeichnend, auf das Eigentum **ohne Zweckbestimmung zu verzichten**. Dereliktion ist daher zu verneinen, wenn der Berechtigte zugunsten eines bestimmten Dritten auf sein Eigentum verzichtet, zB Sachen für bestimmte Sammelaktionen spendet.[19] So verhält es sich in **Fall 4**: In dem Herausstellen der Spielsachen liegt ein Übereignungsangebot an die sammelnde Organisation, die es durch Abholung annimmt; bis zum Abholen bleibt das Sammelgut im Eigentum des Spenders. Die Dereliktion ist auch **vom Vernichtungswillen abzugrenzen**: Wer eine Sache wegwirft, um sie zu zerstören, will nicht, dass ein anderer an ihr Eigentum erwirbt. Typische Beispiele sind hierbei das Wegwerfen von EC-Karten (nebst PIN)[20], Kontoauszügen und anderen persönlichen Gegenständen. Aus diesen Erwägungen hat das AG Köln in der Entsorgung von nach eigenem Urteil misslungener Skizzen durch den Maler *Gerhard Richter* keine Dereliktion gesehen und deren eigenmächtige Inbesitznahme als Diebstahl angesehen.[21] Die Rechtsprechung hat auch in Bezug auf abgelaufene Lebensmittel, die vom Inhaber eines Supermarktes entsorgt worden waren, eine Dereliktion verneint, da diese in einem verschlossenen Müllcontainer für den Entsorgungsbetrieb bereitgestellt worden seien, und deren Entnahme zur Verwertung („Containern") als Diebstahl gewertet.[22] Das wirtschaftliche Interesse an einem Fortbestand des Eigentumsrechts (iS eines an den Entsorgungsbetrieb gerichteten Übereignungsangebots) kann dabei nicht auf der Vermeidung von Haftungsrisiken für die Folgen des Konsums verdorbener Lebensmittel[23], sondern allenfalls auf der Sorge von Umsatzeinbußen infolge eines geringeren Absatzes der zum Kauf angebotenen Waren beruhen.[24] Im Schrifttum wird daher zum Teil von einer Eigentumsaufgabe nach § 959 BGB ausgegangen (s. auch Rn. 90 zum Enteignungsvorsatz).[25] Dagegen spricht indes, dass die Derelik-

---

[17] Vgl. § 958 Abs. 2 BGB.
[18] RGSt 48, 121 (123); OLG Stuttgart JZ 1978, 691. Aus den umweltrechtlichen Abfallvorschriften (§ 15 Krw-/AbfG) ergibt sich kein Dereliktionsverbot, das die Unwirksamkeit der Aufgabe des Eigentums begründen könnte (§ 134 BGB), vgl. insoweit MK-*Oechsler* BGB § 959 Rn. 7.
[19] BayObLG JZ 1986, 967 f.; vgl. auch AG Köln JuS 2013, 271 (272) zur Dereliktion bei sog. „Liebesschlössern".
[20] OLG Hamm JuS 2011, 755.
[21] Näher dazu *Fahl* JA 2019, 807 ff.
[22] BayObLG NStZ-RR 2020, 104 f.m. Anm. *Bode* und Besprechung *Jahn* JuS 2020, 85, sowie *Jäger* JA 2020, 393; OLG Zweibrücken NStZ 2023, 293 (294); vgl. ferner BVerfG NJW 2020, 2953 m. Besprechung *Böse* ZJS 2021, 224.
[23] *Dießner* StV 2020, 256 (259); *Jahn* JuS 2020, 85 (87), die insoweit zu Recht von einer eigenverantwortlichen Selbstgefährdung ausgehen.
[24] *Esser/Scharnberg*, JuS 2012, 809 (812); a.A. *Dießner* StV 2020, 256 (259 f.), wonach ein strafrechtlicher Schutz des Eigentums in derartigen Fällen unverhältnismäßig ist; s. dagegen nunmehr BVerfG NJW 2020, 2953 mit zust. Anm. *Hoven* und *Ogorek* JZ 2021, 909 sowie Besprechung *Böse* ZJS 2021, 224; krit. *Schnetter* KJ 2021, 73 (78 ff.).
[25] W-*Hillenkamp/Schuhr* Rn. 85.

tion eine Aufgabe des Besitzes erfordert[26] und es zudem in der Entscheidungsmacht des Eigentümers liegt, durch Abgabe einer (ausdrücklichen) Willenserklärung am Eigentumsrecht festzuhalten[27]. Auf der Grundlage des geltenden Rechts bleibt daher nur der Rückgriff auf die Einstellungsmöglichkeiten nach §§ 153, 153a StPO.[28] Kriminalpolitische Forderungen nach einer Entkriminalisierung[29] sollten in einem breiteren Rahmen gestellt und diskutiert werden (vgl. § 33 Rn. 1).[30] Bedenkenswert erscheint der Vorschlag zur Einführung einer Verpflichtung, nicht mehr verkäufliche Lebensmittel zu spenden[31], der möglicherweise über die fehlende Rechtswidrigkeit der Zueignung zu einer Straflosigkeit des Containerns führen könnte (vgl. unten Rn. 73).

An herrenlosen Sachen wird durch **Aneignung** Eigentum erworben (§ 958 Abs. 1 BGB). Ab diesem Zeitpunkt sind sie fremd iSd Eigentumsdelikte. 19

cc) Eine Sache ist auch für denjenigen fremd, dem sie **nicht allein gehört**. 20

■ Fremd ist eine Sache damit für den **Gesamthandseigentümer** (§ 2032 BGB) sowie für denjenigen, der an ihr nur **Miteigentum** nach Bruchteilen hat (§§ 1008 ff. BGB). 21

Das **Abstraktionsprinzip** ist zu beachten: Ein **schuldrechtlicher Anspruch** auf Übereignung einer Sache beseitigt noch **nicht** deren Fremdheit für den Anspruchsinhaber, auch nicht bei aufschiebend bedingter Übereignung.[32] Allerdings kann bei einem bestehenden Anspruch die Rechtswidrigkeit der Zueignung entfallen.[33] Bei **sittenwidrigen Geschäften** kommt es allein darauf an, ob das Verfügungsgeschäft, mag es auch anfechtbar sein, zum Tatzeitpunkt wirksam ist.[34] Bei Geschäften, die als Verstöße gegen gesetzliche Verbote iSv § 134 BGB anzusehen sind und bei denen daher die Unwirksamkeit des Grundgeschäfts auch das Verfügungsgeschäft erfasst, wie zB **Rauschgiftgeschäfte** nach dem BtMG, bleibt jedoch der Erlös für den Verkäufer mangels Eigentumsübergangs fremd.[35] Aus den gleichen Gründen ist auch die Übereignung von Betäubungsmitteln unwirksam (vgl. § 29 Abs. 1 Nr. 1 BtMG)[36]; dies gilt nicht, soweit der Gesetzgeber die kontrollierte Weitergabe von Cannabis legalisiert hat (vgl. § 19 KCanG[37]). Unabhängig davon bleiben auch illegale Drogen ebenso wie andere Gegenstände, deren Erwerb oder Besitz verboten ist, grundsätzlich eigentumsfähig (vgl. aber zur Rechtswidrigkeit der Zu- bzw. Enteignung Rn. 73).[38] 22

---

26 *Mitsch* ZfL 2020, 457 (459).
27 *Bülte* Sieber-FS 183 (185); *Rennicke* ZIS 2020, 343 (344).
28 Für eine Ermessensreduzierung auf Null insoweit *Britz/Torgau* jM 2020, 257 (259); krit. zur strafprozessualen Entkriminalisierung: *F. Zimmermann* JZ 2021, 186 (187).
29 S. den Vorschlag der Fraktion DIE LINKE, BT-Drucks. 19/9345.
30 Vgl. zur Entkriminalisierung des Ladendiebstahls: *Harrendorf* NK 2018, 250 ff.
31 *Dießner* StV 2020, 256 (260 ff.); *Rennicke* ZIS 2020, 343 (348); *Schiemann* KriPoZ 2019, 213 (237).
32 OLG Saarbrücken NJW 1976, 65; OLG Düsseldorf JR 1984, 34.
33 Näher hierzu Rn. 73 f.
34 BGHSt 6, 377 (378 f.).
35 BGHSt 31, 145 (146 ff.).
36 *Wolters* Samson-FS 495 (504) mwN.
37 Konsumcannabisgesetz vom 27.3.2024 (BGBl. 2024 I S. 2).
38 BGH NJW 2006, 72 f.; NK-*Kindhäuser/Hoven* § 242 Rn. 20; aA *Wolters* Samson-FS 495 (500 ff.), wonach auch ein originärer Eigentumserwerb durch Anbau etc. (§§ 954 ff. BGB) aufgrund des gesetzlichen Verkehrsverbots ausgeschlossen sein soll; dagegen *Hoyer* Fischer-FS 361 (363 ff.).

23 d) Der **menschliche Körper** (Sacheigenschaft und Fremdheit):
- Der (lebende) **Mensch** ist Rechtssubjekt. Er kann nicht Objekt von Rechten und folglich weder eine Sache noch eigentumsfähig sein. Gleiches gilt für den im Mutterleib befindlichen Embryo, den die §§ 218 ff. schützen.[39]

24 ■ Natürliche **Teile des (lebenden) Körpers** werden mit Abtrennung Sachen, verlieren ihre Sachqualität aber wieder, wenn sie operativ rückübertragen oder implantiert werden.[40] Mit der Abtrennung von Körperteilen erwirbt ihr bisheriger Träger – in Analogie zu § 953 BGB – unmittelbar Eigentum an ihnen.[41]

25 ■ Da der **Leichnam** kein Rechtssubjekt mehr ist, kann er als Sache angesehen werden.[42] Er ist bis zum Erlöschen der Pietätsbindung (nach erheblichem Zeitablauf) **herrenlos**[43] und wird durch § 168 geschützt. Gleiches gilt für Körperteile, die von der Leiche abgetrennt sind.[44] Jedoch kann grds. weder an der Leiche noch an ihren Teilen durch Aneignung Eigentum erworben werden.[45]

26 ■ Die für natürliche Körperteile geltenden Grundsätze sind hinsichtlich der Sachqualität wie auch der Eigentumsfähigkeit auf **künstliche Implantate** entsprechend anwendbar, soweit sie natürliche Körperteile ersetzen (sog. Substitutiv-Implantate wie Hüftgelenke oder Zahnplomben). Dagegen behalten Implantate, die den Organismus nur therapeutisch unterstützen (sog. Supportiv-Implantate wie Herzschrittmacher), ihre Sachqualität;[46] sie bleiben zudem eigentumsfähig und können dem Träger auch leih- oder mietweise überlassen werden.[47] Keine Besonderheiten gelten für Gegenstände, die mit dem Körper nur äußerlich verbunden werden (zB Perücken, Prothesen) oder die nicht in den Körper gelangen, um dort auf Dauer bestimmte Funktionen zu übernehmen (zB ein vom Dieb verschluckter Edelstein); solche Gegenstände sind nicht als Implantate anzusehen.

2. Tathandlung

▶ **Fall 5:** Hehler H ist entsetzt, als er beim abendlichen Aufschließen seines Warenlagers feststellt, dass alle DVD-Recorder verschwunden sind. Zu Recht verdächtigt er seine Konkurrenten A und B, die in ein Fenster eingestiegen waren und die heiße Ware mitgenommen hatten. ◀

---

39 Der nichtimplantierte menschliche (Retorten-)Embryo unterfällt dem Embryonenschutzgesetz (ESchG) von 1990; hierzu M-*Schroeder* I § 7 mwN.
40 *Otto* Jura 1996, 219 f.
41 BGH bei *Dallinger* MDR 1958, 739 f.; Palandt/*Ellenberger* BGB § 90 Rn. 3; näher zu vom Patienten entnommenen Blut- und Gewebeproben: *Spranger* NJW 2005, 1084 ff.
42 HM, vgl. v. *Bubnoff* GA 1968, 65 (75); LK-*Vogel/Brodowski* § 242 Rn. 14; aA *Gössel* § 4/9; M-*Schroeder* I § 32/19, 22: keine Sachqualität der Leiche bis zum Erlöschen der Pietätsbindung.
43 RGSt 64, 313 (314 ff.); abw. *Otto* Jura 1989, 137 (139): aufgrund der Totensorgeberechtigung sei die Leiche für Dritte fremd.
44 Vgl. auch OLG Bamberg NJW 2008, 1543 ff. mit Bespr. *Jahn* JuS 2008, 457 ff., mit Bespr. *Kudlich* JA 2008, 391 ff. (393); OLG Hamburg NJW 2012, 1601 (1606 f.) mit Anm. *Stoffers* (von der Asche des Verstorbenen abgetrenntes Zahngold); aA OLG Nürnberg NJW 2010, 2071 ff. mit Bespr. *Kudlich* JA 2010, 226.
45 Zur zulässigen aneignungsweisen Überlassung des Leichnams an ein wissenschaftliches Institut vgl. NK-*Kindhäuser/Hoven* § 242 Rn. 26; Soergel/*Marly* BGB § 90 Rn. 11, 17; jew. mwN.
46 *Brandenburg* JuS 1984, 47 (48); *Bringewat* JA 1984, 61 (63); S/S-*Bosch* § 242 Rn. 10; *Gropp* JR 1985, 181 (184); MK-*Schmitz* § 242 Rn. 29; aA Palandt/*Ellenberger* BGB § 90 Rn. 3; SK-*Hoyer* § 242 Rn. 5, 16.
47 *Brandenburg* JuS 1984, 47 (48); *Bringewat* JA 1984, 61 (63); S/S-*Bosch* § 242 Rn. 20; *Gropp* JR 1985, 181 (184).

§ 2 Diebstahl (§ 242)

▶ **Fall 6:** A lässt seinen Schirm versehentlich auf einer Parkbank zurück, bemerkt dies aber nach wenigen hundert Metern und kehrt um, um den Schirm zu holen. ◀

▶ **Fall 7:** A steckt beim Einkauf in einem Supermarkt Waren in die Verpackung anderer Waren, damit sie an der Kasse nicht gesehen und berechnet werden. ◀

▶ **Fall 8:** A findet an einer Baustelle mehrere runde Metallscheiben, die ungefähr die Größe eines 2-Euro-Stückes haben. Er sammelt sie auf und bedient damit erfolgreich einen alten Getränkeautomaten. ◀

▶ **Fall 9:** L ist Inhaber eines Taxiunternehmens und hat schon seit längerer Zeit das Gefühl, von einem oder mehreren seiner Fahrer bestohlen zu werden. Immer öfter fehlen höhere Beträge in der Barkasse seines Büros. Zur Überführung des Täters präpariert L Geldscheine und deponiert sie in der Kasse, damit sie der Verdächtige an sich nehmen soll. ◀

▶ **Fall 10:** Ladendieb A geht in einem Baumarkt seinem kriminellen Gewerbe nach. Er steckt verschiedene kleine Schraubendöschen in seine Jackentaschen. Im Eingangsbereich des Baumarkts erspäht er zu seiner freudigen Überraschung einen Palettenwagen, der mit zwei Stößen von jeweils sechs Fahrrädern beladen ist. Er ergreift die Gelegenheit beim Schopfe und schiebt den Palettenwagen zu seinem Kombi, um die Räder aufzuladen. Schon als er die Heckklappe öffnet, wird er jedoch von dem Hausdetektiv vorläufig festgenommen. ◀

▶ **Fall 11:** Jurastudent A ist knapp bei Kasse. Um für einen Seminarvortrag aber einigermaßen gut gekleidet zu sein, sucht er sich in einem Kaufhaus ein Hemd aus, entnimmt es der Verpackung und zieht es in einer Umkleidekabine an. Um das an den Manschetten fest angebrachte Sicherheitsetikett zu verdecken, schlüpft er zusätzlich in seinen dicken Winterpullover. Noch vor Passieren des Ausgangs wird A allerdings von dem Kaufhausdetektiv aufgehalten. ◀

▶ **Fall 12:** Die Sekretärin S des V nimmt aus ihrem Büro Schreibmaterialien mit, um sie zu Hause für sich zu verwenden. ◀

Tathandlung des Diebstahls ist die **Wegnahme**:

Wegnahme ist der Bruch fremden und die Begründung neuen Gewahrsams an der Sache.[48]

a) **Begriff des Gewahrsams:** Gewahrsam ist die mit Herrschaftswillen begründete, in ihrem Umfang von der Verkehrsanschauung bestimmte Verfügungsgewalt über eine Sache.[49]

Der Begriff des Gewahrsams beinhaltet die **Minimalvoraussetzungen**, unter denen nach sozialen Maßstäben einer Person die Herrschaft über eine Sache zugeordnet werden kann. Erforderlich ist hierfür zum einen, dass die betreffende Person den **Willen** hat, die Gewalt **über die Sache auszuüben**.[50] Zum anderen muss die (gewollte) **Zugriffsmöglichkeit** auf die Sache **von der Verkehrsanschauung anerkannt** sein. Gewöhnlich orientiert sich die Zuordnung von Gewahrsam, ohne dass dies allerdings erforderlich wäre, an räumlichen Herrschaftssphären (sog. **Gewahrsamssphären**); an

---

[48] Ganz hM, vgl. nur BGHSt 16, 271 (272 ff.); SK-*Hoyer* § 242 Rn. 20; *Mitsch* 1.2.1.4.3.
[49] Vgl. BGHSt 16, 271 (273 f.); 41, 198 (205); NK-*Kindhäuser/Hoven* § 242 Rn. 28; *Mitsch* 1.2.1.4.2.1, 1.2.1.4.2.3; *Otto* § 40/16 mwN; abw. SK-*Hoyer* § 242 Rn. 32 ff.: persönliches Nutzungsreservat.
[50] BGH GA 1962, 78; S/S-*Bosch* § 242 Rn. 29 mwN; aA MK-*Schmitz* § 242 Rn. 71.

Gegenständen, die man bei sich trägt oder die sich in der eigenen Wohnung befinden, hat man in der Regel Gewahrsam.

30 Der Gewahrsam ist ein rein tatsächliches Herrschaftsverhältnis. Er setzt **kein Recht zum Besitz** voraus. Insoweit entspricht der Gewahrsam der Grundform des **unmittelbaren Besitzes** iSd Zivilrechts (§ 854 BGB),[51] erfasst aber nicht wie dieser die fingierte Sachherrschaft des Erben (§ 857 BGB)[52]. Auch darf der Gewahrsam **nicht** mit dem **mittelbaren Besitz** gleichgesetzt werden.[53] So konnten A und B in **Fall 5** auch den deliktisch erworbenen Gewahrsam des Hehlers H iSv § 242 brechen. Gleiches gilt für den Gewahrsam von Dieben, Schmugglern usw.[54] Zu beachten ist in solchen Fällen jedoch, dass nur der berechtigte, aus dem Eigentumsrecht abgeleitete Gewahrsam notwehrfähig iSv § 32 ist.[55] Der Dieb darf also seine Beute – mangels Besitzrechts – nicht im Wege der Notwehr vor Wegnahme verteidigen.

31 aa) Begründung, Aufgabe und Fortbestehen von Gewahrsam: Begründung und Aufgabe von Gewahrsam setzen jeweils einen entsprechenden Willen voraus. Vor allem lässt sich nur mithilfe des Willenskriteriums klären, mit welcher Rechtsfolge der Gewahrsam aufgegeben wurde: Sowohl der Gewahrsamsbruch iSd Diebstahls als auch der Besitzverlust iSd Zivilrechts, der die Möglichkeit gutgläubigen Eigentumserwerbs (fast stets) ausschließt (vgl. § 935 BGB), setzen daher einen ungewollten Verlust der Sachherrschaft voraus.

32 ▪ Zur Gewahrsamsbegründung oder -aufgabe **genügt ein natürlicher Wille**. Geschäftsfähigkeit wird nicht vorausgesetzt, dh auch **Kinder** oder **Geisteskranke** können Gewahrsam erlangen.[56] **Juristische Personen** und **Behörden** üben ihren Herrschaftswillen durch ihre Organe bzw. Vertreter aus.[57] Verstorbene Personen haben ebenso wie **Erben**, die noch keine Kenntnis von dem Erbfall haben, in Ermangelung eines Herrschaftswillens keinen Gewahrsam (vgl. Rn. 30 zu § 857 BGB). Allerdings kommt insoweit ein Gewahrsam der Person in Betracht, in deren Obhut sich die verstorbene Person befand bzw. befindet (zB Leiter eines Pflegeheims; vgl. unten Rn. 33).[58]

33 ▪ Zur Erlangung der Sachherrschaft genügt ein **genereller Gewahrsamsbegründungswille**, der sich auf typischerweise in die eigene Herrschaftssphäre gelangende Gegenstände bezieht.[59] Ein solcher Wille kann zunächst konkludent geäußert werden, etwa durch das Aufstellen eines Briefkastens für die eingehende Post.[60] Von einem solchen Willen kann aber auch stets ausgegangen werden, wenn er ersichtlich dem Interesse einer Person entspricht. So ist für Räumlichkeiten, in denen sich – wie zB in Geschäften, Kinos oder Restaurants – eine Vielzahl von Personen zeitweilig

---

51 Wie hier *Kargl* JuS 1996, 971 (974). Auch in der ZPO werden Gewahrsam und unmittelbarer Besitz gleichgesetzt, vgl. §§ 739, 808, 809, 886 ZPO.
52 AA *Glandien* JR 2019, 60 (63 ff.).
53 Ganz hM, vgl. nur RGSt 56, 115 (116); BGH GA 1962, 78; S/S-*Bosch* § 242 Rn. 31.
54 BGH NJW 1953, 1358; *Mitsch* 1.2.1.4.2.1; LK-*Vogel/Brodowski* § 242 Rn. 59 f. mwN; zur Problematik der Unrechtsbegründung NK-*Kindhäuser/Hoven* § 242 Rn. 32 f.; aA mit durchaus plausiblem Argument *Hirschberg*, Der Vermögensbegriff im Strafrecht, 1934, 329 mwN.
55 Vgl. nur *Jakobs* 12/3.
56 S/S-*Bosch* § 242 Rn. 29; M-*Schroeder*/Hoyer I § 33/18.
57 RGSt 52, 144 (145 f.); S/S-*Bosch* § 242 Rn. 29.
58 *Glandien* JR 2019, 60 (65 f.).
59 S/S-/*Bosch* § 242 Rn. 30.
60 M-*Schroeder*/Hoyer I § 33/20.

§ 2 Diebstahl (§ 242)

aufhält, ein genereller Gewahrsamswille des Hausrechtsinhabers an allen verlorenen oder vergessenen Sachen zu bejahen (vgl. Rn. 40).[61] Es liegt hier im Interesse des Hausrechtsinhabers, solche Sachen zugunsten seiner Kunden, die auch auf einen entsprechenden Service vertrauen, sichernd in Verwahrung zu nehmen.[62] Auch ein Privatmann hat ein Interesse daran, alle Sachen, die auf sein Grundstück, in seine Wohnung, seinen PKW usw gelangen, in seine Gewalt zu nehmen und zu entscheiden, wie er weiter mit ihnen verfährt.

■ Ist der Gewahrsam erst einmal begründet, so ist für sein **Fortbestehen** kein permanent aktualisierter Sachherrschaftswille erforderlich.[63] Es genügt die sozial anerkannte Zugriffsmöglichkeit auf die Sache, also die Zuschreibung der Möglichkeit, dass der Gewahrsamsinhaber über die Sache verfügen könnte, wenn er wollte. Ob der betreffende Gewahrsamsinhaber mit der Sache in irgendeiner Weise verfahren will, ja ob er überhaupt die Möglichkeit bedenkt, mit der Sache „irgendwie" verfahren zu können, spielt für die Existenz einmal begründeten Gewahrsams keine Rolle. Daher können nicht nur **Schlafende**, sondern auch sterbende **Bewusstlose**, mit deren Erwachen nicht mehr zu rechnen ist, Gewahrsam haben.[64] Dies unterstreicht § 243 Abs. 1 S. 2 Nr. 6, der das gesteigerte Unrecht des Bruchs eines infolge von Hilflosigkeit ungesicherten Gewahrsams erfasst.   34

bb) Beispiele für Gewahrsamszuordnung: Die Reichweite des Gewahrsams richtet sich nach der Verkehrsanschauung. Dies ist insbesondere von Bedeutung, wenn mehrere Personen die Möglichkeit des faktischen Zugriffs auf eine Sache haben. Hier ist dann für den Gewahrsam entscheidend, welche dieser Zugriffsmöglichkeiten sozial anerkannt ist. In der Rechtsprechung[65] hat sich eine Reihe **typischer Konstellationen** für die normative Zuordnung des Gewahrsams herausgebildet: 35

■ Bei sog. Gewahrsamssphären – **trotz räumlicher Trennung** – des Wohnungsinhabers an seiner Wohnung samt Inventar,[66] des Bauern an den auf dem Feld zurückgelassenen Gerätschaften,[67] des Geschäftsinhabers an Waren, die mit seinem Einverständnis morgens vor Öffnung an der Ladentür abgestellt werden,[68] und des Halters an frei herumlaufenden Haustieren, die es gewohnt sind zurückzukehren.[69] Bei **verschlossenen Behältnissen** ist zu unterscheiden: Ist das Behältnis fest installiert und für den Schlüsselinhaber frei zugänglich (zB ein Bahnhofschließfach), so hat dieser Alleingewahrsam am Inhalt; ist das Behältnis hingegen beweglich, so hat der Verwahrer Gewahrsam am Behältnis (zB einer Geldkassette) und dessen Inhalt.[70]   36

---

61 An Orten ohne Gewahrsamsaufsicht (zB Telefonzellen) sind verlorene Sachen so zu behandeln, als seien sie außerhalb eines Herrschaftsbereichs zurückgelassen worden, vgl. M-*Schroeder/Hoyer* I § 33/21; aA OLG Düsseldorf JR 1984, 34 mit Anm. *Bottke*.
62 Zur Reichweite der hier maßgeblichen Verkehrsanschauung vgl. BGHSt 8, 273 (274 f.); OLG Düsseldorf NJW 1988, 1335 (1336); *Otto* JZ 1993, 559 (560); LK-*Vogel/Brodowski* § 242 Rn. 65 ff., 71.
63 Vgl. auch *Bittner* JuS 1974, 156 (159); *Gössel* ZStW 85 (1973), 591 (618 f.); *Kargl* JuS 1996, 971 (974); *Lampe* JR 1986, 294 ff.; *Seelmann/Pfohl* JuS 1987, 199 ff.; *Welzel* GA 1960, 257 (264 f.).
64 Ganz hM, vgl. nur BGH NJW 1985, 1911; *Mitsch* 1.2.1.4.2.3; *Otto* § 40/21; MK-*Schmitz* § 242 Rn. 54; LK-*Vogel/Brodowski* § 242 Rn. 69; anders BayObLG JR 1961, 188 f. mit abl. Anm. *Schröder*.
65 Krit. Zu den Kriterien der Rechtsprechung für Gewahrsam *Kargl* JuS 1996, 971 ff.
66 Vgl. BGHSt 10, 400.
67 BGHSt 16, 271 (273).
68 BGH NJW 1968, 662.
69 RGSt 50, 183 (184 f.); BGH bei *Dallinger* MDR 1954, 398.
70 BGHSt 22, 280 (282 f.); *Rengier* I § 2/32.

37 ■ Bei **Kommunikationsbeziehungen** – zB Verkaufsgesprächen – bleibt Gewahrsam bestehen, wenn dies den üblichen Erwartungen der Beteiligten entspricht. So behält der Verkäufer Gewahrsam an einem Ring, den sich der Kunde an den Finger steckt,[71] oder an Kleidungsstücken, die der Kunde anprobiert. An Geldscheinen, die ohne Vorleistungswillen auf den Ladentisch gelegt werden, wird der Gewahrsam bis zum Erhalt des Wechselgelds nicht verloren.[72] Gewahrsam behält, wer im Bahnhof einem Dritten seinen Koffer zum Verstauen in einem nahe gelegenen Schließfach übergibt.[73]

38 ■ In **Selbstbedienungsläden** stehen Waren bis zum Passieren der Kasse im Gewahrsam des Geschäftsinhabers.[74] Die Einkaufskörbe und -wagen, in welche die Waren gelegt werden, gehören dem Inhaber und werden den Kunden nur zum Transport zur Verfügung gestellt. Hieran ändert sich nichts, wenn die Waren unter anderen Waren oder in der Verpackung anderer Waren versteckt werden. Auf solche Weise wird nur der Gewahrsam des Geschäftsinhabers „gelockert", aber noch nicht gebrochen.[75] Nach der Rechtsprechung kann ein solchermaßen gelockerter Gewahrsam auch **außerhalb der Herrschaftssphäre** des bisherigen Gewahrsamsinhabers anzunehmen sein (zB wenn das Opfer dem Täter sein Mobiltelefon zum Telefonieren überlässt), sodass der Gewahrsam des Opfers erst dann aufgehoben wird, wenn der Täter sich anschließend mit dem überlassenen Gegenstand entfernt oder diesen in eine eigene Gewahrsamsenklave (Rn. 52) gelangen lässt.[76] Gegen die Einordnung der Übergabe als bloßer Gewahrsamslockerung spricht allerdings, dass im öffentlichen Raum (dh außerhalb einer generellen Gewahrsamssphäre, zB Supermarkt, Kaufhaus) nach der Verkehrsanschauung in der Regel bereits mit dem Ergreifen eines Gegenstands neuer Gewahrsam begründet wird.[77]

39 cc) **Verlegte, verlorene, vergessene und versteckte Sachen:** Soweit Sachen im eigenen Herrschaftsbereich nur **verlegt** sind, steht der (Fort-)Bestand des Gewahrsams nicht in Frage. Dies folgt schon daraus, dass es beim Gewahrsam um die anerkannte Möglichkeit des jederzeitigen Zugriffs auf die Sache geht, die durch ein vorübergehendes Nichtauffinden nicht eingeschränkt wird.

40 ■ Sachen, die außerhalb eines Herrschaftsbereichs an einem dem bisherigen Inhaber nicht bekannten Ort **verloren** werden – zB im Wald oder auf der Straße –, werden gewahrsamslos.[78] Wird die Sache im Herrschaftsbereich eines Dritten mit generellem Gewahrsamswillen – zB Zugabteil, Kino usw – verloren, tritt ebenfalls Gewahrsamsverlust ein, jedoch wird der Dritte neuer Gewahrsamsinhaber (vgl. auch Rn. 33).[79]

---

71 BGH GA 1966, 244.
72 RG GA 74, 205.
73 BGH GA 1966, 212 f.; JZ 1968, 637.
74 OLG Zweibrücken NStZ 1995, 448 (449); W-*Hillenkamp/Schuhr* Rn. 135.
75 OLG Köln NJW 1986, 392; OLG Düsseldorf NJW 1993, 1407; hierzu *Brocker* JuS 1994, 919 ff.; *Jung* JuS 1993, 779; *Schmitz* JA 1993, 350 ff.; *Stoffers* JR 1994, 205 ff.; aA *Kargl* JuS 1996, 971 (975).
76 BGH NStZ 2016, 727; NStZ-RR 2018, 248 (249); BeckRS 2019, 34389.
77 *Jäger* Rengier-FS 227 (231), der insoweit allerdings von einem bedingten und damit unwirksamen Einverständnis ausgeht und damit ebenfalls zu einem vollendeten Diebstahl gelangt (aaO 234 f.); s. dagegen zur fehlenden Vollendung beim Entreißen einer Geldbörse, wenn der Täter vom Opfer festgehalten wird: BGH BeckRS 2019, 37843.
78 BGH NStZ 2020, 484; 2021, 42.
79 Vgl. RGSt 54, 231 (232 f.); *Klesczewski* BT § 8/52.

- Fortbestehender Gewahrsam kann dagegen angenommen werden, wenn eine Sache nur **vergessen** wird, der bisherige Inhaber aber noch die Möglichkeit hat, die Sache unschwer sofort wiederzuerlangen, sodass eine Wegnahme des Schirms des A in **Fall 6** ohne Weiteres möglich ist.[80] In der Regel wird es in solchen Fällen allerdings am Wegnahmevorsatz fehlen, da der Täter nicht von einem fortbestehenden Gewahrsam des Eigentümers ausgeht. Die jüngere Rechtsprechung bestimmt die räumlichen und zeitlichen Grenzen eines fortbestehenden Gewahrsams bei Gegenständen, die an einem öffentlich zugänglichen Ort zurückgelassen werden, allerdings eng, da der Gegenstand dem Zugriff Dritter preisgegeben ist.[81]

- Der Gewahrsam ist grds. noch nicht verloren, wenn die Sache von einem Dritten im Herrschaftsbereich[82] des bisherigen Gewahrsamsinhabers **versteckt** wird.[83] A hat in **Fall 7** daher noch keinen Gewahrsam an den Waren im Einkaufskorb begründet, sondern allenfalls dem Geschäftsinhaber die Zugriffsmöglichkeit erschwert, aber nicht beseitigt.

b) Gewahrsamsbruch: Der Gewahrsam wird gebrochen, wenn er ohne den Willen seines Inhabers aufgehoben wird.

aa) Daher schließt das (zumindest konkludent erklärte) **Einverständnis** des Gewahrsamsinhabers mit dem Gewahrsamswechsel eine Wegnahme iSd Diebstahlstatbestands aus.[84] Übergibt der Vermieter dem Täter ein unter falschem Namen gemietetes Fahrzeug, so liegt ein (täuschungs- und irrtumsbedingtes) Einverständnis vor, das eine Wegnahme ausschließt; es kommt allerdings eine Strafbarkeit nach § 263 in Betracht.[85] Zum Teil wird auch ein mutmaßliches Einverständnis als ausreichend angesehen, um den Tatbestand auszuschließen.[86] Dies wird jedoch zu Recht abgelehnt, da bereits die Gewahrsamsaufhebung ohne den Willen des Gewahrsamsinhabers verbotene Eigenmacht (§ 858 BGB) ist; deren Rechtfertigung durch eine mutmaßliche Einwilligung bleibt freilich unberührt.[87]

bb) Der Gewahrsamsinhaber kann sein Einverständnis in den Gewahrsamswechsel **von einer Bedingung abhängig** machen.[88]

Nach hM liegt deshalb ein Gewahrsamsbruch vor, wenn die Bedingung für den Gewahrsamswechsel vom Täter nicht erfüllt wird. So wird bei **Warenautomaten** das Einverständnis in den Gewahrsamswechsel sowie das Angebot zur Eigentumsübertragung unter der Bedingung erteilt, dass der Kunde das angegebene Geld als Kaufpreis einwirft und das Gerät ordnungsgemäß funktioniert. Deshalb ist die Entnahme der Ware nach hM nicht vom Einverständnis des Geräteaufstellers gedeckt, wenn der Automat

---

80 W-*Hillenkamp/Schuhr* Rn. 116.
81 Vgl. zum auf der Straße verlorenen Mobiltelefon: BGH NStZ 2020, 483 mit zust. Besprechung *Rennicke* ZJS 2020, 499; krit. *Hecker* JuS 2020, 1083 (1085).
82 Vgl. aber zur Gewahrsamsenklave Rn. 52.
83 RGSt 12, 353 (354 f.).
84 BGHSt 8, 273 (276); OLG Düsseldorf NStZ 1992, 237; OLG Köln NJW 2002, 1059 f.; SK-*Hoyer* § 242 Rn. 46 ff.; *Mitsch* 1.2.1.4.3.2.
85 KG VersR 2019, 541 f.
86 OLG Zweibrücken NStZ 2023, 293 (294); *Ludwig/Lange* JuS 2000, 446 (448 f.).
87 MK-*Schmitz* § 242 Rn. 88; LK-*Vogel/Brodowski* § 242 Rn. 107.
88 SK-*Hoyer* § 242 Rn. 54 ff.; S/S/W-*Kudlich* § 242 Rn. 29; *Mitsch* 1.2.1.4.3.2; MK-*Schmitz* § 242 Rn. 99.

mit Falschgeld oder präpariertem Geld „bedient" wird.[89] Nach dieser Auffassung wäre daher auch in **Fall 8** eine Wegnahme der Getränke durch A zu bejahen.

Gegen diese Auffassung spricht indes, dass die durch „Überlistung" des Automaten bewirkte Ausgabe der Ware der Sache nach einer täuschungsbedingten Herausgabe entspricht, bei der auch die hM nicht zu einer Strafbarkeit wegen Diebstahls, sondern Betrugs gelangte (§ 27 Rn. 45).[90] Das Einverständnis kann seine Funktion bei der Abgrenzung von § 242 einerseits und § 263 (bzw. § 263a) andererseits nur erfüllen, wenn dabei auf den natürlichen, nicht an bestimmte Geltungs- bzw. Wirksamkeitsbedingungen (vgl. § 158 BGB) geknüpften Willen abgestellt wird.[91] Die Bedienung eines Geldautomaten mit einer gefälschten oder fremden Debitkarte ist dementsprechend auch nach hM nicht nach § 242 (vgl. aber Rn. 46), sondern nach § 263a strafbar (§ 28 Rn. 19 ff, 41 ff.).[92] Daher liegt auch in Bezug auf die von dem Automaten ausgegebene Ware ein tatbestandsausschließendes Einverständnis selbst dann vor, wenn der Automat zuvor nicht ordnungsgemäß bedient worden ist.[93] In **Fall 8** liegt daher keine Wegnahme vor (vgl. aber § 33 Rn. 4 ff. zur Strafbarkeit nach § 265a). Das Einverständnis des Automatenaufstellers bezieht sich allerdings nur auf die freigegebene (und im Ausgabefach befindliche) Ware[94], dh eine Wegnahme wäre zu bejahen, wenn der Täter Waren an sich nimmt, nachdem er den Automaten aufgebrochen hat (vgl. auch § 28 Rn. 32 zum Einscannen des Barcodes zur „falschen" Ware an einer Selbstbedienungskasse).[95]

46 Aus den gleichen Gründen ist auch bei **Selbstbedienungstankstellen** nicht davon auszugehen, dass dem Kunden das Betanken seines Fahrzeugs nur unter der Bedingung gestattet wird, dass dieser auch zur Bezahlung des in seinen Gewahrsam übergegangenen Kraftstoffs bereit ist. Die Rechtsprechung geht insoweit von einem individuell erteilten Einverständnis des Tankstellenbetreibers aus, sodass bei einer täuschungsbedingten Erteilung eine Wegnahme ausscheidet und stattdessen eine Strafbarkeit wegen Betrugs in Betracht kommt.[96] Gegen diese Deutung spricht indes, dass der Tankstellenbetreiber (oder sein Personal) den Tankvorgang nicht individuell gestattet, indem zB die jeweilige Zapfsäule freigeschaltet wird; in der Regel findet gerade keine individuelle Überprüfung des einzelnen Kunden statt, sodass von einem generellen Einverständnis mit dem in dem Tankvorgang liegenden Gewahrsamswechsel auszugehen und damit eine Wegnahme – unabhängig von einer Beobachtung des Täters – ausgeschlossen ist (vgl. zur Unterschlagung § 6 Rn. 9).[97] Demgegenüber ist das Einverständnis des Geldinstituts bei der **Abhebung am Geldautomaten** auf die Person beschränkt, die sich formell über Karte und PIN als Karten- bzw. Kontoinhaber legitimiert hat.[98] Die

---

[89] Vgl. BGH MDR 1952, 563; OLG Stuttgart JR 1982, 508 f. mit zust. Anm. *Seier* und *Albrecht* JuS 1983, 101 f.; *Neumann* JuS 1990, 535 (538); weitergehend für ein an die Rückgabebereitschaft des Täters geknüpftes Einverständnis: *Jäger* Rengier-FS 227 (234 f.).
[90] AG Lichtenfels NJW 1980, 2206; *Dreher* MDR 1952, 563 f.
[91] *Ast* NStZ 2013, 305 (306 f.).
[92] BGHSt 35, 152 (158 ff.); 38, 120 (122 f.); NStZ 2019, 726 (727); näher NK-*Kindhäuser/Hoven* § 242 Rn. 51 f. mwN.
[93] AG Lichtenfels NJW 1980, 2206; SK-*Hoyer* § 242 Rn. 55 f.; MK-*Schmitz* § 242 Rn. 102.
[94] Vgl. auch *Rönnau* Roxin-FS II 487 (503 ff.), der allerdings insoweit von einer partiellen Öffnung der Gewahrsamssphäre des Automatenaufstellers ausgeht und deshalb einen Gewahrsamsbruch verneint.
[95] SK-*Hoyer* § 242 Rn. 54.
[96] BGH NJW 2012, 1092; BeckRS 2021, 5512; BeckRS 2022, 48112; NK-*Kindhäuser/Hoven* § 242 Rn. 46; LK-*Vogel/Brodowski* § 242 Rn. 118.
[97] *Ast* NStZ 2013, 305 (306 f.); *Hecker* JuS 2012, 1138 (1139).
[98] BGH NStZ 2019, 726 (727 f.).

Entnahme des ausgegebenen Geldes durch Dritte ist daher nicht von einem generellen Einverständnis in den Gewahrsamswechsel gedeckt[99], sondern es ist vielmehr aufgrund der inhaltlichen Beschränkung des **Einverständnisses auf die formell legitimierte Person** ein Gewahrsamsbruch anzunehmen.[100] Die Zulässigkeit einer solchen Beschränkung[101] (vgl. auch individuelle Zutrittserlaubnisse oder -verbote im Rahmen des § 123[102]) ergibt sich aus der Funktion des Einverständnisses, den Gewahrsamswechsel in Form der durch eine täuschungsbedingten (bzw. auf ein täuschungsäquivalentes Verhalten iSv § 263a rückführbare) Selbstschädigung von einem Zugriff des Täters abzugrenzen, der sich über den (natürlichen) Willen des Gewahrsamsinhabers hinwegsetzt. So wäre beispielsweise auch das plötzliche Ergreifen von bereit gelegtem Wechselgeld durch einen Dritten als Wegnahme anzusehen, da sich das Einverständnis des Ladeninhabers mit einem Gewahrsamswechsel allein auf den Kunden bezieht, an den das Wechselgeld herausgegeben wird.[103] Der BGH hat diese umstrittene Frage zuletzt offen gelassen und eine Wegnahme darauf gestützt, dass mit der Entnahme des Geldes der insoweit mit der Eingabe von Karte und PIN entstandene (Mit-)Gewahrsam des Bankkunden gebrochen werde.[104] Gegen die Annahme von Mitgewahrsam des Kunden spricht indes, dass sich das ausgegebene Geld bis zur Entnahme in der Gewahrsamssphäre der Bank befindet und der an der Entnahme gehinderte Kunde tatsächlich keine Sachherrschaft über das Geld ausüben kann.[105] Dementsprechend wird auch ein Bruch des Gewahrsams der Bank angenommen, wenn der Täter das Ausgabefach des Geldautomaten so manipuliert, dass der Kunde das Geld nicht an sich nehmen kann, und dieses selbst später entnimmt („Cash-Trapping").[106]

cc) Bedeutsam ist das Einverständnis in den Gewahrsamswechsel bei der sog. **Diebesfalle**, durch die ein vermutlicher Dieb überführt werden soll. Hier sind zwei Situationen denkbar: 47

- Trifft der Berechtigte nur Vorkehrungen, um den Dieb beobachten und (zB anhand einer Videoaufnahme) überführen zu können, drückt er dadurch noch kein Einverständnis in den Gewahrsamsübergang aus. Der Berechtigte will nicht, dass der Täter seinen Gewahrsam aufhebt und eigenen begründet, sondern er will den Gewahrsamswechsel nur für den Fall, dass er vorgenommen wird, beweisen und wieder rückgängig machen können. Auch der beobachtete Täter begeht daher einen (vollendeten) Diebstahl (vgl. auch Rn. 54).[107] 48

- Anders verhält es sich in Fällen, in denen – wie in **Fall 9** – das Gelingen des Beweises davon abhängt, dass der Täter **eine bestimmte (manipulierte) Sache in Gewahrsam nimmt**. Hier setzt das Überführen des Täters voraus, dass dieser an 49

---

99 So aber BGH NJW 2018, 245; *Brand* NJW 2018, 246; *Jäger* JA 2018, 309 (311).
100 BGH NStZ 2019, 726 (727 f.); *Piazena* ZJS 2020, 279 (281); *Waßmer* HRRS 2020, 25 (27).
101 Kritisch *Krell* NStZ 2019, 728 (729); *Ruppert* StV 2022, 17 (18).
102 Dazu MK-*Feilcke* § 123 Rn. 29, 32 f. mwN.
103 Vgl. zur „Wechselgeldfalle" *Jäger* Rn. 508 f.
104 BGH NJW 2021, 1545 (1546) mit zust. Anm. *Bechtel* JR 2022, 39 (41); *Zivanic* NZWiSt 2022, 7 (11); einschränkend *Brand* ZWH 2022, 46 (49); *Lenk* NJW 2021, 2547, wonach der Kunde nur dann Gewahrsam erlangt, wenn er die Bedienung des Geldautomaten abgeschlossen und selbst den auszuzahlenden Geldbetrag eingegeben hat.
105 *El-Ghazi* NStZ 2021, 427 (428); *Ruppert* StV 2022, 17 f.
106 *Brand* ZWH 2022, 46 (50); iE ebenso *Zivanic* NZWiSt 2022, 7 (12 f.); vgl. insoweit zum Versuchsbeginn: OLG Köln NStZ 2021, 48.
107 OLG Hamm NStZ-RR 2014, 209; *Gössel* § 7/52; NK-*Kindhäuser/Hoven* § 242 Rn. 43; *Kuhlen/Roth* JuS 1995, 711 (712); *Otto* JZ 1993, 559 (562 f.).

den präparierten Banknoten Gewahrsam begründet. Anders als beim bloßen Beobachten erklärt der Berechtigte mit dem Präparieren der Geldscheine (konkludent) seinen Willen, mit dem Gewahrsamsübergang – und sei dieser auch nur vorübergehend – einverstanden zu sein.[108] In derartigen Konstellationen begeht der Täter nur einen versuchten Diebstahl.[109]

50 c) **Zeitpunkt des Gewahrsamswechsels:** Die Wegnahme (und damit auch die Tatbestandsverwirklichung insgesamt) ist **vollendet**, wenn der bisherige Gewahrsam aufgehoben und neuer Gewahrsam begründet ist. Das heißt: Die Wegnahme ist vollendet, wenn der Täter (nach der Verkehrsanschauung) ungehindert auf die Sache zugreifen kann, während der frühere Gewahrsamsinhaber zur Rückerlangung der Sachherrschaft die Verfügungsgewalt des Täters erst beseitigen müsste.[110]

51 aa) Der Täter hat neuen Gewahrsam an der Sache begründet, wenn er diese mit Herrschaftswillen dergestalt an sich genommen hat, dass ihm nach der Verkehrsanschauung bereits die Verfügungsgewalt über die Sache zugeschrieben wird. Die Annahme eines solchen **Gewahrsamswechsels** kann grds. von folgenden **Kriterien** abhängig gemacht werden:

52 ■ Handelt es sich bei den Diebstahlsobjekten um kleine, unauffällige und leicht bewegliche Sachen, so reicht es in der Regel aus, wenn der Täter diese in oder unter seine Kleidung oder in kleine, ihm gehörende Behältnisse (zB Taschen) steckt.[111] Dabei handelt es sich um eine sog. **Gewahrsamsenklave** (hier: rechtlich geschützte Tabusphäre), in der allein dem Täter die Sachgewalt an den sich dort befindlichen Sachen zugeordnet wird. Dementsprechend unterfallen Sachen, die der Täter während seines Aufenthaltes in der fremden Gewahrsamssphäre in seiner Gewahrsamsenklave unterbringt, **sofort** seiner Sachgewalt. Nach der neueren Rechtsprechung gilt das auch für umfangreichere Tatbeute (zB sechs Flaschen Spirituosen), die in einer mitgebrachten Sporttasche verstaut wird.[112] Eine Gewahrsamsenklave wird indes nicht allein dadurch begründet, dass der Täter Waren ergreift und offen sichtbar mit den Armen bzw. Händen vor sich her zum Ausgang trägt.[113] Soweit der Täter jedoch zum Verkauf angebotene Lebensmittel verzehrt, liegt eine Wegnahme vor (vgl. auch zum Ergreifen und Festhalten von Gegenständen oben Rn. 38).[114]

53 ■ Entwendet der Täter hingegen **sperrige** (oder viele) **Gegenstände**, erlangt er gewöhnlich erst beim Verlassen des fremden Herrschaftsbereichs Gewahrsam.[115] So wird zB an **Kraftfahrzeugen** neuer Gewahrsam mit dem Wegfahren begründet.[116]

---

108 Mit einem Eigentumsübergang ist der Berechtigte dagegen nicht einverstanden.
109 BGHSt 4, 199 f.; 16, 271 (278); OLG Celle JR 1987, 253 (254) mit Anm. *Hillenkamp*; OLG Düsseldorf NStZ 1992, 237 mit Anm. *Janssen* und *Hefendehl* NStZ 1992, 544. – Anders *Kuhlen/Roth* JuS 1995, 711 (712 mit Fn. 10), die bei Diebesfällen stets Vollendung des Diebstahls annehmen.
110 BGH NJW 1981, 997; OLG Köln StV 1989, 156.
111 BGHSt 16, 271 (272 ff.); 41, 198 (204); NStZ 2019, 613 (614); BayObLG NJW 1995, 3000 f.; *Gössel* ZStW 85 (1973), 591 (649); *Ling* ZStW 110 (1998), 919 (940); *Welzel* GA 1960, 257 ff.; aA *Kahlo* in: Institut für Kriminalwissenschaften Frankfurt aM (Hrsg.), Vom unmöglichen Zustand des Strafrechts, 1995, 123 (137 ff.): nur Versuch.
112 BGH NStZ 2019, 613 (614); vgl. dagegen noch BGH NStZ-RR 2013, 276.
113 KG BeckRS 2018, 31492.
114 OLG Köln NJW 1986, 392.
115 BGH NStZ 1981, 435 f.
116 BGH NStZ 1982, 420.

Dies bedeutet in **Fall 10**, dass A hinsichtlich der Schrauben den objektiven Tatbestand des Diebstahls bereits im Baumarkt mit dem Einstecken vollendet hat, hinsichtlich der Fahrräder aber lediglich Versuch anzunehmen ist.

bb) Der Diebstahl erfordert **kein heimliches Vorgehen des Täters**. Daher schließt eine zufällige oder planmäßige Beobachtung der Tat durch den Berechtigten den Gewahrsamswechsel grds. nicht aus.[117] Dass der Beobachtende mit Erfolg einschreiten könnte, reicht für die Aufrechterhaltung des bislang bestehenden Gewahrsams nicht aus,[118] da die Sache nach der Verkehrsanschauung bereits der Herrschaftssphäre des Täters zugeordnet wird und ein Zugriff auf diese (zB eine körperliche Durchsuchung) daher rechtfertigungsbedürftig ist.

cc) Problematisch ist die Lösung des **Falls 11**, da **umstritten** ist, wann der Zeitpunkt der Gewahrsamsbegründung bei Waren, die mit **elektromagnetischen Sicherungsetiketten** versehen sind, anzusetzen ist. Eine Auffassung sieht eine solche Sicherung im Zusammenhang mit einer funktionierenden Alarmanlage am Ausgang des Warenhauses als generelles Wegnahmehindernis an, sodass ein Gewahrsamswechsel erst mit Verlassen der Geschäftsräume bejaht wird.[119] Dem ist nur zuzustimmen, soweit sich der gesicherte Gegenstand nicht in einer Gewahrsamsenklave des Täters befindet. Hat der Täter die Sache zB in seine Kleidung gesteckt, so wird sie seiner Sachgewalt auch zugeordnet, wenn er die Sicherungsvorrichtung zuvor nicht entfernt bzw. zerstört hat. In diesem Fall muss dem Täter der Gewahrsam an der Sache erst durch einen Eingriff in seine Tabusphäre wieder entzogen werden.[120]

In **Fall 11** hat sich A also nach der erstgenannten Ansicht noch nicht wegen vollendeten Diebstahls strafbar gemacht, während die Tat nach der hier vertretenen Ansicht bereits mit dem Anziehen des Hemdes vollendet ist.

d) Mehrpersonenverhältnisse:

aa) Eine Sache kann im **gleichrangigen Gewahrsam** mehrerer Personen stehen (vgl. § 866 BGB). In diesem Fall kann jeder von ihnen den Gewahrsam des anderen brechen und damit Täter eines Diebstahls sein.[121] Gleichrangigen Gewahrsam haben zB Eheleute an ihren gemeinsamen Wohnungsgegenständen.

bb) Vom gleichrangigen Mitgewahrsam sind solche (Mit-)Gewahrsamsverhältnisse zu unterscheiden, in denen **eine Person übergeordneten und eine andere untergeordneten Gewahrsam** hat. Letztere wird als **Gewahrsamsdiener** bezeichnet.

- Der Begriff des Gewahrsamsdieners deckt sich **in seinen Voraussetzungen** mit denen des Besitzdieners,[122] die § 855 BGB nennt: Eine Person ist Gewahrsams-/Besitzdiener, wenn sie die **tatsächliche Gewalt** über eine Sache **für einen anderen** in einem Verhältnis ausübt, aufgrund dessen sie sich auf die Sache beziehenden Weisungen des anderen zu befolgen hat (Haushalt, Erwerbsgeschäft).

---

117 HM: BGHSt 16, 271 (273 f.); 26, 24 (26); BGH NStZ 2008, 624 mit Anm. *Jahn* JuS 2008, 1119 ff.; OLG Düsseldorf NJW 1990, 1492: Videobeobachtung; MK-*Schmitz* § 242 Rn. 85; LK-*Vogel/Brodowski* § 242 Rn. 99.
118 So aber S/S-*Bosch* § 242 Rn. 40.
119 *Borsdorff* JR 1989, 4 f.; *Seier* JA 1985, 387 ff.
120 Ebenso BayObLG NJW 1995, 3000 (3001) mit Bespr. *Kargl* JuS 1996, 971 ff.; OLG Stuttgart JR 1985, 385 mit Anm. *Kadel*; *Dölling* JuS 1986, 688 (692 f.); L-*Kühl/Heger* § 242 Rn. 16; vgl. auch § 3 Rn. 21.
121 HM, vgl. nur *Samson* JA 1980, 285 (288); MK-*Schmitz* § 242 Rn. 79; LK-*Vogel/Brodowski* § 242 Rn. 75.
122 Im Ergebnis ebenso *Bittner*, Der Gewahrsamsbegriff und seine Bedeutung für die Systematik der Vermögensdelikte, 1972, 188 ff.; *Samson* JA 1980, 285 (288); *Schünemann* GA 1969, 46 (52 f.).

59 ■ Der **strafrechtliche Sinn** der Konstruktion einer Gewahrsamsdienerschaft liegt darin, dass der Prinzipal, der auf die von dem Gewahrsamsdiener benutzten Gegenstände zugreift, diese nicht „wegnimmt". Dem Prinzipal wird bei sozialen Abhängigkeitsverhältnissen **übergeordneter** und dem Gewahrsamsdiener **untergeordneter Gewahrsam** zugeschrieben. Beide sind zwar iSd Verkehrsauffassung Gewahrsamsinhaber, jedoch ist der Gewahrsam des Prinzipals vorrangig.[123] Daher kann umgekehrt der Gewahrsamsdiener den **übergeordneten Gewahrsam** des Prinzipals iSd Diebstahlstatbestands **brechen**. Wird schließlich dem Gewahrsamsdiener eine Sache **von einem Dritten** weggenommen, so werden der untergeordnete wie auch der übergeordnete Gewahrsam zugleich gebrochen.

In **Fall 12** hat demnach S als Gewahrsamsdienerin die Schreibmaterialien weggenommen, indem sie den Gewahrsam des V an ihnen brach.

60 Im Einzelfall kann die Entscheidung darüber, ob eine Person Gewahrsamsdiener oder **alleiniger Gewahrsamsinhaber** ist, Schwierigkeiten bereiten. Die Abgrenzung ist praktisch bedeutsam, da der Alleingewahrsamsinhaber mangels Wegnahme keinen Diebstahl, sondern nur eine Unterschlagung (§ 246) begehen kann. In der Rechtsprechung ist daher eine Vielzahl von Einzelfällen entschieden worden:

So hat der BGH etwa verneint, dass ein Postbeamter, der für die Ausgabe von Wertpaketen zuständig ist, sich nach Dienstschluss allein im Schalterraum aufhält und über den Tresorschlüssel verfügt, an den Paketen Alleingewahrsam (im Verhältnis zur Bundespost) hat.[124] Im Allgemeinen wird jedoch Kassierern und Kassenverwaltern, die für die Kasse allein verantwortlich sind, auch Alleingewahrsam an deren Inhalt zugeordnet.[125] Eine solche Verantwortung setzt voraus, dass niemand ohne den Willen des Kassierers Geld aus der Kasse entnehmen darf.[126] Alleingewahrsam an seiner Fracht wird auch einem Transportfahrer, der auf seinen Fahrten nicht beaufsichtigt wird, zugeschrieben.[127] Dagegen ist der Firmeninhaber übergeordneter Gewahrsamsinhaber an den Maschinen und Werkzeugen, die von den Fabrikarbeitern benutzt werden.[128] Unstreitig ist auch, dass die Hausfrau (der Hausmann) übergeordneten Gewahrsam an den der Haushaltshilfe zur Verfügung gestellten Haushaltsgeräten hat[129] und dass der Geschäftsinhaber den übergeordneten Gewahrsam an dem Geld erwirbt, das dem Personal in seinem Laden übergeben wird.[130]

61 e) **Wegnahme durch Unterlassen:** Eine Tatbestandsverwirklichung durch Unterlassen ist möglich, wenn der für den Gewahrsam des Berechtigten zuständige Garant pflichtwidrig nicht gegen die Wegnahme einer Sache in Zueignungsabsicht durch einen Dritten einschreitet.[131]

---

123 BGHSt 10, 400 (401 f.); LG Karlsruhe NJW 1977, 1301 (1302); NK-*Kindhäuser/Hoven* § 242 Rn. 64 mwN.
124 BGH wistra 1989, 18 (19).
125 BGH NJW 1994, 1228 (1231); vgl. auch OLG Zweibrücken NStZ-RR 2018, 249 (250) zum Alleingewahrsam der Schlüsselinhaberin an in einem Tresor aufbewahrten Medikamenten; zu einer abweichenden Fallgestaltung: OLG Celle 13.9.2011 – 1 Ws 355/11 mit Anm. *Krell* ZJS 2011, 572 ff.
126 BGHSt 8, 273 (275); BGH wistra 1989, 60; dies gilt nach BGH NStZ-RR 1996, 131 f. nicht für Sekretärinnen.
127 BGHSt 2, 317 (318); BGH GA 1979, 390 (391).
128 Vgl. auch zum fortbestehenden (Mit-)Gewahrsam des abwesenden Filialleiters eines Baumarkts am Inhalt eines Tresors, wenn der Tresor auch von seinem Stellvertreter geöffnet werden kann: BGH BeckRS 2019, 2165.
129 BGHSt 16, 271 (274).
130 RGSt 30, 88 (90 f.).
131 Näher zur umstrittenen Abgrenzung von Täterschaft und Teilnahme bei Unterlassungen LPK Vor § 25 Rn. 51 ff.

II. Subjektiver Tatbestand

Hinsichtlich des objektiven Tatbestands – der Wegnahme einer fremden beweglichen Sache – muss der Täter mit **Vorsatz** handeln. Weiterhin muss er die Sache in der **Absicht** wegnehmen, sie sich oder einem Dritten rechtswidrig zuzueignen. Insoweit ist der Diebstahl ein Delikt mit sog. „**überschießender Innentendenz**", ein Delikt also, das über den Vorsatz hinaus noch ein weiteres, nicht mit dem objektiven Tatbestand kongruentes subjektives Element – die rechtswidrige Zueignung – beim Täter voraussetzt.

1. Vorsatz

▶ **Fall 13:** A plant, sich zur Villa des B Zutritt zu verschaffen, um dort Wertsachen, die er an einen Hehler gut verkaufen kann, zu entwenden. Was sich in dem Haus befindet, weiß A noch nicht, geht aber davon aus, dass er schon einiges aufspüren wird. ◀

Für den Vorsatz, der sich (wie stets) auf den gesamten objektiven Tatbestand beziehen muss, genügt dolus eventualis. Das Tatobjekt braucht bei Tatbeginn noch nicht konkretisiert zu sein. So reicht es in **Fall 13** aus, wenn sich der Vorsatz des A noch unbestimmt auf die Wegnahme stehlenswerter Sachen bezieht.[132] Daher gehört es auch zu derselben Tatbestandsverwirklichung, wenn der Täter vor Vollendung der Tat entgegen der ursprünglichen Planung noch weitere oder andere Gegenstände wegnimmt.[133] Ist der Vorsatz des Täters auf ein bestimmtes Objekt konkretisiert (zB das in einem Karton vermutete Bargeld), so soll nach der Rechtsprechung nur Versuch anzunehmen sein, wenn die tatsächlich weggenommene Sache hinter der Vorstellung des Täters zurückbleibt (zB der Karton nur wertloses Papier enthält).[134] Richtigerweise ist in derartigen Fällen ein Irrtum über das Tatobjekt (error in objecto) anzunehmen, der den Vorsatz bei tatbestandlicher Gleichwertigkeit der beiden Objekte (fremde bewegliche Sache) unberührt lässt.[135] Bei einer Abweichung der erwarteten von der tatsächlich erbeuteten Geldsumme wird dementsprechend auch von der hM anerkannt, dass darin lediglich eine unerhebliche Abweichung vom Tatplan liegt.[136]

2. Absicht rechtswidriger Zueignung (Grundlagen)

▶ **Fall 14:** Bäcker B ist Gläubiger des Zuckerfabrikanten Z. Dieser befindet sich mit Lieferungen an B immer wieder in Verzug. Eines Tages platzt B der Kragen. Um für die pünktliche „Lieferung" eines bereits bestellten und bezahlten Zentners Zucker selbst zu sorgen, betritt B das Lager des Z, ergreift einen Sack Zucker und transportiert diesen mit seinem Lieferwagen in die Bäckerei. Z erstattet Strafanzeige wegen Diebstahls. ◀

a) **Zueignen:** Zueignen bedeutet, eine Sache mit dem Willen in Besitz zu nehmen, sie nunmehr zumindest vorübergehend als eigene zu besitzen (Aneignung) und dem Eigentümer auf Dauer den ihm zustehenden Besitz vorzuenthalten (Enteignung).[137]

---

[132] RGSt 70, 201 (202 f.); BGH NStZ 1982, 380.
[133] BGHSt 22, 350 (351).
[134] BGH NStZ 2006, 686 (687); NJW 2019, 2868; MK-*Schmitz* § 242 Rn. 182; *Sinn* ZJS 2010, 274 (276).
[135] Näher *Böse* GA 2010, 249 ff.; vgl. auch LG Düsseldorf NStZ 2008, 155 (156).
[136] BGH NStZ-RR 2019, 311 (312 – zu § 249).
[137] Zur Geschichte des Zueignungsbegriffs *Maiwald*, Der Zueignungsbegriff im System der Eigentumsdelikte, 1970, 17 ff.; *Wessels* NJW 1965, 1153 ff.

65 Kennzeichnend für die Zueignung sind die Merkmale der An- und Enteignung:
- Unter **Aneignung** ist die (zumindest vorübergehende) Inbesitznahme einer Sache zu ihrer (beliebigen) Nutzung zu verstehen.
- **Enteignung** heißt, dem Eigentümer auf Dauer die ihm zustehende besitzbezogene Verfügungsgewalt (vgl. §§ 903, 985 BGB) vorzuenthalten.

Die Zueignung ist also eine Verschiebung der besitzbezogenen Verfügungsmacht über eine Sache. Hierbei sind An- und Enteignung in einem quasi-rechtlichen Sinne zu verstehen, da weder der Berechtigte durch die Wegnahme sein Eigentum (rechtswirksam) verliert noch der Dieb oder ein Dritter das Eigentum (rechtswirksam) erwirbt. Durch die Zueignung soll vielmehr eine Lage geschaffen werden, die so gestaltet ist, **als ob das Eigentum** vom Berechtigten auf einen anderen **übergegangen** sei.[138]

66 b) **Selbst- und Drittzueignung:** Der Täter kann die Sache sich oder einem Dritten zueignen wollen.
- Will der Täter dem Eigentümer die ihm zustehende Verfügungsgewalt über die Sache (auf Dauer) vorenthalten, um sie selbst (zumindest vorübergehend) als eigene zu besitzen, so will er die Sache sich zueignen.
- Will der Täter dagegen die Sache in Besitz nehmen, um einem anderen die selbstständige Verfügungsgewalt über sie zu verschaffen, so will er die Sache dem Dritten zueignen.

67 In Analogie zum zivilrechtlichen Eigentumserwerb lässt sich somit sagen, dass der Täter die Sache bei der Selbstzueignung in **Eigenbesitz** nimmt (vgl. §§ 872, 937, 958 BGB). Bei der Drittzueignung ermöglicht er dagegen einem anderen, die Sache in Eigenbesitz zu nehmen. Hinsichtlich der Enteignung stimmen die beiden Zueignungsvarianten überein.

68 c) **Absicht:** Die Zueignung muss beabsichtigt sein.

Unter Absicht ist ein **zielgerichteter Wille** zu verstehen, der sich nach einhelliger Auffassung jedenfalls auf die **Aneignung** beziehen muss.[139] Zweck der Zueignung muss also die Erlangung der besitzbezogenen Verfügungsmacht (für den Täter oder zugunsten eines Dritten) über die Sache sein. Diese Anforderungen sind nicht erfüllt, wenn die Wegnahme allein zu dem Zweck erfolgt, anschließend gestellt und festgenommen zu werden.[140]

69 Hinsichtlich der **Enteignung** reicht ein Handeln mit bedingtem Vorsatz aus.[141] Es braucht also nicht das Ziel des Täters zu sein, dass dem Eigentümer der ihm zustehende Besitz auf Dauer vorenthalten bleibt.[142]

70 Der Täter muss den **Gewahrsam** an der Sache **um ihrer Zueignung willen** brechen. Entschließt er sich erst nach der Wegnahme zur Zueignung, so kommt nur Unterschlagung (§ 246) in Betracht.[143]

---

138 Näher *Kindhäuser* Geerds-FS 655 ff.; vgl. auch SK-*Hoyer* § 242 Rn. 69 ff.; *Mitsch* 1.2.2.3.3; *Noak*, Drittzueignung und 6. Strafrechtsreformgesetz, 1999, 25 ff.
139 BGH NStZ-RR 2012, 239 (240 f.); S/S-*Bosch* § 242 Rn. 61 mwN.
140 BGH NStZ-RR 2019, 248.
141 W-*Hillenkamp/Schuhr* Rn. 168 f.; L-Kühl/*Heger* § 242 Rn. 25; *Mitsch* 1.2.2.3.2; aA *Seelmann* JuS 1985, 454 f.
142 Praktisch relevant ist dies etwa, wenn dem Täter – in Abgrenzung zur Gebrauchsanmaßung – nur der unbedingte Rückführungswille fehlt, vgl. unten Rn. 108.
143 Unstr., vgl. nur BGH StV 1991, 106.

d) Die beabsichtigte Zueignung muss rechtswidrig sein: aa) Die Zueignung ist rechtswidrig, wenn die Inbesitznahme der Sache als eigene durch den Täter (oder den begünstigten Dritten) gegen die dingliche Rechtslage verstößt und auch nicht durch einen fälligen und durchsetzbaren Übereignungsanspruch gedeckt ist.

Die Zueignung kann als **nicht rechtswidrig** in folgenden Konstellationen angesehen werden:

- Die Zueignung ist nicht rechtswidrig, wenn der Eigentümer (oder ein sonstiger Verfügungsberechtigter) in diese **einwilligt**.[144] Für diese Einwilligung müssen die Voraussetzungen zur Abgabe einer rechtsverbindlichen Willenserklärung erfüllt sein (vgl. zur Zueignung getankten Benzins § 6 Rn. 9). In Konstellationen des einvernehmlichen Eigentumsübergangs erfolgt jedoch zumeist auch die Besitzverschaffung einverständlich, sodass dann schon ein Gewahrsamsbruch fehlt.

- Die Zueignung ist ferner nicht rechtswidrig, wenn der Täter oder der Dritte **berechtigt** ist, sich die weggenommene Sache **anzueignen** (vgl. §§ 910, 954 ff. BGB; Art. 130 EGBGB).[145] Die Zueignung ist ferner nach einer neueren Auffassung aber auch dann nicht rechtswidrig, wenn die **dauerhafte Enteignung rechtmäßig** ist; dies ist insbesondere dann anzunehmen, wenn die weggenommene Sache (zB Betäubungsmittel) der **Einziehung** (§§ 73 ff.; § 33 BtMG) unterliegen und die dauerhafte Enteignung des formell berechtigten Eigentümers daher von der Rechtsordnung gebilligt bzw. sogar gefordert wird.[146] Auf diese Weise lässt sich ein Wertungswiderspruch zu den Vermögensdelikten vermeiden, der entsteht, wenn man den strafrechtlichen Schutz des Vermögens auf dem Opfer rechtlich zugewiesene Gegenstände beschränkt (§ 26 Rn. 27).[147] Bei Einführung einer Verpflichtung, nicht mehr verkäufliche Lebensmittel zu spenden, könnte über diesen Ansatz (und in Anhängigkeit von der gesetzlichen Ausgestaltung der besagten Verpflichtung) auch beim „Containern" (Rn. 18) die Rechtswidrigkeit der vom Täter angestrebten Zueignung verneint werden.

- Weiterhin entfällt die Rechtswidrigkeit der Zueignung, wenn der Täter (oder der Dritte) einen fälligen und einredefreien schuldrechtlichen **Anspruch auf Übereignung der konkreten Sache** hat, weil er diese zB gekauft und den Kaufpreis entrichtet hat.[148] Dies wird sogar für den Fall befürwortet, dass der Täter den Rückübertragungsanspruch erst noch durch Anfechtung begründen muss.[149] Der eigenmächtig handelnde Täter erwirbt zwar mangels sachenrechtlicher Einigung kein Eigentum an der geschuldeten Sache, führt aber auch keine Besitzlage herbei, die dem Recht widerspricht. Der Eigentümer kann gegenüber dem Täter (oder dem Dritten) seinen Herausgabeanspruch nicht mehr geltend machen, weil er selbst verpflichtet wäre, dem Täter (oder dem Dritten) die Sache zum Zwecke der Eigentumsübertragung

---

144 RGSt 44, 41 (42); L-Kühl/*Heger* § 242 Rn. 27; LK-*Vogel/Brodowski* § 242 Rn. 178.
145 Zur Aneignung des teilungsbefugten Mit- oder Gesamthandseigentümers vgl. OLG Celle NJW 1974, 1833.
146 Eingehend *Hoyer* Fischer-FS 361 (366 f.).
147 *Hoyer* Fischer-FS 361 (362 f., 369); s. auch BGH NStZ 2016, 596 (599); vgl. zur entsprechenden Kritik an einer einschränkenden Auslegung des (wirtschaftlichen) Vermögensbegriffs: BGH NStZ-RR 2017, 244 (246).
148 BGHSt 17, 87 (89); NK-*Kindhäuser/Hoven* § 242 Rn. 116; *Otto*, Die Struktur des strafrechtlichen Vermögensschutzes, 1970, 221; für eine Verortung der Frage in den objektiven Tatbestand (taugliches Diebstahlsobjekt) LK-*Vogel/Brodowski* § 242 Rn. 36 ff.; aA *Hirsch* JZ 1963, 149 (150 ff.).
149 S/S-*Bosch* § 242 Rn. 59.

sofort wieder zu übergeben.[150] Eine Rechtsposition, die zivilrechtlich nicht (mehr) durchsetzbar ist, bedarf keiner strafrechtlichen Sanktion. Allerdings stehen dem Eigentümer gegen die eigenmächtige Wegnahme der geschuldeten Sache durch den Gläubiger **Abwehrrechte** zu (vgl. §§ 32 StGB, 859 BGB).

75 ■ Bei schuldrechtlichen Ansprüchen auf Übereignung vertretbarer Sachen (**Gattungsschuld**), ist die Frage der Rechtswidrigkeit der Zueignung **umstritten**: Entgegen der (noch) vorherrschenden Meinung[151] ist die Zueignung auch nicht als rechtswidrig iSd Tatbestands anzusehen, wenn der Täter (oder der Dritte) einen fälligen und einredefreien schuldrechtlichen Anspruch auf Übereignung einer vertretbaren Sache aus einer noch nicht konkretisierten Gattungsschuld hat.[152] Die hM begründet die Rechtswidrigkeit der Zueignung mit dem Argument, der Schuldner habe bei Gattungsschulden eine Auswahlbefugnis, die der Täter durch sein eigenmächtiges Vorgehen verletze.[153] Dem steht jedoch entgegen, dass der Schuldner bei Gattungsschulden keinen gegenüber Stückschulden gesteigerten Schutz verdient.

Zur Verdeutlichung mag **Fall 14** dienen: Ob der B eigenmächtig einen Sack Zucker, den der Z bereits vor dem Warenlager zur Abholung bereitgestellt hat (= Stückschuld), wegnimmt oder ob er aus dem Warenlager einen beliebigen Sack (= nicht konkretisierte Gattungsschuld) entwendet, kann mit Blick auf den Schutzzweck der Norm keinen relevanten Unterschied machen.[154]

Die Differenzierung zwischen Stück- und Gattungsschulden betrifft vor allem die Bestimmung der schuldrechtlichen Leistungsverpflichtung (bei Vertragsabwicklung, Leistungsstörung und Unmöglichkeit), ist aber für das Sachenrecht ohne Bedeutung. Wie bei Stückschulden kann der Täter auch gegen die Herausgabe einer unter eine Gattungsschuld fallenden vertretbaren Sache von mittlerer Art und Güte – insbesondere Bargeld – die Einrede der Arglist erheben.[155] Im Übrigen kann eine differierende Bewertung von Stück- und Gattungsschulden beim Diebstahl zu sachwidrigen Unterschieden in den Ergebnissen führen, da es nur vom Zufall abhängen kann, ob eine Sache aus einer Gattungsschuld schon konkretisiert ist oder noch nicht.

76 **bb)** Die Rechtswidrigkeit der Zueignung ist (normatives) **Tatbestandsmerkmal**.[156] Sie ist damit von der allgemeinen Rechtswidrigkeit der tatbestandsverwirklichenden Wegnahme einer fremden beweglichen Sache zu unterscheiden. Die Rechtswidrigkeit der Zueignung muss vom (zumindest bedingten) Vorsatz des Täters umfasst sein.[157] Danach führt die irrtümliche Annahme des Täters, die Zueignung sei rechtmäßig, zum

---

150 Zur Arglisteinrede vgl. BGHSt 17, 87 (89).
151 BGHSt 17, 87 (88 f.); S/S-*Bosch* § 242 Rn. 59; *Klesczewski* BT § 8/74; *Krey/Hellmann/Heinrich* Rn. 121 ff.; einschr. *Gribbohm* NJW 1968, 240 f.; *Maiwald* JA 1971, 579 (582); abw. für Banknoten OLG Schleswig StV 1986, 64; S/S/W-*Kudlich* § 242 Rn. 51; *Rengier* I § 2/193; *Roxin* Mayer-FS 467 (479 ff.); MK-*Schmitz* § 242 Rn. 172.
152 *Binding* 272 f.; SK-*Hoyer* § 242 Rn. 103; NK-*Kindhäuser*/Hoven § 242 Rn. 117; *Maiwald*, Der Zueignungsbegriff im System der Eigentumsdelikte, 1970, 159 ff.; *Otto* § 40/81, 85; LK-*Vogel*/*Brodowski* § 242 Rn. 42; mit Einschränkungen auch *Mitsch* 1.2.2.3.3.5.
153 S/S/W-*Kudlich* § 242 Rn. 51; M-*Schroeder*/Hoyer I § 33/54.
154 *Binding* 272 f.; *Maiwald*, Der Zueignungsbegriff im System der Eigentumsdelikte, 1970, 160 ff.; *Reinstorf*, Die Rechtswidrigkeit der Bereicherung und die Rechtswidrigkeit der Zueignung, 1974, 190.
155 Vgl. RG LZ 1918, 258 (259).
156 BGH NJW 1990, 2832; NStZ 2008, 626 mit Bespr. *Bosch* JA 2009, 70 ff.; *Herdegen* BGH-FS 195 (200); SK-*Hoyer* § 242 Rn. 96; S/S/W-*Kudlich* § 242 Rn. 49; L-*Kühl*/Heger § 242 Rn. 28; *Otto* § 40/78; aA BGHSt 17, 87 (90); *Hirsch* JZ 1963, 149 (154 f.).
157 OLG Köln NJW 1986, 392; *Mitsch* 1.2.2.3.2; MK-*Schmitz* § 242 Rn. 165.

Vorsatzausschluss nach § 16 Abs. 1 S. 1.[158] Im umgekehrten Fall kommt nach hM Versuch in Betracht.[159] Der Täter verkennt zB, dass ihm ein fälliger und einredefreier Übereignungsanspruch zusteht.[160]

3. Zueignungsabsicht (Einzelfragen)

a) Zueignung und Wegnahme

aa) Die hM sieht in der Zueignung eine von der Wegnahme unabhängige und ihr nachfolgende Handlung. Da die Vornahme dieser Handlung nur beabsichtigt zu sein brauche, wird der Diebstahl als **kupiertes Erfolgsdelikt** interpretiert.[161] Demnach wäre der Diebstahl nur eine Vorbereitungshandlung (Wegnahme) zur späteren Unterschlagung. Dem steht jedoch entgegen, dass § 246 einen geringeren Strafrahmen aufweist als § 242 und zudem formell subsidiär ist. Die eigentliche Tat kann schwerlich von der Vorbereitung als schwererem Delikt verdrängt werden, zumal der Gewahrsamsbruch keine Verletzung eines Besitzrechts, also materielles Unrecht, voraussetzt (vgl. Rn. 30). Außerdem müsste den sonstigen Wertungen des Strafrechts entsprechend nach Wegnahme und vor Zueignung die Möglichkeit des Rücktritts (bzw. der tätigen Reue) eingeräumt werden (vgl. ua §§ 264 Abs. 5, 264a Abs. 3), da der Täter mit der Wegnahme noch nicht einmal mit der Zueignung begonnen haben müsste.

bb) Konstruktiv überzeugend ist es dagegen, **in der Gewahrsamsbegründung** bereits die für die **Betätigung der Zueignungsabsicht** erforderliche Inbesitznahme der Sache zu sehen.[162] Die Zueignung verlangt objektiv nicht mehr als ein die Besitzlage veränderndes Verhalten, durch das der Täter seinen Zueignungswillen zum Ausdruck bringt (vgl. § 6 Rn. 13 ff.). Eine solche auf den ent- und aneignenden Besitzwechsel bezogene Manifestation des Zueignungswillens liegt beim Diebstahl gerade in der Besitzverschaffung durch Gewahrsamsbruch. Nur mit einer solchen Interpretation lässt sich im Übrigen die deliktssystematische Einordnung der Rechtswidrigkeit der beabsichtigten Zueignung als vorsatzrelevantes objektives Tatbestandsmerkmal (Rn. 76)[163] begründen. Sofern dagegen die Zueignung als bloß beabsichtigter, nicht mehr zum tatbestandlichen Unrecht gehörender Akt begriffen wird, kann deren Rechtswidrigkeit schwerlich ein objektives Tatbestandsmerkmal sein.

Dass die Zueignung kein von der Wegnahme getrennter weiterer raum-zeitlicher Akt ist, bedeutet indessen **keine Identität von Wegnahme und Zueignung**. Beides sind vielmehr Akte, die sich zwar (teilweise) auf dasselbe Geschehen beziehen, diesem Geschehen aber einen – auch in der rechtlichen Bewertung – jeweils unterschiedlichen Sinn geben. Insbesondere ist genau zwischen der Rechtswidrigkeit der Wegnahme (des Gewahrsamswechsels) und der Rechtswidrigkeit der Zueignung zu differenzieren, da

---

158 BGH StV 1988, 526 (527); 1988, 529; NJW 1990, 2832; W-*Hillenkamp/Schuhr* Rn. 208; NK-*Kindhäuser/ Hoven* § 242 Rn. 120; *Otto* § 40/80; MK-*Schmitz* § 242 Rn. 181.
159 Näher zu dieser Streitfrage *Kindhäuser/Zimmermann* AT § 30/26 ff.
160 Näher zu normativen Tatbestandsmerkmalen und zum entsprechenden Irrtum *Kindhäuser/Zimmermann* AT § 9/11 ff., § 27 Rn. 23 ff.
161 S/S-*Bosch* § 242 Rn. 46; SK-*Hoyer* § 242 Rn. 67; *Noak*, Drittzueignung und 6. Strafrechtsreformgesetz, 1999, 60 ff.; M-*Schroeder*/Hoyer I § 33/9; LK-*Vogel/Brodowski* Vor § 242 Rn. 66 f.
162 Vgl. *Binding* 285; *Hälschner* II/1 304 mit Fn. 1; *Hirsch* JZ 1963, 149 f.; *Hölzenbein*, Das Verhältnis der Unterschlagung zu Aneignungs- und Vermögensdelikten, 1966, 17 ff.; *Kindhäuser* Gössel-FS 451 ff.; *Ling* ZStW 110 (1998), 919 (934 f.); *Otto*, Die Struktur des strafrechtlichen Vermögensschutzes, 1970, 126 ff.; *Welzel* 350; vgl. auch *Roxin*, Täterschaft und Tatherrschaft, 7. Aufl. 2000, 343.
163 AA insoweit *Gössel* § 7/103 ff.

es möglich ist, dass der Berechtigte nur mit dem Gewahrsamswechsel, nicht aber auch mit der Zueignung einverstanden ist.

80 cc) Der Streit um das Verhältnis der Merkmale wirkt sich praktisch nicht aus. Wenn auch die hM den Diebstahl als kupiertes Erfolgsdelikt interpretiert, erblickt sie doch den (für die Verjährung maßgeblichen) Zeitpunkt der (materiellen) Deliktsbeendigung wie die hier vertretene Gegenauffassung in der Beendigung der Wegnahme (vgl. insoweit Rn. 120 ff.)[164] und nicht – wie beim Betrug (vgl. § 27 Rn. 87) – im Eintritt eines der Wegnahme nachfolgenden Bereicherungs- bzw. Nutzungserfolgs. Im Gutachten bedarf die Streitfrage daher **regelmäßig** keiner Erwähnung.

b) Gegenstand der Zueignung

81 Zur Bestimmung des Gegenstands der Zueignung – also zur Bestimmung dessen, was der Berechtigte durch die Enteignung verlieren und der Täter bzw. der Dritte durch die Aneignung erlangen soll – werden erheblich voneinander abweichende Lehren vertreten:

82 ■ Nach der sog. **Substanztheorie** (besser: **Eigentumstheorie**) ist Gegenstand der Zueignung die **Sache selbst**, die der Täter in Besitz nimmt, um sich oder einem Dritten die Möglichkeit ihrer Nutzung als eigene zu verschaffen. Die Zueignung bezieht sich also auf das Tatobjekt selbst, an dem der Täter oder ein Dritter die Verfügungsmacht eines Eigentümers („se ut dominum gerere") erlangen soll.[165] Hierfür spricht zum einen der Wortlaut („die Sache ... zuzueignen"), zum anderen die für die Auslegung des Zueignungsbegriffs erforderliche Analogie zum Zivilrecht: Da nur an Sachen Eigentum erworben werden kann, muss sich die Zueignung auch auf eine Sache beziehen. Bereits *Feuerbach* brachte diesen Gedanken auf die Formel, dass Zueignung „den Willen" voraussetze, „die fremde Sache (der Substanz nach) als Eigenthum zu haben (animus rem sibi habendi)".[166]

83 ■ Nach der sog. **Sachnutzentheorie (modifizierte Substanztheorie)** ist Gegenstand der Zueignung der **objektive Nutzen** (Funktionswert) einer Sache.[167] Diese Lehre ist insoweit enger als die Eigentumstheorie, als sie die Zueignung nicht auf die Erlangung des Sachbesitzes zu beliebigen Zwecken, sondern nur auf die Nutzung der typischen (objektiven) Funktionsmöglichkeiten der Sache bezieht. Es besteht jedoch kein Grund, die zivilrechtlich vorgesehene Möglichkeit, mit der eigenen Sache nach Belieben zu verfahren (§ 903 S. 1 BGB), mit Blick auf die strafrechtliche Zueignung einzuschränken. So erscheint es etwa durchaus sachgerecht, die enteignende Wegnahme einer Sache zu dem Zweck, sie in unüblicher Weise (zB als Fetisch) zu benutzen oder sie überhaupt nur (zB in einem Versteck) zu besitzen, als Zueignung anzusehen.[168]

---

164 BGHSt 4, 132 (133); BGH NStZ 2008, 152; LK-*Vogel/Brodowski* § 242 Rn. 200 mwN.
165 Vgl. RGSt 39, 239 (242); *Binding* 264; *Böse* Kindhäuser-FS 645 (646 ff.); *Gössel* § 6/45 ff.; *v. Hippel* 239; *v. Liszt/Schmidt* § 127 V, 617; mit Modifikationen *Gehrmann*, Systematik und Grenzen der Zueignungsdelikte, 2002, S. 50 f.; SK-*Hoyer* § 242 Rn. 81 ff.; *Kindhäuser* Geerds-FS 655 ff.; *Otto*, Die Struktur des strafrechtlichen Vermögensschutzes, 1970, 167 ff.; MK-*Schmitz* § 242 Rn. 132 ff.; *Welzel* 340 ff.
166 *Feuerbach* § 316.
167 *Rudolphi* GA 1965, 33 (38 f.); *Wolfslast* NStZ 1994, 542 ff.; vgl. auch *Paulus*, Der strafrechtliche Begriff der Sachzueignung, 1968, 163 ff., 218 ff.
168 Zur Kritik vgl. *Gössel* § 6/42; *Kindhäuser* Geerds-FS 655 (658 f.).

■ Nach der sog. **Sachwerttheorie** ist Gegenstand der Zueignung der wirtschaftliche **84**
Wert einer Sache. Die Sachwerttheorie wird in zwei Modifikationen vertreten:
Nach der restriktiven Variante ist Gegenstand der Zueignung nur der in der Sache
selbst verkörperte Wert, das sog. lucrum ex re.[169]
Nach der extensiven Variante kann Gegenstand der Zueignung auch der Veräußerungswert der Sache, das sog. lucrum ex negotio cum re, sein.[170]
Die Sachwerttheorie diente vor allem dem Ziel, (angebliche) Schutzlücken der Substanztheorie vor Einführung der Drittzueignung[171] zu schließen. So wurde es als problematisch angesehen, die Wegnahme einer Sache zugunsten eines Dritten als Selbstzueignung anzusehen, wenn der Täter nicht wenigstens einen mittelbaren Vorteil aus der Besitzverschaffung ziehen wollte.[172] Da die Variante der Drittzueignung nunmehr keinerlei Vorteilsstreben zu eigenen Gunsten mehr verlangt, entfällt insoweit der Grund für eine extensive Tatbestandsauslegung iSd Sachwerttheorie.[173]

■ Vorherrschend ist heute (noch) die sog. **Vereinigungstheorie**,[174] welche die Substanztheorie mit der Sachwerttheorie alternativ verbindet: Gegenstand der Zueignung ist hiernach die Sache selbst oder ihr Wert. Die in der Vereinigungstheorie enthaltene Sachwerttheorie wurde von der Rechtsprechung (bisher) in der extensiven Variante vertreten;[175] nach der Erweiterung des Diebstahlstatbestands um die Drittzueignungsabsicht hat sich jedoch ein zentrales Anliegen dieser Auslegung erübrigt. Soweit darüber hinaus auf den Sachwert abgestellt wird, um eine Zueignungsabsicht zu begründen (Rn. 84), wird damit jedoch die Grenze zu den Vermögensdelikten aufgelöst und verkannt, dass Gegenstand des Eigentumsrechts allein die Sache selbst, aber nicht deren Wert ist, was sich auch daran zeigt, dass der Sachwert nicht selbstständig übertragen werden kann (vgl. bereits Rn. 82; vgl. auch unten Rn. 95 zum Auseinanderfallen von Eigentumsrecht und Verfügungsrecht über den Sachwert).[176] **85**

c) Geplante Verwendung

▶ **Fall 15:** A entwendet dem B eine streng limitierte Sonderauflage eines Lexikons, um sie anschließend bei eBay zu versteigern. ◀

▶ **Fall 16:** Der Landstreicher L entwendet (mit Rückgabewillen) eine Sache nur zu dem Zweck, verhaftet zu werden und auf diese Weise im Winter Unterkunft zu erhalten. ◀

Die zum Zeitpunkt der Wegnahme geplante weitere Nutzung der Sache kann ein maßgebliches Kriterium dafür sein, ob deren Inbesitznahme mit Zueignungsabsicht **86**

---

169 *Bockelmann* ZStW 65 (1953), 559 (575 ff.); S/S-*Bosch* § 242 Rn. 49.
170 So insbesondere die Rechtsprechung im Rahmen der Vereinigungstheorie, vgl. Rn. 84.
171 Durch das 6. StrRG vom 26. Januar1998 (BGBl. I 1998, 164 ff.); vgl. hierzu auch *Rengier* Lenckner-FS 801 (802 ff.).
172 Ein solcher Vorteil wurde in dem der Gesetzesreform vorausgehenden Grundsatzurteil für den Fall der Entnahme von Geldern aus Postsendungen zugunsten der Staatskasse der DDR verneint, s. BGHSt 41, 187 (195).
173 Näher zur Problematik der Drittzueignung nach der früheren Rechtslage *Kindhäuser* BT II, 1. Aufl., § 2/106 ff.; *Rönnau* GA 2000, 410 (411 ff.).
174 Vgl. BGHSt 1, 262 (264); BGH NJW 1985, 812; W-*Hillenkamp/Schuhr* Rn. 148 f.; *Schmidhäuser* Bruns-FS 345 (351 ff.); *Sonnen* 105 f.; *Tenckhoff* JuS 1980, 723 (725).
175 BGHSt 1, 262 (264); 24, 115 (119); BGH NJW 1985, 812; enge Variante bei *Mitsch* 1.2.2.3.3.4.
176 Eingehend *Gössel* FS Pötz, 39 ff.; *Kindhäuser* FS Geerds, 655 ff.

erfolgt: Von einer Eigentumsanmaßung kann stets gesprochen werden, wenn die vom Täter mit der Inbesitznahme der Sache bezweckte spätere Verwendung gleichermaßen eine An- und Enteignung impliziert. Die vom Täter geplante spätere Verwendung setzt demnach als **notwendiges** (und mit der Wegnahme erreichtes) **Zwischenziel** die Inbesitznahme der Sache als eigene voraus.

87 Dagegen ist keine Zueignung gegeben, wenn mit der Inbesitznahme der Sache der Herausgabeanspruch des Berechtigten nicht beeinträchtigt werden soll, und zwar selbst dann nicht, wenn das geplante Handeln dem Willen des Berechtigten (eindeutig) zuwiderläuft.

Entsprechend können nun die **Fälle 15** und **16** gelöst werden. In **Fall 15** will A sich mit der Wegnahme die Möglichkeit verschaffen, die Bücher wie ein Eigentümer übereignen zu können (Aneignung) und damit den Berechtigten auf Dauer aus seiner Stellung zu verdrängen (Enteignung). Insoweit handelt A bei der Wegnahme mit Zueignungsabsicht. In **Fall 16**[177] dagegen erkennt L die gegebenen Eigentumsverhältnisse an und macht sich lediglich die Vorspiegelung der Wegnahme in Zueignungsabsicht zu Nutze; der subjektive Diebstahlstatbestand ist nicht erfüllt.

d) Dauer der An- und Enteignung

▶ **Fall 17:** A entwendet dem B eine Briefmarke und bietet sie später dem nach Ersatz suchenden B wieder als ihm (A) gehörend zum Kauf an. ◀

▶ **Fall 18:** A nimmt den Hund des B vorübergehend an sich, um ihn später gegen Finderlohn zurückzugeben. ◀

88 aa) Die **Aneignung** ist **in der logischen Sekunde** der Begründung von Eigenbesitz (oder Fremdbesitz zugunsten eines Dritten)[178] vollzogen. Für die Aneignung reicht es daher aus, wenn der Täter die Sache an sich nimmt, um sie unmittelbar anschließend zu verkaufen oder zu verschenken.

Einen Sonderfall stellt die „Rückgabe" von **Pfandflaschen** dar, die bei einem Dritten entwendet wurden: Hier differenziert die hM danach, ob – wie dies bei standardisierten, von mehreren Herstellern verwendeten Flaschen üblich ist – eine Mitübereignung im Rahmen des Getränkekaufs erfolgt (Einheitsflasche) oder die Flasche vom Getränkehersteller mit einer dauerhaften Kennzeichnung versehen ist, die sie als dessen Eigentum ausweist (Individualflasche); im letzteren Fall fehlt mangels vorher eintretenden Eigentumsübergangs auch bei „Rückgabe" des gestohlenen Leerguts die Anmaßung einer solchen Position.[179] Im erstgenannten Fall finden die Grundsätze Anwendung, die für die Rückveräußerung der Sache an den Eigentümer gelten (Rn. 89); dabei ist allerdings die Vorstellung des Täters von der dinglichen Rechtslage zu Grunde zu legen.[180] Die sachlich kaum zu rechtfertigende Ungleichbehandlung von Individual-

---

[177] BGH GA 1969, 306 f.; NStZ-RR 2012, 307 f.
[178] Näher hierzu Rn. 110 ff.
[179] BGH NJW 2018, 3598; OLG Hamm NStZ 2008, 154 f.; AG Flensburg NStZ 2006, 101 f. mit Anm. *Kudlich* JA 2006, 571 (572); *Hellmann* JuS 2001, 353 (354 f.); krit. AG Berlin-Tiergarten (249 Ds) 3022 PLs 13289/11 (233/11) v. 17.11.2011 mit Anm. *Jahn* JuS 2013, 753 ff.; *Schmitz/Goeckjan/Ischebeck* Jura 2006, 821 (823 f.); ausf. zu zivilrechtlichen Fragen *Weber* NJW 2008, 948 ff.
[180] BGH NJW 2018, 3598 (3599); *Eisele* JuS 2019, 178 (180).

und Einheitsflaschen[181] und die Unsicherheiten bei der Feststellung darauf bezogener Vorstellung des Täters sind ein weiterer Beleg für die Inkonsistenzen der hM[182], welche eine strenge Orientierung an der Sachsubstanz als Zueignungsgegenstand vorzugswürdig erscheinen lassen. Danach wäre eine Strafbarkeit wegen Diebstahls zu verneinen (Rn. 89; vgl. insoweit auch § 10 Rn. 6, 12 zur Strafbarkeit nach § 289 und § 28 Rn. 20, 32 zur Strafbarkeit nach § 263a).[183]

bb) Für die **Enteignung** ist maßgeblich, dass dem Eigentümer der ihm gerade aufgrund seines Eigentums zustehende Besitz **dauerhaft** vorenthalten werden soll. Nimmt der Täter dem Eigentümer eine Sache weg, um sie ihm anschließend wieder zu verkaufen, so wird der Enteignungsvorsatz von der hM zum Teil darauf gestützt, dass dem Eigentümer der Sachwert über die Zahlung des Kaufpreises auf Dauer entzogen wird.[184] Lehnt man einen Rückgriff auf den Sachwert ab (Rn. 82, 85), so ließe sich ein Enteignungsvorsatz nur durch die Missachtung des Eigentumsrechts begründen, durch die der Eigentümer insofern dauerhaft aus seiner Position verdrängt werden soll, als jede weitere Erlangung der Verfügungsgewalt über die Sache – auch durch den wahren Berechtigten – **aus der vom Täter (oder vom Dritten) angemaßten Eigentumsposition abgeleitet** sein soll.[185] Der Enteignungsvorsatz bezieht sich indes nicht auf die rechtliche Verfügungsbefugnis, sondern auf die tatsächliche Möglichkeit des Eigentümers, sein Recht auszuüben (Sachherrschaft); diese Möglichkeit wird ihm bei einer geplanten Rückveräußerung nicht auf Dauer entzogen.[186] Will der Täter den Eigentümer dazu nötigen, für die Herausgabe einen Geldbetrag zu zahlen, so erkennt auch die hM an, dass es insoweit an einem Enteignungsvorsatz fehlt.[187] Strafrechtlicher Schutz ist daher in derartigen Fällen nicht über § 242, sondern über die Vermögensdelikte (§§ 253, 263) zu gewährleisten.[188]

Nach hM wäre daher in **Fall 17** ein Enteignungsvorsatz anzunehmen: Der Eigentümer B soll seine Sache nicht aufgrund seines Herausgabeanspruchs zurückerhalten, sondern (vermeintlich) das Eigentum an einer anderen Briefmarke erwerben (bzw. durch Zahlung des Kaufpreises den in der Briefmarke verkörperten Sachwert auf Dauer verlieren). Die Wiedererlangung des Besitzes erfolgt nicht aufgrund des eigenen Herausgabeanspruchs, sondern wird (vermeintlich) aus dem vom Täter übertragenen Eigentum an der „fremden" Briefmarke neu erworben. Keine Enteignung wäre dagegen in **Fall 18** gegeben, denn hier will A den Hund als dem B gehörend wieder herausgeben, leugnet also nicht dessen Besitzrecht an dem Tier, sondern will dem B nur (iSv § 263) durch Täuschung einen Vermögensschaden zufügen.[189] Nach der hier vertretenen Gegenauffassung wäre der Enteignungsvorsatz in beiden Fällen zu verneinen, da dem Eigentümer die weggenommene Sache nicht dauerhaft entzogen werden soll.[190]

---

181 Vgl. auch den Hinweis von *Wachter* JZ 2019, 315 (316), dass die Nichtrückgabe und anderweitige Verwendung von Individualflaschen nach der hM als Unterschlagung (§ 246) oder Sachbeschädigung (§ 303) strafbar wäre.
182 *Hoven* NJW 2018, 3599 (3600).
183 So auch *Disselkamp* ZJS 2019, 156 (158 f.).
184 RGSt 57, 199; S/S-*Bosch* § 242 Rn. 50; W-*Hillenkamp/Schuhr* Rn. 177 f.
185 *Rengier* I § 2/132; MK-*Schmitz* § 242 Rn. 143.
186 *Böse* Kindhäuser-FS 645 (653 f.).
187 BGH StV 1983, 329 (330); BGH NStZ-RR 2009, 51.
188 SK-*Hoyer* § 242 Rn. 95; *Mitsch* 1.2.2.3.3.2; *Seelmann* JuS 1985, 288 (290); LK-*Vogel/Brodowski* § 242 Rn. 168; eingehend *Böse* Kindhäuser-FS 645 (648 ff.); *R. Grunewald* GA 2005, 520 (526 ff.).
189 RGSt 55, 59 (60); vgl. auch BGH JR 1985, 251 f. mit Anm. *Rudolphi*.
190 *Böse* Kindhäuser-FS 645 (654 f.).

90 An einer dauerhaften Enteignung fehlt es ferner, wenn ein Arbeitnehmer **zur Vermeidung von Regressansprüchen** Waren, die von ihm beschädigt wurden, heimlich durch unbeschädigte aus dem Warenlager des Arbeitgebers ersetzt und ausliefert. Entsprechendes gilt für einen Soldaten, der zur Vermeidung von Ersatzleistungen einem Stubenkameraden Ausrüstungsgegenstände wegnimmt, um diese als die ihm ursprünglich übergebenen abzuliefern. In diesen Fällen sollen die weggenommenen Sachen dem Eigentümer zurückgegeben werden; die hM stellt insoweit darauf ab, dass das fremde Eigentum an den weggenommenen Sachen dabei nicht in Abrede gestellt wird (vgl. Rn. 88).[191] Schließlich ist es auch nicht als dauerhafte Enteignung anzusehen, wenn der Täter die Sache entwendet, um sie zur Durchsetzung einer Forderung eigenmächtig „in Pfand zu nehmen"[192] oder wenn er Daten von Datenträgern kopieren will, die er anschließend zurückgeben möchte[193] (beachte aber § 202a).

Beim „Containern" (Rn. 18) wird der Enteignungsvorsatz zT mit der Begründung verneint, dass dem Supermarktinhaber, der Lebensmittel zur Entsorgung bereitgestellt habe, das Eigentum daran nicht dauerhaft entzogen und er nicht auf Dauer aus einer wirtschaftlichen Stellung als Eigentümer verdrängt werden solle, da ihm angesichts der unmittelbar bevorstehenden Vernichtung insoweit nur für kurze Zeit eine leere Rechtshülle verbleibe.[194] Diese Begründung geht jedoch darüber hinweg, dass das Eigentumsrecht auch das Recht einschließt, die Sache zu zerstören (zB bei persönlichen Aufzeichnungen, vgl. Rn. 18), sodass der strafrechtliche Schutz nicht von vornherein auf das wirtschaftliche Interesse an der Sache (Nutzung) verengt werden kann. Maßgeblich sollten vielmehr die Grenzen sein, die sich aus Inhalt und Grenzen des Eigentumsrechts ergeben (vgl. oben Rn. 73 zur Rechtswidrigkeit der Zueignung).

e) Äußere Form der Zueignung

▶ **Fall 19:** A entwendet dem Teppichhändler T einen bereits verkauften, aber noch nicht ausgelieferten Teppich, um ihn dem Käufer K als Bote des T zu übergeben und den Kaufpreis zu erhalten. ◀

91 Die Zueignung setzt nicht voraus, dass sich der Täter bei der geplanten Verwendung auch ausdrücklich als Eigentümer bezeichnen will. Wenn der Täter zB stiehlt, um die entwendete Sache anschließend an einen Dritten zu verkaufen, ist es für die Annahme einer Zueignungsabsicht gleichgültig, ob er sich beim Verkauf als Eigentümer oder nur als Bevollmächtigter eines Dritten darstellen will. Ohne Belang ist es in diesem Fall auch, ob der Dritte (zB ein Hehler) um die wahre Rechtslage weiß. Entscheidend ist allein, dass der Täter die Sache in Besitz nimmt, um sie in enteignender Weise nutzen zu können.

92 Dagegen wird es schon aus Gründen der Sicherung der erlangten Sachgewalt für den Dieb bisweilen sinnvoll sein, sich (gegenüber Dritten) nicht als Eigentümer auszugeben, wie in **Fall 19** deutlich wird: Hier eignet sich der Täter die Sache an, da er mit ihr in einer Weise verfahren will – Verkauf auf eigene Rechnung –, die unvereinbar

---

[191] BGHSt 19, 387; BayObLG BeckRS 2020, 37990; OLG Stuttgart NJW 1979, 277 f.; *Eser* JuS 1964, 477 (482); *Gribbohm* NJW 1966, 191 (192); *Rudolphi* GA 1965, 33 (38); abw. OLG Frankfurt NJW 1962, 1879 ff. mit Anm. *Kohlhaas* und *Westermann* NJW 1962, 2216; OLG Hamm NJW 1964, 1427 ff.
[192] BGH NStZ-RR 1998, 235 (236); *Bernsmann* NJW 1982, 2214 (2215); NK-*Kindhäuser/Hoven* § 242 Rn. 82; vgl. NStZ-RR 2012, 239 (241).
[193] Vgl. BayObLG NJW 1992, 1777 (1778); *Vogt/Vogt* JuS 1980, 860 (861).
[194] *Bülte* Sieber-FS 183 (194 f.); *Mitsch* ZfL 2020, 457 (462 ff.).

§ 2 Diebstahl (§ 242)

mit der Anerkennung des dem Verkäufer zustehenden Eigentums ist.[195] Dass sich das an sich völlig unproblematische Diebstahlsgeschehen – Wegnahme zum Weiterverkauf – hier auf den ersten Blick kompliziert darstellt, hängt mit seiner Einbettung in das Rechtsverhältnis Verkäufer-Käufer zusammen. Bei näherem Hinsehen zeigt sich aber, dass dieses Rechtsverhältnis für den Enteignungsvorsatz irrelevant ist, denn mit der geplanten Auslieferung soll T auf Dauer aus seiner Stellung als Eigentümer verdrängt werden (vgl. Rn. 88). Die Selbstzueignungsabsicht zulasten des Eigentümers wird nicht dadurch ausgeschlossen, dass der Täter bei der Wegnahme **zusätzlich** schon einen Plan hat, wie er die Sache durch Täuschung eines Dritten[196] verwertet.

f) Wiederholte Zueignung

▶ **Fall 20:** Dieb D veräußert und übergibt die (mit Selbstzueignungsabsicht) gestohlenen Sachen zunächst einem Hehler, nimmt sie diesem aber später mit Zueignungsabsicht wieder weg. ◀

Die mit der Wegnahme verbundene Absicht der Zueignung bezieht sich auf die Erlangung der **Möglichkeit**, die Sache unter Ausschluss des Eigentümers wie eine eigene zu nutzen, und ist daher von der späteren konkreten Verwendung abzugrenzen. Wie der reguläre Eigentumserwerb ein einmaliger, mit der Besitzerlangung verbundener Akt ist, so wird auch die Zueignung nur einmal durch Inbesitznahme der Sache vollzogen. Alle späteren Verwendungen der Sache sind nur Realisierungen der Nutzungsmöglichkeit, die der Täter mit der Zueignung sich oder einem Dritten verschaffen will. Eine wiederholte Zueignung durch verschiedene Nutzungen der Sache ist nach hM bereits **begrifflich nicht möglich** (vgl. § 6 Rn. 40). Dementsprechend eignet sich ein Mittäter die gemeinsam (und jeweils in Selbstzueignungsabsicht) gestohlenen Sachen nicht erneut zu, wenn er sie seinen Komplizen vor Teilung der Beute entwendet.[197] In diesem Stadium erstreckt sich der angemaßte Eigenbesitz des Täters (als Mitbesitzer oder mittelbarer Besitzer) noch auf die gesamte Beute.

Konstruktiv ist eine mehrfache Zueignung derselben Sache nur unter den in **Fall 20** geschilderten Voraussetzungen denkbar, in denen der Täter den zum Zwecke der Zueignung erlangten Besitz zwischenzeitlich eingebüßt hat und sich die Sache dann **durch erneute Begründung von Eigenbesitz** ein weiteres Mal zueignet.[198]

g) Legitimationspapiere und Ausweise

▶ **Fall 21:** Taschendieb A ist erfreut, als er in der soeben entwendeten Brieftasche des B nicht nur dessen Sparbuch, sondern – wie erwartet – auch eine Bankkarte und einen Personalausweis findet. Da sich A und B bei flüchtiger Betrachtung nicht unähnlich sehen, setzt A seinen zuvor gefassten Plan in die Tat um, legt das Sparbuch in der Bank unter kurzem Vorzeigen des Ausweises vor und lässt sich einen hohen Betrag auszahlen. Mit der Bankkarte gelingt es ihm, am Geldautomaten 500 Euro vom Girokonto des B abzuheben.

---

195 IErg ebenso BayObLG JR 1965, 26 f. mit abl. Anm. *Schröder; Tenckhoff* JuS 1980, 723; *Wessels* NJW 1965, 1153 (1157); aA *Rudolphi* JR 1985, 252 (253).
196 Die strafrechtliche Würdigung *dieser* Tat kann in der Fallprüfung schwirig sein, da hier zu klären ist, inwieweit Käufer oder Verkäufer (ggf. Dreiecksbetrug) einen Vermögensschaden iSv § 263 erlitten haben (vgl. § 27 Rn. 46 ff.).
197 RGSt 11, 438 (442).
198 Vgl. RGSt 60, 273 (277 ff.).

Danach gibt er Ausweis, Sparbuch und Bankkarte bei der Sekretärin des B als „ehrlicher Finder" wieder zurück. ◂

94 aa) Wer **Wertpapiere, Legitimationszeichen** oder **Inhabermarken** – zB Straßenbahn- und Busfahrscheine, Theater- und Konzertkarten, Badekarten, Getränke- und Garderobenmarken – an sich nimmt, um durch ihre Verwendung den in ihnen verbrieften Anspruch (vgl. §§ 793, 807 BGB) geltend zu machen, handelt nach hM auch dann mit Zueignungsabsicht, wenn er sie nach Gebrauch zurückgeben will, denn der Eigentümer wird mit der Inanspruchnahme der Leistung um den in der Sache verkörperten Wert enteignet.[199] Alternativ lässt sich der Enteignungsvorsatz auch damit begründen, dass mit der geplanten Verwendung des Papiers das daran bestehende Eigentumsrecht negiert wird (vgl. Rn. 89). Über den Sachwertgedanken lässt sich ein Enteignungsvorsatz allerdings nicht bei Karten (zB Geld- oder Mensakarten) begründen, die nicht im Eigentum desjenigen stehen, der über das auf der Karte gespeicherte Guthaben verfügen kann, sondern sich im Eigentum eines Dritten (Bank, Studentenwerk) befinden.[200] Nach der hier vertretenen Gegenauffassung ist ein Enteignungsvorsatz generell ausgeschlossen, wenn der Täter das Papier an den Eigentümer (bzw. Verfügungsberechtigten) zurückgelangen lassen will (vgl. Rn. 88, 90).[201]

95 Nach hM handelt daher mit Zueignungsabsicht, wer – ungeachtet eines möglichen Rückgabewillens – ein **Sparbuch** zum Zwecke des Geldabhebens entwendet, weil er dem Inhaber der Forderung den in dem Sparbuch verkörperten Sachwert entziehen will.[202] Stellt man nicht auf den Sachwert, sondern auf die Sache selbst (Sparbuch) ab (Rn. 82, 85), so schließt der Rückgabewille den Vorsatz bzgl. einer dauerhaften Enteignung aus. Mit der Anmaßung der Darlehensforderung und damit zugleich des Eigentumsrechts an dem Sparbuch (§ 952 BGB) lässt sich eine dauerhafte Enteignung nicht begründen[203], wenn das Sparbuch an den Inhaber zurückgegeben werden soll (Rn. 89).[204] Hinsichtlich des dem Täter von der Bank übereigneten Geldes liegt dagegen durch die insoweit täuschende Verwendung des Sparbuchs Betrug vor (vgl. zum Irrtum § 27 Rn. 40).

96 bb) Hiervon zu unterscheiden sind nach hM **Codekarten**. Sie werden beim Abheben eines Geldbetrags an einem Bankautomaten nicht als Legitimationspapier, das eine Forderung verbrieft, benutzt.[205] Sofern der Täter die Karte wegnimmt, um sie nach Gebrauch zurückzugeben, handelt er mangels Enteignungswillens ohne Zueignungsabsicht.

97 cc) Bei **Ausweisen** kommt es darauf an, ob mit ihrer Aushändigung an den Berechtigten das Eigentum an ihnen übertragen wird. Ohne Zueignungsabsicht handelt ein Täter, der einem anderen einen im Eigentum des Ausstellers verbliebenen Ausweis (zB Reisepass oder Personalausweis)[206] wegnimmt, um ihn selbst zu benutzen. Mit dem

---

[199] RGSt 40, 10 (11); BGHSt 4, 236 (238); S/S-*Bosch* § 242 Rn. 50; *Rengier* I § 2/108.
[200] *Böse* Kindhäuser-FS 645 (655 f.); vgl. insoweit zB die Bedingungen für die Sparkassen-Card (unter A.I.1.5.).
[201] *Böse* Kindhäuser-FS 645 (655 f.); *R. Grunewald* GA 2005, 520 (531 f.).
[202] RGSt 22, 2 (3); BGHSt 8, 273 (276); 35, 152 (157); *Rengier* I § 2/106; zur Kritik an dieser zivilrechtlich fehlerhaften Begründung *Kindhäuser* FS Geerds, 655 (658).
[203] In diesem Sinne *Kindhäuser* FS Geerds, 655 (664 f.).
[204] *Böse* Kindhäuser-FS 645 (655 f.); *Miehe* Heidelberg-FS 481 (497 f.); *Otto* Jura 1989, 137 (144); MK-*Schmitz* § 242 Rn. 145.
[205] BGHSt 35, 152 (157 f.); OLG Köln StV 1991, 468 (471); *Altenhain* JZ 1997, 752 (753); SK-*Hoyer* § 242 Rn. 88.
[206] Die einzelnen Gesetze sehen jeweils vor, dass der Ausweis im Eigentum der Bundesrepublik Deutschland bleibt, vgl. für Pässe § 1 Abs. 4 S. 1 PaßG, für Personalausweise etwa § 4 Abs. 2 PauswG.

Besitz und Gebrauch des Ausweises ist nicht der Rechtsschein, Eigentümer zu sein, verbunden. Der Täter täuscht nicht über ein das Eigentum am Papier umfassendes Rechtsverhältnis, sondern nur über die Identität des Ausweisinhabers iSv § 281.[207]

dd) Nach Maßgabe des oben Ausgeführten ist somit **Fall 21** nach hM dahin gehend zu lösen, dass A sich (ungeachtet der Verwirklichung anderer Tatbestände) lediglich hinsichtlich des Sparbuchs wegen Diebstahls strafbar gemacht hat. Nach der hier vertretenen Gegenauffassung schließt der Rückgabewille des A auch insoweit den Enteignungsvorsatz aus; A ist daher nicht nach § 242 strafbar.

4. Abgrenzung zur Sachbeschädigung und Sachentziehung

▶ **Fall 22:** A entwendet seinem Arbeitskollegen B aus dessen Transporter einen Sack Brennholz, um dieses in seinem Kamin zu verheizen. ◀

▶ **Fall 23:** C entwendet seinem Feind F, der als Festredner der Juristischen Fakultät auftreten soll, kurz vor dessen Vortrag das Manuskript, um es ihm auf dem Postweg später wieder zukommen zu lassen. ◀

a) **Kriterien:** Von der Sachbeschädigung (§ 303), die im Falle der Zerstörung zu einem völligen Entzug der Sachherrschaft führen kann, unterscheidet sich die Zueignung durch das **Aneignungsmerkmal**.[208] Daher handelt der Täter mit Zueignungsabsicht, wenn er das Tatobjekt wegnimmt, um es vor der oder durch die Beschädigung zu nutzen.[209] Das Unrecht der späteren Beschädigung wird in diesem Fall von der Zueignung umfasst, sodass die Sachbeschädigung im Wege der Gesetzeskonkurrenz hinter den mit einer höheren Strafdrohung versehenen Diebstahl zurücktritt.

Eine Beschädigung durch (aneignende) Nutzung der Sache ist insbesondere im Falle einer **verbrauchenden Nutzung** anzunehmen, bei der die Verwendung **in der Zerstörung** oder Unbrauchbarmachung liegt.

So kann in **Fall 22** von einer Zueignung durch die verbrauchende Nutzung des Brennholzes durch A ebenso ausgegangen werden,[210] wie wenn der Täter Lebensmittel an sich nimmt, um sie zu verzehren, oder er von seinen Schafen eine Wiese abweiden lässt.[211]

Eine Zueignung ist aber auch anzunehmen, wenn der Täter die Sache in Besitz nimmt, um sie vor ihrer (bereits geplanten) Beschädigung noch in sonstiger Weise (für sich oder einen Dritten) zu nutzen. Mit Zueignungsabsicht handelt etwa der Täter, der ein Behältnis (zB Geldbeutel, Koffer, Tasche) in der Absicht wegnimmt, es zunächst zum **Transport der Beute** zu gebrauchen, um sich seiner anschließend zu entledigen.[212]

Keine Aneignung ist es dagegen, wenn der Täter die Sache nur wegnimmt, um sie **ohne vorherige Nutzung** an einem anderen Ort unter für ihn günstigeren Bedingungen

---

[207] AA OLG Stuttgart NStZ 2011, 44; vgl. auch BGH GA 1969, 306; AG Heilbronn NJW 1974, 2182.
[208] Abw. *Wallau* JA 2000, 248 ff., der die Zueignung auf die Enteignung beschränkt und demnach die Sachbeschädigung als Zueignung wertet.
[209] W-*Hillenkamp/Schuhr* Rn. 158; SK-*Hoyer* § 242 Rn. 83 f.; NK-*Kindhäuser/Hoven* § 242 Rn. 87; vgl. auch MK-*Schmitz* § 242 Rn. 155.
[210] Insoweit ist die Auffassung, die in jeder Sachbeschädigung die Verneinung einer Aneignung sieht (zB *Welzel* 341), offensichtlich verfehlt.
[211] BGH StraFo 2015, 216; OLG Stuttgart NStZ-RR 2002, 47; LG Karlsruhe NStZ 1993, 543 f.
[212] *Ruß* Pfeiffer-FS 61 (64 ff.); vgl. auch BGHR § 249 I Zueignungsabsicht 9.

beseitigen oder zerstören zu können.²¹³ Gleiches gilt, wenn der Täter dem Berechtigten die Sache zum Zwecke der Rache, des Ärgerns oder Schädigens wegnimmt²¹⁴, zB dem Opfer dessen Mobiltelefon abnimmt, um darauf gespeicherte Bilder oder Kontakte zu löschen.²¹⁵ Demgegenüber kann eine Aneignung in einer verbrauchenden Nutzung liegen, etwa wenn der Täter, lediglich um einen anderen zu ärgern, dessen Wurst isst (Rn. 100).

103 **b) Reine Sachentziehung:** Am Aneignungselement der Zueignung fehlt es schließlich auch in **Fall 23**. Hierbei handelt es sich um eine reine Sachentziehung, da C den Gewahrsam des Berechtigten F an dem Manuskript zwar aufhebt, ohne sich (oder einem Dritten) jedoch eine besitzbezogene Verwendung ermöglichen zu wollen.²¹⁶

5. Abgrenzung zur Gebrauchsanmaßung

▶ **Fall 24:** X entwendet seinem Arbeitskollegen Y den wiederaufladbaren Akku für eine Bohrmaschine. Nach Gebrauch will er den Akku wieder in die Werkzeugkiste des Y legen. ◀

▶ **Fall 25:** A gelingt es, an die Autoschlüssel seines verhassten Chefs zu gelangen. Er unternimmt mit dem Porsche eine ausgedehnte Spritztour. Den Wagen stellt er anschließend wieder auf das Firmengelände. ◀

▶ **Fall 26:** Wie Fall 25, aber A lässt den Wagen – wie von vornherein geplant – offen auf einem einsamen Waldparkplatz stehen. ◀

104 **a) Kriterien:** Die Wegnahme einer fremden Sache zum bloßen Gebrauch (sog. furtum usus) ist, von wenigen Fällen abgesehen (§§ 248b, 290), straflos. Eine Gebrauchsanmaßung begeht, wer eine Sache wegnimmt, um sie nach vorübergehender (und nicht beschädigender) Verwendung dem Berechtigten wieder **in Erfüllung seines Herausgabeanspruchs** zukommen zu lassen. Da die Gebrauchsanmaßung eine Nutzung der Sache zum Gegenstand hat, überschneidet sie sich mit der Zueignung in der Aneignungskomponente; der Gebrauchsanmaßung **fehlt** jedoch die **Enteignungskomponente**.

105 **b) Zeitraum:** Allerdings ist ein Enteignungswille nicht schon zu verneinen, wenn der Täter plant, dem Berechtigten die Sache „irgendwann" wieder zurückzugeben. Denn auch der **nur zeitweilige Entzug einer Sache** kann unter Umständen für eine dauerhafte Enteignung ausreichen, wenn die spätere Wiedererlangung des Besitzes für den Berechtigten **sinnlos** ist. Die sinnvolle Nutzungsmöglichkeit von Gegenständen kann zeitlich (teils erheblich) begrenzt sein. Dies gilt zum einen für Sachen, die nur zu bestimmten Zeiten verwendet werden können (zB ein Langlaufski), zum anderen vor allem aber für Gegenstände, die von Natur aus (zB Lebensmittel) oder aufgrund eines schnellen technischen Innovationsprozesses (zB Computer) in kurzer Zeit veralten. Eine dauerhafte Enteignung wird daher zum Teil angenommen, wenn der Eigentümer zur Anschaffung einer neuen Sache gezwungen ist.²¹⁷ Zum Teil wird auch darauf abgestellt, ob der weggenommene Gegenstand über einen Zeitraum genutzt werden

---

213 IErg unstreitig, vgl. BGH NJW 1977, 1460 mit Anm. *Lieder* NJW 1977, 2272 f. und *Geerds* JR 1978, 172 f.; OLG Düsseldorf NJW 1987, 2526 f.
214 BGH StV 1990, 407 (408); BayObLG NJW 1992, 2040 f.; *Mitsch* 1.2.2.3.3.3 aE; *MK-Schmitz* § 242 Rn. 155.
215 BGH NStZ 2019, 344 (345) mit Anm. *Kudlich*; BeckRS 2019, 37831 mit Bespr. *Jahn* JuS 2020, 467.
216 BGH bei *Holtz* MDR 1982, 810; *W-Hillenkamp/Schuhr* Rn. 159; *Mitsch* 1.2.2.3.3.3; abw. *Wallau* JA 2000, 248 (256).
217 *Rengier* I § 2/136; *MK-Schmitz* § 242 Rn. 150.

soll, der den Rahmen einer unentgeltlichen Gebrauchsüberlassung (§§ 598 ff. BGB) überschreitet.[218]

Demgegenüber wird allerdings mit Recht darauf hingewiesen, dass die Entziehung der Sache auch dann nur vorübergehender Natur ist, wenn der Eigentümer sich zwischenzeitig Ersatz beschafft hat (bzw. die dauerhafte Nutzung üblicherweise nur gegen Entgelt gestattet wird).[219] Die Entscheidung des Gesetzgebers, den furtum usus nur in den gesetzlich geregelten Ausnahmefällen zu kriminalisieren (Rn. 104), sollte daher grundsätzlich respektiert und nicht über eine extensive Auslegung des Enteignungsvorsatzes korrigiert werden.[220] Der Enteignungsvorsatz ist daher nur dann gegeben, wenn der Täter die Sache dem Eigentümer auf Dauer, dh auf unbestimmte Zeit, entziehen will bzw. insoweit mit bedingtem Vorsatz handelt.

c) **Intensität der geplanten Nutzung:** Aus den gleichen Gründen lässt sich ein Enteignungsvorsatz grundsätzlich auch nicht über die Intensität der geplanten Nutzung und die damit einhergehende Wertminderung begründen, denn der Gebrauch geht typischerweise mit einer Abnutzung und einem dadurch eintretenden Wertverlust einher.[221] Nach hM soll eine dauerhafte Enteignung allerdings zu bejahen sein, wenn die Sache infolge der vom Täter geplanten Nutzung ihre bestimmungsgemäße Funktion bzw. ihren Wert verlieren würde (vgl. Rn. 83, 85).[222] Entwendet der Täter in einer Buchhandlung ein neues Buch, um es nach der Lektüre zurückzubringen, so soll eine Zueignungsabsicht gegeben sein, weil das Buch durch die Nutzung nicht mehr als „neu" verkauft werden könne.[223] Diese Begründung vermag jedoch selbst nach den Kriterien der hM nicht zu überzeugen, da es nicht unüblich ist, dass ein Buchhändler einem Kunden ein Buch zur Ansicht überlässt. In **Fall 24** und **Fall 25** ist aus den gleichen Gründen ein Enteignungsvorsatz zu verneinen, da durch die Nutzung des Akkus bzw. des Fahrzeugs allenfalls eine geringfügige Wert- bzw. Gebrauchsminderung eintritt. X und A haben sich daher nicht nach § 242 strafbar gemacht (vgl. aber § 248b). Dies gilt erst recht, wenn man – mit der hier vertretenen Auffassung – eine Orientierung am Sachwert zurückweist, da in diesem Fall auch eine vollständige Entwertung (zB bei Rückgabe entladener Batterien) keine dauerhafte Enteignung begründen könnte.[224]

d) **Unbedingter Rückgabewille:** Eine bloße Gebrauchsanmaßung setzt voraus, dass der Täter den erworbenen Besitz **als Fremdbesitz zugunsten des Berechtigten auszuüben** beabsichtigt.[225] Er muss sich so verhalten wollen, als habe ihm der Berechtigte die Sache in den Grenzen eines (unentgeltlichen) Besitzmittlungsverhältnisses[226] überlassen. Daher handelt der Täter mit Zueignungsabsicht, sofern er die Sache nach ihrem geplanten Gebrauch **nicht zurückgeben** will. Relevant ist dies vor allem in Fällen der Ingebrauchnahme von Kraftfahrzeugen ohne (unbedingten) Rückführungswillen.[227] § 242 (und nicht § 248b) ist erfüllt, wenn es der Täter dem Zufall überlassen oder

---
218 So NK-*Kindhäuser/Hoven* § 242 Rn. 98.
219 *Mitsch* 1.2.2.3.3.2.
220 S. auch LK-*Vogel/Brodowski* § 242 Rn. 155.
221 *Kindhäuser* FS Geerds, 655 (672 f.). Die Annahme eines *furtum usus* schließt nur die Zueignung aus; eine Strafbarkeit wegen Sachbeschädigung (§ 303) durch den wertmindernden Gebrauch einer Sache wird hierdurch nicht berührt.
222 LK-*Vogel/Brodowksi* § 242 Rn. 154 mwN.
223 OLG Celle NJW 1967, 1921 ff. mit Anm. *Deubner; Androulakis* JuS 1968, 409 ff.
224 *Böse* Kindhäuser-FS 645 (656 f.).
225 Vgl. auch *Feuerbach* § 316.
226 Vgl. hierzu Palandt/*Herrler* BGB § 868 Rn. 6 ff. mwN.
227 BGHSt 22, 45 ff.

es von ungewissen Bedingungen abhängig machen will, ob der Berechtigte das (weggenommene) Fahrzeug nach dessen Gebrauch zurückerhält.

Mit Zueignungswillen handelt daher A in **Fall 26**, da er den PKW in der Absicht wegnimmt, sich des Fahrzeugs nach einer Spritztour so zu entledigen, dass es dem Zugriff (beliebiger) Dritter ausgesetzt ist oder die Rückführung an den Berechtigten fraglich erscheint.[228] Ein Rückführungswille kann dagegen noch bejaht werden, wenn der Täter das Fahrzeug vor einer Polizeiwache (oder an einer verkehrsreichen Stelle im Halteverbot) abstellt. Unter solchen Umständen ist mit einer alsbaldigen Verständigung des Halters zu rechnen.[229]

109 e) **Verbotener Sachgebrauch:** Der Annahme eines angemaßten Gebrauchsrechts steht nicht entgegen, dass die geplante Art und Weise des Sachgebrauchs verboten ist.[230] Mit der zeitweiligen Vorenthaltung der Sache zu verbotenen Zwecken – etwa einer Täuschung oder Erpressung – wird dem Berechtigten nicht das Eigentum streitig gemacht. Nur eine Gebrauchsanmaßung ist daher gegeben, wenn ein im Parkverbot haltender Täter mit Rückgabewillen ein polizeiliches Strafmandat von einem anderen Fahrzeug entfernt und es an seiner Windschutzscheibe befestigt, um vorzutäuschen, dass er schon als Verkehrssünder erfasst sei. Diebstahl ist hier aber zu bejahen, wenn der Täter damit rechnet, dass der fremde PKW weggefahren wird, bevor er den Zettel zurückgeben kann.[231]

6. Drittzueignung (Einzelfragen)

▶ **Fall 27:** A nimmt dem C ein Buch weg, das B dringend benötigt. Dabei sind sich A und B allerdings einig, dass C das Buch sofort nach der Lektüre zurückerhalten soll. ◀

110 a) **Problemstellung:** Auch die Drittzueignung[232] ist eine vom Täter auszuführende Handlung, die sich hinsichtlich des Enteignungsmerkmals mit der Selbstzueignung deckt. Probleme wirft dagegen das Aneignungsmerkmal auf, da der Täter einem Dritten das Tatobjekt nicht „aneignen" kann. Der Täter kann dem Dritten nur die Möglichkeit verschaffen, eine selbstständige Verfügungsgewalt über die Sache zu erlangen.[233] Zur Aneignung muss der Dritte – vom Sonderfall einer Eigentumsverschaffung nach §§ 946 ff. BGB abgesehen – die Sache selbst in Eigenbesitz nehmen. Dies kann durch die Begründung von unmittelbarem oder mittelbarem Besitz geschehen, wobei der Täter hinsichtlich der letzteren Variante als Besitzmittler fungieren kann (vgl. §§ 854, 868, 872 BGB). Ob der Dritte **gut- oder bösgläubig** ist, spielt keine Rolle.[234]

111 Die **Aneignungskomponente** ist demnach bei der Drittzueignung als **Ermöglichen der Aneignung** durch einen Dritten zu verstehen. Da der Täter jedoch die Handlung des

---

[228] BGHSt 16, 190 (192); BGH NJW 1987, 266 mit Anm. *Keller* JR 1987, 343; BGH NStZ 1996, 38; W-*Hillenkamp/Schuhr* Rn. 163; *Schaffstein* GA 1964, 97 (100, 107); aA *Kargl* ZStW 103 (1991), 136 (150).

[229] Gibt der Täter entgegen seiner ursprünglichen Absicht erst während der Fahrt seinen Rückführungswillen auf, weil zB das Benzin verbraucht ist, so ist die Tat mangels Zueignungsabsicht zum Wegnahmezeitpunkt kein Diebstahl, sondern eine Unterschlagung nach § 246; vgl. BGH GA 1960, 182; BayObLG NJW 1961, 280 f.

[230] Vgl. auch OLG Celle JR 1964, 266 mit Anm. *Schröder*.

[231] Vgl. OLG Hamburg NJW 1964, 736 f. mit Bespr. *Baumann* NJW 1964, 705 ff.

[232] Zur historischen Entwicklung vgl. *Schmid-Hopmeier*, Das Problem der Drittzueignung bei Diebstahl und Unterschlagung, 2000, 21 ff.

[233] HM, vgl. (mit terminologischen Abweichungen) W-*Hillenkamp/Schuhr* Rn. 171.; SK-*Hoyer* § 242 Rn. 92; L-*Kühl/Heger* § 242 Rn. 26a; abw. *Fischer* § 242 Rn. 48; MK-*Schmitz* § 242 Rn. 162.

[234] W-*Hillenkamp/Schuhr* Rn. 175; *Rengier* I § 5/39 f.; aA *Bussmann* StV 1999, 613 (616).

Zueignens vollziehen muss, erfordert die Drittzueignung, dass er den Übergang der Sachherrschaft auf den Dritten – bis auf den Aneignungsakt selbst – täterschaftlich bewirkt.

Ferner muss der Täter mit **Enteignungsvorsatz** handeln. Hierdurch wird ausgeschlossen, dass der Täter einem Dritten nur die Nutzung einer Sache (iSe Gebrauchsanmaßung) zugutekommen lassen will, ohne die besitzbezogene Verfügungsmacht des wahren Eigentümers aufheben zu wollen. Damit scheitert in **Fall 27** eine Drittzueignung am fehlenden Enteignungsvorsatz. A begeht nur eine Gebrauchsanmaßung zugunsten des B.

b) **Exklusivität:** Selbstzueignung und Drittzueignung schließen sich begrifflich wechselseitig aus.[235] Man kann eine Sache nur als eigene oder als fremde, aber nicht als eigene für einen anderen in Besitz nehmen. Dies gilt auch, wenn mehrere Beteiligte eine Sache gemeinsam wegnehmen, um sich jeweils Eigentum an ihr anzumaßen, also „Miteigentum" zu begründen. Hier nimmt jeder der Beteiligten iSe Selbstzueignung die Sache in Eigenbesitz (vgl. §§ 866, 872 BGB).

Für das **Gutachten** bedeutet dies, dass nicht offengelassen werden kann, ob der Täter sich oder einem Dritten die Sache hat zueignen wollen. Nur wenn mit Sicherheit eine dieser Varianten erfüllt ist und eine dritte Möglichkeit ausscheidet, kommt eine wahlweise Verurteilung[236] in Betracht. Daher sollte stets mit der Prüfung der Selbstzueignung begonnen werden.

Wird die Drittzueignung in diesem Sinne nur auf die Fälle der Zuwendung des Tatobjekts an einen Dritten, die nicht die Kriterien der Selbstzueignung erfüllen, beschränkt, so hat sie einen kleinen Anwendungsbereich.[237] Denn alle Konstellationen, in denen der Täter die Sache einem Dritten in einer Weise zukommen lassen will, die – wie beim Verschenken oder Veräußern – zumindest in einem logischen Durchgangsstadium die Anmaßung einer Eigentümerstellung voraussetzt, sind Fälle der Selbstzueignung.[238] Ein spezifischer Fall der Drittzueignung war dagegen die Entnahme von Geld- und Wertsachen aus Postsendungen von West- nach Ostdeutschland durch Angehörige des MfS zugunsten der Staatskasse der DDR.[239] Hier hatten sich die Betreffenden keine eigentümerähnliche Verfügungsmacht am Inhalt der Postsendungen angemaßt, die sie anschließend (schenkungsweise) auf den Staat der DDR übertragen hätten.

c) **Fallgruppen:** Drittzueignungen kommen insbesondere in folgenden Fallgruppen in Betracht:

- Der Täter veranlasst im Wege **mittelbarer Täterschaft** einen gutgläubigen (vorsatzlosen) Dritten, eine Sache selbst unmittelbar in Eigenbesitz zu nehmen. Exemplarisch: A sagt zu dem (gutgläubigen) Jugendlichen J, er könne den auf „seinem" Grundstück liegenden Ball holen und behalten; er (A) „schenke" ihm den Ball.

---

235 W-Hillenkamp/Schuhr Rn. 173; NK-Kindhäuser/Hoven § 242 Rn. 105; S/S/W-Kudlich § 242 Rn. 53; aA Krey/Hellmann/Heinrich Rn. 102; Rengier I § 2/156; Rönnau GA 2000, 410 (423 f.).
236 Vgl. hierzu Kindhäuser/Zimmermann AT § 48/7 ff.
237 Vgl. Jäger JuS 2000, 651 f.
238 Ebenso W-Hillenkamp/Schuhr Rn. 173; Mitsch 1.2.2.3.3.3; aA Klesczewski BT § 8/100. Eine »Drittzueignung« durch Übereignung an einen Dritten wurde schon im Gesetzgebungsverfahren zum prStGB von 1851 als Fall der Selbstzueignung angesehen, der keiner gesonderten Erwähnung bedarf, vgl. Goldtammer, Die Materialien zum Straf-Gesetzbuche für die Preußischen Staaten, Theil II, 1852, 447.
239 BGHSt 40, 8 (18); 41, 187 (196); auch nach heutiger Rechtslage eine Drittzueignungsabsicht verneinend: MK-Schmitz § 242 Rn. 163.

In Wirklichkeit gehört der Ball dem G und befindet sich auch auf dessen Grundstück. J nimmt sich in Unkenntnis der wahren Sachlage den Ball. Hier begeht A eine Wegnahme durch J als vorsatzlosen Tatmittler; J hält A für den Besitzer und bricht daher nach seiner Vorstellung keinen fremden Gewahrsam. Ferner will A die Wegnahme, damit J den Ball (unter Ausschluss des Berechtigten = Enteignung) in Eigenbesitz nehmen soll (= Aneignung).

116 ■ Der Täter bricht als **Mittäter** mit dem Dritten zusammen fremden Gewahrsam, um diesem die Zueignung der Sache zu ermöglichen; eine eigene (ggf. auch nur vorübergehende) Verfügungsgewalt am Tatobjekt will der Täter nicht erlangen. Exemplarisch: Absprachegemäß entwendet A gemeinsam mit seinem Freund F aus einem Juwelierladen Schmuck, den A zur Deckung seiner Schulden veräußern will. F beteiligt sich (nur), um A aus dessen finanzieller Notlage zu befreien.

117 ■ Der Täter nimmt die Sache durch Gewahrsamsbruch an sich, um an ihr absprachegemäß **für einen Dritten Besitz** zu begründen. Hier versteht sich der Täter von vornherein als „Fremdbesitzer" zugunsten des Dritten. Der Täter und der Dritte haben dann gewissermaßen ein „vorweggenommenes Besitzmittlungsverhältnis"[240] vereinbart. Exemplarisch: Wie zuvor abgesprochen, entwendet A aus einem Juwelierladen Schmuck, den B anschließend zur Deckung seiner Schulden veräußern will. In solchen Fällen ist der begünstigte Dritte regelmäßig nur Teilnehmer des Diebstahls, aber Täter der Unterschlagung (§ 246) durch Inbesitznahme der Sache als eigene.[241] Zur Abgrenzung: Entwendet A den Schmuck, um ihn dem B zur Schuldentilgung zu schenken, begeht er eine Selbstzueignung, da er sich als Eigentümer aufspielen und daher mit der Wegnahme Eigenbesitz begründen will.

118 ■ Bei der Drittzueignung können mehrere Personen an der Tat beteiligt sein. Es gelten dann die allgemeinen Beteiligungsregeln. Exemplarisch: A entwendet absprachegemäß aus einem Juwelierladen Schmuck für B, den dieser anschließend zur Deckung seiner Schulden veräußern will. Die Wegnahme führt A gemeinsam mit seinem Freund F aus, der zwar über die Sachlage informiert ist, aber B nicht kennt. Auch F handelt hier mit Drittzueignungsabsicht zugunsten des B.

III. Versuch, Vollendung und Beendigung

119 Der **Versuch** des Diebstahls ist strafbar (§ 242 Abs. 2). Er beginnt mit dem unmittelbaren Ansetzen iSv § 22 zum Gewahrsamsbruch, zB indem der Täter in den Raum eindringt, aus dem er stehlen will.[242] Nach der Rechtsprechung ist die Schwelle zum Versuch beim Wohnungseinbruchsdiebstahl in der Regel überschritten, wenn der Täter mit dem Einbrechen, Einsteigen etc. beginnt und dabei beabsichtigt, im direkten Anschluss an das Eindringen aus der Wohnung stehlenswerte Gegenstände wegzunehmen.[243] Sind mehrere Schutzmechanismen zu überwinden, soll sogar bereits mit dem Angriff auf den ersten ein unmittelbares Ansetzen vorliegen.[244] Maßgeblich ist

---

240 Vgl. dazu Palandt/*Herrler* BGB § 930 Rn. 10 ff.
241 Hierzu § 6 Rn. 32. Die Unterschlagung tritt dann subsidiär hinter die Teilnahme am Diebstahl zurück, § 246 Abs. 1.
242 NK-*Kindhäuser/Hoven* § 242 Rn. 129 mit weiteren Beispielen.
243 BGH NStZ 2021, 537; restriktiver BGH NStZ 2017, 86 (87); 2019, 716; zusammenfassend zur Rechtsprechung *Li* ZIS 2021, 431 ff.
244 BGH NJW 2020, 2570 (2571). Dort wurde bereits das Verhüllen des aufzubrechenden Automaten als unmittelbares Ansetzen angesehen, vgl. insoweit die berechtigte Kritik von *Rotsch* ZJS 2020, 481 (487 ff.).

dabei nicht die Verwirklichung des qualifizierenden Tatbestandsmerkmals (Einbrechen etc.)[245], sondern dass das geschützte Rechtsgut (Eigentum) aus der Sicht des Täters bereits konkret gefährdet ist[246]; es ist daher darauf abzustellen, dass der Täter auch zur Wegnahme bereits unmittelbar ansetzt[247]. Ein unmittelbares Ansetzen ist daher (noch) nicht gegeben, wenn der Täter einen Geldautomaten so manipuliert, dass der Kunde das Geld nicht daraus entnehmen kann, der Täter aber im weiteren Verlauf nicht mehr die Gelegenheit erhält, sich zu dem Geldautomaten zu begeben und das im Ausgabefach befindliche Geld an sich zunehmen („Cash-Trapping")[248]. Ein untauglicher Versuch ist gegeben, wenn der Täter verkennt, dass die Diebstahlsmerkmale objektiv nicht erfüllt sind; er hält zB eine eigene Sache für fremd.[249]

Der Diebstahl ist mit der Begründung des neuen Gewahrsams an der Sache **vollendet**. Ist der neue Gewahrsam gesichert, so ist die Tat **beendet** (Rn. 80).

120

Die beiden Stadien der Vollendung und Beendigung lassen sich wie folgt voneinander unterscheiden: Die Wegnahme ist zwar sofort mit dem Übergang der Sachgewalt auf den Täter vollzogen (und damit vollendet),[250] aber der bisherige Gewahrsamsinhaber hat unmittelbar nach dem Gewahrsamswechsel noch das Recht, dem Täter die Sache mit Gewalt wieder abzunehmen (§ 859 Abs. 2 BGB). Solange dem bisherigen Gewahrsamsinhaber dieses Recht der **Selbsthilfe** (oder ein sonstiges Notrecht) zusteht, kann die Wegnahme noch nicht als gesichert angesehen werden.[251] Gesichert ist der neue Gewahrsam erst, wenn der Täter seinen Besitz an der Sache auch dem bisherigen Gewahrsamsinhaber gegenüber mit Gewalt verteidigen darf bzw. wenn sich der Zugriff des bisherigen Gewahrsamsinhaber auf die Sache seinerseits als verbotene Eigenmacht (§ 858 Abs. 1 BGB) darstellt.[252] Ist dieses Stadium gesicherten Gewahrsams eingetreten, so ist die Wegnahme **beendet**.

121

Als **Faustformel** für den Regelfall lässt sich sagen:

122

- Die Wegnahme ist vollendet, wenn der Täter (nach der Verkehrsanschauung) ungehindert auf die Sache zugreifen kann, während der frühere Gewahrsamsinhaber zur Rückerlangung der Sachherrschaft die Verfügungsgewalt des Täters erst wieder beseitigen müsste.[253]
- Die Wegnahme ist beendet, wenn der Vorbesitzer nicht mehr das Recht hat, im Wege der Selbsthilfe die Verfügungsgewalt des Täters an der Sache wieder zu beseitigen.

---

245 So aber *Hoven/Hahn* NStZ 2021, 588 (589 ff.); dagegen *Murmann* NStZ 2022, 201 (203 f.).
246 BGH NStZ 2021, 537.
247 *Kudlich* NStZ 2020, 354 (355); *Murmann* NStZ 2022, 201 (205 f.).
248 OLG Köln NStZ 2021, 48 (49) mit krit. Anm. *Niemann*.
249 NK-*Kindhäuser/Hoven* § 242 Rn. 129.
250 Vgl. BGH NJW 1981, 997; *Gössel* ZStW 85 (1973), 591 (614 ff.); zu früheren Theorien *Mayer* JZ 1962, 617 f.
251 BGH NStZ 2024, 359 f.
252 Zu einer faktischen Begründung der Beendigung vgl. BGHSt 20, 194 (196 f.).
253 BGH GA 1966, 78; NStZ 2008, 624 f. mit Bespr. *Jahn* JuS 2008, 1119 ff.; krit. Anm. *Bachmann* NStZ 2009, 267 ff.; OLG Köln StV 1989, 156 mit Anm. *Freund* StV 1991, 23 ff.; *Kühl* JuS 1982, 110 (112).

C. Anwendung

I. Aufbau

123 Es empfiehlt sich, die Tatbestandsmerkmale des Diebstahls in folgenden Schritten zu prüfen:

A) Tatbestand:
  I. Objektiver Tatbestand:
    1. Tatobjekt: Sache, die beweglich und fremd ist;
    2. Tathandlung: Wegnahme = fremder Gewahrsam wird ohne den Willen des bisherigen Gewahrsamsinhabers aufgehoben („gebrochen") und neuer Gewahrsam begründet.
  II. Subjektiver Tatbestand:
    1. (zumindest bedingter) Vorsatz hinsichtlich Wegnahme des Tatobjekts (I. 1. und 2.);
    2. Zueignungsabsicht:
      a) Zueignung der Sache (oder nach hM des in ihr verkörperten Wertes);
      b) Absicht, sich die Sache anzueignen oder einem Dritten die Aneignung der Sache zu ermöglichen;
      c) Vorsatz hinsichtlich der Enteignung;
      d) Vorsatz hinsichtlich der Rechtswidrigkeit der Zueignung.
B) Rechtswidrigkeit
  der Tat insgesamt (= kein Eingreifen allgemeiner Rechtfertigungsgründe) und
C) Schuld

II. Beteiligung

124 Für die Beteiligung am Diebstahl gelten die allgemeinen Grundsätze der §§ 25 ff. Insbesondere muss auch für den Teilnehmer die Sache fremd sein. Wegen der Möglichkeit eines Handelns mit Drittzueignungsabsicht kann zwischen Täterschaft und Teilnahme im Wesentlichen **nur mit Blick auf die Mitwirkung an der Wegnahme** differenziert werden.

125 Im Falle einer Wegnahme durch **Unterlassen** (Rn. 61) kommt je nach Fallkonstellation Mittäterschaft (bei einvernehmlichem Zusammenwirken) oder Nebentäterschaft in Betracht. Exemplarisch: Die im Pelzgeschäft des P angestellte Verkäuferin V[254] hindert die Kundin K nicht daran, einen Mantel (in Zueignungsabsicht) überzuziehen und das Geschäft zu verlassen, weil sie K den Mantel „gönnt". Hier wäre Mittäterschaft bei absprachegemäßer Untätigkeit der V anzunehmen, anderenfalls Nebentäterschaft.

126 **Beihilfe** kann (unstr.) vom Vorbereitungsstadium der Tat **bis zu deren Vollendung** geleistet werden. Die Rechtsprechung bejaht darüber hinaus die Möglichkeit der Beihilfe bis zur **Beendigung**, die mit der Sicherung der Beute eintritt.[255] Hiergegen spricht, dass die Phase der Beendigung nicht mehr zur tatbestandsmäßigen Wegnahme um der Erlangung von Eigenbesitz willen und damit nicht mehr zur Tat iSv § 242 gehört. Die

---

[254] V hat weder Allein- noch Mitgewahrsam, sondern ist Besitzdienerin der Waren in dem Geschäft, vgl. oben Rn. 56 ff.
[255] BGHSt 4, 132 (133); 6, 248 (251); zust. S/S-*Bosch* § 242 Rn. 73.

§ 2 Diebstahl (§ 242)

Beendigungsphase ist nicht Teil des tatbestandlich vertypten Unrechts, sondern dient allein der faktischen Sicherung der unrechtmäßig erlangten Beute. Daher trägt der Helfer nicht mehr zur tatbestandlichen Rechtsverletzung bei, sondern fördert nur die Vorteilssicherung. Zudem ist es mit dem Bestimmtheitsgrundsatz des Art. 103 Abs. 2 GG nur schwer zu vereinbaren, eine Phase nach der tatbestandlich umschriebenen Tat noch zu dieser zu zählen. Aus diesen Gründen endet die Möglichkeit einer Beihilfe zum Diebstahl mit dem Zeitpunkt der formellen Tatvollendung, dem Abschluss der Gewahrsamsbegründung bei der Wegnahme.[256] Die spätere Hilfe wird vom Tatbestand des § 257 erfasst.

III. Konkurrenzen

Nimmt der Täter bei der Tatausführung mehrere Sachen weg, liegt ein einheitlicher Diebstahl vor; dies gilt auch dann, wenn die weggenommenen Sachen unterschiedlichen Eigentümern gehören oder die Wegnahme zum Teil nicht über das Versuchsstadium hinausgelangt.[257] Deliktische Handlungen, durch die der Täter seine Beute lediglich sichert oder verwertet, werden als **mitbestrafte Nachtaten** konsumiert. Voraussetzung hierfür ist allerdings, dass der Täter hierbei nicht – zB durch Betrug oder Urkundenfälschung – in die Rechte Dritter eingreift.[258] Eine verbreitete Auffassung in der Literatur[259] hält auch eine **wiederholte Zueignung** iSe Unterschlagung (§ 246) für möglich, die dann als mitbestrafte Nachtat zu behandeln sei. Nach zutreffender hM[260] ist jedoch bereits begrifflich eine mehrfache Zueignung derselben Sache nicht möglich (Rn. 93). Der Streit ist dann von Belang, wenn sich an der „Nachtat" Dritte erstmals beteiligen (Beihilfe?) oder wenn der Täter bezüglich des vorausgegangenen Diebstahls (zB mangels Schuldfähigkeit oder wegen Verjährung) nicht bestraft werden kann.

127

Wiederholungs- und Vertiefungsfragen

> In welche zwei Gruppen lassen sich die Eigentumsdelikte unterteilen? (Rn. 1)
> Welchem Schutzzweck dient das Verbot des Diebstahls? (Rn. 4 ff.)
> Was sind „Sachen" iSd Diebstahlstatbestandes? (Rn. 8 ff.)
> Wann ist eine Sache „beweglich"? (Rn. 11 f.)
> Wann ist eine Sache „fremd"? (Rn. 13 ff.)
> Beseitigt ein einredefreier schuldrechtlicher Anspruch auf Übereignung einer Sache deren Fremdheit für den Anspruchsinhaber? (Rn. 22)
> In welchen Fällen kann der menschliche Körper oder können Teile von ihm als Sache iSd Tatbestandes aufgefasst werden? (Rn. 23 ff.)
> Warum können Schlafende und Bewusstlose Gewahrsam haben? (Rn. 34)
> Warum wirkt das erklärte Einverständnis des bisherigen Gewahrsamsinhabers in den Gewahrsamswechsel tatbestandsausschließend? (Rn. 43 f.)

---

[256] *Isenbeck* NJW 1965, 2326 (2327 f.); LK-*Schünemann/Greco* § 27 Rn. 42 ff. mwN.
[257] BGH StV 2020, 228.
[258] RGSt 60, 371 (372 f.); BGH MDR 1982, 280.
[259] *Baumann* NJW 1961, 1141 ff.; *Bockelmann* JZ 1960, 621 ff.; *Seelmann* JuS 1985, 699 (702); *Tenckhoff* JuS 1984, 775 (778 f.); jew. mwN.
[260] BGHSt 14, 38 (44); S/S/W-*Kudlich* § 246 Rn. 20; L-Kühl/*Heger* § 246 Rn. 7; *Maiwald*, Der Zueignungsbegriff im System der Eigentumsdelikte, 1970, 261; *Otto*, Die Struktur des strafrechtlichen Vermögensschutzes, 1970, 106 ff.

- Nach welchen Kriterien kann grds. ein Gewahrsamswechsel angenommen werden? (Rn. 51 ff.)
- Welche Konstellationen kommen beim Gewahrsam mehrerer Personen über eine Sache in Betracht? (Rn. 56 ff.)
- Warum wird der Diebstahl als Delikt mit „überschießender Innentendenz" bezeichnet? (Rn. 62)
- Was ist unter „Zueignung" zu verstehen? (Rn. 64 ff.)
- Wann ist die beabsichtigte Zueignung „rechtswidrig"? (Rn. 71 ff.)
- Ist die beabsichtigte Zueignung rechtswidrig, wenn der Täter durch die Zueignung seinen bestehenden (schuldrechtlichen) Anspruch aus einer Gattungsschuld befriedigen will? (Rn. 75)
- Sind Zueignung und Wegnahme als zwei voneinander unabhängige Handlungen zu verstehen? (Rn. 77 ff.)
- Was ist Gegenstand der Zueignung? (Rn. 81 ff.)
- Warum ist die Wegnahme einer fremden beweglichen Sache allein zum Zwecke ihrer Zerstörung nicht nach § 242 strafbar? (Rn. 99)
- Wie lassen sich Zueignung und Gebrauchsanmaßung voneinander abgrenzen? (Rn. 104 ff.)
- Wie ist die Aneignungskomponente in Fällen der Drittzueignung aufzufassen? (Rn. 111)
- Wann ist der Diebstahl vollendet, wann beendet? (Rn. 120)

§ 3 Besonders schwere Fälle des Diebstahls (§ 243)

A. Allgemeines

▶ **Fall 1:** Der Täter besitzt für den Raum, aus dem er stiehlt, einen ordnungsgemäßen Schlüssel, und bricht nur ein, um den Tatverdacht von seiner Person abzulenken. ◀

▶ **Fall 2:** Gerichtsvollzieher G verschafft sich unter Vorzeigen seines Dienstausweises Zugang zur Wohnung verschiedener ihm bekannter Schuldner. Während diese nervös die von G geforderten Pfändungsunterlagen suchen, entwendet G heimlich verschiedene Wertsachen aus den Wohnungen. ◀

§ 243 normiert einen unselbstständigen Ergänzungstatbestand zu § 242; die Tatmodalitäten sind nicht als abschließende Qualifikationen formuliert, sondern dienen nur als (widerlegbare) Indikatoren besonders schwerer Diebstahlsfälle. Sie sind sog. **Regelbeispiele**. Durch diese Gesetzestechnik soll in erhöhtem Maße Einzelfallgerechtigkeit erzielt werden.[1] Die einzelnen in § 243 Abs. 1 angeführten Regelbeispiele nennen solche Tatumstände, unter denen das Unrecht des Diebstahls im Vergleich zum Grundfall des § 242 deutlich gesteigert ist. Da die Regelbeispiele jedoch (nur) als Indikatoren für besonders schwere Fälle des Diebstahls dienen, kann der Richter ohne weitere Begründung von einem besonders schweren Fall ausgehen, wenn die jeweiligen Tatmerkmale erfüllt sind. Von dieser Wertung kann der Richter jedoch in zweierlei Hinsicht abweichen:

- Einerseits kann er solche Umstände bei der Bewertung der konkreten Tat berücksichtigen, die das Unrecht der Tat mindern, und trotz Verwirklichung eines Regelbeispiels einen besonders schweren Fall des Diebstahls verneinen.[2] In **Fall 1** etwa greift der Täter nicht unrechtserhöhend in eine besonders geschützte Gewahrsamssphäre des Opfers ein, sondern verfolgt ein anderes, vom Schutzzweck des Regelbeispiels nicht (notwendig) erfasstes Ziel.[3] Hier obliegt dem Richter eine Begründungspflicht, wenn er von der indizierten Bewertung des verwirklichten Regelbeispiels abweichen will.[4] Er muss dann unter Würdigung der konkreten Tatumstände darlegen, warum er die Wertung nicht übernimmt.[5] Die Indizwirkung des Regelbeispiels kann daneben auch bei Vorliegen eines vertypten Milderungsgrundes entfallen.[6]

- Andererseits kann er einen besonders schweren Fall auch dann bejahen, wenn eine Tatbestandsvariante des § 243 Abs. 1 nicht erfüllt ist, aber das Unrecht der Tat aufgrund der konkreten Umstände demjenigen eines Regelbeispielsfalls vergleichbar ist.[7] Dazu liefern die Tatvarianten des § 243 Abs. 1 maßgebliche Bewertungskriterien. So kann ein besonders schwerer Fall angenommen werden, wenn der Täter eine Schutzvorrichtung, die nicht zu den in § 243 Abs. 1 S. 2 Nr. 2 genannten gehört, zur

---

1 Vgl. *Corves* JZ 1970, 156 (157); *Schmitt* Tröndle-FS 313 ff.; *Wessels* Maurach-FS 295 ff.; krit. *Arzt* JuS 1972, 385 (390); *Calliess* JZ 1975, 112 (117); *ders.* NJW 1998, 929 (930).
2 BGHSt 23, 254 (257); 33, 370 (375).
3 Vgl. zur Problematik auch *Albrecht* JuS 1983, 101 (104); *Wessels* Maurach-FS 295 (302).
4 BGH StV 1989, 432; OLG Karlsruhe NJW 1978, 1697 (1699); SK-*Hoyer* § 243 Rn. 4.
5 Die Rechtsprechung greift hierbei auch auf allgemeine Strafzumessungserwägungen zurück, vgl. BGHSt 28, 318 (319); 29, 319 (322); BGH NStZ-RR 2003, 297; OLG Köln NStZ 1991, 585 f.; krit. *Kindhäuser* Trifterer-FS 124 ff.
6 BGH BeckRS 2023, 12290.
7 BGHSt 29, 319 (322) mit Anm. *Bruns* JR 1981, 335; OLG Stuttgart NStZ 1985, 76; *Maiwald* Gallas-FS 137 (158); *ders.* NStZ 1984, 434 (438 f.); kritisch dazu *Kleczewski* BT § 8/112.

Begehung eines Diebstahls überwindet.[8] Als Bewertungskriterien können weiterhin Umstände herangezogen werden, die in den Regelbeispielen oder Qualifikationstatbeständen anderer Delikte des Besonderen Teils als unrechtserhöhende Merkmale genannt sind, zB ein besonders hoher Schaden, eine gesteigerte Angriffsintensität bei der Tatausführung, der Verlust wichtiger Arbeitsmittel oder die Amtsträgereigenschaft des Täters.[9] So verwirklicht G in **Fall 2** zwar kein Merkmal des § 243. Dennoch dürfte die Durchführung der Diebstähle, insbesondere die Ausnutzung seiner Amtsstellung (gerade gegenüber den Schuldnern), hier für die Annahme eines besonders schweren Falles sprechen.

4   Die hM sieht die Regelbeispiele des § 243 als (bloße) **Strafzumessungsregeln** an, um so einen Konflikt mit dem Bestimmtheitsgrundsatz des Art. 103 Abs. 2 GG zu vermeiden.[10] Doch sind auch „echte" Qualifikationstatbestände Strafzumessungsregeln, da sie unrechts- oder schuldrelevante Umstände als Voraussetzungen eines bestimmten Strafrahmens formulieren. Der Unterschied zwischen beiden Formen der Strafschärfung liegt vielmehr darin, dass Regelbeispiele offene, Qualifikationen dagegen bindende Strafzumessungsregeln sind. Es spricht daher nichts dagegen, auch Regelbeispiele als „Tatbestände" zu bezeichnen und zu behandeln.[11] Zutreffend sieht der BGH in der Wertungsoffenheit der Regelbeispiele gegenüber den selbstständigen Qualifikationstatbeständen keinen Wesensunterschied, sondern nur eine formale Differenz in der Gesetzestechnik.[12] Daher sind die Zurechnungsregeln des Allgemeinen Teils unmittelbar oder zumindest analog auf die Regelbeispiele des § 243 Abs. 1 anwendbar (näher Rn. 45 ff., 52 ff., 62 f.).

B. Definitionen und Erläuterungen

I. Die Regelbeispiele

1. Einbruchs- und Nachschlüsseldiebstahl (Nr. 1)

5   In Nr. 1 wird eine Reihe von Tatmodalitäten zusammengefasst, für die **drei Merkmale** kennzeichnend sind:
- eine dem Schutz des Eigentums dienende räumliche Befriedung,
- deren Überwindung durch eine spezifische Begehungsweise (einbrechen, einsteigen usw) und
- die Zwecksetzung (zur Ausführung des Diebstahls).

Das Regelbeispiel kann in allen Varianten auch dann verwirklicht sein, wenn der Täter im Allgemeinen berechtigt ist, sich in dem Gebäude (zB als Mitbewohner oder Arbeitnehmer) aufzuhalten.[13]

---

[8] Vgl. OLG Stuttgart JR 1985, 385 mit abl. Anm. *Kadel*.
[9] Vgl. §§ 305a, 263 Abs. 3 Nr. 2, 3, 4; ferner BGHSt 29, 319 (322 f.); BGH wistra 1983, 190 (191); *Krey/Hellmann/Heinrich* Rn. 134, 175; *Wessels* Maurach-FS 295 (296 f.); einschr. Arzt/Weber/*Heinrich*/Hilgendorf § 14/19 ff.
[10] BGHSt 26, 104 (105); 33, 370 (373); *Arzt* JuS 1972, 385 ff., 515 ff.; *Dölling* JuS 1986, 688 (689); *Mitsch* 1.3.1.1.2; MK-*Schmitz* § 243 Rn. 2; *Sternberg-Lieben* Jura 1986, 183; *Wessels* Maurach-FS 295 (298 f.).
[11] *Calliess* NJW 1998, 929 (934); *Jakobs* 6/99; *Kindhäuser* Triffterer-FS 123 (124 ff.).
[12] BGHSt 26, 167 (173 f.); vgl. auch BayObLG OLGSt § 243 Nr. 3, 2; *Küper* JZ 1986, 518 (526); *Maiwald* Gallas-FS 137 (148 f.).
[13] BGHSt 15, 146; 22, 127; BGH NJW 1960, 1357; *Krey/Hellmann/Heinrich* Rn. 138.

§ 3 Besonders schwere Fälle des Diebstahls (§ 243)

a) Räumlicher Schutzbereich

▶ **Fall 3:** B ist geradezu verliebt in den Pudel der Frau P. Mehrere Kaufangebote des B hat Frau P leider abgelehnt, da sie selbst an dem edlen Tier hängt. Als B eines Tages an dem Zaun des Gartens der P vorbeigeht, begrüßt ihn der Pudel munter bellend. B greift diese Gelegenheit beim Schopfe, klettert über den Zaun in den Garten und nimmt den Pudel mit. ◀

▶ **Fall 4:** A bemerkt im Vorbeigehen in einer Telefonzelle eine offensichtlich vergessene Laptop-Tasche. Er betritt die Telefonzelle und nimmt die Tasche samt dem wertvollen Rechner mit nach Hause, um beides für sich zu behalten. ◀

Der umschlossene Raum ist der Oberbegriff der geschützten Bereiche. Er wird beispielhaft an den Begriffen des Gebäudes und des Dienst- oder Geschäftsraums erläutert.

aa) Ein **umschlossener Raum** ist ein Raumgebilde, das (auch) dazu bestimmt ist, von Menschen betreten zu werden, und mit Vorrichtungen zur Abwehr des Eindringens versehen ist.[14]

Die Umgrenzungen müssen **wenigstens teilweise künstlich** sein, damit erkennbar ist, dass Unbefugte vom Betreten des Raums abgehalten werden sollen. Nicht ausreichend ist zB ein flacher Bach, der mühelos überquert werden kann. In **Fall 3** steht der Annahme eines besonders schweren Falles nichts im Wege, da auch der umzäunte Garten der Frau P diese Eigenschaften eines umschlossenen Raumes erfüllt. Beispielhaft für umschlossene Räume sind ferner:[15] eingehegte Obstgärten, eingezäunte Grundstücke, Kioske, Personenkraftwagen, Schiffe, Wohnwagen, Eisenbahnwaggons oder der Gepäckraum eines Lieferwagens. **Der Raum braucht nicht verschlossen oder bewacht zu sein.** Einschlägig ist auch ein Hof mit offen stehender Tür.[16]

Außer Betracht bleiben Vorrichtungen, die nicht dem Fernhalten Unbefugter, sondern ausschließlich der Zierde oder sonstigen Zwecken dienen, wie zB eine Weide, deren Umzäunung die Herde zusammenhalten soll.[17] Schließlich scheiden Räumlichkeiten aus, die dem allgemeinen Publikumsverkehr gewidmet sind und zu denen jederzeit freier Zutritt besteht, wie die öffentliche Telefonzelle in **Fall 4**. Gleiches gilt für Fußgängertunnel, Bahnhofshallen oder stets geöffnete öffentliche Parkanlagen.[18]

bb) Ein **Gebäude** ist ein durch Wände und Dach begrenztes und mit dem Erdboden – zumindest durch eigene Schwere – fest verbundenes Bauwerk, das den Zutritt von Menschen gestattet und Unbefugte abhalten soll.[19]

Gebäude sind neben Häusern auch Scheunen, Baracken, Baududen oder Marktstände. Die Verbindung mit dem Erdboden muss nicht dauerhaft sein (Zirkusbude).

cc) **Dienst- und Geschäftsräume** sind Gebäudeteile, die zum Aufenthalt und zur Ausübung beruflicher oder sonstiger (nicht notwendig erwerbswirtschaftlicher) geschäftlicher Tätigkeit bestimmt sind.[20]

---

14 BGHSt 1, 158 (164); BGH StV 1983, 149.
15 BGHSt 1, 158; 2, 214 (215); 4, 16; BayObLG NJW 1973, 1205.
16 RGSt 32, 141 (142); BGH NJW 1954, 1897 (1898).
17 BGH NStZ 1983, 168; OLG Bremen JR 1951, 88.
18 RGSt 32, 141 (142); OLG Hamburg NJW 1962, 1453.
19 BGHSt 1, 158 (163).
20 S/S-*Bosch* § 243 Rn. 7.

10 dd) Zu den umschlossenen Räumen gehören auch **Wohnungen** und die ihnen funktional zugeordneten Nebenräume (zB Treppenhaus, Waschküche, Keller, vgl. aber § 4 Rn. 42).[21] Als Orte der Tatausführung werden sie jedoch vorrangig von § 244 Abs. 1 Nr. 3 (als speziellem Qualifikationstatbestand zu §§ 242, 243) erfasst (§ 4 Rn. 41 ff.).

b) Tatmodalitäten

▶ **Fall 5:** A bessert sein Vermögen regelmäßig damit auf, dass er bei entsprechender Gelegenheit Wertsachen aus geparkten Autos entwendet. Hierzu muss er lediglich mit einem kleinen mitgeführten Hammer die Seitenscheiben der Fahrzeuge einschlagen, um an die Beute zu kommen. ◀

▶ **Fall 6:** Der gelenkige Dieb A gelangt durch das in Kippstellung geöffnete Fenster gerade so weit in das Büro des B, dass er sich mit einer Hand auf dem Boden abstützen und mit der anderen den Flachbildschirm auf dem nahen Schreibtisch erreichen kann. ◀

▶ **Fall 7:** E hat seiner Haushaltshilfe H verboten, einen bestimmten Raum mit wertvollen Stichen im Haus zu betreten, und den Schlüssel vor ihr versteckt. H nimmt den Schlüssel jedoch heimlich aus dem Versteck und öffnet die Tür, um einen Stich zu entwenden. ◀

11 aa) **Einbrechen** ist das Öffnen oder Erweitern einer den Zutritt verwehrenden Umschließung unter Kraftentfaltung von außen.[22]

Geringfügige Anstrengungen wie das Zurückschieben eines Riegels sind nicht ausreichend. Es ist nicht erforderlich, dass der Täter die Umschließung beschädigt oder Werkzeuge verwendet. Nur lassen solche Ausführungen stets auf ein Einbrechen schließen. Das Einbrechen setzt nur das Öffnen, **nicht** auch **das Betreten** des gewaltsam geöffneten Raumes voraus. So kann der Täter zB – wie A in **Fall 5** – das Tatobjekt aus dem umschlossenen Raum durch Hereingreifen entwenden.[23] Ferner reicht es aus, wenn das Raumgebilde nach dem Einbrechen insgesamt gestohlen wird. Der Täter fährt zB mit dem aufgebrochenen Auto (Schiff, Wohnwagen) weg.[24]

12 bb) **Einsteigen** ist das Hineingelangen in die Räumlichkeit auf einem unüblichen und eine gewisse Geschicklichkeit erfordernden Wege zur Überwindung eines Hindernisses.[25]

Ein unüblicher Weg ist zB das Eindringen durch eine Dachluke oder ein Kellerfenster. Einschlägige Tatmodalitäten sind ferner das Hineinkriechen in den Raum, das Hindurchzwängen durch enge Zaunlücken oder das Übersteigen einer Umfriedung.[26] Die Vorgehensweise muss stets der Überwindung eines den Zutritt verwehrenden Hindernisses dienen.[27] Hieran fehlt es, wenn der Täter durch eine offene Tür schleicht oder kriecht, um nicht bemerkt zu werden. Für das Einsteigen genügt es, wenn der Täter wenigstens **einen Stützpunkt im Innern der Räumlichkeit gewonnen** hat, der ihm

---

21 MK-*Schmitz* § 243 Rn. 18 (Erfassung von Nebenräumen über § 243 Abs. 1 S. 2 Nr. 1, nicht über § 244 Abs. 1 Nr. 3 StGB).
22 RGSt 4, 353 (354); *Krey/Hellmann/Heinrich* Rn. 137; *Mitsch* 1.3.2.1.4.
23 BGH NStZ 1985, 217 (218) mit krit. Anm. *Arzt* StV 1985, 104; OLG Düsseldorf JZ 1984, 684.
24 *Rengier* I § 3/14.
25 S/S-*Bosch* § 243 Rn. 12.
26 LK-*Vogel/Brodowskil* § 243 Rn. 22.
27 BGHSt 10, 132 (133).

die weitere Tatausführung ermöglicht.[28] Er braucht nicht mit dem ganzen Körper in den Raum zu gelangen, sodass das Verhalten des A in **Fall 6** bereits als Einsteigen anzusehen ist. Das bloße Hineingreifen in den Raum durch eine Öffnung reicht dabei allerdings nicht aus.[29]

cc) Ein **Eindringen** erfordert, dass der Täter ohne Einverständnis des Verfügungsberechtigten zumindest mit einem Teil seines Körpers in die Räumlichkeit gelangt ist. Das Einverständnis kann ausdrücklich oder konkludent erklärt sein. Verfügungsberechtigter ist derjenige, dem das Hausrecht[30] über die betreffende Räumlichkeit zusteht.

Als **Schlüssel** kommt neben den üblichen mechanischen Instrumenten auch eine Codekarte, mit der sich eine Türverriegelung elektronisch öffnen lässt, in Betracht.[31] Ein Störsender, mit dem die Verriegelung des Fahrzeugs verhindert wird, aus dem der Täter Gegenstände zu stehlen beabsichtigt, wird demgegenüber nicht erfasst.[32] **Falsch** ist ein Schlüssel, den der Berechtigte zur Tatzeit überhaupt nicht, nicht mehr oder noch nicht zur Öffnung des betreffenden Schlosses bestimmt hat.[33] Falsch ist neben einem nachgemachten Schlüssel daher auch ein Schlüssel, dem der Berechtigte die frühere Widmung zur Öffnung entzogen hat. Bei Verlust erfolgt die Entwidmung gewöhnlich konkludent durch Aufgabe der weiteren Suche, Ingebrauchnahme eines früheren Reserveschlüssels oder Anfertigenlassen eines neuen Schlüssels. Bei Diebstahl ist eine Entwidmung schon bei Entdeckung der Tat anzunehmen.[34] Von einer konkludenten Entwidmung ist auch auszugehen, wenn ein Schlüssel nach Ablauf einer Benutzungsfrist (zB Ende eines Mietverhältnisses) nicht zurückgegeben wird.[35] Umgekehrt wird ein vom Vermieter zurückgehaltener Schlüssel mit Überlassung der vermieteten Räume an den Mieter „falsch", da dieser nunmehr Berechtigter ist und der Schlüssel des Vermieters nicht (mehr) vom Berechtigten zur Öffnung gewidmet ist.[36] Demgegenüber ist ein vom Berechtigten überlassener, aber später in Vergessenheit geratener Schlüssel nicht „falsch", da allein in dem Vergessen kein Entwidmungsakt gesehen werden kann.[37] Auch vom Berechtigten vorgehaltene Reserveschlüssel sind keine falschen Schlüssel.[38] Ebenso macht der **Missbrauch** eines vom Berechtigten zur Benutzung bestimmten Schlüssels diesen nicht zu einem falschen.[39] Kein Eindringen mit einem falschen Schlüssel ist daher in **Fall 7** gegeben, da der Schlüssel vom Berechtigten zur Öffnung vorgesehen ist und nur dem Täter nicht zugänglich sein sollte.

Andere Werkzeuge sind den falschen Schlüsseln gleichgestellt, wenn sie auf den Mechanismus des Verschlusses (ordnungswidrig) einwirken. Einschlägig sind Dietriche, Schraubenzieher, Magnete, Zangen oder ein Draht, mit dessen Hilfe ein innen steckender Schlüssel umgedreht wird.[40] Bei Autoschlüsseln, welche die Türen automatisch

---

28 BGH NJW 1968, 1887; OLG Hamm NJW 1960, 1359; aA *Küper/Zopfs* 207: ausreichend sei das Hineinlangen in die Räumlichkeit auch ohne Stützpunkt, aber mit einem „wesentlichen" Körperteil, wie dem Oberkörper.
29 BGH StraFo 2014, 215 f.; BayObLG NJW 1973, 1205.
30 Näher LPK § 123 Rn. 13 ff.
31 Vgl. BayObLG NJW 1987, 665 (666) zu § 243 Abs. 1 S. 2 Nr. 2.
32 BGH NStZ 2018, 212.
33 BGHSt 14, 291 (292); OLG Hamm NJW 1982, 777; *Mitsch* 1.3.2.1.4; MK-*Schmitz* § 243 Rn. 28.
34 BGHSt 21, 189 (190); BGH StV 1993, 422; *Krey/Hellmann/Heinrich* Rn. 158.
35 RGSt 40, 80 (81); BGHSt 13, 15; 20, 235 (236 f.).
36 BGH BeckRS 2021, 32844.
37 BGH NStZ 2021, 167 (169) m. Anm. *Kulhanek*.
38 OLG Karlsruhe Die Justiz 1984, 211 f.; zu einem Ausnahmefall BGHSt 14, 291 (292).
39 Vgl. BGHR StGB § 243 I S. 2 Nr. 1 Schlüssel, falscher 1; BGH StV 1998, 204; OLG Köln StraFo 2010, 300.
40 RGSt 47, 324 (326); BGHSt 5, 205; vgl. auch *Eisele* BT II Rn. 117.

entriegeln und das Starten des Motors ermöglichen, wenn sich der Eigentümer dem Fahrzeug nähert („Keyless-go-System"), ist ein Gerät, mit dem das Signal des echten Schlüssels (Rn. 14) verstärkt und dadurch das Fahrzeug öffnet, ein anderes Werkzeug iS dieser Variante.[41] Keine Vorgehensweise iSd Regelbeispiels ist das Wegschieben eines Riegels mithilfe eines durch den Türspalt gesteckten Messers bzw. Plastikausweises („Scheckkartentrick").

16 dd) Der Täter **hält sich in dem Raum verborgen**, wenn er sich dem Gesehenwerden dadurch entzieht, dass er sich an einer Stelle, an der es nicht erwartet wird, unberechtigt aufhält.[42]

Ohne Belang ist es, ob der Täter den Raum vor dem Verstecken erlaubt oder unerlaubt betreten hat. Exemplarisch: Der Täter betritt ein Geschäft während der Öffnungszeit und versteckt sich, um nach Ladenschluss zu stehlen.[43]

c) Zwecksetzung

▶ **Fall 8:** Dieb D steigt in ein Pförtnerhäuschen ein, um von dort einen Schlüssel zu holen, der zum ordnungsgemäßen Öffnen des Hauptgebäudes bestimmt ist, aus dem D verschiedene Warenkartons stehlen will. ◀

17 Der Täter muss zur Ausführung der Tat – dh des Diebstahls – einbrechen usw. Dies setzt **Diebstahlsvorsatz bei der Erfüllung des jeweiligen Regelbeispiels** voraus. Es genügt nicht, wenn sich der Täter erst nach dem Einsteigen in einen Raum zum Diebstahl einer dort befindlichen Sache entschließt.[44] Es ist auch kein Einbrechen bzw. Einsteigen iSd Vorschrift, wenn der Täter die Umschließung von innen gewaltsam öffnet, um zu fliehen oder die Beute fortzuschaffen,[45] oder wenn er das Gebäude auf ungewöhnliche Weise verlässt. Der Diebstahl braucht jedoch nicht in dem Raum, in den der Täter einbricht usw, ausgeführt werden,[46] sofern der Täter – wie in **Fall 8** – nur dem Stehlen entgegenstehende Hindernisse beseitigt.

2. Diebstahl besonders gesicherter Sachen (Nr. 2)

▶ **Fall 9:** D bricht den Kofferraum des PKW des A auf, um eine darin befindliche Schließkassette, in welcher er eine größere Summe Bargeld vermutet, an sich zu nehmen. ◀

18 Das regelmäßig erhöhte Unrecht der von Nr. 2 erfassten Tatausführung liegt in der Überwindung einer besonderen Sicherung, in der das Interesse an der Erhaltung der Sache und deren Wertschätzung ihren Ausdruck finden.[47] Das Regelbeispiel verlangt weder einen Diebstahl am Ort der Schutzvorrichtung noch deren Beseitigung. Es genügt, wenn der Täter die Sache samt Schutzvorrichtung wegnimmt.[48] Außer Betracht bleiben Vorgehensweisen, bei denen die Schutzvorrichtung nicht durchbrochen oder umgangen werden soll.[49] Da einzig das faktische Überwinden der Sicherung maßgeb-

---

[41] BGH StV 2022, 441.
[42] RGSt 32, 310; OLG Hamm MDR 1976, 155 (156).
[43] *Mitsch* 1.3.2.1.4.
[44] NK-*Kindhäuser/Hoven* § 243 Rn. 8; S/S/W-*Kudlich* § 243 Rn. 6; *Mitsch* 1.3.2.1.2; MK-*Schmitz* § 243 Rn. 11; aA für das Verborgenhalten M-*Schroeder*/Hoyer I § 33/87.
[45] RGSt 55, 210 (211 f.); OLG Bremen JR 1951, 88.
[46] BGH NJW 1959, 948; OLG Hamm MDR 1976, 155 (156).
[47] BGH NJW 1974, 567; OLG Hamm NJW 1978, 769; OLG Schleswig NJW 1984, 67 (68).
[48] BGHSt 24, 248; *Bittner* MDR 1971, 104 (106); S/S/W-*Kudlich* § 243 Rn. 21; aA S/S-*Bosch* § 243 Rn. 25.
[49] Vgl. zur Manipulation von Automaten BayObLG NJW 1981, 2826; OLG Stuttgart NJW 1982, 1659.

lich ist, ansonsten jedoch keinerlei weitergehende Anforderungen an die Gestaltung der Tathandlung zu stellen sind, kann die Sicherung insbesondere auch durch listiges Vorgehen überwunden werden.[50]

a) Schutzvorrichtung

Schutzvorrichtungen der besonderen Sicherung sind alle künstlichen Einrichtungen, die (zumindest auch) dem Zweck dienen, die Wegnahme einer Sache erheblich zu erschweren.

aa) Ob eine Vorrichtung diese Anforderungen erfüllt, ist stets anhand der **Umstände des Einzelfalls** zu ermitteln. Das verschlossene Behältnis ist im Tatbestand als erläuterndes Beispiel erwähnt. Einschlägig sind zB Lenkrad- und Fahrradschlösser, Ketten oder Plomben.

Keine Schutzvorrichtungen sind schmückende Umhüllungen oder Vorkehrungen, die – wie ein Zählwerk – den Inhalt eines Behältnisses registrieren.[51] Nicht tatbestandsmäßig sind weiterhin Vorrichtungen, die dem Zusammenhalt bzw. Verpacken dienen, Transportschäden verhindern oder dem Verlieren vorbeugen sollen, wie zB der Verschluss bei Schmuckstücken,[52] Koffer, Taschen, das Gummiband am Fahrradgepäckträger oder verschnürte Pakete.[53] Gleiches gilt für Vorrichtungen, die nicht die Erschwerung der Wegnahme, sondern – wie ein Briefumschlag – den Schutz vor Kenntnisnahme des Inhalts bezwecken.[54]

bb) In Kaufhäusern verwendete **elektromagnetische Sicherungsetiketten**, die optischen oder akustischen Alarm beim Verlassen des Gebäudes auslösen, sind keine Schutzvorrichtungen, wenn sie nicht den Gewahrsamsbruch verhindern, sondern das Entfernen der bereits gestohlenen Sache aus dem Haus unterbinden sollen (zur Wegnahme § 2 Rn. 55).[55] Gleiches gilt für sonstige Signale und Geräusche, denen keine Sicherungsfunktion vor Wegnahme zukommt, wie zB das Quietschen einer Schublade oder das Klingeln einer Registrierkasse.[56] Soll durch die Installation einer elektronischen Sicherung oder sonstigen Sirene bereits die (Vollendung der) Wegnahme verhindert werden (zB Alarmanlagen an Gebäuden oder Fahrzeugen), so handelt es sich um eine Schutzvorrichtung iSd Tatbestands.[57] Wird daher bereits durch das Entfernen des Sicherungsetiketts (Durchtrennen der Befestigungsdrähte, sog. „Sicherungsspinne") ein Alarm ausgelöst (dh vor der Wegnahme), soll daher nach der Rechtsprechung das Regelbeispiel erfüllt sein.[58] Dagegen wird jedoch zu Recht eingewandt, dass die gesicherte Ware weiterhin ohne Entfernung der Sicherung weggenommen werden kann, sodass ein genereller Schutz gegen Wegnahme auch insoweit nicht besteht.[59]

---

50 KG NJW 2012, 1093 f. mit Anm. *Bachmann/Goeck* ZJS 2012, 281 f.
51 OLG Zweibrücken NStZ 1986, 411.
52 LK-*Vogel/Brodowski* § 243 Rn. 29.
53 Vgl. OLG Hamm NJW 1978, 769.
54 S/S-*Bosch* § 242 Rn. 24; iErg ebenso OLG Stuttgart NJW 1964, 738.
55 BGH NStZ 2019, 212; OLG Stuttgart NStZ 1985, 76 mit Bespr. *Dölling* JuS 1986, 688, sowie Anm. *Kadel* JR 1985, 386 und *Seier* JA 1985, 387; BayObLG NJW 1995, 3000 mit Bespr. *Kargl* JuS 1996, 971; OLG Dresden NStZ 2015, 211 f. mit Bespr. *Hecker* JuS 2015, 847 ff. (aber ggf. unbenannter schwerer Fall); *Krey/Hellmann/Heinrich* Rn. 166; *Mitsch* 1.3.2.2.
56 Vgl. BGH NJW 1974, 567.
57 BGH NStZ 2019, 212.
58 BGH NStZ 2019, 212.
59 *Heghmanns* ZJS 2019, 68 (70); kritisch zur einzelfallorientierten Betrachtung des BGH auch *Jäger* JA 2019, 228 (229 f.).

b) Verschlossenes Behältnis

22 aa) Ein **Behältnis** ist ein Raumgebilde, das der Aufnahme und Umschließung von Sachen dient, aber nicht dazu bestimmt ist, von Menschen betreten zu werden.[60]

Als Unterfall einer Schutzvorrichtung muss es auch deren sonstige Voraussetzungen erfüllen. Beispiele für Behältnisse sind Kassetten, Registrierkassen, Schränke, Schaukästen, Waren- und Geldautomaten oder der Kofferraum eines PKW.[61] Einschlägig sind auch Gitter oder Lattenverschläge, da die Sache von dem Behältnis nicht bedeckt sein muss. Nicht einschlägig sind dagegen kleinere Behältnisse, die ihrerseits leicht weggenommen werden können. Wenn auch das Behältnis unschwer entwendet werden kann, bietet es keinen erhöhten Schutz gegen die Wegnahme des Inhalts.[62]

23 bb) Das Behältnis ist **verschlossen**, wenn es durch einen technischen Verschluss oder auf andere Weise (Verschnüren, Zunageln, Anketten usw) gegen den unmittelbaren Zugriff von außen gesichert ist.

Bloße Verschließbarkeit genügt nicht. Eine Registrierkasse, die durch einen Hebel oder eine Kurbel geöffnet werden kann, ist nicht verschlossen. Nicht erfasst ist ferner ein Behältnis, das zwar verschlossen ist, dessen Schlüssel aber im Schloss steckt oder sich offen und greifbar in der Nähe befindet.[63] Nach dem Wortlaut und dem Normzweck verwirklicht der Täter außerhalb derartiger Fälle von evidenter Zugänglichkeit hingegen grds. den erhöhten Unrechtsgehalt, wenn das Behältnis mit dem am Tatort aufgefundenen Schlüssel geöffnet wird.[64]

Wenn der Täter den Schlüssel berechtigterweise verwahrt, kommt es darauf an, ob mit der Verwahrung zugleich auch die Befugnis zur Öffnung des Behältnisses verbunden ist. Sofern dies der Fall ist, fehlt es an einer besonderen Sicherung der Sache gegenüber dem Täter, die das erhöhte Unrecht des Regelbeispiels begründet.[65]

In **Fall 9** erfüllt D mithin die Tatbestandsvariante von Nr. 2. Das Bargeld des A ist hier zwar nicht durch die Schließkassette besonders gesichert, da diese unschwer (samt ihres Inhalts!) weggenommen werden kann. Eine besondere Sicherung stellt aber der verschlossene Kofferraum des PKW dar.

3. Gewerbsmäßiger Diebstahl (Nr. 3)

▶ **Fall 10:** A findet nach Abschluss seiner Ausbildung zum Volljuristen nicht sofort eine geeignete Arbeitsstelle. Um sich finanziell über Wasser zu halten, plant er, auf seinem täglichen Weg zum Arbeitsamt alle paar Tage ein oder zwei Autoradios zu entwenden. Als er mit seinem ersten Radio nach Hause kommt, hört er auf seinem Anrufbeantworter

---

60 BGHSt 1, 158 (163).
61 BGHSt 13, 81; 24, 248; OLG Frankfurt NJW 1988, 3028. – Der Diebstahl des (aufgebrochenen) Fahrzeugs insgesamt wie auch die Entwendung von Sachen aus dem (aufgebrochenen) Fahrgastraum werden dagegen von Nr. 1 erfasst (vgl. Rn. 11).
62 *Krüger* NJW 1972, 648 (649); S/S/W-*Kudlich* § 243 Rn. 20; LK-*Vogel/Brodowski* § 243 Rn. 33; *Zopfs* Jura 2007, 421 (426).
63 *Bosch* JA 2009, 905; *Eisele* BT II Rn. 122; offengelassen KG NJW 2012, 1093 (1094).
64 KG NJW 2012, 1093 (1094) mit Anm. *Bachmann/Goeck* ZJS 2012, 281 f.; vgl. auch BGH NJW 2010, 3175 f. mit Anm. *Bachmann/Goeck* StV 2011, 19 und *Kudlich* JA 2011, 154 f.; OLG Karlsruhe NStZ-RR 2010, 48 mit krit. Bespr. *Bosch* JA 2009, 905.
65 BGH NJW 2010, 3175 f.; OLG Zweibrücken NStZ-RR 2018, 249 (250); LK-*Vogel/Brodowski* § 243 Rn. 32; stets Nr. 2 bei Verwahrung verneinend: OLG Hamm NJW 1982, 777 mit abl. Anm. *Schmid* JR 1982, 119.

die Stellenzusage einer renommierten Kanzlei. Von weiteren Diebstählen nimmt A nun Abstand. ◀

Gewerbsmäßig handelt, wer sich aus wiederholter Begehung eine fortlaufende Einnahmequelle von nicht unerheblicher Dauer und einigem Umfang verschafft.[66]

Ein „kriminelles Handelsgewerbe" wird weder vom Umfang noch von der Art her verlangt.[67] Allerdings kann die Indizwirkung des Regelbeispiels entfallen (Rn. 2), wenn der Wert der Beute nahe bei der Geringwertigkeitsgrenze (§ 243 Abs. 2) liegt (Rn. 44).[68] Erforderlich ist stets eigennütziges Handeln; es genügt daher nicht, wenn eine Einnahmequelle allein für Dritte geschaffen werden soll.[69] Auf einen Erlös durch Weiterverkauf der Beute kommt es nicht an. Der Täter kann das Diebesgut für sich behalten.[70] Durch ihre Gewerbsmäßigkeit werden mehrere Diebstähle nicht zu einer tatbestandlichen Handlungseinheit verbunden.

Nach vorherrschender Meinung[71] kann bereits von einer gewerbsmäßigen Tatbegehung gesprochen werden, wenn es – wie in **Fall 10** – beim **ersten Diebstahl** einer geplanten Serie bleibt.[72]

Hiergegen ist einzuwenden, dass die Gewerbsmäßigkeit angesichts des in § 243 Abs. 1 S. 1 vorgesehenen Strafrahmens nicht als rein subjektives Merkmal verstanden werden kann (im Sinne einer entsprechenden Absicht),[73] sondern sich die besondere Gefährlichkeit des Täters auch objektiv in der wiederholten Begehung von Diebstählen niedergeschlagen haben muss.[74] Vor diesem Hintergrund hätte sich A in **Fall 10** nicht wegen gewerbsmäßigen Diebstahls strafbar gemacht.

4. Kirchendiebstahl (Nr. 4)

Das Regelbeispiel trägt der gesteigerten Schutzbedürftigkeit der häufig wertvollen, leicht zugänglichen und nicht besonders gesicherten Tatobjekte wie auch der Verletzung des religiösen Empfindens durch die Tat Rechnung.

a) **Kirchen:** Kirchen sind Gebäude, die dem Gottesdienst gewidmet sind. Zur Kirche gehören die angebaute Sakristei, nicht aber profane Nebenräume (zB Heizungskeller).[75] Ehemalige Gotteshäuser, die nur noch als Museen fungieren, werden nicht erfasst (vgl. aber Nr. 5).[76]

Den Kirchen stehen Räume in sonstigen Gebäuden gleich, die der **Religionsausübung** (zB Gebet, Andacht) dienen, etwa eine Krankenhauskapelle.[77] Geschützt sind die Räumlichkeiten aller Religionsgemeinschaften, nicht aber die **Versammlungsräume**

---

66 BGH StV 1983, 281 (282); vgl. ferner BGH NStZ-RR 2008, 212 zu § 29 Abs. 3 Nr. 1 BtMG.
67 RGSt 58, 19 (20); OLG Köln NStZ 1991, 585.
68 BGH wistra 2022, 470 (zu § 263a Abs. 2 iVm § 263 Abs. 3 S. 2, Abs. 4).
69 BGH StraFo 2014, 215 f.; NStZ 2021, 235 (236).
70 RGSt 54, 184; BGH bei *Holtz* MDR 1976, 633.
71 RGSt 72, 285; S/S-*Bosch* § 243 Rn. 31; W-*Hillenkamp/Schuhr* Rn. 248; SK-*Hoyer* § 243 Rn. 32; *Mitsch* 1.3.2.3; MK-*Schmitz* § 243 Rn. 41.
72 NK-*Kindhäuser/Hoven* § 243 Rn. 27.
73 In diesem Sinne BGHSt 49, 177 (181) mwN.
74 Vgl. auch MK-*Schmitz* § 243 Rn. 41, wonach bei der ersten Tat idR an der Indizwirkung des Regelbeispiels fehlt.
75 LK-*Vogel/Brodowski* § 243 Rn. 41.
76 MK-*Schmitz* § 243 Rn. 44.
77 MK-*Schmitz* § 243 Rn. 44.

weltanschaulicher Vereinigungen.[78] Bei einem Diebstahl aus solchen Räumen ist an einen unbenannten besonders schweren Fall zu denken.

30 **b) Dem Gottesdienst gewidmet:** Dem Gottesdienst gewidmet sind Sachen, mit oder an denen religiöse Zeremonien vorgenommen werden (zB Kelche und Monstranzen, Altar samt Schmuck und Kerzen, Messgewänder).[79]

31 Als Gegenstände, die der **religiösen Verehrung dienen**, kommen zB Heiligenbilder und -statuen in Kapellen, Reliquien oder Votivtafeln in Betracht.[80] Sie müssen nicht im kirchlichen Sinne geweiht oder gesegnet sein. Für die Zuordnung sind die Vorstellungen der betreffenden Religionsgemeinschaft maßgeblich.[81]

32 **Nicht erfasst** werden das Inventar, die in einer Kirche ausgestellten Kunstwerke (vgl. insoweit Nr. 5) sowie Gegenstände, die nur mittelbar der Glaubensausübung dienen (zB Gesangbücher, Opferstöcke).[82]

5. Diebstahl von Kulturgütern (Nr. 5)

33 Das Regelbeispiel berücksichtigt neben der sich aus der allgemeinen Zugänglichkeit ergebenden erhöhten Schutzbedürftigkeit der Tatobjekte deren hohen, ggf. unersetzlichen Wert für die Allgemeinheit. Insofern geht der Schutzzweck der Norm über die Sicherung des (individuellen) Eigentums hinaus (vgl. auch § 304).

34 **a) Kulturelle Bedeutung:** Tatobjekte sind Sachen, die unter Zugrundelegung strenger Maßstäbe kulturelle Bedeutung haben.

Der Verlust des Gegenstands muss das betreffende Kulturgebiet empfindlich treffen. Die Bedeutung kann aus dem Wert des Gegenstands als solchem, aber auch aus seiner Zugehörigkeit zu einer Sammlung resultieren. Ein entscheidendes Kriterium der Bedeutung ist die Schwierigkeit der Wiederbeschaffung eines Gegenstands der betreffenden Art. Die Zuordnung der Sache zu Wissenschaft, Kunst, Geschichte oder technischer Entwicklung braucht nicht eindeutig zu sein, da die Grenzen zwischen diesen Bereichen fließend sind.

35 **b) Allgemein zugängliche Sammlung:** Eine Sammlung ist allgemein zugänglich, wenn sie für einen nach Zahl und Individualität unbestimmten oder für einen zwar bestimmten, aber nicht durch persönliche Beziehungen innerlich verbundenen größeren Personenkreis geöffnet ist.

Die Sammlung kann öffentlich oder privat betrieben werden, muss aber im letztgenannten Fall der Allgemeinheit – evtl. nur an einem „Tag der offenen Tür" – geöffnet sein. Der Zutritt kann gegen Eintrittsgeld erfolgen oder an bestimmte fachliche oder persönliche Voraussetzungen geknüpft sein. Exemplarisch: Museen, Kunsthallen, städtische oder universitäre Bibliotheken. Eine Gerichtsbibliothek kommt dagegen nicht in Betracht, da sie nur dem begrenzten Personenkreis der jeweiligen Richter zugänglich ist.[83] Ebenfalls nicht geschützt sind gesondert verwahrte und abgeschlossene Bestände öffentlicher Institutionen (zB Magazin eines Museums).[84]

---

78 MK-*Schmitz* § 243 Rn. 43; krit., iErg aber zust. LK-*Vogel/Brodowski*.
79 MK-*Schmitz* § 243 Rn. 43.
80 BGHSt 21, 64 (65); LK-*Vogel/Brodowski* § 243 Rn. 40.
81 S/S-*Bosch* § 243 Rn. 34.
82 BGH NJW 1955, 1119; BeckRS 2019, 9063.
83 BGHSt 10, 285 (286).
84 S/S-*Bosch* § 243 Rn. 37.

c) **Öffentlich ausgestellt:** Sachen sind öffentlich ausgestellt, wenn sie um ihrer Besichtigung willen allgemein zugänglich gemacht sind. Einschlägig sind auch einzelne Exponate, die in Parks oder vor Gebäuden aufgestellt sind.

6. Diebstahl unter Ausnutzung von Hilflosigkeit ua (Nr. 6)

▶ **Fall 11:** In dem von A bewohnten Haus tritt nachts Gas aus einer der alten Leitungen aus. Die Feuerwehr evakuiert aus diesem Anlass zunächst die Häuser seiner Nachbarn. A selbst liegt bereits bewusstlos im Hausflur als die Feuerwehr eintrifft. Er wird sofort ins Krankenhaus gebracht. D lässt sich diese Gelegenheit nicht entgehen und entwendet aus dem noch immer offen stehenden Haus des A zahlreiche Wertgegenstände. Als die Feuerwehr abgezogen ist, bricht er auch in die noch immer leerstehenden Häuser der evakuierten Nachbarn ein und entwendet dort Tafelsilber. ◀

Durch die Strafschärfung des Regelbeispiels werden die erhöhte Schutzbedürftigkeit des in Bedrängnis geratenen Opfers und die sich in der Tat ausdrückende besonders verwerfliche Gesinnung des Täters betont. Die Situation kann vom Opfer verschuldet sein. Als Opfer kommt neben dem Besitzer auch dessen sich in einer Schwächelage befindlicher Gewahrsamsdiener in Betracht.

a) **Hilflos:** Hilflos ist, wer nicht aus eigener Kraft in der Lage ist, einem Gewahrsamsbruch wirksam zu begegnen.[85]

Die Hilflosigkeit kann nur vorübergehend sein. Als Gründe der Hilflosigkeit kommen Krankheit, Trunkenheit, Ohnmacht, Lähmung, Taub- oder Blindheit in Betracht.[86] Situationen, die nicht ungewöhnlich sind und keine besonderen Gewahrsamslockerungen bedingen – wie zB Schlaf oder mangelnde Sprachkenntnisse –, rechtfertigen als solche noch nicht die Annahme von Hilflosigkeit.[87]

b) **Unglücksfall:** Ein Unglücksfall ist ein plötzliches äußeres Ereignis, das eine erhebliche Gefahr für Personen oder Sachen mit sich bringt oder zu bringen droht,[88] zB ein Brand oder ein Verkehrsunfall. Der Unglücksfall muss zu einer Einschränkung des Gewahrsamsschutzes führen, und zwar entweder auf der Seite des Verunglückten selbst oder bei Personen, die sich an der Unglücksstelle befinden.[89]

c) **Gemeine Gefahr:** Eine gemeine Gefahr ist eine Situation, in der erheblicher Schaden an Leib oder Leben oder an bedeutenden Sachwerten für unbestimmt viele Personen wahrscheinlich ist; zB Erdbeben, Überschwemmungen oder Explosionen.

d) **Ausnutzen:** Das Ausnutzen verlangt, dass der Täter die sich aus der fremden Bedrängnis ergebende Lockerung des Gewahrsams als Gelegenheit zur erleichterten Durchführung des Diebstahls ergreift.

Daher nutzt der Täter keine Bedrängnis aus, wenn er nur die Möglichkeit wahrnimmt, während der Abwesenheit eines Verunglückten aus dessen Wohnung ungestört zu stehlen.[90] Einschlägig ist es dagegen, wenn das Opfer infolge des unvorhergesehenen

---

[85] BGH NStZ-RR 2023, 390 (391); *Mitsch* 1.3.2.6.
[86] BayObLG NJW 1973, 1808 mit Anm. *Schröder* JR 1973, 427; s. zuletzt: BGH NStZ-RR 2023, 390 (391): Das 91 Jahre alte Opfer war aufgrund eines Arm- und Oberschenkelbruchs auf den Rollstuhl angewiesen.
[87] BGH NJW 1990, 2569.
[88] BGHSt 6, 147 (152); zum Begriff des Unglücksfalls in anderen Normen und abw. Definitionen vgl. *Küper/Zopfs* 531 ff.
[89] BGH NStZ 1985, 215; OLG Hamm NStZ 2008, 218; S/S/W-*Kudlich* § 243 Rn. 31.
[90] BGH NStZ 1985, 215.

Unglücks zum Unterlassen üblicher Sicherungsmaßnahmen gezwungen ist. Ferner genügt es, dass der Täter eine von ihm selbst aus anderen Gründen herbeigeführte Hilflosigkeit des Opfers für einen aufgrund neuen Entschlusses begangenen Diebstahl ausnutzt.[91] Für das Ausnutzen genügt es im Übrigen, dass der Täter den Zustand der Hilflosigkeit selbst aus einem anderen Grund herbeigeführt hat und sich ihn später aufgrund eines neuen Entschlusses zur Ausführung des Diebstahls zunutze macht.[92]

In **Fall 11** hat sich D eines Diebstahls unter Ausnutzung der Hilflosigkeit des A schuldig gemacht. A war bewusstlos und damit hilflos. Zudem lag mit dem Gasleck eine gemeine Gefahr vor. Da A nicht mehr in der Lage war, sein Haus gegen Plünderer zu sichern, hat D diese Bedrängnis auch ausgenutzt. Hinsichtlich der (zwar evakuierten, jedoch gesicherten) Häuser der Nachbarn fehlt es hingegen an dem notwendigen spezifischen Zusammenhang.

7. Waffen- und Sprengstoffdiebstahl (Nr. 7)

42 Das Regelbeispiel hebt das erhöhte Unrecht des Diebstahls der aufgeführten gefährlichen Tatobjekte hervor und will der Vorbereitung terroristischer Kriminalität begegnen.[93] Als Tatobjekte werden genannt: Handfeuerwaffen, deren Erwerb erlaubnispflichtig ist,[94] Maschinengewehre, Maschinenpistolen, voll- oder halbautomatische Gewehre[95] sowie Sprengstoff und solchen enthaltende Kriegswaffen (iSd KrWaffKontrG).[96] Zu den Sprengstoffen gehören ua Dynamit, Nitroglyzerin und Schwarzpulver; Kriegswaffen, die Sprengstoff enthalten, sind zB Panzerfäuste und Handgranaten; erfasst werden auch selbstgefertigte Waffen.[97]

II. Geringwertigkeitsklausel (Abs. 2)

43 Nach Abs. 2 ist ein besonders schwerer Fall für alle Regelbeispiele – mit Ausnahme desjenigen in Nr. 7 – **zwingend ausgeschlossen**, wenn sich die Tat auf eine geringwertige Sache bezieht.[98] Die Geringwertigkeit der Sache ist **deliktssystematisch** als **negative Voraussetzung** der Regelfälle nach Nr. 1 bis 6 zu behandeln:[99] Der Einfachheit halber und zur Umgehung beträchtlicher Formulierungsprobleme hat der Gesetzgeber darauf verzichtet, in den einzelnen Regelbeispielen das Erfordernis positiv zu umschreiben, dass das Tatobjekt einen (gewissen) Wert haben muss.

Ein besonders schwerer Fall ist daher auch dann zu verneinen, wenn der Täter zur Erlangung einer geringwertigen Sache einen erheblichen Schaden anrichtet, zB eine teure Scheibe einschlägt. In solchen Fällen kommt eine Strafbarkeit wegen Sachbeschädigung in Betracht (vgl. auch Rn. 65).[100]

---

[91] BGH NStZ-RR 2003, 186 (188).
[92] BGH NStZ-RR 2003, 186 (188).
[93] Vgl. *Kunert/Bernsmann* NStZ 1989, 449 (451 f.).
[94] Vgl. § 1 Abs. 4 und § 2 Abs. 2 WaffG.
[95] Vgl. Anlage 1 Unterabschnitt 1 Nr. 2.2 zum WaffG, § 1 KrWaffKontrG iVm der Kriegswaffen-Liste Teil B V Nr. 29.
[96] Vgl. die Explosivstoffliste nach § 3 Abs. 1 Nr. 1 SprengG (Anlage III zum SprengG).
[97] MK-*Schmitz* § 243 Rn. 58 ff.
[98] Zur Problematik des verunglückten Wortlauts vgl. *Küper* NJW 1994, 349 ff.; aA *Jesse* JuS 2011, 313 ff. mwN.
[99] SK-*Hoyer* § 243 Rn. 8; NK-*Kindhäuser/Hoven* § 243 Rn. 52; teils wird in Abs. 2 ein Ausschluss erhöhter Strafbarkeit sui generis gesehen, vgl. S/S-*Bosch* § 243 Rn. 49.
[100] KG JR 1979, 249 (250) mit Anm. *Geerds*; LK-*Vogel/Brodowski* § 243 Rn. 61 mwN.

Das Tatobjekt muss **objektiv geringwertig** sein (näher § 7 Rn. 11 ff.). Die Wertgrenze liegt bei 50 Euro.[101] Individuelle Affektionsinteressen sind grds. unbeachtlich. Der sonst maßgebliche reine Verkehrswert[102] ist jedoch ausnahmsweise nicht entscheidend, wenn sich die Bedeutung der Sache aus anderen, vom Schutzzweck der Norm erfassten Gründen ergibt. Insbesondere gilt dies für Gegenstände religiöser Verehrung, Kulturgüter und Sachen, die Gedankenerklärungen verkörpern (Briefe, Akten usw).[103] Gehören zur Beute aus einem Diebstahl mehrere Sachen, ist deren **Gesamtwert** entscheidend.[104] Gleiches gilt, wenn mehrere Beteiligte (Mittäter/Teilnehmer) einer Tat in wechselseitig zurechenbarer Weise verschiedene Tatobjekte stehlen.[105] Ohne Zueignungsabsicht weggenommene Gegenstände dürfen dem Gesamtwert der Diebstahlsbeute nicht hinzugerechnet werden, zB Behältnisse, die unmittelbar nach dem Diebstahl weggeworfen werden sollen.

III. Subjektiver Tatbestand

▶ **Fall 12:** A entwendet auf einer Party aus einer abgeschlossenen Vitrine eine Schale, die er für sehr hübsch, aber wertlos hält. Tatsächlich handelt es sich um ein antikes Stück aus lediglich angelaufenem Silber im Wert von mehreren Hundert Euro. ◀

1. Vorsatz

Die Regelbeispiele müssen vorsätzlich verwirklicht werden.[106] Das Vorsatzerfordernis gilt gleichermaßen für die Merkmale eines der in § 243 Abs. 1 S. 2 Nr. 1 bis 7 formulierten Regelbeispiele wie für die Umstände, aufgrund derer ein unbenannter besonders schwerer Fall angenommen wird (vgl. Rn. 1, 3). Im Allgemeinen genügt dolus eventualis.

Das Regelbeispiel **Nr. 1** erfordert jedoch, dass **schon das Eindringen** in die geschützte Räumlichkeit zu dem Zweck erfolgt, einen Diebstahl zu begehen.[107]

Bei dem Regelbeispiel **Nr. 3** muss der Täter in der Absicht handeln, sich auf Dauer eine fortlaufende Einnahmequelle zu verschaffen.[108]

2. Fehlende Geringwertigkeit

Die fehlende Geringwertigkeit iSv Abs. 2 ist konstitutiv für das erhöhte Unrecht der Regelbeispiele. Jedoch ergeben sich hierbei in **Fall 12** Probleme:

---

101 OLG Zweibrücken NStZ 2000, 536; OLG Hamm wistra 2004, 34 (jeweils zu § 248a); OLG Frankfurt a.M. NStZ-RR 2017, 12; MK-*Schmitz* § 243 Rn. 67 mwN (auch zu abweichenden Beträgen 25–30 Euro).
102 BGH NStZ 1981, 62; *Krey/Hellmann/Heinrich* Rn. 176; abw. *Mitsch* 1.3.3.2.1; M-*Schroeder*/Hoyer I § 33/103.
103 BGH NJW 1977, 1460 (1461) mit zust. Anm. *Geerds* JR 1978, 172; S/S-*Bosch* § 243 Rn. 51; *Mitsch* 1.3.3.2.3; *Otto* Jura 1989, 200 (202); aA *Jungwirth* MDR 1987, 537 (538); LK-*Vogel/Brodowski* § 242 Rn. 58.
104 OLG Düsseldorf NJW 1987, 1958; W-*Hillenkamp/Schuhr* Rn. 261; S/S/W-*Kudlich* § 243 Rn. 44; *Otto* § 41/47; *ein* Diebstahl ist auch unter den Voraussetzungen der natürlichen bzw. tatbestandlichen Handlungseinheit anzunehmen, vgl. hierzu *Kindhäuser* JuS 1985, 100 (103); NK-*Puppe/Grosse-Wilde* § 52 Rn. 12 ff., 31 ff. mwN.
105 NK-*Kindhäuser/Hoven* § 243 Rn. 54 mwN.
106 Vgl. BGHSt 26, 104; BGH NStZ 1987, 71; *Mitsch* 1.3.2.1.2; NK-*Puppe* § 16 Rn. 17; MK-*Schmitz* § 243 Rn. 72; LK-*Vogel/Brodowski* § 243 Rn. 71.
107 S/S-*Bosch* § 243 Rn. 43.
108 BGHSt 49, 177 (181).

47 ■ Die vorherrschende Meinung schließt aus dem Merkmal „beziehen" in Abs. 2, dass die Tat nur Bagatellcharakter habe, wenn die entwendete Sache **objektiv und subjektiv geringwertig** ist. Demnach ist ein besonders schwerer Fall nur auszuschließen, wenn der Täter zutreffend davon ausgeht, die von ihm entwendete Sache sei geringwertig. In Irrtumsfällen – wie in **Fall 12** – ist dagegen Abs. 2 nicht anzuwenden, weil es dann entweder in subjektiver oder in objektiver Hinsicht an der Geringwertigkeit des Tatobjekts fehlt.[109]

48 ■ Diese Auffassung wird indessen dem Umstand nicht gerecht, dass bei einer Diskrepanz von objektivem Wert und subjektiver Wertvorstellung entweder das Handlungs- oder das Erfolgsunrecht gemindert ist. Insofern ist es vorzugswürdig, die Konstellation, in welcher der Täter eine objektiv geringwertige Sache irrig für wertvoll hält, zwar als besonders schweren Fall anzusehen, auf sie aber die **Strafmilderung des Versuchs** nach §§ 23 Abs. 2, 49 Abs. 1 (entsprechend) anzuwenden.[110] Geht umgekehrt der Täter irrig davon aus, die Sache sei geringwertig, so ist es sachgerecht, einen **vorsatzausschließenden Irrtum** (mit direkter oder entsprechender Anwendung von § 16 Abs. 1) anzunehmen.[111] Hiernach wäre in **Fall 12** kein besonders schwerer Fall des Diebstahls festzustellen. Allerdings ist es nicht erforderlich, dass sich der Täter überhaupt Vorstellungen über den Wert der Sache macht: Die Geringwertigkeit ist ein „negatives Tatbestandsmerkmal", das nur vorsatzausschließende Wirkung entfaltet, wenn es der Täter aktuell bedenkt. Insofern steht es der Annahme eines besonders schweren Falles nicht entgegen, wenn sich der Täter über die (tatsächlich) fehlende Geringwertigkeit des Tatobjekts keine Gedanken macht.

3. Vorsatzwechsel

49 In Fällen, in denen der Täter seinen Wegnahmevorsatz mit Blick auf Tatobjekte von unterschiedlichem Wert ändert (sog. „Vorsatzwechsel"), ist wie folgt zu differenzieren:

50 ■ Der Täter entwendet bewusst nur eine Sache von geringem Wert, obgleich er beim Ansetzen zur Tat – zB beim Einbrechen – noch mit allgemeinem Diebstahlswillen handelte oder eine bestimmte wertvolle Sache entwenden wollte. Nach vorherrschender Ansicht soll hier uneingeschränkt ein vollendeter Diebstahl in einem besonders schweren Fall anzunehmen sein, weil sich die Tat zumindest im Anfangsstadium auf eine wertvolle Sache bezogen habe.[112]

Indessen bezieht sich zwar die Tat im Versuchsstadium auf eine Sache von Wert; im Ergebnis wird aber nur eine geringwertige Sache gestohlen. Daher erscheint es vorzugswürdig, von einem besonders schweren Fall auszugehen, dessen Strafe (in entsprechender Anwendung) nach Versuchsregeln (§§ 23 Abs. 2, 49 Abs. 1) gemildert werden kann.

---

[109] W-*Hillenkamp/Schuhr* Rn. 260; L-*Kühl/Heger* § 243 Rn. 5; *Küper* NJW 1994, 349 (351). Allerdings soll im Rahmen einer Gesamtbetrachtung ein besonders schwerer Fall verneint werden können, wenn die Tat subjektiv oder objektiv deutlich vom Regelfall abweicht.
[110] SK-*Hoyer* § 243 Rn. 49; aA MK-*Schmitz* § 243 Rn. 79 (nur § 242).
[111] Arzt/Weber/Heinrich/Hilgendorf § 14/31; SK-*Hoyer* § 243 Rn. 26, 48; MK-*Schmitz* § 243 Rn. 77.
[112] Vgl. BGHSt 26, 104 f.; BGH NStZ 1987, 71; *Gribbohm* NJW 1975, 1153 f.; *Krey/Hellmann/Heinrich* Rn. 149; *Otto* § 41/44.

Stets gilt jedoch: Verzichtet der Täter freiwillig auf die Wegnahme der wertvollen zugunsten einer geringwertigen Sache, so ist dies als „Teilrücktritt" vom Regelbeispiel anzusehen.[113] Zu bestrafen ist dann (nach jeder Auffassung) nur wegen vollendeten einfachen Diebstahls.

■ Der Täter will eine geringwertige Sache entwenden, entschließt sich aber nach der Verwirklichung eines Regelbeispiels zur Wegnahme einer wertvollen Sache. Die vorherrschende Meinung bejaht hier einen vollendeten besonders schweren Fall des Diebstahls, da der Täter zum Zeitpunkt der Verwirklichung des Regelbeispiels mit allgemeinem Diebstahlsvorsatz gehandelt habe.[114]

51

Diese Lösung ist mit § 243 Abs. 2 kaum zu vereinbaren, da sich hier die Verwirklichung des Regelbeispiels weder objektiv noch subjektiv auf eine Sache von nicht geringem Wert bezieht. Eine rückwirkende Berücksichtigung unrechtserhöhender Umstände verstößt gegen das Tatprinzip. Sachgerecht erscheint es daher, den Täter in diesem Fall nur wegen eines vollendeten (einfachen) Diebstahls nach § 242 zu bestrafen.[115]

IV. Versuch

▶ **Fall 13:** B öffnet mit seinem Dietrich die Kellertür und gelangt in die Villa des E. E ertappt den B jedoch, sodass dieser ohne Beute flieht. ◀

▶ **Fall 14:** M stellt fest, dass die Kellertür nicht verschlossen ist, als er sie gerade mit seinem Dietrich öffnen will; ansonsten führt er den Diebstahl wie geplant aus. ◀

▶ **Fall 15:** W gelingt es nicht, mit seinem Dietrich die Tür zu dem Raum, aus dem er stehlen will, zu öffnen. ◀

Der Versuch eines Diebstahls in einem besonders schweren Fall kommt in drei Konstellationen in Betracht:

52

(1) Der Diebstahl ist versucht, das Regelbeispiel ist vollendet;
(2) der Diebstahl ist vollendet, das Regelbeispiel ist versucht;
(3) Regelbeispiel und Diebstahl sind versucht.

1. Versuchtes Grunddelikt, vollendetes Regelbeispiel

Verwirklicht der Täter ein Regelbeispiel, ohne dass der Diebstahl – wie in **Fall 13** – vollendet wird, so ist ein versuchter Diebstahl in einem besonders schweren Fall gegeben.[116]

53

§ 243 enthält zwar keinen ausdrücklichen Hinweis auf eine Versuchsstrafbarkeit, verweist aber in Abs. 1 S. 1 auf den Diebstahl insgesamt und damit auch auf den Versuch nach § 242 Abs. 2. Die für den Grundtatbestand vorgesehene Versuchsstrafbarkeit bezieht sich daher auf den erschwerten Fall. Dem ggf. geringeren Unrecht eines Dieb-

54

---

113 S/S-*Bosch* § 243 Rn. 55; vgl. auch BGHSt 26, 104 (105 f.); *Zipf* Dreher-FS 389 (395).
114 S/S-*Bosch* § 243 Rn. 55; W-*Hillenkamp/Schuhr* Rn. 259; S/S/W-*Kudlich* § 243 Rn. 47.
115 SK-*Hoyer* § 243 Rn. 53; NK-*Kindhäuser/Hoven* § 243 Rn. 59.
116 BGHSt 33, 370 (373); BGH NStZ 1985, 217 (218); *Fabry* NJW 1986, 15 (18); W-*Hillenkamp/Schuhr* Rn. 221; SK-*Hoyer* § 243 Rn. 54; S/S/W-*Kudlich* § 243 Rn. 39; *Lieben* NStZ 1984, 538 (539, 541); *Mitsch* 1.3.1.5.1; aA *Arzt* JuS 1972, 515 (517 f.); *Calliess* JZ 1975, 112 (118).

stahlsversuchs in einem besonders schweren Fall lässt sich im Wege einer **Milderung der Strafe** nach §§ 23 Abs. 2, 49 Abs. 1 Rechnung tragen.[117]

2. Vollendetes Grunddelikt, versuchtes Regelbeispiel

55 In Betracht kommt ferner eine Situation wie in **Fall 14**, in welcher der Täter zwar das Grunddelikt vollendet, das Regelbeispiel aber im Versuchsstadium stecken bleibt.

56 ■ Dass § 243 einen „offenen" Straferschwerungsgrund normiert, ändert nichts an der Möglichkeit, dass der Täter zur Verwirklichung des in dem jeweiligen Regelbeispiel genannten Geschehens unmittelbar iSv § 22 ansetzen kann.[118] Da § 243 gleichwohl kein selbstständiger Qualifikationstatbestand ist, begegnet die Konstruktion eines vollendeten (einfachen) Diebstahls in Tateinheit mit versuchtem Diebstahl in einem besonders schweren Fall Bedenken. Möglich ist es aber, hier **insgesamt einen Diebstahl in einem besonders schweren Fall** anzunehmen und auf ihn die **Strafmilderung** nach §§ 23 Abs. 2, 49 Abs. 1 (entsprechend) anzuwenden.[119]

57 ■ Von einer verbreiteten Mindermeinung wird dieser Lösung entgegengehalten, dass eine „Strafzumessungsregel" schon aus begrifflichen Gründen nicht versucht werden könne.[120] Bei diesem Einwand bleibt unklar, warum es zwar begrifflich möglich sein soll, ein Regelbeispiel vorsätzlich (bzw. vorsatzanalog) zu verwirklichen, nicht aber, die Realisierung eines Regelbeispiels nur zu versuchen. Jede vorsätzliche Vollendung eines unrechtserhöhenden Umstands umfasst begrifflich auch den Versuch. Es erscheint auch wenig einsichtig, warum das erhöhte Handlungsunrecht, das im Ansetzen zur Verwirklichung eines Regelbeispiels liegt, nicht angemessen berücksichtigt werden sollte.[121] Teils wird als Ausweg vorgeschlagen, bei einem nur versuchten Regelbeispiel die Tat als unbenannten besonders schweren Fall einzustufen.[122]

3. Versuch von Grunddelikt und Regelbeispiel

58 Sind Grunddelikt und Regelbeispiel jeweils nur versucht, so ist insgesamt der Versuch eines Diebstahls in einem besonders schweren Fall anzunehmen.[123] Eine solche Konstellation ist in **Fall 15** gegeben. Hier kommt eine Milderung der Strafe nach §§ 242 Abs. 2, 23 Abs. 2, 49 Abs. 1 in Betracht.

---

117 BGHSt 33, 370 (377); BGH NStZ 1984, 262 (263); *Otto* Jura 1989, 200 (201); *Wessels* Lackner-FS 423 (430).
118 BGHSt 33, 370 (374 f.); BGH StV 1985, 103 f.; *Kindhäuser* Trifterer-FS 123 (130 ff.); *Laubenthal* JZ 1987, 1065 (1068 ff.).
119 SK-*Hoyer* § 243 Rn. 54; abl. MK-*Schmitz* § 243 Rn. 87; nach BGH NStZ 2003, 602 (zu § 177 Abs. 2) soll der Versuch eines Regelbeispiels (auch bei vollendetem Grunddelikt) keine Indizwirkung entfalten.
120 *Krey/Hellmann/Heinrich* Rn. 145; *Mitsch* 1.3.1.5.2; *Otto* § 41/36; *Sternberg-Lieben* Jura 1986, 183 (187 f.); *Wessels* Lackner-FS 423 (435).
121 *Franzke* NStZ 2018, 466 (470), der allerdings in Bezug auf Regelbeispiele, die ein gesteigertes Erfolgsunrecht vertypen, die Indizwirkung in der Versuchskonstellation verneint und den Widerspruch zu der Rechtsprechung zu § 177 (BGH NStZ 2003, 602) auflösen will.
122 L-Kühl/*Heger* § 46 Rn. 15; *Mitsch* 1.3.1.5.2 aE.
123 BGHSt 33, 370 ff.; BGH NStZ 1984, 262 f.; BayObLG OLGSt § 243 Nr. 3, 2 f.; *Fabry* NJW 1986, 15 (18 f.); S/S/W-*Kudlich* § 243 Rn. 41; *Zipf* JR 1981, 119 (121); zur Gegenansicht vgl. Rn. 57.

§ 3 Besonders schwere Fälle des Diebstahls (§ 243)

4. Versuchsbeginn

Der Versuch beginnt, wenn der Täter zur Verwirklichung des Grunddelikts und hierbei auch zur Verwirklichung des Regelbeispiels ansetzt.[124] Das Verhalten des Täters muss insgesamt als unmittelbares Ansetzen zum Diebstahl (dh zur Wegnahme) unter den Voraussetzungen des Regelbeispiels anzusehen sein (vgl. § 2 Rn. 119). Daher begeht der Täter noch keinen Versuch der §§ 242, 243 Abs. 1 S. 2 Nr. 1, wenn er das Tor zu einem Hof öffnet, um von dort mit einer Leiter in ein geöffnetes Dachfenster zum Stehlen einzusteigen.

C. Anwendung

I. Aufbau

Die Voraussetzungen der Regelbeispiele sind unmittelbar im Anschluss an die Feststellung der Schuld von § 242 zu prüfen, wenn mit der hM zum Ausdruck gebracht werden soll, dass § 243 „nur" eine Strafzumessungsregel ist. Folgerichtig sollte dann auch nicht von „Tatbestandsmerkmalen", sondern von „Voraussetzungen" des § 243 gesprochen werden. Freilich muss auch bei dieser Prüfungsweise gefragt werden, ob die deliktskonstitutiven Elemente des Vorsatzes, der Rechtswidrigkeit und der Schuld bezüglich der „Voraussetzungen" des Regelbeispiels erfüllt sind. Hieraus ergibt sich folgender Aufbau:

§§ 242, 243
I. Objektiver und subjektiver Tatbestand § 242
II. Rechtswidrigkeit
III. Schuld
IV. Besonders schwerer Fall:
  1. Objektive Voraussetzungen eines (benannten oder unbenannten) Regelbeispiels nach § 243
  2. Vorsatz bezüglich der tatsächlichen Voraussetzungen des Regelbeispiels
  3. Ausschluss eines besonders schweren Falles (Abs. 2) bei objektiv und subjektiv geringwertigem Tatobjekt (vgl. dazu Rn. 47 f.)
  4. Rechtswidrigkeit und
  5. Schuld bezüglich des Regelbeispiels.

Sofern man der Mindermeinung folgt, kann § 243 wie ein Qualifikationstatbestand behandelt und nach Bejahung des Grunddelikts (§ 242) in den Stufen der Tatbestandsmäßigkeit, Rechtswidrigkeit und Schuld geprüft werden. Die Besonderheit liegt nur darin, dass die Wertung des § 243 nicht abschließend ist, also auf der Ebene der Prüfung der Tatbestandsmerkmale Abweichungen zulässt. Allerdings wird der Sachverhalt in Prüfungsarbeiten nur selten Veranlassung geben, einen besonders schweren Fall des Diebstahls trotz Verwirklichung eines Regelbeispiels abzulehnen. Die umgekehrte Konstellation, die Begründung eines besonders schweren Falls auch ohne verwirklichtes Regelbeispiel, sollte jedoch stets bedacht werden.

---

[124] *Kindhäuser* Triffterer-FS 123 (135); *Kühl* JuS 1980, 506 (509 f.); *Laubenthal* JZ 1987, 1065 (1069).

II. Beteiligung

62 Wie in Fällen der Beteiligung mit § 243 umzugehen ist, wird unterschiedlich beantwortet:

- Nach vorherrschender Meinung sollen die **allgemeinen Akzessorietätsregeln** für **§ 243 nicht gelten**. Vielmehr soll bei mehreren Beteiligten für jeden gesondert eine umfassende Tat- und Täterbewertung vorzunehmen sein, wobei allerdings die Schwere der Haupttat Berücksichtigung finden soll. In die jeweilige Gesamtbetrachtung sollen zudem Schuldmerkmale und allgemeine Strafzumessungserwägungen eingehen.[125] Bei gewerbsmäßigem Handeln des Täters (Nr. 3) ist auf Teilnehmer, die selbst nicht gewerbsmäßig handeln, § 28 Abs. 2 anzuwenden.[126]

63 - Sieht man jedoch mit der Rechtsprechung in Regelbeispielen Straferschwerungsgründe, die sich nur aufgrund einer formalen Gesetzestechnik von abschließenden Qualifikationstatbeständen unterscheiden (vgl. Rn. 4), ist es konsequent, die **allgemeinen Beteiligungsregeln unmittelbar auf § 243 anzuwenden**.[127] **Tatbezogene Merkmale** sind dann akzessorisch, sodass etwa § 16 Abs. 1 (direkt oder analog) eingreift, wenn der Gehilfe verkennt, dass der verwendete Schlüssel falsch ist; der Gehilfe ist dann nur wegen Teilnahme am einfachen Diebstahl nach § 242 zu bestrafen.[128] Weiß umgekehrt der Täter nicht, dass der ihm vom Gehilfen ausgehändigte Schlüssel falsch ist, begehen er – mangels vorsätzlicher Verwirklichung von Abs. 1 S. 2 Nr. 1 – und der Gehilfe – mangels vorsätzlicher „Haupttat" – jeweils nur § 242 als Täter bzw. Teilnehmer. Außerdem ist für den Gehilfen eines Regelbeispiels die Strafe in (zumindest entsprechender) Anwendung von § 27 Abs. 2 S. 2 zu mildern.[129] Hinsichtlich des täterbezogenen **besonderen persönlichen Merkmals** der Gewerbsmäßigkeit (Nr. 3) ist demgegenüber § 28 Abs. 2 (zumindest entsprechend) heranzuziehen.[130]

III. Konkurrenzen

64 § 243 ist gegenüber § 242 kein selbstständiger Qualifikationstatbestand, sondern nur ein unselbstständiger Strafschärfungsgrund. Die Voraussetzungen beider Vorschriften bilden ein einheitliches Delikt.[131] Verwirklicht der Täter bei Begehung eines Diebstahls mehrere Regelbeispiele, so ist er gleichwohl insgesamt nur wegen eines Diebstahls in einem besonders schweren Fall zu bestrafen. Zwischen mehreren Regelbeispielen ist eine Verurteilung auf wahldeutiger Grundlage möglich.

65 Auch im Verhältnis zu anderen Delikten sind §§ 242, 243 als Einheit zu verstehen. Es gelten die allgemeinen Konkurrenzregeln.[132] Im Zusammenhang mit dem Regelbeispiel nach Nr. 1 wird gewöhnlich auch ein Hausfriedensbruch (§ 123) begangen; dieser Tatbestand wird daher regelmäßig von §§ 242, 243 als mitbestrafte Begleittat

---

125 BGHSt 29, 239 (243 f.); BGH NStZ 1983, 217; *Bruns* GA 1988, 339 ff.; *Detter* NStZ 1996, 182 (183).
126 BGH BeckRS 2023, 36079; *Arzt* JuS 1972, 576 (577); M/R-*Schmidt* § 243 Rn. 21; vgl. dagegen für eine gesonderte Tatbewertung: *Gössel* Tröndle-FS 357 (366).
127 Näher *Jakobs* 6/100; *Kindhäuser* Trifferer-FS 123 (128 ff.).
128 Ebenso MK-*Schmitz* § 243 Rn. 82.
129 Vgl. auch *Braunsteffer* NJW 1976, 736 (737); *Wessels* Maurach-FS 295 (307).
130 Vgl. auch Arzt/Weber/*Heinrich*/Hilgendorf § 14/35; *Mitsch* 1.3.1.4; MK-*Schmitz* § 243 Rn. 82.
131 SK-*Hoyer* § 243 Rn. 58; *Mitsch* 1.3.1.6; *Otto* § 41/38.
132 *Kindhäuser* Trifferer-FS 123 (135 f.).

konsumiert.[133] Im Verhältnis zu § 303 ist jedoch nach neuerer Rechtsprechung Idealkonkurrenz anzunehmen, da ein Einbruchsdiebstahl (etwa im Fall des Einsteigens, des Eindringens mit einem falschen Schlüssel) nicht typischerweise mit einer Sachbeschädigung einhergeht.[134]

Wiederholungs- und Vertiefungsfragen

> - Kann das Gericht von der Annahme eines besonders schweren Falles auch bei Vorliegen der Voraussetzungen des § 243 absehen? (Rn. 2)
> - Welche Funktion haben Regelbeispiele und wie sind sie deliktssystematisch einzuordnen? (Rn. 4)
> - Was ist unter „einbrechen", „einsteigen" und „eindringen" zu verstehen? (Rn. 11 ff.)
> - Verwendet ein Täter, der mittels einer Plastikkarte den Riegel einer zugezogenen Tür wegschiebt und sich so durch die Tür Zutritt zu einem Raum verschafft, ein Werkzeug im Sinne des § 243 Abs. 1 S. 2 Nr. 1? (Rn. 15)
> - Was ist unter einer Schutzvorrichtung iSd § 243 Abs. 1 S. 2 Nr. 2 zu verstehen? Warum fallen nach hM elektronische Sicherungsetiketten in der Regel nicht darunter? (Rn. 19 ff.)
> - Was bedeutet „Gewerbsmäßigkeit" iSd § 243 Abs. 1 S. 2 Nr. 3? (Rn. 24)
> - Wann ist das Opfer iSd § 243 Abs. 1 S. 2 Nr. 6 „hilflos"? (Rn. 38)
> - Wie sind Fälle des sog. „Vorsatzwechsels", also der Änderung des Wegnahmevorsatzes mit Blick auf Tatobjekte von unterschiedlichem Wert, zu beurteilen? (Rn. 49 ff.)
> - Kann ein Regelbeispiel „versucht" werden? (Rn. 55 ff.)

---

133 BayObLG NJW 1991, 3292 (3293); *Dölling* JuS 1986, 688 (693); *Otto* § 41/39; LK-*Ruß*, 11. Aufl., § 243 Rn. 43 mwN; aA *Gössel* Tröndle-FS 357 (366).
134 BGH NJW 2019, 1086 (1087 f.) mit zust. Anm. *Mitsch* (zu § 244 Abs. 1 Nr. 3); krit. *Fahl* JR 2019, 107 ff.

§ 4 Diebstahl mit Waffen, Bandendiebstahl und Wohnungseinbruchsdiebstahl (§ 244)

A. Allgemeines

1 Anders als die in § 243 aufgeführten Regelbeispiele sind die in § 244 genannten Tatmodalitäten **abschließende und selbstständige Qualifikationen** des Diebstahlstatbestands. Mit dem 55. Strafrechtsänderungsgesetz[1] wurde für den Einbruchsdiebstahl in Privatwohnungen sogar eine Verbrechensqualifikation eingeführt (Abs. 4) und der qualifizierte Diebstahl damit dem (einfachen) Raub (§ 249 Abs. 1) gleichgestellt, ohne dabei für minder schwere Fälle eine Strafmilderung vorzusehen (vgl. dagegen §§ 244 Abs. 3, 244a Abs. 2, 249 Abs. 2).[2] Ein Strafantragserfordernis für gem. § 244 qualifizierte Diebstähle kann sich aus § 247 ergeben, der im Gegensatz zu § 248a auch hier anwendbar ist. Der Versuch des § 244 ist strafbar (Abs. 2).

B. Definitionen und Erläuterungen

I. Diebstahl mit Waffen bzw. gefährlichen Werkzeugen (Abs. 1 Nr. 1a)

2 **Strafschärfungsgrund** ist die (abstrakte) Gefährdung von Leib und Leben, die darin liegt, dass der Täter das mitgeführte gefährliche Werkzeug als Nötigungsmittel zur Durchführung der Wegnahme einsetzen könnte.[3] Der Täter schafft eine Situation, die sich für einen objektiven Beobachter als Vorbereitung eines schweren Raubes (§§ 249, 250) darstellt. Ob der Täter auch tatsächlich das Werkzeug als verletzungsgeeignetes Nötigungsmittel gegen Personen einsetzen will, spielt keine Rolle, da es erst gar nicht zu einer Lage kommen soll, in der bei einem Diebstahl Leib und Leben gefährdet werden könnten.

1. Tatmittel

▶ **Fall 1:** A will nicht auf redliche Weise Geld verdienen, gleichwohl aber seiner Familie eine schöne Bescherung an Heiligabend präsentieren. Den benötigten Tannenbaum schlägt er mit einem Beil auf dem Grundstück des abwesenden G. ◀

▶ **Fall 2:** A bringt Tannenbaum und Beil nach Hause und besorgt sodann das Geschenk für seine Frau: Mit einem großen Brecheisen stemmt er den Hintereingang des Juweliers J auf und entwendet einen Diamantring. Außerdem hatte A sich noch zu Hause ein 30 cm langes Brotmesser eingesteckt. ◀

▶ **Fall 3:** Am Tag darauf steckt er sich einen kleineren Schraubenzieher ein und entwendet einige Spielsachen für seine Kinder im örtlichen Kaufhaus. Hierbei wird er von zwei im Kaufhaus anwesenden Polizisten gestellt und festgenommen. ◀

3 a) **Waffen:** Waffen (im technischen Sinne) sind Gegenstände, die – wie Schuss-, Hieb- und Stoßwaffen – ihrer Konstruktion nach zur Herbeiführung erheblicher Verletzungen allgemein bestimmt sind.[4]

---

[1] BGBl. 2017 I 2442.
[2] Näher zur Kritik *Bosch* Jura 2018, 50 (51 f., 58); *Mitsch* KriPoZ 2017, 21 ff.
[3] *Kindhäuser/Wallau* StV 2001, 18; *Mitsch* 1.4.1.
[4] Vgl. § 1 Abs. 2 Nr. 2a WaffG; BGHSt 4, 125 (127).

Waffen sind zu dem Zweck entwickelt, sie zur Herbeiführung von Verletzungen einzusetzen. Dies trifft auch auf Sportwaffen zu, die zwar dem Training bestimmter körperlicher Fähigkeiten dienen, aber ihre verletzungsgeeignete Konstruktion beibehalten haben. Waffen sind ferner Gaspistolen, bei denen das Gas aus der Mündung austreten kann.[5] Als Waffe sollen nach der Rechtsprechung auch Schreckschusspistolen anzusehen sein.[6] Im Schrifttum wird dies zu Recht abgelehnt und stattdessen ein gefährliches Werkzeug angenommen,[7] da derartige Pistolen ihrer Konstruktion nach zur Einschüchterung, aber gerade nicht zur Herbeiführung von Verletzungen bestimmt sind und damit nicht die Voraussetzungen des technischen Waffenbegriffs erfüllen, der dem Gesetzgeber bei der Formulierung des § 244 Abs. 1 Nr. 1a vor Augen stand (vgl. § 224 Abs. 1 Nr. 2 und unten Rn. 11).[8] Die Aufnahme eines Gegenstands in die Liste der verbotenen Gegenstände des Waffengesetzes kann allerdings ein wichtiges Indiz[9] für seine Qualität als Waffe sein.

b) Gefährliche Werkzeuge: Gefährliche Werkzeuge sind bewegliche Gegenstände,[10] die aufgrund ihrer waffenähnlichen Beschaffenheit und der konkreten Tatumstände vom Täter dazu bestimmt erscheinen, erhebliche Verletzungen herbeizuführen oder (realisierbar) anzudrohen.

Die **Wirkungsweise** des Werkzeugs ist ebenso gleichgültig wie sein **Aggregatzustand**. Das Mittel kann fest, flüssig oder gasförmig sein und mechanisch, physikalisch oder chemisch (zB narkotisierend) wirken.[11] Es kommen daher auch Gifte und Stoffe in Betracht, die Verätzungen oder Verbrennungen hervorrufen können. Ferner sind Kampfhunde einschlägig.[12] Tatmittel können jedoch nur solche Gegenstände sein, die der Täter **außerhalb seines Körpers** bei sich führt. Kraftvoll eingesetzte Körperteile und sonstige (zB hypnotische) Fähigkeiten sind keine „Werkzeuge" und daher nicht tatbestandsmäßig.

aa) Diese Bestimmung des gefährlichen Werkzeugs entspricht zwar der heute vorherrschenden Lehre, ist aber umstritten; sie stellt auf **zwei Kriterien** ab: Die **objektive waffenähnliche Beschaffenheit** des Gegenstands und die **objektivierte Zweckbestimmung** aufgrund der konkreten Tatumstände.[13] Hierfür sind vor allem folgende Überlegungen maßgeblich:

- Die Begriffsbestimmung ist am Schutzzweck der Qualifikation, die Schaffung eines Nötigungsrisikos iSe schweren Raubes zu verhindern, auszurichten. Ein solches

---

5 BGHSt 45, 92 (93); BGH NStZ 1999, 301 (302); 2001, 532 f.; aA – keine Waffe – BayObLG NJW 1971, 392 (393).
6 BGHSt 48, 197; vgl. ferner BGHR StGB § 250 Abs. 2 Nr. 1 Waffe 2; NStZ-RR 1999, 173 mit abl. Anm. *Dencker* JR 1999, 33; NStZ-RR 2004, 38 (39); 2004, 263 f.; NStZ 2010, 390; 2012, 445; NStZ-RR 2015, 111; BeckRS 2019, 20592; *Eisele* BT II Rn. 179; ausf. zu den technischen Fragen *Rothschild* NStZ 2001, 406 ff.; krit. *Fischer* NStZ 2003, 569; anders noch BGH NStZ 2002, 594 (595).
7 *Fischer* § 244 Rn. 8; *W-Hillenkamp/Schuhr* Rn. 276; *Mitsch* 1.4.2.1.2.
8 *Fischer* NStZ 2003, 569 (572 f.); vgl. insoweit BT-Drs. 13/9064, 18.
9 Vgl. BGHSt 48, 197 (203).
10 BGH StV 2013, 444.
11 BGHSt 1, 2; 22, 230; zum Elektroschocker BGH StV 2002, 146; vgl. jedoch zum Einsatz von K.O.-Tropfen (bzgl. § 250 Abs. 2 Nr. 1) BGH NStZ 2009, 505 mit krit. Bespr. *Bosch* JA 2009, 737 ff.
12 BGH NStZ-RR 1999, 174.
13 Vgl. – mit Abweichungen im Detail – *Arzt/Weber/Heinrich/Hilgendorf* 14/57b; *Bussmann* StV 1999, 613 (621); *S/S-Bosch* § 244 Rn. 5; *SK-Hoyer* § 244 Rn. 11 f.; *Joecks* § 244 Rn. 13; NK-*Kindhäuser/Hoven* § 244 Rn. 13; *S/S/W-Kudlich* § 244 Rn. 13; *Mitsch* 1.4.2.1.3; *Otto* § 41/53; *Ransiek* JA 2018, 666 (669); *Schlothauer/Sättele* StV 1998, 505 (507 ff.); MK-*Schmitz* § 244 Rn. 14; *Seier* JA 1999, 666 (668 f.); *Streng* GA 2001, 359 (365 ff.).

Risiko besteht zum einen, wenn sich mit dem Tatmittel aufgrund seiner Konstruktion unschwer erhebliche Verletzungen herbeiführen lassen. Zum anderen muss bereits das bloße Mitführen des Tatmittels die Möglichkeit seiner Verwendung zur Ausschaltung des von einer Person geleisteten Widerstands (gegen die Wegnahme) nahe legen, dh für einen objektiven Beobachter muss sich unter den gegebenen Umständen der Schluss aufdrängen, der betreffende Gegenstand solle in gefährlicher Weise verwendet werden.[14] Bei dieser Interpretation wird dem Täter keineswegs eine Verletzungsabsicht unterstellt. Vielmehr geht es um den Schutz potenzieller Opfer vor einer Situation, in der die Ausstattung des Täters mit einem waffenähnlichen Gegenstand nicht nur die Sicherheit ihres Eigentums, sondern auch ihrer körperlichen Unversehrtheit beeinträchtigt.

9 ■ Mit vielen Gegenständen des Alltags – wie Säuren, Beilen, Brotmessern – lassen sich unschwer erhebliche Verletzungen herbeiführen. Im Unterschied zu Waffen im technischen Sinne sind sie zwar nicht zum Einsatz gegen Menschen entwickelt und generell bestimmt, lassen sich aber als Waffensurrogate gebrauchen. Sie eignen sich daher wie Waffen zur Schaffung eines qualifizierten Nötigungsrisikos. Gleichwohl können sie nicht ohne Weiteres den technischen Waffen gleichgestellt werden, da sie – bei bestimmungsgemäßem Gebrauch – gerade keinem Verletzungszweck dienen. An die Stelle des generell fehlenden Verletzungszwecks muss daher ein objektivierter spezieller Verletzungszweck treten, der aus dem **Kontext der Tat** zu erschließen ist. Die konkreten Tatumstände müssen also einen objektiven Beobachter zu der Annahme veranlassen, der Täter wolle den Gegenstand zweckentfremdet in gefährlicher Weise verwenden („Waffenersatzfunktion").[15] Ist dies nicht der Fall, so erscheint durch das Mitführen des betreffenden Gegenstands das bei jedem Diebstahl gegebene Risiko, dass der Täter zu irgendwelchen Mitteln greift, um ggf. Widerstand zu brechen oder die Beute zu sichern, nicht erhöht.

10 ■ Aufgrund dieser Erwägungen scheiden alle Gegenstände als Tatmittel aus, deren Beisichführen nicht unüblich ist.[16] Mag der Täter auch planen, ein Opfer mit seinem Gürtel zu würgen oder auf sich ihm in den Weg stellende Personen mit seinem PKW zuzufahren, so sind doch weder Gürtel noch PKW Gegenstände, die schon durch ihre bloße Verfügbarkeit unabhängig von einer konkreten Tatsituation auf einen Verletzungswillen schließen lassen. Ferner kommen solche Gegenstände nicht in Betracht, deren Mitnahme sich aus der konkreten Begehungsweise des Diebstahls erklären lässt, wie etwa Handwerkszeug zum Öffnen eines Hauses oder eines Tresors. So ist das Beisichführen des Beiles auf dem einsamen Grundstück in **Fall 1** ohne Weiteres durch die Art und Weise der Tatausführung zu erklären und legt keine Gefahr für Leib und Leben nahe. Gleiches gilt in **Fall 3** für die Mitnahme des Schraubenziehers beim Stehlen im Kaufhaus. Dieses keineswegs unübliche Verhalten lässt viele harmlose Deutungen zu, sodass eine potenzielle Verwendung gerade als „Stichwaffe" gegen Menschen wenig wahrscheinlich erscheint. In **Fall 2** ist zu differenzieren: Das Mitsichführen des Stemmeisens erhöht bei objektiver Betrachtung nur das Risiko eines Einbruchsdiebstahls, legt aber keinen vorgesehe-

---

[14] Näher *Kindhäuser/Wallau* StV 2001, 18 f.; *dies.* StV 2001, 352 (353 f.); ähnlich verlangt BGH NStZ 1999, 301 (302) neben der objektiven Gefährlichkeit eine generelle Bestimmung zur gefährlichen Verwendung.

[15] S/S/W-*Kudlich* § 244 Rn. 13; *Mitsch* 1.4.2.1.3; MK-*Schmitz* § 244 Rn. 17; *Streng* GA 2001, 359 (365 ff.); LK-*Vogel/Brodowski* § 244 Rn. 17.

[16] Zutreffend auf den Gedanken der Sozialadäquanz abstellend: OLG Braunschweig NJW 2002, 1735 (1736).

nen Einsatz gegen Personen nahe. Dagegen lässt der Umstand, dass A auch ein Brotmesser bei sich führt, einen geplanten Einsatz gegen Personen vermuten und erhöht so das abstrakte Risiko für Leib und Leben. Gleiches müsste etwa für einen abgebrochenen Flaschenhals gelten. Dass der Täter möglicherweise in allen drei Situationen eine ganz andere Verwendung intendiert, lässt die Tatqualifikation, die auf die abstrakte Gefährlichkeit aus der Opferperspektive abstellt, unberührt.

bb) Die **Rechtsprechung**[17] hat sich zunächst an dem Vorschlag des Rechtsausschusses des Bundestags[18] orientiert, ein Werkzeug als gefährlich anzusehen, wenn es nach Art seiner konkreten Verwendung geeignet ist, erhebliche Verletzungen herbeizuführen (vgl. § 224 Abs. 1 Nr. 2 Var. 2).[19] Diese Auslegung wird jedoch von der hM nahezu einhellig als sachlich verfehlt zurückgewiesen,[20] da das Werkzeug im Grundfall des Diebstahls mit Waffen gerade nicht verwendet wird. Daher kann auch nicht aus dem konkreten Gebrauch auf die Gefährlichkeit geschlossen werden. So lässt sich mangels Verwendung gegen einen Menschen nicht feststellen, wie nach dieser Auffassung die Gegenstände in den **Fällen 1, 2** und **3** zu bewerten sind. Sofern der Gegenstand zu Nötigungszwecken eingesetzt wird, greift vorrangig § 250 Abs. 2 Nr. 1 Alt. 2 ein.[21]

11

cc) Nach einem im Schrifttum verbreiteten Ansatz soll sich die Gefährlichkeit aus der (tatsächlichen) **Absicht des Täters**, einen beliebigen Gegenstand ggf. wie eine Waffe einzusetzen,[22] ergeben. Hiernach müsste man in den **Fällen 1, 2** und **3** das Beil, das Stemmeisen und den Schraubenzieher jeweils als gefährliches Werkzeug einstufen, sofern A in diesen Tatvarianten auch die Absicht hatte, die Gegenstände als Gewalt- oder Drohmittel gegen Personen einzusetzen. Umgekehrt müsste das Brotmesser in **Fall 2** als taugliches Tatmittel ausscheiden, wenn A die Absicht hatte, auf dem Heimweg im Park noch ein paar Tannenzweige abzuschneiden.

12

Jedoch verlangt § 244 Abs. 1 Nr. 1a gerade keinen subjektiven Planungszusammenhang zwischen Werkzeug und Tat, sondern bezieht die Gefährlichkeit auf die bloße Verfügbarkeit des Tatmittels.[23] Anderenfalls wäre Nr. 1a nur ein bedeutungsloser Unterfall des vom Täter zur Gewaltanwendung und -androhung vorgesehenen Tatmittels iSv Nr. 1b. Im Übrigen steht der subjektivierende Ansatz vor erheblichen Beweisproblemen, die sich kaum ohne Rückgriff auf Tatumstände im Sinne einer objektivierten Zweckbestimmung lösen lassen. Dies gilt gleichermaßen für den Vorschlag, die Gefährlichkeit davon abhängig zu machen, ob der Täter generell – von der konkreten Tat losgelöst – den Gegenstand zur Bedrohung oder Verletzung von Personen bestimmt hat.[24] Da sich A in den **Fällen 1, 2** und **3** jeweils nicht zu seiner Verwendungsabsicht

---

17 So BayObLG StV 2001, 17 f. und OLG Hamm StV 2001, 17 f. mit jew. abl. Anm. *Kindhäuser/Wallau*; ähnliche Formulierungen des BGH betreffen § 250 Abs. 2 Nr. 1, wo das bloße Beisichführen keine Rolle spielt, vgl. BGHSt 44, 103 (105); BGH StV 1998, 487; Übersicht bei *Boetticher/Sander* NStZ 1999, 292 ff.
18 BT-Drs. 13/9064, 18.
19 Dies entspricht der Auslegung von § 224 Abs. 1 Nr. 2, vgl. *Kindhäuser/Schramm* BT I § 9/10 ff.
20 Vgl. zum Ganzen BGHSt 52, 257 (262 f.); BGH NStZ 2002, 594 (595); OLG Braunschweig NJW 2002, 1735 (1736); OLG Schleswig NStZ 2004, 212 (213); Arzt/Weber/*Heinrich*/Hilgendorf § 14/57; *Fischer* NStZ 2004, 569 (570); *Graul* Jura 2000, 204 (205); *Jäger* JuS 2000, 651 (653 f.); *Küper* JZ 1999, 187 ff.
21 Näher zum Verhältnis des „Beisichführens" zum „Verwenden" in diesem Zusammenhang § 14 Rn. 11.
22 *Erb* Fischer-FS 301 (302 f., 308 f.); *Geppert* Jura 1999, 599 (602); W-Hillenkamp/Schuhr Rn. 288; *Küper/Zopfs* 793; *Rengier* I § 4/38; *Schramm* JuS 2008, 773 (778); ähnlich OLG Stuttgart NJW 2009, 2756 (2758).
23 BGHSt 52, 257 (262 f.); BGH NStZ 2002, 594 (595); *Bussmann* StV 1999, 613 (620 f.); SK-*Hoyer* § 244 Rn. 10.
24 OLG Braunschweig NJW 2002, 1735 (1736); *Kasiske* HRRS 2008, 378 (381 f.); *Maatsch* GA 2001, 75 ff.; ähnlich *Becker*, Waffe und Werkzeug als Tatmittel im Strafrecht, 2003, 252 ff.: Bewusstsein der Einsetzbarkeit; *Leißner*, Der Begriff des gefährlichen Werkzeugs im StGB, 2002, 87 ff.: offensichtliche Widmung.

einlässt, kann diese auch nicht ohne Rückgriff auf eine objektivierte Zweckbestimmung festgestellt werden.

13 dd) Nach der neueren Rechtsprechung soll auf jede Zweckbestimmung verzichtet und nur auf die objektive Eignung des Werkzeugs zur Herbeiführung erheblicher Verletzungen abgestellt werden.[25] Das Kriterium des **abstrakten Verletzungspotenzials** eines Gegenstands führt jedoch zu einer uferlosen Ausdehnung des Tatbestands. Es lässt sich kaum ein Gegenstand finden, der sich nicht in irgendeiner Weise zur Herbeiführung von Verletzungen eignet. Zudem müsste jeder Diebstahl, der mit einem verletzungsgeeigneten Gegenstand – Stemmeisen, Taschenmesser[26], Schraubenzieher[27] usw – durchgeführt wird, per se als nach Abs. 1 Nr. 1a qualifiziert angesehen werden, sodass § 244 Abs. 1 Nr. 1a jedenfalls in **Fall 1** und **2**, aber wohl auch in **Fall 3** erfüllt wäre.

Keine Einschränkung verspricht auch das Abstellen auf solche Gegenstände, auf die ein Täter erfahrungsgemäß zurückgreift, wenn er in Bedrängnis gerät.[28] In einer solchen Situation bedient sich ein Täter jedes beliebigen Gegenstands, der ihm unter den gegebenen Umständen hilfreich erscheint.

2. Beisichführen

▶ **Fall 4:** Zur Vermeidung von Diebstählen dürfen die Kunden im Kaufhaus K große Taschen und Rucksäcke nicht mit in die Geschäftsräume nehmen, sondern müssen sie in Schließfächern im Eingangsbereich lassen. S will bei K einige Gegenstände entwenden und hat auch eine Pistole in seinen Rucksack gepackt. Die Pistole vergisst er zwar im Rucksack, den er im Eingangsbereich eingeschlossen hat, kann aber dennoch erfolgreich mehrere CD's an sich nehmen. ◀

14 a) **Beisichführen:** Der Täter führt die Waffe (bzw. das gefährliche Werkzeug) bei sich, wenn er über sie zu irgendeinem Zeitpunkt während des Tathergangs schnell und ungehindert verfügen kann.[29] Nach hM erfasst der Tatbestand auch den Fall, dass der Täter die Waffe oder das gefährliche Werkzeug selbst wegnimmt.[30] Die Gegenansicht lehnt dies ab, da aus dem einschlägigen Regelbeispiel (§ 243 Abs. 1 S. 2 Nr. 7) hervorgehe, dass das Gesetz zwischen dem Diebstahl „von" und „mit" Waffen unterscheide.[31] Dem ist jedoch entgegenzuhalten, dass § 244 Abs. 1 Nr. 1a eine einsatzbereite Waffe und damit ein gegenüber dem Regelbeispiel gesteigertes Gefährdungsunrecht

---

25 Vgl. BGHSt 52, 257 (269 f.), ausdrücklich ohne allgemeine Definition, mit Bespr. *Jahn* JuS 2008, 835 f.; krit. Anm. *Foth* NStZ 2009, 93 f.; *Kasiske* HRRS 2008, 378 ff. und *Krüger* JuS 2009, 190 (193 f.); zust. Anm. *Mitsch* NJW 2008, 2865; *Peglau* JR 2009, 162 ff.; BGH NStZ 2012, 571 f.; vgl. OLG Köln NStZ 2012, 327 f.; OLG Nürnberg StV 2020, 250; ferner BGH NStZ 2002, 594 (596); OLG Schleswig NStZ 2004, 212 (214); *Dencker* JR 1999, 33 (35 f.); *Hörnle* Jura 1998, 169 (172); vgl. auch *Zieschang* JuS 1999, 49 (51 f.): typische Eignung; ferner *Lesch* JA 1999, 30 ff.: Gegenstände, die einem gesetzlichen Verbot unterliegen.
26 BGHSt 52, 257 (269 f.).
27 BGH NJW 2004, 3437; vgl. dagegen OLG Nürnberg StV 2020, 250 (kleinerer, nicht als Schlag- oder Stichwerkzeug einsetzbarer Seitenschneider).
28 *Schroth* NJW 1998, 2861 (2864); gegen solche Argumente treffend schon *Hälschner*, System des Preußischen Strafrechts, Zweiter Theil, 1868, 479 f. Fn. 3: „Diese Gefahr als qualifizierendes Moment zu betrachten ist aber unzulässig, weil schließlich bei jedem Diebstahle die Möglichkeit obwaltet, daß der ertappte Dieb sich mit der Faust, oder was ihm sonst zur Hand ist, in gefährlicher Weise zur Wehr setzt."
29 BGHSt 20, 194 (197); 31, 105 (106); BGH NStZ 1998, 354; *Haft* JuS 1988, 364 (368).
30 BGHSt 29, 184 (185); NStZ 2015, 85 (86 zu § 250 Abs. 1 Nr. 1 a); einschränkend LK-*Vogel*/Brodowksi § 244 Rn. 29: nur beim Stehlen weiterer Sachen.
31 NK-*Kindhäuser*/Hoven § 244 Rn. 18; M-*Schroeder*/Hoyer I § 33/124.

vorausgesetzt (vgl. Rn. 15), das auch dann gegeben ist, wenn der Täter die Waffe erst am Tatort ergreift.[32]

Das Tatmittel muss funktionsfähig und einsatzbereit sein. Bei Schusswaffen muss daher die Munition zumindest griffbereit mitgeführt werden.[33]

Der Täter braucht die Waffe nicht am Körper zu tragen. Er kann sich auch zum Transport eines gutgläubigen Dritten bedienen, wenn er nur eine Zugriffsmöglichkeit in räumlicher Nähe besitzt. In **Fall 4** ist die Waffe des S im Schließfach eingeschlossen, sodass er sie nicht iSv § 244 Abs. 1 Nr. 1a bei sich geführt hat. Ebenfalls nicht mehr als Beisichführen ist es anzusehen, wenn der Täter die Waffe zB in einem 200 m vom Tatort entfernten Pkw deponiert.[34]

Sind **mehrere** am Diebstahl **beteiligt**, so muss sich derjenige, der die Waffe trägt, in Tatortnähe aufhalten und in das tatbestandsverwirklichende Geschehen eingreifen können.[35] Es genügt nicht, wenn der Bewaffnete lediglich im Fluchtauto wartet.

b) Subjektive Tatseite: Für das Beisichführen der Waffe (bzw. des gefährlichen Werkzeugs) ist keine Gebrauchsabsicht erforderlich.[36] Selbst der feste Wille des Täters, die Waffe nicht einzusetzen, schließt den Tatbestand nicht aus. Für die subjektive Zurechnung genügt es, wenn sich der Täter (bzw. Teilnehmer) mit dolus eventualis bewusst ist, dass er oder ein anderer Beteiligter eine Waffe gebrauchsbereit bei sich führt.[37] Will der Täter ein nach objektiven Kriterien gefährliches Werkzeug zu anderen als Nötigungszwecken einsetzen, so kann ihm jedoch das Bewusstsein der Gefährlichkeit des Gegenstands fehlen.[38]

Da das Beisichführen keine Gebrauchsabsicht verlangt, handeln auch **Polizisten und Soldaten**, die aus dienstlicher Veranlassung Schusswaffen tragen, tatbestandsmäßig.[39] Der Tatbestand erfasst allein die abstrakte Gefährlichkeit des Waffentragens, sodass für eine einzelfallbezogene Gefährlichkeitsprüfung, wie sie teilweise von der Gegenauffassung verlangt wird,[40] kein Anlass besteht. Es ist kein Grund ersichtlich, den Diebstahl eines bewaffneten Amtsträgers generell für weniger gefährlich zu halten als denjenigen eines sonstigen Täters, der ggf. auch – wie ein Jäger – zum Waffentragen berechtigt ist.

c) Zeitraum:

▶ **Fall 5:** Der dreiste P betritt das Kaufhaus K, klemmt sich ein Notebook unter den Arm und verlässt wie selbstverständlich das Kaufhaus. Mit seinem vor der Tür geparkten Wagen

---

32 S/S/W-*Kudlich* § 244 Rn. 19; MK-*Schmitz* § 244 Rn. 27.
33 Vgl. BGHSt 44, 103 (104 f.); 45, 249 (250 f.); BGH NStZ 1985, 547.
34 Vgl. BayObLG NStZ 1999, 460 (461); vgl. aber auch BGH NStZ 2004, 111 (112).
35 BGHSt 3, 229 (232 f.); 13, 259 (260); *Geppert* Jura 1992, 496 (497 f.).
36 BGHSt 30, 44; BGH NStZ 1984, 216 (217); NStZ-RR 2002, 12 f.; BeckRS 2019, 21881; OLG Schleswig NStZ 2004, 212 (214).
37 BGHSt 31, 105 (107); BGH NStZ-RR 2003, 12 (13); BeckRS 2019, 21881; OLG Zweibrücken BeckRS 2023, 30443.
38 BayObLG NStZ 1999, 460 f.; OLG Schleswig NStZ 2004, 212 (214); KG StV 2020, 251; vgl. auch BGH NStZ-RR 1997, 50 f.
39 RGSt 32, 402 (403); 54, 195 (196); BGHSt 30, 44; BayObLG NStZ 1999, 460 (461); *Hettinger* GA 1982, 525 ff.; S/S/W-*Kudlich* § 244 Rn. 9; *Mitsch* 1.4.2.1.6; MK-*Schmitz* § 244 Rn. 30; *Seelmann* JuS 1985, 454 (457); vgl. auch BVerfG NStZ 1995, 76; *Klesczewski* BT § 8/139; ferner *Hälschner* II/1 328 Fn. 2: „Die Möglichkeit, daß sich jemand vor dem Seitengewehr des Soldaten fürchtet, daß der Soldat, wenn ergriffen, von der Waffe Gebrauch macht, ist nie ausgeschlossen, und ist die objektive Gefährlichkeit entscheidend, so ist ein Unterscheiden des verfänglichen und unverfänglichen Waffenführens unmöglich."
40 *Haft* JuS 1988, 364 (368 f.); *Hruschka* NJW 1978, 1338; *Lenckner* JR 1982, 424 (427); *Seier* JA 1999, 666 (672).

flieht er vom Tatort. Im Handschuhfach hatte P vorsorglich einen geladenen Revolver verstaut, um sich nötigenfalls den Fluchtweg freizuschießen. ◂

20 Der Tathergang **beginnt** erst mit dem unmittelbaren Ansetzen zum Diebstahl[41] und ist mit der Vollendung der Wegnahme **abgeschlossen**. Zur Tat gehören weder vorbereitende Handlungen wie die Fahrt zum Tatort noch die Phase der Beutesicherung, in welcher der Diebstahl beendet wird.[42] Die Flucht des P mit dem Auto in **Fall 5** gehört daher nicht mehr zur Tat iSv § 244 Abs. 1 Nr. 1a. Da er nur während der Flucht Zugriff auf die Pistole hatte, ist folglich die Qualifikation nicht erfüllt. Die spezifische Gefährlichkeit eines bewaffneten Täters bei der Sicherung der Beute wird von § 252 erfasst.

Die Rechtsprechung,[43] die das Bergen der Beute unmittelbar nach der Wegnahme noch zum Diebstahl rechnet, weitet den Begriff der Tat unzulässig über die Realisierung des für die strafrechtlichen Zurechnungsregeln allein maßgeblichen **tatbestandsspezifischen Unrechts** hinaus aus. Dagegen wird es unstreitig nicht als Beisichführen angesehen, wenn dem Täter die Waffe erst bei einer Flucht **ohne Beute** zur Verfügung steht.[44]

II. Diebstahl mit sonstigen Werkzeugen (Abs. 1 Nr. 1b)

1. Tatmittel

▶ **Fall 6:** U plant einen Einbruch. Da er wegen der erhöhten Strafandrohung keine Pistole bei sich führen will, nimmt er ein kleines Metallrohr mit. Sollte er erwischt werden, will er das Rohr in der Weise gegen das Innenfutter der Jackentasche drücken, dass der Eindruck erweckt wird, er habe eine Schusswaffe dabei. Der Einbruch verläuft allerdings reibungslos. ◂

▶ **Fall 7:** Beim nächsten Einbruch steckt U die schwarze, täuschend echt aussehende Wasserpistole seines Sohnes ein, um damit eventuelle „Störer" in Schach zu halten. ◂

21 In Abs. 1 Nr. 1b werden **Werkzeuge und Mittel aller Art**, die der Täter **zum Zweck der Anwendung oder Androhung von Gewalt** gegen Personen mit sich führt, den Waffen und waffengleich gefährlichen Werkzeugen nach Nr. 1a gleichgestellt.

22 **Eigenschaften:** Über die erforderliche Qualität der einschlägigen Tatmittel lässt sich damit nur negativ sagen, dass sie nicht die Voraussetzungen von Waffen oder Waffensurrogaten zu erfüllen haben.[45] Sie müssen nur, dem Wortlaut nach, aus der Sicht des Täters als Mittel zu einer qualifizierten Nötigung taugen. Die Abgrenzung zwischen „Werkzeug" und „Mittel" ist hierbei ebenso ohne Bedeutung wie der jeweilige Aggregatzustand und die Art der Wirkung – mechanisch, physikalisch oder chemisch – des Tatmittels.

---

41 BGHSt 31, 105 (107) mit Anm. *Hruschka* JZ 1983, 217 und *Kühl* JR 1983, 424.
42 *Hruschka* JZ 1969, 607 (609); *Kühl* Roxin-FS I 665 (683 f.); *Küper* JuS 1986, 862 (869 f.); *Lanzrath/Fieberg* Jura 2009, 348 (351); *Mitsch* JA 1997, 655 (657 f.); *Rengier* JuS 1993, 460 (462); SK-*Sinn* § 250 Rn. 20; *Sternberg-Lieben* JuS 1996, 136 (138 f.); LK-*Vogel/Brodowski* § 244 Rn. 34.
43 BGHSt 38, 295 (297); BGH NStZ 1995, 339 (340); *Haft* JuS 1988, 364 (367 f.); vgl. zu § 250 BGH NStZ 2010, 327 mit Bespr. *Hecker* JuS 2010, 930 ff., *v. Heintschel-Heinegg* JA 2010, 471 f. und *Kraatz* StV 2010, 630 ff.
44 BGHSt 22, 227 (229 f.); 31, 105 (108) mit Anm. *Hruschka* JZ 1983, 217 und *Kühl* JR 1983, 425.
45 BGH NStZ 1985, 547 (548).

Bei den Tatmitteln muss es sich um Gegenstände handeln, die der Täter **außerhalb seines Körpers** bei sich führt. Körperteile sind nicht tatbestandsmäßig.[46] Kein taugliches Tatmittel ist es daher, wenn der Täter eine Hand mit einem ausgestreckten Zeigefinger so in einer Tasche oder Einkaufstüte verbirgt, dass der Eindruck entsteht, es handele sich um eine Pistole.[47]

Zu den einschlägigen Tatmitteln zählt die hM **auch Gegenstände, die nur zur gewaltsamen Freiheitsberaubung** dienen sollen, die der Täter also nicht (auch) in einer mit Leib- und Lebensgefahren verbundenen Art und Weise einsetzen will.[48] In Betracht kommen zB Handschellen, ein Klebeband zur Fesselung[49] oder Chloroform.

Schließlich wendet die hM die Tatvariante auch auf solche Gegenstände an, die **nur der Täter für nötigungstauglich hält**. Ob sich die vom Täter geplante Anwendung oder Androhung von Personengewalt auch objektiv realisieren lässt, soll keine Rolle spielen.[50] Damit werden insbesondere auch **Scheinwaffen** – Attrappen oder nicht funktionsfähige Schusswaffen – erfasst, mit denen der Täter nur eine Gefahr vortäuschen will, die also auch nach seiner Kenntnis der Sachlage zur Realisierung der beabsichtigten Drohung ungeeignet sind.

Von der hM wird jedoch einschränkend gefordert, dass das Tatmittel **objektiv den Eindruck hervorrufen** müsse, zur Realisierung der Drohung geeignet zu sein.[51] Hiernach ist nur die täuschend echt aussehende Wasserpistole des U in **Fall 7** taugliches Tatmittel, da sie objektiv den Eindruck hervorrufen kann, U könne damit auf jemanden schießen. Bei dem kleinen Rohrstück in **Fall 6** hingegen ist das nicht der Fall, sodass dieses nicht als taugliches Tatmittel in Betracht kommt.[52] Der Qualifikation wird mit dieser Einschränkung allerdings die Grundlage entzogen, wenn der durch den Einsatz des Tatmittels beim Opfer beabsichtigte Einschüchterungs- bzw. Nötigungseffekt nicht mehr maßgeblich sein soll.[53] Im Schrifttum wird daher zu Recht eine einschränkende Auslegung favorisiert, die nur Tatmittel einbezieht, die der Täter in einer Weise einsetzen will, die mit einer Gefahr für Leib oder Leben des Opfers verbunden ist (vgl. näher § 14 Rn. 2 zu § 250 Abs. 1 Nr. 1a).[54]

2. Beisichführen in Gebrauchsabsicht

Das Beisichführen[55] muss bei Abs. 1 Nr. 1b in Gebrauchsabsicht erfolgen: Der Täter muss sich das Tatmittel verfügbar halten, um es im Bedarfsfall[56] zur Verhinderung oder Überwindung von Widerstand einzusetzen.[57] Potenzielles Opfer der Gebrauchs-

---

46 Ob diese Tatvariante auch die Gegenstände nach Nr. 1a umfasst (verneinend MK-*Schmitz* § 244 Rn. 33), kann mangels praktischer Auswirkung dahingestellt bleiben.
47 Vgl. hierzu BGH NStZ 1985, 547 (548).
48 Vgl. *Fischer* § 244 Rn. 25; W-*Hillenkamp/Schuhr* Rn. 295; *Rengier* I § 4/61 f.; jew. mwN.
49 BGH NStZ 2023, 511 (zu § 250 Abs. 1 Nr. 1b).
50 Arzt/Weber/*Heinrich*/Hilgendorf § 14/58; *Joecks* § 244 Rn. 27 f.; L-Kühl/*Heger* § 244 Rn. 4; *Mitsch* 1.4.2.2.3; *Rengier* I § 4/58 ff.; MK-*Schmitz* § 244 Rn. 31; zu Recht krit. *Fischer* § 244 Rn. 26 aE; *Lesch* GA 1999, 356 ff.
51 BT-Drs. 13/9064, 18; BGH NJW 1996, 2663; NStZ 2007, 332 ff.; StV 2011, 676; S/S-*Bosch* § 244 Rn. 13; *Kudlich* JR 1998, 359; L-Kühl/*Heger* § 244 Rn. 4; *Otto* § 41/59; MK-*Schmitz* § 244 Rn. 31 f.; aA SK-*Hoyer* § 244 Rn. 7; s. ferner § 14 Rn. 2.
52 Vgl. hierzu BGH NJW 1996, 2663 ff.
53 LK-*Vogel*/*Brodowski* § 244 Rn. 45.
54 NK-*Kindhäuser*/*Hoven* § 244 Rn. 29 f.
55 Vgl. Rn. 14 ff.
56 BGHSt 24, 339 (341); BGH StV 1996, 315; LK-*Vogel*/*Brodowski* § 244 Rn. 48 mwN.
57 BGHSt 30, 375 (376); BGH StV 1996, 315; *Mitsch* 1.4.2.2.4.

absicht muss derjenige sein, von dem der Täter Widerstand gegen den Diebstahl erwartet.

27 Kein Fall von Abs. 1 Nr. 1b ist es, wenn der Täter mit dem Tatmittel nur seine Flucht zur Verhinderung der Strafverfolgung sichern will.[58] Sobald es zum Einsatz des Tatmittels kommt, sind gewöhnlich die §§ 249 bzw. 253, 255 einschließlich der Qualifikationen nach §§ 250 f. erfüllt.

28 Das Mitführen des Tatmittels in Gebrauchsabsicht ist tatbezogenes Merkmal; § 28 ist nicht anwendbar.

III. Bandendiebstahl (Abs. 1 Nr. 2)

▶ **Fall 8:** D verdient sich seinen Lebensunterhalt mit Eigentums- und Vermögensdelikten unterschiedlicher Art. Eines Tages kann er zehn seiner Kollegen dazu gewinnen, eine einmalige Chance zu nutzen. Nach gründlicher Vorbereitung steigen sie in ein Casino ein, in dem an dem Tattag ein besonders hoher Betrag an Bargeld eingelagert ist. Es gelingt ihnen, Bargeld in Millionenhöhe zu entwenden. ◀

▶ **Fall 9:** A, B und C haben sich zur dauerhaften Begehung von Diebstählen zusammen getan, wobei der an den Rollstuhl gefesselte A die Planungsarbeiten übernimmt und sich nie mit zum Tatort begibt. Momentan besteht allerdings das Problem, dass B eine Haftstrafe verbüßen muss. Zur Realisierung eines von A detailliert geplanten Einbruchs werden jedoch zwei Personen am Tatort benötigt. A und C gewinnen daher den D, der diese eine Tat mit C zusammen ausführt. ◀

29 Der Qualifikationstatbestand des Bandendiebstahls trägt zunächst dem Umstand Rechnung, dass in das Eigentum (potenziell) effektiver eingegriffen wird, wenn ein Diebstahl von mehreren Personen gestaltet und durchgeführt wird („Ausführungsgefahr").[59] Weiterhin kann die Strafschärfung damit begründet werden, dass die Geltung des Diebstahlsverbots in erhöhtem Maße in Frage gestellt wird, wenn sich mehrere Personen mit dem Ziel seiner wiederholten Verletzung zusammenschließen. Zudem kann die Bande für ihre Mitglieder einen steten Anreiz zur Fortsetzung von Diebstählen bilden („Organisationsgefahr").[60] Der Strafgrund hat insbesondere Bedeutung für die Frage, welche Anforderungen an die Mitwirkung eines anderen Bandenmitglieds zu stellen sind (Rn. 35 f.).

1. Mitgliedschaft und Zwecksetzung

30 **Begriff:** Eine Bande ist ein auf ausdrücklicher oder stillschweigender Vereinbarung beruhender Zusammenschluss von wenigstens drei Personen mit dem ernsthaften Willen, für eine gewisse Dauer künftig mehrere selbstständige, im Einzelnen noch unbestimmte Straftaten (eines bestimmten Deliktstyps) zu begehen.[61]

---

58 *Eser* JZ 1981, 761 (765 f.); aA BGHSt 22, 230 (231); BGH StV 1996, 315.
59 BGHSt 8, 205 (209); *Schild* GA 1982, 55 ff.; *Zopfs* GA 1995, 320 (327); krit. *Altenhain* ZStW 113 (2001), 112 ff.
60 BGHSt 23, 239 (240); BGH NStZ 2001, 421 (424) mit Bespr. *Erb* NStZ 2001, 561 ff.; *Hohmann* NStZ 2000, 258; *Mitsch* 1.4.2.3.1; *Toepel* ZStW 115 (2003), 60 (68 ff.).
61 BGHSt 46, 321 (325); vgl. auch BGH StV 2013, 508 f.; HRRS 2014 Nr. 735 Rn. 8; NStZ 2015, 647 f.

a) **Mindestbeteiligung:** Die Rechtsprechung verlangt in Übereinstimmung mit der hL für die Bande nicht mehr nur zwei,[62] sondern **mindestens drei Mitglieder**.[63] Diese Auslegung verdient Zustimmung, da die Bande in der neueren Gesetzgebung eines der Kriterien („Keimzelle") organisierter Kriminalität ist, von der wiederum erst bei einem arbeitsteiligen Vorgehen einer größeren Anzahl von Personen gesprochen werden kann. Ferner erlaubt das Erfordernis einer Mindestbeteiligung von drei Personen die Ziehung einer klaren formalen Grenze, jenseits derer jedenfalls nur eine (einfache) mittäterschaftliche Begehungsweise anzunehmen ist.[64] Für die Bandenmitgliedschaft reicht es aus, wenn der betreffende Beteiligte im Rahmen des Zusammenschlusses nur Gehilfenfunktionen ausüben soll.[65] Nach neuerer Rechtsprechung ist es auch nicht erforderlich, dass sich sämtliche Mitglieder der betreffenden Gruppe untereinander kennen; ausreichend soll der generelle Wille sein, mit mindestens zwei weiteren Personen fortgesetzt Straftaten begehen zu wollen.[66]

b) **Organisationsstruktur:** Das Bestehen einer Bande setzt keine hierarchische („mafia-ähnliche") oder strukturell arbeitsteilige Organisation wie die kriminelle Vereinigung iSv § 129 voraus,[67] obgleich ein solcher Zusammenschluss wichtiges Indiz einer bandenmäßigen Begehung sein kann.[68] Erforderlich ist auch kein gefestigter Bandenwille oder ein Tätigwerden in einem übergeordneten Bandeninteresse.[69] Jedoch muss die Verbindung **für eine gewisse Dauer** eingegangen sein. Ein Zusammenwirken von nur wenigen Stunden genügt nicht.[70] Demgegenüber deutet das wiederholte deliktische Zusammenwirken von mindestens drei Personen auf das Bestehen einer Bandenabrede hin.[71]

c) **Zwecksetzung:** Ziel des bandenmäßigen Zusammenschlusses muss die Begehung mehrerer Diebstähle oder Raubtaten (§§ 252, 255, 316a) sein.[72]

Die einzelnen Taten können im Wesentlichen noch unbestimmt sein. Insbesondere muss die Bandenabrede nicht den qualitativen Anforderungen eines gemeinsamen Tatplans im Rahmen der Mittäterschaft genügen. Mit der Ausführung des ersten Diebstahls durch Bandenmitglieder beginnt die Verwirklichung des Qualifikationstatbestands, wenn die dauerhafte Begehung weiterer Taten ins Auge gefasst ist (offene Abrede) und nicht nur eine einmalige Gelegenheit ausgenutzt werden soll;[73] dem letztgenannten Fall steht es gleich, wenn die Anzahl der gemeinsam zu begehenden Taten und das zu verwirklichende Gesamtunrecht von vornherein beschränkt ist (ge-

---

62 So (noch) RGSt 66, 236 (238); BGHSt 38, 26 (27f.); BGH StV 1998, 421; *Miehe* StV 1997, 247 (250); ebenso S/S-*Bosch* § 244 Rn. 24; *ders.* Jura 2021, 879 (880f.).
63 BGHSt 46, 321 (325 ff.); BGH NStZ 2000, 474 ff. mit Anm. *Engländer* JZ 2000, 630 f., *Otto* StV 2000, 313 (314 f.) und *Schmitz* NStZ 2000, 477 ff.; BGH NStZ 2001, 421 ff. mit Bespr. *Erb* NStZ 2001, 561 ff.; vgl. ferner *Altenhain* ZStW 113 (2001), 112 (145); *Dessecker* NStZ 2009, 184 (185 f.); *Erb* NStZ 1998, 537 (541 f.); *Haft/Hilgendorf* I 20; *Mitsch* 1.4.2.3.1.
64 BGH NStZ 2001, 421 (422); zur Abgrenzung vgl. BGH NStZ-RR 2016, 11 f.; krit. *Bosch* Jura 2021, 879 (880f.).
65 BGHSt 47, 214 ff.; BGH BeckRS 2021, 40957; NStZ-RR 2022, 114 (115).
66 BGHSt 50, 160 (164) mit zust. Anm. *Jahn* JuS 2006, 89 ff.; BGH BeckRS 2021, 40957; krit. *Kindhäuser* StV 2006, 526 ff.
67 BGHSt 31, 202 (205); BGH wistra 2000, 135; BeckRS 2019, 19904; *Fischer* § 244 Rn. 36b; MK-*Schmitz* § 244 Rn. 40, 41; aA *Altenhain* ZStW 113 (2001), 112 (140 ff.); *Erb* NStZ 1999, 187 f.
68 Vgl. BGH NStZ 2001, 32 (33); ferner BGHSt 42, 255 (259); BGH NStZ-RR 2000, 92.
69 BGH NStZ 2001, 421; BeckRS 2019, 19904.
70 BGH GA 1974, 308; OLG Hamm JR 1982, 207 (208) mit zust. Anm. *Tenckhoff*.
71 BGH NStZ-RR 2022, 114 (115).
72 BGH StV 1984, 245; NStZ 1986, 408.
73 RGSt 66, 236 (238); BGH bei *Dallinger* MDR 1967, 369.

schlossene Abrede).[74] Hiernach scheidet in **Fall 8** die Bildung einer Bande aus, da nur einmalig das Casino bestohlen werden soll. In **Fall 9** hingegen liegt eine Bande vor, da eine unbestimmte Anzahl von Taten verübt werden soll. Die Bandenabrede bedarf keiner ausdrücklichen Vereinbarung, sondern kann auch durch schlüssiges Verhalten zustande kommen.[75] Die kann auch bei Spontantaten gegeben sein, wenn die Tätergruppe eine grundsätzliche Vereinbarung darüber getroffen hat, in Zukunft ähnliche Situationen auszunutzen.[76] Sofern die Mitglieder einer Diebesbande sich am Tatort spontan entschließen, zum Raub überzugehen, ist § 250 Abs. 2 Nr. 2 verwirklicht.[77]

2. Ausführung

34 a) **Mitwirkung:** Der Bandendiebstahl erfordert die Mitwirkung von **mindestens zwei Bandenmitgliedern** bei der konkreten Tat. Der Täter muss den Diebstahl „als" Mitglied der Bande begangen haben, dh die Tat muss Ausfluss der Bandenabrede sein; dies ist zu verneinen, wenn der Täter ausschließlich im eigenen Interesse handelt.[78]

35 Hierbei ist die Verwendung des Merkmals „Mitwirkung" als Beteiligung in einem allgemeinen Sinne zu verstehen.[79] Es genügt daher jede (auf die Wegnahme bezogene) gestaltende Mitwirkung des Tatgeschehens durch mindestens zwei Bandenmitglieder. Eine gemeinsame Tatortpräsenz ist hingegen nach hM nicht erforderlich, sodass auch der lenkende Kopf der Bande im Hintergrund erfasst wird.[80] Danach reicht es aus, dass die Wegnahme durch eine bandenfremde Person vorgenommen wird, sofern im Übrigen zwei Mitglieder einer Bande aus mindestens drei Personen daran mitwirken und die Ausführung wenigstens einem Mitglied als (Mit-)Täter zuzurechnen ist.[81]

In **Fall 9** ist daher ein Bandendiebstahl gegeben, da C bei der Wegnahme mittäterschaftlich am Tatort mitwirkte und ein zweites Bandenmitglied, also A, zwar nicht am Tatort anwesend war, aber den Diebstahl durch seine detaillierte Planung erst ermöglichte. Ohne Belang ist dabei, ob As Verhalten als Mittäterschaft oder lediglich als Teilnahme (Anstiftung) zu werten ist.

36 Die Gegenauffassung stellt bei der Auslegung der Nr. 2 auf die Ausführungsgefahr ab und verlangt daher ein arbeitsteiliges Zusammenwirken von mindestens zwei Bandenmitgliedern am Tatort; für ein solches Verständnis spreche zudem ein Umkehrschluss zu anderen Bandenqualifikationen, die kein derartiges Mitwirkungserfordernis enthalten (vgl. § 260 Abs. 1 Nr. 2).[82] Nach dieser Auffassung wäre der Tatbestand in **Fall 9** nicht erfüllt, da allein C am Tatort als Bandenmitglied mitwirkt. Gegen die einschränkende Auslegung spricht indes, dass der Diebstahl nicht durch eine unmittelbare

---

74 BGH NStZ-RR 2019, 310 (311).
75 BGHSt 50, 160 (162); BGH BeckRS 2019, 19904.
76 BGH NStZ 2009, 35 f.
77 Vgl. BGH NStZ 1999, 454.
78 BGH BeckRS 2020, 31217; NStZ-RR 2023, 14; *Bosch* Jura 2021, 879 (884); *Rengier* I, § 4/103; *W-Hillenkamp/ Schuhr* Rn. 307.
79 BGH NStZ 2001, 421 (423 f.); *Altenhain* ZStW 113 (2001), 112 (114, 129 ff.); *Hohmann* NStZ 2000, 258.
80 BGHSt 46, 120 (122 ff., 127 ff.); 46, 138 (140 ff.); *Arzt/Weber/Heinrich/Hilgendorf* § 14/62; *Hohmann* NStZ 2000, 258 f.; *Jakobs* JR 1985, 340 (342 f.); *Joerden* StV 1985, 329 f.; *Müller* GA 2002, 318 (320 ff.).
81 BGHSt 46, 120; 46, 321 (338) mit insoweit abl. Bespr. *Erb* NStZ 2001, 561 (564 f.); anders noch BGHSt 33, 50; BGH StV 1993, 132.
82 *Engländer* GA 2000, 578 (582); *W-Hillenkamp/Schuhr* Rn. 305 f.; MK-*Schmitz* § 244 Rn. 53 ff.; *Zopfs* GA 1995, 320 (327 f.).

Konfrontation mit dem Opfer gekennzeichnet ist.⁸³ Die Strafschärfung setzt daher auch keine Erhöhung der (konkreten) Ausführungsgefahr durch das Zusammenwirken mehrerer Bandenmitglieder am Tatort voraus. Die generell durch eine gemeinschaftliche Begehung am Tatort (abstrakt) gesteigerte Ausführungsgefahr ist nicht an die Mitwirkung gerade eines Bandenmitglieds gebunden, was sich insbesondere auch daran zeigt, dass die Mitwirkung eines Außenstehenden – wie des D in **Fall 9** – den gleichen Effekt bedingen kann.⁸⁴ Zudem liegt die Erhöhung der spezifischen Tatgefahr des Grunddelikts durch das bandenmäßige Vorgehen in der leichteren Überwindung der Gewahrsamsbarrieren und der Besitzverschaffung, die durch das arbeitsteilige Vorgehen der Bandenmitglieder erleichtert wird (Organisationsgefahr); diese Gefahr kann auch durch die gestaltende Einflussnahme von Bandenmitgliedern, die nicht an der Wegnahme selbst mitwirken, gesteigert werden.⁸⁵

b) Beteiligungsformen: Die Zurechnungsregeln von Täterschaft und Teilnahme werden durch die bandenmäßige Tatgestaltung nicht berührt.⁸⁶ Daher kann ein mitwirkendes Bandenmitglied auch nur Teilnehmer des durch andere Mitglieder täterschaftlich begangenen konkreten Diebstahls sein.⁸⁷ Jedoch muss ein Bandenmitglied eine konkrete Tat kausal gefördert haben, um überhaupt als an ihr Beteiligter in Frage zu kommen.

3. Subjektiver Tatbestand

Subjektiv verlangt der Bandendiebstahl (zumindest bedingten) Vorsatz; auch hinsichtlich Bandenmitgliedschaft und Zwecksetzung ist Vorsatz erforderlich.

4. Akzessorietät

Täter eines Bandendiebstahls können nur Mitglieder sein (Sonderdelikt); Außenstehende sind stets Teilnehmer. Erfüllen sie ansonsten Täterschaftskriterien, sind sie als Täter des Grunddelikts (§§ 242 f.) in Tateinheit mit Teilnahme am Bandendiebstahl zu bestrafen.⁸⁸

Entgegen der (noch) vorherrschenden Meinung ist die Bandenmitgliedschaft nicht als täterbezogenes,⁸⁹ sondern als tatbezogenes Merkmal anzusehen, auf das § 28 Abs. 2 nicht anzuwenden ist. Grund der Straferschwerung ist die tatbezogen gesteigerte Gefährlichkeit der bandenmäßigen Ausführung und die erhöhte Beeinträchtigung der Normgeltung des § 242, nicht aber – wie zB bei Gewerbsmäßigkeit – eine gesteigerte individuelle Schuld oder spezifische Gefährlichkeit des Täters.⁹⁰

---

83 Vgl. *Peters* GA 2022, 78 (84), die aus diesem Grund nur bei § 250 Abs. 1 Nr. 2 die Eskalations- bzw. Ausführungsgefahr als unrechtserhöhendes Element ansieht.
84 *Altenhain* ZStW 113 (2001), 112 (125 ff.); *Bosch* Jura 2021, 879 (885).
85 BGHSt 46, 120 (130).
86 BGH NStZ 2000, 255 ff.; 2003, 32 (33 f.); StraFo 2007, 78 f.; *Jakobs* JR 1985, 342 f.
87 BGHSt 8, 205 ff.; 47, 214 (215 ff.) mit zust. Anm. *Toepel* StV 2002, 540; BGH NStZ 2003, 32 (33 f.); StV 2012, 669; NStZ 2013, 210; *Krings*, Die strafrechtlichen Bandennormen unter besonderer Berücksichtigung des Phänomens der Organisierten Kriminalität, 2000, 157 ff.
88 Vgl. zum möglichen Prüfungsaufbau in der Klausurbearbeitung: *Oglakcioglu* Jura 2012, 770 ff.
89 So BGHSt 12, 220 (226 f.); BGH NStZ 2000, 255 (257); 2007, 526; StV 2012, 670; *Herzberg* ZStW 88 (1976), 68 (102); *Schild* GA 1982, 55 (83); MK-*Schmitz* § 244 Rn. 79; LK-*Schünemann/Greco* § 28 Rn. 72.
90 *Bosch* Jura 2021, 879 (887 f.); *Hohmann* NStZ 2000, 258 (259); NK-*Kindhäuser/Hoven* § 244 Rn. 48; *Küper* GA 1997, 301 (331); *Mitsch* 1.4.2.3.2; *Otto* § 41/65; *Rengier* I § 4/90; *Toepel* ZStW 115 (2003), 60 (70 f., 82 ff.); *Vogler* Lange-FS 265 (278); so auch schon BGHSt 8, 205 (208 f.).

IV. Wohnungseinbruchsdiebstahl (Abs. 1 Nr. 3)

▶ **Fall 10:** X stiehlt aus der Tiefgarage eines Mehrfamilienhauses einen PKW. ◀

41 Der Wohnungseinbruchsdiebstahl war vor seiner Novellierung durch das 6. StrRG am 1.4.1998 in § 243 Abs. 1 Nr. 1 aF nur als Regelbeispiel des Diebstahls in einem besonders schweren Fall erfasst.[91] Seither ist er von Abs. 1 Nr. 3 normiert und stellt einen zu einem Qualifikationstatbestand aufgewerteten Unterfall des Einbruchsdiebstahls nach § 243 Abs. 1 S. 2 Nr. 1 dar. Im Gegensatz zu § 243 enthält die Norm keine Geringwertigkeitsklausel, sodass die Mindestfreiheitsstrafe nunmehr zwingend auf 6 Monate angehoben wurde. Diese Verschärfung wurde durch den besonderen Unrechtsgehalt gerechtfertigt, der durch den Eingriff in die Intimsphäre des Opfers samt der häufigen Begleit- und Folgeschäden (psychische Störungen, zB Angstzustände) entsteht.[92] Mit der neu eingeführten Qualifikation zum Einbruch in dauerhaft genutzte Privatwohnungen (Abs. 4 – schwerer Wohnungseinbruchsdiebstahl[93]) wird diesem Anliegen durch einen nochmals erhöhten Strafrahmen Nachdruck verliehen,[94] der allerdings zu systematischen Verwerfungen und Widersprüchen im Verhältnis zu anderen Verbrechenstatbeständen (§§ 244a, 249) führt (vgl. oben Rn. 1). Zu Recht wird daraufhin eine Reform der Regelung angemahnt, die insbesondere in der Einführung einer eigenständigen Qualifikation des Hausfriedensbruchs (§ 123) bestehen könnte.[95]

42 **1. Wohnung und dauerhaft genutzte Privatwohnung:** Eine Wohnung (Abs. 1 Nr. 3) ist ein abgeschlossener und überdachter Gebäudeteil, der einem oder mehreren Menschen nicht nur vorübergehend als Unterkunft dient.[96] Nach hM ist auch eine kurzfristige Nutzung ausreichend, sodass auch Hotelzimmer und Wohnmobile bzw. Wohnwagen als „Wohnung" iSd § 244 Abs. 1 Nr. 3 anzusehen sind.[97] Im Schrifttum wird demgegenüber darauf hingewiesen, dass die vom Gesetzgeber als Grund für die Strafschärfung angeführten Tatfolgen (vgl. Rn. 41) bei einer nur vorübergehend genutzten Unterkunft in der Regel nicht zu besorgen sind, und der Tatbestand daher auf Räumlichkeiten beschränkt, die dem Kernbereich der privaten Lebensgestaltung dienen.[98] Dieser Auslegung hat der Gesetzgeber aber mit der erhöhten Strafandrohung für dauerhaft genutzte Privatwohnungen (Abs. 4) die Grundlage entzogen, die für einen kürzeren Zeitraum genutzte „Wohnungen" implizit dem Anwendungsbereich des Abs. 1 Nr. 3 zuweist.[99] Wohnungen in Mehrfamilien- oder Mietshäusern sowie Einfamilienhäuser, aber auch von Berufspendlern genutzte Zweitwohnungen unterfallen nunmehr als auf Dauer genutzte Privatwohnungen dem Abs. 4.[100] Leerstehende Wohnungen werden hingegen von keinem der beiden Tatbestände erfasst, da es insoweit keines strafrechtlichen Schutzes der Privatsphäre bedarf.[101] Demgegenüber soll nach der Rechtsprechung Abs. 1 Nr. 3 (aber nicht Abs. 4) auch unbewohnte Immobilien erfassen, deren (frühere) Bewohner ausgezogen oder verstorben sind, sofern diese nicht

---

91 Zu früheren Vorläufern *Krack* Rengier-FS 249 (249 f.).
92 BT-Drs. 13/8587, 43.
93 BGH NStZ-RR 2020, 116.
94 BT-Drs. 18/12359, 7.
95 Vgl. insoweit *Krack* Rengier-FS 249 (257 ff.) mwN.
96 BGH NStZ 2008, 514 (515); S/S-*Bosch* § 244 Rn. 30; *Fischer* § 244 Rn. 46a.
97 BGH StV 2001, 624 (Hotelzimmer); BGH NJW 2017, 1186 (1187).
98 W-*Hillenkamp/Schuhr* Rn. 311; S/S/W-*Kudlich* § 244 Rn. 40 f.; vgl. ferner MK-*Schmitz* § 244 Rn. 61.
99 BT-Drs. 18/12359, 8; s. auch MK-*Schmitz* § 244 Rn. 60 f.
100 BT-Drs. 18/12359, 7.
101 AG Saalfeld StV 2005, 613 (zu § 244 Abs. 1 Nr. 3); S/S-*Bosch* § 244 Rn. 30.

generell als Wohnstätte entwidmet worden sind.[102] Die Orientierung an der abstrakten Widmung zu Wohnzwecken widerspricht jedoch dem Schutzzweck der Qualifikation, was sich insbesondere darin zeigt, dass bei über längere Zeit ausgebuchten Ferienwohnungen, Hotelzimmern etc. sogar Abs. 4 einschlägig wäre.[103] Im Schrifttum wird es daher zu Recht abgelehnt, den Anwendungsbereich des Abs. 1 Nr. 3 auf die Wohnung verstorbener Personen zu erstrecken.[104]

Zur Wohnung (Abs. 1 Nr. 3) bzw. Privatwohnung (Abs. 4) gehören auch die ihr funktional zugeordneten Nebenräume (Treppenhaus, Waschküche oder Keller).[105] Demgegenüber gelten **Nebenräume** bei hinreichender räumlicher und baulicher **Trennung von der Unterkunft** (etwa Keller und Treppenhaus im Mehrfamilienhaus, freistehende Garagen) **nicht** als **Wohnung** iSd Tatbestands, da Ziel der Strafschärfung nicht die Überwindung eines besonderen Wegnahmeschutzes ist, sondern das Eindringen in die Intimsphäre des Opfers mit den damit verbundenen Gefahren.[106] Derartig abgetrennte Nebenräume werden von § 243 Abs. 1 S. 2 Nr. 1 hinreichend und flexibel geschützt. Mithin ist auch die Tiefgarage des Mehrfamilienhauses aus **Fall 10** nicht als Wohnung iSd Qualifikation zu werten.

Unter Zugrundelegung des gesetzgeberischen Motivs und unter Berücksichtigung des Wortlauts der Norm, wonach der Täter *in* eine Wohnung einbrechen, aber nicht aus dieser stehlen muss, sind auch die Fälle **gemischt genutzter Gebäude** zu lösen: Soweit der Täter in einen Nebenraum (zB Geschäftsraum) einbricht bzw. einsteigt, hängt seine (erhöhte) Strafbarkeit davon ab, ob dieser wegen der räumlichen Verbindung noch zur Wohnung zählt. Besteht eine hinreichende funktionale Trennung und gelangt er von dort, ohne Überwindung weiterer physischer Barrieren, in den angrenzenden Wohnbereich, so steht der Wortlaut der Norm einer Strafbarkeit entgegen.[107] Der Täter ist demnach nur nach § 243 Abs. 1 S. 2 Nr. 1 zu bestrafen; ggf. in Tateinheit mit versuchtem Wohnungseinbruchsdiebstahl. Im umgekehrten Fall, in dem der Täter nach dem Einbruch oder Einstieg *in* die Wohnräume aus einem nicht der Wohnung zugehörigen Nebenraum stiehlt, macht er sich nach hM nach § 244 Abs. 1 Nr. 3, Abs. 4 strafbar.[108] Gegen diese Auslegung spricht indes nicht nur der Wortlaut („zur Ausführung der Tat", dh zur Wegnahme), sondern auch der Umstand, dass das bloße Durchqueren des Wohnbereichs eine deutlich geringere Interessenverletzung (vgl. insoweit § 123) darstellt als das „Durchwühlen" der privaten Wohnräume nach stehlenswerten Gegenständen; dies gilt entsprechend für die Gefahr möglicher Verletzungen (Konfrontation mit dem Täter) und psychischer Folgeschäden (Traumatisierung) des Opfers.[109] Fehlt

---

102 BGH NJW 2020, 1750f. mit zust. Besprechung *Jäger* JA 2021, 630; BGH NJW 2020, 2816 (2817); NStZ 2023, 291; ebenso *Rengier* I, § 4/83c f.
103 *Krack* JR 2021, 38 (40 f.).
104 *Bock/Manheim* HRRS 2020, 341 (344 ff.); *Epik* NStZ 2020, 485 ff.; *Krack* JR 2021, 38 ff.; MK-*Schmitz* § 244 Rn. 66.
105 BT-Drs. 18/12359, 7; BGH NStZ 2001, 533; BGH StV 2016, 639; NK-*Kindhäuser/Hoven* § 244 Rn. 52.
106 BGH StV 2016, 639; BGH BeckRS 2021, 32844; OLG Schleswig NStZ 2000, 479 (480); *Fischer* § 244 Rn. 47 f.; L-*Kühl/Heger* § 244 Rn. 11; *Schall* Schreiber-FS 423 (432 ff.); LK-*Vogel/Brodowski* § 244 Rn. 78.
107 BGH NStZ 2008, 514 (515) mit zust. Bespr. v. *Heintschel-Heinegg* JA 2008, 742 ff. und *Jahn* JuS 2008, 928 ff.; BGH NStZ 2013, 120 (121); BGH BeckRS 2021, 6275; *Krack* Rengier-FS 249 (252); W-*Hillenkamp/Schuhr* Rn. 312; MK-*Schmitz* § 244 Rn. 69; *Seier* Kohlmann-FS 295 (304); abw. *Ladiges* JR 2008, 493 (494 ff.), der iErg darauf abstellt, ob der Wohnbereich betreten wird.
108 BGH NStZ 2001, 533 mit Bespr. *Trüg* JA 2002, 191; BGH NStZ 2013, 120 (120 f.); *Fischer* § 244 Rn. 48; *Schall* Schreiber-FS 423 (435 ff.); MK-*Schmitz* § 244 Rn. 68; *Zopfs* Jura 2007, 510 (521); diff. W-*Hillenkamp/Schuhr* Rn. 312.
109 Eingehend *Krack* Rengier-FS 249 (254 ff.).

eine Trennung von Wohn- und Geschäftsbereich, weil der beruflich genutzte Teil in den Wohnbereich integriert ist (zB das Arbeitszimmer in einer Pfarrwohnung), so ist eine Strafbarkeit nach § 244 Abs. 1 Nr. 3, Abs. 4 allerdings dann zu bejahen, wenn der Täter zur Tatausführung in das Arbeitszimmer eindringt.[110]

43 **2. Sonstige Merkmale:** Die übrigen Tatbestandsmerkmale sind wörtlich von § 243 Abs. 1 S. 2 Nr. 1 übernommen (vgl. insoweit § 3 Rn. 5 ff.).

C. Anwendung

44 Im **Gutachten** empfiehlt es sich, zunächst das Grunddelikt des § 242 komplett zu erörtern und sodann die in Betracht kommenden Tatvarianten des § 244 Abs. 1, jeweils unterteilt in den objektiven und den subjektiven Tatbestand, nacheinander zu prüfen. Ist das Grunddelikt nur versucht, so kann auch hinsichtlich § 244 nur ein Versuch (Abs. 2) gegeben sein (vgl. § 2 Rn. 119 zu § 244 Abs. 4). Im Fall des § 244 Abs. 4 kann eine Strafbarkeit ggf. über § 30 begründet werden (vgl. § 5 Rn. 1, 3).

45 **Zu Abs. 1 Nr. 1a:** Entledigt sich der Täter nach Versuchsbeginn, aber noch vor Vollendung der Wegnahme seiner Waffe, kommt entgegen der Rechtsprechung[111] unter den sonstigen Voraussetzungen des § 24 ein **Teilrücktritt** bezüglich der Qualifikation in Betracht (vgl. auch § 15 Rn. 9 zu § 251).[112]

46 **Beteiligung:** Wer sich ohne der Kenntnis, dass ein anderer eine Waffe bei sich führt, an einem Diebstahl beteiligt, ist nicht nach § 244 Abs. 1 Nr. 1a strafbar.[113] Nimmt der Täter irrig an, er oder ein anderer Beteiligter trage eine Waffe, so begeht er einen Versuch.

47 **Konkurrenzen:** Im Verhältnis zu § 242 und §§ 242, 243 ist § 244 als selbstständige Qualifikation lex specialis; bei versuchtem § 244 und vollendetem § 242 (bzw. §§ 242, 243) ist zur Klarstellung des Unrechts der vollendeten Tat Idealkonkurrenz anzunehmen.[114] Dies gilt auch im Verhältnis von vollendetem § 244 Abs. 1 Nr. 3 und versuchtem § 244 Abs. 4.[115] Tateinheit ist auch gegeben, wenn der Täter durch eine Handlung mehrere Tatbestände des § 244 verwirklicht.[116] Allerdings hat § 244 Abs. 4 als lex specialis Vorrang gegenüber § 244 Abs. 1 Nr. 3. Im Verhältnis der Tatvarianten in Abs. 1 Nr. 1 schließt die Nr. 1a den Auffangtatbestand nach Nr. 1b („sonst ein Werkzeug") aus, der gerade ungefährliche Gegenstände erfassen soll (vgl. zur Scheinwaffe Rn. 25).[117] Durch eine bandenmäßige Begehung werden mehrere (selbstständige) Diebstähle nicht zur Tateinheit verbunden, sondern stehen als jeweils selbstständige Bandendiebstähle in Tatmehrheit. Anderes gilt nur für den Beteiligten, der mehrere Einzeldelikte durch eine Handlung fördert.[118] Wird eine Tat nach Abs. 1 Nr. 1 und/oder Nr. 3 zugleich unter den Voraussetzungen von Nr. 2 begangen, so greift § 244a als

---

110 BGH NStZ 2013, 120 (121); MK-*Schmitz* § 244 Rn. 69.
111 BGH NStZ 1984, 216 mit abl. Anm. *Zaczyk* bzgl. § 250 Abs. 1 Nr. 1; s. aber zu § 177 Abs. 4 Nr. 1: BGH NJW 2007, 1699.
112 Vgl. *Jakobs* 26/13a; *Mitsch* 1.4.1.; *Rengier* I § 4/77 ff.; SK-*Sinn* § 250 Rn. 23, 62; *Streng* NStZ 1985, 359; differenzierend *Küper* GA 2020, 584 (603 f.).
113 BGHSt 3, 229 (233 f.); 27, 56 (57).
114 BGH NStZ 2019, 674 (675); MK-*Schmitz* § 244 Rn. 85.
115 BGH NStZ 2023, 291 (292).
116 Nach BGH NStZ 1994, 284 f.; NJW 1994, 2034 f.; S/S/W-*Kudlich* § 244 Rn. 51; L-Kühl/*Heger* § 244 Rn. 12 bilden die Tatbestandsverwirklichungen *eine* Tat des § 244.
117 *Fischer* § 244 Rn. 64.
118 BGH StV 2008, 575 (576).

§ 4 Diebstahl mit Waffen, Bandendiebstahl und Wohnungseinbruchsdiebstahl (§ 244) § 4

lex specialis ein; demgegenüber ist im Verhältnis von § 244 Abs. 4 und § 244a Idealkonkurrenz anzunehmen.[119] Zum Verhältnis von § 244 Abs. 1 Nr. 3, Abs. 4 zu §§ 123, 303 gelten die Ausführungen zu § 243 Abs. 1 S. 2 Nr. 1 (§ 3 Rn. 65) sinngemäß.

Wiederholungs- und Vertiefungsfragen

> Setzt § 244 Abs. 1 Nr. 1a voraus, dass durch das Beisichführen der Waffe oder des gefährlichen Werkzeuges eine konkrete Gefahr für Leib oder Leben verursacht wird? (Rn. 2, 11)
> Führt der Dieb die Waffe iSv § 244 Abs. 1 Nr. 1a bei sich, wenn er sie in einem 200 m vom Tatort entfernten Auto gelassen hat? (Rn. 16)
> Ist eine zur Fesselung des möglicherweise störenden Opfers mitgeführte Klebebandrolle sonst ein Werkzeug iSv § 244 Abs. 1 Nr. 1b? (Rn. 24)
> Spielt es im Rahmen von § 244 Abs. 1 Nr. 1b eine Rolle, ob das Opfer die in Verwendungsabsicht mitgeführte Spielzeugpistole auch als solche erkennt? (Rn. 25)
> Wie viele Mitglieder muss eine Bande mindestens haben? (Rn. 31)
> Kann ein Bandenmitglied bloßer Teilnehmer einer von einem anderen Bandenmitglied als Täter begangenen Tat sein? (Rn. 37)
> Ist die Bandenmitgliedschaft täterbezogenes oder tatbezogenes Merkmal, ist also § 28 Abs. 2 anwendbar oder nicht? (Rn. 40)
> Sind auch funktional zugeordnete Nebenräume Teil der Privatwohnung iSv § 244 Abs. 4? (Rn. 42)

---

[119] BGH NStZ-RR 2020, 80; MK-*Schmitz* § 244 Rn. 84.

§ 5 Schwerer Bandendiebstahl (§ 244a)

1. Die Vorschrift ist zur wirksameren Bekämpfung der organisierten Kriminalität in das StGB eingefügt worden.[1] Diese Qualifikation des Diebstahls hat Verbrechenscharakter (§ 12 Abs. 1) und soll einerseits der Abschreckung vor allem international verflochtener Verbrechensbanden dienen, andererseits die Strafverfolgung auch im Bereich der Vorfeldkriminalität (zB Tatplanung im Ausland) ermöglichen (§ 30). Sie ist zudem Katalogtat der §§ 98a ff., 100a ff. sowie 110a ff. StPO, nach denen zu ihrer Verfolgung eine Reihe strafprozessualer Überwachungsmaßnahmen erlaubt sind.

2. Der **objektive Tatbestand** ist erfüllt, wenn der Täter als Mitglied einer Bande unter den Voraussetzungen des Bandendiebstahls (§ 244 Abs. 1 Nr. 2; vgl. insoweit § 4 Rn. 29 ff.) einen Diebstahl in den besonderen Tatmodalitäten nach § 243 Abs. 1 S. 2 (vgl. insoweit § 3 Rn. 5 ff.) oder § 244 Abs. 1 Nr. 1 bzw. 3 (vgl. insoweit § 4 Rn. 2 ff., 41 ff.) begeht. Hierbei haben die Merkmale des § 243 Abs. 1 S. 2 Tatbestandsqualität und bilden nicht nur Regelbeispiele. Außerdem dürfen auch keine unbenannten besonders schweren Fälle berücksichtigt werden, da § 244a Abs. 1 nur auf die in § 243 Abs. 1 S. 2 „genannten Voraussetzungen" Bezug nimmt. Die Geringwertigkeitsklausel (§ 243 Abs. 2) gilt dabei nicht.

3. Der **subjektive Tatbestand** verlangt Vorsatz. Der **Versuch** ist strafbar (§§ 12 Abs. 1, 23 Abs. 1). § 30 kann ggf. anwendbar sein.

4. Ob § 28 Abs. 2 für Beteiligte, die **keine Bandenmitglieder** sind, gilt, ist umstritten (vgl. § 4 Rn. 39 f.). Im Falle eines gewerbsmäßigen Handelns der Bande (§ 243 Abs. 1 S. 2 Nr. 3) ist für den Außenstehenden stets § 28 Abs. 2 anwendbar.[2]

5. **Konkurrenzen:** § 244a ist lex specialis gegenüber §§ 242 bis 244; allerdings ist im Verhältnis zu § 244 Abs. 4 Idealkonkurrenz anzunehmen (§ 4 Rn. 47). Wird § 244a nur versucht, so kommt Tateinheit in Betracht, wenn §§ 242 bis 244 vollendet sind. Von §§ 250, 252, 255 wird § 244a seinerseits nach Spezialitätsgrundsätzen verdrängt.

---

[1] Art. 1 Nr. 15 des Gesetzes zur Bekämpfung des illegalen Rauschgifthandels und anderer Erscheinungsformen der Organisierten Kriminalität vom 15. Juli 1992 (BGBl. I 1992, 1302); zur Begründung vgl. BT-Drs. 12/989, 25; *Hilger* NStZ 1992, 457; *Möhrenschlager* wistra 1992, 281 (282 f.); *Rieß* NJ 1992, 491; *Zopfs* GA 1995, 320 (321 f.).
[2] *Fischer* § 244a Rn. 3.

§ 6 Unterschlagung und Veruntreuung (§ 246)

A. Allgemeines

Rechtsgut der Unterschlagung ist das Eigentum. Der Tatbestand setzt keine Veränderung der dinglichen Rechtslage zum Nachteil des Verletzten voraus. Gleichwohl kann die Intensität der Rechtsgutsverletzung gegenüber dem Diebstahl gesteigert sein: Während der gutgläubige Erwerb einer gestohlenen Sache wegen § 935 Abs. 1 BGB – von den in Abs. 2 genannten Ausnahmen abgesehen – nicht möglich ist, kann der Geschädigte einer Unterschlagung sein Eigentum bei einer Veräußerung der unterschlagenen Sache an einen Dritten endgültig verlieren (§ 932 BGB).[1]

§ 246 enthält neben dem **Grunddelikt** der Unterschlagung (Abs. 1) den **Qualifikationstatbestand** der veruntreuenden Unterschlagung (Abs. 2). Die §§ 247, 248a, die als Prozessvoraussetzungen die Strafverfolgung unter bestimmten Bedingungen einschränken, gelten ausdrücklich auch für den Unterschlagungstatbestand samt Veruntreuung.

B. Definitionen und Erläuterungen

I. Grundtatbestand (§ 246 Abs. 1)

1. Tatobjekt

▶ **Fall 1:** A verwahrt in seinem Lagerhaus gegen Entgelt für den Büroausstatter B mehrere moderne Bürostühle gleichen Typs. Von diesen verkauft er mehrere in unterschiedlichen Stückzahlen gegen Vorkasse bei eBay an einzelne Käufer. ◀

Tatobjekt ist eine (**bestimmte**) **fremde bewegliche Sache** (vgl. insoweit § 2 Rn. 8 ff., 11 f., 13 ff.).

Gegenstand einer Unterschlagung können nur bestimmte Sachen sein, da sich die Zueignung auf einzelne Tatobjekte bezieht. Vor Aussonderung (vgl. § 243 Abs. 2 BGB) sind die Teile einer Sachgesamtheit noch nicht hinreichend spezifiziert, um als Zueignungsgegenstand in Betracht zu kommen.[2] Auch ist es nicht möglich, Sachen nur der Werthöhe nach zu unterschlagen. Der bloße unberechtigte Verkauf der Büromöbel in **Fall 1** zu einem bestimmten Preis erfüllt als solcher noch nicht den Tatbestand, sondern erst dann, wenn A auch bestimmte (konkretisierte) Stühle zur Übereignung bereitstellt.[3]

Hinsichtlich der **Fremdheit** kommt es nur auf die **formale dingliche Rechtslage** zum Zeitpunkt der Tathandlung an.[4] Zur Sicherheit oder unter Vorbehalt übereignete Sachen können daher durch unberechtigte Weiterveräußerung unterschlagen werden,[5] es sei denn, es wird – berechtigterweise – nur das Anwartschaftsrecht veräußert, dessen Übertragung bei Wiederverkäufern (Kaufleuten) regelmäßig gestattet ist.[6]

---

[1] Dies gilt allerdings nicht für die Fundunterschlagung, vgl. § 935 Abs. 1 BGB.
[2] OLG Düsseldorf StV 1992, 422 f.; MK-*Hohmann* § 246 Rn. 11; SK-*Hoyer* § 246 Rn. 8; NK-*Kindhäuser/Hoven* § 246 Rn. 3; S/S/W-*Kudlich* § 246 Rn. 9; LK-*Vogel/Brodowski* § 246 Rn. 8; vgl. auch unten Rn. 27.
[3] Vgl. OLG Düsseldorf StV 1992, 422 f.
[4] Zu den Eigentumsverhältnissen beim Selbstbedienungstanken vgl. NK-*Kindhäuser/Hoven* § 242 Rn. 17, 45 ff.; *Lange/Trost* JuS 2003, 961 ff.; *Streng* JuS 2002, 454 f.
[5] BGHSt 16, 280 (281 f.); S/S-*Bosch* § 246 Rn. 5; *Mitsch* 2.2.1.2.3.
[6] OLG Düsseldorf NJW 1984, 810 (811).

2. Tathandlung

a) Definitionen

6 aa) **Tathandlung der Unterschlagung** ist die rechtswidrige (eigen- oder fremdnützige) Zueignung (vgl. § 2 Rn. 64 ff.). Zueignen bedeutet – wie beim Diebstahl – eine Sache mit dem Willen in Besitz zu nehmen, sie nunmehr zumindest vorübergehend als eigene zu besitzen (Aneignung) und dem Eigentümer auf Dauer den ihm zustehenden Besitz vorzuenthalten (Enteignung). Bei der Selbstzueignung will der Täter selbst die Sache in Eigenbesitz nehmen; bei der Drittzueignung will er einem Dritten Eigenbesitz an der Sache verschaffen.

7 Von der **Gebrauchsanmaßung** und der **Sachbeschädigung** kann die Zueignung nach den zum Diebstahl dargelegten Kriterien abgegrenzt werden (vgl. § 2 Rn. 99 ff., 104 ff.). Daher ist insbesondere bei einer bloßen Sachentziehung (oder Sachbeschädigung) eine Zueignung wegen des insoweit fehlenden Aneignungselements zu verneinen.[7] Im Unterschied zum Diebstahl ist jedoch bei der Unterschlagung die Zueignung alleinige Tathandlung. Deshalb ist hier die Zueignung – gemäß der üblichen Unterteilung in den objektiven und den subjektiven Tatbestand – in eine objektive und eine subjektive Tatseite aufzuspalten. Da der tatsächliche Wille des Täters im objektiven Tatbestand noch keine Rolle spielt, ist hier zu fragen, ob sich das Verhalten des Täters für einen objektiven Beobachter so darstellt, als wolle der Täter die Sache sich oder einem Dritten zueignen. Hieraus ergibt sich folgende Definition:

8
- **Objektiv** erfordert die Zueignung ein Verhalten, in dem – aus der Sicht eines Beobachters – der Wille des Täters, sich oder einem Dritten den Eigenbesitz an der Sache zu verschaffen (Aneignung) und dem Eigentümer den ihm zustehenden Besitz auf Dauer vorzuenthalten (Enteignung), seinen Ausdruck findet (sog. **Manifestation des Zueignungswillens**).
- **Subjektiv** muss der Täter auch tatsächlich mit Zueignungswillen handeln. Ob dies der Fall ist, ist jedoch (erst) im Rahmen des subjektiven Tatbestands festzustellen.

9 bb) Die Zueignung ist **rechtswidrig,** wenn sie gegen die dingliche Rechtslage verstößt und nicht durch einen fälligen und einredefreien Übereignungsanspruch des Täters (im Falle der Selbstzueignung) oder des Dritten (im Falle der Drittzueignung) gedeckt ist (näher § 2 Rn. 71 ff.).

Verfügungen sind insbesondere rechtmäßig, wenn dem Täter (oder dem Dritten) eine Aneignungs- oder Verwertungsbefugnis (zB §§ 910, 954 ff., 1228 BGB, 371 HGB) zusteht, wenn er (oder der Dritte) als Mit- oder Gesamthandseigentümer eine Teilungsbefugnis bezüglich des beanspruchten Anteils hat oder wenn der Verfügungsberechtigte damit einverstanden ist, dass das Eigentum auf den Täter (oder den Dritten) übergeht. Durch eine nachträgliche Genehmigung wird die Rechtswidrigkeit der Verfügung nicht beseitigt. Ebenfalls als rechtmäßige Zueignung ist die Inbesitznahme unbestellt zugesandter Waren im Fall des § 241a BGB anzusehen, da der strafrechtliche Rechtsschutz nicht weiter als der zivilrechtliche Vermögensschutz gehen kann.[8] Zu beachten ist allerdings, dass ggf. die Strafbarkeit Dritter nach § 246 oder auch § 242 fortbesteht, weil

---

7 OLG Hamm BeckRS 2019, 31079.
8 Näher *Haft/Eisele* Meurer-GS 245 (257 ff.); abw. *Matzky* NStZ 2002, 458 ff., 462 ff.: Rechtfertigungsgrund; aus wirtschaftlicher Sicht bereits die Fremdheit der Sache verneinend *Otto* Jura 2004, 390; noch weiter *Riehm* Jura 2000, 512: gesetzlicher Eigentumsübergang; für Strafbarkeit hingegen *Schwarz* NJW 2001, 1453 f.

sie von § 241a BGB nicht erfasst werden, sodass es dem Eigentümer möglich bleibt, die Sache von einem (bösgläubigen) Dritten zu vindizieren.[9] Der „Impfraser", der sich entgegen der vorgegebenen Reihenfolge (d.h. ohne zu dem betreffenden Zeitpunkt berechtigt zu sein) impfen lässt, eignet sich den Impfstoff rechtswidrig zu.[10] Da der Gesetzgeber bewusst darauf verzichtet hat, Verstöße gegen Priorisierungsregelungen zu sanktionieren, wird eine rechtswidrige Zueignung nur bei offensichtlichen Verstößen gegen wesentliche Regelungen dieser Art angenommen.[11]

Soweit die Rechtswidrigkeit der Zueignung aufgrund einer Einwilligung entfällt (§ 2 Rn. 72), müssen die Voraussetzungen zur Abgabe einer rechtsverbindlichen Willenserklärung erfüllt sein. So ist die Zueignung des Kraftstoffs beim Tanken an einer Selbstbedienungstankstelle grundsätzlich nicht rechtswidrig, da bereits mit dem Tankvorgang ein Kaufvertrag über das in den Tank eingefüllte Benzin zustande kommt und der Kunde dadurch einen Anspruch auf Übereignung des Benzins erwirbt[12] und der Verkäufer bis zur Bezahlung des Benzins an der Kasse auf die Einrede nach § 320 BGB verzichtet und damit in die Zueignung eingewilligt hat.[13] Fährt der Kunde jedoch davon, ohne zu bezahlen, ist die darin liegende Zueignung nicht mehr von dieser Einwilligung gedeckt und damit rechtswidrig.

Die Rechtswidrigkeit der Zueignung ist (**normatives**) **Tatbestandsmerkmal** (vgl. § 2 Rn. 76) und von der Rechtswidrigkeit der Unterschlagung insgesamt, die bei Eingreifen eines Rechtfertigungsgrundes entfallen kann, zu unterscheiden.

b) Objektive und subjektive Tatseite

▶ **Fall 2A**: B leiht dem A seine teure digitale Spiegelreflexkamera für einen Besuch im Zoo. A benutzt die Kamera auch absprachegemäß, gedenkt aber nicht, sie dem B zurückzugeben. ◀

▶ **Fall 2B**: Als A aus dem Zoo zurückkehrt, erzählt er B, die Kamera sei ihm ins Nilpferdbecken gefallen. ◀

Da die objektive Tatseite der Unterschlagung ein Verhalten verlangt, das sich für einen Beobachter (explizit oder konkludent) als Manifestation des Zueignungswillens darstellt, ist der objektive Tatbestand solange nicht verwirklicht, wie sich der Täter äußerlich im Rahmen eines ihm zustehenden Besitzrechts bewegt oder den Besitz an der Sache in einer den Eigentümerinteressen entsprechenden Weise begründet. So liegt in dem Verhalten des A in **Fall 2A** selbst (noch) keine Zueignung, auch wenn er die Kamera als eigene behalten will; es gilt das Tatprinzip.

Äußert A in **Fall 2B** dem B gegenüber jedoch wahrheitswidrig, ihm sei die Kamera verloren gegangen, so gibt er damit für einen mit den Umständen vertrauten Beobachter zu erkennen, dass er den Herausgabeanspruch des B nicht mehr erfüllen und die Kamera nunmehr als eigene besitzen will. Erst mit dieser Äußerung, in der sich der Zueignungswille objektiv manifestiert, wird die Zueignung vollzogen.

---

[9] Vgl. *Kreß/Baenisch* JA 2006, 707 (712); zu den zivilrechtlichen Grundlagen Grüneberg/*Grüneberg* BGB § 241a Rn. 7; Soergel/*Olzen* BGB § 241a Rn. 46 ff.
[10] LG Nürnberg-Fürth medstra 2023, 112 m. zust. Anm. *Grzesiek*; *Krüger* medstra 2021, 271 (278).
[11] OLG Naumburg medstra 2023, 322 (323 f.); *Nunner* medstra 2022, 289 (295).
[12] BGH NJW 2011, 2871.
[13] S. auch *Hecker*, JuS 2012, 1138, 1140.

c) Manifestation des Zueignungswillens (Grundlagen)

13 aa) Objektiv erfordert die Zueignung eine **Änderung der Besitzlage**, die zu einer Verschiebung der Verfügungsgewalt über die Sache auf Kosten des Eigentümers führt:[14] Dem Eigentümer wird der ihm zustehende (mittelbare oder unmittelbare) Besitz zugunsten des Täters oder eines Dritten entzogen.

14 ■ Dieses Erfordernis ergibt sich zum einen aus dem Begriff der Zueignung, der die Anmaßung einer eigentümerähnlichen Stellung zum Gegenstand hat und damit in Analogie zu den zivilrechtlichen Formen des regulären Eigentumserwerbs auszugestalten ist.[15] Zum anderen liegt in der Änderung der Besitzlage die spezifische Rechtsgutsverletzung der Zueignungsdelikte; dem Eigentümer wird die ihm zustehende Möglichkeit, mit der ihm gehörenden Sache als (unmittelbarer oder mittelbarer) Besitzer nach Belieben zu verfahren und andere von jeder Einwirkung auszuschließen (§ 903 BGB), faktisch entzogen.[16] Sofern der Täter kein Besitzer ist, kann er durch die bloße Behauptung gegenüber Dritten, er sei Eigentümer einer Sache, nicht die Stellung des Eigentümers beeinträchtigen (vgl. § 1006 Abs. 1, 3 BGB), sodass hierin auch keine rechtsverletzende Zueignung liegen kann.

15 ■ Nach einem weitergehenden Ansatz soll für die objektive Tatseite der Zueignung auch ein neutrales Verhalten ausreichen, sofern der Täter (subjektiv) mit dem erforderlichen Zueignungsvorsatz handelt.[17] Nach dieser sog. **weiten Manifestationstheorie** soll etwa der Bote eine Zueignung vollziehen, wenn er das Entgelt für eine ausgelieferte Sache zwar ordnungsgemäß, aber in der Absicht, es für sich zu behalten, in Empfang nimmt. Da sich jedoch aus einem äußerlich ordnungsgemäßen Verhalten nicht auf einen Zueignungswillen schließen lässt, kann ein Beobachter hierin nur eine Zueignung sehen, wenn ihm der tatsächliche Wille des Täters bereits bekannt ist. Damit wird aber der objektive Tatbestand vom subjektiven her interpretiert und gegen die sich aus dem Tatprinzip ergebende Trennung von objektiven und subjektiven Tatelementen verstoßen.[18] Zudem ist es bei dieser subjektivierenden Betrachtung kaum möglich, klar zwischen Vorbereitung, Versuch und Vollendung zu differenzieren.

16 ■ Von einer restriktiveren Lehre wird gefordert, dass das äußere Verhalten einen eindeutigen Schluss auf einen Zueignungswillen des Täters zulassen müsse (sog. **enge Manifestationstheorie**).[19] Die Grenze zwischen Zueignung und Gebrauchsanmaßung etwa lässt sich jedoch schwerlich rein objektiv bestimmen. In beiden Fällen liegt objektiv nur eine unzulässige Besitzbeanspruchung vor. Erst im subjektiven Tatbestand lässt sich klären, ob der Täter mit Enteignungsvorsatz gehandelt hat (vgl. § 2 Rn. 104 ff.). Auch das Ableugnen des Besitzes[20] oder die Verweigerung der Herausgabe sind Handlungen, die noch nicht unzweifelhaft einen Zueignungswillen ausdrücken. Stets kann das Verhalten auch nur der Sicherung einer zeitweiligen Gebrauchsanmaßung dienen. Daher kann – ohne Verkürzung eines sinnvollen

---

14 Vgl. BGHSt 34, 309 (312); OLG Düsseldorf NStZ-RR 1999, 41 f.
15 Vgl. §§ 929, 930 BGB; näher NK-*Kindhäuser/Hoven* § 246 Rn. 8 f.
16 S/S-*Bosch* § 246 Rn. 10; NK-*Kindhäuser/Hoven* § 246 Rn. 8 f.; *Krey/Hellmann/Heinrich* Rn. 241; *Küper/Zopfs* 845 ff.; *Mitsch* 2.2.1.4.1; *Otto* § 42/8; *Rengier* I § 5/19, 29 f.
17 RGSt 67, 70 (72 ff.); BGHSt 14, 38 (41); *Fischer* § 246 Rn. 6, 6a.
18 SK-*Hoyer* § 246 Rn. 13.
19 *Dedy* Jura 2002, 137 (142); S/S-*Bosch* § 246 Rn. 10 f.;; *Klesczewski* BT § 8/65.
20 Vgl. BGHSt 14, 34 (41); S/S-*Bosch* § 246 Rn. 20 mwN.

Anwendungsbereichs des Unterschlagungstatbestands – für die Manifestation des Zueignungswillens nur ein den berechtigten Besitzinteressen des Eigentümers eindeutig zuwiderlaufendes, nicht aber auch eindeutig an- und enteignendes Verhalten verlangt werden. Ob das Verhalten auch tatsächlich der An- und Enteignung dient, kann dagegen erst abschließend bei der Prüfung der subjektiven Tatseite festgestellt werden.[21]

bb) Im Schrifttum wird darüber hinaus erwogen, die Zueignung **nicht** über eine **Manifestation** des Zueignungswillens, sondern durch eine **Betonung der Enteignungskomponente** präziser zu erfassen. So soll die Zueignung ein Verhalten sein, durch das der Täter die Voraussetzungen oder die Gefahr eines endgültigen Sachverlusts für den Berechtigten schafft.[22] Eine andere Ansicht verlagert das Gewicht auf die Aneignung; teils wird eine vollständige Einverleibung der Sache oder des in ihr verkörperten Wertes in das Vermögen des Täters oder eines Dritten gefordert,[23] teils die Zueignung nur auf den entwertenden Verbrauch oder die Veräußerung der Sache beschränkt.[24] Der 6. Strafsenat des BGH hat sich diesem restriktiven Verständnis kürzlich angeschlossen.[25] In der Konsequenz dieser Auffassungen liegt es, dass etwa ein Verkaufsangebot nur als Vorbereitung einer Unterschlagung anzusehen wäre, die erst mit der Übergabe der Sache objektiv verwirklicht würde. 17

Solche Restriktionsversuche lassen sich jedoch kaum begründen, insbesondere geht das Argument fehl, der objektive Tatbestand der Unterschlagung verlange mehr (nämlich einen „Zueignungserfolg") als derjenige des Diebstahls, der nur eine entsprechende Absicht voraussetze,[26] denn nach diesem Verständnis wäre die Unterschlagung im Vergleich zum Diebstahl als schwerere Form der Eigentumsverletzung anzusehen, was dem höheren Strafrahmen des § 242 Abs. 1 widerspräche (dazu § 2 Rn. 77). Sofern der Täter zB aufgrund eines Mietverhältnisses Besitzer einer Sache ist, hängt das Fortbestehen der faktischen Verfügungsmacht des vermietenden Eigentümers allein von dem Besitzmittlungswillen des Täters ab (vgl. § 868 BGB). Ändert der Täter die Besitzlage, indem er die Sache unter „Aufkündigung" seines bisherigen Besitzmittlungswillens in Eigenbesitz nimmt oder seine Sachherrschaft für einen Dritten als Fremdbesitz ausübt, entzieht er dem Eigentümer faktisch[27] die Sachherrschaft. Dieser das Unrecht der Zueignung konstituierende Verlust besitzbezogener Verfügungsmacht wird nicht dadurch intensiviert, dass der Täter die Sache (zB durch Verzehr) verbraucht oder einem Dritten übergibt. Die vorgeschlagene Einengung des Anwendungsbereichs ist daher an Zufälligkeiten des Sachgebrauchs ausgerichtet und vom Schutzzweck der Norm her nicht geboten. 18

d) Manifestation des Zueignungswillens (Fallgruppen)

▶ **Fall 3:** A bejaht bei einem Telefongespräch wahrheitswidrig die Frage des B, ob er (A) bei diesem am Vortag eine Uhr vergessen habe. ◀

---

21 Vgl. auch *Otto* § 42/6; LK-*Vogel/Brodowski* § 246 Rn. 28.
22 *Dencker* in: ders. Ua, Einführung in das 6. StrRG, 1998, 23 ff.; *Gropp* JuS 1999, 1041 (1045); SK-*Hoyer* § 246 Rn. 22 ff.; *Maiwald*, Der Zueignungsbegriff im System der Eigentumsdelikte, 1970, 191 ff., 196.
23 *Noak*, Drittzueignung und 6. StrRG, 1999, 132 f. mwN.
24 *Kargl* ZStW 103 (1991), 136 (181 ff.).
25 BGH NJW 2024, 1050 m. zust. Anm. *Hoven*.
26 BGH NJW 2024, 1050; MK-*Hohmann* § 246 Rn. 36.
27 Dass die Eigentümerstellung des Berechtigten (samt Herausgabeanspruch) hiervon rechtlich unberührt bleibt, steht einer Zueignung ohnehin nicht entgegen.

▶ **Fall 4:** Student S überlässt seinen Laptop dem Kommilitonen K zur Anfertigung einer Hausarbeit. Nach Abschluss der Arbeit fragt K seinen gutgläubigen Bruder B, ob dieser ihm den Rechner nicht für einen guten Preis abkaufen wolle. ◀

▶ **Fall 5:** A hat einen ihm vom Eigentümer E mietweise überlassenen PKW (berechtigt) an B untervermietet. Er veräußert und übereignet nun den Wagen unter Abtretung des Herausgabeanspruchs (vgl. §§ 929, 931, 870 BGB) gegen B an D. ◀

▶ **Fall 6:** A verkauft B die von C getragene goldene Uhr mit der unwahren Behauptung, sie gehöre ihm (A). ◀

19 aa) Zur objektiven Manifestation des Zueignungswillens genügt jedes Verhalten, durch das der Täter die dem Eigentümer zustehende Verfügungsgewalt über eine Sache zu eigenen Gunsten oder zugunsten eines Dritten aufheben will. Eine solche dem berechtigten Eigentümerinteresse zuwiderlaufende Beanspruchung von (unmittelbarem oder mittelbarem) Sachbesitz ist bei der Selbstzueignung gegeben, wenn der Täter oder der Dritte

- als **Nichtberechtigter** von vornherein kein Recht zur Besitzbegründung hat,
- als **Nicht-mehr-Berechtigter** bestehenden Besitz nach Ablauf seiner Berechtigung aufrecht erhält oder
- als **Nicht-so-Berechtigter** die Grenzen seines Besitzrechts überschreitet.

Bei entsprechender Garantenstellung kann Besitz auch durch **Unterlassen** unzulässig beansprucht werden.[28] Dies ist zB der Fall, wenn ein Kellner einkassierte Gelder nicht ordnungsgemäß abführt.[29] Sofern sich der Täter jedoch äußerlich im Rahmen seiner gesetzlichen oder vertraglichen Rechte und Pflichten bewegt, scheidet eine Zueignung aus.[30]

20 bb) Insoweit lassen sich insbesondere folgende Fallgruppen der Selbstzueignung bilden:

21 - Der Täter **nimmt** eine Sache widerrechtlich **in unmittelbaren Besitz**. Gegenüber dem Diebstahl ist ein solches Vorgehen nur dann nicht subsidiär, wenn die Inbesitznahme – zB bei der Leichenfledderei – nicht durch Gewahrsamsbruch erfolgt. Beim Fund kann eine Unterschlagung nur begangen werden, wenn sich der Finder nicht mehr in Einklang mit seinen Rechten und Pflichten nach §§ 965 ff. BGB bewegt.[31] Nimmt der Täter die gefundene Sache zunächst äußerlich ordnungsgemäß an sich, so kann die Zueignung erst in der späteren Verwertung bzw. Weiterveräußerung der Sache oder im Unterlassen der unverzüglichen Anzeige liegen.[32]

22 - Eine Zueignung kann auch in der widerrechtlichen Begründung von **mittelbarem Besitz** liegen. Dies ist etwa der Fall, wenn ein (gutgläubiger oder ein bösgläubiger und dann ggf. nach § 242 strafbarer) Dritter die Sache für den Täter in Besitz

---

28 OLG Koblenz StV 1984, 287 (288); *Lagodny* Jura 1992, 659 (664 f.); *Mitsch* 2.2.1.4.2; *Ranft* JA 1984, 277 (287).
29 OLG Düsseldorf NJW 1992, 60; zum Unterlassen eines Hinweises auf die Fremdheit der Sache oder einer Benachrichtigung des Eigentümers, damit dieser keine Drittwiderspruchsklage (§ 771 ZPO) erheben kann, bei Pfändungen vgl. OLG Oldenburg NJW 1952, 1267; *Meyer* MDR 1974, 809 (811); LK-*Vogel Brodowski* § 246 Rn. 45.
30 Ohne weitere Anhaltspunkte kann eine Zueignung nicht bejaht werden, wenn der Täter beim Einkassieren von Geldern vorgeschriebene Kontrollmaßnahmen – etwa das Ausstellen einer Quittung – unterlässt; so aber BGHSt 14, 38 (41) nach Maßgabe der weiten Manifestationstheorie; vgl. hierzu auch *Schröder* NJW 1963, 1958 (1959); *Tenckhoff* JuS 1984, 775 (780).
31 Vgl. BGH bei *Dallinger* MDR 1971, 545 (546).
32 W-*Hillenkamp/Schuhr* Rn. 327; NK-*Kindhäuser/Hoven* § 246 Rn. 17.

nimmt. Für **Fall 3** ist eine Zueignungshandlung des A also zu bejahen: Da B nunmehr (als unmittelbarer Besitzer) die Uhr für A bis zur Herausgabe an diesen besitzen will, eignet sie sich A durch Begründung mittelbaren Eigenbesitzes zu.

- Verfügt der Täter – zB als Mieter, Verwahrer oder Pfandgläubiger – bereits über den **unmittelbaren Besitz** an der Sache, so kommt als Zueignung jedes Verhalten in Betracht, durch das er zu verstehen gibt, dass er den Besitz nicht mehr für den Berechtigten ausüben will. Beispiele: Der Täter verzehrt oder verbraucht ihm zur Aufbewahrung überlassene Sachen,[33] lässt sich eine ihm nicht zustehende (vgl. Rn. 9) Impfdosis verabreichen[34], verweigert die Erfüllung eines fälligen und einredefreien Herausgabeanspruchs des Eigentümers,[35] verschleiert den Standort einer sicherungsübereigneten Sache, die verwertet werden soll,[36] oder leugnet gegenüber dem Berechtigten den Besitz der Sache.[37] Vor allem aber kann eine Zueignung – wie in **Fall 4** – in einer auf den Abschluss eines Kaufvertrags gerichteten Willenserklärung über eine im Besitz des Täters befindliche Sache gesehen werden.[38]

- Der Täter kann sich ferner eine Sache dadurch zueignen, dass er seinen **mittelbaren Fremdbesitz** zugunsten des Eigentümers (oder eines sonstigen Berechtigten) in mittelbaren Eigenbesitz umwandelt. In **Fall 5** waren zunächst E mittelbarer Eigenbesitzer (vgl. §§ 868, 872 BGB), A mittelbarer Fremdbesitzer zugunsten des E und B unmittelbarer Fremdbesitzer zugunsten seines Untervermieters A. Mit dem Übereignungsangebot an D hat A den Willen erkennen lassen, das sich aus dem Eigentum ergebende Besitzrecht des E (auf Dauer) aufzuheben (Enteignung) und sich selbst zum mittelbaren Eigenbesitzer aufzuschwingen (Aneignung). Denn das Übereignungsangebot des A setzt logisch voraus, dass er (und nicht E) die Verfügungsgewalt eines Eigentümers über die Sache innehat.

- Ein Zueignungswille kann sich schließlich auch in **tatsächlichen Verfügungen** manifestieren, die dazu führen, dass der Berechtigte sein Eigentum verliert, zB durch Verbindung (§§ 946 f. BGB) oder Verarbeitung (§ 950 BGB).[39] Demgegenüber ist in der Vermischung (§ 948 BGB) – zB mit eigenem Geld – noch nicht ohne Weiteres eine Zueignung zu sehen, sondern dies setzt die Manifestation eines entsprechenden Willens voraus (Rn. 14, 19 ff.).[40]

cc) Vor allem in zwei Konstellationen kommt eine **Zueignung nicht** in Betracht:

- Keine Zueignung liegt im Verkauf unausgesonderter Gattungssachen. Hier ist das Tatobjekt noch nicht hinreichend bestimmt (vgl. **Fall 1**). Sachen, die noch nicht ausgesondert sind, können als solche auch nicht in Eigenbesitz genommen werden. Erst durch eine spätere Aussonderung und die damit verbundene Begründung von Besitz an den einzelnen Gegenständen kann die Zueignung vollzogen werden.[41]

---

33 *Mitsch* 2.2.1.4.2.
34 *Krüger* medstra 2021, 271 (278).
35 Einschr. – bloßes Unterlassen genügt in der Regel nicht – BGH NStZ-RR 2011, 276; OLG Brandenburg NStZ 2010, 220 f.; OLG Hamm wistra 1999, 112 f. mit Bespr. *Fahl* JA 1999, 539 ff.
36 BGHSt 34, 309 (311); OLG Celle NJW 1974, 2326 (2327).
37 RGSt 72, 380 (382).
38 LG Lübeck wistra 2013, 207 f.
39 MK-*Hohmann* § 246 Rn. 27; LK-*Vogel/Brodowski* § 246 Rn. 42.
40 S/S-*Bosch* § 246 Rn. 15; MK-*Hohmann* § 246 Rn. 27; LK-*Vogel/Brodowski* § 246 Rn. 42.
41 BGH NJW 1959, 1377.

28 ■ Fälle, in denen der Täter an einen Dritten eine – weder in seinem noch in dessen Besitz befindliche – Sache unter Vortäuschung bestehenden Eigentums veräußert, scheiden schon mangels Änderung der Besitzlage als Unterschlagungshandlungen aus. So wird in **Fall 6** die Rechtsstellung des C durch den Verkauf der Uhr überhaupt nicht tangiert. Möglich ist hier aber ein Betrug (§ 263) zum Nachteil des getäuschten B.

e) Drittzueignung

▶ **Fall 7**: A und B finden bei einer Wanderung die schon seit längerer Zeit vermisste Kuh des C; A hilft dem B, die Kuh auf dessen Hof zu treiben, wo sie B, wie mit A besprochen, schlachten will. ◀

▶ **Fall 8**: X und Y haben erfahren, dass Z seine goldene Uhr auf einem Spaziergang in einem bestimmten Waldstück verloren hat und nicht mehr finden kann. Sie machen sich gemeinsam auf die Suche. X will die Uhr zur Deckung seiner Schulden verwerten, Y will ihm dabei helfen. Y findet die Uhr und übergibt sie X. ◀

▶ **Fall 9**: L hat mehrere Lehrbücher von E ausgeliehen. F, der bei ihm zu Besuch weilt und die Eigentumsverhältnisse kennt, fragt L, ob dieser damit einverstanden sei, dass er (F) die Bücher an sich nimmt (um sie zu behalten). L ist einverstanden. ◀

▶ **Fall 10**: A hat ein wertvolles Buch von E ausgeliehen. A erklärt sich damit einverstanden, dass sich D, dem die Eigentumsverhältnisse bekannt sind, als Eigentümer des Buches ausgibt und es an den (gutgläubigen) G unter Abtretung des Rückgabeanspruchs gegen A aus einem angeblich zwischen D und A bestehenden Leihverhältnis verkauft und übereignet (vgl. §§ 931, 934 BGB). ◀

▶ **Fall 11**: L gibt das von E entliehene Fahrrad nicht zurück, sondern stellt es im Wald mit dem Ziel ab, ein beliebiger Spaziergänger möge es als eigenes an sich nehmen. ◀

29 **aa)** Die Kriterien der Selbstzueignung gelten entsprechend auch für die Drittzueignung.[42] Diese kann der Täter dadurch (objektiv) vollziehen, dass er dem Dritten (allein oder gemeinsam mit diesem) die selbstständige Verfügungsgewalt über die Sache verschafft. Der Täter muss es mit anderen Worten dem Dritten in enteignender Weise ermöglichen, die Sache in Eigenbesitz zu nehmen. Ob sich der Dritte die Sache bös- oder gutgläubig aneignet, spielt grds. keine Rolle.[43]

30 **bb)** In Betracht kommen insbesondere folgende **Fallgruppen**:

31 ■ Der Täter hilft (täterschaftlich) dem Dritten bei dessen Begründung neuen (unmittelbaren) Sachbesitzes (**Fall 7**).

32 ■ Möglich ist es auch, dass der Täter die Sache absprachegemäß für den Dritten in Besitz nimmt. In **Fall 8** zB begründet Y unmittelbaren Fremdbesitz für den X, wodurch dieser mittelbaren Eigenbesitz erlangt.

In beiden Varianten kommt der Unterschlagung gegenüber dem Diebstahl in der Drittzueignungsvariante nur eine eigenständige Bedeutung zu, wenn – wie in den **Fällen 7 und 8** – der neue Besitz nicht durch Wegnahme erlangt wird.[44]

---

42 Vgl. hierzu auch *Schenkewitz* NStZ 2003, 17 ff.
43 W-*Hillenkamp/Schuhr* Rn. 329; NK-*Kindhäuser/Hoven* § 246 Rn. 21; *Rengier* I § 5/39 f.
44 Weitere einschlägige Beispiele sind die sog. Postplünderungsfälle durch DDR-Funktionäre, BGHSt 41, 187 ff.

Sofern der Täter – zB als Mieter, Entleiher oder Pfandgläubiger – **bereits** (mittelbarer oder unmittelbarer) **Besitzer des Tatobjekts** ist, kommt eine Drittzueignung in Betracht, wenn der Täter seinen bisherigen Besitz zugunsten des Dritten aufgibt. So liegt in **Fall 9** in der **Besitzaufgabe** des L eine Drittzueignung, da er sich damit einverstanden erklärt, dass die Bücher, die er bislang in (unmittelbarem oder mittelbarem) Besitz für E hatte, von dem bösgläubigen Dritten F in (unmittelbaren oder mittelbaren) Eigenbesitz genommen werden. Gibt der Täter indes gegenüber einem gutgläubigen Dritten vor, selbst Eigentümer zu sein, so liegt in dem Schenkungsakt eine Eigentumsanmaßung und damit eine Selbstzueignung (vgl. § 2 Rn. 112 f.). 33

Ist der Täter – zB als Mieter, Entleiher oder Pfandgläubiger – bereits (mittelbarer oder unmittelbarer) **Besitzer des Tatobjekts**, so kann er eine Drittzueignung ferner dadurch vollziehen, dass er seinen bisherigen Besitz für den Berechtigten (Vermieter usw) in **Fremdbesitz zugunsten des Dritten umwandelt**. Dies ist der Fall, wenn der Täter durch sein Verhalten (ausdrücklich oder konkludent) zu verstehen gibt, dass er seinen bisherigen Besitz zugunsten des Berechtigten beendet und nunmehr das Tatobjekt für einen Dritten besitzt. Voraussetzung einer solchen Drittzueignung durch Änderung des Fremdbesitzerwillens ist es, dass der Dritte die Sache in Absprache mit dem Täter in (mittelbaren) Eigenbesitz nimmt. Demnach liegt in **Fall 10** eine tatbestandliche Drittzueignung vor: Hier drückt A durch sein Einverständnis mit dem Vorgehen des D aus, den E enteignen und dem D die Aneignung des Buches ermöglichen zu wollen. 34

cc) **Nicht als Drittzueignung** ist der Fall anzusehen, dass der Täter – wie L in **Fall 11** – seinen Besitz an einer fremden Sache in der Annahme preisgibt, ein (beliebiger) Dritter werde sie sich aneignen. In **Fall 11** verschafft L dem Dritten nicht täterschaftlich die Herrschaft über das Tatobjekt, sondern bietet ihm nur die Möglichkeit, sich die Sache selbstständig zuzueignen.[45] Der Dritte soll seine Sachherrschaft nicht als vom Täter abgeleitet, sondern unabhängig von dessen Vorbesitz erlangen. Auch eine Selbstzueignung durch Besitzaufgabe kommt nicht in Betracht, da L den E nicht um einer aneignenden Nutzung willen, sondern zum Zweck der Sachentziehung enteignen will (vgl. § 2 Rn. 103). 35

3. Subjektiver Tatbestand

Der subjektive Tatbestand der Unterschlagung erfordert zunächst (zumindest bedingten) **Vorsatz** hinsichtlich der **Fremdheit** des Tatobjekts. 36

Ferner muss dem Täter die objektiv als Manifestation des Zueignungswillens anzusehende Handlung zum (zumindest bedingten) Vorsatz zurechenbar sein. Im Falle der Selbstzueignung muss der Täter die Aneignung auch absichtlich vollziehen (vgl. § 2 Rn. 68).[46] Nach der Gegenauffassung soll auch insoweit einfacher Vorsatz ausreichen (§ 15).[47] Mit dem Hinweis auf den Wortlaut wird indes verkannt, dass Zueignung bereits begrifflich voraussetzt, dass der Täter die Sache als eigene besitzen will. Eine Erwähnung des Absichtsmerkmals im Tatbestand ist daher überflüssig. 37

---

45 S/S-*Bosch* § 246 Rn. 21; NK-*Kindhäuser/Hoven* § 246 Rn. 21; *Rengier* I § 2/148.
46 *Dencker* in: ders. ua, Einführung in das 6. StrRG, 1998, 23 ff.; *Küper/Zopfs* 846.
47 *Fischer* § 246 Rn. 20; W-*Hillenkamp/Schuhr* Rn. 333; MK-*Hohmann* § 246 Rn. 51; SK-*Hoyer* § 246 Rn. 40; *Mitsch* 2.2.2.1.

38 Schließlich muss der Täter mit (zumindest bedingtem) **Vorsatz** davon ausgehen, dass die Zueignung **rechtswidrig** erfolgt (vgl. § 2 Rn. 76).

4. Wiederholte Zueignung

▶ **Fall 12:** Der Dieb D stiehlt A fünf seltene Uhren und verkauft sie später an verschiedene Sammler. ◀

39 D hat sich in **Fall 12** zunächst die Uhren durch einen Diebstahl zugeeignet und sie später wieder verkauft. Isoliert betrachtet kann der Verkauf als Zueignungsakt angesehen werden. Umstritten ist aber, ob ein solcher Zueignungsakt auch dann tatbestandsmäßig iSe Unterschlagung ist, wenn ihm bereits ein Zueignungsakt vorausgegangen ist:

40 ■ Nach der sog. **Tatbestandslösung** kann eine wiederholte Zueignung nicht mehr den Tatbestand des § 246 verwirklichen. Sofern sich der Täter das Tatobjekt schon durch eine strafbare Unterschlagung (bzw. ein anderes Eigentums- oder Vermögensdelikt) zugeeignet hat,[48] kann er sich diese Sache bereits begrifflich nicht nochmals (durch einen weiteren Manifestationsakt) zueignen. Mit der (schuldhaften) Zueignung will der Täter sich oder einem Dritten die Verfügungsgewalt eines Eigentümers über das Tatobjekt verschaffen. Jede spätere Nutzung ist nur eine Konkretisierung dieser Verfügungsgewalt und nicht etwa eine erneute Anmaßung einer Eigentümerstellung iSe tatbestandlichen Zueignung.[49] Anders ist es, wenn der Zueignende die zunächst mit der Zueignung beanspruchte Verfügungsgewalt über die Sache aufgegeben bzw. auf einen Dritten übertragen hat, und die Sache später wieder erlangt und sie erneut in Eigenbesitz nimmt.[50]

41 ■ Nach einer im Schrifttum verbreiteten Auffassung, der sog. **Konkurrenzlösung**, sollen dagegen weitere Zueignungen grds. möglich sein und erst auf der Konkurrenzebene ausgesondert werden.[51] Die nachfolgende Unterschlagung soll dabei als mitbestrafte Nachtat behandelt werden, wenn nicht die vorangegangene (zB wegen Unzurechnungsfähigkeit, Verjährung) straflos ist. Diese Lehre will vor allem die Bestrafung von Teilnahmehandlungen ermöglichen, die sich nur auf die spätere Unterschlagung beziehen. Für die sachgemäße Erfassung solcher Unterstützungshandlungen stehen jedoch die §§ 257, 259 zur Verfügung. Abgesehen von den konstruktiven Problemen, welche die Annahme einer wiederholten Zueignung aufwirft, spricht gegen diesen Ansatz, dass er die Möglichkeit einer Verjährung der Tat praktisch ausschließt. Mit jeder erneuten Zueignungshandlung, die den Unterschlagungstatbestand verwirklicht, begänne die Verjährungsfrist von neuem.

---

48 Vgl. auch Rn. 59.
49 BGHSt 14, 38; 16, 280 (281); BGH NJW 1983, 2827; NStZ-RR 1996, 131 (132); NStZ 2023, 612; NK-*Kindhäuser/Hoven* § 246 Rn. 37; *Krey/Hellmann/Heinrich* Rn. 262; S/S/W-*Kudlich* § 246 Rn. 20; *Maiwald*, Der Zueignungsbegriff im System der Eigentumsdelikte, 1970, 261 ff.; *Otto* § 42/23; *Rengier* I § 5/54; *Schmid-Hopmeier*, Das Problem der Drittzueignung bei Diebstahl und Unterschlagung, 2000, 172; M-*Schroeder/Maiwald/Momsen* I 34/22; *Schroth* 192.
50 BGH NStZ 2022, 611 (612); NStZ 2023, 612 mwN.
51 *Bockelmann* JZ 1960, 621; *Eisele* BT II Rn. 264 ff.; S/S-*Bosch* § 246 Rn. 19; *Mitsch* 2.2.1.4.5; MK-*Hohmann* § 246 Rn. 39; *Seelmann* JuS 1985, 699 (702); *Tenckhoff* JuS 1984, 775 (778 f.); *Welzel* 351; vgl. auch *Murmann* NStZ 1999, 14 (17).

II. Veruntreuung (Abs. 2)

▶ **Fall 13:** A leiht sich von V dessen Rennrad für das Wochenende aus. Da B ihm „einen guten Preis macht", meldet A das Rad nach der Tour als gestohlen und verkauft und übergibt es dem bösgläubigen B. ◀

Als **Qualifikationstatbestand** sieht § 246 Abs. 2 eine Anhebung der Strafobergrenze für den Fall vor, dass die unterschlagene Sache dem Täter anvertraut ist.

1. Anvertraut

Definition: Eine Sache ist dem Täter anvertraut, wenn ihm der Besitz an ihr (ausdrücklich oder konkludent) mit der Maßgabe eingeräumt wurde, die Herrschaft über sie im Sinne des Berechtigten auszuüben.[52]

Das Anvertrautsein ist ein **besonderes persönliches Merkmal** iSv § 28 Abs. 2.[53] Grundlage des Anvertrautseins können gleichermaßen private und öffentlich-rechtliche Rechtsverhältnisse sein. Daher ist die Veruntreuung der **Normalfall der Unterschlagung**, denn jedes schuldrechtlich begründete Besitzverhältnis (Miete, Leihe usw) erlegt dem Schuldner bestimmte Pflichten beim Umgang mit der ihm überlassenen Sache auf. Der Grundtatbestand der Unterschlagung wird damit nur in Ausnahmesituationen relevant, in denen der Täter die Sachherrschaft auf unredliche Weise oder über einen besitzlosen Gegenstand erlangt. Im Schrifttum wird daher für eine Beschränkung auf fremdnützige Rechtsverhältnisse plädiert, die nicht mit einer Nutzungsbefugnis für den Täter verbunden sind (zB Verwahrung); für eine solche Orientierung an § 266 spreche auch der identische Strafrahmen.[54] Bei der Parallele zur Untreue wird indes verkannt, dass die besonderen Anforderungen an die Vermögensbetreuungspflicht dem weiten Schutzbereich (Vermögen) geschuldet sind, während bei dem Eigentumsdelikt (§ 246 Abs. 2) bereits das einfache Vertrauen geschützt wird, dass der Eigentümer dem Täter bei Überlassung der Sache entgegenbringt.[55] § 246 Abs. 2 setzt daher **kein besonderes Treueverhältnis** (etwa im Sinne des § 266) voraus.[56]

Praktisch bedeutsame Beispiele des Anvertrautseins sind Leihe – wie in **Fall 13** – und Miete. In Betracht kommen insbesondere aber auch: Eigentumsvorbehalt,[57] Sicherungsübereignung, Leasing, Verwahrungsverträge, Pfand, Auftrag und vormundschaftliche Vermögensverwaltung. Für das Anvertrautsein genügt es, wenn die fragliche Sache nur im Mitbesitz des Täters steht. Der Besitz kann dem Täter vom Eigentümer selbst oder mit seinem Einverständnis von einem Dritten eingeräumt sein. Die Verpflichtung zu einem bestimmten Umgang mit der Sache kann der Täter gegenüber dem Eigentümer oder einem Dritten (zB Untermieter gegenüber Mieter) übernommen haben.

---

52 S/S-*Bosch*, § 246 Rn. 29; L-Kühl/*Heger* § 246 Rn. 13.
53 BGH StV 1995, 84; S/S/W-*Kudlich* § 246 Rn. 28; M/R-*Schmidt* § 246 Rn. 10.
54 MK-*Hohmann* § 246 Rn. 58; SK-*Hoyer* § 246 Rn. 46.
55 *Fischer* § 246 Rn. 17; LK-*Vogel/Brodowski* § 246 Rn. 62.
56 BGHSt 9, 90 (91 f.); 16, 280 (282).
57 BGHSt 16, 280 (282).

2. Nichtige Auflagen

46 Auflagen, die wegen **Gesetzesverstoßes oder Sittenwidrigkeit** nichtig sind, können nach zutreffender Ansicht grds. kein Vertrauensverhältnis begründen.[58] Durch das Anvertrautsein wird die ansonsten unbestimmte Sachherrschaft des Gewahrsams bzw. Besitzes zugunsten der Interessen des Anvertrauenden beschränkt. Diese Beschränkung ist nur strafrechtlich relevant, wenn sie berechtigt ist und rechtlich geschützten Interessen dient. Sie kann nicht ausgelöst werden, wenn der Täter die Verpflichtung zu einem bestimmten Sachumgang aufgrund einer Täuschung des Anvertrauenden übernahm;[59] ansonsten ist die zivilrechtliche Wirksamkeit für das Bestehen des Vertrauensverhältnisses ohne Belang.

47 Die hM ist jedoch weniger restriktiv. Sie verlangt für ein Anvertrautsein nur, dass Auflagen, die von einem Dritten erteilt werden, nicht in Widerspruch zu den Interessen des Eigentümers stehen dürfen.[60] Exemplarisch: Übergibt der Dieb einem Dritten die Beute zur Aufbewahrung oder Veräußerung, so ist die Sache dem Dritten nicht anvertraut. Demgegenüber wird eine Sache auch dann anvertraut, wenn das den Sachumgang betreffende Rechtsgeschäft zwischen Eigentümer und Täter sittenwidrig oder verboten ist, zB wenn der Eigentümer dem Täter Bargeld zur Beschaffung von Falschgeld „anvertraut".[61]

3. Subjektive Tatseite

48 Subjektiv muss der Täter hinsichtlich der vereinbarten Art und Weise des Sachumgangs mit **Vorsatz** handeln.

III. Vollendung und Versuch

49 Die Unterschlagung ist mit der Zueignung vollendet.[62] Der Versuch der Unterschlagung ist strafbar (Abs. 3). Im Regelfall ist jedoch ein dem Zueignungsakt vorausgehendes Stadium des unmittelbaren Ansetzens nur schwer festzustellen, da zB schon in einem Verkaufsangebot ein vollendeter Zueignungsakt liegen kann.[63] Ein Versuch kommt daher insbesondere bei der vermeintlichen Verwirklichung von Tatbestandsmerkmalen in Betracht. Der Täter hält zB eine eigene Sache für fremd.

---

58 S/S-*Bosch* § 246 Rn. 30; SK-*Hoyer* § 246 Rn. 47; NK-*Kindhäuser/Hoven* § 246 Rn. 41; jew. mwN.
59 AA insoweit SK-*Hoyer* § 246 Rn. 47.
60 RGSt 40, 222 (223); 70, 7 (9 f.); *Fischer* § 246 Rn. 16 f.; W-*Hillenkamp/Schuhr* Rn. 334; *Mitsch* 2.3.2.2; LK-*Vogel/Brodowski* § 246 Rn. 64.
61 BGH NJW 1954, 889; OLG Braunschweig NJW 1950, 656.
62 Vgl. BGHSt 14, 38 (43); OLG Düsseldorf JZ 1985, 592.
63 S. Rn. 23.

C. Anwendung

I. Aufbau

Es empfiehlt sich, die Tatbestandsmerkmale der (veruntreuenden) Unterschlagung in folgenden Schritten zu prüfen: 50

A) Tatbestand:
   I. Objektiver Tatbestand:
      1. Tatobjekt: Sache, die beweglich und fremd ist (Rn. 3 ff.)
      2. Tathandlung:
         a) Sich oder einem Dritten zueignen (Rn. 6 ff., 13 ff.)
         b) Rechtswidrigkeit der Zueignung (Rn. 9 f.)
   II. Subjektiver Tatbestand:
      (zumindest bedingter) Vorsatz hinsichtlich Tatobjekt, Zueignung und Rechtswidrigkeit; im Falle einer Selbstzueignung ist für die Zueignung ein Aneignungswille erforderlich (Rn. 37 ff.)
B) Rechtswidrigkeit der Tat insgesamt und
C) Schuld
D) Objektive und subjektive Voraussetzungen der Qualifikation nach Abs. 2 (kann bei einfachen Fällen auch im Rahmen von I. und II. mitgeprüft werden).

Wie bei jedem Delikt ist also auch bei der Unterschlagung **exakt zwischen objektivem und subjektivem Tatbestand zu differenzieren**. Eine Besonderheit wirft die Unterschlagung nur insoweit auf, als die objektive Tatseite die Zueignung noch nicht hinreichend konstituiert. Dies gilt insbesondere hinsichtlich des Enteignungsmerkmals: Ob der Täter die Sache nur mit Rückgabewillen gebraucht und daher nur eine Gebrauchsanmaßung begeht oder ob er dem Eigentümer den ihm zustehenden Sachbesitz auf Dauer entziehen will, kann häufig erst im subjektiven Tatbestand abschließend festgestellt werden. Exemplarisch: Wer eine geliehene Sache einem Dritten nach Ende der Leihfrist nicht zurückgibt, überschreitet objektiv die ihm vom Eigentümer eingeräumte Verfügungsmacht über die Sache; dies lässt auf einen Zueignungswillen schließen. Subjektiv kann dagegen der Zueignungswille fehlen (zB weil der Täter den Eigentümer nur ärgern will[64] oder der Täter das vereinbarte Rückgabedatum vergessen hat). 51

Bisweilen wird vorgeschlagen, die subjektive Seite der Zueignung bereits im objektiven Deliktstatbestand zu prüfen.[65] Das wäre jedoch nur möglich, wenn die subjektive Seite der Zueignung vom subjektiven in den objektiven Tatbestand verlagert und damit vom Vorsatz bezüglich der anderen Elemente des objektiven Deliktstatbestands getrennt werden könnte. Doch dies ist ersichtlich nicht der Fall: Der Täter kann zB nicht den Willen haben, den Eigentümer einer Sache durch Aneignung zu enteignen, wenn er sich selbst für den Eigentümer hält. Der Vorsatz hinsichtlich der Fremdheit ist also logische Voraussetzung der (subjektiven) Zueignung und kann nicht erst nach dem Vorliegen eines Zueignungswillens festgestellt werden. 52

---

64 BGH NStZ-RR 2011, 276 (277).
65 Vgl. etwa die Aufbauempfehlung bei *Rengier* I § 5/6.

II. Einzelfragen

1. Amtsunterschlagung

53 Umstritten ist, ob es als Zueignung anzusehen ist, wenn ein Amtswalter vereinnahmte Gelder zwar ordnungsgemäß in die amtliche Kasse legt, ihren Erhalt aber nicht sofort oder als frühere Zahlungseingänge verbucht, um Zeit zur Wiederbeschaffung von Fehlbeträgen zu gewinnen. Für eine Zueignung scheint hier zu sprechen,[66] dass der Täter das eingenommene Geld so verwendet, als erfülle er damit seine eigene Ersatzpflicht. Dem steht jedoch entgegen, dass der Täter zu keinem Zeitpunkt Eigenbesitz an den Geldscheinen beansprucht; er legt sie sofort in die Kasse und zeigt damit, dass er sie für den Staat vereinnahmt. Durch das (zunächst) unterlassene bzw. fehlerhafte Verbuchen täuscht der Täter nur über die Herkunft sowie den Zeitpunkt der Übereignung des Geldes und schädigt den Dienstherrn allenfalls durch die zögerliche Erfüllung seiner Ersatzpflicht.[67] Der Täter missbraucht also nur seinen Fremdbesitz, maßt sich aber keinen Eigenbesitz an.[68]

54 Eine Zueignung ist auch zu verneinen, wenn der Amtswalter das empfangene Geld erst nach einer Fehlbuchung in die Kasse legt.[69] Wiederum ist das Geld bereits bei der Übergabe wirksam an den Fiskus übereignet worden (§§ 929, 116, 164 BGB). Mit der Fehlbuchung verschleiert der Täter daher nur das schuldrechtliche Grundgeschäft, nicht aber die dingliche Rechtslage zu eigenen Gunsten. An den Geldscheinen selbst maßt er sich zu keinem Zeitpunkt Eigenbesitz an.

2. Unbefugtes Geldabheben

55 Das unbefugte Geldabheben an einem Bankomaten ist mangels Gewahrsamsbruchs kein Diebstahl (vgl. § 2 Rn. 45). Ob der Täter das Eigentum an dem Geld durch dessen Inbesitznahme rechtmäßig erwerben kann, hängt von der Antwort auf die Streitfrage ab, unter welchen Bedingungen das Geld bei der Bedienung eines Automaten übereignet wird.[70] Auf diese Problematik braucht jedoch nicht eingegangen zu werden, da eine mögliche Unterschlagung in jedem Fall hinter § 263a oder § 266b (bei Benutzung einer entwendeten oder gefälschten Codekarte oder bei unbefugter Überschreitung des Kreditlimits durch den Berechtigten) zurücktritt (vgl. insoweit § 28 Rn. 42 ff., § 37 Rn. 10 ff.).

3. Verpfändung und Pfändung

56 Bei der Verpfändung einer fremden Sache entfällt der Zueignungswille (Enteignungsvorsatz), wenn der Täter fest davon ausgeht, aufgrund seiner Vermögens- und Einkommenssituation die Sache wieder rechtzeitig einlösen zu können, sodass der Ei-

---

66 So RGSt 64, 414 (415); BGHSt 9, 348 ff.; 24, 115 ff.; OLG Köln NJW 1966, 1373 (1374); *Rudolphi* GA 1965, 33 (43 ff.); *Tröndle* GA 1973, 321 (338).
67 Ebenso *Deubner* NJW 1971, 1469; *Gribbohm* MDR 1965, 874 f.; *Krey/Hellmann/Heinrich* Rn. 272 f.; *Otto* § 42/10; *Schöneborn* MDR 1971, 811 f.; LK-*Vogel/Brodowski* § 246 Rn. 43.
68 Zur Bildung sog. schwarzer Kassen mit Behördengeldern vgl. BayObLG GA 1958, 370 f.
69 AA für diesen Fall S/S-*Bosch* § 246 Rn. 12; *Tenckhoff* JuS 1984, 775 (781).
70 Nach hM Übereignung nur an den Berechtigten, vgl. BGHSt 35, 152 (161 ff.) mit zust. Anm. *Ranft* JR 1989, 165 f.; *Schlüchter* JR 1993, 493 (496 f.); *Weber* Krause-FS 427 (429 f.); aA *Schmitt/Ehrlicher* JZ 1988, 364; *Spahn* Jura 1989, 513 (517 ff.) mwN.

gentümer nicht dauerhaft aus seiner (faktischen) Position verdrängt werden soll.[71] Allerdings liegt bedingter Enteignungsvorsatz vor, wenn der Täter sich mit der Möglichkeit abfindet, dass die verpfändete Sache beim Gläubiger verbleibt, weil er nicht in der Lage ist, diese auszulösen.[72] Gleiches gilt, wenn der Täter dem Gerichtsvollzieher eine fremde Sache als eigene zur Pfändung aushändigt.[73]

4. Mehrfache Sicherungsübereignung

Die mehrfache Übereignung einer Sache zur Sicherheit kann Unterschlagung oder Betrug sein: Eine Unterschlagung ist gegeben, wenn der Täter in der (rechtsirrigen) Annahme handelt, der zweite Sicherungsnehmer erwerbe auch dann Eigentum an der Sache, wenn sie ihm nicht entsprechend § 933 BGB übergeben wird. Dagegen liegt ein Betrug zulasten des zweiten Sicherungsnehmers vor, wenn der Täter (rechtlich zutreffend) davon ausgeht, der erste Sicherungsnehmer bleibe Eigentümer.[74] Die bloße Übergabe des Sicherungsgutes an den Insolvenzverwalter lässt jedoch weder eindeutige Rückschlüsse auf einen Zueignungswillen des Sicherungsgebers und Insolvenzschuldners zu[75], noch kann darin eine konkludente Täuschung über das fremde Eigentumsrecht gesehen werden.

57

5. Organe und Vertreter

Organe und Vertreter iSv § 14 können sich Sachen, über die sie für den Vertretenen verfügen, auch selbst zueignen. Jedoch ist das Veräußern fremder Sachen in fremdem Namen und für fremde Rechnung keine Unterschlagung, sondern allenfalls Untreue.[76]

58

6. Wiederholte Zueignung

Der Streit um die Möglichkeit einer wiederholten Zueignung (Rn. 40 f.) bedarf im Gutachten regelmäßig keiner Entscheidung, da auch die befürwortende Ansicht die Regeln der Konsumtion eingreifen lässt. Auf den Streit ist jedoch einzugehen, wenn das erste Zueignungsdelikt verjährt ist, eine Teilnahme an der möglichen Zweitzueignung in Betracht kommt oder die Erstzueignung nicht beweisbar ist. Im letztgenannten Fall können zudem die Regeln der (gleichartigen) Wahlfeststellung oder der Postpendenz anzuwenden sein.[77]

59

III. Beteiligung

Die Beteiligung richtet sich nach den allgemeinen Regeln der §§ 25 ff. Jedoch lässt sich wegen der Möglichkeit einer fremdnützigen Drittzueignung die Abgrenzung zwischen Täterschaft und Teilnahme nicht nach subjektiven Kriterien treffen (vgl. § 2 Rn. 124). Für die Annahme von Täterschaft ist daher eine Mitwirkung an der Besitzverschaffung

60

---

71 So aber RGSt 66, 155 (156 f.); BGHSt 12, 299 (302) mit abl. Anm. *Bockelmann* JZ 1959, 495 (496 ff.); *Kudlich* I Fall 68; LK-*Vogel/Brodowski* § 246 Rn. 40.
72 BGH BeckRS 2021, 42785.
73 Vgl. auch *Meyer* MDR 1974, 809 (811).
74 BGHSt 1, 262 (264 f.); abw. BGH GA 1965, 207.
75 OLG Schleswig NZI 2019, 608, mit Hinweis darauf, dass der Insolvenzschuldner mit der Übergabe eine Rechtspflicht gegenüber dem Insolvenzschuldner erfüllt.
76 RGSt 61, 228 (233 f.); 67, 334 (335).
77 Vgl. hierzu LPK Vor § 52 Rn. 51 ff., 65 f.

erforderlich. Anderenfalls hat der Handelnde das Geschehen nicht als Täter in der Hand. Auch für den Teilnehmer muss die Sache fremd sein.

IV. Konkurrenzen

61 § 246 ist (formell) **subsidiär** zu allen **gleichzeitig** begangenen Eigentums- und Vermögensdelikten; dies betrifft insbesondere § 259. Können die Voraussetzungen des vorrangigen Eigentums- oder Vermögensdelikts nicht zweifelsfrei festgestellt werden, so ist daher nicht auf der Grundlage einer Wahlfeststellung, sondern nach dem subsidiären Auffangtatbestand (§ 246) zu verurteilen.[78] Nach hM gilt die Subsidiaritätsregelung auch für die **Veruntreuung** (Abs. 2) und den Versuch.[79] Unter Berufung auf den Wortlaut nimmt die Rechtsprechung Subsidiarität selbst dann an, wenn § 246 mit einem Nichtvermögensdelikt tateinheitlich zusammentrifft.[80]

Der Begriff der „Tat" iSv § 246 Abs. 1 lässt sich jedoch durchaus enger verstehen, und es entspricht dem Sinn der Subsidiarität, dass die nachrangige Strafvorschrift nur hinter eine Norm zurücktritt, die Handlungen gleicher Angriffsrichtung erfasst. Versteht man „Tat" als tatbestandsmäßiges Verhalten und als vom Tatbegriff der §§ 52 ff. verschieden,[81] so besteht die Tatbestandsverwirklichung und damit die „Tat" bei § 246 in der rechtswidrigen Zueignung einer fremden beweglichen Sache. Es fragt sich dann lediglich, ob gerade das tatbestandsmäßige Zueignungsunrecht in anderen Vorschriften mit schwererer Strafe bedroht ist. Damit kommt auch die vom Gesetzgeber bezweckte Subsidiarität der Unterschlagung gegenüber sonstigen Eigentums- und Vermögensdelikten hinreichend im Normtext zum Ausdruck. Demgegenüber wäre eine Subsidiarität der Unterschlagung insbesondere gegenüber einem Totschlag materiell wenig sinnvoll, da das mit der Zueignung begangene Unrecht durch eine Verurteilung nach § 212 nicht einmal ansatzweise erfasst wäre.

Wiederholungs- und Vertiefungsfragen

> Welches Rechtsgut schützt die Unterschlagung? (Rn. 1)
> Was kann taugliches Tatobjekt einer Unterschlagung sein? (Rn. 4 f.)
> Was ist unter der Zueignung als Tathandlung der Unterschlagung zu verstehen? (Rn. 6 ff.)
> Welches normative Tatbestandsmerkmal weist der Tatbestand des § 246 auf? (Rn. 9)
> Welche verschiedenen Ansichten werden zu den Anforderungen an die objektive Tatseite der Zueignung vertreten? (Rn. 14 ff.)
> Kann eine Unterschlagung durch Unterlassen begangen werden? (Rn. 19)
> Welche Fallgruppen der Selbst- und der Drittzueignung lassen sich bilden? (Rn. 21 ff.; 31 ff.)
> Kann sich der Täter eine Sache wiederholt zueignen? (Rn. 39 ff.)
> Warum ist Veruntreuung der Normalfall der Unterschlagung? (Rn. 44)

---

[78] BGH BeckRS 2019, 18187 (zum Verhältnis zu § 242).
[79] BGH NStZ 2012, 628; *Fischer* § 246 Rn. 23; S/S/W-*Kudlich* § 246 Rn. 31; L-Kühl/*Heger* § 246 Rn. 14; *Mitsch* 2.4.2.2.
[80] BGHSt 47, 243; BGH StraFo 2014, 434; BeckRS 2023, 10248; zust. *Heghmanns* JuS 2003, 954 f.; *Otto* NStZ 2003, 87 (88); ferner *Sander/Hohmann* NStZ 1998, 273; *Wagner* Grünwald-FS 797 (800 ff.); abl. *Cantzler/Zauner* Jura 2003, 483 (485 f.); *Duttge/Sotelsek* NJW 2002, 3756; *Freund/Putz* NStZ 2003, 242; *Küpper* JZ 2002, 1115 f.
[81] Zur systematischen Auslegung eingehend *Hoyer* JR 2002, 517 (518).

§ 6 Unterschlagung und Veruntreuung (§ 246)

> Wann ist die Unterschlagung vollendet? (Rn. 49)
> Gilt die Subsidiaritätsregel des § 246 auch im Verhältnis zu Nichtvermögensdelikten? (Rn. 61)

§ 7 Beschränkungen der Strafverfolgung (§§ 247, 248a)

A. Haus- und Familiendiebstahl (§ 247)

I. Allgemeines

1 Durch das Antragserfordernis sollen **Konflikte intern erledigt** und der **Friede innerhalb persönlicher Näheverhältnisse gewahrt** werden.[1] Dagegen will die Vorschrift nicht den Täter privilegieren, indem seiner vermeintlich geminderten Schuld Rechnung getragen wird; diese kann durch den Vertrauensbruch gegenüber dem Normalfall sogar gesteigert sein. Der **Wert des Tatobjekts** ist für den Haus- und Familiendiebstahl ohne Belang.

2 Das Antragserfordernis gilt unter den Voraussetzungen des § 247 für Diebstahl (§§ 242–244a) und Unterschlagung (§ 246, einschließlich Veruntreuung). § 247 findet ferner auf eine Reihe von Vermögensdelikten entsprechende Anwendung.[2]

II. Definitionen und Erläuterungen

1. Strafantragsvoraussetzungen

3 Ein Strafantrag ist erforderlich, wenn Täter und Verletzter zur Tatzeit in einem Angehörigen-, Vormundschafts- oder Betreuungsverhältnis stehen oder in häuslicher Gemeinschaft leben.

4
- **Angehörige** sind die in § 11 Abs. 1 Nr. 1a und b genannten Personen. Partner einer (nicht eingetragenen) eheähnlichen Lebensgemeinschaft gelten nicht als Angehörige, sind aber ggf. als in häuslicher Gemeinschaft lebend anzusehen.[3]
- Die **Vormundschaft** richtet sich nach §§ 1773 ff. BGB. Das Antragserfordernis gilt nur bei einer Tat des Mündels gegen den Vormund, nicht aber für ein Delikt gegen das Mündel (zB nach § 266).
- Ein **Betreuungsverhältnis** ist unter den Voraussetzungen der §§ 1814 ff. BGB gegeben.
- Eine **häusliche Gemeinschaft** setzt ein auf dem freien und ernstlichen Willen seiner Mitglieder beruhendes Zusammenleben für eine gewisse Dauer voraus.[4] Beispiele: Mitglieder einer studentischen Wohngemeinschaft, Hausangestellte, die mit der Familie zusammenleben, Bewohner eines Altenheims, eines Internats oder eines Klosters. **Keine** häuslichen Gemeinschaften sind dagegen solche Gemeinschaften, die aufgrund öffentlich-rechtlicher Verpflichtungen bestehen, wie dies zB bei Soldaten in einer Kaserne, Insassen einer Strafvollzugsanstalt oder Bewohnern einer Flüchtlingsunterkunft der Fall ist.[5]

---

[1] BGHSt 10, 400 (403); 29, 54 (56); OLG Celle JR 1986, 385 f.
[2] Vgl. §§ 259 Abs. 2, 263 Abs. 4, 263a Abs. 2, 265a Abs. 3, 266 Abs. 2.
[3] BGHR StGB § 247 Gemeinschaft 1.
[4] BGHSt 29, 54 (56 f.).
[5] BT-Drs. 7/550, 247; S/S-*Eser/Bosch* § 247 Rn. 7; LK-*Vogel/Brodowski* § 247 Rn. 12 mwN; aA *Seelmann* JuS 1985, 699 (703).

2. Zeitpunkt

Die persönliche Beziehung muss **zur Tatzeit bestehen**.[6] Dem Grundgedanken des § 11 Abs. 1 Nr. 1a entsprechend schadet ihre Auflösung zu einem späteren Zeitpunkt nicht. Dies gilt selbst dann, wenn Grund der Auflösung gerade die Tat ist.[7] Zum Teil wird es sogar als ausreichend angesehen, wenn das persönliche Verhältnis erst **nach der Tat begründet** wird, da die §§ 52, 252 StPO ebenfalls die Berücksichtigung nachträglich begründeter persönlicher Beziehungen zulassen.[8] Gegen diese Parallele spricht indes, dass es für das Zeugnisverweigerungsrecht auf den Zeitpunkt der Vernehmung ankommt, während das Strafantragsrecht fristgebunden ist (vgl. § 77b); die Anwendung des § 247 auf nach der Tat begründete Beziehungen würde dazu führen, dass eine bereits verfolgbare Tat nachträglich einem Verfolgungshindernis unterworfen wird.[9] Mit dem Tod des Verletzten erlischt die Möglichkeit der Strafverfolgung, falls bis dahin noch kein Antrag gestellt ist. Eine gesetzliche Bestimmung für den Übergang des Strafantragsrechts auf Dritte (§ 77 Abs. 2) **fehlt**.

3. Verletzter

Verletzter mit Strafantragsberechtigung ist bei Unterschlagung und Diebstahl nur der Eigentümer, da das Eigentum alleiniges Rechtsgut der Zueignungsdelikte ist (§ 2 Rn. 4).[10] § 247 ist beim Diebstahl nicht anzuwenden, wenn das persönliche Verhältnis nur gegenüber dem Gewahrsamsinhaber, nicht aber gegenüber dem Eigentümer besteht. Bei **mehreren Eigentümern** hängt die Strafverfolgung von der Stellung eines Strafantrags ab, wenn alle Eigentümer in einer persönlichen Beziehung zum Täter stehen.[11] In diesem Fall ist jeder Verletzte unabhängig von der Zustimmung der anderen strafantragsberechtigt.

Sofern mit einer verbreiteten Auffassung beim Diebstahl auch der Gewahrsam als geschütztes Rechtsgut angesehen wird (vgl. § 2 Rn. 5), kommt jedoch grds. auch der – vom Eigentümer personenverschiedene – Gewahrsamsinhaber als strafantragsberechtigter Verletzter in Betracht.[12] Allerdings wird die Antragsbefugnis des § 247 auf den Eigentümer beschränkt, wenn der (außenstehende) Gewahrsamsinhaber kein gegenüber dem Eigentümer geschütztes Besitzrecht an der Sache hat.[13]

4. Unbeachtlichkeit eines Irrtums

Das Strafantragserfordernis ergibt sich allein aus dem objektiven Vorliegen des persönlichen Verhältnisses. § 247 hat **keinen subjektiven Tatbestand**, sodass auch ein Irrtum des Täters über die Voraussetzungen eines Antragserfordernisses ohne Bedeutung ist.[14] § 16 Abs. 2 ist nicht anwendbar.

---

6 BGHSt 29, 54 (55 f.); S/S-*Eser/Bosch* § 247 Rn. 3; S/S/W-*Kudlich* § 247 Rn. 3; LK-*Vogel/Brodowski* § 247 Rn. 7.
7 BGHSt 29, 54 (55 f.); OLG Celle JR 1986, 385 f.; OLG Hamm NJW 1986, 734; aA *Koch* GA 1962, 304.
8 MK-*Hohmann* § 247 Rn. 3; NK-*Kindhäuser/Hoven* § 247 Rn. 9, mit Hinweis auf BGHSt 22, 219 (220); 27, 231; BGH StV 1988, 92.
9 Ähnlich LK-*Vogel/Brodowski* § 247 Rn. 7.
10 Ebenso W-*Hillenkamp/Schuhr* Rn. 349; *Maiwald*, Der Zueignungsbegriff im System der Eigentumsdelikte, 1970, 208.
11 S. dagegen zu Straftaten gegen eine GmbH durch die neben den Gesellschafter, sondern auch diese selbst geschädigt wird: BGH NStZ-RR 2005, 86; näher *Schneider* NZG 2021, 1100 ff.
12 RGSt 50, 46 (47); 73, 151 (153); LK-*Vogel/Brodowski* § 247 Rn. 6.
13 BGHSt 10, 400 (401 f.); *Fischer* § 247 Rn. 3.
14 BGHSt 18, 123 (125 ff.); MK-*Hohmann* § 247 Rn. 14.

5. Mehrere Tatbeteiligte

9 Bei mehreren Tatbeteiligten bezieht sich das Strafantragserfordernis nur auf diejenigen, die mit dem Verletzten durch ein persönliches Verhältnis iSv § 247 verbunden sind. Dies folgt aus dem Grundgedanken des (unmittelbar nicht einschlägigen) § 28 Abs. 2.[15] Demnach ist die Strafverfolgung des Teilnehmers eines Diebstahls nicht durch das Antragserfordernis eingeschränkt, wenn nicht er, sondern nur der Täter zum Verletzten in einem persönlichen Verhältnis steht.

B. Diebstahl und Unterschlagung geringwertiger Sachen (§ 248a)

I. Allgemeines

10 Die Vorschrift bezweckt eine Einschränkung der Strafverfolgung für **Bagatelltaten** des Diebstahls und der Unterschlagung.[16] Sie gilt nicht für Diebstahlsqualifikationen (§§ 244 f.) und Raubdelikte (§§ 249 ff.),[17] findet aber auf eine Vielzahl weiterer Straftaten entsprechende Anwendung.[18] § 248a ist damit neben den §§ 153, 153a StPO eine Schlüsselvorschrift zur prozessualen Behandlung von Kleinkriminalität (vgl. auch § 2 Rn. 18).[19]

II. Definitionen und Erläuterungen

1. Geringwertigkeit

11 **a) Grundsatz:** Sache iSv § 248a kann jeder taugliche Gegenstand eines Diebstahls oder einer Unterschlagung sein. Eine Sache ist geringwertig, wenn ihr Gewinn oder Verlust nach der Verkehrsauffassung als finanziell unerheblich angesehen wird.

Dem Zweck der Vorschrift entsprechend, Bagatellkriminalität unter ökonomischen Gesichtspunkten zu erfassen, ist die Geringwertigkeit allein nach dem (legalen) **Verkehrswert** zu bemessen, den die Sache zur Tatzeit hatte.[20] Wertvoll können daher auch Sachen sein, an denen ein marktrelevantes Interesse besteht – zB bestimmte Fotos für die Presse[21] – oder für die es einen Sammlermarkt gibt. Dagegen bleiben wertsteigernde Veränderungen an der Sache durch den Täter[22] ebenso außer Betracht wie besondere Affektionsinteressen des Opfers oder dessen wirtschaftliche Lage.[23] Mit der neueren Rechtsprechung wird die Obergrenze der Geringwertigkeit bei 50 Euro anzusetzen sein (vgl. § 3 Rn. 44).[24] Sofern sich die Tat – ggf. unter den Voraussetzungen einer natürlichen Handlungseinheit oder bei Mittäterschaft – auf mehrere Sachen bezieht, wird

---

15 NK-*Kindhäuser/Hoven* § 247 Rn. 13 mwN.
16 Zur verfassungsrechtlichen Unbedenklichkeit vgl. BVerfGE 50, 205 (212 ff.).
17 BGH bei *Dallinger* MDR 1975, 543; OLG Köln NJW 1978, 652 (653).
18 Vgl. §§ 257 Abs. 4 S. 2, 259 Abs. 2, 263 Abs. 4, 263a Abs. 2 iVm § 263 Abs. 4, 265a Abs. 3, 266 Abs. 2, 266b Abs. 2.
19 Näher hierzu NK-*Kindhäuser/Hoven* § 248a Rn. 2 mwN. Vgl. ferner zu den Sach- und Vermögensgrenzen im StGB *Satzger* Jura 2012, 786 (794); für eine materiellrechtliche Entkriminalisierung des (einfachen) Ladendiebstahls: *Harrendorf* NK 2018, 250 ff.
20 MK-*Hohmann* § 248a Rn. 4; LK-*Vogel/Brodowski* § 248a Rn. 5.
21 LG Frankfurt StV 1981, 421 (428) zu § 243 Abs. 2.
22 BGH NStZ 1981, 61 (62).
23 Vgl. BT-Drs. 7/1261, 27; einschr. BGHSt 6, 41 (43); L-*Kühl/Heger* § 248a Rn. 3.
24 OLG Zweibrücken NStZ 2000, 536; OLG Hamm wistra 2003, 435 f.; 2004, 34; OLG Frankfurt NStZ-RR 2008, 311 mit zust. Bespr. *Jahn* JuS 2008, 1024 ff.; *Henseler* StV 2007, 323 (324 ff.); MK-*Hohmann* § 248 Rn. 7; S/S/W-*Kudlich* § 248a Rn. 7; *Satzger* Jura 2012, 786 (794); krit. M/R-*Schmidt* § 248a Rn. 3.

deren Wert addiert.²⁵ Beim Versuch ist der Wert des vom Täter anvisierten Tatobjekts maßgeblich. Bei Unklarheiten über den Wert der Sache ist § 248a zugunsten des Täters anzuwenden.

b) **Gegenstand der Wertbemessung:** Bei § 248a geht es nur um die Wertbemessung des konkreten Tatobjekts. Schäden, die der Täter bei Gelegenheit der Tatausführung anrichtet oder die sich aus dem Verlust der Sache für das Opfer ergeben, bleiben außer Betracht.²⁶ Exemplarisch: § 248a ist anzuwenden, wenn der Täter eine geringwertige Sache aus einer wertvollen Warenpräsentation entwendet und diese dabei erheblich beschädigt.

c) **Ausnahmen:** § 248a gilt nicht für Sachen, die unabhängig von ihrem ökonomischen Wert von **objektiv ideeller Bedeutung** sind.²⁷ Exemplarisch: Keine geringwertigen Sachen sind Behördenakten, Ausweise oder Kreditkarten.²⁸

Solche Gegenstände sind für den Berechtigten wegen ihrer spezifischen Funktion objektiv von Wert, ohne dass es für sie einen (legalen) Markt gibt oder geben darf.²⁹ Auf Gegenstände dagegen, die nicht aufgrund ihres schon existenten (personengebundenen) Inhalts einen (legalen) Verkehrswert haben, findet § 248a ohne Weiteres Anwendung, zB auf Vordrucke von (Scheck-)Formularen.³⁰ Für die Ahndung der Tat ist dann das ggf. bestehende besondere öffentliche Interesse an der Strafverfolgung maßgeblich.

2. Unbeachtlichkeit eines Irrtums

§ 248a hat nur die Funktion, die Strafverfolgung bei objektiv geringem Schaden zu beschränken. Anders als bei § 243 Abs. 2 ist daher die Geringwertigkeit des Tatobjekts bei § 248a **nicht Gegenstand der subjektiven Zurechnung**. Ein Irrtum des Täters ist in jeder Hinsicht unbeachtlich.³¹ Bei einem Vorsatzwechsel während der Tatausführung kommt es allein auf den Wert des Gegenstands an, den der Täter tatsächlich entwendet oder unterschlägt.³² Es gibt weder einen Teilrücktritt noch einen fehlgeschlagenen Versuch. Wegen der Unbeachtlichkeit der Werteinschätzung des Tatobjekts durch den Täter, aber auch wegen der mangelnden Tatbestandsqualität des § 248a stellen sich bei dieser Vorschrift keine Rücktrittsprobleme.

3. Rechtsfolgen

Unter den in § 248a genannten Voraussetzungen kann die Tat nur auf Antrag oder bei Bejahung des öffentlichen Interesses verfolgt werden. Zur **Stellung des Strafantrags** ist nur der Verletzte berechtigt. **Verletzter** ist bei Diebstahl wie Unterschlagung allein der

---

25 MK-*Hohmann* § 248a Rn. 6; LK-*Vogel/Brodowski* § 248a Rn. 8.
26 SK-*Hoyer* § 248a Rn. 8; NK-*Kindhäuser/Hoven* § 248a Rn. 5; teils abw. S/S-*Bosch* § 248a Rn. 11–14.
27 Vgl. § 3 Rn. 44.
28 *Fischer* § 248a Rn. 4; MK-*Hohmann* § 248a Rn. 5.
29 BGH NJW 1977, 1460 (1461) mit Anm. *Geerds* JR 1978, 172 und *Lieder* NJW 1977, 2272; OLG Köln JR 1992, 249 (252) mit Anm. *Otto*; *Huff* NStZ 1985, 438 (439); aA S/S-*Bosch* § 248a Rn. 7.
30 BGH NStZ 1981, 62 (63) zu § 243 Abs. 2; aA BayObLG NJW 1979, 2218 f. mit Anm. *Paeffgen* JR 1980, 299 zu § 259 Abs. 2.
31 W-*Hillenkamp/Schuhr* Rn. 354; MK-*Hohmann* § 248a Rn. 15; S/S/W-*Kudlich* § 248a Rn. 9; LK-*Vogel/Brodowski* § 248a Rn. 9.
32 *Fischer* § 248a Rn. 5; NK-*Kindhäuser/Hoven* § 248a Rn. 9; LK-*Vogel/Brodowski* § 248a Rn. 10.

Eigentümer (vgl. zu § 247 Rn. 6 f.).[33] Die Bejahung des öffentlichen Interesses durch die Strafverfolgungsbehörden – vor allem aus präventiven Gründen – ist an keine Form und Frist gebunden und kann in der Beantragung eines Strafbefehls oder der Erhebung der Anklage liegen.[34] Die Entscheidung über das Einschreiten von Amts wegen ist eine gerichtlich nicht überprüfbare, allenfalls im Aufsichtswege durchsetzbare Ermessensentscheidung der Staatsanwaltschaft.[35]

C. Anwendung

16 Die §§ 247, 248a formulieren Prozessvoraussetzungen, welche die Strafbarkeit des Täters nicht beeinträchtigen. Will man sie vollständigkeitshalber dennoch mit aufnehmen (oder ist in der Aufgabenstellung danach gefragt), sind sie im Anschluss an die Prüfung der Rechtswidrigkeit und Schuld des jeweiligen Delikts anzusprechen.

Wiederholungs- und Vertiefungsfragen

> Welchen Zweck verfolgt § 247? (Rn. 1)
> Taten nach § 247 werden nur auf Antrag verfolgt. Wer ist grds. antragsberechtigt? (Rn. 6 f.)
> Wie wirkt sich ein Irrtum des Täters über die objektiven Voraussetzungen des § 247 aus? (Rn. 8)
> Wann ist eine Sache „geringwertig" iSd § 248a? (Rn. 11)
> Warum ist § 248a bei Diebstählen von Behördenakten oder Kreditkarten nicht anzuwenden? (Rn. 13)
> Wie wirkt sich ein Irrtum des Täters über die tatsächlichen Voraussetzungen des § 248a aus? (Rn. 14)

---

[33] Vgl. NK-*Kindhäuser/Hoven* § 248a Rn. 12; aA SK-*Hoyer* § 248a Rn. 13 mwN: beim Diebstahl auch der Gewahrsamsinhaber.
[34] BGHSt 16, 225 (227 ff.); näher LK-*Vogel/Brodowski* § 248a Rn. 12.
[35] Zu den str. Einzelheiten vgl. NK-*Kindhäuser/Hoven* § 248a Rn. 16.

2. Teil: Diebstahlsähnliche Delikte

§ 8 Entziehung elektrischer Energie (§ 248c)

A. Allgemeines

Die Einführung eines Straftatbestandes,[1] der die Entziehung elektrischer Energie sanktioniert, war die Antwort des Gesetzgebers auf die Auffassung des Reichsgerichts, dass elektrische Energie keine (körperliche) Sache sei und ihre Entwendung daher nicht unter §§ 242, 246 falle.[2] § 248c umschreibt zwei Formen der Tatbestandsverwirklichung, die sich hinsichtlich der subjektiven Tatseite voneinander unterscheiden:

- Abs. 1 verlangt Zueignungsabsicht,
- Abs. 4 dagegen Schädigungsabsicht.

Die Umschreibung der objektiven Tatseite ist eng an den Diebstahlstatbestand angelehnt.

Der **Versuch** ist nur bei einem Handeln nach Abs. 1 strafbar. Auf eine Tat nach Abs. 1 sind die Vorschriften der §§ 247, 248a entsprechend anwendbar (Abs. 3). Die Verfolgung einer Tat nach Abs. 4 erfordert einen **Strafantrag** des Geschädigten (Abs. 4 S. 2).

B. Definitionen und Erläuterungen

I. Objektiver Tatbestand

Der objektive Tatbestand setzt die Entziehung fremder elektrischer Energie aus einer elektrischen Anlage oder Einrichtung mittels eines nicht zur ordnungsgemäßen Entnahme bestimmten Leiters voraus.

1. Tatobjekt

Tatobjekt ist **elektrische Energie**. Sie ist nach naturwissenschaftlichen Kriterien zu bestimmen. Die elektrische Energie ist **fremd**, wenn der Täter kein Recht zu ihrer Entnahme hat[3] oder sie dem vereinbarten Zweck zuwiderlaufend benutzt.[4]

2. Elektrische Anlagen und Einrichtungen

Elektrische Anlagen und Einrichtungen sind Vorrichtungen zur Erzeugung, Speicherung, Zusammenführung und/oder Übertragung elektrischen Stroms.

Anlagen und Einrichtungen unterscheiden sich nicht in ihrer Funktion, sondern allein darin, dass die Einrichtung auch nur vorübergehender Natur sein kann, während die Anlage auf Dauer eingerichtet ist.[5] Exemplarisch: Stromleitungen, Batterien und

---

1 Zunächst als Gesetz betreffend die Bestrafung elektrischer Arbeit vom 9. April 1900 (RGBl. 1900 I, 228, §§ 1, 2), seit 4.8.1953 (BGBl. I 1953, 735) im StGB.
2 RGSt 29, 111; 32, 165 (166 f.); anders dagegen der französische Kassationshof, Sirey 1913, Teil 1, 337.
3 RGSt 39, 436 (438 f.); OLG Celle MDR 1969, 597.
4 RGSt 45, 230 (234); aA MK-*Hohmann* § 248c Rn. 9.
5 S/S/W-*Kudlich* § 248c Rn. 5; LK-*Vogel/Brodowski* § 248c Rn. 4.

Akkumulatoren. Die Anlage (Einrichtung) kann selbst durch die elektrische Energie betrieben werden, wie dies zB bei Antennen oder Telefonen der Fall ist.

3. Entziehen

5 Entziehen ist die einseitige Entnahme von Strom, die beim Berechtigten zu einem Verlust und beim Empfänger zu einem Zufluss an Energie führt.

Wer die Leitung eingerichtet hat oder in wessen Eigentum und Gewahrsam sie steht, ist ohne Belang.[6] Schwarzhören oder -sehen scheiden als Tathandlungen aus, da sie keinen Energieverlust beim Berechtigten bewirken.

4. Leiter

6 Leiter sind technische Vorrichtungen, durch die Elektrizität aufgenommen und übertragen werden kann, insbesondere Kabel und sonstige Metallteile.

Eine Übertragung ohne körperliche Vermittlung – zB durch elektromagnetische Induktion oder Lichtbogen – reicht nicht aus.[7] Die **Widmung** eines Leiters **zur ordnungsgemäßen Energieentnahme** wird vom Verfügungsberechtigten – in der Regel durch vertragliche Vereinbarung mit dem Abnehmer – getroffen.

7 Da § 248c nur die unbefugte Stromentnahme durch einen nicht zur ordnungsmäßigen Energieentnahme bestimmten Leiter erfasst, sind weder die bloße (unbefugte) Nutzung fremder Energie – zB durch Betreiben eines fremden Elektromotors mit falschen Münzen[8] oder durch die Nutzung der Rechenleistung fremder Computer (Bitcoin-Mining)[9] – noch die bloß unbefugte Nutzung ordnungsgemäß zugeführter elektrischer Energie – zB die Manipulation von Stromzählern[10] – tatbestandsmäßig. Dagegen unterfallen dem Tatbestand der Anschluss einer gesperrten Anlage an einen nicht gesperrten Stromkreis,[11] die Stromentnahme mittels eines nicht zum Leitungsnetz gehörenden Kabels[12] sowie das vertragswidrige Betreiben von Elektrogeräten mit eigenen Kabeln in Büros oder Hotels.[13]

Dass nur die unbefugte Entnahme elektrischer Energie mittels eines nicht ordnungsgemäßig Leiters tatbestandsmäßig ist, führt zu **sachwidrigen**, aber nach der Gesetzesfassung hinzunehmenden Differenzierungen: So macht sich etwa ein Untermieter strafbar, wenn er vertragswidrig ein eigenes Elektrogerät betreibt, bleibt aber straflos, wenn er vertragswidrig Elektrogeräte des Mieters nutzt.[14] Ähnlich unverständlich wäre eine Beschränkung der rechtswidrigen Zueignung von Wasser auf die Fälle, in denen der Täter keinen Transportbehälter des Eigentümers benutzt.

---

6 HM, vgl. RG GA Bd. 54, 296; OLG Hamburg MDR 1968, 257; NK-*Kindhäuser/Hoven* § 248c Rn. 4; aA M-*Schroeder*/Hoyer I § 33/148: die Anlage müsse in fremdem Gewahrsam stehen.
7 S/S/W-*Kudlich* § 248c Rn. 7; LK-*Vogel/Brodowski* § 248c Rn. 7; aA *Fischer* § 248c Rn. 3 mwN.
8 Vgl. BayObLG MDR 1961, 619.
9 *Trentmann/Wilms* Kriminalistik 2020, 89 (92).
10 RGSt 74, 243 (244).
11 OLG Celle MDR 1969, 597.
12 BGH GA 1958, 369; OLG Düsseldorf NStE Nr. 1.
13 HM, vgl. S/S-*Bosch* § 248c Rn. 10/11; MK-*Hohmann* § 248c Rn. 15.
14 Zur Kritik vgl. auch SK-*Hoyer* § 248c Rn. 7; LK-*Vogel/Brodowski* § 248c Rn. 11 mwN.

II. Subjektiver Tatbestand

Der Täter muss hinsichtlich des objektiven Tatbestands mit (zumindest bedingtem) **Vorsatz** handeln. Ferner verlangt der subjektive Tatbestand bei Abs. 1 Zueignungsabsicht, bei Abs. 4 Schädigungsabsicht. **Absicht** meint hierbei jeweils zielgerichtetes Wollen.

Gegenstand der **Zueignungsabsicht** ist – in Anlehnung an den Begriff der Sachzueignung (vgl. § 2 Rn. 64 ff.) – die Anmaßung der Position eines zur Energieentnahme Berechtigten. Hierbei geht es um die im Zufluss der Energie liegende Bereicherung. Sofern der Täter die elektrische Energie entzieht, um sie für eigene Zwecke zu nutzen, handelt er mit **Selbstzueignungsabsicht**. Entzieht der Täter elektrische Energie, damit sie ein anderer nutzen kann, handelt er mit **Drittzueignungsabsicht**. Die Variante der Drittzueignung kommt etwa in Konstellationen in Betracht, in denen der Täter im Geschäftsbereich des Dritten arbeitet.

Die **Rechtswidrigkeit** der Zueignung ist (normatives) Tatbestandsmerkmal. Sie fehlt, wenn der Täter einen Anspruch auf die Energie hat oder mit Einwilligung des Berechtigten handelt.

Nur mit **Schädigungsabsicht** handelt der Täter, wenn es ihm nicht auf die Nutzung der Energie ankommt. Diese Tatvariante ist praktisch bedeutungslos. Bei der Herbeiführung eines Kurzschlusses kommt es gewöhnlich nicht zu einem nennenswerten Energieverlust. Ansonsten fehlt es zumeist an der Verwendung eines nicht zur ordnungsgemäßen Entziehung bestimmten Leiters. Exemplarisch: Wer in Schädigungsabsicht die Elektroöfen eines verreisten Nachbarn laufen lässt, verwirklicht den Tatbestand nicht, da er einen ordnungsgemäßen Leiter benutzt. Nicht einschlägig sind ferner Fälle, in denen Schäden nicht durch den Entzug, sondern durch den Einsatz der Energie angerichtet werden.

Wiederholungs- und Vertiefungsfragen

> Aus welchem Grund wurde der Tatbestand des § 248c in das StGB eingefügt? (Rn. 1)
> Welche beiden Formen der Tatbestandsverwirklichung umschreibt § 248c? (Rn. 1, 9, 11)
> Wann ist elektrische Energie „fremd"? (Rn. 3)

§ 9 Unbefugter Gebrauch (§§ 248b, 290)

A. Unbefugter Gebrauch eines Fahrzeugs (§ 248b)

I. Allgemeines

1 Die Vorschrift pönalisiert einen besonderen Fall des ansonsten straflosen „Gebrauchsdiebstahls" (furtum usus). **Geschütztes Rechtsgut** ist das gegenüber dem Eigentum verselbstständigte Nutzungsrecht an einem Fahrzeug,[1] sodass der Eigentümer selbst tauglicher Täter eines strafbaren Gebrauchsentzugs sein kann.[2] Insbesondere ist der Halter eines zur Sicherheit übereigneten oder unter Eigentumsvorbehalt gekauften Fahrzeugs gegenüber dem (formalen) Eigentümer vor unbefugtem Gebrauchsentzug geschützt.

Der **Versuch** ist strafbar (Abs. 2). Die Tat wird nur auf **Antrag** verfolgt (Abs. 3); Verletzter ist neben dem Eigentümer jeder Gebrauchsberechtigte.

II. Definitionen und Erläuterungen

1. Objektiver Tatbestand

▶ **Fall 1:** Kfz-Mechaniker M nutzt seine berufliche Zugriffsmöglichkeit auf Fahrzeuge aller Art zu einem einträglichen Nebenverdienst: Für die „Unterwelt" nimmt er verbotene Gegenstände (Falschgeld, Drogen usw) in Verwahrung. Um sie dem Zugriff der Ermittlungsbehörden zu entziehen, versteckt er die Sachen gelegentlich in Kundenfahrzeugen. ◀

▶ **Fall 2:** Kfz-Mechaniker K benutzt den ihm von seinem Kunden zur Reparatur überlassenen Sportwagen zu einer Spritztour. ◀

2 **a) Tathandlung:** Tathandlung ist die vorübergehende Ingebrauchnahme eines Kraftfahrzeugs oder Fahrrads gegen den Willen des Gebrauchsberechtigten.

3 **Kraftfahrzeuge** sind Fahrzeuge, die durch Maschinenkraft bewegt werden, ohne an Bahngleise gebunden zu sein (Abs. 4), zB Autos, Motorräder, Flugzeuge und Motorschiffe. Auf die Art des Antriebs kommt es dabei nicht an, sodass auch elektrisch betriebene Autos und Roller (E-Scooter) erfasst werden.[3]

Fahrräder sind radgebundene Fortbewegungsmittel, die mit den Füßen oder Händen bewegt werden, also zB auch ein Dreirad, Tandem oder Rollstuhl.[4]

4 **b) Ingebrauchnahme:** Ein Fahrzeug nimmt in Gebrauch, wer es bestimmungsgemäß als Fortbewegungsmittel benutzt.

Ein Gewahrsamsbruch ist nach hM nicht erforderlich.[5] Einerseits kann ein Kraftfahrzeug auch ohne Bedienen des Antriebs – etwa durch Rollenlassen auf abschüssiger

---

1 Vgl. Arzt/Weber/*Heinrich*/Hilgendorf § 13/141; W-*Hillenkamp*/Schuhr Rn. 452; NK-*Kindhäuser*/Hoven § 248b Rn. 1; S/S/W-*Kudlich* § 248b Rn. 1, 6; M-*Schroeder* I § 37/1; vgl. auch BGH NJW 1957, 500.
2 *Fischer* § 248b Rn. 2; LK-*Vogel*/Brodowski § 248b Rn. 11; aA S/S-*Bosch* § 248b Rn. 1; SK-*Hoyer* § 248b Rn. 1 ff.
3 MK-*Hohmann*, § 248b Rn. 9; *Rengier* I, § 6/8.
4 NK-*Kindhäuser*/Hoven § 248b Rn. 2; S/S/W-*Kudlich* § 248b Rn. 3; einschränkend (nur Zweiräder): LK-*Vogel*/Brodowski § 248b Rn. 3.
5 BGHSt 11, 47 (48 ff.); OLG Neustadt MDR 1961, 708 f.; OLG Celle VRS 41, 271 (272); S/S/W-*Kudlich* § 248b Rn. 4; LK-*Vogel*/Brodowski § 248b Rn. 6; aA *Schmidhäuser* NStZ 1986, 460 (461); diff. SK-*Hoyer* § 248b Rn. 10 ff.

Straße – in Gebrauch genommen werden; es muss nur zur Beförderung erfolgen.[6] Andererseits ist das bloße Einschalten und Laufenlassen des Motors ohne Ingangsetzen des Fahrzeugs ebenso wenig wie dessen Wegschieben schon eine Ingebrauchnahme iSe dem Schutzzweck der Norm unterfallenden Schwarzfahrens.

Das Transportierenlassen der „heißen Ware" durch die ahnungslosen Kunden des M in **Fall 1** ist daher nicht tatbestandsmäßig. Gleiches gilt für sonstige Nutzungen des Fahrzeugs wie das Schlafen im Fahrgastraum, das Einschalten der Heizung oder des Radios; auch das Mitfahren als blinder Passagier ist nicht einschlägig, da es keine Nutzung des Fahrzeugs zu selbstständiger Fahrt ist.[7] Das Ingebrauchnehmen verlangt keine nennenswerte Ortsveränderung. Es genügt eine Nutzung des Fahrzeugs zu Übungszwecken (Einparken, Geschicklichkeitstraining usw).

c) **Unbefugt:** Die Ingebrauchnahme ist unbefugt, wenn sie gegen den (ausdrücklichen oder mutmaßlichen) Willen des Berechtigten erfolgt. Die mangelnde Befugnis ist Tatbestandsmerkmal. Der Tatbestand ist daher nicht erfüllt, wenn die Ingebrauchnahme allein dem Zweck der – dem mutmaßlichen Willen des Berechtigten entsprechende – Rückführung des Fahrzeugs dient.[8]

aa) **Berechtigter** ist derjenige, dem das Recht auf den Besitz des Fahrzeugs zum Zwecke seines Gebrauchs zusteht. Dies kann der Eigentümer, aber auch ein schuldrechtlich oder dinglich Berechtigter sein (zB Mieter, Vorbehaltskäufer).[9] Zu beachten ist, dass das vom Eigentümer eingeräumte Gebrauchsrecht nicht ohne Weiteres die Gebrauchsüberlassung an Dritte einschließt (vgl. § 540 Abs. 1 S. 1 BGB).[10]

bb) Jeder Gebrauch, der die inhaltlichen oder zeitlichen Grenzen der Gebrauchsüberlassung überschreitet, ist unbefugt.[11] Unbefugt nehmen nach hM daher nicht nur der **Nicht-Berechtigte**, sondern auch der **Nicht-mehr-Berechtigte** und der **Nicht-so-Berechtigte** ein Fahrzeug in Gebrauch. Aufgrund seiner systematischen Stellung und seiner Zwecksetzung erfasst § 248b nicht nur eine diebstahlsanaloge, sondern auch eine unterschlagungsanaloge Form der Nutzungsanmaßung, bei welcher der Täter die ihm eingeräumte Sachherrschaft zu unberechtigtem Gebrauch verwendet.

Von der Gegenauffassung wird jedoch aus der Formulierung „in Gebrauch nehmen" geschlossen, dass eine mangelnde Befugnis voraussetzt, dass der Täter die Nutzung bereits ohne Befugnis beginnt. Dementsprechend soll die zunächst ordnungsgemäß erfolgte, später jedoch vertragswidrig fortgesetzte Fahrzeugbenutzung tatbestandslos sein.[12]

cc) **Beispiele:** Unstreitig erfüllt den Tatbestand des § 248b (als Nicht-Berechtigter) ein Werksfahrer, der an einem Sonntag einen Firmenwagen vom Werksgelände zu einer Spazierfahrt holt. Die Nutzung erfolgt hier aufgrund eines Gewahrsamsbruchs.

---

6 Vgl. BGHSt 11, 44 (46).
7 BGHSt 11, 47 (49 f.); BGH NStZ 2015, 156.
8 BGH NStZ 2015, 156.
9 BGHSt 11, 47 (51); W-*Hillenkamp/Schuhr* Rn. 454; NK-*Kindhäuser/Hoven* § 248b Rn. 5; LK-*Vogel/Brodowski* § 248b Rn. 11; aA S/S-*Bosch* § 248b Rn. 7.
10 OLG Neustadt MDR 1961, 708 f.; OLG Düsseldorf VM 1972, 62.
11 BGHSt 11, 47 (50); BGH GA 1963, 344; NStZ 2015, 156; W-*Hillenkamp/Schuhr* Rn. 456; die Vorschrift wurde so auch von Anfang an interpretiert, vgl. *Wagner* JR 1932, 253 (255).
12 BayObLG NJW 1953, 193 f.; AG München NStZ 1986, 458 ff. mit zust. Anm. *Schmidhäuser*; *Krey/Hellmann/Heinrich* Rn. 221 f.; *Otto* § 48/6; zutreffend gegen das Wortlautargument BGHSt 11, 47 (48 f.).

Ob dies auch für K in **Fall 2** gilt, ist jedoch nicht unproblematisch. Nach hM handelt auch ein Kfz-Mechaniker (als Nicht-so-Berechtigter) tatbestandsmäßig, der das ihm zur Reparatur überlassene Fahrzeug zu einer Spritztour gebraucht. Nach der Gegenansicht fehlt hier der Gewahrsamsbruch. Aus dem gleichen Grund wäre eine Ingebrauchnahme beim vertragswidrigen Gebrauch zu verneinen, zB durch einen (angestellten) Taxichauffeur, der gegen den Willen seines Chefs zu privaten Zwecken einen Umweg fährt.[13]

Schließlich verwirklicht (nur nach hM) den Tatbestand (als Nicht-mehr-Berechtigter), wer ein Fahrzeug nach Ablauf der Gebrauchsberechtigung (zB Miete) oder bei Erkennen ihres Fehlens weiterhin unbefugt nutzt.[14] Dem Täter fehlt hier das erforderliche Nutzungsrecht (bei fehlendem Rückgabewillen ist Unterschlagung zu prüfen). Sonstige Vertragsverletzungen (zB aus positiver Vertragsverletzung), die nicht den Fahrzeuggebrauch als solchen betreffen, unterfallen unstr. nicht dem Tatbestand (vgl. Rn. 4). Exemplarisch: Ein Werksfahrer transportiert während einer angewiesenen Fahrt unerlaubt Güter oder Personen.

2. Subjektiver Tatbestand

▶ **Fall 3:** A findet ein Fahrrad und geht davon aus, dass er es nach der Fundanmeldung noch mit Duldung des Eigentümers zu einigen Fahrten benutzen dürfe. ◀

9   Der subjektive Tatbestand verlangt (zumindest bedingt) **vorsätzliches** Handeln.[15] Der Irrtum über das Tatbestandsmerkmal der mangelnden Befugnis wirkt vorsatzausschließend (§ 16 Abs. 1 S. 1),[16] sodass in **Fall 3** eine Bestrafung des A mangels Vorsatzes ausgeschlossen ist.

3. Konkurrenzen

10   § 248b ist subsidiär gegenüber anderen Delikten mit höherer Strafandrohung, sofern diese einen ähnlichen Rechtsgüterschutz bezwecken (vgl. zur Subsidiaritätsklausel in § 246 Abs. 1: § 6 Rn. 61).[17] Mit Straßenverkehrsdelikten, die der Täter während des unbefugten Fahrzeuggebrauchs verwirklicht, besteht wegen der nur selten höheren Strafdrohung im Regelfall Tateinheit. Geht die Benutzung über die bloße Gebrauchsanmaßung hinaus und dient der Zueignung, scheidet § 248b aus; die Tat ist dann Unterschlagung oder (bei Gewahrsamsbruch) Diebstahl. § 248b tritt jedoch hinter § 246 zurück, wenn sich der Täter ein zunächst (nur) unbefugt in Gebrauch genommenes Fahrzeug aufgrund eines späteren Entschlusses zueignet.

11   Vor der Einführung der Strafvorschrift wurden die einschlägigen Fälle des unbefugten Gebrauchs motorisierter Fahrzeuge als Diebstahl hinsichtlich des verbrauchten Kraftstoffs erfasst. Mit der Schaffung des § 248b ist jedoch der insoweit erfüllte Diebstahlstatbestand als **notwendige Begleittat** des unbefugten Fahrzeuggebrauchs (mit pri-

---

13   So LG Mannheim NJW 1965, 1929; S/S-*Bosch* § 248b Rn. 4a; *Welzel* 359.
14   BGHSt 11, 47 (50 f.); NJW 2014, 2887; KG GA 1972, 277 f.; OLG Schleswig NStZ 1990, 340 f. mit abl. Anm. *Schmidhäuser*; aA BayObLG NJW 1953, 193; AG München NStZ 1986, 458 ff. mit zust. Anm. *Schmidhäuser*; S/S-*Bosch* § 248b Rn. 4a.
15   S/S-*Bosch* § 248b Rn. 8; *Fischer* § 248b Rn. 7; aA *Klesczewski* BT § 8/245: Absicht hinsichtlich des Gebrauchens.
16   BGHSt 11, 47 (52); S/S-*Bosch* § 248b Rn. 8.
17   Also zB nicht im Verhältnis zu §§ 222, 229, vgl. *Fischer* § 248b Rn. 11; NK-*Kindhäuser/Hoven* § 248b Rn. 12; aA MK-*Hohmann* § 248b Rn. 25; L-Kühl/*Heger* § 248b Rn. 6.

vilegierungsähnlicher Wirkung) als von § 248b konsumiert anzusehen. Sonst würde § 248b wegen der in ihm enthaltenen Subsidiaritätsklausel leer laufen.[18] Auch § 303 wird hinsichtlich des wertmindernden Fahrzeuggebrauchs von § 248b konsumiert.

B. Unbefugter Gebrauch von Pfandsachen (§ 290)

I. Allgemeines

Die – in der Praxis bedeutungslose – Vorschrift **schützt** das **Nutzungsrecht des Eigentümers**.[19] Die Eigenschaft, öffentlicher Pfandleiher zu sein, ist nach hM kein besonderes persönliches Merkmal iSv § 28 Abs. 1, sondern tatbezogen, da es nicht an eine besondere Pflichtenstellung, sondern an die Zugriffsmöglichkeit des Täters auf das Tatobjekt anknüpft.[20] Wegen der verwandten Schutzrichtung der Delikte ist die Tat in Analogie zu § 248b Abs. 3 **nur auf Antrag** verfolgbar.[21] Aufgrund der geringen praktischen Bedeutung der Strafnorm wird ihre Aufhebung in Erwägung gezogen.[22]

II. Definitionen und Erläuterungen

Tathandlung ist die unbefugte Ingebrauchnahme eines in Pfand genommenen Gegenstands durch einen öffentlichen Pfandleiher.

Pfandleiher ist der Betreiber eines Pfandleihgeschäfts. Dieses ist öffentlich, wenn es allgemein zugänglich ist; eine behördliche Konzession wird nicht vorausgesetzt.[23] Private Pfandgläubiger unterfallen nicht dem Tatbestand; hier wird der Eigentümer nur nach § 1217 BGB geschützt.

Tatobjekt ist eine in Pfand genommene bewegliche Sache; das Pfandrecht braucht nicht zivilrechtlich wirksam entstanden zu sein.[24]

Ingebrauchnahme ist jede Nutzung des Pfandgegenstands, die über dessen bloße Verwahrung hinausgeht.[25] Sie ist **unbefugt**, wenn sie ohne Einwilligung des Verpfänders erfolgt. Die Ingebrauchnahme ist nicht auf körperliche Nutzungen beschränkt. Einschlägig sind **auch rechtsgeschäftliche Handlungen** wie zB eine Weiterverpfändung.[26] Im Falle einer Zueignung greift allerdings § 246 Abs. 2 ein.[27] Die mangelnde Befugnis ist Tatbestandsmerkmal.

Der **subjektive Tatbestand** erfordert (zumindest bedingten) **Vorsatz**.

---

18 BGHSt 14, 386 (388); BayObLG NJW 1961, 280 (281); *Cantzler/Zauner* Jura 2003, 483 (487).
19 MK-*Maier* § 290 Rn. 1; NK-*Gaede* § 290 Rn. 1.
20 *Jakobs* 23/24; NK-*Gaede* § 290 Rn. 3; aA *Gössel* § 18/129; *Herzberg* JuS 1975, 575 (579); LK-*Schünemann/Greco* § 28 Rn. 62.
21 NK-*Gaede* § 290 Rn. 11; aA MK-*Maier* § 290 Rn. 8.
22 S. die Eckpunkte des Bundesministeriums der Justiz zur Modernisierung des Strafgesetzbuchs (November 2023), S. 4, abrufbar unter https://www.bmj.de/SharedDocs/Downloads/DE/Gesetzgebung/Eckpunkte/1123_Eckpunkte_Modernisierung_Strafrecht.pdf?__blob=publicationFile&v=3 (24.09.2024).
23 RGSt 8, 269 (270); NK-*Gaede* § 290 Rn. 2.
24 LK-*Schünemann* § 290 Rn. 7; NK-*Gaede* § 290 Rn. 4.
25 Vgl. BGHSt 11, 47 (48 f.); NK-*Gaede* § 290 Rn. 5.
26 RGSt 8, 269 (271 ff.).
27 Vgl. RGSt 15, 147 f.; NK-*Gaede* § 290 Rn. 10.

Wiederholungs- und Vertiefungsfragen

> Welches Rechtsgut wird durch § 248b geschützt? (Rn. 1)
> Ist für die Ingebrauchnahme eines Kfz oder Fahrrades ein Gewahrsamsbruch erforderlich? (Rn. 4)
> Wie ist der Irrtum des Täters zu behandeln, der davon ausgeht, der Berechtigte sei mit der Nutzung des Fahrzeugs einverstanden? (Rn. 5, 9)
> Wann wird eine Pfandsache iSd § 290 in Gebrauch genommen? (Rn. 14)

§ 10 Pfandkehr (§ 289)

A. Allgemeines

Die Vorschrift bezweckt den **Schutz privater Sicherungs- und Gebrauchsrechte** an beweglichen Sachen vor einer im Eigentümerinteresse vorgenommenen Vereitelung ihrer Ausübung.[1] **Täter** können nur der Eigentümer oder ein zu dessen Gunsten handelnder Dritter sein. Die Bezeichnung des Delikts als „Pfandkehr" ist zu eng und gibt den Anwendungsbereich der Norm nur unzureichend wieder (vgl. Rn. 3 ff.).[2] Der **Versuch** ist strafbar (Abs. 2). Zur Strafverfolgung ist ein **Antrag** erforderlich (Abs. 3); Verletzter ist derjenige, dessen Recht durch die Wegnahme beeinträchtigt ist.

B. Definitionen und Erläuterungen

I. Objektiver Tatbestand

1. Tatobjekt

Tatobjekt ist eine (eigene oder fremde) bewegliche Sache, an der ein (wirksames[3]) Nutznießungs-, Pfand-, Gebrauchs- oder Zurückbehaltungsrecht besteht:

- **Nutznießungsrechte** sind absolute Rechte zur Ziehung der Nutzungen (§ 100 BGB) einer beweglichen Sache. Sie können durch Gesetz, Vertrag oder Testament begründet sein. Einschlägig sind namentlich der Nießbrauch (§§ 1030 ff. BGB) und das (nießbrauchsähnliche) Nutzungsrecht der Eltern am Kindesvermögen (§ 1649 Abs. 2 BGB).

- Bei den **Pfandrechten** sind vertragliche (§§ 1204 ff. BGB) wie gesetzliche (§ 1257 BGB) gleichermaßen geschützt (vgl. aber Rn. 6 zu Pfandflaschen). Zu denken ist vor allem an die Pfandrechte des Vermieters (§§ 562 ff. BGB), Unternehmers (§ 647 BGB), Pächters (§ 583 BGB), Gastwirts (§ 704 BGB), Kommissionärs (§ 397 HGB), Spediteurs (§ 464 HGB) und des Lagerhalters (§ 475b HGB). **Gesetzliche Pfandrechte** können zwar nicht an **unpfändbaren Sachen** begründet werden (§ 811 ZPO). Soweit allerdings eine vertragliche Begründung von Pfandrechten an solchen Sachen zivilrechtlich zulässig ist, verdient sie den Schutz des insoweit streng akzessorischen Strafrechts.[4]

- Erfasst sind auch **Pfändungspfandrechte** (§ 804 ZPO).[5] Gegen die Einbeziehung solcher Rechte in den Tatbestand könnte eine möglicherweise abschließende Regelung des Pfändungsschutzes durch die Vorschrift des § 136 Abs. 1 sprechen. § 136 Abs. 1 dient jedoch dem Schutz der öffentlich-rechtlichen Verstrickung und der Sicherung der staatlichen Verfügungsgewalt, während § 289 die Ausübung privater Rechte sichert. Auch wenn der Staat bei der Pfändung die Verwertung besorgt, wird durch

---

[1] NK-*Gaede* § 289 Rn. 1.
[2] MK-*Maier* § 289 Rn. 1.
[3] NK-*Gaede* § 289 Rn. 6; MK-*Maier* § 289 Rn. 5.
[4] S/S-*Heine/Hecker* § 289 Rn. 6.
[5] *Geppert* Jura 1987, 427 (432 f.); S/S-*Heine/Hecker* § 289 Rn. 6; SK-*Hoyer* § 289 Rn. 4; *Krey/Hellmann/Heinrich* Rn. 462; *Rengier* I § 28/8; LK-*Schünemann* § 289 Rn. 6; NK-*Gaede* § 289 Rn. 6; aA *Berghaus*, Der strafrechtliche Schutz der Zwangsvollstreckung, 1967, 92 ff.; L-*Kühl/Heger* § 289 Rn. 1 mwN.

das Wegschaffen der gepfändeten Sache die Befriedigung des Gläubigers aus ihr vereitelt.

6 ■ Einschlägig sind ferner alle Arten von **Gebrauchsrechten**, mögen diese dinglicher oder persönlicher, gesetzlicher oder vertraglicher, privat- oder öffentlich-rechtlicher Natur sein, vor allem Miete, Pacht und Leihe (§§ 535, 581, 598 BGB). Die **Anwartschaftsrechte** beim Kauf unter Eigentumsvorbehalt und bei der Sicherungsübereignung werden als Gebrauchsrechte behandelt.[6] Zum Teil wird auch das dem Käufer überlassene Recht zum Gebrauch einer Pfandflasche (bei sog. Individualflaschen, vgl. insoweit § 2 Rn. 88) als von § 289 geschütztes Recht angesehen (vgl. aber unten Rn. 12).[7]

7 ■ Auch die **Zurückbehaltungsrechte** unterfallen in jeder Form dem Tatbestand und können obligatorisch oder dinglich, gesetzlich oder vertraglich begründet sein. Insbesondere sind die Rechte aus §§ 273, 972, 1000 BGB, 369 ff. HGB zu beachten.

2. Wegnahme

8 **Definition:** Wegnahme ist nach hM die Vereitelung der Ausübung des geschützten Rechts durch Entfernung der Sache aus dem räumlichen Zugriffsbereich des Berechtigten.[8]

Zum räumlichen Zugriffsbereich gehören alle Örtlichkeiten, auf die sich die Ausübung des betreffenden Rechts erstreckt, zB die Wohnung, in die der Mieter seine Sachen einbringt.[9] Keine Tathandlungen sind (sofortiges) Zerstören und Beschädigen.[10] Demgegenüber ist es nach hM als Wegnahme anzusehen, wenn der Schuldner eine Sache, die der Gerichtsvollzieher gepfändet und gem. § 808 Abs. 2 ZPO in seinem Gewahrsam belassen hat, wegschafft.[11]

9 Im Schrifttum wird demgegenüber zum Teil in Anlehnung an den Wegnahmebegriff in § 242 (§ 2 Rn. 27) eine Gewahrsamsverschiebung verlangt.[12] Die hM lehnt eine solche Einschränkung zu Recht ab.[13] Nach dem Schutzzweck der Norm, der auch besitzlose Rechte (zB § 562 BGB) umfasst, ist weder ein Gewahrsamsbruch noch ein Gewahrsamswechsel erforderlich. Man kann nicht einerseits „besitzlose" Pfandrechte zu den geschützten Rechten zählen, andererseits aber den Gewahrsam als Unrechtskonstituente der Norm ansehen. Der im Vergleich zu § 288[14] erhöhte Strafrahmen lässt sich auch nicht durch die Verletzung des Gläubigergewahrsams erklären,[15] da der Gewahrsam als solcher kein Recht zum Besitz voraussetzt und seine Aufhebung somit nicht notwendig zu einer Erhöhung des Unrechts führt.

---

6 NK-*Gaede* § 289 Rn. 7; S/S/W-*Kudlich* § 289 Rn. 6; LK-*Schünemann* § 289 Rn. 7 mwN.
7 *Hellmann* JuS 2001, 353 (355); MK-*Maier* § 289 Rn. 13.
8 S/S-*Eser/Bosch* § 289 Rn. 9; *Fischer* § 289 Rn. 3.
9 Vgl. zum Wegschaffen aus diesem Bereich (sog. »Rücken«): RGSt 25, 115 (116); S/S/W-*Kudlich* § 289 Rn. 8.
10 RGSt 15, 434 ff.; *Laubenthal* JA 1990, 38 (40); LK-*Schünemann* § 289 Rn. 17.
11 *Krey/Hellmann/Heinrich* Rn. 463; LK-*Schünemann* § 289 Rn. 14 f.; aA *Rengier* I § 28/13.
12 NK-*Gaede* § 289 Rn. 9 ff.; SK-*Hoyer* § 289 Rn. 10; *Otto* Jura 1992, 666 (667).
13 BayObLG NJW 1981, 1745 (1746); *Fischer* § 289 Rn. 4; *Geppert* Jura 1987, 427 (433 f.); S/S-*Heine/Hecker* § 289 Rn. 9; W-*Hillenkamp/Schuhr* Rn. 494; *Mitsch* 17.1.2.6; *Rengier* I § 28/11; LK-*Schünemann* § 289 Rn. 10 ff.
14 § 288 bietet einen alternativen Schutz zu § 289: Der Vermieter kann eingebrachte Sachen des Mieters pfänden lassen und dann zwischen Verwertung in der Zwangsvollstreckung und Pfandverwertung wählen, vgl. Grüneberg/*Weidenkaff* BGB § 562 Rn. 3.
15 So aber NK-*Gaede* § 289 Rn. 12; vgl. auch *Bohnert* JuS 1982, 256 (258).

3. Rechtswidrigkeit

Die Rechtswidrigkeit (der Absicht) bezieht sich nach vorherrschender Ansicht auf die Wegnahme und ist (vorsatzrelevantes) Tatbestandsmerkmal.[16] Sie entfällt, wenn der Täter auch ohne Einverständnis des Rechtsinhabers zur Wegnahme berechtigt ist; bei einem Einverständnis fehlt es bereits an der Wegnahme.

II. Subjektiver Tatbestand

Der subjektive Tatbestand verlangt **Vorsatz** hinsichtlich der Merkmale des objektiven Tatbestands. Der Täter muss vom Bestehen eines Sicherungsrechts ausgehen und dessen institutionelle Bedeutung erfassen. Auf eine genaue juristische Subsumtion kommt es nicht an.[17]

Die **Absicht**, mit welcher der Täter weiterhin handeln muss, erfordert den zielgerichteten Willen, die Ausübung des geschützten Rechts durch die Wegnahme der Sache zumindest zeitweilig zu vereiteln; wie der Umkehrschluss aus anderen Tatbeständen (zB § 258 Abs. 1) ergibt, reicht direkter Vorsatz (sicheres Wissen) entgegen der vorherrschenden Ansicht[18] nicht aus.[19]

Wenn der **Täter nicht selbst der Eigentümer** (bzw. Miteigentümer) ist, muss er die Sache **zugunsten des Eigentümers** wegnehmen. Der Täter kann hierbei auch um eigener Vorteile willen handeln. Es reicht etwa aus, wenn der Täter die Sache zwar zum eigenen Gebrauch, aber im Einverständnis mit dem Eigentümer wegnimmt,[20] da er so dessen Verfügungswillen zur Geltung bringt. Dagegen kommt ein Handeln, das ausschließlich im eigenen Interesse erfolgt, nicht in Betracht. Aus diesem Grund wird die Wegnahme einer Pfandflasche, die beim Verkauf im Eigentum des Herstellers verbleibt (Individualflasche, vgl. Rn. 6), um sie gegen Auszahlung des Pfandes zurückzugeben, nicht von § 289 erfasst, da der Täter insoweit nicht zugunsten des Eigentümers, sondern ausschließlich eigennützig handelt.[21]

§ 289 erfasst auch den Fall, dass der **Eigentümer eine juristische Person** und der Täter ein für sie handelndes Organ ist. Eines Rückgriffs auf § 14 bedarf es hier nicht.[22]

III. Konkurrenzen

Wegen der unterschiedlichen Schutzzwecke der Delikte (vgl. Rn. 5) kommt Tateinheit zwischen § 136 Abs. 1 und § 289 in Betracht. Bei abgenötigtem Vorgehen ist Tateinheit mit §§ 253, 255 möglich.

Wiederholungs- und Vertiefungsfragen

> - Warum ist die Bezeichnung des Tatbestandes des § 289 als „Pfandkehr" zu eng? (Rn. 1 ff.)
> - Was bedeutet das Tatbestandsmerkmal der Wegnahme und wie unterscheidet es sich vom Wegnahmebegriff in § 242? (Rn. 8 f.)
> - Wer ist tauglicher Täter des § 289? (Rn. 1)

---

16 OLG Braunschweig NJW 1961, 1274; NK-*Gaede* § 289 Rn. 13, 15.
17 OLG Düsseldorf NJW 1989, 115 (116); MK-*Maier* § 289 Rn. 19.
18 L-Kühl/*Heger* § 289 Rn. 4; *Otto* § 50/10; *Rengier* I § 28/14.
19 NK-*Gaede* § 289 Rn. 15; SK-*Hoyer* § 289 Rn. 13.
20 LK-*Schünemann* § 289 Rn. 20; NK-*Gaede* § 289 Rn. 2 mwN.
21 Vgl. auch *Kudlich* JA 2019, 152 (154); aA *Hellmann* JuS 2001, 353 (355).
22 NK-*Gaede* § 289 Rn. 2.

§ 11 Wilderei (§§ 292–295)

A. Allgemeines

1 Die Vorschrift des § 292 schützt die sich aus dem Jagdrecht ergebenden ausschließlichen Befugnisse, jagdbares Wild zu hegen, zu jagen und sich anzueignen.[1] Diese Befugnisse sind zugleich in die Verpflichtung eingebunden, die Lebensgrundlage für einen den landschaftlichen Verhältnissen angepassten artenreichen und gesunden Wildbestand zu erhalten (§ 1 BJagdG); insoweit schützt der Tatbestand auch ein überindividuelles Rechtsgut.[2] Die im Schrifttum teilweise vertretene Auffassung,[3] § 292 sichere als reines Vermögensdelikt **nur** das Aneignungsrecht des Jagdausübungsberechtigten, trifft lediglich für die Zueignungsvarianten des Grundtatbestands zu, widerspricht aber den Wertungen der Regelbeispiele für besonders schwere Fälle (Abs. 2), die deutlich an der sachgemäßen Hege und Pflege des Wildes orientiert sind. Die auf das Vermögen bezogene Schutzrichtung steht jedoch außer Streit, sodass gewilderte Sachen Objekte einer Hehlerei (§ 259) sein können (vgl. Rn. 36).

2 § 293 trifft eine entsprechende Regelung für das Fischereirecht. Die Ausgestaltung dieses Tatbestands ist eng an § 292 angelehnt. Die Strafdrohung ist allerdings geringer.

B. Definitionen und Erläuterungen

I. Jagdwilderei (§ 292 Abs. 1)

3 Das **Grunddelikt** (Abs. 1) enthält **zwei Tatbestände**: die Wilderei – dem Wild nachstellen usw – und das Zueignen herrenloser Sachen, die dem Jagdrecht unterliegen. Beide Alternativen setzen eine Verletzung fremden Jagdrechts oder Jagdausübungsrechts voraus. Dieses Merkmal entspricht dem der Fremdheit in § 242.

1. Jagdbefugnis und Jagdbezirk

▶ **Fall 1:** Revierinhaber R erteilt seinem Jagdgast G die Erlaubnis, in seinem Revier Schwarzwild für den Eigenbedarf zu bejagen. Als G aber einen Hasen sieht, entscheidet er sich dennoch, diesen zu erlegen und mitzunehmen. ◀

▶ **Fall 2:** Revierinhaber R hat einen Abstecher ins Nachbarrevier gemacht. Auf dem Rückweg, kurz bevor er wieder die Grenze überschreitet, sieht er einen guten Rehbock in seinem Revier stehen und schießt. ◀

4 a) **Täterkreis:** Täter kann jeder sein, der ohne oder unter Überschreitung einer Jagdbefugnis handelt. Die Jagdbefugnis kann sich aus dem Jagdrecht ergeben oder auf einer Jagderlaubnis beruhen:

5 ■ Das Jagdrecht steht dem **dinglichen Jagdberechtigten** und dem **Jagdausübungsberechtigten** zu. Das **dingliche Jagdrecht** ist Ausfluss des Eigentums und nach § 3 Abs. 1 S. 1 BJagdG dem Eigentümer auf seinem Grund und Boden zugeordnet. Umfänglich ausgeübt werden darf das Jagdrecht allerdings nur in sog. Jagdbezirken (dazu näher §§ 3 Abs. 3, 4 ff. BJagdG). Dieses sog. **Jagdausübungsrecht** steht daher

---

[1] Ausf. zu den theoretischen Grundlagen und zur Rechtsgeschichte *Nagler* VDB VIII, 417 (421 ff., 445 ff.).
[2] W-*Hillenkamp/Schuhr* Rn. 470; *Otto* § 50/22; *Rengier* I § 29/1; LK-*Schünemann* § 292 Rn. 2 f.
[3] *Fischer* § 292 Rn. 2; S/S-*Heine/Hecker* § 292 Rn. 1; SK-*Hoyer* § 292 Rn. 3; NK-*Gaede* § 292 Rn. 1.

dem Inhaber eines Jagdbezirks zu und kann, was praktisch bedeutsam ist, an Dritte verpachtet werden (§§ 11 ff. BJagdG). Bei **Personenverschiedenheit**, eben etwa durch Pacht, geht das Jagdausübungsrecht dem dinglichen Jagdrecht vor. Nur der Jagdausübungsberechtigte ist dann zur Jagd iSd Tatbestands befugt.

- Unter einer **Jagderlaubnis** ist die Einwilligung des Jagdausübungsberechtigten in die Ausübung der Jagd durch einen Dritten (**Jagdgast**) zu verstehen. Die Voraussetzungen der Erlaubniserteilung sind im Wesentlichen landesrechtlich geregelt (§ 11 Abs. 1 S. 3 BJagdG; vgl. zB § 12 LJG-NRW).[4] Wird diese Erlaubnis durch den Jagdgast – wie von G in **Fall 1** – überschritten, so wird fremdes Jagdausübungsrecht (in **Fall 1** des R) verletzt. Entsprechendes gilt für die zur Jagdausübung benannten oder bestellten Personen.

- Die **öffentlich-rechtliche Genehmigung zur Ausübung der Jagd**, die ihr Inhaber durch einen **Jagdschein** nachzuweisen hat (§ 15 Abs. 1 BJagdG), berührt die materielle Jagdausübungsberechtigung grds.[5] ebenso wenig wie örtliche, zeitliche oder sachliche **Jagdbeschränkungen** (zB §§ 19 ff. BJagdG). In solchen Fällen begeht der Jagdberechtigte keine Wilderei, mag auch sein Verhalten nach anderen Vorschriften als Straftat oder Ordnungswidrigkeit zu ahnden sein (vgl. §§ 38 ff. BJagdG).

Auf Flächen, die zu keinem Jagdbezirk gehören, und **innerhalb befriedeter Bezirke** ruht die Jagd (§ 6 BJagdG). Die Jagdausübung ist dort nur ausnahmsweise in beschränktem Umfang gestattet.[6] Befriedete Bezirke sind behördlich ausgewiesene Grundflächen, vor allem Hausgrundstücke und Friedhöfe.

b) **Verletzung fremden Jagdrechts:** Fremdes Jagdrecht verletzt jeder, der außerhalb seines Reviers der Jagd nachgeht, in fremdes Gebiet schießt oder sich Wild aus einem fremden Revier in den eigenen Bezirk zutreiben lässt.[7] Maßgeblicher Standort ist stets der des Wildes, nicht der des Jägers. Nicht tatbestandsmäßig ist es daher, wenn der Berechtigte – wie R in **Fall 2** – vom Nachbarrevier aus auf Wild im eigenen Gebiet schießt.[8]

- **In Jagdbezirken** kann fremdes Jagdrecht durch jeden, der es nicht auszuüben befugt ist, verletzt werden, also auch durch den nicht jagdausübungsberechtigten Eigentümer einer im gemeinschaftlichen Jagdbezirk liegenden Grundfläche.

- **Innerhalb eines befriedeten Bezirks** kann dessen **Grundeigentümer** keine Wilderei begehen, da kein vorrangiges fremdes Jagdausübungsrecht, in das er eingreifen könnte, besteht.[9] Dagegen verletzt ein **Dritter** – auch der **Pächter** des umschließenden Jagdbezirks – fremdes Jagdrecht, wenn er innerhalb der befriedeten Fläche ohne Einwilligung des Grundeigentümers der Jagd nachgeht.[10] Das dem Grundeigentümer zustehende dingliche Jagdrecht existiert unabhängig von der (beschränkten) Gestattung seiner Ausübung.

---

4 Vgl. LK-*Schünemann* § 292 Rn. 20 ff.
5 Beachte aber § 11 Abs. 5, Abs. 6 und § 13 BJagdG; vgl. auch LK-*Schünemann* § 292 Rn. 19.
6 Näher LK-*Schünemann* § 292 Rn. 10 ff.
7 Vgl. BayObLG GA 1955, 247 (249); NStZ 1992, 187; OLG Köln MDR 1962, 671; *Furtner* JR 1962, 414 (415).
8 *Mitsch* 15.2.1.1.5; NK-*Gaede* § 292 Rn. 8.
9 Er kann allenfalls eine Ordnungswidrigkeit nach § 39 Abs. 1 Nr. 1 BJagdG begehen, wenn er seine beschränkte Ausübungsbefugnis überschreitet oder ohne eine solche handelt.
10 BayObLG NStZ 1992, 187; OLG Hamm GA 1961, 89 (90); LK-*Schünemann* § 292 Rn. 16; aA *Furtner* MDR 1963, 98 f.

2. Wildereitatbestand (Abs. 1 Nr. 1)

▶ **Fall 3:** Ein Spaziergänger ergreift spontan einen am Wegesrand liegenden, verletzten Hasen zum späteren Verzehr. ◀

▶ **Fall 4:** T schießt auf Jagdwild, will es dabei aber nur verletzen, um den Revierinhaber zu ärgern. ◀

12 Den Wildereitatbestand verwirklicht, wer (ohne Jagdbefugnis) dem Wild nachstellt, es fängt, erlegt oder sich oder einem Dritten zueignet.

13 a) **Tatobjekt:** Als Tatobjekt kommen nur solche lebenden und herrenlosen Tiere in Betracht, die in § 2 BJagdG aufgezählt oder nach Landesrecht für jagdbar erklärt sind.[11]

Tiere, die in Tiergärten oder Wildgehegen[12] leben oder die der **Jagdausübungsberechtigte** (bzw. ein **für diesen handelnder Dritter**) zum Zwecke der Aneignung **in Besitz genommen** hat (§ 958 Abs. 1 BGB), sind nicht (mehr) herrenlos, sondern fremd (vgl. § 2 Rn. 17). Sie können Tatobjekt eines Diebstahls oder einer Unterschlagung sein. Wild, das von einem **Nichtberechtigten** – lebend oder in einer Schlinge – gefangen und verwahrt wird, bleibt herrenlos (§ 958 Abs. 2 BGB), es sei denn, es wird von einem Dritten gutgläubig erworben (§ 932 BGB)[13] oder verarbeitet (§ 950 BGB).[14] Dagegen erwirbt der Berechtigte sofort Eigentum an Tieren, die sich in einer **von ihm** aufgestellten Falle verfangen haben.[15]

14 b) **Tathandlungen:** Von den Tathandlungen, die in der ersten Tatbestandsalternative genannt sind, wird mit dem Nachstellen die Versuchshandlung zum Fangen, Erlegen und Zueignen umschrieben; insoweit ist der Wildereitatbestand ein (unechtes) **Unternehmensdelikt**, bei dem iSv § 11 Abs. 1 Nr. 6 der Versuch der Vollendung gleichgestellt ist.[16] Eine gesonderte Versuchsstrafbarkeit sieht der Tatbestand nicht vor. Zugleich stellen die Alternativen des Fangens, Erlegens und Zueignens Erfolgsdelikte dar und haben nur eigenständige Bedeutung, wenn ihnen – wie in **Fall 3** – kein Nachstellen vorausging. Werden im Rahmen einer Handlungseinheit mehrere Modalitäten verwirklicht, bilden diese ein (einheitliches) Delikt der Wilderei.[17]

15 ■ Als **Nachstellen** sind alle Handlungen anzusehen, die auf das Fangen, Erlegen und Zueignen des Wildes gerichtet sind, zB das Legen von Schlingen und das Durchstreifen des Forstes mit einem (schussbereiten) Gewehr.[18] Erfolgreich braucht das Nachstellen nicht zu sein. Handlungen, die dem Nachstellen noch vorausgehen (Auskundschaften, Aufstöbern usw), sind nicht tatbestandsmäßig, da der Versuch (des Versuchs, vgl. unten Rn. 22 zur Zuordnung zu den Unternehmensdelikten) nicht strafbar ist.[19] Ebenfalls nicht strafbar sind Handlungen, die nicht dem späte-

---

11 *Mitsch* 15.2.1.1.4.2; LK-*Schünemann* § 292 Rn. 33 ff.
12 Vgl. BayObLG JR 1987, 128 f. mit Anm. *Keller*.
13 So die heute hM, vgl. Grüneberg/*Herrler* BGB § 958 Rn. 4; zur früheren Kontroverse *Wessels* JA 1984, 221 (223).
14 Vgl. LK-*Schünemann* § 292 Rn. 58; NK-*Gaede* § 292 Rn. 16 ff.
15 LK-*Schünemann* § 292 Rn. 58a; MK-*Zeng* § 292 Rn. 21.
16 *Fischer* § 292 Rn. 11; SK-*Hoyer* § 292 Rn. 13; *Waider* GA 1962, 176 (183 f.); NK-*Gaede* § 292 Rn. 19; krit. *Mitsch* 15.2.1.1.5.1; LK-*Schünemann* § 292 Rn. 42; jew. mwN.
17 NK-*Gaede* § 292 Rn. 19.
18 S/S-*Heine/Hecker* § 292 Rn. 12; *Fischer* § 292 Rn. 11.
19 S/S-*Heine/Hecker* § 292 Rn. 12; NK-*Gaede* § 292 Rn. 23.

ren Fangen usw dienen. Exemplarisch hierfür ist **Fall 4**,[20] in welchem es dem T lediglich darauf ankommt, die Tiere zu verletzen.

- **Wild fängt**, wer sich seiner lebend bemächtigt. Wild wird **erlegt**, indem es (in irgendeiner Weise) getötet wird. 16

- **Zueignen** bedeutet, sich oder einem Dritten die selbstständige Verfügungsgewalt über das Wild unter Missachtung des dem Jagdausübungsberechtigten zustehenden Aneignungsrechts zu verschaffen, dh Eigenbesitz für sich oder Fremdbesitz für den Dritten zu begründen.[21] Der Unterschied zum Zueignungsbegriff der Eigentumsdelikte (§ 2 Rn. 64 ff.) betrifft lediglich das Enteignungsmerkmal. Während der Täter bei den Eigentumsdelikten dem Berechtigten den ihm zustehenden Eigenbesitz vorenthalten will, will er bei der Wilderei dem Berechtigten die Möglichkeit entziehen, sich das Wild anzueignen. Der Täter macht also nicht bereits bestehendes, sondern nur potenzielles Eigentum streitig, nämlich das Eigentum, das der Berechtigte im Falle eigener Aneignung erlangt hätte. Der Zueignungstatbestand kann auch durch Unterlassen erfüllt werden (vgl. zur Unterschlagung § 6 Rn. 19), wenn der Täter seiner (landesrechtlich geregelten) Pflicht bezüglich Anzeige oder Ablieferung von Wild, an dem er (ohne Fanghandlung) Besitz erlangt hat, nicht nachkommt.[22] 17

3. Verletzung des Jagdrechts an Sachen (Abs. 1 Nr. 2)

Die zweite Tatalternative der Jagdwilderei verwirklicht, wer eine dem Jagdrecht unterliegende Sache sich oder einem Dritten zueignet, beschädigt oder zerstört. Die Handlung muss vollendet sein, da der Versuch nicht strafbar ist und die zweite Alternative keine Vorfeldhandlung wie das Nachstellen kennt. 18

a) **Tatobjekte**: Tatobjekte sind Sachen, die dem Jagdrecht unterliegen. Während sich der Wildereitatbestand auf lebende Tiere bezieht, schützt die zweite Tatbestandsalternative die sich aus § 1 Abs. 5 BJagdG ergebende ausschließliche Befugnis des Jagdberechtigten, sich **totes Wild**, die im Verlauf der jährlichen Erneuerung abgestoßenen Geweihe (sog. **Abwurfstangen**) sowie **Eier von Federwild** anzueignen. Der Zugriff auf Tierkörper(teile), die infolge von Verwesung („Verluderung") nicht mehr verwertbar sind, ist nicht tatbestandsmäßig.[23] Totes Wild bleibt bei der Inbesitznahme durch einen Nichtberechtigten herrenlos (§ 958 Abs. 2 BGB), sofern es nicht von einem Dritten gutgläubig erworben (§ 932 BGB) wird. 19

b) **Tathandlungen**: Tathandlungen sind das **Zueignen** (vgl. Rn. 17), **Beschädigen** und **Zerstören**. Beschädigen und Zerstören sind graduell unterschiedliche, dem Erhaltungsinteresse des Berechtigten zuwiderlaufende Beeinträchtigungen des Zustands der betreffenden Sache (näher § 20 Rn. 9 ff., 12). 20

4. Subjektiver Tatbestand

▶ **Fall 5**: Der Täter verfolgt des Nachts mit schussbereitem Gewehr einen Hund, den er für ein Reh hält. ◀

---

20 NK-*Gaede* § 292 Rn. 23; vgl. auch LK-*Schünemann* § 292 Rn. 43.
21 Vgl. auch *Mitsch* 15.2.1.1.5.4; LK-*Schünemann* § 292 Rn. 53; NK-*Gaede* § 292 Rn. 21.
22 Vgl. insoweit zur Ahndung als Ordnungswidrigkeit: LK-*Schünemann* § 292 Rn. 54.
23 Vgl. LK-*Schünemann* § 292 Rn. 56.

21 Der subjektive Tatbestand verlangt (zumindest bedingten) **Vorsatz**. Er muss sich auch auf die Verletzung fremden Jagdrechts beziehen.

22 Mit dem Merkmal des Nachstellens in der ersten Tatbestandsalternative wird ein Unternehmensdelikt formuliert, bei dem der Versuch der Vollendung gleichgestellt wird. Insoweit stellt sich die Frage, ob nicht nur erfolglose Versuche, sondern auch **Versuche am untauglichen Objekt** – wie in **Fall 5** – dem Tatbestand unterfallen. Ein tatbestandsmäßiges Handeln wird teilweise mit dem (an sich zutreffenden und für die anderen Tathandlungen auch einschlägigen) Argument verneint, dass der Täter objektiv dem Wild nachstellen müsse.[24] Hierbei wird jedoch übersehen, dass bereits das Durchstreifen des Waldes mit Jagdabsicht objektiv als Nachstellen anzusehen ist, und zwar auch dann, wenn der Täter noch kein konkretes Tier verfolgt. Dann kann aber das Nachstellen seinen Charakter als Ansetzen zum Jagen nicht dadurch verlieren, dass der Täter – statt überhaupt kein Wild aufzustöbern – ein sonstiges Tier mit Jagdwild verwechselt.[25] Nur ein (strafloser) Versuch des Nachstellens wäre dagegen ein Handeln mit Mitteln, die zur Jagd untauglich sind.[26]

II. Besonders schwere Fälle (§ 292 Abs. 2)

▶ **Fall 6:** Autofahrer A fährt nachts von einer Feier nach Hause. Als er auf einer Landstraße durch ein Waldstück fährt, kommt es zu einem Wildunfall mit einem Reh. Das durch den Aufprall getötete Wild nimmt er mit nach Hause, um es am nächsten Tag dem zuständigen Revierinhaber zu überbringen. Da er aber begeisterter Koch ist, überlegt er es sich am nächsten Tag anders und behält das Reh für den Eigenverzehr. ◀

23 § 292 Abs. 2 zählt in der Technik der Regelbeispiele (näher hierzu § 3 Rn. 1 ff.) mehrere Begehungsweisen auf, in denen die Taten nach Abs. 1 in beiden Alternativen gewöhnlich als besonders schwerer Fall mit einer erhöhten Mindestfreiheitsstrafe einzustufen sind.[27] Als unbenannter Fall kommt zB das Jagen von Wild in Betracht, dessen Bestand bedroht ist (vgl. § 21 Abs. 3 BJagdG).

24 ■ **Gewerbsmäßig** iSv **Abs. 2 Nr. 1** handelt, wer sich aus wiederholter Begehung eine fortlaufende Einnahmequelle von nicht unerheblicher Dauer und einigem Umfang verschafft (vgl. § 3 Rn. 24 ff.). Als **gewohnheitsmäßig** ist der durch wiederholte Begehung erzeugte, selbstständig fortwirkende und Hemmungen beseitigende Hang zur Tatbegehung anzusehen.[28]

25 ■ Nach **Abs. 2 Nr. 2** ist es als besonders schwerer Fall zu bewerten, wenn der Täter zur Nachtzeit, in der Schonzeit, unter Anwendung von Schlingen oder in anderer nicht weidmännischer Weise handelt: **Nachtzeit** ist die Zeit der Dunkelheit zwischen Ende der Abenddämmerung und Beginn des Morgengrauens. Ein besonders schwerer Fall ist nach der ratio legis – Unterbinden schwer verfolgbaren Wilderns im Dunkeln – zu verneinen, wenn – wie in **Fall 6** – ein Kraftfahrer des Nachts unvor-

---

24 S/S-*Heine/Hecker* § 292 Rn. 12; W-*Hillenkamp/Schuhr* Rn. 472; *Wolters*, Das Unternehmensdelikt, 2001, 322 mwN.
25 NK-*Gaede* § 292 Rn. 24; Arzt/Weber/Heinrich/Hilgendorf § 16/15; *Waider* GA 1962, 176 (183); einschränkend LK-*Schünemann* § 292 Rn. 49.
26 Insoweit ebenso *Mitsch* 15.2.1.1.5.1; aA W-*Hillenkamp/Schuhr* Rn. 472.
27 OLG Koblenz JZ 1953, 278 f. mit zust. Anm. *Maurach*; S/S-*Heine/Hecker* § 292 Rn. 23; *Jescheck* GA 1955, 97 (102); aA BGHSt 5, 211; *Wessels* JA 1984, 221 (226): bei einem verwirklichten Erschwerungsgrund sei hier zwingend ein besonders schwerer Fall gegeben.
28 BGHSt 15, 377 (379).

sätzlich getötetes Wild zunächst an sich nimmt, um es (pflichtgemäß) abzuliefern, sich dann aber anders entschließt und es sich zueignet. **Schonzeiten** sind die rechtlich festgelegten Zeiten, in denen Wild nicht gejagt werden darf (vgl. § 22 BJagdG). Die **Anwendung von Schlingen**[29] setzt voraus, dass schon ihr Legen dem Täter zurechenbar ist. Bloßes Ausnutzen einer von einem Dritten gelegten Schlinge reicht für den Regelfall nicht aus.[30] In **anderer nicht weidmännischer Weise** ist die Tat begangen, wenn sie den Grundsätzen der Weidgerechtigkeit zuwiderläuft. Dies ist zB der Fall, wenn verbotene Jagdmethoden eingesetzt oder vermeidbare Schmerzen des Wildes nicht verhindert werden (§§ 19, 22a BJagdG).[31]

■ Der Regelfall nach **Abs. 2 Nr. 3** verlangt eine Tatbegehung von mehreren mit Schusswaffen ausgerüsteten Beteiligten. Die Wilderei müssen also wenigstens zwei unberechtigt Jagende, die jeweils eine Schusswaffe tragen, verüben. Es genügt, wenn nur einer der Beteiligten Täter ist; der oder die anderen können Teilnehmer sein.[32]

III. Fischwilderei (§ 293)

Der Täter muss **fremdes Fischereirecht**[33] **verletzen.** Gegenstand des Rechts ist die ausschließliche Befugnis, die in Gewässern wildlebenden fischbaren Wassertiere zu hegen, sie durch Aufsuchen, Nachstellen, Fangen und Erlegen zu fischen und sich anzueignen. Das Aneignungsrecht umfasst auch die Befugnis, sich tote Wassertiere und sonstige dem Fischereirecht unterliegende Sachen anzueignen.

Dem **Fischen** unterfällt, parallel zum Nachstellen in § 292, jede Handlung, die auf Fangen, Erlegen und Zueignen wildlebender Wassertiere gerichtet ist (**unechtes Unternehmensdelikt**, vgl. Rn. 22). Ein »Erfolg« ist nicht erforderlich.[34] **Tatobjekte** sind nur wildlebende Wassertiere, zB Fische, Krebse, Frösche oder Muscheln. Fische in privaten Teichen und geschlossenen Gewässern sind nicht herrenlos, sondern fremd iSv § 242.

Die Handlungsvarianten des **Zueignens, Beschädigens** und **Zerstörens** (vgl. insoweit Rn. 20) in der zweiten Tatbestandsalternative können alle dem Fischereirecht unterliegenden leblosen Sachen zum Gegenstand haben, vor allem tote Wassertiere, Muschelschalen und Seemoos. Bernstein und Fischereigerät werden nicht erfasst.

IV. Strafantrag (§ 294)

Die Taten nach §§ 292 Abs. 1, 293 sind unter den Voraussetzungen des § 294 nur auf Antrag des Verletzten verfolgbar. Für die besonders schweren Fälle nach § 292 Abs. 2 gilt die Beschränkung nicht.

§ 248a, welcher der Erfassung von Bagatellkriminalität unter ökonomischen Gesichtspunkten dient, ist nicht anwendbar.[35] §§ 292 f. sind keine reinen Vermögensdelikte (vgl. Rn. 1), sodass es bei der Erfassung des Unrechts nicht nur auf den wirtschaftlichen Wert von Wild ankommen kann. Außerdem hat der Gesetzgeber bislang davon abgesehen, eine entsprechende Anwendung von § 248a ausdrücklich anzuordnen.

---

29 Vgl. § 19 Abs. 1 Nr. 8 BJagdG.
30 BayObLGSt 13, 86 (88); *Fischer* § 292 Rn. 24.
31 NK-*Gaede* § 292 Rn. 43.
32 *Mitsch* 15.2.2.2.3; LK-*Schünemann* § 292 Rn. 97; aA SK-*Hoyer* § 292 Rn. 29: mindestens zwei Mittäter.
33 Näher hierzu LK-*Schünemann* § 293 Rn. 2 ff.; NK-*Gaede* § 293 Rn. 2 ff.
34 NK-*Gaede* § 293 Rn. 4 f.; MK-*Zeng* § 293 Rn. 12.
35 *Krey/Hellmann/Heinrich* Rn. 435; *Wessels* JA 1984, 221 (226); aA NK-*Gaede* § 294 Rn. 2.

C. Anwendung

I. Aufbau

32 Es empfiehlt sich, die Tatbestandsmerkmale der Jagdwilderei in folgenden Schritten zu prüfen (Fischwilderei entsprechend):

A) Tatbestand:
  I. Objektiver Tatbestand:
  Bei Abs. 1 Nr. 1:
  1. Tatobjekt: Wild, dh herrenlose, dem Jagdrecht unterliegende Tiere (Rn. 13)
  2. Tathandlungen: Nachstellen, Fangen, (sich oder einem Dritten) Zueignen (Rn. 14 ff.)

  Bei Abs. 1 Nr. 2:
  1. Tatobjekt: Dem Jagdrecht unterliegende Sache (Rn. 19)
  2. Tathandlungen: (sich oder einem Dritten) Zueignen, Beschädigen, Zerstören (Rn. 20)

  jeweils:
  3. Unter Verletzung fremden Jagdrechts (Rn. 4 ff.)
  II. Subjektiver Tatbestand: (zumindest bedingter) Vorsatz (Rn. 21)
B) Rechtswidrigkeit
C) Schuld
D) Ggf Regelbeispiele nach Abs. 2 (Rn. 23 ff.)
E) Ggf Strafantrag unter den Voraussetzungen von § 294 (Rn. 30); ggf. Anwendbarkeit von § 248a erörtern (Rn. 31).

II. Einzelfragen

1. Irrtums- und Abgrenzungsprobleme

33 Wildereifälle können eine Reihe von Irrtums- und Abgrenzungsproblemen aufwerfen:

34 a) **Rechtsverletzung:** Das Erfordernis, dass der Täter durch sein Handeln fremdes Jagd- bzw. Fischereirecht verletzen muss, ist ein Tatbestandsmerkmal, das im Allgemeinen Teil sowohl hinsichtlich seiner deliktssystematischen Einstufung (Blankett- oder echtes Tatbestandsmerkmal) als auch hinsichtlich seiner Behandlung als Gegenstand eines Irrtums lebhaft umstritten ist.[36]

35 b) **Einwilligung:** Die Einwilligung des Berechtigten in eine der Tathandlungen schließt die Verletzung des Jagd- bzw. Fischereirechts und damit die Tatbestandsverwirklichung aus. Mangels Strafbarkeit des Versuchs bleibt auch der Täter, dem die Einwilligung unbekannt ist, straflos.

36 c) **Verhältnis zur Hehlerei:** Da Wild auch nach der Zueignung herrenlos bleibt (Rn. 13), erfüllt jeder, der bösgläubig vom Täter lebendes Wild erlangt, den Wildereitatbestand. In diesem Fall geht jedoch § 259, der kein fremdes Eigentum an der gehehlten Sache voraussetzt, als lex specialis vor. Es ist sachgemäß, den Hehlereitatbestand auf alle hier einschlägigen Alternativen gleichmäßig anzuwenden. Deshalb kann das

---

36 Näher hierzu *Kindhäuser* GA 1990, 407 (420 ff.); *Mitsch* 15.2.1.2.2.2; NK-*Puppe* § 16 Rn. 18 f.; LK-*Schünemann* § 292 Rn. 64 ff., 70 ff.; NK-*Gaede* § 292 Rn. 31 ff.; jew. mwN.

Sichverschaffen nicht anders behandelt werden als das Absetzen oder die Hilfe beim Absatz gewilderter lebender Tiere.[37]

d) Verhältnis zu Eigentumsdelikten: Abgrenzungsprobleme zu den Eigentumsdelikten des Diebstahls und der Unterschlagung können sich ergeben, wenn der Täter die Eigentumslage an dem Tatobjekt, das er sich (oder einem Dritten) zueignen will, verkennt. Er kann einerseits fremdes (= bereits angeeignetes) Wild für herrenlos, andererseits herrenloses Wild für fremd (= bereits angeeignet) halten. Exemplarisch:

▶ **Fall 7:** A entwendet eine von B gewilderte Hirschkeule, um sie zu verzehren. Er geht davon aus, B habe sie ordnungsgemäß vom Berechtigten erworben. ◀

▶ **Fall 8:** A entwendet eine von B ordnungsgemäß erworbene Hirschkeule, um sie zu verzehren. Er handelt in der Annahme, sie sei gewildert. ◀

Maßgeblich für die Entscheidung der Fälle ist die Bestimmung des Verhältnisses, in dem der Zueignungsvorsatz der Wilderei zu demjenigen der Eigentumsdelikte steht: Er könnte **gleichartig**, ein **Minus** oder ein **Aliud** sein.

■ Wenn der Zueignungsvorsatz der Wilderei zu demjenigen der Eigentumsdelikte in einem **Aliud-Verhältnis** stünde, hätte A in **Fall 7** nur einen Diebstahlsversuch begangen.[38] In **Fall 8** bliebe A straflos,[39] da § 242 zwar objektiv, aber wegen des vorsatzausschließenden Irrtums über das Merkmal der Fremdheit nicht subjektiv erfüllt wäre (§ 16 Abs. 1 S. 1).[40] Hinsichtlich der zweiten Tatbestandsalternative der Wilderei ist zwar der subjektive Tatbestand erfüllt, doch ist der Versuch nicht strafbar. Gegen diese Lösung spricht, dass der Zueignungsbegriff bei den Eigentumsdelikten wie bei der Wilderei gleichermaßen das Element der Aneignung enthält und nur hinsichtlich des Enteignungsmoments graduell differiert. Der Zueignungsvorsatz der Wilderei kann demnach nicht zu dem der Eigentumsdelikte in einem Aliud-Verhältnis stehen.

■ Für ein **Plus-Minus-Verhältnis** zwischen dem Zueignungsvorsatz des Diebstahls und der Unterschlagung einerseits und der Wilderei (in der Zueignungsvariante) andererseits spricht, dass die Wahrnehmung des Aneignungsrechts eine Vorstufe des Eigentums ist. Eine dem Jagdrecht unterliegende Sache wird erst dann (für den Täter) fremd, wenn der Berechtigte sein Aneignungsrecht ausgeübt hat. Der Zueignungsvorsatz der Wilderei ist daher vollumfänglich im Zueignungsvorsatz von Diebstahl und Unterschlagung enthalten.[41] Dementsprechend verwirklichte der Täter in **Fall 7** eine vollendete Wilderei und einen versuchten Diebstahl, wobei das vollendete Delikt das versuchte verdrängte. In **Fall 8** beginge der Täter nur eine vollendete Wilderei, da der subjektive Tatbestand des Diebstahls hinsichtlich des „Mehr" der Fremdheit nicht erfüllt wäre. Dieser Lösung ist entgegenzuhalten, dass die Differenz zwischen Aneignungsrecht und Eigentum allein rechtstechnischer Art ist. Ob der Berechtigte ein Aneignungsrecht oder Eigentum an dem von ihm zu hegenden und pflegenden Wild hat, ist hinsichtlich seiner Verfügungsmacht ohne Belang. Der Täter begeht nicht etwa ein geringeres Unrecht, wenn er nur das Aneignungsrecht

---

[37] NK-*Gaede* § 292 Rn. 18; LK-*Schünemann* § 292 Rn. 37 mwN.
[38] So RGSt 39, 427 (433); *Krey/Hellmann/Heinrich* Rn. 444; NK-*Gaede* § 292 Rn. 34; einschränkend LK-*Schünemann* § 292 Rn. 69 f.
[39] BayObLGSt 4, 116 (118); *Wessels* JA 1984, 221 (224 f.) mwN.
[40] So BayObLGSt 4, 116 (118); *Wessels* JA 1984, 221 (224 f.).
[41] L-Kühl/*Heger* § 292 Rn. 5; M-*Schroeder* I § 38/20.

missachtet. Dies zeigt sich daran, dass §§ 246 und 292 für die Zueignungshandlung ein identisches Strafmaß vorsehen.

42 ■ Diebstahls- (bzw. Unterschlagungs-) und Wildereivorsatz sind deshalb unter dem Aspekt, die Sache „**gehöre**" einem Dritten, als **gleichartig und -wertig** anzusehen.[42] Der Täter ist in beiden Fällen gleichermaßen bereichert, der Berechtigte in beiden Fällen gleichermaßen entreichert. Dementsprechend ist für die Bewertung der **Fälle 7 und 8** jeweils der verwirklichte objektive Tatbestand maßgebend.

2. Rechtswidrigkeit

▶ **Fall 9:** Spaziergänger S wird im Winter von einem tollwütigen Fuchs angefallen. Mit seinem Spazierstock gelingt es ihm aber, das Tier mit einem wuchtigen Schlag auf den Kopf zu töten. Sodann entschließt er sich, den Fuchs mit nach Hause zu nehmen, um den schönen Winterbalg bei einem Kürschner verarbeiten zu lassen. ◀

43 Vor allem das Erlegen von Wild iSv § 292 Abs. 1 Nr. 1 (Rn. 16) kann aus einer Reihe von Gründen gerechtfertigt sein. Zu denken ist neben Notstand (§§ 228 BGB, 34 StGB) auch an eine mutmaßliche Einwilligung, wenn der Täter im (weidmännischen) Interesse des Berechtigten handelt, ohne dessen Zustimmung rechtzeitig einholen zu können. Ist das Erlegen des Tieres durch Notstand gerechtfertigt – wie in **Fall 9** – so schließt dies nicht die Erlaubnis der Zueignung des toten Tieres ein.[43]

Wiederholungs- und Vertiefungsfragen

> Was ist Schutzgut des § 292? (Rn. 1)
> Was unterscheidet das dingliche Jagdrecht vom Jagdausübungsrecht? (Rn. 5, 11)
> Was ist eine Jagderlaubnis und welche Funktion hat sie? (Rn. 6)
> Wann spricht man von einem „Nachstellen"? (Rn. 15)
> Was ist im Rahmen des § 292 unter Zueignung zu verstehen und welche Unterschiede bestehen zum Zueignungsbegriff anderer Eigentumsdelikte? (Rn. 17, 37 ff.)
> Welche Sachen unterliegen dem Jagdrecht? (Rn. 19)
> Wie sind Versuche am untauglichen Objekt zu beurteilen? (Rn. 22)
> Welche Wirkung kommt der Einwilligung des Berechtigten zu? (Rn. 35)
> Ist das Strafantragserfordernis des § 248a auf die Wilderei entsprechend anwendbar? (Rn. 31)

---

42 *Jakobs* 8/56; *Welzel* 363.
43 *Krey/Hellmann/Heinrich* Rn. 452; LK-*Schünemann* § 292 Rn. 76.

3. Teil: Raub und Erpressung

§ 12 Schutzzweck und Systematik

Das StGB fasst im 20. Abschnitt unter der Überschrift „Raub und Erpressung" die Eigentumsdelikte des Raubes (§ 249) und des räuberischen Diebstahls (§ 252) sowie das Vermögensdelikt der Erpressung (§§ 253, 255) zusammen. Als gemeinsame Qualifikationstatbestände sind für diese Delikte der schwere Raub (§ 250) und der Raub mit Todesfolge (§ 251) vorgesehen. Grund dieser Gesetzessystematik ist das allen genannten Delikten gemeinsame Handlungselement des Einsatzes von Nötigungsmitteln.

Mit Blick auf die spezifische Kombination aus Nötigung und Eigentums- bzw. Vermögensverletzung wird Raub und Erpressung jeweils ein **selbstständiger Deliktscharakter** zugesprochen[1] Der Raub weist dabei aufgrund der ihm eigenen Dynamik Elemente einer abstrakten Gefährdung für Leib und Leben des Opfers auf.[2] Daraus ergibt sich zugleich die Unanwendbarkeit der für Diebstahl und Unterschlagung geltenden Strafverfolgungsbegrenzungen (§§ 247, 248a).[3] Ebenfalls als selbstständiges Delikt ausgestaltet und dem Raub wegen seiner Ähnlichkeit gleichgestellt ist der räuberische Diebstahl (§ 252), der das Verteidigen der Diebesbeute mit (qualifizierten) Nötigungsmitteln gesondert sanktioniert.

Mit dem **gemeinsamen Handlungselement der Nötigung** haben Raub und Erpressung ein **gemeinsames Rechtsgut**: die durch das Nötigungsverbot geschützte persönliche Freiheit. Kontrovers wird dagegen die Frage diskutiert, ob der Eigentumsschutz des Raubes nur ein Unterfall des Vermögensschutzes der Erpressung ist und der Raub daher auch insoweit mit dem Schutzzweck der Erpressung übereinstimmt (näher § 17 Rn. 20 ff., § 18 Rn. 5 ff.). Von der hM wird diese Frage bejaht und die räuberische Erpressung folglich als subsidiärer Auffangtatbestand (oder als lex generalis) im Verhältnis zum Raub angesehen.[4] Eine im Schrifttum verbreitete Ansicht deutet jedoch die Erpressung als ein dem Betrug (§ 263) verwandtes Selbstschädigungsdelikt, in dessen Tatbestand das Merkmal einer Vermögensverfügung des Genötigten hineinzulesen sei und das folglich zum Raub in einem Exklusivitätsverhältnis stehe.[5]

---

1 Zum Raub: BGH NJW 1968, 1292 f.
2 *Peters* GA 2022, 78 (80, 86 f.).
3 BGHSt 20, 235 (237 f.); BGH NStZ-RR 1998, 103; NK-*Kindhäuser/Hoven* Vor §§ 249-256 Rn. 1; M-*Schroeder/Hoyer* I § 35/9; aA *Burkhardt* JZ 1973, 110 (112).
4 RGSt 4, 429 (432); 55, 239 (240 f.); BGHSt 7, 252 (255); 14, 386 (390); BGH bei *Holtz* MDR 1992, 17 (18); NK-*Kindhäuser/Hoven* § 249 Rn. 34; S/S/W-*Kudlich* Vor § 249 Rn. 7 f.; abw. LK-*Vogel/Burchard* Vor §§ 249-256 Rn. 67.
5 *Eisele* BT II Rn. 760, 770; S/S-*Bosch* § 253 Rn. 8, 31; L-Kühl/*Heger* § 253 Rn. 2 f.; *Rengier* JuS 1981, 654 (655 ff.); MK-*Sander* § 253 Rn. 13 ff.

Wiederholungs- und Vertiefungsfragen

> Welches gemeinsame Handlungselement kennzeichnet die Delikte des 20. Abschnitts? (Rn. 1)
> Inwieweit sind Raub, räuberischer Diebstahl und (räuberische) Erpressung „selbstständige" Delikte? (Rn. 2)
> Welche Ansichten werden zum deliktssystematischen Verhältnis zwischen Raub und Erpressung vertreten? (Rn. 3)

§ 13 Raub (§ 249)

A. Allgemeines

Der Raub ist ein aus Diebstahl und (qualifizierter) Nötigung zusammengesetztes selbstständiges (vgl. § 12 Rn. 2) Delikt: Der Täter muss zur Wegnahme einer fremden beweglichen Sache in Zueignungsabsicht Gewalt gegen eine Person oder Drohungen mit gegenwärtiger Leibes- oder Lebensgefahr anwenden. Der Raub ist ein Verbrechen (§ 12 Abs. 1).

B. Definitionen und Erläuterungen

I. Objektiver Tatbestand

Der Raub ist im objektiven Tatbestand als **zweiaktiges Delikt** ausgestaltet: Der Täter muss einen Diebstahl unter Einsatz (qualifizierter) Nötigungsmittel begehen.

1. Qualifizierte Nötigung

▶ **Fall 1:** T lauert dem O in einem einsamen Waldstück auf. Unter Abgabe eines Warnschusses zwingt er den O mit vorgehaltenem Revolver zum Stillhalten, um ihm seine Wertsachen abzunehmen. ◀

Der Täter muss Gewalt gegen eine Person oder Drohungen mit gegenwärtiger Gefahr für Leib oder Leben anwenden:

a) **Gewalt:** Gewalt ist (nach hM) körperlich wirkender Zwang durch die Entfaltung von Kraft oder durch sonstige physische Einwirkung, die nach ihrer Intensität und Wirkungsweise dazu geeignet ist, die freie Willensentschließung oder Willensbetätigung eines anderen zu beeinträchtigen.[1] Die Gewalt muss sich gegen eine Person richten, also die auf den Körper einer Person bezogenen Güter – Leib, Leben, Bewegungsfreiheit – beeinträchtigen.

Gewalt gegen Sachen reicht nur aus, wenn sie zugleich zu einer unmittelbaren körperlichen Einwirkung führt.[2] Anders als im Rahmen des § 240 („Gewalt") reicht eine mittelbare körperliche Zwangswirkung demgegenüber nicht aus, sodass eine qualifizierte Nötigung zu verneinen ist, wenn der Täter mit seinem Auto vor einem anderen Autofahrer hält oder Öl über dessen Windschutzscheibe schüttet, um diesen an der Weiterfahrt zu hindern („Blockade"), und diesen Umstand zu einer Wegnahme auszunutzen.[3] Die Gewalt kann als absolute Gewalt (**vis absoluta**) ausgeübt werden, indem dem Opfer – zB durch Niederschlagen, Einsperren oder Fesselung – physisch die Möglichkeit, eine Verhaltensalternative zu ergreifen, völlig genommen wird. Der Täter kann aber auch mit kompulsiver Gewalt (**vis compulsiva**) vorgehen, indem er das Opfer zwingt, zur Abwendung einer (weiteren) physischen Beeinträchtigung von Gütern eine ungewollte Verhaltensalternative zu ergreifen. Das Opfer wird zB gezwungen, zur

---

[1] Vgl. BVerfGE 92, 1 ff.; BGH NJW 1995, 2643 f.; 1995, 2862; OLG Stuttgart NJW 1995, 2647; OLG Köln NJW 1996, 472; OLG Karlsruhe NJW 1996, 1551 f.; zu Einzelheiten des höchst umstrittenen Gewaltbegriffs vgl. LPK Vor §§ 232-241a Rn. 3 ff.

[2] RGSt 69, 327 (330); BGHSt 20, 194 (195); BGH NStZ 1986, 218; StV 1990, 262; S/S/W-*Kudlich* § 249 Rn. 6; MK-*Sander* § 249 Rn. 19; LK-*Vogel/Burchard* § 249 Rn. 13 ff.

[3] *El-Ghazi* NStZ 2020, 220 (221); so iE auch BGH NStZ 2019, 523 (524); NStZ 2020, 219 (220), allerdings unter Annahme einer rein psychischen Zwangswirkung, dagegen auch *Kassebaum* NStZ 2019, 524.

Seite zu gehen, weil es nur so den (andauernden) Schlägen des Täters ausweichen kann.[4] Gewalt gegen eine Person kann ggf. auch durch Unterlassen angewandt werden (Rn. 23 ff.).

5 Das **Entwinden einer Handtasche** (oder einer sonstigen Sache) kann Raub sein, wenn der Täter davon ausgeht, sie werde vom Opfer in Erwartung des Angriffs mit beiden Händen festgehalten.[5] Dagegen ist es keine tatbestandsmäßige Gewaltanwendung, wenn der Täter durch schnelles oder listiges Zugreifen nur das Überraschungsmoment beim Opfer ausnutzen will.[6] In diesem Fall geht von dem Verhalten des Täters keine körperliche Zwangswirkung aus, die für Gewalt gegen eine Person erforderlich ist.[7] Aus den gleichen Gründen liegt keine Gewalt gegen eine Person vor, wenn ein Fahrzeug durch ein anderes vor einer Ampel haltendes Fahrzeug an der Weiterfahrt gehindert wird, um auf diese Weise die Wegnahme einer Tasche vom Beifahrersitz zu ermöglichen (vgl. auch Rn. 4).[8]

6 **b) Drohung:** Drohung ist die Ankündigung eines Übels, dessen Eintritt der Täter als von seinem Willen abhängig darstellt.[9] Das angedrohte Übel muss eine gegenwärtige Gefahr für Leib oder Leben (des Adressaten der Drohung oder eines Dritten, vgl. Rn. 19) sein.

Die Leibesgefahr muss – in Annäherung an die Intensität der Lebensgefahr – von einer gewissen Erheblichkeit sein.[10] Sachgefahren sind auch bei großen Wertverlusten nicht ausreichend.[11] Die Drohung kann **ausdrücklich oder konkludent** erklärt werden. Raum für Zweifel kann bleiben, wenn nur das Opfer mit der konkreten Möglichkeit einer Gefahrrealisierung rechnet.[12] Auch eine Drohung mit einem Unterlassen kommt in Betracht; der Täter droht zB als Garant dem in Leibes- oder Lebensgefahr befindlichen Gewahrsamsinhaber, im Falle eines Widerstands gegen die Wegnahme die Gefahr nicht abzuwenden.[13]

7 Die Gefahr ist **gegenwärtig**, wenn ihre Realisierung bei ungestörtem Verlauf der Dinge aus der Perspektive des Opfers als bevorstehend erscheint.[14] Maßgeblich ist die Aktualität der Entscheidungssituation, in die der Drohungsadressat gestellt wird; auch die auf den Eintritt eines späteren Übels bezogene Gefahr ist gegenwärtig, wenn zu ihrer Abwehr alsbald (durch Aufgabe von Widerstand gegen die Wegnahme) reagiert werden muss. Nach der Rechtsprechung kann daher eine Frist für die Gefahrrealisie-

---

4 Näher zur Differenzierung zwischen absoluter und kompulsiver Gewalt LPK Vor §§ 232-241a Rn. 15 ff.; ausführlicher zur Gewalt gegen eine Person *Klesczewski* BT § 8/182.
5 BGH NJW 1955, 1238; 1404 (1405); StV 1986, 61; LK-*Herdegen*, 11. Aufl., § 249 Rn. 8.
6 BGH NStZ 1986, 218; StV 1990, 205 (206); *Haft/Hilgendorf* I 34; *Otto* JZ 1993, 559 (568); *Seelmann* JuS 1986, 201 (202); abw. BGHSt 18, 329 (330 f.): Gewalt schon, wenn die zum Tragen der Tasche erforderliche Kraft überwunden wird.
7 BGH StV 1990, 262; LK-*Vogel/Burchard* § 249 Rn. 27 f.
8 BGH NStZ 2020, 219 (220).
9 BGHSt 7, 252 (253); NK-*Kindhäuser/Hoven* Vor §§ 249-256 Rn. 22; MK-*Sander* § 249 Rn. 20.
10 RGSt 72, 229 (231); BGHSt 7, 252 (254); NK-*Kindhäuser/Hoven* § 249 Rn. 6 mwN.
11 Vgl. auch zur gegen den Hund des Genötigten gerichteten Drohung: BGH StV 2014, 287 f.
12 BGHSt 26, 309 (311); BGH NJW 1976, 976.
13 NK-*Kindhäuser/Hoven* § 249 Rn. 6.
14 BGH StV 1982, 517; NJW 1997, 265 (266) mit Anm. *Joerden* JR 1999, 120 ff.; StV 1999, 377 (378) mit Anm. *Kindhäuser/Wallau* und *Zaczyk* JR 1999, 343 ff.

rung von zweieinhalb Wochen genügen,[15] zB bei der Drohung, bei Nichterfüllung einer Geldforderung vergiftete Babynahrung in mehreren Supermärkten zu deponieren.[16]

In **Fall 1** war mit dem Warnschuss die konkludente Erklärung des T verbunden, einen weiteren, dann verletzenden oder gar tödlichen Schuss abzugeben, falls O nicht stillhalten sollte. Da T zu verstehen gab, anderenfalls sofort zu schießen, war die Lebensgefahr für O auch gegenwärtig.

2. Wegnahme

▶ **Fall 2:** T vertreibt O mit Schlägen aus dessen Wohnung. Anschließend entwendet er dort verschiedene Gegenstände. ◀

▶ **Fall 3:** T erschießt O. Unmittelbar danach steckt er sich die Wertsachen aus den Taschen des O ein. ◀

▶ **Fall 4:** T hält dem O mit den Worten „Geld oder Leben!" eine Pistole vor. Daraufhin händigt der wehrlose O dem T sein Bargeld aus. ◀

a) **Voraussetzungen:** Der Täter muss – iSd objektiven Diebstahlstatbestands (vgl. § 2 Rn. 7 ff.) – einem anderen eine **fremde bewegliche Sache wegnehmen**, dh den fremden Gewahrsam am Tatobjekt brechen und neuen begründen.

Das Opfer braucht weder die Wegnahme zu bemerken noch überhaupt zum Zeitpunkt der Wegnahme am Tatort anwesend zu sein.[17] Beispielhaft dafür ist **Fall 2**, in welchem sich O während der Wegnahme bereits außerhalb der Wohnung befindet. Sofern die Gewaltanwendung zum Tod des Opfers führt, ist ein Gewahrsamsbruch anzunehmen, wenn – wie in **Fall 3** – die Tötung und Gewahrsamsbegründung in einem unmittelbaren zeitlichen und räumlichen Zusammenhang stehen.[18]

b) **Abgrenzung:** Zur Abgrenzung des Raubes von der (räuberischen) Sacherpressung (§ 253 bzw. § 255) ist es erforderlich, dass der Täter den Gewahrsamswechsel selbst vornimmt, sich also die Sache nicht vom Genötigten aushändigen lässt. Da fremder Gewahrsam „gebrochen" werden muss, darf der Gewahrsamsinhaber (oder ein für ihn befugt handelnder Dritter) auch nicht mit dem Besitzübergang einverstanden sein. Die Nötigung steht dabei – ebenso wie eine Täuschung (vgl. § 263) – der Annahme eines tatbestandsausschließenden Einverständnisses nicht entgegen, da es insoweit auf den natürlichen Willen ankommt (§ 2 Rn. 44). Für die Wegnahme (bzw. das fehlende Einverständnis[19], vgl. § 2 Rn. 46) ist allerdings allein das **äußere Erscheinungsbild** maßgeblich: Der Täter muss den Gewahrsamswechsel ohne aktive („gebende") Mithilfe des Opfers herbeiführen. Händigt dagegen das Opfer dem Täter die Sache aus, so ist ungeachtet der inneren Willensrichtung stets eine Wegnahme zu verneinen.[20]

---

15 Vgl. BGH NStZ-RR 1998, 135; ferner BGH NStZ 1996, 494; 1999, 406 (407); *Mitsch* 8.2.1.5.2; auch Dauergefahren sind ausreichend, vgl. BGH NJW 1994, 1166; 1997, 265 (266).
16 BGH NStZ 2020, 221 (222); *Heghmanns* ZJS 2020, 164 (165), aA *Mitsch* NZWiSt 2022, 181 (183).
17 RGSt 67, 183 (186); BGHSt 4, 210 (211); 18, 329 (330); 20, 32 (33).
18 BGHSt 9, 135 (136); 39, 100 (108); NK-*Kindhäuser/Hoven* § 249 Rn. 8; M-*Schroeder/Hoyer* I § 35/39.
19 Vgl. dagegen *Schladitz* JA 2022, 89 (90, 92), wonach es auf der Grundlage der hM überhaupt nicht mehr auf das Vorliegen bzw. Fehlen eines Einverständnisses ankommen soll.
20 RGSt 66, 117 (118); BGHSt 7, 252 (255); 14, 386 (390); BGH NStZ 1999, 350 (351); NStZ 2023, 351; *Fischer* § 255 Rn. 6; *Mitsch* 8.2.1.3.2; *Rengier* JuS 1981, 655 (657, 661); LK-*Vogel/Burchard* Vor §§ 249-256 Rn. 71, § 249 Rn. 29.

In **Fall 4** lässt sich T das Geld von O aushändigen. Nach dem äußeren Erscheinungsbild nimmt T also nichts weg und kann daher nicht wegen Raubes bestraft werden. Einschlägig ist vielmehr der Tatbestand der räuberischen Erpressung (§ 255).

10 Zu einer **abweichenden Abgrenzung** kommt die im Schrifttum verbreitete Ansicht, die für die Erpressung eine Vermögensverfügung des Genötigten verlangt (§ 12 Rn. 3, § 17 Rn. 22) und folglich zwischen Raub und (räuberischer) Erpressung ein tatbestandliches Exklusivitätsverhältnis annimmt. Überwiegend wird zwischen Wegnahme und (abgenötigter) Verfügung nach subjektiven Kriterien differenziert und hierbei auf die Zwangswirkung in der Opferpsyche abgestellt (zu den Einwänden gegen diese Auffassung § 17 Rn. 23 ff.):[21] Eine Verfügung soll vorliegen, wenn sich der Genötigte zur Übergabe entschließt, obgleich er seine Mitwirkung bei der Gewahrsamsverschiebung für erforderlich hält. Dies sei etwa der Fall, wenn das Opfer glaubt, die Sache bei Hinnahme der Zwangswirkung behalten zu können. Demgegenüber wird eine Wegnahme bejaht, wenn das Opfer aufgrund seiner Zwangslage davon ausgeht, die Sache sei unabhängig von seiner Mitwirkung dem Zugriff des Täters preisgegeben. Demnach wäre es eine Wegnahme, wenn der Genötigte dem Täter die Sache in der Annahme übergibt, keine andere Wahl zu haben oder den Gewahrsam in jedem Fall zu verlieren.

In **Fall 4** würde diese Auffassung darauf abstellen, dass sich der wehrlose O dem T ausgeliefert fühlte und somit nur preisgab, was sich der T ohnehin selbst hätte nehmen können. Auf dieser Grundlage wäre eine Wegnahme anzunehmen und somit eine Strafbarkeit des T wegen Raubes zu bejahen.

3. Objektiver Zusammenhang von Nötigungsmittel und Wegnahme

▶ **Fall 5:** B nimmt O gewaltsam einen Schlüssel ab, mit dem er bei günstiger Gelegenheit in dessen Wohnung eindringen und dort Gegenstände stehlen will. Den Schlüssel will B dem O zurückgeben. ◀

▶ **Fall 6:** A bricht in die Wohnung des O ein, um dort Geld und Wertsachen zu stehlen. Als er den O im Schlafzimmer schnarchen hört, schließt er diesen vorsorglich dort ein, um nicht gestört zu werden. O wacht erst am kommenden Morgen auf, als A die Wohnung mit seiner Beute bereits verlassen hat. ◀

11 a) **Örtlicher und zeitlicher Zusammenhang:** Aus der Zweck-Mittel-Relation von Nötigung und Wegnahme (Finalzusammenhang) wird von der Rechtsprechung abgeleitet, dass Nötigungsmittel und Wegnahme in einem örtlichen und zeitlichen Zusammenhang stehen müssen.[22] Die beiden Elemente des Raubtatbestandes müssen also zu einer natürlichen Handlungseinheit verbunden sein.[23] Nicht erfasst wird hingegen der Fall, dass der Täter mit der Nötigung keinen unmittelbaren Widerstand gegen die Wegnahme aufheben, sondern nur eine spätere Wegnahme vorbereiten will.[24] Exemplarisch dafür ist **Fall 5**, in welchem B den Schlüssel erst zu einem späteren, günstigeren Zeitpunkt einsetzen will, um in die Wohnung zu gelangen und dort zu stehlen. Der Tatbestand wäre dagegen erfüllt, wenn B im unmittelbaren Anschluss an die Tat und bevor O weiteren Widerstand organisieren kann mit dem gewaltsam abgenommenen

---

21 S/S-*Bosch* § 249 Rn. 2; W-*Hillenkamp/Schuhr* Rn. 791; *Küper* NJW 1978, 956; *Otto* ZStW 79 (1967), 59 (86 f.); *Schröder* ZStW 60 (1941), 33 (96).
22 BGH NStZ 2006, 38; NStZ 2016, 472 (474); NJW 2016, 2900 (2901).
23 W-*Hillenkamp/Schuhr* Rn. 367; LK-*Vogel/Burchard* § 249 Rn. 75.
24 *Mitsch* 8.2.1.6.

Schlüssel in die Wohnung eindringt und stiehlt[25] oder der Täter das Opfer zunächst mit Gewalt zur Preisgabe eines Verstecks zwingt und sodann diese Information zur Wegnahme des Tatobjekts ausnutzt[26].

b) Kausalzusammenhang: Umstritten ist, ob der Tatbestand darüber hinaus einen Kausal- bzw. Zurechnungszusammenhang zwischen Nötigungsmittel und Wegnahme voraussetzt:

- Die hM verlangt – in Orientierung an der subjektivierten Tatbestandsfassung – **keine Kausalität** zwischen Nötigung und Wegnahme in dem Sinne, dass die Anwendung des Nötigungsmittels die Wegnahme objektiv ermöglicht oder gefördert hat.[27] Lediglich im subjektiven Tatbestand soll eine Verknüpfung zwischen Nötigung und Wegnahme iSe Zweck-Mittel-Relation erforderlich sein (Rn. 22). Demnach wäre der objektive Tatbestand auch verwirklicht, wenn der Genötigte (für einen Beobachter erkennbar) keine schutzbereite Person ist oder keinen Widerstand zu leisten vermag.[28] Allerdings verlangt die Rechtsprechung neuerdings eine „raubspezifische Einheit" von qualifizierter Nötigung und Wegnahme, die regelmäßig nur bei einer nötigungsbedingten Schwächung des Gewahrsamsinhabers in seiner Verteidigungsfähigkeit bzw. -bereitschaft vorliege.[29] Eine solche Schwächung wäre in **Fall 6** anzunehmen, da der eingeschlossene O den Gewahrsam an den außerhalb des Schlafzimmers gelegenen Gegenstände kaum mehr verteidigen kann; dass die Wegnahme im Übrigen unabhängig von der Gewaltanwendung (das Einsperren) erfolgt, schließt den objektiven Tatbestand hingegen nach hM nicht aus.[30] A wäre daher wegen vollendeten Raubes zu bestrafen.

- Nach der Gegenansicht muss durch die Anwendung des Nötigungsmittels die Wegnahme **kausal gefördert** worden sein.[31] Allerdings ist dieses Erfordernis auch dann erfüllt, wenn die Wegnahme durch die Gewaltanwendung erleichtert worden ist (zB indem das Opfer vorsorglich niedergeschlagen worden ist), sodass diese Auffassung in den meisten Fällen zu dem gleichen Ergebnis kommt wie die vorherrschende Ansicht (vgl. sogleich Rn. 15 f.).[32] Für diese Ansicht spricht nicht nur der Wortlaut („mit Gewalt"), sondern auch die systematische Parallele zur Nötigung, die nach hM ebenfalls einen Kausalzusammenhang von Nötigungsmittel und Nötigungserfolg voraussetzt (vgl. auch zur Erpressung § 17 Rn. 38).[33] In **Fall 6** hat sich die Gewaltanwendung – anders als bei einem vorsorglichen körperlichen Angriff auf O – nicht ausgewirkt, sodass eine Förderkausalität zu verneinen und mithin kein vollendeter Raub, sondern nur ein entsprechender Versuch anzunehmen ist.[34]

---

25 NK-*Kindhäuser/Hoven* § 249 Rn. 13; vgl. auch BGH NStZ 2020, 355 (356).
26 BGH NStZ 2019, 411.
27 RGSt 69, 327 (330); BGHSt 4, 210 (211); 30, 375 (377); BGH NStZ 1993, 79; HRRS 2015, Nr. 399 Rn. 19; *Eser* NJW 1965, 377 (378); *Geilen* Jura 1979, 165 f.; LK-*Herdegen*, 11. Aufl., § 249 Rn. 14; *Küper* JZ 1981, 568 (571); *Rengier* I § 7/22 f.; MK-*Sander* § 249 Rn. 26.
28 RGSt 67, 183 (186); BGHSt 18, 329 (331); 20, 32 (33); 41, 123 (124); BGH GA 1974, 219.
29 BGH NJW 2016, 2900 (2901); NStZ 2020, 355 (356); vgl. auch BGH NStZ 2016, 472 (474); ein Kausalzusammenhang wird aber nach wie vor nicht gefordert (ebenda 473 sowie BGH BeckRS 2018, 25410).
30 Vgl. *Rengier* I § 7 Rn. 23.
31 Arzt/Weber/*Heinrich*/Hilgendorf § 17/11 f.; *Heghmanns*, ZJS 2016, 519 (523); *Schmidhäuser* BT 8/50; *Seelmann* JuS 1986, 201 (203 f.); SK-*Sinn* § 249 Rn. 29; präzisierend *Hörnle* Puppe-FS 1143 ff.: objektiv-funktionale Verknüpfung.
32 *Heghmanns*, ZJS 2016, 519 (523); SK-*Sinn* § 249 Rn. 29.
33 Vgl. zu § 240: BGHSt 37, 350 (353); BGH NStZ 2004, 442 (443).
34 Vgl. Arzt/Weber/*Heinrich*/Hilgendorf § 17/12.

15 Für den Kausal- und Zurechnungszusammenhang kommt es daher darauf an, ob das Nötigungsmittel die Wegnahme ermöglicht oder erleichtert, indem tatsächlicher oder möglicherweise zu erwartender Widerstand überwunden oder ausgeschaltet wird; nach der hM wäre dies im Rahmen des (subjektiven) Finalzusammenhangs zu prüfen. Als Widerstand ist ein unspezifizierter Abwehrwille ausreichend, der ggf. nur auf einer instinktiven Reaktion[35] beruhen kann. Ein dem Schutz von Hab und Gut dienender Hilferuf kann bereits als Widerstandsleistung angesehen werden.[36] Der Widerstand muss dem Täter noch nicht entgegengesetzt sein, sondern kann vom Täter auch prophylaktisch ausgeschaltet werden,[37] indem dem Opfer zB überraschend Flüssigkeit in die Augen gespritzt und durch das so bewirkte Schließen der Augen die Wegnahme erleichtert wird.[38]

16 Zwar kann Gewalt auch – wie in **Fall 6** – gegenüber einem **Schlafenden**[39] oder durch **einen Überraschungsangriff** verübt werden, bei dem das Opfer zB narkotisiert, eingesperrt oder niedergeschlagen wird.[40] Während die Rechtsprechung insoweit ausreichen lässt, dass der Täter erwarteten Widerstand überwinden will, ist nach hier vertretener Auffassung erforderlich, dass die Wegnahme objektiv erleichtert wird, weil vom Opfer (möglicherweise) Widerstand zu erwarten war. Dementsprechend setzt der Tatbestand bei Gewalt gegen **Bewusstlose** oder (besinnungslos) Betrunkene voraus, dass objektiv die Möglichkeit besteht, dass das Opfer bis zur Vollendung der Wegnahme die Fähigkeit erlangt, Widerstand zu leisten. Nicht ausreichend ist es, wenn der Täter das widerstandsunfähige Opfer nur zum Zwecke ungestörten Ausplünderns wegträgt.[41] Gleiches gilt bei Einwirkungen auf widerstandsunfähige **Kleinkinder**.

4. Mehrpersonenverhältnisse

17 Auf der Opferseite können mehrere Personen in das Raubgeschehen einbezogen sein. Der Genötigte, der Gewahrsamsinhaber des Tatobjekts und – bei der Drohung – der Gefährdete können jeweils personenverschieden sein. Soweit auf der Täterseite mehrere Personen zusammenwirken, gelten die allgemeinen Beteiligungsregeln.[42]

18 a) **Genötigter**: Als Genötigter kommen – neben demjenigen, der den Gewahrsam am Tatobjekt innehat – alle Personen in Betracht, die den Täter an der Wegnahme hindern können.[43] Schutzbereite Personen können zB auch Kinder sein, die in der Lage sind, Hilfe herbeizuholen oder herbeizurufen.

19 b) **Gefährdung Dritter**: Eine (beliebige) schutzbereite Person kann auch Nötigungsopfer sein, wenn nicht ihr, sondern dem Gewahrsamsinhaber oder einem Dritten die Leibes- oder Lebensgefahr für den Fall angedroht wird, dass sie Widerstand gegen die Wegnahme leistet. Der Täter droht etwa, eine Geisel zu erschießen, wenn die schutzbereite Person gegen die Wegnahme Widerstand leistet.[44] In derartigen Konstellationen

---

35 BGHSt 16, 341 (343).
36 RGSt 69, 327 (331); BGHSt 4, 210 (212).
37 RGSt 67, 183 (186); BGHSt 1, 145 (147); 20, 194 (195); BGH StV 1990, 262; LK-*Vogel/Burchard* § 249 Rn. 21.
38 BGH NStZ 2003, 89; NStZ 2020, 355 (356).
39 RGSt 67, 183 (187).
40 RGSt 69, 327 (330); BGHSt 20, 194 (195).
41 *Seelmann* JuS 1986, 201 (202); SK-*Sinn* § 249 Rn. 14; *Welzel* 360; weitergehend dagegen BGHSt 4, 210 (211 f.); 20, 32 (33); 25, 237 (238).
42 Vgl. Rn. 30 ff.
43 RGSt 67, 183 (186); 69, 327 (330); BGHSt 3, 297 (299); M-*Schroeder*/Hoyer I § 35/14.
44 Näher zu Mehrpersonenverhältnissen in Nötigungssituationen LPK § 240 Rn. 28 ff.

wird zum Teil ein besonderes Näheverhältnis zwischen dem Adressaten der Drohung und dem bedrohten Dritten (Angehöriger, nahestehende Person) gefordert, da es anderenfalls an einer qualifizierten Zwangswirkung auf das Nötigungsopfer fehle (vgl. den entschuldigenden Notstand nach § 35).[45] Da die Leibesgefahr – in Annäherung an die Intensität der Lebensgefahr – von einer gewissen Erheblichkeit sein muss (Rn. 5), ist indes auch die Bedrohung eines Fremden als Notsituation anzusehen (vgl. den rechtfertigenden Notstand nach § 34), mit der auf das Nötigungsopfer ein gegenüber einem empfindlichen Übel gesteigerter Zwang ausgeübt wird.[46] Die Straferschwerung knüpft zudem nicht allein an den besonderen Motivationsdruck, sondern an die besondere Qualität des Drohungsinhalts (Leib- und Lebensgefahr) an (vgl. auch § 12 Rn. 2).[47] Es ist daher ausreichend, wenn sich die angedrohte Gefahr gegen einen (beliebigen) Dritten richtet.[48] Eine Drohung mit einer Selbsttötung oder Selbstverletzung vermag dagegen grds. keine Verantwortlichkeit des Drohungsadressaten für den Täter zu begründen, da in keine fremde Rechtsposition eingegriffen wird.[49]

II. Subjektiver Tatbestand

▶ **Fall 7:** Aus Wut schlägt A den O bewusstlos. Als er dann den O auf dem Boden liegen sieht, fasst er den Entschluss, die Gelegenheit zu nutzen und dessen persönliche Gegenstände einzustecken. ◀

▶ **Fall 8:** C hat die O zunächst zum Zweck einer Vergewaltigung gefesselt. Sodann entschließt er sich, der O Schmuck wegzunehmen, wobei er sie nicht befreit. ◀

1. Subjektive Tatmerkmale

Der subjektive Tatbestand verlangt (zumindest bedingten) **Vorsatz bezüglich Nötigung und Wegnahme**. Irrt der Täter bei der Nötigung über den Umfang der Beute oder den Zeitpunkt der nachfolgenden Wegnahme, so liegt darin in der Regel eine unwesentliche Abweichung vom Tatplan, die den Vorsatz unberührt lässt.[50] Ferner muss der Täter die Nötigungsmittel zum Zwecke der Überwindung des Widerstands gegen die Wegnahme einsetzen (sog. **Finalzusammenhang**).[51] Schließlich muss der Täter mit der **Absicht** handeln, sich oder einem Dritten das (weggenommene) Tatobjekt **rechtswidrig zuzueignen** (vgl. insoweit § 2 Rn. 64 ff.).

2. Finalzusammenhang

Aus dem Erfordernis eines Finalzusammenhangs folgt, dass die Nötigungsmittel nur vor oder während der Wegnahmehandlung angewandt werden können; eine Nötigung erst nach vollendetem Diebstahl ist kein Raub.[52]

---

45 *Mitsch* 8.2.1.5.3; *Zaczyk* JZ 1985, 1059 (1061).
46 NK-*Kindhäuser/Hoven* Vor §§ 249-256 Rn. 35.
47 Vgl. *Jakobs* JR 1987, 340 ff.; NK-*Kindhäuser/Hoven* Vor §§ 249-256 Rn. 35.
48 BGH JZ 1985, 1059; S/S-*Bosch* § 249 Rn. 5; MK-*Sander* § 249 Rn. 23.
49 NK-*Kindhäuser/Hoven* § 249 Rn. 18; aA OLG Hamm NStZ 1995, 547 (548 zu § 113); SK-*Sinn* § 249 Rn. 23.
50 BGH NStZ-RR 2019, 311 (312).
51 RGSt 67, 183 (186); BGHSt 4, 210 (212); BGH StV 1995, 416; NStZ-RR 2012, 342; NStZ 2013, 103 f.; *Eser* NJW 1965, 377 (378); LK-*Vogel/Burchard* § 249 Rn. 82.
52 BGHSt 14, 114 (115); 20, 32 (33); 28, 224 (226 f.); 32, 88 (92); BGH NStZ 1993, 79; NK-*Kindhäuser/Hoven* § 249 Rn. 11; *Küper* JuS 1986, 862 (863); SK-*Sinn* § 249 Rn. 32; jew. mwN. abw. *Dreher* MDR 1979, 529 ff.; *Schmidhäuser* BT 8/51.

22 **a) Zweck-Mittel-Zusammenhang:** Beim Begehungsdelikt muss der Täter die Nötigung einsetzen, um die Wegnahme zu ermöglichen. Der Raubtatbestand ist zB nicht erfüllt, wenn der Täter den Wegnahmeentschluss erst nach einer Vergewaltigung fasst oder – wie in **Fall 7** – dem zunächst in bloßer Verletzungsabsicht niedergeschlagenen bewusstlosen Opfer Sachen entwendet. Dagegen reicht es für die Annahme einer finalen Nötigung aus, wenn der Täter die ursprünglich zu einem anderen Zweck eingesetzte Gewalt später bewusst auch als Mittel zur Wegnahme wiederholt anwendet oder aufrechterhält.[53] Entsprechendes gilt für Drohungen, die zunächst anderen Zwecken dienten, vom Täter sodann aber ausdrücklich oder konkludent auch auf die Wegnahme bezogen werden.[54] Alleine das Ausnutzen einer fortwirkenden – ohne Wegnahmeabsicht ausgeübten – Gewalthandlung und der dadurch beim Opfer hervorgerufenen Angst vor weiterer Gewaltanwendung ist hingegen nicht ausreichend (vgl. dagegen § 177 Abs. 5 Nr. 3).[55] Will der Täter einen bestimmten Gegenstand wegnehmen, nimmt er aber nach Einsatz qualifizierter Nötigungsmittel einen anderen Gegenstand an sich, so fehlt es an einer finalen Verknüpfung, es sei denn, der auf das Tatobjekt bezogene Vorsatzwechsel stellt sich als unwesentliche Abweichung des Tatplans dar.[56]

23 **b) Nötigung durch Unterlassen:** Nötigung durch Unterlassen ist, bei entsprechender Garantenstellung des Täters, konstruktiv grds. möglich.

24 ■ Von der neueren Rechtsprechung und Teilen der Literatur wird die Möglichkeit einer Nötigung durch Unterlassen bejaht, sofern der Täter den bereits bestehenden Zwang nicht aufhebt, um Widerstand gegen die Wegnahme auszuschalten.[57] Dafür ist **Fall 8** ein Beispiel: Indem C die O zum Zweck der Vergewaltigung gefesselt hat, ist er Garant aus Ingerenz für deren Befreiung geworden. Wenn C diese Situation nun ausnutzt, um die O zu bestehlen, setzt er das pflichtwidrige Unterlassen der Befreiung als Gewaltmittel zur Wegnahme ein.

25 ■ Teils wird die Möglichkeit einer Gewaltanwendung durch Unterlassen beim Raub verneint:[58] Zur Begründung wird angeführt, dass der Finalzusammenhang in Bezug auf das Unterlassen und darüber hinaus auch die Gleichwertigkeit mit einem positiven Tun fehle (§ 13 Abs. 1 aE); zudem privilegiere diese Auslegung den brutaleren Täter, der das Opfer zunächst bewusstlos schlage und infolgedessen die Zwangswirkung nicht beseitigen könne.[59] Dem ist allerdings entgegenzuhalten, dass im Rahmen des § 240 Abs. 1 anerkannt ist, dass Gewalt auch durch Unterlassen verübt werden kann,[60] und dass aus höherer Vermeidemacht auch eine gesteigerte Verantwortlichkeit resultiert.[61] In **Fall 8** ließe sich ein Finalzusammenhang mit der

---

53 BGH NJW 1969, 619; NStZ 1982, 380 f.; 2013, 472; NStZ-RR 2023, 205; LK-*Vogel/Burchard* § 249 Rn. 84 f.
54 BGH bei *Holtz* MDR 1993, 6 (8 f.); BeckRS 2021, 8272.
55 BGH NStZ-RR 2013, 45 f.; NStZ 2015, 585 f. mit Anm. *Kudlich* JA 2015, 791 ff.; NStZ-RR 2015, 372 f.; StraFo 2016, 168 f.; NStZ-RR 2017, 143 (144); NStZ 2022, 42 (43); NStZ-RR 2023, 205.
56 BGH NStZ 2023, 411.
57 BGH NStZ 2004, 152 f. mit Anm. *Otto* JZ 2004, 364; *Eser* NJW 1965, 377 (379); *Fischer* § 249 Rn. 9 ff.; *Jakobs* JR 1984, 385 (386); L-*Kühl/Heger* § 249 Rn. 4; *Schünemann* JA 1980, 349 (353); *Seelmann* JuS 1986, 201 (203); LK-*Vogel/Burchard* § 249 Rn. 51.
58 W-*Hillenkamp/Schuhr* Rn. 379; *Joerden* JuS 1985, 26 f.; *Küper* JZ 1981, 568 (571 f.); *Otto* Jura 1987, 498 (500); *Rengier* I § 7/32; inzident wohl auch BGHSt 32, 88 (92).
59 *Rengier* I § 7/32; W-*Hillenkamp/Schuhr* Rn. 379.
60 Vgl. die Nachweise bei *Fischer* § 240 Rn. 22.
61 LK-*Vogel/Burchard* § 249 Rn. 54: Wer ein Opfer fahrlässig lebensgefährlich verletzt, macht sich ggf. nach §§ 212, 13 strafbar, während derjenige, der fahrlässig den sofortigen Tod des Opfers herbeiführt, nur nach § 222 strafbar ist.

Erwägung verneinen, dass C die O auch dann nicht befreit hätte, wenn er sich nicht spontan zu einem Diebstahl entschlossen hätte.[62] Andererseits nutzt C die fortwirkende Zwangswirkung zur Wegnahme bewusst aus, sodass die Befreiung nach dem tatsächlichen Tatverlauf auch mit Blick auf die dadurch erschwerte Wegnahme unterlassen wird.[63]

- Jedenfalls ist eine Gewaltanwendung durch Unterlassen dann anzunehmen, wenn der Täter garantenpflichtwidrig die Fesselung des Opfers durch einen Dritten nicht verhindert, um den so ausgeschalteten Widerstand zur Begehung eines Diebstahls zu nutzen.[64]

III. Versuch, Vollendung und Beendigung

Der Raub ist mit dem Vollzug der abgenötigten Wegnahme, dh mit Begründung des neuen Gewahrsams, **vollendet** und mit der Sicherung der Beute **beendet**. Der **Versuch beginnt**, wenn der Täter zur Verwirklichung des ganzen Tatbestands – Wegnahme durch qualifizierte Nötigung – unmittelbar ansetzt.[65]

C. Anwendung

I. Aufbau

Es empfiehlt sich, die Tatbestandsmerkmale des Raubes in folgenden Schritten zu prüfen:

I. Objektiver Tatbestand:
  1. Tatobjekt: Fremde bewegliche Sache (§ 2 Rn. 7 ff.)
  2. Tathandlung (zweiaktig):
     a) qualifizierte Nötigung: Gewalt gegen eine Person (Rn. 4 f.) oder Drohung mit gegenwärtiger Gefahr für Leib oder Leben (Rn. 6 f.)
     b) Wegnahme (§ 2 Rn. 27 ff.)
     c) Örtlicher und zeitlicher Zusammenhang (Rn. 11) und Kausalzusammenhang zwischen a) und b), str. (Rn. 12 ff.)
II. Subjektiver Tatbestand:
  1. (zumindest bedingter) Vorsatz bzgl. Tatobjekt und Tathandlungen (Rn. 20)
  2. Finalzusammenhang (Rn. 21 ff.)
  3. Zueignungsabsicht (§ 2 Rn. 64 ff.)
III. Rechtswidrigkeit der Tat insgesamt
IV. Schuld

---

[62] Vgl. *Walter* NStZ 2005, 240 (243).
[63] Vgl. auch allgemein zum Zusammenhang von Nötigung und Wegnahme: *Jakobs* JR 1985, 385 (387).
[64] Vgl. auch NK-*Kindhäuser/Hoven* § 249 Rn. 25; *Mitsch* 8.2.1.4.3.
[65] Hierzu *Jakobs* 25/70; vgl. auch BGH NStZ 1996, 38 f.; BGH NStZ-RR 1997, 133 sowie zu einschlägigen und teils sehr umstrittenen Fällen BGHSt 26, 201 (203) mit Anm. *Gössel* JR 1976, 249 ff. und *Otto* NJW 1976, 578 f.; BGH StV 1994, 240; *Roxin* JuS 1979, 1 (5 f.).

II. Einzelfragen

29 Sofern der Bearbeiter eines Gutachtens der hier vertretenen Auffassung folgt und für den Raub eine Kausalität zwischen Nötigung und Wegnahme für erforderlich hält (Rn. 12), ist die Frage, ob die Nötigung der Überwindung von Widerstand dient, bereits im objektiven Tatbestand aufzuwerfen (Rn. 13 f.). Folgt man der hM, so ist der Prüfung die Vorstellung des Täters im Rahmen des Finalzusammenhangs (Rn. 21 ff.) zugrunde zu legen.[66] Es muss also im subjektiven Tatbestand geprüft werden, ob die genötigte Person nach der Vorstellung des Täters Widerstand geleistet hätte.

III. Beteiligung

30 **Mittäterschaft** setzt neben der Beteiligung an Nötigung und Wegnahme ein **Handeln mit Zueignungsabsicht** voraus.[67] Da ein Handeln mit Drittzueignungsabsicht für Täterschaft genügt, ist die Abgrenzung von Täterschaft und Teilnahme vor allem mit Blick auf die Intensität der Beteiligung an Wegnahme und Nötigung zu treffen.[68] Auch eine **mittelbare Täterschaft** kommt nach allgemeinen Regeln in Betracht; zB dann, wenn der Vordermann hinsichtlich des erforderlichen Finalzusammenhangs ohne Vorsatz handelt und der Hintermann diesen Umstand bewusst instrumentalisiert hat.[69]

31 Nicht möglich ist nach hL eine **sukzessive Mittäterschaft** für einen Beteiligten, der sich erst nach der Nötigung ins Tatgeschehen einschaltet. Ein solcher Beteiligter wird bei der Tatbegehung nicht von der für den Raub konstitutiven Finalität zwischen Nötigung und Wegnahme geleitet.[70]

32 Demgegenüber lässt die Rechtsprechung wie beim Diebstahl auch beim Raub eine **Teilnahme** bis zum Zeitpunkt der Tatbeendigung zu (vgl. § 2 Rn. 126).[71] Dem steht jedoch entgegen, dass die vorsätzlich begangene rechtswidrige Tat iSv § 27 die Verwirklichung des jeweiligen Deliktstatbestands ist, sodass nach deren Vollendung keine Hilfe zu eben dieser Tat mehr geleistet werden kann.

33 Umstritten ist, ob die Veranlassung eines bereits zum Diebstahl fest Entschlossenen zur Anwendung von Nötigungsmitteln und damit zur Begehung eines Raubes („Aufstiftung") als Anstiftung zum Raub oder nur als Anstiftung zur Nötigung strafbar ist.[72]

IV. Konkurrenzen

34 § 249 ist gegenüber § 240 und §§ 242, 243 ff. lex specialis. Ist der (ggf. qualifizierte) Diebstahl vollendet, der Raub aber nur versucht, ist der Klarstellung halber Tateinheit zwischen § 249 und §§ 242 ff. anzunehmen.[73] § 239 tritt hinter § 249 zurück, wenn die Freiheitsberaubung ausschließlich Mittel zur Wegnahme ist; anderenfalls ist Tatein-

---

66 W-*Hillenkamp/Schuhr* Rn. 367.
67 BGHSt 6, 248 (251); 17, 87 (92); BGH StV 1996, 482; S/S/W-*Kudlich* § 249 Rn. 19; LK-*Vogel/Burchard* § 249 Rn. 97 mwN.
68 Vgl. auch BGH NStZ 2013, 104.
69 BGH NStZ 2013, 103 f.
70 S/S/W-*Kudlich* § 249 Rn. 28; *Küper* JuS 1986, 862 (867); SK-*Sinn* § 249 Rn. 38; LK-*Vogel/Burchard* § 249 Rn. 97; anders BGH JZ 1981, 596 mit abl. Bespr. *Kühl* JuS 1982, 189 (190).
71 BGHSt 6, 248 (251); BGH NJW 1985, 814; krit. *Küper* JuS 1986, 862 ff.
72 Hierzu LPK § 26 Rn. 16 ff.
73 BGHSt 21, 78 (80).

heit gegeben.[74] §§ 253, 255 werden von § 249 nach zutreffender Rechtsprechung im Wege der Gesetzeskonkurrenz verdrängt (vgl. § 12 Rn. 3, § 18 Rn. 17).

Mit §§ 239a, 239b kommt Tateinheit für den Fall in Betracht, dass die Geiselnahme mit dem Raub zusammenfällt und die für diesen Tatbestand erforderliche Zueignungsabsicht verwirklicht wird. Nach der Rechtsprechung soll jedoch eine Strafbarkeit nach §§ 239a, 239b ausscheiden, wenn durch das Sich-Bemächtigen des Opfers für dieses keine Lage mit einer „gewissen Stabilisierung" geschaffen wird, die zu einer **weiteren** qualifizierten Nötigung ausgenutzt werden soll.[75] An einer **eigenständigen Bedeutung** des Sich-Bemächtigens soll es etwa fehlen, wenn die qualifizierte Nötigung durch das Bedrohen mit einer Schusswaffe **nur** dazu dient, sich des Opfers zu bemächtigen und es in unmittelbarem Zusammenhang damit zu weitergehenden Handlungen – zB dem Dulden der Wegnahme oder der Vornahme einer Vermögensverfügung – zu zwingen.[76]

Wiederholungs- und Vertiefungsfragen

> Aus welchen beiden Elementen setzt sich der Raub zusammen? (Rn. 1)
> Weshalb spricht man beim Raub von einer „qualifizierten" Nötigung? (Rn. 3 ff.)
> Welche Auffassungen werden zur Definition der Wegnahme vertreten und worin liegt die Ursache für die Uneinigkeit? (Rn. 9 f.)
> Was versteht man unter dem Finalzusammenhang? (Rn. 21 ff.)
> Kann ein Raub auch mittels einer Nötigung durch Unterlassen begangen werden? (Rn. 23 ff.)

---

74 BGHSt 32, 88 (93).
75 BGHSt 40, 350 (355 ff.).
76 BGH StV 1996, 266; zur früheren Rechtsprechung vgl. BGHSt 26, 24 (28 f.); 39, 36 (44); 39, 330 (331); BGH NStZ 1993, 539.

§ 14 Schwerer Raub (§ 250)

A. Allgemeines

1 Die in § 250 genannten Tatmodalitäten sind abschließende Qualifikationen sowohl des § 249 als auch (über die Verweisung „gleich einem Räuber zu bestrafen") der §§ 252 und 255. Nach der Rechtsprechung handelt es sich um dem Grundtatbestand gleichartiges, aber erhöhtes Unrecht[1], während im Schrifttum die besondere Gefahr für Leib und Leben des Opfers als Grund für den höheren Strafrahmen angegeben wird (vgl. Abs. 1 Nr. 1a, c, Abs. 2 Nr. 1 und Nr. 3)[2].

B. Definitionen und Erläuterungen

I. Die Raubqualifikationen nach Abs. 1

1. Raub mit Waffen (Abs. 1 Nr. 1a) und sonstigen Werkzeugen (Abs. 1 Nr. 1b)

▶ **Fall 1:** A stellt eine Sporttasche auf die Verkaufstheke einer Tankstelle und erklärt gegenüber dem Angestellten X wahrheitswidrig, in der Tasche befinde sich eine Bombe, die er mit seinem Mobiltelefon zünden werde, wenn X ihm nicht sofort den gesamten Bargeldbestand der Kasse aushändige. ◀

2 Die beiden Tatvarianten stimmen im Wortlaut mit denjenigen des § 244 Abs. 1 Nr. 1a und b überein und können parallel ausgelegt werden (vgl. § 4 Rn. 2 ff., 21 ff.). Die hM sieht demnach auch bei § 250 Abs. 1 Nr. 1b (objektiv den Eindruck der Gefährlichkeit vermittelnde) **Scheinwaffen** als sonstige Werkzeuge iSd Tatbestands an.[3]

Während der BGH allerdings in einer früheren Entscheidung noch erwog, auch ein von hinten gegen das Genick gedrücktes Metallrohr als Scheinwaffe einzuordnen,[4] beurteilt er die (scheinbare) objektive Gefährlichkeit des eingesetzten Gegenstands nunmehr in ständiger Rechtsprechung nach dem **äußeren Erscheinungsbild**: Eine Scheinwaffe ist daher nach hM nicht gegeben, wenn für einen objektiven Beobachter kein Drohpotenzial erkennbar ist.[5] In **Fall 1** ist auch für einen objektiven Beobachter nicht erkennbar, dass sich in der Tasche keine Bombe befindet, dh die objektive Ungefährlichkeit des Tatmittels ist nach dem äußeren Erscheinungsbild nicht offensichtlich erkennbar, sodass nach hM ein sonstiges Werkzeug iSd § 250 Abs. 1 Nr. 1b vorliegt.[6]

Diese Auslegung wird jedoch zu Recht als inkonsequent und widersprüchlich kritisiert, da die Einbeziehung von Scheinwaffen auf den beim Opfer hervorgerufenen Einschüchterungseffekt gestützt wird, diese Wirkung aber unabhängig davon eintrete, ob die Ungefährlichkeit für einen objektiven Beobachter erkennbar ist oder nicht.[7]

---

[1] BGH NJW 1975, 2214 (2215).
[2] SK-*Sinn* § 250 Rn. 6; eingehend *Peters* GA 2022, 78 (80 ff.).
[3] BGHSt 44, 103 (105 f.); BGH StV 1998, 486 (487); 1999, 92; Arzt/Weber/*Heinrich*/Hilgendorf § 14/58; L-Kühl/ *Heger* § 250 Rn. 2; *Rengier* I § 8/5; MK-*Sander* § 250 Rn. 42.
[4] Vgl. BGH NStZ 1992, 129.
[5] BGH NJW 1996, 2663 mit krit. Anm. *Hohmann* NStZ 1997, 185 f.; BGH NStZ 2007, 332 ff. mit Bespr. *Bosch* JA 2007, 468 ff. und *Kudlich* StV 2007, 381 f.; BGH StV 2011, 676.
[6] Vgl. BGH NStZ 2011, 278; NStZ 2016, 215 (216); vgl. zuletzt BGH NStZ-RR 2023, 204 f. (zum Einsatz einer Luftpumpe als – vermeintliches - Gewehr) m. krit. Anm. *Mitsch* JR 2023, 634.
[7] *Fischer* § 250 Rn. 11c, 11d; *Jäger* JA 2016, 71 (72); NK-*Kindhäuser/Hoven* § 244 Rn. 29.

§ 14 Schwerer Raub (§ 250)

Die mithilfe der Scheinwaffe erzielte Wirkung kann aber vor allem auch deshalb kein qualifiziertes Raubunrecht begründen, weil die Drohung mit gegenwärtiger Lebensgefahr bereits im Grundtatbestand (§ 249) enthalten ist und daher eine Anhebung der Mindeststrafe auf drei Jahre Freiheitsstrafe nicht rechtfertigt.[8] Tatbestandsmäßig sind daher nur sonstige Werkzeuge, deren geplanter Einsatz für das Opfer mit Lebens- oder Leibesgefahr verbunden ist (§ 4 Rn. 25 zu § 244 Abs. 1 Nr. 1b).[9] In **Fall 1** ist daher der Qualifikationstatbestand nach § 250 Abs. 1 Nr. 1b zu verneinen.

2. Gefährlicher Raub (Abs. 1 Nr. 1c)

▶ **Fall 2:** A will den O unter Vorhalt einer schussbereiten Pistole ausrauben. Dabei kommt es zu einem Handgemenge, bei dem sich versehentlich ein Schuss löst, der den O nur knapp am Oberschenkel verfehlt. ◀

▶ **Fall 3:** T raubt dem herzkranken O eine Tasche, in der sich ua ein lebensnotwendiges Herzmedikament befindet. ◀

Grund für die Straferschwerung nach Nr. 1c ist einerseits das erhöhte Erfolgsunrecht der Gefahr einer schweren Gesundheitsbeeinträchtigung und andererseits das erhöhte Unrecht einer (Nötigungs-)Handlung, in der diese Gefahr bereits angelegt ist.

a) **Schwere Gesundheitsschädigung:** Von einer schweren Gesundheitsschädigung ist auszugehen, wenn das Opfer im Gebrauch seiner Sinne, seines Körpers oder seiner Arbeitskraft erheblich beeinträchtigt ist.

Zu denken ist etwa an eine ernste und langwierige Krankheit oder an eine beträchtliche Reduzierung der Arbeitsfähigkeit für längere Zeit.[10] Die tatbestandsmäßige **konkrete Gefahr** einer solchen Gesundheitsschädigung ist eingetreten, wenn es für das Opfer nur noch vom nicht mehr beherrschbaren Zufall abhängt, ob seine Gesundheit schwer geschädigt wird oder nicht.[11] Exemplarisch: Das Opfer erleidet einen heftigen Schlag, der zu inneren Blutungen führen kann. Die individuelle gesundheitliche Konstitution ist bei der Gefahrfeststellung zu berücksichtigen.[12] In **Fall 2** hätte der Schuss zu einer erheblichen Verletzung des Oberschenkels führen können.

Der tatbestandsmäßige **Gefahrerfolg** ist abzugrenzen von der (gegenwärtigen) Gefahr, mit der das Opfer – zB durch eine Schusswaffe wie in **Fall 2** – bedroht wird. Der tatbestandsmäßige Gefahrerfolg ist ein Ereignis, das durch die Täterhandlung verursacht ist. Die bloß angedrohte Gefahr muss dagegen vom Täter erst noch realisiert werden.[13] Anders ist es bei einem Handgemenge, bei dem sich jederzeit ein Schuss lösen kann, wie es dann schließlich in **Fall 2** geschieht: In diesem Fall ist eine Situation gegeben, in welcher der Erfolgseintritt schon deshalb nicht mehr von O gezielt abgewendet werden kann, weil auch der A den Kausalverlauf nicht mehr zu steuern vermag. Hier

---

8 *Mitsch* 8.3.1.2.1; *Peters* GA 2022, 78 (85 f.); weitergehend *Klescewski* GA 2000, 257 (263).
9 *Mitsch* 8.3.1.2.1; vgl. auch *Lesch* GA 1999, 365 (374); vgl. ferner BGH NStZ 2017, 581 f. und NStZ-RR 2023, 204 f., wo bei dem jeweiligen Gegenstand (Schlüssel, Luftpumpe) auf dessen objektive Gefährlichkeit als Schlag- und Stoßwerkzeug abgestellt wird; kritisch insoweit *Kudlich* NStZ 2017, 582; *Mitsch* JR 2023, 634 (635 f.).
10 BT-Drs. 13/8587, 27 f.; BGH NJW 2002, 2043; *Mitsch* 8.3.1.3.1; *Schroth* NJW 1998, 2861 (2865).
11 NK-*Kindhäuser/Hoven* § 250 Rn. 9; MK-*Sander* § 250 Rn. 50; näher zur Bestimmung des konkreten Gefahrerfolgs *Kindhäuser*, Gefährdung als Straftat, 1989, 208 ff.
12 BGH NStZ 2002, 542 mit Anm. *Degener* StV 2003, 332 und *Schroth* JR 2003, 250; vgl. auch BGH NStZ 2003, 662; *Hellmann* JuS 2003, 17.
13 AA Arzt/Weber/Heinrich/Hilgendorf § 17/29.

hat der Täter gewissermaßen das Geschehen aus der Hand gegeben und stellt es nicht mehr als von seinem Willen abhängig dar. Aus dem Eintritt einer schweren Gesundheitsschädigung kann regelmäßig auf das Vorliegen einer vorangegangenen konkreten Gefährdung geschlossen werden. Jedoch ist bei einer eingetretenen Verletzung auch zu prüfen, ob das Opfer aufgrund der konkreten Tatumstände nicht noch weitere schwere Gesundheitsbeeinträchtigungen hätte erleiden können.[14]

6 **b) Unmittelbarkeit:** Der Gefahrerfolg muss in dem Sinne unmittelbar durch die Nötigungshandlung des Raubes herbeigeführt werden,[15] dass sich in ihm die spezifische Gefährlichkeit der eingesetzten Nötigungsmittel[16] konkretisiert. Exemplarisch: Das Opfer erleidet infolge der Drohung einen Herzinfarkt. Dagegen genügt es nicht, wenn das Opfer – wie in **Fall 3** – aufgrund der vom Täter weggenommenen Sache gefährdet wird.[17] Hier geht die Gefährdung nicht auf die spezifische Durchführung eines Raubes zurück, sondern könnte auch durch einen (einfachen) Diebstahl ausgelöst werden. Nicht einschlägig sind ferner Gefährdungen, die vom Opfer selbst – zB bei unnötig riskanter Flucht – oder einem Dritten bei der Verfolgung des Täters zu vertreten sind.[18]

7 **c) Zeitpunkt:** Als Raubqualifikation[19] kann der Täter die Gefahr zwischen dem Beginn des Versuchs und der Vollendung des § 249 schaffen.[20] Wird die Gefahr durch ein nötigendes Verhalten in der Phase zwischen Vollendung und Beutesicherung herbeigeführt, so kann Abs. 1 Nr. 1c nach hM ebenfalls erfüllt sein.[21] Im Schrifttum wird dies hingegen überwiegend abgelehnt und stattdessen allein eine entsprechende Qualifikation des räuberischen Diebstahls (§ 252) angenommen.[22] In diesem Fall setzt die Anwendbarkeit von Abs. 1 Nr. 1c voraus, dass die Tat der Beutesicherung dient und nicht völlig anderen Zwecken. §§ 252, 250 Abs. 1 Nr. 1c sind daher nicht anwendbar, wenn der Täter nach einem fehlgeschlagenen Diebstahlsversuch mit einem Kraftfahrzeug flieht und hierbei Passanten gefährdet.[23] Handlungen, die dem Versuch der Raubtat vorangehen, verwirklichen die Qualifikation ebenfalls nicht (vgl. auch Rn. 17).[24]

8 **d) Gefährdungsopfer:** Gefährdete „andere Person" kann neben dem Raubopfer selbst jeder unbeteiligte Dritte sein, selbst wenn er keine schutzbereite Person ist.[25] Lediglich Täter und Teilnehmer des Raubes scheiden als potenzielle Gefährdungsopfer aus.[26] Zum geschützten Personenkreis gehören daher insbesondere Passanten, die in das Schussfeld geraten.

---

14 BGH NJW 2002, 2043 (2044).
15 Vgl. zu den entsprechenden Anforderungen beim erfolgsqualifizierten Delikt (§ 18): NK-*Paeffgen* § 18 Rn. 23 ff.
16 BGHSt 22, 362 (363); NK-*Kindhäuser/Hoven* § 250 Rn. 10.
17 *Fischer* § 250 Rn. 14a; NK-*Kindhäuser/Hoven* § 250 Rn. 10; *Mitsch* 8.3.1.3.2.2; aA L-Kühl/*Heger* § 250 Rn. 3; MK-*Sander* § 250 Rn. 52; LK-*Vogel/Burchard* § 250 Rn. 35.
18 NK-*Kindhäuser/Hoven* § 250 Rn. 10; LK-*Vogel/Burchard* § 250 Rn. 35.
19 Gleiches gilt für § 250 Abs. 1 Nr. 1c als Qualifikation von § 255.
20 SK-*Sinn* § 250 Rn. 37; LK-*Vogel/Burchard* § 250 Rn. 34 mwN.
21 BGHSt 20, 194 (197); NStZ 2018, 148; S/S-*Bosch* § 250 Rn. 23.
22 NK-*Kindhäuser/Hoven* § 250 Rn. 11; MK-*Sander* § 250 Rn. 51; LK-*Vogel/Burchard* § 250 Rn. 34.
23 BGHSt 55, 79 (81 zu § 250 Abs. 2 Nr. 3b); *Rengier*, Erfolgsqualifizierte Delikte, 1986, 281; aA S/S-*Bosch* § 250 Rn. 23: alle vom Täter ausgehenden Gefahren werden erfasst.
24 BGH StV 2006, 418; NStZ 2018, 148; W-*Hillenkamp/Schuhr* Rn. 393.
25 BGHSt 38, 295 (297 zu § 251); S/S/W-*Kudlich* § 250 Rn. 14; SK-*Sinn* § 250 Rn. 39; einschränkend *Peters* GA 2022, 78 (90): nur Nötigungsopfer.
26 S/S-*Bosch* § 250 Rn. 22; MK-*Sander* § 250 Rn. 49; aA BeckOK-*Wittig* § 250 Rn. 8.

e) **Subjektiver Tatbestand:** Der subjektive Tatbestand verlangt (zumindest bedingten) **Vorsatz** hinsichtlich der Gefährdung. Gefährdungs- und Verletzungsvorsatz überschneiden sich regelmäßig, da derjenige, der eine konkrete Gefahr bewusst herbeiführt, auch mit deren Realisierung rechnet. Abs. 1 Nr. 1c ist **kein** erfolgsqualifiziertes Delikt iSd § 18, für dessen Zurechenbarkeit Fahrlässigkeit ausreicht.[27] In **Fall 2** löst sich der Schuss versehentlich, sodass nicht von einer bewussten Gefährdung des O durch A ausgegangen werden kann.

3. Bandenraub (Abs. 1 Nr. 2)

Der Bandenraub entspricht inhaltlich § 244 Abs. 1 Nr. 2 (vgl. § 4 Rn. 29 ff.)[28] und bezieht sich neben dem Raub auch auf Taten nach §§ 252, 255 und 316a. Ferner ist Abs. 1 Nr. 2 einschlägig, wenn die Bande zunächst nur die Begehung von Diebstählen bezweckte. Es genügt ein bandenmäßig ausgeführter Raubexzess. Beteiligte, die keine Bandenmitglieder sind, können unabhängig von ihrem Tatbeitrag nur Teilnehmer (ggf in Tateinheit mit Raub in Mittäterschaft) sein.

II. Die Raubqualifikationen nach Abs. 2

1. Raub unter Verwendung von Waffen (Abs. 2 Nr. 1)

Die gegenüber Abs. 1 Nr. 1a verschärfte Qualifikation greift für den Fall ein, dass der Täter eine (funktionierende) Waffe oder ein anderes gefährliches Werkzeug (Rn. 2; näher § 4 Rn. 3 ff.) **tatsächlich zur Nötigung gebraucht.**[29] Dementsprechend ist eine Verwendung vor Versuchsbeginn, zB um der erst später erfolgenden Drohung mehr Nachdruck zu verleihen, nicht ausreichend.[30] Aufgrund des damit verbundenen Eskalationspotentials genügt es, wenn das Tatmittel – wie zunächst in **Fall 2** – nur zu Drohungszwecken verwendet wird.[31] In diesem Fall muss das Opfer das Tatmittel und die davon ausgehende Bedrohung wahrnehmen.[32] Nach der Rechtsprechung soll es ausreichen, wenn das Opfer nur den verbalen Hinweis des Täters auf die Waffe (aber nicht die Waffe selbst) wahrnimmt.[33] Dagegen ist zu Recht eingewandt worden, dass die – ausschließlich verbale – Bezugnahme auf die Waffe keine Verwendung ist, sondern das damit verbundene Unrecht nicht über die bereits im Grundtatbestand enthaltene qualifizierte Drohung hinausgeht (vgl. Rn. 2 zur Scheinwaffe).[34] Im Falle einer Gewaltanwendung ist eine Wahrnehmung des Tatmittels hingegen nicht erforderlich. Der Einsatz eines Werkzeugs iSv Abs. 1 Nr. 1b wird demgegenüber nicht erfasst.[35]

Die Rechtsprechung tendiert dazu, das Merkmal des „gefährlichen Werkzeugs" in Abs. 2 Nr. 1 weiter als beim Beisichführen in Abs. 1 Nr. 1a zu fassen, sodass unter

---

[27] BGHSt 26, 244 (245); BGH NJW 2002, 2043 (2044); S/S/W-*Kudlich* § 250 Rn. 15; *Küper* NJW 1976, 543; NK-*Paeffgen* § 18 Rn. 6 ff. mwN; LK-*Vogel/Burchard* § 250 Rn. 36.
[28] Vgl. auch BGHR § 250 Abs. 1 Nr. 4 Bande 1.
[29] *Peters* ZStW 134 (2022) 149 (156) mwN.
[30] Vgl. zu § 255 BGH NStZ 2018, 148 mit Anm. *Kudlich*.
[31] Vgl. BGH NStZ-RR 1999, 7; 102; JR 1999, 33; StV 2012, 153; NStZ 2013, 37; *Fischer* § 250 Rn. 18 ff.; *Küper* JZ 1999, 187 (189); allerdings wird man einschränkend fordern müssen, dass der gefährliche Einsatz des Tatmittels (in der konkreten Situation) auch tatsächlich möglich ist, näher *Baumann* JuS 2005, 405 (406 f.); *Geppert* Jura 1999, 599 (605); *Peters* GA 2022, 78 (91).
[32] BGH NStZ 2005, 41; NStZ 2018, 278 (279); *Peters* ZStW 134 (2022), 149 (176 f.).
[33] BGH NStZ 2021, 229 (230) mit zust. Besprechung *Jäger* JA 2021, 77; *Mitsch* JR 2022, 338 (344).
[34] *Hirsch/Dölling* ZIS 2022, 68 (71 f.); *Rieck* NStZ 2021, 230 (231); *Ruppert* StraFo 2020, 505; *Seel* NStZ 2023, 734.
[35] BGH NJW 1998, 3130; NStZ 1999, 448 (449).

Abs. 2 Nr. 1 letztlich alle Werkzeuge fallen können, sofern die tatsächliche oder bei Realisierung der Drohung zu besorgende Verwendung (zB Pfefferspray, „stramme Fesselung") konkret gefährlich ist (vgl. § 224 Abs. 1 Nr. 2).[36] Bei konkret ungefährlicher Verwendung (Fesselung, Drohung mit ungeladener Schusswaffe) ist der Tatbestand nach Abs. 2 Nr. 1 hingegen nicht erfüllt.[37] Diese Aufspaltung des Begriffes vom gefährlichen Werkzeug widerspricht dem Wortlaut und ist insofern auch systemwidrig, als unter „Verwenden" über den gefährlichen Einsatz hinaus auch eine Drohung fällt.[38] Der Begriff des „gefährlichen Werkzeugs" ist daher für Abs. 1 Nr. 1a (§ 244 Abs. 1 Nr. 1) und für Abs. 2 Nr. 1 bedeutungsgleich auszulegen und setzt eine „Waffenersatzfunktion" voraus (vgl. § 4 Rn. 9 f.).[39]

2. Bandenraub mit Waffen (Abs. 2 Nr. 2)

12 In diesem Qualifikationstatbestand werden die Begehungsweisen nach Abs. 1 Nr. 1a und Nr. 2 zu einer Tatvariante mit erhöhtem Unrechtsgehalt verbunden. Es soll der erhöhten Gefährlichkeit einer bewaffneten Bande Rechnung getragen werden. Der Tatbestand bezieht sich nur auf Waffen im technischen Sinne (vgl. § 4 Rn. 3 f.).

3. Raub unter schwerer körperlicher Misshandlung (Abs. 2 Nr. 3a)

13 Die Qualifikation greift ein, wenn der Täter oder ein Teilnehmer am Raub eine andere Person (vgl. Rn. 8) körperlich schwer misshandelt. Eine **schwere Misshandlung** in diesem Sinne verlangt zwar keine schwere Körperverletzung, die den Tatbestand des § 226 erfüllt,[40] wohl aber eine in der Intensität vergleichbare Beeinträchtigung der Gesundheit oder des körperlichen Wohlbefindens, etwa durch die Zufügung besonders starker Schmerzen.[41] Die Rechtsprechung hat eine schwere Misshandlung bei mehreren kräftigen Faustschlägen ins Gesicht des bereits am Kopf verletzten Opfers bejaht, die zu dessen Bewusstlosigkeit führten.[42] Die Körperverletzung muss eingetreten sein; eine Gefährdung reicht nicht aus. Nach der neueren Rechtsprechung muss die schwere Misshandlung als Gewaltanwendung in einem Finalzusammenhang mit der Wegnahme (oder zumindest der Beutesicherung, vgl. auch § 252 StGB) stehen.[43]

4. Lebensgefährlicher Raub (Abs. 2 Nr. 3b)

14 Grund für die Straferschwerung ist einerseits das erhöhte Erfolgsunrecht der Gefahr des Todes und andererseits das erhöhte Unrecht einer (Nötigungs-)Handlung, in der diese Gefahr bereits angelegt ist. Die **Gefahr** ist – entsprechend der Qualifikation in Abs. 1 Nr. 1c – nicht abstrakter, sondern **konkreter** Natur.[44] Die Gefahr ist ein Erfolg, der unmittelbar aus der Nötigungshandlung resultieren muss (Rn. 6). Gefährdeter kann jede Person außer den Beteiligten am Raub sein (Rn. 8). Die Gefährdung muss

---

36 BGH NStZ-RR 2004, 169; vgl. ferner BGH NJW 2004, 3437; NStZ 2023, 733 f. – Schraubenzieher; NStZ 2004, 261 (262) – Kugelschreiber.
37 BGHSt 48, 365 (371); BGH NJW 1998, 3130; NStZ-RR 1999, 15; BeckRS 2018, 28411.
38 Krit. Und mit weiteren Beispielen *Fischer* § 250 Rn. 22 ff.
39 *Fischer* § 250 Rn. 23; *Rengier* I § 8/21, 28 f. f., 22; in diesem Sinne auch BGH NStZ 1999, 448 (449).
40 BGH NStZ 1998, 461; *Renzikowski* NStZ 1999, 377 (383).
41 BGH NStZ 1998, 461; NStZ-RR 2007, 175; SK-*Sinn* § 250 Rn. 57.
42 BGH BeckRS 2018, 29667.
43 BGH BeckRS 2021, 8272.
44 *Fischer* § 250 Rn. 27; LK-*Vogel/Burchard* § 250 Rn. 65 mwN.

vom Vorsatz erfasst sein (Rn. 9). Selbst wenn man in **Fall 2** eine Lebensgefahr bejahte, fehlt dem A doch der erforderliche Vorsatz, da sich der Schuss versehentlich löste.

III. Versuch

Der Versuch ist strafbar (§§ 12 Abs. 1, 23 Abs. 1) und beginnt, den allgemeinen Regeln entsprechend, mit dem unmittelbaren Ansetzen zum Grundtatbestand und zur Qualifikation.[45] Dies ist zu verneinen, wenn nach dem Betreten der Räume, in denen der Raubüberfall stattfinden soll, der Tatbestandsverwirklichung noch weitere Schritte (zB Maskierung, Abwarten eines günstigen Zeitpunkts zur Tatbegehung) vorausgehen sollen.[46] Weder im Waffentragen bei der Raubvorbereitung (Abs. 1 Nr. 1a und b) noch im Zusammenschluss zur Bande (Abs. 1 Nr. 2) liegt daher ein Beginn der Tatausführung. Entledigt sich der Täter im Versuchsstadium der mitgeführten Waffe im Versuchsstadium, kommt ein **Teilrücktritt** in Betracht (§ 4 Rn. 45).[47]

C. Anwendung

Aufbau: Im **Gutachten** empfiehlt es sich, zunächst das Grunddelikt des § 249 komplett zu erörtern und sodann die in Betracht kommenden Tatvarianten des § 250, jeweils unterteilt in den objektiven und den subjektiven Tatbestand, nacheinander zu prüfen. Ist das Grunddelikt nur versucht, so kann auch hinsichtlich § 250 nur ein Versuch gegeben sein.

Zu Abs. 1 Nr. 1a, Abs. 2 Nr. 1: Die Streitfrage, ob das Beisichführen oder Verwenden der Waffe in der Phase der Beutesicherung, aber schon nach Vollendung des Diebstahls noch die Qualifikation erfüllt, stellt sich bei den Raubdelikten in gleicher Weise wie bei § 244 Abs. 1 Nr. 1a (vgl. § 4 Rn. 20). Die Rechtsprechung bejaht dies, verlangt aber, dass auch die Verwendung im Beendigungsstadium von der Absicht der Zueignung (iS einer Beutesicherung) getragen sein muss.[48] Wer die Frage (zutreffend) verneint, kann gleichwohl über § 252 zu einer Anwendbarkeit von § 250 Abs. 1 Nr. 1a, Abs. 2 Nr. 1 für den Fall kommen, dass der Täter in der Beendigungsphase die Beute mit qualifizierten Nötigungsmitteln zu sichern sucht (vgl. § 16 Rn. 1). Demgegenüber ist ein Beisichführen oder Verwenden im Vorbereitungsstadium nicht ausreichend (vgl. Rn. 7).[49] Bei der Drohung, nähere Angaben zum Standort vergifteter und zur Vorbereitung der Tat bereits in Verkehr gebrachter Nahrungsmittel zu unterlassen (§ 17 Rn. 12), werden diese „bei der Tat" (nämlich der Drohung) verwendet.[50] Wenn man mit der hier vertretenen Auffassung verlangt, dass das gefährliche Werkzeug vom Opfer wahrgenommen wird (Rn. 11), so ist die Qualifikation nach Abs. 2 Nr. 1 zu verneinen.

Zu Abs. 1 Nr. 1c: Der Qualifikation kommt praktisch keine eigenständige Bedeutung zu, da ein Opfer allenfalls in Ausnahmesituationen ohne Verwendung des gefährlichen Tatwerkzeugs in die Gefahr einer schweren Gesundheitsschädigung gebracht werden kann. Insoweit wird die Tat regelmäßig auch von Abs. 2 Nr. 1 erfasst und unterfällt der für diese Konstellation vorgesehenen erhöhten Mindeststrafe. Zudem dürfte die

---

45 *Fischer* § 250 Rn. 28; NK-*Kindhäuser/Hoven* § 250 Rn. 25; S/S/W-*Kudlich* § 250 Rn. 30.
46 Vgl. BGH NStZ 1996, 38.
47 S. dagegen zu § 250 Abs. 2 Nr. 1: BGH NJW 2019, 3659 (3661).
48 BGH NJW 2010, 1385 (1386); s. auch zur sukzessiven Mittäterschaft BGH NStZ 2022, 743 (744 f.).
49 NK-*Kindhäuser/Hoven* § 250 Rn. 2, 21.
50 BGH NStZ 2020, 221 (222 f.); *Heghmanns* ZJS 2020, 164 (166); aA *Mitsch* NZWiSt 2022, 181 (183).

Grenze zur schweren körperlichen Misshandlung oder Todesgefahr (Abs. 2 Nr. 3a und b) häufig schwer zu ziehen sein (vgl. nur **Fall 2**).

19 **Beteiligung:** Es gelten die allgemeinen Regeln. Die Gefährdungen (Abs. 1 Nr. 1c, Abs. 2 Nr. 3b) können von jedem Beteiligten (Täter oder Teilnehmer) verursacht werden und sind jedem anderen Beteiligten bei entsprechendem Vorsatz zurechenbar. Abweichungen vom vereinbarten Vorgehen sind nur dann als – nicht zurechenbarer – Exzess anzusehen, wenn sie für die übrigen Beteiligten aus dem Rahmen des Tatplans fallen.[51] Entsprechendes gilt für das Mitführen bzw. den Gebrauch gefährlicher Tatmittel.

20 **Konkurrenzen:** Die Tatbestände des § 250 Abs. 1 Nr. 1a, b und Nr. 2 verdrängen als leges speciales die entsprechenden Tatbestände von § 244, wenn der Täter einen (zumindest versuchten) Raub begeht. Auch im Verhältnis zu §§ 249, 252, 255 ist § 250 als selbstständige Qualifikation lex specialis. Verwirklicht der Täter mehrere Qualifikationen im Rahmen von § 250, so ist nach hM nur ein schwerer Raub gegeben.[52] Vorzugswürdig ist es aber, der Klarstellung halber Tateinheit anzunehmen (zB beim Zusammentreffen von Abs. 2 Nr. 1 und Abs. 1 Nr. 1c), sofern nicht ohnehin die Tatbestände von Abs. 2 solchen von Abs. 1 als Qualifikationen vorgehen, wie dies etwa im Verhältnis von Abs. 2 Nr. 1 zu Abs. 1 Nr. 1a oder von Abs. 2 Nr. 3b zu Abs. 1 Nr. 1c der Fall ist. Entgegen der Rechtsprechung[53] ist aus Klarstellungsgründen Tateinheit zwischen versuchtem Abs. 2 Nr. 1 und vollendetem Abs. 1 Nr. 1a anzunehmen.[54]

Wiederholungs- und Vertiefungsfragen

> Welche Grunddelikte kann § 250 qualifizieren? (Rn. 1)
> Zu welcher Vorschrift kann § 250 Abs. 1 Nr. 1 parallel ausgelegt werden? (Rn. 2)
> Wann ist eine Gesundheitsschädigung „schwer" iSv § 250? (Rn. 4 f.)
> Welcher anderen Vorschrift entspricht der Bandenraub inhaltlich? (Rn. 10)
> Wann ist eine körperliche Misshandlung „schwer"? (Rn. 13)
> Setzt der lebensgefährdende Raub des § 250 Abs. 2 Nr. 3b eine abstrakte oder eine konkrete Lebensgefahr voraus? (Rn. 14)

---

51 BGH NStZ-RR 2013, 244 f.
52 BGH NJW 1994, 2034 (2035); W-*Hillenkamp/Schuhr* Rn. 394 mwN.
53 BGH NStZ 2005, 41; NStZ 2016, 27.
54 NK-*Kindhäuser/Hoven* § 250 Rn. 27; MK-*Sander* § 250 Rn. 73; ebenso in Bezug auf gegen mehrere Opfer gerichtete Taten BGH NStZ 2012, 389.

§ 15 Raub mit Todesfolge (§ 251)

A. Allgemeines

§ 251 ist ein **erfolgsqualifiziertes Delikt**, bei dem der Täter durch den Raub in zumindest leichtfertiger Weise den Tod eines anderen Menschen verursacht haben muss. § 18 ist anzuwenden; die Zurechnung erfordert jedoch leichtfertiges Handeln. Im Falle einfacher Fahrlässigkeit können §§ 250 Abs. 2 Nr. 3b und 227 tateinheitlich verwirklicht sein.[1]

B. Definitionen und Erläuterungen

I. Objektiver Tatbestand

1. Erfolg

▶ **Fall 1:** A raubt den O mit vorgehaltener Schusswaffe aus. Dabei kommt A aus Nervosität versehentlich an den Abzug, sodass sich ein Schuss löst. Das Geschoss verfehlt den O, prallt an einer Mauer ab und trifft zufällig den Passanten P. ◀

Als **Erfolg** muss der **Tod** eines anderen verursacht sein. **Anderer** kann jede Person außer den Tatbeteiligten selbst sein, auch ein durch einen Querschläger zufällig getroffener Passant wie in **Fall 1**.[2]

2. Durch den Raub

▶ **Fall 2:** B lauert im Stadtpark dem betagten O auf. Als er ihn mit einem Messer bedroht, um ihn auszurauben, erleidet O vor Schreck einen tödlichen Herzinfarkt. ◀

▶ **Fall 3:** In einer Wohnanlage hat C Wertgegenstände des O gestohlen. Als C mit seiner Beute flüchtet, stellt sich ihm der Hausmeister H in den Weg, den C niederschießt. ◀

▶ **Fall 4:** Die Polizei versucht den Räuber R auf frischer Tat zu stellen. R widersetzt sich. Ein von Polizist P abgegebener Schuss verfehlt den R und trifft stattdessen den unbeteiligten Fußgänger F. ◀

a) **Kausalzusammenhang mit Nötigung:** Der Tod ist durch den Raub verursacht, wenn er aus dem Einsatz der raubspezifischen Nötigungsmittel resultiert. Neben der Anwendung von Gewalt sind auch Drohungen, die – zB aufgrund von Schockreaktionen wie in **Fall 2** – zum Tode führen, tatbestandsmäßig.[3]

Es genügt **nicht**, wenn der Tod **nur durch die Wegnahmehandlung** bedingt ist.[4] Dem Opfer werden etwa lebensnotwendige Medikamente oder Kleidungsstücke, die vor dem Erfrieren schützen, entwendet (vgl. § 14 Rn. 6 zu § 250 Abs. 1 Nr. 1c). In diesem Fall könnte bereits ein einfacher Diebstahl zu demselben Erfolg führen, ohne dass

---

[1] Vgl. BGH bei *Dallinger* MDR 1975, 541 (543 zu § 250 aF); vgl. ferner OLG Nürnberg NStZ 1986, 556 (zu § 222).
[2] NK-*Kindhäuser/Hoven* § 251 Rn. 2; SK-*Sinn* § 251 Rn. 4; LK-*Vogel/Burchard* § 251 Rn. 4; aA *Kunath* JZ 1972, 199 (201).
[3] Vgl. OLG Nürnberg NStZ 1986, 556.
[4] *Altenhain* GA 1996, 19 (35); W-*Hillenkamp/Schuhr* Rn. 405; S/S/W-*Kudlich* § 251 Rn. 5; NK-*Paeffgen* § 18 Rn. 81; *Rengier*, Erfolgsqualifizierte Delikte, 1986, 230 ff.; *Seelmann* JuS 1986, 201 (205); *Ulsenheimer* Bockelmann-FS 405 (414); aA *Geilen* Jura 1979, 501 (502); *Herzberg* JZ 2007, 615 (616 ff.); *Schünemann* JA 1980, 393 (396).

es hierbei auf die Nötigung ankäme. Ohne Berücksichtigung der raubspezifischen Nötigung lässt sich aber die drastische Strafrahmenerhöhung des § 251 gegenüber den sonst nur verwirklichten Vorschriften der §§ 222, 242, 52 nicht erklären. Für den einfachen Diebstahl ist keine auf den Tod des Opfers bezogene Erfolgsqualifikation vorgesehen.

5 **b) Zeitraum:** Beim Raub (wie auch beim räuberischen Diebstahl und der räuberischen Erpressung) muss die Todesursache durch die auf die Tatbestandsverwirklichung bezogene Nötigungshandlung im **Zeitraum zwischen Versuchsbeginn und Vollendung** gesetzt werden. Die Qualifikation des § 251 knüpft an die Gefährlichkeit des Verhaltens an, durch das der Täter den Grundtatbestand verwirklicht. Hieraus folgt, dass lebensgefährdende und zum Tode des Opfers führende Handlungen, die nur der Abwendung einer Strafverfolgung, nicht aber der Tatbestandsverwirklichung dienen, als Anknüpfungspunkt für § 251 ausscheiden.[5]

Die Rechtsprechung interpretiert demgegenüber die Raubgefahr nicht tatbestandsspezifisch, sondern tatspezifisch. Deshalb sollen auch typische Begleitumstände eines bewaffneten Raubes als einschlägige Todesursachen in Betracht kommen, etwa wenn die tödliche Gewalt allein zur Fluchtsicherung angewandt wird.[6] Diese Auffassung vermag zwar Zufälligkeiten wie etwa den Zeitpunkt eines Schusswechsels auszugleichen, verlässt aber den Boden einer am Wortlaut orientierten Tatbestandsauslegung: „durch den Raub" heißt nicht „gelegentlich eines Raubes".[7] Der BGH lässt es gleichwohl für den Gefahrzusammenhang ausreichen, dass die tödliche Gewaltanwendung aus Wut über die unergiebige Tatbeute erfolgte (vgl. dagegen § 14 Rn. 13 zu § 250 Abs. 2 Nr. 3a).[8]

Zu beachten ist, dass sich dieser Streit in **Fall 3** nicht auswirkt. Denn hier handelt C, um sich nach vollendeter Wegnahme den Besitz an der Beute zu sichern. Insoweit greift § 252 ein, der ebenfalls durch § 251 qualifiziert wird.

6 **c) Risikozusammenhang:** Über die (erforderliche) **Kausalität** hinaus muss zwischen Nötigung und Todeseintritt ein unmittelbarer Risikozusammenhang bestehen, dessen Unrecht die erheblich höhere Strafandrohung des § 251 gegenüber einer tateinheitlich mit (schwerem) Raub begangenen fahrlässigen Tötung rechtfertigt. Im Todeserfolg muss sich also eine in der Nötigungshandlung angelegte – und regelmäßig bereits von § 250 Abs. 2 Nr. 3b erfasste – Todesgefahr realisieren.[9] Diese Gefahr muss nicht auf der Anwendung von Gewalt, sondern kann auch auf einer (qualifizierten) Drohung beruhen,[10] insbesondere auf der Drohung mit der Nichtabwendung einer gegenwärtigen Lebensgefahr (zB bei der räuberischen Erpressung mit vergifteten Lebensmitteln, vgl. § 13 Rn. 7, § 14 Rn. 17, § 17 Rn. 12).[11]

---

5 *Hinderer/Kneba* JuS 2010, 590 (593); *Hruschka* JZ 1983, 217 (218); *Kühl* Roxin-FS I 665 (685 ff.); *Küper* JuS 1986, 862 (868 ff.); *Rengier* I § 9/18.
6 BGHSt 38, 295 (298 f.) mit abl. Anm. *Rengier* NStZ 1992, 590 und JuS 1993, 462 sowie (krit.) *Schroeder* JZ 1993, 52; BGH NStZ 1998, 511 (512); NStZ 2017, 638 (639) mit abl. Anm. *Kudlich* und *Jäger* JA 2018, 152; zusammenfassend *Sowada* Jura 1994, 643 (651 f.).
7 *Dehne-Niemann* StV 2020, 122 (124); *Jäger* JA 2018, 152 (154); *Rengier* I § 9/22.
8 BGH NStZ-RR 2020, 372 f. mit abl. Anm. *Kudlich* JR 2021, 268; vgl. auch BGH NStZ 2019, 730 (731) mit zust. Anm. *Habetha* und Bespr. von *Jäger* JA 2019, 950, und *Eisele* JuS 2019, 1219.
9 Vgl. BGHSt 33, 322 (323); 38, 295 (298); ausführlich NK-*Paeffgen* § 18 Rn. 23 ff. mwN.
10 BGH NStZ 1998, 511 (513).
11 BGH NStZ 2020, 221 (222); *Heghmanns* ZJS 2020, 164 (166); aA *Mitsch* NZWiSt 2022, 181 (184), wonach das tödliche Risiko nicht auf der Drohung, sondern der Vorbereitungshandlung beruhe. Die Lebensgefahr besteht indes (auch) deshalb fort, weil der Täter seine Drohung realisiert und keine Maßnahmen zur Beseitigung der Gefahr ergreift.

Auch wenn das Ausgangsrisiko eine solche Gefahr in sich barg, sind Todesfolgen **nicht zurechenbar**, falls der Erfolg nicht aufgrund dieser Risikofaktoren, sondern aufgrund eines inadäquaten Kausalverlaufs eintritt.[12] Ferner ist der Risikozusammenhang nicht gegeben, wenn der Tod durch das Verhalten eines Dritten, das nicht dem Widerstand gegen die Wegnahme (oder gegen die Beutesicherung) dient, bedingt wird. So stirbt zB F in **Fall 4** durch einen Schuss, der von P bei der Festnahme des Täters abgegeben wurde.[13]

Sofern sich das Opfer selbst schädigt, ist zu differenzieren: Der erforderliche Risikozusammenhang besteht, wenn das Opfer aufgrund einer adäquaten Reaktion auf die Nötigung des Täters zu Tode kommt.[14] Das Opfer stürzt zB tödlich bei dem Versuch, den Gewaltanwendungen des Täters auszuweichen. Erleidet das Opfer durch die Tat schwere Verletzungen, so ist die dadurch eintretende Todesfolge auch dann zurechenbar, wenn lebensverlängernde Maßnahmen aufgrund einer Patientenverfügung abgebrochen werden, soweit der Behandlungsabbruch auf einer nachvollziehbaren Entscheidung des Opfers beruht und der tödliche Verlauf damit im Rahmen des nach allgemeiner Lebenserfahrung Erwartbaren liegt.[15] Eine Zurechnung scheidet jedoch aus, wenn der das Opfer eine (zumutbare) lebensrettende Behandlung wider alle Vernunft ablehnt.[16] Der tatbestandsspezifische Gefahrzusammenhang ist schließlich zu verneinen, wenn das Opfer ohne Einwirkung des Täters bei dem Versuch, diesen zu verfolgen, verunglückt.[17]

II. Subjektive Zurechnung

Die Todesfolge kann **vorsätzlich** durch den Raub herbeigeführt werden.[18] Zumindest aber setzt der subjektive Tatbestand **Leichtfertigkeit** voraus und schränkt so § 18 ein. Leichtfertigkeit ist eine Form der groben, nicht notwendig bewussten Fahrlässigkeit, bei der sich dem Täter die Möglichkeit des Erfolgseintritts geradezu aufdrängt;[19] sie ist anzunehmen, wenn schon ein geringes Maß an Sorgfalt zur Vermeidung des Erfolges ausgereicht hätte. Vor allem Kurzschlusshandlungen fallen damit aus dem Haftungsbereich.[20] Die Leichtfertigkeit muss sich gerade auf das in der konkreten Nötigung liegende Todesrisiko – zB die besondere Intensität der jeweiligen Gewaltanwendung – beziehen, während sonstige rücksichtslose Verhaltensweisen – etwa das Zurücklassen des hilflosen und verwundeten Opfers am Tatort – nicht erfasst werden.

---

12 Vgl. LPK § 18 Rn. 3 ff.; NK-*Paeffgen* § 18 Rn. 52 mwN; ferner BGHSt 38, 295 (297 f.) mit Anm. *Schroeder* JZ 1993, 52; *Mitsch* 8.3.2.2.2.2; *Otto* § 46/41.
13 Vgl. S/S-*Bosch* § 251 Rn. 5.
14 BGHSt 19, 382 (386 f. zu § 239 Abs. 3); *Paeffgen* JZ 1989, 220 (227); SK-*Sinn* § 251 Rn. 14.
15 BGH NJW 2020, 3669 (3670 f.) mit zust. Anm. *Mitsch*; MK-*Sander* § 251 Rn. 9.
16 *Pohlreich* HRRS 2021, 207 (210); *Sowada* NStZ 2021, 233 (234); s. auch *Ruppert* JZ 2021, 266 (267); offen gelassen von BGH NJW 2020, 2669 (3671); aA (zu § 226): BGH NStZ 2017, 408 (409 f.).
17 Vgl. BGHSt 22, 362 ff. (zu § 251 aF); *Roxin/Greco* AT § 10/115; LK-*Vogel/Burchard* § 251 Rn. 15.
18 BGH NStZ-RR 2003, 44 (45).
19 BGHSt 33, 66 (67); *Mitsch* 8.3.2.3.2; *Rengier* I § 9/27; LK-*Vogel/Burchard* § 251 Rn. 17; eingehend NK-*Paeffgen* § 18 Rn. 48 ff. mwN.
20 M-*Schroeder/Hoyer* I § 35/32.

III. Versuch

8 Auf § 251 lassen sich die allgemeinen Regeln des Versuchs bei Erfolgsqualifikationen anwenden.[21] Zu unterscheiden sind die versuchte Erfolgsqualifikation und der erfolgsqualifizierte Versuch. Der **Versuch einer Erfolgsqualifikation** ist bei § 251 gegeben, wenn das Opfer zwar nicht stirbt, der Täter aber die Nötigungshandlung mit (zumindest bedingtem) Tötungsvorsatz ausführte;[22] das Grunddelikt kann hierbei vollendet oder nur versucht sein.[23] Ein **erfolgsqualifizierter Versuch** ist gegeben, wenn das Grunddelikt nur versucht wird, die Todesfolge aber eintritt. Exemplarisch: Das Opfer stirbt infolge der angewandten Gewalt, ohne dass die Wegnahme vollendet wurde.[24]

9 Von einem erfolgsqualifizierten Versuch kann der Täter selbst dann **strafbefreiend zurücktreten**, wenn es zum Erfolg, dem Tod des Opfers, gekommen ist. Voraussetzung ist, dass der Täter die Vollendung des Grunddelikts iSv § 24 freiwillig aufgibt oder abwendet.[25] Diese Möglichkeit wird von einer Mindermeinung mit dem Argument bestritten, in der Erfolgsqualifikation habe sich bereits die tatbestandsspezifische Gefahr realisiert.[26] Dem steht jedoch entgegen, dass § 24 den Rücktritt vom Versuch eines Grunddelikts ohne Einschränkung zulässt und der Erfolgsqualifikation ohne (zumindest versuchtes) Grunddelikt der Bezugspunkt fehlt. Anders als bei den Qualifikationen nach §§ 244, 250 (§ 4 Rn. 45) lässt die Rechtsprechung bei § 251 einen **Teilrücktritt** zu, indem sie die strafbefreiende Wirkung des Rücktritts vom Versuch der Erfolgsqualifikation nicht davon abhängig macht, dass der Täter auch vom versuchten Grunddelikt zurücktritt.[27] Die Möglichkeit eines Rücktritts ergibt sich insoweit aus dem Umstand, dass die Merkmale der Qualifikation (Tod des Opfers) objektiv nicht vollständig verwirklicht sind („regulärer Teilrücktritt").[28]

C. Anwendung

I. Aufbau

10 Im **Gutachten** empfiehlt es sich, zunächst das vorsätzlich vollendete Grunddelikt (§§ 249, 252, 255) komplett zu erörtern und sodann die fahrlässige Verursachung der schweren Folge zusammen mit der erforderlichen spezifischen Risikoverwirklichung zu prüfen:

---

21 Hierzu LPK § 22 Rn. 7 ff.; NK-*Paeffgen* § 18 Rn. 109 ff.; zum erfolgsqualifizierten Versuch bei § 251: *Küper* JZ 2019, 872 ff.; gegen dessen Strafbarkeit jüngst *Heuser* ZStW 135 (2023), 6 ff.
22 BGH StV 2002, 81.
23 *Geilen* Jura 1979, 613 (614); NK-*Paeffgen* § 18 Rn. 125; *Ulsenheimer* GA 1966, 257 (276 f.); jew. mwN.
24 BGHSt 7, 37 (39); BGH NJW 1977, 204; *Laubenthal* JZ 1987, 1065 (1067 f.); *Ulsenheimer* GA 1966, 257 (271 ff.); jew. mwN.
25 HM, vgl. nur BGHSt 42, 158 (159 ff.) mit Anm. *Küper* JZ 1997, 229 ff.; *Fischer* § 18 Rn. 9a; *Herzberg* JZ 2007, 615 f., 619 ff.; W-*Hillenkamp/Schuhr* Rn. 408; NK-*Paeffgen* § 18 Rn. 129 f.; *Rengier* I § 9/40 ff.; LK-*Vogel/Burchard* § 251 Rn. 27.
26 *Jäger* NStZ 1998, 161 (163 ff.); *Roxin* AT-II § 30 Rn. 289 ff.; *Ulsenheimer* Bockelmann-FS 405 (414 f., 419); *Wolter* JuS 1981, 168 (178).
27 BGH NJW 2019, 3659 (3661).
28 *Küper* GA 2020, 584 (586 f.).

I. Tatbestand, Rechtswidrigkeit, Schuld des Grunddelikts
II. Fahrlässige Erfolgsherbeiführung (in Form von Leichtfertigkeit):
  1. Verursachung des qualifizierenden Erfolgs
  2. objektive Sorgfaltswidrigkeit (liegt in der Regel schon in der Begehung des Grunddelikts)
  3. Risikozusammenhang
  4. subjektive Zurechnung, namentlich individuelle Erkennbarkeit des Erfolgsrisikos.

II. Beteiligung

Setzt einer von mehreren Beteiligten des Grundtatbestands die Todesursache, so haftet jeder nach § 251, dem hinsichtlich der Todesfolge (wenigstens) Leichtfertigkeit vorzuwerfen ist.[29] Dies gilt auch dann, wenn dem (unmittelbaren) Verursacher selbst bezüglich des Erfolgs noch nicht einmal Leichtfertigkeit zur Last fällt. § 251 kann demnach auch von einem leichtfertig (bzw. vorsätzlich) handelnden Anstifter einer nicht schuldhaft begangenen Haupttat erfüllt werden.[30] Exzesstaten bleiben dagegen unberücksichtigt[31], dh eine Strafbarkeit des Mittäters ist ausgeschlossen, sofern der Einsatz des tödlichen Nötigungsmittels nicht von dessen Vorsatz umfasst war[32].

III. Konkurrenzen

Bei vorsätzlicher Begehungsweise ist der Klarstellung halber Tateinheit mit §§ 211, 212 anzunehmen.[33] Gleiches gilt entgegen der hM[34] bei leichtfertig herbeigeführter Todesfolge für das Verhältnis zu § 227, da das Unrecht der Körperverletzung zum Ausdruck zu bringen ist.[35] § 222 wird dagegen von § 251 im Wege der Gesetzeskonkurrenz verdrängt. Auch § 250 Abs. 1 Nr. 1c und § 250 Abs. 2 Nr. 3b treten als Gefährdungsdelikte hinter dem Verletzungsdelikt (§ 251) zurück; mit den anderen Tatvarianten des § 250 ist zur Klarstellung des verwirklichten Unrechts Tateinheit anzunehmen.[36] Die hM nimmt indes auch insoweit einen Vorrang des § 251 an.[37]

Wiederholungs- und Vertiefungsfragen

> Welche Personen kommen als Tatopfer des § 251 in Betracht? (Rn. 2)
> Auf welche Ursachen muss der Tod zurückgehen? (Rn. 3 f.)
> In welchen Deliktsstadien muss die Todesursache gesetzt worden sein, damit § 251 eingreift? (Rn. 5)
> Welche Anforderungen sind an den Risikozusammenhang zu stellen? (Rn. 6)

---

29 BGH NJW 1987, 77 f.; NStZ 2010, 33 f. mit Bespr. *Bosch* JA 2010, 229; W-*Hillenkamp/Schuhr* Rn. 406; NK-*Paeffgen* § 18 Rn. 132 ff.; *Rengier* I § 9/49.
30 BGHSt 19, 339 (340 f.) mit Anm. *Cramer* JZ 1965, 31 (32); LK-*Vogel/Burchard* § 251 Rn. 24.
31 NK-*Paeffgen* § 18 Rn. 134; vgl. aber BGH NStZ 2008, 280 f. mit krit. Anm. *Walter* NStZ 2008, 548 (549 ff.) zu einem Grenzfall sukzessiver Mittäterschaft; allgemein zur Problematik *Jakobs* 21/60.
32 BGH NStZ-RR 2020, 143 (144 f.) mit Bespr. *Eisele* JuS 2020, 570, und *Kudlich* JA 2020, 390.
33 BGHSt 39, 100 (108 f.); BGH NStZ-RR 2003, 44; NK-*Paeffgen* § 18 Rn. 93 f. mwN.
34 BGHSt 46, 24 (26, 28); S/S-*Bosch* § 251 Rn. 9; *Fischer* § 251 Rn. 12 (Tateinheit mit § 227 nur bei versuchtem Raub mit Todesfolge).
35 NK-*Kindhäuser/Hoven* § 251 Rn. 12.
36 S/S-*Bosch* § 251 Rn. 10; NK-*Kindhäuser/Hoven* § 251 Rn. 12.
37 BGHSt 21, 183 (185); LK-*Vogel/Burchard* § 251 Rn. 30 (allerdings Tateinheit bei versuchtem § 251).

- > Was versteht man unter Leichtfertigkeit? (Rn. 7)
- > Kann der Täter vom erfolgsqualifizierten Versuch strafbefreiend zurücktreten? (Rn. 9)

§ 16 Räuberischer Diebstahl (§ 252)

A. Allgemeines

Der räuberische Diebstahl nach § 252 enthält alle Elemente des Raubes, die nur in einer anderen zeitlichen Reihenfolge kombiniert sind.[1] Während der Raub ein Diebstahl unter Einsatz von Nötigungsmitteln ist, betrifft der Tatbestand des § 252 einen **bereits vollendeten Diebstahl mit anschließender Nötigung**. Maßgeblich für die Unterscheidung beider Delikte ist damit die Frage, ob der Diebstahl bei Einsatz des Nötigungsmittels noch nicht – dann Raub – oder schon – dann räuberischer Diebstahl – vollendet ist. Hinsichtlich der Strafe verweist § 252 auf § 249 und damit auch auf die Raubqualifikationen nach §§ 250, 251.[2]

B. Definitionen und Erläuterungen

I. Objektiver Tatbestand

1. Vortat

Der räuberische Diebstahl verlangt als Vortat die vollendete, aber noch nicht beendete Verwirklichung eines Diebstahls (§ 242). Vortat kann auch eine Diebstahlsqualifikation (§§ 244, 244a) oder ein Raub (§ 249) sein,[3] aber nicht ein anderes Eigentums- oder Vermögensdelikt.[4]

Das Erfordernis der Vollendung ergibt sich aus der Abgrenzung zum Raub.[5] Dass die Beute noch nicht gesichert und die Vortat damit noch nicht beendet sein darf (vgl. § 2 Rn. 120 ff.), ist dem Merkmal „bei einem Diebstahl" zu entnehmen.[6]

2. Betreffen

▶ **Fall 1:** D begeht einen Wohnungseinbruchdiebstahl, bei dem er verschiedene Beutestücke entwendet. Während er die Sachen in seine Taschen packt, hört er den Wohnungsbesitzer W zurückkommen und postiert sich neben der Zimmertür. Der ahnungslos das Zimmer betretende W wird mit einem Knüppel bewusstlos geschlagen, ehe er D erblicken konnte. ◀

a) **Zeitpunkt**: Der Täter ist betroffen, wenn er von einem Dritten schon wahrgenommen wurde oder (nach hM, vgl. Rn. 5) eine solche Wahrnehmung unmittelbar bevorsteht.

Mit dem Merkmal „betroffen" soll die Raubähnlichkeit der Tat begründet und zugleich der Tatbestand in zeitlicher und räumlicher Hinsicht begrenzt werden.[7] Erforderlich ist zumindest eine Begegnung zwischen dem Täter und dem „Betreffenden"

---

[1] § 230 prStGB normierte in Abs. 1 den Raub und in Abs. 2 den räuberischen Diebstahl. In ähnlicher Weise war § 126 StGB-DDR aufgebaut. Zur problematischen Vergleichbarkeit des Unrechts beider Delikte vgl. NK-*Kindhäuser/Hoven* § 252 Rn. 3 f.
[2] BGH NStZ-RR 2002, 237.
[3] BGHSt 3, 76 (77); 21, 377 (379); 38, 295 (299); S/S/W-*Kudlich* § 252 Rn. 4, 7.
[4] BGHSt 41, 198 (203 f. zu § 263); BGH NStZ 2011, 36 (37 zu § 246); *Mitsch* 9.2.1.2.2; LK-*Vogel/Burchard* § 252 Rn. 17; aA (zu §§ 253, 255) *Frank* Jura 2010, 893 ff.
[5] BGHSt 28, 224 (225 f.); 41, 198 (203 f.).
[6] BGHSt 22, 227 (230); 28, 224 (229); BGH JZ 1988, 471; *Perron* GA 1989, 145 (148); LK-*Vogel/Burchard* § 252 Rn. 39 ff.; aA *Dreher* MDR 1979, 529 f.; L-Kühl/*Heger* § 252 Rn. 2.
[7] BGHSt 26, 95 (96); 28, 224 (230).

iSe zufälligen, raum-zeitlichen Zusammentreffens. Umstritten ist jedoch, ob diese Mindestvoraussetzung ausreicht:

5 ■ Nach der hM genügt es für das Betreffen, wenn der Täter dem (nur) von ihm befürchteten Bemerktwerden – etwa durch schnelles Zuschlagen – zuvorkommt.[8] In **Fall 1** wäre D daher von W „betroffen".

6 ■ Nach einer verbreiteten Auffassung im Schrifttum muss der Täter als Person von dem Dritten wahrgenommen worden sein.[9] In **Fall 1** wäre demnach D zum Zeitpunkt der qualifizierten Nötigungshandlung noch nicht betroffen.

7 Die hM stützt sich vor allem auf den Zweck der Norm, wonach es sachgerecht erscheint, die qualifizierte Nötigung zur Besitzerhaltung unabhängig davon zu erfassen, ob der Täter vom Opfer bereits wahrgenommen wurde oder er einer solchen Wahrnehmung zuvorkommt.[10] Für die restriktive Auslegung spricht indes der Wortlaut, denn ein Betreffen setzt gemeinhin eine Wahrnehmung voraus[11]; dieses Verständnis spiegelt sich auch in § 127 Abs. 1 S. 1 StPO wider („auf frischer Tat betroffen oder verfolgt"), denn die Ausübung des Festnahmerechts setzt notwendigerweise die Wahrnehmung des Täters voraus. Die extensive Interpretation dieses Merkmals iSe „raum-zeitlichen Zusammentreffens" („antreffen", „begegnen")[12] widerspräche nicht nur dem allgemeinen Sprachgebrauch (vgl. auch Art. 103 Abs. 2 GG), sondern liefe im Ergebnis darauf hinaus, dass dem „Betreffen" keine eigenständige Bedeutung mehr zukäme, denn ein „Zusammentreffen" von Täter und Opfer wäre aufgrund der Gewaltanwendung regelmäßig gegeben.[13]

8 Nach beiden Ansichten ist es für das Betreffen nicht erforderlich, dass der Dritte den Diebstahlscharakter der Tat erkannt oder den Täter bereits als Tatverdächtigen eingestuft hat.[14]

9 b) „**Betreffender**": Als Person, die den Täter »betrifft«, kommt neben dem Gewahrsamsinhaber jeder Dritte in Betracht.

Der „Betreffende" braucht nicht – wie in **Fall 1** – überraschend zum Tatort zu kommen, sondern kann schon während der Tatausführung in der Nähe anwesend gewesen sein und das Geschehen ggf von Anfang an beobachtet haben.[15] Da der Tatbestand nur die Absicht der Besitzerhaltung verlangt, ist es nicht erforderlich, dass der „Betreffende" auch tatsächlich den Willen hat oder – bei noch nicht erfolgter Entdeckung – haben müsste, gegen den Täter einzuschreiten.[16]

---

8 BGHSt 26, 95 (96); 28, 224 (227 f.); *Geilen* Jura 1980, 43; NK-*Kindhäuser*/*Hoven* § 252 Rn. 9; S/S/W-*Kudlich* § 252 Rn. 11; *Perron* GA 1989, 145 (163); *Rengier* I § 10/16; SK-*Sinn* § 252 Rn. 10.
9 RGSt 73, 343 (346); *Geppert* Jura 1990, 554 (556 f.); *Mitsch* 9.2.1.4.2; MK-*Sander* § 252 Rn. 11; *Schmitt* Jescheck-FS 223 (233); *Seelmann* JuS 1986, 201 (206); vgl. auch *Küper* Krey-FS 313 ff.
10 BGHSt 26, 95 (96).
11 RGSt 73, 343 (346).
12 NK-*Kindhäuser*/*Hoven* § 252 Rn. 9.
13 *Mitsch* 9.2.1.4.2; MK-*Sander* § 252 Rn. 11.
14 BGHSt 9, 255 (258); S/S-*Bosch* § 252 Rn. 4; L-Kühl/*Heger* § 252 Rn. 4; *Mitsch* 9.2.1.4.2; enger *Schnarr* JR 1979, 314 (316).
15 RGSt 73, 343 (345); BGH NJW 1958, 1547.
16 *Mitsch* 9.2.1.4.3; *Otto* § 46/58; M-*Schroeder*/*Hoyer* I § 35/41; LK-*Vogel*/*Burchard* § 252 Rn 29 ; aA *Schmidhäuser* BT 8/59.

3. Auf frischer Tat

Der Täter ist auf frischer Tat betroffen, wenn aus den gesamten Umständen, in denen er sich befindet, auf einen (unbeendeten) Diebstahl geschlossen werden kann und Notrechte gegen ihn noch ergriffen werden dürfen.

10

Das Kriterium der Tatfrische umgrenzt den Zeitraum schärfer, in dem – als Ausnahme vom staatlichen Gewaltmonopol – Notrechte wahrgenommen werden dürfen (vgl. auch § 127 Abs. 1 StPO, §§ 229, 859 Abs. 2 BGB). Kennzeichnend hierfür ist – wie in Fall 1 – die **raum-zeitliche Nähe** des Täters **zur Tatausführung**, die nach dem äußeren Anschein eine Tatbegehung durch den Täter besonders naheliegend erscheinen lässt.[17] Zwar muss der Täter nicht am Tatort selbst, wohl aber noch in dessen unmittelbarer Nähe betroffen werden.[18] Nicht mehr tatbestandsmäßig ist es, wenn der Täter erst aufgrund einer nach dem Diebstahl eingeleiteten Suche entdeckt wird.[19] Gleiches gilt, wenn der Täter seinen Verfolger auf der Flucht mehrmals abschütteln konnte[20] oder dieser die Verfolgung bereits aufgegeben hat und den Täter erst bei einer erneuten Suche infolge eines Zufalls stellt[21].

Neben dem Erfordernis, dass der Diebstahl noch nicht beendet sein darf, hat das Merkmal der Tatfrische jedoch nur selten eine eigenständige Bedeutung. Als Beispiel für einen (ausnahmsweise) nicht mehr frischen, aber noch nicht beendeten Diebstahl ist an Situationen zu denken, in denen Dieb und Opfer in einer auch nach der Tat noch andauernden engeren Beziehung zueinander stehen. Hier kann der gemeinsame Lebensbereich – zB das gemeinsame Wohnen – von Täter und Opfer einer endgültigen Beutesicherung entgegenstehen.[22] Ferner kann es trotz mangelnder Beutesicherung an der Tatfrische fehlen, wenn der Täter nach dem Diebstahl noch eine längere gemeinsame Fahrt in einem Kraftfahrzeug mit dem ahnungslosen Opfer unternimmt oder bei einem Diebstahl in einem Nachtzug die Beute bereits in einem anderen Teil des Zuges gesichert ist.[23] In diesen Konstellationen scheitert die Frische vor allem an dem Umstand, dass das Verhalten des Täters nicht mehr als gegenwärtiger Angriff iSd Notwehrvoraussetzungen angesehen werden kann. Demgegenüber ist es widersprüchlich, wenn der BGH bei einer Verhaftung des Täters im Rahmen einer Nacheile zwar eine frische Tat verneint (Zugriff eine halbe Stunde nach der Tat und 3,5 km vom Tatort entfernt), aber gleichwohl von einem Betreffen auf frischer Tat ausgeht, da die Tat von Anfang an von der Polizei observiert worden sei.[24] Der Tatbestand erfasst zwar auch Nötigungsmittel gegen eine Person, die den Täter auf dessen Flucht verfolgt (vgl. auch unten Rn. 12),[25] setzt dabei aber zugleich voraus, dass die Tat zu diesem Zeitpunkt noch „frisch" ist.[26] Demgegenüber dehnt die Rechtsprechung den möglichen Zeitraum der Tatbegehung auf das Stadium der nach dem Betreffen auf „frischer Tat" einsetzenden und zäsurlosen Verfolgung aus.[27]

11

---

17 *Kratzsch* JR 1988, 397 (401); näher NK-*Kindhäuser/Hoven* § 252 Rn. 14 ff. mwN.
18 BGHSt 26, 95 (96); 28, 224 (229); BGH StV 1987, 196; *Perron* GA 1989, 145 (162).
19 OLG Hamm MDR 1969, 238; LK-*Vogel/Burchard* § 252 Rn. 42.
20 LG Köln MDR 1986, 340.
21 BGH NStZ 2023, 550 (551).
22 Vgl. *Perron* GA 1989, 145 (154 f.).
23 BGHSt 28, 224 (228 f.) mit Anm. *Kühl* JA 1979, 491 und Bespr. *Seier* JuS 1979, 336 (337); BGH StV 2013, 445; krit. *Rengier* I § 10/11 ff.
24 BGH NStZ 2015, 700 m. krit. Anm. *Becker*.
25 BGH NStZ 2015, 219 (220); S/S-*Bosch* § 252 Rn. 5/6; NK-*Kindhäuser/Hoven* § 252 Rn. 18.
26 *Becker* NStZ 2015, 701 (702); *Küper* StV 2016, 285 (286); aA *Brüning* ZJS 2016, 386 (389).
27 BGH NStZ 2023, 550 (551) m. zust. Anm. *Habetha*.

4. Tathandlung

▶ **Fall 2:** Nachdem T von dem Wohnungsbesitzer O bei einem Einbruchdiebstahl ertappt wurde, flieht er. Dabei wird er von der herbeigerufenen Polizei verfolgt, auf die er Schüsse abfeuert. ◀

12 Tathandlung ist eine Nötigung mit Gewalt gegen eine Person oder durch Drohungen mit gegenwärtiger Gefahr für Leib oder Leben.[28] Für § 252 gilt kein eigener „restriktiver" Gewaltbegriff.[29] Opfer der Nötigung kann jede beliebige Person sein.

Insbesondere braucht der Genötigte nicht derjenige zu sein, der den Täter auf frischer Tat betroffen hat. Tatbestandsmäßig ist etwa – wie in **Fall 2** – die Anwendung von Gewalt gegen einen Polizisten, der, von einem Tatzeugen informiert, den fliehenden Täter verfolgt. Es reicht daher aus, wenn der auf frischer Tat betroffene Dieb zunächst flieht und erst auf der Flucht Nötigungsmittel gegen seinen Verfolger einsetzt (vgl. Rn. 11).

II. Subjektiver Tatbestand

13 Der subjektive Tatbestand verlangt **Vorsatz** hinsichtlich der objektiven Tatbestandsmerkmale und zudem die **Absicht**, sich im Besitz des gestohlenen Gutes zu erhalten.

14 Die **Absicht** ist iSe auf die Besitzsicherung gerichteten finalen Willens zu verstehen. Dem Täter muss es darauf ankommen, eine im weiteren Verlauf des Geschehens drohende Besitzentziehung zu verhindern.[30]

Daher genügt es nicht, wenn der Täter die Nötigung **nur** ausübt, um nicht ergriffen zu werden und einem dadurch bedingten *späteren* Verlust der Beute vorzubeugen,[31] oder wenn er sich **ausschließlich** eines unliebsamen Beweisstücks entledigen will.[32] Neben der Sicherungsabsicht können jedoch andere Motive treten, namentlich der Wille, der Strafverfolgung zu entgehen.[33] Ferner fehlt es an der Sicherungsabsicht, wenn der Täter gegen Personen vorgeht, denen er kein Handeln zugunsten des bisherigen Gewahrsamsinhabers unterstellt. Exemplarisch: Der Täter schlägt eine Person nieder, die er für einen ebenfalls an der Beute interessierten Nebentäter hält, oder er geht gegen einen Mittäter vor, der seinen Anteil verlangt. Keine Sicherungsabsicht ist schließlich gegeben, wenn der Täter die Nötigungsmittel anwendet, um den zwischenzeitlich verlorenen Besitz zurückzuerhalten; einschlägig sind dann §§ 253, 255.

15 Unter **Besitz** ist die aus dem Diebstahl erlangte Sachherrschaft zu verstehen.

Gewahrsam in diesem Sinne ist auch gegeben, wenn der Täter die Beute noch am Tatort einem Gehilfen, der sie für ihn besitzen soll, aushändigt und sodann gegen den einschreitenden Dritten den noch **ungesicherten mittelbaren Eigenbesitz** verteidigen

---

28 Zu Einzelheiten § 13 Rn. 3 ff.
29 Zutreffend OLG Brandenburg NStZ-RR 2008, 201 (202); *Fischer* § 252 Rn. 8; aA LG Gera NJW 2000, 159 f.
30 BGHSt 13, 64 (65); 28, 224 (231); BGHR § 252 Besitzerhaltungsabsicht Nr. 2; BGH StV 1987, 196; S/S/W-*Kudlich* § 252 Rn. 15; *Mitsch* 9.2.2.3.1; *Rengier* I § 10/21ff.
31 BGHSt 9, 162; BGH StV 1987, 534 (535); OLG Koblenz StV 2008, 474 (475); aA *Dehne-Niemann* Jura 2008, 742 (746).
32 BGH MDR 1987, 154; aA OLG Köln NJW 1967, 739 (740) mit abl. Anm. *Schröder* NJW 1967, 1335.
33 BGHSt 13, 64 (65); BGH NStZ 1984, 454 (455); NStZ 2023, 489.

will.³⁴ Bei Mittätern des Diebstahls reicht es aus, wenn einer den vom anderen ausgeübten **gemeinsamen Gewahrsam** sichern will.³⁵

III. Versuch und Vollendung

Der räuberische Diebstahl ist mit der Anwendung der qualifizierten Nötigungsmittel vollendet. Die beabsichtigte Beutesicherung muss nicht gelingen.³⁶ Versuch kommt daher nur selten in Betracht, so etwa, wenn es beim Ansetzen zur Nötigung bleibt.³⁷

C. Anwendung

I. Aufbau

Es empfiehlt sich, die Tatbestandsmerkmale des räuberischen Diebstahls in folgenden Schritten zu prüfen:
I. Objektiver Tatbestand:
   1. Vortat: vollendeter, aber nicht beendeter Diebstahl (Rn. 2)
   2. Tatsituation:
      a) Täter ist betroffen (Rn. 3 ff.)
      b) auf frischer Tat (Rn. 10 f.)
   3. Tathandlung: qualifizierte Nötigung (Rn. 12)
II. Subjektiver Tatbestand:
   1. Vorsatz bzgl. I. (Rn. 13)
   2. Absicht der Sicherung des Besitzes an der Diebesbeute (Rn. 13 ff.)
III. Rechtswidrigkeit
IV. Schuld

II. Beteiligung

Als **Täter** eines räuberischen Diebstahls kommt **nur ein (Mit-)Täter der Vortat** in Betracht, da es dem Täter – parallel zum Raub – darauf ankommen muss, den mit der Wegnahme in Zueignungsabsicht erstrebten Besitz zu sichern.³⁸ Täterschaft ohne Zueignungsabsicht bei der Vortat ist daher nicht möglich.³⁹ Hiervon macht die vorherrschende Meinung eine (kaum begründbare) Ausnahme für den Fall, dass der Teilnehmer an der Vortat nach der Wegnahme durch den Vortäter selbst Gewahrsam an der Beute erlangt hat und diesen Besitz nun verteidigt.⁴⁰

Umgekehrt spielt es für die (Mit-)Täterschaft bei § 252 keine Rolle, ob der Beteiligte, der die Nötigung ausführt, die Beute selbst in Gewahrsam hat oder nicht. § 252 ist kein eigenhändiges Delikt, sodass die allgemeinen Regeln der wechselseitigen Zurech-

---

34 NK-*Kindhäuser/Hoven* § 252 Rn. 20; *Mitsch* 9.2.2.3.2.
35 BGHSt 6, 248 (251); OLG Stuttgart NJW 1966, 1931; W-*Hillenkamp/Schuhr* Rn. 426; LK-*Vogel/Burchard* § 252 Rn. 73 f.; *Weigend* GA 2007, 274 (285 f.).
36 BGH NJW 1968, 2386; StV 1985, 13; LK-*Vogel/Burchard* § 252 Rn. 79; aA *Schmidhäuser* BT 8/59.
37 BGHSt 14, 114 (115).
38 BGH StV 1987, 534 (535); 1991, 349; LK-*Vogel/Burchard* § 252 Rn. 72 mwN.
39 W-*Hillenkamp/Schuhr* Rn. 427; L-*Kühl/Heger* § 252 Rn. 6; *Mitsch* 9.2.4.
40 BGHSt 6, 248 (250); *Geppert* Jura 1990, 554 (558); *Otto* § 46/64; M-*Schroeder/Hoyer* I § 35/40; ablehnend *Kleszewski* BT § 8/200.

nung von Tatbeiträgen hier uneingeschränkt gelten. Deshalb braucht der Täter die Nötigung auch nicht selbst vorzunehmen, sofern sie ihm nur nach den Beteiligungsregeln der Mittäterschaft als eigene zurechenbar ist.[41]

III. Konkurrenzen

20 Als vollendetes Delikt verdrängt § 252 im Wege der Gesetzeskonkurrenz §§ 240 und 242. Dies gilt auch dann, wenn der Diebstahl vollendet, § 252 dagegen nur versucht wird, da auch ein versuchter räuberischer Diebstahl regelmäßig eine vollendete Vortat voraussetzt.[42] Ferner ist Tateinheit zwischen § 252 und der Vortat anzunehmen, wenn diese unter qualifizierenden Umständen (§§ 244, 244a) ausgeführt wurde, es sei denn, dass § 252 unter den (dann §§ 244, 244a wiederum verdrängenden) Voraussetzungen des § 250 erfüllt wurde.[43]

21 Gewöhnlich schließen sich § 249 und § 252 wechselseitig aus (vgl. Rn. 1 f.), es sei denn, dass der Täter durch die Anwendung der Nötigungsmittel zugleich bereits erlangten Besitz verteidigen und weitere Sachen wegnehmen will; in diesem Fall ist Tateinheit gegeben. Nach der Rechtsprechung wird § 252 grundsätzlich von § 249 verdrängt, der auch die Gewaltanwendung im Beendigungsstadium umfasst (vgl. § 14 Rn. 7, § 15 Rn. 5); allerdings verdrängt der nach den §§ 250, 251 qualifizierte räuberische Diebstahl den einfachen Raub.[44] Zwischen § 249 und § 252 ist eine Verurteilung auf wahldeutiger Grundlage (noch) möglich.

22 Mit §§ 253, 255 steht der räuberische Diebstahl in keinem Konkurrenzverhältnis. Mit der Sicherung der Diebesbeute begeht der Täter zwar eine Nötigung, führt aber keinen neuen Schaden iSe Erpressung herbei, sondern verhindert nur die Wiederherstellung des vorherigen Zustands.[45] Mangels Haupttat ist auch die Teilnahme an der Beutesicherung, die nicht die Voraussetzungen des § 252 erfüllt, nur als (Beteiligung an einer) Nötigung anzusehen.[46]

Wiederholungs- und Vertiefungsfragen

> Worin unterscheiden sich Raub und räuberischer Diebstahl? (Rn. 1)
> Welche Vortat verlangt § 252? (Rn. 2)
> Welche Funktion hat das Merkmal „betroffen" in § 252? (Rn. 4)
> Wann spricht man davon, dass der Täter auf frischer Tat „betroffen" wurde? (Rn. 3 ff.)
> Wie wird das Merkmal der Tatfrische definiert? (Rn. 10 f.)
> Wer kann Täter des § 252 sein? (Rn. 18)

---

41 BGHSt 6, 248 (251); BGH StV 1991, 349; *Weigend* GA 2007, 274 (284 f.).
42 OLG Karlsruhe MDR 1978, 244; S/S-*Bosch* § 252 Rn. 13; aA *Geppert* Jura 1990, 554 (558); S/S/W-*Kudlich* § 252 Rn. 20; LK-*Vogel/Burchard* § 252 Rn. 81.
43 BGH Urt. v. 11.4.2022 – 2 StR 321/21 (juris); NK-*Kindhäuser/Hoven* § 252 Rn. 28.
44 BGH NStZ 2018, 103.
45 BGH StV 1986, 530; W-*Hillenkamp/Schuhr* Rn. 431; NK-*Kindhäuser/Hoven* § 252 Rn. 31 ff.
46 IErg ebenso *Seier* NJW 1981, 2152 (2155).

§ 17 Erpressung (§ 253)

A. Allgemeines

Die Vorschrift **schützt** neben dem **Vermögen** die **persönliche Freiheit:** Sie umschreibt ein **vermögensschädigendes Freiheitsdelikt.**[1] Der Erpressungstatbestand war zunächst als ein auf die Erlangung eines rechtswidrigen Vorteils gerichtetes Unternehmensdelikt ausgestaltet; 1943 erhielt er mit der Aufnahme des Vermögensnachteils in den objektiven Tatbestand seine heutige Fassung.[2] Abs. 4 wurde 1994 mit dem Zweck eingeführt, der Schutzgelderpressung als einer der typischen Formen organisierter Kriminalität gezielt begegnen zu können.[3]

B. Definitionen und Erläuterungen

I. Objektiver Tatbestand

Der objektive Tatbestand ist erfüllt, wenn der Täter einen anderen durch Gewalt oder Drohung mit einem empfindlichen Übel zu einer Handlung, Duldung oder Unterlassung nötigt und dadurch dem Genötigten selbst oder einem Dritten einen Vermögensnachteil zufügt.

1. Tathandlung

▶ **Fall 1:** Dem T wird bekannt, dass der O eine Straftat begangen hat. Daraufhin droht er dem O mit einer Strafanzeige, wenn er ihm nicht monatlich 100 Euro „Schweigegeld" zahlt. ◀

Tathandlung ist eine Nötigung durch Gewaltanwendung oder Drohung mit einem empfindlichen Übel.

a) **Gewalt:** Gewalt ist (nach hM) körperlich wirkender Zwang durch die Entfaltung von Kraft oder durch sonstige physische Einwirkung, die nach ihrer Intensität und Wirkungsweise dazu geeignet ist, die freie Willensentschließung oder Willensbetätigung eines anderen zu beeinträchtigen (näher § 13 Rn. 4).

Die Gewalt kann als **vis compulsiva**, aber auch als **vis absoluta** ausgeübt werden, sofern mit der hM keine Vermögensverfügung des Genötigten verlangt wird (vgl. unten Rn. 21). Da Gewalt gegen Personen auch vom spezielleren Qualifikationstatbestand des § 255 erfasst wird, ist die einfache Erpressung nach § 253 praktisch nur bei Gewalt gegen Sachen bedeutsam.

b) **Drohung:** Drohung ist die Ankündigung eines Übels, dessen Eintritt der Täter als von seinem Willen abhängig darstellt (näher § 13 Rn. 6).

Umstritten ist die inhaltliche Bestimmung des angedrohten **Übels:**

- Die hM lässt als Übel grds. **jeden Nachteil** genügen, der fallweise **geeignet ist, das Opfer psychisch zu lenken.**[4]

---
1 BGHSt 1, 13 (20); 19, 342 (343); 41, 123 (125); S/S-*Bosch* § 253 Rn. 1; *Mitsch* 10.1.1.
2 Zur Geschichte NK-*Kindhäuser/Hoven* § 253 Rn. 1 mwN.
3 VerbrechensbekämpfungsG vom 28. Oktober 1994 (BGBl. I 1994, 3186).
4 Vgl. BGH NStZ 1982, 287; *Bergmann*, Das Unrecht der Nötigung (§ 240 StGB), 1983, 127 ff.; ähnlich *Fischer* § 240 Rn. 32 f. mwN.

8 ■ Die Gegenposition stuft dagegen **nur rechtswidrige Eingriffe** in die Güter einer Person als drohungsrelevante Übel ein.[5]

9 aa) Der Streit um die inhaltliche Bestimmung des Übels wirkt sich zunächst bei der Frage aus, ob – wie in **Fall 1** – auch in der Ankündigung, ein **erlaubtes Verhalten vorzunehmen**, eine tatbestandsmäßige Drohung liegen kann.

10 ■ Von der hM wird die Möglichkeit einer Drohung mit einem erlaubten Verhalten[6] – vorbehaltlich der Verwerflichkeitsprüfung (§ 240 Abs. 2) – anerkannt. Maßgeblich ist nach dieser Lehre allein, ob der Drohungsadressat das Verhalten als nachteilig empfinden soll und so psychisch gelenkt werden könnte.[7] Weitere Beispiele: das Eingehen eines Zivilprozesses bzw. die Durchführung der Zwangsvollstreckung,[8] der Abbruch geschäftlicher Beziehungen,[9] die Kündigung bzw. Entziehung der Arbeitsstelle,[10] die rechtmäßige vorläufige Festnahme nach § 127 StPO oder die Stellung eines Strafantrags.[11]

11 ■ Von der Auffassung, die nur rechtswidrige Eingriffe für einschlägig hält, wird generell bestritten, dass in der Ankündigung, ein erlaubtes Verhalten vorzunehmen, ein tatbestandsmäßiges Übel liegen könne.[12] Demnach wäre das Inaussichtstellen der Erstattung einer (berechtigten) Strafanzeige keine Übelsandrohung[13] und in **Fall 1** demnach mangels tauglicher Tathandlung keine Erpressung verwirklicht. Hiergegen spricht jedoch, dass § 157 Abs. 1 von einer notstandsähnlichen Situation ausgeht, wenn sich jemand der Strafverfolgung – also einem nach dem Legalitätsprinzip gebotenen Verhalten – ausgesetzt sieht. Dass diese Zwangswirkung ausreichend ist, um auf das Opfer einen Nötigungsdruck zu entfalten, hat der Gesetzgeber in § 154c StPO implizit anerkannt, der die Möglichkeit einräumt, von der Verfolgung einer Straftat abzusehen, falls jemand mit der Offenbarung eben dieser Straftat – also einem erlaubten Verhalten – erpresst wird.

12 bb) Nach allen Ansichten ist jedenfalls die in Aussicht gestellte **Verletzung einer Rechtspflicht** die Androhung eines einschlägigen Übels, da der entsprechende Anspruch zu den geschützten Gütern des Berechtigten gehört. Entsprechendes gilt für die Androhung der **Verletzung einer Garantenpflicht oder der Pflicht zur Hilfeleistung aus § 323c**.[14] Dies gilt etwa für die Drohung des Täters, keine näheren Angaben zu von ihm in Supermärkten deponierten vergifteten Nahrungsmitteln zu machen, wenn seinen Geldforderungen nicht entsprochen wird.[15]

---

5 *Jakobs* Peters-FS 69 (82 f.).
6 Vgl. – bei teils erheblichen Abweichungen im Detail – OLG Stuttgart NStZ 1982, 161 (162); LK-*Altvater/Coen* § 240 Rn. 88; *Bergmann*, Das Unrecht der Nötigung (§ 240 StGB), 1983, 130 ff.; *Knodel*, Der Begriff der Gewalt im Strafrecht, 1962, 115; *Krause* Spendel-FS 547 ff.; jew. mwN.
7 Zur umstr. Frage, ob dem so bedrohten Opfer eine (ggf eingeschränkte) Notwehrbefugnis zusteht, vgl. *Amelung* GA 1982, 381 (401 ff.); *Arzt* JZ 2001, 1052 f.; *Eggert* NStZ 2001, 225 ff.; *Müller* NStZ 1993, 366 ff.; *Seesko*, Notwehr gegen Erpressung durch Drohung mit erlaubtem Verhalten, 2004, 66 ff.
8 RGSt 20, 326 (329); 25, 254 (255); 26, 305 (307); 49, 354 (356 f.).
9 RGSt 72, 75 (76).
10 S/S-*Bosch* § 253 Rn. 4.
11 LK-*Vogel/Burchard* § 253 Rn. 15.
12 *Jakobs* Peters-FS 69 (82 f.); iErg ebenso (fehlende Verwerflichkeit iSd § 240 Abs. 2): SK-*Wolters* § 240 Rn. 49.
13 *Jakobs* Peters-FS 69 (82 f.); *Timpe*, Die Nötigung, 1989, 149 ff.; SK-*Wolters* § 240 Rn. 49.
14 NK-*Kindhäuser/Hoven* § 253 Rn. 11.
15 *Mitsch* NZWiSt 2022, 181 (182); vgl. zum Sachverhalt BGH NStZ 2020, 221. Dort hatte der Täter darüber hinaus mit einer Handlung (Inverkehrbringen weiterer vergifteter Produkte) gedroht, vgl. insoweit *Mitsch* ebenda (182 f.).

13 Die Ankündigung, **ein verbotenes Verhalten zu unterlassen**, scheidet nach den normativen Ansätzen als einschlägiges Übel aus, wird aber auch von der hM nicht als tatbestandsmäßig angesehen.[16] Exemplarisch: Keine Erpressung ist es, wenn der Dealer dem Drogensüchtigen in Aussicht stellt, ihm kein Rauschgift zu überlassen, falls jener nicht einen (unüblich) hohen Preis zahlt.

14 Umstritten ist weiterhin, ob mit dem **erlaubten Unterlassen eines erlaubten Verhaltens** in tatbestandsmäßiger Weise gedroht werden kann.[17]

15 ■ Die hM bejaht die Möglichkeit einer Drohung mit dem erlaubten Unterlassen eines erlaubten Verhaltens, da auch durch das Verweigern nicht zu beanspruchender (erlaubter) Vorteile das Opfer in unzulässiger Weise motiviert werden könne.[18] Für diesen Fall sind jedoch an die Empfindlichkeit (Rn. 17) wie auch die Verwerflichkeit (Rn. 52 ff.) hohe Anforderungen zu stellen.

16 ■ Da die Verweigerung einer nicht zu beanspruchenden Leistung erlaubt ist, kann sie nach der Rechtsverletzungslehre kein Gegenstand einer nötigenden Drohung sein.[19]

17 cc) Mit dem Erfordernis, dass das angedrohte Übel **empfindlich** sein muss, werden Eingriffe mit Bagatellcharakter ausgeschieden.

Nach hM ist das Übel insbesondere dann nicht empfindlich, wenn von dem Betroffenen unter den gegebenen Umständen erwartet werden kann und muss, dass er der Bedrohung **in besonnener Selbstbehauptung standhält** (sog. Selbstverantwortungsprinzip).[20] Exemplarisch: Die pauschale, nicht näher konkretisierte Drohung, durch ein Schreiben an den Regierenden Bürgermeister von Berlin strafrechtliche Verfehlungen von Parteigenossen aufzudecken, soll nicht empfindlich sein.[21] Die tatbestandlichen Anforderungen erfüllt hingegen die Drohung mit einer Anzeige, die auf einen näher bezeichneten Vorwurf (zB illegales Herunterladen von urheberrechtlich geschützten Dateien oder kinderpornographischen Inhalten) bezogen ist (vgl. auch Rn. 54 zur Rechtswidrigkeit der Tat nach § 253 Abs. 2).[22]

18 dd) Der **Genötigte** und derjenige, dem nach der Drohung des Täters das Übel zugefügt werden soll (= **Gefährdeter**), brauchen **nicht identisch** zu sein.[23] Die hM lässt es ausreichen, wenn der Drohungsadressat das einem anderen zugedachte Übel auch für sich selbst als Übel empfindet und dadurch im Sinne des Täterverlangens motiviert wird.[24]

19 ee) Nach dem eindeutigen Wortlaut („Menschen") kann der genötigte Adressat der Drohung nur eine **natürliche Person** sein. **Juristische Personen** können jedenfalls nicht unmittelbar genötigt werden.[25]

---

16 NK-*Kindhäuser/Hoven* § 253 Rn. 12; *Mitsch* 10.2.1.3.2; *Rengier* II § 23/48.
17 Überblick hierzu bei *Zopfs* JA 1998, 813.
18 Vgl. BGHSt 31, 195 (200); OLG Stuttgart NStZ 1982, 161 (162); LK-*Altvater/Coen* § 240 Rn. 94 ff.; S/S-*Bosch* § 253 Rn. 5; unter Einschränkungen auch *Roxin* JR 1983, 333; *Schroeder* JZ 1983, 284; *Volk* JR 1981, 274.
19 *Jakobs* Peters-FS 69 (82 f.); SK-*Wolters* § 240 Rn. 20; vgl. auch RGSt 14, 264 (265); 63, 424 (425 f.); BGH NStZ 1982, 287; OLG Hamburg NJW 1980, 2592; *Schubarth* JuS 1981, 726 (727).
20 BGHSt 31, 195 (201) mit Bespr. *Frohn* StV 1983, 365; *Horn* NStZ 1983, 497 ff.; *Roxin* JR 1983, 333 (334 ff.); *Schubarth* NStZ 1983, 312 f.; BGHSt 32, 165 (174) mit Anm. *Arzt* JZ 1984, 428 f.; BGH bei *Holtz* MDR 1992, 319; OLG Hamm NStZ-RR 2013, 312; vgl. auch OLG Karlsruhe NStZ-RR 1996, 296.
21 BGH NStZ 1992, 278.
22 BGH NJW 2021, 2301 (2302); *Dittrich/Erdogan* ZWH 2022, 13 (14).
23 Zu einer ausführlichen normativen Begründung vgl. *Jakobs* JR 1987, 340 ff.; LPK § 240 Rn. 30 ff.
24 Vgl. BGHSt 16, 316 (318); 38, 83 (86); BGH NStZ 1987, 222 f.; *Küper* Jura 1983, 206 (207).
25 *Wallau* JR 2000, 312 ff.

2. Nötigungserfolg

▶ **Fall 2:** N überfällt den Taxifahrer T. Er schlägt T nieder, zieht ihn aus dem Fahrzeug, setzt sich selbst ans Steuer und fährt los. Nach kurzer Zeit wird er von der Polizei angehalten. Wie sich herausstellt, hat N keine Fahrerlaubnis und wollte lediglich einmal eine Runde Auto fahren, ohne sich das Taxi zueignen zu wollen.[26] ◀

20 a) **Erfolg:** Erfolg der Nötigung ist dem Wortlaut nach ein **Tun, Dulden oder Unterlassen** des Genötigten. Umstritten ist jedoch, ob als Erfolg jedes Verhalten des Nötigungsopfers ausreicht oder ob das Verhalten den Charakter einer Vermögensverfügung haben muss.[27]

21 ▪ Nach hM kann **jedes beliebige Verhalten** des Opfers, also auch ein durch absolute Gewalt erzwungenes Dulden wie in **Fall 2**, Nötigungserfolg sein.[28] Weiteres Beispiel: Das Opfer wird gefesselt und muss so die Entwendung eines Vermögensgegenstands durch den Täter widerstandslos hinnehmen. Demnach ist § 253 auch erfüllt, wenn der Täter mittels absoluter Gewalt eine Pfandkehr,[29] eine Wilderei oder eine Gebrauchsanmaßung (wie **Fall 2**, da N keine Zueignungsabsicht hatte) begeht. Im Falle eines Diebstahls ist auch § 249 erfüllt, der als lex specialis Vorrang genießt (vgl. § 12 Rn. 3). Als abgenötigtes Verhalten kommt ferner das Unterlassen einer an sich gewollten vermögensrelevanten Handlung in Betracht, wie zB das Erheben einer Klage oder das Ergreifen einer Maßnahme der Selbsthilfe. So kann der Nötigungserfolg etwa auch darin bestehen, dass das Opfer nach Eingabe der Geheimnummer vom **Geldautomaten** weggestoßen wird und dadurch vom Täter gezwungen wird, die Entnahme der ausgegebenen Geldscheine zu dulden, sofern man in der Ausgabe der Geldscheine ein tatbestandsausschließendes Einverständnis des Geldautomatenbetreibers sieht (s. dagegen § 2 Rn. 46).[30]

22 ▪ Dagegen versteht eine im Schrifttum verbreitete Meinung (sog. **Verfügungstheorie**) die Erpressung als Selbstschädigungsdelikt und folgert hieraus, dass der Genötigte eine **Vermögensverfügung vornehmen** müsse.[31] Mit Art. 103 Abs. 2 GG kollidiert diese Auffassung nicht, da sie zu einer Einengung des Anwendungsbereichs der Norm führt. Eine Vermögensverfügung setzt zumindest voraus, dass das Verhalten des Genötigten willensgetragen ist und seiner Entscheidung unterliegt.[32] Mit **vis absoluta** erzwungene Verhaltensweisen scheiden damit von vornherein aus: So kann sich N in **Fall 2** auf Grundlage der Verfügungstheorie nicht wegen eines Erpressungsdelikts strafbar gemacht haben. Aus den gleichen Gründen wäre in der erzwungenen Duldung der Entnahme am Geldautomaten ausgegebener Geldscheine

---

26 Nach BGHSt 14, 386 ff.
27 Diese Frage betrifft zwar auch § 253 als Grundtatbestand, ist aber vor allem für § 255, der eine Qualifikation bei der Gewaltanwendung gegen eine Person vorsieht, von Bedeutung.
28 RGSt 25, 435 (437, 439); BGHSt 14, 386 (390); 32, 88 (89, 91); 41, 123 (125); S/S/W-*Kudlich* § 253 Rn. 11; *Küper* Lenckner-FS 495 ff.; *Laubenthal* Jura 1989, 99 (101); *Lüderssen* GA 1968, 257 ff.; *Mitsch* 10.2.1.5.1; *Schlehofer*, Einwilligung und Einverständnis, 1985, 10 ff.; *Schünemann* JA 1980, 486 ff.; *Seelmann* JuS 1982, 914 f.; SK-*Sinn* Vor § 249 Rn. 9 ff.; LK-*Vogel/Burchard* Vor §§ 249-256 Rn. 59 ff.; § 253 Rn. 19.
29 Vgl. RGSt 25, 435 (436 f.); BGHSt 32, 88 (92) mit Anm. *Jakobs* JR 1984, 385 ff., *Joerden* JuS 1985, 20 ff. und *Otto* JZ 1984, 143 f.
30 BGH NJW 2018, 245 mit krit. Besprechung *Jäger* JA 2018, 309 ff.
31 Vgl. S/S-*Bosch* § 253 Rn. 8; L-*Kühl/Heger* § 253 Rn. 2, 3; *Klesczewski* BT § 9/278, 280; *Otto* § 53 Rn. 4; *Rengier* JuS 1981, 654 (655 ff.); *Tenckhoff* JR 1974, 489 ff.
32 Vgl. S/S-*Bosch* § 253 Rn. 8; W-*Hillenkamp/Schuhr* Rn. 774; M-*Schroeder/Maiwald/Momsen* I § 42/45 f.

(Rn. 21) keine Verfügung zu sehen.³³ Darüber hinaus hat die Verfügungstheorie zur Konsequenz, dass der Genötigte mit dem Verfügenden identisch sein muss.³⁴

b) Argumente: Im Streit um das **Erfordernis einer Vermögensverfügung** des Genötigten spielen ua folgende Argumente eine wichtige Rolle:

aa) Die das Erfordernis einer Vermögensverfügung ablehnende hM kann sich zunächst auf den **Wortlaut** stützen. Da der Nötigungserfolg bei § 240 nach ganz hM auch ein durch absolute Gewalt erzwungenes Dulden sein kann, erscheint es sachgerecht, den hinsichtlich der Nötigung übereinstimmenden Erpressungstatbestand parallel auszulegen.³⁵ Dafür spreche auch der Wortlaut des § 253, der ausdrücklich die Duldung als – in der Regel durch **vis absoluta** – veranlasste Verhaltensweise nenne. Schließlich sei nicht einzusehen, dass gerade eine Vermögensschädigung durch die (angeblich) intensivste Form der Gewaltanwendung nicht tatbestandsmäßig sein soll.³⁶

Von Befürwortern der Erforderlichkeit einer Vermögensverfügung wird gegen das Argument des gleichlautenden Wortlauts von § 240 und § 253 eingewandt, dass ihre Interpretation zu keiner anderen Auslegung des Gewaltbegriffs bei der Erpressung führe. Das Gewaltmerkmal werde durch die Ergänzung des Erpressungstatbestands um die Vermögensverfügung nicht begrifflich, sondern nur praktisch und kontextabhängig eingeengt, weil bestimmte Formen der Gewaltausübung nicht mehr tatbestandsrelevant seien.³⁷ Zudem sei im gemeinen Recht und in den meisten Partikulargesetzbüchern die absolute Gewalt nicht als Erpressungsmittel angesehen worden.³⁸

bb) Zugunsten der Erforderlichkeit einer Vermögensverfügung als Tatbestandsmerkmal der Erpressung wird angeführt, dass bei Delikten gegen das Vermögen insgesamt stets die Vermögenssphäre des Geschädigten **von innen heraus ausgehöhlt** werden müsse. Entweder bediene sich bei diesen Delikten der Täter eines der Sphäre des Opfers zuzuordnenden Werkzeugs – so beim Betrug (§ 263) – oder er bewege sich selbst innerhalb dieser Sphäre – so bei der Untreue (§ 266). Vor Eingriffen von außen in die Vermögenssphäre des Geschädigten schütze das Strafrecht dagegen fragmentarisch nur absolute Rechte.³⁹ Da die Erpressung ein Delikt gegen das gesamte Vermögen sei, setze ihr Tatbestand eine für die Aushöhlung des Vermögens von innen charakteristische Mitwirkung des Opfers in Form einer Vermögensverfügung voraus.

Diese These ist indessen ersichtlich unhaltbar, da das Strafrecht nicht nur absolute, sondern auch – wie zB bei § 289 – obligatorische Rechte vor Verletzungen von außen schützt und zudem – wie zB bei §§ 283 ff. und 288 – noch andere Formen der Vermögenssicherung kennt.

cc) Gegen das Hineinlesen des Verfügungsmerkmals in den Erpressungstatbestand spricht ferner, dass alle **abgenötigten Formen des Verlusts** bzw. der **mangelnden Durchsetzbarkeit von Forderungen**, die nicht auf Verfügungen beruhen, aus dem Anwendungsbereich der Norm fielen und nur nach § 240 strafbar wären. Exemplarisch: Keine Erpressung wäre es, wenn das Opfer mit absoluter Gewalt genötigt wird, die

---

33 *Brand* NJW 2018, 246; vgl. auch *Jäger* JA 2018, 309 (311).
34 *Fischer* § 253 Rn. 4, 14; L-*Kühl/Heger* § 253 Rn. 6; M-Schroeder/*Maiwald/Momsen* I § 42/29.
35 LK-*Vogel/Burchard* Vor § 249 Rn. 68.
36 *Binding* 376; *Lüderssen* GA 1968, 257 (259 ff.) mwN.
37 *Tenckhoff* JR 1974, 489 (490).
38 Vgl. *Frank* VDB VI, 9 f.
39 SK-*Samson*, 4. Aufl., Vor § 249 Rn. 22.

Vernichtung eines Schuldscheins hinzunehmen oder – bei einer Taxifahrt – den unbekannten Schuldner entkommen zu lassen.[40]

28 dd) Gewichtig ist schließlich das Argument, dass das Erfordernis einer Vermögensverfügung zu nicht lösbaren **Wertungswidersprüchen** führe:

Greift der Täter – wie in **Fall 2** – in die von §§ 248b, 289 geschützten Vermögenswerte durch Wegnahme unter Anwendung absoluter Gewalt ein, so kämen weder Raub (mangels Diebstahls) noch räuberische Erpressung (mangels Vermögensverfügung) in Betracht. Zwingt jedoch der Täter das Opfer mit kompulsiver Gewalt oder qualifizierten Drohungen, ihm den betreffenden Vermögensgegenstand auszuhändigen, so ist er unstreitig nicht nur über § 255 wie ein Räuber zu bestrafen, sondern es sind ggf auch die Qualifikationstatbestände der §§ 250, 251 anzuwenden.

Demnach wäre der Täter, der – wie in **Fall 2** – mit absoluter Gewalt vorgeht, erheblich besser gestellt als der Täter, der die Anwendung solcher Gewalt nur androht. Zudem wäre § 251 als Qualifikationstatbestand zu § 255 ausgerechnet dann nicht anwendbar, wenn die Todesfolge aufgrund der vom Täter eingesetzten – regelmäßig erheblich gefährlicheren – absoluten Gewalt eintritt.

29 c) **Deliktsstruktur:** Ungeachtet der im Einzelnen eher schwachen Argumente, die für das Erfordernis einer Vermögensverfügung als Erpressungsmerkmal vorgetragen werden, stellt sich die grundsätzliche Frage, ob die Erpressung überhaupt als Selbstschädigungsdelikt interpretiert werden kann.

Selbstschädigungen sind im Bereich von Individualrechtsgütern grds. nicht tatbestandsmäßig, und demnach ist auch die Teilnahme an Selbstschädigungen des Opfers straflos. Die Veranlassung einer „Selbstschädigung" ist nur strafbar, wenn sie strafrechtlich als „Fremdschädigung" durch den Täter anzusehen ist. Das ist wiederum der Fall, wenn die Veranlassung der Selbstschädigung unter den Voraussetzungen mittelbarer Täterschaft erfolgt und das die eigenen Güter beeinträchtigende Opfer als Werkzeug (Tatmittler) des Veranlassers anzusehen ist. Die Selbstschädigung des Opfers muss maW dem Veranlasser als eigenes Verhalten zuzurechnen sein. Mit der These, die Erpressung sei – wie der Betrug – ein Selbstschädigungsdelikt, ist demnach gemeint, dass es sich bei ihr um ein Delikt vertypter mittelbarer Täterschaft handelt. Bei diesem Verständnis nennt der Erpressungstatbestand die Voraussetzungen, unter denen der Genötigte als Werkzeug des Täters sein eigenes Vermögen schmälert. Fälle dagegen, in denen der Täter (mit absoluter Gewalt) unmittelbar auf das fremde Vermögen zugreift, also die Fremdschädigung als unmittelbarer Täter begeht, sollen nicht tatbestandsmäßig sein und mithilfe des Verfügungsmerkmals, das die Werkzeugqualität des Genötigten erfasst, aus dem Anwendungsbereich der Norm ausgeschieden werden.

30 Der Betrug ist ein Delikt, das aus rein tatsächlichen Gründen nur in mittelbarer Täterschaft erfüllt werden kann.[41] Es ist faktisch unmöglich, jemanden durch Täuschung in der Form unmittelbarer Täterschaft zu lenken. Dies ist aber allein eine Konsequenz der inkriminierten Handlung, der Täuschung, und kein spezifisches Merkmal der Vermögensdelikte im Allgemeinen.

31 Da eine Nötigung gleichermaßen in mittelbarer (bei vis compulsiva und Drohung) wie in unmittelbarer (bei vis absoluta) Täterschaft ausgeübt werden kann, ist nun kein

---

40 BGHSt 25, 224 (227 f.).
41 Vgl. § 26 Rn. 2.

Grund ersichtlich, die Erpressung wie den Betrug auf ein Vorgehen in mittelbarer Täterschaft mit dem Genötigten als Werkzeug zu beschränken. Ein allgemeines Prinzip, wonach Vermögensdelikte Selbstschädigungscharakter hätten und nur in mittelbarer Täterschaft gegenüber dem Opfer begangen werden könnten, lässt sich aus dem StGB nicht ableiten. Vielmehr erscheint es sachgerecht, jede durch Nötigung erzwungene Vermögensschädigung als Erpressung anzusehen. In **Fall 2** wäre N daher wegen räuberischer Erpressung gemäß §§ 253 Abs. 1, 255 zu bestrafen.

3. Vermögensnachteil

▶ **Fall 3:** Nachdem A bei einer Auktion ein Bild ersteigert hat, wird er von K mit vorgehaltener Pistole gezwungen, ihm das Bild gegen eine den Auktionspreis übersteigende Summe herauszugeben. ◀

Tatbestandlicher Erfolg der Erpressung ist ein Vermögensnachteil, der durch das abgenötigte Verhalten (als Zwischenerfolg) herbeigeführt sein muss. Der Begriff des Vermögensnachteils entspricht demjenigen des Vermögensschadens beim Betrug und ist wie dieser hinsichtlich Inhalt, Umfang und Berechnung zu bestimmen.[42]   32

a) **Bestimmung:** Dementsprechend konkurrieren auch bei der Erpressung vor allem zwei Definitionen des Vermögensnachteils: 33

■ Nach der **Zweckverfehlungslehre** ist ein Vermögensschaden gegeben, wenn eine Vermögensminderung nicht durch Erreichung des mit ihr verbundenen objektivierten und frei gesetzten Zwecks kompensiert wird.[43]   34

■ Nach der vorherrschenden **wirtschaftlichen Schadenslehre** ist ein Vermögensschaden grds. gegeben, wenn das Vermögen ohne gleichwertige Gegenleistung in seinem wirtschaftlichen Wert gemindert ist (näher § 27 Rn. 63 ff.). Bei wirtschaftlich einseitigen Leistungen soll jedoch ausnahmsweise ein Schaden nach Maßgabe der Zweckverfehlungslehre bestimmt werden (näher § 27 Rn. 72).   35

b) **Folgerungen:** Nach beiden Auffassungen ist ein Schaden zu verneinen, wenn mit der Vermögensminderung ein fälliger und einredefreier Leistungsanspruch erfüllt wird (vgl. auch Rn. 49 f. zur Rechtswidrigkeit der erstrebten Bereicherung).[44] Aber auch ansonsten weichen die beiden Schadenslehren bei der Erpressung nur selten voneinander ab, da Gegenstand dieses Delikts in erster Linie **einseitige Vermögensminderungen** sind, bei denen es aufgrund der Nötigung an einem frei gesetzten und sie rechtfertigenden Zweck fehlt, sodass auch die Erreichung des Zwecks die Vermögensminderung nicht zu kompensieren vermag. Exemplarisch: Eltern zahlen dem Entführer ihres Kindes ein Lösegeld. Hier muss der Entführer das Kind unabhängig von der Gegenleistung freilassen, sodass die Freilassung des Kindes auch keine Gegenleistung darstellt, die nach dem Willen der Eltern Rechtsgrund für die Zahlung des Lösegelds sein soll. Ein Nachteil ist hingegen zu verneinen, wenn das Opfer wirtschaftlich keinen Verlust erleidet, also bspw. zum Verzicht auf eine uneinbringliche Forderung gezwungen wird oder die Nötigung allein der Sicherung eines bereits eingetretenen Schadens dient (vgl. Rn. 65).[45]   36

---

42 § 27 Rn. 57 ff.
43 Näher § 27 Rn. 59 f.
44 *Rengier* I § 11/61; LK-*Vogel/Burchard* § 253 Rn. 44.
45 BGH NStZ 2007, 95 f.; NK-*Kindhäuser/Hoven* § 253 Rn. 30.

Eine Differenz kann es jedoch bei wirtschaftlich **zweiseitigen Leistungen** geben, wenn die Gegenleistung (ausnahmsweise) die Leistung des Genötigten ausgleicht oder übersteigt. Exemplarisch hierfür ist **Fall 3**, in welchem K dem A eine Summe zahlt, die den Auktionspreis des abgenötigten Bildes übersteigt.[46] Nach der Zweckverfehlungslehre ist ein Schaden gegeben, da die Gegenleistung mangels freier Zwecksetzung die Weggabe des Bildes nicht kompensiert. Die wirtschaftliche Lehre muss dagegen einen Schaden verneinen, da A nach dem Leistungsaustausch finanziell besser gestellt ist als zuvor. Weitere Differenzen können sich daraus ergeben, dass es bei einem wirtschaftlichen Vermögensbegriff allein auf den materiellen Wert des jeweiligen Gegenstandes ankommt, während nach anderer Ansicht nur solche Positionen geschützt werden, die einer Person als rechtlich schutzwürdig zugewiesen sind (vgl. § 26 Rn. 16). So wird der Besitz von Rauschgift nach hM als Vermögen geschützt,[47] während dies im Schrifttum überwiegend abgelehnt wird (vgl. insoweit § 26 Rn. 27). Demgegenüber wird auch von der Rechtsprechung anerkannt, dass die Nötigung zur Begehung von Straftaten nicht den Tatbestand der Erpressung erfüllt, weil den abgenötigten Handlungen kein wirtschaftlicher Wert zukomme und diese daher keinen Vermögensschaden beim Opfer begründen könnten.[48]

37 c) **Fallgruppen:** Als Vermögensnachteil hat die Rechtsprechung nach Maßgabe des von ihr vertretenen wirtschaftlichen Schadensbegriffs ua angesehen: die erzwungene Hingabe eines Schuldscheins;[49] das Aushändigen von Beweismitteln, die dem Opfer zustehen;[50] die Zahlung eines Lösegelds für die Rückgabe einer entwendeten Sache;[51] den vorübergehenden Entzug eines Kraftfahrzeugs.[52] Demgegenüber wurde ein Vermögensschaden durch Aufgabe eines Lokals und die Übertragung des insoweit bestehenden Mietverhältnisses auf den Täter mit Blick auf den Wegfall der Verpflichtung zur Zahlung des Mietzinses verneint (keine Minderung des Gesamtvermögens).[53] Ein Vermögensschaden scheidet nach hM ebenfalls aus, wenn der Täter das Opfer nötigt, auf die Geltendmachung einer gänzlich uneinbringlichen und damit wirtschaftlich wertlosen Forderung zu verzichten.[54]

Nach der Rechtsprechung ist von einer schadensgleichen Vermögensgefährdung beim Inhaber eines Bankkontos auszugehen, wenn der Täter diesen zur Herausgabe der Bankkundenkarte und der zugehörigen Geheimnummer gezwungen und sich damit die Möglichkeit verschafft hat, auf dessen Konto zuzugreifen.[55] Gegen diese Sichtweise spricht jedoch nicht nur, dass ein Schaden erst durch einen weiteren deliktischen Zwischenschritt, nämlich den unbefugten Einsatz der Karte (§ 263a), entsteht (vgl. Rn. 40),[56] sondern vor allem, dass dieser Schaden nicht beim Kontoinhaber, sondern bei der kontoführenden Bank entsteht, die das Missbrauchsrisiko trägt.[57] Eine restrik-

---

46 Es soll nach der Rechtsprechung sogar kein Schaden vorliegen, wenn das Opfer zum verbotenen (!) Ankauf einer Schusswaffe, die den geforderten Preis »wert« ist, gezwungen wird, es sei denn, das Opfer hat für die Waffe nach seinen individuellen wirtschaftlichen Verhältnissen keine Verwendung (BGH StV 1996, 33).
47 BGH NStZ 2018, 104 mwN; vgl. dagegen BGH NStZ 2016, 596 (598).
48 BGH NStZ 2020, 286 mwN.
49 BGHSt 34, 394 (395); BGH NStZ-RR 1998, 233 f.; NStZ 2000, 197.
50 BGHSt 20, 136 (137).
51 BGHSt 26, 346 (347 f.).
52 BGHSt 14, 386 (388 f.); BGH NStE Nr. 12 zu § 253.
53 BGH NStZ 2018, 213 f. mit Anm. *Schiling*.
54 BGH NStZ-RR 2021, 281; *Rengier* I § 11/58.
55 BGH NStZ-RR 2004, 333 (334).
56 *Rengier* I § 11/43 f.
57 *Böse*, ZJS 2016, 663 (664 f.); *Jäger* JA 2018, 309 (311); vgl. auch BGH NStZ 2008, 396 (397).

tive Auslegung entspricht zudem der neueren Rechtsprechung des BVerfG, wonach der Begriff des Vermögensnachteils nach wirtschaftlichen Kriterien zu bestimmen und grundsätzlich zu beziffern ist (vgl. § 35 Rn. 43);[58] diese Vorgaben werden verfehlt, solange vollkommen unklar ist, ob ein bzw. welcher Betrag (unter Berücksichtigung des Umstands, dass lediglich ein Verlustrisiko besteht) als Schaden anzusetzen ist (Kontoguthaben, Kreditrahmen, Tageslimit).[59] Ein Vermögensnachteil ist daher in derartigen Konstellationen (noch) nicht gegeben.

4. Kausalität

▶ **Fall 4:** O wird von T unter Vorhalt eines Messers gezwungen, die Zahlenkombination seines Tresors zu nennen. Mit der Kombination öffnet T den Tresor und ergreift die darin befindlichen Schmuckstücke. ◀

a) **Objektives Tatmerkmal:** Die hM verlangt – anders als beim Raub (vgl. § 13 Rn. 13) – einen objektiven Kausalzusammenhang zwischen Nötigung und Vermögensschaden,[60] sodass der objektive Tatbestand nicht verwirklicht ist, wenn sich im Nachhinein nicht mit Sicherheit feststellen lässt, dass die Nötigung zur Herbeiführung des Vermögensschadens erforderlich war. Exemplarisch: Das Opfer wollte den ihm vom Täter zugunsten eines Dritten abgenötigten Vermögensvorteil ohnehin dem Dritten schenkungsweise zukommen lassen.

b) **Verfügungstheorie:** Innerhalb der Verfügungstheorie (Rn. 22) ist die Art des Zusammenhangs zwischen Verfügung und Vermögensminderung umstritten:

- Überwiegend wird die Ansicht vertreten, dass – in Parallele zum Betrug – der Vermögensschaden **unmittelbar** durch das erzwungene Verhalten herbeigeführt werden müsse.[61] In **Fall 4** wäre demnach eine Erpressung abzulehnen, da der Täter selbst die Schmuckstücke aus dem Tresor an sich nimmt.

- Nach anderer Auffassung muss der Genötigte nur eine „Schlüsselstellung" für den Zugang zum Vermögen einnehmen.[62] Es soll daher jede Handlung genügen, die zur Vermögensschädigung notwendig ist, mag auch der Täter noch weitere Schritte unternehmen müssen.[63] Ausreichend wäre dann – wie in **Fall 4** – eine erzwungene Hilfestellung durch Mitteilung einer Zahlenkombination oder eines Verstecks, die es dem Täter ermöglicht, später auf das Vermögen zuzugreifen.

- Teils wird in der dem Täter durch die Hilfestellung eröffneten Möglichkeit des späteren Zugriffs auf das Vermögen bereits eine schadensgleiche Vermögensgefährdung gesehen.[64] In **Fall 4** läge demnach die Vermögensschädigung schon in der Mitteilung der Zahlenkombination. Durch solche Konstruktionen wird jedoch das Merkmal der Vermögensverfügung als Abgrenzungskriterium zum Raub der Sache nach wieder preisgegeben.

---

58 Vgl. zum Betrug BVerfG NJW 2012, 907 (916).
59 *Böse* ZJS 2016, 663 (664); *Rengier* I § 11/44.
60 Vgl. BGHSt 19, 342 (344); 32, 88 (89); BGH NJW 1989, 176; SK-*Sinn* § 253 Rn. 19; LK-*Vogel/Burchard* § 253 Rn. 35.
61 *Biletzki* Jura 1995, 635 (637); S/S-*Bosch* § 253 Rn. 8; *Hecker* JA 1998, 300 (301).
62 W-*Hillenkamp/Schuhr* Rn. 774; L-*Kühl/Heger* § 253 Rn. 3; *Otto* § 53/5.
63 *Otto* ZStW 79 (1967), 59 (87); *Tenckhoff* JR 1974, 489 (492 f.).
64 *Graul* Jura 2000, 204 (208); *Tenckhoff* JR 1974, 489 (492 f.); abl. W-*Hillenkamp/Schuhr* Rn. 774.

41 **c) Herrschende Ansicht:** Für die hM, die keine Vermögensverfügung verlangt (vgl. oben Rn. 21), ist es für die Annahme einer Erpressung gleichgültig, ob der Genötigte dem Täter das Tatobjekt aushändigt oder ihm nur mittelbar den Zugriff auf das Tatobjekt ermöglicht. In **Fall 4** wäre demnach eine Erpressung zu bejahen, die jedoch, weil der Täter dem äußeren Erscheinungsbild nach die Schmuckstücke unter gewaltsamer Überwindung von Widerstand wegnimmt, hinter den zugleich verwirklichten Raub zurücktritt.

5. Dreieckserpressung

▶ **Fall 5:** A veranlasst den (schutzbereiten) Dritten D mit Drohungen, die Uhr des bewusstlosen O an sich zu nehmen und ihm zu übergeben; A handelt mit Zueignungsabsicht. ◀

42 Wie aus dem Wortlaut des § 253 hervorgeht, können bei der Erpressung der **Genötigte** und der **in seinem Vermögen Geschädigte personenverschieden** sein. Hierher gehören insbesondere die Fälle, in denen – wie in **Fall 5** – eine Person gezwungen wird, zur Abwendung eines gegen sie (oder einen anderen) gerichteten Übels in das Vermögen eines Dritten einzugreifen (sog. „Dreieckserpressung").[65] Keine Dreieckserpressung liegt hingegen vor, wenn das Opfer genötigt wird, ein Lösegeld aufzubringen, da es mit der Aufnahme entsprechender Darlehen und der Herausgabe des dadurch erlangten Bargelds an den Täter das eigene Vermögen mindert.[66]

43 **a) Verfügungstheorie:** Da die Verfügungstheorie die Erpressung als „Selbstschädigungsdelikt" begreift (vgl. Rn. 26), setzt für sie die Tatbestandsverwirklichung voraus, dass die Verfügung des Genötigten dem Geschädigten zuzurechnen ist. Jedoch lassen sich die für den Dreiecksbetrug entwickelten Lehren nur eingeschränkt heranziehen. Die sog. Befugnistheorie (§ 27 Rn. 52 ff.) kommt regelmäßig schon deshalb nicht in Frage, weil dem Genötigten allenfalls in Ausnahmefällen eine Befugnis zur Verfügung über das Vermögen des Geschädigten eingeräumt ist.[67] Vornehmlich wird deshalb auf die Kriterien der sog. Nähe- oder Lagertheorien[68] zurückgegriffen und verlangt, dass der Genötigte schon vor seiner Verfügung in einer engeren Beziehung (zB als Besitzer oder Gewahrsamsdiener) zum Vermögen des Geschädigten gestanden hat.[69]

44 Fehlt eine solche Nähe, kommt – wie in **Fall 5** – lediglich ein Diebstahl in mittelbarer Täterschaft durch Nötigung (§§ 242, 240, 25 Abs. 1 Alt. 2, 52) in Betracht. Sofern der Täter das Tatobjekt nur vorübergehend gebrauchen und sich nicht zueignen will, liegt nur eine Nötigung (§ 240) vor.

45 **b) Rechtsprechung:** Auch nach der neueren Rechtsprechung soll als Erpressung nur eine solche erzwungene Preisgabe von Vermögenswerten anzusehen sein, „deren Schutz der Genötigte wahrnehmen kann und will".[70] Demnach verlangt eine Dreieck-

---

65 Vgl. zu dieser Problemstellung auch *Biletzki* JA 1996, 189 (192); *Ingelfinger* JuS 1998, 531 (537 f.); *Krack* JuS 1996, 493 ff.; *ders.* NStZ 1999, 134 f.; *Mitsch* 10.2.1.5.3; *Otto* JZ 1995, 1020 ff.; *Rengier* JZ 1985, 565 ff.; *Röckrath*, Die Zurechnung von Dritthandlungen bei der Dreieckserpressung, 1991, 43 ff.; *Wolf* JR 1997, 73 ff.; zu Versuchskonstellationen *Knauer* JuS 2014, 690.
66 LG Frankenthal BeckRS 2018, 52690; *Jäger* JA 2020, 867 (869).
67 Bei Banküberfällen kann der Kassierer angewiesen sein, das gewünschte Geld zur Abwendung von Gefahren auszuhändigen, vgl. BGH NstE Nr. 3 zu § 253; NJW 1989, 176.
68 Vgl. § 27 Rn. 46 ff.
69 W-*Hillenkamp/Schuhr* Rn. 775; *Küper* NJW 1978, 956; *ders.* Jura 1983, 206 (208); *Rengier* JZ 1985, 565 (568 f.); MK-*Sander* § 253 Rn. 23.
70 BGHSt 41, 123 (125); vgl. auch BGHSt 41, 368 (371); NStZ 2020, 286; *Schünemann* JA 1980, 486 (489); LK-*Vogel/Burchard* § 253 Rn. 36.

serpressung zwar keine (rechtliche oder tatsächliche) Verfügungsmacht des Genötigten über das geschädigte Vermögen. Erforderlich sei aber, dass der Genötigte spätestens zum Zeitpunkt der Tatbegehung insoweit in einem „Näheverhältnis" zum Geschädigten stehe, als er in dessen Interesse eine Schutzfunktion übernehmen wolle. In der Überwindung der Wahrnehmung einer solchen Schutzfunktion durch einen Dritten mit Nötigungsmitteln liegt nach der Rechtsprechung das Unrecht der Dreieckserpressung. Steht also der Dritte den Vermögensinteressen des Geschädigten gleichgültig gegenüber, so soll die Tat wegen Nötigung in Tateinheit mit Diebstahl in mittelbarer Täterschaft zu bestrafen sein.[71] Folglich käme es für die Lösung des **Falles 5** darauf an, ob D tatsächlich willens ist, im Interesse des O zu handeln, und sich nur wegen der Drohung hiervon abhalten lässt. Ansonsten soll sich die Abgrenzung zum Raub auch in Dreiecksverhältnissen nach dem äußeren Erscheinungsbild richten, dh danach, ob der Dritte etwas „weggibt" oder lediglich den Zugriff des Täters (Wegnahme) duldet.[72]

Die Konstruktion der Rechtsprechung ist konsequent, wenn man das spezifische Unrecht der Erpressung in der abgenötigten Überwindung von Vermögensschutz sieht. Dann muss auch der genötigte Dritte eine Person sein, die Schutzinteressen wahrnimmt. Dies ergibt sich im Übrigen auch aus dem Erfordernis eines Kausalzusammenhangs zwischen der Nötigung und der Vermögensschädigung. Hätte D in **Fall 5** aus welchen Gründen auch immer keinerlei Interesse daran, dass der bewusstlose O im Besitz seiner Uhr bleibt, so beruhte die Vermögensschädigung auch nicht auf der Überwindung eines ihr entgegenstehenden Widerstands. Vermögensschädigung und Nötigung stünden vielmehr beziehungslos nebeneinander. Die Nötigung zur Begehung eines Eigentums- oder Vermögensdelikts gegen einen beliebigen Dritten ist daher nicht als Erpressung, ggf nach den Regeln der mittelbaren Täterschaft zu ahnden.[73]

II. Subjektiver Tatbestand

Der subjektive Tatbestand verlangt neben dem **Vorsatz hinsichtlich der objektiven Tatseite** noch die **Absicht** des Täters, **sich oder einen Dritten zu Unrecht zu bereichern**.

1. Vorsatz

Vom (zumindest bedingten) Vorsatz des Täters müssen der Einsatz der Nötigungsmittel, das abgenötigte Verhalten und der Vermögensschaden im Sinne einer Zweck-Mittel-Relation umfasst sein.[74] Auf die Verursachung des Vermögensschadens muss sich daher der Vorsatz schon zum Zeitpunkt der Anwendung des Nötigungsmittels beziehen.

2. Bereicherungsabsicht

Die weiterhin erforderliche Absicht, sich oder einen Dritten zu Unrecht zu bereichern, ist bedeutungsgleich mit der subjektiven Zwecksetzung beim Betrug, sich oder einem Dritten einen rechtswidrigen Vermögensvorteil zu verschaffen (näher § 27 Rn. 79 ff.):[75]

---

71 BGHSt 41, 123 (126); s. auch zum Versuch: BGH NStZ 2020, 286.
72 BGHSt 41, 123 (126); BGH NStZ-RR 1997, 321.
73 *Habetha* NStZ 2020, 286 (287).
74 BGHSt 32, 88 (91 f.); BGH wistra 1988, 348; LK-*Vogel/Burchard* § 253 Rn. 37 f.
75 BGH NStZ 1989, 22; 1996, 39; LK-*Vogel/Burchard* § 253 Rn. 39.

Bereicherung ist jede günstigere Gestaltung der Vermögenslage durch Zugewinn oder Abwendung eines Verlustes.[76]

Zwischen dem Schaden und der Bereicherung muss **Stoffgleichheit** bestehen (näher § 27 Rn. 82 ff.).[77] Hieran kann es fehlen, wenn der Täter für die Schadenszufügung von einem Dritten belohnt wird oder das abgenötigte Tatobjekt nur als Faustpfand in Besitz nimmt, um so die von ihm eigentlich erstrebte Geldsumme zu erhalten oder um einen Herausgabeanspruch bezüglich einer anderen Sache durchzusetzen.[78] Die Bereicherung wird **zu Unrecht** erstrebt, wenn sie von keinem fälligen und einredefreien Anspruch des Täters oder Dritten gedeckt ist.[79] Exemplarisch: Der Täter will sich mit der Erpressung Wechselgeld aus einem nach § 134 BGB (iVm § 3 BtMG) nichtigen Drogengeschäft verschaffen[80] oder die Rückzahlung eines zur Finanzierung derartiger Geschäfte gewährten Darlehens (§ 138 BGB) bewirken[81]. Richtigerweise wird im Falle eines fälligen und einredefreien Anspruchs bereits der Vermögensnachteil bzw. der darauf bezogene Vorsatz zu verneinen sein (vgl. Rn. 36), sodass dem Merkmal nur bei einem streng wirtschaftlichen Vermögensbegriff noch eigenständige Bedeutung zukommt.[82]

50 Unter **Absicht** ist ein finaler Wille zu verstehen, der auf den Erhalt der Bereicherung gerichtet sein muss.[83] Die Bereicherung braucht aber nicht das einzige Ziel des Täters zu sein.[84] Ihr Eintritt ist für die Deliktsvollendung nicht erforderlich.[85]

Die **Rechtswidrigkeit** der Bereicherung (bzw. der Vermögensschaden, vgl. Rn. 49) ist ein normatives Tatbestandsmerkmal, hinsichtlich dessen **bedingter Vorsatz** genügt.[86] Ein Irrtum des Täters führt zum Vorsatzausschluss, und zwar unabhängig davon, ob dieser durch eine Verkennung der Sach- oder der Rechtslage bedingt ist.[87] Ein vorsatzausschließender Irrtum setzt voraus, dass sich der Täter zumindest vorstellt, der vermeintliche Anspruch werde auch von der Rechtsordnung anerkannt und seine Forderung sei demgemäß mit gerichtlicher Hilfe in einem Zivilprozess durchsetzbar.[88] Geht der Täter hingegen irrtümlich davon aus, dass ihm kein durchsetzbarer Anspruch zusteht, besteht aber tatsächlich ein solcher Anspruch, der objektiv einen Schaden bzw. die Rechtswidrigkeit der Bereicherung ausschließt, so kommt eine Strafbarkeit wegen (untauglichen) Versuchs in Betracht.[89] Für das Bestehen des Anspruchs ist allein die

---

76 Vgl. auch BGH NStZ 1988, 216; NJW 1988, 2623.
77 BGH NStZ 2002, 254.
78 BGH bei *Holtz* MDR 1980, 104 (106); NJW 1982, 2265 f.; LK-*Vogel/Burchard* § 253 Rn. 39.
79 RGSt 20, 56 (59); 72, 133 (137); BGHSt 3, 160 (162); 20, 136 (137); BGH JA 2014, 947 mit Anm. *Kudlich*; NK-*Kindhäuser/Hoven* § 253 Rn. 37 mwN.
80 BGH NStZ 2022, 106 f. mit krit. Anm. *Fahl* und *Brand* NJW 2021, 1968 sowie krit. Besprechung *Disselkamp* ZJS 2021, 679, wonach die angestrebte Bereicherung rechtmäßig ist, weil das Wechselgeld nicht Bestandteil des verbotenen Austauschgeschäfts sei.
81 BGH NStZ-RR 2023, 206.
82 S/S-*Perron* § 263 Rn. 171 f.; in dem letztgenannten Sinne *Krey/Hellmann/Heinrich* Rn. 521; vgl. aber zur fehlenden Rechtswidrigkeit der Bereicherung bei eigenmächtiger Inpfandnahme: BGH NStZ 2017, 642 f.
83 RGSt 55, 257 (258); BGHSt 16, 1 (4); BGHR § 253 Abs. 1 Vermögensschaden 7.
84 BGHSt 16, 1 (4); BGH NJW 1961, 1172; NStE Nr. 5 zu § 253.
85 BGHSt 19, 342 (344); BayObLGSt 5, 8 (14 f.).
86 BGHSt 32, 88 (92); BGH NStZ 2002, 481 (482); StV 2009, 357; NStZ 2024, 169 (170).
87 Vgl. BGHSt 4, 105 (106 f.); BGH StV 1991, 515; 1994, 128; 2014, 283 f.; *Bernsmann* NJW 1982, 2216; *Fischer* § 253 Rn. 40; hinsichtlich der Rechtmäßigkeit von Ansprüchen aus verbotenen Geschäften vgl. BGH NStZ 2002, 597 f.; 2004, 37 f.
88 BGHSt 48, 322 (329); BGH StV 2009, 353 f. mit Anm. *Kindhäuser*; NStZ-RR 2020, 175; NStZ 2024, 169 (170).
89 BGH NStZ 2008, 214; NStZ 2022, 106; MK-*Sander* § 253 Rn. 41; SK-*Sinn* § 253 Rn. 26; vgl. zum Betrug: BGHSt 42, 268, 272 f.; *Kudlich* NStZ 1997, 432 (433 f.); aA (Wahndelikt) *Jakobs*, Abschn. 11/41, 25/42.

Vorstellung des Täters von der materiellen Rechtslage maßgeblich; auf seine Einschätzung der Beweislage kommt es hingegen nicht an.[90]

III. Rechtswidrigkeit

1. Rechtswidrigkeit der Tat im Ganzen

Von der Unrechtmäßigkeit der erstrebten Bereicherung, die als Tatbestandsmerkmal zu prüfen ist, ist die Rechtswidrigkeit der Tat im Ganzen zu unterscheiden. Die Tat im Ganzen ist rechtswidrig, wenn der Einsatz der Nötigungsmittel zu dem mit ihm verfolgten Zweck als verwerflich anzusehen ist (Abs. 2). Die Verwerflichkeit der Tat als Kriterium ihrer Rechtswidrigkeit ist allgemeines Verbrechensmerkmal.[91] Ein Irrtum über die Bewertung der Tat als verwerflich ist ein Verbotsirrtum nach § 17.[92]

2. Verwerflichkeit

■ Unter Verwerflichkeit ist nach hM die sozialethische Missbilligung des für den erstrebten Zweck angewandten Mittels zu verstehen.[93] Da die Verwirklichung des Erpressungstatbestands jedenfalls dann nicht rechtswidrig ist, wenn allgemeine Rechtfertigungsgründe vorliegen,[94] empfiehlt es sich, **vor** der Verwerflichkeit der Tat das **Eingreifen möglicher allgemeiner Rechtfertigungsgründe zu prüfen**.

Der **Nötigungszweck** ist bei § 253 als unrechtmäßige Bereicherung **stets rechtswidrig**.

a) **Rechtswidrigkeit des Nötigungsmittels**: Ist auch das Nötigungsmittel – Gewaltanwendung, Drohung mit einem widerrechtlichen Handeln – rechtswidrig, so ist die Zweck-Mittel-Relation insgesamt als rechtswidrig anzusehen. Exemplarisch: Der Täter droht mit einer beleidigenden Veröffentlichung, um die Rückzahlung eines beim unerlaubten Glücksspiel verlorenen Geldbetrags durchzusetzen.[95]

b) **Rechtmäßigkeit des Nötigungsmittels**: Ist das angedrohte Verhalten erlaubt, so ist die Tat verwerflich, wenn Zweck und Mittel in keinem inneren Zusammenhang stehen (sog. **Inkonnexität**). Charakteristisch für die Drohung mit einem erlaubten Handeln zur Erlangung eines inkonnexen Vorteils ist die „Schweigegelderpressung" (sog. Chantage).[96] In Fällen dieser Art droht der Täter mit der erlaubten Bloßstellung des Opfers, wenn er nicht einen bestimmten Vermögensvorteil erhält. Hier fehlt regelmäßig ein sachlicher Zusammenhang, da das Opfer das Schweigegeld nicht mit der staatlichen Sanktion verrechnen kann. Exemplarisch: Der Täter droht – wie in **Fall 1** – mit einer Strafanzeige, mit der Information des betrogenen Ehegatten über einen Ehebruch oder mit der Bekanntgabe des Schadensverursachers an einen Unfallgeschädigten. In diesen Konstellationen ist der Täter weder der Verletzte, dessen Interessen durch das Fehlverhalten des Opfers beeinträchtigt wurden, noch steht ihm irgendeine Dispositionsbefugnis über das verletzte Interesse zu. Dementsprechend ist der Leistungsaustausch mit dem Täter für das Opfer rechtlich wertlos; das Opfer hat weder eine rechtliche

---

[90] BGH NStZ-RR 2020, 175.
[91] BGHSt 39, 133 (137).
[92] LK-*Vogel/Burchard* § 253 Rn. 54.
[93] BGHSt 17, 328 (331 f.); 18, 389 (391); 35, 270 (276 f.); 39, 133 (137 f.); L-*Kühl/Heger* § 240 Rn. 18; M-Schroeder/*Maiwald/Momsen* I § 42/39 ff.
[94] Zu Streiks *Neumann* ZStW 109 (1997), 1 (4 ff.).
[95] Vgl. BGH MDR 1968, 938; LG Flensburg MDR 1980, 248.
[96] Vgl. RGSt 64, 379 (383); BGH NStZ-RR 2011, 143 (144); *Krause* Spendel-FS 547 ff.; *Welzel* 382.

Garantie, dass der Täter sein Schweigen nicht doch bricht, noch kann es seine Leistung dem Anspruch des Verletzten rechtshindernd entgegenhalten.

55 Teils wird die Ansicht vertreten, dass mit einer erlaubten Handlung gedroht werden dürfe,[97] sei es, weil ein erlaubtes Handeln schon kein Übel sei (Rn. 8, 11), sei es, weil mit dem Angebot, die erlaubte Handlung nicht auszuführen, dem Opfer nur eine zusätzliche Freiheitsoption eingeräumt werde.[98] Das Opfer erhalte zB faktisch die Chance, einer Strafverfolgung zu entgehen. Dem ist entgegenzuhalten, dass auch ein erlaubtes Verhalten nur in rechtlich anerkannten Grenzen durchgesetzt werden darf, wie das Schikaneverbot (§ 226 BGB) oder die begrenzten Möglichkeiten der Selbsthilfe zeigen.[99]

56 Es kann jedoch auch Fälle geben, in denen Konnexität (noch) bejaht werden kann und es daher **nicht** als **verwerflich** anzusehen ist, wenn der Täter mit der Drohung eines erlaubten Verhaltens für sich oder einen Dritten einen (so) nicht zu beanspruchenden Vorteil erstrebt. Der Täter droht zB dem Opfer mit der (begründeten) Anzeige wegen Meineids, um so die Vollstreckung aus dem durch den Meineid (!) erschlichenen Titel abzuwenden.[100] Gleiches kann gelten, wenn der durch eine Straftat Verletzte von der Erstattung einer Anzeige absehen will, sofern der Täter eine (nicht unangemessen hohe) Buße an eine gemeinnützige Einrichtung zahlt.[101]

IV. Versuch und Vollendung

57 Das Delikt ist mit Eintritt des Vermögensnachteils beim Geschädigten **vollendet**;[102] eine Bereicherung des Täters muss nicht erfolgt sein. Ihr steht grds. nicht entgegen, dass der vom Geschädigten entrichtete Betrag hinter der Forderung des Täters zurückbleibt.[103] Da sich der Vermögensnachteil nicht mit dem erstrebten (bestimmten) Nötigungserfolg deckt, kommt jedoch nur eine Versuchsstrafbarkeit in Betracht, wenn der Täter von vornherein fest entschlossen ist, einen geringeren Betrag sogleich zurückzuweisen. Gleiches gilt, wenn das Opfer dem Täter ein leeres Behältnis oder einen anderen als den geforderten Gegenstand[104] übergibt. Tritt hingegen ein Vermögensnachteil ein, so verdrängt das vollendete Delikt den hinsichtlich weitergehender Forderungen verwirklichten Versuch zurück.[105]

Für den Versuch gelten die allgemeinen Regeln. Er kommt insbesondere dann in Betracht, wenn es – etwa aufgrund polizeilicher Observation[106] – zu keinem Vermögensnachteil kommt, wenn die vom Täter ergriffenen Nötigungsmittel keine Zwangswirkung auf das Opfer entfalten,[107] das Opfer zB die Drohung nicht ernst nimmt, wenn der Zurechnungszusammenhang zwischen Nötigung und Vermögensschädigung fehlt,

---

97 So *Jakobs* Peters-FS 69 (82 f.); SK-*Wolters* § 240 Rn. 49.
98 *Jakobs* Peters-FS 69 (82 f.); SK-*Wolters* § 240 Rn. 49.
99 Vgl. BGHSt 39, 133 (137).
100 RGSt 20, 56 (59 f.).
101 Vgl. RGSt 36, 384 (388); LK-*Vogel/Burchard* § 253 Rn. 53; *Welzel* 382; allerdings fragwürdig, da hier der Empfänger keinen Anspruch gegen den Täter besitzt.
102 BGHSt 19, 342; BGH wistra 1987, 21; *Fischer* § 253 Rn. 2, 44; MK-*Sander* § 253 Rn. 40; *Schaffstein* Dreher-FS 163 ff.
103 BGH StV 1990, 206 (207); L-*Kühl/Heger* § 253 Rn. 11.
104 BGH GA 1989, 171; NStZ 2008, 215.
105 BGH NStZ 2024, 87 (88).
106 BGH StV 1989, 149; bei *Holtz* MDR 1994, 1071.
107 RGSt 34, 15 (17 ff.); 71, 291 (292).

weil zB das Opfer aus einer nötigungsunabhängigen Motivation heraus leistet,[108] oder der Täter verkennt, dass er einen fälligen Anspruch auf den angestrebten Vermögensvorteil hat.[109] Der Versuch **beginnt** mit dem unmittelbaren Ansetzen zur Erpressung; hierzu zählt zB das Absenden des Drohbriefs.

V. Besonders schwere Fälle (Abs. 4)

Als Beispiele für einen besonders schweren Fall (vgl. zur Regelbeispielstechnik § 3 Rn. 1 ff.) der Erpressung nennt § 253 Abs. 4 S. 2 **gewerbsmäßiges Handeln**(hierzu § 3 Rn. 24 ff.) **sowie die Tatausführung als Mitglied einer Bande**, die sich zur fortgesetzten Begehung einer Erpressung verbunden hat (hierzu § 4 Rn. 29 ff.).

58

C. Anwendung

I. Aufbau

Es empfiehlt sich, die Tatbestandsmerkmale der Erpressung in folgender Reihenfolge zu prüfen:

59

A) Tatbestand:
   I. Objektiver Tatbestand:
      1. Nötigungshandlung: Gewalt oder Drohung mit einem empfindlichen Übel (Rn. 3 ff.)
      2. Nötigungserfolg (Rn. 20; str., ob iSe Vermögensverfügung, Rn. 21 ff. sowie ergänzend § 18 Rn. 5 ff.)
      3. Vermögensschädigung (Rn. 32 ff.)
      4. Kausalität (Rn. 38 ff.)
   II. Subjektiver Tatbestand:
      1. Vorsatz hinsichtlich des objektiven Tatbestands (Rn. 48)
      2. Absicht, sich oder einem Dritten einen Vermögensvorteil zu verschaffen (Rn. 49 f.)
      3. Vorsatz hinsichtlich der Rechtswidrigkeit des Vermögensvorteils (Rn. 50)
B) Rechtswidrigkeit:
   I. Allgemeine Rechtfertigungsgründe (Rn. 61)
   II. Verwerflichkeit (Abs. 2, Rn. 52 ff.)
C) Schuld
D) Ggf Regelbeispiele (Abs. 4, Rn. 58)

II. Beteiligung

■ Als (Mit-)Täter kommt nur in Betracht, wer mit Bereicherungsabsicht – Drittbegünstigungsabsicht genügt – handelt. Anderenfalls ist der Beteiligte Teilnehmer und evtl. tateinheitlich hierzu Mittäter einer Nötigung.[110]

60

---

108 Vgl. auch RGSt 15, 333 (335 f.); BGH StraFo 2009, 343, hier aus ermittlungstaktischen Gründen zur Überführung des Täters; LG Frankfurt NJW 1970, 343.
109 BGH NStZ 2008, 214; SK-*Sinn* § 253 Rn. 26.
110 RGSt 54, 152 (153); 56, 171 (172); BGHSt 27, 10 (11); BGH NJW 1985, 812; StV 1988, 526 (527).

61 ■ Beihilfe ist bis zum Zeitpunkt der Vollendung möglich.[111] Anschließend kann die Hilfe als Begünstigung (§ 257) anzusehen sein. Für den Fall, dass der Helfende den Nötigungscharakter einer Übelsankündigung verkennt, aber um die in ihr ggf zugleich enthaltene Täuschung weiß, bejaht die Rechtsprechung Beihilfe zum Betrug.[112]

III. Konkurrenzen

62 ■ Bei mehreren Angriffen auf die Willensentschließungsfreiheit durch Anwendung von Gewalt oder Drohungen werden diese zu einer **rechtlichen Bewertungseinheit** verbunden, wenn diese nach der Vorstellung des Täters auf ein und denselben Nötigungserfolg abzielen (**sukzessive Tatausführung**); eine einheitliche Tat liegt jedoch nicht mehr vor, wenn der Täter sein Ziel (Nötigungserfolg) vollständig erreicht hat oder nach den Wertungen des Rücktrittsrechts ein fehlgeschlagener Versuch vorliegt und sich der Einsatz des Nötigungsmittels damit als neuer Anlauf zur Erreichung des Erfolgs darstellt (vgl. auch Rn. 57 zum Verhältnis von Versuch und Vollendung).[113]

63 ■ Die Verfügungstheorie (Rn. 22) hat zur Konsequenz, dass **Raub und Erpressung** in einem tatbestandlichen Exklusivitätsverhältnis zueinander stehen: Wegnahme und Vermögensverfügung schließen einander begrifflich aus (vgl. auch zur Exklusivität von Diebstahl und Betrug § 27 Rn. 45, 56). Nach der hM (Rn. 21) kann dagegen ein Raub auch den Tatbestand der (räuberischen) Erpressung erfüllen, die dann auf der Konkurrenzebene (als subsidiärer Auffangtatbestand) verdrängt wird (vgl. auch § 18 Rn. 16 f.).

64 ■ § 253 ist lex specialis zu **§§ 240 und 241**, wenn sich die Nötigung in der Verursachung der Vermögensminderung beim Opfer erschöpft. Der Klarstellung halber ist dagegen Tateinheit bei vollendeter Nötigung, aber nur versuchter Erpressung anzunehmen.[114] Ferner kommt Tateinheit in Betracht, wenn durch die Nötigung noch weitere, über die Erpressung hinausgehende Zwecke verfolgt werden.[115] Im Verhältnis zu § 249 ist die Erpressung subsidiärer Auffangtatbestand und wird verdrängt (näher § 12 Rn. 3).

65 ■ Zwischen § 253 und § 263 ist eine Reihe von Überschneidungen möglich. Dient die Täuschung nur dazu, das angedrohte Übel vorzuspiegeln oder aufzubauschen, wird der Betrug von der Erpressung (im Wege der Subsidiarität) verdrängt.[116] Wenn dagegen der Täter dergestalt gegen das Opfer vorgeht, dass die Täuschung neben der Nötigung selbstständige Bedeutung erlangt, das Opfer also auch aufgrund eines nicht mit der Nötigung zusammenhängenden Irrtums über sein Vermögen

---

111 Vgl. *Kühl* JuS 1982, 189 (192); *Küper* JuS 1986, 862 (869); LK-*Vogel/Burchard* § 253 Rn. 57; für Beihilfe bis zur Beendigung dagegen S/S-*Bosch* § 253 Rn. 28 mwN.
112 BGHSt 11, 66 (67); LK-*Vogel/Burchard* § 253 Rn. 56.
113 BGH NStZ 2023, 412; NStZ 2023, 679.
114 BGH bei *Dallinger* MDR 1972, 386; LK-*Herdegen*, 11. Aufl., § 253 Rn. 34; aA BGH StV 1990, 206 (207): nur versuchte Erpressung.
115 BGHSt 37, 256 (259).
116 iErg hM, vgl. nur BGHSt 11, 66 (67); BGH NStZ 1985, 408; S/S-*Bosch* § 253 Rn. 33; NK-*Kindhäuser/Hoven* § 253 Rn. 51; LK-*Tiedemann*, 11. Aufl., § 263 Rn. 313. Im umgekehrten Fall, bei dem die Drohung nur die Täuschung verstärkt, tritt entsprechend die Erpressung zurück.

verfügt, stehen Erpressung und Betrug in Tateinheit.[117] Nur Betrug ist wiederum anzunehmen, wenn der Täter dem Opfer vorspiegelt, er wolle ihm dabei behilflich sein, angebliche Angriffe gegen Leib und Leben durch Dritte abzuwehren, und zu diesem Zweck die Überlassung eines Geldbetrages verlangt.[118] Wird das Opfer eines Betrugs nach der Tat mit Nötigungsmitteln davon abgehalten, das Tatobjekt wieder an sich zu nehmen, so verwirklicht der Täter nur §§ 263, 240 in Tatmehrheit; § 253 kommt mangels eines weiteren Vermögensschadens nicht in Betracht.[119]

Wiederholungs- und Vertiefungsfragen

> Welche Rechtsgüter werden durch § 253 geschützt? (Rn. 1)
> Kann eine Erpressung auch durch Drohung mit einem erlaubten Verhalten begangen werden? (Rn. 9 ff.)
> Welchen Nötigungserfolg setzt die Erpressung voraus? (Rn. 20 ff.)
> Mit welchen Argumenten wird von der sog. Verfügungstheorie vertreten, Nötigungserfolg müsse eine Vermögensverfügung sein? (Rn. 25 ff.)
> Welche deliktssystematischen Konsequenzen hat die Verfügungstheorie? (Rn. 63)
> Zu welchem Wertungswiderspruch führt die Verfügungstheorie, wenn der Täter in die von §§ 248b, 289 geschützten Vermögensgüter durch Wegnahme unter Anwendung von vis absoluta eingreift? (Rn. 28)
> Welche gängigen Definitionen des Vermögensnachteils spielen bei der Erpressung eine Rolle? (Rn. 33 ff.)
> Unter welchen Voraussetzungen spricht man von einer Dreieckserpressung? (Rn. 42 ff.)
> Worauf muss sich die Bereicherungsabsicht beziehen? (Rn. 49 f.)
> Was versteht man unter einer Chantage? (Rn. 54)
> In welchen Konkurrenzverhältnissen können Erpressung und Betrug stehen? (Rn. 65)

---

[117] BGHSt 9, 245 (247); OLG Hamburg JR 1950, 629 (631); *Niese* JZ 1960, 356 (361); *Schünemann* JA 1980, 486 (490); aA *Otto* ZStW 79 (1967), 59 (94).
[118] Vgl. BGH StV 1996, 482.
[119] BGHSt 32, 88 (89); BGH NJW 1984, 501.

§ 18 Räuberische Erpressung (§ 255)

A. Allgemeines

1 § 255 ist ein **Qualifikationstatbestand** zur einfachen Erpressung (§ 253) und ordnet für den Fall, dass die Tat mit den (qualifizierten) Nötigungsmitteln des Raubes begangen wird, auch eine Bestrafung nach § 249 an. Der Verweis auf den Strafrahmen des § 249 ermöglicht ferner eine entsprechende Anwendung der §§ 250, 251.

Anders als bei § 253 bedarf es bei § 255 **keiner Verwerflichkeitsprüfung**, da die Anwendung von Raubmitteln zur Erlangung einer rechtswidrigen Bereicherung, von besonderen Rechtfertigungslagen abgesehen, das Unrecht der Tatbestandserfüllung hinreichend begründet.

B. Definitionen und Erläuterungen

2 **Tatbestandliche Nötigungsmittel** sind Gewalt gegen eine Person (vgl. Fall 2 zu § 17) oder Drohungen mit gegenwärtiger Gefahr für Leib oder Leben (hierzu § 13 Rn. 3 ff.). Ansonsten stimmt die Vorschrift in allen anderen Merkmalen des subjektiven und objektiven Tatbestands mit § 253 überein.

3 **Nötigungserfolg** kann nach hM jedes Verhalten des Genötigten, auch eine mit absoluter Gewalt erzwungene Duldung (vgl. Fall 2 zu § 17), sein. Sofern der Täter mit Zueignungsabsicht handelt und sich sein Verhalten dem **äußeren Erscheinungsbild** nach als Nehmen darstellt, verdrängt der zugleich verwirklichte Raub (§ 249) die räuberische Erpressung im Wege der Gesetzeskonkurrenz (Spezialität, vgl. unten Rn. 17 sowie § 13 Rn. 9, 34). Nach der Gegenansicht muss der Genötigte jedoch eine Vermögensverfügung vornehmen (§ 13 Rn. 10, § 17 Rn. 22), mit der Folge, dass zur Tathandlung des Raubes ein tatbestandliches Exklusivitätsverhältnis besteht.

4 Wie bei der einfachen Erpressung sind **Mehrpersonenverhältnisse** möglich. Der Genötigte braucht weder mit dem durch die angekündigte Übelszufügung Gefährdeten (vgl. § 17 Rn. 18) noch mit dem in seinem Vermögen Geschädigten (**Dreieckserpressung**, vgl. § 17 Rn. 42 ff.) identisch zu sein.

Vereinzelt wird das Auseinanderfallen von Genötigtem und Gefährdetem bei § 255 nur unter der engeren Voraussetzung für möglich gehalten, dass beide Personen sich iSv § 35 nahe stehen, anderenfalls sei lediglich § 253 anzuwenden.[1] Da § 255 die Drohung mit einer (gegenwärtigen) Gefahr für Leib oder Leben und nicht nur – wie § 253 – mit einem empfindlichen Übel verlange, müsse auf dem Genötigten ein besonderer Motivationsdruck lasten, der fehle, wenn sich nur ein beliebiger Dritter in einer Leibes- oder Lebensgefahr befinde. Die Strafschwerung knüpft jedoch nicht an einen besonderen Motivationsdruck, sondern an die besondere Qualität des Drohungsinhalts (Leib- und Lebensgefahr) an (vgl. § 13 Rn. 19).[2] Daher ist zB § 255 bei einem Banküberfall auch verwirklicht, wenn der Bankangestellte dem Täter das gewünschte Geld übergibt, um einen mit dem Tode bedrohten Kunden zu retten.[3]

---

[1] *Zaczyk* JZ 1985, 1059 (1061).
[2] *Jakobs* JR 1987, 340 ff.; NK-*Kindhäuser/Hoven* Vor § 249-256 Rn. 35.
[3] Vgl. auch BGH NStE Nr. 2 zu § 255; NJW 1989, 176.

C. Anwendung

I. Vertiefung: Raub und (räuberische) Erpressung

Häufig stellt sich bei der Fallprüfung die praktisch bedeutsame Frage, ob die räuberische Erpressung als Nötigungserfolg eine Vermögensverfügung verlangt. Beispielhaft hierfür ist die Konstellation, in welcher der Täter dem Opfer mit absoluter Gewalt eine Sache zum kurzzeitigen Gebrauch wegnimmt (hierzu § 17 **Fall 2**). Folgt man hier der Verfügungstheorie (§ 17 Rn. 22), so scheiden einerseits Raub mangels Zueignung und andererseits räuberische Erpressung mangels Vermögensverfügung des Opfers aus; es bleibt eine Strafbarkeit wegen Nötigung (§ 240). Nach der Rechtsprechung (§ 17 Rn. 21) kommt dagegen eine räuberische Erpressung in Betracht, die ggf noch nach §§ 250 f. qualifiziert sein kann. Beide Lösungswege führen also zu einer ganz **erheblichen Differenz im Strafrahmen**, und der Streit ist keineswegs bloß „akademischer Natur".

Neben den bereits dargestellten Argumenten der beiden Auffassungen (§ 17 Rn. 23 ff.) können zur Entscheidung des Streits auch noch Überlegungen zum Verhältnis von Raub und Erpressung im 20. Abschnitt des StGB herangezogen werden. Denn zugunsten der Verfügungstheorie sprechen – jedenfalls auf den ersten Blick – auch systematische Erwägungen, die in einer vertieften Problemanalyse nicht fehlen sollten. Für eine **Eigenständigkeit des Raubes** gegenüber der (räuberischen) Erpressung werden im Wesentlichen drei Argumente angeführt:

1. Zur Überflüssigkeit des Raubtatbestands

Wäre der Raub (§ 249) ein Qualifikationstatbestand der Erpressung (§ 253) und hinsichtlich der identischen Nötigungsmittel nur ein Unterfall der räuberischen Erpressung (§ 255), so hinterließe seine Streichung keine Strafbarkeitslücke; der Raubtatbestand wäre überflüssig.[4] Ferner müsste die Erpressung an den Anfang der Delikte des 20. Abschnitts gestellt sein, wenn sie dessen Grundtatbestand wäre. Auch dürfte das allgemeinere Delikt der räuberischen Erpressung (§ 255) hinsichtlich seiner Rechtsfolge nicht auf einen Spezialtatbestand verweisen.[5]

Hinter dem Strafgesetzbuch steht jedoch keine logisch-systematische Grundkonzeption, der zufolge jedes Delikt eine bestimmte, von anderen Delikten scharf abgegrenzte Schutzfunktion hätte. Das Strafgesetz ist vielmehr eine Sammlung von Delikten verschiedener Herkunft und Tradition. Es hat nicht nur einen (kriminalpolitisch gewollten) fragmentarischen Charakter, sondern weist auch eine Fülle von Überschneidungen auf. Tatbestände haben nicht allein die Aufgabe, Strafrahmen festzulegen; sie sollen auch und gerade bestimmte Handlungsmodalitäten plastisch hervorheben und in ihrem Unwert appellativ vertypen. Der Raub ist ein – unabhängig von der Erpressung – über Jahrhunderte „gewachsenes" Delikt[6] mit – auch dem Laien bekannter – ausgeprägter Unrechtsvertypung und eigenem Täterbild („Räuber"). Daher wäre der Raub keineswegs „überflüssig", wenn er nur ein spezifisch konturierter Unterfall des allgemeineren Erpressungstatbestands wäre.

---

4 Vgl. *Schröder* ZStW 60 (1941), 33 (110); *Tenckhoff* JR 1974, 489 (490).
5 So *Mohrbotter* GA 1968, 112 (117); *Tenckhoff* JR 1974, 489 (490).
6 Vgl. auch *Lüderssen* GA 1968, 257 (262 f.).

9 Dass die Erpressung nicht am Anfang des 20. Abschnitts steht, wäre nur bedeutsam, wenn das StGB logisch aufgebaut wäre. Dies ist aber nicht der Fall: So werden etwa die Tötungsdelikte mit dem Mord (§ 211) oder die Straftaten gegen die persönliche Freiheit mit dem Menschenhandel (§ 232) eingeleitet; jeweils geht es um plastische Unrechtsvertypungen und nicht um Grundtatbestände. Dass im Übrigen § 255 wie auch § 252 hinsichtlich der Strafandrohung auf § 249 verweist, kann als Betonung der Unrechtsverwandtschaft der drei Delikte verstanden werden und ist zudem insoweit sinnvoll, als sich so eine Verweisungskette auf die für alle Delikte anwendbaren Raubqualifikationen (§§ 250, 251) ergibt. Insgesamt lässt sich damit der Systematik kein aussagekräftiges Argument für eine Selbstständigkeit des Raubes gegenüber der Erpressung entnehmen.

2. Zur Abstufung der Nötigungsmittel

10 Die Nötigungsmittel sind im 20. Abschnitt wie folgt abgestuft: Den geringsten Intensitätsgrad der Nötigung setzt die einfache Erpressung (§ 253) voraus. Es genügt neben der Anwendung von Gewalt, die sich auch gegen Sachen richten kann, die Drohung mit einem empfindlichen Übel. Raub (§ 249) und räuberische Erpressung (§ 255) setzen dagegen als Nötigungsmittel jeweils Gewalt gegen eine Person oder Drohung mit gegenwärtiger Gefahr für Leib oder Leben voraus. Einen („kleinen") Raub, der sich hinsichtlich der Intensität der Nötigungsmittel auf der Ebene von § 253 bewegt, kennt das StGB nicht. Nötigt der Täter sein Opfer beim Diebstahl ohne Personengewalt oder Drohungen mit einer solchen, so ist er „nur" nach §§ 240, 242, 52 zu bestrafen.

11 Mit Blick auf diesen Befund wird folgendes Argument für die Selbstständigkeit des Raubes gegenüber der Erpressung formuliert:[7] Wäre die Erpressung der Grundtatbestand zum Diebstahl mit Nötigungsmitteln, so müsste bei einem abgenötigten Diebstahl ohne Personengewalt oder Drohung mit einer solchen – also beim „kleinen Raub" – stets auch § 253 als „Grundtatbestand" zu §§ 240, 242, 52 erfüllt sein. Da §§ 240, 242, 52 den Erpressungstäter nicht privilegieren sollen, müsste das Gewicht des Unrechts dieser Delikte demjenigen von § 253 entsprechen.

12 Eine solche Gleichgewichtung des Unrechts ist indessen ohne Weiteres möglich: Schon ohne Nötigung ist für den Diebstahl (§ 242) der gleiche Strafrahmen wie für die Erpressung vorgesehen. Es werden lediglich besonders schwere und qualifizierte Fälle des Diebstahls (zB § 243, nicht aber § 244a!) teils geringer eingestuft als solche der Erpressung (§ 253 Abs. 4). Um hier Strafmaßdiskrepanzen zu vermeiden, ist daher auf einen „kleinen Raub", der die Voraussetzungen des § 253 Abs. 4 erfüllt,[8] auch dessen Mindeststrafe anzuwenden. Die speziell für den Diebstahl – und damit auch für den „kleinen Raub" – vorgesehenen Beschränkungen der Strafverfolgung nach §§ 247, 248a werden allerdings durch § 253 nicht aufgehoben[9] und gelten weiterhin.[10]

---

7 Vgl. L-Kühl/*Heger* § 253 Rn. 3; *Schladitz* JA 2022, 89 (94).
8 Dies wären vor allem Taten nach §§ 240, 242, 243 Abs. 1 Nr. 3, 52 oder nach §§ 240, 244 Abs. 1 Nr. 3, 52.
9 Vgl. dagegen *Schünemann* JA 1980, 486 (490).
10 Folgerichtig wäre es, §§ 247, 248a auch auf den vermögensschädigenden Teil des § 253 anzuwenden, sodass der Täter, der einen Angehörigen unter den Voraussetzungen des § 253 erpresst, bei fehlendem Strafantrag (allenfalls) nach § 240 zu bestrafen wäre (vgl. auch § 263 Abs. 4).

3. Zur qualitativen Abschichtung des Diebstahls von der Gebrauchsanmaßung

Zugunsten einer Selbstständigkeit des Raubes wird des Weiteren angeführt, dass anderenfalls die qualitative Abschichtung des Diebstahls gegenüber anderen Wegnahmedelikten (zB §§ 248b, 289) und der straflosen Gebrauchsanmaßung unterlaufen werde.[11] So erscheine es ungereimt, dass zB eine mit qualifizierten Nötigungsmitteln begangene Pfandkehr über § 255 dem Raub gleichgestellt werden soll, obgleich § 289 eine geringere Strafdrohung als der Diebstahl aufweist.

Dies ist jedoch eine Konsequenz des weiten Schutzbereichs der Vermögensdelikte, der auch den Besitz umfasst. So droht bereits § 263 eine höhere Strafe an als die §§ 248b, 289 und es wäre wenig einleuchtend, einen solchen Schutz des Vermögens nach den §§ 253, 255 zu versagen.[12] Dementsprechend werden nach einhelliger Meinung **alle** (auch ansonsten straflosen) Vermögensschädigungen über § 255 dem Raub gleichgestellt, wenn der Täter das Opfer mit qualifizierten Nötigungsmitteln veranlasst, die vermögensschädigende Handlung selbst vorzunehmen. Also wird von § 255 unstreitig die mit (qualifizierten) Nötigungsmitteln erzwungene Herausgabe der Pfandsache („Vermögensverfügung") erfasst. Ob nun der Täter mit (qualifizierten) Nötigungsmitteln eine Pfandsache wegnimmt oder sich vom Berechtigten aushändigen lässt, kann aber hinsichtlich des jeweiligen Unrechts keinen Unterschied machen. Ein anderes Beispiel: Veranlasst der Täter das Opfer mit Todesdrohungen, ihm einen Gegenstand zeitweilig zu überlassen, so ist die Tat nach § 255 mit dem Strafmaß des § 249 (und ggf des § 250) zu ahnden. Dann ist aber nicht einzusehen, warum ein Täter, der mit denselben Nötigungsmitteln den Widerstand des Opfers gegen die Wegnahme der Sache bricht, nicht nach §§ 255 bzw. 249, sondern nur nach § 240 zu bestrafen sein soll.

Der gesetzgeberischen Wertung, alle mit qualifizierten Nötigungsmitteln begangenen Vermögensschädigungen über § 255 dem Raub gleichzustellen, ist zu entnehmen, dass Eigentumsverletzungen keine Sonderrolle gegenüber sonstigen Vermögensschädigungen spielen sollen. Auch dies spricht also dafür, dass die besondere Ausgestaltung von Diebstahl und Raub im StGB lediglich das Produkt der historischen Entwicklung einzelner Deliktstypen und nicht Ausdruck einer legislatorischen Gesamtkonzeption des Vermögensstrafrechts ist; eine solche fehlt vielmehr.

II. Folgerungen zum Konkurrenzverhältnis

Auch wenn die Argumente für eine Selbstständigkeit des Raubes eine gewisse Plausibilität beanspruchen können, spricht doch deutlich mehr für eine Einstufung der Erpressung als „Grundtatbestand". Vor allem erscheint eine Differenzierung zwischen erzwungener Wegnahme und erzwungener Verfügung (vgl. § 13 Rn. 9) sachwidrig.

Allerdings ist es nach der vorherrschenden Auslegung der § 249 und §§ 253, 255 nicht möglich, den Raub im Verhältnis zur (räuberischen) Erpressung als lex specialis ieS anzusehen, denn diese Auslegung verlangt einerseits bei der Erpressung Kausalität zwischen Nötigung und Vermögensschaden, lässt aber andererseits beim Raub einen subjektiven Finalzusammenhang zwischen Nötigung und Diebstahl genügen (vgl. § 13 Rn. 13, § 17 Rn. 38), sodass das speziellere Delikt (§ 249) weniger Tatbestandsmerk-

---
11 Vgl. S/S-*Bosch* § 253 Rn. 8a; *Otto* ZStW 79 (1967), 59 (86); MK-*Sander* § 253 Rn. 18; *Tenckhoff* JR 1974, 489 (491).
12 Vgl. *Schladitz* JA 2022, 89 (94).

male enthielte als das allgemeine (§ 255). Fordert man hingegen auch im Rahmen des § 249 einen Kausalzusammenhang zwischen Nötigungsmittel und Wegnahme (§ 13 Rn. 14 f.), so steht dieser Einwand der Annahme von **Spezialität** nicht entgegen: §§ 253, 255 treten als Auffangtatbestand zurück, wenn die Voraussetzungen von § 249 erfüllt sind.[13]

Wiederholungs- und Vertiefungsfragen

> Weshalb ist die Erpressung des § 255 eine „räuberische", worin besteht also der Bezug zum Raub und worin die Gemeinsamkeit mit der Erpressung? (Rn. 1 f.)
> Aus welchem Grund ist die Verwerflichkeitsprüfung des § 253 Abs. 2 bei der räuberischen Erpressung nicht erforderlich? (Rn. 1)
> Was bedeutet die Strafdrohung „gleich einem Räuber"? (Rn. 1)
> Welche zentralen Argumente werden vorgebracht, um das Verhältnis zwischen Raub und Erpressung zu bestimmen? (Rn. 7 ff.)
> In welchem Konkurrenzverhältnis müssen § 249 und §§ 253, 255 zueinander stehen, wenn keine Exklusivität zwischen diesen Delikten angenommen wird? (Rn. 17)

---

13 Näher zu den Grundlagen der Gesetzeskonkurrenz *Kindhäuser/Zimmermann* AT § 46/1 ff.

§ 19 Räuberischer Angriff auf Kraftfahrer (§ 316a)

A. Allgemeines

Die Vorschrift bezweckt neben dem **Schutz des Vermögens** auch die **Sicherheit des Kraftverkehrs auf Straßen**.[1] Sie stellt, in den Worten des BGH, „eine Maßnahme dar, um das Verbrecherunwesen und Rowdytum auf den Straßen zu bekämpfen".[2] Erfasst werden Vorbereitungshandlungen, die unter Ausnutzung der Besonderheiten des Straßenverkehrs auf die Begehung eines Raubes, eines räuberischen Diebstahls oder einer räuberischen Erpressung bezogen sind. Das spezifische Sicherheitsbedürfnis, dem diese aus der NS-Zeit stammende Vorschrift Rechnung tragen soll, wird durch das Strafmaß veranschaulicht,[3] das sich auf derselben Stufe wie die qualifizierte Begehung nach § 250 Abs. 2 bewegt und damit das zusätzliche Gefährdungsunrecht abbildet[4]. Gegenüber §§ 249, 252, 255 ist § 316a daher ein **selbstständiges Delikt**. Aufgrund des hohen Strafmaßes und der geringen praktischen Bedeutung der Strafnorm wird ihre Aufhebung in Erwägung gezogen.[5]

B. Definitionen und Erläuterungen

I. Objektiver Tatbestand

Tathandlung ist ein Angriff auf Leib, Leben oder Entschlussfreiheit des Führers eines Kraftfahrzeugs oder eines Mitfahrers unter Ausnutzung der besonderen Verhältnisse des Straßenverkehrs.

1. Angriff

▶ **Fall 1:** T errichtet eine Straßensperre, um anhaltende Autofahrer auszuplündern. ◀

▶ **Fall 2:** T gibt sich als harmloser Anhalter aus. Er will anhaltende Autofahrer ausrauben. ◀

Angriff ist ein auf die Verletzung der Güter Leib, Leben oder Entschlussfreiheit bezogenes Verhalten.[6]

■ Der Angriff auf **Leib oder Leben** muss sich unmittelbar auf den Körper des Opfers richten.[7] Einschränkungen der Bewegungsfreiheit und erst recht bloße Drohungen genügen nicht. Auch die Gefahr nur unerheblicher Körperverletzungen ist nicht ausreichend.

---

[1] BGHSt 49, 8, 11; S/S-*Hecker* § 316a Rn. 1; NK-*Zieschang* § 316a Rn. 11.
[2] Zurückgehend auf eine Formulierung im Gesetzgebungsverfahren, vgl. BGHSt 13, 27 (29); BGH NJW 1971, 765; vgl. auch BGHSt 39, 249 (250); *Günther* JZ 1987, 369 (377 f.).
[3] Das § 316a vorangegangene Gesetz gegen Straßenraub mittels Autofallen vom 22. 6. 1938 (RGBl. I, 651) – aufgehoben durch Art. 1 Nr. 11 Kontrollratsgesetz Nr. 55 (Amtsblatt S. 285) vom 30. 1. 1946 – sah Todesstrafe als einzige Strafe für denjenigen vor, der in räuberischer Absicht eine Autofalle stellte; zur Deliktsgeschichte vgl. auch *Mitsch* 11.2.1.1; NK-*Zieschang* § 316a Rn. 1 ff.
[4] *Baur* NZV 2018, 103 (108) mwN.
[5] S. die Eckpunkte des Bundesministeriums der Justiz zur Modernisierung des Strafgesetzbuchs (November 2023), S. 5, abrufbar unter https://www.bmj.de/SharedDocs/Downloads/DE/Gesetzgebung/Eckpunkte/1123_Eckpunkte_Modernisierung_Strafrecht.pdf?__blob=publicationFile&v=3 (13.05.2023); zustimmend *Oğlakcıoğlu/Kudlich* ZRP 2024, 47 (50).
[6] *Mitsch* 11.2.2.1.3; MK-*Sander* § 316a Rn. 8; NK-*Zieschang* § 316a Rn. 14.
[7] BGH NStE Nr. 2 zu § 316a.

5 ■ Als Angriff auf die **Entschlussfreiheit** sind alle Formen der Nötigung anzusehen, soweit sie sich nicht unmittelbar gegen Leib und Leben richten (und damit bereits der anderen Tatvariante unterfallen).[8] Hierzu zählen namentlich **Drohungen** (mit Gewalt) oder **Gewalt gegen Sachen**, die sich mittelbar auf Personen auswirken und dadurch deren Verteidigungsmöglichkeit einschränken. Exemplarisch: Der Täter blockiert – wie in **Fall 1** – das Fahrzeug durch Straßensperren.[9] Demgegenüber stellen **Täuschung** und **List** (zB – wie in **Fall 2** – durch das Ausgeben als harmloser Anhalter) grundsätzlich keinen Angriff auf die Entschlussfreiheit dar, da das Opfer weiterhin frei entscheidet, also in seiner Entschlussfreiheit nicht eingeschränkt ist.[10] Davon abzugrenzen sind allerdings Handlungen mit objektiv nötigungsgleicher Wirkung,[11] etwa vorgetäuschte Polizeikontrollen, die sich substanziell von bloßen Vortäuschungen allgemein motivierender Umstände – vorgetäuschte Panne; harmloser Anhalter – unterscheiden und in ihrer Wirkung auf das Opfer einer Straßensperre entsprechen.[12] Auch bei der Einwirkung durch Haltezeichen von Polizeibeamten wird dem Kraftfahrzeugführer, anders als etwa bei einem um Mitnahme bittenden Anhalter, kein Ermessen eingeräumt; vielmehr ist er bei Androhung von Geldbuße (§ 36 Abs. 1 iVm § 49 Abs. 3 Nr. 1 StVO) dazu verpflichtet, den Haltezeichen Folge zu leisten, weshalb er sich objektiv in einer (zwar irrtümlich als gerechtfertigt angesehenen) Nötigungssituation befindet.[13] Dementsprechend wird von der Rechtsprechung auch bei einem gezielt herbeigeführten Unfall bzw. vorgetäuschten Unglücksfall aufgrund der strafbewehrten Pflicht zur Hilfeleistung (§ 323c) oder Ermöglichung von Feststellungen zum Unfallhergang (§ 142) ein Angriff auf die Entschlussfreiheit bejaht[14], die gesetzliche Beförderungspflicht von Taxifahrern (§ 22 Personenbeförderungsgesetz) hingegen nicht als ausreichend angesehen, sofern sich der Taxifahrer bei der Erbringung seiner Beförderungsleistung von wirtschaftlichen Erwägungen leiten lässt.[15] Mit Blick auf die dadurch entstehenden Abgrenzungsschwierigkeiten, aber auch auf die hohe Mindeststrafe erscheint es demgegenüber vorzugswürdig, nicht auf das Bestehen einer abstrakten gesetzlichen (und sanktionsbewehrten) Pflicht, sondern darauf abzustellen, ob das Opfer unmittelbar in der vorgetäuschten Situation mit der Anwendung hoheitlichen Zwangs zu rechnen hätte; diese Voraussetzung wäre bei einer (fingierten) Polizeikontrolle gegeben, bei den (vermeintlichen) gesetzlichen Hilfeleistungs- oder Beförderungspflichten hingegen nicht.[16]

---

8 W-*Hillenkamp/Schuhr* Rn. 437; LK-*Sowada* § 316a Rn. 9; S/S- *Hecker* § 316a Rn. 4.
9 Zum Versperren der Straße durch einen Fußgänger BGH GA 1965, 150.
10 BGHSt 49, 8 (12 f.); NStZ 2023, 111 (112); *Fischer* § 316a Rn. 7; *Mitsch* 11.2.2.1.3; MK-*Sander* § 316a Rn. 13; M-Schroeder/*Hoyer* I § 35/49; *Wolters* GA 2002, 303 (315 f.) mwN.
11 BGH NStZ 2015, 653 (654) mit krit. Anm. *Zopfs* NJW 2015, 1135; NStZ 2023, 111 (112); MK-*Sander* § 316a Rn. 11; LK-*Sowada* § 316a Rn. 11; S/S- *Hecker* § 316a Rn. 5.
12 BGH NStZ 2015, 653 (654).
13 BGH NStZ 2015, 653 (654); W-*Hillenkamp/Schuhr* Rn. 437.
14 BGH NStZ 2023, 111 (112 zu § 142).
15 S/S-*Hecker* § 316a Rn. 5; MK-*Sander* § 316a Rn. 11, 13; s. auch BGHSt 49, 8 (13 f. – zur Beförderungspflicht des Taxifahrers); s. dagegen für eine Tatbestandsmäßigkeit in beiden Konstellationen: SK-*Wolters* § 316a Rn. 9.
16 *Baur* NZV 2018, 103 (106).

2. Opfer- und Täterkreis

▶ **Fall 3:** T lässt sich von dem Taxifahrer O an einen abgelegenen Ort fahren, um ihn dort ungestört ausrauben zu können. Auf einem einsamen Parkplatz, auf dem beide aussteigen, überfällt T den O. ◀

▶ **Fall 4:** Autofahrer A hat eine Reifenpanne. Während des Reifenwechsels wird er von T überfallen und ausgeplündert. ◀

Der Angriff muss sich gegen den Führer eines Kraftfahrzeugs oder einen Mitfahrer richten.

Kraftfahrzeuge sind alle mit Maschinenkraft bewegten Fahrzeuge, soweit sie nicht an Bahngleise gebunden sind.[17] Einschlägig sind auch Motorräder und Mofas.[18] Die Art des maschinellen Antriebs ist nicht entscheidend, sodass auch elektrisch betriebene Fahrzeuge (Autos, Roller) erfasst werden (§ 9 Rn. 3),[19] allerdings nicht Fahrräder, die mit einem Elektromotor als Hilfsantrieb ausgestattet sind (§ 1 Abs. 3 StVG)[20].

Führer eines Kraftfahrzeugs ist derjenige, der die mit dem Betrieb des Fahrzeugs verbundenen Verkehrsvorgänge bewältigt.[21] An der Führereigenschaft fehlt es aber, sobald sich der Fahrer außerhalb des Fahrzeugs befindet, ferner, wenn das Fahrzeug aus anderen als verkehrsbedingten Gründen anhält und der Fahrer den Motor ausschaltet.[22] O in **Fall 3** und A in **Fall 4** sind daher keine Führer eines Kraftfahrzeugs.

Mitfahrer ist jeder, der (mit seinem oder gegen seinen Willen) mit dem Kraftfahrzeug befördert wird.[23]

Der **Angreifer** (Täter) ist an keine bestimmte Rolle im Verkehrsgeschehen gebunden, sondern kann jedermann sein. Er kann von außen auf das Fahrzeug und seine Insassen einwirken.[24] Auch verschiedene Insassen eines Fahrzeugs können einander angreifen.[25]

3. Besondere Verhältnisse des Straßenverkehrs

Die besonderen Verhältnisse des Straßenverkehrs werden ausgenutzt, wenn das Gelingen des Angriffs dadurch gefördert wird, dass die Abwehrmöglichkeiten des Opfers durch dessen (aktive oder passive) Teilnahme am Straßenverkehr verringert sind.

Das Merkmal des Ausnutzens der besonderen Verhältnisse des Straßenverkehrs bezieht sich **auf den Angriff**, nicht (tatbestandlich notwendig auch) auf den geplanten späteren räuberischen Überfall. Damit die Straßenverkehrsverhältnisse zum Gelingen des Angriffs beitragen können, muss dessen Ausführung in naher Beziehung zur Benutzung des Fahrzeugs als Verkehrsmittel und zu den **typischen Situationen und Gefahren des Straßenverkehrs** stehen.[26]

---

17 Entsprechend den Definitionen in § 248b Abs. 4 StGB, § 1 Abs. 2 StVG.
18 BGHSt 39, 249 ff.; *Mitsch* 11.2.2.1.5; abl. *Große* NStZ 1993, 525 (527).
19 *Peters* ZJS 2021, 206 (208).
20 MK-*Sander* § 316a Rn. 16.
21 BGHSt 38, 196 (197 f.) mit Anm. *Keller* JR 1992, 515.
22 BGH StV 2004, 137 (139); *Wolters* GA 2002, 303 (310); s. dagegen zum Anhalten bei laufendem Motor, um den mitfahrenden Täter aussteigen zu lassen: BGH NStZ 2018, 469 (470); vgl. ferner BGH NStZ 2024, 495 (496).
23 BGH NJW 1971, 765 f.
24 BGHSt 25, 315 (317); 38, 196 ff.
25 BGHSt 13, 27 (29 ff.); 15, 322 (324); BGH NJW 1971, 765; *Mitsch* 11.2.2.1.2; aA *Beyer* NJW 1971, 872 (873).
26 Zum zeitlichen Zusammenhang vgl. *Fischer* Jura 2000, 433 (438).

9 **a) Extensive Auslegung:** Nach der früheren – teils heftig kritisierten[27] – Rechtsprechung konnten zu den spezifischen Gefahrenlagen des Straßenverkehrs, durch welche die Abwehrmöglichkeiten des Opfers verringert werden, nicht nur Situationen innerhalb, sondern auch – wie in **Fall 3 – außerhalb des fließenden Verkehrs** gehören. Aus diesem Grund war es möglich, den Tatbestand des § 316a zu erfüllen, wenn das Opfer lediglich an eine einsame Stelle verbracht wurde, wo es von fremder Hilfe abgeschnitten oder einer Fluchtgelegenheit beraubt war.[28] Als ausreichend galt es sogar, wenn das Opfer bereits ausgestiegen war, sich allerdings noch in einer Situation befand, „die typischerweise zum Verhalten im Straßenverkehr gehörte".[29]

10 **b) Restriktive Auslegung:** Nunmehr fordert der BGH unter expliziter Aufgabe der alten Rechtsprechung eine stärker am Schutzzweck und den einzelnen Tatbestandsmerkmalen des § 316a orientierte Auslegung:[30] Eine spezifische Gefahrenlage des Straßenverkehrs liegt in der Regel **nur** bei Situationen **innerhalb des fließenden Verkehrs** vor,[31] da nur dort die Abwehrmöglichkeiten für den Fahrer, insbesondere wegen seiner Beanspruchung bei der Bewältigung der Verkehrsanforderungen, verringert sind.[32] Allerdings liegen diese Voraussetzungen auch bei einem verkehrsbedingten Halt (zB an einer Ampel) vor, während bei einem Anhalten aus anderen Gründen ein Ausnutzen zu verneinen sein wird, wenn sich der Fahrer bereits einer anderen Tätigkeit (zB dem Kassieren des Fahrpreises) zuwendet.[33] Demgegenüber ist der Angriff im Wege einer vorgetäuschten Polizeikontrolle ohne Weiteres dem fließenden Verkehr zuzuordnen, sodass die Rechtsprechung insoweit von einem Ausnutzen in dem oben beschriebenen Sinne ausgeht.[34] Dies erscheint jedoch zweifelhaft, wenn man aufgrund des hohen Strafrahmens verlangt, dass mit der Ausnutzung der besonderen Verhältnisse des Straßenverkehrs typischerweise eine erhöhte Unfallgefahr einhergehen muss (vgl. oben Rn. 1 zur Sicherheit des Straßenverkehrs als geschütztem Rechtsgut)[35], weil mit der Ausnutzung nicht nur die Möglichkeiten des Opfers zur Verteidigung, sondern zugleich auch dessen Fähigkeiten zur Bewältigung des Straßenverkehrs beeinträchtigt werden.[36]

Andere Fahrzeuginsassen als der Fahrer sind vornehmlich aufgrund der erschwerten Bedingungen für Flucht oder Gegenwehr in ihren Abwehrmöglichkeiten eingeschränkt.[37] Auch insoweit wird man aber grundsätzlich von einem erhöhten Unfallrisiko aufgrund des Angriffs oder der dadurch provozierten Verteidigungshandlungen oder Fluchtversuchen ausgehen können.[38] Dagegen ist die bloße Behinderung durch

---

27 Vgl. nur *Günther* JZ 1987, 16 f.; *Ingelfinger* JR 2000, 225 f.; *Meurer-Meichsner*, Untersuchungen zum Gelegenheitsgesetz im Strafrecht, zugleich ein Beitrag zu § 316a StGB (Autostraßenraub), 1974; *Roßmüller/Rohrer* NZV 1995, 253 f.; *Wolters* GA 2002, 303 f.
28 Vgl. BGHSt 5, 280 (281); 13, 27 (30); 24, 173 (176); BGH NStZ 1989, 476 (477).
29 BGHSt 33, 378 (381); BGH NStZ 1996, 435 f.; BGHR § 316a Abs. 1 Straßenverkehr 2.
30 BGHSt 49, 8 (10 f.); 50, 169 (173).
31 Außerhalb des fließenden Verkehrs kann bereits die Eigenschaft eines „Fahrzeugführers" verneint werden, vgl. oben Rn. 6.
32 BGHSt 50, 169 (172); BGH NStZ 2016, 607.
33 BGHSt 50, 160 (173); *Rengier* I § 12/33; einschränkend BGH NStZ 2018, 469 (470), wonach es ausreicht, dass das Opfer zumindest auch mit der Bewältigung von Verkehrsvorgängen beschäftigt ist (Betätigung der Bremse des haltenden Fahrzeugs, um dessen Weiterrollen zu verhindern); ebenso W-*Hillenkamp/Schuhr* Rn. 438 f.
34 BGH NJW 2015, 2131 (2132).
35 *Duttge/Nolden* JuS 2005, 193 (196); *Sowada* Otto-FS 799 (814 ff.).
36 *Baur* NZV 2018, 103 (109); s. auch *Berghäuser* NStZ 2018, 471 (472).
37 *Mitsch* 11.2.2.1.6.3; LK-*Sowada* § 316a Rn. 33.
38 Vgl. auch *Sowada* Otto-FS 709 (819 f.).

die Enge des Innenraums nicht auf die Besonderheiten des fließenden Straßenverkehrs zurückzuführen.[39]

Der Bezug zum Straßenverkehr fehlt ferner, wenn das Kraftfahrzeug nur als Transportmittel benutzt wird, um – wie in **Fall 3** – zum Tatort zu gelangen oder von dort wieder schnell fliehen zu können.[40] Gleiches gilt, wenn der Täter ein Kraftfahrzeug manipuliert – zB einen Reifen zersticht –, das Opfer dadurch von einer (Weiter-)Fahrt abhält und bei günstiger Gelegenheit – während des Radwechsels – angreift. Hier will das Opfer nur seine Teilnahme am Straßenverkehr ermöglichen, ohne dass es gerade aufgrund der Straßenverkehrsbedingungen in seinen Verteidigungsmöglichkeiten eingeschränkt wäre. Ebenso ist § 316a nicht erfüllt, wenn der Täter – wie in **Fall 4** – die Gelegenheit wahrnimmt, einen zufällig an einsamer Stelle angetroffenen und mit der Behebung einer Autopanne beschäftigten Kraftfahrer anzugreifen.

II. Subjektiver Tatbestand

Der subjektive Tatbestand verlangt Vorsatz hinsichtlich des objektiven Tatbestands und zudem – im Sinne überschießender Innentendenz – die Absicht zur Ausführung des räuberischen Überfalls.[41]

1. Vorsatz

Gegenstand des Vorsatzes ist der tatbestandlich umschriebene Angriff.

Beim Ausnutzen muss der Täter davon ausgehen, dass die besonderen Verhältnisse des Straßenverkehrs zum Gelingen des Angriffs beitragen. Hiervon kann nicht gesprochen werden, wenn sich der Täter erst nach beendeter Fahrt – zB zu einer einsamen Stelle – dazu entschließt, das Opfer anzugreifen.[42] Der Entschluss zum Angriff muss vielmehr vor oder während der Fahrt gefasst werden,[43] zB auch bei einem fahrtechnisch bedingten Halt im Verlauf einer Fahrt.

2. Absicht

Der Täter muss den Angriff mit der Absicht (im Sinne zielgerichteten Wollens) ausführen, einen Raub, räuberischen Diebstahl oder eine räuberische Erpressung zu begehen. Die **Merkmale der §§ 249 f., 252, 255 müssen vollumfänglich** antizipiert sein.[44]

Neben dem Raub kann der Täter noch weitere Straftaten planen. Es genügt auch, wenn der Täter noch während des zu anderen Zwecken begonnenen Angriffs zu einem Raub übergeht.[45] Angriff und räuberischer Überfall können als **Tateinheit** geplant bzw. begangen werden. Der Angriff kann also zur Ausführung der Raubtat gehören. Exemplarisch: Der Fahrgast schlägt den Taxifahrer bewusstlos, um ihm die Geldbörse abzunehmen. Die Taten können aber auch aufeinander folgen, wie etwa beim Errichten einer Straßensperre mit anschließendem Ausrauben.

---

39 So schon BGH NStZ 1996, 389 (390); vgl. aber auch BGHSt 38, 196 (197 ff.); *Geppert* Jura 1995, 310 (315).
40 BGHSt 22, 114 (116 f.); BGH NJW 1969, 1679; BGHR § 316a Abs. 1 Straßenverkehr 11.
41 *Klecsczewski* § 15/122; *Mitsch* 11.2.2.3.1.
42 BGHSt 19, 191 (192); vgl. auch BGHSt 37, 256 (258); BGH NStZ 1989, 119; NJW 1991, 578.
43 BGHSt 15, 322 (324); BGH NJW 1964, 1630; NStE Nr. 3 zu § 316a.
44 BGH StV 1997, 357.
45 BGHSt 25, 315 (316 f.).

III. Vollendung und Versuch

15 Die Tat ist mit dem vollzogenen Angriff **vollendet**. Der beabsichtigte räuberische Überfall braucht noch nicht einmal in das Versuchsstadium gelangt zu sein.

16 Der **Versuch** ist strafbar (§§ 12 Abs. 1, 23 Abs. 1); er kann untauglich sein. Der Zeitpunkt des Angriffsbeginns bestimmt sich nach § 22 und liegt im unmittelbaren Ansetzen zur Einwirkung auf das Opfer.[46] Erheblich zu weit geht es, wenn die Rechtsprechung den Angriff schon in dem Zeitpunkt beginnen lassen will, in dem der Täter ein Taxi besteigt, um den Fahrer im Verlauf oder direkt nach der Fahrt zu überfallen.[47] Zumindest muss der Täter den Rahmen sozial-üblicher Verhaltensweisen deutlich überschritten haben, indem er etwa eine Straßensperre errichtet, die Voraussetzungen für einen Unfall schafft oder eine Waffe zückt.[48]

IV. Erfolgsqualifikation

17 Abs. 3 übernimmt die für Raubtaten geltende Erfolgsqualifikation des § 251 (vgl. § 15). Die „Tat", durch die der Tod verursacht sein muss, ist der auf Leib oder Leben gerichtete Angriff. „Anderer" kann jede Person außer den Tatbeteiligten selbst sein.

C. Anwendung

18 **Aufbau:** Es empfiehlt sich, die Tatbestandsmerkmale des § 316a in folgenden Schritten zu prüfen:
A) Tatbestand:
 I. Objektiver Tatbestand:
  1. Angriff auf Leib, Leben oder Entschlussfreiheit (Rn. 3 ff.)
  2. gegen den Führer eines Kraftfahrzeugs oder einen Mitfahrer (Rn. 6)
  3. unter Ausnutzung der besonderen Verhältnisse des Straßenverkehrs (Rn. 8 ff.)
 II. Subjektiver Tatbestand:
  1. Vorsatz bzgl. I. (Rn. 13)
  2. Absicht, einen Raub, räuberischen Diebstahl oder eine räuberische Erpressung zu begehen (Rn. 14); Antizipation aller Deliktsmerkmale erforderlich
B) Rechtswidrigkeit
C) Schuld
D) Ggf Erfolgsqualifikation (Rn. 17)

19 Eine **täterschaftliche Begehung** setzt eine Beteiligung am Angriff mit dem Willen voraus, auch Täter des geplanten räuberischen Überfalls zu sein. Kein Mittäter kann daher sein, wer sich an der geplanten Raubtat nicht beteiligen will.

20 **Konkurrenzen:** Die §§ 249 ff. stehen mit § 316a, der keine Verwirklichung der Raubtat verlangt, in Tateinheit.[49] Sind diese Delikte nur im Grundtatbestand versucht, so

---
46 *Wolters* GA 2002, 303 (312 f.).
47 So BGHSt 6, 82 (84); BGH VRS 77, 224 (225); vgl. auch BGHSt 33, 378 (381); BGH NJW 1957, 431; krit. *Geppert* NStZ 1986, 552 ff.; *Günther* JZ 1987, 16 (23 ff.).
48 Eingehend zur Abgrenzung bloßer Vorbereitungshandlungen vom Versuchsbeginn *Ingelfinger* JR 2000, 225 f.
49 BGHSt 14, 386 (391); 25, 224 (229); BGH NJW 1963, 1413 (1414).

treten sie im Wege der Gesetzeskonkurrenz hinter § 316a, der das betreffende Unrecht weitgehend erfasst, zurück.[50] Ist der Versuch dagegen in der Qualifikation des § 250 begangen, so ist zur Klarstellung Tateinheit mit § 316a anzunehmen.[51]

Wiederholungs- und Vertiefungsfragen

> Welchen Schutzzweck hat § 316a? (Rn. 1)
> In welchem Verhältnis steht § 316a zu den Delikten des 20. Abschnitts? (Rn. 1)
> Wer ist Führer eines Kraftfahrzeugs? (Rn. 6)
> Was versteht man unter den besonderen Verhältnissen des Straßenverkehrs und wie werden diese ausgenutzt? (Rn. 8 ff.)
> Worauf muss sich die Absicht des Täters beziehen? (Rn. 14)

---

50 BGHSt 25, 373 f.
51 BGH bei *Holtz* MDR 1977, 807 (808).

4. Teil: Sachbeschädigung und Datenveränderung

§ 20 Sachbeschädigung (§ 303)

A. Allgemeines

I. Systematik

1 Die Beschädigung von Sachen ist Gegenstand oder Teil einer Vielzahl von Straftatbeständen. Geschützt wird hierbei stets eine besondere Eigenschaft, Bedeutung oder Funktion der Sache. Zu nennen sind vor allem die Beschädigung von Sachen in dienstlicher Verwahrung (§ 133), von gepfändeten und dienstlich beschlagnahmten Sachen sowie dienstlichen Siegeln (§ 136), von Urkunden und Grenzbezeichnungen (§ 274), von Anlagen und Beförderungsmitteln des Bahn-, Schiffs- und Luftverkehrs (§ 315) sowie des Straßenverkehrs (§ 315b), von Teilen öffentlicher Betriebe (§ 316b) und von Fernmeldeanlagen (§ 317). Weiterhin werden bestimmte Formen der Sachbeschädigung besonders sanktioniert, so die Brandstiftung (§ 306 Abs. 1) und die Beeinträchtigung durch ionisierende Strahlen (§ 309 Abs. 6).

2 Systematisch ist die (einfache) Sachbeschädigung (§ 303)[1] trotz ihrer Stellung am Anfang nicht der Grundtatbestand aller Delikte des 27. Abschnitts. Zum einen werden in diesem Abschnitt Sachen auch wegen anderweitiger Eigenschaften (§§ 304, 305a) geschützt. Insoweit ist zu beachten, dass der Eigentümer als tauglicher Täter in Betracht kommt, wenn „fremd" kein Tatbestandsmerkmal ist. Nur § 305 ist ein reiner Qualifikationstatbestand zur einfachen Sachbeschädigung. Zum anderen sind hier § 303a und § 303b eingeordnet, von denen die Datenveränderung die Sicherung der Verwendung von Daten, die keine Sachen sind, zum Gegenstand hat und die Computersabotage dem Schutz von Datenverarbeitungen, die für einen anderen von wesentlicher Bedeutung sind, vor erheblichen Störungen dient.

II. Schutzzweck

3 Abs. 1 von § 303 schützt das Sacheigentum vor Substanzeinbußen und Tauglichkeitsminderungen,[2] während Abs. 2 das Sacheigentum vor jeglichen anderen dem Gestaltungswillen des Eigentümers oder sonst Berechtigten zuwider laufenden Veränderungen schützt.[3]

4 Mit Blick auf den Zustand und das Vorhandensein der Sache ist die Sachbeschädigung im **Verhältnis zu den Zueignungsdelikten** die potenziell intensivere Verletzung des Eigentums, insbesondere im Falle des völligen Zerstörens. Während etwa der Herausgabeanspruch des Eigentümers beim Diebstahl fortbesteht und bei Wiederauffinden der Sache realisiert werden kann, ist die Sache bei Vernichtung endgültig für den

---

[1] Zu den historischen und theoretischen Grundlagen der Sachbeschädigung, deren Ahndung als Kriminalunrecht (nach allerdings umstr. Auffassung) erst mit dem preußischen Allgemeinen Landrecht von 1794 einsetzte, vgl. *Schmoller* VDB VI, 143 ff.; zu Kriminologie und Kriminalistik vgl. *Geerds*, Sachbeschädigungen, 1983, 23 ff.

[2] *Behm*, Sachbeschädigung und Verunstaltung, 1984, 20 ff.; L-Kühl/*Heger* § 303 Rn. 1; S/S-Stree/*Hecker* § 303 Rn. 1; enger *Kargl* JZ 1997, 283 (289 f.): nur Substanzsicherung.

[3] BT-Drs. 15/5313, 3; *Satzger* Jura 2006, 428 (429).

Eigentümer verloren.[4] Die im Vergleich zum Diebstahl niedrigere Strafmaßobergrenze der Sachbeschädigung wird daher ihrem zumindest vergleichbaren Schädigungspotential nicht gerecht[5] und ist auch angesichts der Präventionsbedürfnisse gegenüber einem um sich greifenden Vandalismus[6] kaum verständlich. Selbst für die Zerstörung von Kulturgütern ersten Ranges begrenzt § 304 den Rahmen der Freiheitsstrafe auf drei Jahre.[7] Erklären lässt sich der höhere Strafrahmen des Diebstahls allenfalls unter dem Aspekt, dass der mit Gewinnsucht handelnde Täter rationaler und gefährlicher ist als derjenige, der fremdes Eigentum nur unvernünftig zerstört.[8]

B. Definitionen und Erläuterungen

I. Abs. 1

1. Tatobjekt

Tatobjekt der Sachbeschädigung ist eine fremde (bewegliche oder unbewegliche) Sache. 5

a) **Sachen:** Sachen sind körperliche Gegenstände, unabhängig von ihrem Aggregatzustand (vgl. § 2 Rn. 8 ff.). Ihr Geldwert ist ohne Belang.[9] 6

Sachen können auch aus mehreren, erkennbar zu einer (funktionalen und/oder ästhetischen) **Einheit verbundenen Teilen** gebildet sein,[10] wie zB ein Fenster (aus Rahmen und Glas) oder eine künstlerische Installation. Maßgebliches Kriterium für die Einheit der Verbindung ist die Frage, ob sie selbst Gegenstand eines Eigentumsrechts sein kann. So kann ein Pkw beschädigt werden, indem seine Reifen durchstochen werden. Dagegen sind **Sachgesamtheiten**, bei denen körperlich selbstständige Sachen nur der Ordnung halber zu einer Einheit zusammengefasst sind (zB Warenlager, Viehherde), keine selbstständigen Tatobjekte.

Auch **Tiere** sind Sachen iSd Vorschrift. Sofern einem Tier Schmerzen zugefügt werden, ist die Tat indes zugleich als Tierquälerei (§ 17 TierschG) zu ahnden; insoweit besteht Idealkonkurrenz (§ 52, vgl. auch Rn. 33).[11]

b) **Fremdheit:** Eine Sache ist fremd, wenn sie verkehrsfähig und nicht herrenlos ist und 7
auch nicht im Alleineigentum des Täters steht, oder positiv gewendet, wenn sie zumindest auch im Eigentum eines anderen steht (näher § 2 Rn. 13 ff.). Maßgeblicher Zeitpunkt ist insoweit nicht die Tathandlung, sondern der Erfolg (Beschädigung oder Zerstörung der Sache, Rn. 8 ff.). Aus diesem Grund werden Produktmängel, die zu einem vorzeitigen Verschleiß und damit zur Unbrauchbarkeit führen (sog. Obsoleszenz), als

---

4 Vgl. hierzu auch *Baumann* JZ 1972, 1 (5); *Disse*, Die Privilegierung der Sachbeschädigung (§ 303) gegenüber Diebstahl (§ 242) und Unterschlagung (§ 246), 1982, 349 ff.
5 Zu Strafmaßdifferenzen auch *Bohnert* JR 1988, 446. Der Gesetzgeber des 6. StrRG (vom 26. Januar 1998, BGBl. I 1998, 164 ff.), der mit Anspruch angetreten ist, die Strafrahmen der Delikte sachgerecht aufeinander abzustimmen, hat ausgerechnet den eklatanten und die Dogmatik der Eigentumsdelikte nachdrücklich belastenden Wertungswiderspruch zwischen § 303 einerseits und §§ 242, 246 nicht behoben.
6 Vgl. *Geerds*, Sachbeschädigungen, 1983, 46 ff. mwN.
7 Was wiederum in einem kaum verständlichen Gegensatz zu der Strafdrohung in § 305a steht; für die Beschädigung eines Rembrandts sieht das Gesetz eine geringere Strafobergrenze vor als für die Beschädigung eines Polizeifahrzeugs.
8 Näher *Wallau* JA 2000, 248 (249 ff.); den Gedanken aufgreifend *Rönnau* GA 2000, 410 (424 ff.).
9 W-*Hillenkamp*/*Schuhr* Rn. 19; *Mitsch* 3.2.1.2; S/S-*Stree*/*Hecker* § 303 Rn. 3; aA bzgl. »gänzlich wertloser Sachen« *Otto* Jura 1989, 200 (207); LK-*Goeckenjan* § 303 Rn. 13.
10 NK-*Kargl* § 303 Rn. 14.
11 NK-*Kargl* § 303 Rn. 50.

tatbestandsmäßig angesehen, obwohl die Sache zum Zeitpunkt der Tathandlung noch im Eigentum des Täters (Herstellers) stand; dies setzt allerdings eine Beschädigung bzw. Zerstörung der Sache voraus, die über den ursprünglichen und damit bereits bei Erwerb des Eigentums vorliegenden Mangel hinausgeht.[12]

Auch „verbotene Gegenstände" (Drogen, kinderpornographisches Material usw) sind taugliche Tatobjekte, sodass deren Beschädigung vom Tatbestand erfasst wird (§ 2 Rn. 14).[13]

2. Handlung und Erfolg

8   Die Sachbeschädigung ist ein Erfolgsdelikt mit den Tathandlungen des Beschädigens, Zerstörens und Veränderns des Erscheinungsbildes. Diese Verhaltensweisen sind in ihrer Intensität gestufte (physische) Einwirkungen auf Sachen, ohne dass eine exakte Grenzziehung stets möglich wäre.[14] Alle Alternativen können bei entsprechender Garantenstellung auch durch Unterlassen[15] oder im Wege der mittelbaren Täterschaft durch den Eigentümer als Werkzeug[16] verwirklicht werden. Im Übrigen spielt die Art und Weise, in der die Veränderung bewirkt wird (chemisch, thermisch, mechanisch usw), keine Rolle.

9   **a) Beschädigen:** Nach hM ist eine Beschädigung eine nicht unerhebliche körperliche Einwirkung auf die Sache, durch die ihre stoffliche Zusammensetzung verändert (Substanzverletzung) oder ihre Brauchbarkeit gemindert (Funktionsbeeinträchtigung) wird.[17] Nach der Gegenansicht wird eine Sache darüber hinaus bereits dann beschädigt, wenn ihr Zustand, an dessen Aufrechterhaltung der Eigentümer ein Interesse hat, in nicht unerheblicher Weise verändert wird (sog. Zustandsveränderungstheorie).[18] Danach wäre beispielsweise auch das Zuschlagen eines Buches, in dem der Eigentümer nach langem Suchen die ersehnte Stelle gefunden hat, eine „Beschädigung",[19] während eine solche nach der herrschenden Auffassung zu verneinen ist.[20] Diesem weiten Verständnis wird zu Recht entgegengehalten, dass es mit dem Wortsinn des Begriffs „Beschädigung" nicht zu vereinbaren ist.[21] Die Zustandsveränderung ließe sich von der Ortsveränderung, die als Sachentziehung straflos ist (vgl. Rn. 25), kaum abgrenzen.[22] Wie die Straflosigkeit der Sachentziehung zeigt, soll das tatbestandliche Verbot keinen umfassenden Schutz des Eigentumsrechts gewährleisten, sondern nur die körperliche Unversehrtheit der Sache im Interesse des Eigentümers erhalten.[23] Mit der Erweiterung des Tatbestands auf Verunstaltungen (Abs. 2) ist der Gesetzgeber zwar dem Ziel der Zustandsveränderungstheorie gefolgt, dem Eigentumsrecht einen

---

12 *Busch* wistra 2021, 45 (46); *Hoven* NJW 2019, 3113 (3115); *Hoyer* JuS 2023, 289 (291 ff.); *Ruppert*, wistra 2019, 348 (353 f.), unter Bezugnahme auf die zivilrechtrechtliche Unterscheidung zwischen Äquivalenz- und Integritätsinteresse („weiterfressender Schaden").
13 Diff. *Ziemann/Ziethen* JR 2011, 65 (66).
14 Vgl. auch *Mitsch* 3.2.1.4.
15 KG StV 2024, 399 (400).
16 Vgl zur Obsoleszenz: *Busch* wistra 2021, 45 (48 ff.: Beschädigung durch Sachgebrauch).
17 BGHSt 13, 207 (208); 29, 129 (132); 44, 34 (38); L-Kühl/*Heger* § 303 Rn. 3; W-Hillenkamp/*Schuhr* Rn. 30; *Rengier* I § 24/8; S/S-Stree/*Hecker* § 303 Rn. 8.
18 LPK § 303 Rn. 6; M-*Schroeder* I § 36/11; *Otto* § 47/5.
19 M-*Schroeder* I § 36/13 mit weiteren Beispielen.
20 NK-*Kargl* § 303 Rn. 28.
21 S/S/W-*Saliger* § 303 Rn. 11.
22 NK-*Zaczyk* (5. Aufl.), § 303 Rn. 8.
23 BGHSt 29, 129 (133); *Fischer* § 303 Rn. 8.

weitergehenden Schutz angedeihen zu lassen; er hat dabei aber zugleich zum Ausdruck gebracht, dass die Veränderung des äußeren Erscheinungsbildes nicht ohne Weiteres als Beschädigen anzusehen ist und damit die restriktive Auslegung der hM bestätigt.[24]

aa) Eine (nicht ganz unerhebliche) **Verletzung der Substanz** einer Sache ist stets als Beschädigen anzusehen, zB Herausreißen von Seiten aus einem Buch oder Verbeulen oder Zerkratzen eines Fahrzeugs.[25] Auch Bemalen, Besprühen oder Bekleben gehören hierher, sofern sie zu einer Veränderung der Sachsubstanz führen (zB durch chemische Reaktionen von Farbe oder Klebstoff mit dem Untergrund).[26]

Unerheblich sind Einwirkungen, die gewöhnlich mangels Beachtlichkeit nicht beseitigt werden oder ohne nennenswerten Aufwand behoben werden können.[27]

Die Veränderung kann **nur vorübergehend** sein.[28] Eine Sachbeschädigung ist daher das artwidrige Scheren eines Rassehundes. Sie braucht auch äußerlich nicht wahrnehmbar zu sein.

bb) Eine Beschädigung kann ferner in einer nicht unerheblichen **Minderung der bestimmungsgemäßen Brauchbarkeit** der Sache liegen.[29] Beschädigungen sind somit auch das Zerlegen einer Maschine in ihre Einzelteile,[30] das Einfüllen von Zucker in den Benzintank oder von Sand in ein Maschinengetriebe,[31] das Entnehmen und Liegenlassen verderblicher Ware aus einem Kühlschrank,[32] das Herausnehmen der Seiten einer Loseblattsammlung,[33] das Anbringen einer Stahlklammer an Gleise der Bundesbahn[34], das Verteilen von Buttersäure in einer Wohnung[35] oder das Ablassen von Luft aus dem Reifen eines Autos[36] oder Fahrrads,[37] sofern jeweils auch das Kriterium der Erheblichkeit erfüllt ist. Die Brauchbarkeitsminderung muss allerdings auf eine körperliche (physische) Einwirkung auf die Sache zurückgehen (Rn. 8); das Zuparken eines Autos oder die Unterbrechung der Stromzufuhr zu einer Maschine sind daher keine Beschädigung iSd Abs. 1.[38] Bei dem Übermalen etc. von Verkehrsschildern liegt eine Beschädigung vor, wenn der Inhalt der behördlichen Anordnung (und damit die Funktion des Verkehrsschilds) verändert wird.[39]

---

24 W-Hillenkamp/Schuhr Rn. 29.
25 Rengier I § 24/9.
26 S/S-Stree/Hecker § 303 Rn. 10.
27 Vgl. RGSt 43, 204 (205); 74, 14; BGHSt 13, 207 (208 f.); BGH NStZ 1982, 508 f.; OLG Düsseldorf NJW 1993, 869; NK-Kargl § 303 Rn. 31.
28 MK-Wieck-Noodt § 303 Rn. 23.
29 Ganz hM, vgl. nur BGH NStZ 1988, 178; BayObLGSt 1988, 58 (60); 1988, 157 (158); OLG Köln NJW 1986, 392; Kleszczewski BT § 8/14.
30 RGSt 20, 182 (183 ff.); 20, 353.
31 S/S-Stree/Hecker § 303 Rn. 11.
32 Vgl. S/S-Stree/Hecker § 303 Rn. 11 (Abschalten einer Kühlanlage).
33 Rengier I § 24/10.
34 BGH StV 1998, 372 (373).
35 LG Bamberg BeckRS 2018, 44290 (Rn. 99); s. auch BGH NStZ 2014, 415 f.
36 BGHSt 13, 207 ff. mit krit. Anm. Klug JZ 1960, 226 f.; vgl. auch BGHSt 29, 129 (132 ff.).
37 BayObLG NJW 1987, 3271; abl. Behm NStZ 1988, 275 f. und Geerds JR 1988, 218.
38 Ladiges JuS 2018, 657 (658).
39 OLG Köln NJW 1999, 1042 (1044: Änderung der zugelassenen Höchstgeschwindigkeit); s. dagegen die Beispiele bei Krüger NZV 2021, 600 (603).

12 **b) Zerstören:** Eine Sache ist zerstört, wenn sie vollständig vernichtet oder unbrauchbar geworden ist.[40] Beispiele: Einschmelzen, Auftauen, Auslaufenlassen, Verbrennen, Zertrümmern, Töten eines Tieres.[41]

3. Subjektiver Tatbestand

13 Der subjektive Tatbestand erfordert (zumindest bedingten) **Vorsatz**. Dieser muss auch die Erheblichkeit der Substanzverletzung oder Funktionsbeeinträchtigung (Rn. 10, 11) umfassen.[42]

4. Rechtswidrigkeit

14 Die **Einwilligung** des Eigentümers in die Veränderung der Sache schließt das Unrecht der Tat aus.[43] Die Veränderung des Sachzustands ist ferner nicht rechtswidrig, wenn der Täter einen fälligen und einredefreien Anspruch auf Aneignung oder Übereignung der Sache hat (vgl. § 2 Rn. 73 ff.): Ist es nicht iSd Unterschlagungs- oder Diebstahlstatbestands rechtswidrig, wenn sich der Anspruchsinhaber die Sache zueignet (und sie dann zerstört oder beschädigt), so kann es auch nicht rechtswidrig sein, wenn er die Sache sogleich beschädigt oder zerstört.[44]

15 Neben den allgemeinen Rechtfertigungsgründen, insbesondere den zivilrechtlichen Notstandsregelungen (§§ 228, 904 BGB, vgl. insoweit Rn. 22)[45], kommt eine Reihe öffentlich-rechtlicher Befugnisse – zB der Polizei, des Gerichtsvollziehers, der Feuerwehr – in Betracht. Aufgrund des Jagdschutzes als sonderpolizeilicher Regelung kann die Tötung wildernder Hunde und Katzen erlaubt sein (§ 23 BJagdG). Der Freiheit der Kunst (Art. 5 Abs. 3 GG) und der Meinungsäußerung (Art. 5 Abs. 1 GG) sind keine Rechtfertigungsgründe für Sachbeschädigungen zu entnehmen.[46] Nach der jüngsten Rechtsprechung des BVerfG soll der Eigentumsgarantie indes kein prinzipieller Vorrang gegenüber der Kunstfreiheit zukommen, sondern vielmehr eine Abwägung der betroffenen Grundrechtspositionen vorzunehmen sein.[47] Jedenfalls kann eine Rechtfertigung nicht auf ein Recht auf zivilen Ungehorsam gestützt werden.[48]

II. Abs. 2

16 Die Regelung in Abs. 2 will insbesondere dem zunehmenden Problem von optischen Zustandsveränderungen – namentlich durch Graffiti – begegnen.[49] Einwirkungen die-

---

[40] W-*Hillenkamp/Schuhr* Rn. 36; NK-*Kargl* § 303 Rn. 32.
[41] MK-*Wieck-Noodt* § 303 Rn. 37.
[42] KG NJW 2024, 228.
[43] Je nach deliktssystematischer Einordnung der Einwilligung führt sie zum Ausschluss der Tatbestandsmäßigkeit oder der Rechtswidrigkeit der Tat, vgl. LPK Vor § 13 Rn. 160 ff.
[44] Vgl. auch *Gropengießer* JR 1998, 89 (93 ff.).
[45] Vgl. zu § 228 BGB beim Abschuss einer mit einer Kamera versehenen Drohne: AG Riesa BeckRS 2019, 11922 mit Bespr. *Hecker* JuS 2019, 913.
[46] BVerfG NJW 1984, 1293 (1294); OLG Hamburg NJW 1979, 1614 (1615); *Fischer* § 303 Rn. 20; *Hoffmann* NJW 1985, 237 (238, 245 f.). Zur etwaigen Rechtfertigung durch Religions- und Gewissensfreiheit OLG Hamm NJW-Spezial 2015, 377; vgl. LPK Vor § 32–35 Rn. 95.
[47] BVerfG NStZ-RR 2024, 116 (118); s. bereits zum Schutz geistigen Eigentums BVerfG NJW 2016, 2247 (2250 f.).
[48] OLG Celle NStZ 2023, 113 mit krit. Anm. *Bönte*.
[49] Hierzu *Eisenschmid* NJW 2005, 3033; *Mogg*, Die strafrechtliche Erfassung von Graffiti, 2007, 82 ff.; vgl auch zu Präventionsstrategien: *Kleele/Müller/Dressel* NK 2018, 239 ff.

ser Art auf die Sache können den Berechtigten unter Umständen ebenso hart treffen wie eine Substanz- oder Funktionsbeeinträchtigung.

1. Tatbestand

▶ **Fall 1:** Um ihren Vermieter V zu ärgern, hängt die Mieterin M entgegen der Hausordnung deutlich sichtbar Wäsche auf ihrem Balkon des Mehrfamilienhauses auf. ◀

▶ **Fall 2:** Außerdem sprüht M rote Strichmännchen auf die Wand im Eingangsbereich des Wohnhauses. Die Farbe lässt sich nur mit Spezialreinigungsmitteln wieder entfernen. ◀

a) **Handlung und Erfolg:** Der Taterfolg besteht in der Veränderung des Erscheinungsbildes einer Sache. Tathandlung kann jedes beliebige Verhalten, das den Erfolg kausal herbeiführt, sein. Damit hat Abs. 2 einen weiten Anwendungsbereich, der grds. etwa auch Behinderungen der Erscheinung durch Verstellen oder Verhängen erfasst. Um die Strafwürdigkeit einschlägiger Handlungen zu sichern, ist der Anwendungsbereich der Norm einengend auszulegen.[50]

■ Durch das Merkmal **nicht nur unerheblich** sollen nur geringfügige Änderungen an der Sache aus dem Tatbestand ausgeschlossen werden. In erster Linie werden hier Konstellationen ausgeschieden, in denen nur eine lose Verbindung zwischen dem Tatobjekt und dem Mittel der Veränderung besteht. Exemplarisch hierfür sind das Anbringen von Spruchbändern an der Außenfassade oder – wie in **Fall 1** – das deutlich sichtbare Aufhängen von Wäsche auf dem Balkon.

Dagegen sind solche Veränderungen regelmäßig nicht nur unerheblich, bei denen – wie in **Fall 2** – unmittelbar auf die Substanz der Sache selbst eingewirkt wird, wie dies namentlich bei Graffiti der Fall ist.[51]

■ Mit dem Merkmal **nicht nur vorübergehend** sollen Veränderungen tatbestandlich ausgeschlossen werden, die binnen kurzer Zeit von selbst wieder vergehen oder ohne Aufwand entfernt werden können. Das Merkmal „vorübergehend" ist daher nicht rein zeitlich zu verstehen, sondern erfordert eine Gesamtschau der zur Beseitigung der Veränderung erforderlichen Mühe, Zeit und Kosten.[52] Sofern die Behebung der Veränderung – wie in **Fall 2** – fachliche Hilfe, Spezialwerkzeug oder ein besonderes Reinigungsmittel erfordert, liegt keine nur vorübergehende Veränderung vor.

Lässt sich die Veränderung hingegen mühelos mit einfachen Hausmitteln beseitigen, ohne dass dadurch neue oder weitere Beeinträchtigungen entstehen, ist eher von einer vorübergehenden Veränderung auszugehen. Beispiele hierfür: Verhüllungen, Plakatierungen mittels leicht ablösbarer Klebestreifen, Kreide- und Wasserfarbenauftrag sowie leicht entfernbare Verschmutzungen.

b) **Unbefugt:** Die Veränderung der Sache muss unbefugt vorgenommen werden. Hierbei gehört das Merkmal „unbefugt" – anders als „rechtswidrig" in Abs. 1 – zum objektiven Tatbestand.[53] Eine tatbestandsausschließende Befugnis kann sich insbesondere

---

[50] *Eisenschmid* NJW 2005, 3033 (3034); *Satzger* Jura 2006, 428 (434).
[51] Vgl. BT-Drs. 15/5313; wobei ein Graffiti auf einer mit solchen bereits übersäten Wand die Erheblichkeitsschwelle wiederum nicht überschreiten dürfte.
[52] *Eisenschmid* NJW 2005, 3033 (3035).
[53] BT-Drs. 15/5313, 3; *Satzger* Jura 2006, 428 (434).

aus der Zustimmung des Berechtigten, aber auch aus Vertrag, gesetzlicher Befugnis oder behördlicher Genehmigung ergeben.

21 **c) Subjektiver Tatbestand:** Der subjektive Tatbestand verlangt – wie bei Abs. 1 – (zumindest bedingten) Vorsatz. Stellt der Täter sich irrig das Eingreifen einer Befugnis iSd Abs. 2 vor, handelt er im vorsatzausschließenden Tatbestandsirrtum.

2. Rechtswidrigkeit

22 Die Rechtswidrigkeit bestimmt sich nach den allgemeinen Grundsätzen. Soweit mit der Tat verbotene Kennzeichen (vgl. § 86a) entfernt oder unkenntlich gemacht werden (zB durch Übermalen), kommt eine Rechtfertigung nach § 228 BGB in Betracht.[54] Demgegenüber scheidet eine Rechtfertigung aus, wenn mit der Tat ein Appell zu sofortigen Maßnahmen gegen den Klimawandel zum Ausdruck gebracht wird, denn es fehlt insoweit an der Eignung zur Abwendung einer gegenwärtigen Gefahr.[55] Obgleich Graffiti bisweilen als Kunst eingeordnet wird, rechtfertigt Art. 5 GG grds. nicht die Vereinnahmung einer fremden Sache für eigene künstlerische Aktivitäten (s. oben Rn. 15).

C. Anwendung

I. Aufbau

23 Es empfiehlt sich, die Tatbestandsmerkmale der Sachbeschädigung in folgenden Schritten zu prüfen:

A) Tatbestand:
    I. Objektiver Tatbestand:
        1. Tatobjekt: fremde Sache (Rn. 5 ff.)
        2. Tathandlung:
            a) Abs. 1: Beschädigen (Rn. 9 ff.) oder Zerstören (Rn. 12) und/oder
            b) Abs. 2: unbefugte (Rn. 20) Zustandsveränderung (Rn. 17–19)
    II. Subjektiver Tatbestand: Vorsatz (Rn. 13, 21)
B) Rechtswidrigkeit
C) Schuld

II. Einzelfragen

▶ **Fall 3:** T lässt den exotischen Papagei des E aus dem besonders klimatisierten Käfig ins Freie entfliegen. ◀

▶ **Fall 4:** T lässt die heimische Singdrossel eines anderen aus dem Käfig ins Freie entfliegen. ◀

1. Prüfungsreihenfolge

24 Im **Gutachten** sind zunächst die unproblematischen Varianten der Substanzverletzung und Brauchbarkeitsminderung iSv Abs. 1 zu prüfen. Wirkt sich die Tat nicht auf die

---

54 Näher *Böse/Tomiak* ZIS 2021, 123 (130 ff.); vgl auch *Gerhold* StV 2020, 213 (215 f.).
55 OLG Celle NStZ 2023, 113 mit krit. Anm. *Bönte*.

Substanz oder Tauglichkeit der Sache aus, kommt – in den gesetzlich vorgesehenen engen Grenzen – eine Zustandsveränderung in Betracht.

2. Abgrenzungen

a) **Sachentziehung:** Da § 303 die ursprünglich bessere Beschaffenheit von Sachen, nicht aber deren Besitz schützen soll, ist die Sachbeschädigung nach hM von der grds. nicht strafbaren[56] Sachentziehung abzugrenzen, sofern der Verlust überhaupt mit einer Veränderung des Sachzustands verbunden ist.

Eine Sachbeschädigung ist gegeben, wenn eine zusammengesetzte Sache aufgrund der Wegnahme eines Einzelteils nicht mehr funktioniert.[57] § 303 greift ferner ein, wenn die entzogene Sache an ihrem neuen Aufenthaltsort schädigenden äußeren Einflüssen ausgesetzt ist.[58] Das Erhaltungsinteresse des Eigentümers ist unabhängig davon geschützt, an welcher Stelle, in welcher Weise und zu welchem Zeitpunkt sich der Zustand der Sache nachteilig verändert.

So ist T in **Fall 3** wegen Sachbeschädigung zu bestrafen, weil der entflogene Papagei dem heimischen Klima nicht lange wird standhalten können und unweigerlich zugrunde geht. In **Fall 4** bleibt T dagegen straflos, da die Singdrossel auch in freier Wildbahn zu überleben vermag.

b) **Nutzung:** Des Weiteren kann problematisch sein, unter welchen Voraussetzungen die Nutzung einer Sache aufgrund der damit einhergehenden Substanzeinwirkung den Tatbestand des § 303 verwirklichen kann:

- Der dem **bestimmungsgemäßen Zweck zuwiderlaufende Verbrauch** einer Sache ist stets als Beschädigen oder Zerstören anzusehen.[59] Exemplarisch: A entwendet dem B eine Flasche Mineralwasser zum Händewaschen.[60]

- Nach verbreiteter Auffassung soll dagegen der **bestimmungsgemäße Verbrauch** einer Sache keine Sachbeschädigung sein.[61] Exemplarisch: Um seinen Nachbarn zu ärgern, zündet A vorzeitig dessen vorbereitetes Feuerwerk.[62] Hiergegen ist jedoch einzuwenden, dass der Verbrauch einer Sache – ganz unabhängig von der Zweckbestimmung – stets mit einer Substanzverletzung verbunden ist. Im Übrigen ist nicht einsichtig, warum der Eigentümer nur vor zweckwidrigen Zerstörungen seiner Sachen geschützt werden soll. Dem Anliegen, dem Vorrang der Zueignungsdelikte (§§ 242, 246) Geltung zu verschaffen, kann auf Ebene der Konkurrenzen Rechnung getragen werden (vgl. Rn. 34).[63]

---

56 Vgl. BGHSt 44, 34 (38 f.); *Krüßmann* JA 1998, 626 (628 f.); *Mitsch* 3.2.1.4; grds. abw. *Wallau* JA 2000, 248 ff., ferner die ältere Lehre, die Entziehung als Beschädigung deutete, vgl. *Kohlrausch/Lange* § 303 Anm. III; *Maurach* BT, 5. Aufl., 191.
57 RGSt 65, 354 (356); *Fischer* § 303 Rn. 10; *Krey/Hellmann/Heinrich* Rn. 391.
58 *W-Hillenkamp/Schuhr* Rn. 42; *Mitsch* 3.2.1.4; *S/S-Stree/Hecker* § 303 Rn. 13.
59 *Fischer* § 303 Rn. 14; *W-Hillenkamp/Schuhr* Rn. 36; *MK-Wieck-Noodt* § 303 Rn. 33.
60 Konstellationen der verbrauchenden Verwendung sind zudem als Zueignungen einzustufen, vgl. § 2 Rn. 99.
61 *MK-Wieck-Noodt* § 303 Rn. 33; *NK-Kargl* § 303 Rn. 28.
62 Vgl. *Fischer* § 303 Rn. 12a; *W-Hillenkamp/Schuhr* Rn. 36; *Rengier* I § 24/18; *S/S-Stree/Hecker* § 303 Rn. 13; vgl. auch GenStA Frankfurt NStZ 2002, 546, bzgl. Telefaxwerbung; dazu *Ströber* NStZ 2003, 515 (517).
63 Vgl. OLG Karlsruhe NStZ 1993, 543 (544): § 303 als mitbestrafte Nachtat.

30 c) **Reparaturen:** Uneinheitlich wird schließlich die Frage nach dem Schädigungscharakter von Reparaturen beantwortet, die zwar den Zustand der Sache objektiv verbessern, dem Interesse des Eigentümers am Status quo aber zuwiderlaufen:[64]

31 ▪ Die hM sieht in solchen Handlungen das Gegenteil einer Beschädigung und hält sie damit stets für tatbestandslos.[65]

32 ▪ Hiergegen wird eingewandt, dass es vielerlei Gründe – zB Beweisinteressen – für einen Eigentümer geben kann, seine Sache in einem bestimmten Zustand zu belassen.[66] So könnte das Ersetzen schwammbefallener Balken eines Gebäudes als Sachbeschädigung anzusehen sein, wenn es dem Eigentümer (erkennbar) auf die Nachweismöglichkeit des Schwammbefalls ankommt. Im Übrigen lässt sich mitunter nicht eindeutig beurteilen, was als Mangel und was folglich als Schadensbeseitigung gilt. Ist es ein Mangel, wenn ein Wachhund nicht scharf oder ein Garten „verwildert" ist? Derartige Grenzfälle lassen sich indes über das Kriterium der Brauchbarkeitsminderung lösen. Zudem begegnet eine generelle Erstreckung des Tatbestandes auf Reparaturen den gleichen Einwänden wie die Zustandsveränderungstheorie (vgl. Rn. 9), insbesondere steht der Wortlaut einer Auslegung entgegen, die eine Reparatur als Beschädigung qualifiziert. Zu beachten ist allerdings, dass gewöhnlich von einem auf Mangelbeseitigung gerichteten Erhaltungsinteresse des Eigentümers auszugehen ist, sodass der Täter unter den Voraussetzungen der mutmaßlichen Einwilligung handelt und daher auch bei einer weiten Auslegung der Tathandlung „Beschädigen" straflos ist.

III. Konkurrenzen und Prozessuales

33 ▪ § 303 tritt hinter ein **anderes Sachbeschädigungsdelikt** als **lex generalis** zurück, wenn in diesem neben der Fremdheit noch eine andere Sacheigenschaft geschützt wird (vgl. zB §§ 305, 305a Abs. 1 Nr. 1, 306 Abs. 1).[67] Dagegen ist aus Klarstellungsgründen Idealkonkurrenz anzunehmen, wenn die Fremdheit der beschädigten Sache keine Tatbestandsvoraussetzung des anderen Delikts ist (vgl. zB §§ 90a Abs. 2, 104, 109e, 133, 134, 136, 145 Abs. 2, 304, 315, 315b, 316b, 317; vgl. ferner § 17 TierSchG); zum Teil wird insoweit aber auch Gesetzeskonkurrenz angenommen.[68]

34 ▪ Im **Verhältnis zum Diebstahl** gilt: Dient die Sachbeschädigung nur der Vorbereitung des Diebstahls, ist **Tatmehrheit** gegeben. Beschädigt der Täter dagegen nach der Zueignung die gestohlene Sache, so ist dies nur eine vom Unrecht des Diebstahls umfasste Verwertungshandlung des Tatobjekts; die Sachbeschädigung wird als subsidiär verdrängt.[69]

---

64 Unstr. beseitigt die Reparatur einer zuvor beschädigten Sache nicht die Tatbestandsmäßigkeit des vorangegangenen Verhaltens, vgl. nur OLG Düsseldorf NJW 1982, 1167.
65 S/S-*Stree/Hecker* § 303 Rn. 13; NK-*Kargl* § 303 Rn. 26; jew. mwN.
66 Vgl. problematisierend *Fischer* § 303 Rn. 12a; *Niggli*, Das Verhältnis von Eigentum, Vermögen und Schaden nach schweizerischem Strafgesetz, 1992, Rn. 477 ff.; LK-*Goeckenjan* § 303 Rn. 33; vgl. auch RGSt 33, 177 (180).
67 NK-*Kargl* § 305 Rn. 19; § 305a Rn. 17; NK-*Kargl* § 306 Rn. 31.
68 S/S-*Stree/Hecker* § 303 Rn. 25; MK-*Wieck-Noodt* § 303 Rn. 69; jeweils zu § 90a Abs. 2, 104, 109e, 134.
69 OLG Karlsruhe NStZ 1993, 543 (544); MK-*Wieck-Noodt* § 303 Rn. 70; krit. hierzu *Roth*, Eigentumsschutz nach der Realisierung von Zueignungsunrecht, 1986, 14 ff., 148 f. mwN.

- Soweit die (einfache) Sachbeschädigung **regelmäßige Begleittat** ist (zB bei § 243 Abs. 1 S. 2 Nr. 1; § 267), wird sie von dem jeweiligen Delikt konsumiert (vgl. § 3 Rn. 65). Dies gilt jedoch nicht, wenn die Sachbeschädigung einen eigenen Unrechtsgehalt besitzt; in diesen Fällen ist Tateinheit gem. § 52 anzunehmen.[70]

- Bei der elektronischen Datenverarbeitung unterfallen nicht die **Daten** (Software), sondern nur die Hardware dem Sachbegriff. Das Löschen[71] eines Datenträgers oder eines Tonbandes ist zwar eine Sachbeschädigung[72], da die für die Wiedergabe erforderliche magnetische Ordnung im Datenträger oder Band aufgehoben wird, unterfällt sie aber auch den im Wege der Gesetzeskonkurrenz vorgehenden §§ 303a, 303b.[73]

Die einfache Sachbeschädigung wird nur auf **Antrag** verfolgt, wenn die Strafverfolgungsbehörde kein öffentliches Interesse bejaht (§ 303c). Nach hM soll neben dem Verletzten auch der Nutzungsberechtigte (zB Pächter, Mieter) Verletzter sein.[74] Dem steht jedoch entgegen, dass § 303 ausschließlich das Erhaltungsinteresse des Eigentümers schützt.[75] § 303 gehört zu den **Privatklagedelikten** (§ 374 Abs. 1 Nr. 6 StPO).

Wiederholungs- und Vertiefungsfragen

> Durch welche Handlungen wird der objektive Tatbestand der Sachbeschädigung nach Abs. 1 verwirklicht? (Rn. 8 ff.)
> Welchem Schutzzweck dient Abs. 2 und wie sind die Tatbestandsmerkmale (restriktiv) auszulegen? (Rn. 16 ff.)
> Wie ist die Sachbeschädigung von der bloßen Sachentziehung abzugrenzen? (Rn. 25 f.)

---

70 BGH NStZ 2001, 642 (644) mit Anm. *Kargl/Rüdiger* NStZ 2002, 202 f.; 2014, 40 mit Anm. *Zöller* ZJS 2014, 214; *Rengier* JuS 2002, 850 ff.
71 Nicht aber beim bloßen Überspielen von einem auf einen anderen Tonträger, vgl. *Vogt* JuS 1980, 860 (862).
72 Krit. *Lampe* GA 1975, 1 (16).
73 MK-*Wieck-Noodt* § 303 Rn. 71; für Idealkonkurrenz S/S-*Stree/Hecker* § 303 Rn. 25.
74 BayObLG NJW 1981, 1053; M-*Schroeder* I § 36/25.
75 NK-*Kargl* § 303c Rn. 3 f.

§ 21 Gemeinschädliche Sachbeschädigung (§ 304)

A. Allgemeines

1 § 304 ist kein Qualifikationstatbestand zu § 303, sondern ein eigenständiges **gemeinschädliches Delikt**, das im Allgemeininteresse die Erhaltung bestimmter Güter besonders schützt.[1] Daher ist auch die Beschädigung oder Zerstörung eigener oder herrenloser Sachen iSd Tatbestands strafbar. Die Verfolgung erfordert keinen Strafantrag. Der Versuch ist strafbar (Abs. 3).

B. Definitionen und Erläuterungen

I. Tatbestand

1. Tatobjekte

2 Die geschützten Tatobjekte sind **abschließend aufgezählt**. Gemeinsam ist ihnen das Merkmal, öffentlichen Interessen oder diesen gleichgestellten Interessen zu dienen. Die öffentliche Zweckbestimmung muss zum Tatzeitpunkt gegeben sein und auf einer ausdrücklichen oder konkludenten Erklärung der zuständigen Stelle beruhen.

3 ■ Die **Gegenstände der Verehrung** einer im Staate bestehenden Religionsgemeinschaft müssen an Orten aufbewahrt sein, die den Mitgliedern wenigstens zeitweilig zugänglich sind; nicht tatbestandsmäßig ist etwa die Beschädigung eines in einer Privatwohnung aufgehängten Kruzifixes. Religionsgemeinschaften sind – nicht notwendig als öffentlich-rechtliche Körperschaften anerkannte[2] – Vereinigungen zur Verwirklichung eines gemeinsamen Glaubensbekenntnisses.

4 ■ Dem **Gottesdienst gewidmet** sind (bewegliche und unbewegliche) Sachen, mit oder an denen religiöse Zeremonien vorgenommen werden (vgl. § 3 Rn. 30).

5 ■ **Grabmäler** sind die dem Gedächtnis Verstorbener dienenden Erinnerungszeichen an oder auf deren Gräbern.

6 ■ **Öffentliche Denkmäler** sind dem dauernden Andenken an Personen, Ereignisse oder Zustände dienende Erinnerungszeichen, die der Allgemeinheit zugänglich und ihr gewidmet sind, zB Kirchtürme[3], Burgen[4] oder Hünengräber[5]. Inhaltlich schließt der Begriff an die Denkmalschutzgesetze der Länder an,[6] auf eine Eintragung in die Denkmalliste kommt es nur an, soweit diese für den gesetzlichen Schutz als Denkmal konstitutiv ist.[7]

7 ■ **Naturdenkmäler** sind Einzelschöpfungen der Natur, die aus wissenschaftlichen, naturgeschichtlichen oder landeskundlichen Gründen oder wegen ihrer Seltenheit, Eigenart oder Schönheit schutzwürdig sind (vgl. § 28 Abs. 1 BNatSchG).[8]

---

1 *Otto* § 47/24; *Rengier* I § 25/1.
2 *MK-Wieck-Noodt* § 304 Rn. 9.
3 RGSt 43, 240 ff.
4 LG Bamberg NJW 1953, 997 (998).
5 OLG Celle NJW 1974, 1291.
6 Vgl. § 2 Denkmalschutzgesetz NRW.
7 *MK-Wieck-Noodt* § 304 Rn. 13; vgl. § 5 Abs. 1 Denkmalschutzgesetz NRW.
8 Hierzu *Weber* Tröndle-FS 337 (341 f.).

■ **Gegenstände der Kunst, der Wissenschaft oder des Gewerbes** unterfallen dem Tatbestand, wenn ihnen ein kultureller Wert zukommt (vgl. § 3 Rn. 34). Eine **Sammlung** ist öffentlich, wenn sie allgemein zugänglich ist (vgl. § 3 Rn. 35); sie kann einen privaten Eigentümer haben. Die **Aufstellung** muss, um öffentlich zu sein, an allgemein zugänglichen Orten im Allgemeininteresse erfolgt sein.

■ **Zum öffentlichen Nutzen** dienen Gegenstände, deren Gebrauch oder Vorhandensein unmittelbar der Allgemeinheit zugutekommt.[9] Einschlägig sind zB Verkehrszeichen, Ruhebänke in öffentlichen Anlagen, eine öffentliche Fernsprechzelle, Busse, Straßen- und Eisenbahnwagen oder Rettungsfahrzeuge der Werkfeuerwehr eines industriellen Großbetriebs.[10] Ein nur **mittelbarer Nutzen** für die Allgemeinheit ist **nicht ausreichend**. Nicht geschützt sind zB Wahlplakate[11] oder das Inventar einer Stadthalle[12]. Vor allem werden Gegenstände nicht erfasst, die lediglich **innerbehördlichen Zwecken** dienen, wie ein Funkgerät oder ein Streifenwagen der Polizei[13], während Kranken- und Rettungswagen, mit denen Verletzte in ein Krankenhaus transportiert werden, für diese einen unmittelbaren Nutzen haben[14]. Aus diesem Grund ist auch ein Zelt, in dem eine COVID-19-Teststelle betrieben wird, ein geschützter Gegenstand, da es den zu testenden Personen (d.h. der Allgemeinheit) Schutz vor den Witterungsverhältnissen bietet.[15]

■ Als **Gegenstände, die zur Verschönerung** öffentlicher Wege, Plätze oder Anlagen bestimmt sind, kommen zB Sträucher, Blumen, Standbilder und schmückende Fahnen in Betracht. Das Pflücken einzelner Blumen oder das Abreißen von einzelnen Blättern oder Ziersträucherteilen reicht zur Beschädigung noch nicht aus.[16]

2. Tathandlungen

Durch die Tathandlungen im Sinne von Abs. 1 – Beschädigen und Zerstören (§ 20 Rn. 9 ff., 12) – muss die von der Norm geschützte Zweckbestimmung der Sache beeinträchtigt werden.[17]

Nach vorherrschender Auffassung gilt dies auch für die neu eingefügte Variante der Veränderung des Erscheinungsbildes (Abs. 2, vgl. § 20 Rn. 16).[18] Für eine solche Auslegung spricht, dass ansonsten bei den wesentlich eingriffsintensiveren Tathandlungen nach Abs. 1 dieses restriktive Merkmal zur Anwendung kommt, während die weniger eingriffsintensivere Tathandlung nach Abs. 2 einen extrem ausgedehnten Anwendungsbereich hätte.[19] Dagegen wird indes eingewandt, dass der Gesetzgeber durch die Tathandlung des Abs. 2 gerade Graffiti-Aktionen an öffentlichen Verkehrsmitteln

---

9 RGSt 66, 203 (204); BGHSt 31, 185 (186); W-*Hillenkamp/Schuhr* Rn. 55.
10 OLG Düsseldorf NJW 1986, 2122; *Ladiges* JuS 2018, 754 (755).
11 LG Wiesbaden NJW 1978, 2107; hierzu *Loos* JuS 1979, 699.
12 BGH JR 1984, 167 (168 f.) mit Anm. *Loos*.
13 BGHSt 31, 185 (187); *Ladiges* JuS 2018, 754 (755); aA OLG Hamm NStZ 1982, 31.
14 OLG Düsseldorf NJW 1986, 2122 (2124); *Stree* JuS 1983, 836 (839); MK-*Wieck-Noodt* § 304 Rn. 19.
15 OLG Stuttgart BeckRS 2022, 19155.
16 RGSt 7, 190 (191).
17 BayObLG StV 1999, 533 (534); KG NStZ 2007, 223; S/S-*Hecker* § 304 Rn. 12; MK-*Wieck-Noodt* § 304 Rn. 23; kritisch insoweit *Ladiges* JuS 2018, 754 (756).
18 OLG Jena NJW 2008, 776; KG NStZ-RR 2009, 310; OLG Köln StraFo 2018, 83; *Fischer* § 304 Rn. 13a.
19 OLG Jena NJW 2008, 776; KG Berlin NStZ-RR 2009, 310; *Kudlich* GA 2006, 38 (41).

erfasst sehen wollte.[20] Um diesem Anliegen Rechnung zu tragen, wird zum Teil darauf abgestellt, dass die Funktion der besprühten Waggons bereits dadurch beeinträchtigt wird, dass der öffentliche Nahverkehr aufgrund des äußeren Erscheinungsbildes weniger attraktiv für die Bevölkerung wird.[21] Damit wird das Kriterium der Funktionsbeeinträchtigung jedoch seiner begrenzenden Funktion beraubt.[22] Unter diesem Aspekt erscheint es auch zweifelhaft, in übersprühten Fenstern eine Funktionsbeeinträchtigung für die Fahrgäste zu sehen[23], denn die Nutzung der Waggons zur Beförderung bleibt insoweit unberührt. Die Tatbestandsmäßigkeit ist daher allenfalls über den reinigungsbedingten Nutzungsausfall[24] zu begründen. In diesem Fall wäre allerdings – wie bei öffentlichen Denkmälern – bereits ein Beschädigen iSv § 304 Abs. 1 gegeben.[25]

3. Subjektiver Tatbestand

12 Der subjektive Tatbestand erfordert (zumindest bedingten) **Vorsatz**. Die irrige Annahme, als Eigentümer zur Beschädigung befugt zu sein, ist ein Verbotsirrtum.

II. Konkurrenzen

13 **Tateinheit** ist wegen der unterschiedlichen Schutzrichtungen mit § 303[26] und § 145 Abs. 1 möglich, während § 145 Abs. 2 als subsidiäres Delikt hinter § 304 zurücktritt.

Wiederholungs- und Vertiefungsfragen

> Welches Konkurrenzverhältnis besteht zwischen § 304 und § 303? (Rn. 1, 13)
> Was haben die von § 304 erfassten Tatobjekte gemeinsam? Beispiele? (Rn. 2)

---

20 *Eisenschmid* NJW 2005, 3033 (3035). Bejahend hinsichtlich mit Graffiti besprühter S-Bahnwaggons OLG Hamburg NStZ 2015, 137 mit abl. Anm. *Jäger* JA 2014, 549.
21 OLG Hamburg NStZ 2015, 37 (39); vgl. dagegen OLG Köln StraFo 2018, 83 f.
22 *Jäger* JA 2014, 549 (551); *Jahn* JuS 2018, 395 (396).
23 OLG Hamburg NStZ 2015, 37 (40); *Jahn* JuS 2018, 395 (396); *Ladiges* JuS 2018, 754 (756).
24 OLG Köln StraFo 2018, 83.
25 *Rengier* I § 25/8.
26 S/S-*Hecker* § 304 Rn. 17; NK-*Kargl* § 304 Rn. 23; aA *Fischer* § 304 Rn. 17: § 303 wird verdrängt.

§ 22 Zerstörung von Bauwerken (§ 305)

A. Allgemeines

Der Tatbestand umschreibt einen **qualifizierten Fall der Sachbeschädigung** nach § 303. Der Versuch ist strafbar (Abs. 2).

B. Definitionen und Erläuterungen

I. Tatbestand

1. Tatobjekte

Die tatbestandlich genannten Tatobjekte müssen **fremd** sein, müssen also zumindest auch im Eigentum einer anderen Person stehen.[1]

- **Bauwerk** ist jede für eine gewisse Dauer errichtete und auf dem Boden ruhende Anlage.[2] Der Bau muss noch nicht vollendet[3] sein. Neben den sonst im Tatbestand genannten Bauwerken sind zB ein Hoftor, eine Gartenmauer oder ein künstlicher Fischteich einschlägig. **Gebäude** ist ein durch Wände und Dach begrenztes, mit dem Erdboden fest – wenn auch nur durch die eigene Schwere – verbundenes Bauwerk, das den Eintritt von Menschen gestattet. Zu den Gebäuden gehören auch Rohbauten.[4] **Brücken** iSd Tatbestands sind größere Wasserüberquerungen von einer gewissen Festigkeit und Tragfähigkeit. Wegen der erforderlichen Gleichstellung der Brücken mit den anderen Tatobjekten scheiden insbesondere kleinere Fußgängerstege aus.[5]

- **Dämme** sind größere Erdaufschüttungen aller Art, zB Staudämme oder Deiche. **Straßen** sind künstlich angelegte und befestigte Wege zu Land und zu Wasser (Kanäle). Als **Eisenbahn** iSd Tatbestands ist nur der Bahnkörper (Unterbau, Schwellen, Schienen) anzusehen; nicht erfasst sind hingegen die Lokomotive und die Waggons.[6]

- **Schiffe** iSd Tatbestands sind Wasserfahrzeuge, die – wegen der erforderlichen Vergleichbarkeit mit anderen Tatobjekten – eine gewisse Größe haben müssen, sodass zB Paddel- und Ruderboote nicht erfasst werden.[7]

2. Tathandlung

Tathandlung ist die gänzliche oder teilweise Zerstörung des geschützten Bauwerks. **Ganz zerstört** ist das Bauwerk, wenn es vernichtet ist. **Teilweise** ist es **zerstört**, wenn es hinsichtlich eines zwecknötigen Teils oder für einen bestimmten Zweck unbrauchbar gemacht wurde.[8] Teilweises Zerstören ist von der Zerstörung eines Teils des Bauwerks zu unterscheiden: Wird zB eine Zimmertür zerstört, so wird nur der Teil eines Ge-

---

1 Näher § 2 Rn. 20 ff.
2 W-*Hillenkamp/Schuhr* Rn. 47.
3 RGSt 30, 246 (248); BGHSt 6, 107 (108).
4 BGHSt 6, 107; *Otto* § 47/18.
5 RGSt 24, 26 f.; 33, 391; *Otto* § 47/18.
6 S/S-*Hecker* § 305 Rn. 8; *Ladiges* JuS 2018, 754 (756).
7 S/S-*Hecker* § 305 Rn. 4; MK-*Wieck-Noodt* § 305 Rn. 8.
8 RGSt 54, 205 (206); W-*Hillenkamp/Schuhr* Rn. 48; L-Kühl/*Heger* § 306 Rn. 4; *Mitsch* 3.3.1.1.

bäudes, nicht aber das – in seiner Funktion unbeeinträchtigt gebliebene – Gebäude teilweise zerstört.[9]

3. Subjektiver Tatbestand

7 Der subjektive Tatbestand erfordert (zumindest bedingt) vorsätzliches Handeln.

II. Konkurrenzen

8 § 305 verdrängt als lex specialis §§ 303, 125, tritt aber hinter den spezielleren § 306 zurück.[10] Jedoch gilt die tätige Reue nach § 306e nicht für die ggf. zugleich verwirklichte Sachbeschädigung.[11]

Wiederholungs- und Vertiefungsfragen

> In welchem Verhältnis stehen die §§ 305 und 303? (Rn. 1, 8)
> Welche Tatobjekte werden von § 305 erfasst (Überblick)? (Rn. 3 ff.)

---

9 *Mitsch* 3.3.1.1; vgl. auch S/S-*Hecker* § 305 Rn. 10 (Türschloss).
10 *Fischer* § 305 Rn. 8; LPK § 305 Rn. 6; LK-*Valerius* § 306 Rn. 87; aA MK-*Wieck-Noodt* § 305 Rn. 21.
11 *Fischer* § 305 Rn. 8; LK-*Goeckenjan* § 305 Rn. 18.

§ 23 Zerstörung wichtiger Arbeitsmittel (§ 305a)

A. Allgemeines

§ 305a schützt das Allgemeininteresse an der Funktionstüchtigkeit lebenswichtiger Betriebe und Einrichtungen.[1] Nach hM soll die Vorschrift daneben das Eigentum schützen und wird damit als **Qualifikationstatbestand** zu § 303 angesehen.[2] Dies kann jedoch nur gelten, soweit der Tatbestand eine fremde Sache voraussetzt (Abs. 1 Nr. 1), nicht aber für die Varianten, bei denen es auf die Eigentumslage nicht ankommt und das Unrecht demzufolge allein über die Gemeinschädlichkeit der Tathandlung begründet wird.[3] Dem Tatbestand unterfallen Sabotageakte gegen die Errichtung von Anlagen in den Bereichen des öffentlichen Verkehrs und der Energieversorgung. Weiterhin sollen Baufahrzeuge sowie wesentliche technische Arbeitsmittel von bedeutendem Wert und Kraftfahrzeuge der Polizei, der Bundeswehr, der Feuerwehr, des Katastrophenschutzes oder eines Rettungsdienstes geschützt werden. Bedeutung hat die Vorschrift – als Delikt im Vorfeld des § 316b – vor allem wegen ihrer (problematischen) Aufnahme in die **Katalogtaten** von § 129a Abs. 2 Nr. 2 zum Schutz vor bestimmten Sabotageakten.[4] Der **Versuch** ist strafbar (Abs. 2).

B. Definitionen und Erläuterungen

Abs. 1 Nr. 1 erfasst als **Tatobjekte**

- technische Arbeitsmittel, zB Arbeits- und Kraftmaschinen oder Hebe- und Fördereinrichtungen,
- die fremd sind (vgl. § 2 Rn. 20 ff.),
- einen wirtschaftlich bedeutenden Wert haben, der entsprechend den zu §§ 315 ff. geltenden Grundsätzen bereits ab einem Mindestbetrag von 750 Euro anzunehmen sein soll[5], allerdings mit Blick auf die Tatobjekte nach Nr. 3 und in Anlehnung an die Wertgrenze nach § 308 erst ab einem Sachwert von mindestens 1500 Euro gegeben ist[6];
- von wesentlicher Bedeutung sind, weil bei einem Versagen die Baumaßnahmen an der Anlage nicht wie vorgesehen durchgeführt werden können,[7]
- und die geeignet und dazu bestimmt sind, die Errichtung von Anlagen oder Unternehmen nach § 316b Abs. 1 Nr. 1 oder 2 oder einer Anlage, die einem solchen Unternehmen dient, zu ermöglichen und zu erleichtern.

Tatobjekte nach **Abs. 1 Nr. 2** sind technische Arbeitsmittel von bedeutendem Wert (Rn. 2) der genannten Sicherheits- und Rettungsdienste, die für den Einsatz von wesentlicher Bedeutung sind. Erfasst sind verwendungsfähige Arbeitseinrichtungen, vor allem Werkzeuge, Arbeitsgeräte, Arbeits- und Kraftmaschinen, Hebe- und Förder-

---

1 L-Kühl/*Heger* § 305a Rn. 1; MK-*Wieck-Noodt* § 305a Rn. 1; aA M/R-*Altenhain* § 305a Rn. 1: Eigentumsschutz.
2 *Fischer* § 305a Rn. 2; L-Kühl/*Heger* § 305a Rn. 1; MK-*Wieck-Noodt* § 305a Rn. 2.
3 Vgl. auch NK-*Kargl* § 305a Rn. 1.
4 *Rengier* I § 25/11; krit. *Dencker* StV 1987, 117 (122); LK-*Goeckenjan* § 305a Rn. 1.
5 BT-Drs. 10/6635, 14 (zur Orientierung an den § 315 ff.); L-Kühl/*Heger* § 305a Rn. 2, § 315c Rn. 24 (750 Euro); vgl. ferner BGH NStZ 2013, 167 (zu § 315c: 750 Euro).
6 *Ladiges* JuS 2018, 754 (756); iE ebenso MK-*Wieck-Noodt* § 305a Rn. 12; weitergehend NK-*Kargl* § 305a Rn. 7 (5000 Euro); vgl. ferner BGH NJW 2017, 743 (zu § 308).
7 L-Kühl/*Heger* § 305a Rn. 2; S/S-*Hecker* § 305a Rn. 8.

einrichtungen sowie Beförderungsmittel, wobei es nicht auf das Eigentum an den geschützten Gegenständen ankommt, sondern lediglich darauf, dass sie für dienstliche Zwecke verwendet werden.[8]

4   Zu den **Tatobjekten** nach **Abs. 1 Nr. 3** gehören Kraftfahrzeuge (§ 248b Abs. 4, vgl. § 9 Rn. 3) der Polizei, der Bundeswehr, der Feuerwehr, des Katastrophenschutzes oder eines Rettungsdienstes, die zu dienstlichen Zwecken verwendet werden. Die Eigentumsverhältnisse spielen keine Rolle.[9] Einschlägig sind insbesondere polizeiliche Streifenwagen, Motorräder, Wasserwerfer, Hubschrauber und Boote, sowie Lastkraftwagen, Panzer, Flugzeuge und Schiffe der Bundeswehr.[10] Der Polizei ist neben der Schutz-, Bereitschafts- und Kriminalpolizei auch die Bundespolizei bei der Wahrnehmung polizeilicher Aufgaben zuzurechnen; neben der Bundeswehr werden nach § 1 Abs. 2 Nr. 10 Nato-Truppen-Schutzgesetz (NTSG) auch die in der Bundesrepublik Deutschland stationierten ausländischen Streitkräfte in den tatbestandlichen Schutz einbezogen.[11]

5   **Tathandlung** ist das **gänzliche oder teilweise Zerstören** des Tatobjekts. Wenigstens teilweise ist die betreffende Sache zerstört, wenn sie eine ihrer Funktionen nicht mehr brauchbar erfüllen kann,[12] wozu zB nicht ausreicht, dass die Seitenscheibe eines Polizeiwagens herausgetreten wird.[13]

6   Die Tat ist **Vorsatzdelikt**. Das Merkmal der Rechtswidrigkeit ist allgemeines Verbrechensmerkmal und nicht Gegenstand des Vorsatzes.[14]

Wiederholungs- und Vertiefungsfragen

> In welchem Verhältnis stehen die §§ 305a und 303 zueinander? (Rn. 1)
> Welche Tatobjekte werden von § 305a Abs. 1 Nr. 1–3 erfasst (Überblick)? (Rn. 2 ff.)

---

8   BT-Drs. 17/4143 S. 8; *Fischer* § 305a Rn. 8.
9   NK-*Kargl* § 305a Rn. 11.
10 MK-*Wieck-Noodt* § 305a Rn. 19.
11 MK-*Wieck-Noodt* § 305a Rn. 19.
12 Vgl. auch § 22 Rn. 6.
13 OLG Oldenburg NStZ-RR 2011, 338.
14 MK-*Wieck-Noodt* § 305a Rn. 24 f.

§ 24 Datenveränderung (§ 303a)

A. Allgemeines

Die Vorschrift **schützt** in analoger Ausgestaltung zur Sachbeschädigung das Interesse des Verfügungsberechtigten am Zustand der ihm gehörenden Daten und an ihrer unversehrten Verwendbarkeit.[1] Nach Auffassung des BGH schützt die Vorschrift damit das Grundrecht auf Integrität und Vertraulichkeit informationstechnischer Systeme.[2] Dieses Verständnis ist jedoch insofern zu eng, als der Schutzbereich des § 303a nicht auf personenbezogene Daten beschränkt ist (vgl. Rn. 3).[3] Da Daten für Wirtschaft und Verwaltung von großer Bedeutung sein und einen hohen Verkehrswert haben können,[4] ist § 303a vielmehr ein spezielles Vermögensdelikt;[5] der Tatbestand setzt jedoch keinen wirtschaftlichen Wertverlust voraus.[6] Durch das 41. StrÄndG vom 7.8.2007[7] wurde mit der Einfügung des Abs. 3 die Vorbereitung des Deliktes unter Verweis auf § 202c in bestimmten Fällen unter Strafe gestellt.[8] Die Tat ist, wenn Abs. 1 oder 2 verwirklicht ist, **Antragsdelikt** (§ 303c); Abs. 3 ist **Offizialdelikt**. Dies ist insoweit bemerkenswert, als die Durchführung der Tat und die damit einhergehende Rechtsgutsverletzung das öffentliche Interesse an einer Strafverfolgung anscheinend weniger berührt als die einfache Vorbereitung.[9] Erklärbar ist dies aber damit, dass im Zuge der Vorbereitung des Deliktes noch kein Verletzter existiert, der als Antragsberechtigter in Frage käme.

1

B. Definitionen und Erläuterungen

I. Tatbestand

Der Tatbestand verlangt einen rechtswidrigen Eingriff in Daten durch deren Löschung, Unterdrückung, Unbrauchbarmachung oder Veränderung.

2

1. Daten

Daten sind Informationen, die durch Zeichen oder kontinuierliche Funktionen nach Maßgabe einer Konvention dargestellt werden.[10] Sie müssen elektronisch, magnetisch oder sonst nicht unmittelbar wahrnehmbar gespeichert sein oder übermittelt werden (vgl. § 202a Abs. 2). Erfasst werden damit insbesondere auch Computerprogramme, die sich aus einer Vielzahl von Daten zusammensetzen (vgl. Rn. 8).[11]

3

---

1 BGH NStZ 2022, 43 (44); *Ernst* NJW 2007, 2661 (2664); *W-Hillenkamp/Schuhr* Rn. 62; *Klesczewski* BT § 8/252; *Krey/Hellmann/Heinrich* Rn. 411; zu den internetspezifischen Problemen siehe *Malek*, Strafsachen im Internet 2005, 50 ff.
2 BGH NStZ 2022, 43 (44); W/J/S/*Bär* Kap. 15 Rn. 125 (jeweils zu § 303b); vgl. insoweit BVerfGE 120, 274 (302 ff.).
3 MK-*Wieck-Noodt* § 303a Rn. 4.
4 *Möhrenschlager* wistra 1986, 128 (140).
5 *Haft* NStZ 1987, 6 (10); *Welp* iur 1988, 443 (448 f.); aA *Bühler* MDR 1987, 448 (455); *Frommel* JuS 1987, 667 (668); MK-*Wieck-Noodt* § 303a Rn. 4.
6 BayObLG JR 1994, 476 (477) mit Anm. *Hilgendorf*.
7 BGBl. I 2007, 1786; dazu ausf. *Schumann* NStZ 2007, 675 ff.; ferner *Ernst* NJW 2007, 2661 ff.; *Schreibauer/Hessel* K&R 2007, 616 (619).
8 *Ernst* NJW 2007, 2661 (2664).
9 Krit. *Borges/Stuckenberg/Wegener* DuD 2007, 275; *Schumann* NStZ 2007, 675 (680).
10 Vgl. DIN 44300 Nr. 19, nunmehr ersetzt durch die internationale Normierung DIN ISO/IEC 2382.
11 *Eisele* JZ 2022, 1067 (1068); vgl. insoweit Art. 2 lit. b, Art. 5 Richtlinie (EU) 2013/40 vom 12.8.2013 über Angriffe auf Informationssysteme, ABl. EU L 218/8.

2. Tathandlungen

4   Die tatbestandlich genannten Handlungen stehen in keinem Exklusivitätsverhältnis zueinander, sondern überschneiden sich in vielfältiger Weise;[12] so ist jedes Löschen oder Unbrauchbarmachen auch ein Verändern. Alle Tathandlungen können auch durch den Einsatz sog. Viren und ähnlicher Angriffsmittel begangen werden.[13]

5   ■ **Gelöscht** werden Daten durch (irreversibles) Unkenntlichmachen.[14] Exemplarisch: Daten werden mit anderen Daten überschrieben; der Datenträger wird beschädigt.[15]

6   ■ Daten werden **unterdrückt**, wenn sie zumindest vorübergehend dem Zugriff des Berechtigten entzogen werden.[16] Beispiele: Umbenennen von Daten, Beseitigen eines Inhaltsverzeichnisses, Einfügen von Zugangssperren (durch zur Erpressung eingesetzte Schadsoftware – „Ransomware"[17]), Wegnahme des Datenträgers.[18]

7   ■ Daten sind **unbrauchbar gemacht**, wenn sie nicht mehr bestimmungsgemäß verwendet werden können.[19] Diese Variante setzt keine Veränderung der betroffenen Daten voraus, sondern kann auch durch Zufügung weiterer Daten oder durch Aufhebung von Verknüpfungen mit anderen Daten verwirklicht werden.[20]

8   ■ **Verändert** werden Daten, wenn ihr Informationsgehalt oder ihr Aussagewert umgestaltet und dadurch eine Funktionsbeeinträchtigung hervorgerufen wird.[21] Erfasst werden damit in erster Linie inhaltliche Änderungen: So werden mit dem unbefugten Einsatz einer Bankkundenkarte zum kontaktlosen Bezahlen die Daten zum Verfügungsrahmen des Karteninhabers[22], mit der Übertragung einer Internet-Domain die Daten zu deren Inhaber („Domain-Entführung")[23] oder mit der Installation von Schadsoftware (zB beim Bitcoin-Mining durch Bot-Netze oder bei zur Erpressung eingesetzten Trojanern, vgl. Rn. 6) die auf dem Computer gespeicherten Programmdaten[24] inhaltlich verändert. Die Veränderung kann aber auch die Form ihrer Darstellung betreffen[25], indem zB die Form der Sichtbarmachung von Daten (zB Klartext durch Code[26]) abgewandelt wird. Der Begriff des Veränderns ist daher nicht rein inhaltsbezogen, sondern informationstechnisch (dh auf den konkreten bitweisen Zustand) zu verstehen, setzt aber ein legitimes Integritätsinteresse voraus,

---

12 *Fischer* § 303a Rn. 8; W-*Hillenkamp/Schuhr* Rn. 63.
13 Zur zeitlichen Dimension solcher Tatbestandsverwirklichungen LK-*Goeckenjan* § 303a Rn. 25, 38.
14 BT-Drs. 10/5058, 34; *Möhrenschlager* wistra 1986, 128 (141); LK-*Goeckenjan* § 303a Rn. 27.
15 S/S-*Hecker* § 303a Rn. 5.
16 *Gercke* JA 2007, 839 (842); LK-*Goeckenjan* § 303a Rn. 30 f. mwN; einschränkend (vorübergehende Zugriffsbeschränkung durch eine Online-Demonstration): OLG Frankfurt a.M. ZUM 2006, 547 (551) mit krit. Anmerkung *Gercke* ZUM 2007, 282 (286 f.); vgl. insoweit auch § 303b Abs. 1 Nr. 2.
17 Vgl. BGH NStZ 2022, 43 (dort wurde allerdings auf die Veränderung der Programmdaten abgestellt, vgl. insoweit Rn. 8).
18 W/J/S/*Bär* Kap. 15 Rn. 116; NK-*Kargl* § 303a Rn. 10.
19 BT-Drs. 10/5058, 35; *Bühler* MDR 1987, 448 (455); L-*Kühl/Heger* § 303a Rn. 3.
20 NK-*Kargl* § 303a Rn. 11.
21 BGH NStZ 2018, 401 (403); *Fischer* § 303a Rn. 12.
22 OLG Hamm BeckRS 2020, 9059 (Rn. 45).
23 LG Frankfurt aM GRUR Prax 2023, 40.
24 BGH NStZ 2018, 401 (403); NStZ 2022, 43 (44); *Eisele* JZ 2022, 1067 (1068).
25 BT-Drs. 10/5058, 35; *Möhrenschlager* wistra 1986, 128 (141); *Otto* § 47/29.
26 Vgl. zur erpresserischen Verschlüsselung: *Brodowski* StV 2019, 385 (386).

das bei flüchtigen Register- oder Cachespeichern in der Regel zu verneinen ist.[27] Das bloße Kopieren von Daten ist mangels Auswirkung auf die Originaldaten allerdings nicht ausreichend.[28]

3. Rechtswidrigkeit

Die Tathandlung muss rechtswidrig sein. Die Rechtswidrigkeit ist Tatbestandsmerkmal[29] und ist gegeben, wenn der Täter über die betreffenden Daten nicht ausschließlich verfügen darf und ohne Willen des Berechtigten handelt.[30] Das gleiche tatbestandseinschränkende Ergebnis wird teils auch dadurch erzielt, dass in den Tatbestand das ungeschriebene Merkmal der „Fremdheit" hineingelesen wird:[31] Daten sind dann in diesem Sinne „fremd", wenn sie dem Täter mangels ausschließlicher Verfügungsbefugnis nicht „gehören" (vgl. § 274).

Verfügungsbefugt ist grds. derjenige, der die Daten selbst erstellt und auf seinem oder einem von Dritten zur Verfügung gestellten Datenträger gespeichert hat (Skripturakt).[32] Das Verfügungsrecht ergibt sich also nicht bereits aus dem Eigentum an dem Datenträger[33], setzt aber voraus, dass der Skripturakt (und die anschließende Datenverarbeitung und -nutzung) von einem dinglichen oder schuldrechtlichen Nutzungsrecht an dem Datenträger gedeckt ist.[34] Wer unbefugt Daten auf einem fremden Datenträger speichert, wird daher nicht nach § 303a geschützt.[35] Soweit die Daten im Rahmen eines Arbeitsverhältnisses erstellt und gespeichert werden, steht das Verfügungsrecht (ebenso wie das Eigentums- bzw. Nutzungsrecht) an dem Datenträger nicht dem Arbeitnehmer, sondern dem Arbeitgeber zu (vgl. auch §§ 69a ff. UrhG).[36] So ist zB in Bezug auf die auf einer ec-Karte gespeicherten Daten die kartenausgebende Bank verfügungsberechtigt, aber weder der für die Speicherung der Daten verantwortliche Mitarbeiter noch der Bankkunde.[37] Werden die Daten im Auftrag erstellt und gespeichert, so ist der Auftragnehmer bis zur Überlassung der Daten an den Auftraggeber verfügungsberechtigt.[38]

Keine Verfügungsbefugnis ist dagegen allein aus dem Umstand abzuleiten, dass jemand von dem Informationsgehalt der Daten betroffen ist.[39] Insoweit greifen die Straf- und Bußgeldvorschriften zum Schutz personenbezogener Daten ein (§§ 42, 43 BDSG nF; vgl. ferner Art. 83, 84 EU-Datenschutz-Grundverordnung, DS-GVO).

Von der fehlenden **Verfügungsbefugnis** als Bestandteil des tatbestandlich vertypten Unrechts strikt zu unterscheiden ist eine mögliche **Rechtfertigung** der Tat. So kommt zur

---

27 *Brodowski* ZIS 2019, 49 (54 f.), *ders.* StV 2019, 385 (386); sa *Eisele* JZ 2022, 1067 (1068).
28 MK-*Wieck-Noodt* § 303a Rn. 15.
29 *Hilgendorf* JuS 1996, 890 (892); L-*Kühl/Heger* § 303a Rn. 4; *Otto* § 47/30; MK-*Wieck-Noodt* § 303a Rn. 17; aA *Fischer* § 303a Rn. 13: Deliktsmerkmal.
30 *Brodowski* ZIS 2019, 49 (55 f.).
31 *Lenckner/Winkelbauer* CR 1986, 824 (828 f.); *Welp* iur 1988, 443 (447 f.).
32 BayObLG JR 1994, 476 (477) mit Anm. *Hilgendorf*; OLG Nürnberg ZD 2013, 282 (283); *Welp* iur 1988, 443 (447).
33 OLG Nürnberg ZD 2013, 282 (283); *Hoeren* MMR 2019, 5 (7); LK-*Goeckenjan* § 303a Rn. 12.
34 SK-*Hoyer* § 303a Rn. 5 f.; NK-*Kargl* § 303a Rn. 6 f.; vgl. auch BGH NStZ 2018, 401 (403).
35 M/R-*Altenhain* § 303a Rn. 4, 5; NK-*Kargl* § 303a Rn. 6 f.; aA LK-*Goeckenjan* § 303a Rn. 13, 17.
36 M/R-*Altenhain* § 303a Rn. 4; G/J/W-*Bär* § 303a Rn. 12; *Eisele* BT II Rn. 504; LK-*Goeckenjan* § 303a Rn. 18; s. auch zur für interne Ermittlungen zu sichernden Daten: *van Rienen* NStZ 2023, 274 (279); aA OLG Nürnberg ZD 2013, 282 (283); *Fischer* § 303a Rn. 6 (Kriminalisierung bloßer Vertragsverletzungen).
37 Vgl. insoweit BayObLG JR 1994, 476 (477).
38 OLG Nürnberg ZD 2013, 282 (283).
39 *Meinhardt*, Überlegungen zur Interpretation von § 303a StGB, 1991, 58 ff.; *Welp* iur 1988, 443 (448).

Aufdeckung von Sicherheitslücken („**White Hat Hacking**") auch ohne Auftrag (Einverständnis) des Verfügungsberechtigten eine Rechtfertigung durch eine mutmaßliche Einwilligung oder Notstand (§ 34) in Betracht.[40] Aufgrund der mit einer Abwägung verbundenen Unsicherheiten wird insoweit eine gesetzliche Regelung angemahnt.[41]

4. Subjektiver Tatbestand

12 Der subjektive Tatbestand setzt (zumindest bedingten) **Vorsatz** voraus.

5. Versuch und Vollendung

13 Die Tat ist vollendet, sobald sich die Handlung auf den Zustand der Daten auswirkt. Der Versuch ist strafbar (Abs. 2). Bestimmte Vorbereitungshandlungen stehen mit Verweis auf § 202c ebenfalls unter Strafe.

II. Konkurrenzen

14 Zwischen § 303a und §§ 263a, 269 besteht wegen der unterschiedlichen Schutzrichtung Tateinheit.[42] Von § 274 Abs. 1 Nr. 2 wird § 303a im Wege der Subsidiarität verdrängt, soweit das Beweisführungsrecht dem über die Daten Verfügungsberechtigten zusteht; anderenfalls ist Tateinheit anzunehmen.[43] § 303 tritt subsidiär hinter § 303a zurück, wenn nicht (zusätzlich) in die Substanz des Datenträgers eingegriffen wird.[44] Im Verhältnis zu § 303b ist § 303a Grunddelikt.

Wiederholungs- und Vertiefungsfragen

> Was ist unter Daten iSv § 303a zu verstehen? (Rn. 3)
> Wann ist die Tat rechtswidrig? (Rn. 9 ff.)

---

40 Vgl. zum Notstand *Klaas* MMR 2022, 187 (189); *J.C. Schröder* HRRS 2024, 75 (77).
41 Dazu näher *J.C. Schröder* HRRS 2024, 75 ff., mit rechtsvergleichendem Überblick.
42 LK-*Goeckenjan* § 303a Rn. 47 mwN.
43 LK-*Goeckenjan* § 303a Rn. 47; aA SK-*Hoyer* § 303a Rn. 15; S/S-*Hecker* § 303a Rn. 14: stets verdrängt.
44 MK-*Wieck-Noodt* § 303a Rn. 22.

§ 25 Computersabotage (§ 303b)

A. Allgemeines

Die Vorschrift[1] dient dem Interesse der Betreiber und Nutzer von Datenverarbeitungen an deren ordnungsgemäßer Funktionsweise.[2] Abs. 2 qualifiziert die Tat, soweit es sich um Datenverarbeitungen fremder Betriebe, Unternehmen oder einer Behörde handelt. Der **Versuch** ist strafbar (Abs. 3). Abs. 4 enthält eine Reihe von Regelbeispielen für besonders schwere Fälle. Durch die Verweisung auf § 202c sind bestimmte Vorbereitungshandlungen unter Strafe gestellt. Die Tat ist, mit Ausnahme der besonders schweren Fälle (Abs. 4) und der Vorbereitung (Abs. 5), **Antragsdelikt** (§ 303c).

B. Definitionen und Erläuterungen

I. Tatbestand

Der Tatbestand verlangt die Störung einer Datenverarbeitung, die für einen anderen von wesentlicher Bedeutung ist.

1. Tatobjekt

Tatobjekt ist die **Datenverarbeitung**, zu welcher der gesamte Bereich des Umgangs mit Daten und ihrer Verwertung gehört. Erfasst ist nicht nur der einzelne Datenverarbeitungsvorgang, sondern der Gesamtkomplex des systematischen Umgangs mit (elektronischen) Daten.[3] Nach hM kommt es nicht darauf an, ob die Datenverarbeitung rechtmäßigen oder rechtswidrigen Zwecken dient.[4]

Die Datenverarbeitung muss **von wesentlicher Bedeutung** sein. Mit dieser Einschränkung sollen Bagatellfälle ausgenommen werden.[5] Wesentlichkeit ist dann anzunehmen, wenn die Datenverarbeitung für die Lebensgestaltung der Person eine zentrale Funktion einnimmt, was im Rahmen einer Erwerbstätigkeit, einer schriftstellerischen, wissenschaftlichen oder künstlerischen Tätigkeit in der Regel gegeben ist.[6] Da die betriebliche und behördliche Datenverarbeitung bereits der Qualifikation (Abs. 2) unterfällt, werden aber insbesondere auch Datenverarbeitungen erfasst, die für die private Lebensgestaltung „wesentlich" sind.[7] Dies wird man bei dem privat genutzten Computer oder dem Smartphone, nicht aber bei jedem elektronischen Gerät annehmen können, das im Alltag genutzt wird (zB eine Digitalkamera, Haushaltsgeräte oder eine Spielkonsole), aber nur auf einen bestimmten Bereich begrenzt Daten verarbeitet.[8] Mit Blick auf diese nicht vom Tatbestand erfassten Fälle erscheint es daher bedenklich, wenn die Rechtsprechung beim massenhaften Einsatz von Ransomware (vgl. § 24 Rn. 6, 8) der wesentlichen Bedeutung der Datenverarbeitung bei den ermittelten Opfern und dem Erfolg der erpresserischen Forderung eine Indizwirkung für die wesentliche Bedeutung

---

1 Weitreichend geändert durch das 41. StrÄndG vom 7.8.2007; vgl. dazu *Ernst* NJW 2007, 2661 (2664); *Schumann* NStZ 2007, 675 (679 ff.).
2 BT-Drs. 16/3656, 13; *Schumann* NStZ 2007, 675 (679).
3 BT-Drs. 10/5058, 35; *Bühler* MDR 1987, 448 (456); S/S-*Hecker* § 303b Rn. 3.
4 BGH NStZ 2017, 470.
5 BT-Drs. 16/3656, 13; BGH NStZ 2022, 43 (44).
6 BT-Drs. 16/3656, 13; vgl. dazu *Schumann* NStZ 2007, 675 (679).
7 BT-Drs. 16/3656, 13; krit. NK-*Kargl* § 303b Rn. 5.
8 *Eisele* JZ 2022, 1067 (1068); MK-*Wieck-Noodt* § 303b Rn. 9; vgl. auch zu Computerspielen BT-Drs. 16/3646, 13; weitergehend (insbesondere für Computerspiele): *Dittrich/Erdogan* ZWH 2022, 13 (16).

bei anderen Opfern beimisst.⁹ Im Rahmen des Abs. 2 ist die Datenverarbeitung wesentlich, wenn von ihrem störungsfreien Ablauf die Funktionstüchtigkeit der Einrichtung insgesamt abhängt: Eine Einrichtung muss in ihrer Organisation (Personal- und Beschaffungswesen, Produktion usw) maßgeblich auf elektronische Datenverarbeitung angewiesen sein, damit deren Ausfall ihre Funktionstüchtigkeit tangieren kann.[10]

2. Tathandlungen

5   Tathandlung iSv **Abs. 1 Nr. 1** ist eine Datenveränderung unter den Voraussetzungen des § 303a. Einschlägig sind zB Eingriffe in die Software durch Löschen, Unterdrücken, Unbrauchbarmachen und Verändern von Daten einschließlich Programmen.[11]

Durch die (neu eingefügte) Tathandlung des **Abs. 1 Nr. 2** „Eingeben oder Übermitteln von Daten in Nachteilszufügungsabsicht" sollen insbesondere die Fälle erfasst werden, in denen diese an sich neutralen Handlungen im Einzelfall schädigenden Charakter haben. Exemplarisch: Der Angreifer bringt durch massenhafte Anfragen die Server eines Anbieters zum Erliegen ([Distribute-]Denial-Of-Service-Attacke, kurz: [D]DoS-Attacke).[12]

6   Die Tathandlungen nach **Abs. 1 Nr. 3** richten sich gegen die Hardware:[13]

Eine **Datenverarbeitungsanlage** ist die maschinentechnische Ausstattung, mit der die Datenverarbeitung ausgeführt wird. **Datenträger** sind die Vorrichtungen, auf denen Daten gespeichert werden, etwa Festplatten, Disketten, Magnetbänder.[14]

Die Begriffe des **Beschädigens** und **Zerstörens** sind iSv § 303 auszulegen (§ 20 Rn. 9 ff., 12). **Unbrauchbar gemacht** werden Geräte, die aufgrund des Eingriffs nicht mehr bestimmungsgemäß verwendet werden können. **Beseitigen** ist das Entfernen aus dem Verfügungsbereich des Berechtigten. **Verändern** ist die Herbeiführung eines Zustands, der (nicht nur zeitweilig) vom bisherigen abweicht; dieses Merkmal hat neben den anderen Tatmodalitäten keinen nennenswerten Anwendungsbereich.[15]

3. Erfolg

7   **Taterfolg** ist die **erhebliche Störung** des reibungslosen Ablaufs der Datenverarbeitung.[16] An der erforderlichen Intensität des Eingriffs fehlt es, wenn sich dessen Folgen ohne größeren Aufwand an Zeit und Kosten – zB durch Rekonstruktion mittels Sicherungskopien – beheben lassen.[17]

---

9   BGH NStZ 2022, 43 (44 f.); zur Kritik: *Dittrich/Erdogan* ZWH 2022, 13 (15); *Nicolai* NStZ 2022, 45 (46); *Safferling* NJW 2021, 2304.
10 *Fischer* § 303b Rn. 10; *Otto* § 47/38 mwN; MK-*Wieck-Noodt* § 303b Rn. 23.
11 Zu einem Fall der Sabotage durch Einfügen einer Programmsperre vgl. LG Ulm CR 1989, 825.
12 BT-Drs. 16/3656, 13; vgl. zu DDoS-Attacken BGH NStZ 2017, 470; LG Düsseldorf MMR 2011, 624 mit Anm. *Bär*.
13 Insoweit sind Daten allenfalls mittelbar geschützt, vgl. *Ernst* NJW 2007, 2661 (2664).
14 S/S-*Hecker* § 303b Rn. 8.
15 Beispiele bei *Bühler* MDR 1987, 448 (456).
16 BT-Drs. 10/5058, 35; *Volesky/Scholten* iur 1987, 280 (283); MK-*Wieck-Noodt* § 303b Rn. 19; LK-*Goeckenjan* § 303b Rn. 25.
17 S/S-*Hecker* § 303b Rn. 9.

4. Geschützte Einrichtungen iSd Abs. 2

Geschützte Einrichtungen iSd Abs. 2 sind fremde Betriebe und Unternehmen sowie Behörden:

Betriebe und Unternehmen sind jeweils nicht nur vorübergehende, auf einen Zweck bezogene organisatorische Zusammenfassungen mehrerer Personen unter Einsatz von Sachmitteln. Hierbei wird das Unternehmen unter rechtlich-wirtschaftlichen Aspekten, der Betrieb dagegen aus technisch-organisatorischer Perspektive als Einheit angesehen.[18] Sowohl Betrieb als auch Unternehmen sind für den Täter **fremd**, wenn er nicht der alleinige Inhaber ist.[19]

Eine **Behörde** ist ein ständiges, von der Person ihres Trägers unabhängiges Organ, das, mit staatlicher Autorität versehen, öffentliche Aufgaben wahrnimmt (vgl. auch § 11 Abs. 1 Nr. 7 sowie § 1 Abs. 4 VwVfG).[20]

Als Täter kommen neben Außenstehenden auch Betriebs- und Unternehmensangehörige in Betracht.

5. Subjektiver Tatbestand

Der subjektive Tatbestand verlangt grds. (zumindest bedingten) **Vorsatz**. Die Variante von Abs. 1 Nr. 2 setzt darüber hinaus eine Nachteilszufügungsabsicht (vgl. § 274) voraus, wofür nach hM direkter Vorsatz ausreichen soll.[21]

II. Besonders schwere Fälle (Abs. 4)

Für besonders schwere Fälle ist ein erhöhter Strafrahmen (Freiheitsstrafe von sechs Monaten bis zu zehn Jahren) vorgesehen (Abs. 4). Die Herbeiführung eines **Vermögensverlusts großen Ausmaßes** (Nr. 1) wurde aus § 263 Abs. 3 S. 2 Nr. 2 übernommen, die **gewerbsmäßige oder bandenmäßige Begehung** (Nr. 2) geht auf das Regelbeispiel (§ 243 Abs. 1 S. 2 Nr. 3) bzw. die Qualifikation (§ 244 Abs. 1 Nr. 2) zum Diebstahl zurück, sodass auf die entsprechenden Ausführungen verwiesen werden kann (§ 27 Rn. 89, § 3 Rn. 24 ff., § 4 Rn. 29 ff.). Als drittes Regelbeispiel ist die Gefährdung der **Versorgung der Bevölkerung mit lebenswichtigen Gütern** (zB Nahrung, Energie, Wasser) vorgesehen (Nr. 3 Var. 1; vgl. auch § 316b Abs. 3).[22] Ebenfalls erfasst wird die **Gefährdung der inneren oder äußeren Sicherheit** der Bundesrepublik Deutschland (vgl. § 92 Abs. 3 Nr. 2); eine solche ist jedoch nicht bereits bei einem beliebigen Sabotageakt gegen Sicherheitsbehörden, sondern erst dann gegeben, wenn durch die Tat eine erhebliche Sicherheitslücke entstanden ist.[23]

III. Konkurrenzen

§ 303b ist in der Variante Abs. 1 Nr. 1 lex specialis zu § 303a; in der Variante Abs. 1 Nr. 3 wird § 303 als subsidiär verdrängt, wenn die beeinträchtigte Hardware fremd ist.[24] Zwischen Nr. 1 und Nr. 2 von § 303b Abs. 1 besteht Tateinheit, wenn sie

---

18 Zu Einzelheiten vgl. S/S-*Perron/Eisele* § 14 Rn. 28/29 mwN.
19 MK-*Wieck-Noodt* § 303b Rn. 22; NK-*Kargl* § 303b Rn. 17.
20 NK-*Kargl* § 303b Rn. 19.
21 *Schumann* NStZ 2007, 675 (679); MK-*Wieck-Noodt* § 303b Rn. 12; NK-*Kargl* § 303b Rn. 10.
22 NK-*Kargl* § 303b Rn. 26.
23 NK-*Kargl* § 303b Rn. 27.
24 L-Kühl/*Heger* § 303b Rn. 10; NK-*Kargl* § 303b Rn. 30.

zusammen verwirklicht werden. Wird die Tathandlung mit einer erpresserischen Forderung verbunden (vgl. Rn. 4), so stehen die Computersabotage und die Erpressung zueinander im Verhältnis der Tateinheit (§ 52).[25]

Wiederholungs- und Vertiefungsfragen

> Welchem Interesse dient § 303b und wer ist geschützt? (Rn. 1)
> Welchen Erfolg erfordert der Tatbestand der Computersabotage? (Rn. 7)

---

25 BGH NStZ 2022, 43 (45).

5. Teil: Betrug (§ 263)

§ 26 Grundlagen

A. Schutzzweck und Deliktsstruktur

I. Betrug als mittelbare Vermögensschädigung

Der Betrug gehört neben dem Diebstahl (§ 242) zu den in theoretischer wie praktischer Hinsicht gleichermaßen zentralen Vorschriften des Vermögensstrafrechts. Während der Diebstahl nur den eigentumsanmaßenden Entzug beweglicher Sachen erfasst, ist der Betrugstatbestand auf Schädigungen des **gesamten Vermögens** anwendbar. Vom Diebstahl unterscheidet sich der Betrug ferner dadurch, dass der Täter die Schädigung nicht selbst, sondern durch ein der äußeren Form nach dem Vermögensinhaber zuzuordnendes Verhalten vornimmt, für das er allerdings aufgrund der Täuschung einzustehen hat. Nach der treffenden Umschreibung **Hälschners** liegt die Eigentümlichkeit des Betrugs darin, „dass der Betrüger die Vermögensbeschädigung unter dem Scheine, Wille und Recht des Andern zu respectiren, verübt, indem er sich des Wollens und Handelns eines Anderen als unfreien Instrumentes seiner That bedient. Unter dem Scheine der freien Selbstbestimmung des Andern vollen Spielraum zu lassen, wird mittelst Erregung eines Irrthums und Mißbrauch des Erkenntnißvermögens, dem Getäuschten selbst unbewußt, eben diese freie Selbstbestimmung ausgeschlossen und der fremde Wille als Mittel der Beschädigung benutzt."[1]

Der Betrug ist daher als ein Delikt zu verstehen, bei dem die Kriterien **mittelbarer Täterschaft** im Innenverhältnis zwischen Täter und Opfer (Vermögensinhaber) tatbestandlich vertypt sind:[2] Für die Vermögensverfügung **scheint** dem Sinn des äußeren Ablaufs nach der Vermögensinhaber zuständig zu sein. Im Innenverhältnis zum Täter ist der Vermögensinhaber dagegen nur „Tatmittler". Mit anderen Worten: Die Vermögensverfügung wird zwar faktisch vom Vermögensinhaber (oder einem Dritten, der die Herrschaft über den Vermögensgegenstand innehat, sog. Dreiecksbetrug, vgl. § 27 Rn. 46 ff.) vorgenommen, ist aber normativ vom Täter zu verantworten. Dies entspricht der Situation, in der einem Täter, der einen anderen durch Irreführung dazu veranlasst, eine vergiftete Speise zu essen, die in Unkenntnis der Sachlage vorgenommene Selbstvergiftung als Fremdschädigung in mittelbarer Täterschaft zugerechnet wird.[3]

II. Die Merkmale des Betrugs

Der Betrugstatbestand nennt als **Erfolg** die Beschädigung des Vermögens eines anderen. Die diesen Erfolg unmittelbar bewirkende Handlung wird vom Tatbestand nicht erwähnt, aber vorausgesetzt. Sie wird allgemein als **Vermögensverfügung** bezeichnet. Damit die strafrechtliche Verantwortlichkeit für diese vom Vermögensinhaber vorge-

---

[1] *Hälschner* II/1 248.
[2] Näher hierzu NK-*Kindhäuser/Hoven* § 263 Rn. 45 ff.; vgl. auch *Cramer*, Vermögensbegriff und Vermögensschaden im Strafrecht, 1968, 207; *Gössel* § 21/6; *Jakobs* 21/80; *ders.* Tiedemann-FS 649 (657); *Küper* JZ 1992, 338 (347); *Lenckner* NJW 1971, 600. Zu Einwänden vgl. *Frisch* Bockelmann-FS 651 f.; hiergegen *Kindhäuser* Bemmann-FS 339 (348 ff.).
[3] Näher zu diesen Fällen der mittelbaren Täterschaft LPK § 25 Rn. 11 f.

nommene Vermögensverschiebung auf den Täter verlagert werden kann, verlangt der Betrugstatbestand, dass sich der Vermögensinhaber (oder ein ihm zurechenbar handelnder Dritter) in einem vom Täter **erregten oder unterhaltenen Irrtum** befindet. Das Erregen oder Unterhalten des Irrtums muss wiederum durch eine **Täuschung** erfolgen, die der Betrugstatbestand als „Vorspiegeln falscher oder durch Entstellung oder Unterdrückung wahrer Tatsachen" umschreibt. Die vom Vermögensinhaber vorgenommene Vermögensverfügung muss sich also aus einem Irrtum erklären lassen, für den der Täter aufgrund einer Täuschung einzustehen hat.

4 Der Betrug erschöpft sich nicht in der Schädigung fremden Vermögens, sondern verlangt im subjektiven Tatbestand über den auf die objektiven Tatbestandsmerkmale gerichteten Vorsatz hinaus noch ein Handeln „in der **Absicht**, sich oder einem Dritten einen **rechtswidrigen Vermögensvorteil** zu verschaffen". Hierbei müssen sich die Vermögensminderung des Geschädigten und der Vorteil, den der Täter widerrechtlich zu eigenen oder fremden Gunsten erstrebt, auf denselben Gegenstand beziehen. Der erlittene Nachteil und die erstrebte Bereicherung müssen – in der gängigen Ausdrucksweise – „stoffgleich" sein.

5 Aus den vorangegangenen Überlegungen ergibt sich die **übliche Reihenfolge der im Gutachten zu prüfenden** Betrugsmerkmale: Täuschung, Irrtum, Vermögensverfügung, Vermögensschaden, Tatbestandsvorsatz und Absicht der (mit dem Schaden stoffgleichen) rechtswidrigen Bereicherung. Die einzelnen Merkmale des objektiven Tatbestands müssen (zumindest, vgl. § 27 Rn. 75 ff.) kausal verbunden sein (vgl. zum Prüfungsaufbau § 27 Rn. 95).[4]

B. Geschichte

6 Seine heutige Gestalt als **Vermögensdelikt** fand der Betrugstatbestand im 19. Jahrhundert.[5] Er ist Ausdruck des wirtschaftlichen Liberalismus. Noch in *Feuerbachs* einflussreicher Strafrechtslehre wurde der Betrug als allgemeines Fälschungsdelikt verstanden, für das der Eingriff in die Rechte eines anderen ausreiche.[6] Ein Vermögensbezug war nicht erforderlich. Kennzeichnend für die Entwicklung des Betrugstatbestands war damit die Verlagerung des Unrechts von der Täuschung auf den Erfolg (Vermögensschaden), wobei die Täuschung ihren Charakter als eigenständige Rechtsverletzung verlor und sich zum Angriffsmittel der Vermögensschädigung wandelte.

7 Das **römische Recht** erfasste betrügerisches Verhalten vor allem im Kontext anderer Delikte, etwa Sachentziehung (furtum), veruntreuende Benachteiligung eines Schutzbefohlenen (fraus patroni), Münz-, Urkunden- oder Testamentsfälschung (crimen falsi). Als Betrugsvorläufer kann allenfalls der aus der actio doli entwickelte stellionatus angesehen werden, mit dem unlautere Vermögensbeeinträchtigungen geahndet wurden.[7] Ähnlich wurden auch in den **germanischen Volksrechten**, im Recht des **italienischen und deutschen Mittelalters** sowie in der *Constitutio Criminalis Carolina* von 1532 schädigende Täuschungen im Zusammenhang mit unterschiedlichen Fälschungsdelik-

---

4 Näher zur Prüfungsreihenfolge der Tatbestandsmerkmale *Kindhäuser/Nikolaus* JuS 2006, 193 ff., 293 ff.
5 Die wissenschaftlichen Grundlagen wurden insbesondere von *Köstlin*, Abhandlungen aus dem Strafrecht, 1858, *Merkel*, Die Lehre vom strafbaren Betruge, KrimAbh. II, 1867, und *Temme*, Die Lehre vom strafbaren Betruge nach Preußischem Rechte, 1841, erarbeitet.
6 Vgl. Lehrbuch §§ 410, 412; ähnlich *Tittmann*, Grundlinien der Strafrechtswissenschaft, 1800, §§ 277 ff. mwN.
7 *Hupe*, Falsum, fraus und stellionatus im römischen und germanischen Recht bis zur Rezeption, 1967, 40 f.; *Mommsen*, Römisches Strafrecht, 1899, 667 ff.

ten, die den römischen crimina falsi nachgebildet waren und nur zum Teil einen Vermögensbezug aufwiesen, verfolgt.[8] In der auf das römische Recht zurückgreifenden und bis in das 19. Jahrhundert hineinwirkenden **gemeinrechtlichen Doktrin** wird das Gewicht auf die ein Recht (wie Freiheit, Gesundheit, Leben, Ehre oder Eigentum) beeinträchtigende Wahrheitsverletzung gelegt.[9] Noch im **Preußischen Allgemeinen Landrecht** von 1794 werden Täuschungen im Zusammenhang mit diversen Fälschungsdelikten pönalisiert.[10] Erst unter dem Einfluss der escroquerie des französischen Code Pénal von 1810 (Art. 405) setzt sich in der deutschen Strafrechtswissenschaft und -praxis das Verständnis des Betrugs als spezifisches Vermögensdelikt allmählich durch.[11]

C. Vermögensbegriff und Vermögenszuordnung

I. Vermögenslehren

▶ **Fall 1:** A spiegelt dem Dieb D vor, die Uhr, die dieser gerade gestohlen hat, abkaufen zu wollen. Nachdem D dem A die Uhr zum Zwecke der Erfüllung übergeben hat, macht sich A – wie von Anfang an geplant – ohne Entrichtung des vereinbarten Kaufpreises auf und davon. ◀

§ 263 dient nach heute ganz hM (nur) dem Schutz des (privaten wie auch staatlichen) Vermögens vor Beschädigungen.[12] Inhaber des Vermögens (und zugleich Verletzter iSd Delikts) kann eine natürliche oder juristische Person sein. Um im Einzelfall feststellen zu können, ob das Opfer einen Vermögensschaden erlitten hat, muss geklärt sein, was überhaupt unter dem geschützten Rechtsgut, dem Vermögen, zu verstehen ist. Daher setzt eine Auslegung der Vermögensdelikte eine Antwort auf die Grundfrage voraus, wie der Begriff des Vermögens zu definieren ist. 8

Zum Vermögensbegriff werden im Wesentlichen vier Grundpositionen vertreten: die juristische, die wirtschaftliche, die juristisch-ökonomische und die personale Vermögenslehre. 9

1. Juristischer Vermögensbegriff

Der sog. juristische Vermögensbegriff versteht unter dem Vermögen die **Gesamtheit der einer Person zustehenden (subjektiven) Vermögensrechte**,[13] und zwar unabhängig davon, ob der Gegenstand des Rechts einen wirtschaftlichen Wert hat oder nicht.[14] Dementsprechend gehören ua nicht zum Vermögen: der widerrechtliche Besitz (zB des Diebes – wie in **Fall 1** – oder Wilderers), nichtige Forderungen und tatsächliche Erwerbsaussichten (zB die Chance, im Rahmen einer Ausschreibung den Zuschlag zu erhalten). 10

---

8 Vgl. *His*, Das Strafrecht des Deutschen Mittelalters. Teil 2, Die einzelnen Verbrechen, 1935, 271 ff., 318 ff.
9 Vgl. *Hirschberg*, Der Vermögensbegriff im Strafrecht, 1934, 216 ff.
10 § 1256 II ALR enthält jedoch eine Definition des Betrugs ohne Strafsanktion.
11 Vgl. *Hirschberg*, Der Vermögensbegriff im Strafrecht, 1934, 261 ff.; *Naucke*, Zur Lehre vom strafbaren Betrug, 1964, 69 ff.; *Schaffstein* Wieacker-FS 294 f.
12 Vgl. nur RGSt 74, 167 (168); BGHSt 3, 99 (102); 34, 199 (203); BGH StV 1995, 254; NK-*Kindhäuser/Hoven* § 263 Rn. 10 ff.; *Pawlik*, Das unerlaubte Verhalten beim Betrug, 1999, 83; jew. mwN; für eine Einbeziehung der Dispositionsfreiheit in den Schutzbereich *Bergmann/Freund* JR 1988, 189 (192); *Niggli* SchwZStr 1993, 236 (257); zur Geschichte des Schutzzwecks *Hirschberg*, Der Vermögensbegriff im Strafrecht, 1934, 256.
13 Vgl. RGSt 3, 332 (333); 11, 72; *Binding* 237 f., 341; *Hirschberg*, Der Vermögensbegriff im Strafrecht, 1934, 279.
14 *Binding* 341 ff.

11 **Kritik:** Da der juristische Vermögensbegriff in jeder nachteiligen „Veränderung oder Aufgabe von Rechten oder Nichtgeltendmachung derselben oder Belastung mit Pflichten"[15] eine Vermögensminderung sieht, muss er bereits den bloßen Vertragsabschluss, in dem sich der Getäuschte zu einer Leistung verpflichtet, als Schaden bewerten, ohne dass eine mögliche Kompensation der Belastung des Vermögens mit einer Verbindlichkeit über einen aus demselben Rechtsgeschäft erwachsenen Anspruch berücksichtigt werden kann, da eine Saldierung nach dem wirtschaftlichen Wert von Leistung und Gegenleistung ausscheidet (vgl. § 27 Rn. 59).[16] Darüber hinaus greift eine Fokussierung des strafrechtlichen Schutzes auf Rechtspositionen zu kurz: Auch bei den Zueignungsdelikten wird nicht (nur) das Eigentum als solches, sondern die dem Eigentümer zustehende tatsächliche Verfügungsgewalt vor Entzug geschützt (vgl. § 2 Rn. 4, 66 ff.). Der juristische Vermögensbegriff hat sich daher zu Recht nicht durchsetzen können.[17] Da er nur noch historische Bedeutung hat, kann seine Darstellung im Gutachten entbehrlich sein.[18]

2. Wirtschaftlicher Vermögensbegriff

12 Die Abkehr von einer rechtlichen Erfassung des Vermögens geht auf ein Urteil des RG[19] zurück: Jemand war von einem Versicherungsvertreter durch Täuschung dazu veranlasst worden, einem Versicherungsverein auf Gegenseitigkeit beizutreten, anstatt – wie von ihm gewollt – eine Prämienversicherung abzuschließen. Das RG verneinte einen Vermögensschaden mit der Begründung, das Vermögen des Getäuschten sei durch die Manipulation insgesamt nicht finanziell geschmälert worden. Damit war das Fundament für den sog. wirtschaftlichen Vermögensbegriff gelegt, der das Vermögen als **Summe der geldwerten Güter, über die eine Person faktisch verfügen kann**, definiert.[20] Die rechtliche Zuordnung der Güter spielt keine Rolle. Als Vermögensgegenstand kommt alles in Betracht, was im (legalen oder illegalen) Wirtschaftsleben gehandelt werden kann. Auch widerrechtlich erlangte Positionen – wie etwa die Diebesbeute in **Fall 1** – gehören zum (strafrechtlich geschützten!) Vermögen, wenn sie nur „zu Geld gemacht" oder wirtschaftlich eingesetzt werden können. Dagegen werden Gegenstände, die keinen wirtschaftlichen Marktwert haben, nicht zum Vermögen gezählt.

13 **Kritik:** Gegen dieses Vermögensverständnis wird zutreffend eingewandt, dass eine rein faktische (ggf. nur auf Gewalt gestützte) Vermögenszuordnung keinen strafrechtlichen Schutz verdiene.[21] Zudem ist die maßgebliche Vermögenszuordnung zu unbestimmt: Wer ungehindert auf fremde Güter zugreifen kann, ist deshalb noch nicht als ihr

---

15 *Binding* 353 ff.
16 NK-*Kindhäuser/Hoven* § 263 Rn. 266. Um dieses Problem zu lösen, wird auf die Nicht- oder Schlechterfüllung eines Anspruchs abgestellt und beim Eingehungsbetrug von einem vorvertraglichen Anspruch auf Abschluss eines absprachegemäßen Vertrages ausgegangen (vgl. *Binding* 359), der aber daran scheitert, dass sich ein solcher Anspruch zivilrechtlich nicht begründen lässt, vgl. NK-*Kindhäuser/Hoven* § 263 Rn. 267 f. mwN.
17 Vgl. auch NK-*Kindhäuser/Hoven* § 263 Rn. 19 ff.
18 Zur Kritik vgl. auch *Gallas* Schmidt, Eb.-FS 401 (407); *Hefendehl*, Vermögensgefährdung und Exspektanzen, 1994, 100; *Nelles*, Untreue zum Nachteil der Gesellschaften, 1991, 353, 375.
19 RGSt 16, 1.
20 BGHSt 1, 262 (264); 26, 346 (347); 34, 199 ff.; *Krey/Hellmann/Heinrich* Rn. 669 ff., 613 ff., L-*Kühl/Heger* § 263 Rn. 34.
21 Vgl. *Gallas* Schmidt, Eb.-FS 401 (426); *Gössel* § 21/119; *Kleszczewski* BT § 9/16; *Naucke*, Zur Lehre vom strafbaren Betrug, 1964, 117 ff.; M-*Schroeder/Maiwald/Momsen* I § 41/100, 103.

Inhaber anzusehen. Ferner lässt sich ohne rechtliche Zuordnung von Vermögenswerten nicht feststellen, ob jemand widerrechtlich bereichert ist.

Schließlich führt der wirtschaftliche Vermögensbegriff zu erheblichen Wertungswidersprüchen: Da Sachen ohne Marktwert zwar von den Eigentumsdelikten, nicht aber von den Vermögensdelikten geschützt werden sollen, hängt es – insbesondere im Verhältnis von Raub (Eigentumsdelikt) und Erpressung (Vermögensdelikt) – von Zufälligkeiten der Tatausführung ab, ob und in welchem Umfang die widerrechtliche Besitzverschiebung einer wirtschaftlich wertlosen Sache strafbar ist. Exemplarisch: Bringt A den Inhaber I eines Fotolabors durch Täuschung dazu, ihm die von B bestellten Erinnerungsfotos (ohne Gegenleistung) zu überlassen, begeht er einen Betrug, da die Fotos in der Hand des I noch einen wirtschaftlichen Marktwert haben; er kann sie an B gegen Entgelt übereignen. Veranlasst A dagegen den B durch Täuschung, an ihn die soeben bei I abgeholten Bilder zu übereignen, so scheidet ein Betrug aus, weil nunmehr die Bilder in der Hand des B keinen Marktwert mehr haben. Wird in diesem Beispiel die Täuschung durch eine Nötigung mit einer Schusswaffe ersetzt, begeht A in der ersten Variante eine schwere räuberische Erpressung nach §§ 255, 250 Abs. 2 Nr. 1 (fünf Jahre Mindestfreiheitsstrafe), in der zweiten Variante (nur) eine Nötigung nach § 240 (maximale Freiheitsstrafe von drei Jahren). Solche unbegründeten Strafmaßdiskrepanzen zeigen, dass die Zuordnung eines Gegenstands zum Vermögen nicht vom zufälligen Marktwert abhängen kann.[22] Zugleich zeigt das Beispiel, dass eine vollständig von der Person des Vermögensinhabers unabhängige „objektive" Bewertung von Vermögensgegenständen nicht sinnvoll durchführbar ist.[23]

3. Personaler Vermögensbegriff

Der im Schrifttum verbreitete sog. personale Vermögensbegriff will das Vermögen – ohne Rücksicht auf einen objektiv bestimmbaren Geldwert – in seiner Funktion als **Grundlage der Persönlichkeitsentfaltung im Rahmen wirtschaftlicher Zwecksetzungen** schützen.[24]

Kritik: Der personale Vermögensbegriff vermeidet zwar Wertungswiderprüche, da er – abweichend von der wirtschaftlichen Lehre – auch Gegenstände ohne objektiven Marktwert zum Vermögen zählt. Bei diesem Ansatz bleibt jedoch unklar, wie mithilfe des Personalitätskriteriums der Umfang des einem Inhaber zugeordneten Vermögens festzulegen ist.[25] Klare Linien lassen sich nur mithilfe rechtlicher Wertungen ziehen.

4. Juristisch-ökonomischer Vermögensbegriff

In der Lehre ist heute der sog. juristisch-ökonomische Vermögensbegriff vorherrschend, der unter Vermögen die Summe aller Güter mit Marktwert, die einer Person in rechtlich schutzwürdiger Weise zugeordnet sind, versteht. Erhebliche Abweichungen gibt es allerdings hinsichtlich der Kriterien der rechtlichen Zuordnung:

---

22 Vgl. auch zu den Inkonsistenzen bei der Ermittlung eines „objektiven" Marktwerts: *Bittmann* Joecks-GS 203 (208 ff.).
23 *Becker* NZWiSt 2022, 305 (306 f.) mwN.
24 *Alwart* JZ 1986, 563 (565); *Bockelmann* Kohlrausch-FS 226 (248 ff.); *Geerds*, Wirtschaftsstrafrecht und Vermögensschutz, 1990, 116; *Otto* § 51/54.
25 *Berger*, Der Schutz öffentlichen Vermögens durch § 263 StGB, 2000, 85; *Gössel* § 21/119; S/S-*Perron* § 263 Rn. 81.

- Einerseits sollen nur solche Güter zum Vermögen gehören, die der rechtlichen Verfügungsmacht einer Person unterliegen[26] oder deren Zuordnung jedenfalls von der Rechtsordnung geschützt wird.[27] Demnach gehörte in **Fall 1** die Beute nicht zum rechtlich geschützten Vermögen des D.
- Andererseits wird es als ausreichend angesehen, wenn die Zuordnung nach außerstrafrechtlicher Wertung nicht missbilligt wird.[28] Da §§ 854 ff. BGB auch den unberechtigten Besitz um des Rechtfriedens (und der Vermeidung von Selbsthilfe) willen vorläufig schützen, wäre nach dieser Ansicht in **Fall 1** die Beute als Vermögen des D anzusehen (näher Rn. 27).

17 **Kritik:** Der juristisch-ökonomische Vermögensbegriff ist insoweit vorzugswürdig, als er (jedenfalls in seiner restriktiven Variante) eine klare und eindeutige Vermögenszuordnung erlaubt. Zum Vermögen gehören nur solche Gegenstände, die der rechtlichen Verfügungsmacht einer Person unterliegen. Denn auch nur eine rechtliche Zuordnung von Vermögen rechtfertigt ihren Schutz durch das Strafrecht.

Wenig einsichtig ist es dagegen, dass nach dem juristisch-ökonomischen Vermögensbegriff nur konkret geldwerte Güter zum Vermögen gehören sollen. Es können dann die bereits bei der rein wirtschaftlichen Lehre aufgezeigten Wertungswidersprüche entstehen. Insoweit erscheint es sachgerecht, in Übereinstimmung mit dem zivilrechtlichen Vermögensbegriff auch Güter, die nur einen abstrakten Geldwert haben, die also grds. gegen Geld übertragen werden könnten, zum rechtlich geschützten Vermögen zu rechnen.[29] Ob die im Besitz einer Person stehenden Erinnerungsfotos einen Marktwert haben oder nicht, spielt dann keine Rolle: Zum Vermögen gehören sie, weil sie potenziell verkauft werden könnten.

Ein in diesem Sinne **modifizierter juristisch-ökonomischer Vermögensbegriff** lautet dann: Vermögen ist die Verfügungsmacht einer Person über die Gesamtheit der ihr rechtlich zugeordneten übertragbaren (abstrakt geldwerten) Güter.[30]

II. Einzelfragen der Vermögenszuordnung

1. Vermögensgegenstände

18 Ungeachtet der Differenzen zwischen den einzelnen Vermögenslehren besteht weitgehend Einigkeit, dass folgende Güter zum geschützten Vermögen gehören:

19 - **Vermögensrechte** aller Art, zB vertragliche und gesetzliche Pfandrechte; Unterhaltsrechte; Urheber-, Marken- und Patentrechte; mit Abwehrrechten gegenüber Dritten verbundene gewerbliche Schutzrechte. Persönlichkeitsrechte können (wie etwa beim Namensrecht oder dem Recht am eigenen Bild) hinsichtlich ihrer Nutzung Vermögensrelevanz haben. Das Eigentum zählt jedoch nach den wirtschaftlichen Lehren nur zum Vermögen, wenn das fragliche Objekt einen konkreten Marktwert hat.[31]

---

26 *Gallas* Schmidt, Eb.-FS 401 (409); *Hefendehl*, Vermögensgefährdung und Exspektanzen, 1994, 93 f.
27 *Heinrich* GA 1997, 24 (33); W-*Hillenkamp/Schuhr* Rn. 559; SK-*Hoyer* § 263 Rn. 118; *Mitsch* 5.2.1.5.2.3.
28 *Gössel* § 1/3, § 21/121; S/S-*Perron* § 263 Rn. 82 ff.; LK-*Tiedemann* § 263 Rn. 132.
29 Zum Zivilrecht vgl. *Larenz/Wolf*, AT des Bürgerlichen Rechts, 9. Aufl. 2004, § 21/8; vgl. ferner *Hirschberg*, Der Vermögensbegriff im Strafrecht, 1934, 277 ff.; *Niggli*, Das Verhältnis von Eigentum, Vermögen und Schaden, 1992, 68; *Otto* § 38/7, § 51/54.
30 NK-*Kindhäuser/Hoven* § 263 Rn. 35.
31 Vgl. S/S-*Perron* § 263 Rn. 85.

- **Anwartschaften**, also solche Positionen, die sich für ihren Inhaber nach Maßgabe des bürgerlichen oder öffentlichen Rechts bereits als eine rechtlich gesicherte Vorstufe für den Erwerb des Vollrechts darstellen; zB das Vorkaufsrecht[32] oder das Recht auf Übereignung einer unter Eigentumsvorbehalt gekauften Sache[33].

2. Keine Vermögensgegenstände

Nicht zum betrugsrelevanten Vermögen zählen nach ganz hM Kriminalstrafe, Bußgeld und sonstige repressive Sanktionen des Staates.[34] Dies ergibt sich aus ihrer spezifischen Zwecksetzung und ihres spezialgesetzlichen Schutzes durch § 258.

Auch die **Arbeitskraft** eines Menschen ist als höchstpersönliches Gut kein Vermögensbestandteil. Als geldwerte Leistung kann jedoch das Erbringen einer bestimmten Arbeitsleistung angesehen werden. Insoweit ist es eine Vermögensminderung, wenn jemand zur unentgeltlichen Erbringung einer Arbeitsleistung veranlasst wird, und zwar unabhängig davon, ob der Betreffende seine Arbeitskraft anderweitig eingesetzt hätte.[35] Bislang wurden auch von der Rechtsprechung Leistungen, die verbotenen oder sittenwidrigen Zwecken dienen,[36] nicht zum Vermögen gerechnet (näher § 27 Rn. 111 ff.).

3. Streitfragen

Umstritten ist die Vermögenszuordnung vor allem in folgenden Fällen:

- Nach der Rechtsprechung sollen auch **Exspektanzen** (Erwartungen) zum Vermögen gehören, die sich auf einen wahrscheinlich realisierbaren Gewinn beziehen und die nach der Verkehrsauffassung bereits einen messbaren Marktwert besitzen.[37] Hauptfall ist die Aussicht auf den Zuschlag bei einer öffentlichen Verdingung für den günstigsten Anbieter.[38] Nicht ausreichend gesichert sollen dagegen die Aussicht auf Zulassung zum Studium in einem numerus clausus-Fach,[39] spekulative Zins- und Gewinnerwartungen[40] oder die Aussicht des Erben auf Anfall der Erbschaft[41] sein. Nach verbreiteter Auffassung im Schrifttum werden demgegenüber Exspektanzen zutreffend nur dann dem Vermögen zugeordnet, wenn die Gewinnerwartung

---

32 Vgl. BGH NJW 1977, 155.
33 S/S-*Perron* § 263 Rn. 86.
34 BGHSt 38, 345 (352); BGH wistra 2007, 258; BayObLG JR 1991, 433 mit Anm. *Graul*; OLG Köln NJW 2002, 527 (528) mit Anm. *Hecker* JuS 2002, 224 ff. und *Matzky* Jura 2003, 191 ff.; MK-*Hefendehl* § 263 Rn. 621; abw. *Mitsch* 5.2.1.5.2.2.
35 RGSt 68, 379 (380); *Gössel* § 31/123; *Heinrich* GA 1977, 24 (26 f.); *Lampe* Maurach-FS 375 ff.; *Pawlik*, Das unerlaubte Verhalten beim Betrug, 1999, 261; S/S-*Perron* § 263 Rn. 96.
36 BGHSt 4, 373; BGH JR 1988, 125 f.; wistra 1989, 142. Die Forderungen einer Prostituierten sind allerdings nunmehr rechtswirksam, vgl. § 1 ProstG vom 20.12.2001; BGH NStZ 2011, 278 (279) mit Anm. *Zimmermann* NStZ 2012, 211; BGH Urteil vom 2.2.2016 – Az.: 1 StR 435/15; näher dazu *Heger* StV 2003, 350 (355); *Ziethen* NStZ 2003, 184 ff.
37 BGHSt 31, 232; BGH NStZ 1991, 488 f.; näher hierzu *Hefendehl*, Vermögensgefährdung und Exspektanzen, 1994, 33 ff.
38 BGHSt 17, 147 (148); 34, 370 (390 f.); BGH NStZ 1997, 542 (543).
39 BGH NJW 1955, 1526.
40 BGH NStZ 1996, 191.
41 OLG Stuttgart NStZ 1999, 246 (247 f.); *Jünnemann* NStZ 1998, 393 (394); aA *Schroeder* NStZ 1997, 585 f.

rechtlich begründet ist und über sie durch Rechtsgeschäft wirksam verfügt werden kann.[42]

25 ■ Die wirtschaftlichen Lehren zählen einerseits **Naturalobligationen** und andere **nicht einklagbare Forderungen** (zB nach §§ 656, 762 f. BGB) bei vorhandenem Leistungswillen des Schuldners zum Vermögen;[43] andererseits soll sein Vermögen mindern, wer (nur) täuschungsbedingt eine Naturalobligation erfüllt.[44] Verbindlichkeiten, deren Realisierung allein vom Willen des Schuldners abhängt, können jedoch schwerlich als Vermögen des Gläubigers angesehen werden.[45]

26 ■ **Nichtige Forderungen** (zB §§ 134, 138 BGB) sollen nach wirtschaftlicher Betrachtung zum Vermögen gehören, wenn sie einen illegalen Marktwert haben und mit beliebigen Druckmitteln durchgesetzt werden können.[46] Für alle Lehren, die Güter nach rechtlichen Kriterien zuordnen, haben solche Forderungen dagegen keinen Vermögenswert.[47]

27 ■ Uneinheitlich wird schließlich die Frage nach der Zuordnung des **Besitzes** zum Vermögen beantwortet. Nach der rein wirtschaftlichen Lehre ist jeder Besitz, der nach der Verkehrsauffassung einen Marktwert hat, Vermögensbestandteil.[48] Bei den Vertretern der juristisch-ökonomischen Lehre gehen die Auffassungen auseinander: Teils soll redlicher Besitz genügen,[49] teils soll der unberechtigte Besitz nicht gegenüber dem Berechtigten, wohl aber gegenüber unberechtigten Dritten geschützt sein,[50] teils soll der Besitz nach §§ 854 ff. BGB auch dann zum Vermögen gehören, wenn er materiell rechtswidrig ist.[51] So sieht die Rechtsprechung etwa den Besitz von Rauschgift als schutzwürdiges Vermögen an[52], versagt aber demjenigen, der den (unerlaubten) Besitz an Betäubungsmitteln durch verbotene Eigenmacht verliert, sie dem neuen Besitzer mit Gewalt wieder abzunehmen (Besitzkehr, § 859 Abs. 2 BGB), da dies erneut zu einer strafrechtswidrigen Besitzlage führen würde[53]. Gegen diese inkonsistente Anknüpfung an den zivilrechtlichen Schutz des Besitzes ist einzuwenden, dass die §§ 854 ff. BGB nicht dem Vermögensschutz dienen, sondern den Rechtsfrieden bis zur Klärung der Vermögenslage in einem rechtlich geordneten Verfahren sichern sollen.[54] Daher kann nach rechtlichen Maßstäben nur der berechtigte (mittelbare wie auch unmittelbare) Besitz und die Möglichkeit seiner Nutzung zum Vermögen gerechnet werden (vgl. auch § 2 Rn. 73).[55] Demnach

---

42 *Hefendehl*, Vermögensgefährdung und Exspektanzen, 1994, 117 f.; *Hirschberg*, Der Vermögensbegriff im Strafrecht, 1934, 326; *Kargl* JA 2001, 714 (720); *Otto* § 51/85 f.
43 LK-*Tiedemann* § 263 Rn. 149.
44 S/S-*Perron* § 263 Rn. 91.
45 NK-*Kindhäuser/Hoven* § 263 Rn. 232; MK-*Hefendehl* § 263 Rn. 618.
46 BGHSt 2, 364 ff.; *Krey/Hellmann/Heinrich* Rn. 671, 677, 680.
47 Vgl. *Arzt/Weber/Heinrich/Hilgendorf* § 20/118; W-*Hillenkamp/Schuhr* Rn. 561, 563; *Otto* § 51/81; diff. M-Schroeder/*Maiwald/Momsen* I § 41/100.
48 BGHSt 18, 221 (223); BGH NJW 1988, 2623 (2624); NStZ 2008, 627; NStZ-RR 2015, 371 (372); BayObLG JZ 1987, 626 (628).
49 S/S-*Perron* § 263 Rn. 94 f.
50 SK-*Hoyer* § 263 Rn. 125.
51 BGH NStZ 2008, 627 mit abl. Anm. *Kindhäuser* StV 2009, 355; NStZ 2024, 169 (170); *Klesczewski* BT § 9/31; LK-*Tiedemann* § 263 Rn. 141.
52 BGH NStZ-RR 2017, 112 (113); NStZ 2018, 104 mwN; vgl. dagegen noch BGH NStZ 2016, 596 (598).
53 BGH NStZ 2015, 571 (572 f.).
54 *Medicus/Petersen*, Bürgerliches Recht, 22. Aufl. 2009, Rn. 621; vgl. auch *Gallas* Schmidt, Eb.-FS 401 (426); *Geerds*, Wirtschaftsstrafrecht und Vermögensschutz, 1990, 124.
55 *Foth* GA 1966, 33 (39); *Gössel* § 21/145; M-Schroeder/*Maiwald/Momsen* I § 41/100; *Mitsch* 5.2.1.5.2.2.

§ 26 Grundlagen

hätte der Dieb in **Fall 1** keinen Vermögensschaden erlitten. Davon zu unterscheiden ist die Frage, ob der wahre Eigentümer nur über § 246 oder aber – nach den Kriterien eines Dreiecksbetrugs – auch über § 263 geschützt ist (vgl. insoweit § 27 Rn. 46 ff.).

Wiederholungs- und Vertiefungsfragen

> Warum wird der Straftatbestand des Betrugs gem. § 263 als Delikt vertypter mittelbarer Täterschaft bezeichnet? (Rn. 2)
> Welche vier Vermögenslehren werden im Wesentlichen vertreten und welchen Inhalt haben sie? (Rn. 9 ff.)

§ 27 Der Betrugstatbestand

A. Definitionen und Erläuterungen

I. Objektiver Tatbestand

1 Den objektiven Betrugstatbestand konstituieren **vier Tatbestandsmerkmale**: Der Erfolg ist eine **Vermögensschädigung**, die aus einer **Vermögensverfügung** resultiert, die ihrerseits auf einem **Irrtum** beruht, den der Täter aufgrund einer **Täuschung über Tatsachen** zu verantworten hat. Die vier Merkmale müssen in einem **kausalen Zurechnungszusammenhang** stehen.

1. Täuschung über Tatsachen

2 **Tathandlung** des Betrugs ist eine Täuschung, die der Tatbestand als Vorspiegelung falscher und Entstellung oder Unterdrückung wahrer Tatsachen umschreibt. Die Täuschung kann in einer aktiven Irreführung durch eine Fehlinformation, aber auch im pflichtwidrigen Unterlassen einer zutreffenden Information liegen. Die Feststellung, dass falsch informiert oder nicht zutreffend aufgeklärt wurde, gehört zum objektiven Tatbestand, während das Bewusstsein, falsch zu informieren oder nicht zutreffend aufzuklären, als Gegenstand des Vorsatzes zum subjektiven Tatbestand zählt.[1]

a) Tatsachen

▶ **Fall 1:** A schließt mit B einen Kaufvertrag über ein Gemälde. Zur Bezahlung stellt A einen Scheck in Höhe des Kaufpreises aus. Hierbei versichert er dem B, der Scheck sei bei Einlösung in zwei Wochen gedeckt, obgleich er davon ausgeht, das Geld bis zu diesem Zeitpunkt nicht auftreiben zu können. ◀

3 aa) Alle Tatvarianten der Täuschung beziehen sich auf Tatsachen. Vermögensrelevante Dispositionen werden nur geschützt, wenn sie sich – iSe **Rationalitätskriteriums** – auf entscheidungsrelevante Tatsachen stützen.[2] Die (reklamehafte) Anpreisung einer Zigarette, sie vermittle ein bestimmtes Lebensgefühl, ist zwar semantisch eine Tatsachenbehauptung, betrifft aber ersichtlich keinen Umstand, auf den sich eine Vermögensverfügung rational stützen ließe.

4 **Definition:** Tatsachen sind alle vergangenen und gegenwärtigen Sachverhalte (Ereignisse, Zustände), die objektiv bestimmbar und dem Beweis zugänglich sind.[3]

Zu den betrugsrelevanten Tatsachen werden auch psychische Zustände (zB Motive, Überzeugungen, Kenntnisse, Vorstellungen) gerechnet (**sog. innere Tatsachen**).[4] Einschlägig sind vor allem die Zahlungswilligkeit[5] oder die Absicht, die Gegenleistung zu erbringen, wenn der Vertragspartner Vorleistungspflichten (zB Bewirtung, Taxifahrten)

---

[1] *Mitsch* 5.2.1.2; *Pawlik* StV 2003, 297 ff. Die These, die Täuschung sei eine objektiv-subjektive Sinneinheit – so *Küper/Zopfs* 493 f.; *Otto* § 51/14; *Rengier* I § 13/9 – ist sachwidrig und kann zu erheblichen Konfusionen im Gutachtenaufbau führen.

[2] Vgl. auch *Ellmer*, Betrug und Opfermitverantwortung, 1986, 97, 287 ff.; *Hilgendorf*, Tatsachenaussagen und Werturteile im Strafrecht, 1998, 111 f.

[3] So die vorherrschende Definition; vgl. RGSt 56, 227 (231 f.); BGHSt 15, 24 (26); *Gössel* § 21/9; L-*Kühl/Heger* § 263 Rn. 4 f.; *Mitsch* 5.2.1.2.2; *Otto* § 51/9. Näher zu Inhalt und normativer Funktion des Tatsachenbegriffs NK-*Kindhäuser/Hoven* § 263 Rn. 70 ff.

[4] BGHSt 15, 24 (26); BGH wistra 1987, 255 (256); *Fischer* § 263 Rn. 8; *Mitsch* 5.2.1.2.2; M-Schroeder/*Maiwald/Momsen* I § 41/28; aA *Naucke*, Zur Lehre vom strafbaren Betrug, 1964, 111, 214.

[5] BGHSt 15, 24 (26); OLG Stuttgart NJW 1958, 1833 f.; OLG Köln NJW 1967, 740.

übernimmt.⁶ In **Fall 1** betrifft die Behauptung, der Scheck werde zum Zeitpunkt seiner Einlösung gedeckt sein, als Aussage über ein künftiges Ereignis keine Tatsache. Eine Tatsachenbehauptung ist dagegen die Aussage, man glaube fest, dass der Scheck bei Einreichung gedeckt sei: Diese Information bezieht sich auf die innere Tatsache, dass der Sprecher eine bestimmte Überzeugung hat.

bb) Hinsichtlich Inhalt und Grenzen des betrugsrelevanten Tatsachenbegriffs sind insbesondere folgende Punkte bedeutsam:

- Für die **Beweisbarkeit** reicht es nach hM aus, wenn dem Opfer der Eindruck vermittelt wird, der fragliche Sachverhalt sei dem Beweis zugänglich. Das Vorspiegeln übersinnlicher Fähigkeiten gegenüber einem abergläubischen Opfer oder die Aussage, mit einem (objektiv völlig unwirksamen) Mittel lasse sich eine Krankheit kurieren, werden daher als Tatsachenbehauptungen eingestuft.⁷

- Auf Tatsachen beziehen sich auch **Erfahrungssätze**, die empirisch festgestellte Regelmäßigkeiten induktiv verallgemeinern, insbesondere naturwissenschaftliche und psychologische Gesetze.⁸ Entsprechendes gilt für Behauptungen über die Existenz von **Konventionen und Gepflogenheiten.**⁹ **Bei Prognosen** ist zu differenzieren: Sofern sie sich auf den Eintritt künftiger Ereignisse beziehen, scheiden sie als Tatsachenbehauptungen aus. Dagegen kann die Prognose selbst Gegenstand einer Tatsachenbehauptung sein. Exemplarisch: Über eine Prognose kann gesagt werden, dass sie von ausgewiesenen Experten aufgestellt wurde¹⁰ oder dass sie auf hinreichend gesicherten Erfahrungssätzen beruhe.¹¹

- Bei **Werturteilen, reklamehaften Anpreisungen** und sonstigen **Meinungsäußerungen** ästhetischer, moralischer oder religiöser Art ist zu beachten, dass sie zwar nicht hinsichtlich der wertenden Stellungnahme, wohl aber bezüglich des Gegenstands der Wertung – beweisbarer „Tatsachenkern" – Tatsachenbehauptungen sein können.¹² So liegt in der Anpreisung, die Zimmer eines Hotels hätten einen „traumhaften Meerblick", hinsichtlich der Bewertung „traumhaft" eine Wertung. Zugleich aber wird die Tatsache behauptet, dass vom Hotel aus das Meer zu sehen sei. Bei der Verwendung vager Begriffe („umweltfreundlich", „biologisch") kann ein solcher Tatsachenkern mitunter kaum auszumachen sein.¹³

- Bei Äußerungen von **Rechtsauffassungen** ist zwischen dem Geltendmachen eines Anspruchs („mir steht ein bestimmter Kaufpreisanspruch zu") und der Behauptung des Bestehens der diesen Anspruch begründenden Tatsachen („es wurden übereinstimmende Willenserklärungen abgegeben") zu unterscheiden. Die Geltendmachung eines Anspruchs ist eine Sollens- und keine Seinsaussage und damit wie ein Wertur-

---

6 BGH NJW 1983, 2827; BGH wistra 1987, 255 (256).
7 BGHSt 8, 237 (239); 32, 38 ff.; BGH wistra 1987, 255 (256); LG Mannheim NJW 1993, 1488 mit Bespr. *Loos/Krack* JuS 1995, 204.
8 *Graul* JZ 1995, 595 (597 ff.); NK-*Kindhäuser/Hoven* § 263 Rn. 81 f.; *Puppe* JZ 1994, 1150.
9 Vgl. OLG Koblenz NJW 1976, 63 ff.; *Gössel* § 21/11.
10 Vgl. BGH NStZ-RR 2010, 146; *Cramer* Triffterer-FS 323 (333); *Hilgendorf*, Tatsachenaussagen und Werturteile im Strafrecht, 1998, 146 ff.; *Mitsch* 5.2.1.2.2.
11 BGHSt 60, 1 (7).
12 Vgl. BGHSt 48, 331 (344 f.) mit zust. Anm. *Beulke* JR 2005, 37 (40); OLG Düsseldorf JR 1965, 302 (303); *Fischer* § 263 Rn. 9 f.; W-*Hillenkamp/Schuhr* Rn. 525; *Mitsch* 5.2.1.2.2; M-Schroeder/*Maiwald/Momsen* I § 41/31 ff.
13 Eingehend zur „Grünfärberei" („Greenwashing"): *Schrott/Mayer* GA 2023, 615 ff.

teil zu behandeln; wird jedoch das Bestehen eines bestimmten Anspruchs behauptet, so wird regelmäßig konkludent auch das Vorliegen eines den Anspruch begründenden Sachverhalts behauptet („Tatsachenbasis", s. unten Rn. 20), zumal häufig Lebenssachverhalte mithilfe üblicher Rechtsbegriffe („Kauf", „Miete") geschildert werden.[14] Ferner kann mit der Aussage, dass bestimmte Rechtssätze, Judikate und rechtswissenschaftliche Meinungen existierten, eine Tatsachenbehauptung verbunden sein.[15] Die Darlegung der Rechtsauffassungen von Parteien im Zivilprozess dient dagegen nicht der Information der Gegenseite oder des Gerichts über die Rechtslage, sondern der argumentativen Erläuterung des eigenen Standpunkts.[16] Die Parteien im Zivilprozess haben im Übrigen nicht die Pflicht, die Gegenseite oder das Gericht über die Rechtslage zutreffend zu informieren. Sie erläutern vielmehr nur argumentativ ihren Standpunkt, während die Rechtsfindung dem Gericht obliegt.[17]

10 ▪ Die Täuschungsrelevanz von **wahren Aussagen** hängt von der Zwecksetzung der Information ab: Missverständnisse wahrer Auskünfte sind grds. das Risiko des Erklärungsempfängers. Ist dem Kontext dagegen eindeutig ein anderer als der wörtliche Sinn zu entnehmen, so kann auch durch eine wahre Behauptung falsch informiert werden. Exemplarisch: Der Täter bezeichnet scherzhaft die gefälschte Banknote, mit der er zahlt, als „Blüte".[18] Oder: Der Erbe erhält ein Schreiben, das alle Merkmale einer Rechnung – mit bereits teilweise ausgefülltem Überweisungsträger – für eine Todesanzeige aufweist; lediglich dem Kleingedruckten ist zu entnehmen, dass es sich um das Angebot für eine weitere Annonce handelt.[19] Hier vermittelt das Gesamtbild der Erklärung die (unzutreffende) Tatsachenbehauptung, die Voraussetzungen einer Zahlungspflicht seien erfüllt, auch wenn der Text expressis verbis die gegenteilige Information enthält. Dementsprechend wird auch beim Betrieb eines Kontaktportals im Internet eine Täuschung nicht dadurch ausgeschlossen, dass der Betreiber in den AGB darauf hinweist, dass er professionelle (dem jeweiligen Profil nicht entsprechende) Chatter einsetzt.[20] Ebenso kann auch durch Verschleiern wahrer Tatsachen getäuscht werden, wenn dem Opfer dadurch die Existenz dieser Tatsachen verborgen bleiben soll (zB der – vermeintliche – Abschluss eines kostenpflichtigen Abonnements im Internet, vgl. auch Rn. 24).[21]

---

14 BGH NJW 2019, 1759; NJW 2022, 3165; NStZ 2023, 37 (3); OLG Düsseldorf wistra 1996, 32 f.; *Graul* JZ 1995, 595 (600); *Seier* ZStW 102 (1990), 563 (568); teils abw. *Puppe* JZ 2004, 102 ff. (Bestehen eines Anspruchs als Tatsache, aber dessen Geltendmachung keine Behauptung).
15 Vgl. OLG Frankfurt NJW 1996, 2172 (2173); OLG Karlsruhe JZ 2004, 101 (102) mit krit. Anm. *Puppe*; *Fischer* § 263 Rn. 11.
16 Vgl. BGH JR 1958, 106 mit Anm. *Schröder*; *Eisenberg* Salger-FS 15 (20); *Graul* JZ 1995, 595 (602 ff.).
17 Vgl. BGH JR 1958, 106; OLG Koblenz NJW 2001, 1364 f.; *Eisenberg* Salger-FS 15 (20); *Graul* JZ 1995, 595 (602 f.); *Kretschmer* GA 2004, 458 (459); aA *Protzen* wistra 2003, 208 ff.
18 Vgl. *Fischer* § 263 Rn. 18a; LK-*Tiedemann* § 263 Rn. 25; einschr. *Hoffmann* GA 2003, 610 ff.; abw. *Schumann* JZ 1979, 588 ff.
19 BGHSt 47, 1 (2 ff.) mit Anm. *Baier* JA 2002, 364 ff.; *Geisler* NStZ 2002, 86 ff.; *Krack* JZ 2002, 613 ff.; *Loos* JR 2002, 77 ff.; *Pawlik* StV 2003, 297 ff.; *Rose* wistra 2002, 13 ff.; zu einer weiteren Fallkonstellation *Eisele* NStZ 2010, 193 ff.; vgl. auch BGH wistra 2001, 386 f.; NStZ-RR 2004, 110 (111); OLG Frankfurt NJW 2003, 3215 f.
20 AA *Bock/Fülscher* NStZ 2023, 705 (706 ff), wonach die (wahren) Angaben in den AGB maßgeblich sind.
21 BGH NJW 2014, 2595 (2596) mit Bespr. *Hecker* JuS 2014, 1043.

b) Täuschung

▶ **Fall 2:** V bietet dem gutgläubigen K das im Eigentum des E stehende Buch zum Kauf an. ◀

Eine Täuschung ist eine Irreführung durch eine **ausdrückliche oder konkludente Fehlinformation** oder das **pflichtwidrige Unterlassen der Aufklärung** durch eine zutreffende Information über Tatsachen.

Die irreführende Täuschung muss durch die unzutreffende Darstellung (Worte, Schriftzeichen, Maßeinheiten usw) einer Tatsache erfolgen. Durch bloße Veränderungen der Wirklichkeit kann nicht getäuscht werden.[22] Der Betrugstatbestand schützt nicht die richtige Wahrnehmung der Realität, sondern das Vertrauen in eine Information über diese Realität. Eine (aktive) Täuschung ist daher von vornherein ausgeschlossen, wenn es zu keinerlei kommunikativem Kontakt zwischen Täter und Opfer kommt.

Für die **Auslegung** von Erklärungen gelten die üblichen Grundsätze; maßgeblich ist der Empfängerhorizont.

aa) Ausdrückliche Täuschung

Die Irreführung kann **ausdrücklich** erfolgen, indem die Fehlinformation verbal, gestisch oder schriftlich erteilt wird. Exemplarisch: Der Täter behauptet, der von ihm zum Verkauf angebotene Messingring sei aus reinem Gold.

bb) Konkludente Täuschung

Möglich ist aber auch eine konkludente Irreführung. Bei der konkludenten Täuschung liegt der Schwerpunkt der Fehlinformation im unausgesprochenen Teil der Erklärung:[23] Konkludent erklärt wird eine Information, die mittelbar aus dem ausdrücklich formulierten Inhalt einer Tatsachenbehauptung erschlossen wird (sog. schlüssiges Miterklären). Und zwar können solche Tatsachen als konkludent behauptet angesehen werden, deren Bestehen **notwendig** ist, damit **das ausdrücklich Erklärte sinnvoll** ist.[24]

Das konkludent Erklärte ist also Inhalt der Information des Täters. Nur muss es nicht ausdrücklich erwähnt werden, weil es sich im betreffenden Kontext **von selbst versteht**. Wegen ihrer Selbstverständlichkeit ist die Erwähnung der Tatsache überflüssig und wird nicht erwartet.[25] Beispielhaft hierfür ist **Fall 2:** Wer einem anderen eine Sache zum Kauf anbietet, erklärt zugleich konkludent, zur Übertragung des Eigentums an der Sache befugt zu sein. Da es selbstwidersprüchlich wäre, ein Kaufangebot mit der expliziten Erklärung zu verbinden, zur Eigentumsübertragung nicht befugt zu sein, ist es überflüssig, auf das Vorhandensein der Verfügungsbefugnis ausdrücklich hinzuweisen.

---

22 Ganz hM, vgl. *Bockelmann* Schmidt, Eb.-FS 437 (438 f.); HKGS-*Duttge* § 263 Rn. 8; MK-*Hefendehl* § 263 Rn. 90 f.; *Labsch/Nehrer* JuS 1981, 603 (604); *Maaß* GA 1984, 264 (266); *Seelmann* JuS 1982, 268 f.; abw. Arzt/Weber/*Heinrich*/Hilgendorf § 20/46; *Mitsch* 5.2.1.2.4.
23 Vgl. auch BGH NJW 1995, 539; *Gössel* § 21/23; S/S-*Perron* § 263 Rn. 14/15.
24 Und insoweit wird auch Vertrauen in die Wahrheit der Information beansprucht, näher *Frisch* Jakobs-FS 103 ff.; NK-*Kindhäuser/Hoven* § 263 Rn. 109 ff.
25 Vgl. auch W-*Hillenkamp/Schuhr* Rn. 531; *Kindhäuser* Tiedemann-FS 579 ff.; *Mitsch* 5.2.1.2.4.1; *Otto* § 51/15; zu abw., aber iErg weitgehend übereinstimmenden Begründungen vgl. *Kühne*, Geschäftstüchtigkeit oder Betrug?, 1978, 35 ff.

Ob der Täter konkludent getäuscht hat, kann daher mit folgender **Faustformel** geprüft werden: Konkludent wird stets das Vorliegen solcher Tatsachen behauptet, die notwendig erfüllt sein müssen, damit die ausdrückliche Erklärung den ihrem jeweiligen Zweck entsprechenden Sinn hat.

15 Das konkludent Erklärte ist eine Information, die im Kontext eines Gesprächs tatsächlich gegeben wird. Allein aus der Absicht des Täters, durch seine Erklärung einen Irrtum über eine nicht expressis verbis behauptete Tatsache hervorzurufen, darf nicht auf ein konkludentes Miterklären geschlossen werden.[26] Das konkludent Erklärte muss vielmehr Bestandteil der Gesamtinformation sein, die der Adressat erhält. Daher muss das konkludent Erklärte immer **eindeutig** sein und einen ganz **bestimmten Inhalt** haben, etwa dass ein Scheck gedeckt ist, dass der Erklärende verfügungsbefugt oder dass er zahlungswillig ist.[27] Insoweit ist die konkludente Täuschung eine aktive Irreführung und darf nicht mit dem Unterlassen der Aufklärung verwechselt werden, die auf die (mehr oder minder) umfassende Beseitigung eines Irrtums gerichtet ist.

Ist noch **unklar**, was der Täter erklärt hat – und sei es auch nur, ob er einen Umstand verneinen oder bejahen wollte –, liegt **keine** konkludente Erklärung vor. Vor allem endet die Konkludenz stets dort, wo die Erwähnung einer bestimmten Tatsache im konkreten Kontext nicht mehr überflüssig ist, weil ihr Bestehen für den Sinn der fraglichen Erklärung nicht notwendig ist. In **Fall 2** behauptet V also schlüssig nur, verfügungsbefugt zu sein. Dagegen behauptet er nicht konkludent, Eigentümer des Buches zu sein; die zur angebotenen Eigentumsübertragung erforderliche Verfügungsbefugnis könnte zB auch auf einer Kommission beruhen.

cc) Fallgruppen konkludenter Täuschungen

16 Von der hM sind insbesondere folgende Fallgruppen konkludenter Täuschungen anerkannt:[28]

17 ■ Bei **rechtsgeschäftlichen Erklärungen** wird gewöhnlich konkludent erklärt, dass die tatsächlichen Voraussetzungen der zur Vertragsdurchführung erforderlichen Verfügungsbefugnis gegeben sind.[29]

18 ■ Beim **Abschluss eines Vertrages** kann über den bestehenden **Erfüllungswillen** und die erforderliche **Erfüllungsfähigkeit** konkludent getäuscht werden.[30] Die spätere Erfüllung ist als künftiges Ereignis keine Tatsache. Jedoch kann – bei Vorliegen besonderer Anhaltspunkte – über die gegenwärtige Einschätzung der Liquiditätsentwicklung (innere Tatsache) getäuscht werden (vgl. **Fall 1**).[31]

19 ■ Bei Vertragsschluss werden (wechselseitig) grds. die Tatsachen konkludent als gegeben behauptet, die von den Parteien jeweils erkennbar zur **Geschäftsgrundlage** gemacht wurden.[32] Exemplarisch: Wer an einer Ausschreibung teilnimmt, erklärt

---

26 Zumindest missverständlich daher BGHSt 47, 1 (5 f.); zutr. Kritik bei *Krack* JZ 2002, 613 (614); *Pawlik* StV 2003, 297 (298 f.).
27 Näher NK-*Kindhäuser/Hoven* § 263 Rn. 109 ff.
28 Näher NK-*Kindhäuser/Hoven* § 263 Rn. 113 ff.
29 RGSt 39, 80 (81 f.); MK-*Hefendehl* § 263 Rn. 236 mwN.
30 BGHSt 15, 24 ff.; 27, 293 (294 f.); BGH NJW 1990, 2476 f.; wistra 2005, 376 (377); NStZ 2009, 694.
31 Zur Deckung von Schecks und Wechseln bei Einlösung vgl. BGHSt 24, 386; BGH NJW 1969, 1260 (1261).
32 Zum vertragstypischen Risiko bei Spielverträgen vgl. BGHSt 36, 74 ff.; BayObLGSt 1993, 8; zu den umstr. Rennwetten vgl. BGHSt 16, 120; 29, 165; NK-*Kindhäuser/Hoven* § 263 Rn. 133 mwN.

schlüssig das Fehlen einer wettbewerbswidrigen Preisabsprache;[33] wer eine Sportwette platziert, erklärt gegenüber dem Wettanbieter schlüssig, das Sportereignis nicht manipuliert zu haben.[34] Wird mit einem Zahlungsdienstleister ein „Clearing Service" vereinbart, wonach dieser bei elektronischen Lastschriften dem Händler den Betrag vor einer Prüfung gutschreibt und damit bei Rücklastschriften das Ausfallrisiko trägt, so erklärt der Händler konkludent, diesen Service nicht vertragswidrig zur Lastschriftreiterei zu nutzen.[35] Demgegenüber erklärt der Wettende nicht konkludent, keine Kenntnis vom Ausgang des Sportereignisses (bzw. dessen Manipulation durch Dritte) zu haben, da das Risiko unvollständiger Information von den Vertragsparteien grundsätzlich selbst zu tragen ist.[36] Der Rechtsverkehr kennt keine allgemeine Erwartung, dass sich der Erklärende redlich verhalten wird.[37]

■ In der **Geltendmachung einer Forderung** kann zugleich die Behauptung liegen, die anspruchsbegründenden Tatsachen seien gegeben.[38] Wird ein Einziehungsauftrag im **Lastschriftverfahren** erteilt, so wird zugleich erklärt, es existiere eine Einzugsermächtigung und die Forderung bestehe in der betreffenden Höhe (vgl. auch Rn. 41 zur bargeldlosen Zahlung).[39] Besteht die Forderung zum Tatzeitpunkt, täuscht der Täter nicht: Wer von seinem **Girokonto** eine Summe abhebt, die ihm aufgrund einer irrtümlichen Überweisung durch einen Dritten[40] oder aufgrund einer versehentlichen bankinternen Fehlbuchung bzw. Erweiterung des Kreditrahmens gutgeschrieben wurde,[41] macht nur eine bestehende Forderung geltend und täuscht daher nicht.[42] Die Geltendmachung einer Entschädigung wegen Diskriminierung (§ 15 AGG) enthält keine konkludente Behauptung über die (fehlende) Ernsthaftigkeit der Bewerbung[43], zumal es legitime Gründe für eine Bewerbung geben kann, die nicht mit der Bereitschaft verbunden ist, die ausgeschriebene Stelle im Fall einer Zusage anzutreten (zB Neuverhandlungen mit dem bisherigen Arbeitgeber).[44] Im gerichtlichen Verfahren ergibt sich hingegen aus der prozessualen Wahrheitspflicht (§ 138 ZPO), dass Tatsachen in Bezug auf rechtsvernichtende Einwendungen (zB

20

---

33 BGHSt 16, 367 (371); 38, 186; 47, 83 (86 f.) mit Anm. *Rose* NStZ 2002, 41 f.; *Satzger* JR 2002, 391 ff. und *Walter* JZ 2002, 254 ff.; ebenso bei freihändiger Vergabe BGHSt 47, 83 (86 f.).
34 BGHSt 29, 165 (167); 51, 165 (Fall Hoyzer) mit krit. Bespr. *Jahn/Maier* JuS 2007, 215; BGH NJW 2013, 883 (884); zust.: *Engländer* JR 2007, 477 (478); *Radtke* Jura 2007, 445 (450); *Saliger/Rönnau/Kirch-Heim* NStZ 2007, 361 ff.; S/S/W-*Satzger* § 263 Rn. 56; aA *Schlösser* NStZ 2005, 423 ff.; *Trüg/Habetha* JZ 2007, 882.
35 BGH NJW 2023, 3803.
36 Vgl. zur „Spätwette" BGHSt 16, 120; aA L-*Kühl/Heger* § 263 Rn. 9 mwN.
37 BGH NStZ 2023, 37 (40).
38 BGH NStZ 1995, 85; NJW 2001, 453; NJW 2019, 1759; NStZ 2023, 37 (38); OLG Frankfurt wistra 2019, 158 (160 f.) mit abl. Anm. *Krack*; zur Täuschung über die tatsächlichen Umstände der Leistungserbringung beim Abrechnungsbetrug: OLG Düsseldorf medstra 2017, 361 (365); OLG Stuttgart NZWiSt 2020, 83 (84 f.); dazu näher *Weinrich/Wostry* medstra 2019, 74 (75 ff.).
39 OLG Hamm NJW 1977, 1834 (1836); LG Oldenburg NJW 1980, 1176 (1177); zur Lastschriftreiterei BGH NJW 2023, 3803; *Fahl* Jura 2006, 733 ff.; *Thomas/Riebel* wistra 2021, 343 ff.
40 BGHZ 87, 246 (252); BGHSt 39, 392 (396).
41 Die Gutschriftsanzeige der Bank stellt in der Regel ein abstraktes Schuldversprechen oder Schuldanerkenntnis gegenüber dem Kunden dar, vgl. BGH NJW 2001, 453 (454) mit Bespr. *Hefendehl* NStZ 2001, 281 ff.; *Hohmann/Sander* § 44/26; NK-*Kindhäuser/Hoven* § 263 Rn. 140; *Krack* JR 2002, 25 ff.; BGHZ 72, 9 (11); aA LK-*Tiedemann* § 263 Rn. 41.
42 Der Bankangestellte prüft lediglich die Identität des Kunden sowie die Deckung des Kontos, nicht jedoch, ob dem Kunden das Guthaben tatsächlich zusteht, vgl. OLG Düsseldorf wistra 2008, 34; OLG Hamm wistra 2012, 161 (162); ausf. Darstellung zu Täuschungen im Zahlungsverkehr *Valerius* JA 2007, 514 ff.; 778 ff.
43 BGH NJW 2022, 3165 (3166 f.); NStZ 2023, 37 (39 f.).
44 *Oklacioglu/Kudlich* JR 2023, 297 (301).

das Rechtsmissbrauchsverbot) offenzulegen sind, und insoweit unvollständige Einlassungen zur Annahme einer konkludenten Täuschung führen.[45]

21 ■ In **Selbstbedienungsläden** wird mit dem Vorzeigen der Ware an der Kasse konkludent angeboten, den Kaufvertrag entsprechend der **invitatio ad offerendum** abschließen zu wollen. Dies trifft vor allem bei Manipulationen am Preisetikett oder dem Verpackungsinhalt nicht mehr zu.[46] Der Kaufvertrag bezieht sich nur auf den der Verpackung entsprechenden, nicht hingegen dem vom Täter ergänzten oder ausgetauschten Inhalt (vgl. auch Rn. 96).

22 ■ Über die **die Eigenschaften des Vertragsgegenstands** werden gewöhnlich keine konkludenten Feststellungen getroffen, sofern nicht eine Vertragspartei ihr Interesse an einer bestimmten Eigenschaft zum Ausdruck gebracht hat. Entsprechendes gilt für Umstände, aus denen sich **Rechtsmängel** ergeben, die der Durchführung des Vertrages nicht entgegenstehen. Beim Verkauf einer Sache „wie besehen" wird schlüssig behauptet, dass das Gesehene auch dem tatsächlichen Zustand entspricht.[47] Aus den gleichen Gründen scheidet auch eine konkludente Täuschung über die **Angemessenheit des Preises** in der Regel aus[48], es sei denn, in Ermangelung einer vertraglich festgelegten Vergütung gilt eine taxmäßige oder übliche Vergütung als vereinbart (vgl. §§ 612 Abs. 2, 632 Abs. 2 BGB); in diesem Fall erklärt der Anbieter mit der Abrechnung, dass die Höhe der Vergütung dem üblichen bzw. taxmäßigen Entgelt entspreche.[49]

23 ■ Grds. ist es auch Sache des Gläubigers, die **Vertragsmäßigkeit der empfangenen Leistung** zu überprüfen.[50] Daher wird bei Lieferung nicht konkludent erklärt, die Sache sei frei von Mängeln oder entspreche den Qualitätsvorstellungen des Gläubigers.[51] Bei Manipulationen an der Kaufsache (zB Austausch der gekauften Ware durch einen anderen Gegenstand oder gezielte Verschleierung eines Mangels) liegt indes eine konkludente Täuschung vor (s. Rn. 21).[52] Nach diesen Grundsätzen ist auch beim Vertrieb von Produkten, die aufgrund ihrer Konstruktion vorzeitig verschleißen (Obsoleszenz), keine konkludente Täuschung über die Beschaffenheit bzw. Lebensdauer der Ware anzunehmen.[53] Demgegenüber liegt beim Verkauf eines Neuwagens, der hinsichtlich der emittierten Schadstoffwerte nicht dem genehmigten Fahrzeugtyp entspricht (VW-Dieselskandal), in der Übergabe einer entsprechenden

---

45 BGH NJW 2022, 3165 (3168); NStZ 2023, 37 (41 f.).
46 OLG Hamm NJW 1968, 1895; OLG Düsseldorf NStZ 1993, 286; OLG Karlsruhe BeckRS 2019, 12710 (zu einem Strichcode-Etikett) mit Bespr. *Hecker* JuS 2019, 819; aA *Mayer Lux*, Die konkludente Täuschung beim Betrug, 2013, 240 f.
47 Vgl. RGSt 59, 311 (312); zu Falschgeld: BGHSt 3, 154 (156); 12, 347; zu einer manipulierten Mehrfahrtenkarte: OLG Düsseldorf NJW 1992, 924.
48 BGH JZ 1989, 759 (760); NStZ 2010, 88 (89); 2015, 461 (463) mit Anm. *Kraatz* NZWiSt 2015, 313 und *Kudlich* ZWH 2015, 346; BayObLG NJW 1994, 1078 (1079); OLG München wistra 2010, 37 (38).
49 BGH NStZ-RR 2020, 213 (214) mit Besprechung *Hecker* JuS 2020, 895; OLG Stuttgart NStZ 1985, 503 ff. mit Anm. *Lackner/Werle*; OLG Stuttgart NStZ 2003, 554 f.; *Frisch* Jakobs-FS 111 mit Fn. 62.
50 Vgl. zur Problematik *Frisch* Jakobs-FS 112 ff. mwN.
51 RGSt 14, 310 (311); BGH BeckRS 1976, 107945; NK-*Kindhäuser/Hoven* § 263 Rn. 137; S/S-*Perron* § 263 Rn. 17b.
52 MK-*Hefendehl* § 263 Rn. 243; NK-*Kindhäuser/Hoven* § 263 Rn. 100.
53 *Ruppert* wistra 2019, 348 (349 f.); aA *Hoven* NJW 2019, 3113 (3114 f.); vgl. auch dort (3115 f.) zu einem entsprechenden französischen Straftatbestand (Art. L441–2 Code de la consommation); zust. *Hoyer* JuS 2023, 289 (295 f.).

Bescheinigung eine konkludente Täuschung über diesen Umstand.[54] Umgekehrt ist die bloße **Annahme einer Leistung** (zB Lohn, Wechselgeld) nicht mit der schlüssigen Behauptung verbunden, hierauf einen Anspruch zu haben[55] oder selbst erfüllungswillig und -fähig zu sein.[56]

dd) Täuschung als unerlaubtes Risiko („Recht zur Lüge")

Eine tatbestandsmäßige Täuschung liegt nicht vor, wenn der Täter ausnahmsweise berechtigt ist, auf entsprechende Fragen eine falsche Auskunft zu erteilen, dh der Adressat der Äußerung keinen Anspruch auf wahrheitsgemäße Information hat, denn in diesem Fall fehlt es an der Schaffung eines rechtlich missbilligten Risikos als Voraussetzung der Schadenszurechnung.[57] Dies gilt etwa für das Recht, sich mit Blick auf Verurteilungen, die nicht in das Führungszeugnis aufzunehmen sind, als unbestraft zu bezeichnen (§ 53 Abs. 1 BZRG; vgl. auch zu verbotenen Geschäften Rn. 112).[58] Derartige Einschränkungen finden sich vor allem im Arbeitsrecht, soweit bestimmte Fragen im Bewerbungsverfahren unzulässig sind (zB nach einer Schwangerschaft) und dem Bewerber ein „Recht auf Lüge" zusteht.[59] Aus ähnlichen Erwägungen wird im Schrifttum eine Täuschung verneint, wenn der Täter sich im Rahmen des unionsrechtlich normierten Standards zum Schutz von Verbrauchern vor unlauteren Geschäftspraktiken[60] bewegt, da nach deutschem Recht nicht strafbar sein könne, was unionsrechtlich erlaubt sei; der Begriff der Täuschung sei daher richtlinienkonform nach dem Leitbild eines durchschnittlich informierten, aufmerksamen und verständigen Verbrauchers auszulegen.[61] Der BGH hat eine solche Auslegung bei „Abo-Fallen" im Internet mit der Begründung abgelehnt, dass die Richtlinie einem weitergehenden Täuschungsverbot zum Schutz des Vermögens nicht entgegenstehe,[62] was allerdings mit Blick auf das Ziel der Richtlinie einen europaweit einheitlichen Schutzstandard festzulegen, zweifelhaft erscheint.[63] Sofern dieser Standard ein weitergehendes nationales Verbot ausschließt,[64] ist der Täuschungsbegriff daher entsprechend einzuschränken.

ee) Täuschen durch Unterlassen der Aufklärung

Eine Täuschung durch Nichtaufklärung des Opfers setzt eine **Garantenstellung** voraus. Dagegen wird der Entsprechungsklausel des § 13 beim Betrug durch Unterlassen keine einschränkende Bedeutung beigemessen,[65] da es grds. als gleichwertig anzusehen ist,

---

54 LG Krefeld BeckRS 2017, 117776; *Brand* wistra 2019, 169 (172); MK-*Hefendehl* § 263 Rn. 170 f.; aA S/S/W/*Satzger* § 263 Rn. 51.
55 BGH JZ 1989, 550; OLG Köln NJW 1980, 2366 f.; bzgl. Mehrleistungen BGHSt 39, 392 (398).
56 BGH GA 1974, 284; auch bei Dauerschuldverhältnissen: BGH wistra 1987, 213.
57 MK-*Hefendehl* § 263 Rn. 140; eingehend *Harbort* Die Bedeutung der objektiven Zurechnung beim Betrug 159 ff.; vgl. auch *Frisch* Herzberg-FS 729 (739); *Kindhäuser* ZStW 103 (1991), 398 (403 f.); weitergehend *Pawlik* Das unerlaubte Verhalten beim Betrug, 1999, 140 ff.; zu entsprechenden Restriktionen über den Begriff der Sozialadäquanz: Arzt/Weber/Heinrich/Hilgendorf § 20/36; *Roxin* Klug-FS 303 (312).
58 Vgl. BAG NZA 2014, 1131 (1133).
59 MK-*Hefendehl* § 263 Rn. 140; *Krokotsch* JuS 2023, 1103 (1104); eingehend zu § 123 BGB: *Armbrüster* in: MK-BGB, Bd. 1, 7. Aufl. 2015, § 123 Rn. 41 ff. mwN.
60 Richtlinie 2005/29/EG über unlautere Geschäftspraktiken, ABl. EU L 149/22.
61 *Hecker* Europäisches Strafrecht, 5. Aufl. 2015, § 10/23; S/S/W-*Satzger* § 263 Rn. 118 f.
62 BGH NJW 2014, 2595 (2597); ebenso *Erb* ZIS 2011, 368 (376).
63 *Hecker* JuS 2014, 1043 (1045); *Hoyer* ZIS 2019, 412 (413 f.); *Krack* ZIS 2014, 536 (541).
64 Vgl. aber zur Zulässigkeit nationaler Verbote von sittenwidrigen Geschäftspraktiken Erwägung (7) in der Präambel der Richtlinie.
65 *Fischer* § 263 Rn. 52; NK-*Kindhäuser/Hoven* § 263 Rn. 144 mwN.

ob der Täter für die Irrtumsbefangenheit der Vermögensverfügung infolge der Erteilung einer falschen oder der Nichterteilung einer zutreffenden Information einzustehen hat. **Aufklärungspflichten** können sich aus den üblichen Garantenstellungen ergeben:[66]

26 ▪ Eine Aufklärungspflicht aus **Ingerenz** kommt in Betracht, wenn der Täter die Entstehung eines Irrtums infolge seines (irreführenden) Vorverhaltens zu vertreten hat. Exemplarisch: Erkennt der Täter nach dem Aufstellen einer Tatsachenbehauptung deren Unwahrheit, so muss er sie korrigieren.[67] Sofern eine Erklärung erst aufgrund einer **späteren Veränderung der Verhältnisse** unwahr wird,[68] greift eine Ingerenzhaftung grds. nur ein, wenn die Tatsachenbehauptung falsch wird, bevor sie der Erklärungsempfänger erhält. Der Verpflichtete hat dafür zu sorgen, dass seine Information wahr ist, nicht aber auch dafür, dass sie wahr bleibt. Anderes gilt, wenn der Täter mit seiner Erklärung zugleich die Verpflichtung eingeht, über Änderungen der behaupteten Verhältnisse zu informieren (vgl. auch § 3 Abs. 1 SubvG). Exemplarisch: Der Täter macht unter Hinweis auf bestimmte Tatsachen ein Angebot, an das er sich für eine bestimmte Zeit gebunden erklärt.

27 ▪ Nach hM kann sich ferner aufgrund allgemeiner **Verkehrssicherungspflichten** eine Garantenstellung des Unternehmers für (ihm zurechenbare) Erklärungen seiner Angestellten und Vertreter hinsichtlich der Anbahnung wie auch Abwicklung von Geschäften ergeben.[69]

28 ▪ Mehrere **zivilrechtliche Vertragsverhältnisse** sind mit gesetzlich normierten Informationspflichten verbunden, insbesondere die Auskunftspflichten des Beauftragten nach § 666 BGB[70] und des Versicherungsnehmers aus § 23 Abs. 2, 3 VVG bzgl. risikoerhöhender Umstände nach Vertragsschluss.[71] Auch aus dem **Beamtenverhältnis**[72] sowie aus **öffentlich-rechtlichen Leistungsverhältnissen**[73] können sich Informationspflichten ergeben, etwa für die Beantragung oder den Bezug von Sozialleistungen aus § 60 Abs. 1 SGB I.[74]

29 ▪ Aufklärungspflichten können **aus Verträgen** folgen, die in erster Linie Informations- oder Beratungspflichten zum Gegenstand haben, zB Beratungsverträge in Steuer-, Rechts- und Vermögensangelegenheiten.[75] Sonstige Verträge, auch allgemeine Arbeitsverhältnisse oder ein Girovertrag,[76] scheiden als Grundlage für Aufklärungspflichten aus. Aus **vertraglichen Nebenpflichten** können sich Garantenpflichten

---

66 Näher zu den Gründen für Garantenstellungen LPK § 13 Rn. 32 ff.
67 BGH GA 1977, 18; OLG Stuttgart NJW 1969, 1975.
68 Stets für Ingerenzhaftung *Hillenkamp* JR 1988, 301 (303); *Rengier* JuS 1989, 802 (807); abl. S/S-*Perron* § 263 Rn. 20.
69 S/S/W-*Satzger* § 263 Rn. 107; LK-*Tiedemann* § 263 Rn. 71; vgl. auch BGHSt 30, 177 (181); BGH wistra 2012, 64 (65).
70 Vgl. ferner §§ 675, 713, 2218 BGB, 384 Abs. 2 HGB und die Übersicht bei S/S/W-*Satzger* § 263 Rn. 90 ff.
71 W-*Hillenkamp/Schuhr* Rn. 538 f.; S/S-*Perron* § 263 Rn. 21.
72 LK-*Tiedemann* § 263 Rn. 54 mwN; vgl. aber OLG Saarbrücken NJW 2007, 2868 (2869 f.); zust. *Kargl* wistra 2008, 121 (123).
73 Näher NK-*Kindhäuser/Hoven* § 263 Rn. 159.
74 OLG München NStZ 2009, 156; OLG Düsseldorf NStZ-RR 2012, 210; einschränkend OLG Naumburg NStZ 2017, 293 (294), wonach die Erben des verstorbenen Leistungsempfängers keine derartige Garantenpflicht trifft; vgl. ferner BGH NStZ-RR 2019, 78 f. zur fehlenden Garantenpflicht der Angehörigen bei Fortzahlung des Ruhegehalts eines verstorbenen Beamten.
75 RGSt 70, 45 (46 f.); BGH (Zivilsenat) NJW 1981, 1266 (1267); *Mitsch* 5.2.1.2.4.2.
76 BGH NJW 2001, 453 (454 f.); OLG Celle NStZ-RR 2010, 207 (208).

nur ausnahmsweise bei Inanspruchnahme besonderen Vertrauens ergeben,[77] etwa bei der Übernahme einer vom Kunden gewünschten Beratung oder aus langen Geschäftsbeziehungen wie bei Kontokorrent- oder Dauerkreditverhältnissen.[78] Bei **Einstellungen** gibt es keine strafrechtlich sanktionierte Pflicht, ohne Nachfrage (sonst ggf. aktive Irreführung)[79] **Vorstrafen** oder eine frühere Tätigkeit beim Ministerium für Staatssicherheit (MfS) oder anderen Organisationen der DDR zu offenbaren.[80]

- Aus dem Grundsatz von **Treu und Glauben** (§ 242 BGB) lassen sich unmittelbar keine Aufklärungspflichten ableiten. Die Judikatur fordert heute vielmehr, wie bei der vertraglichen Übernahme, ein **besonderes Vertrauensverhältnis** zwischen den Parteien.[81] Dies wird zB bei Mietverhältnissen (unterlassene Information über Wegfall von Eigenbedarf, auf den die Kündigung des Vermieters gestützt wurde)[82] oder beim Gebrauchtwagenhandel hinsichtlich der mangelnden Unfallfreiheit eines PKW[83] bejaht.   30

- Die sich aus §§ 138, 392 ZPO, 57, 64 StPO ergebende **prozessuale Wahrheitspflicht** der Parteien bzw. Zeugen besteht – entgegen einer teils anderslautenden Rechtsprechung[84] – nach hL allein gegenüber dem Gericht und begründet keine Garantenstellung gegenüber einem anderen Prozessbeteiligten.[85] Die Annahme einer konkludenten Täuschung bei unvollständigem Sachvortrag (Rn. 20) bleibt davon unberührt.   31

2. Irrtum

▶ **Fall 3:** A bietet dem B die Imitation einer teuren Marken-Uhr als echt zum Kauf an. Obwohl B Zweifel an der Echtheit der Uhr hat, schließt er das Geschäft mit A ab. ◀

a) **Begriff:** Durch die Täuschung muss ein Irrtum erregt oder unterhalten worden sein. Der Begriff des Irrtums ist umstritten: 32

- Nach einem im Schrifttum vertretenen weiten Begriff ist unter einem Irrtum die **mangelnde Kenntnis** einer bestimmten Tatsache zu verstehen.[86] Als Irrtum ist damit einerseits jede positive Fehlvorstellung hinsichtlich einer Sachlage anzusehen. Ein Irrtum besteht aber auch bei reinem Unwissen (sog. ignorantia facti), also auch   33

---

77 BGHSt 39, 392 (399); BGH NStZ 2010, 502.
78 Vgl. BGHSt 6, 198; 39, 392 (399); BGH StV 1988, 386; OLG Stuttgart JR 1978, 388 (389).
79 Nicht im Strafregister zu vermerkende oder in ein (privates) Führungszeugnis aufzunehmende Vorstrafen können auch ausdrücklich verneint werden.
80 Näher NK-*Kindhäuser/Hoven* § 263 Rn. 162 mwN.
81 BGHSt 30, 177 (181 f.); 39, 392 (400); BGH NJW 1995, 539 (540); OLG Stuttgart NStZ 2003, 554 (555); OLG Saarbrücken NJW 2007, 2868 (2870); vgl. dagegen noch BGHSt 6, 198 (199).
82 BayObLG JZ 1987, 626 (627).
83 OLG Nürnberg MDR 1964, 693 f.; *Fischer* § 263 Rn. 48; W-*Hillenkamp/Schuhr* Rn. 540; aber ohne Spezifizierung des Schadens: BayObLG NJW 1994, 1078 (1079).
84 BGH BeckRS 2019, 30065 (Rn. 64); OLG Zweibrücken NJW 1983, 694 mit krit. Bespr. *Seier* JA 1983, 337 und *Werle* NJW 1985, 2913; W-*Hillenkamp/Schuhr* Rn. 538 f.; in den von der Rechtsprechung entschiedenen Fällen hätte die Garantenpflicht aber auch auf eine gesetzliche Mitteilungspflicht (Wegfall des Eigenbedarfs bei Kündigung des Mietvertrages) oder Ingerenz (Korrektur falscher Angaben) gestützt werden können.
85 *Gössel* § 21/48; *Krell* JR 2012, 102 (104), allerdings mit Verweis auf das fehlende Vertrauensverhältnis zwischen den Parteien; LK-*Tiedemann* § 263 Rn. 58.
86 Vgl. *Frisch* Bockelmann-FS 647 (666); *Gössel* § 21/74; NK-*Kindhäuser/Hoven* § 263 Rn. 169; *Puppe* Lackner-FS 199 (203); vgl. auch *Pawlik*, Das unerlaubte Verhalten beim Betrug, 1999, 227 ff.

dann, wenn der Betreffende überhaupt keine Vorstellungen hinsichtlich der fraglichen Sachlage hat. Dieser weite Irrtumsbegriff entspricht demjenigen der mittelbaren Täterschaft,[87] die dem Betrugstatbestand strukturell zugrunde liegt.

34 ▪ Die hM sieht demgegenüber nur eine **bestimmte positive Fehlvorstellung** als Irrtum an.[88] Anderenfalls werde der Irrtum nicht durch eine Täuschung hervorgerufen. Indessen kann es in den Fällen einer Täuschung durch Unterlassen der Aufklärungspflicht nicht darauf ankommen, ob der Betreffende bestimmte Fehlvorstellungen hat oder nicht. Es besteht hier kein Grund, den Opferschutz einzuschränken. Die Abweichung zur Gegenauffassung ist im Übrigen nur minimal, da die positive Fehlvorstellung nach hM **nicht konkretisiert** zu sein braucht: Es genüge die „ungefähre Vorstellung", dass „alles in Ordnung" sei.[89]

35 b) **Zweifel:** Zweifel an der Richtigkeit einer Tatsachenbehauptung schließen einen Irrtum nach hM nicht aus, sodass es genügt, wenn das Opfer die Wahrheit der Tatsachenbehauptung für möglich hält und auf dieser Grundlage verfügt.[90] Nach dieser Auffassung schließen die Zweifel des B in **Fall 3** einen Irrtum nicht aus. Nach einer im Schrifttum vertretenen Ansicht ist ein Irrtum hingegen zu verneinen, wenn das Opfer konkrete Zweifel an der Wahrheit der behaupteten Tatsache hat, die auf konkreten Anhaltspunkten beruhen, da sich das Opfer in diesem Fall selbst vor einer Schädigung des eigenen Vermögens schützen kann, indem es diesen Zweifeln nachgeht und ggf. von einer Verfügung absieht.[91] Danach wäre ein Irrtum des B in **Fall 3** zu verneinen. Für diese viktimodogmatische Einschränkung spricht auch der Wortlaut, da im allgemeinen Sprachgebrauch zwischen Zweifel und Irrtum unterschieden wird.[92] Bei einer strikten Unterscheidung von Irrtum und Zweifel müsste jedoch ein Irrtum auch dann angenommen werden, wenn das Opfer rechtlich (zB der Richter beim Prozessbetrug aufgrund der Beweislastverteilung) oder faktisch (Prozessrisiko) gehindert ist, seine Zweifel in Schutzmaßnahmen umzusetzen.[93] Zudem erscheint es dann widersprüchlich, demgegenüber dem besonders leichtfertigen Opfer, das trotz konkreter Anhaltspunkte keinerlei Zweifel hegt, weiterhin strafrechtlichen Schutz zukommen zu lassen (vgl. aber zu entsprechenden Einschränkungen des Täuschungsbegriffs Rn. 24).[94] Aus diesem Grund werden zum Teil anstelle einer Restriktion des Irrtumsmerkmals die Kriterien der objektiven Zurechnung angewandt.[95] Aufgrund der Deliktsstruktur des Betruges (§ 26 Rn. 2) können die Kriterien mittelbarer Täterschaft hierbei entsprechend

---

[87] Vgl. *Jescheck/Weigend* § 62 II 2; LPK § 25 Rn. 13, Vor § 16 Rn. 3; vgl. ferner zum Tatbestandsirrtum *Roxin* AT § 12/95 ff.
[88] BGHSt 2, 325 (326); BGH NJW 2014, 2132 (2133); BeckRS 2022, 22840 (Rn. 40); W-*Hillenkamp/Schuhr* Rn. 543; *Kleszczewski* BT § 9/45; *Mitsch* 5.2.1.3.1; vgl. auch BGH NStZ 2004, 266 (267).
[89] L-*Kühl/Heger* § 263 Rn. 18a; *Mitsch* 5.2.1.3.1; krit. *Frisch* Herzberg-FS 729 (733 f.); vgl. auch BGH wistra 2014, 97.
[90] BGHSt 24, 257 (260); BGH wistra 1992, 95 (97); NStZ 2003, 313 (314) mit krit. Anm. *Beckemper/Wegner*; *Achenbach* Jura 1984, 602 f.; *Herzberg* GA 1977, 289 (296 f.); *Krey/Hellmann/Heinrich* Rn. 601 ff.; überwiegende Wahrscheinlichkeit verlangt *Amelung* GA 1977, 1 (7, 16).
[91] *Amelung* GA 1977, 1 (7); *Hassemer* Schutzbedürftigkeit des Opfers und Strafrechtsdogmatik, 1981, 131 ff., 166 f.; *Schünemann* NStZ 1986, 439 ff.
[92] Eingehend *Lorenz/Pietzcker/Pietzcker* NStZ 2005, 429 ff.; ebenso *Bock/Fülscher* NStZ 2023, 705 (709); aA *Arzt/Weber/Heinrich/Hilgendorf* § 20/65.
[93] BGH NStZ 2003, 313 (314); iErg ebenso *Amelung* GA 1977, 1 (16).
[94] *Arzt/Weber/Heinrich/Hilgendorf* § 20/65; für eine entsprechende Beschränkung des Betrugstatbestands: *Ellmer*, Betrug und Opfermitverantwortung, 1986, 281 ff.; *Esser*, Krey-FS 81 (98 f.); vgl. ferner unter Berufung auf Richtlinie 2005/29/EG (Rn. 24): *Hoyer* ZIS 2019, 412 (415).
[95] *Beckemper/Wegner* NStZ 2003, 315 (316); *Bock/Fülscher* NStZ 2023, 705 (709); *Esser*, Krey-FS 81 (98 ff.); *Harbort* Objektive Zurechnung beim Betrug 69 ff.

herangezogen werden: Auch der auf einen Tatbestandsirrtum bezogenen mittelbaren Täterschaft steht es grundsätzlich nicht entgegen, wenn der getäuschte Vordermann fahrlässig handelt.[96] Daher wird auch beim Betrug ein Irrtum selbst bei Zweifeln, welche die Gutgläubigkeit des Opfers als grob leichtfertig erscheinen lassen, nicht ausgeschlossen, sondern ein Irrtum ist erst zu verneinen, wenn das Opfer quasi-vorsätzlich handelt und sich mit dem Risiko abfindet, dass die fraglichen Tatsachen möglicherweise nicht der Wahrheit entsprechen.[97] Sofern das Opfer meint, die Sachlage nicht weiter aufklären bzw. die Unwahrheit vor Gericht nicht beweisen zu können, und aufgrund des Prozessrisikos verfügt, fehlt es insoweit an einem Irrtum[98] oder jedenfalls an dem Kausalzusammenhang zwischen Irrtum und Verfügung (vgl. Rn. 75)[99]. Dies dürfte zumindest in der Tendenz auch der hM entsprechen, die einen Irrtum verneint, wenn das Opfer nur deshalb zahlt, um nicht weiter belästigt zu werden.[100]

c) Kausalzusammenhang: Der zwischen Irrtum und Täuschung erforderliche Kausalzusammenhang wird tatbestandlich mit den zwei Varianten des Erregens und des Unterhaltens umschrieben.

36

aa) Ein Irrtum wird **erregt**, wenn eine (zuvor nicht bestehende) Fehlvorstellung durch Einflussnahme auf den Getäuschten (mit)bewirkt wird.[101]

37

bb) Ein Irrtum kann durch Begehen oder Unterlassen **unterhalten** werden. Durch **Begehen** wird der Irrtum hinsichtlich einer Tatsache aufrechterhalten, indem etwa aufkommende Zweifel zerstreut oder eine Aufklärung durch eigene Nachforschungen des Irrenden verhindert werden. Durch ein **Unterlassen** wird der Irrtum unterhalten, indem eine bestehende Unkenntnis (pflichtwidrig) nicht durch eine zutreffende Information beseitigt wird.[102]

38

cc) Das bloße **Ausnutzen** eines bereits bestehenden Irrtums ist nicht tatbestandsmäßig. Dies ist etwa der Fall, wenn der (keine Garantenstellung innehabende) Täter sich so verhält, als teile er die fragliche Sachverhaltsannahme, ohne sie durch das Vorbringen weiterer (ausdrücklicher oder konkludenter) Informationen zu bestätigen.[103]

39

dd) Das Vorliegen eines Irrtums ist eine beweiserhebliche Tatfrage, die nicht ohne Weiteres bejaht werden darf.[104] Zum Teil wird indes aus dem Umstand, dass das Opfer rechtlich nicht verpflichtet ist, sich hinsichtlich einer Tatsache zu vergewissern, der Schluss gezogen, dass sich das Opfer auch tatsächlich keine Gedanken gemacht habe. Dies gilt beispielsweise für die Verwendung von Legitimationspapieren (zB eines Sparbuchs) oder Kreditkarten.[105] Aus den gleichen Gründen verneint die hL beim **Versäumnisurteil** (§ 331 ZPO) und **Mahnverfahren** (§ 692 Abs. 1 Nr. 2 ZPO) einen

40

---

96 Vgl. LPK § 25 Rn. 7 ff., 13.
97 MK-*Hefendehl* § 263 Rn. 367; NK-*Kindhäuser/Hoven* § 263 Rn. 178; *Klesczewski* BT § 9/50 f.
98 BGH BeckRS 2022, 22840 (Rn. 39).
99 MK-*Hefendehl* § 263 Rn. 369.
100 BGH NStZ-RR 2016, 12 (13); NStZ 2018, 415 (418); einschränkend aber OLG Frankfurt wistra 2019, 158 (161 f. – Fehlvorstellung neben Lästigkeit kausal für die Verfügung); kritisch insoweit *Jahn* JuS 2019, 404 (406); *Krack* wistra 2019, 162 (164).
101 OLG Celle StV 1994, 188 (189 f.); LK-*Tiedemann* § 263 Rn. 94.
102 *Fischer* § 263 Rn. 65; NK-*Kindhäuser/Hoven* § 263 Rn. 184; *Mitsch* 5.2.1.3.2.
103 W-*Hillenkamp/Schuhr* Rn. 549; L-*Kühl/Heger* § 263 Rn. 20.
104 BGH wistra 2019, 420 (421); vgl. aber zur Feststellung aufgrund allgemeiner Erfahrungssätze und normativ geprägter Vorstellungsbilder in Massenbetrugsfällen: BGH NStZ 2019, 43 (44); NStZ-RR 2020, 117 (118) mwN.
105 OLG Düsseldorf NJW 1989, 2003 (2004: Sparbuch); OLG Hamm NStZ-RR 2015, 213 (214); BeckRS 2020, 9059 (Rn. 14: ec-Karte); S/S-*Perron* § 263 Rn. 49/50 (Kreditkarte).

tatsächlichen Irrtum des Richters bzw. Rechtspflegers mit der Begründung, dass der Entscheidende rechtlich vom Tatsachenvortrag des Klägers ausgehen könne und daher nicht verpflichtet sei, das Vorbringen, selbst wenn er es für falsch halte, zurückzuweisen.[106] Die hM hält dem entgegen, dass der Richter bzw. Rechtspfleger ungeachtet der nicht vorzunehmenden Überprüfung regelmäßig in der Vorstellung handelt, dass die tatsächlichen Behauptungen des Antragstellers pflichtgemäß aufgestellt wurden (vgl. § 138 ZPO) und dementsprechend wahr sind.[107] Bei der Verwendung von Legitimationspapieren (Sparbuch)[108] und Kreditkarten[109] spricht auch das Haftungsrisiko des Getäuschten gegen die Prämisse der oben genannten Auffassung, dass das Opfer keinen Anlass hat, sich Vorstellungen über die Berechtigung des Täters zu machen, da es anderenfalls Gefahr laufe, bösgläubig zu werden und seinen Anspruch zu verlieren.[110] Der Haftungsausschluss bzw. das Bestehen des Anspruchs setzt vielmehr die Gutgläubigkeit und damit einen Irrtum des Opfers voraus (vgl. auch § 932 BGB zum gutgläubigen Erwerb und Rn. 97).

41 Zum Teil wird aus den genannten Gründen bereits eine (konkludente) Täuschung verneint.[111] So hat das OLG Hamm in der kontaktlosen Zahlung mit einer Debitkarte ohne Abfrage der PIN keine konkludente Täuschung über die Berechtigung des Kartennutzers gesehen, da der Händler mit der elektronischen Autorisierung unmittelbar eine einredefreie Forderung gegen die kartenausgebende Bank erlange und damit keinerlei Anlass habe, sich Vorstellungen über die Berechtigung des Kartenbesitzers zu machen.[112] Dieser Bewertung liegt die Erwägung zugrunde, dass für die Entstehung des Anspruchs auf Seiten des Händlers die elektronische Autorisierung durch die kartenausgebende Bank entscheidend ist, es aber auf eine Autorisierung des Zahlungsvorgangs durch den Karteninhaber nicht mehr ankommt[113]; dementsprechend hat das OLG Hamm auch eine Strafbarkeit nach § 269 verneint, da der Zahler aufgrund der unterbliebenen (starken) Authentifizierung nicht erkennbar sei.[114] Diese Sichtweise wird durch die Rechtsprechung des EuGH[115] bestätigt, wonach es sich bei derartigen Kleinbetragsinstrumenten um anonyme Zahlungsinstrumente[116] handele, weil die kartenausgebende Bank die Identität des Nutzers nicht überprüfen und daher ihre Haftung zulasten des Karteninhabers beschränken könne (vgl. § 675i Abs. 2 Nr. 3 BGB). Dahinter steht die Erwägung, dass Kleinbetragsinstrumente (§ 675i BGB) für den Kartennutzer eine Bargeldersatzfunktion übernommen haben und dessen Haftungsrisiko

---

106 *Kretschmer* GA 2004, 458 (467); *Otto* JZ 1993, 652 (654 f.); S/S-*Perron* § 263 Rn. 52; LK-*Tiedemann* § 263 Rn. 90.
107 BGH NStZ 2012, 322 (323); OLG Celle NStZ-RR 2012, 111 (112 f.) mit Bespr. *Kudlich* JA 2012, 152 f.; OLG Düsseldorf NStZ 1991, 586; NK-*Kindhäuser/Hoven* § 263 Rn. 192; *Kleszewski* BT § 9/46.
108 S/S-*Perron* § 263 Rn. 48; W-*Hillenkamp/Schuhr* Rn. 545; zur Haftung grob fahrlässiger Unkenntnis der Nichtberechtigung: OLG Düsseldorf NJW 1987, 654.
109 *Schur/Schur* JA 2017, 739 (742, 743), mit Hinweis auf die AGB der Acquiring-Unternehmen, wonach das Vertragsunternehmen die Zahlung nicht akzeptieren darf, wenn aufgrund der Begleitumstände Zweifel an der Berechtigung des Karteninhabers bestehen müssen, vgl. zB Nr. 2.3. f. der AGB der InterCard AG für die Akzeptanz und Abrechnung von Debit- und Kreditkarten im Präsenzgeschäft (AGB Acquiring POS – Card Present), abrufbar unter www.intercard.de (9.8.2022).
110 So aber OLG Hamm NStZ 2020, 673 (674).
111 MK-*Hefendehl* § 263 Rn. 200 ff. mwN.
112 OLG Hamm NStZ 2020, 673 (674); zustimmend *Christoph/Dorn-Haag* NStZ 2020, 697 (702); *Göhler* JR 2021, 6 (10); *Heghmanns* ZJS 2021, 494 (495).
113 Vgl. *Göhler* JR 2021, 6 (8).
114 OLG Hamm NStZ 2020, 673 (675).
115 EuGH MMR 2021, 229 (233).
116 Art. 63 Abs. 1 lit. a Richtlinie 2015/2366 über Zahlungsdienste im Binnenmarkt, ABl. EU L 337/35.

angesichts der betragsmäßigen Begrenzung auf das gespeicherte Guthaben (prepaid) oder die Ausgabengrenze (postpaid) überschaubar bleibt.[117] Selbst wenn man aus diesen Gründen von einer „anonymen" Nutzung der Karte ausgeht, spricht die Parallele zum gutgläubigen Erwerb (vgl. § 935 Abs. 2 BGB) dafür, dass mit dem Einsatz der Karte zum kontaktlosen Zahlen konkludent eine entsprechende Berechtigung behauptet wird (vgl. Rn. 15, 40); ein Betrug zum Nachteil des Erwerbers scheidet insoweit allerdings regelmäßig aufgrund des fehlenden Schadens aus (Rn. 97; s. aber zum Dreiecksbetrug Rn. 49, 51). Darüber hinaus spricht gegen die Anonymität der Nutzung, dass der Karteninhaber den Zahlungsvorgang mit dem Einsatz der Karte autorisiert und die kartenausgebende Bank erst dadurch einen entsprechenden Aufwendungsersatzanspruch gegen den Karteninhaber erlangt (§§ 675, 675c, 670 BGB); eine solche Autorisierung (und der daraus resultierende Aufwendungsersatzanspruch der Bank) ist daher nicht nur bei einer starken Authentifizierung (Karte und PIN, vgl. § 1 Abs. 24 ZAG) anzunehmen.[118] Dementsprechend wird im Schrifttum überwiegend auch eine unechte Datenurkunde und eine Strafbarkeit nach § 269 StGB angenommen.[119]

3. Vermögensverfügung

▶ **Fall 4:** M verschafft sich Zutritt zu einem Museum, indem er dem Eingangspersonal eine gefälschte Eintrittskarte vorzeigt. ◀

▶ **Fall 5:** T betritt das Geschäft des Juweliers J und lässt sich unter Vorspielen der Kaufabsicht mehrere Ringe zeigen, die J aus den verschlossenen Vitrinen holt und auf den Ladentisch legt. In einem günstigen Moment ergreift T die Ringe und verlässt eilends das Juweliergeschäft. ◀

Der Getäuschte muss – als ungeschriebenes Tatbestandsmerkmal – eine Vermögensverfügung vornehmen. Er braucht sie aber nicht eigenhändig vorzunehmen, sondern kann sie auch durch einen Dritten ausführen lassen. 42

Definition: Als Vermögensverfügung ist jedes Verhalten (Tun oder Unterlassen) anzusehen, das unmittelbar zu einer Vermögensminderung führt.[120]

a) **Vermögensminderung:** Unter einer Vermögensminderung ist jede Einbuße eines Vermögensgegenstands zu verstehen. Bei diesem Tatbestandsmerkmal kann sich der Streit um den Vermögensbegriff (vgl. § 26 Rn. 8 ff.) auswirken, etwa bei der Frage, ob die Beute dem Vermögen des Diebes zuzurechnen ist. 43

b) **Begriff der Vermögensverfügung:** Der Begriff der Vermögensverfügung ist nicht zivilrechtlich, sondern rein faktisch zu verstehen. Daher ist **keine Geschäftsfähigkeit** erforderlich. Einschlägig sind neben rechtsgeschäftlichen Handlungen alle Verhaltensweisen, die unmittelbar eine Vermögensverringerung bedingen. Eine Verfügung durch **Unterlassen** kommt zB in Betracht, wenn ein Anspruch nicht geltend gemacht wird.[121] So unterlässt es das Eingangspersonal in **Fall 4**, von M die Bezahlung einer Eintrittskarte für das Museum zu verlangen. Auch **staatliche Hoheitsakte** (zB Verurtei- 44

---

117 Staudinger-*Omlor* § 675i BGB Rn. 4, 6.
118 Ebenso *Göhler* JR 2022, 6 (9); vgl. allgemein MK-BGB-*Jungmann* § 675j BGB Rn. 19, 66; MK-HGB-*Linardatos* K. Onlinebanking Rn. 52, 54.
119 *Christoph/Dorn-Haag* NStZ 2020, 697 (699); MK-*Erb* § 269 Rn. 35 mwN; aA *Heghmanns* ZJS 2021, 494 (496 f.).
120 BGHSt 14, 170 (171); *Fischer* § 263 Rn. 70; LK-*Tiedemann* § 263 Rn. 97.
121 BGH wistra 1984, 225 f.

lungen, Klageabweisungen, Gewährung von Sozialhilfe) können Verfügungscharakter haben.[122] Keine Verfügung ist die mit (absoluter) Gewalt erzwungene Duldung einer Vermögensminderung (vgl. auch § 17 Rn. 22).

Die Vermögensverfügung braucht nicht bewusst vorgenommen zu werden (vgl. aber zum Sachbetrug unten Rn. 58).[123] Die Verfügung kann daher auch ein Akt sein, dessen Vermögensrelevanz der Getäuschte verkennt. Exemplarisch: Der Getäuschte unterzeichnet ein Bestellformular in der irrigen Annahme, er bestätige nur den Besuch des Provisionsvertreters.

45 **c) Unmittelbarkeit:** Mit dem Merkmal der Unmittelbarkeit wird klargestellt, dass die Vermögensminderung vom Getäuschten selbst (oder einem für ihn handelnden Dritten) und nicht vom Täter (oder einem für diesen handelnden Dritten) vorgenommen wird. Damit dient das Merkmal insbesondere der Abgrenzung des (Sach-)Betrugs vom Diebstahl.[124] Zwischen beiden Delikten besteht bereits auf Tatbestandsebene ein Exklusivitätsverhältnis.

Kein Betrug ist es, wenn sich der Täter – wie in **Fall 5** – durch Täuschung nur die Möglichkeit des späteren eigenen Zugriffs verschafft (sog. **Trickdiebstahl**). Exemplarisch: Der Täter erschleicht sich listig den Zutritt zu einer Gewahrsamssphäre (Wohnung, PKW, Schließfach) oder die Kenntnis der Zahlenkombination eines Tresors und bricht den Gewahrsam am Tatobjekt später selbst.[125] Der Täter spiegelt dem Opfer vor, Geldscheine vor dessen Augen vermehren zu können, um die ausgehändigten Geldscheine anschließend unbemerkt an sich zu nehmen.[126] Ein Diebstahl scheidet jedoch aus, wenn der Berechtigte täuschungsbedingt nicht nur mit der Lockerung des Gewahrsams, sondern mit dem Besitzübergang einverstanden ist (zB um Wertgegenstände einem vermeintlichen Polizeibeamten zur sicheren Aufbewahrung zu übergeben[127]), da in einem solchen Einverständnis eine Verfügung liegt (vgl. auch Rn. 96; vgl. auch § 2 Rn. 46 zum Tankbetrug).[128] Demgegenüber ist eine („freiwillige") Verfügung zu verneinen, wenn der Vermögensinhaber eine Sache unter dem Eindruck (vermeintlichen) Zwanges (zB bei einer vorgetäuschten polizeilichen Beschlagnahme) herausgibt, da die Minderung des Vermögens nicht auf seiner autonomen Entscheidung beruht.[129]

4. Vermögensverfügung in Dreiecksverhältnissen

▶ **Fall 6:** Parkwächter P hat einen Zweitschlüssel an den früheren Freund F der Eigentümerin W eines in der Garage abgestellten Pkw ausgehändigt, da F dies von ihm verlangte. P

---

[122] BGHSt 14, 170 (171 f.); 24, 257 ff.
[123] BGHSt 14, 170 (172); OLG Düsseldorf JZ 1985, 251; *Fischer* § 263 Rn. 74; *Mitsch* 5.2.1.4.2; abw. *Joecks*, Zur Vermögensverfügung beim Betrug, 1982, 108; *Otto* § 51/32.
[124] SK-*Hoyer* § 263 Rn. 163; *Klesczewski* BT § 9/56; L-*Kühl/Heger* § 263 Rn. 22; LK-*Tiedemann* § 263 Rn. 98.
[125] Vgl. BGHR § 263 I Vermögensverfügung 1; BGH JZ 1968, 637; OLG Düsseldorf NJW 1990, 923; zur sog. »Wechselgeldfalle« vgl. W-*Hillenkamp/Schuhr* Rn. 613; NK-*Kindhäuser/Hoven* § 242 Rn. 56; jew. mwN Beim sog. Phishing fehlt es nach vorherrschender Ansicht an der Unmittelbarkeit: *Gercke* CR 2005, 606 (608); *Graf* NStZ 2007, 129; *Popp* NJW 2004, 3517 (3518); nach MK-*Hefendehl* § 263 Rn. 961 fehlt es an einer vermögenswerten Exspektanz des Täuschenden; aA *Stuckenberg* ZStW 118 (2006), 878 (899 ff.).
[126] BGH NStZ 2024, 364 (365).
[127] Vgl. BGH NStZ 2022, 95.
[128] BGH NStZ 2024, 364 (365 f.).
[129] BGH NJW 1955, 877 (878); W-*Hillenkamp/Schuhr* Rn. 585 ff.; NK-*Kindhäuser/Hoven* § 242 Rn. 54; aA *Zeyer/Zivanic* ZJS 2022, 198 (203: Verfügung bzw. Betrug), jeweils mwN.

hatte keinerlei Befugnis dazu, den Schlüssel herauszugeben; er hielt sich nur aufgrund eines früher einmal erteilten Einverständnisses für befugt.[130] ◀

a) **Problemstellung:** Beim Betrug muss der **Verfügende** immer auch der **Getäuschte** sein, weil die Vermögensverfügung auf dem Irrtum beruhen muss.

Dagegen können der **Verfügende** und derjenige, über dessen Vermögen verfügt wird (**Vermögensinhaber**), **personenverschieden** sein.[131] Dies ist bei juristischen Personen notwendig der Fall, da die juristische Person als Vermögensinhaber einer natürlichen Person bedarf, die für sie handelt. Eine Dreieckskonstellation ist auch der sog. Prozessbetrug, bei dem das Gericht täuschungsbedingt eine für eine Prozesspartei nachteilige Entscheidung trifft.[132]

Ein besonderes Problem stellt sich, wenn der **Besitzwechsel an einer Sache** von einem getäuschten Dritten vorgenommen wird. In diesem Fall kann die Tat ein Diebstahl in mittelbarer Täterschaft (durch den Dritten als Werkzeug des Täters) oder ein Betrug (durch eine dem Geschädigten zurechenbare Verfügung des Dritten) sein. Dreieckskonstellationen kann es ferner bei **Forderungen** geben, wenn ein getäuschter Dritter gutgläubig oder aufgrund eines Garantieversprechens Forderungen erwirbt (vgl. § 405 BGB, § 56 HGB, Art. 16 WG) bzw. vernichtet (vgl. §§ 370, 407, 409, 808 Abs. 1, 851 BGB).

b) **Lösungsvorschläge:** In beiden Fallgruppen der Dreieckskonstellationen hängt die Entscheidung darüber, ob ein Betrug zu bejahen ist, von den Anforderungen ab, die an die Beziehung zwischen Verfügendem und Geschädigtem zu stellen sind. **Übereinstimmung** herrscht nur insoweit, als nach heute einhelliger Auffassung Betrug ausscheidet, wenn der Verfügende in keinerlei Beziehung zum Vermögensinhaber steht, also nur als (irrendes) außenstehendes Werkzeug des Täters agiert. Umstritten ist dagegen, welcher Art die Beziehung zwischen Verfügendem und Geschädigtem sein muss, damit ein Betrug angenommen werden kann.

aa) Die sog. (faktische) **Nähetheorie** lässt es für die Annahme eines Dreiecksbetrugs ausreichen, dass der Dritte dem betroffenen Vermögen insoweit näher steht als der Täter, als er bereits vor der Täuschung tatsächlich über die Sache verfügen kann.[133] Die Nähetheorie stellt somit bei der Bewertung des Geschehens auf den Dritten ab: Die Tat ist (bei der Verschiebung des Besitzes einer Sache) stets dann ein Betrug, wenn der **Dritte seinen Gewahrsam** (täuschungsbedingt) willentlich auf den Täter überträgt. Dass der Dritte damit zugleich den Gewahrsam des Vermögensinhabers zugunsten des Täters aufhebt, ist eine faktische Folge des Umstands, dass der Dritte bereits vor der Tat die Verfügungsgewalt über das Tatobjekt hat. Vom Diebstahl in mittelbarer Täterschaft unterscheidet sich der Betrug insoweit, als der Täter seinen Gewahrsam jedenfalls von einem der bisherigen Gewahrsamsinhaber ohne deliktischen Zwischenschritt erlangt. Überwiegend wird es für eine dem Vermögensinhaber zurechenbare Verfügung

---

130 Vgl. BGHSt 18, 221 ff.; sowie BGH BeckRS 2017, 113897 (Mitgewahrsam am Inhalt eines Tresors).
131 Heute ganz hM, vgl. nur BGHSt 18, 221 (223); NK-*Kindhäuser/Hoven* § 263 Rn. 208 mwN.
132 *Fischer* § 263 Rn. 43, 85; SK-*Hoyer* § 263 Rn. 177; bzgl. Mahnverfahren BGHSt 24, 257 (260 f.); OLG Düsseldorf NStZ 1991, 586; bzgl. Gerichtsvollzieher OLG Düsseldorf NJW 1994, 3366 f.; bzgl. Irreführung eines Sachverständigen OLG München NJW 2006, 3364; ausf. *Kraatz* Jura 2007, 531 ff.
133 BGHSt 18, 221 (223 f.); BGH NStZ 1997, 32 (33); HKGS-*Duttge* § 263 Rn. 33; *Fischer* § 263 Rn. 83; NK-*Kindhäuser/Hoven* § 263 Rn. 220 f.; M-Schroeder/*Maiwald/Momsen* I § 41/80 f.

als ausreichend angesehen, dass der Dritte als Gewahrsamshüter eine Schutzfunktion wahrnimmt (zB als Dienstmädchen) und die Sache dem Täter übergibt.[134]

Demnach wäre in **Fall 6** ein Betrug zu bejahen, da der Parkwächter zum Zeitpunkt der Täuschung bereits eine besitzbezogene tatsächliche Verfügungsgewalt über den Pkw hatte.

49 In der Konsequenz dieses Ansatzes liegt es, die sich aus dem Gesetz ergebende Möglichkeit, fremde **Forderungen** wirksam zu beeinflussen, für die Annahme eines Forderungsbetrugs im Dreiecksverhältnis genügen zu lassen.[135] Denn auch in diesem Fall hat der Dritte bereits vor der Täuschung faktisch die Möglichkeit, Vermögenswerte zulasten des Vermögensinhabers zu verschieben, sodass das erforderliche Näheverhältnis bejaht werden kann.

50 bb) Nach einer normativierten Variante dieses Ansatzes soll für die Annahme eines Sachbetrugs im Dreieck entscheidend sein, dass der Dritte als Beschützer oder Gehilfe normativ dem **Lager** des Geschädigten zuzuordnen sei.[136] Eine solche Schutzfunktion setzt nicht eigenen Gewahrsam des Dritten voraus, sondern kann auch von einen Gewahrsamsdiener (§ 2 Rn. 57 ff.) übernommen werden.[137]

Auch hiernach läge in **Fall 6** die für einen Betrug erforderliche Verbindung zwischen P und W vor, da P bereits vor der Täuschung besitzbezogene Verfügungsgewalt über den Pkw hatte.[138]

51 Die Antwort der Lagertheorie auf die Frage nach der Möglichkeit eines **Forderungsbetrugs** bei Verfügungen, die aufgrund von Gutglaubensregeln wirksam sind, fällt uneinheitlich aus. Teils wird die sich aus dem Gesetz ergebende Möglichkeit, fremde Forderungen wirksam zu beeinflussen, als hinreichend zur Begründung der „Lagerzugehörigkeit" angesehen.[139] Teils wird jedoch auch verlangt, dass die Nähebeziehung zwischen Verfügendem und Vermögensinhaber bereits vor der Täuschung bestanden haben müsse, mit der Folge, dass ein Betrug bei gutgläubiger Forderungsvernichtung zu verneinen ist.[140]

52 cc) Die sog. **(objektive) Befugnistheorie** nimmt in Dreiecksverhältnissen Betrug nur unter der engen Voraussetzung an, dass der Getäuschte zur Vornahme der Verfügung rechtlich ermächtigt ist.[141] Ein Sachbetrug kommt daher nur in Betracht, wenn sich der Dritte bei der Besitzverschiebung im Rahmen der ihm erteilten oder ihm gesetzlich zustehenden Ermächtigung hält.[142] In allen anderen Fällen erleidet der Vermögensin-

---

134 *Fischer* § 263 Rn. 83; M-Schroeder/*Maiwald/Momsen* I § 41/81 f.; aA NK-*Kindhäuser/Hoven* § 263 Rn. 212.
135 BGH wistra 1992, 299; OLG Celle NJW 1994, 142 (143); NK-*Kindhäuser/Hoven* § 263 Rn. 212; M-Schroeder/*Maiwald/Momsen* I § 41/82.
136 BGHSt 58, 119 (127 f.); BGH BeckRS 2017, 113897; BeckRS 2022, 19735; OLG Karlsruhe NJW 2023, 2894 (2895); S/S-*Perron* § 263 Rn. 66; *Rengier* JZ 1985, 565; LK-*Tiedemann* § 263 Rn. 116.
137 S/S-*Perron* § 263 Rn. 66; *Rengier* I § 13/108; W-*Hillenkamp/Schuhr* Rn. 597; vgl. auch BGH BeckRS 2017, 113897.
138 S. auch zur irrtumsbedingten Duldung einer „Wegnahme" als Verfügung: OLG Karlsruhe NJW 2023, 2894 (2895).
139 *Gössel* MDR 1973, 177 (178); LK-*Tiedemann* § 263 Rn. 117.
140 *Joecks* § 263 Rn. 98; *Offermann-Burckart*, Vermögensverfügungen Dritter im Betrugstatbestand, 1994, 183, 193 ff., 200, 203 f.
141 SK-*Hoyer* § 263 Rn. 148; *Mitsch* 5.2.1.4.4; *Schünemann* GA 1969, 46 (53 f.).
142 *Joecks*, Zur Vermögensverfügung beim Betrug, 1982, 124 ff., 131, 135 f.; *Schünemann* GA 1969, 46 (53 f.); zu einer neueren Variante vgl. *Pawlik*, Das unerlaubte Verhalten beim Betrug, 1999, 205 ff; vgl dagegen zum deliktischen Besitz des Diebs: *Zivanic* NZWiSt 2022, 7 (10 f.).

haber mangels einer ihn bindenden Wirksamkeit der Verfügung des Dritten einen als Wegnahme einzustufenden Gewahrsamsverlust.

In **Fall 6** wäre ein Betrug mithin zu verneinen, da P objektiv nicht befugt war, dem F durch Aushändigen der Schlüssel den Besitz an dem Pkw zu verschaffen. Die Tat wäre vielmehr (bei Zueignungsabsicht des F) als Diebstahl in mittelbarer Täterschaft durch P als Tatmittler anzusehen.

Ein **Forderungsbetrug** ist nach dieser Lehre nur bei hoheitlichem Handeln und bei einem Handeln aufgrund privater Ermächtigungen möglich. Dagegen sind Verfügungen, die von einem getäuschten Dritten nach Gutglaubensregeln rechtswirksam vorgenommen werden, mangels rechtlicher Ermächtigung zur Verfügung **nicht** tatbestandsmäßig, da die Möglichkeit zur Verfügung nicht aufgrund eines Schutz- oder Näheverhältnisses zum Vermögensinhaber, sondern zum Schutz des Rechtsverkehrs besteht.[143] Diese Konsequenz ist jedoch wenig plausibel, weil gerade solche Vermögensbeeinträchtigungen wegen ihres den Vermögensinhaber regelmäßig bindenden Effekts nicht weniger schutzwürdig sind als befugt vorgenommene Verfügungen. Vielmehr bedarf die vom Gesetz vorgesehene Einräumung der Möglichkeit, durch gutgläubiges Handeln fremdes Vermögen rechtlich wirksam zu verschieben, durchaus einer wirksamen Sanktion gegen ihren (täuschungsbedingten) Missbrauch.

53

dd) Die **Befugnistheorie** wird zur Erweiterung ihres Anwendungsbereichs auch in einer **subjektivierten** Variante vertreten. Verlangt wird nur, dass der Verfügende – wenn auch irrig – davon ausgeht, im Rahmen seiner Befugnis zu handeln.[144] Hält sich zB ein Wohnungsnachbar, dem während der Urlaubszeit die Schlüssel zu Kontrollzwecken übergeben wurden, irrig für berechtigt, einem angeblichen Reinigungsdienst einen Pelzmantel auszuhändigen, so wäre nach diesem Ansatz Betrug und kein Diebstahl gegeben. Auch in **Fall 6** käme die subjektive Befugnistheorie zur Annahme eines Betrugs, da sich P für befugt hielt, dem F die Schlüssel auszuhändigen.

54

Immanent unklar ist bei diesem Ansatz jedoch, wie die irrige Annahme des Verfügenden, zur Vornahme eines Gewahrsamswechsels befugt zu sein, das fehlende Einverständnis des Vermögensinhabers in den Gewahrsamswechsel ersetzen soll.

c) **Stellungnahme:** Die Probleme des Dreiecksbetrugs werden durch die sog. Nähetheorie in ebenso einfacher wie plausibler Weise gelöst. Zum einen entsteht beim Forderungsbetrug in den Gutglaubensfällen keine wertungswidrige Strafbarkeitslücke. Zum anderen ist für eine sachgerechte Abgrenzung des Sachbetrugs vom Diebstahl nur erforderlich, dass der Dritte bereits vor der Täuschung Gewahrsam am Tatobjekt hatte.

55

In der Grundkonstellation des Zweipersonenverhältnisses unterscheiden sich Sachbetrug und Diebstahl allein dadurch, dass sich der Täter beim Betrug den Gewahrsam verschaffen lässt, indem er den Gewahrsamsinhaber als irrendes Werkzeug benutzt, während er beim Diebstahl den Gewahrsam (eigenhändig oder durch einen außenstehenden Dritten) bricht. Bei beiden Delikten können nun Gewahrsamsinhaber und Eigentümer auseinanderfallen.

---

143 MK-*Hefendehl* § 263 Rn. 472; SK-*Hoyer* § 263 Rn. 147; *Joecks*, Zur Vermögensverfügung beim Betrug, 1982, 132 ff.; *Mitsch* 5.2.1.4.4.
144 *Otto* § 51/44; *ders.* ZStW 79 (1967), 59 (81, 84 f.); einschränkend *Haas* GA 1990, 200 (205); MK-*Hefendehl* § 263 Rn. 469: irrige Überschreitung einer objektiv bestehenden Befugnis.

Hinsichtlich des Diebstahls ist anerkannt, dass das Innenverhältnis zwischen Gewahrsamsinhaber und Eigentümer keine Rolle spielt: Der Diebstahl setzt nach ganz hM nur voraus, dass der Täter fremden Gewahrsam bricht, unabhängig davon, ob der betreffende Gewahrsamsinhaber selbst Eigentümer ist oder auch nur ein Recht zum Besitz hat; auch der Gewahrsam des deliktischen Besitzers (zB des Diebes oder Hehlers an der Beute) kann iSd Diebstahlstatbestands gebrochen werden (vgl. § 2 Rn. 30). Es ist nun kein Grund ersichtlich, im Gegensatz hierzu beim parallelen Sachbetrug, der sich vom Diebstahl nur durch die Form des Tätervorgehens unterscheidet, eine besondere Beziehung im Innenverhältnis von Gewahrsamsinhaber und Eigentümer zu verlangen. Vielmehr muss es auch – iSd Nähetheorie – beim Dreiecksbetrug unmaßgeblich sein, ob der getäuschte Gewahrsamsinhaber eine Verfügungsbefugnis über das Tatobjekt innehat oder auch nur glaubt, im Interesse des Vermögensinhabers zu handeln. Schwierigkeiten bereiten hingegen die Konstellationen, in denen der Dritte keinen Gewahrsam hat, sondern als Gewahrsamshüter nur eine Schutzfunktion übernommen hat (Laden- oder Hausangestellte, vgl. Rn. 48, 50); insoweit weist die Befugnistheorie darauf hin, dass eine Wegnahme durch den Gewahrsamshüter selbst (unmittelbare Täterschaft) nicht anders zu bewerten sein kann als eine Wegnahme, bei der sich der Täter des Dritten als eines gutgläubigen Werkzeugs bedient (mittelbare Täterschaft).[145] Dieser Widerspruch lässt sich indes dadurch auflösen, dass man die Annahme einer Vermögensverfügung auf die Konstellationen beschränkt, in denen der Dritte zumindest Mitgewahrsam an der zu übergebenden Sache hat.[146]

56 **d) Tatbestandliche Exklusivität von Betrug und Diebstahl:** Sofern die Möglichkeit eines Sachbetrugs im Dreiecksverhältnis bejaht wird, nimmt die hM hier ebenso wie in Zweipersonenverhältnissen (Rn. 45) eine Exklusivität von Betrug und Diebstahl an.[147] Dem ist zuzustimmen, weil es in der fraglichen Konstellation nur einen Geschädigten gibt und die sich gegen ihn richtende Tat nicht zugleich als Diebstahl und als Betrug begangen werden kann (zu Fallgestaltungen mit mehreren Vermögensinhabern unten Rn. 57).

Folglich ist in **Fall 6** nur ein Betrug gegeben und nicht etwa ein Betrug in Tateinheit mit Diebstahl in mittelbarer Täterschaft.

57 **e) Mehrere Vermögensinhaber:** Neben dem typischen Dreiecksbetrug, bei dem Verfügender und Geschädigter personenverschieden sind, ist zudem die Konstellation möglich, dass der **Verfügende** nicht nur Mitgewahrsam am Tatobjekt hat, sondern neben anderen Geschädigten **auch selbst Vermögensinhaber** ist. Hier greift der Betrugstatbestand ohne Weiteres ein, da der Getäuschte als Vermögensinhaber (auch) sich schädigt. Exemplarisch: Ehefrau F übergibt dem Täter täuschungsbedingt eine Sache, die sie gemeinsam mit ihrem Ehemann M in Eigenbesitz hat. Teils wird (vorzugswürdig) in diesem Fall in Orientierung am typischen Tatbild dem Betrug der Vorrang eingeräumt,[148] teils Tateinheit zwischen Betrug zum Nachteil der F und Diebstahl in mittelbarer Täterschaft durch F als gutgläubiges Werkzeug zum Nachteil des M angenommen.[149]

---

145 SK-*Hoyer* § 263 Rn. 145; *Mitsch* NJW 2023, 2896.
146 NK-*Kindhäuser/Hoven* § 263 Rn. 212; aA *Rengier* I § 13/108; vgl. auch BGHSt 18, 221 (223); BGH BeckRS 2017, 113897 (Mitgewahrsam am Tresorinhalt).
147 L-*Kühl/Heger* § 263 Rn. 31; LK-*Tiedemann* § 263 Rn. 116; aA *Ebel* Jura 2007, 897 (901); *Herzberg* ZStW 89 (1977), 367 (387); *Mitsch* NJW 2023, 2896.
148 LK-*Tiedemann* § 263 Rn. 98.
149 SK-*Hoyer* § 242 Rn. 64.

f) Subjektive Seite der Verfügung: Obgleich die Vermögensverfügung grds. kein Verfügungsbewusstsein erfordert (Rn. 44), verlangen die Lehrmeinungen, welche die Abgrenzung von Diebstahl und Betrug in Dreieckskonstellationen nach der Willensrichtung des Getäuschten vornehmen, ausnahmsweise beim Sachbetrug ein Verfügungsbewusstsein hinsichtlich der Besitzverschiebung.[150] Diese (sachwidrige) Einschränkung müssen dagegen diejenigen Lehren, die objektive Abgrenzungskriterien heranziehen, nicht vornehmen (vgl. unten Rn. 96).

5. Vermögensschaden

▶ **Fall 7:** V verkauft ein Paar Hosen zu 60 Euro an den K und gibt dabei an, es handle sich um eine rein wollene Gabardine-Hose. Tatsächlich besteht die Hose, was V auch weiß, aus Zellwolle. Der Handelspreis von Zellwollhosen liegt bei 60 Euro, der von Gabardine-Hosen bei 100 Euro.[151] ◀

▶ **Fall 8:** H verkauft Melkmaschinen zum regulären Verkaufspreis von 20.000 Euro an die Bauern A (reich) und B (arm). Hierbei gibt er jeweils auf Nachfrage wahrheitswidrig an, es handle sich um eine Melkmaschine für zehn Kühe, obwohl die Maschine tatsächlich nur für zwei bis drei Kühe ausreicht. Der arme Bauer B nimmt einen Kredit auf und gerät dadurch in erhebliche finanzielle Schwierigkeiten.[152] ◀

Durch die Vermögensverfügung wird das Vermögen gemindert. Diese Minderung ist jedoch nur dann als Vermögensschaden anzusehen, wenn sie nicht durch den Erhalt eines Äquivalents ausgeglichen wird. Der **Vermögensschaden** ist demnach als **eine nicht durch ein Äquivalent kompensierte Vermögensminderung** zu definieren.[153]

Als Äquivalent ist einhellig ein **fälliger und einredefreier Leistungsanspruch** anerkannt (vgl. auch § 17 Rn. 36).[154] Wird durch die Vermögensverfügung also ein Anspruch in diesem Sinne erfüllt, ist ein Schaden stets zu verneinen. Daher ist es nicht tatbestandsmäßig, wenn der Täter eine Aufrechnungslage (zB durch Aufnahme eines Darlehens) herbeiführt, um sich so Befriedigung für eine durchsetzbare Forderung zu verschaffen.[155] Umstritten ist jedoch, welche weiteren Möglichkeiten einer Kompensation in Betracht kommen:[156]

a) Die juristische Schadenslehre

Die (überholte) juristische Vermögenslehre sieht keine weiteren Möglichkeiten einer Kompensation, da sich Rechte und Pflichten nicht ausgleichend miteinander verrechnen lassen. In jeder Beeinträchtigung eines Vermögensrechts und in jeder (rechtsgrund-

---

150 BGHSt 18, 221 (223); BGH NStZ 1995, 593; OLG Düsseldorf NJW 1988, 922 (923); *Geppert* JuS 1977, 69 f.; W-*Hillenkamp/Schuhr* Rn. 582; *Kleszczewski* BT § 9/58.
151 Vgl. BGHSt 16, 220.
152 Vgl. BGHSt 16, 321.
153 BGHSt 53, 199 (201); NStZ 2023, 680.
154 BGHSt 20, 136 (138); 31, 178 (180); BGH wistra 2004, 25; OLG Köln StV 1991, 209 (210); M-Schroeder/ *Maiwald/Momsen* I § 41/135; LK-*Tiedemann* § 263 Rn. 197; s. aber zur Erfüllung eines noch nicht fälligen Anspruchs: BGH wistra 2021, 403 (404).
155 S. aber zur Verrechnung mit (tatsächlich nicht bestehenden) Forderungen, um das Opfer von der Durchsetzung der eigenen Ansprüche abzuhalten: BGH wistra 2020, 28.
156 Näher *Kindhäuser* Lüderssen-FS 637 ff.

losen) Belastung mit einer Pflicht liegt demnach eine nicht kompensationsfähige Vermögensminderung.[157]

b) Die Zweckverfehlungslehre

61 Nach der sog. Zweckverfehlungslehre wird die Vermögensminderung durch Erreichung des mit der Verfügung verbundenen Zwecks kompensiert.[158] Der Verfügungszweck wird gewöhnlich nicht erreicht, wenn die Gegenleistung Sach- oder Rechtsmängel aufweist (s. zum unechten Erfüllungsbetrug Rn. 106). Der wirtschaftliche Wert von Leistung und Gegenleistung spielt grds. keine Rolle. Auch eine Verrechnung findet nicht statt. Anderes gilt nur, wenn die Leistungen gleichartige Gegenstände (vor allem Bargeld) oder den Austausch von Wertsummen betreffen: Hier kann die Vermögensminderung gleichwertig ausgeglichen werden.[159]

62 Kompensationsfähig ist der Zweck, der nach der Parteiabrede oder – beim Fehlen einer solchen – nach der Verkehrsauffassung zum **sinngebenden Inhalt der Verfügung** gehört. Es geht also nicht um das Motiv des Verfügenden, sondern um den objektivierten Zweck der Verfügung, den auch der Täter (zumindest konkludent) als Geschäftsgrundlage iwS akzeptiert hat. Daher muss der Täter den Zweck als Wertmaßstab der Verfügung gegen sich gelten lassen. Ob der Zweck auf ein **materielles oder ein immaterielles Äquivalent** gerichtet ist, spielt keine Rolle; jeweils hat die Verfügung eine Verringerung des Opfervermögens zum Gegenstand.

Nach diesen Grundsätzen erleiden in den **Fällen 7** und **8** die Opfer jeweils einen Vermögensschaden, da der mit der Zahlung des Kaufpreises verbundene Zweck, eine Gegenleistung bestimmter Qualität (Gabardine-Hose) bzw. Funktion (Melkmaschine) zu erhalten, nicht erreicht wird. Dass in **Fall 8** der Bauer A reich und der Bauer B arm ist, macht keinen Unterschied, da beide gleichermaßen für ihre Investition keine Melkmaschine erhalten, die für den vertraglich vorausgesetzten Zweck (Einsatz für zehn Kühe) geeignet ist.

c) Die wirtschaftliche Schadenslehre

63 Die wirtschaftliche Schadenslehre, die überwiegend von den Vertretern eines rein wirtschaftlichen oder juristisch-ökonomischen Vermögensbegriffs (§ 26 Rn. 12, 16) befürwortet wird, betrachtet die Kompensationsmöglichkeiten differenziert:

- Bei Austauschgeschäften verrechnet sie die Vermögensminderung mit der Gegenleistung nach Maßgabe des jeweiligen Geldwerts (sog. **Saldierungsprinzip**).
- Erweist sich die Vermögensminderung trotz des wirtschaftlichen Äquivalents aufgrund der individuellen Gegebenheiten als Fehlinvestition, wird unter bestimmten Ausnahmebedingungen gleichwohl ein Schaden nach den Grundsätzen der Zweckverfehlungslehre bejaht (sog. **individueller Schadenseinschlag**). Ebenso wird bei einseitigen Leistungen die Zweckverfehlungslehre angewandt.

---

[157] Näher NK-*Kindhäuser/Hoven* § 263 Rn. 266 ff.; zu einer modifizierten Variante *Pawlik*, Das unerlaubte Verhalten beim Betrug, 1999, 286 ff.

[158] Vgl. mit Abweichungen im Detail *Alwart* JZ 1986, 563 (564 f.); *Geerds* Jura 1994, 309 (311); *Hardwig* GA 1956, 6 (17 ff.); NK-*Kindhäuser/Hoven* § 263 Rn. 275 ff., 279 ff.; *Otto* § 51/53 ff.; *Schmidhäuser* BT 11/1 ff.

[159] Auch zivilrechtlich wird in diesen Fällen ipso iure ohne eine Aufrechnungserklärung saldiert und der Bereicherte muss nur die Differenz herausgeben, vgl. *Larenz/Canaris*, Lehrbuch des Schuldrechts, BT II/2, 13. Aufl. 1994, § 73 I 4a.

aa) Saldierungsprinzip: Nach der wirtschaftlichen Schadenslehre soll grds. ein Schaden gegeben sein, wenn die Summe der Vermögenswerte einer Person nach der Vermögensverfügung geringer ist als zuvor, wenn also bei objektiver Gesamtsaldierung der Vor- und Nachteile einer Verfügung der (objektive) wirtschaftliche Wert des Vermögens geschmälert ist.[160] Die Verrechnung richtet sich nach dem konkreten wirtschaftlichen Wert,[161] den die Leistungen unter den gegebenen zeitlichen und örtlichen Umständen und unter Berücksichtigung des jeweiligen Nutzungs- bzw. Wiederbeschaffungswerts haben (vgl. auch zur Minderwertigkeit der Gegenleistung Rn. 67). Da die Leistung des Getäuschten durch die an ihn erbrachte Gegenleistung kompensiert wird, ist in den **Fällen 7** und **8** nach dem wirtschaftlichen Schadensbegriff ein Vermögensschaden grundsätzlich zu verneinen.

64

Dieses Saldierungsprinzip wird jedoch in **mehrfacher Hinsicht** (erheblich) modifiziert:

65

- Es werden nur die zwischen Täter- und Opferseite ausgetauschten und **unmittelbar** mit der Vermögensverfügung zusammenhängenden Vermögenswerte verrechnet.[162]
- **Nicht zu berücksichtigen** sind: der nachträgliche Verzicht des Täters auf den erworbenen Anspruch; gesetzliche Ersatzansprüche,[163] insbesondere Schadensersatzansprüche aus §§ 823 Abs. 2, 826 BGB oder Bereicherungsansprüche nach §§ 812 ff. BGB; Anfechtungs- und Gewährleistungsrechte;[164] Ansprüche des Opfers aus vertraglichen Versicherungsleistungen.
- **Berücksichtigungsfähig** sind dagegen: gesetzliche Sicherungsmittel (zB Unternehmerpfandrecht, § 647 BGB); vertraglich vereinbarte Sicherungen und Rücktritts- und Widerrufsmöglichkeiten (vgl. § 312g BGB)[165]; Sicherungen aus dem Vermögen Dritter (Bürgschaft, Schuldbeitritt, Sicherungsübereignung, aber nicht die bloß faktische Einstandsbereitschaft[166]), sofern sie jeweils ohne Mitwirkung des Schuldners realisierbar sind.[167]

bb) Individueller Schadenseinschlag: Die wirtschaftliche Schadenslehre geht von dem Grundsatz aus, dass das Vermögen eine objektive Größe ist, dessen Wert sich durch den Mechanismus von Angebot und Nachfrage festlegen lässt. Doch der BGH erkennt, dass „die meisten Gegenstände nicht für alle Menschen den gleichen Vermögenswert haben, weil sie nicht für alle gleich brauchbar sind".[168] Statt hieraus die (sachgerechte) Konsequenz zu ziehen, das Vermögen insgesamt als ein der Erreichung von Zwecken dienendes Potenzial zu deuten, formulieren die wirtschaftlichen Lehren nur eine Reihe von Ausnahmen zum Saldierungsprinzip.

66

Ist also nach Anwendung des Saldierungsprinzips festgestellt, dass die Leistung des Getäuschten durch die Gegenleistung – wie in den **Fällen 7** und **8** – wirtschaftlich

---

160 BGHSt 3, 99; 45, 1 (4); *Arzt/Weber/Heinrich/Hilgendorf* § 20/89 f.; *Fischer* § 263 Rn. 110 f.; *Gössel* § 21/146; *Mitsch* 5.2.1.5.3.1.
161 BGHSt 38, 388 (390); BGH NJW 1991, 2573 (2574); auf den Geldwert abstellend LK-*Tiedemann* § 263 Rn. 158 f.
162 BGH wistra 1999, 263 (265 f.); wistra 2019, 152 (153).
163 BGH wistra 1993, 265 (266); SK-*Hoyer* § 263 Rn. 196.
164 BGHSt 21, 384; 23, 300; BGH wistra 2011, 139 (141): Erlöse aus Weiterverkauf; OLG Frankfurt NJW 2011, 398 (403); aA *Wahl*, Die Schadensbestimmung beim Eingehungs- und Erfüllungsbetrug, 2007, 44.
165 Vgl. auch zur fehlenden vertraglichen Bindung von Verbrauchern bei „Abo-Fallen" im Internet (§ 312j BGB): *Krell* ZIS 2019, 62 (63 f.).
166 BGH NStZ 2019, 614 (616); aA *Bittmann/Peschen* NStZ 2019, 617, soweit der Dritte selbst als Täter an dem Betrug beteiligt ist.
167 BGH StV 1985, 186 f.; NJW 1986, 1183; wistra 1995, 28 f.; 1995, 222 (223); L-*Kühl/Heger* § 263 Rn. 36a.
168 BGHSt 16, 321 (325 f.).

ausgeglichen ist, so soll in einem zweiten Schritt geprüft werden, ob das Opfer nicht doch einen individuellen Schaden erlitten hat. An die Stelle des Saldierungsprinzips tritt nun eine am Leitbild eines vernünftigen Wirtschafters ausgerichtete Zweckverfehlungslehre, die den wirtschaftlichen Wert der Gegenleistung völlig unberücksichtigt lässt.[169] Von der Rechtsprechung und dem ihr folgenden Schrifttum sind folgende **Fallgruppen** einer individuellen Schadensberechnung anerkannt:

67 ■ Der Vermögensinhaber kann die Gegenleistung „nach der Auffassung eines sachlichen Beurteilers nicht oder nicht in vollem Umfange für den von ihm **vertraglich vorausgesetzten Zweck** oder in anderer **zumutbarer Weise** verwenden".[170] Beispiele aus der Rechtsprechung sind das Abonnement einer Zeitschrift, die für den Erwerber aufgrund seines Bildungsstands unbrauchbar ist[171] oder der Kauf von Warenterminoptionen als „wertbeständiges, ertragreiches Anlagegeschäft"[172]. Von einer zumutbaren anderweitigen Verwendung soll auszugehen sein, wenn sich die Leistung ohne Verlust und besonderen Aufwand wieder veräußern oder in das wirtschaftliche Gesamtkonzept einpassen lässt. Exemplarisch: Das zum Beitritt zu einem Buchclub veranlasste Opfer erhält eine breite Auswahl an (brauchbaren) Buchtiteln.[173] Daher reicht es für die Annahme eines individuellen Schadenseinschlags nicht aus, wenn der Getäuschte die Gegenleistung nur nicht verwenden wollte.[174] Aus diesem Grund wird auch bei dem Erwerb abgasmanipulierter Dieselfahrzeuge ein Vermögensschaden verneint, weil das Fahrzeug vom Käufer genutzt werden und die Gefahr einer behördlichen Stilllegung des Fahrzeugs ggf. dadurch abgewendet werden kann, dass der Verkäufer zur Mangelbeseitigung aufgefordert wird (s. aber zum unechten Erfüllungsbetrug Rn. 106).[175] Demgegenüber wird in der Rechtsprechung bereits die fehlende Verkehrsfähigkeit von Lebensmitteln (Wein) als ausreichend angesehen, um einen Minderwert der Gegenleistung und damit einen Schaden zu begründen.[176] Als wertbildender Faktor kann darüber hinaus die bei der Herstellung (vermeintlich) beachteter Umweltstandards zu berücksichtigen sein.[177] Bei Kapitalanlagen fehlt es an einem Schaden, wenn die Realisierbarkeit des Geldwerts der Rückzahlungsansprüche trotz zweckwidriger Verwendung des Kapitals unberührt bleibt.[178] Mit Blick auf die verfassungsgerichtlichen Vorgaben wird der Schaden der Anleger daher zum Teil auf der Grundlage einer Saldierung ermittelt (vgl. auch unten Rn. 71).[179] Auch in **Fall 7** wäre ein individueller Schadenseinschlag zu verneinen, da K für sein Geld zum Marktpreis eine Hose erhält, deren übliche Verwendung im Rahmen des Zumutbaren liegt. Demgegenüber liegt in **Fall**

---

[169] *Rengier* I § 13/201 f.; M-Schroeder/*Maiwald/Momsen* I § 41/114 f., 119 ff.; LK-*Tiedemann* § 263 Rn. 178.
[170] BGHSt 16, 321 (326); 22, 88; BGH wistra 1999, 299 (300); BGH NStZ-RR 2018, 283.
[171] BGHSt 23, 300 ff.; vgl. auch BGH GA 1963, 208; OLG Köln NJW 1976, 1222 mit Bespr. *Jakobs* JuS 1977, 228 ff.; OLG Stuttgart NJW 1980, 1177 (1178).
[172] BGHSt 32, 22 (23).
[173] LK-*Tiedemann* § 263 Rn. 178.
[174] BGH StraFo 2015, 479 f.; s. auch zum umweltbewussten Käufer eines abgasmanipulierten Dieselfahrzeugs: *Hefendehl* wistra 2023, 177 (185).
[175] MK-*Hefendehl* § 263 Rn. 983 ff.; *Saliger/Rüsse* NStZ 2021, 513 (516); S/S/W/*Satzger* § 263 Rn. 282.
[176] BGH NJW 1995, 2933 (2934); ebenso zu manipulierten Dieselfahrzeugen: *Wolf* NStZ 2023, 263 (266); für einen Vorrang des Lebensmittelstrafrechts (§§ 58, 59 LFGB) *Raffael* ZLR 2023, 744 (754 f.).
[177] Eingehend *Schrott/Mayer* GA 2023, 675 ff.
[178] BGH NStZ 2014, 318 (320); NStZ-RR 2018, 283.
[179] BGH NStZ 2017, 708 (709 f.).

8 ein individueller Schadenseinschlag vor, da A und B nur für eine Melkmaschine Verwendung haben, die für (mindestens) zehn Kühe geeignet ist.[180]

- Die Verfügung führt den Vermögensinhaber – wie in **Fall 8** den armen Bauer B – in (erhebliche) finanzielle Bedrängnis, weil er „durch die eingegangene Verpflichtung zu vermögensschädigenden Maßnahmen genötigt wird".[181] Er muss etwa ungünstige Kreditverträge abschließen, Wertpapiere unvorteilhaft verkaufen oder auf anderweitige sinnvolle Investitionen verzichten.

68

- Dem Vermögensinhaber werden infolge der Verpflichtung „die Mittel entzogen, die für die Aufrechterhaltung einer seinen Verhältnissen angemessenen Wirtschafts- und Lebensführung unerlässlich sind".[182]

69

- Ein individueller Schadenseinschlag wird dagegen **abgelehnt**, wenn das Opfer bei wirtschaftlich ausgeglichenen Geschäften den Vertrag nur aufgrund der irrigen Vorstellung eingeht, einen karitativen Zweck, zB durch den Kauf von Blindenware, zu fördern[183] oder – wie der Hosenkäufer K in **Fall 7** – ein Sonderangebot anzunehmen.[184]

70

Einwände: Gegen die Lehre vom individuellen Schadenseinschlag ist einzuwenden, dass sie mit der Deliktsstruktur des Betrugs kaum zu vereinbaren ist:

71

- Der Betrug ist ein Vermögensverschiebungsdelikt, bei dem der Schaden dem Täter als Gewinn zuwachsen muss.[185] In den Fällen des individuellen Schadenseinschlags kommt der spezifische – weil individuell begründete – Schaden dem Täter gerade nicht zugute.[186] Lässt man die vertraglich vorausgesetzte Zweckbestimmung der Melkmaschine beiseite, so erleidet in **Fall 8** der arme Bauer einen Schaden, der aber dem Täter nicht als Vorteil zuwächst, weil dieser nicht aus der wirtschaftlichen Bedrängnis des B resultiert. Der Täter H erhält nur den Marktpreis, den seine Maschine in allen Verkaufsfällen gleichermaßen wert ist. Unerfindlich ist in diesem Zusammenhang auch, warum von zwei Opfern A und B, die in derselben Art und Weise durch Täuschung zu einer Vermögensverfügung veranlasst werden, nur dasjenige schutzwürdig sein soll, das sich in wirtschaftlicher Bedrängnis befindet.[187]

- Des Weiteren wird der Vorsatz des Täters beim Saldierungsprinzip (Kenntnis des Wertgefälles von Leistung und Gegenleistung) anders als beim individuellen Schadenseinschlag (Kenntnis der wirtschaftlichen Opfersituation) bestimmt. Es wird also der Vorsatzgegenstand in beiden Konstellationen verändert.[188]

- Sodann sind die Kriterien des individuellen Schadenseinschlags nur schwer mit dem Bestimmtheitsgrundsatz (Art. 103 Abs. 2 GG) zu vereinbaren.[189] Mit der neueren

---

180 BGHSt 16, 321 (326).
181 BGHSt 16, 321.
182 BGHSt 16, 321 (328); BGH NJW 1968, 261; wistra 1999, 299 (300); BayObLG NJW 1973, 633; OLG Hamm wistra 1982, 152.
183 OLG Köln NJW 1979, 1419; *Mayer* Jura 1992, 238; *Sonnen* JA 1982, 593.
184 BGH NJW 1983, 1917; OLG Düsseldorf NJW 1991, 1841; OLG Hamm NStZ 1992, 593.
185 Zur Bereicherungsstruktur vgl. Rn. 81; ferner § 26 Rn. 4.
186 Vgl. auch *Lampe* Otto-FS 623 (644); *Otto* § 51/74; *Schmoller* ZStW 103 (1991), 92 (99 ff.).
187 NK-*Kindhäuser/Hoven* § 263 Rn. 263; *Otto* § 51/61.
188 NK-*Kindhäuser/Hoven* § 263 Rn. 264.
189 *Pawlik*, Das unerlaubte Verhalten beim Betrug, 1999, 289; *Winkler*, Der Vermögensbegriff beim Betrug und das verfassungsrechtliche Bestimmtheitsgebot, 1995, 79.

Rechtsprechung des BVerfG zum Schadensbegriff[190] haben diese Bedenken zusätzliches Gewicht erhalten, sodass auch in der Rechtsprechung Zweifel laut geworden sind, ob an der Lehre vom individuellen Schadenseinschlag uneingeschränkt festzuhalten ist.[191] Das BVerfG hat derartige Bedenken allerdings als unbegründet angesehen.[192]

■ Schließlich werden in die Beurteilung der wirtschaftlichen Lage sachwidrig Vermögensbewegungen (zB Aufnahme von Krediten, Unterhaltszahlungen) einbezogen, die **nicht unmittelbar** mit der Vermögensverfügung zusammenhängen.

72 cc) **Einseitige Leistungen:** Den Prämissen der wirtschaftlichen Schadenslehre zufolge müssten einseitige Leistungen (Schenkungen, Subventionen usw) mangels wirtschaftlicher Gegenleistung stets als Schaden zu bewerten sein. Überwiegend wenden ihre Vertreter jedoch auf solche Konstellationen die Zweckverfehlungslehre an und lassen auch die Erreichung eines ideellen, sozialen oder nur mittelbar wirtschaftlichen Zwecks als kompensierendes Äquivalent der Vermögensverfügung gelten.[193] Der BGH hat allerdings kürzlich allein darauf abgestellt, ob zum Zeitpunkt der Bewilligung ein Anspruch auf Gewährung der Subvention bestand[194]; dies entspricht der streng formalen Betrachtungsweise beim Abrechnungsbetrug (Rn. 103). Demgegenüber wird ein Schaden überwiegend verneint, wenn – wie zB beim Ankauf von Blindenware zu einem überhöhten Preis – die Leistung durch ein wirtschaftliches Äquivalent ausgeglichen wird, die von dem Leistenden verfolgten ideellen Zwecke indes verfehlt werden.[195] Dies wird zum Teil darauf gestützt, dass der ideelle Zweck gegenüber dem primären Motiv des Käufers (Deckung des allgemeinen Lebensbedarfs) in den Hintergrund tritt.[196]

73 dd) **Kritik:** Die wirtschaftliche Schadenslehre hat sich im Laufe der Zeit aus sachgerechten Gründen in vielen Detailfragen von ihrem Ausgangspunkt, das Vermögen als objektive wirtschaftliche Wertsumme zu begreifen, weit entfernt. Das Ergebnis ist ein Sammelsurium von kasuistischen und miteinander unvereinbaren Berechnungsmethoden ohne innere Linie. Angesichts des Umstands, dass die wirtschaftliche Schadenslehre bei einseitigen Leistungen und der Sache nach auch beim individuellen Schadenseinschlag weitgehend der Zweckverfehlungslehre folgt, erscheint es längst überfällig, den Schaden bei den Vermögensdelikten nach Maßgabe der ebenso einfachen wie auf alle Fallgruppen gleichermaßen passenden Zweckverfehlungslehre zu bestimmen. Für die Zweckverfehlungslehre spricht im Übrigen, dass sie – anders als das Saldierungsprinzip – mit den zivilrechtlichen Wertungen harmoniert, da auch im Bereicherungsrecht des BGB die Saldotheorie in Fällen arglistiger Täuschung keine Anwendung findet.[197]

74 Allerdings ist auch die Schadensermittlung nach Maßgabe der Zweckverfehlungslehre an den Vorgaben des BVerfG zu messen, wonach es das Bestimmtheitsgebot

---

190 BVerfGE 126, 170 (zu § 266); NJW 2012, 907 (zu § 263).
191 BGH NStZ 2014, 318 (320).
192 BVerfG NJW 2013, 365 (367).
193 BGHSt 31, 93 (95 f.); BGH NJW 1995, 539; wistra 2003, 457 (459); NStZ 2006, 624 (625); W-*Hillenkamp/Schuhr* Rn. 629 ff.; S/S-*Perron* § 263 Rn. 102; *Rudolphi* Klug-FS 315; bzgl. staatlicher Parteienfinanzierung *Grunst* wistra 2004, 95 (96); krit. *Dölling* JuS 1981, 570 (571); *Graul* Brandner-FS 801 (812); *Hilgendorf* JuS 1994, 466 (468).
194 BGH NStZ 2024, 488 (490).
195 OLG Köln NJW 1979, 1419 f.; s. dagegen OLG Düsseldorf wistra 1990, 200.
196 *Schrott/Mayer* GA 2023, 675 (689 f.).
197 Vgl. BGHZ 53, 144 ff.; *Huber* JuS 1972, 439 ff.; *Medicus/Petersen*, Bürgerliches Recht, 22. Aufl. 2009, Rn. 230; Palandt/*Sprau* BGB § 818 Rn. 49; jew. mwN.

(Art. 103 Abs. 2 GG) erfordert, dass es nicht zu einer „Verschleifung" mit anderen Tatbestandsmerkmalen kommen darf und der Vermögensnachteil nicht allein anhand normativer, sondern nach wirtschaftlichen Kriterien festgestellt und grundsätzlich auch beziffert werden muss.[198] Aus diesen Vorgaben wird zum Teil abgeleitet, dass die Zweckverfehlungslehre als Grundlage für die Begründung eines Vermögensschadens nicht mehr aufrechterhalten werden kann: Sehe man die irrtumsbedingte Verfügung (und die darin liegende Zweckverfehlung) bereits als Schaden an, so verliere das Merkmal des Vermögensschadens seine selbstständige Bedeutung, sodass ein Verstoß gegen das „Verschleifungsverbot" vorliege; zudem verstoße die mit der Zweckverfehlungslehre bewirkte Subjektivierung gegen das Gebot, den Vermögensschaden objektiv, dh nach wirtschaftlichen Kriterien, zu bestimmen.[199] Eine „Verschleifung" von Vermögensverfügung und Schaden droht indes nicht, da die Verfügung zunächst nur die Feststellung einer Vermögensminderung erfordert und erst mit der Prüfung eines Vermögensschadens ermittelt wird, ob diese Minderung durch einen Vorteil (Zweckerreichung) kompensiert wird.[200] Gewichtiger ist der Verweis auf das Gebot einer wirtschaftlichen Schadensbegründung, das mit der Zweckverfehlungslehre durchbrochen wird. Allerdings wird dabei stets darauf hingewiesen, dass nur objektivierbare, wirtschaftlich relevante Zwecksetzungen zur Schadensbegründung herangezogen werden dürften.[201] Dies entspricht im Ausgangspunkt dem zivilrechtlichen Schadensbegriff, wonach ein Vertragsschluss einen Vermögensschaden begründen kann, wenn dieser objektiv nach der Verkehrsanschauung als unvernünftig und den konkreten Vermögensinteressen nicht angemessen anzusehen ist.[202] Mit der Abgrenzung zu reinen Affektionsinteressen, die sich einer solchen Objektivierung entziehen, kann dem vom BVerfG verfolgten Anliegen, den Betrugstatbestand durch eine „entgrenzende" Auslegung des Schadensmerkmals zu überdehnen, ausreichend Rechnung getragen werden. Die Zweckverfehlungslehre ist daher mit dem Bestimmtheitsgebot (Art. 103 Abs. 2 GG) vereinbar.[203]

6. Kausaler und funktionaler Zusammenhang

a) Kausalität: Täuschung, Irrtum und schädigende Vermögensverfügung müssen in einem Kausalzusammenhang stehen.[204] Hieran fehlt es, wenn der Getäuschte die Tatsachenbehauptung zwar für wahr hält, ihr aber für seine Verfügung keine Bedeutung beimisst oder zur Erfüllung einer anderweitig bestehenden Pflicht handelt (vgl. auch Rn. 36).[205]

b) Funktionaler Zusammenhang: Ferner müssen Irrtum und schädigende Vermögensverfügung nach vorherrschender Lehre dergestalt aufeinander bezogen sein, dass dem Verfügenden **gerade das Schädigende seines Verhaltens verborgen** bleibt. Der Verfügende ist nur dann Werkzeug des Täters (iSd betrugsspezifischen mittelbaren Täterschaft),

---

198 BVerfG NJW 2012, 907 (916).
199 *Schlösser* HRRS 2011, 245 (256 ff.).
200 MK-*Hefendehl* § 263 Rn. 1051 f.
201 W-*Hillenkamp/Schuhr* Rn. 631.
202 BGH NJW 1962, 1968 (zu § 826 BGB); gegen eine solche Parallele auf der Grundlage des von der hM vertretenen wirtschaftlichen Schadensbegriffs: *Saliger/Rüsse* NStZ 2021, 513 ff.; vgl. insoweit auch BGH NJW 2020, 2798 (2801 – zu § 823 Abs. 2 BGB i.V.m. § 263 StGB).
203 MK-*Hefendehl* § 263 Rn. 1051 f.
204 BGHSt 2, 325 (326 f.); 24, 386 (389); BGH StV 2002, 132 f.; NStZ 2003, 539.
205 S/S-*Perron* § 263 Rn. 77; LK-*Tiedemann* § 263 Rn. 122; näher zur psychischen Kausalität beim Betrug: *Schlack* Kindhäuser-FS 795 (807 ff.).

wenn er die Vermögensminderung bzw. deren fehlende Kompensation verkennt.[206] Für die Zweckverfehlungslehre ergibt sich diese Voraussetzung auch daraus, dass die Verfügung ihren Zweck nicht verfehlt, wenn er dem Verfügenden bekannt ist. Damit die Zwecksetzung verfälscht ist, darf der Verfügende entweder überhaupt nicht erkennen, dass er disponiert, oder er muss sich in einem auf die Erreichung des gesetzten Zwecks bezogenen Irrtum befinden.

77 Die Rechtsprechung und ein Teil der Lehre verlangen einen solchen funktionalen Zusammenhang bislang nur, wenn sie den Schaden bei einseitigen Leistungen iSd Zweckverfehlungslehre (Bettel- und Spendenbetrug) darüber begründen, dass dem Vermögensinhaber die Verfehlung des mit der Verfügung verfolgten Zwecks verborgen bleibt.[207] Zum Teil wird eine Beschränkung des § 263 auf unbewusste Selbstschädigung generell abgelehnt, um einen umfassenden Vermögensschutz zu gewährleisten.[208] Nach dieser weiten Auslegung wäre dann aber auch die durch einen Motivirrtum veranlasste bewusste Selbstschädigung vom Betrugstatbestand erfasst[209], was indes auch von den Vertretern der Lehre von der bewussten Selbstschädigung abgelehnt wird[210]. Da es bei dem funktionalen Zusammenhang um eine allgemeine Voraussetzung für die Schadenszurechnung geht (vgl. auch Rn. 36)[211], besteht kein Grund, dieses Erfordernis auf die Konstellation des Spendenbetruges zu beschränken; in der neueren Rechtsprechung deutet sich dementsprechend an, dass die bewusste Selbstschädigung auch bei Austauschverträgen einen Zurechnungsausschluss begründen kann.[212]

II. Subjektiver Tatbestand

1. Vorsatz

78 Der subjektive Betrugstatbestand erfordert zunächst, dass der Täter hinsichtlich aller objektiven Tatbestandsmerkmale mit (zumindest bedingtem) **Vorsatz** handelt.

2. Absicht rechtswidriger Bereicherung

79 Zudem muss der Täter die weitergehende Absicht haben, **sich oder einem Dritten einen rechtswidrigen Vermögensvorteil zu verschaffen**. Der Eintritt dieses intendierten Bereicherungserfolgs ist für die Vollendung des objektiven Tatbestands nicht erforderlich.

80 a) **Absicht:** Die Absicht verlangt einen **finalen Erfolgswillen**. Die Bereicherung muss für den Täter Hauptziel oder notwendiges Zwischenziel der Tatbestandsverwirklichung sein. Dies ist etwa nicht der Fall, wenn der Täter die Bereicherung „als peinliche oder lästige Folge seines Handelns" hinnimmt, weil er glaubt, sonst sein anderes Ziel

---

[206] SK-*Hoyer* § 263 Rn. 66; M-Schroeder/*Maiwald/Momsen* I § 41/122; S/S-*Perron* § 263 Rn. 41, 102; *Rudolphi* Klug-FS 315 ff.; vgl. auch *Graul* Brandner-FS 801 (813 ff.).
[207] BGHSt 19, 37 (45); BGH NJW 1992, 2167; NJW 1995, 539; KG JR 1962, 26 (27); OLG Düsseldorf NJW 1990, 2397; *Hilgendorf* JuS 1994, 466 ff.; *Schmoller* JZ 1991, 117 ff.
[208] *Rengier* I § 13/172; S/S/W-*Satzger* § 263 Rn. 205.
[209] Vgl. BayObLG NJW 1952, 798 (Täuschung über hohe Spenden der Nachbarn, um das Opfer zu einer höheren Zuwendung zu bewegen).
[210] *Rengier* I § 13/176 f.; W-*Hillenkamp/Schuhr* Rn. 631; vgl. die entsprechende Kritik bei *Eisele* BT II Rn. 629.
[211] Vgl. auch MK-*Hefendehl* § 263 Rn. 1088 ff. (Zurechnungsausschluss bei eigenverantwortlicher Selbstschädigung).
[212] Vgl. zum funktionalen Zusammenhang BGHSt 60, 1 (15) mit Anm. *Albrecht* JZ 2015, 841 und *Schlösser* StV 2016, 25 (27 f.).

zu verfehlen.²¹³ Exemplarisch: Der Täter übernimmt eine Stellung zum Zweck der Werkspionage; die Annahme der Bezahlung dient hier nur der Tarnung, ist aber nicht Ziel des Einschleichens.²¹⁴

b) **Vermögensvorteil:** Als Vermögensvorteil, den der Täter erstreben muss, kommt jede Verbesserung der Vermögenslage in Betracht, auch das Ersparen von Aufwendungen oder eine günstigere Beweislage. Bei wirtschaftlicher Betrachtung kann die Bereicherung in der Vermehrung der Aktiva oder in der Verminderung der Passiva liegen. 81

c) **Stoffgleichheit:** Dass ein Vermögensvorteil erstrebt sein muss, macht den Betrug zu einem **Vermögensverschiebungsdelikt.** Der (erstrebte) Vorteil und die Vermögensminderung müssen durch dieselbe Verfügung vermittelt werden, dh der Vorteil muss die **Kehrseite** der durch die Verfügung bedingten Vermögensminderung sein.²¹⁵ Vermögensminderung und Vorteil müssen, so wird im Allgemeinen verlangt, **stoffgleich** sein; sie müssen sich also auf denselben Verfügungsgegenstand beziehen. Beim Sachbetrug besteht die Stoffgleichheit in der Identität des Tatobjekts. Beim Forderungsbetrug bezieht sich die Stoffgleichheit auf den Gegenstand der Forderung (Geldbetrag, sonstige Leistung). In Anlehnung an die zivilrechtlichen Regeln der ungerechtfertigten Bereicherung lässt sich die erforderliche Stoffgleichheit auf die Formel bringen, dass der erstrebte Vorteil **unmittelbar auf Kosten des Opfervermögens** erlangt sein muss.²¹⁶ 82

Mangels Stoffgleichheit scheiden demnach Belohnungen, die dem Täter für seine Täuschung von dritter Seite in Aussicht gestellt werden, als einschlägige Vorteile aus. Nicht erstrebt sind (im Regelfall) auch die Vorteile aus mittelbaren Schäden und weitergehenden Folgeschäden, die das Opfer erleidet,²¹⁷ zB die Auslagen für einen Prozess oder die zum Abschluss eines Geschäfts erforderlichen Flugkosten. An der Stoffgleichheit fehlt es ferner, wenn der Täter einen Unfallbeteiligten durch Täuschung an der Geltendmachung eines Schadens hindert, um seinen Schadensfreiheitsrabatt bei der Versicherung zu erhalten.²¹⁸ Ebenso muss unberücksichtigt bleiben, wenn der Täter lediglich Dritten die Möglichkeit verschafft, das Opfer zu schädigen.²¹⁹ 83

Bei den sog. **Provisionsvertreterfällen,** bei denen der Täter den von einem Dritten erstrebten Vermögensvorteil nur dadurch erlangen kann, dass er das Opfer zugunsten des Dritten schädigt, verwirklicht der Täter den Betrugstatbestand zweimal: Zunächst begeht der Täter einen Betrug mit Drittbereicherungsabsicht hinsichtlich des zuerst getäuschten Opfers; er schließt zB mit dem Opfer unter falschen Voraussetzungen einen Vertrag über ein Zeitschriftenabonnement (zugunsten einer Vertriebsfirma) ab. Sodann verwirklicht der Täter einen Betrug zum Nachteil des Dritten; er veranlasst zB die Vertriebsfirma unter Vorlage der anfechtbaren Verträge zur Auszahlung der nicht zu beanspruchenden Provision. In dieser Konstellation ist die Drittbereicherung beim 84

---

213 BGHSt 16, 1 (6); BGH NJW 1993, 273 ff.; zu den Fällen des Liefernlassens von Waren, um eine andere Person zu ärgern vgl. ausf. *Krack* Puppe-FS 1205 ff.
214 S/S-*Perron* § 263 Rn. 176.
215 BGHSt 6, 115 (116); 34, 379 (391); W-*Hillenkamp/Schuhr* Rn. 667; näher zur wirtschaftlichen Schadenslehre LK-*Tiedemann* § 263 Rn. 256.
216 Näher NK-*Kindhäuser/Hoven* § 263 Rn. 359; vgl. auch BGHSt 21, 384 (386); BayObLG NStZ 1994, 491.
217 BGH NJW 1989, 918 f.; NStZ 2001, 534; NStZ-RR 2002, 10; BGHR § 263 I Stoffgleichheit 2; *Fischer* § 263 Rn. 189.
218 BayObLG JZ 1994, 584.
219 BGH StV 2011, 726 (727); StraFo 2011, 238 (239).

ersten Betrug notwendiges Zwischenziel der angestrebten Selbstbereicherung durch den zweiten Betrug.[220]

85 d) **Rechtswidrigkeit:** Der Betrug verlangt eine **doppelte Rechtswidrigkeitsprüfung.** Zum einen muss die erstrebte Bereicherung rechtswidrig sein; zum anderen darf das Unrecht der Tat insgesamt nicht durch einen Rechtfertigungsgrund ausgeschlossen sein.

86 Die **Rechtswidrigkeit der Bereicherung** ist vorsatzrelevantes Tatbestandsmerkmal,[221] da sich die Rechtswidrigkeit nicht nur auf die Bereicherung, sondern auf die Vermögensverschiebung insgesamt bezieht. Es genügt, wie auch hinsichtlich des Schadens, **bedingter Vorsatz.**[222]

Die (erstrebte) Bereicherung ist **nicht rechtswidrig,** wenn der Täter (oder der begünstigte Dritte) einen fälligen und einredefreien Anspruch hat, der durch die Vorteilserlangung erlischt,[223] oder die Durchsetzung eines unbegründeten Anspruchs abwehrt.[224] In diesen Fällen fehlt es in der Regel bereits an einem Vermögensschaden (vgl. bereits § 17 Rn. 50).

Geht der Täter hingegen irrtümlich davon aus, dass ihm kein durchsetzbarer Anspruch zusteht, besteht aber tatsächlich ein solcher Anspruch, der objektiv einen Schaden bzw. die Rechtswidrigkeit der Bereicherung ausschließt, so ist der Täter wegen (untauglichen) Betrugsversuchs zu bestrafen.[225]

III. Versuch, Vollendung, Beendigung

87 Der **Versuch** ist strafbar (Abs. 2). Das unmittelbare Ansetzen liegt gewöhnlich in dem (ausdrücklichen oder konkludenten) Äußern der unzutreffenden Tatsachenbehauptung, wobei erst diejenige Täuschungshandlung maßgeblich ist, die das Opfer unmittelbar zu der Verfügung veranlassen soll.[226] Eine Täuschung, die zunächst anderen Zwecken dient, etwa dem Erschleichen des Vertrauens des Opfers oder der Sondierung der Bereitschaft zum Vertragsschluss, ist noch dem Vorbereitungsstadium zuzuordnen.[227] In der Unterlassungsvariante beginnt der Versuch, sobald es erforderlich ist, die Information zu erteilen, um das Opfer vor einer bevorstehenden Fehldisposition zu bewahren. Die Tat ist mit dem (zumindest teilweisen) Eintritt des Vermögensschadens **vollendet,** und sie ist **beendet,** wenn der vorgesehene Empfänger die vom Täter erstrebte Bereicherung erlangt.[228]

---

220 BGHSt 21, 384 ff.; BGH NJW 1961, 684; vgl. auch BGH NStZ 2003, 264; OLG Düsseldorf wistra 1985, 110 (111): zur Täuschung über eine gelieferte Ölmenge.
221 BGHSt 3, 160 (163); 42, 268 (272 f.); BGH NStZ 2003, 663 (664); L-*Kühl/Heger* § 263 Rn. 62; zur näheren Begründung *Kindhäuser* Dahs-FS 65 ff.
222 BGHSt 31, 178 (181); 42, 268 (273); *Fischer* § 263 Rn. 195; W-*Hillenkamp/Schuhr* Rn. 662.; *Mitsch* 5.2.2.1; *Otto* § 51/99.
223 BGHSt 3, 160; 20, 136 (137 f.); BGH NStZ 1988, 216; 2017, 465 (467); LK-*Tiedemann* § 263 Rn. 265.
224 BGHSt 42, 268 (271); *Fischer* § 263 Rn. 193.
225 BGHSt 42, 268 (272 f.); *Kudlich* NStZ 1997, 432 (433 f.); aA *Jakobs*, Abschn. 11/41, 25/42: Wahndelikt.
226 BGH NStZ 2023, 37 (41).
227 BGH NStZ 2011, 400 (401); OLG Hamm StraFo 2011, 411.
228 BGHSt 19, 342 (344); 32, 236 (243); BGH NStZ 2014, 516 (517) mit krit. Anm. *Becker*; BGH NStZ-RR 2016, 43; NStZ 2023, 681; abw. *Otto* Lackner-FS 715 (722 f.): bereits mit endgültigem Schadenseintritt.

IV. Regelbeispiele (Abs. 3) und Qualifikation (Abs. 5)

§ 263 Abs. 3 formuliert in der Technik der Regelbeispiele (vgl. § 3 Rn. 1 ff.) Fälle mit angehobenem Strafrahmen:

- Nach Abs. 3 S. 2 Nr. 1 ist ein Regelfall bei **gewerbsmäßigem** (vgl. § 3 Rn. 24 ff.) oder **bandenmäßigem** (vgl. § 4 Rn. 29 ff.) Handeln anzunehmen.

- Ein **Vermögensverlust großen Ausmaßes** iSv Abs. 3 S. 2 Nr. 2 Alt. 1 ist eingetreten, wenn das Opfer einen Schaden von mindestens 50.000 Euro erlitten hat.[229] Eine schadensgleiche Vermögensgefährdung reicht insoweit nicht aus, sondern der Schaden muss tatsächlich eingetreten sein („Verlust").[230] Nach der zweiten Alternative muss der Täter (nur) die Absicht (dolus directus)[231] verfolgen, durch fortgesetztes Handeln eine **große Zahl von Menschen**[232] in die (konkrete) **Gefahr** des Verlustes von Vermögenswerten zu bringen; wenigstens 20 Opfer müssen betroffen sein.[233] Bei mehreren durch eine natürliche Handlungseinheit verbundenen Taten sind die Einzelschäden zu addieren,[234] aber nur soweit sie dasselbe Opfer betreffen.[235]

- **Wirtschaftliche Not** iSv Abs. 3 S. 2 Nr. 3 ist eingetreten, wenn der Geschädigte in eine Mangellage geraten ist, aufgrund derer für ihn oder unterhaltspflichtige Personen der notwendige Lebensunterhalt ohne Hilfe dritter Personen nicht mehr gewährleistet ist. Leistungen aus der (ihrerseits eine Notlage voraussetzenden) Sozialhilfe sind nicht zu berücksichtigen.

- Der Regelfall des **Missbrauchs der Amtsträgereigenschaft** (Abs. 3 S. 2 Nr. 4) gilt für Täter und Teilnehmer und erfordert ein vorsätzliches rechtswidriges Vorgehen. Handelt der Amtsträger (vgl. § 11 Abs. 1 Nr. 2 und 2a) innerhalb seiner Zuständigkeit, missbraucht er seine Befugnisse; nutzt er die ihm durch sein Amt eröffneten Handlungsmöglichkeiten außerhalb seines Zuständigkeitsbereichs aus, missbraucht er seine Stellung.[236]

- Ein **Versicherungsfall** wird iSv Abs. 3 S. 2 Nr. 5 **vorgetäuscht**, wenn ein nicht bestehender Anspruch auf die Versicherungsleistung gegenüber der Versicherung geltend gemacht wird. Gegenstand der Täuschungshandlung muss hierbei die wahrheitswidrige Darstellung der tatsächlichen Voraussetzungen eines Versicherungsfalls im Rahmen einer Brand- und Schiffsunfallversicherung sein. Die beanspruchten Sachversicherungsleistungen müssen sich „deckungsgleich" auf den geltend gemachten Schaden beziehen. Nicht erfasst wird demnach die Geltendmachung von Personen- und Vermögensschäden, die angeblich als weitere Folge des Brandes oder des Schiffsunfalls entstanden sind. Zu beachten ist, dass dem Versicherungsnehmer ein Anspruch auf die Versicherungsleistung zusteht, wenn weder er noch ein für ihn handelnder Repräsentant im versicherungsrechtlichen Sinne an der Vortat mit-

---

[229] Vgl. BT-Drs. 13/8587, 43; BGH NStZ-RR 2002, 50; NStZ 2004, 155 f. mit Anm. *Krüger* wistra 2004, 146; eingehend zu diesem Regelbeispiel *Hannich/Röhm* NJW 2004, 2061; *Rotsch* ZStW 117 (2005), 577 ff.
[230] BGH wistra 2004, 20 (21 f.); BeckRS 2020, 13446; aA *Gallandi* NStZ 2004, 268; *Peglau* wistra 2004, 7 (8 f.).
[231] NK-*Kindhäuser/Hoven* § 263 Rn. 395; LK-*Tiedemann* § 263 Rn. 299.
[232] Juristische Personen sind (mit Ausnahme einer Ein-Mann-GmbH) nicht einschlägig, BGH wistra 2001, 59.
[233] NK-*Kindhäuser/Hoven* § 263 Rn. 396; aA LK-*Tiedemann* § 263 Rn. 299: ab 10 Betroffenen.
[234] BGH NJW 2011, 1825 (1827).
[235] BGH wistra 2012, 71 (72); NStZ-RR 2012, 114.
[236] *Fischer* § 263 Rn. 221; NK-*Kindhäuser/Hoven* § 263 Rn. 398.

gewirkt hat (vgl. § 81 Abs. 1 VVG).[237] Das Tatobjekt selbst braucht nicht versichert zu sein; es genügt, wenn vorgespiegelt wird, dass das Tatobjekt mit einer versicherten, tatsächlich aber unversehrten Sache identisch sei.[238] Als Vortat kommt die Brandstiftung an einer Sache von bedeutendem Wert (vgl. §§ 305a, 307 ff., 315 ff.), der bei mindestens 750 bzw. 1000 Euro liegen muss,[239] oder das Herbeiführen des Sinkens oder Strandens eines Schiffes in Betracht. Die Vortat muss vollendet sein und der späteren Geltendmachung der Versicherungsleistung dienen.[240]

94 Abs. 5 enthält einen (abschließenden) **Qualifikationstatbestand** mit Verbrechenscharakter für den Fall, dass der Täter **kumulativ gewerbs- und bandenmäßig** gehandelt hat (vgl. § 3 Rn. 24 ff.; § 4 Rn. 29 ff.).

B. Anwendung

I. Aufbau

95 Es empfiehlt sich, die Tatbestandsmerkmale des Betrugs in folgenden Schritten zu prüfen:

A) Tatbestand
  I. Objektiver Tatbestand
    1. Täuschung über Tatsachen durch ausdrückliche oder konkludente Fehlinformation oder durch pflichtwidriges Unterlassen der Aufklärung (Rn. 2 ff.)
    2. Erregter oder unterhaltener Irrtum des Getäuschten (Rn. 32 ff.)
    3. Verfügung des Getäuschten über Vermögen (Rn. 42 ff.)
    4. Vermögensschaden (Rn. 59 ff.)
    5. Kausaler und funktionaler Zusammenhang zwischen Täuschung, Irrtum, Verfügung und Schaden (Rn. 75 ff.)
  II. Subjektiver Tatbestand
    1. Vorsatz hinsichtlich des objektiven Tatbestands (Rn. 78)
    2. Absicht, sich oder einem Dritten einen stoffgleichen Vermögensvorteil zu verschaffen (Rn. 79 ff.)
    3. Vorsatz hinsichtlich der Rechtswidrigkeit des Vermögensvorteils (Rn. 85 f.)
B) Rechtswidrigkeit
C) Schuld
D) Strafantrag, §§ 263 Abs. 4, 247, 248a
E) Regelbeispiele nach Abs. 3 (Rn. 88 ff.)
F) Im Anschluss ggf. neue Prüfung der selbstständigen Qualifikation nach Abs. 5 (Rn. 94).

---

[237] BGH JR 1977, 390; NStZ 2024, 360; *Mitsch* 5.4.2.5; *Rengier* I § 15/14 ff.; LK-*Tiedemann* § 263 Rn. 302.
[238] W-*Hillenkamp/Schuhr* Rn. 611; *Otto* § 51/111.
[239] NK-*Kindhäuser/Hoven* § 263 Rn. 400 (750 Euro); MK-*Hefendehl* § 263 Rn. 1233 (1000 Euro), jeweils mwN.
[240] Vgl. BGH bei *Holtz* MDR 1988, 1001 (1002 f.); *Fischer* § 263 Rn. 224; W-*Hillenkamp/Schuhr* Rn. 758 ff.

II. Einzelfragen

1. Täuschung und Verfügung in Selbstbedienungsläden

In Supermärkten ist das Vorzeigen von Waren an der Kasse nur als Angebot, eben diese Waren kaufen zu wollen, zu verstehen. Es wird nicht etwa noch konkludent behauptet, keine weiteren Waren entnommen zu haben.[241] Tauscht der Täter den Inhalt einer (undurchsichtigen) Verpackung aus oder versteckt er dort weitere Waren, so erklärt er an der Kasse nur, einen Kaufvertrag über den **der Verpackung entsprechenden Gegenstand** abschließen zu wollen. Liegt insoweit eine ausdrückliche Täuschung vor (zB auf entsprechende Nachfrage an der Kasse), so fehlt es aus den gleichen Gründen an einer Vermögensverfügung: Die versteckten Waren werden vom Vertrag nicht erfasst und daher auch nicht übergeben und übereignet, sondern iSd Diebstahlstatbestands weggenommen.[242] Für den Fall, dass der Täter Waren unter anderen Waren im Einkaufswagen versteckt, ist dies allgemein anerkannt.[243] Nach der Gegenansicht soll sich die Verfügung auf den gesamten Verpackungsinhalt erstrecken, sodass ein Betrug anzunehmen wäre.[244] Die Annahme eines solchen Erklärungsinhalts bzw. eines entsprechenden Verfügungsbewusstseins (vgl. Rn. 58) liefe indes auf eine Fiktion hinaus und ist daher abzulehnen. Ein Forderungsbetrug scheitert hier am fehlenden Kaufvertrag; ein Herausgabeanspruch nach § 985 BGB scheidet aus, da zum Zeitpunkt der Abrechnung an der Kasse der Geschäftsinhaber selbst noch Besitz an den im Wagen liegenden Waren hat.[245] Das Unterlassen eventueller Abwehransprüche wegen der drohenden Besitzstörung bedingt keine über den durch die Wegnahme bedingten Schaden hinausgehende Vermögensminderung.[246]

96

2. Schadensgleiche Vermögensgefährdung

Nach der (bisherigen) Rechtsprechung kann ein tatbestandsmäßiger Schaden bereits in der konkreten Gefährdung[247] einer Vermögensposition – sog. Gefährdungsschaden bzw. schadensgleiche Vermögensgefährdung – liegen, da wirtschaftlich nur ein quantitativer, kein qualitativer Unterschied zwischen Gefährdung und völligem Verlust bestehe.[248] Exemplarisch: Das Opfer wird zwar im Wege des gutgläubigen Erwerbs (§§ 932 ff. BGB) Eigentümer einer Sache, ist jedoch am Weiterverkauf gehindert oder der Gefahr von Rechtsstreitigkeiten ausgesetzt (sog. „merkantiler Minderwert").[249] Allerdings darf die Figur der schadensgleichen Vermögensgefährdung nicht dazu führen, dass schon typische Gefährdungslagen als Vermögensnachteil behandelt wer-

97

---

[241] BGHSt 17, 205 (209 f.); BayObLG NJW 1962, 224; Fischer § 263 Rn. 37; aA OLG Düsseldorf NJW 1988, 922 (923 f.); 1993, 1407 f.
[242] S/S-Bosch § 242 Rn. 36; MK-Hefendehl § 263 Rn. 416 ff.; S/S-Perron § 263 Rn. 63a.
[243] BGHSt 41, 198 (202 f.); NK-Kindhäuser/Hoven § 242 Rn. 55; Rengier I § 13/94; vgl. dagegen noch OLG Düsseldorf NStZ 1993, 286 (287).
[244] OLG Düsseldorf NJW 1988, 922 (923); Fahl JuS 2004, 885 (889); Rengier I § 13/96.
[245] NK-Kindhäuser/Hoven § 242 Rn. 40 mwN.
[246] Vgl. Hillenkamp JuS 1997, 217 (222) mwN.
[247] BVerfGE 126, 170 (216) zu § 266; 130, 1 (45 ff.); BGHSt 33, 244 (246); 47, 160 (167); BGH NStZ 2004, 264 (265); NStZ-RR 2007, 236 (237); zum subjektiven Tatbestand vgl. BGH NStZ 2004, 218 (219 f.).
[248] BGHSt 34, 394 (395); 53, 199 (202); BGH wistra 1991, 307 (308); BGHR § 263 Abs. 1 Vermögensschaden 3; BGH StV 2009, 242; eingehend Hefendehl, Vermögensgefährdung und Expektanzen, 1994, 256 ff.; MK-Hefendehl § 263 Rn. 867 ff.
[249] BGHSt 3, 370 (372); 15, 83 (86 f.); BGH wistra 2003, 230; BeckRS 2020, 1439; vgl. zu einer weiteren Konstellation NStZ 2015, 514 mit Anm. El-Ghazi HRRS 2015, 386 ff.; s. auch zum Erwerb eines Kunstwerks mit gefälschter Provenienz: BGH BeckRS 2020, 28772.

den.²⁵⁰ Das BVerfG mahnt die Gerichte insoweit zu einer konkreten Bezifferung des Schadens (vgl. oben Rn. 74). Diese ist in den Urteilsgründen in wirtschaftlich nachvollziehbarer Weise darzulegen. Verbleiben selbst nach Ausnutzung aller Ermittlungsmöglichkeiten Unsicherheiten, kann ein Mindestschaden – unter Beachtung des Zweifelssatzes – durch Schätzung ermittelt werden.²⁵¹ Angesichts dieser strikten Vorgaben tendiert die jüngere Rechtsprechung dahin, einen Vermögensschaden des gutgläubigen Erwerbers zu verneinen.²⁵²

Dies schließt es nicht aus, bereits auf der Grundlage einer vertraglichen Verpflichtung einen Vermögensschaden anzunehmen, wenn diese wertmäßig höher ist als die dafür gewährte Gegenleistung (bzw. der darauf gerichtete Anspruch).²⁵³ Im Schrifttum wird die Möglichkeit eines Gefährdungsschadens weitgehend anerkannt, aber an engere Voraussetzungen gebunden, um dem Täter die Möglichkeit eines Rücktritts nicht ungebührlich abzuschneiden.²⁵⁴ So wird etwa verlangt, dass das Opfer nach der Verfügung nicht mehr in der Lage sein dürfe, den Eintritt eines Vermögensnachteils noch (gezielt) zu vermeiden,²⁵⁵ oder es wird darauf abgestellt, dass es zum Eintritt des Nachteils keiner über die Verfügung hinausgehenden weiteren Schritte des Opfers mehr bedarf.²⁵⁶ Aber auch die täuschungsbedingte Aushändigung einer Kreditkarte führt bereits zu einem Schaden, da mit Vertragsschluss ein Anspruch entsteht, den eingeräumten Kreditrahmen auszuschöpfen, indem die Karte zur Zahlung oder zur Abhebung eingesetzt wird.²⁵⁷ Dies gilt entsprechend, wenn ein Zahlungsdienstleister täuschungsbedingt das Ausfallrisiko für Rücklastschriften im elektronischen Lastschriftverfahren übernimmt.²⁵⁸ Demgegenüber wird der Schadensbegriff in verfassungsrechtlich unzulässiger Weise (Art. 103 Abs. 2 GG) überdehnt, wenn bei Abschluss einer Lebensversicherung ein Schaden bereits aus der vom Täter beabsichtigten Vortäuschung eines (vermeintlichen) Versicherungsfalls und der dadurch bereits bei Vertragsschluss bestehenden Vermögensgefährdung abgeleitet wird.²⁵⁹ Gleiches gilt, wenn durch Täuschung eine fremde Bankkarte mit zugehöriger PIN oder Kreditkartendaten erschlichen wird: Die Ansicht der Rechtsprechung, wonach in diesen Fällen mit Blick auf die dadurch eröffnete Zugriffsmöglichkeit auf das fremde Konto ebenfalls eine schadensgleiche Vermögensgefährdung anzunehmen ist,²⁶⁰ verkennt, dass ein vertraglicher Anspruch gegen den Vermögensinhaber nicht begründet wird (vgl. oben zur Kreditkarte), sondern ein Schaden (unmittelbar) erst durch den unbefugten (vgl. § 263a) Einsatz von Karte (und PIN) entsteht (vgl. bereits § 17 Rn. 37). Die Annahme

---

250 So aber beispielsweise BGHSt 54, 69 (123 f.); aufgehoben durch BVerfGE 130, 1 ff.
251 BVerfGE 126, 170 (229 f.) für § 266; 130, 1 (47 f.).
252 BGH NStZ 2013, 37 (38); NStZ 2024, 41 (42); vgl. auch BGH BeckRS 2020, 1439.
253 BGHSt 53, 199 (202); BGH NStZ 2011, 638 (639); BGH NJW 2013, 1460; vgl. zum Leasing: BGH NStZ 2019, 614 (616); NStZ 2020, 157 f.
254 *Gössel* § 21/154; *Mitsch* 5.2.1.5.3.1; *Weber* Tiedemann-FS 637 (644) fordert insoweit eine analoge Anwendung der §§ 264 Abs. 5, 264a Abs. 3, 265b Abs. 2.
255 *Hefendehl*, Vermögensgefährdung und Expektanzen, 1994, 138 ff.; *Wahl*, Die Schadensbestimmung beim Eingehungs- und Erfüllungsbetrug, 2007, 88 ff.
256 SK-*Hoyer* § 263 Rn. 231; *Triffterer* NJW 1975, 616.
257 BGHSt 47, 160 (167); NStZ-RR 2020, 44; abl. *Mühlbauer* NStZ 2003, 650 (651 ff.); zum Erlangen der Zugangsdaten zum Onlinebanking durch Phishing vgl. *Gercke* CR 2005, 606; *Graf* NStZ 2007, 129; *Popp* NJW 2004, 3517; *Stuckenberg* ZStW 118 (2006), 878 (899 ff.).
258 BGH NJW 2023, 3803.
259 BVerfG NJW 2012, 907 (916 f.); s. dagegen BGH wistra 2022, 108 mit krit. Anm. *Schladitz*; demgegenüber hat der BGH einen Vermögensschaden durch den Abschluss einer Krankheitskostenversicherung verneint, s. BGH wistra 2021, 320.
260 BGH wistra 2016, 71 ff. mit Anm. *Berster*; BGH NStZ-RR 2023, 14.

eines Gefährdungsschadens lässt sich nicht mit den verfassungsrechtlichen Vorgaben vereinbaren, wonach der Vermögensnachteil grundsätzlich zu beziffern ist (vgl. § 35 Rn. 43),[261] denn es ist vollkommen unklar, welcher Betrag (unter Berücksichtigung des Umstands, dass lediglich ein Verlustrisiko besteht) als Schaden anzusetzen ist.[262] In der Rechtsprechung wird dieses Problem gelöst, indem insoweit auf den im weiteren Verlauf tatsächlich eingetretenen Schaden abgestellt wird.[263]

3. Fallgruppen

a) Leistungsbetrug

Beim sog. Leistungsbetrug, dem Hauptfall des Delikts, büßt der Vermögensinhaber täuschungsbedingt durch eine Verfügung einen ihm zugeordneten Vermögensgegenstand ein. Der Verlust kann Sachen, aber auch Forderungen und Expektanzen betreffen. Ein Leistungsbetrug ist auch die Erschleichung von Arbeits- und Dienstleistungen, die üblicherweise gegen Entgelt erbracht werden; hierher gehört auch die Inanspruchnahme standardisierter Massenleistungen (Beförderung, Veranstaltungen usw) auf Kosten des Berechtigten.[264]

98

b) Eingehungsbetrug und Anstellungsbetrug

▶ **Fall 9a:** K kauft bei V einen reinen Alpaka-Pullover, den V als „einmaliges Sonderangebot" für 50 statt 150 Euro anbietet. In Wirklichkeit ist der Pullover aus einfacher Schafswolle gefertigt, hat aber einen Marktwert von 50 Euro. ◀

aa) Ein sog. **Eingehungsbetrug** ist die täuschungsbedingte Übernahme einer Leistungspflicht durch das Opfer. In diesem Sinne geht K in **Fall 9a** die Verpflichtung ein, den Kaufpreis in Höhe von 50 Euro zu zahlen.

99

■ Nach der **Zweckverfehlungslehre** ist in **Fall 9a** ein Schaden zu bejahen, da die Gegenleistung nicht dem vereinbarten Zweck – Erwerb eines Alpaka-Pullovers im Wert von 150 Euro – entspricht.

■ Die **wirtschaftliche Lehre** nimmt dagegen nur einen Schaden an, wenn bei einem Vergleich der beiderseitigen Vertragsverpflichtungen der Wert der übernommenen Verpflichtung hinter dem des erlangten Anspruchs zurückbleibt.[265] Die Bewertung erfolgt hierbei regelmäßig durch eine prognostische Einschätzung der Gegenleistung nach Maßgabe der Kriterien der schadensgleichen Vermögensgefährdung,[266] wobei ua die vorhandene Zahlungswilligkeit und Zahlungsfähigkeit des Schuldners, die prozessuale Durchsetzbarkeit der Forderung und die Realisierbarkeit von Sicherheiten eine Rolle spielen können.[267] So kann die (täuschungsbedingte) Übernahme eines Risikogeschäfts einen Gefährdungsschaden begründen, wenn der Wert der Anlage den aufgrund der hohen Verlustgefahr geminderten Wert der Gegenleistung

---

261 Vgl. zum Betrug BVerfG NJW 2012, 907 (916).
262 *Böse* ZJS 2016, 663 (664).
263 BGH NStZ-RR 2023, 14 (15); vgl. auch BGH NJW 2023, 3803 (3804).
264 S/S-*Perron* § 263 Rn. 139; LK-*Tiedemann* § 263 Rn. 189.
265 BVerfGE 130, 1 (45 f.); BGHSt 45, 1 (4 f.); BGH NJW 1991, 2573; NStZ 2008, 96 (98).
266 BGH NJW 1994, 1745 (1746); zum Wettbetrug *Kerner/Trüg* JuS 2004, 140 (142); einschr. BGH NJW 2013, 1460 f.
267 Vgl. BGH GA 1972, 209 ff.; NStZ 1998, 570; NJW 2002, 2480 (2483); wistra 2009, 350; StV 2012, 407 (408); wistra 2014, 349 (350); BeckRS 2020, 9285 mit Besprechung *Jäger* JA 2020, 787.

übersteigt.²⁶⁸ Beim sog. Ausschreibungs- oder Submissionsbetrug besteht der Schaden in der Differenz zwischen der vereinbarten Summe und demjenigen Preis, der ohne die Preisabsprache zustande gekommen wäre.²⁶⁹ Kann der Getäuschte auf Vorleistung bestehen oder braucht er nur Zug um Zug zu leisten, so kann ein Schaden zu verneinen sein.²⁷⁰ Ferner ist bei einem fingierten Vertrag zugunsten Dritter auf den Todesfall eine Vermögensgefährdung noch nicht eingetreten, solange der Betroffene lebt.²⁷¹ Beim Sportwettenbetrug liegt der Schaden bei Abschluss des Vertrages – unabhängig vom Manipulationserfolg – vor, wenn bei objektiver Betrachtung die Verpflichtung zur Auszahlung des vereinbarten Wettgewinns nicht mehr durch den Anspruch auf den Wetteinsatz aufgewogen wird.²⁷²

In dem einfach gelagerten **Fall 9a** kommt die wirtschaftliche Lehre zur Verneinung eines Schadens, da die tatsächliche Gegenleistung – Pullover aus einfacher Schafswolle – einen Marktwert in Höhe des Kaufpreises aufweist (vgl. aber unten Rn. 102 ff.).

100 bb) Ein Unterfall des Eingehungsbetrugs ist der sog. **Anstellungsbetrug,** bei dem der Schaden darin gesehen wird, dass die Qualität der versprochenen Dienstleistung der vereinbarten Lohn- oder Gehaltszahlung wertmäßig nicht entspricht.²⁷³ Soweit **Arbeiter und Angestellte ohne besondere Vertrauensposition** eingestellt werden, ist nach hM nur der Wert der (tatsächlich erbrachten oder nach den einschlägigen Tarif- und Vergütungsgruppen zu erwartenden) Arbeitsleistung maßgeblich.²⁷⁴ Bei der erschlichenen Einstellung von **Angestellten** (der Privatwirtschaft oder des öffentlichen Dienstes) kann dagegen der Schaden auch darin liegen, dass die für die Tätigkeit aufgrund des erforderlichen **besonderen Vertrauens** mit einer höheren Bezahlung verbundenen Voraussetzungen oder die für die Einstufung in eine höhere Vergütungs- oder Tarifgruppe erforderlichen Bedingungen (zB Alter, Familienstand, Beschäftigungszeiten) nicht gegeben sind.²⁷⁵ Nach Auffassung des BGH soll auch die mangelhafte Arbeitsleistung aufgrund der Akzessorietät zum Zivilrecht keinen Vermögensschaden begründen, soweit nach einer Anfechtung des Arbeitsvertrags entsprechende bereicherungsrechtliche Ansprüche ausgeschlossen sind²⁷⁶; der drohende Wertungswiderspruch entfällt jedoch, soweit dem Arbeitgeber (auch) vertragliche Schadensersatzansprüche zustehen²⁷⁷.

101 Beim Erschleichen einer **Richter- oder Beamtenstellung** sollen neben der Bewertung der reinen Arbeitsleistung auch die gegenseitigen Treuepflichten eine Rolle spielen. Daher kann ein Schaden nicht nur wegen unzureichender Qualifikation oder Nichterfüllung von Anstellungs- und Laufbahnvoraussetzungen (fachliche Eignung), sondern

---

268 BGH NStZ 2017, 708 (710); NStZ 2023, 680 (681).
269 BGHSt 38, 186 (190 ff.); 47, 83 (88 f.) mit Anm. *Best* GA 2003, 157 ff., *Rönnau* JuS 2002, 545 ff., *Rose* NStZ 2002, 41 f. und *Walter* JZ 2002, 254 ff.; aA S/S-*Perron* § 263 Rn. 137a; zum regelwidrigen Mitbieten bei Internetauktionen vgl. *Popp* JuS 2005, 689.
270 BGH wistra 2001, 423 (424); NStZ-RR 2005, 180 (181); OLG Stuttgart NJW 2002, 384 mit Anm. *Erb* JR 2002, 216 f.; OLG Frankfurt NStZ-RR 2008, 240.
271 BGH NStZ 2004, 264 (265).
272 BGH NJW 2013, 883 (886); zust. *Greco* NZWiSt 2014, 334 [335]; krit. *Jäger* JA 2013, 868 (870); vgl. noch zum „Quotenschaden" BGHSt 51, 165 (175); zust. *Krack* ZIS 2007, 103 (111); *Radtke* Jura 2007, 445 (451); krit. *Jahn/Maier* JuS 2007, 215 (219); *Rönnau/Soyka* NStZ 2009, 12 (14); aA *Kutzner* JZ 2006, 712 (717); *Saliger/Rönnau/Kirch-Heim* NStZ 2007, 361 (367 f.); *Schild* ZfWG 2006, 213 (219).
273 BGHSt 5, 358 (359); 45, 1 (4); BGH NJW 1978, 2042; medstra 2023, 384 (387 f.) mit zust. Bespr. *Jahn* JuS 2023, 981; vgl. auch zur Dienstleistung eines Anwalts: BGH wistra 2020, 66.
274 BGH NJW 1961, 2027 f.; NStZ 2020, 291 (293 f.); L-*Kühl/Heger* § 263 Rn. 52; *Mitsch* 5.2.1.5.3.2.
275 BGHSt 17, 254 (257); BGH NJW 1961, 2027 f.; 1978, 2042; OLG Düsseldorf StV 2011, 734 f.
276 BGH NStZ 2020, 291 (294).
277 *Oğlakcıoğlu* JR 2020, 255 (261 ff.).

auch wegen der mangelnden persönlichen »Würdigkeit« bei fehlender »sittlicher« oder »charakterlicher Qualität« (persönliche Eignung) anzunehmen sein, und zwar ungeachtet ggf. zufriedenstellender Leistungen.[278] Exemplarisch: Der Täter täuscht über Vorstrafen oder akademische Grade. Der BGH sieht auch in einer früheren Tätigkeit für das Ministerium für Staatssicherheit (MfS) der DDR eine mangelnde Qualifikation für eine Beamten- oder Richtertätigkeit.[279] Nach der Zweckverfehlungslehre ist ein Schaden stets zu bejahen, wenn der Einstellung verwaltungsrechtliche Vorschriften entgegenstehen.[280] Zum Teil wird auf der Grundlage des wirtschaftlichen Vermögensbegriffs aber auch eine strikte Orientierung am Wert der erbrachten Arbeitsleistung gefordert, sodass diese die Vermögensminderung (Gehalt) gegebenenfalls ausgleicht und den Eintritt eines Schadens damit ausschließt.[281]

c) Erfüllungsbetrug

▶ **Fall 9b:** K kauft bei V einen reinen Alpaka-Pullover, den V als „einmaliges Sonderangebot" für 50 statt 150 Euro anbietet und in drei Tagen liefern will. Tatsächlich liefert V einen täuschend ähnlichen Pullover aus einfacher Schafswolle, der aber einen Marktwert von 50 Euro hat. ◀

▶ **Fall 9c:** K bestellt bei V einen reinen Alpaka-Pullover, den V als „einmaliges Sonderangebot" für 50 statt 150 Euro anbietet. Wie von V von vornherein geplant, liefert er dem K als „reinen Alpaka-Pullover" einen aus einfacher Schafswolle gefertigten Pullover, der jedoch einen Marktwert von 50 Euro hat. ◀

aa) Ein sog. Erfüllungsbetrug ist nach der **Zweckverfehlungslehre** gegeben, wenn der Getäuschte irrtumsbedingt eine Leistung, die nicht die vereinbarte Qualität aufweist, als Erfüllung annimmt oder mehr leistet, als er rechtlich zu leisten verpflichtet ist.[282] Demnach hat K in den **Fällen 9b** und **9c** gleichermaßen einen Vermögensschaden erlitten, da die Gegenleistung jeweils nicht dem vereinbarten Zweck – Erwerb eines Alpaka-Pullovers im Wert von 150 Euro – entspricht.

102

Demgegenüber unterscheidet die wirtschaftliche Schadenslehre zwischen einem „echten" und einem „unechten" Erfüllungsbetrug. Beim sog. **echten Erfüllungsbetrug** wird das Opfer **erst nach Vertragsabschluss** durch Täuschung dazu veranlasst eine Leistung, die in ihrer Qualität nicht der Vereinbarung entspricht, als Erfüllung anzunehmen (**Fall 9b**) oder selbst über das Vereinbarte hinaus zu leisten. Beim sog. **unechten Erfüllungsbetrug** täuscht der Täter schon im Rahmen des Verpflichtungsgeschäfts über die minderwertige Qualität seiner Leistung, die er später auch erbringt (**Fall 9c**). In diese Kategorie fällt auch der Verkauf abgasmanipulierter (und damit mangelhafter) Dieselfahrzeuge.[283]

---

278 BGHSt 1, 13; 5, 358; 45, 1 (5 ff.); NStZ 2020, 291 (293); krit. *Duttge* JR 2002, 271 ff.; näher *Protzen*, Der Vermögensschaden beim sog. Anstellungsbetrug, 2000, 47 ff., 256 ff.; vgl. auch BVerfGE 92, 140 (151); 96, 189 (197).
279 BGHSt 45, 1 (11 f.) mit Anm. *Geppert* NStZ 1999, 305 f., *Otto* JZ 1999, 738 ff. und abl. Bespr. *Jerouschek/Koch* GA 2001, 273 ff.; aA LG Berlin NStZ 1998, 302 (303); *Gading* NJW 1996, 296 (299); *Geppert* Hirsch-FS 525 (534 ff.).
280 NK-*Kindhäuser/Hoven* § 263 Rn. 324.
281 *Krokotsch* JuS 2023, 1103 (1107); MR-*Saliger* § 263 Rn. 255.
282 NK-*Kindhäuser/Hoven* § 263 Rn. 327; *Otto* § 51/126.
283 MK-*Hefendehl* § 263 Rn. 738, 827; *ders.* wistra 2023, 177 (184), der mit der hM einen Vermögensschaden verneint.

103 bb) Die wirtschaftliche Lehre ermittelt den Schaden beim **echten Erfüllungsbetrug** wie die Zweckverfehlungslehre: Sie verrechnet nicht die objektiven Werte von Leistung und Gegenleistung, sondern stellt auf die vertragliche Vereinbarung ab und bejaht (!) einen Betrug auch dann, wenn die Leistungen wirtschaftlich äquivalent sind oder die Gegenleistung sogar wirtschaftlich höherwertig ist. Dies soll für Schlecht- und Falschlieferung gleichermaßen gelten.[284] Auch wird nicht zwischen Gattungsschulden und Stückschulden differenziert.[285] Nach diesen Grundsätzen wird auch beim **Abrechnungsbetrug** in Bezug auf Arzt- und Pflegeleistungen ein Schaden bereits dann bejaht, wenn die abgerechnete Leistung nach den einschlägigen sozialrechtlichen Regelungen nicht abrechenbar ist und daher – unabhängig vom wirtschaftlichen Wert der erbrachten Leistung – kein Anspruch auf eine Vergütung besteht („streng formale Betrachtungsweise").[286]

Demnach hätte K in **Fall 9b** auch nach der wirtschaftlichen Lehre einen Schaden erlitten; die tatsächliche Erfüllungsleistung – Pullover aus Schafswolle – entspricht in ihrem Wert nicht der vertraglich vereinbarten Leistung eines Alpaka-Pullovers.

104 Wie der Schaden beim **unechten Erfüllungsbetrug** berechnet werden soll, ist innerhalb der wirtschaftlichen Lehre umstritten:

105 ■ Die Rechtsprechung verneint – wie beim Eingehungsbetrug, aber anders als beim echten Erfüllungsbetrug – einen Schaden, wenn die vereinbarten Leistungen bei wirtschaftlicher Beurteilung als gleichwertig anzusehen sind: Liege schon bei Eingehung des Vertrags kein Schaden vor, so könne auch die Vertragserfüllung zu keinem Schaden mehr führen.[287] Demnach wäre in **Fall 9c** – ebenso wie in **Fall 9a** – ein Schaden zu verneinen. Anderes soll nur gelten, wenn bei der Erfüllung eine neue und selbstständige Täuschung begangen wird. Dieser Auffassung wird von der hL mit der Überlegung zugestimmt, dass bei der Erbringung der Leistung nur die Täuschung bei Vertragsschließung nachwirke und Verpflichtungs- und Erfüllungsgeschäft daher als Einheit anzusehen seien.[288] Demnach bestimmt die hM den Schaden beim echten Erfüllungsbetrug nach Maßgabe der Parteivereinbarung, beim unechten Erfüllungsbetrug aufgrund eines wirtschaftlichen Wertvergleichs der Leistungen. Im Übrigen ist zu beachten, dass beim unechten Erfüllungsbetrug Eingehung und Erfüllung eine einheitliche Tat bilden, die bereits (als Eingehungsbetrug) mit Vertragsschluss vollendet und mit dem Eintritt des Bereicherungserfolgs beim späteren Erfüllungsbetrug beendet ist.[289]

106 ■ Nach der zutreffenden Gegenauffassung ist demgegenüber auch beim unechten Erfüllungsbetrug der Schaden an der Parteivereinbarung zu messen: Auch hier ist als geschädigt anzusehen, wer irrtumsbedingt leistet, ohne die vertragsgemäße Gegenleistung zu erhalten; der Erfüllungsschaden könne nicht deshalb entfallen,

---

284 LK-*Tiedemann* § 263 Rn. 199.
285 BGHSt 8, 46 (49); 12, 347 ff.; BGH NJW 1995, 2933 (2934); S/S-*Perron* § 263 Rn. 138; *Seyfert* JuS 1997, 29 (31 f.).
286 BGH NStZ 1995, 85 (86); NJW 2003, 1198 (1200); NJW 2014, 3170 (3171 f.); NJW 2021, 90 (96) mit krit. Anm. *Gaede*; ebenso *Böse* ZJS 2015, 239 ff.; krit. *Braun* ZJS 2014, 35 (40); *Mahler*, wistra 2013, 44 (46); *Saliger/Tsambikakis*, MedR 2013, 284 (286).
287 Vgl. BGHSt 16, 220 (221); BayObLG NJW 1999, 663 f.
288 Arzt/Weber/Heinrich/Hilgendorf § 20/95 f.; *Gössel* § 21/150; MK-*Hefendehl* § 263 Rn. 819 f.; *Mitsch* 5.2.1.5.3.1; LK-*Tiedemann* § 263 Rn. 201; vgl. auch *Küper* Tiedemann-FS 617 (636).
289 *Jescheck* Welzel-FS 683 (688); *Schröder* JR 1968, 346 f.; zu den Fällen des Anstellungs- und Rentenbetrugs vgl. NK-*Kindhäuser/Hoven* § 263 Rn. 322 ff.

weil der Täter bereits im Rahmen des Verpflichtungsgeschäfts getäuscht habe.²⁹⁰ Wird der Vertrag nicht angefochten (§§ 123, 142 BGB), besteht vielmehr ein durchsetzbarer Anspruch auf die vertraglich geschuldete Gegenleistung.²⁹¹ Unter diesen Voraussetzungen ist der vorangegangene Eingehungsbetrug als Versuch des späteren Erfüllungsbetrugs zu verstehen. Nach dieser Ansicht wäre in **Fall 9c** – ebenso wie in **Fall 9b** – ein Schaden zu bejahen.

d) Prozessbetrug

Der Prozessbetrug ist ein spezifischer Dreiecksbetrug: Der Richter (oder der Gerichtsvollzieher im Vollstreckungsverfahren) räumt der obsiegenden Partei durch die irrtumsbedingte Entscheidung die rechtliche Möglichkeit des Zugriffs auf das Vermögen des Opfers ein und verändert so dessen Vermögenslage unmittelbar nachteilig. Ein Schaden entfällt jedoch, wenn dem Täter (oder begünstigten Dritten) materiell ein Anspruch zusteht, dessen prozessuale Durchsetzbarkeit durch die Manipulationen nur verbessert wird (vgl. bereits Rn. 86).²⁹²

107

e) Spendenbetrug

▶ **Fall 10:** F schwindelt ihrem Lebensgefährten L vor, sie benötige 15.000 Euro zur Bezahlung einer Geldbuße; tatsächlich will sie ihre finanziellen Schwierigkeiten mindern. L nimmt ein Darlehen auf und gibt F den erbetenen Betrag.²⁹³ ◀

▶ **Fall 11:** S trägt in seine Sammelliste überhöhte Spenden von Dorfhonoratioren ein, um so die Nachbarn zu sonst nicht oder nicht in dieser Höhe gespendeten Beträgen zu bewegen. ◀

Beim sog. Spendenbetrug macht das Opfer unter falschen Voraussetzungen eine Handschenkung. Dogmatisch überschneiden sich hierbei zwei Problemkreise. Zum einen wird die Leistung nicht durch ein wirtschaftliches Äquivalent ausgeglichen. Zum anderen mindert der Getäuschte sein Vermögen bewusst, sodass sich die Frage nach der Erforderlichkeit eines funktionalen Zusammenhangs zwischen Irrtum und Schädigung stellt.

108

■ Die **Zweckverfehlungslehre** bejaht in **Fall 10** einen Schaden, da die Vermögensminderung durch den mit der Schenkung des Geldes verbundenen (und von F anerkannten) Zweck, eine Geldbuße zu tilgen, nicht kompensiert wurde. In **Fall 11** hat dagegen die Spende den der Schenkung zugrundeliegenden Zweck erreicht. Das Motiv, in der Höhe des Betrags nicht hinter den Dorfhonoratioren zurückzubleiben, hat sich in der Parteivereinbarung nicht niedergeschlagen und spielt daher mangels Objektivierung für die Schadensfeststellung keine Rolle. In jedem Fall setzt die Anwendung der Zweckverfehlungslehre einen konkreten Verwendungszweck voraus: Bei Schenkungen, die durch eine vorgetäuschte Bereitschaft zur Eheschließung motiviert werden („love-scam"), kann ein Schaden daher nicht auf diese Weise

109

---

290 S/S-*Perron* § 263 Rn. 137; *Puppe* JZ 1984, 531 ff.; *Schneider* JZ 1996, 914 (917 f.); M-Schroeder/Maiwald/Momsen I § 41/118; *Seyfert* JuS 1997, 29 (31 ff.).
291 *Bittmann* Joecks-GS 203 (215).
292 Vgl. BGHSt 42, 268 (271 f.).
293 Vgl. BGH NStZ 1992, 437.

begründet werden; wird lediglich ein Darlehen gewährt, so ergibt sich der Schaden aus der fehlenden Werthaltigkeit des Rückzahlungsanspruchs.[294]

110 ■ Nach Maßgabe der **wirtschaftlichen Schadenslehre** müsste grds. in beiden Fällen ein Schaden zu bejahen sein, da die Vermögensminderung nicht durch ein wirtschaftlich gleichwertiges Äquivalent ausgeglichen wird. Hält man zudem mit der Rechtsprechung einen funktionalen Zusammenhang zwischen Irrtum und Schaden nicht für erforderlich, müsste in den **Fällen 10** und **11** gleichermaßen der objektive Betrugstatbestand als verwirklicht angesehen werden.[295] Für Schenkungen aufgrund einer (vermeintlichen) Liebesbeziehung hat die Rechtsprechung dies jüngst ausdrücklich bejaht.[296] Dagegen wäre ein Betrug nach Maßgabe eines wirtschaftlichen Schadensbegriffs jeweils zu verneinen, wenn man einen funktionalen Zusammenhang verlangt, da der Verfügende in beiden Fällen um die Minderung seines Vermögens ohne einen (objektiv im Sinne eines Marktwerts messbaren) wirtschaftlichen Ausgleich weiß.[297]

Die Vertreter der wirtschaftlichen Lehre befürworten jedoch überwiegend die Möglichkeit der Kompensation einseitiger Leistungen durch die Erreichung eines ideellen, sozialen oder nur mittelbar wirtschaftlichen Zwecks und folgen damit in der Konstruktion wie auch in den Ergebnissen der Zweckverfehlungslehre.[298]

f) Verbotene Geschäfte

▶ **Fall 12:** A geht zum Schein auf das Angebot des B ein, dessen Ehefrau gegen Geld zu töten und lässt sich einen Vorschuss auszahlen.[299] ◀

111 Ob ein Betrug anzunehmen ist, wenn das Opfer leistet, um eine – wie in **Fall 12** – verbotene Leistung zu erhalten, deren Erbringung der Täter nur vorspiegelt, wird unterschiedlich beantwortet. Die gleiche Problematik stellt sich beim Betäubungsmittelgeschäft, wenn der Käufer nicht (in vollem Umfang) das gewünschte Rauschmittel erhält. Hierbei kann ein Betrug an verschiedenen Tatbestandsmerkmalen scheitern:

112 ■ Es kann schon bezweifelt werden, ob überhaupt eine tatbestandsrelevante **Täuschung** vorliegt. Wenn der jeweilige Geschäftspartner wegen des gesetzlichen Verbots (zB nach § 29 BtMG bzw. §§ 211, 30 StGB) nicht darauf vertrauen darf, dass sein Gegenüber überhaupt leistet, kann er auch nicht darauf vertrauen, dass der Leistungsgegenstand von bestimmter Qualität ist oder einen bestimmten Umfang hat. Da die Durchführung derartiger Geschäfte bereits grds. verboten ist, kann nicht gleichzeitig für irgendeinen der Beteiligten das Gebot gelten, einen gleichwohl und damit wider das Recht erfolgenden Leistungsaustausch ordnungsgemäß – und damit notwendig doch auch: frei von Lug und Trug hinsichtlich des Ob und Wie der Leistung – vorzunehmen. Insoweit kann es bei solchen Geschäften schwerlich einen Anspruch auf wahrheitsgemäße Information geben (vgl. oben Rn. 24).[300] Das

---

[294] *Oglacioglu/Mansouri* NStZ 2023, 129 (133 f.).
[295] So für **Fall 11** folgerichtig auch BayObLG NJW 1952, 798.
[296] BayObLG. Beschl. v. 4.4.2024 – 203 StRR 104/24 [juris].
[297] So auch konsequent Arzt/Weber/*Heinrich*/Hilgendorf § 20/111; *Frank* VI 1; *v. Liszt-Schmidt* § 139 I, 671; *Mitsch* 5.2.1.5.3.2.
[298] Vgl. BGH NStZ 1992, 437; ferner Nachweise in Fn. 146.
[299] KG NJW 2001, 86 f.
[300] *Hecker* JuS 2001, 228 (231 f.); *Kindhäuser/Wallau* NStZ 2003, 152 (153); *Pawlik*, Das unerlaubte Verhalten beim Betrug, 1999, 146 f.

Recht kann nicht zugleich ein Geschäft bei Strafe verbieten und es zugleich bei Strafe frei von Lug und Trug hinsichtlich des Ob und Wie der Leistung halten wollen.[301]

- Die Möglichkeit eines **Schadens** wird jedenfalls beim Erwerber der verbotenen Leistung von der hM bejaht, da der Getäuschte sein „gutes Geld" ohne die gewünschte Gegenleistung verliere.[302] Bei wirtschaftlicher Betrachtungsweise folgt dieses Ergebnis aus dem Umstand, dass die Vermögensminderung nicht durch den Erhalt des wirtschaftlichen Äquivalents oder die Erreichung des wirtschaftlichen Zwecks kompensiert wird. Auf der Grundlage eines wirtschaftlichen Vermögensbegriffs müsste dann aber auch die verbotene „Dienstleistung" (Auftragsmord) als Vermögensbestandteil angesehen und ein Schaden bejaht werden, wenn der Auftragnehmer durch Täuschung zur Erbringung seiner Leistung veranlasst wird[303], was die Rechtsprechung indes verneint (vgl. § 26 Rn. 22) und sich damit von einem rein wirtschaftlichen Vermögensbegriff löst[304]. Andererseits lässt sich ein Schaden auch unter Zugrundelegung einer juristischen Betrachtungsweise begründen: Da der Getäuschte wegen des Verbots keinen Anspruch auf die Gegenleistung erlangt, kann die Hingabe des Geldes von vornherein nicht durch den Zugewinn eines rechtlich gebilligten Vermögenswertes (Mord, Rauschgift usw) ausgeglichen werden. Zum Teil wird aber die Schutzwürdigkeit von Gütern, die zu gesetzeswidrigen Zwecken eingesetzt werden, als Vermögen iSv § 263 verneint (vgl. auch § 817 S. 2 BGB).[305] Soweit nach der Rechtsprechung sogar das Vermögen einer terroristischen Organisation geschädigt werden kann, wenn diese dem Täter finanzielle Mittel zur Ausführung eines Anschlags zur Verfügung stellt[306], spricht auch das strafbewehrte Verbot der Terrorismusfinanzierung (§ 89c) dagegen, die mit solchen Zahlungen verbundenen Erwartungen über § 263 zu schützen bzw. zu stabilisieren[307]. 113

- Die Unterschiede bei der Vermögensbestimmung wirken sich jedoch aus, wenn für den Betrug ein **funktionaler Zusammenhang** zwischen Irrtum und Schaden verlangt wird (Rn. 76). Da derjenige, der einen Mord in Auftrag gibt oder Rauschgift ankauft, weiß, dass er keinen Anspruch auf eine solche Leistung erwirbt, also sein Geld im Bewusstsein hergibt, kein rechtlich gebilligtes Äquivalent dafür zu erhalten, ist für alle juristisch ausgerichteten (ökonomischen und personalen) Vermögenslehren nach den eigenen Prämissen eine bewusste Selbstschädigung anzunehmen und ein Betrug dementsprechend abzulehnen.[308] Der Leistende handelt dann auf eigene Gefahr. Sofern man dagegen einer rein wirtschaftlichen Betrachtungsweise, die auch 114

---

301 Zu Einwänden gegen das Vorliegen einer tatbestandsmäßigen Vermögensverfügung *Bergmann/Freund* JR 1988, 189 (192).
302 BGHSt 2, 364 ff.; 29, 300 (301 f.); BGH NStZ 2002, 33 mit Anm. *Heger* JA 2002, 454 ff.; NJW 2002, 2117 mit Anm. *Engländer* JR 2003, 164 f.; *Kindhäuser/Wallau* NStZ 2003, 152 ff. und *Mitsch* JuS 2003, 122 ff.; BGH NJW 2003, 3283 (3285); *Gleß* Jura 2003, 496 (497 f.); *Kargl* JA 2001, 714 (718); vgl. dagegen RGSt 70, 7 (9 f.); LG Regensburg NStZ-RR 2005, 312 (313).
303 So *Li* NZWiSt 2019, 405 (409).
304 *Tomiak* BRJ 2018, 102 (103) mwN.
305 *Fischer* § 263 Rn. 108; *Maiwald* NJW 1981, 2777 (2780 f.); *Renzikowski* GA 1992, 159 (175); *Seelmann* JuS 1982, 509; vgl. auch *Bergmann/Freund* JR 1991, 357 (358 – keine Verfügung).
306 BGH NStZ-RR 2018, 221 (223).
307 *Jahn* JuS 2018, 719 (721); *Tomiak* BRJ 2018, 102 (106); *Wachter* StV 2019, 87 (88); aA *Li* NZWiSt 2019, 405 (410).
308 *Cramer* JuS 1966, 472 (474 f.); MK-*Hefendehl* § 263 Rn. 633 f.; *Mitsch* 5.2.1.5.2.2; S/S-*Perron* § 263 Rn. 150; *Tomiak* BRJ 2018, 102 (104 ff.); abw. W-Hillenkamp/Schuhr Rn. 568 f.

verbotene Märkte anerkennt (und damit einem Mord einen wirtschaftlichen Wert beimisst), folgt, lässt sich der funktionale Zusammenhang bejahen, wenn für den Getäuschten die faktische Chance bestand, dass er das Rauschgift erhält oder der Mord ausgeführt wird. Gleiches gilt, wenn man das Erfordernis eines funktionalen Zusammenhangs verneint.

115 ▪ Schließlich ist zu beachten: Wird ein Betrug abgelehnt, so wird dadurch **kein Freiraum** geschaffen, sich straflos zu bereichern. Zum einen unterliegt der Gewinn aus strafrechtlich verbotenen Geschäften der Einziehung (§ 73). Zum anderen machen sich die Beteiligten ggf. wegen (versuchter) Beteiligung an der geplanten Straftat strafbar (§ 30). Darüber hinaus kommt eine Strafbarkeit nach § 246 in Betracht, denn das übergebene Geld bleibt für den Täuschenden wegen der Nichtigkeit der Übereignung (§ 134 BGB) eine fremde Sache (vgl. § 2 Rn. 22).[309] Allerdings entfällt nach hier vertretener Auffassung die Rechtswidrigkeit der Zueignung, da die dauerhafte Enteignung des Eigentümers von der Rechtsordnung gebilligt bzw. gefordert wird (§ 2 Rn. 73) und die Zueignung von der Einwilligung des Eigentümers gedeckt ist und dieser sich – ungeachtet der vorgespiegelten Bereitschaft zur Tatausführung – bewusst selbst schädigt (Rn. 114).[310]

III. Konkurrenzen

116 Sofern aufgrund einer Täuschungshandlung mehrere Verfügungen vorgenommen werden, liegt eine einheitliche Betrugstat vor; bedarf es hingegen zur Herbeiführung weiterer Verfügungen einer erneuten Täuschung, so ist Tatmehrheit (§ 53) anzunehmen.[311] Der Betrug kann tateinheitlich mit allen Delikten zusammentreffen, die nicht dem Vermögensschutz dienen. Folgt der Betrug einem anderen Vermögensdelikt nach und dient er nur der Sicherung oder Verwertung des bereits Erlangten (sog. **Sicherungsbetrug**), so wird er von der hM als (teilnahmefähige) mitbestrafte Nachtat behandelt.[312] Teils wird hier aber auch mangels erneuter Schädigung bereits der Tatbestand des Betrugs verneint.[313]

Wiederholungs- und Vertiefungsfragen

> Was ist Tathandlung des Betruges und auf was kann sie sich nur beziehen? (Rn. 2 ff.)
> Was ist unter einer konkludenten Täuschung zu verstehen und welche Fallgruppen lassen sich bilden? (Rn. 14 ff.)
> Unter welchen Voraussetzungen ist eine Täuschung durch Unterlassen möglich? (Rn. 25 ff.)
> Was versteht man unter einem „Irrtum" iSd Tatbestands? Wird er durch Zweifel des Opfers ausgeschlossen? (Rn. 32 ff., 35 ff.)
> Wie ist der Begriff der Vermögensverfügung zu definieren? (Rn. 42 ff.)
> Welche Verbindung muss beim sog. Dreiecksbetrug zwischen Getäuschtem und Geschädigtem bestehen? (Rn. 46 ff.)

---

309 *Gröseling* NStZ 2001, 515 (517).
310 Vgl. zu dem letztgenannten Gesichtspunkt: *Hecker* JuS 2001, 228 (232 f.).
311 BGH NStZ-RR 2023, 277.
312 BGHSt 6, 67 (68); BGH NStZ 1993, 591; wistra 2007, 458 (459); 2011, 230; *Fischer* § 263 Rn. 233.
313 *W-Hillenkamp/Schuhr* Rn. 681; *Otto* § 51/152; *Sickor* GA 2007, 590 (596).

§ 27 Der Betrugstatbestand

> - Wann ist ein Vermögensschaden anzunehmen und welche Lehren werden zu seiner Berechnung vertreten? (Rn. 59 ff.)
> - Was ist unter dem „Saldierungsprinzip" zu verstehen und welche Modifikationen nimmt die wirtschaftliche Schadenslehre vor? (Rn. 64 ff.)
> - Was ist unter einem „individuellen Schadenseinschlag" zu verstehen und welche Fallgruppen werden hierfür gebildet? (Rn. 66 ff.)
> - Was erfordert der subjektive Betrugstatbestand und welche Bedeutung hat hierbei das Merkmal der Stoffgleichheit? (Rn. 78 ff., 82)
> - Was ist unter einem „echten", was unter einem „unechten Erfüllungsbetrug" zu verstehen und wie berechnet sich jeweils der Schaden? (Rn. 102 ff.)
> - Wie sind verbotene Geschäfte anhand des Betrugstatbestandes zu beurteilen? (Rn. 111 ff.)

6. Teil: Betrugsähnliche Delikte

§ 28 Computerbetrug (§ 263a)

A. Allgemeines

1 Die Vorschrift soll, wie schon ihre Bezeichnung als „Computer*betrug*" zeigt, den Schutzbereich des Betrugs ergänzen, indem sie das Vermögen vor Beeinträchtigungen durch verfälschende Eingriffe in vollautomatisierte Computersysteme sichert. Der Betrugstatbestand ist namentlich wegen der fehlenden Irrtumserregung nicht anwendbar, wenn Vermögensverfügungen im Wege elektronischer Datenverarbeitung technisiert ablaufen. Aus dem identischen Schutzzweck und der lückenfüllenden Funktion des Computerbetrugs folgt, dass der Tatbestand in enger Anlehnung an den Betrug auszulegen ist.[1]

B. Definitionen und Erläuterungen

I. Überblick

2 Der Tatbestand stimmt mit dem **Betrugstatbestand** teils überein, teils weicht er von ihm ab:

3 ■ Die Merkmale des **Vermögensschadens** und der **Bereicherungsabsicht** sind deckungsgleich.

4 ■ Der Tatsachenbehauptung entsprechen die **datenmäßig erfassten Informationen**. Die Täuschungshandlung wird durch **vier Tatmodalitäten** ersetzt, die – der Computertechnik angepasst – alle Arten von Manipulationen eines Datenverarbeitungsvorgangs erfassen, und zwar von der Eingabe der Eingangsdaten (sog. Inputmanipulationen) über den programmgemäßen Datenfluss samt Kontrolle über die Konsole (sog. Programm- oder Konsolenmanipulationen) bis zu Eingriffen in die Hardware. Dagegen sind bloße Veränderungen der ausgegebenen Daten (sog. Outputmanipulationen) nicht einschlägig, da sie nicht auf einer Beeinflussung des Datenverarbeitungsprozesses beruhen.

5 ■ Mit der irrtumsbedingten Vermögensverfügung korrespondiert das computerspezifische Erfordernis der **Beeinflussung des Ergebnisses eines Datenverarbeitungsvorgangs**.

6 ■ Zwischen der Tathandlung, der durch diese bewirkten Beeinflussung des Datenverarbeitungsresultats und der Vermögensschädigung muss **Kausalität** bestehen.

7 ■ Alle Tatvarianten können auch durch **Unterlassen** verwirklicht werden, falls der Täter eine Einstandspflicht zur Erfolgsvermeidung gem. § 13 Abs. 1 hat. Allerdings muss infolge des Unterlassens das Resultat eines Datenverarbeitungsvorgangs ver-

---

[1] BGHSt 38, 120 (124); 47, 160 (162 f.); OLG Düsseldorf StV 1998, 266; *Hilgendorf* JuS 1999, 542 (543); *Schlüchter* NStZ 1988, 53 (59); *Weber* Krause-FS 427 (432 ff.); die Selbstständigkeit des Tatbestands betonen dagegen ua BayObLG NStZ 1994, 287 (289); *Neumann* JuS 1990, 535 (537); *Otto* § 52/29; MK-*Hefendehl/Noll* § 263a Rn. 5.

fälscht werden. Das bloße Unterlassen des Ingangsetzens eines Datenverarbeitungsvorgangs reicht nicht aus.

II. Datenverarbeitung

Daten: Daten sind codierte Informationen, die aufgrund einer (semantischen) Konvention durch Zeichen oder Funktionen (syntaktisch) dargestellt werden (vgl. § 24 Rn. 3).[2]

Als Information ist hierbei jede beliebige Sinneinheit anzusehen. Daten sind neben Eingabe- und Ausgabedaten auch die (aus Daten zusammengesetzten) Programme bzw. Teile von Programmen.[3] Die Daten müssen, um tatbestandsrelevant zu sein, elektronisch, magnetisch oder sonst nicht unmittelbar wahrnehmbar gespeichert sein oder übermittelt werden (vgl. § 202a Abs. 2).

Datenverarbeitung: Als Datenverarbeitung sind alle technischen Vorgänge anzusehen, bei denen durch Aufnahme von Daten und ihre Verknüpfung nach Programmen Arbeitsergebnisse erzielt werden.[4]

Einschlägig sind nur datenverarbeitende Prozesse in EDV-Systemen.[5] Rein mechanische Abläufe – wie zB bei Warenautomaten – sind nicht tatbestandsmäßig.

III. Tathandlungen

1. Unrichtige Gestaltung des Programms

a) **Programm:** Ein Programm ist die in Form von Daten fixierte Steuerung der einzelnen Ablaufschritte der Datenverarbeitung.

b) **Gestaltung:** Gestaltet werden kann ein Programm sowohl durch seine Konzeption als auch durch nachträgliche Veränderung (Löschen, Hinzufügen, Überlagern) einzelner Ablaufschritte.[6]

c) **Unrichtig:** Das Programm ist unrichtig, wenn es vom Willen des Vermögensinhabers, der die Datenverarbeitung betreibt oder betreiben lässt, unbefugt abweicht.

■ Für die Richtigkeit des Programms ist die **vom Berechtigten gewählte Aufgabenstellung** maßgeblich.[7] Dies entspricht dem heute im Zivilrecht herrschenden Begriff des Mangels, der als Abweichung der tatsächlichen von der vertraglich vorausgesetzten Beschaffenheit definiert wird.[8] Anhand dieses Richtigkeitskriteriums ist die erste von der zweiten Tatvariante abzugrenzen: Bei der unrichtigen Gestaltung des Programmablaufs werden die tatsächlichen Voraussetzungen, unter denen nach dem Willen des Berechtigten die Datenverarbeitung erfolgen soll, verfälscht. Demgegen-

---

2 Weitergehend *Achenbach* Jura 1991, 227; *Otto* § 52/31: auch codierbare Informationen.
3 Rechtsausschuss BT-Drs. 10/5058, 30; *Achenbach* Jura 1991, 225 (227); *Hilgendorf* JuS 1996, 509 (511); *Schmitz* JA 1995, 478 (479).
4 RegE BT-Drs. 10/318, 21; LK-*Tiedemann/Valerius* § 263a Rn. 22 mwN.
5 L-Kühl/*Heger* § 263a Rn. 4; *Lenckner/Winkelbauer* CR 1986, 654 (658).
6 SK-*Hoyer* § 263a Rn. 22; LK-*Tiedemann/Valerius* § 263a Rn. 28; zur unbemerkten Installation eines Dialer-Programms *Buggisch* NStZ 2002, 178 (180 f.).
7 RegE BT-Drs. 10/318, 20; *Lenckner/Winkelbauer* CR 1986, 655 (656); *Möhrenschlager* wistra 1986, 128 (132); S/S-*Perron* § 263a Rn. 5.
8 Vgl. insoweit BGHZ 16, 54 (55); 90, 198 (202); 98, 100 (104); Jauernig/*Berger* BGB § 434 Rn. 8; MK BGB-*Westermann* BGB § 434 Rn. 6.

über betrifft die Verwendung unrichtiger und unvollständiger Daten iSd zweiten Tatalternative die zu verarbeitenden Informationen.

13 ■ Nach verbreiteter Gegenansicht soll die Richtigkeit der Programmgestaltung nach objektiven Kriterien zu bestimmen sein,[9] um so eine Parallele zur Unwahrheit der Tatsachen bei § 263 zu ziehen. Kriterium der Richtigkeit sei die mit der Datenverarbeitung **objektiv zu bewältigende Aufgabe**. Demnach wird die erste Tatvariante des § 263a als lex specialis zur allgemeineren zweiten Tatvariante angesehen.[10] Gegen diese Auslegung spricht, dass ein Programm nicht der Darstellung, sondern der Verarbeitung von Informationen dient, also keine Aussagen über Sachverhalte trifft, die wahr oder falsch sein könnten.

14 Der Streit ist jedoch **praktisch bedeutungslos**, da der Betreiber der Datenverarbeitung gewöhnlich nur an Programmen mit nachvollziehbaren (mathematischen, grammatikalischen usw) Ablaufschritten interessiert ist. Selbst in dem Ausnahmefall, in dem sich der Betreiber ein Programm mit objektiv fehlerhaften Schritten (zB falscher Zinsenberechnung) erstellen lassen möchte, könnte hierdurch schwerlich ein Vermögensschaden mit rechtswidriger Bereicherung herbeigeführt werden.

2. Verwendung unrichtiger oder unvollständiger Daten

15 a) **Verwendung:** Daten werden iSd zweiten Tatvariante verwendet, wenn sie in einen (beginnenden oder bereits laufenden) Datenverarbeitungsprozess eingegeben werden (sog. Inputmanipulationen).[11]

16 b) **Unrichtig und unvollständig:** Daten sind unrichtig, wenn die in ihnen codierte tatsächliche Information nicht der Wirklichkeit entspricht;[12] sie sind unvollständig, wenn die Tatsachen, über die sie in codierter Weise Informationen vermitteln, nicht (in dem für den Zweck der Datenverarbeitung maßgeblichen Umfang) hinreichend erkennbar sind.[13] Daten können auch durch Unterdrücken oder Verschieben an eine andere Stelle abgeändert werden, zB indem Daten über das gemessene Besucheraufkommen auf einer Internetseite so manipuliert werden, dass diese Daten einer anderen Internetseite zugeordnet werden, um auf diese Weise höhere Werbeeinnahmen zu generieren („Affiliate-Marketing")[14].

Da es hier um die Manipulation eines Datenverarbeitungsvorgangs durch die Eingabe unzutreffender Informationen geht, gilt für die Beurteilung ihrer Wahrheit bzw. Vollständigkeit (unstr.) ein **objektiver Maßstab**. Nicht einschlägig für diese Tatvariante ist das Geldabheben an Bankomaten mittels Codekarte durch einen unbefugten Dritten, da der Täter in diesem Fall die zutreffenden Daten des Berechtigten eingibt (vgl. insoweit zur unbefugten Verwendung unten Rn. 19 ff.). Unrichtige Daten werden hingegen verwendet, wenn der Täter als Zahlungsempfänger seiner Bank auf elektronischem Wege einen (vermeintlichen) Lastschriftauftrag übermittelt.[15]

---

9 HKGS-*Duttge* § 263a Rn. 6; *Gössel* § 22/21; *Hilgendorf* JuS 1997, 130 (131); W-*Hillenkamp/Schuhr* Rn. 695; SK-*Hoyer* § 263a Rn. 24; *Lackner* Tröndle-FS 41 (55); *Otto* Jura 1993, 612 (613).
10 *Otto* § 52/33; LK-*Tiedemann/Valerius* § 263a Rn. 27.
11 *Hilgendorf* JuS 1997, 130 (131); *Lackner* Tröndle-FS 41 (54); *Neumann* JuS 1990, 535 (536); extensiver *Otto* § 52 Rn. 35: jede Nutzung der Daten bei der Datenverarbeitung.
12 BGH NStZ 2022, 681; SK-*Hoyer* § 263a Rn. 26; S/S-*Perron* § 263a Rn. 6; LK-*Tiedemann/Valerius* § 263a Rn. 33.
13 BGH NStZ 2022, 681; *Hilgendorf* JuS 1997, 130 (131); LK-*Tiedemann/Valerius* § 263a Rn. 34.
14 AG Leipzig BeckRS 2018, 30134 mit Anm. *Nadeborn* jurisPR-StrafR 18/2019 Anm. 1.
15 BGH NStZ 2022, 681 f.

c) **Automatisiertes Mahnverfahren:** Nach einer verbreiteten Ansicht ist die zweite Tatvariante nicht erfüllt, wenn der Täter im automatisierten Mahnverfahren (§ 689 Abs. 1 S. 2 ZPO) falsche Tatsachenangaben macht.[16] Dies wird mit dem Argument begründet, dass schon die bloße Behauptung eines bestehenden Anspruchs durch den Täter den Erlass des Mahnbescheids nach § 689 Abs. 1 S. 2 ZPO trage und dieser daher nicht auf falschen Tatsachen beruhe. Auch der Rechtspfleger erlasse im nichtautomatisierten Verfahren den Mahnbescheid allein aufgrund der Behauptung des Antragstellers, ihm stehe der Anspruch zu, ohne den Wahrheitsgehalt der Angaben oder deren rechtliche Schlüssigkeit zu prüfen (vgl. § 692 Abs. 1 Nr. 2 ZPO).

Gegen diese Auffassung ist jedoch mit der vorherrschenden Meinung[17] einzuwenden, dass der Täter einen Mahnbescheid nur auf zutreffender Tatsachengrundlage erwirken darf, weil auch für das Mahnverfahren die Wahrheitspflicht nach § 138 ZPO gilt (vgl. auch § 27 Rn. 40). Der auf unwahrer Tatsachengrundlage erlassene Mahnbescheid ist somit eine Verfügung des Gerichts unter Verwendung unrichtiger Daten, die dem Täter zuzurechnen ist. Allerdings ist zu beachten: Der Mahnbescheid selbst kann noch zu keiner Vermögensschädigung (oder auch nur Gefährdung) führen. Hierfür ist vielmehr noch ein Vollstreckungsbescheid erforderlich. Daher kann der Beginn des Versuchs von § 263a erst im Antrag auf Erlass eines Vollstreckungsbescheids auf der Grundlage des Mahnbescheids (§ 699 Abs. 1 ZPO) im automatisierten Verfahren liegen.[18]

3. Unbefugte Verwendung von Daten

▶ **Fall 1:** A sammelte und speicherte mithilfe eines von ihm entwickelten Gerätes an einem Geldautomaten zahlreiche Kontendaten und Geheimnummern (PIN). Die Daten übertrug er mit einem Codiergerät auf Blankette von Debitkarten. In der Folgezeit hob er mit diesen Kopien an verschiedenen Automaten Beträge in Höhe von insgesamt 100.000 Euro ab. Die betroffenen Banken und Sparkassen mussten jeweils den Schaden im Verhältnis zu ihren Kunden tragen.[19] ◀

Die Auslegung der dritten Tatvariante ist sowohl hinsichtlich des Verwendens als auch hinsichtlich der mangelnden Befugnis umstritten:

a) **Verwenden:** Unter Verwenden ist nach vorherrschender Meinung wie bei der zweiten Tatvariante das Einführen der Daten in den Datenverarbeitungsprozess zu verstehen.[20]

Da der unbefugte Gebrauch von Daten aufgrund ihrer Unrichtigkeit bzw. Unvollständigkeit schon von den beiden erstgenannten Modalitäten speziell erfasst wird, betrifft der eigenständige Anwendungsbereich der dritten Variante demnach Konstellationen, in denen der Täter entweder richtige Daten oder Daten, die als Passwörter fungieren und keine Tatsacheninformationen codieren, in einer den Willen des Vermögensinhabers verfälschenden Weise in den Datenverarbeitungsprozess einführt.[21] Einschlägige

---

16 *Bieber* WM Beilage Nr. 6/1987, 26; HKGS-*Duttge* § 263a Rn. 10; W-*Hillenkamp/Schuhr* Rn. 697; SK-*Hoyer* § 263 Rn. 30; S/S-*Perron* § 263a Rn. 6; M-Schroeder/*Maiwald/Momsen* I § 41/239.
17 RegE BT-Drs. 10/318, 21; *Dannecker* BB 1996, 1285 (1289); *Haft* NStZ 1987, 6 (8); NK-*Kindhäuser/Hoven* § 263a Rn. 18; *Möhrenschlager* wistra 1986, 128 (132); *Otto* § 52/37; *Wachter* NStZ 2018, 241 (242, 247).
18 LK-*Tiedemann/Valerius* § 263a Rn. 68; anders OLG Düsseldorf NStZ 1991, 586.
19 Nach BGHSt 38, 120 ff.
20 *Neumann* JuS 1990, 535 (536); *Rengier* I § 14/14.
21 Rechtsausschuss BT-Drs. 10/5058, 30; *Möhrenschlager* wistra 1986, 128 (133); *Sieber*, Informationstechnologie und Strafrechtsreform, 1985, 38; *Tiedemann* WM 1983, 1326 (1331).

Fälle sind insbesondere die Eingabe von Zugangscodes wie Personenidentitätsnummern (PIN) beim Bankomaten – so in **Fall 1** – oder Transaktionsnummern (TAN) beim Homebanking, aber auch das Einlesen von Barcodes an Selbstbedienungskassen[22] oder Pfandflaschenautomaten[23].

21 Nach einer weitergehenden Auffassung soll jede Nutzung von Daten als Verwenden anzusehen sein.[24] Demnach wäre es auch tatbestandsmäßig, wenn der Täter zunächst unbefugt erlangte Daten auswertet und mit seinen Kenntnissen sodann einen Computer bedient, ohne die Daten selbst noch einzugeben.[25] Jedoch wird mit dieser weiten Auslegung die Unrechtsverwandtschaft zum Betrug, für den die Manipulation der Voraussetzungen einer Vermögensverschiebung maßgeblich ist, preisgegeben.

22 b) **Unbefugt:** Die mangelnde Befugnis der Datenverwendung ist Tatbestandsmerkmal.[26]

23 ▪ Nach verbreiteter Ansicht werden Daten unbefugt verwendet, wenn sie **gegen den Willen des Berechtigten** in einen Datenverarbeitungsvorgang eingeführt werden.[27] Diese Auslegung entspricht dem Inhalt des Merkmals „unbefugt" in anderen Tatbeständen (§§ 201 ff.)[28] und knüpft an die Verfügungsberechtigung in Bezug auf die verwendeten Daten (§ 303a) an (§ 24 Rn. 10). Diese Anknüpfung ist auch sachgerecht, da sie den Betrugscharakter der Tat wahrt: Durch die Eingabe der Daten wird ein (vermögensrelevanter) Datenverarbeitungsvorgang ausgelöst, der – wie die Vermögensverfügung beim Betrug – zwar dem äußeren Anschein nach dem Vermögensinhaber zuzurechnen ist, tatsächlich aber seinem wahren Willen widerspricht. Nach dieser Auffassung wäre in **Fall 1** eine unbefugte Datenverwendung gegeben: Die Kontodaten auf der Karte, PIN und eingetippter Geldbetrag sind Daten, die A gegen den Willen des Berechtigten – das ist das kartenausgebende Institut – in den Datenverarbeitungsvorgang, der zur Geldausgabe führt, eingibt.[29]

24 ▪ Nach der sog. **computerspezifischen Auslegung** ist die Verwendung von Daten unbefugt, wenn sie dem Willen des Vermögensinhabers zuwiderläuft und sich dieser entgegenstehende Wille (zB durch eine codierte Überprüfung der Befugnis) auch im Computerprogramm niedergeschlagen hat.[30] Demnach wäre in **Fall 1** die Tatvariante erfüllt, da A mit der Eingabe der Kontodaten und PIN den entgegenstehenden Willen des Automatenbetreibers in computerspezifischer Weise überwindet. Gegen diesen Ansatz spricht, dass es keinen Wertungsunterschied machen kann,

---

22 *Heinrich* Beulke-FS 393 (401).
23 *Rengier* I § 14/7.
24 BayObLG NJW 1991, 438 (440); *Hilgendorf* JuS 1997, 130 (131); *Lampe* JR 1990, 347 (348); *Mitsch* JZ 1994, 877 (883 f.).
25 Die Strafbarkeit nach § 242 scheitert am Einverständnis des Geräteinhabers, da dieses nach dem äußeren Bedienungsablauf nicht auf Gewinne ohne „unbefugte" Verwendung von Daten beschränkt ist, vgl. § 2 Rn. 45; NK-*Kindhäuser/Hoven* § 242 Rn. 5.
26 *Gössel* § 22/13; *Lenckner/Winkelbauer* CR 1986, 654 (657); LK-*Tiedemann/Valerius* § 263a Rn. 40.
27 BGHSt 40, 331 (334 f.); BayObLG NStZ 1994, 287 (288); *Bühler* MDR 1991, 16 f.; *Gössel* § 22/13; NK-*Kindhäuser/Hoven* § 263a Rn. 27; *Lenckner/Winkelbauer* CR 1986, 657; *Mitsch* JZ 1994, 883 f.; *Otto* § 52/40.
28 Vgl. nur NK-*Kargl* § 202a Rn. 16 mwN.
29 BGHSt 38, 120 (121); BayObLGSt 93, 36; OLG Köln NJW 1992, 125; *Hilgendorf* JuS 1997, 130 (133 f.); *Schlüchter* JR 1993, 493 ff.; M-Schroeder/*Maiwald/Momsen* I § 41 Rn. 240; zu Einzelheiten, insbesondere zur zivilrechtlichen Konstruktion vgl. NK-*Kindhäuser/Hoven* § 263a Rn. 27.
30 OLG Celle NStZ 1989, 367 (368); *Achenbach* Jura 1991, 225 (227); *Arloth* Jura 1996, 354 (357 f.); *Herzog* StV 1991, 215 (217); *Lenckner/Winkelbauer* CR 1986, 654 (657); *Neumann* JR 1991, 302 (304 f.); *ders.* StV 1996, 375.

ob der Täter eine elektronische (zB „Passwort") oder sonstige (zB mechanische) Zugangssperre überwindet; auch die Verwendung eines Zugangscodes dient nur als elektronischer Schlüssel. In jedem Fall läuft die Datenverwendung dem Willen des Vermögensinhabers zuwider.

■ Vorherrschend ist die sog. **täuschungsäquivalente Auslegung**, der sich auch der BGH angeschlossen hat.[31] Nach diesem Ansatz sollen nur solche Verwendungen von Daten tatbestandsmäßig sein, die im Falle ihrer Vornahme gegenüber einer Person als konkludente Täuschung oder Täuschung durch Unterlassen einer Aufklärungspflicht anzusehen wären.[32] Auch nach dieser Ansicht wäre in **Fall 1** die Tatvariante verwirklicht, da A mit der Angabe der Kontodaten und der PIN gegenüber einem Bankangestellten konkludent vorgespiegelt hätte, zum Geldabheben von dem fraglichen Konto berechtigt zu sein (vgl. aber Rn. 52).[33] Diese Konstruktion übersieht jedoch, dass sich die Parallele zum Betrug wegen der unterschiedlichen Angriffsformen beider Delikte gerade nicht über das äußere Verhalten herstellen lässt: Beim konkludenten Täuschen liegt die Fehlinformation im unausgesprochenen Teil der Erklärung, auf die sich auch der Irrtum bezieht (vgl. § 27 Rn. 14 ff.). Dementsprechend ist diese (unausgesprochen gegebene) Information beim (vollendeten) Betrug auch der Grund der Vermögensverschiebung. Da ein Computer „Unausgesprochenes" nicht zu verarbeiten vermag, kann sich beim Computerbetrug die „Täuschung" nur auf solche Informationen beziehen, die in den Datenverarbeitungsprozess eingehen.[34] Werden daher Informationen zur Begründung der Täuschungsqualität des Täterverhaltens herangezogen, die im Datenverarbeitungsprozess selbst nicht berücksichtigt werden, so wird das betrügerische Verhalten nicht auf die Manipulation von Daten bezogen. Es wird vielmehr eine Täuschung konstruiert, die mit der zur Vermögensverschiebung führenden Datenverarbeitung selbst nichts zu tun hat. Sind beim Betrug nur solche Informationen tatbestandsrelevant, die für die irrtumsbedingte Vermögensverfügung kausal werden, so können auch bei einer betrugsanalogen Auslegung des Computerbetrugs nur solche Informationen mit Täuschungsqualität unbefugt verwendet werden, die tatsächlich in den zu der Vermögensverschiebung führenden Datenverarbeitungsvorgang eingehen (vgl. Rn. 43).[35] Zum Teil wird dieses Erfordernis aber auch wieder abgeschwächt, indem beim „Computerwettbetrug" nicht auf die Täuschung über die Manipulation des Spiels, Rennens etc., sondern über die Überschreitung der Höchstgrenzen für Wetteinsätze abgestellt wird.[36] Die Lehre von der Täuschungsäquivalenz widerspricht also ihrer eigenen Prämisse, der zufolge die Beeinflussung des Datenverarbeitungsvorgangs der irrtumsbedingten Vermögensverfügung beim Betrug entsprechen soll.[37] Im Übrigen lässt sich jede unbefugte Datenverwendung als konkludente Täuschung einer natürlichen Person über die Befugnis der Datenverwendung re-

25

---

31 BGHSt 47, 160 (162 f.).
32 OLG Köln NStZ 1991, 586 (587); OLG Zweibrücken CR 1994, 241 f.; OLG Karlsruhe wistra 2003, 116; W-*Hillenkamp/Schuhr* Rn. 700; *Mühlbauer* wistra 2003, 244 ff.; S/S-*Perron* § 263a Rn. 9; *Zielinski* NStZ 1995, 345 (347); S/S/W-*Zimmermann* § 263a Rn. 14.
33 BGHSt 47, 160 (162 f.); LK-*Tiedemann/Valerius* § 263a Rn. 48 f.
34 Zur Kritik vgl. auch BayObLG NStZ 1994, 287 (288); *Achenbach* JR 1994, 293 (295); *Altenhain* JZ 1997, 752 (758); NK-*Kindhäuser/Hoven* § 263a Rn. 25 f.; *Mitsch* JZ 1994, 877 (882); *Neumann* JuS 1990, 535 (537); *Otto* JR 1992, 252; *Ranft* JuS 1997, 19 (21); MK-*Hefendehl/Noll* § 263a Rn. 51 ff.
35 BGHSt 47, 160 (163).
36 BGH NStZ 2013, 281 (282); NJW 2016, 1336 (1337); kritisch insoweit *Wachter* NStZ 2018, 241 (242 f.).
37 So zB SK-*Hoyer* § 263a Rn. 48; L-Kühl/*Heger* § 263a Rn. 13a.

konstruieren, sodass die Täuschungshypothese zu keiner restriktiven betrugsnahen Auslegung führt. So ließe sich auch der Gebrauch eines falschen Schlüssels in § 243 Abs. 1 S. 2 Nr. 1 als täuschungsäquivalente Überlistung des Schlosses deuten.

4. Sonstige unbefugte Einwirkung auf den Ablauf

26 Dem – mit Blick auf Art. 103 Abs. 2 GG bedenklich unbestimmt formulierten[38] – Anwendungsbereich der vierten Tatvariante sind Einwirkungen auf die Hardware, die Konsolschreibmaschine sowie den Datenfluss einschließlich der Datenausgabe und des Aufzeichnungsvorgangs – zB Verhinderung des Ausdrucks – zuzuordnen.[39] Sofern man eine unbefugte Verwendung von Daten verneint (Rn. 21), wäre das Ingangsetzen eines mit einem Programmfehler behafteten Glücksspielautomatens eine unbefugte Einwirkung auf den Spielablauf.[40] Daneben soll diese Variante aber auch Manipulationstechniken, die sich erst künftig ergeben können, erfassen.[41]

27 a) **Unbefugte Einwirkung:** Als Einwirkungen sind alle Eingriffe zu verstehen, infolge derer die Informationsverarbeitung inhaltlich beeinflusst wird.[42]

Die Einwirkung ist – wie bei der dritten Tatvariante – unbefugt, wenn sie in einer dem Willen des Berechtigten zuwiderlaufenden Weise erfolgt (vgl. Rn. 23).[43]

28 b) **Systematik:** Nach verbreiteter, auf den Wortlaut („sonst") gestützter Auffassung ist die vierte Tatvariante als **Grundtatbestand** anzusehen, mit der Konsequenz, dass für alle Tatvarianten die Einwirkung auf einen Datenverarbeitungsvorgang erforderlich ist.[44] Auswirkungen hat dies insbesondere für die dritte Tatmodalität (vgl. Rn. 19 ff.). Die Gegenauffassung deutet die vierte Tatvariante jedoch als alternativen Auffangtatbestand, der die mangelnde Anwendbarkeit der anderen Begehungsweisen voraussetzt.[45]

IV. Beeinflussung des Ergebnisses eines Datenverarbeitungsvorgangs

▶ **Fall 2:** Software-Unternehmer U legt die EDV-Anlage seines Konkurrenten K mit Computerviren lahm, um sich bei einer öffentlichen Ausschreibung den Zuschlag zu sichern. ◀

29 Das Ergebnis eines Datenverarbeitungsvorgangs ist (zumindest mitbestimmend) beeinflusst, wenn es von dem Resultat abweicht, das bei einem ordnungsgemäßen Ablauf des Computers erzielt worden wäre.[46]

---

38 Zur Kritik vgl. *Neumann* StV 1996, 375; *Thaeter* JA 1988, 547 (551).
39 RegE BT-Drs. 10/318, 20; *Achenbach* JR 1994, 293; *Fischer* § 263a Rn. 18; *Möhrenschlager* wistra 1986, 128 (133); *Sieg* Jura 1986, 352 (354).
40 BGHSt 40, 331 (334 ff.); wistra 2020, 28.
41 Rechtsausschuss BT-Drs. 10/5058, 30.
42 *Achenbach* JR 1994, 293 (294); *Gössel* § 22/28; SK-*Hoyer* § 263a Rn. 46 f.; *Lackner* Tröndle-FS 41 (56); *Otto* § 52/46; vgl. auch BGHSt 40, 331 (334): jede mit dem Willen des Berechtigten unvereinbare Datenverwendung.
43 *Fischer*, § 263a, Rn. 18; vgl. auch LK-*Tiedemann/Valerius* § 263a Rn. 62 (unrichtige Verarbeitung, vgl. § 263a Abs. 1 Var. 1); für eine computerspezifische Auslegung *Neumann* JuS 1990, 535 (537); für eine täuschungsanaloge Auslegung auch hier S/S/W-*Zimmermann* § 263a Rn. 64; *Haft* NStZ 1987, 6 (8); *Lackner* Tröndle-FS 41 (56); *Ranft* NJW 1994, 2574; *Wachter* NStZ 2018, 241 (247).
44 *Gössel* § 22/3; NK-*Kindhäuser/Hoven* § 263a Rn. 28; L-*Kühl/Heger* § 263a Rn. 5; *Ranft* JuS 1997, 20.
45 BayObLG NJW 1994, 960; *Arloth* CR 1996, 363; SK-*Hoyer* § 263a Rn. 46; *Lampe* JR 1990, 347 (349); *Otto* § 52 Rn. 46; LK-*Tiedemann/Valerius* § 263a Rn. 24.
46 RegE BT-Drs. 10/318, 19 f.; *Lenckner/Winkelbauer* CR 1986, 654 (659); S/S-*Perron* § 263a Rn. 19 ff.; *Schulz/Tscherwinka* JA 1991, 119 (122 f.); *Tiedemann* JZ 1986, 865 (869).

1. Funktion

Das Merkmal der Beeinflussung eines Datenverarbeitungsvorgangs **entspricht** dem Erfordernis einer irrtumsbedingten **Vermögensverfügung** beim Betrug. Es verbindet, gewissermaßen als Zwischenerfolg, die Tathandlung mit der Vermögensschädigung. Einschlägig sind daher nur vermögensrelevante Datenverarbeitungsvorgänge (zB Lohnberechnungen). Eine tatbestandsmäßige Beeinflussung kann auch in der Beschleunigung oder Verzögerung des für die Vermögensverschiebung vorgesehenen Zeitpunkts liegen.[47]

30

Wird die Datenverarbeitung selbst – etwa durch Computersabotage wie in **Fall 2** – beschädigt oder unbefugt für eigene Zwecke in Gebrauch genommen (sog. „Zeitdiebstahl"), so fehlt es an einer manipulierten Vermögensverschiebung, und zwar unabhängig davon, ob für die Benutzung als solche besondere Kosten (zB Telefongebühren) zulasten des Berechtigten anfallen oder Folgeschäden (Reparaturkosten usw) eintreten. Der Computer ist bei § 263a Tatmittel, nicht Schutzobjekt. Nicht erfasst sind auch Fehlprogrammierungen, die zur Störung von Arbeitsabläufen oder Unverwertbarkeit der Datenverarbeitungsresultate führen. Allerdings kann in derartigen Fällen eine Strafbarkeit nach § 265a (bei kostenpflichtiger Nutzung von Computern, vgl. § 33 Rn. 3) oder § 303b (Computersabotage, vgl. § 25 Rn. 3 ff.) gegeben sein.

2. Ergebnis des Datenverarbeitungsvorgangs

Die tatbestandsmäßige Beeinflussung des Datenverarbeitungsvorgangs bezieht sich auf dessen Resultat. Es spielt daher keine Rolle, ob der Täter in einen bereits ablaufenden Datenverarbeitungsprozess eingreift oder diesen erst in Gang setzt.[48]

31

3. Unmittelbarkeit

Das Datenverarbeitungsergebnis muss den Vermögensschaden, wie beim Betrug, unmittelbar herbeiführen (vgl. § 27 Rn. 44 f.).[49] Insoweit besteht auch zwischen Computerbetrug und Diebstahl ein tatbestandliches **Exklusivitätsverhältnis**.[50] Die Vermögensverschiebung darf also nicht durch weitere deliktische Zwischenschritte unterbrochen sein, durch die der Täter selbst, zB iSe Wegnahme oder durch Täuschung mithilfe des Datenverarbeitungsresultats, auf das fremde Vermögen zugreift.[51] Muss der Täter nach Abschluss der Datenverarbeitung selbst noch durch eine weitere Handlung die Vermögensverschiebung bewirken, so ist die Datenmanipulation – wie etwa beim Trickdiebstahl – nur eine Vorbereitungshandlung der eigentlichen Vermögensschädigung. Der Täter begeht zB einen Diebstahl, wenn er durch Manipulation einer elektronischen Zugangssperre einen Raum öffnet, aus dem er anschließend Gegenstände in Zueignungsabsicht wegnimmt; liegt in der automatischen Öffnung hingegen ein

32

---

[47] RegE BT-Drs. 10/318, 20.
[48] BGHSt 38, 120 (121); BayObLG NStZ 1994, 287 (288); OLG Köln NJW 1992, 125 mit Anm. *Otto* JR 1992, 252; *Achenbach* Jura 1991, 225 (228); *Hilgendorf* JuS 1997, 130 (131); SK-*Hoyer* § 263a Rn. 12; LK-*Tiedemann/Valerius* § 263a Rn. 69; *Weber* Krause-FS 427 (432); aA LG Wiesbaden StV 1990, 497 (498); *Kleb-Braun* JA 1986, 249 (259); *Ranft* wistra 1987, 79 (83 f.).
[49] W-*Hillenkamp/Schuhr* Rn. 692; *Otto* § 53/47; *Rengier* I § 14/5.
[50] W-*Hillenkamp/Schuhr* Rn. 692 aE; S/S-*Perron* § 263a Rn. 23; *Schneider* NStZ 1987, 122 (126); *Weber* JZ 1987, 215 (216); aA M-*Schroeder/Maiwald* I § 41/243 f., 246 (Gesetzeskonkurrenz).
[51] OLG Celle JR 1997, 345 (347) mit Anm. *Hilgendorf*; SK-*Hoyer* § 263a Rn. 13; LK-*Tiedemann/Valerius* § 263a Rn. 65.

tatbestandsausschließendes Einverständnis, so kommt eine Strafbarkeit nach § 263a in Betracht (vgl. auch zu Warenautomaten: § 33 Rn. 4 ff.).

Für die Beantwortung der Frage, ob eine Tat als Diebstahl (bzw. Unterschlagung) oder als Computerbetrug anzusehen ist, kommt es deshalb nicht nur darauf an, dass der Täter überhaupt Daten beeinflusst. Entscheidend für die Annahme eines Computerbetrugs ist vielmehr, dass infolgedessen über das Vermögen des Berechtigten äußerlich ordnungsgemäß in der von ihm organisierten Weise verfügt wird. Eine solche Verfügung liegt nach hM nicht vor, wenn der Täter an einer Selbstbedienungskasse nicht den Strichcode des ausgesuchten Produktes, sondern den eines anderen (billigeren) Produktes einliest, da sich das Einverständnis zur Mitnahme nur auf die ordnungsgemäß eingescannten Waren bezieht und daher von einer Wegnahme iSv § 242 auszugehen ist (vgl. § 27 Rn. 96).[52] Demgegenüber wäre weder Diebstahl noch Computerbetrug anzunehmen, wenn man bei dem Einsatz von Selbstbedienungskassen von einem generellen Einverständnis mit dem Gewahrsamswechsel ausgeht (vgl. zu Selbstbedienungstankstellen § 2 Rn. 46).[53] Bei Leergutautomaten wird das Vermögen des Betreibers durch die Ausgabe eines Pfandbons am Leergutautomaten bereits unmittelbar gemindert, da dieser als sog. kleines Inhaberpapier einen Anspruch auf Auszahlung des genannten Geldbetrages verkörpert (§ 807 iVm § 793 Abs. 1 S. 2 BGB, vgl. § 2 Rn. 94).[54]

4. Dreiecksverhältnisse

33 Für den Fall, dass der Systembetreiber mit dem geschädigten Vermögensinhaber nicht identisch ist (sog. Dreiecks-Computerbetrug), lassen sich für die Abgrenzung zwischen Computerbetrug und Diebstahl (bzw. Unterschlagung) die für den Dreiecksbetrug relevanten Kriterien entsprechend heranziehen (vgl. § 27 Rn. 46 ff.).[55] Aus der Sicht der Nähetheorie bedeutet dies, dass § 263a eingreift, wenn der Systembetreiber schon vor der Beeinflussung des Datenverarbeitungsvorgangs durch den Täter die Möglichkeit des Zugriffs auf das Vermögen des Geschädigten hatte (§ 27 Rn. 49, 56; zum Codekartenmissbrauch Rn. 41, 52).[56]

Zu beachten ist, dass § 263a nicht anwendbar ist, wenn durch die Datenmanipulation ein verfügungsbefugter Dritter getäuscht wird, der die Vermögensverschiebung irrtumsbedingt vornimmt; die Tat ist dann ein Betrug nach § 263.

V. Vermögensschaden

34 Das Ergebnis des Datenverarbeitungsprozesses muss zu einem Vermögensschaden führen. Dieser ist nach den zum Betrug entwickelten Grundsätzen zu bestimmen (§ 27 Rn. 59 ff.).[57] Kennzeichnend für den Schaden beim Computerbetrug sind vor allem einseitige Vermögensminderungen auf der Opferseite (zB durch Geldabhebungen, vgl.

---

52 OLG Hamm NStZ 2014, 275 (276); aA *Heinrich* Beulke-FS 393 (403).
53 Vgl. auch OLG Rostock wistra 2020, 120 (125).
54 *Rengier* I § 14/8; aA *Schmitz/Goeckenjan/Ischebeck* Jura 2006, 821 (825), wonach die Vermögensminderung erst durch Auszahlung des Pfandbetrages eintritt und dementsprechend erst dann ein Betrug anzunehmen ist.
55 Vgl. auch *Lenckner/Winkelbauer* CR 1986, 654 (659 f.).
56 S. zum Missbrauch von Kreditkarten- oder Girokontodaten („Carding"): *Ullenboom* NZWiSt 2018, 26 (27, 28).
57 L-Kühl/*Heger* § 263a Rn. 23; S/S-*Perron* § 263a Rn. 24; LK-*Tiedemann/Valerius* § 263a Rn. 70.

Rn. 42). Soweit eine konkrete Vermögensgefährdung als Schaden angesehen wird, reicht dies auch für § 263a aus; einschlägig sind etwa Falschbuchungen.

VI. Subjektiver Tatbestand

Der subjektive Tatbestand stimmt wörtlich mit demjenigen des § 263 überein: Der Täter muss zum einen mit (zumindest bedingtem) **Vorsatz** hinsichtlich des objektiven Tatbestands – einschließlich des Tatbestandsmerkmals „unbefugt" – handeln. Zum anderen muss er die **Absicht** haben, sich oder einem Dritten durch das Ergebnis des manipulierten Datenverarbeitungsprozesses einen (mit dem Schaden „stoffgleichen") rechtswidrigen Vermögensvorteil zu verschaffen (§ 27 Rn. 79 ff.).

Wegen der Gleichwertigkeit des unerlaubten Risikos von Betrug und Computerbetrug im objektiven Tatbestand sind Fehlvorstellungen des Täters (oder Teilnehmers) über den tatsächlichen Ablauf der elektronisch gesteuerten Vermögensverschiebung und über die Einschaltung von Kontrollpersonen nur als **unwesentliche Irrtümer** über den Kausalverlauf anzusehen. Der Täter ist folglich beim Versuch nach dem vorgestellten, bei Vollendung nach dem objektiv tatsächlich verwirklichten Delikt zu bestrafen.[58] Bei einem Handeln mit Alternativvorsatz greift das Delikt ein, zu dem er tatsächlich ansetzt oder das er vollendet.[59]

VII. Versuch, Vollendung und Verweisungen (Abs. 2)

Die Tat ist mit dem Eintritt des (wenigstens teilweisen) Vermögensschadens **vollendet** und mit der Erlangung des (letzten Teils) des angestrebten Vermögensvorteils **beendet**. Der **Versuch** ist strafbar (§ 263a Abs. 2 iVm § 263 Abs. 2) und zB gegeben, wenn ein Nichtberechtigter eine manipulierte Debitkarte erfolglos in einen Bankomaten zum Geldabheben einführt.

Aufgrund der **Verweisung** von § 263a Abs. 2 ist § 263 Abs. 2–7 entsprechend anwendbar. Bei zugleich banden- und gewerbsmäßiger Tatbegehung (§ 263 Abs. 5) ist auch der Computerbetrug als Verbrechen qualifiziert.

VIII. Vorbereitungshandlungen und tätige Reue (Abs. 3, 4)

Im Zuge der Umsetzung der unionsrechtlichen Vorgaben[60] wurden mit dem 35. StRÄndG[61] die Abs. 3 und 4 neu in § 263a eingefügt und zuletzt mit dem 61. StRÄndG[62] geändert. Nach Abs. 3 werden, ähnlich den §§ 149, 275, die Entwicklung, Verwahrung, Verschaffung und Überlassung von Computerprogrammen (Abs. 3 Nr. 1) und Passwörtern und Sicherheitscodes (Abs. 3 Nr. 2) zur Tatbegehung als Vorbereitungshandlungen selbstständig mit Strafe bedroht. Damit wird nunmehr auch das Ausspähen der zu einer Debit- oder Kreditkarte gehörenden PIN mit Hilfe von Ma-

---

58 SK-*Hoyer* § 263a Rn. 54; S/S-*Perron* § 263a Rn. 28; LK-*Tiedemann/Valerius* § 263a Rn. 73; teils abw. L-Kühl/ Heger § 263a Rn. 24.
59 SK-*Hoyer* § 263a Rn. 55; NK-*Kindhäuser/Hoven* § 263a Rn. 38; LK-*Tiedemann/Valerius* § 263a Rn. 73.
60 Rahmenbeschluss 2001/413/JI vom 28.5.2001 zur Bekämpfung von Betrug und Fälschung im Zusammenhang mit unbaren Zahlungsmitteln, ABl. EG Nr. L 149, 1; Richtlinie (EU) 2019/713 vom 17.4.2019 zur Bekämpfung von Betrug und Fälschung im Zusammenhang mit unbaren Zahlungsmitteln, ABl. EU L 123, 18.
61 Vgl. dazu *Husemann* NJW 2004, 104 (107 f.).
62 BGBl 2021 I S. 333.

gnetkartenlesern (Skimming) mit Strafe bedroht.[63] Der (zumindest bedingte) Vorsatz muss sich hierbei auch auf die Begehung des Computerbetrugs nach Abs. 1 erstrecken. Gem. Abs. 4 (iVm § 149 Abs. 2, 3) gilt für diese Fälle der Strafaufhebungsgrund der tätigen Reue.

C. Anwendung

I. Aufbau

40 Es empfiehlt sich, die Tatbestandsmerkmale des Computerbetrugs in folgenden Schritten zu prüfen:

A) Tatbestand
    I. Objektiver Tatbestand
        1. Tathandlung: unrichtige Programmgestaltung (Rn. 10 ff.), Verwendung unrichtiger oder unvollständiger Daten (Rn. 15 f.), unbefugte Verwendung von Daten (Rn. 19 ff.) oder (sonstige) unbefugte Einwirkung auf den Ablauf (Rn. 26 ff.); alternativ Vorbereitungshandlungen nach Abs. 3 (Rn. 39)
        2. Beeinflussung des Ergebnisses eines Datenverarbeitungsvorgangs (Rn. 29 ff.)
        3. Vermögensschaden als unmittelbare Folge (Rn. 34)
        4. Kausaler Zusammenhang zwischen 1., 2. und 3. (Rn. 6)
    II. Subjektiver Tatbestand (Rn. 35 f.)
        1. Vorsatz hinsichtlich des objektiven Tatbestands
        2. Absicht, sich oder einem Dritten einen Vermögensvorteil zu verschaffen
        3. Vorsatz hinsichtlich der Rechtswidrigkeit des Vermögensvorteils
        4. Sofern Abs. 3 in Betracht kommt: Vorsatz bezüglich Vorbereitungshandlungen und Tatbestand von Abs. 1
B) Rechtswidrigkeit
C) Schuld
D) Verweisungen auf § 263 Abs. 2–7, einschließlich Regelbeispielen und Qualifikation; im Falle von Abs. 3 tätige Reue nach Abs. 4

II. Einzelfragen

1. Codekartenmissbrauch

▶ **Fall 3:** I befindet sich in finanziellen Schwierigkeiten. Um sich die dringend benötigten finanziellen Mittel zu verschaffen, hebt er von einem Geldautomaten eines anderen Kreditinstituts ohne hinreichende Kontodeckung Geld ab und überzieht dabei erheblich den ihm eingeräumten Kreditrahmen. ◀

▶ **Fall 4:** Da K sehr beschäftigt ist, bittet sie ihren Freund F, mit ihrer Debitkarte Geld an einem Automaten ihrer Bank abzuheben und teilt ihm zu diesem Zweck auch ihre PIN mit. F handelt wunschgemäß. ◀

---

63 BT-Drs. 19/25631, 23.

▶ **Fall 5:** Wie **Fall 4**, aber: K und F wissen, dass der Kreditrahmen der K längst ausgeschöpft ist. Gleichwohl hebt F mit der Karte wunschgemäß das benötigte Geld an einem institutsfremden Bankautomaten ab. ◀

▶ **Fall 6:** Wie **Fall 4**, aber: F hebt mehr als die mit K vereinbarte Summe ab und steckt den Mehrbetrag – womit K keinesfalls einverstanden ist – in die eigene Tasche. ◀

▶ **Fall 7:** G gibt gegenüber der älteren D vor, ein Mitarbeiter ihrer Bank zu sein und zwecks Überprüfung von Unregelmäßigkeiten ihre Bankkarte sowie PIN zu benötigen. D glaubt dies und händigt ihm ihre Debitkarte mitsamt der PIN aus. G hebt mehrere Hundert Euro vom Konto der D ab und verwendet das Geld für sich. ◀

Hauptanwendungsfall des § 263a ist bislang das unbefugte Abheben von Geld an Bankomaten. Die nachfolgenden Grundsätze gelten aber auch für andere Codekarten, mit denen (in Verbindung mit einer PIN) Leistungen in Anspruch genommen werden können (zB Tankkarten).[64] Bei der rechtlichen Würdigung sind verschiedene Konstellationen zu unterscheiden: 41

a) Die dritte Tatvariante ist erfüllt, wenn sich der Täter – wie in **Fall 1** – die Kenntnis der zum Geldabheben erforderlichen PIN und/oder den Besitz einer (echten oder gefälschten) Codekarte **gegen den Willen des Berechtigten** verschafft hat und zum Geldabheben benutzt. Dieses Ergebnis wird einhellig vertreten und ist nur in seiner Begründung umstritten (hierzu Rn. 22 ff.).[65] Wird Bargeld an einem Automaten der kartenausgebenden Bank abgehoben, so tritt der Vermögensschaden nicht bei dem Bankkunden (Karten- und Kontoinhaber), sondern bei der Bank ein, da diese das Missbrauchsrisiko trägt und gegen den Kontoinhaber keinen Aufwendungsersatzanspruch hat (§ 675u BGB); etwaige Schadensersatzansprüche, insbesondere wegen grober Fahrlässigkeit (vgl. § 675v BGB), bleiben bei der Feststellung des Schadens unberücksichtigt (§ 27 Rn. 65).[66] Dies gilt auch dann, wenn das Geld nicht an einem Automaten der kartenausgebenden, sondern einer anderen Bank abgehoben wird: In diesem Fall kann die den Geldautomaten betreibende Bank den ausgezahlten Betrag per Lastschrift bei der kartenausgebenden Bank einziehen, dh der Vermögensschaden tritt bei Letzterer ein, da sie aufgrund eines abstrakten Schuldversprechens haftet[67]. Das für diesen Dreiecks-Computerbetrug erforderliche Näheverhältnis (Rn. 33) wird über die vertraglichen Grundlagen des Geldautomatensystems begründet[68], über das der auszahlenden Bank eine entsprechende Einzugsermächtigung gegenüber der kartenausgebenden Bank erteilt wird[69]. §§ 242[70] oder 246,[71] die in einem solchen Fall auch als erfüllt angesehen werden, treten hinter den Spezialtatbestand des Computerbetrugs zurück und bedürfen daher im Gutachten keiner Prüfung, wenn § 263a eingreift. 42

b) Deutet man die unbefugte Verwendung als eine dem **Willen des Berechtigten zuwiderlaufende** Dateneingabe (Rn. 23), so ist die dritte Tatvariante auch erfüllt, wenn 43

---

64 OLG Karlsruhe, Beschl. V. 3.3.2021 – 1 Rv 21 Ss 58/21 (juris).
65 S. zuletzt BGH NStZ-RR 2022, 183; vgl. insoweit auch BT-Drs. 10/5058, 30.
66 BGH NStZ 2008, 396 (397); *Rengier* I § 14/30.
67 MK-BGB-*Casper*, § 675f Rn. 76, 121, 129; s. insoweit die Geldautomaten-Vereinbarung der Spitzenverbände der Deutschen Kreditwirtschaft vom 15.1.2011, Anlage 3 (Nr. 3.7.).
68 MK-*Hefendehl/Noll* § 263a Rn. 178; S/S/W-*Zimmermann* § 263a Rn. 83.
69 Vgl. die Geldautomaten-Vereinbarung (Fn. 62).
70 BayObLG NJW 1987, 663 (664); OLG Koblenz wistra 1987, 261 f.
71 BGHSt 35, 152 (158 ff.).

der **berechtigte Karteninhaber** selbst – wie I in **Fall 3** – an einem Bankomaten ohne hinreichende Kontodeckung oder Kreditierung Geld abhebt.[72] Der Täter bewegt sich zwar mit der Eingabe von PIN und Karte noch innerhalb seiner Befugnisse, da ihm diese Daten vom Kreditinstitut generell zur Ermöglichung des Geldabhebens an Bankomaten zugeteilt worden sind. Jedoch ist ihm die anschließende Eingabe eines das eingeräumte Kreditlimit überschreitenden Geldbetrags untersagt.[73] Nur unter der Voraussetzung, den Kreditrahmen einzuhalten, darf der Karteninhaber die Karte benutzen, um den Automatenbetreiber zur (unbedingten) Übereignung des ausgeworfenen Geldes zu veranlassen. Eine Anwendbarkeit von § 263a wird aber auch mit der Begründung verneint, dass das Geldabheben durch den berechtigten Karteninhaber nur eine zivilrechtliche Vertragswidrigkeit sei, die keinen Betrugscharakter habe.[74]

Die Vertreter der Lehre von der **täuschungsäquivalenten Auslegung** (Rn. 25) kommen teils zu demselben Ergebnis, da auch ein Bankangestellter konkludent darüber getäuscht werden müsste, dass sich der auszuzahlende Betrag noch innerhalb des Überziehungsrahmens des Karteninhabers bewege.[75] Dagegen spricht allerdings, dass auch die Überziehung des eingeräumten Kreditrahmens von den Banken regelmäßig geduldet, dafür allerdings ein erhöhter Zins verlangt wird (vgl. § 505 BGB).[76] Überwiegend wird eine Täuschungsäquivalenz mit dem Argument verneint, dass nur ein Bankangestellter fingiert werden dürfe, der sich mit den auch vom Computer zu prüfenden Fragen befasse. Der Computer prüfe nicht die Bonität, sondern nur, ob sich der Karteninhaber innerhalb seines Verfügungsrahmens bewege.[77]

44 Zu beachten ist jedoch, dass der berechtigte Karteninhaber nach zum Teil vertretener Ansicht (zumindest bei Benutzung des Automaten eines anderen Kreditinstituts) **auch § 266b verwirklicht**, der als milderes Gesetz den Computerbetrug verdrängt (§ 37 Rn. 21).[78] In **Fall 3** wäre I nach dieser Auffassung nur nach § 266b strafbar. Selbst soweit eine Anwendung des § 266b auf Debitkarten abgelehnt wird (§ 37 Rn. 5, 7), soll § 266b als abschließende Regelung für untreueähnliches Unrecht (Abhebung am institutsfremden Geldautomaten) eine Sperrwirkung entfalten.[79] Nach hier vertretener subjektiver Auslegung ist I hingegen nach § 263a strafbar. Verneint man jedoch mit der täuschungsäquivalenten Auslegung den Tatbestand des § 263a hält man darüber hinaus § 266b nicht für anwendbar, insbesondere wenn der berechtigte Karteninhaber unbefugt Geld bei seiner Hausbank abhebt (§ 37 Rn. 13), wäre der Täter in einem solchen Fall straflos.

45 c) Sofern ein **Dritter, dem vom Berechtigten Karte und PIN überlassen** wurden, an einem Bankomaten Geld abhebt, kommen vier Situationen in Betracht:

---

72 *Achenbach* NJW 1986, 1835 (1838); *W-Hillenkamp/Schuhr* Rn. 702 f.; *Lackner* Tröndle-FS 41 (53 f.); *Mitsch* 7.2.2.1.1.3; LK-*Möhrenschlager* § 266b Rn. 39 f.; *Otto* § 52/44; *Tiedemann* JZ 1986, 865 (869).
73 Vgl. A. II Nr. 2 der Bedingungen für die Girocard der privaten Banken, abgedruckt bei *Maihold* in: Bankrechts-Handbuch, Anh. 5 zu §§ 52–55.
74 *Berghaus* JuS 1990, 981 (982 f.); S/S-*Perron* § 263a Rn. 12; *Weber* JZ 1987, 215 (217); *Zielinski* CR 1992, 223 (227); hiergegen *W-Hillenkamp/Schuhr* Rn. 702 f.; NK-*Kindhäuser/Hoven* § 263a Rn. 48.
75 *W-Hillenkamp/Schuhr* Rn. 702 f.; LK-*Tiedemann/Valerius* § 263a Rn. 51.
76 *Eisele* II Rn. 685; *Rengier* I § 14/40; *ders.* Stürner-FS 892 ff.
77 BGHSt 47, 160 (163) mit Anm. *Beckemper* JA 2002, 545 ff., *Kudlich* JuS 2003, 537 ff. und *Zielinski* JR 2002, 342 f.; *Altenhain* JZ 1997, 758; iErg *Mühlbauer* wistra 2003, 244 (251 f.); *Kleszewski* BT § 9/146; vgl. auch zur Nutzung der Karte im elektronischen Lastschriftverfahren an einer Selbstbedienungskasse OLG Rostock wistra 2020, 122 (124 f.).
78 BGHSt 47, 160 (163 f.); NK-*Kindhäuser/Hoven* § 263a Rn. 49 mwN.
79 Arzt/Weber/Heinrich/Hilgendorf § 21 Rn. 43a.

aa) Geht der Dritte **auftragsgemäß** vor und hebt – wie F in **Fall 4** – nur eine Summe ab, die sich **innerhalb des** dem Kontoinhaber eingeräumten **Kreditrahmens** bewegt, so verwendet er zwar unbefugt Daten, da es dem Kontoinhaber nach den AGB der Bank nicht gestattet ist, einem anderen die Codekarte unter Bekanntgabe der PIN zu überlassen.[80] Das Geldabheben führt aber zu keiner (beabsichtigten) rechtswidrigen Bereicherung des Karteninhabers, da diesem ein Zahlungsanspruch in Höhe des abgehobenen Betrags (nach § 488 Abs. 1 S. 1 BGB) gegen die Bank zusteht.[81]

46

bb) Ferner ist an die Möglichkeit zu denken, dass der Dritte – wie F in **Fall 5** – beim Geldabheben in Absprache mit dem berechtigten Karteninhaber den diesem **eingeräumten Kreditrahmen überschreitet**. In diesem Fall ist nach hier vertretener Auffassung der Tatbestand des § 263a verwirklicht, da der Täter weder zur Verwendung von PIN und Karte noch zur Eingabe des überhöhten Geldbetrags befugt ist (Rn. 43). Soweit man indessen zugleich eine Strafbarkeit des Karteninhabers nach § 266b bejaht (vgl. Rn. 44 und § 37 Rn. 13), ist auch der Dritte **nur wegen Teilnahme an § 266b** zu bestrafen.

47

cc) Hebt der Täter, der nicht berechtigter Karteninhaber ist, schließlich – wie F in **Fall 6** – absprachewidrig einen Mehrbetrag für sich oder einen unberechtigten Dritten ab, so ist der Tatbestand ebenfalls erfüllt, wenn man die unbefugte Verwendung als eine dem **Willen des Berechtigten zuwiderlaufende** Dateneingabe (Rn. 23) deutet. Hier ist es dem Täter (F), ungeachtet der ohnehin fehlenden Befugnis der Dateneingabe gegenüber der Bank, zudem auch im Innenverhältnis zum Karteninhaber (K) nicht gestattet, den Mehrbetrag einzutippen bzw. die Karte mehrmals zu verwenden.[82]

48

Nach der Lehre von der **täuschungsäquivalenten Auslegung** (Rn. 25) dagegen soll der Täter – in einer Konstellation wie in **Fall 6** – nicht tatbestandsmäßig handeln:[83] Die Beauftragung, Geld an einem Automaten mit PIN und Karte abzuheben, sei als Erteilung einer Bankvollmacht anzusehen. Da der Täter keine konkludente Erklärung über die Befugnisse im Innenverhältnis zum Auftraggeber gegenüber einem Bankangestellten abgäbe, wenn er sich von diesem auftragswidrig einen Mehrbetrag auszahlen ließe, bediene er auch den Automaten hinsichtlich dieser Befugnis nicht täuschungsäquivalent.[84] Sofern man auch eine Strafbarkeit nach § 266b verneint (Rn. 44), käme allein eine Strafbarkeit nach § 246 in Betracht (Rn. 42; vgl. auch § 2 Rn. 46).[85] Der BGH hat dieser Auslegung jedoch mit dem Argument widersprochen, dass die Erteilung einer Vollmacht zur Verwendung der Karte nach dem Bankkartenvertrag ausgeschlossen ist

49

---

80 Vgl. A. II Nr. 6.3 der Bedingungen für die Girocard der privaten Banken, abgedruckt bei *Maihold* in: Bankrechts-Handbuch, Anh. 5 zu §§ 52–55.
81 IErg unstreitig, vgl. nur OLG Köln NStZ 1991, 586 mit Anm. *Otto* JR 1992, 252; SK-*Hoyer* § 263a Rn. 39; *Mitsch* JZ 1994, 877 (881); LK-*Tiedemann/Valerius* § 263a Rn. 50.
82 Vgl. *Ehrlicher*, Der Bankomatenmißbrauch – seine Erscheinungsformen und seine Bekämpfung, 1989, 91; *Hilgendorf* JuS 1997, 134; NK-*Kindhäuser/Hoven* § 263a Rn. 51; L-*Kühl/Heger* § 263a Rn. 14; *Mitsch* JZ 1994, 877 (881 f.); *Möhrenschlager* wistra 1986, 128 (133); *Otto* Jura 1993, 612 (614 f.); *Ranft* NJW 1994, 2574 (2578); *Rengier* I § 14/33 f.
83 OLG Köln NStZ 1991, 586 f. mit abl. Anm. *Otto* JR 1992, 252 (254); OLG Düsseldorf StV 1998, 266; NStZ-RR 1998, 137; AG Villingen-Schwenningen BeckRS 2019, 40340; *Fischer* § 263a Rn. 13 f.; SK-*Hoyer* § 263a Rn. 39; W-*Hillenkamp/Schuhr* Rn. 701.; S/S-*Perron* § 263a Rn. 13; LK-*Tiedemann/Valerius* § 263a Rn. 50. Befürwortet wird für die einschlägige Fallkonstellation eine Anwendbarkeit von § 246 oder § 266.
84 OLG Hamm NZWiSt 2023, 269.
85 Vgl. dagegen AG Villingen-Schwenningen BeckRS 2019, 40340 (Straflosigkeit).

bzw. der Ausstellung einer eigenen Karte für die bevollmächtigte Person bedarf.[86] Im Ergebnis läuft diese „zivilrechtsakzessorische" Variante der hM auf eine subjektive (dh am Willen des kartenausgebenden Instituts orientierte) Auslegung des Merkmals „unbefugt" hinaus (vgl. Rn. 48).[87]

50 **dd)** Erhält der Täter – wie G in **Fall 7** – die Bankkarte und Geheimnummer vom berechtigten Karteninhaber durch dessen täuschungs- und irrtumsbedingte Verfügung und nimmt er damit Abhebungen an Geldautomaten vor, so begeht er nach der Lehre von der **täuschungsäquivalenten Auslegung** (Rn. 25) ebenfalls keinen Computerbetrug, sondern verwirklicht (nur) den Betrugstatbestand.[88] Diese Auslegung widerspricht jedoch dem Umstand, dass mit der Übergabe der Bankkarte keine Bankvollmacht erteilt werden soll bzw. kann (Rn. 49).[89] Infolge der fehlenden Verfügungsberechtigung des Täters wäre daher ein täuschungsäquivalentes Verhalten zu bejahen.[90] Zu dem gleichen Ergebnis gelangt man, wenn man bei der Bestimmung der unbefugten Verwendung auf eine dem **Willen des Berechtigten zuwiderlaufende** Dateneingabe (Rn. 23) abstellt. Der Tatbestand des § 263a ist danach – genauso wie in **Fall 6** – als erfüllt anzusehen.[91]

2. Missbrauch des POS-Systems

▶ **Fall 8:** In einem Feinkostladen bezahlt T teure Delikatessen mit einer gestohlenen Debitkarte unter Eingabe der ebenfalls erlangten PIN. Bei einem weiteren Einkauf ist die Eingabe der PIN aufgrund des geringen Betrages nicht erforderlich. ◀

▶ **Fall 9:** Wie Fall 8, aber: T bezahlt mit seiner eigenen Karte, überzieht hierbei jedoch erheblich den ihm von seiner Bank eingeräumten Kreditrahmen. ◀

51 Auf die missbräuchliche Verwendung einer Debitkarte im sog. POS-System (point of sale-System, auch: electronic cash-System) können die für die widerrechtliche Benutzung von Bankomaten dargelegten Grundsätze entsprechend angewandt werden.[92] Innerhalb dieses Systems ist die Bank gegenüber den teilnehmenden Händlern verpflichtet, den aufgrund einer Online-Überprüfung der Karte durch die Gesellschaft für Zahlungssysteme mbH (GZS) autorisierten Rechnungsbetrag im Lastschriftverfahren zu begleichen, dh die kartenausgebende Bank haftet aufgrund eines abstrakten Schuldversprechens für den jeweiligen Zahlungsbetrag.[93] Den Kunden der beteiligten Kreditinstitute wird es so ermöglicht, mittels ihrer Debitkarte bargeldlos an den automatisierten Kassen der beteiligten Händler zu bezahlen. Die Zahlungsverpflichtung der Bank gegenüber dem Händler gilt unabhängig davon, ob der Kunde im Innenver-

---

86 BGH NStZ-RR 2017, 79 f., mit Hinweis auf BGH NJW 2016, 2024 (2029 f.); *Schmidt* NZWiSt 2023, 269 f.; iE ebenso *Wachter* NStZ 2018, 241 (246), allerdings mit Blick auf den fehlenden Willen des Täters, den abgehobenen Betrag an den Kontoinhaber zu übergeben.
87 Näher *Eibach* NStZ 2020, 704 (706 f.); S/S/W-*Zimmermann* § 263a Rn. 35; gegen eine Orientierung an den zivilrechtlichen Haftungsregelungen (§§ 675u, 675v BGB): *Christoph/Dorn-Haag* NStZ 2020, 697 (702 f.).
88 BGH NStZ-RR 2015, 337 m. krit. Anm. *Böse* ZJS 2016, 663; *Jäger* JA 2016, 151 (153); *Fischer* § 263a Rn. 13.
89 BGH NStZ-RR 2017, 79 f.; *Böse* ZJS 2016, 663 (665 f.).
90 *Böse* ZJS 2016, 663 (666); *Ladiges* wistra 2017, 255 (258); *Rengier* I § 14/36; *W-Hillenkamp/Schuhr* Rn. 701.
91 So auch SK-*Hoyer* Rn. 38.
92 Vgl. zuletzt BGH NStZ-RR 2021, 214 (zum Online-Kauf von Bahntickets mit fremden Kreditkarten); näher hierzu NK-*Kindhäuser/Hoven* § 263a Rn. 52 ff.; LK-*Tiedemann/Valerius* § 263a Rn. 52; *Yoo*, Codekartenmißbrauch am POS-Kassen-System, 1997; jew. mwN.
93 MK-BGB-*Casper* § 675f Rn. 129; vgl. insoweit Nr. 10 der Vereinbarung über ein institutsübergreifendes System zur bargeldlosen Zahlung an automatisierten Kassen.

hältnis zur Bank zur Verwendung der Debitkarte befugt ist.[94] Dies gilt entsprechend, soweit bei Kleinbeträgen auf eine Authentifizierung über die Eingabe der PIN verzichtet wird.[95]

Im Einzelnen gilt: Nach der subjektiven Auslegung ist der Tatbestand des Computerbetrugs aufgrund unbefugter Datenverwendung verwirklicht, wenn der Kunde – wie T in **Fall 8** – nicht der berechtigte Karteninhaber ist. Nach der betrugsspezifischen Auslegung wird eine unbefugte Verwendung der Karte ohne PIN-Eingabe verneint, weil der Händler sich aufgrund der garantierten Zahlung keine Gedanken über die Berechtigung des Kunden machen muss und damit insoweit auch kein Täuschungsäquivalent vorliege (vgl. § 27 Rn. 41)[96], während die Kartenzahlung mit Eingabe der PIN nach hM einer Täuschung über die Berechtigung als Karteninhaber entspreche und damit zu einer Strafbarkeit nach § 263a Abs. 1 Var. 3 führe[97]. Diese Unterscheidung verengt den Tatbestand auf Konstellationen, in denen die Berechtigung von dem jeweiligen Programm überprüft wird; die damit verbundene Gleichsetzung von Autorisierung und Authentifizierung verkennt nicht nur die zivil- und aufsichtsrechtlichen Grundlagen, sondern entspricht auch nicht dem bisherigen Verständnis des Computerbetruges.[98] Zum Teil wird sogar die Auffassung vertreten, dass sich der fiktive Erklärungsempfänger wegen der garantierten Zahlung in beiden Konstellationen keine Gedanken über die Berechtigung machen müsse und daher unterschiedslos – ebenso wie bei einer Bargeldabhebung an einem institutsfremden Automaten – eine Strafbarkeit nach § 263a verneint.[99] Die letztgenannte Auffassung ist folgerichtig, führt aber im Ergebnis dazu, dass § 263a für den praktisch bedeutsamen Missbrauch von Zahlungskarten weitgehend leerläuft, was weder dem Willen des historischen Gesetzgebers[100] noch der unionsrechtlichen Pflicht zur Kriminalisierung der betrügerischen Verwendung von unbaren Zahlungsinstrumenten[101] entsprechen dürfte. Dieses Ergebnis ist indes auch auf der Grundlage der betrugsspezifischen Auslegung nicht zwingend (vgl. § 27 Rn. 40 f.) und wird jedenfalls mit der subjektiven Auslegung vermieden.[102] Da der Schaden nicht beim Händler, sondern der kartenausgebenden Bank eintritt (Rn. 51), handelt sich um einen Dreiecks-Computerbetrug; das insoweit erforderliche Näheverhältnis wird über die vertraglichen Grundlagen des electronic-cash-Systems und die damit verbundene Rechtsmacht des Händlers vermittelt (vgl. oben Rn. 42).

Auch der subjektive Tatbestand des § 263a ist bei einer Nutzung einer Debitkarte durch den Nichtberechtigten im POS-System gegeben. Zwar ist die vom Täter angestrebte Bereicherung um die gekaufte Ware nicht stoffgleich mit dem der kartenausgebenden Bank zugefügten Schaden.[103] Die erforderliche Stoffgleichheit liegt aber inso-

---

[94] Altenhain JZ 1997, 752; LK-Möhrenschlager § 266b Rn. 41; LK-Tiedemann/Valerius § 263a Rn. 52 mwN.
[95] Vgl. insoweit OLG Hamm NStZ 2020, 673 (675).
[96] OLG Hamm NStZ 2020, 673 (674 f.); Christoph/Dorn-Haag NStZ 2020, 697 (702); Göhler JR 2021, 6 (17 f.); MK-Hefendehl/Noll § 263a Rn. 109; Krey/Hellmann/Heinrich BT-2 Rn. 860; Rengier I § 14/46.
[97] OLG Hamm NStZ 2020, 673 (675); Christoph/Dorn-Haag NStZ 2020, 697 (701); Göhler JR 2021, 6 (17 f.); MK-Hefendehl/Noll § 263a Rn. 108; Krey/Hellmann/Heinrich BT-2 Rn. 859.
[98] Eingehend Böse/Tomiak ZfIStW 2023, 265 ff.; vgl. etwa zur elektronischen Bestellung im Internet, bei der die Identität des Kunden vom Programm nicht überprüft wird: BGH BeckRS 2023, 22840.
[99] Rengier I § 14/45 ff.; s. dagegen BGH NStZ-RR 2022, 183 (zur unbefugten Geldabhebung).
[100] Vgl. insoweit BT-Drs. 10/5058, 30.
[101] Art. 3 Richtlinie (EU) 2019/713 vom 17.4.2019 zur Bekämpfung von Betrug und Fälschung im Zusammenhang mit unbaren Zahlungsmitteln, ABl. L 123/18; der deutsche Gesetzgeber ist davon ausgegangen, diesen Vorgaben ua mit § 263a StGB zu entsprechen, vgl. BT-Drs. 19/25631, 8 f.
[102] Eingehend dazu Böse/Tomiak ZfIStW 2023, 265 ff.
[103] Göhler JR 2022, 6 (19); MK-Hefendehl/Noll § 263a Rn. 185; aA LK-Tiedemann/Valerius § 263a Rn. 76.

fern vor, als der Täter durch das abstrakte Schuldversprechen der Bank – zumindest faktisch – von seiner Pflicht zur Kaufpreiszahlung befreit wird.[104] Darüber hinaus lässt sich die Stoffgleichheit auch in Bezug auf eine vom Täter angestrebte (Dritt-)Bereicherung des Händlers um den garantierten Zahlungsbetrag bejahen[105], da diese – wie beim Provisionsvertreterbetrug (§ 27 Rn. 84) – notwendige Voraussetzung dafür ist, dass der Händler seine vertragsgemäße Leistung erbringt und auf die Einrede der Gegenseitigkeit (§ 320 BGB) verzichtet.[106]

54 Besitzt der Kunde die Karte berechtigt, überschreitet jedoch – wie T in **Fall 9** – den ihm von der Bank eingeräumten Verfügungsrahmen, so ist § 263a zwar erfüllt.[107] Sofern man der Auffassung folgt, wonach § 266b auch auf Debitkarten anwendbar ist, wird § 263 aber von dem zugleich verwirklichten und vorrangigen Tatbestand des § 266b verdrängt (Rn. 44).[108]

Demgegenüber fehlt es beim elektronischen Lastschriftverfahren (POZ – point of sale ohne Zahlungsgarantie)[109] an einer der Bank zurechenbaren Vermögensverfügung, da die Bank in diesem Fall keine Zahlungsverpflichtung übernimmt, sondern der Kunde den Verkäufer mit dem unterschriebenen Lastschriftbeleg nur ermächtigt, den Kaufpreis von seinem Konto einzuziehen, sodass die Bank die Zahlung bei fehlender Kontodeckung verweigern kann; insoweit kommt daher ein Betrug zum Nachteil des Verkäufers in Betracht.[110] Eine Strafbarkeit nach § 263 scheidet allerdings in Ermangelung einer Täuschung aus, wenn die Karte an einer Selbstbedienungskasse eingesetzt wird.[111] Ein Computerbetrug zum Nachteil des Verkäufers scheitert daran, dass die Nutzung der Karte im Rahmen des elektronischen Lastschriftverfahrens gegenüber dem kartenausgebenden Institut nicht unbefugt ist (vgl. auch Rn. 47).[112] Zu einem anderen Ergebnis gelangt man mit der (weiten) betrugsspezifischen Auslegung, da der (fiktive) Mitarbeiter des Händlers über die Zahlungswilligkeit bzw. -fähigkeit des Käufers getäuscht wird (vgl. oben zum Betrug).[113] Handelt es sich bei dem Täter hingegen nicht um den Karteninhaber (vgl. **Fall 8**), so ist die Verwendung der auf der Karte gespeicherten Daten bei einer automatisiert abgewickelten Bestellung (zB im Internethandel) unbefugt und der Täter macht sich wegen Computerbetruges zum Nachteil des Händlers strafbar.[114] Zum Teil wird auch ein Betrug zum Nachteil des Karteninhabers angenommen, da diesem mit der Abbuchung des Kaufpreises – ungeachtet der Möglichkeit des Widerrufs – ein Gefährdungsschaden entstehe.[115]

---

104 SK-*Hoyer* § 263a Rn. 56; aA *Göhler* JR 2022, 6 (19), mit dem Hinweis darauf, dass das abstrakte Schuldversprechen nur erfüllungshalber angenommen werde und der Täter damit (noch) nicht von seiner Verbindlichkeit aus § 433 Abs. 2 BGB befreit werde.
105 *Rossa* CR 1997, 219 (228); aA *Göhler* JR 2022, 6 (19).
106 MK-*Hefendehl/Noll* § 263a Rn. 185; vgl. auch *Altenhain* JZ 1997, 752 (756), der allerdings eine Selbstbereicherung des Täters um die Chance annimmt, die Ware ohne Gegenleistung zu erhalten.
107 *Altenhain* JZ 1997, 752 (755 f.); *Yoo*, Codekartenmißbrauch am POS-Kassen-System, 1997, 62.
108 NK-*Kindhäuser/Hoven* § 263a Rn. 53 mwN.
109 Vgl. dazu *Koch* in: Bankrechts-Handbuch, § 68/20 f.
110 *Altenhain*, JZ 1997, 752 (759); S/S/W-*Zimmermann* § 263a Rn. 42; NK-*Kindhäuser/Hoven* § 263a Rn. 54; *Thomas/Riebel* wistra 2021, 343 (348).
111 OLG Rostock wistra 2020, 122 (124).
112 OLG Rostock wistra 2020, 122 (124 f.).
113 *Schmidt* wistra 2020, 125 (126); *Wachter* JR 2020, 443 (444).
114 *Ullenboom* NZWiSt 2018, 26 (27); *Thomas/Riebel* wistra 2021, 343 (348).
115 *Thomas/Riebel* wistra 2021, 343 (348).

III. Beteiligung

Hinsichtlich der Beteiligung gelten die allgemeinen Regeln. Mittelbare Täterschaft kommt etwa in Betracht, wenn der Täter durch einen mit der Datenverarbeitung betrauten gutgläubigen Dritten (Sekretärin, Datentypistin usw) als Tatmittler handelt. Allerdings liegen dann meist auch die Voraussetzungen eines Dreiecksbetrugs vor, sodass § 263a, der nur eine Auffangfunktion erfüllt, subsidiär hinter § 263 zurücktritt.[116]

55

IV. Konkurrenzen

- Die 4. Variante ist Grundtatbestand und tritt als lex generalis hinter die anderen Tatmodalitäten des § 263a Abs. 1 zurück (vgl. Rn. 28). Im Übrigen können die Tatvarianten je nach Fallgestaltung tateinheitlich oder tatmehrheitlich zusammentreffen. Hebt der Täter mit einer fremden Bankkundenkarte an drei aufeinanderfolgenden Tagen mehrfach Geldbeträge an demselben Geldautomaten ab, soll nach der Rechtsprechung eine einheitliche Tat (§ 52) vorliegen.[117]

56

- Gegenüber § 263 ist der Computerbetrug subsidiär. Wahlfeststellung zwischen beiden Delikten ist möglich.[118] Sofern § 266b anwendbar und verwirklicht ist, wird § 263a verdrängt (Rn. 44). Soweit sich die Tat auf Sachen bezieht, stehen § 242 und § 263a in einem Exklusivitätsverhältnis, da für den Besitzwechsel nur entweder der Täter oder der Vermögensinhaber zuständig sein kann (vgl. § 27 Rn. 45, 56). Der Diebstahl einer Codekarte zum Zwecke des Geldabhebens an einem Bankomaten (oder des Verwendens im POS-System) steht mit dem anschließenden § 263a in Tatmehrheit, da sich die beiden Taten gegen unterschiedliche Opfer richten.[119]

57

Wiederholungs- und Vertiefungsfragen

> Was sind „Daten", was ist unter einer „Datenverarbeitung" zu verstehen? (Rn. 8 f.)
> Wann wird ein Programm iSd ersten Tatvariante „unrichtig gestaltet"? (Rn. 10 ff.)
> Wann sind Daten „unrichtig" oder „unvollständig" iSd zweiten Tatvariante? (Rn. 16)
> Wann ist die Datenverwendung iSd dritten Tatvariante „unbefugt"? (Rn. 22 ff.)
> Was bedeutet die Beeinflussung eines Datenverarbeitungsvorgangs „sonst durch unbefugte Einwirkung auf den Ablauf" iSd vierten Tatvariante? (Rn. 26 f.)
> Welche Fallgruppen sind bei der missbräuchlichen Inanspruchnahme von Debitkarten beim Geldabheben am Bankautomaten sowie bei der Inanspruchnahme des POS-Systems zu unterscheiden? (Rn. 41 ff., 51 f.)

---

116 *Gössel* § 22/40; L-Kühl/*Heger* § 263a Rn. 27; *Otto* § 52/51; S/S-*Perron* § 263a Rn. 41 f.
117 BGH wistra 2008, 220; BeckRS 2020, 3076.
118 BGH NJW 2008, 1394 (1395); *Fischer* § 263a Rn. 23 aE, 38; L-Kühl/*Heger* § 263a Rn. 30; S/S-*Perron* § 263a Rn. 42; LK-*Tiedemann/Valerius* § 263a Rn. 74; aA *Schuhr* ZWH 2012, 48 (51).
119 BGH wistra 2001, 178 (179 f.); NK-*Kindhäuser/Hoven* § 263a Rn. 64 mwN; für mitbestrafte Vortat SK-*Hoyer* § 263a Rn. 64; LK-*Tiedemann/Valerius* § 263a Rn. 98.

§ 29 Subventionsbetrug (§ 264)

A. Allgemeines

1 § 264 normiert ein **abstraktes Gefährdungsdelikt** zur Sicherung des Vermögens der öffentlichen Hand, dessen Vollendung weder einen Schaden noch eine gelungene Täuschung erfordert.[1] Die vorherrschende Ansicht bezieht daneben auch das Allgemeininteresse an der Funktionsfähigkeit der Subvention als Lenkungs- und Steuerungsinstrument und dem mit der jeweiligen Subvention verfolgten Zweck (Wirtschaftsförderung, vgl. Abs. 8 S. Nr. 1b) in den Schutzzweck mit ein (vgl. aber insoweit § 27 Rn. 61 f., 74).[2] Zur **Auslegung** der Vorschrift sind die begleitenden Regelungen des Subventionsgesetzes (SubvG) heranzuziehen. Der **Versuch** ist grundsätzlich straflos, allerdings hat der Gesetzgeber kürzlich für die missbräuchliche Verwendung von Subventionen (Abs. 1 Nr. 2) eine Versuchsstrafbarkeit eingeführt, um unionsrechtliche Vorgaben zum Schutz der finanziellen Interessen der Europäischen Union[3] umzusetzen (Abs. 4).[4] Abs. 6 sieht in Anlehnung an die allgemeine Rücktrittsregelung (§ 24) die Möglichkeit der strafbefreienden **tätigen Reue** (nach der formellen Tatbestandsverwirklichung) für alle Taten nach Abs. 1 (einschließlich der besonders schweren Fälle nach Abs. 2) und 5 vor, nicht aber für die Qualifikation nach Abs. 4.[5]

B. Definitionen und Erläuterungen

I. Begriff der Subvention (Abs. 8)

1. Anwendungsbereich

2 Die in Abs. 1 Nr. 1–4 genannten Tathandlungen beziehen sich auf Subventionen. Hierunter sind im Allgemeinen öffentlich-rechtliche Leistungen des Staates, die zur Erreichung eines bestimmten, im öffentlichen Interesse liegenden Zwecks gewährt werden, zu verstehen.[6] Inländische Leistungen unterfallen dem Anwendungsbereich des § 264 jedoch **nur**, wenn es sich um **wirtschaftsfördernde Subventionen** handelt. Beispiele hierfür sind: Corona-Soforthilfen des Bundes[7], Investitionszulagen nach dem Investitionszulagengesetz;[8] Sanierungsfördermittel nach dem Städtebauförderungsgesetz; verlorene Zuschüsse, die der Empfänger nicht zurückzuzahlen braucht (zB Ausfuhrerstattungen für Drittlandexporte nach der EG-Marktordnung);[9] Realförderungen durch verbilligte Veräußerungen oder Vermietungen von Gegenständen oder durch

---

1 Näher zu Struktur und Zweck der Vorschrift *Hack*, Probleme des Tatbestands Subventionsbetrug, § 264 StGB, 1982, 19 ff.; NK-*Hellmann* § 264 Rn. 3 ff.; *Sannwald*, Rechtsgut und Subventionsbegriff: § 264 StGB, 1982, 58 ff., 65.
2 OLG Hamburg NStZ 1984, 218; *Mitsch* 7.3.1.2; S/S-*Perron* § 264 Rn. 4; LK-*Tiedemann* § 264 Rn. 23; krit. *Kindhäuser* Madrid-Symposium 125 ff.; abl. SK-*Hoyer* § 264 Rn. 6 ff.
3 Richtlinie (EU) 2017/1371 vom 5.7.2017 über die strafrechtliche Bekämpfung von gegen die finanziellen Interessen der Union gerichtetem Betrug, ABl. EU L 198/29; vgl. insoweit auch die §§ 1 ff. EU-Finanzschutzstärkungsgesetz (EUFinSchStG) vom 19.6.2919; BGBl. 2019 I 844 und dazu *Böse* BRJ Sonderausgabe 1/2019, 38 (40 ff.).
4 BT-Drs. 19/7886, 30.
5 NK-*Hellmann* § 264 Rn. 159 f.; *Mitsch* 7.3.5.2.
6 Vgl. BVerwG NJW 1959, 1098.
7 BGH NJW 2021, 2055; *Burgert* StraFo 2020, 181 (182 ff.).
8 Vgl. OLG München NJW 1982, 457 f.; OLG Koblenz JZ 1980, 736 f.; *Hentschel* wistra 2000, 81 ff.; *Tiedemann* NJW 1980, 1557 ff.
9 Vgl. BGH NStZ 1990, 35 f.

Bezahlung eines Überpreises für Güter oder Leistungen; Darlehen.[10] Sofern sonstige inländische Subventionen – insbesondere Leistungen für Forschung oder kulturelle Zwecke sowie Sozialsubventionen wie Kindergeld und Wohnungs- und Sozialhilfe – erschlichen werden, ist lediglich § 263 einschlägig.

2. Legaldefinition

Abs. 8 enthält eine Legaldefinition des für § 264 maßgeblichen Subventionsbegriffs.[11] Die aufgeführten **Anforderungen** müssen **kumulativ** erfüllt sein:

- Die Leistung muss nach Bundes-, Landes- oder EG-Recht aus öffentlichen Mitteln erbracht werden, also aus einem öffentlichen Haushalt (Bund, Länder, Gemeinden usw) stammen; ausreichend ist der (globale) Ansatz in einem Haushaltsgesetz.[12] Vor diesem Hintergrund werden nunmehr auch Leistungen aus dem EU-Haushalt, die auf vertraglicher Grundlage gewährt werden („Vertragssubventionen"), erfasst,[13] da diese auf dem Haushaltsplan der Union beruhen; dafür spricht nicht nur das Gebot zur unionsrechtskonformen Auslegung,[14] sondern auch die entsprechende Erweiterung beim Begriff der subventionserheblichen Tatsache (Abs. 9 Nr. 2, s. unten Rn. 11).

- Die Leistung muss den Charakter einer Sonderunterstützung haben und wenigstens zum Teil **ohne marktmäßige Gegenleistung direkt** gewährt werden (Nr. 1 a, Nr. 2). Für indirekte Subventionen, die mit der Steuer im Steuerverfahren verrechnet werden, gilt das Steuerstrafrecht (vgl. §§ 370, 378 AO).[15] Die Leistung wird wenigstens zum Teil ohne marktmäßige Gegenleistung gewährt, wenn für sie insgesamt kein wirtschaftlich gleichwertiges Entgelt zu entrichten ist.

- Soweit es sich um eine **inländische Leistung** handelt, muss sie wenigstens zum Teil der Förderung der Wirtschaft dienen (Nr. 1 b). Wirtschaft ist hierbei als Inbegriff aller in unternehmerischer Form betriebenen Einrichtungen und Maßnahmen zu verstehen, die auf die Erzeugung, Herstellung oder Verteilung von Gütern oder auf das Erbringen sonstiger der Erfüllung menschlicher Bedürfnisse dienenden Leistungen gerichtet sind, soweit diese nicht wegen ihrer besonderen Individualität als Leistungen höherer Art anzusehen sind. Leistungen aus Mitteln der EG sind dagegen nicht an eine wirtschaftsfördernde Zwecksetzung gebunden (Nr. 2), damit Beihilfen aller Art erfasst werden können.[16]

- Bei inländischen Leistungen (Nr. 1) muss an **Betriebe oder Unternehmen** (zu diesen Begriffen vgl. § 25 Rn. 8) geleistet werden.[17] Der Tatbestand erfasst auch Leistungen, die vom Empfänger an Dritte weitergegeben werden (zB das Kurzarbeitergeld an die Arbeitnehmer, vgl. § 95 SGB III).[18] Die Leistungen müssen dem Unternehmen

---

10 Vgl. LK-*Tiedemann* § 264 Rn. 41 ff.
11 Zu Einzelheiten NK-*Hellmann* § 264 Rn. 12 ff.
12 NK-*Hellmann* § 264 Rn. 21; MK-*Ceffinato* § 264 Rn. 36.
13 MK-*Ceffinato* § 264 Rn. 36; vgl. dagegen noch BGH NStZ-RR 2019, 147 (150).
14 Vgl. zur umfassenden Definition der finanziellen Interessen der EU: Art. 2 Abs. 1 lit. a Richtlinie (EU) 2017/1371 (Fn. 3).
15 S/S-*Perron* § 264 Rn. 10, 86; LK-*Tiedemann* § 264 Rn. 41; MK-*Ceffinato* § 264 Rn. 30.
16 Vgl. *Fischer* § 264 Rn. 12; LK-*Tiedemann* § 264 Rn. 69.
17 Das Unternehmen kann fingiert sein, BGH NStZ 2003, 541 (542) mit Anm. *Wagner*; S/S-*Perron* § 264 Rn. 21.
18 BGH NJW 2014, 3114 (3115); MK-*Ceffinato* § 264 Rn. 53; aA NK-*Hellmann* § 264 Rn. 47.

zum Zweck eigener Verwendung überlassen werden. Als Empfänger kommen auch öffentliche Unternehmen, aber keine Gebietskörperschaften oder Einzelpersonen (zB Arbeitnehmer, Sparer) in Betracht und zwar auch dann nicht, wenn hierdurch – wie zB durch Kurzarbeiter- und Schlechtwettergeld – die Wirtschaft gefördert werden soll. Dass die Leistung nicht nur von Betrieben und Unternehmen, sondern auch Privatpersonen beantragt werden kann, schließt die Anwendung des § 264 hingegen nicht aus.[19]

II. Objektiver Tatbestand (Abs. 1)

1. (Aktive) Täuschung (Nr. 1)

▶ **Fall 1:** Unternehmer U beantragt mit falschen Tatsachenbehauptungen eine Subvention für einen Warenexport in Höhe von 100.000 Euro. Es stellt sich jedoch nachträglich heraus, dass er aus anderen Gründen für diesen Warenexport eine Unterstützung in Höhe von 80.000 Euro hätte beanspruchen können. ◀

8 Die erste der in Abs. 1 Nr. 1 – 4 genannten Tatvarianten ist verwirklicht, wenn der Täter (unmittelbar oder im Wege mittelbarer Täterschaft) gegenüber dem Subventionsgeber über subventionserhebliche Tatsachen für sich oder einen anderen unrichtige oder unvollständige Angaben macht, die für ihn oder den anderen vorteilhaft sind.

9 ■ **Subventionsgeber** sind die für die Bewilligung einer Subvention zuständigen Behörden oder andere in das Subventionsverfahren eingeschaltete Stellen oder Personen (zB mit Vorprüfungen befasste Behörden oder Banken).[20]

10 ■ **Subventionserheblich** sind nach Abs. 9 nur Tatsachen, die vom Subventionsgeber durch Gesetz oder aufgrund eines Gesetzes als subventionserheblich bezeichnet sind (Nr. 1) oder von denen die Bewilligung, Gewährung, Rückforderung, Weitergewährung oder das Belassen einer Subvention gesetzlich abhängig ist (Nr. 2).[21] Als Gesetz ist dabei jede materielle Rechtsnorm anzusehen, dh nicht nur formelle Gesetze, sondern auch Rechtsverordnungen oder Satzungen, aber nicht verwaltungsinterne Anweisungen (Richtlinien, Verwaltungsvorschriften).[22] Daher werden von diesem Begriff auch EU-Verordnungen umfasst.[23] Der Gesetzgeber kann auch Negativtatsachen durch Gesetz als subventionserheblich bezeichnen (zB das Nichtvorliegen eines Scheingeschäfts, vgl. § 4 Abs. 1 SubvG).[24] Bezeichnet der Subventionsgeber Tatsachen als subventionserheblich, so folgt aus der Hinweis- und Warnfunktion dieser **Bezeichnung**, dass die Angaben des Subventionsgebers klar, unmissverständlich und auf den konkreten Fall bezogen sein müssen; eine pauschale und formelhafte Bezugnahme auf die einschlägigen Vorschriften reicht nicht aus.[25] Bei der Vergabe von Corona-Soforthilfen hat es der BGH indes als ausreichend angesehen, wenn der Subventionsgeber die subventionserheblichen Tatsachen per Verweis auf die

---

[19] BGH NJW 2014, 3114 (3115); aA S/S-*Perron* § 264 Rn. 21.
[20] NK-*Hellmann* § 264 Rn. 67; *Mitsch* 7.3.2.1.4.
[21] Hierzu BGHSt 44, 233 ff.; NK-*Hellmann* § 264 Rn. 53 ff.; *Mitsch* 7.3.2.1.2; nicht bei eingeräumtem Ermessensspielraum BGH StV 2011, 163 (164).
[22] BGHSt 44, 233 (237, 240); NK-*Hellmann* § 264 Rn. 54.
[23] BGH wistra 2018, 302 (306 f.); NStZ-RR 2019, 147 (150).
[24] BGH wistra 2018, 129 (130); s. auch zur entsprechenden Regelung in Art. 4 Abs. 3 Verordnung (EG, Euratom) 2988/95: BGH wistra 2018, 302 (306 f.); NStZ-RR 2019, 147 (150).
[25] BGHSt 44, 233 (238 ff.); NStZ-RR 2019, 147 (148).

betreffenden Felder im Antragsformular bezeichnet.[26] Dies soll sogar für den allgemeinen Hinweis gelten, dass „alle in diesem Antrag (inklusive dieser Erklärung) anzugebenden Tatsachen subventionserheblich iSv § 264 sind".[27] Letzteres ist jedoch mit der Warnfunktion der Bezeichnung nicht vereinbar, da sich der Subventionsgeber damit seiner Verantwortung entzieht anzugeben, welche Tatsachen im Einzelnen subventionserheblich sind (und welche nicht); eine solchermaßen pauschale Bezeichnung genügt den Anforderungen des Abs. 9 Nr. 1 daher nicht.[28] Jedenfalls ist die Bezeichnung durch den Subventionsgeber nicht maßgeblich, wenn sie den gesetzlichen Regelungen zur jeweiligen Subvention widerspricht („aufgrund eines Gesetzes", vgl. auch § 2 Abs. 1 SubvG) und der Subventionsgeber eine Tatsache als subventionserheblich bezeichnet, die tatsächlich für die Bewilligung unerheblich ist (zB die Bankverbindung).[29]

■ Mit der **gesetzlichen oder vertraglichen Abhängigkeit** (Nr. 2) wird auf die Voraussetzungen der Subventionsgewährung Bezug genommen; bei mehreren Voraussetzungen ist jede subventionserheblich.[30] Eine Festlegung dieser Voraussetzungen durch Verwaltungsvorschriften, Richtlinien etc ist nicht ausreichend.[31] Sofern die Bewilligung der Subvention im Ermessen des Subventionsgebers liegt, soll nach der Rechtsprechung eine Subventionserheblichkeit iSv Abs. 9 Nr. 2 Var. 1 zu verneinen sein, da aus dem Gesetz allein nicht ersichtlich sei, ob die Bewilligung von der betreffenden Tatsache abhängig sei.[32] Erst recht lässt sich eine gesetzliche Abhängigkeit nicht über § 2 Abs. 1 SubvG begründen, da diese Vorschrift zu allgemein gefasst ist und ihrerseits auf den Begriff der subventionserheblichen Tatsache Bezug nimmt.[33] Die Voraussetzungen nach Abs. 9 Nr. 2 liegen aber unabhängig von einem behördlichen Ermessensspielraum jedenfalls bei Tatsachen vor, welche die Gewährung einer Subvention von vornherein ausschließen (zB das Vorliegen eines Schein- oder Umgehungsgeschäfts iSv § 4 SubvG, das eine subventionserhebliche Tatsache iSd Nr. 2 verdecken soll).[34] Derartige Scheinhandlungen oder Scheingeschäfte liegen jedoch nicht bereits dann vor, wenn im Subventionsantrag falsche Angaben gemacht werden, sondern setzen weitere, antragsunabhängige Handlungen mit sachverhaltsgestaltender Wirkung voraus (zB die Anmeldung eines tatsächlich nicht existenten Gewerbes).[35] Aus den gleichen Gründen ist eine gesetzliche Abhängigkeit auch bei Umständen anzunehmen (zB die Nichteinhaltung bestimmter umweltrechtlicher Vorgaben bei EU-Agrarsubventionen), die zu einer Kürzung der Subvention führen.[36] Um die mit Blick auf die gesetzliche Abhängigkeit bestehenden Unsicher-

11

---

26 BGH NJW 2021, 2055; LG Hamburg NJW 2021, 707 (710); *Burgert* StraFo 2020, 181 (185); *Rau/Sleiman* NZWiSt 2020, 373 (375).
27 BGH NJW 2021, 2055 (2056).
28 LG Hamburg NJW 2021, 707 (710); *Dihlmann* NJW 2021, 2056 (2057); *Rau/Sleiman* NZWiSt 2020, 373 (375); *Schmuck/Hecken/Tümmler* NJOZ 2020, 673 (675, 676); s. auch KG OLGSt StGB § 264 Nr. 4.
29 LG Hamburg NJW 2021, 707 (710); *Dihlmann* NJW 2021, 2056 (2057); vgl. allgemein NK-*Hellmann* § 264 Rn. 57; S/S-*Perron* § 264 Rn. 34.
30 BayObLG MDR 1989, 1014.
31 KG OLGSt StGB § 264 Nr. 4; *Schmuck/Hecken/Tümmler* NJOZ 2020, 673 (676); s. dagegen *Rau/Sleiman* NZWiSt 2020, 373 (375 f.).
32 BGHSt 44, 233 (241); BGH NStZ-RR 2011, 81; NStZ-RR 2019, 147 (150).
33 BGH NStZ-RR 2019, 147 (148); KG OLGSt StGB § 264 Nr. 4.
34 BGH wistra 2018, 129 (130); NStZ-RR 2019, 147 (148); wistra 2023, 123 (125); vgl. auch BGH NJW 2014, 3114 (3116).
35 *Tolksdorf/Schellhaas* NZWiSt 2021, 344 (347 f.); weitergehend *Rau/Sleiman* NZWiSt 2020, 373 (375).
36 *Bruhn/Bülte* ZIS 2019, 517 (523 f.).

heiten auszuräumen, hat der Gesetzgeber die Nr. 2 um Tatsachen erweitert, von denen die Bewilligung etc nach dem Subventionsvertrag abhängig ist (Nr. 2 Var. 2): Nach der Neuregelung kann sich die Subventionserheblichkeit daher auch aus einer zwischen Subventionsgeber und Subventionsnehmer geschlossen Vereinbarung über Bewilligung, Gewährung, Weitergewährung, Rückforderung oder Belassen der Subvention ergeben.[37] Diese Erweiterung wird insbesondere für Subventionen relevant, die allein auf vertraglicher Grundlage gewährt werden (Rn. 4), sodass sich die Subventionserheblichkeit weder durch eine gesetzliche Abhängigkeit (Nr. 1) noch aus einer Bezeichnung aufgrund eines Gesetzes (Nr. 2) ergeben kann.[38]

12 ▪ Die Angaben sind **unrichtig**, wenn sie mit der Wirklichkeit objektiv nicht übereinstimmen; sie sind **unvollständig**, wenn sie durch Weglassen wesentlicher Umstände ein falsches Gesamtbild vermitteln.[39]

13 ▪ Die Angaben sind **vorteilhaft**, wenn die tatsächliche Sachlage den Erhalt der Subvention nicht rechtfertigt. Weitergehend sieht der BGH Angaben selbst dann als vorteilhaft an, wenn der Täter – wie in **Fall 1** – aufgrund anderer als den im Subventionsantrag wahrheitswidrig behaupteten Tatsachen einen Anspruch auf die Subvention hat (vgl. auch das Kompensationsverbot nach § 370 Abs. 4 S. 3 AO).[40] Bei dieser Auslegung wird jedoch der von § 264 bezweckte Vermögensschutz in die Sicherung der Wahrheit im Subventionsverfahren umgedeutet. Die vorherrschende Lehre hält daher solche Angaben nicht für vorteilhaft, durch welche die Lage des Subventionsempfängers objektiv nicht verbessert wird, weil er die beantragte Subvention aus einem anderen Grund beanspruchen kann.[41] Nach dem extensiven Ansatz des BGH hätte also U in **Fall 1** im Umfang von 100.000 Euro vorteilhafte Angaben gemacht, nach der restriktiven Lehre dagegen nur im Umfang von 20.000 Euro. Hätte U den Anspruch in voller Höhe (also 100.000 Euro oder mehr), dann wäre er unter Zugrundelegung der letzteren Auffassung sogar ganz straflos.

14 ▪ **Täter** kann jeder sein, der für sich oder einen anderen die unzutreffenden Angaben macht. Der Subventionsgeber kommt als Adressat der Erklärung nicht zugleich als Täter in Betracht, wohl aber ein mit der behördeninternen Vorprüfung befasster (untergeordneter) Amtsträger.[42]

15 ▪ Die Tat ist **vollendet**, sobald die Angaben gemacht sind, also dem zuständigen Adressaten gegenüber mündlich geäußert oder bei ihm schriftlich eingegangen sind; eine Kenntnisnahme ist nicht erforderlich.[43] **Beendet** ist die Tat, wenn der Subventionsempfänger auf der Grundlage des Zuwendungsbescheids die letzte Auszahlung erhält.[44]

---

37 BT-Drs. 19/7886, 30.
38 Vgl. BGH NStZ-RR 2019, 147 (150).
39 Näher NK-*Hellmann* § 264 Rn. 80 ff.
40 BGHSt 36, 373 (374 ff.); ebenso *Achenbach* JR 1988, 251 ff.; *Meine* wistra 1988, 13 ff.; *Otto* § 61/19.
41 OLG Karlsruhe MDR 1981, 159; NK-*Hellmann* § 264 Rn. 87 f.; W-*Hillenkamp/Schuhr* Rn. 736; *Kindhäuser* JZ 1991, 492 ff.; *Lüderssen* wistra 1988, 43 ff.; *Mitsch* 7.3.2.2.1.2; S/S-*Perron* § 264 Rn. 47; *Rengier* I § 17/12; S/S/W-*Saliger* § 264 Rn. 26; *Tenckhoff* Bemmann-FS 465 ff.; LK-*Tiedemann* § 264 Rn. 116; eingehend *M. Schultze*, Die Betrugsnatur des Subventionsbetruges, 2006, 226 ff.: keine Vorteilhaftigkeit, wenn der bestehende Subventionsanspruch durch die mit der Täuschung beantragte Leistung erlöschen würde.
42 BGHSt 32, 203 ff. mit Anm. *Schünemann* NStZ 1985, 73; W-*Hillenkamp/Schuhr* Rn. 726; *Mitsch* 7.3.2.2.1.1; *Ranft* JuS 1986, 445 ff.; *Wagner* JZ 1987, 705 (711 f.); aA *Otto* § 61/20: nur Teilnahme.
43 S/S-*Perron* § 264 Rn. 48; vgl. auch BGHSt 34, 265 (267).
44 BGH wistra 2008, 348; NK-*Hellmann* § 264 Rn. 182a.

2. Zweckwidrige Verwendung (Nr. 2)

Die Tat nach Nr. 2 besteht in der **Verletzung einer Verwendungsbeschränkung**, die auf einer Rechtsvorschrift (auch der EU oder eines Mitgliedstaates), einem Verwaltungsakt oder einem Vertrag mit dem Subventionsgeber beruhen kann.[45] In den meisten Fällen wird der Täter bereits deshalb strafbar sein, weil er den Subventionsgeber über die beabsichtigte Verwendung täuscht (Abs. 1 Nr. 1) oder seine Pflicht zur Mitteilung einer entsprechenden Absicht (§ 3 Abs. 2 SubvG) verletzt (Abs. 1 Nr. 3); der Tatbestand erlangt daher nur für die Fälle eigenständige Bedeutung, in denen der Täter sich nach der Bewilligung zu einer zweckwidrigen Verwendung entschließt und eine Mitteilungspflicht nicht vorgesehen ist (wie zT bei EU-Subventionen).[46]

16

3. Verletzung einer Offenbarungspflicht (Nr. 3)

Nr. 3 ist ein **echtes Unterlassungsdelikt**. Der Tatbestand ist erfüllt, wenn der Subventionsnehmer (iSv § 2 Abs. 1 SubvG) als **Sonderpflichtiger** den Subventionsgeber entgegen den Rechtsvorschriften über die Subventionsvergabe über (für ihn vorteilhafte) subventionserhebliche Tatsachen in Unkenntnis lässt (§ 3 SubvG).[47] Dies braucht nicht während eines Subventionsverfahrens zu geschehen. Sofern die fragliche Tatsache dem Subventionsgeber bereits bekannt ist, ist die Tat ein strafloser Versuch.[48]

17

4. Gebrauch durch Täuschung erlangter Bescheinigungen (Nr. 4)

Von Nr. 4 wird der Fall erfasst, dass eine durch unrichtige oder unvollständige Angaben erlangte **Bescheinigung** über eine Subventionsberechtigung oder über subventionserhebliche Tatsachen in einem Subventionsverfahren **gebraucht** wird. Bescheinigungen sind nicht vom Täter – sondern zB von Behörden – ausgestellte Erklärungen eines bestimmten Inhalts. Betreffen sie eine Subventionsberechtigung, so müssen sie von einer Stelle stammen, die zur verbindlichen Entscheidung über die Subvention befugt ist. Soweit der Täter selbst unrichtige oder unvollständige Angaben macht, ist bereits der (vorrangige) Täuschungstatbestand (Abs. 1 Nr. 1) erfüllt; Abs. 1 Nr. 4 soll hingegen den Fall erfassen, in dem der Täter die von einem anderen erwirkte Bescheinigung gebraucht;[49] auch in diesen Fällen wird jedoch in der Regel eine konkludente Täuschung über die bescheinigten Umstände vorliegen und eine Strafbarkeit nach Abs. 1 Nr. 1 begründet sein.[50]

18

III. Subjektiver Tatbestand

Neben der vorsätzlichen Subventionserschleichung (Abs. 1) ist auch die leichtfertige Begehungsweise (Abs. 5) für die Taten nach Abs. 1 Nr. 1 – 3 unter Strafe gestellt.[51] Da der (gutgläubige) Täter grundsätzlich in die Richtigkeit der ausgestellten Bescheinigung vertrauen darf, scheidet ein Leichtfertigkeitsvorwurf im Rahmen des Abs. 1 Nr. 4 aus.[52]

19

---

45 NK-*Hellmann* § 264 Rn. 93; *Mitsch* 7.3.2.3.1.2; LK-*Tiedemann* § 264 Nachtrag Rn. 106 f.
46 NK-*Hellmann* § 264 Rn. 92.
47 *Mitsch* 7.3.2.4.1.4; S/S-*Perron* § 264 Rn. 56, 70; LK-*Tiedemann* § 264 Rn. 114.
48 S/S-*Perron* § 264 Rn. 51, 87.
49 *Mitsch* 7.3.2.5.1.2.
50 NK-*Hellmann* § 264 Rn. 111.
51 Näher hierzu NK-*Hellmann* § 264 Rn. 151 ff.
52 NK-*Hellmann* § 264 Rn. 111.

IV. Regelbeispiele (Abs. 2)

20 Abs. 2 nennt als **Regelbeispiele** drei Fallgruppen, in denen die Tat als besonders schwer zu bewerten ist.

21 ■ **Grob eigennützig** (Nr. 1) ist ein Streben nach eigenem Vorteil in einem besonders anstößigen Maße.[53] **Nachgemachte** oder **verfälschte Belege** sind unechte oder verfälschte Urkunden (bzw. technische Aufzeichnungen) iSv §§ 267 f. Sie werden durch ihre Vorlage bei der Tatbegehung **verwendet**. Die Subvention hat ein **großes Ausmaß**, wenn der unentgeltlich erlangte Vorteil insgesamt aus dem Rahmen durchschnittlich gewährter Subventionen deutlich herausfällt, wovon derzeit bei einem Betrag ab 50.000 Euro auszugehen ist (§ 27 Rn. 90).[54]

22 ■ Nr. 2 ist gegeben, wenn der Täter seine **Befugnisse oder seine Stellung als Amtsträger oder Europäischer Amtsträger missbraucht** (§ 27 Rn. 92).

23 ■ Für den Außenstehenden wird über Nr. 3 als Regelbeispiel der Fall erfasst, dass der Täter **die Mithilfe eines Amtsträgers oder Europäischen Amtsträgers ausnutzt**. Dies setzt voraus, dass der Täter sich das missbräuchliche Verhalten eines Amtsträgers (vgl. Nr. 2) bei der Begehung der Tat zunutze macht.[55]

24 ■ Als **unbenannter schwerer Fall** kann die Situation zu bewerten sein, dass sich der Täter durch Verwendung manipulierter Belege fortgesetzt ungerechtfertigte Subventionen verschafft.[56] Gleiches gilt, wenn der Täter die mit der Pandemie eingetretene deutschlandweite Notlage ausnutzt, um in mehreren Bundesländern Anträge auf Corona-Soforthilfen zu stellen und dadurch rechtswidrig staatliche Leistungen in Höhe von mehr als 50.000 Euro erlangt.[57]

V. Qualifikationstatbestand (Abs. 3)

25 Abs. 3 sieht – entsprechend § 263 Abs. 5 – einen (abschließenden) Qualifikationstatbestand für ein zugleich gewerbs- und bandenmäßiges Handeln vor (§ 3 Rn. 24 ff.; § 4 Rn. 29 ff.).

VI. Konkurrenzen und Anzeigepflicht

26 Von einer einheitlichen Tat des Subventionsbetrugs ist auszugehen, wenn der Täter zunächst aufgrund falscher Angaben (Abs. 1 Nr. 1) eine Bescheinigung erhält und diese dann später iSv Abs. 1 Nr. 4 gebraucht. § 263 wird vom Subventionsbetrug als dem spezielleren Gesetz verdrängt.[58] Jedoch entfaltet die Straflosigkeit des versuchten Subventionsbetrugs keine Sperrwirkung; eine Strafbarkeit wegen versuchten Betruges (§§ 263, 22 f.) bleibt daher unberührt.[59] Dies gilt erst recht, wenn man von einer Subsidiarität des abstrakten Vermögensgefährdungsdelikts (vgl. Rn. 1) gegenüber dem

---

53 BGH NStZ 1985, 558; wistra 1991, 106; 1995, 222 (223).
54 *Fischer* § 264 Rn. 46; LK-*Tiedemann* § 264 Rn. 170.
55 *Fischer* § 264 Rn. 48; NK-*Hellmann* § 264 Rn. 147.
56 *Fischer* § 264 Rn. 49; MK-*Ceffinato* § 264 Rn. 152.
57 BGH NJW 2021, 2055 (2056).
58 BGH NStZ-RR 2020, 349; S/S-*Perron* § 264 Rn. 87; LK-*Tiedemann* § 264 Rn. 185; aA *Achenbach* JR 1988, 251 (254): Tateinheit.
59 BGH wistra 1987, 23; NStZ-RR 2019, 147 (149); NStZ-RR 2020, 349; LK-*Tiedemann* § 264 Rn. 186.

(vollendeten) Betrug als Verletzungs- bzw. Schädigungsdelikt (§ 263) ausgeht, bei lediglich versuchtem Betrug aber Tateinheit (§ 52) annimmt.[60]

Zu beachten ist die in § 6 SubvG normierte Anzeigepflicht von Gerichten und Behörden bei Verdacht eines Subventionsbetrugs; ihre Verletzung kann eine Strafbarkeit nach §§ 258 f. sowie wegen Beihilfe nach §§ 264, 27 begründen.

27

Wiederholungs- und Vertiefungsfragen

> Welchem Schutzzweck dient § 264? Zu welcher Deliktskategorie gehört die Vorschrift? (Rn. 1)
> Was ist eine „Subvention"? (Rn. 2 ff.)
> Sind Subventionen tatbestandsmäßig, wenn sie im Wege der Steuerverrechnung gewährt werden? (Rn. 5)
> Wann sind Tatsachen „subventionserheblich"? (Rn. 10 f.)
> Sind Angaben auch dann „vorteilhaft", wenn der Täter aus anderem Grund einen Anspruch auf Unterstützung hat? (Rn. 13)
> Kann ein Amtsträger tauglicher Täter im Sinne des § 264 sein, wenn er bei der Subventionsvergabe mitwirkt? (Rn. 14)
> Wie verhält sich die Vorschrift zu § 263? (Rn. 26)

---

60 NK-*Hellmann* § 264 Rn. 173.

§ 30 Kapitalanlagebetrug (§ 264a)

A. Allgemeines

1 Die Vorschrift schützt nach der Vorstellung des Gesetzgebers nicht nur das **Vermögen** des einzelnen Anlegers,[1] sondern darüber hinaus auch die Funktionsfähigkeit des Kapitalmarktes und die darüber bestehende Möglichkeit der Wirtschaft sich mit (neuem) Eigenkapital zu versorgen.[2] Als **abstraktes Gefährdungsdelikt** im Vorfeld des Betrugs erfordert der Tatbestand weder eine Irrtumserregung noch den Eintritt eines Vermögensschadens. Vielmehr beschränkt sich die Tathandlung auf ein spezifisches Täuschungsverhalten. Täter kann jedermann sein, es handelt sich also um ein **Allgemeindelikt**.[3] Der Versuch ist straflos.

B. Definitionen und Erläuterungen

I. Tatbestand

2 Gegenstand des Tatbestands ist eine Täuschungshandlung hinsichtlich bestimmter Anlagewerte (Wertpapiere, Bezugsrechte usw) aus Anlass von Anlagegeschäften (Vertrieb, Kapitalerhöhung) in Werbeträgern (Prospekte, Darstellungen usw), die das Informationsinteresse potenzieller Anleger (größerer Personenkreis) betreffen (Abs. 1).[4] Nach Abs. 2 werden auch Handlungen, die sich auf Anteile an einem Treuhandvermögen beziehen, erfasst.

1. Täuschungshandlung

3 Die **Täuschung** besteht darin, dass der Täter entweder unrichtige vorteilhafte Angaben macht oder (zutreffende) nachteilige Tatsachen verschweigt. Der Begriff der **Angaben** geht über das Behaupten von Tatsachen hinaus und schließt auch (sachlich fundiert erscheinende) Bewertungen und Prognosen ein.[5] Als **vorteilhaft** bzw. **nachteilig** sind Angaben anzusehen, welche – unterstellt man ihre Richtigkeit – die Werthaltigkeit der jeweiligen Anlage und die darauf bezogene Entscheidung des Anlegers positiv bzw. negativ beeinflussen können.[6] **Umstände** sind **erheblich**, wenn sie nach Einschätzung eines verständigen und durchschnittlichen Anlegers für Wert, Chancen und Risiken der Kapitalanlage im konkreten Einzelfall bedeutsam sind.[7] So können bei einer Kapitalanlage Angaben zur Provision erheblich sein, soweit sich aus deren Höhe Rückschlüsse für die Werthaltigkeit der Anlage ziehen lassen, weil ein erheblicher Anteil der Beteiligung des Anlegers nicht in das Anlageobjekt fließt, sondern zur Deckung anderweiti-

---

1 BT-Drs. 10/318, 22; MK-*Ceffinato* § 264a Rn. 2, 5; NK-*Hellmann* § 264a Rn. 9 f.; SK-*Hoyer* § 264a Rn. 9; *Jacobi*, Der Straftatbestand des Kapitalanlagebetrugs, 2000, 15 ff., 51; *Joecks* wistra 1986, 142 (143 f.); *Worms*, Anlegerschutz durch Strafrecht, 1987, 311 ff.
2 BT-Drs. 10/318, 22; OLG Köln NJW 2000, 598 (600); W-*Hillenkamp/Schuhr* Rn. 739; SK-*Hoyer* § 264a Rn. 7 ff.; *Mitsch* 7.4.1.2; *Otto* § 61/38 f.; S/S-*Perron* § 264a Rn. 1; LK-*Tiedemann/Vogel* § 264a Rn. 25 ff.; MK-*Ceffinato* § 264a Rn. 6 ff.
3 BT-Drs. 10/318, 24; MK-*Ceffinato* § 264a Rn. 81.
4 Eingehend hierzu NK-*Hellmann* § 264a Rn. 30 ff.
5 *Joecks* wistra 1986, 142 (145 f.); *Otto* § 61/47 f.; S/S-*Perron* § 264a Rn. 24; *Rengier* I § 17/19; aA SK-*Hoyer* § 264a Rn. 15 f.; *Mitsch* 7.4.2.1.4.1.
6 OLG Stuttgart NJW-RR 2019, 556 (558); NK-*Hellmann* § 264a Rn. 43, 46.
7 BT-Drs. 10/318, 24; BGH NZG 2022, 1145 (1147); OLG Stuttgart NJW-RR 2019, 556 (558); NK-*Hellmann* § 264a Rn. 57 ff.; *Joecks*, Der Kapitalanlagebetrug, 1987, Rn. 59, 129; LK-*Tiedemann/Vogel* § 264a Rn. 73; krit. *Jacobi*, Der Straftatbestand des Kapitalanlagebetrugs, 2000, 218 ff.

ger Kosten verwendet wird.⁸ Mit der Transformation des Kapitalmarktes in Richtung Nachhaltigkeit können jedoch auch Umstände als erheblich anzusehen sein, die sich nicht unmittelbar auf die Werthaltigkeit der Anlage, sondern deren Nachhaltigkeit (ua Umwelt- und Klimaschutz) beziehen („Greenwashing").⁹

Die Information muss durch **Prospekte**, Darstellungen oder Vermögensübersichten (zB Bilanzen) erfolgen, wobei diese Werbeträger den Eindruck einer gewissen Vollständigkeit der Information vermitteln müssen.¹⁰ Die Tathandlung kann darin bestehen, dass der Täter auf den Inhalt der Informationsschrift Einfluss nimmt oder auf den Prospekt etc verweist und sich die Information damit inhaltlich zu eigen macht.¹¹

2. Gegenstand

Die Angaben müssen sich auf **Wertpapiere** (zB Aktien, Investmentzertifikate, Schuldverschreibungen), **Bezugsrechte** (unverbriefte Rechte von Teilhabern an Unternehmenskapital) oder **Unternehmensanteile** (zB Kommanditanteile, partiarische Darlehen) beziehen.¹² Nicht erfasst sind Spekulationsgeschäfte (zB Warenterminoptionsgeschäfte) und Bauherrenmodelle (ohne Beteiligung an der als Vermieter auftretenden Gesellschaft).¹³ Dagegen erstreckt Abs. 2 die einschlägigen Kapitalanlagen auch auf Anteile an einem Vermögen, das ein Unternehmen in eigenem Namen, jedoch für fremde Rechnung verwaltet. Gemeint sind hiermit echte **Treuhandbeteiligungen**, bei denen nicht der Anleger, sondern **ein Unternehmen als Treuhänder** den Anteil erwirbt und damit in die (andere) Gesellschaft eintritt.¹⁴

Die Angaben müssen zudem in zeitlichem und sachlichem Zusammenhang mit dem Vertrieb der genannten Anlagewerte oder dem Angebot zu Kapitalerhöhungen stehen:

- **Vertrieb** iSv Abs. 1 Nr. 1 ist jede auf die Veräußerung von Anlagewerten auf dem Markt gerichtete Tätigkeit (auch Werbung) in eigenem oder fremdem Namen. Hierbei muss es um den Absatz einer Vielzahl von Stücken, nicht nur um ein individuelles Angebot gehen.¹⁵

- **Kapitalerhöhungsangebote** iSv Abs. 1 Nr. 2 sind Kapitalsammelmaßnahmen, welche die Erhöhung der finanziellen Beteiligung an den in Abs. 1 Nr. 1 genannten Anteilen betreffen, dh der Schutz bezieht sich auf Personen, die bereits Kapitalanteile erworben haben.¹⁶

Die Werbung – zB durch Auslegen oder Versand von Werbematerial oder systematische Haustürgeschäfte – muss sich schließlich an einen **größeren Kreis von Personen**

---

8 BGH NJW-RR 2008, 1129 (1131 f.); OLG Stuttgart NJW-RR 2019, 556 (558).
9 *Heinelt* BKR 2024, 58 (64); *Mosbacher* NJW 2023, 14 (15 f.).
10 NK-*Hellmann* § 264a Rn. 26, 28; krit. mit Blick auf die fehlende Relevanz dieser Informationsquellen für die Anleger: *Hefendehl* wistra 2019, 1 (4 f.).
11 OLG Stuttgart NJW-RR 2019, 556 (557).
12 Näher LK-*Tiedemann/Vogel* § 264a Rn. 36 ff.; zur Beteiligung an Erdölexplorationen: OLG Stuttgart NJW-RR 2019, 556 (558).
13 *Mutter* NStZ 1991, 421 (422); *Otto* § 61/42; *Tiedemann* JZ 1986, 865 (873); diff. MK-*Ceffinato* § 264a Rn. 27 f.
14 BT-Drs. 10/318, 23; S/S-*Perron* § 264a Rn. 34; LK-*Tiedemann/Vogel* § 264a Rn. 52.
15 BT-Drs. 10/318, 24; *Worms* wistra 1987, 242 (273).
16 BT-Drs. 10/318, 24; NK-*Hellmann* § 264a Rn. 50.

wenden, deren Individualität hinter das sie verbindende Interesse an der Kapitalanlage zurücktritt.[17]

3. Subjektiver Tatbestand

10 Der subjektive Tatbestand verlangt (zumindest bedingten) **Vorsatz**. In Bezug auf die Täuschungshandlung muss sich Vorsatz nicht nur auf die tatsächlichen Umstände beziehen, über die getäuscht wurde, sondern auch auf deren „Erheblichkeit" für die Anlageentscheidung (Rn. 3).[18]

II. Vollendung

11 Für die Vollendung der Tat reicht es aus, wenn die Prospekte einem größeren Personenkreis zur Kenntnisnahme zugänglich gemacht sind. Eine tatsächliche Kenntnisnahme der Information durch die so angesprochenen Adressaten ist nicht erforderlich.[19]

III. Tätige Reue

12 Abs. 3 eröffnet (auch nach Verwirklichung des Tatbestands) die Möglichkeit strafbefreiender tätiger Reue in Anlehnung an die allgemeine Rücktrittsregelung.[20] Hat der Täter allerdings zum Zeitpunkt der Rücktrittshandlung bereits einen vollendeten Betrug (§ 263) begangen, so erstreckt sich die tätige Reue nicht auch auf diesen.[21]

IV. Konkurrenzen

13 Gegenüber einem vollendeten Betrug soll § 264a als materiell subsidiäres Delikt nach hM zurücktreten.[22] Sofern man durch § 264a nicht nur das Vermögen des Anlegers, sondern auch die Funktionsfähigkeit des Kapitalmarktes geschützt sieht (Rn. 1), ist konsequenterweise Tateinheit (§ 52) anzunehmen; dies gilt dann auch für den versuchten Betrug.[23]

Wiederholungs- und Vertiefungsfragen

> Welchem Schutzzweck dient die Vorschrift des § 264a? (Rn. 1)
> Was fällt unter die „Angaben" iSd Gesetzes? (Rn. 3)
> Was bedeuten „Vertrieb" und „Kapitalerhöhungsangebote" nach Abs. 1? (Rn. 7 f.)
> Wie verhält sich die Norm zum Betrug? (Rn. 13)

---

17 BT-Drs. 10/318, 23; *Joecks* wistra 1986, 142 (144); S/S-*Perron* § 264a Rn. 33.
18 BGH NJW 2005, 2242 (2245); MK-*Ceffinato* § 264a Rn. 79; NK-*Hellmann* § 264a Rn. 63; vgl. zum Vorsatzausschluss bei Vertrauen in den uneingeschränkten Bestätigungsvermerk eines Wirtschaftsprüfers BGH NJW 2022, 2262 (2264).
19 *Mitsch* 7.4.2.1.4.5; S/S-*Perron* § 264a Rn. 37.
20 Näher NK-*Hellmann* § 264a Rn. 72 ff.; *Mitsch* 7.4.2.3.
21 L-Kühl/*Heger* § 264a Rn. 16; *Otto* § 61/66; *Richter* wistra 1987, 117 (120); *Worms* wistra 1987, 242 (275); aA LK-*Tiedemann/Vogel* § 264a Rn. 100.
22 BGH wistra 2001, 57; *Fischer* § 264a Rn. 24; NK-*Hellmann* § 264a Rn. 82; L-Kühl/*Heger* § 264a Rn. 17.
23 *Otto* § 61/67; S/S-*Perron* § 264a Rn. 41; MK-*Ceffinato* § 264a Rn. 95.

§ 31 Kreditbetrug (§ 265b)

A. Allgemeines

Die Vorschrift **sichert** als **abstraktes Gefährdungsdelikt** das **Vermögen** des Kreditgebers im Vorfeld des Betrugs,[1] darüber hinaus aber nach der Vorstellung des Gesetzgebers auch das öffentliche Interesse an einem funktionierenden Kreditwesen, das die Wirtschaft mit Fremdkapital versorgt (vgl. auch § 30 Rn. 1 zu § 264a).[2] Dem steht nicht entgegen, dass die Vorschrift die Kreditwirtschaft nur vor einem Fehlverhalten von Kreditnehmern schützt;[3] vielmehr hat sich die Schutzrichtung gerade in der Beschränkung des Anwendungsbereichs des § 265b auf Kredite niedergeschlagen, die aufgrund ihrer potenziellen Auswirkungen über einen individuellen Vermögensschaden hinausgehen (Rn. 3, 4).[4] Im Unterschied zu § 263 verlangt der Tatbestand über die Täuschung hinaus weder einen Irrtum noch einen Vermögensschaden.

1

B. Definitionen und Erläuterungen

I. Tatbestand

Der Tatbestand erfordert eine spezifische Täuschungshandlung (Abs. 1 Nr. 1 und 2) gegenüber einem Betrieb oder Unternehmen (Abs. 3 Nr. 1) im Zusammenhang mit einem Antrag auf Gewährung, Belassung oder Veränderung der Bedingungen eines Kredits (Abs. 3 Nr. 2) für einen Betrieb oder ein Unternehmen (Abs. 3 Nr. 1).

2

1. Kredit

Der Begriff des Kredits wird abschließend in Abs. 3 Nr. 2 definiert. Er umfasst neben Darlehen auch Rechtsgeschäfte, durch die dem Kreditnehmer Geld oder geldwerte Mittel zeitweise zur Verfügung gestellt werden; beispielhaft sind die Stundung einer Geldforderung, die Übernahme einer Bürgschaft oder die Diskontierung von Wechseln und Schecks.[5]

3

2. Kreditgeber und -nehmer

Bei dem Kreditgeschäft müssen sowohl Kreditgeber als auch Kreditnehmer **Betriebe oder Unternehmen** iSd Abs. 3 Nr. 1 sein (vgl. insoweit § 25 Rn. 8). Die Kreditvergabe von oder an Privatpersonen ist nicht tatbestandsmäßig.[6] Das Unternehmen, für das der Kredit beantragt wird, muss bereits im Zeitpunkt der Antragstellung bestehen oder als bestehend vorgetäuscht werden.[7] Nicht einschlägig ist die Beantragung eines Kredits für ein erst noch (tatsächlich oder angeblich) zu gründendes Unternehmen.[8]

4

---

[1] *Fischer* § 265b Rn. 2, 3; NK-*Hellmann* § 265b Rn. 9 f.; SK-*Hoyer* § 265b Rn. 8 ff.; *Kindhäuser* JR 1990, 520 (522); MK-*Kasiske* § 265b Rn. 1, 3; aA HKGS-*Duttge* § 265b Rn. 2: konkretes Vermögensgefährdungsdelikt.
[2] BT-Drs. 7/3441, 18; BT-Drs. 7/5291, 14; BGH NStZ 2015, 342 (343); OLG Stuttgart NStZ 1993, 545; W-*Hillenkamp/Schuhr* Rn. 742; LK-*Tiedemann* § 265b Rn. 10; aA MK-*Kasiske* § 265b Rn. 2.
[3] Vgl. zu diesem und anderen Einwänden *Kindhäuser* Madrid-Symposium 125 (129 f.); *Weigend* Triffterer-FS 695 (700).
[4] BT-Drs. 7/3441, 30; S/S/W-*Saliger* § 265b Rn. 1.
[5] NK-*Hellmann* § 265b Rn. 13; näher LK-*Tiedemann* § 265b Rn. 42 ff.; zum Finanzierungsleasing: *Bittmann/Peschel* NStZ 2019, 241 (247).
[6] BT-Drs. 7/3441, 30; BT-Drs. 7/5291, 15.
[7] BGH NStZ 2011, 279.
[8] BayObLG NStZ 1990, 439; NK-*Hellmann* § 265b Rn. 22.

Damit Unternehmen in den Anwendungsbereich der Norm fallen, müssen sie nach Abs. 3 Nr. 1 einen in kaufmännischer Weise eingerichteten Geschäftsbetrieb erfordern. Kriterien hierfür sind ua eine geordnete Kassen- und Buchführung, eine eigene Bankverbindung, die Ablage des Schriftverkehrs oder die Beschäftigung kaufmännischen Personals, wobei es auf die Erforderlichkeit einer solchen Organisation und nicht auf deren tatsächliches Vorhandensein ankommt.[9] Der Gegenstand des Unternehmens ist nicht entscheidend, sodass neben Gewerbe-, Handels- und Landwirtschaftsbetrieben auch Theater, Krankenhäuser und Freiberufler (Ärzte, Anwälte usw) erfasst werden.[10]

5 Ob ein Kredit **für ein Unternehmen** beantragt wird, ist nach wirtschaftlichen Gesichtspunkten zu entscheiden. Relevant sind insoweit auch Kredite, die von einem Privaten im eigenen Namen, aber für Rechnung eines Unternehmens aufgenommen werden.[11] Umgekehrt scheiden Kredite aus, die ein Unternehmer zu privaten Zwecken erhält.[12] Das **Unternehmen, von dem** ein Kredit vergeben wird, muss kein Kreditinstitut sein. Es kommen zB auch Handelsunternehmen in Betracht, ferner öffentliche Betriebe und Unternehmen sowie die Bundesrepublik und einzelne Bundesländer (etwa im Falle von Kreditsubventionen), nicht aber Behörden mit reiner Aufsichtsfunktion.[13] Sofern der Kredit aus öffentlichen Mitteln gewährt wird und das Kreditinstitut lediglich treuhänderisch tätig ist (sog. durchlaufende Kredite, zB bei Subventionen in Form von Vorzugskrediten), ist dies ausreichend, da das Unternehmen (die Bank) den Kredit im eigenen Namen (§ 164 BGB) gewährt.[14]

3. Täter

6 Täter kann jeder sein, der dem Kreditgeber eine unrichtige Unterlage vorlegt oder diesem unrichtige schriftliche Angaben macht.[15] Auch Privatpersonen können daher den Tatbestand verwirklichen, sofern sie für das Unternehmen als Kreditnehmer handeln. Dabei gelten die allgemeinen Regeln zur Abgrenzung von Täterschaft und Teilnahme: Gehilfe ist zB ein Dritter, welcher für den Kreditnehmer lediglich falsche Unterlagen vorbereitet und diese ihm zu seiner eigenen Verwendung überlässt.[16]

4. Tathandlung

7 Die Tathandlung kann in einer qualifizierten Täuschung (Abs. 1 Nr. 1) oder dem Unterlassen einer spezifischen Aufklärung (Abs. 1 Nr. 2) bestehen.[17]

8 a) **Abs. 1 Nr. 1:** Die **Täuschung** nach Abs. 1 Nr. 1 muss mit einem (nicht notwendig schriftlichen) **Kreditantrag** zusammenhängen, also einer auf die Erlangung eines Kredits gerichteten Erklärung, durch die der Kreditgeber zu einer ihn bindenden Erklärung veranlasst werden soll.[18] Von einem Zusammenhang mit dem Antrag ist auszugehen, wenn die Angaben oder Unterlagen erkennbar als Entscheidungsgrundla-

---

9 LK-*Tiedemann* § 265b Rn. 30; MK-*Kasiske* § 265b Rn. 11.
10 MK-*Kasiske* § 265b Rn. 10.
11 LK-*Tiedemann* § 265b Rn. 23.
12 BGH NStZ-RR 2016, 245; S/S-*Perron* § 265b Rn. 5.
13 LK-*Tiedemann* § 265b Rn. 28.
14 LK-*Tiedemann* § 265b Rn. 26; MK-*Kasiske* § 265b Rn. 9; aA S/S-*Perron* § 265b Rn. 5.
15 *Mitsch* 7.7.2.1.2; LK-*Tiedemann* § 265b Rn. 21; MK-*Kasiske* § 265b Rn. 42.
16 Vgl. BGH wistra 1984, 25 (26); S/S-*Perron* § 265b Rn. 50.
17 Eingehend NK-*Hellmann* § 265b Rn. 35 ff.
18 S/S-*Perron* § 265b Rn. 25; LK-*Tiedemann* § 265b Rn. 51.

ge der Kreditvergabe dienen sollen.[19] Es kommt auf die Sicht eines „verständigen, durchschnittlich vorsichtigen Dritten" an.[20] Die falschen Angaben können auch noch nach Einreichen der Kreditunterlagen gemacht werden.[21] Die Täuschung muss sich auf die **wirtschaftlichen Verhältnisse** beziehen, dh solche Umstände betreffen, die für die Kreditwürdigkeit des Kreditnehmers relevant sind.[22]

Mittel der Täuschung sind nach Nr. 1a Unterlagen (zB Bilanzen, Gewinn- und Verlustrechnungen, Vermögensübersichten, Gutachten) und nach Nr. 1b schriftliche Angaben, die **unrichtig oder unvollständig** sind (vgl. zu § 264: § 29 Rn. 12). Die Angaben müssen für die Entscheidung über die Kreditvergabe **erheblich** sein (vgl. zu § 264a: § 30 Rn. 3). Sie sind **vorteilhaft**, wenn sie geeignet sind, den Kreditantrag zu unterstützen (vgl. § 30 Rn. 3).[23]

9

Adressat der Täuschung muss nicht der wahre Kreditgeber sein. Einschlägig sind auch Täuschungen gegenüber Auskunftsbüros, die Ermittlungen über die Kreditwürdigkeit anstellen.[24] Die Gegenansicht, welche nur die Angaben direkt an das kreditgebende Unternehmen für einschlägig hält,[25] wird in der Regel zum gleichen Ergebnis kommen, weil bei der Weiterleitung der falschen Angaben an den Kreditgeber mittelbare Täterschaft gegeben sein kann.[26] Auch auf der Kreditnehmerseite ist keine Personengleichheit erforderlich; **Täter, Antragsteller und Kreditnehmer** brauchen also **nicht identisch** zu sein.

10

b) **Abs. 1 Nr. 2**: Das **Unterlassen einer Aufklärung** iSv Abs. 1 Nr. 2 ist gegeben, wenn der Täter bei der Vorlage von Unterlagen oder schriftlichen Angaben nicht mitteilt, dass sich die dargestellten wirtschaftlichen Verhältnisse verschlechtert haben. Die Tatvariante ist ein **echtes Unterlassungsdelikt**; bei konkludentem Täuschen (vgl. § 27 Rn. 14 ff.) greift allerdings bereits Abs. 1 Nr. 1 ein (unvollständige Angaben, vgl. Rn. 9).[27]

11

Die **Informationspflicht** betrifft nur

12

- Verschlechterungen der in den Unterlagen oder Angaben **dargestellten wirtschaftlichen Verhältnisse**; sind diese unverändert geblieben, so besteht auch bei einer Verschlechterung der wirtschaftlichen Lage insgesamt keine Aufklärungspflicht;[28]
- **wesentliche Verschlechterungen**, die für die Entscheidung über den Kreditantrag von Bedeutung sind;
- Verschlechterungen, die **bis zur Vorlage** der Unterlagen bzw. Angaben eingetreten sind.

5. Subjektiver Tatbestand

Der subjektive Tatbestand verlangt (zumindest bedingten) Vorsatz.

13

---

19 *Mitsch* 7.7.2.1.3.3; LK-*Tiedemann* § 265b Rn. 56.
20 BGHSt 30, 285 (292); NStZ 2002, 433 (434).
21 S/S-*Perron* § 265b Rn. 27.
22 *Mitsch* 7.7.2.1.4.1; *Nestler* Jura 2023, 803 (809); S/S-*Perron* § 265b Rn. 30.
23 S/S-*Perron* § 265b Rn. 41; MK-*Kasiske* § 265b Rn. 33.
24 LK-*Tiedemann* § 265b Rn. 59.
25 HKGS-*Duttge* § 265a Rn. 14; NK-*Hellmann* § 265b Rn. 42; S/S-*Perron* § 265b Rn. 23; MK-*Kasiske* § 265b Rn. 34.
26 Vgl. S/S-*Perron* § 265b Rn. 23.
27 Näher *Mitsch* 7.7.2.1.4.2.
28 S/S-*Perron* § 265b Rn. 45.

II. Vollendung

14 Vollendung tritt mit Zugang der unrichtigen Unterlagen bzw. Angaben ein. Eine Kenntnisnahme durch den Täuschungsadressaten ist nicht erforderlich. Der Versuch (bei zB vermeintlicher Falschangabe) ist nicht strafbar; es kann aber ggf. ein (versuchter) Betrug (§ 263) gegeben sein.

III. Tätige Reue

15 Abs. 2 eröffnet (auch nach Verwirklichung des Tatbestands) in Anlehnung an die allgemeine Rücktrittsregelung die Möglichkeit der strafbefreienden tätigen Reue, die sich jedoch nicht auf einen evtl. zum Zeitpunkt der Rücktrittshandlung bereits vollendeten Betrug (§ 263) erstreckt.[29]

IV. Konkurrenzen

16 Nach hM ist § 265b keine dem § 263 vorgehende Sonderregelung, sondern nur ein materiell subsidiäres Vorfelddelikt, das hinter den (versuchten oder vollendeten) Betrug zurücktritt.[30] Da sich die Schutzrichtung des § 265b indes nicht allein auf das Vermögen, sondern auch auf ein überindividuelles Rechtsgut erstreckt (funktionierendes Kreditwesen, Rn. 1), ist insoweit Tateinheit anzunehmen.[31]

Wiederholungs- und Vertiefungsfragen

> Welches Rechtsgut schützt § 265b? (Rn. 1)
> Was ist ein „Kredit"? (Rn. 3)
> Was bedeutet „Betrieb oder Unternehmen"? (Rn. 4; § 25 Rn. 8)
> Wann ist die Täuschung für die Entscheidung über einen Kreditantrag „erheblich" (Abs. 1 Nr. 1)? (Rn. 9; § 30 Rn. 3)
> Was ist beim Unterlassen der Aufklärung nach Abs. 1 Nr. 2 zu beachten? (Rn. 11)
> Wie verhält sich die Vorschrift zu § 263? Was ist dabei bei der tätigen Reue (Abs. 2) zu beachten? (Rn. 16, 15)

---

29 NK-*Hellmann* § 265b Rn. 66.
30 BGHSt 36, 130; BGH NStZ 2011, 279; MK-*Kasiske* § 265b Rn. 53; NK-*Hellmann* § 265b Rn. 69.
31 W-*Hillenkamp/Schuhr* Rn. 742; *Otto* § 61/37; *Rengier* I § 17/26; LK-*Tiedemann* § 265b Rn. 113.

§ 32 Versicherungsmissbrauch (§ 265)

A. Allgemeines

Die Vorschrift[1] dient als **abstraktes Gefährdungsdelikt** im Vorfeld des Betrugs dem **Schutz des Vermögens** der Versicherungsgesellschaft.[2] Die weitergehende Auffassung, die auch die Leistungsfähigkeit des Versicherungswesens als geschützt ansieht,[3] ist mit der Subsidiaritätsklausel, deren Existenz bei einem über § 263 hinausgehenden Schutzzweck unverständlich wäre, kaum zu vereinbaren.[4] Im Unterschied zu den §§ 264, 264a, 265b setzt der Tatbestand nicht einmal eine Täuschungshandlung voraus, sondern kriminalisiert bereits ein objektiv neutrales Verhalten im Vorfeld der betrügerischen Schadensmeldung bei der Versicherung (Rn. 2).[5]

B. Definitionen und Erläuterungen

I. Tatbestand

▶ **Fall 1:** Antiquitätenhändler A hat Finanzprobleme und möchte eine neue Geschäftstätigkeit aufnehmen. Um das dafür nötige Kapital zu beschaffen, beschließt er, seine Versicherung „auszubeuten", bei welcher er seinen Laden samt der Antiquitäten versichert hat. Er versteckt mehrere Silbergegenstände bei sich zu Hause im Keller. Einige wertvolle Gemälde „leiht" er seinem hilfsbereiten Cousin C. Die restlichen schwer verkäuflichen „Ladenhüter" lässt er im Geschäft zurück und setzt dieses anschließend in Brand. ◀

Der Tatbestand nennt eine Reihe von Vorbereitungshandlungen zur Herbeiführung oder Vortäuschung eines Versicherungsschadens. Da die Handlungen objektiv einen neutralen Charakter haben und als solche noch mit keinem Risiko für das Vermögen der Versicherung verbunden sind, ist das Unrecht (in fragwürdiger Weise)[6] subjektiviert. Täter kann jedermann sein.

1. Tatobjekt

Tatobjekt ist eine gegen Untergang, Beschädigung, Beeinträchtigung der Brauchbarkeit, Verlust oder Diebstahl versicherte (bewegliche oder unbewegliche) Sache. Der Anwendungsbereich ist also auf Sachversicherungen beschränkt, so dass in Bezug auf Fahrzeuge zwar die Kaskoversicherung, aber nicht die Haftpflichtversicherung erfasst wird.[7] Auf die Eigentumsverhältnisse kommt es nicht an. **Versichert** ist die Sache, wenn der Versicherungsvertrag förmlich abgeschlossen ist; dass der Vertrag anfechtbar oder (zB wegen Überversicherung, § 74 Abs. 2 VVG) nichtig ist, schließt den

---

1 Zu Geschichte, kriminologischem Hintergrund und Erscheinungsformen *Schröder*, Versicherungsmissbrauch – § 265 StGB, 2000, 28 ff., 34 ff., 47 ff. mwN.
2 MK-*Kasiske* § 265 Rn. 4; NK-*Hellmann* § 265 Rn. 15 f.; S/S/W-*Saliger* § 265 Rn. 1 f.
3 W-*Hillenkamp/Schuhr* Rn. 754; *Hörnle* Jura 1998, 169 (176); L-*Kühl/Heger* § 265 Rn. 1; *Mitsch* 7.5.1.3; S/S-*Perron* § 265 Rn. 2.
4 *Bröckers*, Versicherungsmißbrauch, 1999, 94; *Bussmann* StV 1999, 613 (617); *Geppert* Jura 1998, 382 (383); *Rengier* I § 15/2.
5 Zur diesbezüglichen Kritik: S/S-*Perron* § 265 Rn. 1; MK-*Kasiske* § 265 Rn. 7; jeweils mwN.
6 Mit guten Gründen für eine Objektivierung der Absicht daher *Schröder*, Versicherungsmißbrauch – § 265 StGB, 2000, 200 f.
7 *Nestler* Jura 2018, 590 (591).

Tatbestand nicht aus.[8] Eine Sache ist indes ungeachtet des fortbestehenden Vertrages nicht versichert, wenn der Versicherer wegen Verzuges des Versicherungsnehmers nach §§ 37 Abs. 2, 38 VVG von seiner Leistungspflicht frei geworden ist.[9]

2. Tathandlungen

4 Tathandlungen sind das Beschädigen, Zerstören, Beeinträchtigen der Brauchbarkeit, Beiseiteschaffen oder Überlassen des Tatobjekts. Der Handlungserfolg muss jeweils unter das versicherte Risiko fallen.[10]

5 ■ **Beschädigen** und **Zerstören** entsprechen den Tathandlungen der Sachbeschädigung (§ 20 Rn. 9 ff., 12). In **Fall 1** liegt die Beschädigung in der Inbrandsetzung des Ladens und der dort befindlichen Waren.

6 ■ Die **Brauchbarkeit** des Tatobjekts ist **beeinträchtigt**, wenn dessen Funktionsfähigkeit nicht unwesentlich gemindert ist; eine Substanzverletzung wird vom Tatbestand nicht verlangt, jedoch im Ergebnis häufig erforderlich sein, wenn die Sache nur gegen Gebrauchsbeeinträchtigungen infolge einer Einwirkung auf die Sachsubstanz versichert ist.[11]

7 ■ **Beiseiteschaffen** ist das Verhindern der Zugriffsmöglichkeit auf das Tatobjekt, sei es durch das räumliche Verbringen der Sache aus dem Gewahrsamsbereich des Versicherungsnehmers, sei es – wie in **Fall 1** bzgl. der silbernen Objekte – durch das Verbergen in einer Weise, die bei Nachforschungen den Anschein erweckt, die Sache sei abhandengekommen (vgl. zu § 288: § 38 Rn. 9).[12] Bloßes Abstreiten des Besitzes genügt allerdings nicht.[13]

8 ■ **Überlassen** ist die Übertragung der Sachherrschaft auf eine andere Person und damit ein Sonderfall des Beiseiteschaffens.[14] Ein Überlassen ist es auch, wenn der Besitzer die Ingewahrsamnahme der Sache durch einen Dritten zulässt. Sofern der Dritte die Sache absprachegemäß an sich nimmt, um sie dem Zugriff der Versicherung zu entziehen, ist sein Verhalten als Beiseiteschaffen anzusehen.[15] Damit verwirklichen in **Fall 1** sowohl A als auch C den Tatbestand bzgl. der Gemälde.

3. Subjektiver Tatbestand

9 Der subjektive Tatbestand erfordert neben dem **Vorsatz** (hinsichtlich der Tathandlung) die (zielgerichtete) **Absicht**, sich oder einem Dritten Leistungen aus der Versicherung zu verschaffen. Zu beachten ist, dass die angestrebte Versicherungsleistung – anders als bei § 263 (vgl. § 27 Rn. 93) – **nicht ohne Rechtsgrund** erfolgen muss. Der Versi-

---

8 *Mitsch* 7.5.2.1.2.2; S/S-*Perron* § 265 Rn. 6; W-*Hillenkamp/Schuhr* Rn. 755; aA (in Bezug auf nichtige Verträge) NK-*Hellmann* § 265 Rn. 21.
9 *Otto* § 61/2; S/S-*Perron* § 265 Rn. 6; *Ranft* StV 1989, 300 (301); LK-*Tiedemann* § 265 Rn. 9 f.; aA W-*Hillenkamp/Schuhr* Rn. 755.
10 *Geppert* Jura 1998, 382 (384); W-*Hillenkamp/Schuhr* Rn. 756; *Mitsch* 7.5.2.1.2.2.
11 NK-*Hellmann* § 265 Rn. 25; LK-*Tiedemann* § 265 Rn. 14.
12 *Geppert* Jura 1998, 382 (384); W-*Hillenkamp/Schuhr* Rn. 756; *Otto* § 61/4; *Rengier* I § 15/3; S/S-*Perron* § 265 Rn. 9; MK-*Kasiske* § 265 Rn. 18; aA L-*Kühl/Heger* § 265 Rn. 3; *Mitsch* 7.5.2.1.3; *Rönnau* JR 1998, 441 (443 f.): Verbergen nicht ausreichend.
13 W-*Hillenkamp/Schuhr* Rn. 756.
14 L-*Kühl/Heger* § 265 Rn. 3; *Mitsch* 7.5.2.1.3; *Otto* § 61/4.
15 *Fischer* § 265 Rn. 6; zu professionellen Schiebern vgl. BT-Drs. 13/9064, 19; W-*Hillenkamp/Schuhr* Rn. 756; LK-*Tiedemann* § 265 Rn. 16.

cherungsmissbrauch erfasst auch den Fall, dass ein Dritter den Schaden zugunsten eines unwissenden Versicherungsnehmers herbeiführt, dem dann ein Anspruch auf die Versicherungsleistung zusteht;[16] vgl. hierzu unten **Fall 5**.

II. Vollendung, tätige Reue und Subsidiarität

▶ **Fall 2:** Alles geschieht wie in FALL 1. A deklariert am nächsten Tag den Verlust sämtlicher Waren bei seiner Versicherung, angeblich als Folge einer Brandstiftung durch Dritte. Daraufhin begleicht die Versicherungsgesellschaft den geltend gemachten Schaden. ◀

▶ **Fall 3:** Wie FALL 2, aber: Die Versicherung bezweifelt die Angaben des A und verweigert die Zahlung. ◀

▶ **Fall 4:** A trifft sich mit einem Vertreter der Versicherung, um die in FALL 2 beschriebene Meldung zu machen. Während der Unterredung überkommt ihn Scham und Reue, und er verlässt mit dem Hinweis, er müsse alles noch näher überprüfen, auf Nimmerwiedersehen das Büro des Vertreters. ◀

Die Tat ist – wie in **Fall 1** – schon mit dem Vollzug der ersten Tathandlung **vollendet**. Der **Versuch** ist allerdings ggf. strafbar (Abs 2).[17]

Da der Versicherungsmissbrauch **Vorbereitungshandlungen** weit im Vorfeld einer Vermögensschädigung erfasst, erscheint es sachgerecht, dem Täter in Analogie zu §§ 264 Abs. 5, 264a Abs. 3, 265b Abs. 2, 306e die Möglichkeit **tätiger Reue** einzuräumen.[18] Da die Tathandlungen des § 265 nur Vorbereitungshandlungen zum Betrug sind, erscheint es ferner sachgerecht, den **Rücktritt** (§ 24) **vom versuchten Betrug** auch auf den (schon vollendeten) Versicherungsmissbrauch zu erstrecken. Es ist wenig einsichtig, einem Täter zwar die Möglichkeit des Rücktritts von einer bereits vollzogenen Täuschung einzuräumen, die Vorbereitungen zur Täuschung aber zu bestrafen.

Die Gegenansicht lehnt die Möglichkeit tätiger Reue jedoch mit dem Argument ab, es bestehe **keine Gesetzeslücke**.[19] In der Konsequenz wird dann auch die Auffassung vertreten, dass ein Rücktritt vom versuchten Betrug die Strafbarkeit nach § 265 unberührt lasse.[20]

Nach der **Subsidiaritätsklausel** in Abs. 1 entfällt die Strafbarkeit, wenn die Tat in § 263 mit Strafe bedroht ist. Da Gegenstand des § 265 Handlungen im Vorbereitungsstadium zum Betrug sind, kann unter „Tat" nicht die Tatbestandsverwirklichung zu verstehen sein. Vielmehr ist auf die Tat **im prozessualen Sinne** abzustellen, also auf das einheitliche historische Geschehen von der Vorbereitung bis zur Vollendung. Insoweit ist die Verwirklichung von § 265 nicht strafbar, wenn dies der Vorbereitung eines Betrugs dient, welcher später (zumindest) in das Stadium eines strafbaren Versuchs gelangt.[21] Hierbei ist jede Form der Beteiligung an § 265 subsidiär gegenüber jeder Form der Beteiligung an § 263.[22]

---

16 Vgl. zu dieser Ausdehnung BT-Drs. 13/9064, 19 f.; *Geppert* Jura 1998, 382 (385 f.); *Kreß* NJW 1998, 633 (643); krit. *Hörnle* Jura 1998, 168 (176); *Rönnau* JR 1998, 441 (445).
17 Wegen der frühen Vollendung berechtigte Kritik dieser Regelung bei *Kudlich* JuS 1998, 469; *Sander/Hohmann* NStZ 1998, 273 (277); *Stächelin* StV 1998, 98 (100).
18 Arzt/Weber/Heinrich/Hilgendorf § 21/137; *Geppert* Jura 1998, 382 (384 f.); MK-*Kasiske* § 265 Rn. 32.
19 NK-*Hellmann* § 265 Rn. 41 f.; W-Hillenkamp/Schuhr Rn. 758; *Rönnau* JR 1998, 441 (446).
20 W-Hillenkamp/Schuhr Rn. 759; *Mitsch* ZStW 111 (1999), 65 (119); *Rengier* I § 15/10.
21 BGH NJW 2000, 226 (227); *Fischer* § 265 Rn. 17; W-Hillenkamp/Schuhr Rn. 760; *Mitsch* ZStW 111 (1999), 65 (118).
22 LK-*Tiedemann* § 265 Rn. 37 f.

12 Folglich ist A in **Fall 2** nach § 263 strafbar. Auch C hat sich (bzgl. der Gemälde) nach § 265 als Täter strafbar gemacht; hinsichtlich des Betrugs, hinter den § 265 subsidiär zurücktritt, ist C aber nur Teilnehmer. Insoweit ist C nach §§ 263, 27 zu bestrafen.

In **Fall 3** begeht A nur einen versuchten Betrug nach §§ 263, 22, 23 Abs. 1. C ist als Gehilfe bei diesem Versuch nach §§ 263, 22, 23 Abs. 1, 27 zu bestrafen. § 265 wird in beiden Fällen als subsidiäres Delikt verdrängt.

Befürwortet man die Möglichkeit eines § 265 umfassenden Rücktritts vom Versuch des Betrugs, wäre A in **Fall 4** insgesamt strafbefreiend zurückgetreten. Dieser Rücktritt wirkt sich jedoch als persönlicher Strafaufhebungsgrund nicht zugunsten des C aus (§ 24 Abs. 2); C bleibt vielmehr strafbar nach §§ 263, 22, 23 Abs. 1, 27.

Nach der Gegenansicht wäre A zwar von einer Strafbarkeit nach §§ 263, 22, 23 Abs. 1 aufgrund der allgemeinen Rücktrittsregeln befreit, bliebe jedoch strafbar nach § 265.

C. Anwendung

▶ **Fall 5:** Wie Fall 1, aber: Cousin C führt die ganze Aktion ohne Wissen des A durch, um diesem aus seiner finanziellen Bedrängnis zu helfen. ◀

▶ **Fall 6:** C ist am Unternehmen des A beteiligt. Da er keine Perspektive mehr sieht, das verlustreiche Geschäft weiterzuführen, brennt er nachts den Laden samt allen Waren nieder. Seine Urheberschaft verschweigt er. Wenig später reicht der gutgläubige A den Antrag bei der Versicherungsgesellschaft ein und bekommt die Versicherungssumme ausgezahlt. ◀

13 Sofern ein **Dritter Täter des Versicherungsmissbrauchs** ist, kann es für die strafrechtliche Beurteilung der Beteiligten wesentlich darauf ankommen, ob der Dritte Außenstehender oder Repräsentant des Versicherungsnehmers im versicherungsrechtlichen Sinne ist:

14 ■ Ist der Täter des § 265 ein außenstehender Dritter, führt sein Verhalten nicht zum Erlöschen des Versicherungsanspruchs (vgl. § 81 VVG), so dass auch die Geltendmachung des Schadens durch den Versicherungsnehmer für diesen mangels intendierter rechtswidriger Bereicherung kein Betrug nach § 263 ist.[23]

15 ■ Verwirklicht dagegen der Dritte den Tatbestand des § 265 als Repräsentant des Versicherungsnehmers und fordert dieser gutgläubig die Versicherungssumme ein, so kommt ein Betrug des Dritten in mittelbarer Täterschaft in Betracht, der seinerseits den dann subsidiären Versicherungsmissbrauch verdrängt.[24] Bei Bösgläubigkeit und betrügerischem Handeln des Versicherungsnehmers kann sich der Dritte wegen Beteiligung hieran strafbar machen.

16 In **Fall 5** macht sich C – ungeachtet möglicher Brandstiftungs- und Sachbeschädigungsdelikte – nach § 265 strafbar, da er in der Absicht handelt, einem Dritten (A) Leistungen aus der Versicherung zu verschaffen.

---

23 BGH NStZ 2024, 360 (360 f.); *Klesczewski* BT § 9/199.
24 L-Kühl/*Heger* § 263 Rn. 9a.

A ist hingegen straflos: Ein Betrug (§ 263) gegenüber der Gesellschaft scheidet aus, da A weder objektiv noch subjektiv über Tatsachen täuscht; zudem fehlt es, weil dem A ein entsprechender Anspruch zusteht, an der Rechtswidrigkeit der Bereicherung.[25]

In **Fall 6** ist A ebenfalls straflos: Die Bereicherung (§ 263) ist zwar rechtswidrig, aber dem A fehlt hinsichtlich der Täuschung wie auch der Bereicherung der entsprechende Vorsatz. C macht sich hingegen – wiederum ungeachtet möglicher Brandstiftungs- und Sachbeschädigungsdelikte – wegen Betrugs in mittelbarer Täterschaft nach §§ 263, 25 Abs. 1 Alt. 2 strafbar, indem er den A als vorsatzloses „Werkzeug" benutzt. § 265 tritt subsidiär hinter § 263 zurück.

Wiederholungs- und Vertiefungsfragen

> Welches Rechtsgut schützt die Vorschrift des § 265? (Rn. 1)
> In welchen Fallkonstellationen kann ein Dritter den Tatbestand verwirklichen? (Rn. 8 f., 13 ff.)
> Umfasst die Strafbefreiung beim Rücktritt vom versuchten Betrug auch den vorangegangenen § 265? (Rn. 10)
> Wie verhält sich § 265 zum Betrug? (Rn. 11)

---

[25] Zivilrechtlich kann sich die Versicherung an C halten, § 86 Abs. 1 VVG iVm §§ 823 Abs. 2 BGB, 265 StGB.

§ 33 Erschleichen von Leistungen (§ 265a)

A. Allgemeines

1 Die Vorschrift sichert als Auffangtatbestand mit Subsidiaritätsklausel das **Vermögen**.[1] In den vier Tatvarianten nimmt der Täter jeweils eine vermögenswerte Leistung in der Absicht in Anspruch, das Entgelt nicht zu entrichten.[2] Anders als beim Betrug, dessen Schutzlücke insoweit geschlossen werden soll, ist nicht erforderlich, dass sich der Täter dabei eines täuschungsbedingt handelnden Werkzeugs bedient. Bei Täuschung einer Kontrollperson greift jedoch der vorrangige Betrugstatbestand ein.[3] Hauptanwendungsfall des § 265a ist die Beförderungserschleichung („Schwarzfahren"). Angesichts der Geringfügigkeit der mit der einzelnen Tat verursachten Schäden sowie den verfügbaren Alternativen zu Kriminalstrafen (Zugangskontrollen, erhöhte Beförderungsentgelte) erscheint die Androhung und Verhängung von Freiheitsstrafen (insbesondere bei in der Praxis oft zu verbüßenden Ersatzfreiheitsstrafen) unverhältnismäßig.[4] Aus diesem Grund ist in jüngerer Zeit wieder die Forderung nach einer Entkriminalisierung der Beförderungserschleichung erhoben worden.[5]

B. Definitionen und Erläuterungen

I. Entgeltlichkeit des Erlangten

2 Tatbestandlicher Erfolg ist das Erlangen einer entgeltlichen Leistung oder eines entgeltlichen Zutritts.[6]

Das Erlangte muss also bei ordnungsgemäßer Inanspruchnahme – nach der Legaldefinition in § 11 Abs. 1 Nr. 9 – nur gegen einen (wirtschaftlichen) Vermögensvorteil als Gegenleistung gewährt werden. Die Entgeltlichkeit der Leistung oder des Zutritts ist ein ungeschriebenes Tatbestandsmerkmal, dessen Erforderlichkeit sich zum einen aus der Fassung des subjektiven Tatbestands, zum anderen aus der Vermögensschutzfunktion der Norm ergibt. Nach hM besteht der tatbestandliche Erfolg in einem Vermögensschaden, da dem Leistungserbringer das geschuldete Entgelt entgeht.[7] Daher ist der Tatbestand nicht erfüllt, wenn der Täter Inhaber einer Monatskarte ist, diese aber bei Fahrtantritt nicht bei sich führt.[8] Demgegenüber wird der Tatbestand nicht dadurch ausgeschlossen, dass der Täter vermögenslos ist und der gegen ihn bestehende Entgeltanspruch damit wirtschaftlich wertlos ist (vgl. § 17 Rn. 37),[9] denn eine Vermögensminderung liegt bereits in der Erbringung der entgeltpflichtigen Leistung an den Täter (vgl. § 26 Rn. 22).

---

1 BayObLG NJW 1986, 1504; NK-*Hellmann* § 265a Rn. 7; *Mitsch* 7.6.1.2; LK-*Tiedemann* § 265a Rn. 12 mwN.
2 Zu den Legitimationsproblemen der regelmäßig nur Bagatelltaten erfassenden Vorschrift vgl. *Alwart* JZ 1986, 563 ff.; *Schall* JR 1992, 1 ff.; jüngst *Mosbacher* NJW 2018, 1069 ff.; zur Kriminologie *Falkenbach*, Die Leistungserschleichung (§ 265a), 1983, 110 ff.
3 Vgl. insoweit etwa BGHSt 16, 1.
4 Vgl aber BayObLG, Urt. v. 16.7.2020 – 207 StRR 236/20 (juris); OLG Hamm BeckRS 2018, 41457 (Rn. 11).
5 *Harrendorf* NK 2018, 250 ff.; *Mosbacher* NJW 2018, 1069 ff.; *Schiemann* ZRP 2022, 61 f.; s. auch *Mitsch* NZV 2019, 70 (76); vgl dagegen *Kubiciel* jurisPR-StrafR 12/2023 Anm. 1.
6 NK-*Hellmann* § 265a Rn. 8; *Mitsch* 7.6.2.1.2.1.
7 OLG Frankfurt a.M. NJW 2010, 3107 (3108); MK-*Hefendehl* § 265a Rn. 4; NK-*Hellmann* § 265a Rn. 3, 8.
8 OLG Koblenz NJW 2000, 86 (87); *Rengier* I § 16/2.
9 So *Mitsch* NZV 2022, 54 (56 f.).

§ 33 Erschleichen von Leistungen (§ 265a)

II. Leistung eines Automaten (Abs. 1 Var. 1)

▶ **Fall 1:** Von seiner letzten Urlaubsreise hat Student S Münzen aus dem Land L mitgebracht, die der Form nach 2-Euro-Münzen entsprechen, aber einen erheblich geringeren Wert haben. Auf dem Weg zu seiner Freundin F kommt S an einer Fotokabine vorbei und entschließt sich spontan, ein schönes Foto mitzubringen. Um Kosten zu sparen, bedient er den Automaten mit L-Münzen. ◀

▶ **Fall 2:** Mit weiteren L-Münzen zieht sich S einige Tage später Gummibärchen aus dem Süßigkeitenautomat der Uni-Cafeteria. ◀

1. Automaten

Automaten sind Geräte, die selbsttätig aufgrund eines (mechanischen oder elektronischen) Steuerungssystems Funktionen erfüllen.

Unter den Automaten, die gegen Entgelt in Gang gesetzt werden, lassen sich zwei Arten unterscheiden:[10] Sofern das Entgelt die Gegenleistung für die selbsttätig erbrachte Leistung ist, handelt es sich um einen sog. **Leistungsautomaten**. Hierzu gehören Musik-, Spiel- oder Fernsprechautomaten. Betrifft das Entgelt dagegen die Gegenleistung für eine von dem Gerät selbsttätig gelieferte Sache, ist ein sog. **Warenautomat** gegeben. Hierunter fallen Geräte, die Getränke, Zigaretten, Fahrscheine, Eintrittskarten oder Wechselgeld[11] ausgeben. Bestimmte Geräte können beide Funktionen erfüllen; ein Geldspielautomat etwa ermöglicht einerseits als Leistung die (mit Spielvergnügen verbundene) Wahrnehmung der Gewinnchance, verschafft aber andererseits auch Geld durch den Auswurf des Gewinns.[12] Vom Tatbestand nicht erfasst werden dagegen mangels Entgeltlichkeit Bankomaten.[13] Auch Parkuhren auf frei zugänglichen öffentlichen Parkplätzen werden nicht als einschlägig angesehen, da ihre Benutzung nicht zur tatsächlichen Freigabe der Parkfläche dient, sondern zur Aufhebung eines entsprechenden Parkverbotes führt (vgl. § 13 StVO).[14]

2. Entleeren von Warenautomaten

Das Entleeren von Warenautomaten (zB durch Aufbrechen oder den Einsatz von Falschgeld) ist nur nach §§ 242, 246 bzw. § 263a zu bestrafen (vgl. § 2 Rn. 45; zu § 263a: § 28 Rn. 9, 32). Dieses einhellig vertretene Ergebnis wird jedoch unterschiedlich begründet.

■ Teils werden Warenautomaten schon begrifflich aus dem Anwendungsbereich der Norm ausgeschieden, da das Entgelt nicht für die Dienstleistung des Automaten selbst, sondern für die Ware entrichtet werde.[15] Gegen diese Auffassung spricht jedoch, dass bei Automaten Dienstleistung und Warenausgabe gekoppelt (Waschanlagen, Fotokopiergeräte) sein können.[16] So muss diese Auffassung, um Strafbarkeits-

---

10 Zur folgenden Unterscheidung: NK-*Hellmann* § 265a Rn. 18; *Mitsch* 7.6.2.1.1.2.1.
11 OLG Düsseldorf JR 2000, 212 (213).
12 Vgl. OLG Celle JR 1997, 345 (346); OLG Düsseldorf NStZ 1999, 248 (249).
13 MK-*Hefendehl* § 265a Rn. 93; aA LK-*Tiedemann* § 265a Rn. 17.
14 BayObLG JR 1991, 433 (434) mit zust. Anm. *Graul*; OLG Saarbrücken VRS 75, 345 (347); NK-*Hellmann* § 265a Rn. 18.
15 BGH MDR 1952, 563; BayObLG NJW 1987, 663 (664); *Gössel* § 22/51 ff.; *Krey/Hellmann/Heinrich* Rn. 36, 744; *Klesczewski* BT § 9/181; S/S-*Perron* § 265a Rn. 4; M-*Schroeder/Maiwald* I § 41/214; iErg auch NK-*Hellmann* § 265a Rn. 19.
16 *Arzt/Weber/Heinrich/Hilgendorf* § 21/13; MK-*Hefendehl* § 265a Rn. 46 f.

lücken zu vermeiden, prämissenwidrig Automaten, die unkörperliche Gegenstände – wie zB Münzkassiergeräte für Strom – freigeben, zu den Leistungsautomaten rechnen,[17] obwohl sie deren Kriterien nicht erfüllen.

6 ■ **Vorzugswürdig** und dem Wortlaut keineswegs widersprechend ist es daher, alle Automaten, die Leistungen gegen Entgelt erbringen, als tatbestandsmäßig anzusehen.[18] Sofern jedoch ein anderes Delikt eingreift, tritt § 265a aufgrund seiner Auffangfunktion als subsidiärer Tatbestand zurück.[19] Bei Automaten, die Warenausgabe und Dienstleistungen kombinieren, ist auf die vom Täter in Anspruch genommene Funktion abzustellen. So geht es beim Ausleeren eines Geldspielautomaten um das Erlangen des Geldes, so dass § 265a von §§ 242, 246 verdrängt wird. Dagegen steht bei der missbräuchlichen Bedienung einer Autowaschanlage die Reinigung und nicht die Ausgabe der hierfür benötigten Gegenstände (Wasser, Waschmittel usw) im Vordergrund; hier greift daher im Ergebnis nur § 265a ein.

In **Fall 1** verwirklicht S bezüglich des Fotoautomaten § 265a. Das Benutzen des Automaten erfüllt an sich auch den Tatbestand des § 242 an dem Fotopapier. Doch greift hier vorrangig § 265a ein, da die Bedienung des Geräts zum Fotografieren im Vordergrund steht.

In **Fall 2** verwirklicht S nach hM den Tatbestand des Diebstahls nach § 242 (vgl. § 2 Rn. 45). § 265a wäre nach der erstgenannten Auffassung (Rn. 5) bereits tatbestandlich nicht erfüllt, da der Automat der Cafeteria ein Warenautomat ist. Nach der zweitgenannten Lösung ist zwar § 265a verwirklicht, tritt aber auf der Konkurrenzebene hinter § 242 zurück, da das Erlangen der Gummibärchen bei der Tat im Vordergrund steht. Sofern man eine Strafbarkeit nach § 242 verneint (§ 2 Rn. 45), wird § 265a von § 246 verdrängt.[20]

III. Telekommunikationsleistungen (Abs. 1 Var. 2)

7 **Telekommunikationsnetze** leisten die Übermittlung und den Empfang von Nachrichten durch Datenübertragungssysteme aller Art.

Dem Tatbestand unterfallen insbesondere Telefon-, sowie Rundfunk- und Fernsehnetze.[21] **Öffentlichen Zwecken** dient ein Telekommunikationsnetz, wenn es der öffentlichen Kommunikation zur Verfügung steht.[22] Maßgeblich ist also nicht die Zweckbestimmung der einzelnen Anlage, sondern die des Netzes insgesamt. Betriebsinterne Netze unterfallen folglich nicht dem Schutzbereich der Norm, sodass die Tatvariante selbst dann nicht erfüllt ist, wenn der Täter auch gegen Entgelt nicht zur Nutzung berechtigt wäre.[23]

IV. Beförderung durch ein Verkehrsmittel (Abs. 1 Var. 3)

8 Als **Beförderung** durch ein Verkehrsmittel ist jede Form des Transports anzusehen.[24]

---

17 Vgl. BGH bei *Holtz* MDR 1985, 793 (795); BayObLG MDR 1961, 619.
18 Arzt/Weber/*Heinrich*/Hilgendorf § 21/13 f.; W-*Hillenkamp/Schuhr* Rn. 719; *Mitsch* JuS 1998, 307 (313); *ders.* 7.6.2.1.1.2; *Otto* § 52/14 f.; LK-*Tiedemann* § 265a Rn. 20 ff.; MK-*Hefendehl* § 265a Rn. 37 ff., 50.
19 MK-*Hefendehl* § 265a Rn. 51.
20 MK-*Hefendehl* § 265a Rn. 51.
21 Vgl. BT-Drs. 7/3441, 30; *Hilgendorf* JuS 1997, 323 (327); LK-*Tiedemann* § 265a Rn. 25 f.
22 Vgl. BGHSt 25, 370 (371 f.) zum Telefon.
23 S/S-*Perron* § 265a Rn. 5; MK-*Hefendehl* § 265a Rn. 56.
24 S/S-*Perron* § 265a Rn. 6.

Der **Transport** kann sich auf Personen oder Sachen beziehen; er kann individuell (Taxi) oder durch ein Massenverkehrsmittel (Eisenbahn, öffentlicher Nahverkehr) erfolgen.[25]

V. Zutritt zu Veranstaltungen oder Einrichtungen (Abs. 1 Var. 4)

Veranstaltungen sind einmalige oder zeitlich begrenzte, planmäßig ablaufende Ereignisse, zB Konzerte, Vorträge oder Sportfeste.[26]

Einrichtungen sind demgegenüber auf Dauer angelegte Sach- und Personengesamtheiten, die einem bestimmten Zweck dienen und einem größeren Kreis von Personen zur Verfügung stehen, zB Museen, Bibliotheken, Schwimmbäder, Parkhäuser und Tiergärten.[27]

Der **Zutritt** erfordert die körperliche Anwesenheit.[28] Zaungäste, die das Geschehen von außen verfolgen, werden daher ebenso wenig erfasst wie Schwarzhörer von Rundfunk- oder Fernsehsendungen.[29]

VI. Erschleichen

1. Begriff

▶ **Fall 3:** Der Oberstufenschüler O fährt „schwarz" mit der U-Bahn, wobei er abgesehen vom Ein- und Aussteigen keine weitere Handlung in der Bahn vornimmt und sich unverzüglich auf einen Sitzplatz begibt. Kontrollen finden während seiner Fahrt nicht statt. ◀

▶ **Fall 4:** Wie Fall 3, aber: Als O die U-Bahn besteigt, entwertet er mit wichtiger Miene ein wertloses Stück Papier. ◀

In allen Tatvarianten muss die entgeltliche Gegenleistung erschlichen werden: Erschleichen ist das Erlangen einer Leistung unter **Überwindung oder Umgehung einer den entgegenstehenden Willen des Leistenden sichernden Vorkehrung**.[30]

Dies setzt voraus, dass die Leistung nach dem Willen des Leistenden nur bedingt erfolgen soll und dass der Leistende zur Sicherung der Einhaltung dieser Bedingung Vorkehrungen getroffen hat. Insoweit ist es nicht tatbestandsmäßig, wenn der Täter die Leistung auf ordnungsgemäßem Wege in Anspruch nimmt, mag er auch hierzu nicht befugt sein.[31] Ferner ist der Tatbestand nicht verwirklicht, wenn der Täter den entgegenstehenden Willen des Leistenden direkt überwindet, indem er zB mit vorgehaltener Pistole eine Taxifahrt erzwingt.[32]

2. Tatmodalitäten

Ein Erschleichen kann unschwer stets dann bejaht werden, wenn die Einhaltung der Leistungs- oder Zugangsbedingung durch Personen oder automatisch (durch mechanische bzw. elektronische Sicherungen) kontrolliert wird, wenn also der Täter einen (sichtbaren) Widerstand überwinden muss. Umstritten sind dagegen die Fälle, in denen

---

25 S/S-*Perron* § 265a Rn. 6; LK-*Tiedemann* § 265a Rn. 30.
26 *Fischer* § 265a Rn. 22; NK-*Hellmann* § 265a Rn. 40.
27 *Fischer* § 265a Rn. 22; NK-*Hellmann* § 265a Rn. 40.
28 BayObLG JR 1991, 433 (434); S/S-*Perron* § 265a Rn. 7.
29 LK-*Tiedemann* § 265a Rn. 32, 44.
30 *Fischer* § 265a Rn. 3; S/S-*Perron* § 265a Rn. 8.
31 NK-*Hellmann* § 265a Rn. 15.
32 Vgl. BayObLG NJW 1969, 1042 (1043); *Schall* JR 1992, 1 (2).

der Leistende seine Leistung zwar nur bedingt zur Verfügung stellt, aber die Einhaltung dieser Bedingung entweder überhaupt nicht oder nur stichprobenweise überprüft; hier stellen sich bei den einzelnen Tatvarianten unterschiedliche Probleme:

12 a) **Automaten:** Die Leistung des Automaten wird erschlichen, wenn dieser in ordnungswidriger Weise – zB durch den Einsatz von Falschgeld – betätigt wird.[33] Dagegen ist das programmgemäße Bedienen selbst dann kein Erschleichen, wenn es (zB bei Glücksspielen) zu einem Vermögensverlust des Automatenbetreibers führt.

13 b) **Telekommunikationsnetz:** Für das Erschleichen der Leistung eines Telekommunikationsnetzes ist erforderlich, dass der Täter solche Vorkehrungen (manipulativ) überwindet, die der Sicherung der Entgeltlichkeit der Nutzung dienen.[34] Bloßes nichtangemeldetes Schwarzhören oder -sehen ist daher ebenso wenig tatbestandsmäßig[35] wie das lediglich unbefugte Telefonieren von einem privaten oder geschäftlichen Anschluss aus.[36] Bei Störanrufen wird entweder das Entgelt entrichtet oder es fehlt schon an der Entgeltlichkeit der Leistung; bloßes „Klingelnlassen" ist gebührenfrei.[37] Sofern der Inhalt der Telekommunikation über das bloße Erschleichen hinaus eine zusätzliche Dienstleistung darstellt, wie etwa bei erotischen Telefondiensten, kommt eine Strafbarkeit nach § 263a (statt nach § 265a) in Betracht.[38]

14 c) **Beförderung:** Ungeklärt sind die Voraussetzungen der Beförderungserschleichung, und zwar vor allem bei der Benutzung von öffentlichen Nahverkehrsmitteln, in denen nur in Ausnahmefällen überprüft wird, ob die Fahrgäste über gültige Fahrausweise verfügen. Sofern hier der Zugang nicht durch präventive Kontrollen – zB durch das Passieren von Schranken mithilfe abzustempelnder Fahrscheine – beschränkt wird, kann der Täter die Beförderung ohne Manipulation unbefugt in Anspruch nehmen.

15 ■ Die Rechtsprechung verlangt für die Tatbestandsverwirklichung nur, dass sich der Täter bei der Benutzung des Verkehrsmittels den Anschein der Ordnungsmäßigkeit gibt.[39] Es ist demnach ausreichend, dass sich der Täter so verhält, wie es einer den Geschäftsbedingungen entsprechenden Nutzung entspricht. Maßgeblich soll hierfür die Perspektive der befördernden Personen bzw. etwaiger Kontrolleure sein.[40] Demnach wäre O in den **Fällen 3** und **4** gleichermaßen strafbar. Diese Auffassung wird jedoch der Bedeutung des Merkmals „erschleichen" nicht gerecht, da in Fällen, in denen keine präventiven Kontrollen stattfinden, auch keine Zugangsbeschränkungen überwunden oder umgangen werden können: Mangels Kontrolle des Ordnungsgemäßen kann die Ermöglichung der Nutzung nicht davon abhängen, dass man sich den Anschein der Ordnungsmäßigkeit gibt. Der Schwarzfahrer unterscheidet sich hier vom redlichen Fahrgast lediglich dadurch, dass er die Beförderungsleis-

---

33 NK-*Hellmann* § 265a Rn. 25; *Mitsch* 7.6.2.1.2.3.2.
34 Vgl. OLG Karlsruhe wistra 2003, 116 (117).
35 S/S-*Perron* § 265a Rn. 10; LK-*Tiedemann* § 265a Rn. 44.
36 *Fischer* § 265a Rn. 18; NK-*Hellmann* § 265a Rn. 30.
37 *Mitsch* 7.6.2.1.2.3.3; S/S-*Perron* § 265a Rn. 10, 13; LK-*Tiedemann* § 265a Rn. 42; aA *Brauner/Göhner* NJW 1978, 1469.
38 BGH NStZ-RR 2003, 265 (268); LK-*Tiedemann* § 263a Rn. 56.
39 BGHSt 53, 122 mit abl. Anm. *Alwart* JZ 2009, 478 ff.; BayObLG wistra 2002, 36 mit Anm. *Stiebig* Jura 2003, 699 ff.; OLG Naumburg StraFo 2009, 343; OLG Frankfurt NJW 2010, 3107; OLG Hamm NStZ-RR 2011, 206; BeckRS 2018, 41457; OLG Koblenz NStZ-RR 2011, 246 (247); zust. HKGS-*Duttge* § 265a Rn. 13; *Otto* § 52/19; *Rengier* I § 16/13; vgl. auch BVerfG NJW 1998, 1135.
40 OLG Hamm NStZ-RR 2011, 206 (207).

tung unbefugt in Anspruch nimmt. Die bloß unbefugte Leistungserlangung kann aber nicht als Erschleichen angesehen werden (Rn. 10).[41]

- Eine verbreitete Literaturansicht verlangt für das Erschleichen, dass der Täter über ein bloß unauffälliges Auftreten hinaus ein verdeckendes oder verschleierndes Verhalten an den Tag legt.[42] Diese Restriktion setzt voraus, dass die Zugangsberechtigung zwar nicht kontrolliert, aber – zB durch Entwertungsautomaten in einer Bahn – sichtbar nachgewiesen werden muss. Demnach wäre der Täter – wie O in **Fall 3** – straflos, wenn er sich nach dem Einsteigen in eine Straßenbahn sofort auf einem Platz niederlässt. Strafbar macht sich dagegen, wer – wie O in **Fall 4** – nach dem Einsteigen erst noch zum Schein einen ungültigen Fahrausweis abstempelt. Gegen diesen Ansatz ist jedoch einzuwenden, dass das verschleiernde Verhalten in den einschlägigen Fällen für das Erlangen der Beförderung funktionslos ist. Setzt die Beförderung nicht voraus, dass ein gültiger Fahrausweis abgestempelt wird, weil man das Verkehrsmittel etwa auch mit einer Monatskarte in der Tasche ungehindert nutzen kann, so hinge die Strafbarkeit im Beispielsfall allein von einem für die Inanspruchnahme der Leistung irrelevanten Täuschungsverhalten ab. Für die Strafbarkeit wäre also ausschlaggebend, dass der Täter überflüssigerweise mehr macht, als er zur Erlangung der tatbestandlichen Beförderungsleistung machen müsste. Das Merkmal des Erschleichens ist also auch nach dieser Ansicht funktionslos, weil es nicht als manipulatives Mittel zum Erhalt der Leistung dient. 16

- Soll das Merkmal des Erschleichens zur Begründung des Unrechts der Tat nicht unmaßgeblich sein, so muss es als ein Verhalten begriffen werden, durch das präventive Kontrollen oder sonstige Vorkehrungen, die das Entrichten des Entgelts sicherstellen sollen, überwunden oder umgangen werden.[43] Ohne Zugangsbeschränkungen oder (konkrete) Kontrollmaßnahmen kann die Beförderung nur unbefugt in Anspruch genommen, aber nicht erschlichen werden. Demnach wäre O in beiden Fällen straflos. 17

Unstr. ist es kein Erschleichen, wenn der Täter offen und unmissverständlich zum Ausdruck bringt, dass er die Beförderung unentgeltlich in Anspruch nimmt, etwa im Rahmen einer Protest- oder Flugblattaktion.[44] In diesem Fall kommt jedoch ein Hausfriedensbruch (§ 123 Abs. 1) in Betracht. Ein Erschleichen kann dagegen angenommen werden, wenn der Täter eine vom Berechtigten zur Sicherung der Entgeltzahlung eingesetzte Kontrollperson besticht.[45] Wird die Fahrt mit einem gültigen Fahrausweis angetreten, aber nach dem Verlassen der betreffenden Tarifzone fortgesetzt, so liegt darin kein Erschleichen iSv § 265a, da der Täter bei Fahrtantritt noch einen Beförderungsanspruch hat und sich die Tatbestandsmäßigkeit nicht allein aus der Absicht ergeben kann, die Fahrt später ohne Berechtigung fortzusetzen.[46] Einer Strafbarkeit 18

---

41 *Mitsch* 7.6.2.1.2.3.4.
42 *Fischer* NJW 1988, 1828 f.; W-*Hillenkamp/Schuhr* Rn. 717; SK-*Hoyer* § 265a Rn. 21; *Mitsch* 7.6.2.1.2.3.4; *Ranft* Jura 1993, 84 (87 f.); *Roggan* Jura 2012, 299 ff.; S/S/W-*Saliger* § 265a Rn. 7; *Schall* JR 1992, 1 ff.
43 Vgl. *Albrecht* NStZ 1988, 222 (224); NK-*Hellmann* § 265a Rn. 34 ff.; *Klesczewski* BT § 9/146; L-*Kühl/Heger* § 265a Rn. 6; vgl. auch LK-*Tiedemann* § 265a Rn. 34; MK-*Hefendehl* § 265a Rn. 180: kumulativer Anschein der Ordnungsmäßigkeit erforderlich; vgl. auch *Putzke/Putzke* JuS 2012, 500 ff. mit einer ausführlichen Anwendung der Auslegungsmethoden.
44 Vgl. BayObLG NJW 1969, 1042 (1043); KG NJW 2011, 2600 f.; s. dagegen OLG Köln NStZ-RR 2016, 92 (an der Mütze angebrachter Zettel mit der Aufschrift „Ich fahre schwarz.").
45 W-*Hillenkamp/Schuhr* Rn. 717; LK-*Tiedemann* § 265a Rn. 46; aA *Rengier* I § 16/18.
46 *Mitsch* NZV 2019, 70 (73).

durch Unterlassen (§ 13) steht insoweit entgegen, dass dieses einem positiven Tun („Erschleichen") nicht entspricht (Modalitätenäquivalenz, § 13 Abs. 1 aE).[47]

19 **d) Zutritt:** Das Erschleichen des Zutritts ist wie bei der Beförderungserschleichung auszulegen. Da hier regelmäßig (zumindest automatisierte) Kontrollen vorhanden sind die der Täter umgeht, stellt sich zumeist die Problematik des äußerlich unauffälligen Zutritts nicht. Tatbestandsmäßig sind insbesondere das Überklettern einer Absperrung oder die Benutzung eines unbewachten Personaleingangs.

VII. Subjektiver Tatbestand

20 Der subjektive Tatbestand erfordert in allen Tatvarianten neben dem (zumindest bedingten) Vorsatz hinsichtlich der Tatausführung die Absicht iSe zielgerichteten Wollens, das Entgelt nicht (voll) zu entrichten. Hieran fehlt es etwa, wenn der Täter bereits eine Monatskarte erworben hat, die er versehentlich bei der konkreten Fahrt nicht bei sich führt, oder wenn er irrig annimmt, im Besitz einer gültigen Karte zu sein.[48]

VIII. Subsidiarität und Konkurrenzen

21 Nach Abs. 1 letzter Halbsatz greift § 265a nicht ein, wenn die Tat nach einer anderen Vorschrift, die jedoch ebenfalls eine vermögensbezogene Schutzrichtung haben muss,[49] mit schwererer Strafe bedroht ist. Tateinheit ist daher zB möglich mit §§ 123, 146, 147, 267, 269.[50] Mehrere verwirklichte Tatvarianten des § 265a bilden eine einheitliche Gesetzesverletzung.

Wiederholungs- und Vertiefungsfragen

> - Welchem Schutzzzweck dient die Vorschrift? (Rn. 1)
> - Welche Arten von Automaten werden von der Vorschrift erfasst? (Rn. 3 ff.)
> - Was bedeutet „Erschleichen" iSd Tatbestands? (Rn. 10 ff.)

---

[47] *Mitsch* NZV 2019, 70 (74).
[48] Vgl. BayObLG NJW 1986, 1504; OLG Koblenz NJW 2000, 86 f. mit Anm. *Kudlich* NStZ 2001, 90 f.; KG StV 2002, 412 f.
[49] Vgl. W-*Hillenkamp/Schuhr* Rn. 712; *Mitsch* 7.6.3; aA L-*Kühl/Heger* § 265a Rn. 8; S/S-*Perron* § 265a Rn. 14.
[50] NK-*Hellmann* § 265a Rn. 51; LK-*Tiedemann* § 265a Rn. 56.

§ 34 Sportwettbetrug und Manipulation berufssportlicher Wettbewerbe (§§ 265c-265e)

A. Allgemeines

In den Strafvorschriften gegen Sportwettbetrug und Manipulation berufssportlicher Wettbewerbe zeigt sich eine neuere Tendenz der Gesetzgebung, Manipulationen im Bereich des Sports mit den Mitteln des Strafrechts entgegenzuwirken (vgl. auch § 4 Anti-Doping-Gesetz).[1] Angestoßen wurde die kriminalpolitische Diskussion durch den Fall „Hoyzer", in dem ein Schiedsrichter finanzielle Zuwendungen dafür angenommen hatte, dass er den Ausgang von Fußballspielen beeinflusste und damit den Vorteilsgebern erhebliche Wettgewinne ermöglichte.[2] Den bei der Strafverfolgung wegen Betrugs aufgetretenen Problemen bei der Schadensbestimmung (§ 27 Rn. 99) wollte der Gesetzgeber durch Einführung der neuen Tatbestände beggnen.[3] Ausweislich ihrer systematischen Stellung sollen die Vorschriften in erster Linie das **Vermögen** von Sportwettanbietern und Wettteilnehmern (§ 265c) sowie Sportlern, Vereinen, Veranstaltern und Sponsoren (§ 265d), daneben aber auch die **Integrität des Sports** schützen.[4] Dass die letztgenannte Schutzrichtung die Strafvorschriften zu legitimieren vermag, erscheint jedoch zweifelhaft, da die soziale Funktion des Sports nicht die gleiche Bedeutung hat wie eine rechtsstaatliche Verwaltung (§§ 331 ff.) oder die Integrität des wirtschaftlichen Wettbewerbs bzw. heilberuflicher Entscheidungen (§§ 299 ff., vgl. insoweit § 46 Rn. 1, 11).[5] Es ist vielmehr in erster Linie Aufgabe der Sportverbände, die Integrität des Sports dadurch zu gewährleisten, dass sie auf den regelkonformen Ablauf sportlicher Wettbewerbe hinwirken.[6] Dass eine auf die Integrität des Sports bezogene Schutzrichtung die neuen Strafvorschriften nicht eigenständig trägt, hat der Gesetzgeber implizit anerkannt, indem er die Strafbarkeit auf vermögensrelevante Handlungen (Sportwette bzw. berufssportlicher Wettbewerb) begrenzt hat; § 265c schützt daher nach hier vertretener Auffassung allein das Vermögen.[7] Der Tatbestand verlagert als **abstraktes Gefährdungsdelikt**[8] die Strafbarkeit weit in das Vorfeld eines Betrugs vor, indem der Tatbestand anders als die §§ 264, 264a, 265b nicht einmal eine Täuschungshandlung voraussetzt, ohne zugleich dem Täter die Möglichkeit zu eröffnen, durch tätige Reue Straffreiheit zu erlangen (vgl. §§ 264 Abs. 5, 264a Abs. 3, 265b Abs. 2).[9] Im Schrifttum wird daher bezweifelt, dass die wirtschaftliche Bedeutung des Sports einen im Vergleich zu den bestehenden Strafvorschriften so weitgehenden Vermögensschutz rechtfertigt.[10]

Wenngleich die Tatbestände nicht dem Schutz des Wettbewerbs dienen,[11] folgen sie in ihrer Struktur den Strafvorschriften zur Korruption im Geschäftsverkehr (§ 299;

---

1 Vgl. auch das Europarats-Übereinkommen über die Manipulation von Sportwettbewerben vom 18.9.2014 (SEV Nr. 215).
2 BGHSt 51, 165; zu aktuellen Ermittlungsverfahren *Hoffmann* SpuRt 2024, 30 ff.
3 BT-Drs. 18/8831, 11.
4 BT-Drs. 18/8831, 10, 12; ebenso S/S-*Perron* § 265c Rn. 2.
5 *Jansen* GA 2017, 600 (605 ff.); *Krack* ZIS 2016, 541 (546); *Rübenstahl* JR 2017, 264 (268); *Satzger* Jura 2016, 1142 (1152 f.); *Valerius* Jura 2018, 777 (778).
6 *Momsen* KriPoZ 2018, 21 (25).
7 SK-*Hoyer* § 265c Rn. 5, 8.
8 *Fischer* § 265c Rn. 2; S/S/W-*Satzger* § 265c Rn. 3; MK-*Schreiner* § 265c Rn. 5.
9 Krit. SK-*Hoyer* § 265c Rn. 3; *Stam* NZWiSt 2018, 41 (47).
10 *Krack* wistra 2017, 289 (290); *Satzger* Jura 2016, 1142 (1153); *Tsambikakis* StV 2018, 319 (321 ff.).
11 *Krack* wistra 2017, 289 (290); vgl. aber BT-Drs. 18/8831, 11.

vgl. auch §§ 331 ff.).[12] Die **Beschränkung auf korruptives Verhalten** geht auf den Fall „Hoyzer" (Rn. 1) zurück und hat zur Folge, dass andere, nicht weniger vermögensrelevante Manipulationen nicht erfasst werden, zB die vom Spieler selbst ausgehende Manipulation, die von diesem zur Erzielung von Wettgewinnen genutzt wird.[13] Diese Beschränkung des Anwendungsbereichs ist mit den vom Gesetzgeber verfolgten Schutzzwecken nicht zu erklären.[14]

3   Den bestehenden Korruptionsdelikten entsprechend (§§ 299 ff., 331 ff.), unterscheiden die Tatbestände zwischen **Bestechlichkeit** (§ 265c Abs. 1, 3; § 265d Abs. 1, 3) und **Bestechung** (§ 265c Abs. 2, 4; § 265d Abs. 2, 4). Innerhalb der jeweiligen Regelung wird weiter nach der Rolle des (potenziellen) **Vorteilsnehmers** unterschieden, dh danach, ob dieser **parteiisch** (Sportler, Trainer; vgl. § 265c Abs. 1, 2; § 265d Abs. 1, 2) oder **unparteiisch** (Schieds-, Wertungs-, Kampfrichter; vgl. § 265c Abs. 3, 4; § 265d Abs. 3, 4) ist. Der Unterschied zwischen den beiden Tatbeständen besteht in dem Vermögensbezug, der in § 265c über den angestrebten **Wettgewinn**, in § 265d über den **berufssportlichen Wettbewerb** hergestellt wird.

B. Sportwettbetrug (§ 265c)

▶ **Fall 1:** V spielt in einer Herrenhandballmannschaft in der Kreisliga, die auf dem zweiten Tabellenplatz steht. Vor dem Heimspiel gegen den Tabellenführer verspricht ihm A einen „Bonus" von 500 Euro, wenn er den aufgrund seiner Torgefahr gefürchteten Kreisläufer der gegnerischen Mannschaft zu Beginn der Partie durch ein Foul so verletzt, dass dieser nicht weiterspielen kann. Er (A) habe mit einem Fan der gegnerischen Mannschaft eine Wette über den Spielausgang abgeschlossen und wolle diese unbedingt gewinnen. V nimmt das Angebot des A an. ◀

▶ **Fall 2:** Wie Fall 1, aber A wendet sich an den Schiedsrichter S und bietet diesem 500 Euro, wenn er Fouls gegen den Kreisläufer der gegnerischen Mannschaft „übersieht". S sagt dies zu und lässt sich von A das Geld übergeben. Dass A im Internet 1.000 Euro auf einen Sieg seines Vereins gesetzt hat, verschweigt er dem S, der davon ausgeht, dass es dem A allein um den sportlichen Erfolg seiner Mannschaft geht. ◀

I. Bestechlichkeit (Abs. 1, Abs. 3)

1. Täterkreis

4   Der Täterkreis ist auf die in Abs. 1 und Abs. 3 genannten Personen beschränkt, es handelt sich also um **Sonderdelikte**.[15] Abs. 1 erfasst auf Seiten der Teilnehmer am sportlichen Wettbewerb (vgl. unten Rn. 6) außer dem beteiligten **Sportler** (einschließlich des Amateurs) auch den **Trainer** (Abs. 6 S. 1) und **gleichgestellte Personen** (Abs. 6 S. 2), die aufgrund ihrer beruflichen (Sportdirektor, Mannschaftsarzt) oder wirtschaftlichen (Hauptsponsor) Stellung wesentlichen Einfluss auf den Einsatz oder die Anleitung des Sportlers haben (Abs. 6 S. 2).[16] Andere Personen aus dem Umfeld des Sportlers (zB Angehörige, Spielerberater) werden nicht erfasst.[17] Charakteristisch für den Täterkreis

---
12 BT-Drs. 18/8831, 15, 17; S/S-*Perron* § 265c Rn. 3.
13 SK-*Hoyer* § 265c Rn. 5; *Krack* wistra 2017, 289 (290 f.).
14 Vgl zum Integritätsschutz: *Jansen* GA 2017, 600 (610).
15 *Berberich* ZfWG 2017, 347 (349).
16 BT-Drs. 18/8831, 15, 20; *Rübenstahl* JR 2017, 264 (270).
17 *Rübenstahl* JR 2017, 264 (270 f.).

ist die Möglichkeit, auf den Verlauf des Wettkampfs Einfluss zu nehmen. Es handelt sich daher um ein tatbezogenes Merkmal, dh § 28 Abs. 1 findet entgegen der hM[18] auf den Teilnehmer keine Anwendung. In **Fall 1** ist V als Sportler tauglicher Täter.

Demgegenüber richtet sich Abs. 3 an Personen, die als **Unparteiische** auf den sportlichen Wettbewerb Einfluss nehmen können. **Schiedsrichter** ist, wer dafür zuständig ist, den Wettbewerbsregeln unmittelbar Geltung zu verschaffen, und zu diesem Zweck befugt ist, Disziplinarmaßnahmen während des Wettbewerbs auszusprechen (zB im Handball oder Fußball), während **Kampfrichter** damit befasst sind, die Einhaltung der Regeln bei einer Sportveranstaltung zu überwachen (zB Linienrichter); **Wertungsrichter** haben die Aufgabe, die Teilnehmer am Wettkampf nach nicht uneingeschränkt objektiv messbaren Kriterien (zB Ausdruck, Haltung, Eleganz, Präzision) zu bewerten (zB im Eiskunstlauf).[19] Die Verpflichtung zur Unparteilichkeit ist ein besonderes persönliches Merkmal, sodass die Strafe für den Teilnehmer nach § 28 Abs. 1 zu mildern ist.[20] In **Fall 2** ist S als Schiedsrichter tauglicher Täter.

2. Tatsituation

Der sachliche Anwendungsbereich des § 265c ist auf **Wettbewerbe des organisierten Sports** beschränkt. Der Begriff **Sport** soll nach der Gesetzesbegründung im umgangssprachlichen Sinne zu verstehen sein.[21] Dazu zählen auch der Rennsport (Auto- und Pferderennen) und Denkspiele (zB Schach).[22] Die jeweilige Sportart wird unabhängig von Leistungsniveau und Grad der Professionalisierung erfasst.[23] Erfasst werden allerdings nur Wettbewerbe, die von einer nationalen oder internationalen Sportorganisation oder in deren Auftrag oder mit deren Anerkennung von einem anderen Veranstalter organisiert werden (Abs. 5 Nr. 1) und den von einer solchen Organisation erlassenen Regeln unterliegen (Abs. 5 Nr. 2). Nicht tatbestandsmäßig sind rein privat organisierte Wettbewerbe (zB Firmenläufe, Schulturniere).[24] Da auch der Kreisligaverband eine nationale Sportorganisation darstellt (Abs. 5 Nr. 1)[25] und die Spielregeln von der Internationalen Handballföderation (IHF) festgelegt werden (Abs. 5 Nr. 2)[26], handelt es sich in **Fall 1** und **Fall 2** um einen Wettbewerb des organisierten Sports. Demgegenüber werden die Regeln für den Fußball nicht vom Weltfußballverband (FIFA), sondern von dem International Football Association Board (IFAB) festgelegt, in dem die vier britischen Mitgliedsverbände jeweils einen und die FIFA über vier Sitze verfügt; da die Regeln somit nicht von der internationalen Sportorganisation (FIFA) verabschiedet werden, findet § 265c entgegen der Intention des Gesetzgebers (vgl Rn. 1) auf den or-

---

18 *Berberich* ZfWG 2017, 347 (349); S/S-*Perron* § 265c Rn. 27; S/S/W-*Satzger* § 265c Rn. 41; MK-*Schreiner* § 265c Rn. 63.
19 Zu den vorstehenden Definitionen BT-Drs. 18/8831, 18; SK-*Hoyer* § 265c Rn. 32; S/S-*Perron* § 265c Rn. 22; S/S/W-*Satzger* § 265c Rn. 21 ff.
20 *Berberich* ZfWG 2017, 347 (349); S/S-*Perron* § 265c Rn. 27; S/S/W-*Satzger* § 265c Rn. 41; MK-*Schreiner* § 265c Rn. 63.
21 BT-Drs. 18/8831, 19; krit. mit Blick auf das Bestimmtheitsgebot (Art. 103 Abs. 2 GG): *Satzger* Jura 2016, 1142 (1148); für eine strikte Orientierung an der Anerkennung durch den Deutschen Olympischen Sportbund (DOSB) oder das Internationale Olympische Komitee (IOC): *Rübenstahl* JR 2017, 264 (275).
22 *Fischer* § 265c Rn. 3a; S/S/W-*Satzger* § 265c Rn. 10; *Valerius* Jura 2018, 777 (783); einschränkend auf Bewegungssportarten: S/S-*Perron* § 265c Rn. 5.
23 BT-Drs. 18/8831, 19; S/S-*Perron* § 265c Rn. 7.
24 BT-Drs. 18/8831, 19; MK-*Schreiner* § 265c Rn. 23.
25 Vgl. BT-Drs. 18/8831, 19, 22.
26 Art. 14.3.11., Art. 21 der IHF-Statuten; s. insoweit *Krack* ZIS 2021, 486 (487).

ganisierten Fußballsport keine Anwendung.[27] Ähnliches gilt für Video- und Computerspiele (**eSport**): Diese lassen sich nach den oben genannten Kriterien zwar noch unter den Begriff des Sports fassen,[28] es fehlt insoweit aber jedenfalls an einer Anerkennung durch eine internationale oder nationale Sportorganisation, sodass ein Wettbewerb des organisierten Sports zu verneinen ist.[29]

3. Tathandlung

7 Die Tathandlung besteht darin, dass der Täter für sich oder einen Dritten einen **Vorteil fordert, sich versprechen lässt** oder **annimmt**. Der Gesetzgeber hat damit die Begehungsformen des § 299 Abs. 1 übernommen; die diesbezüglichen Ausführungen gelten daher entsprechend (§ 46 Rn. 16 ff.).[30] In **Fall 1** lässt sich V einen Vorteil in Gestalt der 500 Euro versprechen, in **Fall 2** nimmt S als Schiedsrichter einen solchen Vorteil an.

4. Unrechtsvereinbarung

8 Der Tatbestand setzt außerdem voraus, dass der Vorteil für den Täter über eine **Unrechtsvereinbarung** mit einer von diesem zu erbringenden **Gegenleistung** verknüpft ist. Die Unrechtsvereinbarung bezieht sich dabei einerseits auf die wettbewerbswidrige (Abs. 1) bzw. regelwidrige (Abs. 3) Beeinflussung des Wettbewerbs, andererseits auf den über die Platzierung einer entsprechenden Sportwette zu erlangenden Vermögensvorteil. Ob die Gegenleistung tatsächlich erbracht und der angestrebte Wettgewinn erzielt wird, ist unerheblich; es kommt allein auf den Inhalt der zwischen Täter und Vorteilsgeber getroffenen Absprache an.[31]

9 Die Gegenleistung des Täters besteht darin, dass er den **Verlauf oder das Ergebnis** eines Wettbewerbs beeinflusst. Mit der Einbeziehung des Verlaufs wird dem Umstand Rechnung getragen, dass Sportwetten nicht nur auf das Ergebnis, sondern auch auf Ereignisse im Spielverlauf (Zwischenstände, Torschützen) abgeschlossen werden können.[32] Nach Abs. 1 muss Gegenstand der Unrechtsvereinbarung eine Beeinflussung **zugunsten des Wettbewerbsgegners** sein, dh zusätzliche Anreize für den sportlichen Erfolg des eigenen Vereins (zB Siegprämien) werden nicht erfasst.[33] In **Fall 1** sollte V den Spielverlauf durch das Foul zugunsten der eigenen Mannschaft und somit nicht zugunsten des um seinen Kreisläufer gebrachten Wettbewerbsgegners beeinflussen; dass möglicherweise andere Mannschaften derselben Liga von einem längeren verletzungsbedingten Ausfall dieses Spielers profitieren, vermag an dem Ergebnis nichts zu ändern, da das Merkmal „zugunsten des Wettbewerbsgegners" nur über den Bezug auf den konkreten Wettbewerb seine begrenzende Funktion behalten kann.[34] Eine Unrechtsvereinbarung liegt daher nicht vor.[35]

---

27 *Krack* ZIS 2021, 486 (487).
28 *Ruppert* NZWiSt 2020, 5 (9); S/S/W-*Satzger* § 265c Rn. 11; vgl. zur Entwicklung des eSport: *Kubiciel* ZRP 2019, 200 ff.
29 SK-*Hoyer* § 265c Rn. 11; MK-*Schreiner* § 265c Rn. 24; aA *Ruppert* NZWiSt 2020, 5 (10), der insoweit auf den Spielehersteller als Sportorganisation abstellt; vgl. auch *Valerius* Jura 2018, 777 (783) zur Gründung des „eSport-Bund Deutschland e.V.".
30 BT-Drs. 18/8831, 15; S/S-*Perron* § 265c Rn. 13.
31 BT-Drs. 18/8831, 16; S/S-*Perron* § 265c Rn. 16; S/S/W-*Satzger* § 265c Rn. 31.
32 BT-Drs. 18/8831, 16; *Krack* wistra 2017, 289 (292).
33 BT-Drs. 18/8831, 16; SK-*Hoyer* § 265c Rn. 19.
34 *Krack* wistra 2017, 289 (292 f.); S/S-*Perron* § 265c Rn. 17; S/S/W-*Satzger* § 265c Rn. 13.
35 Kritisch zu dieser „Privilegierung" regelwidriger Manipulationen: *Rübenstahl* JR 2017, 264 (276 f.).

Nach Abs. 3 besteht die Gegenleistung des Täters darin, dass er den **Verlauf oder** 10
das Ergebnis eines Wettbewerbs **in regelwidriger Weise beeinflusst**. Maßgeblich sind
insoweit die von der jeweiligen Sportorganisation aufgestellten Regeln. Dabei ist
grundsätzlich davon auszugehen, dass der Täter aufgrund seiner Stellung zur Unparteilichkeit verpflichtet ist und regelwidrige Beeinflussung bereits dann im Rahmen einer
Unrechtsvereinbarung zugesagt wird, wenn der Täter sich bereit erklärt, die ihm zustehenden Wertungsspielräume zugunsten eines Wettbewerbsteilnehmers anzuwenden.[36]
In **Fall 2** erklärt sich S bereit, Regelverstöße nicht zu ahnden; damit liegt eine regelwidrige Beeinflussung vor.

Gegenstand der Unrechtsvereinbarung ist ferner, dass infolge der Beeinflussung des 11
sportlichen Wettbewerbs ein rechtswidriger Vermögensvorteil aus einer öffentlichen
Sportwette erlangt werden soll; dadurch wird der Bezug zum geschützten Rechtsgut
(Vermögen, vgl. Rn. 1) hergestellt. Eine **Sportwette** (vgl. § 17 Abs. 2 Rennwett- und
Lotteriegesetz) ist **öffentlich**, wenn die Teilnahme einem größeren, nicht geschlossenen
Personenkreis offensteht (vgl. § 43 Rn. 5 zu § 284).[37] Nach der Gesetzesbegründung
soll es nicht darauf ankommen, ob der Wettanbieter über die erforderliche Erlaubnis
verfügt (vgl. § 43 Rn. 6).[38] Diese Auffassung verdient indes mit Blick auf das primär
geschützte Rechtsgut (Vermögen) keine Zustimmung, da auf diese Weise auch Gewinne aus einer verbotenen Tätigkeit (vgl. § 284) in den strafrechtlichen Schutz einbezogen würden.[39] Nicht erfasst werden jedenfalls im privaten Rahmen abgeschlossene
Wetten.[40] Die von A in **Fall 1** mit einem anderen Fan abgeschlossene Wette ist daher
nicht tauglicher Gegenstand einer Unrechtsvereinbarung.

Mit der Sportwette soll nach der Unrechtsvereinbarung ein **rechtswidriger Vermögens-** 12
vorteil erlangt werden. Im Unterschied zur Wettbewerbsbeeinflussung (Rn. 9 f.) ist
der angestrebte Vermögensvorteil nicht Teil der vom Täter zu erbringenden „Gegenleistung", sondern als deren Zweck weiterer Bestandteil der Unrechtsvereinbarung.[41]
Rechtswidrig ist der als Wettgewinn angestrebte Vermögensvorteil, wenn er aus einem
Betrug zum Nachteil des Wettanbieters hervorgehen soll, der entweder vom Vorteilsgeber selbst oder über einen Mittelsmann über die Manipulationsfreiheit des Wettbewerbs getäuscht worden ist (vgl. § 27 Rn. 19).[42] In **Fall 2** hatte A die von ihm
platzierte Wette nicht erwähnt, die mit der Manipulation des Handballspiels eröffnete
Gewinnmöglichkeit war damit nicht Gegenstand der mit S geschlossenen Unrechtsvereinbarung.[43] Jedenfalls fehlt es bei S an einem diesbezüglichen Vorsatz.[44]

---

36 BT-Drs. 18/8831, 18; *Krack* wistra 2017, 289 (292).
37 BT-Drs. 18/8831, 17, wonach auch die Fiktion für Vereine und geschlossene Gesellschaften (§ 284 Abs. 2) entsprechend gelten soll; ebenso SK-*Hoyer* § 265c Rn. 23; S/S-*Perron* § 265c Rn. 18; *Satzger* Jura 2016, 1142 (1149); vgl. dagegen *Fischer* § 265c Rn. 24.
38 BT-Drs. 18/8831, 17, mit Hinweis auf den Schutz der Integrität des Sports; ebenso S/S-*Perron* § 265c Rn. 18; *Satzger* Jura 2016, 1142 (1150).
39 SK-*Hoyer* § 265c Rn. 25; vgl. auch die Kritik bei *Rübenstahl* JR 2017, 264 (277 f.); S/S/W-*Satzger* § 265c Rn. 36; MK-*Schreiner* § 265c Rn. 28.
40 BT-Drs. 18/8831, 17.
41 *Rübenstahl* JR 2017, 264 (273).
42 BT-Drs. 18/8831, 17; SK-*Hoyer* § 265c Rn. 26 f.; *Krack* wistra 2017, 289 (295); S/S-*Perron* § 265c Rn. 19.
43 Vgl. *Krack* wistra 2017, 289 (295); *Rübenstahl* JR 2017, 264 (273).
44 Vgl. BT-Drs. 18/8831, 17; *Fischer* § 265c Rn. 27.

5. Subjektiver Tatbestand

13 Der subjektive Tatbestand setzt (ggf. auch nur bedingten) **Vorsatz** voraus, der insbesondere die Elemente der Unrechtsvereinbarung umfassen muss; beim Fordern muss der Täter insoweit mit **Absicht** handeln (§ 46 Rn. 27). Ein **innerer Vorbehalt**, die versprochene Beeinflussung des sportlichen Wettbewerbs nicht vorzunehmen, ist nach hM wie bei den Korruptionsdelikten unbeachtlich.[45] Sieht man § 265c indes als reines Vermögensdelikt an (Rn. 1), so schließt der innere Vorbehalt den Vorsatz aus, da es in diesem Fall an einer manipulationsbedingten Vermögensgefährdung fehlt.[46]

II. Bestechung (Abs. 2, Abs. 4)

14 Im Unterschied zur Bestechlichkeit (Abs. 1, 3) ist der Täterkreis auf Seiten des Vorteilsgebers nicht beschränkt; die Bestechungstatbestände (Abs. 2, 4) sind daher **Allgemeindelikte**.[47] Der Tatbestand ist aber auf Seiten des (potenziellen) Vorteilsempfängers auf Sportler, Trainer und gleichgestellte Personen (Abs. 3, vgl. Rn. 4) bzw. Schieds-, Kampf- und Wertungsrichter (Abs. 4, vgl. Rn. 5) beschränkt. Der sachliche Anwendungsbereich umfasst auch Wettbewerbe des organisierten Sports (vgl. Rn. 6 zur **Tatsituation**).

15 Bei den **Tathandlungen** entspricht jeweils spiegelbildlich das (auf eine Unrechtsvereinbarung gerichtete)

- **Anbieten** dem Fordern,
- **Versprechen** (**Fall 1**) dem Sichversprechenlassen und
- **Gewähren** (**Fall 2**) dem Annehmen iSv Abs. 1, 3 (vgl. oben Rn. 7).[48]

16 Der Vorteil muss über eine **Unrechtsvereinbarung** mit einer vom (potenziellen) Vorteilsnehmer zu erbringenden Gegenleistung (Beeinflussung des sportlichen Wettbewerbs, vgl. Rn. 9 f.) und der dadurch bestehenden Möglichkeit, durch eine öffentliche Sportwette einen rechtswidrigen Vermögensvorteil zu erhalten (vgl. Rn. 11 f.), verknüpft sein. Eine solche Unrechtsvereinbarung liegt weder in **Fall 1** (keine öffentliche Sportwette) noch in **Fall 2** (Sportwette nicht Gegenstand der Unrechtsvereinbarung) vor (Rn. 11, 12).

17 Der **subjektive Tatbestand** der Tatbestandsvarianten nach Abs. 2, 4 verlangt ebenso wie der nach Abs. 1, 3 (zumindest bedingten) **Vorsatz** (Rn. 13).

III. Besonders schwere Fälle (§ 265e)

18 Die Vorschrift enthält eine Strafzumessungsregel für besonders schwere Fälle des Sportwettbetrugs (§ 265c) und der Manipulation von berufssportlichen Wettbewerben (§ 265d). Die Regelbeispiele sind § 300 entlehnt und erfassen die Fälle, in denen sich die Tat auf einen **Vorteil großen Ausmaßes** bezieht (Nr. 1) oder der Täter **gewerbsmäßig** oder als **Mitglied einer Bande** handelt (Nr. 2); die Ausführungen zu § 300 gelten insoweit entsprechend (§ 46 Rn. 40).[49]

---

[45] BT-Drs. 18/8831, 16; S/S-*Perron* § 265c Rn. 25; *Rübenstahl* JR 2017, 264 (274).
[46] SK-*Hoyer* § 265c Rn. 18; *Krack* ZIS 2016, 542 (547); MK-*Schreiner* § 265c Rn. 33.
[47] *Berberich* ZfWG 2017, 347 (349); MK-*Schreiner* § 265c Rn. 34, 54.
[48] SK-*Hoyer* § 265c Rn. 34; S/S-*Perron* § 265c Rn. 20, 24.
[49] Vgl. BT-Drs. 18/8831, 22.

C. Manipulation berufssportlicher Wettbewerbe (§ 265d)

I. Bestechlichkeit (Abs. 1, Abs. 3)

Bei der Manipulation berufssportlicher Wettbewerbe entsprechen die Bestechlichkeitstatbestände (Abs. 1, 3) in weiten Teilen denen des Sportwettbetruges (§ 265c Abs. 1, 3). Die dortigen Ausführungen zum **Täterkreis** (Rn. 4 f., vgl. auch Abs. 6) und zur **Tathandlung** (Rn. 7) gelten daher entsprechend. 19

Im Unterschied zu § 265c ist der sachliche Anwendungsbereich allerdings auf **berufssportliche Wettbewerbe** beschränkt (Abs. 5). Dieser Begriff knüpft an den des organisierten Sports an (Abs. 5 Nr. 1 und Nr. 2, vgl. insoweit § 265c Abs. 5 Nr. 1 und Nr. 2 und dazu Rn. 6), erfasst aber nur Sportveranstaltungen die von einem **Sportbundesverband** oder einer **internationalen Sportorganisation** oder in deren Auftrag bzw. mit deren Anerkennung organisiert werden (Abs. 5 Nr. 1). Sportliche Wettbewerbe auf regionaler Ebene (Landes-, Bezirks-, Kreisliga) werden daher nicht erfasst.[50] In **Fall 1** und **Fall 2** ist der Tatbestand des § 265d Abs. 1 bzw. Abs. 3 daher nicht erfüllt. 20

Ein berufssportlicher Wettbewerb setzt außerdem voraus, dass überwiegend Sportler teilnehmen, die durch ihre sportliche Betätigung unmittelbar (Start- und Preisgelder; Gehalt) oder mittelbar (Leistungen der Sportförderungen, Sponsorengelder) **Einnahmen von erheblichem Umfang** erzielen (Abs. 5 Nr. 3).[51] Es ist auf die wirtschaftliche Gesamtsituation abzustellen, dh ein einzelnes Preisgeld (oder die Aussicht darauf) ist nicht ausreichend[52], sondern es ist ein regelmäßiges Einkommen erforderlich[53]. Diese Voraussetzungen müssen bei der Mehrheit („überwiegend") der Wettbewerbsteilnehmer gegeben sein; dabei wird grundsätzlich auf die konkrete Sportveranstaltung (zB das betreffende Spiel) und nicht auf den gesamten Wettbewerb (Meisterschaft) abzustellen sein.[54] 21

Da der Vermögensbezug bereits über das Merkmal des berufssportlichen Wettbewerbs hergestellt wird (Rn. 3, 20 f.), entfällt der Bezug zur Sportwette in der **Unrechtsvereinbarung**. Diese bezieht sich allein auf den Vorteil und die dafür vom Täter als Gegenleistung zugesagte Wettbewerbsmanipulation. Bei der Bestechlichkeit von Unparteiischen ist Gegenstand der Unrechtsvereinbarung die **regelwidrige Beeinflussung** des Wettbewerbs (Abs. 3); insoweit gelten die Ausführungen zu § 265c Abs. 2 entsprechend (Rn. 10). Soll der Wettbewerb von Sportlern, Trainern usw zugunsten des Wettbewerbsgegners manipuliert werden (vgl. Rn. 9), so muss es sich dabei um eine **wettbewerbswidrige Beeinflussung** handeln (Abs. 1). Während sich die Wettbewerbswidrigkeit in § 265c bereits aus dem sachfremden Zweck (Erzielung eines Wettgewinns) ergibt, kann eine Vereinbarung ausnahmsweise zulässig sein (zB ein Transfer), auch wenn der Wettbewerb dadurch beeinflusst wird; in der Regel wird die Einflussnahme zugunsten des Wettbewerbsgegners allerdings wettbewerbswidrig sein.[55] 22

Für den **subjektiven Tatbestand** gelten die Ausführungen zu § 265c Abs. 1, Abs. 3 entsprechend (Rn. 13). Die Strafzumessungsregel für **besonders schwere Fälle** (§ 265e) gilt auch für § 265d (vgl. Rn. 18). 23

---

50 BT-Drs. 18/8831, 22; SK-*Hoyer* § 265d Rn. 9.
51 BT-Drs. 18/8831, 22; SK-*Hoyer* § 265d Rn. 10.
52 BT-Drs. 18/8831, 22; S/S/W-*Satzger* § 265d Rn. 10.
53 SK-*Hoyer* § 265d Rn. 11 (Monatseinkommen von mindestens 3000 Euro).
54 *Krack* wistra 2017, 289 (296); offen gelassen in BT-Drs. 18/8831, 22.
55 BT-Drs. 18/8831, 21; weitergehend *Krack* wistra 2017, 289 (297).

II. Bestechung (Abs. 2, Abs. 4)

24 Die Bestechungstatbestände (Abs. 2, 4) sind **Allgemeindelikte**; die in Abs. 1, 3 gestellten Anforderungen müssen aber in der Person des (potenziellen) Vorteilsempfängers gegeben sein (vgl. Rn. 14 zu § 265c Abs. 2, 4). Der sachliche Anwendungsbereich ist wie in Abs. 1 und 3 auf **berufssportliche Wettbewerbe** beschränkt (Rn. 20 f.). Die Tathandlungen entsprechen denen nach § 265c Abs. 2, 4 (Rn. 15) und die **Unrechtsvereinbarung** entspricht derjenigen nach Abs. 1 und 3 (Rn. 22). Der **subjektive Tatbestand** setzt Vorsatz voraus (Rn. 17, vgl. auch Rn. 18, 23 zu besonders schweren Fällen).

D. Anwendung

25 Es empfiehlt sich, die Tatbestandsmerkmale des Sportwettbetrugs (§ 265c) bzw. der Manipulation berufssportlicher Wettbewerbe (§ 265d) in folgenden Schritten zu prüfen:

I. Bestechlichkeit (§ 265c Ab. 1, 3; § 265d Abs. 1, 3)

26 A) Tatbestand:
  I. Objektiver Tatbestand:
  1. Täter: Sportler, Trainer, gleichgestellte Person (§ 265c Abs. 1, § 265d Abs. 1; vgl. Rn. 4, 19) bzw. Schieds-, Wertungs-, Kampfrichter (§ 265c Abs. 3, § 265d Abs. 3; vgl. Rn. 5, 19)
  2. Tatsituation: Wettbewerb des organisierten Sports (§ 265c, vgl. Rn. 6) bzw. berufssportlicher Wettbewerb (§ 265d, vgl. Rn. 20 f.)
  3. Tathandlung: Fordern, Sichversprechenlassen oder Annehmen eines Vorteils für sich oder einen Dritten (Rn. 7, 19)
  4. Unrechtsvereinbarung:
  als Gegenleistung für eine den Wettbewerbsgegner begünstigende (§ 265c Abs. 1) bzw. regelwidrige (§ 265c Abs. 3) Beeinflussung des Wettbewerbs zur Erlangung eines rechtswidrigen Vermögensvorteils aus einer Sportwette (Rn. 8 ff.);
  als Gegenleistung für eine wettbewerbswidrige (§ 265d Abs. 1) bzw. regelwidrige (§ 265d Abs. 3) Beeinflussung des Wettbewerbs (Rn. 22)
  II. Subjektiver Tatbestand: (zumindest bedingter) Vorsatz (Rn. 13, 23)
B) Rechtswidrigkeit
C) Schuld
D) Regelbeispiele nach § 265e (vgl. Rn. 18, 23)

II. Bestechung (§ 265c Abs. 2, 4; § 265d Abs. 2, 4)

27 A) Tatbestand:
  I. Objektiver Tatbestand:
  1. Tatsituation: Wettbewerb des organisierten Sports (§ 265c, vgl. Rn. 14) bzw. berufssportlicher Wettbewerb (§ 265d, vgl. Rn. 24)

2. (potenzieller) Vorteilsempfänger: Sportler, Trainer, gleichgestellte Person (§ 265c Abs. 2, § 265d Abs. 2; vgl. Rn. 14) bzw. Schieds-, Wertungs-, Kampfrichter (§ 265c Abs. 4, § 265d Abs. 4; vgl. Rn. 24)
3. Tathandlung: Anbieten, Versprechen oder Gewähren eines Vorteils für den notwendigen Teilnehmer oder einen Dritten (Rn. 15, 24)
4. Unrechtsvereinbarung:
als Gegenleistung für eine den Wettbewerbsgegner begünstigende (§ 265c Abs. 1) bzw. regelwidrige (§ 265c Abs. 3) Beeinflussung des Wettbewerbs zur Erlangung eines rechtswidrigen Vermögensvorteils aus einer Sportwette (Rn. 16);
als Gegenleistung für eine wettbewerbswidrige (§ 265d Abs. 1) bzw. regelwidrige (§ 265d Abs. 3) Beeinflussung des Wettbewerbs (Rn. 24)

II. Subjektiver Tatbestand: (zumindest bedingter) Vorsatz (Rn. 17, 24)

B) Rechtswidrigkeit

C) Schuld

D) Regelbeispiele nach § 265e.

III. Konkurrenzen

Nach der Gesetzesbegründung soll § 265d hinter den Sportwettbetrug zurücktreten, da § 265c das in § 265d vertypte Unrecht mitumfasse.[56] Da die Vermögensgefährdung in beiden Tatbeständen auf unterschiedliche Gruppen bezogen ist (Rn. 1), spricht indes mehr dafür, insoweit Tateinheit (§ 52) anzunehmen.[57] Gegenüber dem Betrug zum Nachteil des Wettanbieters (§ 263) ist § 265c entgegen der hM (Tatmehrheit)[58] als bloßes Vermögensgefährdungsdelikt (Rn. 1) subsidiär[59]. 28

Wiederholungs- und Vertiefungsfragen

> Was ist der Schutzzweck der §§ 265c, 265d? (Rn. 1)
> Welchem Tatbestand sind die Tathandlungen der §§ 265c, 265d entlehnt? (Rn. 2, 7)
> Wer kommt als tauglicher Täter nach § 265c Abs. 1 und Abs. 3 in Betracht? (Rn. 4 f.)
> Was sind die Elemente der Unrechtsvereinbarung in § 265c? (Rn. 8 ff.)
> Was unterscheidet einen Wettbewerb des organisierten Sports von einem berufssportlichen Wettbewerb? (Rn. 6, 20 f.)

---

56 BT-Drs. 18/8831, 20; MK-*Schreiner* § 265d Rn. 44.
57 *Fischer* § 265c Rn. 30; SK-*Hoyer* § 265c Rn. 36; *Krack* wistra 2017, 289 (297).
58 BT-Drs. 18/8831, 15; *Fischer* § 265c Rn. 30; S/S-*Perron* § 265c Rn. 28; *Rübenstahl* JR 2017, 264 (279); S/S/W-*Satzger* § 265c Rn. 42.
59 SK-*Hoyer* § 265c Rn. 36; s. auch MK-*Schreiner* § 265c Rn. 67.

7. Teil: Untreue und untreueähnliche Delikte

§ 35 Untreue (§ 266)

A. Allgemeines

I. Schutzzweck

1 Die Vorschrift dient dem **Vermögensschutz**.[1] Anders als der Betrug ist § 266 kein Vermögensverschiebungsdelikt, sondern erschöpft sich in einer **Vermögensschädigung**. Der Versuch ist straflos. Ferner unterscheidet sich die Untreue vom Betrug, aber auch von Diebstahl und Erpressung dadurch, dass der Täter nicht von außen auf fremdes Vermögen zugreift, sondern das Vermögen von innen her aufgrund einer ihm zustehenden Verfügungsmöglichkeit schädigt. Insoweit liegt der spezifische Handlungsunwert der Untreue darin, dass der Täter die ihm anvertraute Dispositionsmacht zur pflichtwidrigen Schädigung fremder Vermögensinteressen einsetzt. Der Täter schädigt maW ihm „ausgeliefertes" Vermögen.[2]

II. Deliktsstruktur

2 Der heutige Wortlaut geht auf die Gesetzesänderung von 1933[3] zurück, durch welche die bis dahin geltende kasuistische Untreueregelung durch eine Kombination der sog. Treubruchstheorie und der sog. Missbrauchstheorie abgelöst wurde. Die **Missbrauchstheorie** deutete die Untreue als rechtswidrige Schädigung fremden Vermögens seitens seines berufenen Verwalters oder Behüters durch Missbrauch der ihm gesetzlich zuerkannten Machtstellung.[4] Demgegenüber sah die **Treubruchstheorie** in der Untreue die Schädigung fremden Vermögens durch Verletzung einer Pflicht aus den in § 266 aF RStGB aufgezählten Treueverhältnissen.[5] Die vermögensschädigende Handlung brauchte nach dieser Lehre nicht durch Rechtsgeschäft zu erfolgen, sondern konnte auch tatsächlicher Art sein. Mit der Reform sollten beide Theorien in den neuen Tatbestand eingehen, um das Vermögen möglichst lückenlos, vor allem auch mit Blick auf die diesbezügliche Gefahr durch Korruption, zu schützen.

3 Die heutige Tatbestandsfassung enthält zwei Tatbestände: den speziellen Missbrauchstatbestand (Abs. 1 Alt. 1) und den allgemeinen Treubruchstatbestand (Abs. 1 Alt. 2). Jeweils erfordert die tatbestandliche Vermögensschädigung, dass der Täter zur Tatzeit gegenüber dem Geschädigten in Bezug auf dessen Vermögen eine **besondere Pflichtenstellung** innehat. Diese Pflichtenstellung ist ein strafbegründendes besonderes persönliches Merkmal iSv § 28 Abs. 1.[6] Da die Vermögensbetreuungspflicht einer vermögensbezogenen Garantenpflicht entspricht (vgl. Rn. 50), kann ihre Wahrnehmung

---

[1] BVerfGE 126, 170 (200); BGHSt 43, 293 (297); BGH NJW 2012, 2366 (2369); MK-*Dierlamm/Becker* § 266 Rn. 1; *Nelles*, Untreue zum Nachteil von Gesellschaften, 1991, 283 ff.; S/S-*Perron* § 266 Rn. 1; LK-*Schünemann* § 266 Rn. 23.
[2] *Kargl* ZStW 113 (2001), 565 (591 f.); Überblick bei *Mitsch* JuS 2011, 97 ff.
[3] RGBl I, 295 (297).
[4] *Binding* 396.
[5] RGSt 41, 265 (266); *Allfeld/Meyer*, Lehrbuch des deutschen Strafrechts, 8. Aufl. 1922, 485; vgl. auch *Freudenthal*, Untreue, VDB VIII, 105 ff.; *H. Mayer*, Die Untreue im Zusammenhang der Vermögensverbrechen, 1926.
[6] BGHSt 26, 53 (54); BGH wistra 1997, 100; L-Kühl/*Heger* § 266 Rn. 2; *Mitsch* 6.2.3.1; LK-*Schünemann* § 266 Rn. 201; *Seier* JuS 1998, 46 (49); aA S/S-*Perron* § 266 Rn. 52.

auch delegiert werden; entgegen einer verbreiteten Auffassung[7] kommt es dabei nicht auf die Voraussetzungen des § 14 an.[8] Nur der Adressat der Vermögensbetreuungspflicht kann **Täter** sein (Sonderdelikt). Außenstehende kommen nur als Teilnehmer in Betracht. Umstritten ist jedoch, ob der Inhalt dieser Pflicht für beide Tatbestände einheitlich zu bestimmen ist:

- Die neuere Rechtsprechung und die ihr folgende Lehre sind zu einer **monistischen Betrachtungsweise** zurückgekehrt und deuten den Missbrauch als einen **speziellen Unterfall** des allgemeineren Treubruchs. Dementsprechend wird für beide Tatbestände eine einheitliche Pflicht gefordert, deren primäre Aufgabe in der Betreuung fremder Vermögensinteressen liegt und die durch Eigenverantwortlichkeit und Selbstständigkeit geprägt ist.[9] Für die Erforderlichkeit einer solchen Vermögensbetreuungspflicht soll vor allem der Wortlaut sprechen, dem zufolge sich die Wendung „und dadurch dem, dessen Vermögen er zu betreuen hat" auf beide Tatbestandsalternativen beziehe. Des Weiteren dürften an die speziellere Form der Untreue keine geringeren Anforderungen gestellt werden als an die allgemeinere. Schließlich lasse sich so der zu weite Anwendungsbereich der Untreue sachgerecht begrenzen. Ansonsten unterfielen dem Missbrauchstatbestand Konstellationen, deren Handlungsunrecht erheblich hinter dem des Treubruchstatbestands zurückbliebe.[10] Jedenfalls führte die Rückkehr zur monistischen Betrachtung zu einer Einengung des Missbrauchstatbestands, aus der sich ua die Straflosigkeit des Scheck- und Kreditkartenmissbrauchs durch den berechtigten Karteninhaber, dem keine Vermögensbetreuungspflicht obliegt, ergab. Diese Schutzlücke wurde durch die Einfügung von § 266b geschlossen (vgl. § 37 Rn. 1).

4

- Demgegenüber deutet die früher vorherrschende **dualistische Lehre** Missbrauch und Untreue als (weitgehend) selbstständige Tatbestände und verlangt nur für die Treubruchsvariante, dass der Täter fremde Vermögensinteressen iSe besonderen Fürsorgepflicht wahrnimmt. Für die Missbrauchsvariante soll es dagegen genügen, dass dem Täter rechtswirksam eine Verfügungs- oder Verpflichtungsbefugnis über fremdes Vermögen eingeräumt ist.[11] Die dualistische Lehre sieht den Missbrauchstatbestand durch das Kriterium der Einräumung der Rechtsmacht, zulasten eines anderen rechtswirksam handeln zu können, als hinreichend konturiert an. Eine weitergehende Angleichung der beiden Pflichtstellungen verwische das spezifische Unrecht der beiden Tatvarianten in sachwidriger Weise.[12]

5

- Eine vermittelnde Ansicht verlangt für den Missbrauchstatbestand nur eine Vermögensbetreuungspflicht minderer Intensität. Es genüge, wenn dem Täter die Verfü-

6

---

7 BGHSt 49, 147 (157, 161); 54, 52 (58 f.); *Fischer* § 14 Rn. 3; *Kraatz* JR 2022, 288 (293).
8 BGH NJW 1983, 1807; NK-*Böse* § 14 Rn. 10, 23; *Ceffinato* 350 f.; LK-*Schünemann* § 266 Rn. 67, 201; zuletzt offen gelassen von BGH NStZ 2022, 109 (112).
9 BGHSt 24, 386 (387); 33, 244 (250); BGH wistra 1991, 305 (307); NStZ 2023, 351 (352); MK-*Dierlamm/Becker* § 266 Rn. 31 f.; *Gössel* § 25/2; SK-*Hoyer* § 266 Rn. 11, 16 f.; *Hübner* JZ 1973, 407 (410 f.); *Klesczewski* BT § 9/117; *Krey/Hellmann/Heinrich* Rn. 903; *Nelles*, Untreue zum Nachteil von Gesellschaften, 1991, 186 ff., 218 ff.; *Rengier* I § 18/17; *M-Schroeder/Maiwald/Momsen* I § 45/20; *Vormbaum* JuS 1981, 18 (20 f.).
10 W-*Hillenkamp/Schuhr* Rn. 813.
11 BGHSt 1, 186 (188); 13, 315 (316); BGH NJW 1954, 1616; *Kargl* ZStW 113 (2001), 565 (589); *Labsch* Jura 1987, 343 (345 f.); *Otto* 54/8 ff.; für eine typologische Differenzierung LK-*Schünemann* § 266 Rn. 30 ff.
12 Logisch falsch ist es dagegen, im Missbrauch einen Spezialfall des Treubruchs zu sehen und zugleich die Pflichtverletzung in beiden Fällen unterschiedlich zu bestimmen, so aber *Haft/Hilgendorf* I 122 einerseits, 124 f. andererseits.

gungs- oder Verpflichtungsbefugnis im Interesse des Vermögensinhabers und nicht zu eigenem Nutzen eingeräumt sei.[13] Zum einen ließen sich auf diese Weise Strafbarkeitslücken beim Missbrauchstatbestand vermeiden. Zum anderen könne der Treubruchstatbestand möglichst restriktiv ausgelegt werden, so dass insbesondere bei dieser Tatvariante am Erfordernis einer Dispositionsmacht mit eigenem Entscheidungsspielraum uneingeschränkt festgehalten werden könne.

B. Definitionen und Erläuterungen

I. Missbrauchsvariante (Abs. 1 Alt. 1)

▶ **Fall 1:** P ist der Prokurist des Kaufmanns K. Die Prokura wurde ordnungsgemäß erteilt und im Handelsregister eingetragen. In dem zugrunde liegenden Anstellungsvertrag vereinbarten P und K, dass P keine Geschäfte mit einem Volumen über 20.000 Euro tätigen darf. Dennoch kauft P namens des K bewusst einen völlig überteuerten Lieferwagen für 30.000 Euro. ◀

Beim Missbrauchstatbestand schädigt der Täter fremdes Vermögen durch ein nach außen hin wirksames Rechtsgeschäft, indem er sein rechtliches Dürfen im Rahmen seines rechtlichen Könnens missbräuchlich überschreitet. Handelt der Täter nicht rechtsgeschäftlich (oder hoheitlich) oder schließt er jedenfalls im Außenverhältnis kein wirksames rechtsgeschäftliches Verpflichtungs- oder Verfügungsgeschäft ab, so kann nur die Treubruchsvariante erfüllt sein.

1. Fremdes Vermögen

Tatobjekt des Missbrauchs ist fremdes Vermögen. Inhalt und Umfang des Vermögens sind wie beim Betrug zu bestimmen (vgl. § 26 Rn. 8 ff.). Die Fremdheit richtet sich ausschließlich nach zivilrechtlichen Kriterien (vgl. § 2 Rn. 13, 20 ff.).

2. Verfügungs- oder Verpflichtungsbefugnis

Der Täter muss die Befugnis innehaben, rechtswirksam Verpflichtungs- oder Verfügungsgeschäfte zulasten fremden Vermögens vorzunehmen: Ihm muss die Rechtsmacht zustehen, einen anderen wirksam mit Verbindlichkeiten zu belasten (**Verpflichtungsbefugnis**) oder fremde Vermögensrechte wirksam zu übertragen, zu ändern oder aufzuheben (**Verfügungsbefugnis**).

Die Befugnis kann aus Gesetz, behördlichem Auftrag oder Rechtsgeschäft herrühren. Auf **Gesetz** beruhen ua das Vermögenssorgerecht der Eltern gegenüber ihren Kindern (§ 1626 BGB), die Vertretungsbefugnis des Testamentsvollstreckers (§ 2205 BGB), des Vormunds (§ 1793 BGB), des Betreuers (§ 1902 BGB),[14] des Insolvenzverwalters (§§ 22, 56, 80 InsO)[15] und des Gerichtsvollziehers (§§ 753, 814 ff. ZPO).[16] Durch **behördlichen Auftrag** kann die Befugnis des staatlichen Treuhänders, aber auch eines Polizeibeamten, der mit dem Kassieren von Verwarnungsgeldern beauftragt ist, entstehen. Einem **Rechtsgeschäft** entstammen ua die Verfügungsermächtigung nach § 185 BGB

---

[13] Mitsch 6.2.1.2.1; S/S-Perron § 266 Rn. 2; Seelmann JuS 1982, 914 (917); Wegenast, Mißbrauch und Treubruch, 1994, 134 ff.
[14] OLG Stuttgart NJW 1999, 1564 (1566).
[15] BGH wistra 1998, 150 (151).
[16] BGHSt 13, 274 ff.

und die Vertretungsmacht von Bevollmächtigten (§§ 164 ff. BGB, § 54 HGB), der gesellschaftsrechtlichen Organe[17] und – wie in **Fall 1** – des Prokuristen (§§ 48 ff. HGB). Ein Bote besitzt dagegen nach hM nicht die erforderliche Befugnis, weil er lediglich eine fremde Erklärung ohne eigenen Entscheidungsspielraum übermittelt.[18]

Die Befugnis muss im Verhältnis zum Berechtigten **rechtswirksam begründet** worden sein.[19] Sofern das Rechtsgeschäft, mit dem Verpflichtungs- oder Verfügungsbefugnis erteilt werden, nach §§ 134, 138 BGB nichtig ist, scheidet der Missbrauchstatbestand aus.

3. Missbrauch der Befugnis

▶ **Fall 2A:** A hat sich von seinem Freund X einen neuen Strafrechtskommentar geliehen. In diesem liest er allerdings nicht, sondern verkauft und übereignet ihn an den gutgläubigen D. ◀

▶ **Fall 2B:** Y hat dem A eine Vollmachtsurkunde zum Verkauf seines (des Y) „Pkw" erteilt. Da Y von der Sache mit dem Strafrechtskommentar erfahren hat, widerruft er gegenüber A die Vollmacht, vergisst aber, sich die Urkunde zurückgeben zu lassen. Unter Vorlage der Urkunde verkauft A den Pkw an den gutgläubigen E. ◀

▶ **Fall 3A:** R ist einziger Gesellschafter der R-GmbH und zugleich ihr Geschäftsführer. Im Mai 2006 zahlt er eine aus kaufmännisch-betriebswirtschaftlicher Sicht völlig überhöhte Prämie aus dem Gesellschaftsvermögen an sich selbst für seine Geschäftsführertätigkeit aus. ◀

▶ **Fall 3B:** Im August desselben Jahres zahlt sich R eine weitere Prämie aus. Allerdings sind die liquiden Mittel der GmbH zu diesem Zeitpunkt aufgebraucht und das Stammkapital unterschritten, so dass er für die GmbH einen hoch verzinsten Kredit aufnehmen muss. Aus diesem Grund fällt die Gesellschaft alsbald in Insolvenz. ◀

Der Täter missbraucht seine Befugnis, wenn er im Außenverhältnis (dh zwischen Vermögensinhaber und Drittem) zulasten des betreuten Vermögens ein wirksames rechtsgeschäftliches Verfügungs- oder Verpflichtungsgeschäft vornimmt, das den Pflichten des Täters aus dem Innenverhältnis (dh zwischen Täter und Vermögensinhaber) widerspricht. Auf eine **Faustformel** gebracht: Missbrauch ist das Überschreiten des rechtlichen Dürfens im Rahmen des rechtlichen Könnens.[20]

So sind in **Fall 1** gem. § 50 HGB Beschränkungen der Prokura über § 49 Abs. 2 HGB hinaus im Außenverhältnis unbeachtlich. Demnach kann P Geschäfte, die der Betrieb eines Handelsgewerbes mit sich bringt, für den Geschäftsherrn, also den K, verbindlich abschließen (rechtliches Können), auch wenn er damit Weisungen und Beschränkungen im Innenverhältnis zum Geschäftsherrn (rechtliches Dürfen) zuwiderhandelt (vgl. auch §§ 54 Abs. 3, 124 Abs. 4 HGB, § 37 Abs. 2 GmbHG, § 82 Abs. 1 AktG).[21] Da der Kauf des Lieferwagens zum Betrieb des Handelsgewerbes gehörte, konnte P den Kaufvertrag nach außen wirksam über 30.000 Euro abschließen, obwohl er im Innenverhältnis keine Geschäfte über 20.000 Euro tätigen durfte.

---

17 BGH wistra 1997, 146 f.
18 OLG Hamm NJW 1972, 298 (299); *Labsch* Jura 1987, 343 (350); aA *Meyer* JuS 1973, 214 (216).
19 SK-*Hoyer* § 266 Rn. 38; M-Schroeder/*Maiwald*/Momsen I § 45/17.
20 BGHSt 5, 61 (63); L-Kühl/*Heger* § 266 Rn. 6; W-*Hillenkamp*/Schuhr Rn. 816.
21 Vgl. insoweit BGH NStZ 2011, 280 (281 zu § 54 HGB).

12 **a) Wirksamkeit des Geschäfts:** Die Wirksamkeit des Geschäfts muss sich stets aus der Vertretungs- oder Verfügungsmacht des Täters ergeben. Gutglaubenserwerb genügt nicht.[22] Daher kommt Missbrauch in **Fall 2A** nicht in Betracht. Die Regeln des Verkehrsschutzes (§§ 932 ff. BGB, 56, 366 Abs. 2 HGB) gewähren A keine Verpflichtungs- oder Verfügungsbefugnis. In solchen Fällen greift § 246 ein.[23]

13 Gleichermaßen sind Geschäfte des Vertreters ohne Vertretungsmacht irrelevant. Jedoch reicht es für die erforderliche Verpflichtungswirkung aus, wenn eine zunächst wirksam erteilte Vertretungsmacht (§§ 169, 674 BGB) im Innenverhältnis erloschen ist, im Außenverhältnis aber noch (gem. §§ 170 ff. BGB) fortwirkt. In diesem Fall rührt die Bindungswirkung noch aus einer tatsächlich vom Berechtigten abgeleiteten Rechtsmacht her und ist nicht nur Resultat des gesetzlichen Gutglaubensschutzes.[24] In **Fall 2B** beruht der wirksame Erwerb auf dem Umstand, dass die Vertretungsmacht des A nach §§ 171, 172 BGB fortbesteht, bis die Vollmachtsurkunde dem Vollmachtsgeber zurückgegeben oder für kraftlos erklärt worden ist. Daher hat A in diesem Fall seine Befugnis iSd Tatbestands missbraucht.

14 **b) Innenverhältnis:** Für die Ausgestaltung des Innenverhältnisses sind in erster Linie die mit dem Vermögensinhaber getroffenen Vereinbarungen maßgeblich. Ergänzend können die an einen ordentlichen und gewissenhaften Geschäftsführer zu stellenden Sorgfaltsanforderungen berücksichtigt werden.[25] Beschränkungen können sich ferner aus anderen Rechtsquellen, zB einer Satzung, ergeben.[26] Beispielhaft sei verwiesen auf die von der Rechtsprechung gestellten Anforderungen an: den Geschäftsführer einer noch nicht eingetragenen GmbH;[27] den Geschäftsführer einer GmbH bei Verfügungen, die das Stammkapital der Gesellschaft angreifen;[28] den Testamentsvollstrecker;[29] den Notar bezüglich der (sofortigen) Verwahrung von Geldern auf einem Anderkonto;[30] den Vorstand von Banken und Sparkassen bei Großkrediten;[31] den Vorstand von Unternehmen beim Sponsoring.[32]

15 **c) Einverständnis:** Das rechtliche Dürfen kann durch ein wirksames Einverständnis des Berechtigten in bestimmte Geschäfte **vor deren Abschluss** erweitert werden.[33] Da das Einverständnis den Spielraum im Innenverhältnis erweitert und so einem Befugnismissbrauch entgegensteht, führt es zum Tatbestandsausschluss.[34] Die gleiche Wirkung tritt bei einem mutmaßlichen Einverständnis ein, das den Regeln über die mutmaßliche Einwilligung folgt.[35] Demgegenüber schließt ein „hypothetisches" Einverständnis

---

22 BGHSt 5, 61 ff.; W-*Hillenkamp/Schuhr* Rn. 814; *Otto* § 54/12.
23 BGHSt 5, 61 (62).
24 OLG Stuttgart NStZ 1985, 365 (366); OLG Koblenz NStZ 2012, 330 (331); MK-*Dierlamm/Becker* § 266 Rn. 35; *Labsch* Jura 1987, 411 (412); *Nelles*, Untreue zum Nachteil von Gesellschaften, 1991, 518 f.; *Otto* § 54/17; S/S-*Perron* § 266 Rn. 4; *Rengier* I § 18/10; aA – ebenfalls nur Verkehrsschutz – SK-*Hoyer* § 266 Rn. 80; *Krey/Hellmann/Heinrich* Rn. 915 f.; diff. LK-*Schünemann* § 266 Rn. 37 ff.
25 *Hillenkamp* NStZ 1981, 161 (167).
26 Zum öffentlichen Dienst vgl. *Fabricius* NStZ 1993, 414 ff.; zu Vereinen mit ideeller Zielsetzung *Eisele* GA 2001, 377 ff.
27 BGHSt 3, 23 f.
28 BGHSt 34, 379 (387, 389); 35, 333 (335, 338 f.).
29 BGH GA 1977, 342 f.
30 BGH NStZ 1982, 331.
31 BGHSt 46, 30 (31 ff.); BGH NJW 2002, 1211 ff.
32 BGH NJW 2002, 1585 ff. mit Anm. *Beckemper* NStZ 2002, 324 ff.
33 BGHSt 3, 23 (25); 34, 379 (384 f.); *Hillenkamp* NStZ 1981, 161 (165 f.); *Jordan* JR 2000, 133 (137); *Mitsch* 6.2.2.2; *Waßmer*, Untreue bei Risikogeschäften, 1997, 32 ff., 57 f.
34 *Hillenkamp* NStZ 1981, 161 (165); S/S-*Perron* § 266 Rn. 21; LK-*Schünemann* § 266 Rn. 124.
35 MK-*Dierlamm/Becker* § 266 Rn. 151; *Dehne-Niemann* ZStW 131 (2019), 363 (368).

entgegen einer neueren Tendenz in der Rechtsprechung³⁶ das tatbestandliche Unrecht nicht aus.³⁷

aa) Das Einverständnis muss **rechtlich wirksam** sein. Ein „natürliches" Einverständnis reicht nicht aus.³⁸ Das Einverständnis muss insbesondere frei von Willensmängeln (Täuschung, Zwang) erteilt werden. Ferner muss der Berechtigte die nötige Einsichtsfähigkeit besitzen und das Risiko überschauen. Das Einverständnis kann daher unwirksam sein, wenn der in geschäftlichen Dingen unerfahrene Berechtigte nicht (hinreichend) über ungewöhnlich hohe Risiken aufgeklärt wurde.³⁹ Im Falle der Unwirksamkeit gelten für das Innenverhältnis wieder die allgemeinen Grundsätze. Vor allem sind die Anforderungen an eine ordentliche und gewissenhafte Geschäftsbesorgung bzw. Vermögensverwaltung zu beachten.⁴⁰

bb) Das Einverständnis wird nicht bereits dadurch unwirksam, dass es sich auf eine gesetzeswidrige Handlung bezieht (zB Zahlung eines Schmiergeldes), sondern schließt auch in diesem Fall grundsätzlich eine Pflichtverletzung gegenüber dem Vermögensinhaber aus.⁴¹ Allerdings setzt die Wirksamkeit des Einverständnisses bei juristischen Personen nach der Rechtsprechung voraus, dass ggf. **erforderliche gesetzliche Voraussetzungen** erfüllt sind oder dass es nicht gegen **gesetzliche Vorschriften** verstößt. Beispiele für ein unwirksames Einverständnis sind: die gesetzwidrige oder ungetreue Zustimmung der Mitgliederversammlung eines Vereins;⁴² des Aufsichtsorgans (Verwaltungsrates) von juristischen Personen zu Verfügungen des Vorstands; die Zustimmung des Studentenparlaments zu Vermögensverfügungen des außerhalb seiner Zuständigkeit agierenden AStA.⁴³ Ob derartige Einschränkungen der Dispositionsbefugnis zum Schutz des Vermögens legitim sind, ist insbesondere bei Kapitalgesellschaften umstritten:⁴⁴

Noch nicht abschließend geklärt ist die Frage, inwieweit die **Zustimmung der Gesellschafter einer GmbH** zu Vermögensverschiebungen des Geschäftsführers wirksam sein kann. Umstritten ist dies insbesondere bei der sog. Einmann-Gesellschaft, bei welcher der alleinige Gesellschafter zugleich die Position des Geschäftsführers innehat. Vor allem drei Auffassungen werden hier vertreten:

- Nach einer Meinung ist jede Zustimmung wirksam. Das Verhalten sei jedenfalls bei wirtschaftlicher Betrachtung in Bezug auf die GmbH bzw. deren Gesellschafter als reine Selbstschädigung anzusehen; für den Schutz der Gläubiger seien die §§ 283 ff., nicht aber § 266 einschlägig.⁴⁵ Nach dieser Auffassung hat sich R weder in **Fall 3A** im Mai noch in **Fall 3B** im August gem. § 266 strafbar gemacht.

---

36 OLG Hamm NStZ-RR 2012, 374 (375); s. auch BGH NJW 2020, 628 (630); G/J/W/*Waßmer* § 266 Rn. 144a.
37 Näher *Dehne-Niemann* ZStW 131 (2019), 363 (386 ff.); *ders.* wistra 2022, 177 (179 ff.); *Rotsch/Wagner*, Dannecker-FS 299 ff.; jeweils mwN; allgemein zur Berücksichtigung hypothetischer Dispositionsentscheidungen *Böse* ZIS 2016, 495 ff.
38 Vgl. hierzu BGHSt 23, 1 ff.
39 BGH NStZ 1997, 124 (125); *Waßmer*, Untreue bei Risikogeschäften, 1997, 44 ff.
40 Vgl. BGH GA 1977, 342 f.; wistra 1982, 148 (150); *Waßmer*, Untreue bei Risikogeschäften, 1997, 58 ff.; zur Untreue im faktischen Konzern vgl. BGH NJW 1997, 66 ff.
41 *Wachter* ZStW 131 (2019), 286 (310 f.).
42 OLG Hamm wistra 1999, 350 (353).
43 BGHSt 30, 247 (249); OLG Hamm NJW 1982, 190 (191 f.).
44 Vgl. zum Einverständnis der Aktionäre einer Aktiengesellschaft: MK-*Dierlamm/Becker* § 266 Rn. 165 einerseits und *Rönnau* Amelung-FS 247 (253 ff.).
45 *Arloth* NStZ 1990, 570 (571 f.); *Beulke* Eisenberg-FS 245 (257 f.); MK-*Dierlamm/Becker* § 266 Rn. 164; *Labsch* JuS 1985, 602 ff.; *Reiß* wistra 1989, 81 ff.; *Rönnau* Amelung-FS 247 (264); vgl. auch *Birkholz*, Untreuestrafbarkeit als strafrechtlicher »Preis« der beschränkten Haftung, 1998, 294 ff.

- Die Gegenauffassung hält das Einverständnis schon dann für unwirksam, wenn die Vermögenstransaktion mit den Grundsätzen der Geschäftsführung eines ordentlichen Kaufmanns nicht zu vereinbaren ist.[46] Hiernach hat R sowohl in **Fall 3A** durch die überhöhte Prämienzahlung im Mai als auch in **Fall 3B** im August den Tatbestand der Untreue gegenüber der R-GmbH erfüllt, da beide Zahlungen aus kaufmännischer Sicht unvertretbar waren.

- Sachgerecht ist ein vermittelnder, inzwischen vorherrschender Ansatz, dem zufolge das Einverständnis nur unwirksam ist, wenn durch das Geschäft das Stammkapital der Gesellschaft (§§ 5, 30 GmbHG) angegriffen oder eine Zahlungsunfähigkeit (§ 64 S. 3 GmbHG) bzw. Existenzgefährdung herbeigeführt wird.[47] Soweit die Dispositionsbefugnis der Gesellschafter, sei es auch im Interesse der Gläubiger, beschränkt wird, greift der über § 266 gewährleistete Schutz des Gesellschaftsvermögens ein; die eigene Rechtspersönlichkeit der GmbH (§ 13 GmbHG) und ihre Stellung als Vermögensinhaberin schlägt insoweit auf die strafrechtliche Bewertung durch. In **Fall 3B** führte die Auszahlung durch R im August dazu, dass das Stammkapital der Gesellschaft angegriffen wird. Daher ist bezüglich dieser Verfügung die Einwilligung des R als alleiniger Gesellschafter unerheblich. In **Fall 3A** ist dagegen ein Missbrauch wegen der Wirksamkeit des Einverständnisses zu verneinen.

19 d) **Risikogeschäfte:** Risikogeschäfte, welche die Gefahr einer Vermögensminderung in sich bergen, können vom rechtlichen Dürfen im Innenverhältnis umfasst sein oder aber einen Missbrauch der Befugnis darstellen.[48]

20 aa) Vom rechtlichen Dürfen umfasst sind Risikogeschäfte regelmäßig, sofern sie von einem **wirksamen Einverständnis** des Berechtigten gedeckt sind.[49]

21 bb) Bei gewagten Geschäften, die **nicht mit dem ausdrücklich erklärten Einverständnis** des Vermögensinhabers erfolgen, stellt sich die Frage, ob sie die Grenzen des internen Dürfens überschreiten oder noch innerhalb des gewährten Entscheidungsspielraums liegen. Grds. gilt: Risikogeschäfte sind im Wirtschaftsleben **nicht unüblich und sozial adäquat**, sofern das jeweilige Betreuungsverhältnis überhaupt riskante Geschäfte gestattet (zu verneinen etwa bei der Vermögensfürsorge durch Eltern oder einen Vormund). Gestattet das Betreuungsverhältnis grds. riskante Geschäfte, kommt ein Missbrauch der Befugnis erst in Betracht, wenn das Eingehen des Geschäfts unerlaubt riskant ist. Dies ist der Fall, wenn der Täter „nach Art eines Spielers bewusst und entgegen den Regeln kaufmännischer Sorgfalt eine äußerst gesteigerte Verlustgefahr auf sich nimmt, nur um eine höchst zweifelhafte Gewinnaussicht zu erhalten".[50]

Unternehmerische Entscheidungen[51] stellen die praktisch wichtigsten Risikogeschäfte dar. Zu nennen sind hier etwa die **Kreditvergabe**,[52] die Entscheidungen eines

---

46 BGHSt 34, 379 (385, 388 f.); *Gribbohm* ZGR 1990, 1 ff.; *Wilhelm* Flume-FS II 337 (345 ff., 389 f.).
47 BGHSt 35, 333 (337 f.); BGH NJW 2009, 3666 (3667); 2012, 2366 (2369); *Brammsen* DB 1989, 1609 ff.; *Hellmann* wistra 1989, 214 ff.; *Kohlmann* Werner-FS 387 ff.; *Ulmer* Pfeiffer-FS 853 ff.; *Vonnemann* GmbHR 1988, 329 ff.
48 Zusammenfassend hierzu *Murmann* Jura 2010, 561 ff.
49 W-*Hillenkamp/Schuhr* Rn. 820; S/S/W-*Saliger* § 266 Rn. 62.
50 BGH wistra 1991, 219 (220); vgl. ferner *Bringewat* JZ 1977, 667 (668 ff.); *Hillenkamp* NStZ 1981, 161 ff.; *Nack* NJW 1980, 1599 ff.; *Otto*, Bankentätigkeit und Strafrecht, 1983, 68 ff.; *Waßmer*, Untreue bei Risikogeschäften, 1997, 57 ff., 73 ff.
51 Ausführlich hierzu LPK § 266 Rn. 65 ff. und NK-*Kindhäuser/Hoven* § 266 Rn. 75a ff.
52 Hierzu BGHSt 46, 30 ff.; NStZ 2021, 738 ff.

AG-Vorstandes bezüglich des **Sponsoring**[53] oder des Aufsichtsrates einer AG über **Vorstandsvergütungen**.[54] Bei der Beurteilung einer unternehmerischen Entscheidung ist den Entscheidungsträgern ein weiter Spielraum zu gewähren. Eine Entscheidung liegt innerhalb dieses Spielraums, „solange die Grenzen, in denen sich ein von Verantwortungsbewusstsein getragenes, ausschließlich am Unternehmenswohl orientiertes, auf sorgfältiger Ermittlung der Entscheidungsgrundlagen beruhendes unternehmerisches Handeln bewegen muss, nicht überschritten sind".[55] Diese Grenzen richten sich nach den einschlägigen zivil- und gesellschaftsrechtlichen Normen.[56] Danach scheidet bei Vorstandsmitgliedern einer Aktiengesellschaft eine Pflichtverletzung aus, wenn das Organ bei einer unternehmerischen Entscheidung vernünftigerweise annehmen durfte, auf der Grundlage angemessener Information zum Wohle der Gesellschaft zu handeln (§ 93 Abs. 1 S. 2 AktG – sog. Business-Judgment-Rule).[57] Bei öffentlichen Haushalten sind die Grundsätze der Sparsamkeit und Wirtschaftlichkeit zu beachten (ua § 75 Abs. 1 GO NRW), die spekulative Finanzgeschäfte verbieten.[58] Drängen sich bei größeren Infrastrukturprojekten (Autobahnmaut) Zweifel an der Durchführbarkeit auf, so kann die vertragliche Verpflichtung zur Entschädigung der Auftragnehmer in Höhe des entgangenen Gewinns gegen die Vermögensbetreuungspflicht verstoßen.[59] Mit Blick auf die Gefahr einer Überdehnung des Untreuetatbestands wird allerdings zum Teil eine gravierende Verletzung der dem Treueverhältnis zugrundeliegenden außerstrafrechtlichen Pflichten gefordert (vgl. unten Rn. 40).

e) **Schweigen:** Die Befugnis kann grds. auch durch Schweigen missbraucht werden, sofern diesem im Sinne einer konkludenten Erklärung (vgl. § 27 Rn. 14 ff.) rechtsgeschäftliche Bedeutung zukommt (vgl. § 362 HGB). Durch schlichtes Untätigsein kann Rechtsmacht dagegen nicht missbraucht werden.

f) **Fehlende Befugnis:**

▶ **Fall 4:** B bevollmächtigt den M, seine (des B) Kamera zum Preis von 1.000 Euro zu verkaufen. M will die Kamera nicht mehr bei sich herumliegen haben und verkauft sie daher für 500 Euro an W. ◀

▶ **Fall 5:** O betreibt ein größeres Kaufhaus. Seine Prokuristin T hat die Aufgabe, Waren von verschiedenen Großhändlern möglichst günstig einzukaufen. Dabei liegen die Verhandlungen und die Auswahl der Lieferanten in den Händen der T. Diese Möglichkeit nutzt T, um ihrem Vetter auszuhelfen, von dem sie Waren zu völlig überteuerten Preisen kauft. ◀

Häufig ist ein **Missbrauch zu verneinen**, weil der Täter seine rechtliche Befugnis im Außenverhältnis überschreitet und das vorgenommene Rechtsgeschäft damit außerhalb seines rechtlichen Könnens liegt.[60] Da M in **Fall 4** überhaupt nur die (begrenzte)

---

53 Hierzu BGHSt 47, 187 ff.; *Heinrich/Stauss* in: Rotsch, Criminal Compliance, 2021, 111 ff.
54 Vgl. den Fall „Mannesmann"; hierzu BGHSt 50, 331 ff.; *Kudlich* JA 2006, 171 ff.; *Rönnau/Hohn* NStZ 2004, 113 ff.; vgl. ferner zur Gewährung von Übergangsgeldern an Vorstandsmitglieder einer Kassenärztlichen Vereinigung: BGH NJW 2021, 1473 (1475).
55 BGHSt 46, 30 (34 f.); 47, 187 (197); 50, 331 (336).
56 BGHSt 47, 187 (192); *Brammsen* wistra 2009, 85 (89); *Rönnau/Hohn* NStZ 2004, 113 ff.; *Tiedemann* Weber-FS 319 (322); sa zu Vergütungen von Betriebsräten, die gegen das Begünstigungsverbot (§ 78 S. 2 BetrVG) verstoßen: BGH NStZ 2023, 352 (353).
57 Vgl. insoweit BGHSt 50, 331 (336 f.); BGH NStZ 2017, 227 (230 f.).
58 BGH NJW 2019, 378 (379); *Schneider* wistra 2018, 281 (282 f.).
59 *Krüger* wistra 2020, 401 (405 ff.); für eine Einschränkung des § 266 StGB bei politischem Handeln: *Albrecht* GA 2020, 703 ff.
60 BGH wistra 1990, 305; *Labsch*, Untreue (§ 266 StGB), 1983, 99 ff.; *Mitsch* 6.2.1.2.2; grds. anders LK-*Schünemann* § 266 Rn. 32 ff., der auf die Wirksamkeit des Geschäfts verzichtet.

Vollmacht hat, die Kamera für 1.000 Euro zu verkaufen, diese jedoch für 500 Euro veräußert, fehlt es ihm bereits am rechtlichen Können zur Vornahme dieses Geschäfts. (Fehlendes) Dürfen und Können decken sich hier; insoweit kommt nur ein Treubruch in Betracht.

24 Der Missbrauchstatbestand wird ferner mangels wirksamer Ausübung rechtlichen Könnens nicht erfüllt, wenn das Geschäft aufgrund **kollusiven Zusammenwirkens** zwischen Pflichtigem und Geschäftsgegner zivilrechtlich nach den Regeln des Missbrauchs der Vertretungsmacht unwirksam ist.[61] In **Fall 5** ist eine solche Kollusion zwischen T und ihrem Vetter zulasten des O gegeben, so dass eine Erfüllung des Missbrauchstatbestands durch T ausscheidet. Es kommt allerdings noch die Verwirklichung des Treubruchstatbestands in Betracht.

25 Ein Missbrauch ist schließlich zu verneinen, wenn sich das Rechtsgeschäft im Rahmen des rechtlichen Dürfens bewegt, mag auch der Täter eine spätere Schädigung beabsichtigen. So ist etwa das auftragsgemäße Einziehen von Forderungen durch einen Inkassobevollmächtigten unabhängig davon keine Untreue, ob der Täter die Gelder für eigene Zwecke verwenden will.[62] Verwendet der Täter die Gelder später zweckwidrig, so kann die Treubruchsvariante wie auch eine Unterschlagung (§ 246) verwirklicht sein.

4. Vermögensbetreuungspflicht

26 Von der hM wird auch für den Missbrauchstatbestand verlangt, dass der Täter eine (fürsorgende) Vermögensbetreuungspflicht innehat (vgl. oben Rn. 4).

Diese Vermögensbetreuungspflicht muss als Hauptpflicht eine durch Eigenverantwortlichkeit und Selbstständigkeit geprägte Geschäftsbesorgung für einen anderen in einer nicht ganz unbedeutenden Angelegenheit zum Gegenstand haben (näher unten Rn. 28 ff.).

II. Treubruchsvariante (Abs. 1 Alt. 2)

27 Beim Treubruchstatbestand schädigt der Täter fremdes Vermögen durch die Verletzung einer ihm obliegenden Pflicht, fremde Vermögensinteressen wahrzunehmen. Die Vermögensbetreuungspflicht kann durch rechtsgeschäftliches oder tatsächliches Verhalten, durch Tun oder Unterlassen verletzt werden. Der allgemeinere Treubruchstatbestand greift allerdings nur ein, wenn die speziellere Missbrauchsvariante nicht erfüllt ist.

1. Vermögensbetreuungspflicht

▶ **Fall 6:** L ist im Kaufhaus K als Fahrer eingestellt, um Waren auszuliefern. Bisweilen schenkt er Freunden eine Kiste Wein, die er bei K als beim Transport beschädigt meldet. ◀

28 **a) Inhalt:** Dem Täter muss die Pflicht obliegen, fremde Vermögensinteressen zu betreuen. Diese Pflicht kann kraft Gesetzes, behördlichen Auftrags, Rechtsgeschäfts oder aufgrund eines (faktischen) Treueverhältnisses bestehen;[63] sie kann auch von einem Dritten durch Rechtsgeschäft mit einem Treupflichtigen, dessen weiterbestehende Für-

---

61 *Mitsch* 6.2.1.2.2 mwN; S/S-*Perron* § 266 Rn. 17; aA LK-*Schünemann* § 266 Rn. 47 f.
62 BGH wistra 1984, 143; W-*Hillenkamp/Schuhr* Rn. 826; S/S-*Perron* § 266 Rn. 19; *Wittig/Reinhart* NStZ 1996, 467 ff.
63 BGH NStZ-RR 2019, 52 (53).

sorgepflicht hierdurch nicht berührt wird, übernommen werden.[64] Berechtigter kann ferner der Drittbegünstigte eines Geschäftsbesorgungsvertrags mit Auflagen zu seinen Gunsten sein.[65] Nach der Abwicklung eines beendeten Treueverhältnisses treffen den Verpflichteten regelmäßig nur noch einfache schuldrechtliche Abwicklungspflichten; in besonderen Fällen – zB bei Vormundschaft und Betreuung – kann jedoch die Pflicht noch über den Zeitraum des sie begründenden Rechtsverhältnisses hinauswirken und nach dem Tod der betreuten Person eine postmortale Vermögensbetreuungspflicht iSe Abrechnungs- und Herausgabepflicht begründen.[66]

Die Vermögensbetreuungspflicht ist in rechtsstaatlich bedenklicher Weise unbestimmt formuliert und bedarf daher aufgrund des Bestimmtheitsgebotes (Art. 103 Abs. 2 GG) einer restriktiven Auslegung.[67] Rechtsprechung und Lehre haben hierzu eine Reihe von Kriterien entwickelt, nach denen sich die Pflicht wie folgt **definieren** lässt: 29

Die Vermögensbetreuungspflicht hat als Hauptpflicht eine durch Eigenverantwortlichkeit und Selbstständigkeit geprägte Geschäftsbesorgung für einen anderen in einer nicht ganz unbedeutenden Angelegenheit zum Gegenstand.[68] Dies besagt im Einzelnen:

- **Hauptpflicht**, dh typischer und wesentlicher Inhalt der Pflicht, fremde Vermögensinteressen wahrzunehmen, muss eine fremdnützige Geschäftsbesorgung sein.[69] Daher reicht die beliebige Pflicht, einen Vertrag zu erfüllen, ebenso wenig aus wie Nebenpflichten aus schuldrechtlichen Austauschverträgen.[70] So ist etwa die Hauptpflicht eines Darlehensvertrags die Rückzahlung des Kredits; eine in diesem Rahmen gewährte Sicherungszession begründet für den Darlehensnehmer grds. nur Nebenpflichten.[71] Auch die arbeitsrechtliche Treuepflicht[72] oder ein Beamtenverhältnis genügen als solche nicht, es sei denn, dass sich aus dem besonderen Aufgabenbereich etwas anderes ergibt.[73] In **Fall 6** hat L seinem Arbeitsvertrag gemäß Waren auszuliefern; die Wahrnehmung der Vermögensinteressen des Kaufhauses – insbesondere durch sorgsamen Umgang mit den Waren – ist hierbei nur eine Nebenpflicht. Dagegen hat – in **Fall 5** – T als Prokuristin die Hauptpflicht, mit einer besonders ausgestatteten Handlungsvollmacht Geschäftsbesorgungen vorzunehmen. 30

- Dem Vermögensbetreuungspflichtigen muss ein **bestimmtes Maß an Dispositionsmacht** übertragen sein, da seine Pflichtenstellung aus der anvertrauten Herrschaft über fremdes Vermögen resultiert.[74] Der Vermögensinhaber muss also in gewisser 31

---

64 BGHSt 2, 324; BGH NJW 1983, 1807; NStZ 2000, 375 (376).
65 BGH NJW 1997, 66 (69) mit abl. Anm. *Geerds* JR 1997, 340 f.
66 RGSt 45, 434 (435); BGH NStZ-RR 2018, 347 (348); NStZ 2019, 525 (526) – postmortale Vermögensbetreuungspflicht; OLG Stuttgart NJW 1999, 1564 (1566); vgl. auch OLG Koblenz wistra 2011, 397 (398 – bei Weiternutzung einer nur im Innenverhältnis erloschenen Bankvollmacht).
67 BVerfGE 126, 170 (203 ff., 208 ff.); vgl. ferner *Dierlamm* NStZ 1997, 534 ff.; *Kargl* ZStW 113 (2001), 565 (570 ff.); *Labsch*, Untreue (§ 266 StGB), 1983, 189 ff.; *Otto*, Die Struktur des strafrechtlichen Vermögensschutzes, 1970, 311.
68 BGH NStZ 2023, 351 (352); teils abweichend (Wahrnehmung fremder Vermögensinteressen im Außenverhältnis): *Ransiek* Joecks-GS 287 (297); *Wachter* ZStW 131 (2019), 287 (305 f.).
69 BGHSt 1, 186 (188 f.); 4, 170 (172); 5, 61 (64); 5, 187 (188); 22, 190 (191); 33, 244 (250).
70 BGHSt 24, 386 (388); 28, 20 (23 f.); 33, 244 (251); BGH NStZ 1989, 72 f.; NJW 1991, 2574; MK-*Dierlamm*/*Becker* § 266 Rn. 47; *Gössel* § 25 Rn. 23 f.; *Haas*, Die Untreue (§ 266 StGB), 1997, 39 f.; S/S-*Perron* § 266 Rn. 23.
71 BGH wistra 1984, 143.
72 BGHSt 4, 170 (172).
73 BGH StV 1995, 73; vgl. dagegen zum Finanzbeamten BGH NStZ 1998, 91; ferner BGH wistra 2024, 168.
74 Vgl. BGHSt 13, 330 (332); SK-*Hoyer* § 266 Rn. 32; *Mitsch* 6.2.1.3.3; S/S-*Perron* § 266 Rn. 23 ff.; krit. *Wachter* ZStW 131 (2009), 286 (301 ff.).

Weise dem Pflichtigen ausgeliefert sein, wie dies auch für den spezielleren Fall der Übertragung einer Verfügungs- oder Verpflichtungsbefugnis beim Missbrauch charakteristisch ist. Demnach muss dem Pflichtigen zum einen eine gewisse Selbstständigkeit bei der Erfüllung seiner Pflichten und zum anderen die Möglichkeit für eigenverantwortliche Entscheidungen eingeräumt sein: Der Pflichtige darf in seinem Handlungsspielraum nicht völlig gebunden sein. Maßgeblich ist die Möglichkeit des Zugriffs auf das Vermögen ohne gleichzeitige Steuerung und Überwachung.[75] In **Fall 6** ist L weitgehend weisungsgebunden, so dass ihm auch insoweit die für eine Vermögensbetreuungspflicht erforderliche Entscheidungsfreiheit fehlt. Anders verhält es sich in **Fall 5**: Die Vollmacht einer Prokura wird typischerweise jemandem erteilt, der in einem erheblichen Umfang selbstständig Geschäftsbesorgungen vornehmen soll.

32 ▪ Schließlich muss die wahrgenommene Tätigkeit nach Dauer und/oder Umfang von einer **gewissen Bedeutung** sein. Untergeordnete, rein mechanische Verrichtungen – wie die Aufgaben des L in **Fall 6** – reichen daher nicht aus.[76] In **Fall 5** hat T dagegen maßgeblich für den Wareneinkauf zu sorgen.

b) Sitten- und gesetzwidrige Zwecke:

▶ **Fall 7A:** G vertraut seinem Freund F Gelder an, die dieser zum Zwecke der Steuerhinterziehung ins Ausland transferieren soll. F führt die Transaktionen zunächst zur größten Zufriedenheit des G aus, zweigt jedoch nach einiger Zeit nicht unerhebliche Summen für sich ab. Schließlich verweigert er die weitere Mitarbeit, da er strafrechtliche Konsequenzen befürchtet. ◀

▶ **Fall 7B:** Wie Fall 7A, jedoch ist F Prokurist des G und bei den Geldern handelt es sich um Einnahmen der Firma des G, die F zu verwalten hat. ◀

33 Ob eine Vereinbarung, die sitten- und gesetzwidrigen Zwecken dient, eine Vermögensbetreuungspflicht begründen kann, ist umstritten:

34 ▪ Die hM hält dies unter der Voraussetzung für möglich, dass trotz Sittenwidrigkeit faktische Vermögensfürsorgepflichten übrig bleiben, die mit der Rechtsordnung in Einklang stehen. Begründet wird dies vor allem mit dem Argument, dass es kein schlechthin schutzunwürdiges Vermögen gebe.[77] Zweigt daher F in **Fall 7A** Gelder des G, die ihm zum Zwecke der Steuerhinterziehung anvertraut wurden, für sich ab, so soll dies ein Treubruch sein, da das konkret verbotene Geschäft von weiteren, billigenswerten Betreuungspflichten überlagert werde. Dagegen soll es keine Untreue sein, wenn F es lediglich unterlässt, die sitten- und gesetzwidrige Abrede weiterhin zu realisieren.[78]

35 ▪ Nach der Gegenansicht können sitten- und gesetzwidrige Vereinbarungen keine strafrechtlich sanktionierten Pflichten begründen.[79] Dem ist zuzustimmen, da ein solcher Schutz dem Prinzip der Einheit der Rechtsordnung widerspricht. Zudem

---

75 BGH NJW 2013, 1615.
76 RGSt 69, 58 (60 ff.); BGHSt 3, 289 (293 f.); 13, 315 (317 ff.).
77 BGHSt 8, 254 ff.; BGH wistra 1999, 103 (107); HKGS-*Beukelmann* § 266 Rn. 15; *Hartung* JZ 1956, 572 f.; *Krey/Hellmann/Heinrich* Rn. 918; *Otto* § 54/28; LK-*Schünemann* § 266 Rn. 64 f.
78 RGSt 70, 7 (9 f.); 73, 157 (158); BGHSt 8, 254 (258); 20, 143 (145 f.); BGH bei *Holtz* MDR 1979, 456.
79 *Freund/Bergmann* JuS 1991, 221 (222 f.); SK-*Hoyer* § 266 Rn. 41; S/S-*Perron* § 266 Rn. 31; M-Schroeder/Maiwald/Momsen I § 45/30; diff. *Fischer* § 266 Rn. 44 ff.

folgt aus der Vereinbarung auch nach der hM keine Pflicht zur (auftragsgemäßen) Vermögenssorge, so dass die Pflicht nur auf die Verwahrung bzw. Rückgabe der überlassenen Vermögenswerte gerichtet sein könnte; inhaltlich geht eine solche Pflicht nicht über mechanische Tätigkeiten hinaus und genügt damit nicht den Anforderungen an eine Vermögensbetreuungspflicht (vgl Rn. 31 f.).

- Unstr. kann jedoch der Treubruchstatbestand verwirklicht sein, wenn der Pflichtige innerhalb eines wirksamen Treueverhältnisses anvertrautes Vermögen schädigt, mag ihm dies auch im Einzelfall zu einem sitten- und gesetzwidrigen Zweck überlassen sein. Beispielhaft hierfür ist **Fall 7B**: F hat als Prokurist aufgrund seiner Rechtsstellung schon unabhängig von dem speziellen gesetzwidrigen Rechtsgeschäft die Pflicht zur ordnungsgemäßen Verwaltung der Firmengelder und darf diese nicht unterschlagen. 36

c) **Vermögensbetreuungspflichtige:** Vermögensbetreuungspflichtige sind nach der Rechtsprechung insbesondere 37

- der mit der Vergabe und Abrechnung der Arbeiten betraute Architekt gegenüber dem Bauherrn;
- der Gerichtsvollzieher gegenüber dem Gläubiger, dem Staat als Dienstherrn und dem Vollstreckungsschuldner;[80]
- der Handelsvertreter gem. § 84 HGB gegenüber dem Geschäftsherrn;[81]
- der Prokurist im Verhältnis zum Firmeninhaber;[82]
- der Bürgermeister und Kämmerer[83] oder der für die Abwicklung des Zahlungsverkehrs zuständige Kassenleiter[84] einer Gemeinde sowie die Gesellschafter einer von der Gemeinde gegründeten Eigengesellschaft[85];
- der Kommissionär (§ 383 HGB), sofern er nicht nur übergebene Waren abredegemäß weiterverkaufen und den Erlös abführen soll;[86]
- der Rechtsanwalt gegenüber seinen Mandanten;[87]
- der Vertragsarzt gegenüber der Krankenkasse in Bezug auf die Verordnung von Heilmitteln[88]
- Vermögensverwalter jeder Art;
- der Vormund;[89]

---

80 BGHSt 13, 274 (278); BGH NJW 2011, 2149 (2150); NStZ-RR 2013, 344 (345); OLG Celle MDR 1990, 846.
81 BGH NStZ 1983, 74: zugleich Lagerverwalter.
82 BGH bei *Herlan* GA 1964, 130.
83 BGH NJW 2019, 378 (379); NStZ 2022, 109 (110).
84 BGH NStZ 1994, 586.
85 BGH wistra 2021, 324 (325).
86 OLG Düsseldorf NJW 1998, 690 f.; 2000, 529 f.: Galerist.
87 BGH StV 1986, 204; BGH wistra 1993, 300 f.; vgl. auch BGH NStZ 1997, 124 (125); OLG Hamm NStZ 2010, 334 (335); NStZ 2015, 517 (519).
88 BGH NJW 2004, 454 (456); NZWiSt 2017, 152 (153); s. dagegen zur Verordnung von häuslicher Pflege, die von der Krankenkasse genehmigt werden muss: BGH NJW 2021, 3134 (3135).
89 BGH wistra 1991, 219 f.

- Vorstandsmitglieder und Geschäftsführer von Handelsgesellschaften und juristischen Personen[90] sowie Fraktionsvorsitzende[91].

38 **d) Nicht Vermögensbetreuungspflichtige:** Als (im Regelfall)[92] nicht vermögensbetreuungspflichtig werden angesehen der

- Arbeitnehmer und der Arbeitgeber im Rahmen eines üblichen Arbeitsverhältnisses;[93]
- Buchhalter;[94]
- Darlehensnehmer gegenüber dem Darlehensgeber[95];
- Kellner;
- Kredit- und Scheckkarteninhaber sowie Personen, denen der Karteninhaber seine Kreditkarte zur eigennützigen Verwendung überlässt[96];
- Reiseveranstalter gegenüber den Leistungserbringern;[97]
- Sicherungsgeber und -nehmer bei Sicherungsübereignung, Sicherungszession[98] und (verlängertem) Eigentumsvorbehalt;[99]
- Vertragspartner eines Kauf-, Werk- oder Mietvertrags.[100]

39 **e) Umstrittene Fallgruppen:** Die Rechtsprechung nimmt auch in einer Reihe von Fallgruppen Vermögensbetreuungspflichten an, in denen es zweifelhaft ist, ob die Kriterien als erfüllt anzusehen sind. So soll beim Einkassieren, Verwalten und Abliefern von Geldern trotz eines nur begrenzten Entscheidungsspielraums eine Vermögensbetreuungspflicht schon dann gegeben sein, wenn die anvertrauten Mittel eine gewisse Höhe erreichen oder geordnete Abrechnungsverfahren erforderlich sind.[101] Dies soll etwa gelten bei

- (alleinverantwortlichen) Kassierern in Selbstbedienungsläden;[102]
- Rechtsanwälten und Notaren, die Gelder ohne Entscheidungsspielraum nach festgelegten Konditionen aus- oder zurückzahlen sollen;[103]

---

90 BGH bei *Holtz* MDR 1979, 456; wistra 1993, 301; auch bei unwirksamer Bestellung, BGHSt 47, 148 (149); 47, 189 (192); nach der Rechtsprechung soll ferner innerhalb eines Konzernverbundes eine Vermögensbetreuungspflicht der Mutter- gegenüber einer Tochtergesellschaft möglich sein, vgl. BGHSt 49, 147 ff. („Bremer Vulkan"); LPK § 266 Rn. 36 mwN.
91 BGH NJW 2015, 1618 (1620).
92 Aus allen Rechtsverhältnissen können sich bei atypischer Ausgestaltung Betreuungspflichten ergeben.
93 BGHSt 3, 289 (293 f.); 5, 187 ff.; 6, 314 (317 f.); BGH StraFo 2011, 23 (24).
94 BGH wistra 1987, 27; anders der Hauptbuchhalter, vgl. BGH GA 1979, 143 f.
95 BGH NJW 2018, 1486 (1488); NStZ 2020, 35 (36) mit Anm. *Brand*. Eine Ausnahme gilt insoweit allerdings für zweckgebundene Darlehen, bei denen die zweckgerichtete Verwendung dem Schutz im Mittelpunkt des Vertrags stehender Vermögensinteressen des Darlehensgebers dient (BGH aaO).
96 OLG Hamm NStZ-RR 2015, 213 (214) mit Anm. *Jäger* JA 2015, 629. Im vorstehenden Fall sogar bei Weiternutzung nach dem Tod des Kreditkarteninhabers.
97 BGHSt 28, 20 ff.
98 BGH wistra 1984, 143.
99 BGHSt 22, 190 ff.; BGH wistra 1987, 136 f.
100 BGHSt 22, 190 (191); anders bzgl. Verwaltung der Kaution BGHSt 52, 182 (184) mit krit. Anm. *Kretschmer* JR 2008, 348; BGH NJW 2010, 2948 (2950); NStZ 2015, 517 (519); abl. *Rönnau* NStZ 2009, 633 (634); S/S/W-*Saliger* § 266 Rn. 11.
101 RGSt 73, 235 (236 f.); BGHSt 13, 315 ff.; BGH NStZ 1983, 455; wistra 1989, 60 (61); 2008, 427 (428).
102 LG Bonn JMBlNRW 1968, 199 f.; zust. *Krey/Hellmann/Heinrich* Rn. 924 f.
103 BGH bei *Holtz* MDR 1982, 625; wistra 1987, 65; StraFo 2008, 479; zust. *Rengier* I § 18/28.

- einem Wohnungsverwalter (bzw. Vermieter von Wohnraum), der Mietkautionen zweckwidrig verwendet[104] (obgleich § 551 Abs. 3 BGB nur beschränkte Dispositionsmöglichkeiten vorsieht);
- einem Mieter, der ein als Mietkaution eingerichtetes Postsparbuch auflöst.[105]

2. Pflichtverletzung

▶ **Fall 8:** Prokurist P, der über seinen Firmenchef C wütend ist, beschließt, C nach Kräften zu schädigen. Zunächst verbucht er eine Bareinnahme zu niedrig und behält den Rest von 10.000 Euro für sich. Dann stößt er absichtlich in der Betriebskantine einen Stapel Teller um. ◀

Die Verletzung der Vermögensbetreuungspflicht kann durch jedes rechtsgeschäftliche oder tatsächliche Verhalten erfolgen, auch durch das Zerstören von Sachen oder eine unzureichende Buchführung.[106] Erforderlich ist jedoch, dass die pflichtwidrige Handlung dem durch das Treueverhältnis geprägten Aufgabenbereich zuzuordnen ist.[107] In **Fall 8** stellt sich hiernach nur die fehlerhafte Verbuchung der Bareinnahme als Treubruch des P dar, während das Zerschlagen des Geschirrs nichts mit dem das Treuverhältnis prägenden Aufgabenbereich eines Prokuristen zu tun hat.

Um nicht aus jeder außerstrafrechtlichen Pflichtverletzung eine Untreuestrafbarkeit resultieren zu lassen, hat die Rechtsprechung den Tatbestand auf gravierende Pflichtverletzungen beschränkt;[108] zum Teil wird allerdings auch auf eine solche Einschränkung verzichtet.[109] Das BVerfG hat das Erfordernis einer gravierenden Pflichtverletzung aufgegriffen, als es mit Blick auf das Bestimmtheitsgebot (Art. 103 Abs. 2 GG) eine verfassungskonforme (restriktive) Auslegung des § 266 angemahnt hat.[110] Unter dem Eindruck dieser Rechtsprechung wird daher überwiegend eine **gravierende Pflichtverletzung** gefordert.[111] Allerdings erscheint zweifelhaft, ob es eines solchen Kriteriums überhaupt bedarf, da entsprechende Einschränkungen, die dem unternehmerischen Ermessensspielraum Rechnung tragen, bereits in den außerstrafrechtlichen Regeln enthalten sind, die das Treueverhältnis begründen.[112] Zudem werden über das Erfordernis einer „gravierenden" bzw. „evidenten" Pflichtverletzung Unsicherheiten in die Auslegung des § 266 hineingetragen, die mit Blick auf das verfolgte Ziel, eine vorhersehbare

---

104 BGHSt 41, 224 (227 ff.) mit krit. Anm. *Satzger* Jura 1998, 570 ff. und *Sowada* JR 1997, 28 ff.; BGHSt 52, 182 (184) mit krit. Anm. *Kretschmer* JR 2008, 348; zust. *Rengier* I § 18/33; LK-*Schünemann* § 266 Rn. 113; aA OLG Düsseldorf NJW 1989, 1171; *Pauly* ZMR 2010, 256 (257); *Rönnau* NStZ 2009, 633; S/S/W-*Saliger* § 266 Rn. 11.
105 BayObLG wistra 1998, 157 f. mit krit. Bespr. *Satzger* JA 1998, 926 ff.
106 BGH NStZ-RR 2018, 349 (Verstoß gegen Buchführungspflichten); vgl. ferner: zur Vergabe von Großkrediten bei Banken: BGHSt 46, 30 (31 ff.); 47, 148 (149 ff.); zum Sponsoring: BGHSt 47, 187 ff.; zur Einwerbung von Drittmitteln im Hochschulbereich: BGHSt 47, 295 (299) mit zust. Anm. *Kuhlen* JR 2003, 231 ff.; *Tholl* wistra 2003, 181 f.; dazu auch *Kindhäuser/Goy* NStZ 2003, 291 ff.; *Rönnau* JuS 2003, 232 ff.; *ders.* Tiedemann-FS 731 (722); zu öffentlichen Haushaltsmitteln: BGHSt 40, 287 (295 ff.); 43, 293 (299); BGH NStZ 2003, 541 (542).
107 OLG Hamm NJW 1973, 1809 (1810 f.); einschränkend *Wachter* ZStW 131 (2019), 286 (316 f.: Handlungen, die – wie in Alt. 1 – Ausfluss einer Kompetenzübertragung sind und eine rechtliche Bindung des Vermögensinhabers bewirken).
108 BGHSt 47, 148 (150); 47, 187 (197).
109 BGHSt 50, 331 (336); NStZ 2006, 222 (223); NJW 2017, 578 (579); NStZ 2023, 352 (353).
110 BVerfGE 126, 170 (211).
111 BGHSt 55, 266 (276); 56, 203 (213); NJW 2020, 628 (629); *Wagner* ZStW 131 (2019) 319 (320 ff., 344 ff.), jeweils mwN.
112 BGH NStZ 2017, 227 (230); *Fischer* § 266 Rn. 61b; LK-*Schünemann* § 266 Rn. 94 ff.

und rechtssichere Anwendung dieses Tatbestands zu ermöglichen, eher kontraproduktiv sein dürften.[113]

41 Wie beim Missbrauch ist ferner zu beachten, ob die Handlung nicht durch ein tatbestandsausschließendes Einverständnis des Vermögensinhabers gedeckt ist (Rn. 20 f.).

III. Vermögensschaden

42 Der Missbrauchs- wie auch der Treubruchstatbestand setzen gleichermaßen die Zufügung eines Nachteils voraus, der grds. dem Vermögensschaden beim Betrug entspricht (vgl. § 27 Rn. 59 ff.).[114] Der Vermögensschaden muss durch die Pflichtverletzung herbeigeführt werden[115] und bei demjenigen eintreten, dessen Vermögensinteressen der Täter zu betreuen hat. Geschädigtes und zu betreuendes Vermögen müssen also identisch sein.[116] Ferner muss der Schaden bei einer vom Täter verschiedenen (natürlichen oder juristischen) Person eintreten. Sofern das Vermögen von Personengesellschaften (KG, OHG, BGB-Gesellschaft) gemindert wird, müssen daher nach hM neben dem Täter weitere Gesellschafter als Vermögensinhaber mitbetroffen sein.[117] Dagegen wird zu Recht eingewandt, dass die rechtsfähige Personengesellschaft Inhaber von Rechten und damit auch selbstständiger Vermögensinhaber sein kann; mit dem Gesetz zur Modernisierung des Personengesellschaftsrechts (MoPeG)[118] wurde dies ausdrücklich anerkannt (§ 713 BGB; vgl. auch §§ 105 Abs. 3, 161 Abs. 2 HGB), sodass nunmehr auch die rechtsfähige Personengesellschaft selbst als Vermögensinhaber in Betracht zu ziehen ist.[119]

43 Das BVerfG hat allerdings aus dem Bestimmtheitsgebot (Art. 103 Abs. 2 GG) weitreichende Vorgaben für den Begriff des Vermögensnachteils iSd § 266 abgeleitet: Danach folgt aus der eigenständigen Funktion dieses Tatbestandsmerkmals, dass ein Nachteil nicht allein aus der Pflichtwidrigkeit zu begründen (**Verschleifungsverbot**), sondern nach wirtschaftlichen Kriterien festzustellen und grundsätzlich auch zu beziffern ist (**Bezifferungsgebot**).[120] Bei der Feststellung eines Vermögensnachteils können auch normative Kriterien herangezogen werden, dürfen aber wirtschaftliche Überlegungen nicht verdrängen; so begründet die Verwendung anvertrauten Vermögens zu verbotenen Zwecken nicht per se einen Schaden, maßgeblich soll vielmehr sein, ob das Geschäft für den Vermögensinhaber wirtschaftlich nachteilhaft ist.[121] Mit diesen Anforderungen ist es durchaus vereinbar, auch Anwartschaften (Exspektanzen) einen Vermögenswert zuzuweisen (vgl. § 26 Rn. 24)[122], so dass ein Nachteil bei der Untreue auch in der pflichtwidrig **unterlassenen Vermögensmehrung** durch ordnungsgemäßes

---

113 *Böse* Jura 2011, 617 (622); LK-*Schünemann* § 266 Rn. 100; vgl. auch MK-*Dierlamm/Becker* § 266 Rn. 203 f.; *Krell* Rengier-FS 261 (269), mit Hinweis auf die Kritik an der entsprechenden Formulierung in § 153 Abs. 2 östStGB („in unvertretbarer Weise").
114 Vgl. insoweit BGHSt 15, 342 (343 f.); 40, 287 (294 ff.); 43, 293 (297); SK-*Hoyer* § 266 Rn. 93; L-*Kühl/Heger* § 266 Rn. 17; S/S-*Perron* § 266 Rn. 39 ff.
115 BGHSt 43, 293 (297); BGH wistra 2007, 422; zum Pflichtwidrigkeitszusammenhang: NK-*Kindhäuser/Hoven* § 266 Rn. 99.
116 BGH NJW 1983, 461 (462).
117 BGHSt 34, 221 (222 f.); BGH NStZ 1987, 279; wistra 1991, 183; StV 1992, 465 (466); NStZ 2013, 38 f.; L-*Kühl/Heger* § 266 Rn. 3; *Otto* § 54 Rn. 37; *Schulte* NJW 1984, 1671 f.; aA *Schäfer* NJW 1983, 2850 f.
118 BGBl. 2021 I S. 3436.
119 Näher *Rönnau/Saathoff* wistra 2023, 221 (225 f.).
120 BVerfGE 126, 170 (211).
121 BVerfGE 126, 170 (212).
122 S. aber zum fehlenden Vermögenswert der Aussicht auf eine Erbschaft: BGH NStZ-RR 2018, 347 (348); OLG Stuttgart NJW 1999, 1564 (1566).

Wirtschaften liegen kann.[123] Das Gleiche gilt, soweit nach hM – wie beim Betrug (vgl. § 27 Rn. 97) – eine »schadensgleiche« **Vermögensgefährdung** für die Annahme eines Nachteils genügt.[124] So kann sich ein Vermögensschaden bei der Einrichtung „schwarzer Kassen" daraus ergeben, dass der Vermögensinhaber auf die betreffenden, unter fremdem Namen geführten Konten keinerlei Zugriff hatte.[125] Ein Nachteil soll ferner gegeben sein, wenn infolge einer mangelhaften Dokumentation von Zahlungen die Gefahr doppelter Inanspruchnahme besteht.[126]

Die hM wendet auch bei der Untreue zur **Schadensberechnung** grds. das **Saldierungsprinzip** an.[127] So führt die Zahlung auf eine (fällige) Forderung nicht zu einem Vermögensnachteil, da die Vermögensminderung durch die Befreiung von einer Verbindlichkeit kompensiert wird.[128] Spätere Wiedergutmachung lässt einen einmal entstandenen Schaden nicht entfallen.[129] Insofern erscheint es widersprüchlich, wenn die hM einen Schaden verneint, falls der Täter schon bei der Tatausführung willens und in der Lage ist, die Vermögensminderung aus eigenen flüssigen Mitteln auszugleichen.[130] Bei der Saldierung sind die verfassungsgerichtlichen Vorgaben zur wirtschaftlichen Schadensberechnung zu beachten, dh ein Vermögensnachteil kann nicht allein mit Blick auf die bereits bei der Vergabe eines Kredits bestehende „aufs Äußerste gesteigerte Verlustgefahr" begründet werden, sondern es ist die Werthaltigkeit des Rückzahlungs- und Zinsanspruchs zu ermitteln und mit der durch die Kreditgewährung eingetretenen Vermögensminderung zu saldieren.[131] Bei der Saldierung sind nach hM nur die **unmittelbar** durch die Tathandlung herbeigeführten Vor- und Nachteile zu berücksichtigen; dementsprechend ist beim Kauf von Wertpapieren oder Grundstücken auf den Marktwert bei Erwerb und nicht auf die weitere Kurs- bzw. Wertentwicklung abzustellen.[132] Demgegenüber wird im Schrifttum ein Kausal- bzw. Zurechnungszusammenhang zwischen Pflichtverletzung und Erfolgseintritt (Vermögensnachteil) als ausreichend angesehen.[133] Für diese Lösung spricht, dass die praktischen Schwierigkeiten bei der Feststellung des wirtschaftlichen Wertes der Vor- und Nachteile unmittelbar nach der Tathandlung vermieden werden und stattdessen auf den endgültig eingetretenen Schaden abgestellt werden kann. Allerdings wären bei der Ermittlung des Vermögensnachteils gleichermaßen Vor- und Nachteile zu berücksichtigen, die „mittelbar" (aber zurechenbar) auf die Tathandlung zurückgehen.[134]

---

123 BVerfGE 126, 170 (213 ff.); BGHSt 31, 232 ff.; BGH wistra 1984, 109 (110); 1989, 224; OLG Bremen NStZ 1989, 228 (229).
124 BVerfG NJW 2009, 2370 (2372); BVerfGE 126, 170 (221 ff.); BGH wistra 1999, 268 (270); 2001, 218 mit krit. Anm. *Bosch* wistra 2001, 257; OLG Stuttgart NJW 1999, 1564 (1565); ausf. *Mansdörfer* JuS 2009, 114 ff.
125 BVerfGE 126, 170 (216 f.); BGHSt 51, 100 (112 ff.); NJW 2009, 89 (92); NStZ 2020, 544 (545); vgl. aber zu „Schwarzbeständen", die dem Vermögensinhaber nicht bekannt sind, von denen er aber ohne Weiteres (zB im Rahmen einer Inventur) Kenntnis erlangen könnte BGH wistra 2018, 209 (212).
126 BGHSt 47, 8 ff. mit abl. Bespr. *Mosenheuer* NStZ 2004, 179 ff.; abl. Auch *Perron* Tiedemann-FS 737 (745) und GA 2009, 219 (230).
127 BGHSt 31, 232 (234); BGH NStZ 1997, 543; 2010, 329 f.
128 Vgl. BGH wistra 2021, 403 (404) zur Nachteilsbegründung bei Zahlung auf eine nicht fällige Forderung.
129 BGH NStZ 1986, 455 (456).
130 BGHSt 15, 342 ff.; BGH NStZ 1982, 331 f.; NJW 2015, 1190 (1191); NStZ 2023, 105 (106); OLG Köln wistra 2020, 127; zust. M-Schroeder/Maiwald/Momsen I § 45/47 (mutmaßliche Einwilligung); zur berechtigten Kritik *Fischer* § 266 Rn. 168 f.; S/S-*Perron* § 266 Rn. 42.
131 BVerfGE 126, 170 (230 f.); vgl. zum Betrug: BGH NStZ 2014, 318 (320); NStZ 2017, 708 (709 f.).
132 BGH NJW 2019, 378 (380 f.); NStZ-RR 2022, 184 (185); *Saliger* NJW 2019, 886 (888 f.); *Schneider* wistra 2018, 281 (284); aA *Brand* NJW 2019, 381 (382); vgl. auch *Perron* Kindhäuser-FS 765 (775 ff.).
133 *Brand* NJW 2019, 381 (382); S/S-*Perron* § 266 Rn. 39; *Rengier* Sieber-FS, 303 (316 ff.).
134 *Rengier* Sieber-FS, 303 (327).

45 Auf der Grundlage des von der Rechtsprechung zu Grunde gelegten wirtschaftlichen Vermögensbegriffs sind dabei auch rechtlich missbilligte Vorteile (zB ein durch Bestechung erlangter Auftrag) zu berücksichtigen, soweit diesem ein wirtschaftlicher Wert zukommt (Rn. 43),[135] während dies nach dem juristisch-ökonomischen Vermögensbegriff abzulehnen ist, da ein solcher Vorteil rechtlich keinen Bestand haben kann (§§ 73 ff.; vgl. insoweit § 27 Rn. 113)[136]. Allerdings hat das BVerfG ausdrücklich anerkannt, dass ein Vermögensnachteil nach der Lehre vom individuellen Schadenseinschlag (§ 27 Rn. 66 ff.) auch bei objektiv ausgeglichen Leistungen begründet werden kann, zB weil der pflichtwidrig aufgenommene Kredit für den Vermögensinhaber subjektiv wertlos ist.[137] Aus diesem Grund sind auch rechtswidrige Ermittlungshandlungen für eine an Recht und Gesetz gebundene Kommune subjektiv ohne Wert, sodass die dafür abgeflossenen öffentlichen Mittel über den persönlichen Schadenseinschlag einen Nachteil begründen.[138] Dementsprechend kann sich nach der Zweckverfehlungslehre (§ 27 Rn. 61 f., 72 ff.) ein Schaden daraus ergeben, dass der mit der Vergabe einer Subvention verfolgte Zweck nicht bzw. nicht vollständig erreicht wird („Haushaltsuntreue").[139]

Problematisch kann das Vorliegen eines Schadens insbesondere bei der Korruption nach dem sog. Kick-Back-Verfahren sein, in dem ein Auftrag gegen Zahlung eines Schmiergeldes vergeben wird, das der vom Auftraggeber zu erbringenden Vergütungsleistung aufgeschlagen wird: Zwar ist der Vermögensnachteil für den Auftraggeber insoweit im Ausgangspunkt durch eine Saldierung der mit der Auftragsvergabe eingetretenen Vor- und Nachteile zu ermitteln; die Rechtsprechung setzt jedoch den zur Finanzierung des Schmiergeldes erhobenen Aufschlag in der Regel als Mindestschaden an, da der Vertrag anderenfalls mit einem Preisnachlass in entsprechender Höhe abgeschlossen worden wäre.[140] Damit wird jedoch nicht mehr auf einen objektiven Vergleich von Leistung und Gegenleistung abgestellt, sondern auf die Vermögensminderung durch Vernichtung der Aussicht auf einen günstigeren Vertragsabschluss (vgl. Rn. 43),[141] die nicht ohne Weiteres aus der Schmiergeldzahlung abgeleitet werden kann, sondern im konkreten Fall nachgewiesen werden muss.[142]

IV. Subjektiver Tatbestand

46 Der subjektive Tatbestand erfordert für beide Tatvarianten (zumindest bedingten) Vorsatz.[143] Die irrige Annahme eines tatbestandsausschließenden Einverständnisses des Berechtigten ist ein Tatbestandsirrtum iSv § 16 Abs. 1 S. 1.[144]

---

135 BGH NJW 2011, 88 (92 f.); wistra 2019, 190 (192 f.).
136 S/S-*Perron* § 266 Rn. 41; vgl. auch NK-*Kindhäuser/Hoven* § 266 Rn. 113.
137 BVerfG NJW 2013, 365 (367); s. auch zu spekulativen Finanzgeschäften einer Kommune: *Schneider* wistra 2018, 281 (285 f.).
138 BGH NJW 2020, 628 (630).
139 BGHSt 40, 287 (291 ff.) mit Anm. *Herdegen* NStZ 1995, 202 f.; BGH NStZ 1984, 549 (550); 1986, 455 f.; BGH NJW 2003, 2179 (2181); NJW 2020, 628 (630); einschr. BGHSt 43, 293 ff.; zur Vereinbarkeit mit Art. 103 Abs. 2 GG: BVerfG NJW 2013, 365 (367).
140 BGHSt 47, 295 (298 f.); 49, 317 (332 f.); 50, 299 (314 ff.); NJW 2013, 3590 (3592); wistra 2019, 190 (192).
141 *Fischer* § 266 Rn. 119.
142 Vgl. die entsprechende Kritik bei MK-*Dierlamm/Becker* § 266 Rn. 307 f.; *Portner* wistra 2021, 1 (4 ff.); *Schünemann* NStZ 2006, 196 (200).
143 Überblick bei *Mitsch* JuS 2011, 97 ff.; zur subjektiven Tatseite bei Risikogeschäften vgl. BGH NJW 1975, 1234 (1236); NStZ 1997, 543; wistra 2000, 60 (61).
144 BGHSt 3, 23 (25); MK-*Dierlamm/Becker* § 266 Rn. 317.

Bezüglich der inneren Tatseite bei Vorliegen einer schadensgleichen Vermögensgefährdung (vgl. Rn. 43) besteht innerhalb der Rechtsprechung derzeit Uneinigkeit: Während der 2. und 5. Strafsenat für den bedingten Vorsatz nicht bereits die Kenntnis des Täters von der konkreten Gefahr sowie deren billigende Inkaufnahme ausreichen lassen wollen, sondern die Billigung der Realisierung der Gefahr fordern,[145] geht der 1. Strafsenat in Bezug auf Risikogeschäfte davon aus, dass bereits die Ungleichwertigkeit der Ansprüche einen endgültigen Schaden begründe, so dass derjenige, der um die Minderwertigkeit weiß, mit direktem Vorsatz handele.[146] Im Schrifttum wird die erstgenannte Einschränkung mit Recht abgelehnt, da sie die Kongruenz von objektivem und subjektivem Tatbestand aufhebt und die Untreue zu einem Delikt mit überschießender Innentendenz transformiert.[147]

V. Regelbeispiele und Strafantragserfordernis

Durch den Verweis auf §§ 243 Abs. 2, 247, 248a und 263 Abs. 3 in Abs. 2 gelten die dort genannten Strafantragserfordernisse und Regelbeispiele für besonders schwere Fälle (§ 27 Rn. 88 ff.) auch entsprechend für die Untreue.

47

C. Anwendung

I. Aufbau

Es empfiehlt sich, die Tatbestandsmerkmale der Untreue in folgenden Schritten zu prüfen:

48

A) Tatbestand:
    I. Objektiver Tatbestand:
        1. Missbrauchsvariante (Abs. 1 Alt. 1)
            a) fremdes Vermögen (Rn. 8)
            b) Verfügungs- oder Verpflichtungsbefugnis (Rn. 9)
            c) Missbrauch der Befugnis (Rn. 10 ff.)
            d) Vermögensbetreuungspflicht (Rn. 26, 28 ff.)
        2. Vermögensschaden (Rn. 42 ff.)
    II. Subjektiver Tatbestand: Vorsatz (Rn. 46)
B) Rechtswidrigkeit
C) Schuld
D) Regelbeispiele nach Abs. 2 iVm §§ 243 Abs. 2, 263 Abs. 3
E) Strafantrag, §§ 266 Abs. 2, 247, 248a.

---

[145] BGHSt 51, 100 (120); BGH NStZ 2008, 704 (705); zust. *Keul* DB 2007, 728 (730); krit. *Perron* NStZ 2008, 517 (518); BGH wistra 2010, 23; NStZ 2013, 715 (716) mit krit. Anm. *Bung* StV 2015, 176 f.; OLG Hamburg StV 2010, 79 (80).
[146] BGH NJW 2008, 2451 (2452) mit abl. Anm. *Beulke/Witzigmann* JR 2008, 430 (433) und *Rübenstahl* NJW 2008, 2454; *Nack* StraFo 2008, 277 (281).
[147] *Bernsmann* GA 2007, 219 (230); *Beulke* Eisenberg-FS 245 (264); *Ransiek* NJW 2007, 1727 (1729); S/S/W-*Saliger* § 266 Rn. 91, 133; *Weber* Eisenberg-FS 371 (375).

Falls bereits A) I. 1. b) oder c) verneint wird, ist die Treubruchsvariante zu prüfen:
A) I. 1. Treubruchsvariante (Abs. 1 Alt. 2)
   a) Vermögensbetreuungspflicht (Rn. 28 ff.)
   b) Pflichtverletzung (Rn. 40 f.)
   2. Vermögensschaden (Rn. 42 ff.)
   II. Subjektiver Tatbestand: Vorsatz (Rn. 46)
B) Rechtswidrigkeit bis E) Strafantrag, s.o.

II. Einzelfragen

49 Bei der Prüfung des Untreuetatbestands steht regelmäßig die **Vermögensbetreuungspflicht** im Vordergrund, und zwar in zweierlei Hinsicht: Zum einen kann ihre inhaltliche Ausgestaltung zu erörtern sein; zum anderen kann es erforderlich sein, der Frage nachzugehen, ob der Missbrauchstatbestand das Bestehen einer Vermögensbetreuungspflicht voraussetzt. Das letztgenannte Problem sollte jedoch nur aufgeworfen werden, wenn geklärt ist, dass die sonstigen Voraussetzungen des Missbrauchs überhaupt erfüllt sind. Ist der Missbrauch einer Verpflichtungs- oder Verfügungsbefugnis festgestellt, so ist anschließend nach dem Erfordernis einer Vermögensbetreuungspflicht und dem Vorliegen der übrigen Deliktsvoraussetzungen zu fragen; auf den allgemeineren Treubruchstatbestand ist nicht mehr einzugehen. Wird dagegen der Missbrauch einer Verpflichtungs- oder Verfügungsbefugnis verneint, so ist mit der Prüfung des Treubruchstatbestands und hierbei wiederum mit den Voraussetzungen einer Vermögensbetreuungspflicht fortzufahren.

50 Da der Tatbestand beider Tatvarianten bereits eine Garantenstellung voraussetzt, kann die Tat – ohne dass die Voraussetzungen des § 13 noch gesondert zu prüfen wäre – gleichermaßen durch **Tun oder Unterlassen** ausgeführt werden.[148] Die Milderungsmöglichkeit nach § 13 Abs. 2 bleibt davon unberührt.[149]

III. Konkurrenzen

51 Tateinheit ist ua möglich mit Diebstahl[150], Betrug[151] oder Urkundenfälschung.[152] Sofern die §§ 283 ff. neben § 266 anwendbar sind (vgl. § 39 Rn. 5),[153] kommt ebenfalls Tateinheit in Betracht.[154]

Wiederholungs- und Vertiefungsfragen

> Setzen sowohl der Missbrauchstatbestand als auch der Treubruchstatbestand eine Vermögensbetreuungspflicht voraus? (Rn. 3 ff.)
> Nach welchen Kriterien bestimmt sich die Vermögensbetreuungspflicht? (Rn. 28 ff.)

---

148 BGH NJW 1990, 3219 (3220); NStZ 2022, 109 (111); SK-*Hoyer* § 266 Rn. 28; *Rudolphi* ZStW 86 (1974), 68 (69); LK-*Schünemann* § 266 Rn. 53, 107 f.
149 BGHSt 36, 227 ff. mit krit. Anm. *Timpe* JR 1990, 428 ff.; NStZ 2015, 517; BeckRS 2022, 4548 (Rn. 30); W-*Hillenkamp/Schuhr* Rn. 828; LK-*Schünemann* § 266 Rn. 202 (analoge Anwendung); aA *Güntge* wistra 1996, 84 (89).
150 BGHSt 17, 360 (361 f.).
151 BGH NZWiSt 2020, 119 (121).
152 BGHSt 18, 312 (313).
153 Vgl. etwa BGHSt 3, 23 (27); 30, 127 (129 f.); näher NK-*Kindhäuser/Bülte* Vor §§ 283-283d Rn. 51 ff.
154 BGH NJW 2012, 2366 (2369).

§ 35 Untreue (§ 266)

> Wann missbraucht der Treupflichtige seine Befugnis iSd Missbrauchstatbestandes? (Rn. 11)
> Welche Wirkung hat das Einverständnis des Berechtigten auf das Verhalten des Treupflichtigen? (Rn. 15)
> Wie weit kann der alleinige Gesellschafter einer GmbH wirksam in Vermögensverschiebungen einwilligen, die er selbst als Geschäftsführer vornimmt? (Rn. 18)
> Wann stellt der Abschluss von Risikogeschäften einen Missbrauch der Befugnis dar? (Rn. 20 f.)
> Welche Verhaltensweisen können eine Pflichtverletzung iSd Treubruchstatbestands darstellen? (Rn. 40)
> Wie ist der Vermögensschaden bei der Untreue zu berechnen? (Rn. 42 ff.)

§ 36 Vorenthalten und Veruntreuen von Arbeitsentgelt (§ 266a)

A. Allgemeines

1 I. Die Vorschrift umfasst zwei verschiedene Tatbestandsgruppen mit jeweils unterschiedlichen Rechtsgütern: Abs. 1 und 2 schützen das **Interesse der Solidargemeinschaft der Versicherten** an der Gewährleistung des Aufkommens der Mittel für die Sozialversicherung. Demgegenüber sichert Abs. 3 das **Vermögen** des betroffenen Arbeitnehmers.[1]

2 II. Der **Täterkreis** ist in allen drei Absätzen auf Arbeitgeber oder gleichgestellte Personen (Abs. 5) beschränkt. Daher handelt es sich bei § 266a um ein **Sonderdelikt**.[2] Die Tätereigenschaft wird von der hM wegen der treuhänderische Züge aufweisenden Pflichtenstellung als ein besonderes persönliches Merkmal iSv § 28 Abs. 1 angesehen.[3] Nach zutreffender Auffassung[4] ist diese Einordnung indes abzulehnen, da mit der Stellung als Arbeitgeber nicht an eine qualifizierte Pflichtenstellung, sondern nur die mit der Nähe zum geschützten Rechtsgut verbundene Einwirkungsmöglichkeit beschrieben wird. Besonders deutlich zeigt sich das in Bezug auf die Vorenthaltung der Arbeitgeberbeiträge (Abs. 2), da die Stellung des Arbeitgebers insoweit derjenigen eines Abgabepflichtigen entspricht (vgl. Rn. 7), bei der es sich auch nach hM nicht um ein persönliches Merkmal iSv § 28 Abs. 1 handelt.[5] Für die Arbeitgebereigenschaft gilt allerdings § 14, so dass auch die dort genannten Organe (zB der Geschäftsführer einer GmbH) und Vertreter Täter des § 266a sein können.[6] Nach hM kommt auch der faktische Geschäftsführer, der ohne formal ordnungsgemäße Bestellung den Betrieb leitet, als Täter in Betracht (vgl. § 14 Abs. 3 StGB).[7] Daneben bleibt jedoch der formell bestellte Geschäftsführer („Strohmann") verpflichtet, die Abführung der Beiträge sicherzustellen, indem er die Tätigkeit des faktischen Geschäftsführers überwacht und ggf. die erforderlichen Maßnahmen gegen den faktischen Geschäftsführer ergreift.[8]

B. Definitionen und Erläuterungen

▶ **Fall 1:** In der Firma des unter ständiger Geldnot leidenden U geht es „drunter und drüber". Als die Lage während einer Auftragsflaute besonders erdrückend wird, sieht U es nicht mehr ein, neben den hohen Löhnen auch noch die horrenden „Lohnnebenkosten" zu zahlen. Nachdem er den fälligen Lohn an seinen Arbeitnehmer A ausgezahlt hat, verfügt er wenige Tage später nicht mehr über die nötigen Mittel, um die auf A entfallenden Sozialversicherungsbeiträge abzuführen. ◀

---

1 BT-Drs. 10/5058 S. 31; OLG Köln NStZ-RR 2003, 212; L-Kühl/*Heger* § 266a Rn. 1; *Otto* § 54/56, § 61/68; MK-*Radtke* § 266a Rn. 5 f.; *Tag*, Das Vorenthalten von Arbeitnehmerbeiträgen zur Sozial- und Arbeitslosenversicherung sowie das Veruntreuen von Arbeitsentgelt, 1994, 33 ff.
2 *Fischer* § 266a Rn. 3; *Mitsch* 7.8.2.1.1.1; NK-*Tag* § 266a Rn. 18.
3 BGH NJW 2011, 2526; SK-*Hoyer* § 266a Rn. 18; *Klesczewski* BT § 9 Rn. 256; *Mitsch* 7.8.2.1.1.2; LK-*Möhrenschlager* § 266a Rn. 82; *Tag*, Das Vorenthalten von Arbeitnehmerbeiträgen zur Sozial- und Arbeitslosenversicherung sowie das Veruntreuen von Arbeitsentgelt, 1994, 190; vgl. aber zur Versagung einer doppelten Strafmilderung für den Gehilfen, soweit Täterschaft allein aufgrund der fehlenden Arbeitgeberstellung verneint wurde: BGH NZWiSt 2019, 317 (319).
4 M-Schroeder/*Maiwald*/*Momsen* I § 45/70; *Otto* § 61/69; S/S-*Perron* § 266a Rn. 20.
5 BGH NStZ 1995, 405; NJW 2011, 2526 f.
6 *Fischer* § 266a Rn. 5; *Mitsch* 7.8.2.1.1.3.
7 BGHSt 47, 318 (324); NK-*Tag* § 266a Rn. 30.
8 BGH NZWiSt 2020, 288 (289 f.); wistra 2020, 260; aA NK-*Tag* § 266a Rn. 30 (wegen fehlender Handlungsmöglichkeit).

▶ **Fall 2:** U meldet den neu eingestellten Arbeitnehmer B erst gar nicht zur Sozialversicherung an und zahlt dementsprechend auch keine Beiträge für B. ◀

▶ **Fall 3:** Auch bei Arbeitnehmer C „spart" U. Der Gläubiger G des C hat eine Lohnpfändung bewirkt, so dass U Teile vom Lohn des C einbehalten und direkt an G leisten muss. Diese Anteile von C´s. Lohn behält U zwar weiter ein, überweist sie aber nicht an G. ◀

I. Vorenthalten von Arbeitnehmerbeiträgen (Abs. 1)

Der Begriff des **Arbeitgebers** richtet sich nach dem Sozialversicherungsrecht (vgl. § 7 SGB IV), das auf die einschlägigen Regelungen des Zivilrechts abstellt (§§ 611 ff BGB); danach sind Arbeitgeber Dienstberechtigte, denen der Arbeitnehmer Dienste leistet und von denen er persönlich abhängig ist.[9] Diese Abhängigkeit drückt sich vor allem durch die Eingliederung des Arbeitnehmers in den Betrieb des Arbeitgebers und durch dessen Direktionsrecht aus, das Zeit, Dauer, Ort und Ausführung der Dienstleistung umfasst (vgl. § 7 Abs. 1 S. 2 SGV IV).[10] Demgegenüber deuten die Möglichkeit, Aufträge anzunehmen oder abzulehnen, und ein vom Auftragnehmer zu tragendes unternehmerisches Risiko anstelle einer festen Vergütung für die erbrachte Arbeitsleistung auf eine selbstständige Beschäftigung hin.[11] In Zweifelsfällen kann das Bestehen eines sozialversicherungspflichtigen Beschäftigungsverhältnisses über eine Anfrage beim Sozialversicherungsträger geklärt werden (§ 7a SGB IV).[12] Auf die Wirksamkeit des Vertrages kommt es dabei nicht an, da auch faktische Arbeitsverhältnisse, die auf einem unwirksamen oder später angefochtenen Vertrag beruhen, von der Beitragspflicht erfasst werden.[13] Dementsprechend kann auch die Beschäftigung von Prostituierten in einem Bordellbetrieb ein sozialversicherungspflichtiges Arbeitsverhältnis begründen.[14] Im Rahmen der Arbeitnehmerüberlassung ist zu differenzieren: Ist sie zulässig, ist allein der Verleiher Arbeitgeber; handelt es sich um unerlaubte gewerbliche Arbeitnehmerüberlassung, ist jedenfalls (auch) der Entleiher Arbeitgeber (§ 10 Abs. 1 AÜG).[15] Ob ein Arbeitsverhältnis gegeben ist, richtet sich nach den tatsächlichen Gegebenheiten und nicht nach der Bezeichnung durch die Vertragsparteien.[16] Die dem Arbeitgeber durch Abs. 5 gleichgestellten Personen sind in § 12 SGB IV und § 2 Heimarbeitsgesetz (HAG) näher beschrieben.[17]

Abs. 1 normiert ein **echtes Unterlassungsdelikt**, das verwirklicht ist, wenn **Beiträge des Arbeitnehmers** zur Sozialversicherung oder zur Arbeitsförderung der Einzugsstelle vorenthalten werden:

Beiträge des Arbeitnehmers sind nur solche Beiträge, die aufgrund einer gesetzlichen Verpflichtung an die genannten Stellen gezahlt werden müssen und die materiell dem Arbeitnehmer zuzurechnen sind. Es muss sich also um Beiträge handeln, die der Arbeitnehmer hätte selbst entrichten müssen, wenn die Zahlungsverpflichtung

---

9 BGH NJW 2014, 1975 (1976); NStZ-RR 2014, 246 (247 f.); L-Kühl/*Heger* § 266a Rn. 3; *Mitsch* 7.8.2.1.1.1; *Wegner* wistra 1998, 283 (284).
10 BGH NStZ 2020, 163 (165); NStZ-RR 2023, 277 (278).
11 BGH NStZ-RR 2019, 151 (151 f.); NJW 2023, 2357 (2358).
12 BGH NStZ-RR 2019, 151 (153).
13 NK-*Tag* § 266a Rn. 20.
14 BGH NStZ 2021, 304 (305 f.).
15 BGH NStZ-RR 2014, 246 (248); *Feigen/Livonius* Schiller-FS 147 (150 f.); NK-*Tag* § 266a Rn. 22 f.
16 BGH NStZ-RR 2014, 246 (248); *Lanzinner*, Scheinselbständigkeit als Straftat, 2014, 54.
17 *Mitsch* 7.8.2.1.1.4; NK-*Tag* § 266a Rn. 38.

nicht dem Arbeitgeber gesetzlich auferlegt wäre.[18] Erfasst werden die Beiträge für die Kranken-, Renten-, Pflege- und Arbeitslosenversicherung des Arbeitnehmers (vgl. § 28d SGB IV).[19]

6 Die geschuldeten Beiträge sind **vorenthalten**, wenn sie der Arbeitgeber nicht spätestens am Fälligkeitstage (vgl. insoweit § 23 SGB IV) an die Einzugsstelle abgeführt hat.[20] Ob der Arbeitgeber auch gegenüber dem Arbeitnehmer seine Lohnzahlungspflicht erfüllt, ist dabei nach dem ausdrücklichen Wortlaut der Norm unbeachtlich.[21] U hat daher in **Fall 2** den Tatbestand von § 266a Abs. 1 verwirklicht, indem er die Arbeitnehmeranteile zur Sozialversicherung für B nicht entrichtete. Der Arbeitgeber muss die Beiträge jedoch nach allgemeinen Grundsätzen erbringen können, sodass ein Vorenthalten bei Unmöglichkeit zu verneinen ist.[22] Die Unmöglichkeit der Beitragszahlung steht aber nach den Grundsätzen der **omissio libera in causa** einer Strafbarkeit nicht entgegen, wenn der Arbeitgeber die Unmöglichkeit vorsätzlich herbeigeführt bzw. keine Rücklagen gebildet hat, um sicherzustellen, dass bei Fälligkeit ausreichend Mittel zur Abführung der Beiträge verfügbar sind.[23] Danach erfüllt U auch in **Fall 1** den Tatbestand des § 266a Abs. 1, da er sich durch die vorangegangene Lohnzahlung an A der Möglichkeit begeben hat, die insoweit anfallenden Sozialversicherungsbeiträge abzuführen.

Im Schrifttum wird der Rückgriff auf die Grundsätze der omissio libera in causa allerdings dahin gehend eingeschränkt, dass der Tatbestand nicht erfüllt ist, wenn der Arbeitgeber die Unmöglichkeit dadurch herbeigeführt hat, dass er andere fällige Verbindlichkeiten erfüllt hat. Für eine solche Einschränkung spricht insbesondere, dass sich ein solcher Vorrang des Anspruchs auf die Sozialversicherungsbeiträge gegenüber anderen Forderungen aus dem Zivil- bzw. Sozialversicherungsrecht nicht begründen lässt.[24] Die Erfüllung des fälligen Anspruchs des A auf Lohnzahlung kann nach dieser Auffassung nicht dazu führen, dass U in **Fall 1** für die Unmöglichkeit der Abführung der Sozialversicherungsbeiträge verantwortlich ist. Demgegenüber geht die Rechtsprechung davon aus, dass sich aus der Strafbewehrung der Pflicht zur Abführung der Sozialversicherungsbeiträge ein solcher Vorrang gegenüber anderen, nicht strafbewehrten Zahlungspflichten ergibt; dies ergebe sich auch aus der Regelung zur tätigen Reue (§ 266a Abs. 6), die implizit davon ausgehe, dass die Leistung auf andere Verbindlichkeiten und die dadurch eingetretene Unmöglichkeit zur Beitragsabführung nicht bereits das tatbestandliche Unrecht ausschließe.[25] Dieser Widerspruch lässt sich jedoch ausräumen, wenn man den Anwendungsbereich der tätigen Reue auf die durch inkongruente Zahlungen verursachte Unmöglichkeit (vgl. § 41 Rn. 8) beschränkt.[26] Einem Vorrang der Ansprüche der Sozialversicherungsträger steht aber vor allem entgegen, dass eine solche Privilegierung gegenüber anderen Gläubigern im Insolvenzverfahren nicht vorgesehen ist (vgl. auch das Anfechtungsrecht nach § 129 InsO) und es daher nicht angängig erscheint, dem Sozialversicherungsträger insoweit strafrechtli-

---

18 *Klesczewski* BT § 9/252; *Otto* § 61/71.
19 NK-*Tag* § 266a Rn. 40.
20 BGH NJW 1992, 177 (178); L-Kühl/*Heger* § 266a Rn. 7; *Otto* § 61/72.
21 BGHSt 47, 318 (320 f.); *Achenbach* NStZ 2002, 523 (526); *Hirte* NJW 2003, 1154 (1159).
22 OLG Hamm wistra 2003, 73; SK-*Hoyer* § 266a Rn. 45; *Mitsch* 7.8.2.1.4; S/S-*Perron* § 266a Rn. 10.
23 BGH NJW 2002, 2480 (2481); wistra 2019, 102 (103); NK-*Tag* § 266a Rn. 69 f. mwN.
24 W-*Hillenkamp/Schuhr* Rn. 854; MK-*Radtke* § 266a Rn. 70; NK-*Tag* § 266a Rn. 70 ff.
25 BGHSt 47, 318 (321); 48, 307 (311); ebenso *Hellmann* Rn. 948; *Theile* JA 2022, 881 (884).
26 Ähnlich NK-*Tag* § 266a Rn. 76.

chen Schutz angedeihen zu lassen.[27] Ist die wirtschaftliche Krise (Zahlungsunfähigkeit bzw. Überschuldung, vgl. § 39 Rn. 9 ff.) bereits eingetreten, so wird das tatbestandliche Unrecht durch das insolvenzrechtliche Zahlungsverbot (§ 15b Abs. 1 InsO) ausgeschlossen, solange die dreiwöchige Frist für die Stellung des Insolvenzantrags läuft (§ 15a Abs. 1 InsO).[28] Stellt der Täter nach Fristablauf einen Insolvenzantrag, so gilt der Tatbestandsausschluss auch nach diesem Zeitpunkt fort (vgl. zur Steuerpflicht: § 15b Abs. 8 InsO).[29]

II. Vorenthalten von Arbeitgeberbeiträgen (Abs. 2)

Abs. 2 stellt das Vorenthalten der ganz (zB Unfallversicherung) oder anteilig auf den Arbeitgeber fallenden Beiträge zur Sozialversicherung unter Strafe. Aufgrund des geringeren Unrecht- und Schuldgehalts hat der Gesetzgeber die Nichtabführung des Arbeitgeberanteils bei geringfügiger Beschäftigung in Privathaushalten vom Anwendungsbereich des Abs. 2 ausgenommen und eine Ahndung als Ordnungswidrigkeit vorgesehen (§ 111 Abs. 1 S. 1 Nr. 2a, S. 2 SGB IV, § 209 Abs. 1 S. 1 Nr. 5, S. 2 SGB VII).[30] **Taterfolg** ist im Übrigen das Vorenthalten der Beiträge, für die eine Zahlungspflicht besteht.[31] Da in Bezug auf den Arbeitgeberanteil das treuhänderische Element (vgl. Rn. 2) fehlt und das Erfolgsunrecht in der unterlassenen Abführung der Beiträge besteht, setzt der Tatbestand eine Täuschung iSv Nr. 1 und 2 voraus und lehnt sich insoweit an den Tatbestand der Abgabenhinterziehung an (vgl. § 370 AO).[32] Das Vorenthalten muss kausal auf dieses Täuschungsverhalten (vgl. § 31 Rn. 8 ff. zu § 265b) zurückzuführen sein („dadurch").[33] Zum Teil wird zudem verlangt, dass ein funktionaler Zusammenhang bestehen müsse.[34]

Tatsachen iSv **Nr. 1** sind erheblich, wenn sie für Grund oder Höhe der Zahlungspflicht maßgeblich sind. Sie müssen unrichtig (zB zur Höhe des als Bemessungsgrundlage herangezogenen Lohns) oder unvollständig (zB bei teilweiser Meldung der Beschäftigten) gegenüber der zuständigen Stelle angegeben werden (vgl. auch § 29 Rn. 12).[35]

Das echte Unterlassungsdelikt nach **Nr. 2** erfordert einen Verstoß gegen eine Mitteilungspflicht des Täters (vgl. etwa § 28a SGB IV). Die Einzugsstelle wird insbesondere dann in Unkenntnis gelassen, wenn ihr – zB bei Schwarzarbeit – die Eigenschaft des Täters als Arbeitgeber unbekannt ist. Beim Weglassen relevanter Tatsachen sind die Angaben regelmäßig unvollständig.

In **Fall 2** lässt U die Einzugsstelle über die Neueinstellung des B in Unkenntnis und leistet – als Taterfolg – auch nicht die von ihm als Arbeitgeber zu tragenden Sozialversicherungsbeiträge.

---

27 NK-*Tag* § 266a Rn. 72; vgl. auch BGH (Z) NJW 2005, 2546 (2548), wonach ein Schaden des Sozialversicherungsträgers zu verneinen ist, wenn die pflichtgemäße Abführung der Beiträge im Insolvenzverfahren der Anfechtung unterlegen hätte; vgl. dagegen BGH NStZ 2006, 223 (224).
28 MK-*Radtke* § 266a Rn. 76; *Theile* JA 2022, 881 (884 f.); vgl. zur früheren Regelung in § 64 GmbHG: BGH NJW 2003, 3787 (3788); NStZ 2006, 223 (224); zur Neuregelung in § 15b InsO: BT-Drs. 19/24181, 193 f.
29 MK-*Radtke* § 266a Rn. 76; vgl. auch die Begründung zu § 15b Abs. 8 InsO: BT-Drs. 19/25353, 11 f.; aA *Bittmann/Cramer* wistra 2022, 149 (156 f.): Vorrang der Abführungspflicht.
30 BT-Drs. 15/2573, 28.
31 *Rönnau/Kirch-Heim* wistra 2005, 321 (323 ff.).
32 BT-Drs. 15/2573, 28.
33 *Krack* wistra 2015, 121 (122 f.); NK-*Tag* § 266a Rn. 94; aA M-G/B/*Thul* § 38/225.
34 S/S-*Perron* § 266a Rn. 11h.
35 BT-Drs. 15/2573, 28; näher NK-*Tag* § 266a Rn. 90 ff.

III. Veruntreuen von Arbeitsentgelt (Abs. 3)

10 Täter können wie in Abs. 1 und 2 nur der **Arbeitgeber** und die ihm in Abs. 5 gleichgestellten Personen sein (vgl. Rn. 3). Die (zweiaktige) Tathandlung besteht in einem **doppelten Unterlassen**: Der Arbeitgeber muss zunächst Lohnteile **einbehalten**, also nur ein um den abzuführenden Betrag gekürztes Arbeitsentgelt auszahlen,[36] und diesen Betrag gleichzeitig **nicht**, dh nicht bis zum Tag der Fälligkeit, an die entsprechende Stelle **zahlen**. Sodann muss er es unterlassen, den Arbeitnehmer von der Nichtzahlung zu informieren. Die Tathandlung kann sich auf alle Lohnteile beziehen, die weder unter Abs. 1 fallen noch als Lohnsteuer einbehalten werden. Exemplarisch sind vermögenswirksame Leistungen oder freiwillige Zahlungen an Versicherungs-, Renten- oder Pensionskassen.[37]

In **Fall 3** hat U den Tatbestand von § 266a Abs. 3 erfüllt, da der einbehaltene Betrag weder unter Abs. 1 fällt noch als Lohnsteuer einbehalten wird. Diesen hat U nicht an G weitergeleitet und C von dieser Nichtzahlung auch nicht in Kenntnis gesetzt.

IV. Subjektiver Tatbestand

11 Die subjektive Tatseite erfordert in allen Varianten (zumindest bedingten) **Vorsatz**.[38] Nach der (neueren) Rechtsprechung muss sich der Vorsatz dabei auch auf die Stellung als Arbeitgeber und die daraus resultierende Pflicht zur Abführung von Sozialversicherungsbeiträgen beziehen. Wie bei der Abgabenhinterziehung (§ 370 AO)[39] wird das geschützte Rechtsgut durch außerstrafrechtliche Normen (Sozial- bzw. Steuerrecht) konstituiert, so dass der Vorsatz des Täters auch den sozialversicherungsrechtlichen Beitragsanspruch umfassen muss.[40] Demgegenüber begründet der Irrtum über die aus der Arbeitgeberstellung folgende (oder ggf. delegierte) Erklärungspflicht (§ 266a Abs. 2 Nr. 2; vgl. auch § 370 Abs. 1 Nr. 2 AO) einen Verbotsirrtum (§ 17).[41] Gleiches gilt für die irrtümliche Annahme, andere fällige Verbindlichkeiten auch dann begleichen zu dürfen, wenn dadurch zu einem späteren Zeitpunkt fällige Sozialversicherungsbeiträge nicht mehr abgeführt werden können (vgl Rn. 6).[42]

V. Sonstiges

12 1. **Abs. 4** stellt eine unselbstständige Strafzumessungsregel dar, die nur im Zusammenhang mit Abs. 1 und 2 eingreift. Im Rahmen von Nr. 1 ist ein »großes Ausmaß« ab einem Betrag von 50.000 Euro in Betracht zu ziehen (vgl. § 27 Rn. 90).[43] »Grober Eigennutz« ist zu bejahen, wenn sich der Täter in besonders anstößigen Maße von dem Streben nach Gewinn leiten lässt (vgl. § 29 Rn. 21).[44] Die fortgesetzte Vorenthaltung von Beiträgen (Nr. 2, 3) setzt mehrere selbstständige Taten voraus. Eine **Verwendung nachgemachter oder verfälschter** (vgl. § 267 Abs. 1 Var. 1 und 2) **Belege** (zB Lohnbe-

---

[36] L-Kühl/*Heger* § 266a Rn. 14.
[37] *Mitsch* 7.8.2.1.2.
[38] S/S-*Perron* § 266a Rn. 17 mwN.
[39] Vgl. insoweit BGH NStZ 2012, 160 (161).
[40] BGH NStZ 2019, 146 (148) mit zust. Anm. *von Galen/Dawidowicz*; *Floeth* NStZ-RR 2018, 182 (183); *Habetha* StV 2019, 39 (40 f.); NJW 2019, 3532 (3533) mit zust. Anm. *Brand*; wistra 2020, 260; ebenso *Schneider/Rieks* HRRS 2019, 62 (65); a.A. *Bollacher* NZWiSt 2019, 59 (61 f.).
[41] *Ceffinato* wistra 2020, 230 (232, 233); vgl. zu § 370 Abs. 1 Nr. 2 AO: MK-*Schmitz/Wulf* § 370 AO Rn. 417.
[42] S/S-*Perron* § 266a Rn. 17.
[43] L-Kühl/*Heger* § 266a Rn. 16b; S/S/W-*Saliger* § 266a Rn. 33.
[44] S/S-*Perron* § 266a Rn. 29b.

scheinigungen, Arbeitsverträge) liegt vor, wenn diese der Einzugsstelle vorgelegt oder sonst zugänglich gemacht werden (Nr. 2).[45] Diesem Regelbeispiel gleichgestellt hat der Gesetzgeber den Fall, dass sich der Täter zur Verschleierung der tatsächlichen Beschäftigungsverhältnisse unrichtige, nachgemachte oder verfälschte Belege von einem Dritten verschafft, der diese gewerbsmäßig (vgl. § 3 Rn. 24 ff.) anbietet (Nr. 3), oder insoweit als Mitglied einer **Bande** (§ 4 Rn. 29 ff.) handelt (Nr. 4). Für die Ausnutzung der **Mithilfe eines Amtsträgers** (Nr. 5) gelten die Ausführungen zu § 264 Abs. 2 S. 2 Nr. 3 entsprechend (vgl. § 29 Rn. 23).

2. **Tätige Reue:** Abs. 6 sieht in einer an die allgemeinen Rücktrittsvorschriften angelehnten Regelung die Möglichkeit tätiger Reue des Arbeitgebers vor.[46]   13

3. **Konkurrenzen:** Erfüllt die Tat auch den Betrugstatbestand, so tritt Abs. 3 hinter § 263 zurück, während Abs. 1 bzw. Abs. 2 dem Betrug als lex specialis vorgehen.[47]   14

Wiederholungs- und Vertiefungsfragen

> Sind alle Tatbestände von § 266a Sonderdelikte? Wenn ja, wer ist tauglicher Täter? (Rn. 2)
> Welches Rechtsgut schützen § 266a Abs. 1 und 2, welches schützt § 266a Abs. 3? (Rn. 1)
> Wann ist der Arbeitnehmerbeitrag iSv § 266a Abs. 1 vorenthalten? (Rn. 6)
> Durch welche Tathandlungen kann der Arbeitgeberbeitrag iSv § 266a Abs. 2 vorenthalten werden? (Rn. 7 ff.)
> Welche beiden Handlungen muss der Arbeitgeber zur Erfüllung von § 266a Abs. 3 unterlassen? (Rn. 10)

---

45 S/S-*Perron* § 266a Rn. 29c; NK-*Tag* § 266a Rn. 101.
46 Näher *Krack* NStZ 2001, 505 (509 f.); *Mitsch* 7.8.4.
47 BT-Drs. 15/2573, 28; BGH NStZ 2007, 527; *Otto* § 61/78.

§ 37 Missbrauch von Scheck- und Kreditkarten (§ 266b)

A. Allgemeines

1 Die Vorschrift dient der **Schließung einer Strafbarkeitslücke**, die sich aus dem Erfordernis einer Vermögensbetreuungspflicht für die Missbrauchsvariante der Untreue (§ 266 Abs. 1 Alt. 1) ergibt: Da die Ausgabe von Scheck- und Kreditkarten im Interesse der Bankkunden erfolgt und zu keiner fremdnützigen Geschäftsführung verpflichtet, greift § 266 nicht ein, wenn die Karte von ihrem Inhaber zulasten des Ausstellers missbraucht wird.[1] Insoweit ist § 266b ein **untreueähnliches Delikt**, das auf eine Vermögensbetreuungspflicht und auf eine wirksame Verpflichtungs- und Verfügungsbefugnis im Außenverhältnis verzichtet, ansonsten aber § 266 nachgebildet ist. **Rechtsgut** ist das **Vermögen** des Scheck- bzw. Kreditkartenausstellers; die Sicherung bestimmter Formen des bargeldlosen Zahlungsverkehrs ist nur ein Schutzreflex.[2] Das Delikt ist mit dem Eintritt des Schadens vollendet; der **Versuch** ist straflos. Nach Abs. 2 ist in entsprechender Anwendung des § 248a ein **Strafantrag** unter den dort genannten Bedingungen erforderlich.

2 Als **Täter** kommt allein der berechtigte Karteninhaber in Betracht. Dies kann grundsätzlich nur der Kontoinhaber sein, dem – ggf. auch unter dem Eindruck einer Täuschung (vgl. § 263) – die Karte ausgestellt worden ist. Ein Dritter wird nicht schon dadurch zum tauglichen Täter, dass ihm der Karteninhaber die Karte zur Nutzung überlassen hat.[3] Täterschaft setzt vielmehr auch insoweit voraus, dass dem Dritten eine eigene Karte (zB als dem Ehegatten des Kontoinhabers) ausgestellt worden ist. Die Tat ist daher ein **Sonderdelikt**.[4] Wegen der dem Karteninhaber eingeräumten Vertrauensstellung ist die Tätereigenschaft ein besonderes persönliches Merkmal iSv § 28 Abs. 1.[5] Für Vermögensschädigungen durch **nichtberechtigte Besitzer** von Scheck- oder Kreditkarten sind die §§ 263, 263a einschlägig.

B. Definitionen und Erläuterungen

▶ **Fall 1:** A ist Inhaber einer Visa-Kreditkarte der S-Sparkasse. Als er in erhebliche finanzielle Schwierigkeiten gerät, erwirbt er mit der Visa-Karte Waren bei verschiedenen Einzelhändlern, ohne dass diese Geschäfte noch von seinem Kreditrahmen gedeckt sind. ◀

▶ **Fall 2:** Wie Fall 1, aber: Dem A wurde vom Kaufhaus K eine „goldene Kundenkarte" ausgestellt. Mit dieser Karte erwirbt er Waren bei K. ◀

▶ **Fall 3:** Wie Fall 1, aber: A ist Inhaber einer Debitkarte (ec-Karte®) der S-Sparkasse. Mit dieser Karte hebt er

A) an einem Bankautomaten der B-Bank und

B) am nächsten Tag an einem Bankautomaten der S-Sparkasse Geld ab. ◀

---

[1] BGHSt 33, 244 (250 f.); vgl. auch BayObLG NJW 1997, 3030 (3039); *Klesczewski* BT § 9/160; *Offermann* wistra 1986, 50 (54 ff.); *Otto* wistra 1986, 150 f.; *Tiedemann* JZ 1986, 865 (872).
[2] *Fischer* § 266b Rn. 2; *W-Hillenkamp/Schuhr* Rn. 860; SK-*Hoyer* § 266b Rn. 3; *Mitsch* 7.9.1.3; *Otto* § 54/41; MK-*Radtke* § 266b Rn. 1; für weiteres Rechtsgut BGHSt 47, 160 (168) mit Bespr. *Mühlbauer* NStZ 2003, 650 ff.; BGH NStZ 1993, 283.
[3] BGH NStZ-RR 2017, 281; S/S/W-*Hilgendorf* § 266b Rn. 2.
[4] BGH NStZ-RR 2017, 281; NK-*Kindhäuser* § 266b Rn. 1; *Mitsch* 7.9.2.1.1; *Schramm/Glatz* AL 2022, 158 (163).
[5] *Fischer* § 266b Rn. 21; *W-Hillenkamp/Schuhr* Rn. 860; *Klesczewski* BT § 9/173; *Kudlich* JuS 2003, 537 (539); *Otto* § 54/44; M-Schroeder/*Maiwald/Momsen* I § 45/79; aA S/S-*Perron* § 266b Rn. 13.

Den Tatbestand verwirklicht, wer die ihm durch die Überlassung einer Scheck- oder Kreditkarte eingeräumte Möglichkeit, den Aussteller zu einer Zahlung zu veranlassen, missbraucht und dadurch das Vermögen des Ausstellers schädigt.

I. Tatobjekt

Tatobjekte sind Scheck- und Kreditkarten in ihrer spezifischen Funktion als Zahlungsmittel. Bei ihnen ist dem Inhaber die Möglichkeit eingeräumt, den Aussteller aufgrund der von ihm abgegebenen Garantieerklärung zu einer Zahlung an den Kartennehmer zu veranlassen. Als **Möglichkeit** ist hierbei jede zivilrechtliche Form der **wirksamen Auslösung einer Zahlungsverpflichtung** des Ausstellers der Karte durch deren berechtigten Inhaber anzusehen.[6] In der üblichen Konstruktion beruht die Möglichkeit auf einer zwischen Kartenausstellern (Kreditinstituten) und Kartennehmern (Handels- und Dienstleistungsunternehmen) getroffenen Vereinbarung, der zufolge die Zahlungspflicht durch eine formal richtige Benutzung der Karte durch den Karteninhaber entsteht.[7]

1. Scheckkarte

Die Scheckkarte diente ursprünglich[8] als Mittel, um die Einlösung eines sog. Euroschecks bis zu einem bestimmten Betrag zu garantieren. Der BGH hat allerdings die Nutzung einer Scheckkarte als Codekarte, um am Geldautomaten einer Drittbank Geld abzuheben, in den Anwendungsbereich des § 266b einbezogen, weil dadurch ebenso wie bei der Einlösung eines Euroschecks eine Zahlungsverpflichtung der kartenausgebenden Bank ausgelöst wird.[9] Dementsprechend werden auch zur bargeldlosen Zahlung („electronic cash") eingesetzte ec-Karten weiterhin als Scheckkarten angesehen.[10] Mit der Einstellung des Euroscheckverfahrens ist dieser Auffassung jedoch die Grundlage entzogen worden, denn die von den Banken ausgegebenen Debitkarten (Girocard, ec-Karte®) haben ihre Funktion als „Scheckkarte" verloren; der Wortlaut steht daher einer entsprechenden Einordnung dieser Karten entgegen (Art. 103 Abs. 2 GG).[11] In **Fall 3** ist die Debitkarte des A daher kein taugliches Tatobjekt iSv § 266b Abs. 1 Alt. 1.

2. Kreditkarte

a) **Kreditkarte:** Die Kreditkarte ist ein bargeldloses Zahlungsmittel in einem **Drei-Parteien-System:** Der Aussteller (Kreditinstitut) verpflichtet sich gegenüber einem Vertragsunternehmen (zB Hotel, Handwerk, Einzelhändler), dessen Forderungen gegenüber dem Karteninhaber zu begleichen. Die Zahlungen rechnet der Kartenaussteller periodisch mit dem Karteninhaber ab. Das Drei-Parteien-System ist inzwischen zunehmend durch ein **Vier-Parteien-System** ersetzt worden, in dem ein „Acquirer" hinzukommt, der dem Vertragsunternehmen die Zahlung garantiert, aber seinerseits gegen-

---

6 S/S-*Perron* § 266b Rn. 3.
7 NK-*Kindhäuser* § 266b Rn. 5.
8 Die entsprechende Vereinbarung wurde zum 1.1.2002 aufgehoben.
9 BGHSt 47, 160 (164 f.).
10 *Fest/Simon* JuS 2009, 798 (801 f.); M/R-*Maier* § 266b Rn. 8; vgl. auch *Fischer* § 266b Rn. 6 f.
11 Arzt/Weber/*Heinrich*/Hilgendorf § 23/44b; W-Hillenkamp/Schuhr Rn. 861; M-Schroeder/*Maiwald*/Momsen I § 45/78; LK-*Möhrenschlager* § 266b Rn. 15; S/S-*Perron* § 266b Rn. 4; MK-*Radtke* § 266b Rn. 11; aA Schramm/Glatz AL 2022, 158 (159).

über dem kartenausgebenden Institut einen garantierten Ausgleichsanspruch hat.[12] Beispiele für eine solche „Universalkreditkarte" sind die Systeme von Eurocard, Diners Club, American Express oder – wie in **Fall 1** – Visa.

7 **b) Kundenkarten: Keine Kreditkarten** iSd Tatbestands sind „Kundenkarten" im sog. **Zwei-Parteien-System**.[13] Solche Karten haben den Zweck, dem Inhaber als Kunden des Ausstellers einen für dessen Filialen gültigen Kreditrahmen einzuräumen (zB Tankkarten[14]). Die Kundenkarte dient nur als Ausweis für die Gewährung eines Kredits auf einem Kundenkonto ohne jeweils gesonderte Prüfung der Kreditwürdigkeit. So verhält es sich auch mit der „goldenen Kundenkarte" in **Fall 2**. Diese Karte berechtigt A lediglich, Waren bei K auf Kredit zu kaufen. Schon vom Wortlaut her greift § 266b nicht ein, da der Aussteller nicht zu einer „Zahlung" veranlasst wird. Er leistet vielmehr Waren oder Dienstleistungen auf Kredit.

8 Eine verbreitete Gegenauffassung hält – dem klaren Wortlaut zuwider – Kundenkarten gleichwohl für taugliche Tatobjekte.[15] Als Argument wird auf eine wenig einsichtige Strafrahmendiskrepanz verwiesen: Während für Kreditkarten im Drei-Parteien-System § 266b gilt, greift für den Missbrauch der Kundenkarte bei mangelnder Deckung § 263 mit höherer Strafandrohung ein. Beide Tatausführungen unterscheiden sich jedoch weder im Handlungs- noch im Erfolgsunrecht wesentlich. Jeweils wurde dem Täter vom Kartenaussteller die Möglichkeit der Schädigung eingeräumt, ohne ihn zugleich mit einer fremdnützigen Geschäftsbesorgung iSe Vermögensbetreuungspflicht zu betrauen.

9 **c) Debitkarten**: Ob neben den klassischen Kreditkarten (Rn. 6) auch Debitkarten („ec-Karten") als Kreditkarte iSv § 266b Abs. 1 Var. 2 anzusehen sind, ist umstritten. Soweit die Karte als aufladbare Geldkarte oder im elektronischen Lastschriftverfahren (vgl. § 28 Rn. 54) verwendet wird, wird keine vom Kartenaussteller übernommene Zahlungsgarantie ausgelöst; insoweit lässt sich daher eine Einordnung als Kreditkarte im Drei-Parteien-System nicht begründen.[16] Soweit die Karte im POS-System („point of sale") eingesetzt wird, garantiert das kartenausgebende Institut hingegen die Zahlung (vgl. § 28 Rn. 51). Mit Blick auf diese Funktion werden Debitkarten zum Teil als Kreditkarten angesehen.[17] Indes widerspricht ein solches Verständnis dem allgemeinen Sprachgebrauch, der auch nach der Vorstellung des Gesetzgebers nur die Kreditkarte ieS (Rn. 6), nicht aber andere Karten (zB Scheckkarten, vgl. Rn. 5, und sonstige Karten mit Garantiefunktion, vgl. § 152b Abs. 4) umfasst.[18] Diese Bedenken lassen sich auch nicht begrifflich überwinden, indem man jede Karte einbezieht, „mit der Kredit erlangt werden kann",[19] denn anders als bei der Kreditkarte ieS erfolgt im POS-Verfahren nicht erst am Ende des Monats eine Gesamtabrechnung über die getätigten Umsätze,

---

12 *Rengier* I § 19/14 ff.; *Schramm/Glatz* AL 2022, 158 (162 f.); *Schur/Schur* JA 2017, 739 ff.
13 BGHSt 38, 281 ff.; 47, 160 (164 ff.); *Achenbach* NStZ 1993, 427 (429 f.); *Bernsau*, Der Scheck- oder Kreditkartenmissbrauch durch den berechtigten Karteninhaber, 1990, 210 f.; *Brand/Hotz* JuS 2014, 714 (715); *Gössel* § 26/32 ff.; SK-*Hoyer* § 266b Rn. 11; *Klesczewski* BT § 9/166; M/R-*Maier* § 266b Rn. 11; *Mitsch* 7.9.2.1.2; LK-*Möhrenschlager* § 266b Rn. 35 ff.; S/S-*Perron* § 266b Rn. 5b; MK-*Radtke* § 266b Rn. 25; *Rengier* I § 19/23 ff.; M-Schroeder/*Maiwald/Momsen* I § 45/81; *Tiedemann* JZ 1986, 865 (871).
14 OLG Celle BeckRS 2010, 28415; OLG Koblenz StV 2016, 371 (373).
15 *Hilgendorf* JuS 1997, 130 (135); *Otto* wistra 1986, 150 (152); *ders.* JZ 1992, 1139 f.; *Ranft* JuS 1988, 673 (680 f.).
16 S/S/W-*Hilgendorf* § 266b Rn. 10 ff.; S/S-*Perron* § 266b Rn. 5a.
17 *Rengier* I § 19/29; iErg ebenso NK-*Kindhäuser* § 266b Rn. 17; M-Schroeder/*Maiwald/Momsen* I § 45/82; näher *Brand* WM 2008, 2194 ff.; *Rengier* FS Stürner, 2013, 900 ff.
18 *Eisele* BT II Rn. 927; MK-*Radtke* § 266b Rn. 32.
19 *Rengier* I § 19/29.

sodass dem Kunden bis dahin Kredit gewährt wird, sondern der betreffende Betrag wird jeweils zeitnah abgebucht, sodass die Debitkarte auch nach ihrer Funktion **keine Kreditkarte, sondern eine Zahlungskarte ist.**[20] In **Fall 3** hat sich A daher nach der hier vertretenen Auffassung nicht nach § 266b strafbar gemacht; nach der Gegenansicht käme hingegen eine Strafbarkeit in Betracht (vgl. Rn. 10 ff.).

3. Codekarte

Da sich die Möglichkeit, den Aussteller zu einer Zahlung zu veranlassen, gerade aus der spezifischen Funktion der Karte ergeben muss, stellt sich das Problem, ob der Tatbestand auch durch die Verwendung einer Kreditkarte als Codekarte verwirklicht werden kann. Sofern man auch Debitkarten als taugliche Tatobjekte ansieht (vgl. Rn. 5, 9), stellt sich das Problem vor allem in den Fällen, in denen der Kunde – wie in **Fall 3A und 3B** – seine Karte zu unbefugten Barabhebungen an Geldautomaten verwendet. 10

- Nach verbreiteter Ansicht soll die missbräuchliche Verwendung der Karte in der Codekartenfunktion grds. nicht tatbestandsmäßig sein, da sie hier nur als „Schlüssel" und nicht mit Garantiefunktion benutzt werde.[21] Die Möglichkeit, Garantie- und Codekartenfunktion zu kombinieren, entspringe lediglich praktischen Bedürfnissen. Hiernach hat A weder in **Fall 3A** noch in **Fall 3B** den Tatbestand von § 266b erfüllt. 11

- Demgegenüber hält die Gegenauffassung § 266b – wie in **Fall 3A** – bei der unbefugten Benutzung eines **institutsfremden Bankomaten** durch den berechtigten Karteninhaber für anwendbar.[22] Dafür spricht der Wortlaut: Der Inhaber nutzt hier die Möglichkeit, durch die Kartenverwendung am Automaten den Aussteller zu einer Zahlung an einen Dritten zu veranlassen. A hätte demnach in **Fall 3A** durch das Abheben am Bankomaten der B-Bank mithilfe seiner ec-Karte von der S-Sparkasse ein iSv § 266b taugliches Tatmittel benutzt. Sofern eine Auszahlung allerdings erst nach einer online-Prüfung des Verfügungsrahmens und anschließender Autorisierung durch die kontoführende Bank erfolgt, wird allerdings keine Garantiefunktion der Karte in Anspruch genommen, die missbraucht werden könnte (vgl. Rn. 13, 14).[23] Nach hier vertretener Auffassung kommt es darauf in **Fall 3A** nicht an, da die ec-Karte® bereits kein taugliches Tatobjekt darstellt (Rn. 5, 9). 12

- Anders stellt sich – wie in **Fall 3B** – die Sach- und Rechtslage beim Geldabheben an einem **institutseigenen Bankomaten** dar: Hier entspricht die Konstruktion dem Zwei-Parteien-System.[24] Anders als bei der Nutzung einer Kundenkarte veranlasst der Täter zwar durch das Geldabheben den Aussteller zu einer Zahlung. Es ist aber das Merkmal des Missbrauchs nicht erfüllt, da der Täter nicht in einem Außenverhältnis von seinem Können Gebrauch macht und hierbei die Grenzen des rechtlichen Dürfens aus dem Innenverhältnis überschreitet (vgl. Rn. 14). Hebt der 13

---

20 S/S-*Perron* § 266b Rn. 5a; iErg ebenso *Eisele* BT II Rn. 927; W-*Hillenkamp*/*Schuhr* Rn. 861; LK-*Möhrenschlager* § 266b Rn. 30; MK-*Radtke* § 266b Rn. 32.
21 *Bernsau*, Der Scheck- oder Kreditkartenmissbrauch durch den berechtigten Karteninhaber, 1990, 154 ff.; W-*Hillenkamp*/*Schuhr* Rn. 862; *Otto* wistra 1986, 150 (153).
22 BGHSt 47, 160 (164); OLG Stuttgart NJW 1988, 981 (982); *Bühler* MDR 1989, 22 (23); *Hilgendorf* JuS 1997, 130 (135 f.); NK-*Kindhäuser* § 266b Rn. 21; *Weber* JZ 1987, 215 (217).
23 *Mitsch* 7.9.2.1.2; MK-*Radtke* § 266b Rn. 63; *Rengier* I § 19/36.
24 BGHSt 47, 160 (165); BayObLGSt 1997, 75 (77); M/R-*Maier* § 266b Rn. 9, 17; S/S-*Perron* § 266b Rn. 8.

Täter an einem institutseigenen Bankomaten Geld ab, sind Können und Dürfen vielmehr identisch. Auch ist die kartenausstellende Hausbank nicht zur Zahlung durch Geldausgabe verpflichtet. Infolgedessen scheidet eine Strafbarkeit des A nach § 266b in **Fall 3B** selbst dann aus, wenn man die ec-Karte entgegen der hier vertretenen Auffassung (Rn. 5, 9) grundsätzlich als taugliches Tatmittel ansieht. A könnte sich allenfalls nach § 263a strafbar gemacht haben (vgl. § 28 Rn. 43 f.).

II. Tathandlung

14 **Missbrauch** ist die Ausnutzung der Möglichkeit, den Aussteller zu einer Zahlung zu veranlassen, ohne dass die Voraussetzungen hierfür im Innenverhältnis erfüllt sind.

Der Täter muss also im Außenverhältnis (Kartenaussteller/Vertragsunternehmen als Leistungserbringer) von seinem mit der Kartenüberlassung erlangten Können Gebrauch machen und dabei die Grenzen seines durch das Innenverhältnis (Karteninhaber/Kartenaussteller) festgelegten Dürfens überschreiten.[25]

15 Das **Können im Außenverhältnis** ergibt sich aus den Vereinbarungen zwischen dem Kartenaussteller und dem Vertragsunternehmen, dessen Leistungen durch Nutzung der Karte vergütet werden sollen, über den Umfang der durch eine korrekte Kartenverwendung ausgelösten Zahlungsverpflichtung. Während diese Verpflichtung im Drei-Parteien-System darauf beruhte, dass der Karteninhaber als Vertreter des kartenausstellenden Unternehmens ein abstraktes Schuldversprechen gegenüber dem Vertragsunternehmen abgibt, wird die Verpflichtung des Acquirers im heute verbreiteten Vier-Parteien-System (Rn. 6) nicht über eine rechtsgeschäftliche Bindungsmacht des Karteninhabers, sondern durch den Rahmenvertrag zwischen Acquirer und Vertragsunternehmen begründet und steht unter der aufschiebenden Bedingung der Einreichung ordnungsgemäßer Belastungsbelege.[26] Anders als bei der Missbrauchsuntreue (§ 266 Abs. 1 Alt. 1, vgl. § 35 Rn. 11) bedarf es somit im Rahmen des § 266b keines rechtsgeschäftlichen Handelns (mehr).[27] In **Fall 1** hat sich A formal im vereinbarten Rahmen bewegt und daher von seinem Können, die Sparkasse zur Begleichung des Kaufpreises der von ihm erworbenen Waren zu veranlassen, Gebrauch gemacht.

Sofern die Zahlungsgarantie im Rahmenvertrag zwischen den beteiligten Unternehmen auf eine bestimmte Höhe beschränkt ist, wird von § 266b nur die Zahlung bis zum garantierten Limit erfasst. Die Zahlung des überschießenden Teils wird nicht durch das »Können« des Täters veranlasst. § 266b greift nicht ein, wenn die Zahlungspflicht des Ausstellers wegen eines kollusiven Zusammenwirkens[28] zwischen Karteninhaber und -nehmer nicht ausgelöst wird. In derartigen Fällen kommt allerdings eine Strafbarkeit wegen Betrugs gegenüber dem kartenausgebenden Institut in Betracht.[29] Kein Missbrauch iSv § 266b ist schließlich auch die unberechtigte Weitergabe der Karte an einen Dritten, um diesem die Möglichkeit eigener Schädigungshandlungen zum Nachteil des Kartenunternehmens zu eröffnen. Der berechtigte Karteninhaber nutzt in diesem Fall nicht die formalen Voraussetzungen seines Könnens – zB hinsichtlich der

---

25 BGH NStZ 1992, 278 (279); BayObLG NJW 1997, 3039; *Mitsch* 7.9.2.1.3.
26 *Rengier* I § 19/20, 22, 15; vgl. insoweit BGH NJW 2002, 2234 (2236).
27 *Eisele* BT II Rn. 932; W-*Hillenkamp/Schuhr* Rn. 864; *Rengier* I § 19/21 f.; *Schramm/Glatz* AL 2022, 158 (164).
28 Vgl. BGHZ 83, 28 (30).
29 Vgl. insoweit BGHSt 33, 244 (247).

erforderlichen Unterschrift – zum Entstehen der Zahlungsverpflichtung aus (vgl. auch Rn. 2).[30]

Für das **rechtliche Dürfen im Innenverhältnis** sind die zwischen Aussteller und Karteninhaber getroffenen Konditionen über die erforderliche Deckung, den gewährten Kredit und die Zahlungsfristen maßgeblich. Da A in **Fall 1** den ihm von der Sparkasse gewährten Kreditrahmen verlassen hat, hat er die Grenze des rechtlichen Dürfens im Innenverhältnis iSd Tatbestands überschritten.

Unter **Zahlung** ist nicht nur die Hingabe von Bargeld, sondern auch – wie in **Fall 1** – eine Geldleistung im Verrechnungswege zu verstehen.[31]

III. Schaden

Der Kartenmissbrauch muss zu einem Vermögensschaden führen, der wie bei Betrug und Untreue zu bestimmen ist (vgl. § 27 Rn. 59 ff.; § 35 Rn. 42 ff.). Hinsichtlich der mangelnden Deckung kommt es, ungeachtet besonderer Vertragsgestaltungen mit dem Kartenaussteller, auf den **Zeitpunkt der Verrechnung** an. Sofern der Täter willens und ohne Weiteres in der Lage ist, den Betrag auszugleichen, soll nach hM wie bei der Untreue eine Schädigung zu verneinen sein (vgl. § 35 Rn. 44, auch zur Kritik).[32] Ein Schaden liegt jedenfalls dann nicht vor, wenn das Kreditinstitut auf vollwertige Sicherheiten (zB Wertpapiere) des Täters zurückgreifen kann, die den Ersatzanspruch abdecken.[33]

IV. Subjektiver Tatbestand

Die subjektive Tatseite erfordert (zumindest bedingten) **Vorsatz**. Dieser ist etwa zu verneinen, wenn der Täter von einer hinreichenden Deckung ausgeht.

C. Anwendung

I. Aufbau

Es empfiehlt sich, die Tatbestandsmerkmale des Missbrauchs von Scheck- und Kreditkarten in folgenden Schritten zu prüfen:
A) Tatbestand:
  I. Objektiver Tatbestand:
    1. Täterqualifikation: Berechtigter Inhaber (Rn. 2) einer ihm vom Aussteller überlassenen Scheck- oder Kreditkarte (Rn. 5 ff.)
    2. Missbrauch: Ausnutzung der Möglichkeit, den Aussteller zu einer Zahlung zu veranlassen, ohne dass die dafür erforderlichen Voraussetzungen im Innenverhältnis erfüllt sind (Rn. 14 ff.)
  II. Subjektiver Tatbestand: (zumindest bedingter) Vorsatz (Rn. 19)
B) Rechtswidrigkeit

---

30 BGH NStZ 1992, 278 (279).
31 BT-Drs. 10/5058, 32; *Otto* § 54/45; S/S-*Perron* § 266b Rn. 8.
32 BT-Drs. 13/5058, 33; L-Kühl/*Heger* § 266b Rn. 6; S/S-*Perron* § 266b Rn. 10; MK-*Radtke* § 266b Rn. 73.
33 L-Kühl/*Heger* § 266b Rn. 6; *Kleszcewski* BT § 9/171; S/S-*Perron* § 266b Rn. 10; MK-*Radtke* § 266b Rn. 73.

C) Schuld
D) Strafantrag, §§ 266b Abs. 2, 248a (Rn. 1).

II. Konkurrenzen

21 Der Kreditkartenmissbrauch ist weder als Betrug noch als Untreue strafbar, sodass insoweit keine Konkurrenzprobleme entstehen.[34] Im Verhältnis zu § 263a hat § 266b als speziell auf das Verhältnis zwischen kartenausgebendem Institut und Karteninhaber bezogene Privilegierung Vorrang.[35] Zwischen §§ 263 und 266b besteht Tatmehrheit, wenn der Täter die Karte zunächst durch eine Täuschung über seine Vermögensverhältnisse erlangt hat und sie später zu einem Kreditkartenmissbrauch nutzt.[36] Die neuere Rechtsprechung bejaht jedoch in diesem Fall Tateinheit zwischen §§ 263 und 266b, und zwar auch bei mehrfacher missbräuchlicher Verwendung.[37]

Wiederholungs- und Vertiefungsfragen

> Worin besteht der Unterschied zwischen § 266b und der Untreue, § 266? (Rn. 1)
> Was ist unter einer Scheckkarte zu verstehen? (Rn. 5)
> Was ist unter einer Kreditkarte zu verstehen? (Rn. 6 ff.)
> Ist eine Debitkarte taugliches Tatobjekt, wenn sie zur Abhebung am Bankautomaten benutzt wird? (Rn. 9, 10 ff.)

---

34 Vgl. dagegen noch zu § 263 und dessen Verdrängung durch den spezielleren § 266b: BGH NStZ 1987, 120; KG JR 1987, 257; *Geppert* Jura 1987, 162 (165); *Otto* wistra 1986, 150 (153).
35 OLG Stuttgart NJW 1988, 981 (982); M/R-*Maier* § 266b Rn. 26.
36 BGHSt 33, 244 (246); BGH NStZ 1993, 283; *Gössel* § 26/57; L-Kühl/*Heger* § 266b Rn. 9; NK-*Kindhäuser* § 263 Rn. 410; *Weber* JZ 1987, 215 (216); aA *Otto* § 54/55; MK-*Radtke* § 266b Rn. 79: § 266b als mitbestrafte Nachtat.
37 BGHSt 47, 160 (170); zust. M/R-*Maier* § 266b Rn. 27.

8. Teil: Gefährdung von Gläubigerrechten

§ 38 Vollstreckungsvereitelung (§ 288)

A. Allgemeines

Die Vorschrift dient der Sicherung eines materiellen Rechts des Gläubigers auf Befriedigung aus dem Schuldnervermögen.[1] Geschützt wird nur die Einzelvollstreckung.[2] Es genügt ein Handeln in Vereitelungsabsicht; ein Vereitelungserfolg braucht nicht einzutreten. Daher scheitert unten in **Fall 1** eine Strafbarkeit der Beteiligten nicht schon daran, dass V die Forderung des G trotz des Versteckens des Schmucks befriedigen konnte.

Die Tat ist ein **echtes Sonderdelikt** des Vollstreckungsschuldners. Allerdings wird die Schuldnereigenschaft von der hM nicht als besonderes persönliches Merkmal iSv § 28 Abs. 1 angesehen.[3] Die Verfolgung erfordert einen **Strafantrag** (Abs. 2); antragsberechtigt ist der Gläubiger, dessen Vollstreckungsbemühen durch die Tat vereitelt werden sollte.

B. Definitionen und Erläuterungen

I. Objektiver Tatbestand

Den objektiven Tatbestand verwirklicht, wer bei einer ihm drohenden Zwangsvollstreckung Bestandteile seines Vermögens veräußert oder beiseite schafft.

1. Täter

▶ **Fall 1:** Gläubiger G hat einen vollstreckbaren Titel gegen A erwirkt und den Gerichtsvollzieher V mit der Vollstreckung beauftragt. Als der sich auf Reisen befindliche A hiervon erfährt, ruft er seinen Freund B an und bittet ihn, zur Vereitelung des Zugriffs den Familienschmuck aus der Wohnung zu holen; B, dem A die Schlüssel anvertraut hat, tut dies. Als V einige Tage später die Wohnung ordnungsgemäß öffnen lässt, findet er als pfändbaren Vermögensgegenstand nur noch eine antike Uhr vor, deren Verwertung allerdings zur Begleichung der Schuld ausreicht. A hatte die Uhr irrig für wertlos gehalten. ◀

Als Täter kommt nur derjenige in Betracht, dem die Zwangsvollstreckung selbst droht, weil er für die betreffende Verbindlichkeit haftet. Dies muss nicht der Vollstreckungsschuldner sein; taugliche Täter sind auch die für den Schuldner nach § 14 handelnden Personen.[4] Das täterschaftliche Handeln eines außenstehenden Dritten ist nicht tatbe-

---

1 BGHSt 16, 330 (334); BGH NJW 1991, 2420; *Geppert* Jura 1987, 427; *Mitsch* 16.1.1; jew. mwN; die Rechtskraftwirkung berücksichtigend M-*Schroeder*/Maiwald I § 47/4; LK-*Schünemann* § 288 Rn. 3 f.; aA NK-*Gaede* § 288 Rn. 2: Schutz des unabhängig vom materiellen Recht bestehenden Vollstreckungsrechts des Gläubigers.
2 Zum strafrechtlichen Schutz der Gesamtvollstreckung im Insolvenzverfahren vgl. §§ 39 ff.
3 W-*Hillenkamp*/Schuhr Rn. 503; *Mitsch* 16.3.3; *Otto* § 50/21; M-*Schroeder*/Maiwald I § 47/11; aA *Herzberg* GA 1991, 145 (181); LK-*Schünemann* § 288 Rn. 44.
4 MK-*Maier* § 288 Rn. 44; M-*Schroeder*/Maiwald I § 47/11; LK-*Schünemann* § 288 Rn. 40; zur Strafbarkeit von konsultierten Rechtsanwälten und Steuerberatern *Kühn* NJW 2009, 3610.

standsmäßig, sodass sich der ihn hierzu veranlassende (abwesende) Schuldner mangels Haupttat nicht wegen Anstiftung strafbar macht.[5]

Daher sind die Beteiligten in **Fall 1** straflos. Dem B, der den Schmuck eigenhändig weggeschafft hat, fehlt die Sondereigenschaft, Vollstreckungsschuldner zu sein. A ist zwar Schuldner, hat aber infolge seiner Abwesenheit nicht die für die täterschaftliche Tatbestandsverwirklichung erforderliche Tatherrschaft. Für eine Unterlassungstat fehlt ihm die Garantenstellung (§ 13) gegenüber G.[6] Mangels Haupttat scheidet zudem eine Anstiftung des A zur Vollstreckungsvereitelung aus.

2. Drohende Zwangsvollstreckung

▶ **Fall 2:** Ü kümmert sich nicht um offene Rechnungen. Bei V hat Ü eine teure Stereoanlage unter Eigentumsvorbehalt gekauft. Da Ü nicht zahlt, erwirkt V ein Urteil auf Herausgabe der Anlage. Ü versteckt die Anlage nunmehr bei seiner Freundin F. ◀

4   Der zu vollstreckende materielle **Anspruch** muss zum Tatzeitpunkt bereits entstanden sein.[7] Fälligkeit ist nicht erforderlich; der Anspruch kann auch unter einer aufschiebenden Bedingung stehen.[8] Die materielle Begründetheit des Anspruchs hat der Strafrichter selbstständig zu prüfen, ohne hierbei an ein ggf. bejahendes Zivilurteil gebunden zu sein.[9] Der Anspruch kann zivil- oder öffentlich-rechtlich, obligatorisch oder dinglich sein. Stets muss er jedoch **vermögensrechtlicher Natur** sein. Nicht erfasst werden Ansprüche aus Vermögenssanktionen (Geldstrafe, Geldbuße, Verfall usw), denn diese sind Gegenstand staatlicher Zwangsgewalt (vgl. insoweit § 258 Abs. 2) und dienen nicht der Durchsetzung eines materiellen Befriedigungsrechts.[10]

5   Die **Zwangsvollstreckung droht**, wenn – wie in **Fall 2** – aufgrund der konkreten Umstände davon auszugehen ist, dass der Gläubiger alsbald seinen Anspruch durch staatliche Vollstreckungsorgane zwangsweise durchsetzen wird.[11] Sofern der Gläubiger einen Vollstreckungstitel erwirkt hat, ist von einer drohenden Zwangsvollstreckung auszugehen. Jedoch reichen dringende (und wiederholte) Mahnungen aus; Klage muss noch nicht erhoben sein.[12] Die Zwangsvollstreckung kann auch noch nach ihrem Beginn drohen, wenn weitere Vollstreckungsmaßnahmen – zB die Versteigerung einer gepfändeten Sache – zu erwarten sind.[13]

---

5   Vgl. *Geppert* Jura 1987, 427 (430 f.); *Krey/Hellmann/Heinrich* Rn. 473 ff.; *Mitsch* 16.3.2; für mittelbare Täterschaft nach der von *Roxin* entwickelten Lehre von den Pflichtdelikten: LK-*Schünemann* § 288 Rn. 41 mwN.
6   Vgl. zum Bankrott LK-*Brand* § 283 Rn. 39 mwN; aA (Garantenstellung des Schuldners) MK-*Maier* § 288 Rn. 28; LK-*Schünemann* § 288 Rn. 29, 41 (vgl. dagegen Rn. 32 gegen eine Strafbarkeit rein passiven Verhaltens).
7   BGH NJW 1991, 2420; S/S-*Heine/Hecker* § 288 Rn. 6; *Krey/Hellmann/Heinrich* Rn. 471; *Mitsch* 16.2.1.4; *Otto* § 50/14. Der Ehemann, der ihm gehörende Immobilien verkauft und den Kaufpreis verspielt, um die Durchsetzung des – zum Tatzeitpunkt noch nicht entstandenen (§ 1378 Abs. 3 BGB) Zugewinnausgleichsanspruchs seiner Ehefrau zu vereiteln, handelt daher nicht tatbestandsmäßig, s. AG Bamberg BeckRS 2020, 29294.
8   S/S-*Heine/Hecker* § 288 Rn. 6.
9   BayObLGSt 1952, 224.
10 LG Bielefeld NStZ 1992, 284; L-Kühl/*Heger* § 288 Rn. 2; LK-*Schünemann* § 288 Rn. 13.
11 RGSt 63, 341 (342 f.); BGH NJW 1991, 2420; *Gössel* § 28/73; *Mitsch* 16.2.1.3; *Rengier* I § 27/8; LK-*Schünemann* § 288 Rn. 17.
12 RGSt 31, 22 (24 f.); BGH bei *Holtz* MDR 1977, 637 (638); W-*Hillenkamp/Schuhr* Rn. 500; LK-*Schünemann* § 288 Rn. 17.
13 RGSt 35, 62 (63); LK-*Schünemann* § 288 Rn. 18 mwN; W-*Hillenkamp/Schuhr* Rn. 500.

Das **Tatobjekt** muss zum Schuldnervermögen gehören. Bei Geldforderungen kommen als einschlägige Vermögensbestandteile alle (beweglichen und unbeweglichen) Gegenstände und Forderungen in Betracht, die der Zwangsvollstreckung unterliegen. Auch Besitz ist einschlägig. Daher hat V in **Fall 2** als Vorbehaltsverkäufer wegen seiner Geldforderung einen tatbestandsrelevanten Anspruch auf Herausgabe der eigenen Sache.[14] Hingegen scheiden unpfändbare Gegenstände[15] ebenso aus wie Forderungen, die dem Schuldner nur zur Inkassozession übertragen wurden,[16] und Vermögensgegenstände, an denen einem Dritten ein die Veräußerung hinderndes Recht (§ 771 ZPO) zusteht.[17]

3. Tathandlungen

Tathandlungen sind das Veräußern und Beiseiteschaffen des Tatobjekts:

a) **Veräußern:** Veräußern ist jede rechtsgeschäftliche Verfügung, durch die ein Vermögensbestandteil ohne vollen Ausgleich aus dem Vermögensbestand weggegeben wird, sodass der Gläubiger nicht mehr rechtmäßig auf ihn zugreifen kann oder seine Befriedigungsmöglichkeit verringert ist.[18] Daher sind zum einen – soweit es nur um die Vollstreckung von Geldforderungen geht – wirtschaftlich ausgeglichene Veräußerungsgeschäfte, die unter Berücksichtigung der Gegenleistung zu keiner Vermögensminderung führen, nicht einschlägig.[19] Mangels Schmälerung des Vermögensbestands ist auch die Befriedigung anderer Gläubiger nur im Falle inkongruenter Deckung[20] tatbestandsmäßig.[21] Zum anderen ist es nicht ausreichend, wenn der Täter das Tatobjekt vermietet oder lediglich ein auf dessen dingliche Übertragung gerichtetes Verpflichtungsgeschäft abschließt.[22]

b) **Beiseiteschaffen:** Beiseiteschaffen ist jedes (sonstige) Verhalten, das den Zugriff des Gläubigers auf die Vermögensbestandteile unmöglich macht oder erheblich erschwert.[23] Darunter fällt insbesondere das räumliche Entfernen und Verbergen von Vermögensgegenständen.[24] Nach hM soll darunter auch die Zerstörung[25], nicht aber die Beschädigung der Sache fallen, da der Zugriff des Gläubigers im letztgenannten Fall erhalten bleibt.[26] Dies erscheint jedoch inkonsequent, da auch die Beschädigung der Sache dessen Befriedigung – zumindest teilweise – vereiteln kann.[27] Demgegenüber setzt ein Beiseiteschaffen implizit den Fortbestand der Sache voraus; dass weder die Beschädigung noch die Zerstörung als Tathandlung erfasst werden, lässt sich zudem im Umkehrschluss aus § 283 Abs. 1 Nr. 1 entnehmen (vgl. § 39 Rn. 13).[28] Nach hM ist auch in der Einziehung einer Forderung vor Fälligkeit ein Beiseiteschaffen zu sehen.[29] Mit Blick auf die Rechtswirkung der Erfüllung (§ 362 Abs. 1 BGB) wird darin zum

---

14 BGHSt 16, 330; BGH GA 1965, 309.
15 RGSt 71, 216 (218).
16 RGSt 72, 252.
17 *Rengier* I § 27/9; LK-*Schünemann* § 288 Rn. 25.
18 RGSt 66, 130 (131); *Haas* GA 1996, 117 (119); *Mitsch* 16.2.1.6.3; *Otto* § 50/16; LK-*Schünemann* § 288 Rn. 28.
19 BGH NJW 1953, 1152 (1153).
20 Vgl. hierzu § 40 Rn. 8 ff.
21 RGSt 71, 227 (231); BayObLGSt 1952, 224.
22 *Mitsch* 16.2.1.6.3; LK-*Schünemann* § 288 Rn. 30.
23 Vgl. auch § 39 Rn. 13.
24 BGH GA 1965, 309 (310); NK-*Gaede* § 288 Rn. 13.
25 RGSt 19, 25 (26 f.); MK-*Maier* § 288 Rn. 30; *Rengier* I § 27/16; LK-*Schünemann* § 288 Rn. 31.
26 RGSt 42, 62 (64 f.); W-*Hillenkamp/Schuhr* Rn. 502; *Rengier* I § 27/16; LK-*Schünemann* § 288 Rn. 32.
27 Vgl. NK-*Gaede* § 288 Rn. 13; S/S-*Heine/Hecker* § 288 Rn. 14.
28 NK-*Gaede* § 288 Rn. 13; S/S-*Heine/Hecker* § 288 Rn. 14; *Mitsch* 16.2.1.6.2.
29 RGSt 9, 231 (232), 19, 25 (27); MK-*Maier* § 288 Rn. 30; *Otto* § 50/19.

Teil auch eine Veräußerung gesehen.[30] Dagegen spricht indes, dass dem Erlöschen des Anspruchs die vom Schuldner erlangte Geldleistung gegenübersteht (vgl. Rn. 8) und erst der Zugriff des Gläubigers auf letztere faktisch vereitelt bzw. erschwert wird.

II. Subjektiver Tatbestand

10 Der subjektive Tatbestand verlangt neben dem auf die objektiven Merkmale bezogenen (zumindest bedingten) **Vorsatz** die **Absicht**, die Befriedigung des Gläubigers – zumindest zeitweise – zu vereiteln. Für diese Absicht soll nach hM direkter Vorsatz im Sinne sicherer Kenntnis genügen.[31] Mit Blick auf den Wortlaut und die an anderer Stelle (vgl. §§ 258 Abs. 1, 283c Abs. 1) vorgenommene Unterscheidung wird man indes Absicht ieS verlangen müssen, dh es muss dem Täter auf die Vereitelung (ggf. auch nur als Zwischenziel) ankommen.[32] Sie ist nicht gegeben, wenn der Täter lediglich eine bestimmte Vollstreckungsmaßnahme verhindern will oder wenn er – bei einer Geldforderung – das Tatobjekt in der Annahme entfernt, dass genügend anderes Vermögen zur Befriedigung des Gläubigers vorhanden ist.[33] Anderes gilt jedoch bei einem Individualanspruch: Entfernt er die vom Gläubiger zu beanspruchende Sache, so handelt er auch dann mit Vereitelungsabsicht, wenn er über genügend Vermögen zur Befriedigung eines Schadensersatzanspruchs verfügt, da der Schuldner kein Recht hat, den Gläubiger auf einen anderen Anspruch zu verweisen.[34]

III. Konkurrenzen

11 Mit § 136 Abs. 1 besteht Tateinheit, wenn eine bereits gepfändete Sache beiseite geschafft wird.[35]

Wiederholungs- und Vertiefungsfragen

> Setzt § 288 Abs. 1 das Eintreten eines Vereitelungserfolges voraus? (Rn. 1)
> Wer kann Täter der Vollstreckungsvereitelung sein? (Rn. 3)
> Welche Tathandlungen kommen in Betracht? (Rn. 7 ff.)
> Welche Absicht verlangt der subjektive Tatbestand? (Rn. 10)

---

30 S/S-*Heine/Hecker* § 288 Rn. 14; LK-*Schünemann* § 288 Rn. 31.
31 RGSt 59, 314 (315); S/S-*Heine/Hecker* § 288 Rn. 17; MK-*Maier* § 288 Rn. 40; *Mitsch* 16.2.2.2.
32 NK-*Gaede* § 288 Rn. 16; LK-*Schünemann* § 288 Rn. 37.
33 BayObLGSt 1952, 224 (225).
34 S/S-*Heine/Hecker* § 288 Rn. 17; *Otto* § 50/20; *Rengier* I § 27/20; aA *Berghaus*, Der strafrechtliche Schutz der Zwangsvollstreckung, 1967, 101; L-Kühl/*Heger* § 288 Rn. 6.
35 MK-*Maier* § 288 Rn. 53.

§ 39 Bankrott (§§ 283, 283a)

A. Allgemeines

I. Anwendungsbereich

§ 283 ist die zentrale Norm des **Insolvenzstrafrechts**. Unter diesem Begriff werden diejenigen Vorschriften zusammengefasst, die das Insolvenzverfahren als Verfahren der **Gesamtvollstreckung aller Gläubiger** gegen einen Schuldner im Interesse der gleichzeitigen quotenmäßigen Befriedigung der Gläubiger mit den Mitteln des Strafrechts sichern.[1] Zu den Insolvenzdelikten gehören neben §§ 283–283d vor allem solche Straftaten, die Pflichtwidrigkeiten bei der Stellung eines Insolvenzantrags zum Gegenstand haben (§ 15a Abs. 4, 5 InsO). Die Antragspflicht wurde allerdings zeitweise aufgrund der Pandemie suspendiert (§ 1 COVID-19-Insolvenzaussetzungsgesetz).[2]

Systematisch lassen sich die Insolvenzdelikte in zwei Arten unterteilen, die sich hinsichtlich des Gegenstands und des Zwecks der Regelung erheblich voneinander unterscheiden.[3] Auf der einen Seite stehen die **bestandsbezogenen Bankrotthandlungen**, durch die eine Überschuldung, Zahlungsunfähigkeit oder Verringerung des Vermögensbestands, der im Falle einer Insolvenz zur Insolvenzmasse zählt, herbeigeführt wird (§ 283 Abs. 1 Nr. 1 Var. 1 und 3, Nr. 2, Nr. 3 und Nr. 8 Var. 1, Abs. 2; vgl. auch §§ 283c, 283d). Auf der anderen Seite stehen die **informationsbezogenen Bankrotthandlungen**, durch die der Täter unrichtige Informationen über seinen Vermögensbestand gibt oder die ihm obliegende Darstellung seines Vermögensbestands unrichtig, mangelhaft oder überhaupt nicht ausführt (§ 283 Abs. 1 Nr. 1 Var. 2, Nr. 4 bis 7, Nr. 8 Var. 2 und 3; vgl. auch § 283b). Solche informationsbezogenen Handlungen erschweren oder verhindern die Erlangung des für sachgemäße Entscheidungen des Täters bzw. des Insolvenzverwalters erforderlichen Kenntnisstands über die wahre Vermögenslage.

II. Schutzzweck und Täterkreis

Die Vorschrift des § 283 schützt die **Vermögensinteressen der Gesamtheit der Gläubiger** eines Schuldners einschließlich der Arbeitnehmer mit ihren geldwerten Forderungen aus dem Arbeitsverhältnis.[4] Die Sicherung der Funktionsfähigkeit der Kreditwirtschaft iwS ist Reflex dieses Schutzes, aber kein eigentlicher Normzweck.[5] Die Vorschrift ist ein **abstraktes Gefährdungsdelikt**, da eine konkrete Gefährdung oder Beeinträchtigung des Gläubigervermögens tatbestandlich nicht vorausgesetzt wird. Wer wegen einer vorsätzlichen Tat nach §§ 283 ff. rechtskräftig verurteilt ist, kann innerhalb von fünf Jahren nach Rechtskraft der Entscheidung nicht Geschäftsführer einer GmbH oder Vorstandsmitglied einer AG sein (§§ 6 Abs. 2 S. 2 Nr. 3b GmbHG, 76 Abs. 3 S. 2 Nr. 3b AktG).

---

[1] Näher NK-*Kindhäuser/Bülte* Vor §§ 283-283d Rn. 1 ff., 19 ff.; LK-*Brand* Vor § 283 Rn. 7 ff.; vgl. im Übrigen *Hombrecher* JA 2013, 541 mit einem Überblick zu §§ 283–283d.
[2] Näher *Bittmann/Cramer* wistra 2022, 93 (96 f.).
[3] *Hartwig* Bemmann-FS 311 (313 f.); NK-*Kindhäuser/Bülte* Vor §§ 283-283d Rn. 5 ff.; *Krause*, Ordnungsgemäßes Wirtschaften und Erlaubtes Risiko, 1995, 35 ff.
[4] BGHSt 28, 371 (373); 34, 221 (225); 55, 107 (115); *Fischer* Vor § 283 Rn. 3.
[5] *Hartwig* Bemmann-FS 311 (314 Fn. 20); NK-*Kindhäuser/Bülte* Vor §§ 283-283d Rn. 19; *Krause*, Ordnungsgemäßes Wirtschaften und Erlaubtes Risiko, 1995, 171 ff., 451; M-Schroeder/*Maiwald/Momsen* I § 48/8; aA S/S-*Heine/Schuster* Vor § 283 Rn. 2; LK-*Brand* Vor § 283 Rn. 11 ff.

4   Der Bankrott ist ein **echtes Sonderdelikt**.[6] **Als Täter** kommen nach Abs. 6 **nur Schuldner** in Betracht, also Personen, die für die Erfüllung einer Verbindlichkeit haften. Schuldner iSd Tatbestands sind zunächst natürliche Personen; neben Kaufleuten sind auch Privatleute und Angehörige freier Berufe erfasst.[7] Handelsrechtliche (Buchführungs-)Pflichten (§ 283 Abs. 1 Nr. 5 und 7; vgl. auch § 283b) treffen jedoch nur Kaufleute (Rn. 17 ff.). Bei juristischen Personen und Personenvereinigungen erfolgt die Zurechnung der Schuldnereigenschaft über § 14. Diese Vorschrift ermöglicht die Überwälzung der strafrechtlichen Haftung von der juristischen Person (Schuldner iSd § 283) auf eine natürliche Person, die deren Organ oder gesetzlicher Vertreter ist.[8] So sind Täter iSd § 283 der Geschäftsführer einer GmbH (§ 14 Abs. 1 Nr. 1) oder der vertretungsberechtigte Gesellschafter einer am Rechtsverkehr teilnehmenden GbR (§ 14 Abs. 1 Nr. 2). Nach hM erfasst diese Regelung auch denjenigen, der die Aufgaben des Organs tatsächlich wahrnimmt (faktischer Geschäftsführer).[9] Eine Garantenstellung iSv § 13 ist mit der Schuldnereigenschaft nicht verbunden.[10] Die Beschränkung des Täterkreises auf den Schuldner beruht dementsprechend nicht auf einer Sonderpflicht des Schuldners, sondern auf dessen Nähe zum geschützten Rechtsgut: Es handelt sich daher entgegen der hM[11] nicht um ein besonderes persönliches Merkmal iSd § 28 Abs. 1 (vgl. auch § 38 Rn. 1); anders wäre die identische Strafandrohung für den Extraneus (§ 283d) nicht zu erklären.[12]

5   Die Zurechnung der Schuldnereigenschaft über § 14 setzt voraus, dass der Täter „als" Organ oder Vertreter handelt. So ist ein Verhalten, das allein darauf gerichtet ist, den Schuldner selbst zu schädigen – der Prokurist unterschlägt zB Gelder seiner Firma zu eigenen Zwecken – kein Handeln „als" Vertreter oder Organ iSv § 14. Relevant wird diese Frage vor allem bei der **Abgrenzung zur Untreue**: Bei der Untreue richtet sich das Verhalten gegen den Schuldner selbst, für dessen Vermögen der Täter zu sorgen hat; beim Bankrott verletzt das Verhalten die Interessen der Gläubiger an der Erhaltung der Leistungsfähigkeit des Schuldners.

Nach der bisherigen Rechtsprechung war die Abgrenzung nach der sog. **Interessentheorie** vorzunehmen. Danach war ein Handeln iSv § 14 (und damit die Anwendbarkeit von § 283) anzunehmen, wenn das Vorgehen des Täters zumindest auch im Interesse des Schuldners und nicht nur im eigenen Interesse oder im Interesse eines Dritten erfolgte.[13] Dies hatte zur Konsequenz, dass etwa ein Geschäftsführer einer GmbH, der die Gesellschaft gezielt in die Insolvenz trieb – was nicht in deren Interesse sein konnte – nur wegen Vermögens-, nicht aber wegen Insolvenzdelikten bestraft werden konnte. Bei rein eigennützigen Buchführungsdelikten blieb der Täter – soweit eine Zurechnung über § 14 erforderlich war – straflos, wenn diese nicht zu einem Vermögensschaden iSd § 266 führten.[14]

---

6   NK-*Kindhäuser*/*Bülte* § 283 Rn. 110; M-*Schroeder*/*Maiwald*/*Momsen* I § 48/19.
7   Zur Verbraucherinsolvenz nach §§ 304 ff. InsO: BGH NStZ 2001, 485 (486) mit Anm. *Krause* NStZ 2002, 42 f.; *Radtke* Achenbach-FS 341; LK-*Brand* Vor § 283 Rn. 24 ff. mwN.
8   Näher *Kindhäuser*/*Zimmermann* AT § 7/1 ff.; NK-*Kindhäuser*/*Bülte* Vor §§ 283-283d Rn. 43 ff.; *Wittig* § 23/22 ff.
9   BGHSt 3, 32 (37 f.); 47, 318 (324); wistra 2022, 37; näher NK-*Böse*/*Bülte* § 14 Rn. 25 ff. mwN.
10 L-*Kühl*/*Heger* § 283 Rn. 4; LK-*Brand* § 283 Rn. 9.
11 BGHSt 58, 115 (117 f.) mit Anm. *Kraatz* JR 2013, 466 (471 f.); NStZ-RR 2019, 180 f.; *Otto* § 61/89; AnwK-*Püschel* § 283 Rn. 34; MK-*Petermann*/*Sackreuther* § 283 Rn. 87; LK-*Brand* § 283 Rn. 194.
12 L-*Kühl*/*Heger* § 283 Rn. 25; M-*Schroeder*/*Maiwald*/*Momsen* I § 48/19; *Vormbaum* GA 1981, 101 (133).
13 BGHSt 28, 371 ff.; 30, 127 ff.; 34, 221 ff.; BGH NStZ 2000, 206 (207); zur Entwicklung der Rechtsprechung s. *Pohl*, Der Vertretungsbezug der Handlung iSd § 14 StGB, 2013, 75 ff.; zustimmend *Hellmann* Rn. 366.
14 Näher zur Kritik NK-*Kindhäuser*/*Bülte* Vor §§ 283-283d Rn. 52 ff. mwN.

Der BGH hat die Interessentheorie nunmehr aufgegeben.[15] Im Anschluss an im Schrifttum entwickelte Ansätze (**Funktionstheorie**[16] bzw. **Zurechnungsmodell**[17]) macht der BGH die **Zurechnung** der Schuldnereigenschaft nunmehr davon abhängig, ob der Vertreter iSd § 14 im Geschäftskreis des Vertretenen tätig geworden ist; dies ist bei rechtsgeschäftlichem Handeln zu bejahen, wenn der Vertreter im Namen des Vertretenen auftritt oder Letzteren wegen der bestehenden Vertretungsmacht im Außenverhältnis die Rechtswirkungen des Geschäfts unmittelbar treffen.[18] Gleiches gilt, wenn sich der Vertretene zur Erfüllung seiner strafbewehrten Pflichten – etwa der Buchführungspflichten – eines Vertreters bedient.[19] Bei faktischem Handeln soll die Zustimmung des Vertretenen dazu führen, dass der Vertreter in seinem Auftrag handelt und ihm die Schuldnerstellung zugerechnet wird.[20] Eine Zustimmung ist aber jedenfalls nicht erforderlich, da dies kaum mit der in § 14 vorausgesetzten eigenverantwortlichen Aufgabenwahrnehmung vereinbar wäre[21]; jedenfalls setzt der Vertretungsbezug nicht die Wirksamkeit der Zustimmung bzw. Vertretung voraus (vgl. § 14 Abs. 3)[22], da dies die widersinnige Konsequenz hätte, bei einem Einverständnis der Gesellschafter, welchem zum Schutz der Gläubiger die rechtliche Wirksamkeit versagt wird (vgl. § 30 GmbHG), eine Zurechnung zu verneinen und damit die Anwendbarkeit der Strafvorschriften zum Gläubigerschutz (§§ 283 ff.) auszuschließen.[23] Insgesamt wird aber jedenfalls mit der Aufgabe der Interessentheorie eine Ungleichbehandlung zwischen Einzelkaufleuten und Vertretern bzw. Organen juristischer Personen ebenso vermieden wie Strafbarkeitslücken bei Verstößen gegen Buchführungs- und Bilanzierungspflichten.[24]

III. Gesetzessystematik

§ 283 formuliert **zwei Tatbestände**: Der erste betrifft die Vornahme bestimmter Tathandlungen (Abs. 1 Nr. 1 bis 8) während einer wirtschaftlichen Krise, der zweite die Herbeiführung der eigenen Überschuldung oder Zahlungsunfähigkeit durch die genannten Tathandlungen (Abs. 2). Der formale Unterschied der beiden Tatvarianten liegt im Zeitpunkt der Tathandlung. Überschneidungen sind möglich: Durch eine während einer drohenden Zahlungsunfähigkeit (Abs. 1) vollzogene Bankrotthandlung kann zB die endgültige Zahlungsunfähigkeit (Abs. 2) herbeigeführt werden. Die Verfolgbarkeit beider Tatvarianten setzt jeweils den Eintritt der in Abs. 6 genannten **objektiven Strafbarkeitsbedingung** voraus. Dies gilt auch für den nach Abs. 3 strafbaren **Versuch**.

6

---

15 BGHSt 57, 229 mit Anm. *Brand* NJW 2012, 2370.
16 *Arloth* NStZ 1990, 570 (574 f.); NK-*Böse/Bülte* § 14 Rn. 20; *Labsch*, wistra 19885, 59 ff.
17 *Brand*, Untreue und Bankrott in der KG und GmbH & Co KG, 2010, 234 ff.; LK-*Brand* Vor § 283 Rn. 20; MK-*Petermann/Sackreuther* Vor § 283 Rn. 73 f.
18 BGH NStZ 2012, 89 (91); wistra 2022, 37.
19 BGH NStZ 2012, 89 (91).
20 BGH NStZ 2012, 89 (91); kritisch zum Zustimmungserfordernis NK-*Böse/Bülte* § 14 Rn. 19 mwN.
21 NK-*Böse/Bülte* § 14 Rn. 19; s. auch BGH wistra 2012, 191.
22 So aber *Brand*, Untreue und Bankrott in der KG und GmbH & Co KG, 2010, 262 f.; *ders.* NStZ 2010, 9 (13); MK-*Radtke* § 14 Rn. 68.
23 BGH NJW 2009, 2225 (2227 f.); NStZ 2012, 89 (91); NK-*Böse/Bülte* § 14 Rn. 19; S/S-*Perron* § 14 Rn. 26.
24 Vgl. bereits BGH NJW 2009, 2225 (2227 f.); näher zur Diskussion NK-*Böse/Bülte* § 14 Rn. 17 ff.; *Pohl*, Der Vertretungsbezug der Handlung iSd § 14 StGB, 2013, 111 ff.

B. Definitionen und Erläuterungen

I. Objektiver Tatbestand

1. Abs. 1

▶ **Fall 1:** K schreibt mit seinem kleinen Supermarkt nur rote Zahlen. Dies rührt daher, dass er Waren weit unter Einkaufspreis verkauft, um der Konkurrenz durch Discountgeschäfte standhalten zu können. Nunmehr hat er Schulden in Höhe von 100.000 Euro angehäuft. Zerschlüge man das Unternehmen, erzielten die vorhandenen Waren und das Inventar einen Preis von 50.000 Euro. Aufgrund der geringen Größe und der schlechten Lage des Supermarktes ist auch mittelfristig nicht davon auszugehen, dass K wieder kostendeckend arbeitet. ◀

7 Abs. 1 setzt voraus, dass der Täter während einer wirtschaftlichen Krise eine der in Abs. 1 Nr. 1 bis 8 genannten Tathandlungen ausführt.

8 a) **Wirtschaftliche Krise:** Eine wirtschaftliche Krise iSv Abs. 1 ist bei Überschuldung oder bei drohender oder eingetretener Zahlungsunfähigkeit gegeben; die Auslegung dieser Begriffe hat dabei grundsätzlich akzessorisch zum Insolvenzrecht (§§ 17 ff. InsO) zu erfolgen:[25]

9 ■ **Überschuldung** liegt vor, wenn das Vermögen des Schuldners die bestehenden Verbindlichkeiten nicht mehr deckt, es sei denn, die Fortführung des Unternehmens ist nach den Umständen überwiegend wahrscheinlich (§ 19 Abs. 2 S. 1 InsO). Zur Bestimmung der Überschuldung ist wie folgt vorzugehen:[26] Zunächst wird die rechnerische Überschuldung anhand einer Gegenüberstellung des zu Liquidationswerten bewerteten Vermögens und der bestehenden Verbindlichkeiten ermittelt. Überwiegen die Aktiva, ist eine Überschuldung zu verneinen. Ergibt sich dagegen eine rechnerische Überschuldung, ist in einem zweiten Schritt eine Fortführungsprognose zu erstellen. Es ist aufgrund einer betriebswirtschaftlichen Prognose für das laufende und nachfolgende Geschäftsjahr zu ermitteln, ob die Finanzkraft des Unternehmens mit hinreichender Wahrscheinlichkeit ausreicht, um seine Fortführung zu ermöglichen (going concern-principle). Bei einer negativen Fortführungsprognose liegt eine Überschuldung vor; bei positiver Fortführungsprognose werden aus der rechnerischen Überschuldung keine weiteren Konsequenzen gezogen. Eine Überschuldung wird damit erst bei intensiver Gefährdung der Gläubigerinteressen bejaht.

In **Fall 1** zeigt sich im ersten Schritt eine rechnerische Überschuldung. Auch die Fortführungsprognose ergibt keine hinreichende Wahrscheinlichkeit der Fortführung des Supermarktes, sodass K als überschuldet anzusehen ist.

10 ■ **Zahlungsunfähigkeit** ist eingetreten, wenn der Schuldner nicht in der Lage ist, seinen fälligen Zahlungspflichten nachzukommen (§ 17 Abs. 2 S. 1 InsO).[27] Verbindlichkeiten sind auch dann zu berücksichtigen, wenn der Gläubiger die Zahlung nicht ausdrücklich und ernsthaft eingefordert hat, es sei denn, es liegt eine konklu-

---

[25] BT-Drs. 12/2443 S. 114 (zu § 18 Abs. 2 InsO); BGH NStZ 2007, 643 f.; einschränkend MK-*Petermann/Sackreuther* Vor § 283 Rn. 17 f. mwN; eingehend zur Auslegung der Krisenmerkmale *Erdmann*, Die Krisenbegriffe der Insolvenzstraftatbestände, 2007, 89 ff.

[26] BT-Drs. 16/16060, 12 f.; BGHZ 119, 201 (214); *Grube/Röhm* wistra 2009, 81 (82 f.); NK-*Kindhäuser/Bülte* Vor §§ 283-283d Rn. 94.

[27] BT-Drs. 12/2443, 114; BGH wistra 2007, 308; NJW 2014, 164; *Arens* wistra 2007, 450 ff.; NK-*Kindhäuser/Bülte* Vor §§ 283-283d Rn. 97.

dente Stundung der Forderungen vor.[28] Sie wird durch eine Gegenüberstellung der fälligen Verbindlichkeiten und der zu ihrer Tilgung vorhandenen oder kurzfristig herbeizuschaffenden Mittel zum Zeitpunkt der Tathandlung festgestellt (stichtagsbezogener **Liquiditätsstatus**); ist innerhalb von drei Wochen mit einer Wiederherstellung der Zahlungsfähigkeit zu rechnen, so liegt keine Zahlungsunfähigkeit, sondern nur eine Zahlungsstockung vor.[29] Aus ähnlichen Erwägungen begründen geringfügige Liquiditätslücken noch keine Zahlungsunfähigkeit, sondern diese ist erst ab einer Unterdeckung von mindestens 10 % anzunehmen.[30]

■ **Zahlungsunfähigkeit droht**, wenn der Schuldner voraussichtlich nicht in der Lage sein wird, die bestehenden Zahlungspflichten im Zeitpunkt der Fälligkeit zu erfüllen (§ 18 Abs. 2 InsO).[31] Der zu berücksichtigende Zeitraum reicht bis zum letzten Fälligkeitstermin der Verbindlichkeiten, die zum Prognosezeitpunkt bestehen.[32] Je länger der Prognosezeitraum ist, desto höher muss die Wahrscheinlichkeit des Eintritts der Zahlungsunfähigkeit sein.[33]

b) **Tathandlungen:** Zu den wichtigsten der – teils bestandsbezogenen, teils informationsbezogenen – Tathandlungen nach Abs. 1 gehören:

aa) **Nr. 1:** Zum **Vermögen**, auf das sich als Tatobjekt die Handlungen nach Nr. 1 beziehen, gehören alle (beweglichen und unbeweglichen) Gegenstände, die im Falle der Insolvenzeröffnung zur Insolvenzmasse gehören (§ 35 InsO; s. aber § 36 InsO).[34]

Beiseiteschaffen ist jedes Verhalten, das den Zugriff der Gläubiger auf die Vermögensbestandteile unmöglich macht oder erheblich erschwert (vgl. § 38 Rn. 9).[35] Einschlägig sind auch Veränderungen der dinglichen Rechtslage (zB Übereignungen), nicht jedoch bloße schuldrechtliche Vertragsabschlüsse.[36] **Verheimlichen** ist ein Verhalten, durch das der Täter das Tatobjekt als solches oder dessen Zugehörigkeit zur Insolvenzmasse der Kenntnis der Gläubiger oder auch des Insolvenzverwalters entzieht (zB durch unvollständige Angaben in dem von ihm erstellten Vermögensverzeichnis oder Verschweigen eines ausländischen Bankkontos).[37] Wird die Nutzbarkeit ohne Verletzung der Substanz beeinträchtigt, ist der Gegenstand **unbrauchbar gemacht**,[38] anderenfalls **beschädigt**.[39] **Zerstören** meint die völlige Aufhebung der Brauchbarkeit durch Vernichtung der Substanz.[40]

Alle Tatvarianten müssen den **Anforderungen ordnungsgemäßer Wirtschaft** objektiv und subjektiv **widersprechen**.[41] Dies ist etwa zu verneinen, wenn der Täter fällige

---

28 BGH NStZ 2021, 308 f. mit zust. Anm. *Brand*.
29 BGH NJW 2014, 164 (165); NStZ-RR 2018, 216.
30 BGH NJW 2005, 3062 (3065 f.); M/R-*Altenhain* § 283 Rn. 8.
31 BT-Drs. 12/2443, 114 f.; NK-*Kindhäuser/Bülte* Vor §§ 283-283d Rn. 99.
32 BGH wistra 2013, 232 (233 f.); *Bieneck* StV 1999, 43 (45); MK-*Petermann/Sackreuther* Vor § 283 Rn. 126 ff.
33 BGH wistra 2013, 232 (233 f.).
34 Näher NK-*Kindhäuser/Bülte* § 283 Rn. 8 ff.; LK-*Brand* § 283 Rn. 2 ff.
35 BGHSt 55, 107 (113 ff.); BGH bei *Holtz* MDR 1979, 457; NJW 2010, 2894 (2896); OLG Frankfurt NStZ 1997, 551.
36 RGSt 61, 107 (108); NK-*Kindhäuser/Bülte* § 283 Rn. 12.
37 RGSt 64, 138 (140); BGHSt 11, 145 (146 f.); BGH NJW 2010, 2894 (2897); BGH NStZ-RR 2017, 250; LK-*Brand* § 283 Rn. 11.
38 BGHSt 29, 129 (132 ff.).
39 NK-*Kindhäuser/Bülte* § 283 Rn. 27; MK-*Petermann/Sackreuther* § 283 Rn. 16.
40 NK-*Kindhäuser/Bülte* § 283 Rn. 27; MK-*Petermann/Sackreuther* § 283 Rn. 16.
41 BGHSt 34, 309 (310); BGH NJW 1952, 898; LK-*Brand* § 283 Rn. 6, 14.

Verbindlichkeiten erfüllt oder Austauschgeschäfte mit wertgleichen Vermögensgegenständen vornimmt.[42]

14 **bb) Nr. 2: Verlustgeschäfte** sind nur solche Geschäfte, die schon nach der Vorauskalkulation auf eine Vermögensminderung angelegt sind und auch hierzu führen.[43] Das planmäßige Verkaufen unter Einkaufspreis durch K in **Fall 1** stellt hiernach eine Reihe von Verlustgeschäften dar. Da K in dieser Weise dauerhaft und nicht nur ausnahmsweise vorgeht, handelt er auch den Anforderungen einer ordnungsgemäßen Wirtschaft zuwider.

Spekulationsgeschäfte sind Geschäfte, bei denen ein besonders hohes Risiko in der Hoffnung eingegangen wird, einen das übliche Maß übersteigenden Gewinn zu erzielen, wobei um dieses Preises willen auch ein möglicher größerer Verlust hingenommen werden soll; beispielhaft ist die Beteiligung an einem unseriösen Unternehmen zum Ausgleich bereits erlittener Verluste.[44] **Differenzgeschäfte** (§ 764 BGB aF) haben zwar die Lieferung von Waren oder Wertpapieren zum Gegenstand, werden aber mit der Zwecksetzung geschlossen, dass der Unterschiedsbetrag zwischen dem vereinbarten Preis und dem Markt- oder Börsenpreis zum Zeitpunkt der Lieferung von dem verlierenden an den gewinnenden Vertragspartner entrichtet werden soll.[45]

15 **cc) Nr. 3:** Die Tathandlung hat **zwei Akte**. Der Täter muss zunächst **Waren oder Wertpapiere beschafft** haben, und zwar **auf Kredit** und nicht durch Barzahlung. Ungeachtet des daran bestehenden Aussonderungsrechts (§ 47 InsO) werden auch unter Eigentumsvorbehalt gelieferte Waren erfasst.[46] Diese Wertpapiere oder Waren bzw. die aus den Waren hergestellten Sachen müssen sodann erheblich unter ihrem Wert veräußert oder sonst abgegeben werden. Insoweit umschreibt diese Tatvariante – zur Verdeutlichung ihrer besonderen Gefährlichkeit – ein Verlustgeschäft iSv Nr. 2.

16 **dd) Nr. 4:** Tathandlungen sind das Vortäuschen der Rechte anderer und das Anerkennen erdichteter Rechte, wodurch die **Passiva erhöht dargestellt** werden. Eine tatsächliche oder rechtliche Veränderung der Schuldenmasse ist nicht erforderlich.[47] Die Rechte können dinglicher wie auch obligatorischer Natur sein.

17 **ee) Nr. 5:** Diese Tatvariante verwirklicht, wer Handelsbücher, die er gesetzlich zu führen verpflichtet ist, nicht führt („echtes Unterlassen") oder so mangelhaft führt oder manipuliert, dass die Übersicht über seinen Vermögensbestand erschwert wird.

Handelsbücher sind – unabhängig von ihrer äußeren Gestalt – die fortlaufenden buchmäßigen Erfassungen der Handelsgeschäfte und der Vermögenslage. Sie müssen einem sachverständigen Dritten innerhalb angemessener Zeit einen Überblick über die Geschäftsvorfälle und über die Lage des Unternehmens vermitteln. Die gesetzliche Verpflichtung zur Führung von Büchern richtet sich nur nach Handelsrecht[48] und trifft nach § 238 Abs. 1 HGB alle Kaufleute, soweit keine Ausnahme nach § 241a HGB vorliegt. Handelsgesellschaften (§ 6 Abs. 1 HGB) sind buchführungspflichtig; der Tä-

---

42 BGHSt 34, 309 (310); 35, 357 (359); BGH NJW 1953, 1152 (1153).
43 NK-*Kindhäuser/Bülte* § 283 Rn. 29 mwN.
44 BT-Drs. 7/3441, 35; MK-*Petermann/Sackreuther* § 283 Rn. 20.
45 LK-*Brand* § 283 Rn. 19.
46 BGHSt 9, 84 (85); NK-*Kindhäuser/Bülte* § 283 Rn. 45.
47 *Fischer* § 283 Rn. 17; S/S-*Heine/Schuster* § 283 Rn. 24; LK-*Brand* § 283 Rn. 34.
48 S/S-*Heine/Schuster* § 283 Rn. 29.

terkreis bestimmt sich nach § 14 (Rn. 5).[49] Kannkaufleute sind buchführungspflichtig, wenn sie in das Handelsregister eingetragen sind (§§ 2, 3 HGB).

Ein **Unterlassen** der Buchführung ist gegeben, wenn über einen erheblichen Zeitraum hin – zumindest während eines Geschäftsjahres – keine Bücher geführt werden, mag dies auch zu einem späteren Zeitpunkt nachgeholt werden.[50] Nach der bisherigen Rechtsprechung soll die unterlassene Buchführung nicht tatbestandsmäßig sein, wenn der Schuldner hierzu nicht in der Lage ist und sein Unvermögen auch nicht durch Übertragung auf einen Dritten (zB wegen Zahlungsunfähigkeit) ausgleichen kann.[51] Allerdings entlastet die Unmöglichkeit den Buchführungspflichtigen nach den Grundsätzen der *omissio libera in causa* nicht, wenn er es vorsätzlich versäumt hat, rechtzeitig Vorsorge dafür zu treffen, dass die Buchführung in der wirtschaftlichen Krise gewährleistet ist (vgl. Rn. 19 zu Abs. 1 Nr. 7).[52] Der BGH hat daher in einer neueren Entscheidung nicht mehr uneingeschränkt an der bisherigen Rechtsprechung festgehalten und zudem darauf hingewiesen, dass derjenige, der ein Handelsgewerbe betreibt oder als Organ eine juristische Person leitet, in der Regel die Gewähr dafür bietet, zur Führung der Bücher auch selbst in der Lage zu sein.[53]

Die Buchführung ist **mangelhaft**, wenn Handelsbücher zeitweilig nicht oder nur unvollständig geführt werden.[54] Die Grundsätze ordnungsgemäßer Buchführung bauen auf den Prinzipien der Wahrheit, Vollständigkeit, Zeitgerechtigkeit und Klarheit auf (§ 239 Abs. 2 HGB). Durch einen Verstoß gegen diese Grundsätze ist die **Übersicht über den Vermögensstand erschwert**, wenn sie den Büchern von einem Sachverständigen allenfalls mühevoll und mit erheblichem Zeitaufwand entnommen werden kann.[55]

ff) Nr. 6: Durch das (auf den Inhalt bezogene) **Beiseiteschaffen, Verheimlichen, Zerstören** oder **Beschädigen** (Rn. 13) von geschäftlichen Urkunden vor Ablauf der für Buchführungspflichtige geltenden Aufbewahrungsfristen (§ 257 Abs. 4, 5 HGB) muss die Übersicht über den Vermögensstand erschwert werden (Rn. 17). **Täter** kann nur sein, wer als Kaufmann (oder nach § 14 für einen Kaufmann) buchführungspflichtig ist.[56] Wer hingegen Bücher führt, ohne dazu gesetzlich verpflichtet zu sein, kann für deren Vernichtung entgegen der hM[57] ebenso wenig bestraft werden wie für die unterlassene oder mangelhafte Buchführung (Nr. 5).[58]

gg) Nr. 7: Die Tatvariante ist Spezialtatbestand zu Nr. 5 und betrifft die **mangelhafte Bilanzierung** bzw. **unterlassene Aufstellung von Bilanz oder Inventar**. Der Täter muss zur Bilanz- und Inventaraufstellung verpflichtet und damit Kaufmann sein (§§ 242 Abs. 1, 240 HGB, siehe aber auch §§ 242 Abs. 4, 241a HGB).

Eine **Bilanz** ist der das Verhältnis von Vermögen und Schulden darstellende Abschluss (§ 242 Abs. 1 S. 1 HGB).[59] Die Pflicht zur Bilanzerstellung ist unabhängig vom Vermö-

---

49 BGH StV 2012, 216 (217).
50 MK-*Petermann/Sackreuther* § 283 Rn. 42; *Schäfer* wistra 1986, 200 (201 ff.).
51 BGHSt 28, 231 (232 f.); BGH NStZ 2003, 547 (548).
52 S/S/W-*Bosch* § 283 Rn. 23, 31; S/S-*Heine/Schuster* § 283 Rn. 33a, 47a.
53 BGH NStZ 2012, 511 mAnm *Hagemeier* NZWiSt 2012, 105; s. nunmehr auch OLG Braunschweig NZWiSt 2019, 402 (404 – zu § 283b Abs. 1 Nr. 3).
54 BGHSt 4, 270 (274); BGH bei *Holtz* MDR 1980, 455.
55 BT-Drs. 7/3441, 35; BGH NStZ 1998, 247; LK-*Brand* § 283 Rn. 96.
56 NK-*Kindhäuser/Bülte* § 283 Rn. 67; aA LK-*Brand* § 283 Rn. 102; MK-*Petermann/Sackreuther* § 283 Rn. 49.
57 BGHSt 2, 386 (387); 4, 270 (275); L-*Kühl/Heger* § 283 Rn. 19.
58 NK-*Kindhäuser/Bülte* § 283 Rn. 67 f.; MK-*Petermann/Sackreuther* § 283 Rn. 49.
59 Näher zur Unterscheidung von Eröffnungsbilanz (Anfangs- bzw. Gründungsbilanz) und Jahresbilanz NK-*Kindhäuser/Bülte* § 283 Rn. 77 ff. mwN.

gensstand und hat auch beim Fehlen jeglicher Aktiva und Passiva (zB bei Geschäftsaufnahme) zu erfolgen.[60] Das **Inventar** ist die erforderliche Basis zur Bilanzerstellung und betrifft wie diese (allerdings ohne vergleichende Gegenüberstellung) das gesamte Vermögen und die Schulden unter jeweils genauer Bewertung zu einem bestimmten Stichtag (vgl. § 240, 241 HGB).

Tathandlung nach **Nr. 7a** ist das (rechtzeitige) Aufstellen der Bilanz in einer dem Handelsrecht widersprechenden Weise,[61] namentlich durch unrichtige oder die tatsächlichen Vermögensverhältnisse verschleiernde Angaben oder unzutreffende Bewertungen.[62] Nach **Nr. 7b** muss es der Täter **unterlassen**, innerhalb der vorgeschriebenen Frist die Bilanz seines Vermögens oder das Inventar aufzustellen. Für die **Bilanzierungsfristen** gilt der ordnungsgemäße Geschäftsgang (§ 243 Abs. 3 HGB). Das **Inventar** ist mit der (Eröffnungs- oder Jahres-)Bilanz nach § 240 Abs. 1, 2 HGB innerhalb der entsprechenden Fristen zu errichten (§ 240 Abs. 2 S. 3 HGB). Das Unterlassen setzt stets die Möglichkeit zur Pflichterfüllung (zB Zahlungsfähigkeit bzgl. der Kosten) voraus.[63] Nach der Rechtsprechung kommt jedoch eine Strafbarkeit nach den Grundsätzen der *omissio libera in causa* in Betracht (vgl. oben Rn. 17): Die finanzielle Unmöglichkeit, einen Dritten mit der Erstellung der Bilanzen zu beauftragen, kann den Schuldner nicht entlasten, wenn er trotz sich abzeichnender Liquiditätsprobleme eingehende Zahlungen und sonstige Vermögenswerte nicht zur Bildung von Rücklagen, sondern zur Begleichung von Schulden verwendet.[64] Dem liegt der Gedanke zugrunde, dass der Pflicht zur Bilanzerstellung der Vorrang vor sonstigen, nicht strafbewehrten Pflichten des Schuldners zukommt.[65]

20 **hh) Nr. 8:** Die Tatvariante fungiert als **Auffangtatbestand**.[66] Der Vermögensstand wird durch jede rechtliche oder faktische Maßnahme, die zu einer Minderung der Aktiva oder einer Erhöhung der Passiva führt, **verringert**. **Geschäftliche Verhältnisse**, dh alle für die Einschätzung der wirtschaftlichen Unternehmenssituation und der Beurteilung der Kreditwürdigkeit relevanten Umstände[67], werden **verheimlicht**, wenn sie der Kenntnis der Gläubiger oder des Insolvenzverwalters entzogen werden; sie werden **verschleiert**, wenn sie irreführend dargestellt werden.[68] Praktisch bedeutsam ist insoweit die „Firmenbestattung", bei der die Gesellschafter ihre Anteile veräußern, Namen und Sitz der Gesellschaft ändern und einen „Strohmann" als neuen Geschäftsführer bestellen, um die Gläubiger irrezuführen.[69]

Ordnungsgemäßes Wirtschaften richtet sich im Wesentlichen nach drei Kriterien: Hinreichende Informationsbeschaffung, sorgfältige (interessengerechte) Risikoabwägung und wirtschaftlich vernünftige Zielsetzung. Ein Widerspruch zu diesen Kriterien ist

---

60 *Fischer* § 283 Rn. 26; LK-*Brand* § 283 Rn. 113.
61 Vgl. §§ 242 ff., 264 ff., 336 ff., 340 ff. HGB, §§ 150 ff. AktG, § 42 GmbHG.
62 Vgl. BGHSt 30, 285 (289).
63 BGHSt 28, 231 (232 f.); OLG Düsseldorf StV 2007, 38 f.; KG NJW 2007, 3449 f.
64 BGH NJW 2011, 3733 (3734).
65 *Floeth* EWiR 2012, 221 (222).
66 BT-Drs. 7/3441, 36; BGH NStZ 2009, 635 (636); OLG Düsseldorf NJW 1982, 1712 (1713); krit. AnwK-*Püschel* § 283 Rn. 28.
67 BGH NStZ 2022, 686.
68 Vgl. BGHSt 30, 186 f.; BGH StV 2010, 25 f.
69 BGH NStZ 2009, 635 (636); NK-*Kindhäuser/Bülte* § 283 Rn. 95a; zur Anwendung des § 14 auf den (ursprünglichen) faktischen Geschäftsführer und den neu bestellten Geschäftsführer (Strohmann) *Wittig* § 23 Rn. 113 mwN.

grob wirtschaftswidrig, wenn die Grenze des noch vertretbaren ökonomischen Handelns fraglos überschritten ist.[70]

2. Abs. 2

Abs. 2 formuliert unter Bezugnahme auf die Tathandlungen nach Abs. 1 ein **Erfolgsdelikt**. Bei der Feststellung der Zahlungsunfähigkeit sind auch vom Täter beiseite geschaffte oder verheimlichte Vermögenswerte zu berücksichtigen: Soweit die Rechtsprechung[71] diese Mittel nicht berücksichtigen will, um auch den „betrügerischen" Bankrott über Abs. 2 zu erfassen, ist dem entgegenzuhalten, dass der Begriff der Zahlungsunfähigkeit nach den objektiv verfügbaren Mitteln, nicht aber an die Zahlungs(un)willigkeit des Schuldners anknüpft.[72]

Für den Erfolg – Überschuldung oder eingetretene Zahlungsunfähigkeit – muss die Bankrotthandlung mitursächlich geworden sein, indem sie sich zumindest auf dessen (nicht unerheblich) früheren Eintritt ausgewirkt hat.[73]

II. Subjektiver Tatbestand

Die subjektive Tatseite von Abs. 1 und 2 verlangt grds. (zumindest bedingten) **Vorsatz**. Hiervon macht zunächst Abs. 4 **zwei Ausnahmen**:

- Nach **Nr. 1** ist es ausreichend, wenn der Täter bei der Tat nach Abs. 1 die Krise fahrlässig verkennt. Obwohl die Tathandlung vorsätzlich vollzogen werden muss, handelt es sich um ein Fahrlässigkeitsdelikt, sodass Versuch und Teilnahme nicht möglich sind.[74]

- Nach **Nr. 2** ist es ausreichend, wenn der Täter den **Erfolg** nach Abs. 2 (dh Überschuldung oder Zahlungsunfähigkeit) **leichtfertig herbeiführt**. Da der Tatbestand nur in Bezug auf eine besondere Folge (die wirtschaftliche Krise) Fahrlässigkeit (Leichtfertigkeit) genügen lässt, im Übrigen aber Vorsatz voraussetzt, handelt es sich um ein Vorsatzdelikt (§ 11 Abs. 2); der Versuch ist allerdings straflos (vgl. dagegen Abs. 3).[75] Leichtfertigkeit erfordert eine besonders grobe Missachtung elementarer Anforderungen ordnungsgemäßen Wirtschaftens, die durch eine besondere Rücksichtslosigkeit gegenüber den geschützten Gläubigerinteressen geprägt ist.[76]

Ferner greift **Abs. 5** die **drei Bankrotthandlungen** nach Abs. 1 Nr. 2, 5 und 7 heraus und stellt bereits deren **fahrlässige** Begehung unter Strafe, und zwar sowohl während (Abs. 1) als auch außerhalb (Abs. 2) einer Krise.

---

[70] Näher NK-*Kindhäuser/Bülte* Vor §§ 283-283d Rn. 60 ff., 71 ff.; *Krause*, Ordnungsgemäßes Wirtschaften und Erlaubtes Risiko, 1995, 137 ff., 284 ff. mwN.
[71] BGH NJW 2013, 949 (950); OLG Frankfurt NStZ 1997, 551.
[72] M/R-*Altenhain* § 283 Rn. 10, 46; *Kraatz* JR 2013, 466 (470 f.); *Krause* NStZ 1999, 161 (163).
[73] BGH NStZ-RR 2017, 177 (178); BeckRS 2019, 3376; NK-*Kindhäuser/Bülte* § 283 Rn. 97 f.; LK-*Brand* § 283 Rn. 160.
[74] NK-*Kindhäuser/Bülte* § 283 Rn. 102; LK-*Brand* § 283 Rn. 177.
[75] NK-*Kindhäuser/Bülte* § 283 Rn. 104; LK-*Brand* § 283 Rn. 177, 182.
[76] MK-*Petermann/Sackreuther* § 283 Rn. 82; LK-*Brand* § 283 Rn. 183.

III. Objektive Strafbarkeitsbedingung (Abs. 6)

26 Abs. 6 formuliert eine objektive Strafbarkeitsbedingung,[77] auf die alle Bankrottdelikte verweisen. Hiernach ist Voraussetzung der Strafbarkeit, dass der Täter seine Zahlungen eingestellt hat, über sein Vermögen das Insolvenzverfahren eröffnet oder der Antrag auf Eröffnung des Verfahrens mangels Masse abgewiesen worden ist.

27 ■ Der Täter hat seine **Zahlungen eingestellt**, wenn er aufhört, den wesentlichen und überwiegenden Teil seiner fälligen Geldschulden zu bezahlen, und zwar wegen eines tatsächlich oder angeblich dauernden Mangels an den zur Zahlung erforderlichen Mitteln.[78] Zahlungseinstellung soll nach hM auch dann vorliegen, wenn der Täter nur irrig annimmt, zahlungsunfähig zu sein, oder wenn er zahlungsunwillig ist.[79]

28 ■ Für die **Eröffnung des Insolvenzverfahrens** wie auch für die **Abweisung des Eröffnungsantrags** mangels Masse ist ausschließlich der formale Akt nach §§ 26, 27 InsO und seine Rechtskraft maßgeblich.[80]

29 Zwischen Krise und Eintritt der objektiven Strafbarkeitsbedingung muss kein Kausal- bzw. Zurechnungszusammenhang bestehen. Nach der Rechtsprechung steht es einer Strafbarkeit nicht entgegen, wenn die Tathandlung nach Bedingungseintritt vorgenommen wird, da die Interessen der Gläubiger auch bzw. erst recht durch Bankrotthandlungen in diesem fortgeschrittenen Stadium der Krise beeinträchtigt werden.[81] Nach hM ist allerdings ein **tatsächlicher Zusammenhang** in dem Sinne erforderlich, dass Bedingungseintritt und Bankrotthandlung dieselben Gläubiger betreffen (Identität der Krise); dieser Zusammenhang entfällt, wenn die bei Ausführung der Tathandlung bestehende Krisensituation zwischenzeitig (zB durch eine Sanierung) überwunden wird, die objektive Bedingung der Strafbarkeit aber später infolge einer neuen Krisensituation eintritt.[82]

IV. Besonders schwere Fälle des Bankrotts (§ 283a)

30 § 283a nennt – beschränkt auf die Taten nach § 283 Abs. 1 bis 3 – Regelbeispiele für besonders schwere Fälle mit deutlich angehobenem Strafrahmen. **Gewinnsucht** iSv Nr. 1 ist anzunehmen, wenn der Täter von einem – über die Bereicherungsabsicht hinausgehenden – ungehemmten, überzogenen und sittlich anstößigen Maß an Gewinnstreben motiviert wird,[83] zB bei einer gezielten Unternehmensaushöhlung.[84] Eine **Vielzahl von Personen** iSv Nr. 2 setzt wenigstens zehn Betroffene voraus.[85] Ob **Vermögenswerte** dem Täter **anvertraut** sind, bestimmt sich nach den für die veruntreuende Unterschlagung (§ 246 Abs. 2) geltenden Kriterien (§ 6 Rn. 43).[86] Die **Gefahr des**

---

[77] Näher *Kindhäuser/Zimmermann* AT § 6/13.
[78] BGH NJW 1985, 1785; *Fischer* Vor § 283 Rn. 13; S/S-*Heine/Schuster* § 283 Rn. 60.
[79] BGH bei *Herlan* GA 1953, 73; M/R-*Altenhain* § 283 Rn. 52; *Bieneck* wistra 1992, 89 f.; aA AnwK-*Püschel* Vor § 283 Rn. 28; LK-*Brand* Vor § 283 Rn. 63.
[80] LK-*Brand* Vor § 283 Rn. 62.
[81] BGH NStZ 2019, 212 (213); vgl dagegen zu § 283 Abs. 1 Nr. 7 BGH NJW 1991, 2917 (2918); krit. Zu dieser Unterscheidung *Bittmann* NStZ 2019, 213 f.
[82] BGHSt 28, 231 (232 ff.); S/S-*Heine/Schuster* § 283 Rn. 59; NK-*Kindhäuser/Bülte* Vor § 283-283d Rn. 108; MK-*Petermann/Sackreuther* Vor § 283 Rn. 156; gegen einen solchen Zusammenhang *Windsberger* Über den „tatsächlichen Zusammenhang" im Bankrottstrafrecht (2017), Rn. 348 ff.
[83] BT-Drs. 7/3441, 37; BGHSt 3, 30 (32); 17, 35 (37 f.); LK-*Brand* § 283a Rn. 3.
[84] NK-*Kindhäuser/Bülte* § 283a Rn. 4.
[85] NK-*Kindhäuser/Bülte* § 283a Rn. 7; MK-*Petermann/Hofmann* § 283a Rn. 8.
[86] S/S-*Heine/Schuster* § 283a Rn. 5; NK-*Kindhäuser/Bülte* § 283a Rn. 5.

Verlusts muss konkret sein und sich zumindest auf einen Großteil der anvertrauten Vermögenswerte beziehen.[87] **Wirtschaftliche Not** ist eine existenzbedrohende Geldverlegenheit (vgl. § 27 Rn. 91 zu § 263 Abs. 3 S. 2 Nr. 3). **Wissentlich** ist ein Handeln mit direktem Vorsatz.

C. Anwendung

I. Aufbau

Es empfiehlt sich, die Tatbestandsmerkmale des Bankrotts in folgenden Schritten zu prüfen: 31

A) Tatbestand:
    I. Objektiver Tatbestand:
        1. Tatsituation: wirtschaftliche Krise (Rn. 8 ff.)
        2. Tathandlungen nach Abs. 1 Nr. 1–8 (Rn. 12 ff.)
    II. Subjektiver Tatbestand:
        1. grds. (zumindest bedingter) Vorsatz (Rn. 22)
        2. ggf. Fahrlässigkeit nach Abs. 4 oder 5 (Rn. 23 ff.)
B) Objektive Strafbarkeitsbedingung nach Abs. 6 (Rn. 26 ff.)
C) Rechtswidrigkeit
D) Schuld
E) Regelbeispiele nach § 283a (Rn. 30).

II. Konkurrenzen

Mehrere selbstständige Bankrotthandlungen stehen in Tatmehrheit zueinander; ansonsten gelten die allgemeinen Konkurrenzregeln einschließlich der Regeln der tatbestandlichen Handlungseinheit.[88] Tateinheit ist ua möglich mit §§ 153 f., 156, 267, 265b.[89] Auch mit § 266 kommt Tateinheit in Betracht, sofern das Handeln des Organs oder Vertreters einer juristischen Person nach § 14 der Gesellschaft als Schuldnerin iSv § 283 zuzurechnen ist und zugleich als Verletzung der Vermögensinteressen der Gesellschaft iSv § 266 anzusehen ist (Rn. 5).[90] 32

Wiederholungs- und Vertiefungsfragen

> Welcher Personenkreis ist tauglicher Täter des Bankrotts? (Rn. 4)
> Worin besteht der Unterschied zwischen den beiden Tatbeständen des Bankrotts? (Rn. 6)
> Welche Bankrotthandlungen können auch fahrlässig begangen werden? (Rn. 25)
> Welche Voraussetzungen hat die objektive Strafbarkeitsbedingung aus § 283 Abs. 6? (Rn. 26 ff.)

---

[87] NK-*Kindhäuser/Bülte* § 283a Rn. 6; MK-*Petermann/Hofmann* § 283a Rn. 10.
[88] BGHSt 11, 145 (146); BGH BeckRS 2017, 111967; NK-*Kindhäuser/Bülte* § 283 Rn. 117.
[89] BGH NStZ-RR 2017, 250 (zu § 156); NK-*Kindhäuser/Bülte* § 283 Rn. 122; MK-*Petermann/Sackreuther* § 283 Rn. 96.
[90] BGH NJW 2012, 2366 (2369); S/S-*Heine/Schuster* § 283 Rn. 67.

§ 40 Verletzung der Buchführungspflicht (§ 283b)

1 Die Vorschrift stellt die bereits von § 283 Abs. 1 Nr. 5 bis 7 erfassten informationsbezogenen Bankrotthandlungen (§ 39 Rn. 17 ff.) selbstständig unter Strafe, wobei auf das Erfordernis einer Tatbegehung während einer wirtschaftlichen Krise verzichtet wird. Eine korrekte Rechnungslegung ist nach Ansicht des Gesetzgebers eine so elementare Voraussetzung ordnungsgemäßen Wirtschaftens, dass die (abstrakte) Gefährlichkeit ihrer Missachtung für das Gläubigervermögen eine strafrechtliche Sanktionierung rechtfertigt.[1] Im Sinne eines Auffangtatbestands greift § 283b insbesondere dann ein, wenn eine wirtschaftliche Krise nicht nachweisbar ist oder vom Täter auch nicht fahrlässig verkannt wurde.[2] Ansonsten tritt die Vorschrift hinter den spezielleren § 283 zurück.[3] Nach Abs. 3 ist die Tat jedoch nur bei Eintritt der **objektiven Strafbarkeitsbedingung** iSv § 283 Abs. 6 strafbar (§ 39 Rn. 26 ff.). Der **Versuch** ist stets straflos.

2 Der Täterkreis des **Sonderdelikts** ist in allen Tatvarianten auf **buchführungs- und bilanzierungspflichtige Kaufleute** begrenzt, die Schuldner iSd Vorschrift sind (§ 39 Rn. 4, 17 ff.). Über die Haftungserweiterung nach § 14 Abs. 2 Nr. 2 kommen auch Steuerberater, die mit der Buchführung in eigener Verantwortung beauftragt sind, als Täter in Betracht.[4] Die Taten nach Abs. 1 Nr. 1 und 3 können vorsätzlich oder fahrlässig (Abs. 2) begangen werden; die Tat nach Abs. 1 Nr. 2 ist nur bei vorsätzlichem Handeln strafbar.

---

1 BT-Drs. 7/3441, 38.
2 NK-*Kindhäuser/Bülte* § 283b Rn. 1.
3 BGH NStZ 1998, 192 (193); S/S-*Heine/Schuster* § 283b Rn. 10.
4 LK-*Brand* § 283b Rn. 5.

§ 41 Gläubigerbegünstigung (§ 283c)

A. Allgemeines

Die Vorschrift sieht als Privilegierungstatbestand einen gegenüber § 283 geminderten Strafrahmen für den Fall vor, dass der Täter zwar die Insolvenzmasse verringert, hierbei aber an einen Gläubiger leistet, der einen Anspruch besitzt.[1] Geschütztes Rechtsgut sind die **Vermögensinteressen der anderen Gläubiger im Hinblick auf eine ordnungsgemäße Verteilung der Masse**.[2]

§ 283c ist wie § 283 echtes **Sonderdelikt**: Täter kann nur sein, wer zum Tatzeitpunkt Schuldner oder eine für diesen iSv § 14 handelnde Person ist (§ 39 Rn. 4 f.).[3] Nach Abs. 3 setzt die Strafbarkeit den Eintritt der **objektiven Strafbarkeitsbedingung** nach § 283 Abs. 6 voraus (§ 39 Rn. 26 ff.).

B. Definitionen und Erläuterungen

I. Objektiver Tatbestand

Der objektive Tatbestand wird durch die Begünstigung eines Gläubigers gegenüber den übrigen Gläubigern aufgrund der Gewährung einer inkongruenten Leistung bei eingetretener Zahlungsunfähigkeit verwirklicht.

1. Tathandlung

Tathandlung ist die Gewährung einer Sicherheit an einen Gläubiger oder dessen Befriedigung. Die Leistung muss aus der (potenziellen) Insolvenzmasse stammen. Der Schuldner muss zum Tatzeitpunkt **objektiv zahlungsunfähig** sein (§ 17 Abs. 2 S. 1 InsO; vgl. § 39 Rn 10). Überschuldung (§ 19 Abs. 2 S. 1 InsO) oder drohende Zahlungsunfähigkeit (§ 18 Abs. 2 InsO) reichen nicht aus. Liegen die übrigen Voraussetzungen des § 283c vor, so ist insoweit auch eine Strafbarkeit nach § 283 ausgeschlossen (**Sperrwirkung** der Privilegierung, vgl. auch Rn. 13).[4]

- **Gewähren** setzt eine Mitwirkung des Gläubigers (idR eine Annahme) voraus (vgl. § 46 Rn. 26).[5] Sofern der Täter den geschuldeten Betrag durch Überweisung auf ein Girokonto zahlt, ist es jedoch ausreichend, dass sich der Gläubiger mit dieser Form der Leistung zuvor (zB durch Kontoangabe) einverstanden erklärt hat.[6]

- **Sicherheit** ist jede Position, durch die der Gläubiger die Möglichkeit erhält, schneller, leichter, besser oder mit größerer Gewissheit befriedigt zu werden.[7] Darunter fallen ua die Besitzverschaffung, Sicherungsübereignung, Bestellung von Pfandrechten und Grundpfandrechten, Einräumung eines Zurückbehaltungsrechts.[8] Tatbe-

---

[1] LK-*Brand* § 283c Rn. 2 f., 51; *Hartwig* Bemmann-FS 311 (313 ff); NK-*Kindhäuser/Bülte* § 283c Rn. 1.
[2] BGHSt 34, 221 (225); 35, 357 (359); *Vormbaum* GA 1981, 101 (124).
[3] NK-*Kindhäuser/Bülte* § 283c Rn. 2; MK-*Petermann/Hofmann* § 283c Rn. 4.
[4] LK-*Brand* § 283c Rn. 3, 51.
[5] RGSt 29, 413 (413 f); 62, 277 (280); LK-*Brand* § 283c Rn. 41; NK-*Kindhäuser/Bülte* § 283c Rn. 10; aA S/S-*Heine/Schuster* § 283c Rn. 6; M-*Schroeder/Maiwald/Momsen* I § 48/39; MK-*Petermann/Hofmann* § 283c Rn. 19.
[6] LK-*Brand* § 283c Rn 41; NK-*Kindhäuser/Bülte* § 283c Rn. 10.
[7] RGSt 30, 261 (262); LK-*Brand* § 283c Rn. 24; S/S-*Heine/Schuster* § 283c Rn. 4.
[8] LK-*Brand* § 283c Rn. 24; NK-*Kindhäuser/Bülte* § 283c Rn. 6; zur Gewährung einer Sicherheit durch Aktiv-Passiv-Tausch mit einer Auffang- oder Sanierungsgesellschaft vgl. NK-*Kindhäuser/Bülte* § 283c Rn. 8 mwN.

standsmäßig sind dabei insbesondere auch unwirksame (vgl. §§ 134, 138 BGB) oder anfechtbare (§ 131 InsO) Rechtsgeschäfte.[9]

6   ■ **Befriedigung** ist die schuldrechtliche Erfüllung einer Forderung einschließlich der Annahme als Erfüllung oder an Erfüllungs statt nach §§ 363, 364 BGB.[10] Erfasst wird auch der Scheinverkauf einer Sache, um dem Gläubiger die Möglichkeit der Aufrechnung zu geben.[11] Die Hingabe eines eigenen Schecks oder Wechsels ist dagegen (zunächst) noch keine Befriedigung.[12] Da in derartigen Fällen nur eine Forderung durch eine andere ersetzt bzw. ergänzt wird, wird auch die Abgabe eines Schuldanerkenntnisses nicht vom Tatbestand erfasst.[13]

2. Begünstigter Gläubiger

▶ **Fall 1:** E hat einen fälligen Kaufpreisanspruch über 5000 Euro gegen den zahlungsunfähigen K. K übereignet ihm Computer der Firma im Wert von 5000 Euro an Erfüllungs statt. Bei Befriedigung aus der Masse hätte E höchstens 600 Euro erhalten. ◀

▶ **Fall 2:** L hat M einen PKW unter Eigentumsvorbehalt verkauft. Da M keine Rate zahlt, verlangt L nach Eintritt der Zahlungsunfähigkeit und der Eröffnung des Insolvenzverfahrens gegen M von diesem den Wagen heraus. M kommt diesem Verlangen nach. ◀

7   Begünstigter Gläubiger kann jeder Inhaber einer vermögensrechtlichen Forderung gegen den Schuldner sein, dh der Anspruch muss wirksam begründet, kann aber auch erst nach Eintritt der Zahlungsunfähigkeit entstanden sein.[14] Gläubiger kann Insolvenz- oder Massegläubiger (§§ 38, 53 InsO), aber auch Absonderungsberechtigter (§§ 49 ff. InsO) sein. Als Gläubiger kommen außerdem der Bürge des Insolvenzschuldners[15] und der Eigentumsvorbehaltsverkäufer hinsichtlich seiner Kaufpreisforderung[16] in Betracht.

In **Fall 1** kommt E aufgrund seines Kaufpreisanspruchs als begünstigter Gläubiger in Betracht.

Kein Gläubiger ist dagegen der Aussonderungsberechtigte (§ 47 InsO) hinsichtlich seines Herausgabeanspruchs an der Sache, da der herauszugebende Gegenstand nicht zum Vermögen des Schuldners gehört und damit nicht Teil der Insolvenzmasse ist.[17] Daher scheidet L in **Fall 2** als begünstigter Gläubiger aus. Hinsichtlich des Kaufpreisanspruchs kommt er zwar als Gläubiger iSd Tatbestands in Betracht, aber nicht bezüglich des hier erfüllten Herausgabeanspruchs. Wegen des Eigentumsvorbehalts bleibt er Eigentümer des Wagens und ist daher gem. § 47 InsO Aussonderungsberechtigter.

Der Schuldner selbst kommt auch dann nicht als Gläubiger in Betracht, wenn er (zB als Erbe im Rahmen einer Nachlassinsolvenz, vgl. § 11 Abs. 2 Nr. 2 InsO) einen Anspruch gegen die Insolvenzmasse hat; insoweit greift § 283 Abs. 1 Nr. 1 ein.[18] Auch

---

9   BGH bei *Herlan* GA 1959, 341; LK-*Brand* § 283c Rn. 27.
10 BGHSt 16, 279 f.; S/S-*Heine/Schuster* § 283c Rn. 5.
11 BGH bei *Herlan* GA 1961, 359; S/S-*Heine/Schuster* § 283c Rn. 5.
12 LK-*Brand* § 283c Rn. 26; *Fischer* § 283c Rn. 6.
13 *Brand* NJW 2021, 249.
14 BGH NStZ 2023, 164 (165); L-Kühl/*Heger* § 283c Rn. 2.
15 Vgl. RGSt 15, 90 (95 f.).
16 NK-*Kindhäuser/Bülte* § 283c Rn 3.
17 LK-*Brand* § 283c Rn. 10; NK-*Kindhäuser/Bülte* § 283c Rn. 3.
18 RGSt 68, 368 (370) ; LK-*Brand* § 283c Rn. 12; *Fischer* § 283c Rn. 2; S/S-*Heine/Schuster* § 283c Rn. 12.

Gesellschafter sowie **Organe** und **Vertreter** des Schuldners iSv § 14 scheiden nach hM grds. als Gläubiger iSd § 283c aus.[19] Dem ist hinsichtlich der Anteile der Gesellschafter als haftender Vermögensmasse zuzustimmen.[20] Bei Gesellschafterdarlehen wird aus der Aufhebung der Rückzahlungssperre (§ 30 Abs. 1 S. 3 GmbHG) zum Teil eine Gläubigerstellung des Darlehensgebers abgeleitet.[21] Aus ähnlichen Erwägungen wird eine Gläubigerstellung des Täters auch mit Blick auf andere Ansprüche (zB auf Vergütung als Geschäftsführer[22]) bejaht und dies damit begründet, dass das Unrecht der Tat nicht in der Schmälerung der Insolvenzmasse, sondern in der ungleichmäßigen Befriedigung der Gläubiger bestehe (vgl. Rn. 1).[23] Der BGH lehnt eine zivilrechtsakzessorische Auslegung indes ab und stellt stattdessen auf die eigennützige Motivation des Täters ab, der sich selbst oder dem von ihm kontrollierten Unternehmen auf Kosten der Insolvenzmasse einen Vorteil verschaffen will; für diese Auslegung spricht auch die Nachrangigkeit des Anspruchs auf Rückzahlung eines Gesellschafterdarlehens (§ 39 Abs. 1 Nr. 5 InsO).[24]

3. Inkongruenz

Der Gläubiger darf zum Tatzeitpunkt **keinen fälligen Anspruch** auf die Leistung haben (sog. Inkongruenz von Anspruch und Leistung). Der Anspruch kann auch erst nach Eintritt der Zahlungsunfähigkeit begründet werden.[25] Der Anspruch muss allerdings dem Grunde nach bereits vor der Begünstigungshandlung bestehen; es ist daher nicht ausreichend, dass der Anspruch zugleich mit der Leistung des Täters begründet wird, zB wenn der Täter sofort mit der Aufnahme eines Kredits eine Sicherheit gewährt.[26] Ob der Gläubiger ansonsten einen fälligen Anspruch auf die konkrete Sicherheit oder Befriedigung hat, richtet sich allein nach dem Zivilrecht.[27] Das Erbringen der vertragsgemäßen (kongruenten) Leistung ist nie tatbestandsmäßig; eine Forderung als solche begründet jedoch noch keinen Anspruch auf Sicherung.[28]

8

- **Kein Anspruch** auf die Leistung besteht bei Verjährung, unvollkommenen Verbindlichkeiten (§ 762 BGB) oder Anfechtbarkeit (§§ 119 ff. BGB), und zwar unabhängig davon, ob der Schuldner seine Einwendungen geltend gemacht hat. Überschreitet die Leistung den Umfang der Forderung, so fehlt es (hinsichtlich des überschießenden Teils) bereits an der Gläubigerstellung.

9

- **Nicht in der Art** besteht der Anspruch zB bei Leistungen an Erfüllungs statt oder erfüllungshalber, bei Abtretung einer Forderung oder Begleichung einer Geldschuld

10

---

[19] BGH NJW 1969, 1494 (1495); BGHSt 34, 221 (224 ff) mit krit. Anm. *Weber* StV 1988, 16 (18) und *Winkelbauer* JR 1988, 33 (35 f.).
[20] LK-*Brand* § 283c Rn. 15; *Fischer* § 283c Rn. 2; *D. Geerds* Geerds-FS 689 (699 f.).
[21] OLG Celle NStZ-RR 2014, 278; S/S-*Heine/Schuster* § 283c Rn. 12.
[22] NK-*Kindhäuser/Bülte* § 283c Rn. 3.
[23] Eingehend *Hartwig* Bemmann-FS 311 (325 ff.); vgl. ferner *Hendel* NJW 1977, 1943 (1945); M-Schroeder/Maiwald/Momsen I § 48/37; *Schäfer* wistra 1990, 81 (88).
[24] BGHSt 34, 221 (226); BGH wistra 2017, 351 (352 f.) mit zust. Anm. *Bittmann*; ebenso NK-*Kindhäuser/Bülte* § 283c Rn. 3; vgl. auch zum Vergütungsanspruch des Geschäftsführers LK-*Brand* § 283c Rn. 21.
[25] BGHSt 35, 357 (361) ; LK-*Brand* § 283c Rn. 8; *Hartwig* Bemmann-FS 311 (336 f.); aA *Vormbaum* GA 1981, 101 (106 f.).
[26] NK-*Kindhäuser/Bülte* § 283c Rn. 4.
[27] BGHSt 8, 55 (56); BGH bei *Herlan* GA 1953, 75; LK-*Brand* § 283c Rn. 30.
[28] BGH bei *Holtz* MDR 1979, 457; S/S-*Heine/Schuster* § 283c Rn. 8.

durch Warenübereignung.[29] Eine vorherige Abrede begründet grds. einen Anspruch der betreffenden Art,[30] sofern sie nicht allein mit Blick auf die drohende Insolvenz getroffen wurde und wegen §§ 134, 138 BGB nichtig ist. Somit erfüllt K in **Fall 1** zwar grds. einen Anspruch des E in Höhe von 5000 Euro. Da K aber an Erfüllungs statt leistete, bestand der Anspruch des E nicht in der Art, in der er erfüllt wurde.

11 ■ **Nicht zu der Zeit** besteht der Anspruch, wenn die Forderung noch aufschiebend bedingt oder noch betagt ist. Gleiches gilt bei Vorverlegung der Fälligkeit.

4. Begünstigungserfolg

12 Der Erfolg der Begünstigung des Gläubigers ist eingetreten, wenn sich dessen rechtliche Stellung objektiv zum Nachteil der übrigen Gläubiger verbessert hat.[31] Die Besserstellung des Begünstigten und die Benachteiligung der übrigen Gläubiger ergeben sich aus einem Vergleich der tatsächlichen mit der hypothetischen Situation, die ohne die inkongruente Leistung des Schuldners gegeben wäre. In **Fall 1** ist ein Begünstigungserfolg eingetreten, da E bei Befriedigung aus der Masse nur einen Bruchteil seiner Forderung bekommen hätte.

II. Subjektiver Tatbestand

13 Der subjektive Tatbestand erfordert grds. (zumindest bedingten) **Vorsatz**. Zudem muss der Täter hinsichtlich der Zahlungsunfähigkeit und damit auch der Schuldnereigenschaft (sichere) **Kenntnis** (iSv dolus directus) besitzen. Ferner muss der Täter bezüglich des Begünstigungserfolgs (einschließlich der Gläubigereigenschaft des Begünstigten) mit **Absicht** (finalem Willen) **oder mit sicherer Kenntnis** (dolus directus) handeln, während hinsichtlich der Inkongruenz bedingter Vorsatz ausreicht.[32] Sofern der Täter irrig von einer Zahlungsfähigkeit oder Kongruenz der Deckung ausgeht, liegt ein Tatbestandsirrtum vor, der auch eine Sperrwirkung hinsichtlich der Anwendbarkeit von § 283 entfaltet (vgl. bereits Rn. 3).[33] Liegt der Tathandlung die irrtümliche Vorstellung zugrunde, dass ein Anspruch des Empfängers und vermeintlichen Gläubigers besteht (vgl. Rn. 7), so ist der Täter nur nach § 283c zu bestrafen (§ 16 Abs. 2, vgl. auch Rn. 15).[34]

III. Notwendige Teilnahme und Konkurrenzen

14 Der begünstigte Gläubiger ist als notwendiger Teilnehmer straflos, wenn sich seine Mitwirkung in dem für die Tatbestandsverwirklichung begrifflich notwendigen Rahmen hält; geht seine Mitwirkung hingegen über die Annahme der vom Täter gewährten Leistung hinaus, kann dies eine Strafbarkeit wegen Teilnahme begründen.[35] Prak-

---

29 BGHSt 16, 279 f; BGH bei *Holtz* MDR 1979, 457; AG Nürnberg ZInsO 2012, 339 (341 f); nach BGH ZInsO 2014, 1058 auch bei Veranlassung eines Drittschuldners zur Zahlung an einen bestimmten Gläubiger zum Zwecke der Erfüllung von Gesellschaftsverbindlichkeiten.
30 BGH bei *Herlan* GA 1956, 348 f; MK-*Petermann/Hofmann* § 283c Rn. 25.
31 BGHSt 8, 55 (58 f.); LK-*Brand* § 283c Rn. 24, 43; MK-*Petermann/Hofmann* § 283c Rn. 29.
32 BGH NJW 2021, 247 (248); MK-*Petermann/Hofmann* § 283c Rn. 33.
33 BGHSt 8, 55 (56 f.); MK-*Petermann/Hofmann* § 283c Rn. 34.
34 BGH NStZ 2023, 164 (165).
35 BGH NStZ 1993, 239 (240); *Fischer* § 283c Rn. 10; *Vormbaum* GA 1981, 101 (131 f.); aA *Sowada*, Die „notwendige Teilnahme" als funktionales Privilegierungsmodell im Strafrecht, 1992, 171 ff.: Strafbarkeit auch der rollenkonformen Mindestmitwirkung.

tisch bedeutsam kann dies werden, wenn der Gläubiger den notleidenden Schuldner zur Einräumung weiterer Sicherheiten drängt.[36]

§ 283c verdrängt als spezielleres und privilegierendes Gesetz § 283 Abs. 1 Nr. 1.[37] Tateinheit zwischen beiden Delikten kommt jedoch in Betracht, wenn die Leistung nicht nur inkongruent ist, sondern auch im Wertumfang über das hinausgeht, was der Gläubiger zu beanspruchen hat.[38]

15

Wiederholungs- und Vertiefungsfragen

> Warum enthält § 283c einen gegenüber § 283 privilegierten Strafrahmen? (Rn. 1)
> Wer kann Täter von § 283c sein? (Rn. 1)
> Wer kann begünstigter Gläubiger iSv § 283c sein? (Rn. 7)
> Wann ist eine Leistung inkongruent iSv § 283c? (Rn. 8 ff.)
> Was ist der tatbestandliche Erfolg von § 283c? (Rn. 12)
> Kommt eine Strafbarkeit des begünstigten Gläubigers gem. § 283c in Betracht? (Rn. 14)

---

36 Vgl. BGH NStZ 1993, 239 (240).
37 BGHSt 8, 55 (56); 35, 357 (359); NStZ 2023. 164 (165).
38 BGH NJW 1969, 1494 (1495).

§ 42 Schuldnerbegünstigung (§ 283d)

A. Allgemeines

1 Die Vorschrift erstreckt die Strafbarkeit der Insolvenzdelikte zum **Schutz der Vermögensinteressen der Gläubiger** auf Außenstehende, die mit Einwilligung des Schuldners oder zu dessen Gunsten die Insolvenzmasse mindern. Im Gegensatz zu den anderen Insolvenzstraftaten ist § 283d daher **kein Sonderdelikt**, sondern Täter kann jeder außer dem Schuldner und die ihm nach § 14 gleichgestellten Personen sein, auch ein Gläubiger oder der Insolvenzverwalter.[1] Die Ahndung der Tat setzt den Eintritt der objektiven Strafbarkeitsbedingung (§ 39 Rn. 26 ff.) voraus (Abs. 4). Die Regelbeispiele (Abs. 3) entsprechen denjenigen des § 283a (§ 39 Rn. 30).

B. Definitionen und Erläuterungen

I. Voraussetzungen

2 Der **Tatbestand** stimmt mit § 283 Abs. 1 Nr. 1 **hinsichtlich Tathandlungen und Tatobjekt** überein (§ 39 Rn. 13). Eine nur ungleichmäßige Verschiebung der Insolvenzmasse zum Vorteil eines und zum Nachteil der übrigen Gläubiger iSv § 283c reicht zur Tatbestandsverwirklichung nicht aus. Sonst wäre ein Außenstehender schärfer zu bestrafen als der seinen Gläubiger begünstigende Schuldner selbst.[2] Ebenfalls nach § 283c ist die Konstellation zu bewerten, dass der Täter im Einvernehmen mit dem Schuldner Vermögensbestandteile beiseiteschafft, die er zugleich als inkongruente Deckung seiner eigenen Forderung annimmt; insoweit ist nach den Grundsätzen der notwendigen Teilnahme Straflosigkeit anzunehmen, wenn das Verhalten des Täters nicht über die zur Tatbestandsverwirklichung notwendige Mitwirkung hinausgeht (§ 41 Rn. 14).

3 Zum Tatzeitpunkt muss sich der Schuldner in einer **wirtschaftlichen Krise** befinden. Voraussetzung hierfür sind eine (objektiv) drohende oder bereits eingetretene Zahlungsunfähigkeit (Abs. 1 Nr. 1; vgl. §§ 17, 18 InsO und dazu § 39 Rn. 10 f.) oder eine Einstellung der Zahlungen bzw. die Einleitung oder Eröffnung des Insolvenzverfahrens bis zu dessen Einstellung (Abs. 1 Nr. 2). Überschuldung (vgl. § 19 InsO) reicht – anders als bei § 283 Abs. 1 – nicht aus.

II. Tatvarianten

▶ **Fall 1:** Der erfolglose Autohändler A ist zahlungsunfähig. Sein Freund F will ihm wenigstens einen besonders schönen Sportwagen erhalten. Er nimmt daher in einem unbemerkten Augenblick die Zündschlüssel aus A´s Büro mit und schafft den Wagen nachts in seine abgelegene Scheune. Als A im Nachhinein davon erfährt, ist er begeistert. ◀

▶ **Fall 2:** Unternehmer U wird zahlungsunfähig. Da er das restliche Betriebsvermögen nicht völlig unter den Gläubigern verteilt sehen will, schafft er mit seinem Angestellten R die wertvolle EDV-Anlage aus den Firmenräumen in den Keller eines gemeinsamen Bekannten. ◀

4 Der Tatbestand kann in zwei Tatvarianten verwirklicht werden. Der Täter kann **objektiv** mit Einwilligung des Schuldners oder **subjektiv** zu dessen Gunsten handeln:

---

1 LK-*Brand* § 283d Rn. 56; S/S-*Heine/Schuster* § 283d Rn. 12.
2 BGHSt 35, 357 (358 ff.); *Vormbaum* GA 1981, 101 (129 ff.).

- Mit dem objektiven Tatbestandsmerkmal der **Einwilligung** wird nur die vorherige Zustimmung erfasst.[3] Die Einwilligung kann ausdrücklich oder konkludent erteilt werden; sie wird bei einem Widerruf vor der Tat unwirksam.[4] Nach hM ist auch die mit Willensmängeln (Täuschung, Zwang) behaftete Einwilligung ausreichend, da die Einwilligung im Rahmen des § 283d nicht die Funktion eines Rechtfertigungsgrundes habe und daher ein entsprechender natürlicher Wille (Einverständnis) ausreichend sei.[5] Dagegen spricht allerdings, dass in derartigen Konstellationen kaum eine „Begünstigung" des Schuldners vorliegen dürfte, sondern ein gegen diesen gerichtetes Eigentums- bzw. Vermögensdelikt.[6] Da eine nachträgliche Genehmigung nicht genügt, handelt F in **Fall 1**, trotz A´s nachträglicher Freude, nicht mit dessen Einwilligung. Anders verhält es sich in **Fall 2**; hier forderte U den R ausdrücklich zu dem tatbestandlichen Verhalten auf.

- **Zugunsten des Schuldners** iSe subjektiven Tatbestandsmerkmals handelt der Täter, wenn er die Absicht (zielgerichtetes Wollen) hat, dem Schuldner auf Kosten der Gläubigergesamtheit einen Vermögensvorteil zukommen zu lassen oder zu erhalten.[7] Eine solche Absicht hat F in **Fall 1**, da er A den Besitz und das Eigentum an dem Wagen erhalten will. Der Vorteil muss nicht wirtschaftlicher Natur sein. Weitergehende Zielsetzungen in eigenem Interesse oder im Interesse eines Dritten schaden nicht.[8] In dieser Variante braucht der Schuldner um das Handeln des Täters nicht zu wissen.

III. Subjektiver Tatbestand

Der subjektive Tatbestand erfordert für beide Tatvarianten grds. (zumindest bedingten) Vorsatz. Soweit der Täter eine Handlung unter den in Abs. 1 Nr. 1 genannten Voraussetzungen vornimmt, muss er zudem (sichere) Kenntnis (dolus directus) von der wenigstens drohenden Zahlungsunfähigkeit haben.

IV. Beteiligung

Der Schuldner ist kein notwendiger Teilnehmer und kann Anstifter oder Gehilfe sein.[9] Eine Täterschaft nach § 283 Abs. 1 Nr. 1 verdrängt aber eine Teilnahme an § 283d. Im Falle eines mittäterschaftlichen Zusammenwirkens von Schuldner und Täter ist ersterer nach § 283 Abs. 1 Nr. 1, letzterer nach § 283d zu bestrafen.[10] In **Fall 2** ist U folglich gem. § 283 Abs. 1 Nr. 1 zu bestrafen, während R sich gem. § 283d strafbar gemacht hat.

V. Konkurrenzen

Hinter eine täterschaftliche Begehung von § 283d tritt eine Teilnahme an § 283 Abs. 1 Nr. 1 aus Gründen materieller Subsidiarität zurück.[11] Die dem U in **Fall 2** von R

---

3 S/S-*Heine/Schuster* § 283d Rn. 3; NK-*Kindhäuser/Bülte* § 283d Rn. 4.
4 S/S-*Heine/Schuster* § 283d Rn. 3; NK-*Kindhäuser/Bülte* § 283d Rn. 4.
5 NK-*Kindhäuser/Bülte* § 283d Rn. 4; MK-*Petermann/Hofmann* § 283d Rn. 12.
6 LK-*Brand* § 283d Rn. 17.
7 LK-*Brand* § 283d Rn. 14; NK-*Kindhäuser/Bülte* § 283d Rn. 6.
8 BGH bei *Herlan* GA 1967, 265.
9 *Fischer* § 283d Rn. 2; MK-*Petermann/Hofmann* § 283d Rn. 21.
10 LK-*Brand* § 283d Rn. 28; NK-*Kindhäuser/Bülte* § 283d Rn. 10.
11 S/S-*Heine/Schuster* § 283d Rn. 15.

geleistete Beihilfe zu dem Sonderdelikt des § 283 Abs. 1 Nr. 1 tritt hiernach hinter R´s täterschaftliche Verwirklichung von 283d zurück. Umgekehrt ist die von U bewirkte Hervorrufung des Tatentschlusses bei R zur Begehung von § 283d gegenüber der täterschaftlichen Begehung einer Tat iSd § 283 Abs. 1 Nr. 1 subsidiär.

Wiederholungs- und Vertiefungsfragen

> Kann der Schuldner Täter von § 283d sein? (Rn. 1)
> Welche Tatbestandsvarianten kennt § 283d? (Rn. 4 ff.)
> Kann der Schuldner selbst Teilnehmer an § 283d sein? (Rn. 8)

9. Teil: Ausnutzung von Schwächelagen

§ 43 Unerlaubtes Glücksspiel (§§ 284–287)

A. Allgemeines

Dass Spielleidenschaft zu Vermögensverlusten führen kann, mag es rechtfertigen, die §§ 284–287 zu den Delikten zu rechnen, bei denen eine Schwächelage zur wirtschaftlichen Ausbeutung des Opfers ausgenutzt wird.[1] Die Vorschriften schützen insoweit das **Vermögen** der Teilnehmer am Glücksspiel,[2] wobei mitunter auch die zu vermeidenden sozialen Folgen eines spielbedingten Vermögensverlusts für Familien und die Sozialgemeinschaft einbezogen werden.[3] Zum Teil wird mit Blick auf die Betrugsanfälligkeit des Glücksspiels auch die manipulationsfreie Spielchance als geschütztes Rechtsgut angesehen.[4] Im Schrifttum wird die Legitimation der Strafvorschriften zum Teil bestritten, da das – von den §§ 284 ff. nicht erfasste – konzessionierte Glücksspiel ebenfalls derartige Verlustrisiken berge und betrügerischen Machenschaften über § 263 begegnet werden könne.[5] Die staatliche Konzessionierung soll diesen Gefahren allerdings gerade entgegenwirken, dh der strafrechtliche Schutz knüpft an die – verfassungsrechtlich legitimen[6] – **Ziele der staatlichen Regulierung** (Kanalisierung des Glücksspiels, Sucht- und Betrugsprävention; vgl. näher § 1 Glücksspielstaatsvertrag – GlüStV[7]) an.[8] Das fiskalische Interesse an den über die Veranstaltung von Glücksspielen erzielten staatlichen Einnahmen kann eine staatliche Konzessionierung hingegen nicht rechtfertigen[9] und scheidet damit als Gegenstand strafrechtlichen Schutzes aus.[10] Ob die Aufrechterhaltung eines staatlichen Monopols allein mit den zuvor genannten Regulierungszielen gerechtfertigt werden kann, erscheint allerdings zweifelhaft.[11] Nach der Rechtsprechung des EuGH ist eine Anwendung des § 284 daher durch den Vorrang des Unionsrechts (Art. 56 AEUV) ausgeschlossen, soweit der (unionsrechtswidrige) Ausschluss privater Anbieter aus einem anderen Mitgliedstaat faktisch fortbesteht und das Verfahren für die Erteilung einer Konzession an inländische Vermittler nicht auf objektiven, diskriminierungsfreien und transparenten Kriterien beruht.[12] Mit der Neuregelung im GlüStV 2021 wurde das Glücksspielwesen weiter liberalisiert, insbeson-

---

1 RGSt 65, 194 (195); BGHSt 11, 209 (210).
2 *Brandl*, Spielleidenschaft und Strafrecht, 2003, 25; LK-*Krehl/Börner* Vor § 284 ff. Rn. 10; *Meurer/Bergmann* JuS 1983, 668 (671); *Otto* § 55/1.
3 *Lampe* JuS 1994, 737 (741).
4 NK-*Gaede* § 284 Rn. 4; MK-*Hohmann/Schreiner* § 284 Rn. 1.
5 Arzt/Weber/*Heinrich*/Hilgendorf § 24/38b; *Kinzig* Frisch-FS 1003 (1014 ff.); *Otto* § 55/1; *Sarafi* ZfWG 2019, 469 ff.; vgl. auch NK-*Gaede* § 284 Rn. 4 f.
6 BVerfGE 115, 276 (304 ff.); NVwZ 2008, 1338 (1340); NVwZ-RR 2008, 1 (2); vgl. auch zum Unionsrecht EuGH NVwZ 2010, 1422 (1425).
7 Die Neufassung durch den Staatsvertrag zur Neuregulierung des Glücksspielwesens in Deutschland vom 29.10.2020 (GlüStV 2021) ist am 1.7.2021 in Kraft getreten, s. GV. NRW 2021, 459, 649.
8 BT-Drs. 13/8587, 67; *Brandl*, Spielleidenschaft und Strafrecht, 2003, 23 ff.; LK-*Krehl/Börner* Vor § 284 Rn. 10; M-Schroeder/Maiwald I § 44/3; einschränkend (Suchtprävention bzw. Volksgesundheit) *Mintas*, Glücksspiele im Internet 2008, 106 ff.
9 BVerfGE 115, 276 (307); vgl. auch zum Unionsrecht EuGH NVwZ 2010, 1422 (1425).
10 NK-*Gaede* § 284 Rn. 3; *Mintas*, Glücksspiele im Internet 2008, 93 ff.; S/S/W-*Rosenau* § 284 Rn. 2; vgl. dagegen noch BT-Drs. 13/8587, 67.
11 Näher NK-*Gaede* § 284 Rn. 5, 21a ff. mwN.
12 EuGH NVwZ 2016, 369 mit Anm. *Weidemann*; s. zur Erteilung von Konzessionen an Sportwettenanbieter nach dem dritten Glücksspieländerungsstaatsvertrag: *Hilf/Umbach* ZfWG 2019, 367 ff.

re mit der Freigabe des regulierten Online-Glücksspiels (§§ 22a ff. GlüStV 2021) und der Ausweitung des Angebots für Sportwetten (§ 21 GlüStV 2021). Nach Auffassung des BGH genügte indes bereits die vorherige Fassung des Glücksspielstaatsvertrags den verfassungs- und unionsrechtlichen Anforderungen, sodass auf dieser Grundlage auch Verstöße gegen § 284 strafrechtlich geahndet werden können.[13] Kriminalpolitisch wird die Legitimation der §§ 284 ff. jedoch zunehmend in Zweifel gezogen und ihre Aufhebung erwogen.[14]

2 Die §§ 284–287 sind wie Delikte gegen die organisierte Kriminalität ausgestaltet (vgl. § 129). So sind vor allem typische Beihilfehandlungen – wie das Bereitstellen von Räumen (§ 284 Abs. 1) oder das Werben (§§ 284 Abs. 4, 287 Abs. 2) – wie auch die Beteiligung am Glücksspiel (§ 285) zu täterschaftlichen Begehungsformen aufgewertet.

B. Unerlaubte Veranstaltung eines Glücksspiels (§ 284)

I. Tatbestand

▶ **Fall 1:** Wirt W stellt seinen Gästen gegen Entgelt die Benutzung eines Roulettetischs in einem Nebenzimmer seiner Kneipe zur Verfügung; hierbei können die Gäste beliebig hohe Geldbeträge einsetzen. Eine behördliche Genehmigung besitzt W nicht. ◀

▶ **Fall 2:** Dem N wurde die Erlaubnis zur Veranstaltung von Glücksspielen in seinem Nachtclub erteilt, ohne dass die rechtlichen Voraussetzungen hierfür erfüllt waren. Trotz Kenntnis dieser Sachlage beginnt N mit der Veranstaltung öffentlicher Glücksspiele. ◀

1. Glücksspiel

3 Ein Glücksspiel ist eine Veranstaltung, bei dem die Beteiligten zur Unterhaltung oder aus Gewinnstreben über den Gewinn oder Verlust eines nicht ganz unbeträchtlichen Vermögenswertes ein ungewisses Ereignis entscheiden lassen, dessen Eintritt entscheidend nicht von Aufmerksamkeiten, Fähigkeiten und Kenntnissen der Spieler, sondern – wie beim Roulette in **Fall 1** – vom Zufall abhängt (vgl. auch § 3 Abs. 1 S. 1 GlüStV[15]).[16]

Für die Bewertung der relevanten Fähigkeiten dient ein gedachter Durchschnittsspieler als Maßstab.[17] Der Einsatz bzw. potenzielle Verlust ist nicht mehr als unwesentlich anzusehen, wenn er 10 Euro pro Stunde übersteigt.[18]

4 Keine Glücksspiele sind zufallsorientierte Verträge, mit denen objektiv ernsthafte wirtschaftliche Interessen verfolgt werden (zB **Versicherungsverträge**[19]). Gleiches gilt für **Unterhaltungsspiele**, bei denen kein oder nur unerheblicher Gewinn möglich ist[20];

---

[13] BGH NJW 2020, 2282 (2286 f.); vgl. dagegen noch LG Hannover ZfGW 2020, 66 (68); vgl. auch die Zweifel in Bezug auf den GlüStV 2021 bei BeckOK-StGB/*Hollering* § 284 Rn. 41; *Pagenkopf* NJW 2021, 2152 (2158).
[14] S. die Eckpunkte des Bundesministeriums der Justiz zur Modernisierung des Strafgesetzbuchs (November 2023), S. 3, abrufbar unter https://www.bmj.de/SharedDocs/Downloads/DE/Gesetzgebung/Eckpunkte/1123_Eckpunkte_Modernisierung_Strafrecht.pdf?__blob=publicationFile&v=3 (13.05.2023); dazu *Gierok/Tsambikakis* HRRS 2024, 42 ff.
[15] Die Orientierung an § 3 Abs. 1 GlüStV wird zum Teil zugunsten einer eigenständigen (strafrechtlichen) Begriffsbildung abgelehnt, s. dazu *Kruis* NVwZ 2012, 797 (799 ff.).
[16] BGH NStZ 2003, 372 (373); L-Kühl/*Heger* § 284 Rn. 2.
[17] *Hofmann/Mosbacher* NStZ 2006, 249 (251); NK-*Gaede* § 284 Rn. 9.
[18] NK-*Gaede* § 284 Rn. 13.
[19] NK-*Gaede* § 284 Rn. 14; M-Schroeder/Maiwald I § 44/5.
[20] RGSt 6, 70 (74); L-Kühl/*Heger* § 284 Rn. 7.

ein Verlust von mehr als 10 Euro in der Stunde deutet insoweit auf ein Glücksspiel hin (vgl Rn. 3)[21]. **Wetten** dienen gewöhnlich weniger der Unterhaltung und dem Gewinn als der Austragung eines ernsthaften Meinungsstreits.[22] Demgegenüber steht bei Sportwetten die Gewinnaussicht im Vordergrund, sodass sie als Glücksspiele vom Tatbestand erfasst werden (vgl. § 3 Abs. 1 S. 4, 5 GlüStV; s. auch zu anderen entgeltlich angebotenen Wetten und Pferderennwetten § 3 Abs. 1 S. 3, 6 GlüStV).[23] Sog. **Kettenbriefaktionen** werden von der Rechtsprechung mangels Gewinneinsatzes nicht als Glücksspiele angesehen.[24] Auch sog. **Hütchenspiele** werden nicht hierher gerechnet, sofern für einen Durchschnittsspieler die Möglichkeit besteht, das Ergebnis durch Geschicklichkeit zu beeinflussen;[25] wird eine solche Einflussmöglichkeit nur vorgespiegelt, ist Betrug (§ 263) gegeben.[26] Ungeachtet ihrer gewerberechtlichen Sonderregelung (§ 33c GewO) sind **Geldspielautomaten** mit zufallsbedingter Gewinn- bzw. Verlustmöglichkeit nicht zuletzt aufgrund des erheblichen Suchtpotentials als Glücksspiel anzusehen (vgl. auch § 2 Abs. 3, 4 GlüStV).[27] Bei Computerspielen kann der Erwerb sog. Lootboxen mit einem zufällig festgelegten und dem Käufer zunächst unbekannten Inhalt als Glücksspiel qualifiziert werden, wenn und soweit der Inhalt übertragen werden kann und damit einen realisierbaren Marktwert hat.[28]

Ein Glücksspiel ist **öffentlich**, wenn die Teilnahme nach außen erkennbar beliebigen Personen offen steht und nicht einem geschlossenen Personenkreis vorbehalten bleibt (vgl. § 3 Abs. 2 GlüStV). Öffentlich ist die Veranstaltung auch dann, wenn – wie in **Fall 1** – eine Eintrittsgebühr erhoben wird, die Spielerzahl beschränkt ist oder Einzelne zurückgewiesen werden.[29] Abs. 2 dehnt den Begriff der Öffentlichkeit auf den Fall aus, dass die einzelnen Teilnehmer als Mitglieder eines Vereins oder einer geschlossenen Gesellschaft zusammenkommen, in denen gewohnheitsmäßig Glücksspiele veranstaltet werden (vgl. auch § 3 Abs. 2 GlüStV).

5

Da das tatbestandliche Unrecht gerade davon bestimmt wird, dass sich der Täter der staatlichen Kontrolle entzieht (vgl. Rn. 1), ist das **Fehlen der Erlaubnis** Tatbestandsmerkmal.[30] Für die **behördliche Erlaubnis** (vgl. §§ 33c ff. GewO) reicht deren formelle Wirksamkeit (vgl. §§ 43, 44 VwVfG) aus.[31] Daher ist in **Fall 2** der Tatbestand trotz der materiellen Rechtswidrigkeit der Erlaubnis nicht erfüllt. Aufgrund des Analogieverbotes (Art. 103 Abs. 2 GG) können die Vorschriften zur Durchbrechung der **Verwaltungsakzessorietät** (ua § 330d Abs. 1 Nr. 5) nicht entsprechend angewandt werden.[32] Umgekehrt wird die Tatbestandsmäßigkeit nicht bereits dadurch ausgeschlossen, dass die **materiellen Voraussetzungen** für die Erteilung einer Erlaubnis vorliegen

6

---

21 BGH NStZ 2018, 335 (336).
22 RGSt 6, 421 (425); NK-*Gaede* § 284 Rn. 14.
23 BGH NStZ 2003, 372 (373) mit Anm. *Beckemper* NStZ 2004, 39 ff.; zu eSport-Wetten *Kubiciel* ZfWG 2021, 123 ff.
24 BGHSt 34, 171, (175 ff.); hierzu *Lampe* JR 1987, 383 ff.
25 BGHSt 36, 74 (78 ff.); LK-*Krehl/Börner* § 284 Rn. 9 f.; zu den umstrittenen Einzelheiten vgl. L-*Kühl/Heger* § 284 Rn. 5 mwN.
26 Vgl. LG Frankfurt NJW 1993, 945 (946).
27 LK-*Krehl/Börner* § 284 Rn. 14; näher *Mintas*, Glücksspiele im Internet 2008, 59 ff.
28 *Maties* NJW 2020, 3685 (3688 f.); s. dagegen zu nicht erfassten „Lootboxen": *Liesching* ZUM 2024, 92 ff.
29 BGHSt 9, 39 (42); NK-*Gaede* § 284 Rn. 15.
30 *Fischer* § 284 Rn. 13; NK-*Gaede* § 284 Rn. 21; aA M-*Schroeder/Maiwald* I § 44/9: Erlaubnis als Rechtfertigungsgrund.
31 NK-*Gaede* § 284 Rn. 21; SK-*Hoyer* § 284 Rn. 27; aA *Otto* § 55/9. Eine britische Genehmigung soll laut AG München, *Urteil* vom 26.9.2014 - 1115 Cs 254 Js 176411/13, nicht ausreichen.
32 NK-*Gaede* § 284 Rn. 21.

und der Täter möglicherweise sogar einen Anspruch auf die behördliche Erlaubnis hat, da der Tatbestand die mit dem Erlaubnisvorbehalt verbundene präventive behördliche Kontrolle schützt, die auch bei einem Anspruch auf Erlaubnis legitim ist; das Glücksspielverbot hat also Bestand, bis der Täter (ggf. auch im Rahmen des vorläufigen Rechtsschutzes[33]) auf dem Verwaltungsrechtsweg seinen Anspruch durchgesetzt hat.[34] Die behördliche Duldung schließt allerdings eine Strafbarkeit aus, da es bei einem behördlichen Verzicht auf die verwaltungsrechtliche Vollstreckung unverhältnismäßig wäre, das tatbestandliche Verbot durch Androhung von Kriminalstrafe durchzusetzen.[35]

2. Tathandlungen

7   Tathandlung ist zum einen das **Veranstalten**, dh die Schaffung eines äußeren organisatorischen Rahmens für die Abhaltung des Glücksspiels.[36] Es ist ausreichend, dass die Gelegenheit zum Glücksspiel gegeben wird, es muss also noch nicht gespielt worden sein.[37] Die **Vermittlung** wird nicht als eigene Tathandlung erfasst (vgl. § 3 Abs. 6, § 4 Abs. 1 GlüStV),[38] dem Vermittler kann aber die Tathandlung des Veranstalters nach den Regeln der mittelbaren Täterschaft oder der Mittäterschaft zugerechnet werden.[39]

Das **Halten** eines Glücksspiels ist eine qualifizierte Form der Beteiligung an einem Glücksspiel und verlangt die Leitung oder Überwachung des Spiels.[40] In diesem Fall muss mit dem Spiel begonnen worden sein.[41] Das tatbestandliche Unrecht ergibt sich aus der Tathandlung (Veranstalten, Halten) bzw. deren Gefährlichkeit, dh der Tatbestand stellt keine besonderen Anforderungen an den Täter, sodass ein Rückgriff auf § 14 entbehrlich ist.[42]

Mit dem **Bereitstellen** wird – wie in Fall 1 – schließlich die Vorbereitung in Form des Zugänglichmachens der Spieleinrichtungen – zB Würfel, Roulettetisch, nach hM auch Stühle, einfache Tische usw – erfasst.[43]

3. Subjektiver Tatbestand

8   Der subjektive Tatbestand erfordert (zumindest bedingten) **Vorsatz**. Ein Irrtum über die Erlaubnis führt zum Vorsatzausschluss (§ 16 Abs. 1 S. 1).

II. Qualifikation

9   Abs. 3 sieht – als abschließende Qualifikation – eine Strafschärfung für den Fall vor, dass der Täter gewerbsmäßig (vgl. § 243 Abs. 1 S. 2 Nr. 3; vgl § 3 Rn. 24 ff.) oder als

---

33 Vgl. insoweit OVG Lüneburg NVwZ 2017, 1552.
34 BGH NStZ-RR 2018, 214; NJW 2020, 2282 (2283 f.); OLG Celle BeckRS 2019, 665; NK-*Paeffgen/Zabel* Vor §§ 32-35 Rn. 202; s. dagegen LG Hannover ZfGW 2020, 66 (68); *Röll* ZfWG 2020, 25 (29): keine Strafbarkeit, soweit fehlende Erlaubnis auf einem verfassungswidrigen Rechtszustand beruht.
35 Zur unrechtsausschließenden Wirkung der aktiven behördlichen Duldung: *Lesch* ZfWG 2021, 236 ff.
36 BGH NStZ 2003, 372 (373); S/S-*Heine/Hecker* § 284 Rn. 15; LK-*Krehl/Börner* § 284 Rn. 18.
37 NK-*Gaede* § 284 Rn. 18; S/S-*Heine/Hecker* § 284 Rn. 15.
38 Vgl. dagegen BGH NStZ 2003, 372.
39 S/S-*Heine/Hecker* § 284 Rn. 16.
40 BayObLG NJW 1993, 2820 (2821 f.); MK-*Hohmann/Schreiner* § 284 Rn. 29; NK-*Gaede* § 284 Rn. 19.
41 S/S-*Heine/Hecker* § 284 Rn. 18; SK-*Hoyer* § 284 Rn. 25.
42 S/S-*Heine/Hecker* § 284 Rn. 18; LK-*Krehl/Börner* § 284 Rn. 18; vgl. allgemein NK-*Böse* § 14 Rn. 10; aA BayObLG NJW 1979, 2258 (2259).
43 BayObLG NJW 1993, 2820 (2822); S/S/W-*Rosenau* § 284 Rn. 14.

Mitglied einer Bande mit entsprechender Zielsetzung (vgl. § 244 Abs. 1 Nr. 2, vgl § 4 Rn. 29 ff.) handelt.

III. Werben (Abs. 4)

Abs. 4 normiert ein Delikt mit geringerem Strafrahmen für werbendes Verhalten im Vorfeld der Tätigkeiten nach Abs. 1. Hiermit sollen vor allem im Inland werbende Aktivitäten für ausländische Spielunternehmen erfasst werden (vgl. aber Rn. 1).[44] Das Werben – zB durch Anpreisungen oder Gewinnversprechungen – muss das Ziel haben, Teilnehmer für Glücksspiele zu gewinnen.[45]

C. Beteiligung am unerlaubten Glücksspiel (§ 285)

Die Vorschrift untersagt die Beteiligung an einem öffentlichen Glücksspiel iSv § 284. Die Kriminalisierung wird damit gerechtfertigt, dass dadurch weitere Personen zur Teilnahme am Glücksspiel verleitet werden können.[46] Da die §§ 284 ff. StGB aber die Spieler selbst vor den Gefahren des unerlaubten Glücksspiels schützen sollen und diese Gefahren von dem Veranstalter ausgehen, wird die Legitimation des § 285 StGB mit Recht bezweifelt (vgl. bereits Rn. 1).[47] Der Tatbestand verlangt die **Teilhabe als Spieler an Gewinn und Verlust** durch die nach den Spielregeln notwendigen Betätigungen.[48] Die Beteiligung verdeckter Ermittler wird zum Teil für straflos gehalten, da sie staatliche Kontrollinteressen nicht beeinträchtige.[49] Dem wird jedoch zu Recht entgegengehalten, dass das von der Spielbeteiligung des verdeckten Ermittlers ausgehende Anreiz- und Gefährdungspotential nicht geringer ist, als bei anderen Mitspielern.[50]

Für die Beteiligung an § 285 gelten wiederum die allgemeinen Regeln; auch § 25 Abs. 1 Alt. 2 und Abs. 2 sind anwendbar. Sofern ein Spiel durch andere lediglich – etwa durch Geldhingabe – ermöglicht wird, ist Beihilfe nach § 27 gegeben.[51] Das Bereitstellen von Räumen und Mobiliar durch einen Gastwirt – wie in **Fall 1** – kann allerdings den vorrangigen § 284 Abs. 1 Var. 3 erfüllen.

D. Unerlaubte Veranstaltung einer Lotterie oder einer Ausspielung (§ 287)

Bei **Lotterien** und **Ausspielungen** handelt es sich um Sonderformen des öffentlichen Glücksspiels iSv § 284.[52] Bei ihnen eröffnet der Organisator einem größeren Personenkreis die Möglichkeit, nach einem bestimmten Plan und gegen bestimmten Einsatz ein vom Zufall abhängiges Recht auf Gewinn zu erwerben.[53] Bei der Lotterie geht es um Geldgewinne, bei der Ausspielung werden als Gewinn bewegliche oder unbewegliche

---

44 NK-*Gaede* § 284 Rn. 25 mwN.
45 L-Kühl/*Heger* § 284 Rn. 15; S/S-*Heine/Hecker* § 284 Rn. 34.
46 BayObLG NJW 1993, 2820 (2821).
47 NK-*Gaede* § 285 Rn. 1; MK-*Hohmann/Schreiner* § 285 Rn. 2.
48 L-Kühl/*Heger* § 285 Rn. 1; LK-*Krehl/Börner* § 285 Rn. 2.
49 L-Kühl/*Heger* § 285 Rn. 1; *Hund* NStZ 1993, 571 (572).
50 NK-*Gaede* § 285 Rn. 5; MK-*Hohmann/Schreiner* § 285 Rn. 11.
51 NK-*Gaede* § 285 Rn. 8.
52 *Fischer* § 287 Rn. 2; S/S-*Heine/Hecker* § 287 Rn. 2.
53 NK-*Gaede* § 287 Rn. 2.

Sachen ausgesetzt.[54] Andere Gewinne (Reise, Kuraufenthalt) werden nach dem eindeutigen Wortlaut nicht erfasst.[55]

14 Die Veranstaltung ist **öffentlich**, wenn sie grds. jedermann zugänglich gemacht ist (Rn. 5).[56] Eine Erweiterung auf Vereine und geschlossene Gesellschaften (vgl. § 284 Abs. 2) ist nicht vorgesehen.[57] Das **Fehlen der behördlichen Erlaubnis** ist vorsatzrelevantes Tatbestandsmerkmal; die Ausführungen zu § 284 gelten insoweit entsprechend (Rn. 6).

15 **Tathandlung** nach **Abs. 1** ist das – wie bei § 284 auszulegende – **Veranstalten** (Rn. 7).[58] Die ansonsten genannten Tatvarianten (Angebot bzw. Annahme eines Angebots zum Abschluss eines Spielvertrages) haben Beispielscharakter. Die **Vermittlung** (zB bei Spielgemeinschaften) wird grundsätzlich nicht als Tathandlung erfasst (Rn. 7),[59] kann aber als Veranstaltung einer eigenen „Zweitlotterie" zu bewerten sein, wenn der Spieler nur einen Gewinnanspruch gegen den Vermittler (dh nicht gegen den Veranstalter der „Erstlotterie") erwirbt.[60] Das **Werben** (Rn. 10) für die Veranstaltung wird von Abs. 2 erfasst. Auf diese Weise soll insbesondere die inländische Werbung für ausländische Veranstalter erfasst werden.[61]

16 Da sich § 285 nur auf § 284 bezieht, ist die **Teilnahme** an der Lotterie bzw. Ausspielung nicht strafbar; die darin zum Ausdruck kommende Bewertung des Gesetzgebers (Straflosigkeit der Teilnahme an einer unerlaubten Lotterie bzw. Ausspielung) darf auch nicht durch eine Anwendung der §§ 287, 27 unterlaufen werden.[62]

17 Im Verhältnis zu § 284 ist § 287 lex specialis.

Wiederholungs- und Vertiefungsfragen

> Was ist Schutzzweck der §§ 284 ff.? (Rn. 1)
> Was versteht man unter einem Glücksspiel und wann ist dieses öffentlich? (Rn. 3 ff.)
> Wie ist die fehlende Genehmigung deliktssystematisch einzuordnen? (Rn. 6)
> Unter welchen Voraussetzungen ist eine Teilnahme möglich? Was ist im Rahmen der Teilnahme verdeckter Ermittler zu beachten? (Rn. 11 f.)
> Ist die Beteiligung an einer unerlaubten Lotterie (ggf. als Beihilfe, §§ 287, 27) strafbar? (Rn. 16)

---

54 S/S-*Heine/Hecker* § 287 Rn. 2; LK-*Krehl/Börner* § 287 Rn. 3.
55 S/S-*Heine/Hecker* § 287 Rn. 7; LK-*Krehl/Börner* § 287 Rn. 9; aA L-*Kühl/Heger* § 287 Rn. 4.
56 *Fischer* § 287 Rn. 9.
57 NK-*Gaede* § 287 Rn. 7.
58 NK-*Gaede* § 287 Rn. 9; MK-*Hohmann/Schreiner* § 287 Rn. 26.
59 Eingehend *Lüderssen* NStZ 2007, 15 (16 ff.).
60 S/S-*Heine/Hecker* § 287 Rn. 12; MK-*Hohmann/Schreiner* § 287 Rn. 27; LK-*Krehl/Börner* § 287 Rn. 13.
61 S/S-*Heine/Hecker* § 287 Rn. 16.
62 BGHSt 34, 171 (179); LK-*Krehl/Börner* § 287 Rn. 28.

§ 44 Wucher (§ 291)

A. Allgemeines

Das Wucherverbot dient nach hM dem **Vermögensschutz**.[1] Es soll – als abstraktes Gefährdungsdelikt – sicherstellen, dass individuelle Schwächelagen eines Vertragspartners nicht zu einem wertrelevanten Faktor im Geschäftsleben werden. Insoweit garantiert die Norm, die an Chancengleichheit und gerechter Güterverteilung orientierte **Vertragsfreiheit** in dem Sinne, dass der Einzelne als Vermögensinhaber davor bewahrt werden soll, aufgrund einer Schwächelage in krasser Weise übervorteilt zu werden.[2] Schutzreflex ist eine Stabilisierung der guten Sitten im Geschäftsleben. Ein Vermögensschaden braucht nicht einzutreten; ein wucherisches Geschäft ist auch dann untersagt, wenn es sich zum Vorteil des Opfers auswirkt. Der **Versuch** des Wuchers ist straflos.

§ 291 erfasst den sog. **Individualwucher**, indem er eine in einer Schwächesituation befindliche Einzelperson oder eine abgrenzbare Gruppe von Personen vor wirtschaftlicher Ausbeutung schützt.[3] Der sog. **Sozialwucher**, der eine Preisüberhöhung unter Ausnutzung der wirtschaftlichen Nöte der Allgemeinheit zum Gegenstand hat, unterfällt den Vorschriften der §§ 3–5 WiStG. Beide Formen des Wuchers können jedoch zusammentreffen, zB bei Ausbeutung einer individuellen Schwäche unter gleichzeitiger Ausnutzung einer Mangellage auf dem Wohnungsmarkt.

B. Definitionen und Erläuterungen

I. Tatbestand

1. Objektiver Tatbestand

▶ **Fall 1:** Lehrerin L sucht seit Monaten erfolglos nach einer Wohnung in der Nähe ihres Arbeitsplatzes. Vermieter V, der die Situation der L kennt, bietet dieser eine Wohnung zu einem Mietzins an, der etwa 80 % über dem der angemessenen Miete liegt. Zähneknirschend unterschreibt L den Mietvertrag. ◀

▶ **Fall 2:** Der drogenabhängige S kauft beim geldgierigen Dealer D unter starken Entzugserscheinungen Betäubungsmittel zum dreifachen Schwarzmarktpreis. ◀

Der objektive Tatbestand erfordert das Versprechen oder Gewähren eines Austauschs von Leistung und Gegenleistung, die in einem Missverhältnis stehen. Dieses Austauschverhältnis muss durch die Ausbeutung einer Zwangs- oder Schwächelage gekennzeichnet sein.

a) **Austauschverhältnis:** Das Austauschverhältnis muss sich auf eine Leistung iSv Abs. 1 S. 1 Nr. 3 beziehen. Mit Nr. 1 und 2 werden lediglich sozialschädliche und praktisch bedeutsame Erscheinungsformen des Wuchers beispielhaft hervorgehoben.[4] Auch Nr. 4 nennt mit der Vermittlung nur einen Unterfall der Leistung. Die Leistung muss nicht durch den Täter selbst oder aus seinem Vermögen erbracht werden.

---

[1] S/S-*Heine/Hecker* § 291 Rn. 2 mwN; M-*Schroeder/Maiwald* I § 43/8; LK-*Wegner* § 291 Rn. 5; zu weiteren Rechtsgutsbestimmungen vgl. *Otto* § 61/124; *ders.* Jura 1989, 32; *Scheffler* GA 1992, 1 (13 ff.).
[2] *Heinsius*, Das Rechtsgut des Wuchers 1997, 46 ff.; *Kindhäuser* NStZ 1994, 105 (106); vgl. auch *Fischer* § 291 Rn. 3.
[3] BGHSt 11, 182 (183).
[4] Zu den einzelnen Rechtsgeschäften vgl. NK-*Kindhäuser* § 291 Rn. 10 ff.

5 **b) Schwächesituationen:** Das Opfer muss sich aufgrund seiner persönlichen Konstitution oder besonderen Lage in einer der tatbestandlich genannten Schwächesituationen befinden:

6 ■ Eine **Zwangslage** ist eine Situation, die ein zwingendes Sach- oder Geldbedürfnis entstehen lässt. Das Opfer ist zB – wie L in **Fall 1** – aus beruflichen Gründen dringend auf Wohnraum im Bereich des Arbeitsplatzes angewiesen. Eine Zwangslage kann aber auch auf dringender Geldnot beruhen, zB wenn das Opfer die Heizkosten für seine Wohnung nicht aus der laufenden Rente bestreiten kann.[5] Eine Zwangslage kann auch dann angenommen werden, wenn sich der Bewohner eines Hauses oder einer Wohnung unabsichtlich aussperrt, sich damit in ernsthafter Bedrängnis befindet und daher insoweit auf die Leistungen des gerufenen Schlüsseldienstes angewiesen ist, um wieder in sein Haus oder seine Wohnung zu gelangen.[6] Soweit dies in der Rechtsprechung von den weiteren Umständen abhängig gemacht wird, die einen Zugang zur Wohnung besonders dringlich erscheinen lassen (zB ein eingeschalteter Herd oder ein zu versorgendes Kleinkind)[7], werden die Anforderungen damit überspannt, wie sich einerseits aus dem Vergleich mit dem Regelbeispiel nach § 291 Abs. 2 Nr. 1 (wirtschaftliche Not, Rn. 20), andererseits aus der Weite der anderen Schwächesituationen nach Abs. 1 (Unerfahrenheit, mangelndes Urteilsvermögen) ergibt, die das Opfer davon abhalten, sich nach günstigeren Anbietern umzusehen.[8] Im Rahmen der Covid-19-Pandemie wird man eine Zwangslage ohne Weiteres annehmen können, soweit medizinisches Personal oder Risikopatienten zum Schutz vor Infektion auf Schutzmasken und Desinfektionsmittel angewiesen ist[9], während eine solche bei der Versorgung der Bevölkerung mit Hygieneartikeln (Toilettenpapier) zu verneinen ist.[10] Dass die individuelle Zwangslage im erstgenannten Fall aus einer allgemeinen Notlage bzw. Güterknappheit resultiert, ist unerheblich, da dies an der besonderen Schutzbedürftigkeit nichts ändert (Rn. 2).[11]

7 ■ **Unerfahrenheit** ist eine Eigenschaft des Opfers, die auf einem erheblichen Mangel an durchschnittlicher Geschäftskenntnis und Lebenserfahrung beruht und eine Einschränkung der Befähigung zur Wahrnehmung oder richtigen Beurteilung von Zuständen und Geschehnissen irgendwelcher Art zur Folge hat.[12] Das Fehlen von Sonderkenntnissen genügt nicht.

8 ■ Bei einem **Mangel an Urteilsvermögen** ist das Opfer aufgrund dauernder geistiger Defizite, die auch durch Erfahrung nicht behoben werden können, unfähig, im Geschäftsleben vernünftige Entscheidungen zu treffen. Der Mangel an Urteilsfähigkeit ist hierbei auch und gerade durch die Unfähigkeit gekennzeichnet, die beiderseitigen Leistungen und die wirtschaftlichen Folgen des Geschäftsabschlusses richtig zu

---

5 OLG Karlsruhe JR 1985, 167.
6 BGH NStZ-RR 2020, 213 (214 f.); LG Bonn BeckRS 2006, 7837; AG Köln BeckRS 2015, 20416; *Bechtel* JR 2019, 501 (506 f.); S/S-*Heine/Hecker* § 291 Rn. 23.
7 OLG Köln StraFo 2017, 165; L-Kühl/*Heger* § 291 Rn. 8; M/R-*Wietz/Matt* § 291 Rn. 8.
8 BGH JR 2020, 565 (568) mit zust. Anm. *Bechtel*; *Bechtel* JR 2019, 501 (506); MK-*Pananis* § 291 Rn. 14.
9 Eingehend *Hein* NZWiSt 2022, 147 (149 f.); *Rönnau/Saathof* ZStW 135 (2023) 24 (28 f.).
10 *Hoven/Hahn* JA 2020, 481 (485); vgl. auch *Rau* in: Schmidt, Covid-19 – Rechtsfragen zur Coronakrise, 2020, § 18 Rn. 59, der eine Zwangslage in Bezug auf die Versorgung von Privatpersonen mit Desinfektionsmitteln verneint.
11 *Hoven/Hahn* JA 2020, 481 (485); allgemein: NK-*Kindhäuser* § 291 Rn. 8; MK-*Pananis* § 291 Rn. 15.
12 BGHSt 11, 182 (186); 30, 280 (281).

bewerten.¹³ Die den Mangel an Urteilsvermögen bedingende Verstandesschwäche muss jedoch nicht die Voraussetzungen des § 20 erfüllen.¹⁴

- **Willensschwäche** ist eine Verminderung der Widerstandsfähigkeit gegenüber dem wucherischen Geschäft, die in der Persönlichkeit des Opfers ihre Ursache hat. Sie ist **erheblich**, wenn sie deutlich unter der rationalen Steuerbarkeit eines Durchschnittsmenschen in geschäftlichen Dingen liegt.¹⁵ Es ist vor allem an Suchtformen (zB Alkoholismus, Spiel- oder – wie in **Fall 2** – Drogenabhängigkeit) mit Krankheitswert zu denken.

c) **Tathandlungen:** Der Täter muss die Schwäche des Opfers **ausbeuten**, dh bewusst ausnutzen,¹⁶ indem er sich oder einem Dritten Vermögensvorteile als Gegenleistung versprechen oder gewähren lässt. Nach der Rechtsprechung ist es daher ausreichend, dass das Ausnutzen (mit)ursächlich für das Sichversprechenlassen bzw. Sichgewährenlassen einer überhöhten Gegenleistung ist.¹⁷ Dass die überhöhte Vergütung erst nach Beseitigung der Zwangslage (Öffnen der Haustür des ausgesperrten Opfers) geltend gemacht wird, unterbricht den Kausalzusammenhang nicht, da diese Forderung auf dem unter Zwang abgeschlossenen Werkvertrag beruht.¹⁸ Mit dem Vollzug dieser Tathandlungen ist das Delikt vollendet.

- Die **Gegenleistung** muss einen geldwerten Vermögensvorteil betreffen, auch wenn sie eine Sach- oder Dienstleistung zum Gegenstand hat.

- **Sichversprechenlassen** ist die Entgegennahme der mit Rechtsbindungswillen (ggf. konkludent) erklärten Zusage des Opfers, die Leistung zu erbringen. Die Zusicherung kann bedingt sein. Auf die rechtliche Wirksamkeit der Zusicherung kann es schon wegen § 138 Abs. 2 BGB nicht ankommen. Nach hM sind auch andere Gründe, die zur Unwirksamkeit oder Anfechtbarkeit des Geschäfts führen, unbeachtlich.¹⁹

- **Sichgewährenlassen** ist die Entgegennahme der mit Leistungswillen erbrachten Zuwendung des Opfers. Das Versprechen hat gegenüber der Gewährung der Leistung keine selbstständige Bedeutung, wenn letztere als Erfüllung des Vertrages zu verstehen ist. Beide Handlungen sind jedoch bedeutsam, wenn der Täter eine andere als die versprochene Leistung unter den jeweils gegebenen Tatbestandsvoraussetzungen annimmt.²⁰

Weder Leistender noch Leistungsempfänger müssen Vertragspartei sein. Auch ein Dritter, zB ein Bürge, kommt als Bewucherter in Betracht. Der Bewucherte kann zudem eine juristische Person oder Gesellschaft sein.²¹ In der Zwangslage muss sich allerdings stets der Bewucherte befinden, während die sonstigen Schwächelagen auch beim Vertreter gegeben sein können.²²

---

13 *Fischer* § 291 Rn. 12; MK-*Pananis* § 291 Rn. 18.
14 *Fischer* § 291 Rn. 12; S/S-*Heine/Hecker* § 291 Rn. 26.
15 BT-Drs. 7/3441, 41.
16 BGHSt 11, 182 (187); *Fischer* § 291 Rn. 14; LK-*Wegner* § 291 Rn. 56. Ein besonders anstößiges Verhalten verlangen S/S-*Heine/Hecker* § 291 Rn. 29; *Sturm* JZ 1977, 84 (86).
17 BGH NStZ-RR 2020, 213 (215).
18 BGH NStZ-RR 2020, 213 (215); *Bechtel* JR 2020, 570 (572); kritisch insoweit *Klein* ZJS 2021, 389 (396 ff.).
19 RGSt 35, 111 (113); LK-*Wegner* § 291 Rn. 110; einschr. NK-*Kindhäuser* § 291 Rn. 25.
20 OLG Karlsruhe NJW 1988, 1154 (1156).
21 S/S-*Heine/Hecker* § 291 Rn. 21; LK-*Wegner* § 291 Rn. 111.
22 S/S/W-*Saliger* § 291 Rn. 12; LK-*Wegner* § 291 Rn. 111.

15 d) **Auffälliges Missverhältnis:** Leistung und Gegenleistung stehen in einem auffälligen Missverhältnis, wenn die Diskrepanz des Wertes der jeweiligen Leistungen dem Kundigen – ggf. auch erst nach genauer Prüfung des oft verschleierten Sachverhalts – ins Auge springt.[23] Der Überschuss des Täters muss besonders unangemessen erscheinen. Für die Beurteilung des Missverhältnisses ist auf die Differenz der objektiven Marktwerte aller zusammenhängenden Leistungen und Gegenleistungen vom Gläubigerstandpunkt aus abzustellen. Hierbei kommt es entscheidend darauf an, was das Opfer als Gegenwert für seine Leistung auf dem Markt erhalten könnte. Als **Faustformel** kann ab einer Überschreitung des Marktwertes – wie in **Fall 1** – ab etwa 50 % von einem auffälligen Missverhältnis ausgegangen werden.[24] Beim Lohnwucher ist dementsprechend ein solches Missverhältnis anzunehmen, wenn der Täter nur 2/3 (oder weniger) des Tariflohns zahlt.[25] Allerdings bietet der Marktpreis bei extremer Verknappung bestimmter Gütern (z.B. medizinischer Masken während der Pandemie) und einem dadurch ausgelösten „Massenwucher" keinen geeigneten Bezugspunkt mehr, da die Wuchergeschäfte selbst den Maßstab für das auffällige Missverhältnis mitbestimmen; in derartigen Ausnahmekonstellationen werden als Alternativen eine Orientierung an den Gestehungskosten zuzüglich einer (angemessenen) Gewinnspanne[26] oder ein getrimmter Mittelwert der am Markt erzielten Preise[27] vorgeschlagen und ein auffälliges Missverhältnis erst dann angenommen, wenn der geforderte bzw. gewährte Betrag das Doppelte dieser Summe überschreitet. Für den ersten Ansatz spricht, dass auch besonders hohe Gestehungskosten grds. keinen marktunüblichen Aufpreis rechtfertigen[28]; andererseits lässt sich die Orientierung an einem „gerechten" Preis mit dem Grundgedanken einer freien Marktwirtschaft kaum vereinbaren, wonach die Preisbildung den Marktteilnehmern obliegt[29].

16 Haben Geschäfte – wie in **Fall 2** – ihrem Typ nach **keinen (legalen) Markt**, so gibt es auch keinen Vergleichswert und damit mangels Verrechnungsparameters kein objektiv auffälliges Missverhältnis der Leistungen.[30] Dem wirtschaftlichen Vermögensbegriff folgend (vgl. Rn. 1 und § 26 Rn. 12, 26) stellt die hM insoweit auf den tatsächlichen (üblichen) Marktpreis ab.[31] Zum Teil werden verbotene und sittenwidrige Leistungen von vornherein mit Null bewertet, mit der Folge, dass hier stets ein auffälliges Missverhältnis zu bejahen wäre.[32] Richtigerweise unterfallen illegale Märkte oder gar kriminelle Geschäfte von vornherein nicht dem Tatbestand: Wenn die Rechtsordnung zB den Erwerb von Betäubungsmitteln – wie in **Fall 2** – oder die Beauftragung eines Killers bei Strafe untersagt, kann sie auch nicht einen angemessenen Preis beim Abschließen solcher Geschäfte sichern.[33]

17 e) **Additionsklausel:** Mit der Additionsklausel in Abs. 1 S. 2 wird die Strafbarkeit auf Personen ausgedehnt, die zwar nicht selbst Täter oder Teilnehmer eines wucherischen

---

23 OLG Stuttgart wistra 1982, 36 f.; BayObLG NJW 1985, 873; *Haberstroh* NStZ 1982, 266.
24 Näher NK-*Kindhäuser* § 291 Rn. 28 ff.
25 BGH NStZ-RR 2003, 212 (213).
26 *Hein* NZWiSt 2022, 147 (152 f.).
27 *Rönnau/Saathof* ZStW 135 (2023) 24 (47 ff.).
28 Vgl. BayObLG NJW 1985, 873.
29 *Rönnau/Saathof* ZStW 135 (2023) 24 (45 ff.).
30 Vgl. *Arzt* Lackner-FS 641 (656); *Sickenberger*, Wucher als Wirtschaftsstraftat, 1985, 100; aA *Schauer*, Grenzen der Preisgestaltungsfreiheit im Strafrecht, 1989, 48 ff.
31 MK-*Pananis* § 291 Rn. 6, 38; LK-*Wegner* § 291 Rn. 90; einschränkend *Fischer* § 291 Rn. 19a.
32 *Bernsmann* GA 1981, 141 (164).
33 S/S-*Heine/Hecker* § 291 Rn. 18; NK-*Kindhäuser* § 291 Rn. 32; *Mitsch* 18.2.1.7.

Geschäfts nach Abs. 1 S. 1 sind, wohl aber an einem einheitlichen Geschäftsvorgang mit insgesamt wucherischem Charakter mitwirken und hierbei die Schwächelage des Opfers zur Erzielung eines übermäßigen Vermögensvorteils für sich oder andere ausnutzen. Auf diese Weise soll verhindert werden, dass der Opferschutz durch Aufspalten eines einheitlichen Geschäfts in verschiedene Teilgeschäfte unter Mitwirkung mehrerer unterlaufen wird. Personen, die zwar an einem insgesamt wucherischen Geschäft mitwirken, für ihre Teilleistungen aber nur einen angemessenen Preis verlangen, werden nicht (als Täter) erfasst.[34] In Betracht kommt aber Beihilfe durch Ermöglichen des Geschäfts.

Ein typischer Anwendungsfall der Additionsklausel kann die Gewährung eines Kredits sein, wenn für Darlehen, (Rück-)Versicherungen, Vermittlungen, Auskünfte usw eine Vielzahl von Agenten und Instituten mitwirken, die jeweils gesondert berechnete Leistungen erbringen. Einem Geschäftsvorgang fehlt dagegen die Einheitlichkeit,[35] wenn verschiedene Teilleistungen nur aus der Sicht des Opfers zusammengehören; zu denken ist etwa an eine Baufinanzierung durch Abschluss einer Reihe voneinander unabhängiger Darlehensverträge.

2. Subjektiver Tatbestand

Der subjektive Tatbestand verlangt (zumindest bedingten) **Vorsatz**. Er muss auch die Umstände, aus denen sich die Schwächesituation des Opfers und das auffällige Missverhältnis ergeben, umfassen.

II. Besonders schwere Fälle (Abs. 2)

Abs. 2 normiert in der Technik der **Regelbeispiele** Straferschwerungen für den Fall, dass durch die Tat ein anderer **in wirtschaftliche Not** gebracht wird (vgl. § 263 Abs. 3 S. 2 Nr. 3) oder dass die Tat **gewerbsmäßig** (vgl. ua § 243 Abs. 1 S. 2 Nr. 3) begangen wird. Ferner ist regelmäßig ein besonders schwerer Fall anzunehmen, wenn sich der Täter wucherische Leistungen **durch Wechsel** versprechen lässt (Nr. 3). Hierbei müssen die wucherischen Vorteile in der Wechselsumme enthalten sein. Daher reicht es zB nicht aus, wenn der Täter nur für die Darlehenssumme und nicht auch für die wucherischen Zinsen einen Wechsel akzeptiert. An einen unbenannten besonders schweren Fall ist bei einem außergewöhnlichen Ausmaß des erstrebten Vermögensvorteils zu denken.[36]

III. Konkurrenzen

Im Verhältnis zu Betrug (§ 263) und Erpressung (§ 253) ist Tateinheit (§ 52) anzunehmen, da diese Tatbestände jeweils einen Vermögensschaden voraussetzen, der Wucher aber andererseits eine spezifische Angriffsart auf das Vermögen vertypt.[37]

Wiederholungs- und Vertiefungsfragen

> Welchem Schutzzweck dient § 291? (Rn. 1)
> Wann liegen die tatbestandlich genannten Schwächesituationen vor? (Rn. 5 ff.)

---

34 *Heinz* GA 1977, 193 (220); *Müller-Emmert/Maier* NJW 1976, 1657 (1664).
35 Näher hierzu NK-*Kindhäuser* § 291 Rn. 40 ff. mwN.
36 LK-*Wegner* § 291 Rn. 130.
37 BGH NStZ-RR 2020, 213 (215 f. – zu § 263); MK-*Pananis* § 291 Rn. 49.

> Wann liegt ein auffälliges Missverhältnis vor? Welche Besonderheiten gelten bei illegalen Geschäften? (Rn. 15 f.)
> Welche Regelung trifft Abs. 1 S. 2? (Rn. 17 f.)

10. Teil: Wettbewerbsdelikte

§ 45 Submissionsabsprachen (§ 298)

A. Allgemeines

Die Vorschrift[1] schützt nach hM in erster Linie den **freien Wettbewerb**, daneben aber auch das Vermögen des Veranstalters einer Ausschreibung.[2] Den Eintritt eines Vermögensschadens setzt der Tatbestand, anders als der Betrug (§ 263), allerdings nicht voraus.[3] Aufgrund der systematischen Stellung der Vorschrift im 26. Abschnitt kommt dem Vermögensschutz indes keine eigenständige Bedeutung zu, sondern für die Auslegung ist als geschütztes Rechtsgut allein der Wettbewerb maßgeblich.[4] Da mit der Tat der Wettbewerb in dem konkreten Ausschreibungsverfahren beschränkt wird, handelt es sich entgegen der hM nicht um ein abstraktes Gefährdungsdelikt,[5] sondern um ein **Verletzungsdelikt**.[6] Mit dem Tatbestand wird ein Ausschnitt des bereits als Ordnungswidrigkeit (§ 81 Abs. 2 Nr. 1 GWB) sanktionierbaren Verhaltens kriminalisiert.[7] Als Täter kommen daher wie bei Verstößen gegen das allgemeine Kartellverbot (§ 1 GWB) nur Inhaber oder Repräsentanten (§ 14 StGB) eines Unternehmens in Betracht, dh der Tatbestand ist entgegen der hM kein Allgemein-, sondern ein **Sonderdelikt**.[8] Für die Beteiligung gelten die allgemeinen Regeln.

1

B. Definitionen und Erläuterungen

I. Tatbestand

1. Objektiver Tatbestand

▶ **Fall 1:** Die Gemeinde G plant eine große Baumaßnahme. Zu deren Umsetzung ruft sie in einer Ausschreibung Bauingenieure zur Abgabe entsprechender Angebote auf. Der Bauingenieur B will unbedingt den Auftrag erhalten und vereinbart deshalb mit dem Angestellten A der Gemeinde G, von diesem gegen ein „Honorar" Informationen über weitere Konkurrenten und sonstige entscheidende Auswahlkriterien zu erhalten. ◀

Den objektiven Tatbestand verwirklicht, wer bei einer Ausschreibung über Waren oder Dienstleistungen ein Angebot abgibt, das auf einer rechtswidrigen Absprache beruht, die ihrerseits darauf abzielt, den Ausschreibenden zur Annahme eines bestimmten

2

---

1 Zu Entstehungsgeschichte und kriminalpolitischem Hintergrund NK-*Dannecker/Schröder* § 298 Rn. 1 ff.; LK-*Lindemann* § 298 Rn. 1 ff.
2 BT-Drs. 13/5584, 13; BGH NJW 2012, 3318 (3319); W-*Hillenkamp/Schuhr* Rn. 744; *Kiethe/Hohmann* NStZ 2003, 509; *König* JR 1997, 397 (402); *Otto* § 61/141; LK-*Lindemann* § 298 Rn. 7.
3 Vgl. BGHSt 38, 186; W-*Hillenkamp/Schuhr* Rn. 744; *Joecks* wistra 1992, 247; *König* JR 1997, 397 (402); *Otto* § 61/142.
4 GJW-*Böse* § 298 Rn. 1; SK-*Rogall* § 298 Rn. 4.
5 So BGH NStZ 2003, 548 (549); *Fischer* § 298 Rn. 3; S/S-*Heine/Eisele* § 298 Rn. 2.
6 GJW-*Böse* § 298 Rn. 2; NK-*Dannecker/Schröder* § 298 Rn. 21; *Jansen*, Schutz des Wettbewerbs im Strafrecht, 2021, 254 f.; LK-*Lindemann* § 298 Rn. 9; vgl. auch MK-*Hohmann* § 298 Rn. 6.
7 BT-Drs. 13/5584, 13; zur Diskussion um die (weitergehende) Kriminalisierung von Kartellverstößen *Weck* ZStW 131 (2019), 65 ff.
8 GJW-*Böse* § 298 Rn. 4; *Jansen*, Schutz des Wettbewerbs im Strafrecht, 2021, 271 f.; *Rotsch* ZIS 2014, 579 (588 f.); s. dagegen BGH NJW 2012, 3318 (3319); NK-*Dannecker/Schröder* § 298 Rn. 23; *König* JR 1997, 397 (402); *Otto* § 61/148; SK-*Rogall* § 298 Rn. 41; LK-*Lindemann* § 298 Rn. 13 ff, 18.

Angebots zu veranlassen. Begreift man den Tatbestand als Sonderdelikt (Rn. 1), muss der Täter dabei als Inhaber eines Unternehmens handeln; dem Inhaber stehen Organe, gesetzliche Vertreter und Beauftragte (§ 14) gleich.[9] Diese Voraussetzung ist in **Fall 1** in Bezug auf den B erfüllt, der als Bauingenieur einer selbstständigen wirtschaftlichen Tätigkeit nachgeht.[10]

3   a) **Ausschreibung:** Eine Ausschreibung (**Submission**) ist ein Verfahren, in dem unterschiedliche Angebote einer Mehrzahl von Anbietern eingehen. Sie kann öffentlich oder privat,[11] beschränkt oder unbeschränkt sein (vgl. § 119 GWB, § 3 VOB/A).[12] Der Ausschreibung ist über Abs. 2 die **freihändige Vergabe** eines Auftrags **nach vorausgegangenem Wettbewerb** gleichgestellt.[13]

4   Die Ausschreibung muss Waren oder Dienstleistungen betreffen. Die Begriffe sind **kartellrechtsakzessorisch**, dh iSd GWB auszulegen (vgl. Rn. 1).[14] Zu den **Waren** gehören neben beweglichen Sachen auch Immobilien und Rechte.[15] Bei **Dienstleistungen** handelt es sich um Tätigkeiten für einen anderen, bei denen der Erfolg dem anderen und nicht dem Dienstleister selbst zugute kommt.[16] Darunter sind sowohl gewerbliche als auch freiberufliche Leistungen – etwa von Bauingenieuren wie in **Fall 1** – zu fassen, die einen wirtschaftlichen Wert haben.[17]

5   b) **Tathandlung:** Tathandlung ist die **Abgabe eines Angebots** beim Veranstalter. Das Angebot ist abgegeben, wenn es dem Veranstalter durch Einreichung zugegangen ist;[18] eine Kenntnisnahme des Angebotsinhalts durch den Veranstalter ist nicht erforderlich. Das bloße Absenden des Angebots ist dagegen noch als (hier strafloser) Versuch zu werten.[19]

6   Das Angebot muss auf einer rechtswidrigen Absprache beruhen. Als **Absprache** ist eine Vereinbarung (§ 1 GWB) zwischen den potenziellen Anbietern über das Verhalten im Ausschreibungsverfahren anzusehen (**horizontale Absprache**); der Austausch von Informationen über das geplante Angebot ist hingegen nicht tatbestandsmäßig.[20] Nach hM wird unter Verweis auf die Reichweite des allgemeinen Kartellverbotes (§ 1 GWB) auch die Verständigung zwischen einem Anbieter und dem Veranstalter der Ausschreibung erfasst (**vertikale Absprache**).[21] Dagegen spricht indes, dass es insoweit an der für horizontale Absprachen typischen Wiederholungsgefahr fehlt, auf welche der Gesetzgeber die Kriminalisierung von Submissionsabsprachen gestützt hat.[22] Nach

---

9   Hierzu GJW-*Böse* § 298 Rn. 5.
10 Vgl. zum Unternehmensbegriff Immenga/Mestmäcker-*Zimmer* GWB § 1 Rn. 18 ff.
11 Hierzu BGH NStZ 2003, 548 (549); StV 2003, 451.
12 GJW-*Böse* § 298 Rn. 8; S/S-*Heine/Eisele* § 298 Rn. 4; *Otto* § 61/143; LK-*Lindemann* § 298 Rn. 19 ff.
13 Absprachen in anderen Vergabeverfahren, zB freihändige Vergabeverfahren ohne vorausgegangenen Teilnahmewettbewerb, können als Ordnungswidrigkeit von §§ 81 Abs. 1 Nr. 1, Abs. 2 Nr. 1 GWB erfasst werden, vgl. L-Kühl/*Heger* § 298 Rn. 4.
14 GJW-*Böse* § 298 Rn. 6; NK-*Dannecker/Schröder* § 298 Rn. 61.
15 L-Kühl/*Heger* § 298 Rn. 2; MK-*Hohmann* § 298 Rn. 52; LK-*Lindemann* § 298 Rn. 26.
16 NK-*Dannecker/Schröder* § 298 Rn. 64.
17 S. zu freiberuflichen Tätigkeiten als Dienstleistung: *Dann* NJW 2016, 203 (204); s. auch bereits die Definition der gewerblichen Leistung in BT-Drs. 13/5584, 14; S/S-*Heine/Eisele* § 298 Rn. 10; *Otto* § 61/144.
18 *Fischer* § 298 Rn. 15; LK-*Lindemann* § 298 Rn. 31; *Wolters* JuS 1998, 1100 (1102).
19 L-Kühl/*Heger* § 298 Rn. 7; S/S-*Heine/Eisele* § 298 Rn. 12.
20 BGH NJW 2014, 1252 (1253); GJW-*Böse* § 298 Rn. 22; NK-*Dannecker/Schröder* § 298 Rn. 73.
21 BGH NJW 2012, 3318; BeckRS 2015, 12466; S/S/W-*Bosch* § 298 Rn. 9; MK-*Hohmann* § 298 Rn. 71; LK-*Lindemann* § 298 Rn. 14.
22 Vgl. BT-Drs. 13/5584, 13 zu sog. Ringvereinbarungen, mit denen festgelegt wird, in welcher Reihenfolge die Kartellmitglieder bei zukünftigen Ausschreibungen zum Zuge kommen sollen.

zutreffender Auffassung muss das Angebot daher auf einer horizontalen Absprache beruhen.[23] Die **Rechtswidrigkeit** der Absprache ist wiederum kartellrechtsakzessorisch zu bestimmen (§ 1 GWB; s. die Freistellungen vom Kartellverbot nach §§ 2, 3 GWB).[24] Da das tatbestandsmäßige Verhalten in der Umsetzung der Absprache (Abgabe eines Angebotes) besteht, bestimmt die Rechtswidrigkeit der Absprache zugleich die Rechtswidrigkeit der Tathandlung; es handelt sich daher entgegen der hM nicht um ein normatives Tatbestandsmerkmal,[25] sondern um das allgemeine Verbrechensmerkmal.[26] Das Angebot **beruht** auf der Absprache, wenn ein Kausalzusammenhang zwischen beidem besteht und das Angebot absprachegemäß abgegeben wird; dies ist nicht der Fall, wenn der Täter seine Kenntnis von der Absprache ausnutzt, um den vereinbarten Preis zu unterbieten, denn in diesem Fall verwirklicht sich nicht die mit der Absprache bezweckte Wettbewerbsbeschränkung.[27]

Zweck und Inhalt der Absprache muss das Angebot sein. Ferner muss die Absprache auf die Annahme des Angebots durch den Veranstalter **abzielen**, also – ungeachtet weiterer Zwecke – auf einen Vertragsabschluss mit dem Veranstalter gerichtet sein. Hieran fehlt es nach vorherrschender Meinung nicht, wenn der Veranstalter die Absprache selbst angeregt hat.[28] Auch im Übrigen steht der Tatbestandsverwirklichung ein **kollusives Zusammenwirken** nicht entgegen, sodass die Absprache nicht verheimlicht zu werden braucht.[29] Hinter dieser Regelung steht der Gedanke, dass der Wettbewerb auch durch offene Absprachen beschränkt werden kann.

In **Fall 1** fehlt es nach hier vertretener Auffassung bereits an einer Absprache zwischen mehreren Bietern. Geht man hingegen mit der hM davon aus, dass der Tatbestand nicht nur horizontale, sondern auch vertikale Vereinbarungen zwischen einem Bieter und dem Veranstalter erfasst, so liegt eine rechtswidrige Absprache zwischen B und A vor (Rn. 6). Jedoch muss, damit der Tatbestand erfüllt ist, erst noch ein von B erstelltes Angebot bei G eingegangen sein. Die bloße Absprache genügt selbst dann nicht, wenn sie – wie in **Fall 1** – mit einem Angestellten des Veranstalters getroffen wird.[30]

2. Subjektiver Tatbestand

Der subjektive Tatbestand erfordert (zumindest bedingten) **Vorsatz**, der neben der Abgabe des Angebots auch den Inhalt der rechtswidrigen Absprache umfassen muss.[31] Die Fehlvorstellung des Täters, dass die Absprache rechtmäßig sei, soll nach hM den Vorsatz ausschließen (§ 16 Abs. 1 S. 1).[32] Nach hier vertretener Ansicht ergibt sich die Rechtswidrigkeit der Tat aus der Rechtswidrigkeit der Absprache (Rn. 6), sodass ein

---

23 GJW-*Böse* § 298 Rn. 24; NK-*Dannecker/Schröder* § 298 Rn. 86; S/S-*Heine/Eisele* § 298 Rn. 17; *Jansen*, Schutz des Wettbewerbs im Strafrecht, 2021, 298 f.; *L. Rengier* in: Rengier-FS 291 (298); M/R-*Schröder/Bergmann* § 298 Rn. 27; ebenso noch BGHSt 49, 201 (205 ff.).
24 BGHSt 49, 201 (205); NK-*Dannecker/Schröder* § 298 Rn. 89.
25 L-*Kühl/Heger* § 298 Rn. 3; *König* JR 1997, 397 (402); *Otto* § 61/145; LK-*Lindemann* § 298 Rn. 38; *Wolters* JuS 1998, 1100 (1102).
26 GJW-*Böse* § 298 Rn. 26; SK-*Rogall* § 298 Rn. 26.
27 GJW-*Böse* § 298 Rn. 29; *Jansen*, Schutz des Wettbewerbs im Strafrecht, 2021, 270; L-*Kühl/Heger* § 298 Rn. 3; SK-*Rogall* § 298 Rn. 30; aA S/S-*Heine/Eisele* § 298 Rn. 20; *Fischer* § 298 Rn. 14.
28 S/S-*Heine/Eisele* § 298 Rn. 18, 16; LK-*Lindemann* § 298 Rn. 40; aA L-*Kühl/Heger* § 298 Rn. 3; *König* JR 1997, 397 (402).
29 BT-Drs. 13/5584, 14; NK-*Dannecker/Schröder* § 298 Rn. 72; LK-*Lindemann* § 298 Rn. 40; *Wolters* JuS 1998, 1100 (1102).
30 S/S-*Heine/Eisele* § 298 Rn. 11.
31 MK-*Hohmann* § 298 Rn. 84; LK-*Lindemann* § 298 Rn. 42 ff.
32 NK-*Dannecker/Schröder* § 298 Rn. 101; MK-*Hohmann* § 298 Rn. 86; LK-*Lindemann* § 298 Rn. 45.

entsprechender Irrtum nicht als Tatbestandsirrtum, sondern als Verbotsirrtum anzusehen ist, der nur bei Unvermeidbarkeit den Schuldvorwurf ausschließt (§ 17 S. 1).[33]

II. Tätige Reue, Strafantrag und Konkurrenzen

9 Wegen der Vorverlagerung der formellen Deliktsvollendung schon auf den Zeitpunkt der Einreichung des Angebots, sieht Abs. 3 in Anlehnung an die Rücktrittsregeln (§ 24) die Möglichkeit **tätiger Reue** vor.[34]

10 §§ 263 und 298 können wegen des unterschiedlichen Schutzzwecks tateinheitlich begangen werden.[35]

Wiederholungs- und Vertiefungsfragen

> Was ist Schutzzweck des § 298? (Rn. 1)
> Was versteht man unter einer Ausschreibung? (Rn. 3 f.)
> Wonach bestimmt sich die Auslegung der Merkmale Waren und Dienstleistungen? (Rn. 4)
> Wann ist die Absprache rechtswidrig? (Rn. 6)
> In welchem Konkurrenzverhältnis steht § 298 zu § 263? (Rn. 10)

---

33 M-Schroeder/Maiwald II § 68/5; SK-*Rogall* § 298 Rn. 26; näher *Böse* Puppe-FS 1353 (1362 ff.).
34 Hierzu SK-*Rogall* § 298 Rn. 38 f.; LK-*Lindemann* § 298 Rn. 46 f.
35 *Fischer* § 298 Rn. 22; *König* JR 1997, 397 (402); *Korte* NStZ 1997, 513 (516); *Krey/Hellmann/Heinrich* Rn. 868; SK-*Rogall* § 298 Rn. 48; LK-*Lindemann* § 298 Rn. 52; aA *Wolters* JuS 1998, 1100 (1102): Vorrang von § 298; vgl. auch *Walter* JZ 2002, 254 (256).

§ 46 Bestechlichkeit und Bestechung (§§ 299–301)

A. Allgemeines

Die Strafbestimmungen gegen Korruption im Geschäftsverkehr (§ 12 UWG und § 299 aF) waren als Tatbestände zum **Schutz des freien und lauteren Wettbewerbs** konzipiert.[1] In dem durch das Gesetz zur Bekämpfung der Korruption[2] vom 20. November 2015 neu gefassten Tatbestand ist diese Schutzrichtung teilweise übernommen worden (§ 299 Abs. 1 Nr. 1, Abs. 2 Nr. 1). Nach hM werden daneben auch die Interessen der **Mitbewerber** (Chancengleichheit, Vermögen)[3] und die wirtschaftlichen Interessen des **Geschäftsherrn**[4] geschützt; für eine individuelle Schutzrichtung spricht insbesondere das bereits zu § 299 aF vorgesehene Strafantragsrecht des Verletzten (§ 301 Abs. 2). Mit der Neufassung wurde die Vorschrift um zwei neue Tatbestandsvarianten ergänzt (Abs. 1 Nr. 2, Abs. 2 Nr. 2), die anstelle des lauteren Wettbewerbs nunmehr ausdrücklich die Interessen des **Geschäftsherrn** an der Loyalität seiner Angestellten und Beauftragten beim Austausch von Waren und Dienstleistungen schützen (sog. **Geschäftsherrenmodell**).[5] Ein Wettbewerbsbezug ist insoweit nicht mehr erforderlich,[6] da ein solches Erfordernis den neuen Varianten ihre eigenständige Bedeutung nähme und damit die Neukonzeption des Gesetzgebers überspielte (vgl. auch Rn. 25).[7] Beiden Varianten ist gemeinsam, dass der Unternehmensinhaber bzw. Geschäftsherr selbst nach dem Gesetzeswortlaut nicht als Täter in Betracht kommt (Rn. 14), da er einerseits sich selbst gegenüber nicht zur Loyalität verpflichtet ist (Nr. 2) und andererseits mit dem **Prinzipal-Agenten-Verhältnis** zwischen dem Geschäftsherrn und seinem Angestellten bzw. Beauftragten eine Grundvoraussetzung für die sachfremde Einflussnahme auf unternehmerische Entscheidungen im Wettbewerb fehlt (Nr. 1).[8] Da das Wettbewerbsmodell (Abs. 1 Nr. 1, Abs. 2 Nr. 1) kein bereits bestehendes Wettbewerbsverhältnis, geschweige denn dessen Beeinträchtigung durch die in der Unrechtsvereinbarung enthaltene Bevorzugung des Vorteilsgebers voraussetzt, handelt es sich nicht um ein **Verletzungsdelikt** (vgl. § 45 Rn. 1),[9] sondern um ein **abstraktes Gefährdungsdelikt**.[10] Das Gleiche gilt für das Geschäftsherrenmodell (Abs. 1 Nr. 2, Abs. 2 Nr. 2), sofern man nicht auf den Schutz der Loyalität gegenüber dem Geschäftsherrn abstellt,[11]

---

1 Der im Jahr 1909 eingeführte § 12 UWG wurde mit dem Gesetz zur Bekämpfung der Korruption vom 13.8.1997 (BGBl. I 1997, 2038) in § 299 übernommen. Vgl. zu Entstehungsgeschichte, kriminalpolitischem Hintergrund und Schutzzweck NK-*Dannecker/Schröder* § 299 Rn. 1 ff.; LK-*Lindemann* § 299 Rn. 2 ff. mwN; *Schmidl* wistra 2006, 286 ff.
2 BGBl. I 2015, 2025.
3 NK-*Dannecker/Schröder* § 299 Rn. 15; MK-*Krick* § 299 Rn. 19; LK-*Lindemann* § 299 Rn. 2; vgl. zum „verletzten" Mitbewerber: BGHSt 49, 214 (229).
4 BGH NJW 2017, 2565 (2567); MK-*Krick* § 299 Rn. 20; NK-*Dannecker/Schröder* § 299 Rn. 16.
5 BT-Drs. 18/4350, 21; NK-*Dannecker/Schröder* § 299 Rn. 21 f.; krit. *Dann* NJW 2016, 203 (204). Schon vor der Erweiterung des § 299 durch das Gesetz zur Bekämpfung der Korruption vom 20. November 2015 (BGBl. I 2015, 2025) wurde von einer verbreiteten Ansicht der Geschäftsherr bereits mitgeschützt, ausführlich dazu NK-*Dannecker/Schröder* § 299 Rn. 16.
6 *Fischer* § 299 Rn. 1, 36; *Walther* DB 2016, 95; einschränkend NK-*Dannecker/Schröder* § 299 Rn. 25, 115.
7 Näher T. *Zimmermann*, Das Unrecht der Korruption, 2018, 669 ff.
8 NK-*Dannecker/Schröder* § 299 Rn. 44 f.; MK-*Krick* § 299 Rn. 20 mwN, auch zur Kritik an dieser Beschränkung des Tatbestands.
9 In diesem Sinne aber LK-*Lindemann* § 299 Rn. 7.
10 BGH NStZ 2023, 494 (496); NK-*Dannecker/Schröder* § 299 Rn. 21; *Fischer* § 299 Rn. 3; *Krack* NStZ 2001, 505 (507).
11 Vgl. NK-*Dannecker/Schröder* § 299 Rn. 21, der allerdings die Verletzung einer wettbewerbsbezogenen Pflicht verlangt und deshalb ein abstraktes Gefährdungsdelikt annimmt.

sondern auf die über die Loyalitätspflicht geschützten wirtschaftlichen Interessen des Geschäftsherrn (abstraktes Vermögensgefährdungsdelikt, vgl. auch Rn. 24), weil der Tatbestand unabhängig vom Eintritt eines Vermögensschadens verwirklicht ist.[12]

2 § 299 enthält nunmehr in Abs. 1 zwei Tatbestandsvarianten (Nr. 1 und 2) der **Bestechlichkeit**. Der Abs. 2 entspricht spiegelbildlich dem Abs. 1 und pönalisiert in seinen zwei Tatbestandsvarianten (Nr. 1 und 2) die (aktive) **Bestechung** von Angestellten oder Beauftragten eines Unternehmens.

3 ■ Nach Abs. 1 (**Bestechlichkeit**) macht sich der Angestellte oder Beauftragte eines Unternehmens strafbar,

4 Nr. 1: der sich bestechen lässt, dass er bei dem Bezug von Waren oder Dienstleistungen einen anderen im inländischen oder ausländischen Wettbewerb in unlauterer Weise bevorzugt.

5 Nr. 2: der sich ohne Einwilligung des Unternehmens bestechen lässt, dass er bei dem Bezug von Waren oder Dienstleistungen eine Handlung vornimmt oder unterlässt und dadurch seine Pflichten gegenüber dem Unternehmen verletzt.

6 Bei den Tatbestandsvarianten handelt es sich um **echte Sonderdelikte**.[13] Die pflichtbegründende Täterstellung ist ein besonderes persönliches Merkmal iSv § 28 Abs. 1.[14]

7 ■ Nach Abs. 2 (**Bestechung**) macht sich strafbar, wer einen Angestellten oder Beauftragten eines Unternehmens,

8 Nr. 1: besticht, dass er bei dem Bezug von Waren oder Dienstleistungen ihn oder einen anderen im inländischen oder ausländischen Wettbewerb in unlauterer Weise bevorzugt.

9 Nr. 2: ohne Einwilligung des Unternehmens besticht, dass er bei dem Bezug von Waren oder Dienstleistungen eine Handlung vornimmt oder unterlässt und dadurch seine Pflicht gegenüber dem Unternehmen verletzt.

10 Die Tatbestandsvarianten des Abs. 2 sind **Allgemeindelikte**.[15] Da das Verhalten des Vorteilsnehmers in Abs. 1 abschließend erfasst ist, scheidet der Vorteilsnehmer als Teilnehmer einer Tat nach Abs. 2 aus.[16]

11 Mit dem Gesetz zur Bekämpfung der Korruption im Gesundheitswesen vom 30. Mai 2016[17] wurden die Tatbestände der Bestechlichkeit (§ 299a) und Bestechung (§ 299b) im Gesundheitswesen eingeführt. Anlass für die Einführung dieser speziellen Tatbestände war die Entscheidung des Großen Senats, wonach niedergelassene Vertragsärzte nicht als Beauftragte der gesetzlichen Krankenkassen anzusehen seien und damit nicht vom Tatbestand des § 299 erfasst würden.[18] Der Tatbestand entspricht seiner Struktur nach dem Wettbewerbsmodell (vgl. § 299 Abs. 1 Nr. 1, Abs. 2 Nr. 1), die im ursprünglichen Entwurf enthaltenen Varianten

---

12 Vgl *Fischer* § 299 Rn. 2a.
13 NK-*Dannecker/Schröder* § 299 Rn. 33; GJW-*Sahan* § 299 Rn. 6.
14 NK-*Dannecker/Schröder* § 299 Rn. 33; SK-*Rogall* § 299 Rn. 17; LK-*Lindemann* § 299 Rn. 20.
15 NK-*Dannecker/Schröder* § 299 Rn. 34; *Fischer* § 299 Rn. 31.
16 *Otto* § 61/164.
17 BGBl. I 2016, 1254.
18 BGH NJW 2012, 2530; zur kriminalpolitischen Diskussion NK-*Dannecker/Schröder* § 299a Rn. 5 ff.

zum Schutz der heilberuflichen Unabhängigkeit wurden im Gesetzgebungsverfahren gestrichen.[19] Die Tatbestände schützen daher als **abstrakte Gefährdungsdelikte** in erster Linie den lauteren und freien **Wettbewerb** im Gesundheitswesen.[20] Nach dem Willen des Gesetzgebers soll der Tatbestand darüber hinaus dem Schutz der **Integrität heilberuflicher Entscheidungen** dienen.[21] Dieses Verständnis hat sich auch in der Gesetzesfassung (kein Strafantragserfordernis, vgl. § 301; Anlehnung des tatbestandlichen Verbots an das ärztliche Berufsrecht) niedergeschlagen[22], sodass von einer doppelten Schutzrichtung der §§ 299a, 299b auszugehen ist.[23]

- Nach § 299a (**Bestechlichkeit**) macht sich strafbar, wer sich als Angehöriger eines Heilberufs, der für die Berufsausübung oder die Führung der Berufsbezeichnung eine staatlich geregelte Ausbildung erfordert, bestechen lässt, einen anderen bei der Verordnung (Nr. 1) oder beim Bezug (Nr. 2) von Arznei-, Heil- oder Hilfsmitteln oder Medizinprodukten oder bei der Zuführung von Patienten oder Untersuchungsmaterial (Nr. 3) unlauter im Wettbewerb zu bevorzugen. 12

- Nach § 299b (**Bestechung**) macht sich strafbar, wer einem Angehörigen eines Heilberufs iSv § 299a einen Vorteil als Gegenleistung dafür anbietet, verspricht oder gewährt, dass er ihn bei der Verordnung oder beim Bezug der in § 299a genannten Produkte oder bei der Zuführung von Patienten oder Untersuchungsmaterial im Wettbewerb in unlauterer Weise bevorzugt. 13

B. Definitionen und Erläuterungen

▶ **Fall 1:** A überredet den kaufmännischen Angestellten L, der bei der X-AG für den Bezug von Büromaterial zuständig ist, solche Waren künftig nur noch von ihm zu beziehen. Obwohl die Preise des A über denen der Konkurrenz liegen, willigt L aufgrund des verlockenden „Honorars" ein. ◀

▶ **Fall 2:** Wie Fall 1, aber: L erhält kein „Honorar", sondern wird von A zu einem „Arbeitsessen" im örtlichen Wirtshaus eingeladen und hierbei zum künftigen Bezug der Büromaterialien überredet. ◀

I. Bestechlichkeit (Abs. 1)

1. Täterkreis

Als taugliche Täter kommen Angestellte – wie L in **Fall 1** und **2** – oder der Beauftragte eines Unternehmens in Betracht. Unter den (weit auszulegenden) Begriff des **Angestellten** fallen alle Personen, die in einem (ggf. auch nur kurzfristigen) vertraglich oder faktisch begründeten Dienstverhältnis zum Geschäftsherrn stehen und dessen Weisungen unterworfen sind.[24] Daher werden auch fiskalisch handelnde Beamte einer öffentlich-rechtlichen Körperschaft erfasst.[25] Als **Beauftragter** ist jede Person anzusehen, die 14

---

[19] BT-Drs. 18/8106, 15; s. dagegen noch BT-Drs. 18/6446, 7 (§ 299a Abs. 1 Nr. 2, § 299b Abs. 1 Nr. 2).
[20] BT-Drs. 18/6446, 12, 16; 18/8106, 15; NK-*Dannecker/Schröder* § 299a Rn. 30 ff., 83; S/S/W-*Rosenau* § 299a Rn. 2.
[21] BT-Drs. 18/8106, 17; vgl. bereits BT-Drs. 18/6446, 12 f.
[22] BT-Drs. 18/8106, 17; 18/6446, 20; s. insbesondere § 31 der Musterberufsordnung für Ärzte (MBO-Ä).
[23] Näher NK-*Dannecker/Schröder* § 299a Rn. 38 ff.; aA S/S/W-*Rosenau* § 299a Rn. 2; *Tsambikakis* medstra 2016, 131 (132): nur Wettbewerbsschutz.
[24] *Fischer* § 299 Rn. 14; SK-*Rogall* § 299 Rn. 25; LK-*Lindemann* § 299 Rn. 11 ff.
[25] *Fischer* § 299 Rn. 14; NK-*Dannecker/Schröder* § 299 Rn. 42.

– ohne Angestellter oder Inhaber zu sein – berechtigt und verpflichtet ist, für den Betrieb dauernd oder gelegentlich geschäftlich tätig zu werden.[26] Als Täter kommen Unternehmensangehörige, die keiner Weisungsmacht unterliegen (zB Vorstandsmitglieder einer AG), aber auch betriebsexterne Personen (Unternehmensberater, Architekten) in Betracht (vgl. aber Rn. 11 zu Vertragsärzten).[27] Der Unternehmensinhaber scheidet hingegen als tauglicher Täter aus, da er im Rahmen seiner Privatautonomie die Kriterien für die Wahl seiner Vertragspartner festlegt und er mit Blick auf die Geschäftsherrnvariante keines strafrechtlichen Schutzes bedarf.[28] Bei einer Personen- oder Kapitalgesellschaft sind daher die gemeinsam agierenden Gesellschafter bzw. Anteilseigner vom Anwendungsbereich des Tatbestands ausgenommen[29], insbesondere wird der Geschäftsführer und Alleingesellschafter einer GmbH nicht erfasst, da er de facto selbst Betriebsinhaber ist.[30]. Demgegenüber kommt der einzelne vertretungsberechtigte Gesellschafter als Täter in Betracht, da er weder in rechtlicher (vgl. § 713 BGB) noch in wirtschaftlicher Hinsicht alleiniger Betriebsinhaber ist (vgl zur Untreue § 35 Rn. 42).[31] Der Begriff des geschäftlichen Betriebs wurde durch das Gesetz zur Bekämpfung der Korruption[32] durch den Begriff des **Unternehmens** ersetzt. Damit sollten allerdings keine inhaltlichen Änderungen verbunden sein.[33] Ein Unternehmen setzt daher eine auf Dauer angelegte selbstständige wirtschaftliche Tätigkeit voraus, mit der gegen Entgelt Waren und Dienstleistungen vertrieben werden.[34]

2. Tatsituation

15 Tatsituation ist – wie in **Fall 1** und **2** – ein Handeln **im geschäftlichen Verkehr**, also im Rahmen der geschäftlichen Beziehungen des Betriebs.[35] Damit wird das tatbestandsmäßige Handeln in zweierlei Hinsicht begrenzt. Zum einen bleibt ein Handeln des Täters im Privatbereich straflos.[36] Zum anderen greift die Amtsträgerstrafbarkeit nach den §§ 331 ff. ein, wenn der Täter im amtlichen Verkehr bei der Ausübung von Hoheitsrechten tätig wird.[37]

3. Tathandlungen

16 Tatbestandsmäßig iSv Abs. 1 handelt, wer für sich oder einen Dritten einen Vorteil fordert, sich versprechen lässt oder annimmt; diese Tatbestandsmerkmale entsprechen inhaltlich den Voraussetzungen der Amtsträgerkorruption (§§ 331 ff.):[38]

---

26 *Otto* § 61/154; LK-*Lindemann* § 299 Rn. 16.
27 *Fischer* § 299 Rn. 16; NK-*Dannecker/Schröder* § 299 Rn. 46.
28 BGH NJW 2021, 3606 (3607 f.); *Brand* GmbHR 2021, 1340 (1341).
29 BGH NJW 2021, 3606 (3607).
30 LG Frankfurt aM NStZ-RR 2015, 215 (216); NK-*Dannecker/Schröder* § 299 Rn. 41, 46. Nach der Rechtsprechung kommt es auf die Stellung als Geschäftsführer nicht an, s. BGH NJW 2021, 3606 (3608).
31 *Rönnau/Saathoff* wistra 2023, 221 (227).
32 BGBl. I 2015, 2025.
33 BT-Drs. 18/4350, 22.
34 BGHSt 2, 396 (402), 10, 358 (365); NK-*Dannecker/Schröder* § 299 Rn. 51.
35 *Fischer* § 299 Rn. 20; S/S-*Eisele* § 299 Rn. 14 f. mwN.
36 *Otto* § 61/154; LK-*Lindemann* § 299 Rn. 21 f.
37 NK-*Dannecker/Schröder* § 299 Rn. 53, 58; *Fischer* § 299 Rn. 20; MK-*Krick* § 299 Rn. 141.
38 NK-*Dannecker/Schröder* § 299 Rn. 60; LK-*Lindemann* § 299 Rn. 24.

- **Fordern** ist ein (ausdrückliches oder konkludentes) einseitiges Verlangen;[39] Der Adressat braucht nach hM die Forderung nicht zu verstehen.[40]

- **Sichversprechenlassen** ist – wie in **Fall 1** – die (ausdrückliche oder konkludente) Annahme eines (ggf. nur bedingten) Angebots der späteren Zuwendung.[41]

- **Annehmen** ist die tatsächliche Entgegennahme des angebotenen Vorteils.[42] Das Behalten eines zunächst gutgläubig erlangten Vorteils reicht aus.

- **Vorteil** ist jede materielle oder immaterielle Zuwendung, die nicht Gegenstand eines durchsetzbaren Rechtsanspruchs ist und die rechtliche, wirtschaftliche oder persönliche Lage des Empfängers objektiv verbessert.[43] Typisch für einen Vorteil in diesem Sinne sind finanzielle Zuwendungen wie in **Fall 1**. Vorteilhaft können ferner sein: Stundung von Forderungen;[44] bezahlte Nebenbeschäftigung;[45] Geschlechtsverkehr und Duldung sexueller Handlungen;[46] Vermeidung eines angedrohten Übels;[47] sogar Befriedigung von Ehrgeiz oder Eitelkeit.[48] Im Falle der **Drittbegünstigung** ist keine Besserstellung des Angestellten bzw. Beauftragten selbst erforderlich. Bei dem Dritten darf es sich allerdings nicht um den Geschäftsherrn handeln, da dieser auch nicht Adressat der Verbotsnorm ist und eine Beeinträchtigung des Wettbewerbs in beiden Konstellationen gleichermaßen ausscheidet (Rn. 1, 4).[49]

Keine tatbestandliche **Zuwendung** ist es, wenn sich der Täter den Vorteil unmittelbar selbst verschaffen soll.[50] **Geringfügige Zuwendungen**, die der Höflichkeit oder Verkehrssitte entsprechen, gelten als sozial adäquat und unterfallen mangels Anscheins der Käuflichkeit nicht dem Tatbestand.[51] Daher ist auch die (einmalige) Einladung zu einem Arbeitsessen in **Fall 2** kein tatbestandsmäßiger Vorteil.[52]

4. Besonderheiten der Bestechlichkeit nach Abs. 1 Nr. 1

Der Täter muss den Vorteil **als Gegenleistung** für eine unlautere Bevorzugung bei dem Bezug von Waren oder Dienstleistungen im Wettbewerb fordern (usw). Dies bedeutet, dass zwischen dem Vorteil und der Bevorzugung eine Beziehung bestehen muss (sog. **Unrechtsvereinbarung**).[53] Nach hM genügt es allerdings, wenn der Wettbewerb nach der Vorstellung des Täters unlauter beeinflusst werden soll (**subjektiviertes Merkmal**), dh auf eine tatsächliche Bevorzugung kommt es nicht an.[54]

---

39 BGHSt 8, 214 (215); 15, 239 (242).
40 BGHSt 10, 237 (241 f.); BGH wistra 1986, 218 (219).
41 BGHSt 10, 237 (240 f.); BGH NJW 1989, 914 (915 f.); S/S/W-*Rosenau* § 299 Rn. 17.
42 BGHSt 10, 237 (241 f.); 15, 286 f.; BGH NJW 1987, 1340 (1341); S/S/W-*Rosenau* § 299 Rn. 18.
43 BGHSt 31, 264 (279); 35, 128 (133); LK-*Lindemann* § 299 Rn. 25 ff. mwN.
44 BGHSt 16, 40.
45 BGHSt 18, 263 (266).
46 BGH NJW 1989, 914 (915); StV 1994, 527.
47 RGSt 64, 374 f.; BGH NStZ 1985, 497 (499).
48 BGHSt 14, 123 (128); OLG Zweibrücken JR 1982, 381 (383); LK-*Lindemann* § 299 Rn. 28.
49 *Duesberg* wistra 2020, 97 (100); GJW-*Sahan* § 299 Rn. 24.
50 BGHSt 20, 1 (2); BGH NStZ 1987, 326 (327); wistra 1990, 306.
51 NK-*Dannecker*/*Schröder* § 299 Rn. 68.
52 Vgl. BGHSt 15, 239 (252).
53 Vgl. BGHSt 39, 45 (46); BGH wistra 1986, 218 (219); L-Kühl/*Heger* § 299 Rn. 5; S/S-/*Eisele* § 299 Rn. 22; SK-*Rogall* § 299 Rn. 56; LK-*Lindemann* § 299 Rn. 31.
54 BGH NStZ-RR 2015, 278 (279); NStZ 2023, 494 (496); NK-*Dannecker*/*Schröder* § 299 Rn. 81; M/R-*Sinner* § 299 Rn. 22.

22 **Bevorzugung im inländischen oder ausländischen Wettbewerb** ist die Besserstellung eines anderen im Wettbewerb gegenüber wenigstens einem anderen Mitbewerber.[55] Sie muss den Bezug von Waren oder Dienstleistungen betreffen (vgl. § 45 Rn. 4). Der Bezug umfasst alles, was mit dem Erhalt und der Abwicklung einer Lieferung von Waren zusammenhängt, auch deren Bestellung, Abnahme, Prüfung und Bezahlung.[56] Die in der Zukunft liegende Bevorzugung muss in der Unrechtsvereinbarung noch nicht genau konkretisiert, aber ihrem Inhalt nach in groben Umrissen erkennbar sein.[57] Als Täter kommt nicht nur der Bezieher der Ware oder Dienstleistung, sondern auch der Erbringer der Leistung in Betracht.[58] Die Bevorzugung erfolgt **in unlauterer Weise**, wenn sie nicht auf sachgerechten Erwägungen beruht.[59] Auf die Verletzung einer gegenüber dem Geschäftsherrn bestehenden Pflicht kommt es nicht an (vgl. insoweit Abs. 1 Nr. 2).[60] Nach der Rechtsprechung schließt das Einverständnis des Geschäftsherrn bzw. Unternehmensinhabers die Unlauterkeit aus.[61] Das Einverständnis fungiert dabei allerdings nicht als – einwilligungsähnliche – Disposition über das geschützte Rechtsgut (vgl. Rn. 26)[62], sondern führt dazu, dass die mit dem Vorteilsgeber getroffene Vereinbarung auf den Willen des Unternehmensinhabers zurückgeführt werden kann, dem es aufgrund der Privatautonomie freisteht, die Kriterien für sein Marktverhalten selbstständig festzulegen und damit auch einen Preisvorteil in Gestalt von Vorteilen für Dritte auszuhandeln (vgl. Rn. 14).[63] Bei juristischen Personen soll nach der Rechtsprechung in Anlehnung an die zur GmbH-Untreue entwickelten Grundsätze (§ 35 Rn. 18) das Einverständnis der Anteilseigner maßgeblich sein[64], während im Schrifttum auf die gesellschaftsrechtliche Befugnis abgestellt wird, für die juristische Person zu handeln (Vorstand, Geschäftsführer).[65]

23 Verhindert der Täter, dass sich die in der Unrechtsvereinbarung festgelegte Bevorzugung realisiert, so wird zum Teil in analoger Anwendung von § 298 Abs. 3 Straffreiheit angenommen (**tätige Reue**).[66] Da der Gesetzgeber im Rahmen des § 299 bewusst von der Einführung einer derartigen Regelung abgesehen hat, fehlt es insoweit an einer planwidrigen Regelungslücke, sodass eine Analogie abzulehnen ist.[67]

5. Besonderheiten der Bestechlichkeit nach Abs. 1 Nr. 2

24 In der neu eingefügten Tatbestandsvariante nach Abs. 1 Nr. 2 ergibt sich das Unrecht nicht aus der unlauteren Bevorzugung im Wettbewerb, sondern daraus, dass der Täter

---

55 BGH NJW 2003, 2996 (2997); BGH, Urt. v. 22.1.2020 – 5 StR 385/19 (juris); NK-*Dannecker/Schröder* § 299 Rn. 82; *Fischer* § 299 Rn. 23; *Kienle/Kappel* NJW 2007, 3530 (3532 f.).
56 *Fischer* § 299 Rn. 23; NK-*Dannecker/Schröder* § 299 Rn. 79; LK-*Lindemann* § 299 Rn. 33.
57 BGH NStZ 2023, 494 (496).
58 S/S-*Eisele* § 299 Rn. 25.
59 BGH NStZ 2023, 494 (496); NK-*Dannecker/Schröder* § 299 Rn. 93; *Fischer* § 299 Rn. 29; *Otto* § 61/159; LK-*Lindemann* § 299 Rn. 43.
60 NK-*Dannecker/Schröder* § 299 Rn. 92; *Fischer* § 299 Rn. 28; LK-*Lindemann* § 299 Rn. 41.
61 BGH NJW 2021, 3606 (3607, 3608); s. dagegen noch RGSt 48, 291 (296 - „Korkengeld"); kritisch dazu mit Blick auf den Wandel des lauterkeitsrechtlichen Verbraucherbildes: *Wackernagel/Gschoßmann* NZWiSt 2021, 51 (54 f.).
62 Vgl. in diesem Sinne *Corsten/Reichling* NJW 2021, 3608; und die diesbezügliche Kritik bei *Pavlakos* NStZ 2022, 457 (460 ff).
63 *Krack* wistra 2022, 165 (166); s. auch *Brand* GmbHR 2021, 1340 (1341).
64 BGH NJW 2021, 3608 (3608).
65 *Brand* GmbHR 2021, 1340 (1341 f.); s. auch *Krack* wistra 2022, 165 (166).
66 *Krack* NStZ 2001, 505 (507).
67 NK-*Dannecker/Schröder* § 299 Rn. 160; MK-*Krick* § 299 Rn. 449.

eine Pflicht gegenüber seinem Geschäftsherrn verletzt (**Geschäftsherrenmodell**, vgl. oben Rn. 1). Eine sog. **Unrechtsvereinbarung** liegt in den Fällen des Abs. 1 Nr. 2 (und Abs. 2 Nr. 2) vor, wenn der Vorteilsempfänger ohne Einwilligung des Geschäftsherrn eine Pflichtverletzung bei dem Bezug von Waren oder Dienstleistungen in Aussicht stellt.

Bei der Pflicht muss es sich um eine solche handeln, die der Angestellte oder Beauftragte gegenüber seinem Geschäftsherrn zu erfüllen hat (unternehmensinterne Pflicht).[68] Im Schrifttum wird insoweit mit Blick auf die systematische Stellung des § 299 eine Pflicht verlangt, deren Verletzung abstrakt geeignet ist, den Wettbewerb zu beeinträchtigen (**wettbewerbsbezogene Pflicht**).[69] Eine solche Einschränkung setzt sich jedoch über die Entscheidung des Gesetzgebers hinweg, mit der Umsetzung des Geschäftsherrenmodells eine eigenständige, auf den Schutz der Interessen des Geschäftsherrn bezogene Tatbestandsvariante einzuführen (vgl. auch Rn. 26 zur Einwilligung).[70] Sie entspräche außerdem nicht den völker- und unionsrechtlichen Vorgaben[71], die gerade keinen Wettbewerbsbezug verlangen.[72] Die Pflicht muss sich allerdings auf den Bezug von Waren und Dienstleistungen beziehen, dh rein innerbetriebliche Störungen sind als Pflichtverletzung nicht ausreichend.[73] Um eine übermäßige Kriminalisierung von arbeitsrechtlichen (Neben-)Pflichten entgegenzuwirken[74], ist eine restriktive Auslegung geboten, die sich an den Anforderungen an die Verletzung der Vermögensbetreuungspflicht orientieren könnte.[75] Eine **Pflichtverletzung** erfordert ein über die bloße Annahme des Vorteils oder das Verschweigen der Zuwendung gegenüber dem Geschäftsherrn hinausgehendes **Handeln** oder **Unterlassen**. Vielmehr muss der Vorteil im Rahmen der Unrechtsvereinbarung eine Gegenleistung für die im Interesse des Vorteilsgebers liegende Verletzung von Pflichten durch den Vorteilsnehmer sein.[76]

Eine **Einwilligung** des Unternehmens wirkt tatbestandsausschließend, denn es bedarf keines Schutzes des Unternehmens, sofern dieses in Kenntnis der Unrechtsvereinbarung die Annahme (bzw. Gewährung in Abs. 2 Nr. 2) des Vorteils im Vorfeld gestattet.[77] Dies setzt allerdings voraus, dass das Unternehmen sowohl die Annahme (bzw. Gewährung in Abs. 2 Nr. 2) des Vorteils gestattet als auch der mit dem Vorteil verbundenen Handlung des Angestellten oder Beauftragten zustimmt.[78] Die Einwilligung muss vor der Tat erteilt werden, wobei sie im Falle des Vorliegens von Willensmängeln unwirksam ist.[79]

---

68 NK-*Dannecker/Schröder* § 299 Rn. 111.
69 NK-*Dannecker/Schröder* § 299 Rn. 111; *Jansen* NZWiSt 2019, 41 (44 ff.); S/S/W-*Rosenau* § 299 Rn. 5; M/R-*Sinner* § 299 Rn. 26; zum Entwurf bereits *Kubiciel* ZIS 2014, 667 (671 f.).
70 *Krack* ZIS 2016, 83 (87 f.); *T. Zimmermann*, Das Unrecht der Korruption, 2018, 672 ff.
71 Art. 1, 2 Rahmenbeschluss 2003/568/JI vom 22.7.2003 zur Bekämpfung der Bestechung im privaten Sektor, ABl. EU L 192/54; Art. 7, 8 des Europarats-Übereinkommens zu strafrechtlichen Bekämpfung der Korruption vom 27.1.1999, BGBl. 2016 II 1322.
72 S/S-*Eisele* § 299 Rn. 38.
73 BT-Drs. 18/4350, 21.
74 Vgl. die Kritik bei A/R/R-*Rönnau* 3. Teil 2. Kapitel Rn. 81 ff.
75 *Tiedemann* Gauweiler-FS 533 (536); ähnlich S/S-*Eisele* § 299 Rn. 38 (Einfluss des Täters auf die Geschäftsführung); vgl. auch de lege ferenda *Gaede* NZWiSt 2014, 280 (289 f.).
76 BT-Drs. 18/6389, 15.
77 BT-Drs. 18/6389, 15; *Pavlakos* NStZ 2022, 457 (458); krit. *Dann* NJW 2016, 203.
78 BT-Drs. 18/6389, 15; NK-*Dannecker/Schröder* § 299 Rn. 117; S/S/W-*Rosenau* § 299 Rn. 31.
79 BT-Drs. 18/6389, 15; NK-*Dannecker/Schröder* § 299 Rn. 117; *Fischer* Vor § 32 Rn. 3c.

6. Subjektiver Tatbestand

27 Der subjektive Tatbestand der Tatbestandsvarianten des Abs. 1 erfordert (zumindest bedingten) **Vorsatz**. Geht der Täter irrtümlich davon aus, dass die von ihm für den Vorteil gewährte Bevorzugung nicht sachwidrig (Abs. 1 Nr. 1) bzw. die Handlung oder Unterlassung nicht pflichtwidrig (Abs. 1 Nr. 2) ist, so liegt ein vorsatzausschließender Tatbestandsirrtum (§ 16 Abs. 1 S. 1) vor.[80]

Für die Tatalternative des **Forderns** muss der Täter den Abschluss der Unrechtsvereinbarung anstreben, das heißt, er muss in der **Absicht** handeln, den Dritten durch das Fordern des Vorteils dazu zu bringen, ihm diesen Vorteil als Gegenleistung für die angebotene Bevorzugung zu gewähren.[81]

II. Bestechung (Abs. 2)

28 Als **Täter** der Bestechungsvariante des Abs. 2 Nr. 1 kommt nicht nur ein Mitbewerber – wie A in **Fall 1** –, sondern auch ein Dritter in Betracht, der nach außen für den Mitbewerber auftritt oder in dessen Interesse handelt.[82] Die Bevorzugung muss „bei dem Bezug von Waren oder Dienstleistungen" erfolgen, dh es bedarf eines Anbieters, der insoweit begünstigt werden soll.[83] Dabei kann der Täter entweder selbst ein solcher Anbieter sein, somit eigennützig handeln, oder aber die Begünstigung eines anderen Anbieters erreichen wollen, was einem fremdnützigen Handeln entspricht.

Zudem muss der Täter „im geschäftlichen Verkehr" tätig werden, sodass ein Privater dieses Erfordernis nur erfüllen kann, sofern er im Interesse eines Mitbewerbers nach außen erkennbar für diesen (wenn auch vollmachtslos) auftritt.[84]

29 Als **Täter** des Abs. 2 Nr. 2 kommt jeder in Betracht, der „im geschäftlichen Verkehr" tätig wird.[85] Der Täter muss dabei – anders als in Abs. 2 Nr. 1 – nicht als oder für einen Anbieter von Waren und Dienstleistungen auftreten, da es insoweit nicht auf eine Bevorzugung im Wettbewerb ankommt.

30 Bei den **Tathandlungen** entspricht jeweils spiegelbildlich[86] das (auf eine Unrechtsvereinbarung gerichtete)

- **Anbieten (Fall 2)** dem Fordern,
- **Versprechen (Fall 1)** dem Sichversprechenlassen und
- **Gewähren** dem Annehmen iSv Abs. 1 (vgl. oben Rn. 17 ff.).

1. Besonderheiten der Bestechung nach Abs. 2 Nr. 1

31 Durch die Einführung des Handelns „**im Wettbewerb**"[87] entspricht die **Tathandlung** des Abs. 2 Nr. 1 nunmehr spiegelbildlich derer des Abs. 1 Nr. 1 (vgl. oben Rn. 21 f.).

---

[80] NK-*Dannecker/Schröder* § 299 Rn. 123; aA (§ 17 StGB) *Fischer* § 299 Rn. 40 (zu Abs. 1 Nr. 1).
[81] NK-*Dannecker/Schröder* § 299 Rn. 120; *Fischer* § 299 Rn. 40.
[82] NK-*Dannecker/Schröder* § 299 Rn. 127.
[83] NK-*Dannecker/Schröder* § 299 Rn. 126.
[84] NK-*Dannecker/Schröder* § 299 Rn. 126.
[85] NK-*Dannecker/Schröder* § 299 Rn. 128.
[86] *Otto* § 61/165.
[87] Vor der Neufassung im Zuge des Gesetzes zur Bekämpfung der Korruption vom 20. November 2015 (BGBl. I 2015, 2025) fand sich anstelle dessen das Erfordernis des Handelns „zu Zwecken des Wettbewerbs". Durch die Ersetzung dieses Begriffs sollte ein Gleichklang zwischen der Bestechlichkeit und der Bestechung erreicht werden, BT-Drs. 18/4350, 21.

Bei der Unrechtsvereinbarung handelt es sich wiederum um ein **subjektiviertes Merkmal**, dh es reicht aus, dass der Vorteil nach der Vorstellung des Täters geeignet ist, den Empfänger zu einer Bevorzugung zu veranlassen.[88]

2. Besonderheiten der Bestechung nach Abs. 2 Nr. 2

Der Abs. 2 Nr. 2 als Form der (aktiven) Bestechung entspricht spiegelbildlich dem Abs. 1 Nr. 2, sodass insoweit auf die Ausführungen zu Abs. 1 Nr. 2 verwiesen wird (vgl. oben Rn. 24 ff.). 32

Der **subjektive Tatbestand** der Tatbestandsvarianten des Abs. 2 verlangt ebenso wie der des Abs. 1 (zumindest bedingten) **Vorsatz**. 33

III. Bestechlichkeit und Bestechung im Gesundheitswesen (§§ 299a, 299b)

Die Tatbestände der Bestechlichkeit (§ 299a) und Bestechung (§ 299b) im Gesundheitswesen folgen in der Struktur dem Wettbewerbsmodell (§ 299 Abs. 1 Nr. 1, Abs. 2 Nr. 1), enthalten aber mit Blick auf den erfassten Personenkreis, die Tatsituation und den Gegenstand der Unrechtsvereinbarung Abweichungen, in denen sich die doppelte Schutzrichtung (Wettbewerb und Integrität der Heilberufe) widerspiegelt (vgl. oben Rn. 11). 34

1. Bestechlichkeit (§ 299a)

§ 299a ist ein **Sonderdelikt**.[89] Als Täter kommen nur Angehörige eines Heilberufes in Betracht, der für die Berufsausübung oder die Führung der Berufsbezeichnung eine staatlich geregelte Ausbildung erfordert. Der Täterkreis ist nicht auf akademische Heilberufe (Ärzte, Zahnärzte, Apotheker) beschränkt, sondern umfasst auch andere Ausbildungsberufe (zB Krankenpfleger, Hebammen, Physiotherapeuten).[90] Die **Tatsituation** erfordert dementsprechend nicht ein Handeln im geschäftlichen Verkehr (§ 299), sondern im Zusammenhang mit der **Ausübung des** jeweiligen **Heilberufs**, private Handlungen werden also nicht erfasst.[91] 35

Die Beschreibung der **Tathandlungen** wurde aus § 299 übernommen: Der Täter muss einen Vorteil für sich oder einen Dritten fordern, sich versprechen lassen oder annehmen (Rn. 16 ff.). 36

Wie im Wettbewerbsmodell (vgl. Rn. 21 ff.) muss der Vorteil nach der **Unrechtsvereinbarung** Gegenleistung für eine Bevorzugung im inländischen oder ausländischen **Wettbewerb** sein. Dieser Wettbewerb muss zwischen den Anbietern von Waren und Dienstleistungen im Gesundheitssektor bestehen, sodass die Bevorzugung von Patienten (zB bei der Impfung) nicht erfasst wird.[92] Der **Gegenstand der unlauteren Bevorzugung** ist darüber hinaus auf bestimmte heilberufliche Tätigkeiten beschränkt, nämlich die Verordnung (Nr. 1) und den Bezug (Nr. 2) von Arznei-, Heil- oder Hilfsmitteln oder Medizinprodukten und die Zuführung von Patienten und Untersuchungsmaterial (Nr. 3). Diese Beschränkung orientiert sich an den Berufsordnungen der Heilberufe (vgl. § 31 37

---

88 BGH NStZ-RR 2015, 278 (279); BeckRS 2020, 1450; M/R-*Sinner* § 299 Rn. 22.
89 NK-*Dannecker/Schröder* § 299a Rn. 92; *Fischer* § 299a Rn. 5; S/S/W-*Rosenau* § 299a Rn. 3.
90 BT-Drs. 18/6446, 17; NK-*Dannecker/Schröder* § 299a Rn. 101 f., 104.
91 BT-Drs. 18/6446, 20.
92 LG Nürnberg-Fürth medstra 2023, 61 mit zust. Anm. *Grzesiek* medstra 2023, 121 f.

Musterberufsordnung für Ärzte)[93] und bringt damit zugleich zum Ausdruck, dass der Tatbestand nicht nur im Interesse eines funktionierenden Wettbewerbs, sondern auch und vor allem im Interesse der Patienten gewährleisten will, dass sich Angehörige von Heilberufen bei ihren Entscheidungen nicht von sachfremden Kriterien (materiellen oder immateriellen Vorteilen) leiten lassen (vgl. Rn. 11 zur doppelten Schutzrichtung).[94] Der Tatbestand ist dementsprechend erfüllt, wenn einem Arzt für die Verordnung eines bestimmten Arzneimittels Provisionen gewährt werden (Nr. 1; vgl. auch § 128 Abs. 2 SGB V)[95] oder der Patientenstamm einer Arztpraxis verkauft wird und der Verkäufer sich verpflichtet, seinen Patienten eine Weiterbehandlung durch den Käufer zu empfehlen (Nr. 3)[96]. Allerdings sind bei der Prüfung, ob eine Bevorzugung unlauter bzw. sachwidrig ist (vgl. oben Rn. 22), auch die einschlägigen gesundheits-, sozial- und berufsrechtlichen Regelungen heranzuziehen.[97] Eine Unrechtsvereinbarung ist daher nicht gegeben, wenn es sich um eine gesetzlich zulässige Kooperation von Krankenhäusern, Vertragsärzten und Krankenkassen handelt (§§ 115 ff. SGB V) oder einem Arzt für die Beteiligung an einer Anwendungsbeobachtung eine angemessene Entschädigung gezahlt wird (§ 67 Abs. 6 AMG).[98]

38   Der subjektive Tatbestand des § 299a weist gegenüber § 299 Abs. 1 Nr. 1 keine Besonderheiten auf (vgl. Rn. 27).

2. Bestechung (§ 299b)

39   Mit § 299b wird spiegelbildlich zu § 299a die Bestechung im Gesundheitswesen unter Strafe gestellt.[99] Im Unterschied ist der Täterkreis nicht auf Angehörige bestimmter Heilberufe beschränkt, der Tatbestand ist also ein **Allgemeindelikt**.[100] Die Tathandlungen (Anbieten, Versprechen oder Gewähren eines Vorteils) entsprechen denen in § 299 Abs. 2 (Rn. 30). Die entsprechende Erklärung muss an den Angehörigen eines Heilberufes iSv § 299a gerichtet sein und mit dessen beruflicher Tätigkeit in Zusammenhang abgegeben werden (vgl. zur Tatsituation Rn. 35).[101] Für die Unrechtsvereinbarung gelten die Ausführungen zu § 299a entsprechend (Rn. 37).[102]

IV. Besonders schwere Fälle (§ 300)

40   Die Vorschrift formuliert zwei Regelbeispiele für besonders schwere Fälle der Bestechlichkeit und Bestechung im geschäftlichen Verkehr (§ 299) und im Gesundheitswesen (§§ 299a, 299b). Neben der **gewerbs- oder bandenmäßigen Tatbegehung** (Nr. 2)[103]

---

93   BT-Drs. 18/6446, 20.
94   Vgl. zur Unlauterkeit iSv § 299 Abs. 1 Nr. 1 als Ausgangspunkt NK-*Dannecker/Schröder* § 299a Rn. 164; *Tsambikakis* medstra 2016, 131 (137).
95   Vgl. den Sachverhalt in BGH NJW 2012, 2530.
96   BGH medstra 2022, 183 (185).
97   *Fischer* § 299a Rn. 12; S/S/W-*Rosenau* § 299a Rn. 17; *Tsambikakis* medstra 2016, 131 (137); eingehend NK-*Dannecker/Schröder* § 299a Rn. 169 ff.
98   Näher NK-*Dannecker/Schröder* § 299a Rn. 193 ff.
99   BT-Drs. 18/6446, 23.
100 NK-*Dannecker/Schröder* § 299b Rn. 6.
101 NK-*Dannecker/Schröder* § 299b Rn. 6, 18.
102 Vgl. zur fehlenden Unrechtsvereinbarung bei geringwertigen Werbegaben: OLG Köln PharmR 2019, 256.
103 Vgl. § 3 Rn. 24 ff.; § 4 Rn. 29 ff.

wird die Bezugnahme der Tat auf einen **Vorteil großen Ausmaßes** genannt (Nr. 1), der bei einem Schmiergeld ab 25.000 Euro angenommen werden kann.[104]

C. Anwendung

Es empfiehlt sich, die Tatbestandsmerkmale der Bestechlichkeit (§ 299 Abs. 1, § 299a) und Bestechung (§ 299 Abs. 2, § 299b) in folgenden Schritten zu prüfen:

41

I. Bestechlichkeit (§ 299 Abs. 1, § 299a)

A) Tatbestand:

42

   I. Objektiver Tatbestand:
1. Täter: Angestellter oder Beauftragter eines Unternehmens (Rn. 14) bzw. Angehöriger eines Heilberufes (Rn. 35)
2. Tatsituation: Handeln im geschäftlichen Verkehr (Rn. 15) bzw. im Zusammenhang mit der heilberuflichen Tätigkeit (Rn. 35)
3. Tathandlung: Fordern, Sichversprechenlassen oder Annehmen eines Vorteils für sich oder einen Dritten (Rn. 16 ff.)
4. Nr. 1: als Gegenleistung für eine unlautere Bevorzugung bei dem Bezug von Waren oder Dienstleistungen im inländischen oder ausländischen Wettbewerb (Rn. 21 f.) bzw. bei der Verordnung oder beim Bezug von Arznei-, Heil- oder Hilfsmitteln oder Medizinprodukten oder der Zuführung von Patienten oder Untersuchungsmaterial (Rn. 37)
oder Nr. 2: ohne Einwilligung des Unternehmens als Gegenleistung für die Vornahme einer Handlung oder Unterlassung bei dem Bezug von Waren oder Dienstleistungen und dadurch Eintritt einer Pflichtverletzung gegenüber dem Unternehmen (Rn. 24 ff.)

   II. Subjektiver Tatbestand: (zumindest bedingter) Vorsatz (Rn. 27, 38)

B) Rechtswidrigkeit, C) Schuld und D) Strafantrag (§ 301 iVm § 299)

E) Ggf. Regelbeispiel (§ 300)

II. Bestechung (§ 299 Abs. 2, § 299b)

A) Tatbestand:

43

   I. Objektiver Tatbestand:
1. Täter: Mitbewerber oder ein für ihn handelnder Dritter (Rn. 28)
2. Tatsituation: Handeln im geschäftlichen Verkehr (Rn. 28 f.)
3. Notwendiger Teilnehmer: Angestellter oder Beauftragter eines Unternehmens (Rn. 14) bzw. Angehöriger eines Heilberufes (Rn. 35, 39)
4. Tathandlung: Anbieten, Versprechen oder Gewähren eines Vorteils für den notwendigen Teilnehmer oder einen Dritten (Rn. 30, 39)
5. Nr. 1: als Gegenleistung für eine unlautere Bevorzugung des Täters oder eines anderen bei dem Bezug von Waren oder Dienstleistungen (Rn. 21 f., 31) bzw. bei der Verordnung oder beim Bezug von Arznei-, Heil- oder

---

[104] NK-*Dannecker/Schröder* § 300 Rn. 11; MK-*Krick* § 300 Rn. 21; S/S/W-*Rosenau* § 300 Rn. 2; aA *Fischer* § 300 Rn. 4 (10.000 Euro).

Hilfsmitteln oder Medizinprodukten oder der Zuführung von Patienten oder Untersuchungsmaterial (Rn. 37, 39)

oder Nr. 2: ohne Einwilligung des Unternehmens als Gegenleistung für die Vornahme einer Handlung oder Unterlassung bei dem Bezug von Waren oder Dienstleistungen und dadurch Eintritt einer Pflichtverletzung gegenüber dem Unternehmen (Rn. 24 ff., 32)

II. Subjektiver Tatbestand: (zumindest bedingter) Vorsatz (Rn. 27, 33, 39)

B) Rechtswidrigkeit, C) Schuld und D) Strafantrag (§ 301)

E) Regelbeispiel (§ 300)

Wiederholungs- und Vertiefungsfragen

> Was ist der Schutzzweck des § 299? (Rn. 1)
> Welche Tatbestände enthält § 299? (Rn. 2 ff.)
> Wer kommt als tauglicher Täter nach Abs. 1 und Abs. 2 in Betracht? (Rn. 14, 28 f.)
> Welche Zuwendungen sind Vorteile? (Rn. 20)
> Was ist unter einer Unrechtsvereinbarung zu verstehen? (Rn. 21)
> Was stellt das sog. Geschäftsherrenmodell dar? (Rn. 1, 24 f.)
> Was ist der Schutzzweck der Bestechlichkeit und der Bestechung im Gesundheitswesen? (Rn. 11)
> Inwiefern bestehen Parallelen und Unterschiede zwischen § 299 einerseits und §§ 299a, 299b andererseits? (Rn. 34)

11. Teil: Begünstigung, Hehlerei und Geldwäsche

§ 47 Begünstigung (§ 257)

A. Allgemeines

Nachdem die Delikte der Begünstigung (§ 257 StGB) und Strafvereitelung (§§ 258, 258a StGB) im Reichsstrafgesetzbuch (RStGB)[1] noch als sog. sachliche und persönliche Begünstigung in einem Tatbestand (§ 257 aF) zusammengefasst waren, wurden die beiden Tatbestände mit dem EGStGB[2] getrennt und erhielten damit zugleich ihre heutige Fassung. Zweck der Norm ist nach hM zum einen die Sicherung der **Ansprüche des** durch die Vortat **Verletzten**, zum anderen der **Schutz der Rechtspflege** bei der Wiederherstellung der Rechtslage.[3] Der zweite Schutzzweck lässt sich dahingehend präzisieren, dass der Schutz auf die mit Blick auf die Vortat verfolgten Strafzwecke (Normstabilisierung, Generalprävention) bezogen ist (Isolierung des Vortäters).[4] Wegen der Einbeziehung des Allgemeininteresses in den kumulativen Schutzzweck, ist die Begünstigung nicht einwilligungsfähig. Als Gefährdungsdelikt (vgl. Rn. 6) erfasst der Tatbestand ein Handeln mit dem Ziel, dem Vortäter die aus dessen rechtswidriger Tat erlangten Vorteile zu sichern; ein Gelingen der Restitutionsvereitelung durch die Vorteilssicherung ist nicht erforderlich. Der Versuch ist nicht strafbar.

B. Definitionen und Erläuterungen

I. Objektiver Tatbestand

▶ **Fall 1:** Nach einer nächtlichen Diebestour kehrt D am frühen Morgen nach Hause zurück und legt sich erschöpft schlafen. In diesem Moment klingelt es an der Tür. Seine Ehefrau F ist überzeugt, dass es sich um die Polizei handelt, die ihren Gatten festnehmen möchte. Schnell ergreift sie die Diebesbeute und versteckt diese in der Vorratskammer. Als sie sodann durch den Türspion blickt, stellt sie erleichtert fest, dass dort lediglich der Postbote steht. ◀

1. Vortat und Vorteil

Die Begünstigung ist ein Anschlussdelikt und setzt als Vortat eine bereits begangene **rechtswidrige Tat**, dh eine zumindest versuchte und nicht gerechtfertigte Verwirklichung eines Straftatbestands (vgl. § 11 Abs. 1 Nr. 5), voraus. Bei dem von D in **Fall 1** verübten Diebstahl (§ 242 Abs. 1) handelt es sich um eine solche rechtswidrige Tatbestandsverwirklichung.

Die Vortat muss weder schuldhaft begangen noch verfolgbar sein. Sie kann zB verjährt sein. Die Begünstigung von Delikten mit objektiver Strafbarkeitsbedingung kann nur

---

1 RStGB vom 15.5.1871 (RGBl. 217).
2 EGStGB vom 2.3.1974 (BGBl. I 469).
3 BGHSt 24, 166 (167); 36, 277 (280 f.); OLG Frankfurt NJW 2005, 1727 (1734); Arzt/Weber/*Heinrich*/Hilgendorf § 27/1; *Geppert* Jura 1994, 441 (442); *Mitsch* 12.1.1; S/S-*Hecker* § 257 Rn. 1; einschränkend auf das Restitutionsinteresse MK-*Cramer* § 257 Rn. 3.
4 *Amelung* JR 1978, 227 (231); SK-*Hoyer* § 257 Rn. 1; ähnlich S/S/W-*Jahn* § 257 Rn. 4; allein auf diesen zweiten Aspekt abstellend *Miehe* Honig-FS 91 ff.; *Schroeder*, Die Straftaten gegen das Strafrecht, 1985, 14 f.

nach deren Eintritt strafrechtlich geahndet werden.[5] Jedoch kann die begünstigende Hilfe schon früher geleistet werden. Die Vortat muss kein Vermögensdelikt sein. Es kommt vielmehr **jede Straftat** in Betracht, die dem Vortäter einen ihm nach der Rechtsordnung nicht zustehenden Vorteil eingebracht hat.[6] Der **Vorteil** kann neben Vermögenswerten zB auch verbotenen Waffenbesitz oder die durch Urkundenfälschung erschlichene Approbation als Arzt zum Gegenstand haben.

3   Der Vorteil muss sich noch als unmittelbares Ergebnis der Vortat im Besitz des Vortäters befinden.[7] Daher handelt zB nicht tatbestandsmäßig, wer einen aus der Vortat stammenden Gegenstand, den er zunächst vom Vortäter als Geschenk erhalten hat, dem Vortäter später wieder zu dessen Unterstützung zurückgibt. Auch die Sicherung von Surrogaten – wie zB der Verkaufserlös der Beute oder ein Umtauschobjekt – ist grds. nicht einschlägig.

Allerdings muss der Vorteil (nach dem Wortlaut des Tatbestands) **nicht notwendig** mit dem Tatobjekt der Vortat **identisch** sein. In dieser Hinsicht besteht ein deutlicher Unterschied zu § 259 StGB, der nach hM nicht die Ersatzhehlerei umfasst (vgl. § 48 Rn. 6).[8] Beim Austausch von Geld und bargeldgleichen Werten wendet der BGH den Wertsummengedanken an und stellt darauf ab, ob das aus der Vortat herrührende Geld seinem wirtschaftlichen Wert nach unmittelbar beim Vortäter verblieben ist.[9] Noch unmittelbar aus der Vortat stammt daher Geld, das der Vortäter umgewechselt, über Konten verschoben oder in Wertpapieren angelegt hat, sofern es ihm auf diese Weise weiterhin bargeldähnlich zur Verfügung steht.[10]

Bei der von F in **Fall 1** versteckten Diebesbeute handelt es sich um den unmittelbar aus der Vortat erlangten Vorteil.

2. Tathandlung

4   Der Täter muss – als Tathandlung der Begünstigung – dem Vortäter **Hilfe leisten**. Diese Hilfeleistung erfordert einen Beitrag, durch den verhindert wird, dass der Vorteil dem Täter zugunsten des durch die Vortat Verletzten wieder entzogen wird.

Exemplarische Tathandlungen sind: Verstecken der Beute (**Fall 1**); Hilfeleisten bei der Flucht des Vortäters oder dem Transport der Beute; Irreführung der Ermittlungsbehörden durch falsche Angaben. Einschlägig kann auch die Unterstützung beim Absetzen der Beute iSv § 259 sein, sofern durch diese Verwertung zugleich einer drohenden Wiederentziehung begegnet wird.[11] Auch ein pflichtwidriges **Unterlassen** in Garantenstellung kommt in Betracht.[12] Eltern schreiten zB nicht dagegen ein, dass ihr minderjähriger Sohn gestohlene Sachen zu Hause aufbewahrt. **Psychische Unterstützungen** müssen, da die Selbstbegünstigung straflos ist (vgl. Rn. 13), über die bloße Stärkung

---

5   MK-*Cramer* § 257 Rn. 8, 30; S/S-*Hecker* § 257 Rn. 3.
6   BGHSt 46, 107 (116 f. – zu § 370 AO); NK-*Altenhain* § 257 Rn. 8; *Fischer* § 257 Rn. 2; SK-*Hoyer* § 257 Rn. 2.
7   BGHSt 24, 166 (168); BGH NStZ 1994, 187 (188); NStZ 2008, 516; NStZ-RR 2011, 176 (178); MK-*Cramer* § 257 Rn. 13; LK-*Walter* § 257 Rn. 31.
8   Vgl. BGHSt 36, 277 (280).
9   BGH NStZ 2013, 583 (584).
10 BGHSt 36, 277 (280 ff.); BGH NStZ 1987, 22; OLG Frankfurt NJW 2005, 1727 (1734); zust. *Keller* JR 1990, 478 (480); *Otto* § 57/10; S/S-*Hecker* § 257 Rn. 18.
11 BGHSt 2, 362 (363 f.); BGH NJW 1971, 62; NStZ 2008, 516; *Stoffers* Jura 1995, 113 (122 f.); krit. *Hruschka* JR 1980, 221 (224 ff.); vgl. auch *Weißer* JuS 2005, 620 (625).
12 BGH StV 1993, 27; MK-*Cramer* § 257 Rn. 19; LK-*Walter* § 257 Rn. 59 ff.

des Selbstschutzwillens des Vortäters hinausgehen. Dies ist etwa der Fall, wenn der Täter den Vortäter warnt oder ihm mit konkreten Ratschlägen hilft.[13]

a) **Objektive Eignung:** Umstritten ist jedoch, ob die Hilfeleistung objektiv zur Vorteilssicherung geeignet sein muss: 5

- Die hM deutet das Hilfeleisten als **objektive Förderung** der Chancen des Vortäters, dass ihm die Tatvorteile nicht zugunsten des Verletzten entzogen werden. Demnach muss die Hilfeleistung – iSe tauglichen Versuchs – geeignet sein, die Wiederherstellung des rechtmäßigen Zustandes zu vereiteln; ein **Sicherungserfolg** braucht dagegen **nicht** eingetreten zu sein.[14] Objektiv ungeeignet und damit nicht tatbestandsmäßig ist etwa die Unterstützung eines Vortäters, der nicht mehr über den Vorteil verfügt[15] oder diesen nunmehr – zB wegen einer Erbschaft – zu Recht besitzt. Dieser Auslegung ist insoweit zuzustimmen, als der Begriff der Hilfeleistung im objektiven Tatbestand erwähnt wird. Ferner bedarf eine objektiv ungefährliche Unterstützung keiner strafrechtlichen Ahndung, da die Begünstigung nur eine zur Täterschaft aufgewertete Beihilfe darstellt: Daher ist auch der Versuch des § 257 straflos. 6

Hiernach hätte sich die Ehefrau F in **Fall 1** nicht wegen einer Begünstigung strafbar gemacht, da die Polizei dem D noch gar nicht auf die Schliche gekommen war und daher ein Verlust der Beute überhaupt nicht drohte. F versteckte die Beute lediglich vor dem Postboten, sodass sie nur einen untauglichen, in § 257 nicht unter Strafe gestellten Versuch einer Hilfeleistung unternommen hat.

- Die Gegenauffassung verlangt dagegen nur einen Beitrag mit **subjektiver Hilfeleistungstendenz**.[16] Einschlägig wäre damit auch ein Handeln in der irrigen Annahme einer tauglichen Vorteilssicherung. In **Fall 1** käme mithin eine Bestrafung der Ehefrau F wegen einer (vollendeten!) Begünstigung in Betracht, da sie die Beute in der Befürchtung versteckte, die vermeintlich an der Tür wartende Polizei werde die entwendeten Gegenstände wieder an sich nehmen. 7

Auch diese Auffassung kann sich auf den Wortlaut berufen, dem zufolge die Vorteilssicherung nur beabsichtigt zu sein braucht. Jedoch geht sie darüber hinweg, dass bereits der objektive Tatbestand mit dem „Hilfeleisten" Mindestanforderungen für das Handlungsunrecht enthält (vgl. § 27 StGB),[17] und unterläuft zudem die Straflosigkeit des Versuchs (vgl. Rn. 1).[18]

b) **Einschränkungen:** Da nach dem Schutzzweck der Norm Handlungen unterbunden werden sollen, die den Interessen des Berechtigten an der Wiederherstellung des rechtmäßigen Zustands zuwiderlaufen, sind Verhaltensweisen nicht tatbestandsmäßig, die lediglich die **Ziehung von Gebrauchsvorteilen** ermöglichen sollen oder der **Sacherhal-** 8

---

13 S/S-*Hecker* § 257 Rn. 15.
14 BGHSt 4, 221 (224 f.); 24, 166 (167); BGH StV 1994, 185; OLG Frankfurt NJW 2005, 1727 (1735); OLG Düsseldorf NJW 1979, 2320 f.; NK-*Altenhain* § 257 Rn. 26 f.; *Geerds* GA 1988, 243 (259); *Geppert* Jura 2007, 589 (592); S/S/W-*Jahn* § 257 Rn. 14; *Lenckner* NStZ 1982, 401 (403); *Mitsch* 12.2.1.4.1; *Otto* § 57/6; *Stoffers* Jura 1995, 113 (122); LK-*Walter* § 257 Rn. 44 (Hilfeleistungserfolg iSe Wahrscheinlichkeitserhöhung erforderlich, aber ausreichend); *Zieschang*, Die Gefährdungsdelikte, 1998, 333 ff.
15 BGHSt 4, 221 (224); 36, 277 (281); BGH NStZ 1994, 187 (188).
16 *Seelmann* JuS 1983, 32 (34 f.); *Welzel* 394.
17 NK-*Altenhain* § 257 Rn. 25.
18 S/S-*Hecker* § 257 Rn. 11.

tung dienen.¹⁹ Nicht einschlägig sind zB Reparaturen, das Füttern entwendeter Tiere oder Sicherungen des Tatobjekts vor Beschädigungen durch Sturm, Brand oder Hochwasser.²⁰

Ist die Vortat ein Diebstahl oder eine Unterschlagung, kommt als Begünstigungshandlung auch eine **Rückveräußerung** des Tatobjekts **an den Eigentümer in Betracht**.²¹ Voraussetzung ist dann allerdings, dass der Täter (der Begünstigung) dem Eigentümer die Sache nicht in Erfüllung des diesem zustehenden Herausgabeanspruchs, sondern als im Eigentum des Vortäters (oder eines Dritten) stehend übereignet, um auf diese Weise einer anderweitig drohenden Restitution vorzubeugen.²²

9   c) **Abgrenzung zur Teilnahme:** Eine nur **indirekte Beteiligung** an der Vorteilssicherung durch Anstiftung oder Unterstützung bei der von einem Dritten vorgenommenen Begünstigung reicht für ein täterschaftliches Hilfeleisten grds. nicht aus, da solche Maßnahmen nicht unmittelbar zur Restitutionsvereitelung beitragen. Vielmehr werden Handlungen dieser Art als Teilnahme an der vom Dritten begangenen Begünstigung erfasst. Allerdings ist ein Hilfeleisten zur Vorteilssicherung in mittelbarer Täterschaft – zB durch Nötigung oder Täuschung eines Unbeteiligten – ohne Weiteres möglich.²³ Da die vom Vortäter vorgenommene **Selbstbegünstigung** straflos ist (vgl. Rn. 13), scheidet eine Strafbarkeit wegen Teilnahme insoweit aus. Als Täter einer Begünstigung macht sich insoweit allerdings strafbar, wer dem Vortäter durch Rat (psychisch) oder Tat (physisch) bei der Vorteilssicherung Hilfe leistet, während das Hervorrufen (vgl. § 26) oder das Bestärken (§ 27) eines entsprechenden Entschlusses beim Vortäter straflos bleibt, da dieses nicht vom Begriff der Hilfeleistung erfasst wird.²⁴

3. Vollendung

10   Die Tat ist mit der tatbestandsmäßigen Hilfeleistung **vollendet**. Eines Sicherungserfolgs bedarf es nicht (Rn. 6). Umgekehrt ergibt sich aus der Straflosigkeit des Versuchs (Rn. 1), dass ein unmittelbares Ansetzen (§ 22) zur Hilfeleistung entgegen der hM²⁵ noch nicht ausreichend ist.²⁶

II. Subjektiver Tatbestand

1. Vorsatz

11   Der subjektive Tatbestand erfordert zunächst (zumindest bedingten) **Vorsatz** hinsichtlich der Merkmale des objektiven Tatbestands. Der Vorsatz wird allerdings nicht dadurch ausgeschlossen, dass der Täter den Wert der Beute falsch einschätzt oder ihm der Deliktscharakter der Vortat nicht genau bekannt ist; ihm muss allerdings bewusst sein, dass der Vorteil unmittelbar aus einer Straftat stammt.²⁷ In Bezug auf

---

19 RGSt 60, 273 (278); 76, 31 (33).
20 W-*Hillenkamp/Schuhr* Rn. 943; S/S-*Hecker* § 257 Rn. 11.
21 OLG Düsseldorf NJW 1979, 2320 f.; *Geppert* Jura 1980, 327 (328 f.); M-*Schroeder/Maiwald* II § 101/9; *Stoffers* Jura 1995, 113 (122 ff.); krit. *Hruschka* JR 1980, 221 (225).
22 S/S-*Hecker* § 257 Rn. 19.
23 NK-*Altenhain* § 257 Rn. 30; S/S-*Hecker* § 257 Rn. 14.
24 NK-*Altenhain* § 257 Rn. 31; S/S-*Hecker* § 257 Rn. 15.
25 BGH NJW 1971, 525 (526); S/S-*Hecker* § 257 Rn. 22.
26 NK-*Altenhain* § 257 Rn. 38; LK-*Walter* § 257 Rn. 57.
27 RGSt 76, 31 (33 f.) OLG Düsseldorf NJW 1964, 2123; MK-*Cramer* § 257 Rn. 21.

die Tathandlung handelt der Täter unvorsätzlich, wenn diese nach der Vorstellung des Täters zur Vorteilssicherung nicht geeignet ist.[28]

2. Absicht der Vorteilssicherung

Sodann muss der Täter nach hM in der Absicht – im Sinne zielgerichteten Wollens – handeln, dem Vortäter die Vorteile der Tat zu sichern. Dem Täter muss es also, ungeachtet weiterer Motive, entscheidend auf den Sicherungserfolg ankommen.[29] Vor allem darf die Mitwirkung nicht nur der günstigen Verwertung der Beute dienen, sondern muss auch die Restitutionsvereitelung bezwecken.[30]

In **Fall 1** wusste F um die deliktische Herkunft der von ihr beiseite geschafften Gegenstände. Durch das Verstecken der Beute beabsichtigte sie zudem, ihrem Gatten, dem Vortäter, eben diese Vorteile zu sichern.

III. Selbstbegünstigung

Da die Hilfe „einem anderen" Vortäter geleistet werden muss, ist die Selbstbegünstigung mangels Tatbestandsmäßigkeit straflos.[31] Begünstigt der Vortäter nicht (nur) sich selbst, sondern zugleich einen anderen Vortatbeteiligten (zB einen Mittäter), so ist eine Bestrafung wegen Begünstigung ebenfalls ausgeschlossen (Abs. 3 S. 1). Diese Regelung gilt für jede Form der Beteiligung an der Vortat; auch Anstifter und Gehilfe der Vortat machen sich nicht strafbar, wenn sie die Vorteile der Tat, an der sie teilgenommen haben, vor Entziehung schützen. Die Straflosigkeit beruht auf der Erwägung, dass die Begünstigung als mitbestrafte Nachtat hinter der Vortat zurücktritt.[32] Anders als bei der Strafvereitelung (vgl. § 258 Abs. 6) hat der Gesetzgeber die **Begünstigung von Angehörigen** nicht von der Strafbarkeit ausgenommen; eine analoge Anwendung des § 258 Abs. 6 scheidet daher grundsätzlich aus, weil es insoweit an einer planwidrigen Regelungslücke fehlt; zudem liegt ein wesentlicher Unterschied der beiden Tatbestände darin, dass die Begünstigung neben der Strafrechtspflege auch das Restitutionsinteresse des Opfers schützt (vgl. Rn. 1).[33] Sofern die Vorteilssicherung notwendig ist, um den Angehörigen vor Strafe zu schützen, ist eine solche Analogie hingegen ausnahmsweise geboten, da anderenfalls das vom Gesetzgeber mit § 258 Abs. 6 verfolgte Ziel unterlaufen würde.[34] Sofern man in **Fall 1** – auf dem Boden der in Rn. 7 genannten Auffassung – den Tatbestand der Begünstigung bejahte, wäre eine Strafbarkeit der F analog § 258 Abs. 6 ausgeschlossen, da das Verstecken der Beute aus ihrer Sicht notwendig ist, um den D vor Strafverfolgung zu schützen.

Ist dagegen die Tat, an welcher der Begünstigende teilgenommen hat, **nicht** mit der Vortat der Begünstigung **identisch**, findet Abs. 3 S. 1 keine Anwendung.[35] Daher ist der Begünstigende nach § 257 zu bestrafen, wenn er den Vortäter zu einem Diebstahl

---

28 BGHSt 4, 221 (225).
29 BGHSt 4, 107 (108 f.); BGH StV 1993, 27 f.; BGH NStZ-RR 2020, 175; OLG Düsseldorf NJW 1979, 2320 (2321); *Fischer* § 257 Rn. 10; *Hruschka* JR 1980, 221 (225); *S/S-Hecker* § 257 Rn. 17; *LK-Walter* § 257 Rn. 73; aA *Lenckner* NJW 1967, 1890 (1894); *Otto* § 57/9.
30 BGH NJW 1971, 62.
31 *NK-Altenhain* § 257 Rn. 7.
32 BT-Drs. 7/550, 248; *S/S-Hecker* § 257 Rn. 25; aA *NK-Altenhain* § 257 Rn. 7: formelle Subsidiarität.
33 OLG München NStZ-RR 2011, 56 (57); *MK-Cramer* § 258 Rn. 55; *M-Schroeder/Maiwald* II § 101/13.
34 *NK-Altenhain* § 257 Rn. 40; *Amelung* JR 1978, 227 (232); *Piatkowski/Saal* JuS 2005, 979 (982); offen gelassen in BGH NStZ 2000, 259; zur Gegenauffassung vgl. die Nachweise in der vorherigen Fn.
35 BGH bei *Holtz* MDR 1981, 452 (454); *S/S-Hecker* § 257 Rn. 26.

angestiftet hat, dieser aber (iSe Exzesses) einen Raub mit Waffen begangen hat. Da Abs. 3 S. 1 auf dem Gedanken der mitbestraften Nachtat beruht und eine Strafbarkeit der Vortat voraussetzt, greift die Regelung der Straflosstellung nicht ein, wenn der Begünstigende an der Vortat **schuldlos** beteiligt war.[36]

15 Abs. 3 S. 2 bestimmt, dass sich auch ein an der Vortat Beteiligter unter der Voraussetzung nach §§ 257, 26 strafbar machen kann, wenn er einen an der **Vortat Unbeteiligten** zur **täterschaftlichen Begünstigung anstiftet** und diesen damit in das strafbare Geschehen hineinzieht.[37] Diese Ausnahme ist mit dem Grundgedanken der Straflosigkeit der Selbstbegünstigung (mitbestrafte Nachtat, vgl. Rn. 13) nicht vereinbar und rekurriert in der Strafbegründung auf die Schuldteilnahmelehre (Verstrickung des Täters in Schuld und Strafe), der mit der gesetzlichen Teilnahmeregelung (vgl. §§ 26, 27 einerseits und § 29 andererseits) die Grundlage entzogen wurde.[38] Die Regelung ist aus diesem Grund eng auszulegen.[39] Ein Vortatbeteiligter macht sich daher nicht strafbar, wenn er einen Unbeteiligten anstiftet, Beihilfe zur Begünstigung zu leisten, denn die Anstiftung zur Beihilfe wird als Beihilfe bestraft, auf die Abs. 3 S. 2 keine Anwendung findet.[40] Die Ausnahme findet – bereits nach ihrer ratio – keine Anwendung, soweit ein vom Vortäter zur Begünstigung angestifteter Angehöriger analog § 258 Abs. 6 straflos bleibt (vgl. Rn. 13). Hätte D in **Fall 1** seine Ehefrau F um das Verstecken der Beute gebeten, so käme – auf dem Boden der in Rn. 7 genannten Auffassung – zwar grundsätzlich eine Strafbarkeit des D nach §§ 257, 26 in Betracht; D bliebe jedoch insoweit nach Abs. 3 S. 1 straflos, da die Ausnahme nach Abs. 3 S. 2 um die Konstellationen teleologisch zu reduzieren ist, in denen der Haupttäter im Ergebnis straflos bleibt.

IV. Verfolgbarkeit

16 Abs. 4 S. 1 sieht vor, dass die Begünstigung nur auf Antrag, mit Ermächtigung oder auf Strafverlangen verfolgbar ist, wenn der Begünstigende im Falle einer Beteiligung an der Vortat nur unter diesen Voraussetzungen verfolgt werden könnte. Dies bedeutet, dass ein Antragserfordernis der Vortat auch für die Begünstigung gilt. Exemplarisch: Leistet der Begünstigende Hilfe zur Sicherung der Vorteile aus einem Diebstahl, dessen Verletzter sein Angehöriger ist, so kann die Tat nach § 257 nur verfolgt werden, wenn der Verletzte gegen den Begünstigenden einen Strafantrag (§ 247) gestellt hat.

17 Abs. 4 S. 2 schreibt eine entsprechende Anwendung von § 248a vor. Dies gilt jedenfalls dann, wenn die Vortat ein Vermögensdelikt ist und das Tatobjekt einen geringen (wirtschaftlichen) Vermögenswert hat.[41] Nach überwiegender Ansicht greift das Antragserfordernis auch bei anderen Delikten ein, wenn der erlangte Vorteil geringwertig ist.[42]

---

36 BT-Drs. 7/550, 249; *Geppert* Jura 1994, 441 (444); W-*Hillenkamp/Schuhr* Rn. 952.
37 BT-Drs. 7/550, 249.
38 M-Schroeder/*Maiwald* II § 101/12; *Otto* Lange-FS 197 (214); *Stree* JuS 1976, 137 (138); *Wolter* JuS 1982, 343 (347 f.).
39 NK-*Altenhain* § 257 Rn. 43; S/S-*Hecker* § 257 Rn. 27.
40 NK-*Altenhain* § 257 Rn. 44; S/S-*Hecker* § 257 Rn. 27; aA MK-*Cramer* § 257 Rn. 32.
41 *Stree* JuS 1976, 137 (139).
42 NK-*Altenhain* § 257 Rn. 47; *Fischer* § 257 Rn. 14; S/S-*Hecker* § 257 Rn. 31; *Vogler* Dreher-FS 405 (420 Fn. 91).

V. Tätige Reue

Wegen des frühen Vollendungszeitpunkts kommt ein Rücktritt nach § 24 nicht mehr in Betracht, wenn der Täter den Eintritt des Sicherungserfolgs freiwillig noch verhindert. Es wird jedoch vorgeschlagen, in diesem Fall die Vorschriften über die tätige Reue (zB §§ 83a, 306e, 314a, 320, 330b) entsprechend anzuwenden.[43] Die hM sieht hier keine Gesetzeslücke und verneint deshalb die Möglichkeit tätiger Reue.[44]

18

C. Anwendung

I. Aufbau

Es empfiehlt sich, die Tatbestandsmerkmale der Begünstigung in folgenden Schritten zu prüfen:

19

A) Tatbestand:
- I. Objektiver Tatbestand:
    1. Vortat:
        a) tatbestandsmäßige und rechtswidrige, nicht notwendig auch schuldhafte Verwirklichung eines Delikts (Rn. 2)
        b) durch einen anderen (Vortäter, Rn. 13)
        c) mit einem noch unmittelbar im Besitz des Vortäters befindlichen Vorteil (Rn. 3)
    2. Tathandlung: zur Vorteilssicherung (objektiv, str.) taugliche Hilfeleistung (Rn. 4 ff.)
- II. Subjektiver Tatbestand:
    1. (zumindest bedingter) Vorsatz hinsichtlich Vortat und Hilfeleistung (Rn. 11)
    2. Absicht der Vorteilssicherung (Rn. 12)

B) Rechtswidrigkeit

C) Schuld

II. Einzelfragen

Da die Begünstigung ein **Anschlussdelikt** ist, das die Begehung einer Vortat voraussetzt, ist im **Gutachten** vor der Erörterung von § 257 stets zunächst die Vortat zu prüfen.

20

Problematisch kann die **zeitliche Abgrenzung** zwischen Begünstigung und Beteiligung (Beihilfe) an der Vortat sein:

21

Soll sich die Hilfeleistung noch **vor Vollendung der Vortat auswirken,** kommt (unstr.) nur eine Beteiligung an der Vortat in Betracht.

22

Soll sich dagegen die dem Vortäter gewährte Hilfe erst – wie in **Fall 1** – **nach Beendigung der Vortat auswirken,** ist (wiederum unstr.) eine Begünstigung gegeben.[45] Die Hilfeleistung kann hierbei schon zu einem früheren Zeitpunkt vorgenommen werden; entscheidend ist allein der Zeitpunkt, in dem sich die Hilfe auswirkt.

---

43 *Rengier* I § 20/20; *S/S-Hecker* § 257 Rn. 22.
44 *W-Hillenkamp/Schuhr* Rn. 950; *L-Kühl/Heger* § 257 Rn. 7; *Mitsch* 12.2.1.1; *LK-Walter* § 257 Rn. 102.
45 BGH StV 1998, 25 f.; *Rönnau/Golombek* JuS 2007, 348 (351).

Umstritten ist dagegen die Abgrenzung zwischen Vortatbeteiligung und Begünstigung, soweit es um die Auswirkung der Hilfeleistung **im Zeitraum zwischen Vollendung und Beendigung** der Vortat geht:

23 ■ Die Rechtsprechung stellt auf den Willen des Helfenden ab.[46] Vortatbeteiligung soll gegeben sein, wenn der Helfende das Gelingen der Vortat unterstützen will, während Begünstigung anzunehmen sei, wenn es ihm auf die Sicherung des Vorteils aus der Vortat ankommt. Diese Frage kann insbesondere beim Diebstahl auftreten, wenn die Tat mangels hinreichender Beutesicherung noch nicht beendet ist (vgl. § 2 Rn. 126).

24 ■ Im Schrifttum wird teilweise zwar die Möglichkeit einer Überschneidung zwischen Vortatbeteiligung und Begünstigung bejaht, aber mit Blick auf § 257 Abs. 3 angenommen, dass dann die Begünstigung hinter die Vortatbeteiligung zurücktritt. Der Helfer dürfe nicht deshalb von der ggf. strengeren Haftung wegen Beihilfe verschont bleiben, weil er zugleich eine Vorteilssicherung beabsichtigt. Nach dieser Auffassung ist also der Helfer bis zur Beendigung der Vortat nur wegen Beihilfe zu dieser strafbar.[47]

25 ■ Nach hL kann Beihilfe überhaupt nur bis zur Vollendung eines Delikts geleistet werden (vgl. § 2 Rn. 126). Demnach ist jede Hilfeleistung vor Vollendung als Beihilfe und nach Vollendung als Begünstigung anzusehen, soweit auch die sonstigen Voraussetzungen gegeben sind.[48]

Wiederholungs- und Vertiefungsfragen

> Welche Anforderungen ergeben sich aus dem Gedanken der Straflosigkeit der Selbstbegünstigung im Hinblick auf den Umfang einer (psychischen) Unterstützungshandlung? (Rn. 4)
> Welche Anforderungen sind an die Qualität der Hilfeleistung zu stellen? (Rn. 5 ff.)
> Welche Reihenfolge bei der Deliktsprüfung ist im Gutachten zu beachten? (Rn. 20)
> In welchen Fällen ist die Abgrenzung zwischen Vortatbeteiligung und Begünstigung problematisch? (Rn. 21 ff.)

---

46 RGSt 58, 13 (14); BGHSt 4, 132 (133); OLG Köln NJW 1990, 587 (588); zust. *Piatkowski/Saal* JuS 2005, 979 (981).
47 *Geppert* Jura 1994, 441 (443); *Laubenthal* Jura 1985, 630 (632 f.); *Otto* § 57/4; M-Schroeder/*Maiwald* II § 101/6; *Seelmann* JuS 1983, 32 (33 f.); S/S-*Hecker* § 257 Rn. 7; *Vogler* Dreher-FS 405 (417).
48 W-*Hillenkamp/Schuhr* Rn. 854; *Isenbeck* NJW 1965, 2326 ff.; NK-*Kindhäuser* § 242 Rn. 131; LK-*Schünemann/Greco* § 27 Rn. 39 ff.; LK-*Walter* § 257 Rn. 101 ff. (einschränkend für Dauerdelikte).

§ 48 Hehlerei (§§ 259–260a)

A. Allgemeines

Durch das Verbot der Hehlerei soll verhindert werden, dass die durch ein tatbestandsmäßig rechtswidriges Vermögensentziehungsdelikt geschaffene **rechtswidrige Besitzlage** im Zusammenwirken mit dem Vortäter oder dessen Besitznachfolger **aufrechterhalten** („perpetuiert") wird.[1] Über diesen Zweck hinaus, dem bereits § 246 dient, schützt die Vorschrift in spezifischer Weise auch das allgemeine Sicherheitsinteresse. Denn die Hehlerei ist ein kriminelles Dienstleistungsangebot, das die Begehung von Vermögensdelikten über die Einzeltat hinaus fördert.[2] Es soll maW einem **Schwarzmarkt begegnet** werden.

B. Definitionen und Erläuterungen

I. Objektiver Tatbestand

▶ **Fall 1:** Nach seiner nächtlichen Diebestour kehrt D mit mehreren goldenen Uhren nach Hause zurück. Seine Ehefrau F rät ihm, die Uhren alsbald zu verkaufen und von dem Erlös einen gemeinsamen Urlaub zu finanzieren. Da D einwilligt, arrangiert F ein Treffen mit dem zwielichtigen Schmuckhändler H. Dieser erkennt aufgrund des nervösen Auftretens des D sofort, dass es sich um Diebesgut handelt. Als er daraufhin den Kaufpreis zu drücken versucht, scheitern die Verhandlungen zwischen D und H. ◀

▶ **Fall 2:** G überredet seinen Freund M, eine kleine Bankfiliale zu überfallen, und gibt ihm – gegen das Versprechen einer Belohnung – die erforderlichen Hinweise. Der Überfall gelingt. M überreicht dem G stolz eines der entwendeten Geldbündel. ◀

1. Tatobjekt

a) **Sachen:** Die Tatobjekte sind auf Sachen beschränkt[3] und umfassen daher keine Forderungen.[4] Die Eigentumsverhältnisse spielen keine Rolle. Auch eine herrenlose (zB bei einer Jagdwilderei als Vortat) oder täterseigene Sache kann taugliches Objekt sein.[5] Exemplarisch: K hat im Geschäft des B ein Fahrrad unter Eigentumsvorbehalt erworben; der in dem Geschäft angestellte A nimmt das Fahrrad heimlich weg und bringt es B zurück: A ist nach § 289, B nach § 259 strafbar.

b) **Vortat:** Die Hehlerei knüpft an eine Vortat an: Die Sache muss durch eine gegen fremdes Vermögen gerichtete rechtswidrige Tat erlangt sein.

aa) Als Vortat kommen zunächst **alle Vermögensdelikte** in Betracht. Der Diebstahl ist nur ein plakativ hervorgehobenes Beispiel. Auch **Nichtvermögensdelikte** können einschlägig sein, wenn sie – wie dies etwa bei einer Nötigung denkbar ist – zu einer

---

[1] OLG Düsseldorf JZ 1978, 35; KG NJW 2006, 3016 (3017); NK-*Altenhain* § 259 Rn. 3; *Arzt* NStZ 1981, 10; *Küper* Stree/Wessels-FS 467 (484 ff.); MK-*Maier* § 259 Rn. 2.; *Otto* § 58/1; LK-*Walter* § 259 Rn. 1 ff.
[2] BGHSt 7, 134 (141 f.); 42, 196 (198 ff.); *Lenckner* JZ 1973, 794 (797); MK-*Maier* § 259 Rn. 3 ff.; *Mitsch* 13.1.1; *Rudolphi* JA 1981, 1 (4 ff.); *Seelmann* JuS 1988, 39; krit. *Geppert* Jura 1994, 100 f.; *Roth* JA 1988, 193 (195 f.); ausf. zur Verantwortung für die Entstehung verbotener Märkte *Hörnle* Schroeder-FS 477 (488 ff.).
[3] Zur Datenhehlerei vgl. § 202d.
[4] BGH NStZ-RR 2019, 379.
[5] NK-*Altenhain* § 259 Rn. 8; W-*Hillenkamp/Schuhr* Rn. 961.; *Mitsch* 13.2.1.3.3.

rechtswidrigen Vermögensverschiebung führen.[6] Die Vortat braucht **nicht schuldhaft** ausgeführt zu sein. Vorsatztaten erfordern aber eine vorsätzliche Begehung. Eine **Verfolgbarkeit** der (konkreten) Vortat ist **nicht** erforderlich, sodass Verjährung oder das Fehlen eines Strafantrags der Strafbarkeit wegen Hehlerei nicht entgegenstehen.

In **Fall 1** hat D goldene Uhren gestohlen (§ 242 Abs. 1), sodass eine taugliche Vortat gegeben ist. Gleiches gilt in **Fall 2** für das im Wege einer Tat nach § 249 oder §§ 253, 255 entwendete Geldbündel.

5 bb) Durch die Vortat muss eine **rechtswidrige Vermögenslage** geschaffen worden sein, die im Zeitpunkt der Hehlerei **noch andauert**:[7]

Diese Voraussetzung liegt bei einem Versicherungsbetrug bzw. -missbrauch in Bezug auf die versicherte Sache nicht vor, da durch die Tat keine rechtswidrige Eigentums- bzw. Besitzlage entsteht.[8] Von einer rechtswidrigen Vermögenslage ist auszugehen, solange der Geschädigte die Sache nach §§ 812, 985 BGB noch herausverlangen kann (Testfrage). Sofern der Vortäter Eigentümer geworden ist, reicht es aus, wenn der Erwerb noch anfechtbar ist.[9] Die rechtswidrige Vermögenslage endet jedoch bei Unanfechtbarkeit oder gutgläubigem Eigentumserwerb,[10] dem bei gestohlenen Sachen aber regelmäßig § 935 BGB entgegensteht.[11] Exemplarisch: A kauft bei dem Pelzhändler P einen Mantel, den P, was A weiß, durch Betrug gegenüber dem Eigentümer E erlangt hat. Kann E die Übereignung an P noch gem. §§ 142 Abs. 1, 123 BGB anfechten, so kommt eine Hehlerei durch A in Betracht; nach Ablauf der Anfechtungsfrist (§ 124 BGB) ist dies jedoch nicht mehr möglich.

6 cc) Erlangt ist eine Sache durch eine rechtswidrige Tat, wenn sie **unmittelbar** aus dieser stammt und der Vortäter an ihr eine rechtswidrige Besitzlage begründet hat.

Für den erforderlichen Besitz genügen Mitgewahrsam oder mittelbarer Besitz.[12] Damit die Sache durch die Vortat erlangt sein kann, muss sie zuvor schon existent gewesen sein. Sie darf also nicht durch die Vortat erst geschaffen worden sein.[13]

Nicht durch die Vortat erlangt sind **Surrogate**, sodass die sog. **Ersatzhehlerei** nicht tatbestandsmäßig ist.[14] Dies gilt auch für eingewechseltes oder auf einem Konto ein- und wieder ausgezahltes Geld[15] und ausgetauschte andere vertretbare Sachen. Die Hehlerei bezieht sich nur auf das durch die Vortat erworbene Objekt („eine Sache"), nicht auf den entzogenen Vermögenswert. Zu beachten ist jedoch, dass § 259 eingreifen kann, wenn die Ersatzsache ihrerseits in strafbarer Weise – zumeist durch Betrug (§ 263) –

---

6 BGH bei *Dallinger* MDR 1972, 571; NK-*Altenhain* § 259 Rn. 10; Arzt/Weber/Heinrich/Hilgendorf § 28 Rn. 9; *Rose* JR 2006, 109 (110); *Rudolphi* JA 1981, 1 (2 f.); einschr. *Otto* Jura 1985, 148 (150 f.); *Roth* JA 1988, 193 (197 f.); abl. *Mitsch* 13.2.1.2.2.
7 SK-*Hoyer* § 259 Rn. 11, 13; S/S-*Hecker* § 259 Rn. 7; LK-*Walter* § 259 Rn. 24, 28.
8 BGH NStZ 2005, 447 (448) mit zust. Anm. *Rose* JR 2006, 109 (112).
9 NK-*Altenhain* § 259 Rn. 20; *Fischer* § 259 Rn. 4; aA *Arzt* NStZ 1981, 10 (11); zur Vermischung von Geld vgl. BGH NJW 1958, 1244 f.; *Otto* Jura 1985, 148 (151).
10 BayObLG JR 1980, 299 mit Anm. *Paeffgen*.
11 BGHSt 15, 53 (57).
12 *Martens* JA 1996, 248 ff.; S/S-*Hecker* § 259 Rn. 12; aA NK-*Altenhain* § 259 Rn. 19: zumindest vorübergehende Begründung eigenen Gewahrsams im Sinne körperlicher Sachherrschaft.
13 *Mitsch* 13.2.1.3.6; zu Raubkopien vgl. *Rupp* wistra 1985, 137 ff.; zu Manipulation und Verkauf von Telefonkarten vgl. *Hecker* JA 2004, 762 (767 f.).
14 BGHSt 9, 137 (139); BGH NJW 1969, 1260 f.; NK-*Altenhain* § 259 Rn. 14; *Klesczewski* BT § 10/61 f.
15 HM, vgl. BGH NStZ-RR 2019, 379; nur W-*Hillenkamp/Schuhr* Rn. 970; MK-*Maier* § 259 Rn. 54 f.; *Mitsch* 13.2.1.3.6; *Otto* § 58/10; *Roth* JA 1988, 193 (198); *Seelmann* JuS 1988, 39 (40); aA *Roxin* Mayer-FS 467 (472 ff.); *Rudolphi* JA 1981, 1 (4).

erlangt wurde. Exemplarisch: Dieb D veräußert seine Beute an den gutgläubigen G; das erhaltene Geld teilt er mit seiner – in die Vorgänge eingeweihten – Freundin F. Hier ist der durch Betrug gegenüber G erlangte Verkaufserlös selbst taugliches Tatobjekt der von F begangenen Hehlerei. Anders verhält es sich, wenn D die Beute an den bösgläubigen B verkauft; die von B erhaltenen Banknoten sind keine rechtswidrig erlangten Sachen.

In **Fall 1** hat D durch den Diebstahl eine rechtswidrige Besitzlage an den Uhren begründet. Gerade auf den Verkauf dieser Gegenstände (und nicht etwa eines Surrogates) richten sich die Ratschläge der F sowie die späteren Ankaufbemühungen des H. Auch in **Fall 2** stammt das an G übergebene Geld unmittelbar aus der Vortat.

dd) Die rechtswidrige Vermögenslage muss bereits vor **Beginn der Hehlereihandlung geschaffen** worden sein.

Insoweit muss der Vortäter das Tatobjekt zumindest durch den abgeschlossenen Versuch der Vortat erlangt haben.[16] Dies ergibt sich zum einen aus dem Wortlaut („gestohlen hat"), zum anderen aus dem Umstand, dass die Hehlerei als Anschlussdelikt eine bereits – zumindest für eine logische Sekunde – bestehende rechtswidrige Besitzlage voraussetzt, die durch sie aufrechterhalten wird.[17] Eine verbreitete Gegenansicht hält es jedoch für möglich, dass Vortat und Hehlerei in einem Akt zusammenfallen.[18] Die Hehlerei knüpfe nur konditional, nicht auch temporal an eine Vermögensstraftat an.

Zu denken ist an den Fall, dass der Vortäter einem anderen die Wegnahme einer in seinem Besitz befindlichen Gattungssache, die noch nicht ausgesondert ist, gestattet. Die für die Unterschlagung erforderliche Konkretisierung der Sache (vgl. § 6 Rn. 4) wird hier erst durch die Aussonderung und Inbesitznahme durch den Dritten vollzogen. Demnach hat der Vortäter noch keine rechtswidrige Besitzlage geschaffen, die der Dritte anschließend durch Besitzerwerb perpetuieren könnte. Nach hM ist (auch) der Dritte nur nach § 246 strafbar. Die Gegenansicht hält demgegenüber ein Zusammenfallen der Drittzueignung des Vortäters mit der Tathandlung des Hehlers für möglich, sodass hinsichtlich des Dritten § 259 eingreifen kann.

c) **Von einem anderen:** Die Vortat muss von einem anderen begangen sein. Der Vortäter kann **weder Täter noch Teilnehmer** einer Hehlerei sein.

Keine Hehlerei ist es demnach, wenn ein Mittäter den Beuteanteil seines Komplizen erwirbt. Da die Hehlerei selbst aber ein Vermögensdelikt ist, unterfällt der Rückerwerb des Ersttäters vom Hehler dem Tatbestand.[19] Der Ersttäter hält hierbei nicht seine eigene, sondern die vom Hehler geschaffene rechtswidrige Vermögenslage aufrecht. Der Einwand, der Ersttäter sei kein „anderer",[20] vermag daher nicht zu überzeugen. Auch das weitere Gegenargument, der Ersttäter trage zu keiner neuen Rechtsgutsverletzung bei,[21] trifft nicht zu. Der Ersttäter perpetuiert vielmehr die rechtswidrige Vermögens-

---

16 BGH StV 1996, 81 (82); W-*Hillenkamp/Schuhr* Rn. 964.
17 BGH StV 1989, 435; NJW 2012, 3736; OLG Düsseldorf wistra 1990, 108 f.; OLG Stuttgart NStZ 1991, 285; NK-*Altenhain* § 259 Rn. 15; *Berz* Jura 1980, 57 (59); *Fischer* § 259 Rn. 8; *Geppert* Jura 1994, 100 (101 f.); *Rengier* I § 22/15, 22.
18 *Küper* Stree/Wessels-FS 467 (487 ff.); *Otto* § 58/8; *Rudolphi* JA 1981, 1 (7); *Welzel* 400.
19 BGH NStZ 1999, 351 (352).
20 W-*Hillenkamp/Schuhr* Rn. 1017.
21 *Otto* Jura 1985, 148 (152); S/S-*Hecker* § 259 Rn. 50.

lage durch eine Verlängerung der widerrechtlichen Besitzkette und fördert auf diese Weise den Schwarzmarkt.[22]

11 Umstritten ist, ob der **Teilnehmer der Vortat** als Täter einer Hehlerei in Betracht kommt:

12 ▪ Die hM[23] bejaht diese (kriminalpolitisch wünschenswerte) Möglichkeit mit dem Argument, der Teilnehmer habe die rechtswidrige Besitzlage nicht selbst geschaffen, sondern deren Herbeiführung nur gefördert. Daher könne er nicht nur für die Förderung der Vermögensentziehung, sondern auch für die Aufrechterhaltung der rechtswidrigen Vermögenslage strafrechtlich zur Verantwortung gezogen werden. Dementsprechend könnte G in **Fall 2** als Hehler bestraft werden, obwohl er als Anstifter (§ 26) an der Vortat beteiligt war.

13 ▪ Nach der Gegenauffassung wird die Aufrechterhaltung des rechtswidrigen Zustands bereits erschöpfend von der Teilnahme am Unrecht der Haupttat erfasst; auch der Teilnehmer an der Vortat sei daher kein „anderer" und scheide als Täter einer Hehlerei aus.[24] Hiernach hätte sich G in **Fall 2** nicht nach § 259 Abs. 1 strafbar gemacht.

2. Tathandlungen

14 Der Täter muss die Sache sich oder einem Dritten verschaffen, ankaufen, absetzen oder absetzen helfen; jede Tatvariante kann auch durch garantenpflichtwidriges Unterlassen verwirklicht werden. Stets muss der **Vorbesitzer**, der regelmäßig auch der Vortäter ist, mit dem **Täter der Hehlerei** bei der Besitzverschiebung **zusammenwirken**,[25] da nur so der deliktsspezifische Zusammenhang zwischen Vortat und Hehlerei hergestellt wird. Die bloße Vermutung, der Vorbesitzer sei mit dem Besitzübergang einverstanden, reicht als Ersatz für dessen tatsächlich fehlenden Willen nicht aus und begründet noch kein Zusammenwirken.[26]

15 Die Tatvarianten des Verschaffens und Ankaufens einerseits und des Absetzens bzw. Helfens beim Absatz andererseits verhalten sich spiegelbildlich zueinander. Bei den ersten beiden Varianten agiert der Täter in der **Käuferrolle** (Indiz: Interesse an einem niedrigen Erwerbspreis). Bei den beiden letztgenannten Varianten handelt der Täter im Rahmen der **Verkäuferrolle** (Indiz: Interesse an einem hohen Verkaufspreis).[27] In dem letztgenannten Fall liegt daher kein Verschaffen vor, wenn dem Täter ihm die Sache nur zum Verkauf überlassen wird, er an dieser aber keine eigene selbstständige Verfügungsgewalt erlangt (Rn. 16 f.).[28]

---

22 *Geppert* Jura 1994, 100 (103 f.); *Gössel* § 27/45; S/S/W-*Jahn* § 259 Rn. 49; *Rudolphi* JA 1981, 1 (5).
23 BGHSt 7, 134 ff.; 33, 50 (52); BGH NStZ 1996, 493; NK-*Altenhain* § 259 Rn. 6; *Fischer* § 259 Rn. 31; *Jäger* Rn. 613; MK-*Maier* § 259 Rn. 61 ff.; M-Schroeder/Maiwald/Momsen I § 39/45; nur für die Beihilfe bejahend LK-*Walter* § 259 Rn. 93.
24 *Oellers* GA 1967, 6 (14 f.); *Seelmann* JuS 1988, 39 (42).
25 BGHSt 10, 151 (152); NK-*Altenhain* § 259 Rn. 25; W-*Hillenkamp/Schuhr* Rn. 977; LK-*Walter* § 259 Rn. 34; aA *Roth* JA 1988, 193 (207); auch *Hruschka* JR 1980, 221 f. bzgl. Verschaffen.
26 HM, vgl. nur BGH NJW 1955, 350 (351); LK-*Walter* § 259 Rn. 37; nunmehr ebenso M-Schroeder/Maiwald I § 39/22.
27 M-Schroeder/Maiwald/Momsen I § 39/23.
28 BGH NStZ 2024, 171 (172).

a) **Verschaffen:** Sich oder einem Dritten ist die Sache verschafft, wenn der Täter im Einverständnis mit dem Vorbesitzer die selbstständige Verfügungsgewalt über die Sache für sich oder einen (gut- wie bösgläubigen) Dritten tatsächlich begründet hat.[29]

aa) Um eine **selbstständige Verfügungsgewalt** handelt es sich, wenn der Erwerber unabhängig vom Vortäter wie ein Eigentümer mit der Sache umgehen kann. Das Verschaffen hat also Zueignungscharakter, sodass die beiden Tatvarianten den Fällen der **Selbstzueignung** und der **Drittzueignung** entsprechen (vgl. § 2 Rn. 66 ff., 114 ff., § 6 Rn. 7 f.).[30] Bei der Drittverschaffung erlangt nicht der Täter (Hehler) eigene Verfügungsgewalt, sondern diese geht vom Vortäter unmittelbar auf den Dritten über.[31] Gemeinsamer (unmittelbarer) Eigenbesitz des Erwerbers mit dem Vorbesitzer genügt, sofern der Erwerber in seiner Sachherrschaft nicht durch den Vorbesitzer beschränkt ist.[32] Auch die Erlangung mittelbaren Eigenbesitzes (zB bei Erhalt eines Legitimationspapiers oder Pfandscheins)[33] reicht aus. Allerdings muss der Erwerber, wenn der unmittelbare Besitz beim Vortäter verbleibt, wiederum völlig unabhängig von diesem über die Sache verfügen können.[34]

In **Fall 1** hat F keinerlei eigene Verfügungsmacht über die Uhren erlangt, sondern lediglich einen unterstützenden Beitrag zugunsten ihres Ehemanns geleistet, damit dieser selbst und zu eigenen Zwecken über die Diebesbeute verfügen kann. Damit hat sie die Uhren weder sich selbst noch einem Dritten verschafft. Der Schmuckhändler H hingegen beabsichtigte, sich die Uhren (mit dem Ziel eigener Verfügungsgewalt) zu verschaffen. In **Fall 2** hat sich G das Geldbündel verschafft.

Keine selbstständige Verfügungsgewalt ist gegeben, wenn der Erwerber nur einen – der Gebrauchsanmaßung entsprechenden (vgl. § 2 Rn. 104 ff.) – vorübergehenden Besitz[35] zur Nutzung der Sache als Mieter, Entleiher oder Verwahrer erlangt. Ferner ist es kein Verschaffen, wenn der Erwerber die Sache allein zum Zwecke ihrer Vernichtung übernimmt.[36] In (inkonsequenter) Abweichung von einer möglichen Zueignung durch Verbrauch (vgl. § 2 Rn. 100) verneint die hM auch ein Verschaffen bei bloßem Mitverzehr von Lebens- oder Rauschmitteln mit dem wenig überzeugenden Argument, dass durch Mitgenuss keine selbstständige Verfügungsmacht erlangt werde.[37] Dagegen steht es (unstr.) einem Verschaffen nicht entgegen, wenn der Erwerber eine Sache verzehrt, über die er zuvor selbstständige Verfügungsmacht erlangt hat.[38]

bb) Mangels einverständlichen („derivativen") Erwerbs durch Zusammenwirken mit dem Vorbesitzer bei der Besitzverschiebung ist es **kein Verschaffen**, wenn der Täter das Tatobjekt **eigenmächtig wegnimmt**.[39] Gleiches gilt, wenn der Vorbesitzer zu sei-

---

29 BGH NJW 1988, 3108; NStZ 1995, 544; OLG Stuttgart JZ 1973, 739 (741).
30 *Küper/Zopfs* Rn. 481.
31 BGH NStZ-RR 2019, 379 (380).
32 BGHSt 27, 45 (46); 33, 44 (46 f.); 35, 172 (175 f.); BGH NStZ-RR 2005, 236; *Berz* Jura 1980, 57 (62); W-*Hillenkamp/Schuhr* Rn. 983 f.; *Roth* JA 1988, 193 (202); *Rudolphi* JA 1981, 90 (91); M-Schroeder/*Maiwald/Momsen* I § 39/26.
33 BGHSt 27, 160 (163 ff.).
34 BGHSt 35, 172 (175 f.); NK-*Altenhain* § 259 Rn. 37 ff.; MK-*Maier* § 259 Rn. 84; LK-*Walter* § 259 Rn. 47; abw. SK-*Hoyer* § 259 Rn. 24, der in diesen Fällen stets von einer fortbestehenden Verfügungsgewalt des Vortäters ausgeht.
35 BGH StV 1987, 197; 1992, 65; wistra 1993, 146; vgl. auch BGH NStZ-RR 2005, 373 (374).
36 BGH NStZ 1995, 544.
37 BGH NJW 1952, 754; NStZ 1992, 36; W-*Hillenkamp/Schuhr* Rn. 986; *Mitsch* 13.2.1.5.1; *Noltenius* JuS 2006, 988 (992); *Rudolphi* JA 1981, 90 (91 f.); aA *Roth* JA 1988, 193 (203); S/S-*Hecker* § 259 Rn. 22.
38 Vgl. BGH NStZ 1992, 36; StV 1999, 604.
39 RGSt 54, 280 (281 f.9; BGHSt 42, 196 (198); L-*Kühl/Heger* § 259 Rn. 10; MK-*Maier* § 259 Rn. 70.

ner Verfügung durch **Nötigung**[40] oder **Täuschung**[41] veranlasst wird. Das Verbot der Hehlerei dient der Verhinderung eines Schwarzmarkts, um so zu verhindern, dass Vermögensdelikte im Vertrauen auf die Möglichkeit der späteren Verwertung des Erlangten begangen werden. Von diesem Schutzzweck wird es nicht erfasst, wenn dem Vortäter wiederum die von ihm erworbenen Vermögenswerte gegen seinen Willen deliktisch entzogen werden. Diese Einschränkung wird allerdings von der Meinung nicht vorgenommen, die den Schutzzweck der Hehlerei auf das Perpetuierungsunrecht begrenzt.[42] Der BGH hat sich jüngst in Bezug auf das durch Täuschung erschlichene Einvernehmen der letztgenannten Auffassung angeschlossen.[43] Indes begründet allein die Aufrechterhaltung der rechtswidrigen Vermögenslage kein Unrecht, das die gegenüber der Vortat zum Teil deutlich erhöhte Strafandrohung (vgl. § 260) zu rechtfertigen vermag.[44] Stellt man dessen ungeachtet – wie der BGH – allein auf die Perpetuierung des mit der Vortat geschaffenen rechtswidrigen Zustands ab, so wird das Erfordernis eines Einvernehmens mit dem Vortäter letztlich funktionslos und es wäre nur folgerichtig, auch die eigenmächtige Wegnahme und entsprechende Nötigungen zu erfassen[45]; diese Konsequenz wird aber von der Rechtsprechung (bislang) nicht gezogen[46].

20 cc) Das kollusive Zusammenwirken von Vorbesitzer und Täter erfordert zudem **beiderseitiges Unrechtsbewusstsein**. Der Erwerb von einem gutgläubigen Vorbesitzer reicht nicht aus.[47] Exemplarisch: A schenkt der gutgläubigen B einen von ihm gestohlenen Ring, den sie an die bösgläubige C weiterveräußert. C begeht nur eine Unterschlagung, da sie in keiner Weise mit A zusammenwirkt. Die Gegenauffassung, die den Zweck der Hehlerei auf das Verhindern der Perpetuierung einer rechtswidrigen Vermögenslage beschränkt und kein kollusives Zusammenwirken fordert, sieht jedoch auch den Sacherwerb vom gutgläubigen Vorbesitzer als tatbestandsmäßig an und kommt deshalb zu einer Strafbarkeit der C nach § 259.[48]

21 b) **Ankaufen**: Das Ankaufen ist ein Unterfall des Verschaffens. Bei dieser Tatvariante müssen daher alle für das Verschaffen notwendigen Voraussetzungen erfüllt sein. Insbesondere reicht ein bloß obligatorischer Vertragsschluss – ohne selbstständigen Sacherwerb – nicht aus.[49] Demgegenüber genügt es, wenn der Täter mittelbaren Besitz an der Sache erlangt, wenn dieser dem Täter die tatsächliche Verfügungsgewalt über die Sache vermittelt (vgl. auch Rn. 17).[50]

In **Fall 1** liegt auf Seiten des H ein solches – freilich nur versuchtes – Ankaufen als Unterfall des Verschaffens vor. Demgegenüber setzt der Täter mit der bloßen Zusage,

---

40 BGHSt 42, 196 (198); BGH wistra 1984, 22 (23); *Kretschmer* Jura 2006, 219 (225); L-Kühl/*Heger* § 259 Rn. 10; *Namavičius* JA 2007, 190 (196); LK-*Walter* § 259 Rn. 35.
41 *Hruschka* JZ 1996, 1135 (1136); *Mitsch* 13.2.1.5.2; *Otto* Jura 1988, 606 ff.; *ders.* Jura 2005, 100 (102); *Rengier* I § 22/35; *Rudolphi* JA 1981, 1 (6); aA *Fischer* § 259 Rn. 13a; *Kretschmer* Jura 2006, 219 (225 mit Fn. 74); *Roth* JA 1988, 193 (206 f.).
42 Vgl. RGSt 35, 278 ff.; abw. wiederum, obwohl grds. den Perpetuierungsgedanken befürwortend *Otto* Jura 2005, 100 (102).
43 BGH NJW 2019, 1540 (1541 f.).
44 *Jäger* JA 2019, 548 (550).
45 *Jahn* NJW 2019, 1542 (1543).
46 Vgl. insoweit BGH NJW 2019, 1540 (1541).
47 *Paeffgen* JR 1978, 466 f.; *Rengier* I § 22/39; *Rudolphi* JA 1981, 1 (6); *Seelmann* JuS 1988, 39 f.; diff. Arzt/Weber/Heinrich/Hilgendorf § 28/5a.
48 OLG Düsseldorf JR 1978, 465 (466); W-Hillenkamp/*Schuhr* Rn. 980; *Otto* § 58/16; S/S-*Hecker* § 259 Rn. 37.
49 RGSt 73, 104 (105); NK-*Altenhain* § 259 Rn. 47.
50 BGH NStZ-RR 2019, 14 (15).

die gehehlten Gegenstände zu einem späteren Zeitpunkt abzunehmen, noch nicht unmittelbar zur Tat an.[51]

c) **Absetzen:** Absetzen ist die Verwertung des Tatobjekts durch Übertragung der Verfügungsmacht auf einen Dritten mit Einverständnis des Vorbesitzers. Der Täter muss hierbei selbstständig – dh weisungsunabhängig – handeln. In dieser Tatvariante tritt der Täter gewissermaßen als „Verkaufskommissionär" auf.[52]

aa) Die hM beschränkt das Absetzen auf **entgeltliche wirtschaftliche Verwertungshandlungen**,[53] zB Kauf oder Tausch. Da es bei der Hehlerei aber nicht um die Verhinderung einer begünstigenden Verwertung, sondern um die Perpetuierung einer rechtswidrigen Besitzlage geht, ist es sachgerecht, auch das **Verschenken** der Sache als Absetzen anzusehen.[54] Dies erscheint auch insoweit zutreffend, als die Annahme des Tatobjekts als Geschenk (unstr.) eine Form des spiegelbildlichen Sich-Verschaffens ist.

Kein Absetzen ist die Rückübertragung auf den Eigentümer oder eine für diesen handelnde Person, zB einen Polizeibeamten, da in diesen Fällen die rechtswidrige Vermögenslage beendet und nicht aufrechterhalten werden soll.[55]

bb) Die **Abgrenzung** zwischen den spiegelbildlichen Tatvarianten des **Absetzens** und der **Drittverschaffung** richtet sich nach der Organisation des Geschäfts durch die Beteiligten (vgl. Rn. 15):[56] Verschafft der Täter die Sache einem Dritten, so wird er selbstständig für den Dritten tätig. Beim Absetzen besorgt der Täter dagegen selbstständig ein Geschäft des Vorbesitzers.

In **Fall 1** hat F keine selbstständige Verfügungsgewalt (nach Art eines Verkaufskommissionärs) über die Uhren erlangt, sodass sie auch die Tatvariante des Absetzens nicht verwirklicht hat.

cc) Lange Zeit war umstritten, ob für das Absetzen ein **Absatzerfolg** in dem Sinne erforderlich ist, dass der Dritte seinerseits die selbstständige Verfügungsgewalt über das Tatobjekt erlangt haben muss. Die frühere Rechtsprechung lehnte ein solches Erfordernis ab und ließ für das Absetzen ein vom Veräußerungswillen getragenes Tätigwerden ausreichen, das auch objektiv geeignet erscheint, die rechtswidrige Vermögenslage aufrechtzuerhalten.[57] Diese Auslegung orientierte sich am früheren Tatbestand, der mit der Tatvariante des „Mitwirkens zum Absatz" auch die Beteiligung an einer auf den Absatzerfolg gerichteten Handlung erfasste. Damit sollte das kriminalpolitische Ziel einer möglichst umfassenden Sanktionierung von Absatzbemühungen erreicht werden.[58] Diese Rechtsprechung hat der BGH[59] nunmehr aufgegeben und sich der im Schrifttum vorherrschenden Auffassung angeschlossen, wonach die (heutige) Fassung des Hehlereitatbestands den Eintritt eines Absatzerfolgs voraussetzt, sodass

---

51 BGH NStZ 2019, 80 (81).
52 LK-*Walter* § 259 Rn. 51.
53 BGH NJW 1976, 1950; GA 1984, 427; *Rudolphi* JA 1981, 90 (92); LK-*Walter* § 259 Rn. 51, 53.
54 NK-*Altenhain* § 259 Rn. 50; *Küper/Zopfs* Rn. 11; *Roth* JA 1988, 193 (204).
55 BGHSt 43, 110 (111); BGH NStZ 1999, 351; *Mitsch* 13.2.1.6.1; M-Schroeder/Maiwald/Momsen I § 39/28; S/S-*Hecker* § 259 Rn. 30; aA RGSt 54, 124 f.; *Zöller/Frohn* Jura 1999, 378 (384).
56 BGH NStZ 2014, 577.
57 BGHSt 27, 45 (47 ff.); 33, 44 (47 ff.); 43, 110 (111).
58 BGHSt 27, 45 (47 ff.); Erforderlich waren allerdings objektiv taugliche Absatzbemühungen, sodass ungeeignete Maßnahmen (zB die Lieferung an einen verdeckten Ermittler) nur eine Strafbarkeit wegen Versuchs begründeten (BGHSt 43, 110 f.).
59 BGH NJW 2014, 951 f.; s. auch BGH NStZ 2013, 584 mit Anm. *Theile* ZJS 2014, 458; HRRS 2015, Nr. 1060 Rn. 4; vgl. zur neuen Rspr. *Küper* GA 2015, 129 ff.; *Sorge* ZJS 2016, 33 ff.

die Tatvariante des Absetzens erst verwirklicht ist, wenn der Erwerber eine neue, vom Vortäter unabhängige Verfügungsgewalt über das Tatobjekt erlangt hat.[60] Allein diese Auffassung ist wohl mit dem Wortlaut zu vereinbaren, da nur ein gelungenes Veräußern als „Absetzen" bezeichnet werden kann.[61] Außerdem wird so vermieden, dass der Vollendungszeitpunkt zu früh angesetzt wird,[62] mit der Folge, dass die für alle Tatvarianten geltende Versuchsstrafbarkeit leerläuft bzw. in das Stadium der Vorbereitung einer späteren Absatztätigkeit vorverlagert wird. Zudem wird auch eine einheitliche Auslegung der verschiedenen Tatbestandshandlungen erreicht, weil damit wie bei den Varianten des Sich-Verschaffens und des Ankaufens der Übergang der Verfügungsgewalt verlangt wird.

26 d) **Absatzhilfe:** Absatzhilfe ist die unselbständige Unterstützung des Vortäters bei der Beuteverwertung.[63] Gegenstand dieser Tatvariante ist eine tatbestandlich verselbständigte **Beihilfe zum** (tatbestandslosen) **Absetzen des Vortäters**, als dessen „Verkaufsgehilfe" der Täter auftritt.

In **Fall 1** hat F ihrem Gatten, dem Vortäter, eine solche Absatzhilfe geleistet (zur Frage der Tatvollendung vgl. sogleich Rn. 27).

27 Auch die Absatzhilfe setzt einen Absatzerfolg voraus, dh dem Vortäter muss der **Absatz gelungen** sein (vgl. Rn. 25).[64] Bleibt das Absatzbemühen des Vortäters im Versuchsstadium stecken, kann, der Beihilfestruktur dieser Tatvariante entsprechend, die Unterstützung des Täters der Hehlerei als versuchte Absatzhilfe bewertet werden.[65] Da die Absatzhilfe als eigenständige Tathandlung normiert ist, soll die Versuchsstrafbarkeit nach der Rechtsprechung nicht davon abhängen, ob auch der (tatbestandslose) Absatz durch den Vortäter bereits in das Versuchsstadium gelangt ist, sondern es soll bereits der Beginn des Absatzvorgangs ausreichen.[66] Demgegenüber wird im Schrifttum das unmittelbare Ansetzen – wie beim Absetzen – über die zeitliche Nähe zum bevorstehenden Eintritt des Absatzerfolgs und damit quasi-akzessorisch zum versuchten Absetzen des Vortäters bestimmt.[67] Sofern der Absatzhelfer indes seine Unterstützungshandlung vollständig ausgeführt und damit das gesamte tatbestandliche Handlungsunrecht verwirklicht hat, so kann der Versuchsbeginn nicht von der weiteren Voraussetzung abhängen, dass weitere Handlungen des Vortäters dazu führen, dass ein Absatzerfolg unmittelbar bevorsteht.[68] Dies unterscheidet die versuchte Absatzhilfe von dem versuchten Absetzen oder Ankaufen, wo der Hehler den Übergang der Sachherrschaft selbst kontrolliert und dieser sich daher unmittelbar an die Tathandlung anschließen muss.[69]

---

60 NK-*Altenhain* § 259 Rn. 47 ff.; *Fischer* § 259 Rn. 27; S/S/W-*Jahn* § 259 Rn. 27 ff.; *Krack* NStZ 1998, 462 f.; *Lackner* Heidelberg-FS 39 (61); MK-*Maier* § 259 Rn. 112 ff.; *Paeffgen* JR 1996, 346 (347 f.); *Rengier* I § 22/58; *Schwabe/Zitzen* JA 2005, 193 ff.; nunmehr zust. W-*Hillenkamp/Schuhr* Rn. 998.
61 BGH NStZ 2013, 584 (585); gegen dieses Argument *Rosenau* NStZ 1999, 352.
62 Vgl. nämlich BGH NStZ 1994, 395 f.
63 BGH NStZ 1993, 282; 2008, 570; NK-*Altenhain* § 259 Rn. 54; ausführlich zur Absatzhilfe *Küper* JZ 2015, 1032 ff.
64 BGH NStZ 2017, 359 (360); NStZ-RR 2019, 180; NJW 2019, 1311 (1312).
65 *Freund/Bergmann* JuS 1991, 221 (224); *Küper* JuS 1975, 633 (637); *Mitsch* 13.2.5.
66 BGH NJW 2019, 1311 (1313 f.).
67 S/S-*Hecker* § 259 Rn. 48; MK-*Maier* § 259 Rn. 172; *Mitsch* NJW 2019, 1258 (1259 f.).
68 Vgl. zur parallelen Konstellation des Versuchsbeginn bei der mittelbaren Täterschaft: *Böse* JA 1999, 342 (344 f.); *Puppe* AT § 20 Rn. 31 ff. mwN.
69 Vgl. KG NStZ 2021, 175 (zum Ankaufen).

Aufgrund des Scheiterns der Absatzbemühungen in **Fall 1** wäre F vom Boden der nunmehr hM aus nur wegen versuchter Absatzhilfe zu bestrafen.

Die **Abgrenzung** zwischen einer **Absatzhilfe** und der **Beihilfe zum hehlerischen Erwerb** durch einen Dritten richtet sich wiederum nach der Organisation des Geschäfts durch die Beteiligten (vgl. Rn. 15, 24): Handelt der Betreffende organisatorisch für den Vortäter, so ist er Täter einer Hehlerei in der Variante der Absatzhilfe. Handelt er organisatorisch für den Erwerber, leistet er Beihilfe zu dessen Hehlerei in der Variante des Sich-Verschaffens.[70] Wenn der Betreffende schließlich die Bemühungen eines Absatzhelfers unterstützt, dann leistet er Beihilfe zu dessen (täterschaftlicher) Hehlerei.[71]

II. Subjektiver Tatbestand

Der subjektive Tatbestand erfordert zum einen (wenigstens bedingten) **Vorsatz** hinsichtlich der objektiven Tatbestandsmerkmale. Die Rechtswidrigkeit von Vortat und Vermögensverschiebung ist – wie bei der Beihilfe (§ 27) – kein Tatbestandsmerkmal. Der Täter muss daher nur die Umstände kennen, aus denen sich die Rechtswidrigkeit der Besitzlage ergibt.[72]

In **Fall 1** wussten sowohl F als auch H um die deliktische Herkunft der Uhren. Gleiches gilt in **Fall 2** für G.

Zum anderen muss der Täter mit **Bereicherungsabsicht** (finaler Wille) iSe Strebens nach einem Vermögensvorteil handeln (vgl. § 27 Rn. 80; vgl. auch § 17 Rn. 49). Die Erzielung des üblichen Geschäftsgewinns reicht aus.[73] Zu verneinen ist ein Vorteilsstreben dagegen, wenn der Täter – nach seiner Vorstellung[74] – das Tatobjekt zu keinen günstigeren Konditionen als auf dem regulären oder (zB bei Rauschgift) schwarzen Markt erwirbt. Nicht als Vorteile anzusehen sind Objekte, die – wie zB ein Führerschein oder Pass – als solche nicht Gegenstand des Wirtschaftsverkehrs sein können.[75]

Zwischen dem Vorteil, den der Täter erstrebt, und dem Schaden durch die Vortat oder Hehlerei muss **keine Stoffgleichheit** bestehen (vgl. § 27 Rn. 82). Auch ein Handeln um einer Belohnung willen ist nach dem Schutzzweck der Norm tatbestandsmäßig.[76] Ferner braucht der erstrebte Vermögensvorteil **nicht rechtswidrig** zu sein, da ein möglicher Anspruch des Hehlers gegen den Vortäter das Perpetuierungsunrecht zum Nachteil des aus der Vortat Verletzten nicht berührt.[77] Sofern der Täter einen Anspruch auf Überlassung der Sache gegenüber dem durch die Vortat Geschädigten hat, scheidet Hehlerei dagegen mangels Aufrechterhaltung einer rechtswidrigen Besitzlage aus.

In **Fall 1** handelten sowohl die Ehefrau F, die einen gemeinsamen Urlaub mit ihrem Gatten anstrebte, als auch der Schmuckhändler H, der die Uhren unter Wert einkaufen wollte, mit der erforderlichen Bereicherungsabsicht. Auch bei G liegt in **Fall 2** ein entsprechendes Vorteilsstreben vor.

---

[70] BGHSt 33, 44 (48); BGH StV 1984, 285; OLG Düsseldorf NStE § 259 Nr. 8; *Otto* § 58/18.
[71] BGHSt 26, 358 (362); 33, 44 (48 f.) mit Anm. *Arzt* JR 1985, 212 f; BGH NStZ 2019, 276 (277).
[72] NK-*Altenhain* § 259 Rn. 60.
[73] BGH GA 1978, 372; BGH bei *Holtz* MDR 1981, 267; NK-*Altenhain* § 259 Rn. 66.
[74] BGH wistra 2012, 148 (149); OLG Hamm NStZ-RR 2003, 237 (238); MK-*Maier* § 259 Rn. 143.
[75] BGH GA 1986, 559; BGH bei *Holtz* MDR 1996, 118; BayObLG JR 1980, 299 (300) mit Anm. *Paeffgen*.
[76] BGH bei *Holtz* MDR 1977, 282 f.; *Berz* Jura 1980, 57 (67); *Rudolphi* JA 1981, 90 (94); M-Schroeder/Maiwald/Momsen I § 39/37; aA *Arzt* NStZ 1981, 10 (13); *Seelmann* JuS 1988, 39 (41 f.).
[77] NK-*Altenhain* § 259 Rn. 69; L-*Kühl/Heger* § 259 Rn. 17; *Mitsch* 13.2.3.2.4; *Otto* § 58/28; S/S-*Hecker* § 259 Rn. 43; LK-*Walter* § 259 Rn. 78; aA *Arzt* NStZ 1981, 10 (12 f.); *Roth* JA 1988, 258 (259 f.).

31 Der Täter kann den Vermögensvorteil für sich oder einen (beliebigen) Dritten erstreben. Zum Teil wird vertreten, dass als zu bereichernder Dritter auch der **Vortäter** selbst in Betracht kommt.[78] Dafür spricht insbesondere, dass der Tatbestand mit dem Absetzen und der Absatzhilfe auch Handlungen erfasst, die im Interesse des Vortäters vorgenommen werden und die Begünstigung (§ 257) nur die Sicherung, nicht aber die wirtschaftliche Verwertung der erlangten Vorteile erfasst.[79] Die hM hält diese Auslegung indes zu Recht für mit dem Gesetzeswortlaut unvereinbar, da das Gesetz zwischen dem Vortäter („ein anderer") und dem **zu begünstigenden Dritten** unterscheidet.[80]

III. Antragserfordernis

32 Nach § 259 Abs. 2 sind die §§ 247, 248a entsprechend anwendbar. Hinsichtlich der Anwendbarkeit von § 248a kommt es nicht auf den vom Hehler erstrebten Vermögensvorteil, sondern auf den Wert der gehehlten Sache an, da es bei der Hehlerei um das Verhindern einer Perpetuierung der rechtswidrigen Besitzlage am Tatobjekt geht.[81]

IV. Qualifikationen (§§ 260, 260a)

33 § 260 normiert einen Qualifikationstatbestand zu § 259 für den Fall, dass der Täter **gewerbsmäßig** (vgl. § 3 Rn. 24 ff.) oder **als Mitglied einer Bande** (vgl. § 4 Rn. 29 ff.), die sich zur fortgesetzten Begehung von Raub, Diebstahl oder Hehlerei verbunden hat, handelt. Eine aus Hehlern und Betrügern zusammengesetzte Gruppe wird hingegen nicht erfasst.[82] Im Unterschied zu den §§ 244 Abs. 1 Nr. 2, 250 Abs. 1 Nr. 2 ist nicht erforderlich, dass die Tat unter Mitwirkung eines anderen Bandenmitglieds begangen wird.[83] Sofern man mit der hM in der Bandenmitgliedschaft kein tatbezogenes, sondern ein täterbezogenes besonderes persönliches Merkmal sieht (§ 4 Rn. 40), findet § 28 Abs. 2 Anwendung; das Beihilfe leistende Bandenmitglied ist danach selbst dann gemäß §§ 260, 27 strafbar, wenn der unterstützte Haupttäter selbst nicht Mitglied der Bande ist.[84] Sofern der Täter die beiden Tatvarianten des § 260 kumulativ verwirklicht, also gewerbs- und bandenmäßig vorgeht, greift § 260a als Qualifikationstatbestand mit Verbrechenscharakter ein.

---

[78] BGH NJW 1979, 2621 (2622); *Mitsch* JuS 1999, 375 f.; S/S-*Hecker* § 259 Rn. 44; LK-*Walter* § 259 Rn. 82.
[79] S/S-*Hecker* § 259 Rn. 44.
[80] BGH NStZ 1995, 595; StraFo 2005, 214 (215); NK-*Altenhain* § 259 Rn. 70; L-Kühl/*Heger* § 259 Rn. 17; M-Schroeder/Maiwald/Momsen I § 39/38.
[81] NK-*Altenhain* § 259 Rn. 79; *Fischer* § 259 Rn. 26; W-Hillenkamp/Schuhr Rn. 1019; *Otto* § 58/32; LK-*Walter* § 259 Rn. 101.
[82] BGH StV 2023, 536 (537).
[83] BGH StV 2020, 243 (244).
[84] BGH NJW 2020, 1080 (1082 f.).

C. Anwendung

I. Aufbau

Es empfiehlt sich, die Tatbestandsmerkmale der Hehlerei in folgenden Schritten zu prüfen: 34

A) Tatbestand:
   I. Objektiver Tatbestand:
      1. Tatobjekt: Sache (Rn. 2)
         a) die ein anderer (Rn. 9)
         b) durch ein (tatbestandliches und rechtswidriges) Vermögensdelikt iwS (Rn. 4)
         c) erlangt hat (Rn. 6)
      2. Tathandlung: sich oder einem Dritten verschaffen (Rn. 16 ff.), ankaufen (Rn. 21), absetzen (Rn. 22 ff.) oder absetzen helfen (Rn. 26 ff.)
   II. Subjektiver Tatbestand:
      1. (zumindest bedingter) Vorsatz hinsichtlich Tatobjekt und Handlung (Rn. 29)
      2. Absicht, sich oder einen (mit dem Vortäter nicht identischen, str.) Dritten zu bereichern (Rn. 29 ff.)

B) Rechtswidrigkeit
C) Schuld
D) Ggf Qualifikationen (§§ 260, 260a)

II. Einzelfragen

Da die Hehlerei ein **Anschlussdelikt** ist, das die Begehung einer Vortat voraussetzt, ist im **Gutachten** vor der Erörterung von § 259 stets zunächst die Vortat zu prüfen. Bei Sachen unterschiedlicher Herkunft sollte der Klarheit und Übersichtlichkeit halber die Erörterung einer möglichen Hehlerei für jedes potenzielle Tatobjekt gesondert erfolgen. 35

Folgt man der Auffassung, dass die Hehlerei einen derivativen Erwerb erfordert, der zu verneinen ist, wenn der Täter dem Vortäter den Sachbesitz durch Wegnahme, Täuschung oder Nötigung entzieht (Rn. 19), so hängt die Strafbarkeit des in dieser Weise vorgehenden Täters entscheidend von der Bestimmung des Vermögensbegriffs ab. Nach den Meinungen, die für die Vermögenszuordnung eine rechtlich geschützte Position verlangen,[85] gehört die Beute nicht zum Vermögen des Täters, sodass nur eine Strafbarkeit nach § 246 (und ggf. § 240), nicht aber nach den §§ 253 oder 263 in Betracht kommt. 36

III. Konkurrenzen

Die (regelmäßig) mit der Hehlerei verbundene Unterschlagung tritt nach hM hinter § 259 zurück (formelle Subsidiarität).[86] Anstiftung und Beihilfe zur Hehlerei durch den 37

---

85 Vgl. § 26 Rn. 8 ff.
86 NK-*Altenhain* § 259 Rn. 82.

Vortäter werden als mitbestrafte Nachtat von der Vortat konsumiert.[87] Wirkt der Hehler beim Absatz von Beute mit, die aus mehreren Vortaten stammt, handelt es sich nur um eine Tat.[88] Ein durch die Weiterveräußerung der Sache an gutgläubige Abnehmer begangener Betrug steht zu § 259 in Tatmehrheit.[89] Lässt sich nicht aufklären, ob der Täter bereits als Mittäter an der Vortat (§§ 242, 253, 263) beteiligt war, so kommt eine gesetzesalternative Verurteilung auf wahldeutiger Tatsachengrundlage (**Wahlfeststellung**) in Betracht[90], nachdem das BVerfG die gegen dieses Rechtsinstitut gerichteten verfassungsrechtlichen Bedenken (Art. 103 Abs. 2 GG, Unschuldsvermutung) zurückgewiesen hat[91]. Sofern feststeht, dass er die Sache von einem anderen (ggf. auch einem Mittäter) erlangt hat, und lediglich offen bleibt, ob er als Mittäter an der Vortat beteiligt ist, soll nach hM eine Verurteilung wegen Hehlerei zulässig sein, da der Angeklagte in diesem Fall alle Tatbestandsmerkmale der Hehlerei erfülle (**Postpendenz**).[92] Hiergegen wird indes mit Recht eingewandt, dass die mittäterschaftliche Beteiligung an der Vortat den Tatbestand ausschlösse und daher (allenfalls) eine Wahlfeststellung in Betracht kommt.[93]

Bejaht man mit der hM (oben Rn. 11 ff.) die Möglichkeit einer Hehlerei durch einen Teilnehmer an der Vortat (vgl. G in **Fall 2**), so wird – außer in den Fällen einer natürlichen Handlungseinheit – regelmäßig Tatmehrheit gegeben sein.[94]

Wiederholungs- und Vertiefungsfragen

> Welche „Testfrage" bietet sich an, um zu überprüfen, ob durch die Vortat eine rechtswidrige und im Zeitpunkt der Hehlerei noch andauernde Vermögenslage geschaffen worden ist? (Rn. 5)
> Welche Grundsätze gelten bei der sog. Ersatzhehlerei? (Rn. 6)
> Muss die rechtswidrige Vermögenslage bereits vor Beginn der Hehlereihandlung geschaffen worden sein oder genügt es, dass Vortat und Hehlerei in einem Akt zusammenfallen? In welchem Fall kann diese Frage Bedeutung erlangen? (Rn. 7 f.)
> Kann auch ein Teilnehmer der Vortat als Täter einer Hehlerei in Betracht kommen? (Rn. 11 ff.)
> Welche Auffassungen werden im Hinblick auf den Schutzzweck des § 259 vertreten? Welche Auswirkungen entfaltet diese Streitfrage ua beim Tatbestandsmerkmal des „Sich-Verschaffens"? (Rn. 1, 19 f.)
> Welches Folgeproblem stellt sich, wenn man in Fällen der Besitzerlangung durch Nötigung oder Täuschung einen derivativen Erwerb und damit ein „Sich-Verschaffen" iSd § 259 Abs. 1 Var. 2 ablehnt? (Rn. 36)

---

[87] *Berz* Jura 1980, 57 (67); *Otto* § 58/29.
[88] BGH StV 2003, 396 (397).
[89] BGH NStZ 2009, 38 (39).
[90] BGH (GS) NJW 2017, 2842 (2843 ff.); krit. NK-*Altenhain* § 259 Rn. 87 mwN.
[91] BVerfG NJW 2019, 2837 (2838 ff.); s. dagegen noch BGH NStZ 2014, 392 ff. (Verstoß gegen Art. 103 Abs. 2 GG); *Haas* HRRS 2016, 190 ff. (Verstoß gegen die Unschuldsvermutung).
[92] BGHSt 35, 86 (88 f.); BGH NStZ-RR 2018, 47 (48); NStZ-RR 2018, 49 f; NStZ 2023, 487 mit zust. Anm. *Jäger*.
[93] NK-*Altenhain* § 259 Rn. 86.
[94] BGHSt 22, 306 (308 f.); BGH NStZ 2002, 200 (201); NK-*Altenhain* § 259 Rn. 85; *Fischer* § 259 Rn. 31.

§ 49 Geldwäsche (§ 261)

A. Allgemeines

Der Tatbestand der Geldwäsche hat das Ziel, die „Aufgabe der inländischen staatlichen **Rechtspflege**, die Wirkungen von Straftaten zu beseitigen", abzusichern.[1] Nach hM schützt die Vorschrift neben der Rechtspflege[2] (jedenfalls in Abs. 1 Nr. 3, 4) auch die **durch die Vortat verletzten Güter** (vgl. § 47 Rn. 1).[3] Der Gesetzgeber verfolgt mit § 261 zum einen das Ziel der **besseren Aufdeckung der Strukturen organisierter Kriminalität**, zum anderen soll der durch Gewinne aus Straftaten geschaffene Anreiz für die Entstehung organisierter Kriminalität beseitigt werden, indem die Abschöpfung der Gewinne sichergestellt wird und **Straftäter in finanzieller Hinsicht gegenüber der Umwelt isoliert** werden.[4] Der Tatbestand beruht weitgehend auf völker- und unionsrechtlichen Vorgaben und wurde zur Umsetzung einer EU-Richtlinie[5] im Jahr 2021 erneut erweitert. Mit der Neufassung des § 261 durch das Gesetz zur Verbesserung der strafrechtlichen Bekämpfung der Geldwäsche[6] ist der Vortatenkatalog entfallen und im Gegenzug die Mindeststrafe (drei Monate Freiheitsstrafe) gestrichen worden. Der Versuch ist strafbar (Abs. 3).

B. Definitionen und Erläuterungen

▶ **Fall 1**: A wird wegen (organisierter) Schutzgelderpressungen in großem Stil strafrechtlich verfolgt. Er beauftragt Rechtsanwalt V mit seiner Verteidigung und zahlt einen Honorarvorschuss in Höhe von 100.000 Euro. Hierbei stammt ein Großteil des Geldes aus den Schutzgelderpressungen. V ist sich zwar nicht sicher, hält es aber für möglich, dass das Geld überwiegend aus den von ihm zu verteidigenden Straftaten seines Mandanten stammt. ◀

▶ **Fall 2**: B stiehlt in einem Baumarkt eine Packung Batterien. Als sein Freund F zwei Batterien für die Fernbedienung seines Fernsehers benötigt, hilft B mit den gestohlenen Batterien aus. F weiß zwar um deren deliktische Herkunft, da B ihm von dem Diebstahl erzählt hat; diese ist ihm aber letztlich egal. ◀

I. Tatobjekt

1. Gegenstand

Gegenstand der Geldwäsche können sowohl **Sachen** als auch **Rechte** sein,[7] zB Sachen (wie in **Fall 2**) oder Bar- oder Buchgeld (wie in **Fall 1**), daneben aber auch Geschäftsanteile, Wertpapiere oder Edelsteine. Der Tatbestand erfasst allerdings nicht nur Sachen und Rechte, sondern in richtlinienkonformer Auslegung (vgl. Rn 1) jed-

---

1 BT-Drs. 12/989, 27.
2 Hierauf beschränkend *Otto* § 96/27.
3 BT-Drs. 12/989, 27; BGH NJW 2013, 1158; W-*Hillenkamp/Schuhr* Rn. 1026; L-Kühl/*Heger* § 261 Rn. 1; MK-*Neuheuser* § 261 Rn. 15.
4 BGH NJW 2010, 2730 (2733 – zur Isolierung des Vortäters); näher NK-*Altenhain* § 261 Rn. 6; krit. zur Wirksamkeit der Geldwäschegesetzgebung: *Fischer* § 261 Rn. 6 ff.; *Michalke* Fischer-FS 449 (456 ff.).
5 Richtlinie (EU) 2018/1673 über die strafrechtliche Bekämpfung der Geldwäsche vom 23.10.2018, ABl. EU L 284/22.
6 BGBl 2021 I 327.
7 BT-Drs. 19/24180, 28; BGH NStZ 2017, 167 (169); *Cebulla* wistra 1999, 281 ff.; W-*Hillenkamp/Schuhr* Rn. 1036; L-Kühl/*Heger* § 261 Rn. 3.

weden vermögenswerten Gegenstand, mithin auch virtuelle Währungen (**Bitcoin**).[8] Dafür spricht insbesondere der systematische Zusammenhang des Vereitelungs- bzw. Verschleierungstatbestands (Abs. 1 Nr. 2, Abs. 2) zu den §§ 73 ff., da nach hM auch in Kryptowährungen erzielte Erträge aus der Vortat der Einziehung unterliegen.[9] Unter den in Abs. 9 genannten Bedingungen sind auch Gegenstände, die aus einer im Ausland begangenen Straftat stammen, taugliche Tatobjekte (Rn. 3).

2. Herrühren

3 Der Gegenstand der Geldwäsche muss aus einer **rechtswidrigen Tat (Vortat)** herrühren. Unter dem Eindruck der unionsrechtlichen Vorgaben hat der deutsche Gesetzgeber die Beschränkung auf einen (erheblich erweiterten) Vortatenkatalog aufgegeben, sodass nunmehr jede Straftat als Vortat in Betracht kommt („all crimes approach").[10] Dies hat zu einer unionsrechtlich nicht gebotenen und kriminalpolitisch zweifelhaften Ausweitung des Geldwäschetatbestands geführt (vgl auch unten Rn. 14).[11] Die vom Gesetzgeber gehegte Erwartung einer erleichterten Beweisführung dürfte sich kaum erfüllen, da weiterhin der Zusammenhang von Tatgegenstand und Vortat bewiesen sein muss.[12] Die Vortat muss tatbestandsmäßig und rechtswidrig (nicht notwendig schuldhaft) begangen worden sein. Stammt das Tatobjekt aus einer Auslandstat, so muss diese grundsätzlich auch am Tatort mit Strafe bedroht sein (Abs. 9 Nr. 1).[13] Die Rechtsprechung zieht für die Prüfung der Tatortstrafbarkeit § 9 StGB und – für die Bestimmung des Erfolgsorts (§ 9 Abs. 1 Var. 3) – den einschlägigen deutschen Tatbestand heran.[14] Dagegen spricht indes, dass für die Strafbarkeit nach dem Recht des Tatortstaates nur dessen Recht maßgeblich sein kann; daher bestimmt sich auch die Begründung von Strafgewalt nach Maßgabe des Territorialitätsprinzips allein nach ausländischem Recht. Eine Ausnahme vom Erfordernis der Tatortstrafbarkeit ist für Taten vorgesehen, die nach Unionsrecht mit Strafe zu bedrohen sind (Abs. 9 Nr. 2); aufgrund der unionsrechtlichen Pönalisierungspflicht bedarf es in den Augen des Gesetzgeber keiner zusätzlichen Feststellungen zum Tatortrecht.[15] Diese Begründung greift jedoch insofern zu kurz, als der Verzicht auf die Tatortstrafbarkeit auch für Drittstaaten gilt, die durch Unionsrecht nicht gebunden sind.[16] Da das Unrecht der Geldwäsche aus der Vortat abgeleitet wird, ist die Ausnahme nach Abs. 9 Nr. 2 daher teleologisch auf Auslandstaten zu reduzieren, die unabhängig von einer Tatortstrafbarkeit nach deutschem Recht strafbar sind (§§ 5, 6).[17]

---

8 NK-*Altenhain* § 261 Rn. 10 f.; S/S/W-*Jahn* § 261 Rn. 30; MK-*Neuheuser* § 261 Rn. 35; vgl. insoweit Art. 2 Nr. 2 Richtlinie (EU) 2018/1673 über die strafrechtliche Bekämpfung der Geldwäsche vom 23.10.2018, ABl. EU L 284/22.
9 BGH NStZ 2018, 401 (405).
10 BT-Drs. 19/24180, 15 f.; *Gercke/Jahn/Paul* StV 2021, 330 (331).
11 Vgl. zur Kritik: *Gazeas* NJW 2021, 1041 (1044); *Gercke/Jahn/Paul* StV 2021, 330 (333 f.); *Schiemann* KriPoZ 2021, 151 (152 f.).
12 Vgl. BT-Drs. 19/24180, 29 f.; vgl. insoweit *El-Ghazi/Laustetter* NZWiSt 2021, 209 (212); *Travers/Michaelis* NZWiSt 2021, 125 (130); vgl. ferner den Vorschlag, die Geldwäschestrafbarkeit von der Vortat zu entkoppeln: *B. Vogel* ZRP 2020, 111 (112 f.).
13 Vgl. zum Hintergrund der Tatortstrafbarkeit und seiner Aufgabe aufgrund unionsrechtlicher Vorgaben: *Böse/Jansen* JZ 2019, 591 (595 ff.).
14 BGH BeckRS 2018, 38756 (Rn. 24).
15 BT-Drs. 19/24180, 35.
16 *Fischer* § 261 Rn. 14; *Böhme/Busch* wistra 2021, 169 (171); *Schröder/Blaue* NZWiSt 2019, 161 (164).
17 Näher *Böse/Jansen* JZ 2019, 591 (597).

In **Fall 1** stammt das Honorar (auch) aus Schutzgelderpressungen nach den §§ 253, 255 und damit aus einer Straftat. In **Fall 2** handelt es sich bei den Batterien um gestohlene Sachen und damit ebenfalls um taugliche Tatobjekte.

Die **Vortat** braucht **kein anderer** begangen zu haben. Täter des § 261 können daher auch Teilnehmer oder Mittäter der Vortat sein. Jedoch ist – nach Maßgabe des Gedankens der mitbestraften Nachtat (vgl. § 47 Rn. 13) – nach Abs. 7 derjenige nicht wegen Geldwäsche zu bestrafen, der bereits wegen Beteiligung an der Vortat strafbar ist. So kommt eine Beteiligung als Gehilfe bei sog. Finanzagenten in Betracht, die dem Vortäter zur Begehung von Betrugstaten ihr Bankkonto zur Verfügung stellen, auf das die Opfer nach dem Tatplan Geldbeträge überweisen sollen.[18] Der Strafbarkeitsausschluss greift jedoch nicht, wenn der Vortatbeteiligte den inkriminierten Gegenstand in den Verkehr bringt und dabei dessen rechtswidrige Herkunft verschleiert (Abs. 7 aE). Mit der Kriminalisierung der Selbstgeldwäsche soll der legale Wirtschaftskreislauf und das Vertrauen in die Integrität des Finanzsystems geschützt und Wettbewerbsverzerrungen verhindert werden.[19] Als Inverkehrbringen reicht dabei bereits die Einzahlung von Bargeld oder die Überweisung auf ein eigenes Konto aus, da die kontoführende Bank insoweit Verfügungsgewalt über das eingezahlte bzw. transferierte Geld erlangt.[20] Zum Teil wird insoweit aber allein auf den Kontoinhaber abgestellt und eine Herkunftsverschleierung bei der Verschiebung der Tatbeute unter den Tatbeteiligten verneint.[21] Unter diesem Gesichtspunkt stellt jedenfalls die Barabhebung des inkriminierten Buchgeldes durch einen Tatbeteiligten kein Inverkehrbringen dar.[22] Die Strafbarkeit der Selbstgeldwäsche verstößt zwar nicht gegen das Doppelbestrafungsverbot (Art. 103 Abs. 3 GG),[23] erscheint aber insofern bedenklich, als das Inverkehrbringen der aus der Vortat erlangten Vorteile bereits über die Ahndung der Vortat abgegolten wird (Geldwäsche als mitbestrafte Nachtat)[24] und eine Sanktionierung der Selbstgeldwäsche insoweit Gefahr läuft, gegen das Gebot schuldangemessenen Strafens zu verstoßen.[25] Gesetzestechnisch ist zu kritisieren, dass die Voraussetzungen des Abs. 7 von den Tatbestandsvoraussetzungen nach Abs. 1 (Vereitelungsabsicht), Abs. 2 (Verschleierung von Tatsachen) abweicht, was die praktische Anwendung des Abs. 7 nicht unerheblich erschweren dürfte.[26]

Die Strafbarkeit eines an der Vortat Unbeteiligten wegen Teilnahme an einer vom Täter vorgenommenen Selbstgeldwäsche bleibt von Abs. 7 unberührt.[27]

Das Tatobjekt braucht nicht unmittelbar aus der Vortat zu stammen. Für das Herrühren genügt auch eine **Kette von Verwertungshandlungen**, bei welcher der ursprüngliche Gegenstand unter Beibehaltung seines Wertes durch einen anderen ersetzt wird (**Surro-**

---

[18] BGH NStZ 2024, 90 (91).
[19] BT-Drs. 18/6389, 13 f.; BT-Drs. 19/24180, 34 f.; vgl. insoweit auch Art. 3 Abs. 5 Richtlinie (EU) 2018/1673 über die strafrechtliche Bekämpfung der Geldwäsche vom 23.10.2018, ABl. EU L 284/22.
[20] BT-Drs. 18/6389, 14; BGH NJW 2019, 533 (535); NStZ 2024, 90 (91).
[21] BGH NZWiSt 2024, 180 (181); *Bülte* NStZ 2024, 91 (92); weitergehend *Teixeira* NStZ 2018, 634 (639).
[22] BGH NStZ 2024, 90 (91).
[23] BGH NJW 2019, 533 (534); s. dagegen S/S/W-*Jahn* § 261 Rn. 111; *Teixeira* NStZ 2018, 434 (437 ff.); vgl. auch die Kritik bei *Barreto da Rosa* JR 2017, 101 ff.
[24] Vgl. auch BT-Drs. 19/24180, 34.
[25] Vgl. die Nachweise Fn. 26.
[26] *Altenhain/Fleckenstein* JZ 2020, 1045 (1051).
[27] S/S-*Hecker* § 261 Rn. 7; L-Kühl/*Heger* § 261 Rn. 10.

gat),²⁸ also wenn sich der Gegenstand bei wirtschaftlicher Betrachtungsweise im Sinne eines Kausalzusammenhangs auf die Vortat zurückführen lässt.²⁹ Allerdings werden Gegenstände, deren Wert im Wege der Weiterverarbeitung wesentlich auf eine selbstständige Leistung Dritter zurückzuführen ist, nicht mehr als aus der Vortat herrührend angesehen.³⁰ Nicht erfasst werden zB die in einem Betrieb hergestellten Produkte, auch wenn das Unternehmen selbst mit illegal erworbenem Geld gekauft wurde.³¹ Gleiches gilt für Nutzungen, die unter Erhalt des aus der Vortat herrührenden Gegenstands aus diesem gezogen werden³², und mit der Vortat ersparte Aufwendungen (vgl. zur Steuerhinterziehung dagegen noch Abs. 1 S. 3 aF)³³.

6   Nach wie vor umstritten ist die Frage, in welchem Umfang ein Gegenstand mit Vortatmitteln finanziert sein muss, damit er noch als taugliches Surrogat eingestuft werden kann. Exemplarisch: A kauft mit 50.000 Euro, von denen 5.000 Euro aus einem Banküberfall stammen, einen PKW. Einerseits rührt hier der PKW (jedenfalls zu 10 %) aus einem durch eine Vortat erlangten Beuteanteil her; der PKW wurde durch den Anteil des „schmutzigen Geldes" gleichsam „kontaminiert".³⁴ Um eine uferlose Ausdehnung des Herrührens zu vermeiden, durch die mit jeder weiteren Transaktion bislang legale Vermögenswerte kontaminiert werden, ist im Schrifttum vorgeschlagen worden, die Kontamination auf den jeweiligen Anteil an dem kontaminierten Gegenstand zu beschränken (Teilkontamination) und eine tatbestandsmäßige Übertragung etc. nur dann anzunehmen, wenn deren Wert den legalen Anteil an dem betreffenden Vermögensgegenstand (zB einem Bankguthaben) übersteigt.³⁵ Diese Auslegung wird jedoch zu Recht abgelehnt,³⁶ da sie weitreichende Umgehungsmöglichkeiten eröffnet und das Tatobjekt („Gegenstand") nach dem Wortlaut einheitlich zu bestimmen ist; zudem kann kein Kriterium dafür benannt werden, welcher Teil „bemakelt" ist und welcher nicht.³⁷ Daher ist zu verlangen, dass nur solche Gegenstände taugliche Tatobjekte sind, deren Finanzierung zu einem **wirtschaftlich nicht unerheblichen Teil aus illegalen Mitteln** bestritten wurde.³⁸ Nach der Rechtsprechung ist dies allerdings bereits bei einem Anteil von 5,9 % anzunehmen.³⁹

In **Fall 1** stammt der Großteil des Honorars aus Schutzgelderpressungen, sodass dieses nach allen Ansichten insgesamt als taugliches Tatobjekt anzusehen ist.

---

28   BGH wistra 2001, 379 (383); OLG Karlsruhe NJW 2005, 767 (768); OLG Frankfurt NJW 2005, 1727 (1732); W-*Hillenkamp/Schuhr* Rn. 1040; *Kraatz* Jura 2015, 699 (703); LK- *Krause* § 261 Rn. 11.
29   BT-Drs. 19/24180, 29; BGHSt 53, 205 (208 f.); BGH NStZ-RR 2010, 109 (111); BGH NZWiSt 2019, 148 (150); S/S-*Hecker* § 261 Rn. 9.
30   BT-Drs. 12/989, 27; BT-Drs. 19/24180, 29; BGH NStZ-RR 2022, 116 (117).
31   BT-Drs. 12/3533, 12; *Reisch* JuS 2023, 207 (209).
32   BT-Drs. 19/24180, 29.
33   NK-*Altenhain* § 261 Rn. 29; *Reisch* JuS 2023, 207 (209); zur Streichung von § 261 Abs. 1 S. 3 aF: BT-Drucks. 19/24180, 17 f.
34   BT-Drs. 12/3533, 12; *Rengier* I § 23/19.
35   S/S-*Hecker* § 261 Rn. 11; S/S/W-*Jahn* § 261 Rn. 54.
36   *Rengier* I § 23/21; MK-*Neuheuser* § 261 Rn. 66.
37   NK-*Altenhain* § 261 Rn. 41; s. auch W-*Hillenkamp/Schuhr* Rn. 1042.
38   BT-Drs. 19/24180, 29; BGH NJW 2015, 3254 f.; NStZ-RR 2022, 116 (117); OLG Karlsruhe NJW 2005, 767 (769 f.); OLG Frankfurt NJW 2005, 1727 (1732); S/S-*Hecker* § 261 Rn. 10; enger (wesentlicher Anteil) S/S/W-*Jahn* § 261 Rn. 52; ablehnend NK-*Altenhain* § 261 Rn. 42; MK-*Neuheuser* § 261 Rn. 65.
39   BGH NJW 2015, 3254 f.

3. Strafloser Zwischenerwerb

Um unangemessen lange Ketten von Straftaten vor allem im Bereich von Umsatzgeschäften zu vermeiden und den allgemeinen Rechtsverkehr nicht zu behindern,[40] nimmt **Abs. 1 S. 2** solche Gegenstände aus dem Kreis der Tatobjekte, die von einem Dritten gutgläubig (dh nicht durch eine rechtswidrige Tat, vgl § 11 Abs. 1 Nr. 5) erworben wurden. Dem Wortlaut von Abs. 1. S. 2 lässt sich (unstr.) entnehmen, dass die Kette möglicher Tathandlungen nach **Abs. 1 S. 1 Nr. 3 und 4** unterbrochen wird, wenn ein Dritter das Tatobjekt erwirbt, ohne hierdurch gegen § 261 (oder ein anderes Strafgesetz) zu verstoßen.[41] Auf die zivilrechtliche Wirksamkeit des Erwerbs kommt es nicht an. Der nachfolgende Erwerber macht sich auch dann nicht nach Abs. 1 S. 1 Nr. 3 und 4 strafbar, wenn er bösgläubig ist. Wirkt der Folgeerwerber allerdings kollusiv mit dem Vortäter zusammen, um über den gutgläubigen Dritten den aus der Vortat herrührenden Gegenstand zu dekontaminieren, so kann sich dieser wegen mittäterschaftlicher (dh gemeinsam mit dem Vortäter begangener) Geldwäsche strafbar machen.[42]

Die Tatbestandseinschränkung für den gutgläubigen Erwerb gilt nach ihrem Wortlaut nur für die Isolierungstatbestände (Abs. 1 S. 1 Nr. 3 und Nr. 4). Im Gesetzesentwurf zur Neufassung war ursprünglich eine Ausweitung **auf die anderen Geldwäschetatbestände** (Abs. 1 Nr. 1 und 2, Abs. 2) vorgesehen,[43] die sich allerdings im parlamentarischen Verfahren nicht durchsetzen konnte.[44] Die zur früheren Regelung (§ 261 Abs. 6 aF) vertretene Auffassung, wonach gutgläubig erworbene Gegenstände auch bei anderen Geldwäschehandlungen nicht mehr als taugliches Tatobjekt in Betracht kämen (vgl. 11. Aufl Rn. 9), lässt sich daher nicht mehr aufrechterhalten.[45] Auch eine verfassungskonforme Auslegung bzw. Analogie[46] lässt sich angesichts des klaren Wortlauts und der eindeutigen Entscheidung des Gesetzgebers für einen eingeschränkten Anwendungsbereich der Ausnahme für den gutgläubigen Erwerb nicht mehr begründen.

II. Tathandlungen

1. Abs. 1 Nr. 1

Die Tathandlung des **Verbergens** entspricht inhaltlich der wortgleichen Variante in § 261 Abs. 1 aF.[47] Sie erfordert ein manipulatives Verhalten, das darauf abzielt und konkret geeignet ist, den Nachweis der deliktischen Herkunft des Tatobjektes zu erschweren, ohne dass diese Maßnahmen zu einem entsprechenden Erfolg geführt haben müssen.[48] Darunter fällt ua die Aufbewahrung des Gegenstands bei Dritten oder einem unüblichen Ort oder das Vergraben.[49] Da der Tatbestand keine Vereitelung bzw. eine

---

40 Vgl. BT-Drs. 12/989, 28; BGH wistra 2001, 379 (383).
41 BT-Drs. 19/26602, 8; *Fischer* § 261 Rn. 33.
42 BT-Drs. 19/24180, 32.
43 BT-Drs. 19/24180, 31 f.
44 BT-Drs. 19/26602, 8.
45 W-*Hillenkamp/Schuhr* Rn. 1038; *Rengier* I § 23/36; zur bereits zu § 261 Abs. 6 aF vertretenen Gegenauffassung: BGH wistra 2001, 379 (383); OLG Karlsruhe NJW 2005, 767 (769); L-*Kühl/Heger* § 261 Rn. 6; LK- *Krause* § 261 Rn. 19; ebenso zu § 261 Abs. 1 S. 2 nF: *Fischer* § 261 Rn. 34.
46 Vgl. *Gercke/Jahn/Paul* StV 2021, 330 (336).
47 BT-Drs. 19/24180, 30.
48 BT-Drs. 19/24180, 30; BGH NStZ 2017, 28 (29); wistra 2019, 336 (337).
49 MK-*Neuheuser* § 261 Rn. 73; sa BT-Drs. 19/24180, 30; vgl ferner Art. 3 Abs. 1 lit. b Richtlinie (EU) 2018/1673 über die strafrechtliche Bekämpfung der Geldwäsche vom 23.10.2018, ABl. EU L 284/22.

darauf bezogene konkrete Gefahr voraussetzt, handelt es sich um ein **abstraktes Gefährdungsdelikt**.[50]

2. Abs. 1 Nr. 2

10 Mit Abs. 1 Nr. 2 werden typische **Vereitelungshandlungen** erfasst, dh das Umtauschen, Übertragen oder Verbringen des aus der Vortat herrührenden Gegenstands in der Absicht, dessen Auffinden, Einziehung oder die Ermittlung seiner deliktischen Herkunft zu vereiteln.[51] Die Übertragung bezieht sich vor allem auf Rechte, während eine Verbringung nur bei Sachen in Betracht kommt; als Umtauschen wird jeder Austausch unter Erlangung einer Gegenleistung erfasst.[52] Als Vereitelungshandlung unterfallen dem Tatbestand damit insbesondere das Vermischen bzw. Umtauschen von Bargeld mit Einkünften aus legalen Geschäften oder der Erwerb von Gütern mit illegal erworbenen Barmitteln.[53] Der objektive Tatbestand setzt kein heimliches Vorgehen des Täters voraus.[54] In subjektiver Hinsicht setzt der Tatbestand die zielgerichtete Absicht des Täters voraus, das Auffinden, die Einziehung oder die Ermittlung der deliktischen Herkunft zu vereiteln. Mit der Streichung des Vereitelungs- und Gefährdungstatbestands und der Verlagerung dieses Unrechtselements in den subjektiven Tatbestand hat der Gesetzgeber klar zum Ausdruck gebracht, dass der objektive Tatbestand keinen konkreten Gefahrerfolg voraussetzt; es handelt sich daher (wie Abs. 1 Nr. 1, vgl Rn. 9) um ein **abstraktes Gefährdungsdelikt**.[55] Mit Blick auf Abs. 1 Nr. 1 ist jedoch aus systematischen Erwägungen erforderlich, dass die Handlung objektiv geeignet ist, das Auffinden, die Einziehung oder die Ermittlung der deliktischen Herkunft zu gefährden (vgl § 47 Rn. 6).[56] Der objektive Tatbestand ist daher nicht erfüllt, wenn das Tatobjekt von einem verdeckten Ermittler entgegengenommen wird; in diesem Fall gelangt die Tat nur ins Versuchsstadium (Abs. 3).[57]

Als V das Geld in **Fall 1** als Honorarzahlung angenommen hat, war bereits ein strafrechtliches Ermittlungsverfahren gegen A eingeleitet. In der Annahme des Geldes als Gegenleistung für die anwaltliche Vertretung liegt ein Umtauschen, das geeignet ist, die Ermittlung der deliktischen Herkunft des Geldes und daran anknüpfende Maßnahmen zur Gewinnabschöpfung zu gefährden.[58] Allerdings handelte V nicht in der Absicht, derartige Maßnahmen zu vereiteln, sodass der Tatbestand des Abs. 1 Nr. 2 nicht erfüllt ist (vgl auch Abs. 1 S. 3 und dazu unten Rn. 16).

3. Abs. 1 Nr. 3

11 Dem Isolierungstatbestand nach Abs. 1 Nr. 3 entspricht § 261 Abs. 2 Nr. 1 aF.[59] Die Tathandlung (sich oder einem Dritten verschaffen) entspricht derjenigen der Hehlerei (§ 259, vgl. insoweit § 48 Rn. 16 ff.). Dementsprechend erfasst der Tatbestand keine

---

50 BGH BeckRS 2018, 38747; NK-*Altenhain* § 261 Rn. 50; MK-*Neuheuser* § 261 Rn. 17, 72; aA zu § 261 aF.
51 Vgl. insoweit Art. 3 Abs. 1 lit. a Richtlinie (EU) 2018/1673 über die strafrechtliche Bekämpfung der Geldwäsche vom 23.10.2018, ABl. EU L 284/22.
52 BT-Drs. 19/24180, 31; W-*Hillenkamp/Schuhr* Rn. 1049; *Reisch* JuS 2023, 207 (209).
53 *Fischer* § 261 Rn. 27.
54 *Gercke/Jahn/Paul* StV 2021, 330 (337).
55 BT-Drs. 19/24180, 31; *Fischer* § 261 Rn. 27; W-*Hillenkamp/Schuhr* Rn. 1049.
56 *Gercke/Jahn/Paul* StV 2021, 330 (337); W-*Hillenkamp/Schuhr* Rn. 1049; aA *Fischer* § 261 Rn. 27.
57 W-*Hillenkamp/Schuhr* Rn. 1049; vgl. zu § 261 Abs. 1 aF: BGH NJW 1999, 436 (437).
58 Vgl. zu § 261 Abs. 1 aF: BVerfG NJW 2015, 2949 (2953).
59 BT-Drs. 19/24180, 31.

Absatzhandlungen⁶⁰ und setzt nach hM⁶¹ ein einverständliches Zusammenwirken mit dem Vortäter voraus.⁶² Der Raub eines aus einer Straftat stammenden Gegenstandes erfüllt daher nicht den Tatbestand des § 261 Abs. 1 Nr. 3, da insoweit der innere Zusammenhang mit dem Isolierungszweck des § 261 und der Ächtung des Tatobjekts fehlt (Rn. 1).⁶³ Mit Blick auf diese Begründung ist es jedoch inkonsequent, wenn die Rechtsprechung – anders als im Rahmen des § 259 – ein einverständliches Zusammenwirken mit dem Vortäter auch dann bejaht, wenn dessen Einverständnis auf einer Täuschung oder Nötigung beruht (vgl. § 48 Rn. 19).⁶⁴ Im Schrifttum wird daher auch in diesen Fällen ein Sich-Verschaffen verneint; dafür spricht nicht nur der Zweck des Isolierungstatbestands, sondern auch der Wortlaut, der begrifflich an den Hehlereitatbestand anknüpft.⁶⁵

Da V das Geld in **Fall 1** als Honorarzahlung angenommen hat, hat er es sich iSd Abs. 1 Nr. 3 verschafft. Gleiches gilt in **Fall 2** für F, der sich die Batterien mit deren Entgegennahme verschafft hat.

4. Abs. 1 Nr. 4

Abs. 1 Nr. 4 erfasst als weitere Variante des Isolierungstatbestands das Verwahren oder Verwenden des Tatobjekts für sich oder einen Dritten. **Verwahren** bedeutet, einen geldwäschetauglichen Gegenstand in Obhut zu nehmen oder zu halten, um ihn für einen Dritten oder für die eigene spätere Verwendung zu erhalten.⁶⁶ Eine Sache wird verwahrt, wenn sie in Gewahrsam genommen oder gehalten wird; bei Forderungen ist insoweit auf die rechtliche Verfügungsgewalt abzustellen.⁶⁷ **Verwenden** ist jeder bestimmungsgemäße Gebrauch des Tatobjekts.⁶⁸ Darunter fällt nicht nur die Nutzung oder der Verbrauch, sondern auch die Verfügung über den Gegenstand.⁶⁹ Das Verwenden betrifft damit vor allem Geldgeschäfte.⁷⁰ In Bezug auf den subjektiven Tatbestand gilt die Besonderheit, dass der Vorsatz in Bezug auf die deliktische Herkunft des Tatobjekts bereits zu dem Zeitpunkt vorliegen muss, zu dem der Täter das Tatobjekt erlangt; hat der Täter die Verfügungsgewalt über das Tatobjekt gutgläubig erlangt, so soll die nachträgliche Kenntniserlangung nicht dazu führen, dass die vorsätzliche Nichtaufgabe (dh die Fortsetzung) des Besitzes eine Geldwäschestrafbarkeit nach Abs. 1 Nr. 4 begründet.⁷¹

12

In **Fall 1** hätte V mit der weiteren Verfügung über das empfangene Geld dieses auch verwendet. Ebenso wäre in **Fall 2** in der Nutzung der von B erhaltenen Batterien ein Verwenden durch F zu sehen.

---

60 *Bülte* Rengier-FS, 181 (185).
61 BGHSt 55, 36 (48); MK-*Neuheuser* § 261 Rn. 82; S/S-*Hecker* § 261 Rn. 18; krit. NK-*Altenhain* § 261 Rn. 63.
62 BT-Drs. 19/24180, 31.
63 BVerfG NJW 2004, 1305 (1306); BGH NStZ 2010, 222 (223).
64 BGHSt 55, 36 (48) mit abl. Anm. *Rübenstahl/Stapelberg* NJW 2010, 3692 und *Putzke* StV 2011, 176 (179); ebenso *Fischer* § 261 Rn. 29; L-*Kühl/Heger* § 261 Rn. 8; *Otto* § 96/34; *Reisch* JuS 2023, 207 (209); *Rengier* I § 23/28.
65 *Eisele* BT II Rn. 1187; W-*Hillenkamp/Schuhr* Rn. 1051 f.; *Kretschmer* Jura 2006, 219 (225); sa zur abgenötigten Überlassung NK-*Altenhain* § 261 Rn. 63.
66 BT-Drs. 19/24180, 31; BGH NZWiSt 2019, 148 (150).
67 BT-Drs. 19/24180, 31; BGH NJW 2013, 1158 (1159); NZWiSt 2019, 148 (150).
68 BGH NJW 2015, 3254 (3255); NZWiSt 2019, 148 (150); *Reisch* JuS 2023, 207 (209).
69 BGH NJW 2015, 3254 (3255); *Rengier* I § 23/30.
70 BT-Drs. 12/989, 27; *Fischer* § 261 Rn. 30.
71 BT-Drs. 19/24180, 31.

5. Abs. 2

13 Abs. 2 ergänzt das Verbergen und die Vereitelungshandlungen (Abs. 1 Nr. 1, 2) um das Verheimlichen und Verschleiern von Tatsachen, die für das Auffinden, die Einziehung oder die deliktische Herkunft von Bedeutung sein können. Der Tatsachenbegriff entspricht demjenigen zu § 263 (vgl insoweit § 27 Rn. 3 ff.).[72] Im Unterschied zu Abs. 1 Nr. 2 erfasst der Tatbestand nicht an sich neutrale Tathandlungen (Übertragung etc.), sondern gezielte Manipulationen in Form einer Irreführung (**Verschleiern**) oder aktive Unterdrückung von Tatsachen (**Verheimlichen**).[73] Das bloße Verschweigen der deliktischen Herkunft ist als Unterlassen (§ 13) nur bei einer entsprechenden Aufklärungspflicht tatbestandsmäßig.[74] Demgegenüber erfasst das Verschleiern nicht nur verdachtsbezogene Tatsachenbehauptungen (Täuschungen),[75] sondern auch die Manipulation der Beweislage (zB durch gefälschte Belege oder Kontoauszüge).[76] Wie Abs. 1 setzt der Tatbestand keinen Vereitelungs- oder Gefahrerfolg voraus, dh es muss nicht festgestellt werden, dass die verschleierte oder verheimlichte Tatsache für die behördlichen Ermittlungen erforderlich war.[77] Der Tatbestand verlangt allerdings, dass die Tatsache für das Auffinden, die Einziehung oder die Ermittlung der deliktischen Herkunft von Bedeutung, dh ihre Kenntnis für die Behörden im konkreten Fall zumindest hilfreich sein kann.[78]

In **Fall 1** ist der Verschleierungstatbestand nicht erfüllt, da es an einer über die Annahme des Geldes hinausgehenden Irreführung (zB durch ein Scheingeschäft) fehlt.[79]

III. Tatbestandseinschränkungen

1. Sozialadäquate Geschäfte

14 Angesichts des – mit der Streichung des Vortatenkatalogs nochmals ausgedehnten – weiten Anwendungsbereichs der Norm wird vorgeschlagen, den Tatbestand im Wege teleologischer Reduktion jedenfalls dahin gehend einzuschränken, dass sozialadäquate Geschäfte zur Befriedigung des **notwendigen Lebensbedarfs** vom Tatbestand ausgenommen werden.[80] Danach wäre nicht wegen Geldwäsche strafbar, wer als Gegenleistung für eine ärztliche Behandlung oder den Verkauf von Lebensmitteln bemakeltes Geld annimmt. Eine solche Einschränkung über den Begriff der Sozialadäquanz wirft jedoch nicht nur kaum lösbare Abgrenzungsfragen auf – welche Bedürfnisse sind (noch) sozialadäquat? –, sondern widerspricht auch der Isolierungsfunktion des Tatbestands, sodass der Gesetzeszweck keine derartigen Ausnahmen zulässt.[81] In der Regel wird dem Vertragspartner bei solchen Alltagsgeschäften der Vorsatz (bzw. die

---

[72] BT-Drs. 19/24180, 33.
[73] BT-Drs. 19/24180, 33; W-*Hillenkamp/Schuhr* Rn. 1056 f.; kritisch zur fehlenden Unterscheidbarkeit von Verheimlichen und Verschleiern: *Gercke/Jahn/Paul* StV 2021, 330 (337); *Rengier* I § 23/40.
[74] W-*Hillenkamp/Schuhr* Rn. 1056.
[75] So aber *Gercke/Jahn/Paul* StV 2021, 330 (337).
[76] W-*Hillenkamp/Schuhr* Rn. 1057; vgl auch zur Verschleierung der Papierspur *Altenhain/Fleckenstein* JZ 2020, 1045 (1049).
[77] BT-Drs. 19/24180, 33; *Fischer* § 261 Rn. 37.
[78] BT-Drs. 19/24180, 33; *Fischer* § 261 Rn. 37.
[79] Vgl. zu § 261 Abs. 1 aF: BVerfG NJW 2015, 2949 (2953); vgl. dagegen BGH NStZ 2017, 28 (29).
[80] *Barton* StV 1993, 156 ff.; *Löwe-Krahl* wistra 1993, 123 (125 f.); *Rengier* I § 23/42 f.; W-*Hillenkamp/Schuhr* Rn. 1060.
[81] *Amelung/Cirener/Grüner* JuS 1995, 48 (52); *Kraatz* Jura 2015, 699 (707); MK-*Neuheuser* § 261 Rn. 90 f.; S/S-*Hecker* § 261 Rn. 23.

Leichtfertigkeit) in Bezug auf die deliktische Herkunft des Geldes fehlen (vgl. auch Rn. 19).[82]

In **Fall 2** wäre daher nach hier vertretener Auffassung der Tatbestand der Geldwäsche erfüllt, während das Verhalten des F (Entgegennahme und Nutzung der Batterien) nach der Gegenansicht sozialadäquat und damit tatbestandslos wäre. Für die Tatbestandsmäßigkeit spricht indes die Parallele zur Hehlerei, deren Tatbestand F ebenfalls in Form des Sichverschaffens verwirklicht (vgl. § 48 Rn. 18). Dabei ist einzuräumen, dass dem geringen Unrecht der Tat bei der Hehlerei durch das Strafantragserfordernis (§ 259 Abs. 2 iVm § 248a) Rechnung getragen wird. Bei der Geldwäsche hat der Gesetzgeber eine entsprechende Anregung[83] wohl zu Recht nicht aufgegriffen, da sich eine durch die Geldwäsche verletzte Person kaum feststellen bzw. in Bezug auf die Vortat häufig nicht identifizieren lassen dürfte (vgl. Rn. 1 zum geschützten Rechtsgut), sodass nur der – kriminalpolitisch unbefriedigende – Weg bleibt, dem geringen Unrecht der Tat über die §§ 153, 153a StPO Rechnung zu tragen.[84] Immerhin ist festzuhalten, dass nach der Abschaffung der Mindeststrafe von drei Monaten Freiheitsstrafe (§ 261 Abs. 1 aF) nicht mehr die Verhängung einer Freiheitsstrafe für ein Bagatelldelikt droht.

2. Speziell sanktionierte Geschäfte

Ein Tatbestandsausschluss wird ferner für solche Erwerbsvorgänge in Betracht gezogen, deren Unrechtsgehalt in anderen Strafvorschriften vollständig erfasst ist, namentlich der Erwerb von Betäubungsmitteln zum Eigenverbrauch (§ 29 Abs. 1 Nr. 1, Abs. 5 BtMG).[85] Soweit der Anbau und Besitz von Cannabis zum Eigenkonsum legalisiert worden ist (§§ 3, 9 ff. KCanG[86]), fehlt es insoweit an einer rechtswidrigen Vortat. Im Übrigen wird der Geldwäschetatbestand bei derartigen Taten nunmehr automatisch mitverwirklicht (vgl. § 261 Abs. 1 S. 1 Nr. 3 und 4); daher sollte ein Absehen von Strafe (§ 29 Abs. 5 BtMG) bzw. von der Strafverfolgung (§ 31a BtMG) auch im Hinblick auf § 261 StGB über eine analoge Anwendung der genannten Vorschriften ermöglicht werden.

15

3. Honorarzahlung an Strafverteidiger

Die Frage, ob sich ein Strafverteidiger – wie V in **Fall 1** – nach Abs. 1 Nr. 3 strafbar macht, der bei der Annahme eines Honorars weiß oder ahnt, dass das Geld aus einer Straftat herrührt, hat der Gesetzgeber mit der Neufassung ausdrücklich geregelt, indem er die diesbezügliche Rechtsprechung des BVerfG[87] in den Gesetzestext übernommen hat. Danach handelt ein Strafverteidiger, der für seine Tätigkeit ein Honorar annimmt, in Bezug auf die Isolierungstatbestände (Abs. 1 Nr. 3 und 4) nur dann vorsätzlich, wenn er zum Zeitpunkt der Annahme des Honorars sichere Kenntnis von dessen deliktischer Herkunft hatte (Abs. 1 S. 3).[88] Diese erhöhten Anforderungen an den subjektiven Tatbestand gelten allerdings nicht für die übrigen Tathandlungen, da sich bei diesen entweder aus der dort vorausgesetzten Vereitelungsabsicht (Abs. 1 Nr. 2, vgl.

16

---

82 S/S-*Hecker* § 261 Rn. 23.
83 Vgl. *Gercke/Jahn/Paul* StV 2021, 330 (334).
84 Kritisch insoweit *Gercke/Jahn/Paul* StV 2021, 330 (334).
85 *Maiwald* Hirsch-FS 636; sa *Fischer* § 261 Rn. 40; abl. bzgl. Tatbestandsrestriktion S/S-*Hecker* § 261 Rn. 23.
86 Konsumcannabisgesetz vom 27.3.2024 (BGBl. 2024 I S. 2).
87 BVerfG NJW 2004, 1305 ff. mit Anm. *Dahs/Krause/Widmaier* NStZ 2004, 261; *Müssig* wistra 2005, 201 ff.; BVerfG NJW 2005, 1707 (1708); BVerfG NZWiSt 2015, 469 ff. mit Anm. *Raschke*.
88 BT-Drs. 19/24180, 32.

Rn. 10) oder der in der Tathandlung (Verbergen, Verheimlichen, Verschleiern) enthaltenen manipulativen Tendenz (Abs. 1 Nr. 1, Abs. 2; vgl. Rn. 9, 12) eine entsprechende Tatbestandseinschränkung ergibt.[89] Da das BVerfG das verfassungsrechtliche Strafverteidigerprivileg nicht auf den Isolierungstatbestand begrenzt hat,[90] ist jedenfalls durch eine verfassungskonforme Auslegung der Abs. 1 Nr. 1, 2 und Abs. 2 ein sachlich gleichwertiger Schutz zu gewährleisten.[91]

In **Fall 1** hat V hinsichtlich des Honorars nicht mit dolus directus gehandelt, sondern hielt es nur mit bedingtem Vorsatz für möglich, dass das Geld aus den Verbrechen seines Mandanten stammt. Eine Strafbarkeit nach Abs. 1 Nr. 3 und Nr. 4 (vgl. Rn. 11, 12) ist damit gemäß Abs. 1 S. 3 ausgeschlossen. Eine Strafbarkeit nach Abs. 1 Nr. 2, Abs. 2 scheidet aus, da das Verhalten des V nicht tatbestandsmäßig ist (Rn. 10, 13).

17 Der Anwendungsbereich des Abs. 1 S. 3 ist seinem Wortlaut nach auf Strafverteidiger begrenzt und lässt sich nicht im Wege der Auslegung auf andere rechtsberatende Berufe (Rechtsanwälte, Notare, Steuerberater) ausdehnen.[92] Das BVerfG hat bislang offen gelassen, ob die verfassungsrechtlich gebotene Privilegierung auch auf in anderen Bereichen der Rechtspflege tätige Rechtsanwälte zu übertragen ist.[93] Mit der Begrenzung des Abs. 1 S. 3 hat der Gesetzgeber insoweit eine Gelegenheit versäumt, auch für andere Berufsgruppen Rechtssicherheit zu schaffen.[94]

IV. Subjektiver Tatbestand

18 Der subjektive Tatbestand verlangt grds. in allen Tatvarianten (zumindest bedingten) **Vorsatz**. Hierbei reicht es aus, wenn der Täter davon ausgeht, dass der Tatgegenstand aus irgendeiner Straftat stammt. Handelt der Täter in der Vorstellung, dass der Gegenstand der Geldwäsche aus einer anderen als der tatsächlich begangenen Straftat herrührt, so schließt dies den Vorsatz nicht aus; es ist vielmehr – wie im objektiven Tatbestand (Rn. 3) – ausreichend, dass der Täter billigend in Kauf nimmt, dass der Tatgegenstand aus irgendeiner Straftat stammt.[95] Dabei ist es in der Regel ausreichend, wenn der der Täter beim Erwerb des Tatobjekts noch gutgläubig war und die Tathandlung erst vollzieht, nachdem er von der Herkunft der Sache erfahren hat. Nur im Rahmen des Abs. 1 Nr. 4 reicht dagegen eine dolose Verwahrung oder Verwendung des Tatobjekts nach zunächst gutgläubigem Erlangen nicht aus (Rn. 12). Der Tatbestand des Abs. 1 S. 1 Nr. 2 setzt darüber hinaus eine Vereitelungsabsicht voraus (Rn. 10).

19 Nach Abs. 6 S. 1 genügt es für die subjektive Tatseite aller Varianten iSv Abs. 1 S. 1 und 2, wenn der Täter **leichtfertig** verkennt, dass der Gegenstand aus einer einschlägigen Vortat stammt.[96] Dies setzt voraus, dass sich dem Täter die deliktische Herkunft nach seinen individuellen Kenntnissen und Fähigkeiten aufdrängen musste, er dies

---

[89] BT-Drs. 19/24180, 33; W-*Hillenkamp/Schuhr* Rn. 1063.
[90] Vgl. zu § 261 Abs. 1 Var. 3 aF: BVerfG NJW 2015, 2949 (2953).
[91] Vgl. die Kritik an der insoweit unklaren Fassung des Abs. 1 Nr. 1: *Altenhain/Fleckenstein* JZ 2020, 1045 (1048 f.).
[92] W-*Hillenkamp/Schuhr* Rn. 1061; *Reisch* JuS 2023, 207 (211); aA *Gazeas* NJW 2021, 1041 (1045 f.).
[93] BVerfG NJW 2015, 2949 (2953); für eine solche Erweiterung: S/S-*Hecker* § 261 Rn. 25 mwN.
[94] *Altenhain/Fleckenstein* JZ 2020, 1045 (1050); *Gercke/Jahn/Paul* StV 2021, 330 (338).
[95] Vgl. zur Katalogtat nach § 261 aF: BGH NStZ-RR 2020, 80 (81); NStZ-RR 2021, 213.
[96] Vgl. BGHSt 50, 347 (351); 43, 158 (168); die Verfassungsgemäßheit des Abs. 5 verneinend *Bülte* JZ 2014, 603 (606 ff.); vgl ferner zur Ablehnung einer leichtfertigen Beteiligung (zB durch Beratungsleistungen) *ders.* Rengier-FS 181 (187 ff.).

aber aus besonderer Gleichgültigkeit oder grober Unachtsamkeit außer Betracht ließ.[97] Exemplarisch: Ein Rechtsanwalt kehrt auf seinem Geschäftskonto eingegangene Geldbeträge unbekannter Herkunft ohne nähere Prüfung an einen Dritten aus, obwohl ihm bekannt ist, dass die betreffende Transaktion bereits Gegenstand strafrechtlicher Ermittlungen ist.[98] In Bezug auf die übrigen Elemente des objektiven Tatbestands bleibt das Vorsatzerfordernis bestehen. Da Abs. 1 Nr. 2 eine Vereitelungsabsicht voraussetzt, dürfte bei diesem Tatbestand eine leichtfertige Begehung regelmäßig ausscheiden.[99] Das Strafverteidigerprivileg (Abs. 1 S. 3) schließt auch eine Strafbarkeit des Verteidigers wegen leichtfertiger Begehung der Isolierungstatbestände (Abs. 1 Nr. 3 und 4) aus (Abs. 6 S. 2).

V. Qualifikation, Strafschärfung und tätige Reue

Zur Umsetzung der unionsrechtlichen Vorgaben hat der Gesetzgeber in **Abs. 4** eine **Qualifikation** vorgesehen, die bei der Begehung der Tat durch eine nach § 2 des Geldwäschegesetzes (GwG) verpflichtete Person einen erhöhten Strafrahmen (Freiheitsstrafe von drei Monaten bis zu zehn Jahren) vorsieht.[100] Das erhöhte Unrecht wird durch die besondere Pflichtenstellung des Täters im Rahmen der Geldwäscheprävention begründet.[101] Bei der Qualifikation handelt es sich dementsprechend um ein **Sonderdelikt**.[102] Soweit es sich bei den Verpflichteten nach § 2 GwG um juristische Personen handelt, kommen auch deren Organe, Vertreter und Beauftragte als Täter in Betracht (§ 14 StGB).[103] Der Täter muss bei der Begehung der Tat in Ausübung seiner beruflichen Tätigkeit („als" Verpflichteter) handeln.[104]

20

Abs. 5 sieht in der Technik der Regelbeispiele einen **besonders schweren Fall** bei gewerbs- oder bandenmäßigem Handeln vor (vgl. § 48 Rn. 33). Mitglied einer Geldwäschebande kann dabei auch derjenige sein, der an der Vortat beteiligt war und deshalb gem. § 261 Abs. 7 wegen Geldwäsche selbst nicht strafbar ist.[105]

21

Abs. 8 nennt die Voraussetzungen, unter denen ein Beteiligter in Anlehnung an die allgemeinen Rücktrittsregeln (§ 24) durch tätige Reue, dh eine Anzeige, welche die Aufdeckung der Tat oder Sicherstellung des Gegenstands bewirkt, Tat **Straffreiheit** erlangen kann. Eine analoge Anwendung des Angehörigenprivilegs (§ 258 Abs. 6) ist nach hM ausgeschlossen (vgl. dagegen § 47 Rn. 13).[106]

22

---

97 BGH NJW 2008, 2516 (2517); NZWiSt 2019, 393 (394).
98 OLG Dresden BeckRS 2020, 1747.
99 *Altenhain/Fleckenstein* JZ 2020, 1045 (1050), auch mit Blick auf andere Tatbestände mit „manipulativen Tendenzen" (Abs. 1 Nr. 1, Abs. 2).
100 BT-Drs. 19/24180, 33 f.; s. insoweit Art. 6 Abs. 1 lit. b Richtlinie (EU) 2018/1673 über die strafrechtliche Bekämpfung der Geldwäsche vom 23.10.2018, ABl. EU L 284/22.
101 Krit. W-*Hillenkamp/Schuhr* Rn. 1067.
102 BT-Drs. 19/24180, 34.
103 W-*Hillenkamp/Schuhr* Rn. 1067.
104 BT-Drs. 19/24180, 34; BGH NJW 2023, 460 (462).
105 BGHSt 50, 224 (229 f.) mit abl. Anm. *Krack* JR 2006, 435 ff.; *Fischer* § 261 Rn. 63.
106 S/S/W-*Jahn* § 261 Rn. 90; MK-*Neuheuser* § 261 Rn. 102.

C. Anwendung

I. Aufbau

23 Es empfiehlt sich, die Tatbestandsmerkmale der Geldwäsche in folgenden Schritten zu prüfen:

A) Tatbestand:
  I. Objektiver Tatbestand:
   1. Tatobjekt: Gegenstand (Sache oder Recht, Rn. 2),
      a) der aus einer (tatbestandsmäßigen und rechtswidrigen) Straftat
      b) herrührt (Rn. 3 ff.).
   2. Auch der Vortäter ist tauglicher Täter, aber ggf nach Abs. 7 straflos (Rn. 4)
   3. Tathandlung:
      a) **Abs. 1 Nr. 1:** verbergen (Rn. 9)
      b) **Abs. 1 Nr. 2:** umtauschen, übertragen, verbringen in Vereitelungsabsicht (Rn. 10)
      c) **Abs. 1 Nr. 3:** sich oder einem Dritten verschaffen (Rn. 11)
      d) **Abs. 1 Nr. 4:** verwahren oder für sich oder einen Dritten verwenden (Rn. 12)
      e) **Abs. 2:** verheimlichen oder verschleiern (Rn. 13)
   4. Mögliche Tatbestandseinschränkungen für sozialadäquates Verhalten (Rn. 14 ff.) oder Strafverteidiger (Rn. 16 f.)
  II. Subjektiver Tatbestand:
   1. (zumindest bedingter) Vorsatz hinsichtlich Tatobjekt und Handlung (Rn. 18),
   2. aber nach Abs. 6 Leichtfertigkeit bzgl. Herrührens aus rechtswidriger Tat ausreichend (Rn. 19)
B) Rechtswidrigkeit
C) Schuld
D) Ggf. tätige Reue (Abs. 8) oder
E) Regelbeispiel (Abs. 5)

II. Einzelfragen

24 Die Geldwäsche ist ein **Anschlussdelikt**, das die Begehung einer anderen Straftat (Vortat) voraussetzt. Die Verwirklichung einer solchen Vortat ist im **Gutachten** stets vor der Erörterung von § 261 zu prüfen.

25 **Verhältnis zur Hehlerei:** § 261 sollte Strafbarkeitslücken schließen, die bei der Anwendung der §§ 259 ff. entstehen.[107] So erfasst die Geldwäsche nicht nur Sachen, sondern auch Rechte und Ersatzgegenstände. Ferner verlangt die Geldwäsche im Gegensatz zur Hehlerei keine Bereicherungsabsicht. Die Abschaffung des Vortatenkatalogs (Rn. 1, 3) hat dazu geführt, dass mit der Hehlerei in der Regel zugleich eine Geldwäsche begangen wird.[108] Im Schrifttum wird daraus die Konsequenz gezogen, dass § 261

---

[107] BGHSt 50, 347 (353 f.); 48, 240 (247): Auffangtatbestand.
[108] *Altenhain/Fleckenstein* JZ 2020, 1045 (1046); *El-Ghazi/Laustetter* NZWiSt 2023, 121 (122 ff.).

von § 259 als lex specialis verdrängt wird.[109] Demgegenüber geht die hM (weiterhin) von Tateinheit (§ 52) aus.[110] Grund dafür ist die unterschiedliche Schutzrichtung der beiden Tatbestände (Rn. 1, zur Hehlerei als Vermögensdelikt: § 48 Rn. 1) die sich – ungeachtet der weiten Überschneidungen – in dem identischen Strafrahmen widerspiegelt,

Wiederholungs- und Vertiefungsfragen

> Worin unterscheiden sich § 261 und § 259
>   a) im Hinblick auf die Person des Vortäters? (Rn. 4)
>   b) bei der Bestimmung des tauglichen Tatobjektes? (Rn. 2, 5 und 25)
> Welche Problematik ergibt sich daraus, dass das Tatobjekt der Geldwäsche nicht „unmittelbar" aus einer Vortat stammen muss? (Rn. 6)
> Welche Wirkung und welchen Anwendungsbereich hat § 261 Abs. 1 S. 2? (Rn. 7 f.)
> Welches Problem wirft der Tatbestand der Geldwäsche bei Strafverteidigern auf? (Rn. 16 f.)

---

109 *El-Ghazi/Laustetter* NZWiSt 2023, 121 (124 ff.).
110 BGH BeckRS 2015, 14203 (Rn. 6); NK-*Altenhain* § 261 Rn. 135; *Fischer* § 261 Rn. 70; L-*Kühl/Heger* § 261 Rn. 18; MK-*Neuheuser* § 261 Rn. 139.

Definitionen

§ 242

(1) Wer eine **fremde bewegliche Sache** einem anderen in der **Absicht wegnimmt**, die Sache sich oder einem Dritten **rechtswidrig zuzueignen**, wird mit Freiheitsstrafe bis zu fünf Jahren oder mit Geldstrafe bestraft.

(2) Der Versuch ist strafbar.

Begriff	Definition
Sache	Eine Sache ist ein körperlicher Gegenstand. *§ 2 Rn. 8*
beweglich	Beweglich ist die Sache, wenn es möglich ist, diese vom jeweiligen Standort zu entfernen. *§ 2 Rn. 11*
fremd	Eine Sache ist fremd, wenn sie verkehrsfähig ist und zumindest auch im Eigentum eines anderen steht. *§ 2 Rn. 13*
Wegnahme	Wegnahme ist der Bruch fremden und die Begründung neuen Gewahrsams an der Sache. *§ 2 Rn. 27*
Gewahrsam	Gewahrsam bedeutet die mit Herrschaftswillen begründete, in ihrem Umfang von der Verkehrsanschauung bestimmte Verfügungsgewalt über eine Sache. *§ 2 Rn. 28*
Gewahrsamsbruch	Der Gewahrsam wird gebrochen, wenn er ohne den Willen seines Inhabers aufgehoben wird. *§ 2 Rn. 43*
Zueignung	Zueignen bedeutet, eine Sache mit dem Willen in Besitz zu nehmen, sie nunmehr zumindest vorübergehend als eigene zu besitzen (Aneignung) und dem Eigentümer auf Dauer den ihm zustehenden Besitz vorzuenthalten (Enteignung). *§ 2 Rn. 64*
Enteignung	Enteignen heißt, dem Eigentümer auf Dauer die ihm zustehende besitzbezogene Verfügungsgewalt vorzuenthalten. *§ 2 Rn. 65*
Aneignung	Aneignen ist die (zumindest vorübergehende) Inbesitznahme einer Sache zu ihrer (beliebigen) Nutzung. *§ 2 Rn. 65*
Zueignungsabsicht	Zielgerichteter Wille bezüglich der Aneignung und mindestens bedingter Vorsatz bezüglich der Enteignung. *§ 2 Rn. 68 f.*
rechtswidrig	Rechtswidrig ist die Zueignung, wenn die Inbesitznahme der Sache als eigene durch den Täter (oder den begünstigten Dritten) gegen die dingliche Rechtslage verstößt und auch nicht durch einen Übereignungsanspruch gedeckt ist. Beachte: Tatbestandsmerkmal! Von der Rechtswidrigkeit als allgemeinem Verbrechensmerkmal zu unterscheiden. *§ 2 Rn. 71*

§ 243

(1) In besonders schweren Fällen wird der Diebstahl mit Freiheitsstrafe von drei Monaten bis zu zehn Jahren bestraft. Ein besonders schwerer Fall liegt in der Regel vor, wenn der Täter

1. zur Ausführung der Tat in ein **Gebäude**, einen **Dienst- oder Geschäftsraum** oder in einen anderen **umschlossenen Raum einbricht, einsteigt**, mit einem **falschen Schlüs-**

sel oder einem **anderen** nicht zur ordnungsmäßigen Öffnung bestimmten **Werkzeug** eindringt oder **sich** in dem Raum **verborgen hält,**
2. eine Sache stiehlt, die durch ein **verschlossenes Behältnis** oder eine andere **Schutzvorrichtung** gegen Wegnahme besonders gesichert ist,
3. **gewerbsmäßig** stiehlt,
4. aus einer **Kirche** oder einem anderen der Religionsausübung dienenden Gebäude oder Raum eine Sache stiehlt, die **dem Gottesdienst gewidmet** ist oder der religiösen Verehrung dient,
5. eine Sache von Bedeutung für Wissenschaft, Kunst oder Geschichte oder für die technische Entwicklung stiehlt, die sich in einer **allgemein zugänglichen** Sammlung befindet oder **öffentlich ausgestellt** ist,
6. stiehlt, indem er die **Hilflosigkeit** einer anderen Person, einen **Unglücksfall** oder eine **gemeine Gefahr ausnutzt** oder
7. eine Handfeuerwaffe, zu deren Erwerb es nach dem Waffengesetz der Erlaubnis bedarf, ein Maschinengewehr, eine Maschinenpistole, ein voll- oder halbautomatisches Gewehr oder eine Sprengstoff enthaltende Kriegswaffe im Sinne des Kriegswaffenkontrollgesetzes oder Sprengstoff stiehlt.

(2) In den Fällen des Absatzes 1 Satz 2 Nr. 1 bis 6 ist ein besonders schwerer Fall ausgeschlossen, wenn sich die Tat auf eine **geringwertige** Sache bezieht.

Begriff	Definition
Gebäude	Gebäude ist ein durch Wände und Dach begrenztes und mit dem Erdboden – zumindest durch eigene Schwere – fest verbundenes Bauwerk, das den Zutritt von Menschen gestattet und Unbefugte abhalten soll. *§ 3 Rn. 8*
Dienst- oder Geschäftsraum	Dienst- oder Geschäftsräume sind Gebäudeteile, die zum Aufenthalt und zur Ausübung beruflicher oder sonstiger (nicht notwendig erwerbswirtschaftlicher) geschäftlicher Tätigkeit bestimmt sind. *§ 3 Rn. 9*
umschlossener Raum	Ein umschlossener Raum ist ein Raumgebilde, das (auch) dazu bestimmt ist, von Menschen betreten zu werden und mit Vorrichtungen zur Abwehr des Eindringens versehen ist. *§ 3 Rn. 7*
Einbrechen	Einbrechen ist das Öffnen oder Erweitern einer den Zutritt verwehrenden Umschließung unter Kraftentfaltung von außen. *§ 3 Rn. 11*
Einsteigen	Einsteigen ist das Hineingelangen in die Räumlichkeit auf einem unüblichen und eine gewisse Geschicklichkeit erfordernden Wege zur Überwindung eines Hindernisses. *§ 3 Rn. 12*
Eindringen	Eindringen liegt vor, wenn der Täter ohne Einverständnis des Verfügungsberechtigten zumindest mit einem Teil seines Körpers in die Räumlichkeit gelangt. *§ 3 Rn. 13*
falscher Schlüssel	Ein Schlüssel ist falsch, wenn der Berechtigte ihn zur Tatzeit überhaupt nicht, nicht mehr oder noch nicht zur Öffnung des betreffenden Schlosses bestimmt hat. *§ 3 Rn. 14*
anderes Werkzeug	Anderes Werkzeug steht einem falschen Schlüssel gleich, wenn es auf den Mechanismus des Verschlusses (ordnungswidrig) einwirkt. *§ 3 Rn. 15*

Definitionen

Begriff	Definition
Sich-verborgen-Halten	Sich-verborgen-Halten liegt vor, wenn der Täter sich dem Gesehenwerden dadurch entzieht, dass er sich an einer Stelle, an der er nicht erwartet wird, unberechtigt aufhält. § 3 Rn. 16
Behältnis	Behältnis ist ein Raumgebilde, das der Aufnahme und Umschließung von Sachen dient, aber nicht zum Betreten durch Menschen bestimmt ist. § 3 Rn. 22
verschlossen	Verschlossen ist ein Behältnis, wenn es durch einen technischen Verschluss oder auf andere Weise gegen den unmittelbaren Zugriff von außen gesichert ist. § 3 Rn. 23
Schutzvorrichtung	Schutzvorrichtung ist jede künstliche Einrichtung, die (zumindest auch) dem Zweck dient, die Wegnahme einer Sache erheblich zu erschweren. § 3 Rn. 19
gewerbsmäßig	Gewerbsmäßig handelt, wer sich aus wiederholter Begehung eine fortlaufende Einnahmequelle von nicht unerheblicher Dauer und einigem Umfang verschafft. § 3 Rn. 24
Kirche	Eine Kirche ist ein dem Gottesdienst gewidmetes Gebäude. § 3 Rn. 28
dem Gottesdienst gewidmet	Dem Gottesdienst gewidmet ist eine Sache, mit oder an der religiöse Zeremonien vorgenommen werden. § 3 Rn. 30
allgemein zugänglich	Allgemein zugänglich ist eine Sammlung, wenn sie für einen nach Zahl und Individualität unbestimmten oder für einen zwar bestimmten, aber nicht durch persönliche Beziehungen innerlich verbundenen größeren Personenkreis geöffnet ist. § 3 Rn. 35
öffentlich ausgestellt	Öffentlich ausgestellt sind Sachen, wenn sie um ihrer Besichtigung willen allgemein zugänglich gemacht sind. § 3 Rn. 36
Hilflosigkeit	Hilflos ist, wer nicht aus eigener Kraft in der Lage ist, einem Gewahrsamsbruch wirksam zu begegnen. § 3 Rn. 38
Unglücksfall	Unglücksfall ist ein plötzliches äußeres Ereignis, das eine erhebliche Gefahr für Personen oder Sachen mit sich bringt oder zu bringen droht. § 3 Rn. 39
gemeine Gefahr	Gemeine Gefahr ist eine Situation, in der erheblicher Schaden an Leib oder Leben oder an bedeutenden Sachwerten für unbestimmt viele Personen wahrscheinlich ist. § 3 Rn. 40
Ausnutzen	Ausnutzen verlangt, dass der Täter die sich aus der fremden Bedrängnis ergebende Lockerung des Gewahrsams als Gelegenheit zur erleichterten Durchführung des Diebstahls ergreift. § 3 Rn. 41
geringwertig	Geringwertig ist eine Sache bis zu einer Wertgrenze von ca. 50 Euro. § 3 Rn. 44

§ 244

(1) Mit Freiheitsstrafe von sechs Monaten bis zu zehn Jahren wird bestraft, wer
1. einen Diebstahl begeht, bei dem er oder ein anderer Beteiligter
    a) eine **Waffe** oder ein anderes **gefährliches Werkzeug bei sich führt,**
    b) **sonst ein Werkzeug oder Mittel** bei sich führt, um den Widerstand einer anderen Person durch Gewalt oder Drohung mit Gewalt zu verhindern oder zu überwinden,

Definitionen

2. als Mitglied einer **Bande**, die sich zur fortgesetzten Begehung von Raub oder Diebstahl verbunden hat, unter **Mitwirkung** eines anderen Bandenmitglieds stiehlt oder
3. einen Diebstahl begeht, bei dem er zur Ausführung der Tat in eine **Wohnung** einbricht, einsteigt, mit einem falschen Schlüssel oder einem anderen nicht zur ordnungsmäßigen Öffnung bestimmten Werkzeug eindringt oder sich in der Wohnung verborgen hält.

(2) Der Versuch ist strafbar.

(3) In den Fällen des Absatzes 1 Nr. 2 sind die §§ 43a und 73d anzuwenden.

Begriff	Definition
Waffe	Waffe ist ein Gegenstand, der seiner Konstruktion nach zur Herbeiführung erheblicher Verletzungen allgemein bestimmt ist. *§ 4 Rn. 3*
gefährliches Werkzeug	Gefährliches Werkzeug ist ein Gegenstand, der aufgrund seiner waffenähnlichen Beschaffenheit und der konkreten Tatumstände vom Täter dazu bestimmt erscheint, erhebliche Verletzungen herbeizuführen oder (realisierbar) anzudrohen. ■ Definition der Rspr.: Ein Gegenstand, der nach seiner allgemeinen Beschaffenheit objektiv geeignet ist, erhebliche Verletzungen herbeizuführen (abstraktes Verletzungspotential, str.). *§ 4 Rn. 5 ff.*
Beisichführen	Der Täter führt die Waffe (bzw. das gefährliche Werkzeug) bei sich, wenn er über sie zu irgendeinem Zeitpunkt während des Tathergangs schnell und ungehindert verfügen kann. *§ 4 Rn. 14*
sonstige Mittel	Sonstige Mittel sind Werkzeuge und Mittel aller Art, die der Täter zum Zweck der Anwendung oder Androhung von Gewalt gegen Personen mit sich führt. *§ 4 Rn. 21*
Bande	Bande ist ein auf ausdrücklicher oder stillschweigender Vereinbarung beruhender Zusammenschluss von wenigstens drei Personen mit dem ernsthaften Willen, für eine gewisse Dauer künftig mehrere selbstständige, im Einzelnen noch unbestimmte Straftaten (eines bestimmten Deliktstyps) zu begehen. *§ 4 Rn. 30*
Mitwirkung	Mitwirkung ist die Beteiligung von mindestens zwei Bandenmitgliedern bei der konkreten Tat. Beachte: Mindestens ein Mitglied muss dabei Täter sein; im Übrigen gelten die allgemeinen Beteiligungsregeln. *§ 4 Rn. 34*
Wohnung und dauerhaft genutzte Privatwohnung	Wohnung ist ein abgeschlossener und überdachter Gebäudeteil, der einem oder mehreren Menschen auf Dauer als Unterkunft dient. *§ 4 Rn. 42*

§ 246

(1) Wer eine fremde bewegliche Sache sich oder einem Dritten rechtswidrig **zueignet**, wird mit Freiheitsstrafe bis zu drei Jahren oder mit Geldstrafe bestraft, wenn die Tat nicht in anderen Vorschriften mit schwererer Strafe bedroht ist.

(2) Ist in den Fällen des Absatzes 1 die Sache dem Täter **anvertraut**, so ist die Strafe Freiheitsstrafe bis zu fünf Jahren oder Geldstrafe.

(3) Der Versuch ist strafbar.

Definitionen

Begriff	Definition
Zueignung	Zueignung ist die Inbesitznahme einer Sache mit dem Willen, sie nunmehr zumindest vorübergehend als eigene zu besitzen (Aneignung) und dem Eigentümer auf Dauer den ihm zustehenden Besitz vorzuenthalten (Enteignung). *§ 6 Rn. 6*
anvertraut	Eine Sache ist anvertraut, wenn dem Täter der Besitz an ihr (ausdrücklich oder konkludent) mit der Maßgabe eingeräumt wurde, die Herrschaft über sie im Sinne des Berechtigten auszuüben. *§ 6 Rn. 43*

§ 247

Ist durch einen Diebstahl oder eine Unterschlagung ein Angehöriger, der Vormund oder der Betreuer verletzt oder lebt der Verletzte mit dem Täter in **häuslicher Gemeinschaft**, so wird die Tat nur auf Antrag verfolgt.

Begriff	Definition
häusliche Gemeinschaft	Häusliche Gemeinschaft ist ein auf dem freien und ernstlichen Willen seiner Mitglieder beruhendes Zusammenleben für eine gewisse Dauer. *§ 7 Rn. 4*

§ 248 a

Der Diebstahl und die Unterschlagung **geringwertiger** Sachen werden in den Fällen der §§ 242 und 246 nur auf Antrag verfolgt, es sei denn, daß die Strafverfolgungsbehörde wegen des besonderen öffentlichen Interesses an der Strafverfolgung ein Einschreiten von Amts wegen für geboten hält.

Begriff	Definition
Geringwertigkeit	Die Geringwertigkeit der Sache richtet sich nach dem (legalen) Verkehrswert; die Obergrenze ist bei ca. 50 Euro anzusetzen. *§ 7 Rn. 11*

§ 248 b

(1) Wer ein **Kraftfahrzeug** oder ein **Fahrrad** gegen den Willen des **Berechtigten in Gebrauch nimmt**, wird mit Freiheitsstrafe bis zu drei Jahren oder mit Geldstrafe bestraft, wenn die Tat nicht in anderen Vorschriften mit schwererer Strafe bedroht ist.

(2) Der Versuch ist strafbar.

(3) Die Tat wird nur auf Antrag verfolgt.

(4) Kraftfahrzeuge im Sinne dieser Vorschrift sind die Fahrzeuge, die durch Maschinenkraft bewegt werden, Landkraftfahrzeuge nur insoweit, als sie nicht an Bahngleise gebunden sind.

Begriff	Definition
Kraftfahrzeug	Kraftfahrzeuge sind Fahrzeuge, die durch Maschinenkraft bewegt werden, ohne an Bahngleise gebunden zu sein (Abs. 4). *§ 9 Rn. 3*
Fahrrad	Fahrräder sind radgebundene Fortbewegungsmittel, die mit den Füßen oder Händen bewegt werden. *§ 9 Rn. 3*

Definitionen

Begriff	Definition
Ingebrauchnahme	Ingebrauchnahme ist die bestimmungsgemäße Benutzung als Fortbewegungsmittel. *§ 9 Rn. 4*
unbefugt	Unbefugt ist die Ingebrauchnahme, wenn sie gegen den (ausdrücklichen oder mutmaßlichen) Willen des Berechtigten erfolgt. Beachte: Tatbestandsmerkmal! *§ 9 Rn. 5*
Berechtigter	Berechtigter ist derjenige, dem das Recht auf den Besitz des Fahrzeugs zum Zwecke seines Gebrauchs zusteht. *§ 9 Rn. 6*

§ 248 c

(1) Wer einer **elektrischen Anlage oder Einrichtung fremde** elektrische Energie mittels eines **Leiters entzieht**, der zur ordnungsmäßigen Entnahme von Energie aus der Anlage oder Einrichtung nicht bestimmt ist, wird, wenn er die Handlung in der Absicht begeht, die elektrische Energie sich oder einem Dritten rechtswidrig zuzueignen, mit Freiheitsstrafe bis zu fünf Jahren oder mit Geldstrafe bestraft.

(2) Der Versuch ist strafbar.

(3) Die §§ 247 und 248a gelten entsprechend.

(4) Wird die in Absatz 1 bezeichnete Handlung in der Absicht begangen, einem anderen rechtswidrig Schaden zuzufügen, so ist die Strafe Freiheitsstrafe bis zu zwei Jahren oder Geldstrafe. Die Tat wird nur auf Antrag verfolgt.

Begriff	Definition
fremd	Fremd ist die elektrische Energie, wenn der Täter kein Recht zu ihrer Entnahme hat oder sie dem vereinbarten Zweck zuwiderlaufend benutzt. *§ 8 Rn. 3*
elektrische Anlage oder Einrichtung	Eine elektrische Anlage oder Einrichtung ist eine Vorrichtung zur Erzeugung, Speicherung, Zusammenführung und/oder Übertragung elektrischen Stroms. *§ 8 Rn. 4*
Entziehen	Entziehen bedeutet die einseitige Entnahme von Strom, die beim Berechtigten zu einem Verlust und beim Empfänger zu einem Zufluss an Energie führt. *§ 8 Rn. 5*
Leiter	Leiter sind technische Vorrichtungen, durch die Elektrizität aufgenommen und übertragen werden kann, insbesondere Kabel und sonstige Metallteile. *§ 8 Rn. 6*
nicht zur ordnungsgemäßen Entnahme bestimmt	Nicht zur ordnungsgemäßen Entnahme bestimmt ist der Leiter, der vom Verfügungsberechtigten nicht zur Energieentnahme bestimmt ist. *§ 8 Rn. 6*

§ 249

(1) Wer mit **Gewalt** gegen eine Person oder unter Anwendung von **Drohungen** mit ge**genwärtiger** Gefahr für Leib oder Leben eine fremde bewegliche Sache einem anderen in der Absicht wegnimmt, die Sache sich oder einem Dritten rechtswidrig zuzueignen, wird mit Freiheitsstrafe nicht unter einem Jahr bestraft.

(2) In minder schweren Fällen ist die Strafe Freiheitsstrafe von sechs Monaten bis zu fünf Jahren.

Definitionen

Begriff	Definition
Gewalt	Gewalt ist körperlich wirkender Zwang durch die Entfaltung von Kraft oder durch sonstige physische Einwirkung, die nach ihrer Intensität und Wirkungsweise dazu geeignet ist, die freie Willensentschließung oder Willensbetätigung eines anderen zu beeinträchtigen. § 13 Rn. 4
Drohung	Drohung ist die Ankündigung eines Übels, dessen Eintritt der Täter als von seinem Willen abhängig darstellt. § 13 Rn. 6
gegenwärtig	Die Gefahr ist gegenwärtig, wenn ihre Realisierung bei ungestörtem Verlauf der Dinge aus der Perspektive des Opfers als bevorstehend und damit umgehende Abwehrmaßnahmen geboten erscheinen. § 13 Rn. 7

§ 250

(1) Auf Freiheitsstrafe nicht unter drei Jahren ist zu erkennen, wenn

1. der Täter oder ein anderer Beteiligter am Raub
   a) eine Waffe oder ein anderes gefährliches Werkzeug bei sich führt,
   b) sonst ein Werkzeug oder Mittel bei sich führt, um den Widerstand einer anderen Person durch Gewalt oder Drohung mit Gewalt zu verhindern oder zu überwinden,
   c) eine andere Person durch die Tat in die **Gefahr** einer **schweren Gesundheitsschädigung** bringt oder
2. der Täter den Raub als Mitglied einer Bande, die sich zur fortgesetzten Begehung von Raub oder Diebstahl verbunden hat, unter Mitwirkung eines anderen Bandenmitglieds begeht.

(2) Auf Freiheitsstrafe nicht unter fünf Jahren ist zu erkennen, wenn der Täter oder ein anderer Beteiligter am Raub

1. bei der Tat eine Waffe oder ein anderes gefährliches Werkzeug verwendet,
2. in den Fällen des Absatzes 1 Nr. 2 eine Waffe bei sich führt oder
3. eine andere Person
   a) bei der Tat körperlich **schwer misshandelt** oder
   b) durch die Tat in die **Gefahr des Todes** bringt.

(3) In minder schweren Fällen der Absätze 1 und 2 ist die Strafe Freiheitsstrafe von einem Jahr bis zu zehn Jahren.

Begriff	Definition
schwere Gesundheitsschädigung	Eine schwere Gesundheitsschädigung ist anzunehmen, wenn das Opfer im Gebrauch seiner Sinne, seines Körpers oder seiner Arbeitskraft erheblich beeinträchtigt ist. § 14 Rn. 4
konkrete Gefahr	Die konkrete Gefahr einer solchen Gesundheitsschädigung ist eingetreten, wenn es für das Opfer nur noch vom nicht mehr beherrschbaren Zufall abhängt, ob seine Gesundheit schwer geschädigt wird oder nicht. § 14 Rn. 4

Definitionen

Begriff	Definition
verwendet	Verwendet wird eine Waffe, wenn der Täter sie zur Gewalt oder zur Drohung mit Gewalt gebraucht. *§ 14 Rn. 11*
schwere Misshandlung	Eine schwere Misshandlung verlangt zwar keine schwere Körperverletzung iSv § 226, wohl aber eine in der Intensität vergleichbare Beeinträchtigung der Gesundheit oder des körperlichen Wohlbefindens. *§ 14 Rn. 13*
Gefahr des Todes	Die Gefahr des Todes ist die durch die Nötigungshandlung unmittelbar herbeigeführte konkrete Todesgefahr. *§ 14 Rn. 14*

§ 252

Wer, bei einem Diebstahl auf **frischer Tat betroffen**, gegen eine Person Gewalt verübt oder Drohungen mit gegenwärtiger Gefahr für Leib oder Leben anwendet, **um sich im Besitz des gestohlenen Gutes zu erhalten**, ist gleich einem Räuber zu bestrafen.

Begriff	Definition
betroffen	Betroffen ist der Täter, wenn er von einem Dritten schon wahrgenommen wurde oder (nach hM) eine solche Wahrnehmung unmittelbar bevorsteht. *§ 16 Rn. 3*
frische Tat	Der Täter ist auf frischer Tat betroffen, wenn aus den gesamten Umständen, in denen er sich befindet, auf einen (unbeendeten) Diebstahl geschlossen werden kann und Notrechte gegen ihn noch ergriffen werden dürfen. *§ 16 Rn. 10*
Besitzerhaltungsabsicht	Besitzerhaltungsabsicht ist der zielgerichtete Wille des Täters, die – tatsächlich oder nach der Tätervorstellung – drohende Besitzentziehung zu verhindern. *§ 16 Rn. 14*

§ 253

(1) Wer einen Menschen rechtswidrig mit **Gewalt** oder durch **Drohung** mit einem **empfindlichen** Übel zu einer Handlung, Duldung oder Unterlassung nötigt und dadurch dem Vermögen des Genötigten oder eines anderen **Nachteil** zufügt, um sich oder einen Dritten zu Unrecht zu **bereichern**, wird mit Freiheitsstrafe bis zu fünf Jahren oder mit Geldstrafe bestraft.

(2) Rechtswidrig ist die Tat, wenn die Anwendung der Gewalt oder die Androhung des Übels zu dem angestrebten Zweck als **verwerflich** anzusehen ist.

(3) Der Versuch ist strafbar.

(4) In besonders schweren Fällen ist die Strafe Freiheitsstrafe nicht unter einem Jahr. Ein besonders schwerer Fall liegt in der Regel vor, wenn der Täter **gewerbsmäßig** oder als **Mitglied einer Bande** handelt, die sich zur fortgesetzten Begehung einer Erpressung verbunden hat.

Definitionen

Begriff	Definition
Gewalt	Gewalt ist körperlich wirkender Zwang durch die Entfaltung von Kraft oder durch sonstige physische Einwirkung, die nach ihrer Intensität und Wirkungsweise dazu geeignet ist, die freie Willensentschließung oder Willensbetätigung eines anderen zu beeinträchtigen. (str.) *§ 17 Rn. 4*
Drohung	Drohung ist die Ankündigung eines Übels, dessen Eintritt der Täter als von seinem Willen abhängig darstellt. *§ 17 Rn. 6*
Übel	Jeder Nachteil, der fallweise geeignet ist, das Opfer psychisch zu lenken. (str.) *§ 17 Rn. 7*
empfindlich	Das Übel ist insbesondere dann nicht empfindlich, wenn von dem Betroffenen unter den gegebenen Umständen erwartet werden kann und muss, dass er der Bedrohung in besonnener Selbstbehauptung standhält. (str.) *§ 17 Rn. 17*
Vermögensverfügung	Eine Vermögensverfügung setzt zumindest voraus, dass das Verhalten des Genötigten willensgetragen ist und seiner Entscheidung unterliegt. (str.) *§ 17 Rn. 22*
Vermögensnachteil	Siehe Vermögensschaden bei § 263. *§ 27 Rn. 59 ff.*
Bereicherung	Jede günstigere Gestaltung der Vermögenslage durch Zugewinn oder Abwendung eines Verlustes. *§ 17 Rn. 49*
Absicht	Ein finaler Wille, der auf den Erhalt der Bereicherung gerichtet sein muss. *§ 17 Rn. 50*
Verwerflichkeit	Die sozialethische Missbilligung des für den erstrebten Zweck angewandten Mittels. (str.) *§ 17 Rn. 52*
gewerbsmäßig	Siehe § 243. *§ 3 Rn. 24 ff.*
Mitglied einer Bande	Siehe § 244. *§ 4 Rn. 29 ff.*

§ 255

Wird die Erpressung durch Gewalt gegen eine Person oder unter Anwendung von Drohungen mit gegenwärtiger Gefahr für Leib oder Leben begangen, so ist der Täter gleich einem Räuber zu bestrafen.

Siehe Definitionen bei § 253

§ 257

(1) Wer einem anderen, der eine rechtswidrige Tat begangen hat, in der Absicht **Hilfe leistet**, ihm die Vorteile der Tat zu sichern, wird mit Freiheitsstrafe bis zu fünf Jahren oder mit Geldstrafe bestraft.

(2) Die Strafe darf nicht schwerer sein als die für die Vortat angedrohte Strafe.

(3) Wegen Begünstigung wird nicht bestraft, wer wegen Beteiligung an der Vortat strafbar ist. Dies gilt nicht für denjenigen, der einen an der Vortat Unbeteiligten zur Begünstigung anstiftet.

(4) Die Begünstigung wird nur auf Antrag, mit Ermächtigung oder auf Strafverlangen verfolgt, wenn der Begünstigte als Täter oder Teilnehmer der Vortat nur auf Antrag, mit Ermächtigung oder auf Strafverlangen verfolgt werden könnte. § 248a gilt sinngemäß.

Definitionen

Begriff	Definition
Hilfe leisten	Hilfeleisten ist nach hM die objektive Förderung der Chancen des Vortäters, dass ihm Tatvorteile nicht zugunsten des Verletzten entzogen werden, wobei kein Sicherungserfolg einzutreten braucht. (str.) *§ 47 Rn. 6*

§ 259

(1) Wer eine Sache, die ein anderer gestohlen oder sonst durch eine gegen fremdes Vermögen gerichtete rechtswidrige Tat **erlangt hat, ankauft** oder sonst sich oder einem Dritten **verschafft**, sie **absetzt** oder **absetzen hilft**, um sich oder einen Dritten zu bereichern, wird mit Freiheitsstrafe bis zu fünf Jahren oder mit Geldstrafe bestraft.

(2) Die §§ 247 und 248a gelten sinngemäß.

(3) Der Versuch ist strafbar.

Begriff	Definition
erlangt	Erlangt ist eine Sache durch eine rechtswidrige Tat, wenn sie unmittelbar aus dieser stammt und der Vortäter an ihr eine rechtswidrige Besitzlage begründet hat. *§ 48 Rn. 6*
Verschaffen	Sich oder einem Dritten ist die Sache verschafft, wenn der Täter im Einverständnis mit dem Vorbesitzer die selbstständige Verfügungsgewalt über die Sache für sich oder einen (gut- wie bösgläubigen) Dritten tatsächlich begründet hat. *§ 48 Rn. 16*
Ankaufen	Das Ankaufen ist ein Unterfall des Verschaffens, sodass alle für das Verschaffen notwendigen Voraussetzungen erfüllt sein müssen. *§ 48 Rn. 21*
Absetzen	Absetzen ist die entgeltliche (hM; str.) wirtschaftliche Verwertung des Tatobjekts durch Übertragung der Verfügungsmacht auf einen Dritten im Einverständnis des Vorbesitzers durch den selbstständig (dh weisungsunabhängig) handelnden Täter, wobei ein Absatzerfolg eingetreten sein muss. *§ 48 Rn. 22 ff.*
Absatzhilfe	Absatzhilfe ist die unselbstständige Unterstützung des Vortäters beim Absetzen, die zu einem Absatzerfolg führt. *§ 48 Rn. 26*

§ 263

(1) Wer in der Absicht, sich oder einem Dritten einen rechtswidrigen Vermögensvorteil zu verschaffen, das **Vermögen** eines anderen dadurch **beschädigt**, daß er durch Vorspiegelung falscher oder durch Entstellung oder Unterdrückung wahrer **Tatsachen** einen **Irrtum erregt** oder unterhält, wird mit Freiheitsstrafe bis zu fünf Jahren oder mit Geldstrafe bestraft.

(2) Der Versuch ist strafbar.

(3) In besonders schweren Fällen ist die Strafe Freiheitsstrafe von sechs Monaten bis zu zehn Jahren. Ein besonders schwerer Fall liegt in der Regel vor, wenn der Täter

1. gewerbsmäßig oder als Mitglied einer Bande handelt, die sich zur fortgesetzten Begehung von Urkundenfälschung oder Betrug verbunden hat,

Definitionen

2. einen Vermögensverlust großen Ausmaßes herbeiführt oder in der Absicht handelt, durch die fortgesetzte Begehung von Betrug eine große Zahl von Menschen in die Gefahr des Verlustes von Vermögenswerten zu bringen,
3. eine andere Person in wirtschaftliche Not bringt,
4. seine Befugnisse oder seine Stellung als Amtsträger mißbraucht oder
5. einen Versicherungsfall vortäuscht, nachdem er oder ein anderer zu diesem Zweck eine Sache von bedeutendem Wert in Brand gesetzt oder durch eine Brandlegung ganz oder teilweise zerstört oder ein Schiff zum Sinken oder Stranden gebracht hat.

(4) § 243 Abs. 2 sowie die §§ 247 und 248a gelten entsprechend.

(5) Mit Freiheitsstrafe von einem Jahr bis zu zehn Jahren, in minder schweren Fällen mit Freiheitsstrafe von sechs Monaten bis zu fünf Jahren wird bestraft, wer den Betrug als Mitglied einer Bande, die sich zur fortgesetzten Begehung von Straftaten nach den §§ 263 bis 264 oder 267 bis 269 verbunden hat, gewerbsmäßig begeht.

(6) Das Gericht kann Führungsaufsicht anordnen (§ 68 Abs. 1).

(7) Die §§ 43a und 73d sind anzuwenden, wenn der Täter als Mitglied einer Bande handelt, die sich zur fortgesetzten Begehung von Straftaten nach den §§ 263 bis 264 oder 267 bis 269 verbunden hat. § 73d ist auch dann anzuwenden, wenn der Täter gewerbsmäßig handelt.

Begriff	Definition
Täuschung	Eine Täuschung ist eine Irreführung durch eine ausdrückliche oder konkludente Fehlinformation oder das pflichtwidrige Unterlassen der Aufklärung durch eine zutreffende Information über Tatsachen. *§ 27 Rn. 11*
konkludente Täuschung	Konkludent erklärt wird eine Information, die mittelbar aus dem ausdrücklich formulierten Inhalt einer Tatsachenbehauptung erschlossen wird (sog. schlüssiges Miterklären). *§ 27 Rn. 14*
Tatsachen	Tatsachen sind alle vergangenen und gegenwärtigen Sachverhalte (Ereignisse, Zustände), die objektiv bestimmbar und dem Beweis zugänglich sind. *§ 27 Rn. 4*
Irrtum	Unter einem Irrtum ist jede positive Fehlvorstellung zu verstehen. (hM; str.) *§ 27 Rn. 33*
Erregen	Ein Irrtum wird erregt, wenn eine (zuvor nicht bestehende) Fehlvorstellung durch Einflussnahme auf den Getäuschten (mit-)bewirkt wird. *§ 27 Rn. 37*
Vermögensverfügung	Als Vermögensverfügung ist jedes Verhalten (Tun oder Unterlassen) anzusehen, das unmittelbar zu einer Vermögensminderung führt. *§ 27 Rn. 42*
Vermögensminderung	Unter einer Vermögensminderung ist jede Einbuße eines Vermögensgegenstandes zu verstehen. *§ 27 Rn. 43*
Unmittelbarkeit	Unmittelbarkeit ist gegeben, wenn die Vermögensminderung vom Getäuschten selbst oder einem für ihn handelnden Dritten und nicht vom Täter oder einem für diesen handelnden Dritten vorgenommen wird. *§ 27 Rn. 45*

Definitionen

Begriff	Definition
Vermögen	Unter Vermögen ist die Summe aller Güter mit Marktwert, die einer Person in rechtlich schutzwürdiger Weise zugeordnet sind, zu verstehen (sog. juristisch-ökonomischer Vermögensbegriff). (hL; str.) *§ 26 Rn. 16*
Vermögensschaden	Unter einem Vermögensschaden ist eine nicht durch ein Äquivalent kompensierte Vermögensminderung zu verstehen. *§ 27 Rn. 59*
Stoffgleichheit	Stoffgleichheit ist gegeben, wenn der erstrebte Vorteil die Kehrseite der durch die Verfügung bedingten Vermögensminderung ist. *§ 27 Rn. 82*

§ 263a

(1) Wer in der Absicht, sich oder einem Dritten einen rechtswidrigen Vermögensvorteil zu verschaffen, das Vermögen eines anderen dadurch beschädigt, daß er das **Ergebnis** eines **Datenverarbeitung**svorgangs durch **unrichtige Gestaltung** des **Programms**, durch **Verwendung unrichtiger** oder **unvollständiger Daten**, durch **unbefugte Verwendung** von Daten oder sonst durch **unbefugte Einwirkung** auf den Ablauf **beeinflusst**, wird mit Freiheitsstrafe bis zu fünf Jahren oder mit Geldstrafe bestraft.

(2) § 263 Abs. 2 bis 7 gilt entsprechend.

(3) Wer eine Straftat nach Absatz 1 vorbereitet, indem er Computerprogramme, deren Zweck die Begehung einer solchen Tat ist, herstellt, sich oder einem anderen verschafft, feilhält, verwahrt oder einem anderen überlässt, wird mit Freiheitsstrafe bis zu drei Jahren oder mit Geldstrafe bestraft.

(4) In den Fällen des Absatzes 3 gilt § 149 Abs. 2 und 3 entsprechend.

Begriff	Definition
Daten	Daten sind codierte Informationen, die aufgrund einer (semantischen) Konvention durch Zeichen oder Funktionen (syntaktisch) dargestellt werden. *§ 28 Rn. 8*
Datenverarbeitung	Als Datenverarbeitung sind alle technischen Vorgänge anzusehen, bei denen durch Aufnahme von Daten und ihre Verknüpfung nach Programmen Arbeitsergebnisse erzielt werden. *§ 28 Rn. 9*
Programm	Ein Programm ist die in Form von Daten fixierte Steuerung der einzelnen Ablaufschritte der Datenverarbeitung. *§ 28 Rn. 10*
Gestaltung	Gestaltet werden kann ein Programm sowohl durch seine Konzeption als auch durch nachträgliche Veränderung (Löschen, Hinzufügen, Überlagern) einzelner Ablaufschritte. *§ 28 Rn. 11*
unrichtig (Programm)	Das Programm ist unrichtig, wenn es vom Willen des Vermögensinhabers, der die Datenverarbeitung betreibt oder betreiben lässt, unbefugt abweicht (str.). *§ 28 Rn. 12*
Verwendung	Daten werden verwendet, wenn sie in einen (beginnenden oder bereits laufenden) Datenverarbeitungsprozess eingegeben werden (sog. Inputmanipulationen). (hM; str. für Abs. 1 Alt. 3) *§ 28 Rn. 15, 20*
unrichtig (Daten)	Daten sind unrichtig, wenn die in ihnen codierte tatsächliche Information nicht der Wirklichkeit entspricht. *§ 28 Rn. 16*

Definitionen

Begriff	Definition
unvollständig (Daten)	Daten sind unvollständig, wenn die Tatsachen, über die sie in codierter Weise Informationen vermitteln, nicht (in dem für den Zweck der Datenverarbeitung maßgeblichen Umfang) hinreichend erkennbar sind. § 28 Rn. 16
unbefugt	Eine Verwendung von Daten ist unbefugt, wenn diese gegen den Willen des Berechtigten erfolgt, nach hM wenn im Falle einer Verwendung gegenüber einer Person eine ausdrückliche oder konkludente Täuschung bzw. eine Täuschung durch Unterlassen einer Aufklärungspflicht vorliegen würde (sog. täuschungsäquivalente Auslegung). (str.) § 28 Rn. 23, 25
unbefugte Einwirkung	Als unbefugte Einwirkung sind alle Eingriffe zu verstehen, infolge derer die Informationsverarbeitung inhaltlich in einer dem Willen des Berechtigten zuwiderlaufenden Weise beeinflusst wird (str., nach hM bei einer täuschungsäquivalenten Einwirkung). § 28 Rn. 27
Beeinflussung des Ergebnisses	Das Ergebnis eines Datenverarbeitungsvorgangs ist beeinflusst, wenn es von dem Resultat abweicht, das bei einem ordnungsgemäßen Ablauf des Computers erzielt worden wäre. § 28 Rn. 29

§ 265a

(1) Wer die Leistung eines **Automaten** oder eines öffentlichen Zwecken dienenden Telekommunikationsnetzes, die Beförderung durch ein Verkehrsmittel oder den Zutritt zu einer Veranstaltung oder einer Einrichtung in der Absicht **erschleicht**, das Entgelt nicht zu entrichten, wird mit Freiheitsstrafe bis zu einem Jahr oder mit Geldstrafe bestraft, wenn die Tat nicht in anderen Vorschriften mit schwererer Strafe bedroht ist.

(2) Der Versuch ist strafbar.

(3) Die §§ 247 und 248a gelten entsprechend.

Begriff	Definition
Automat	Automaten sind Geräte, die selbsttätig aufgrund eines (mechanischen oder elektronischen) Steuerungssystems Funktionen erfüllen. § 33 Rn. 3
Erschleichen	Erschleichen ist das Erlangen einer Leistung unter Überwindung oder Umgehung einer den entgegenstehenden Willen des Leistenden sichernden Vorkehrung. § 33 Rn. 10

§ 266

(1) Wer die ihm durch Gesetz, behördlichen Auftrag oder Rechtsgeschäft eingeräumte Befugnis, über fremdes Vermögen zu verfügen oder einen anderen zu verpflichten, mißbraucht oder die ihm kraft Gesetzes, behördlichen Auftrags, Rechtsgeschäfts oder eines Treueverhältnisses obliegende Pflicht, fremde Vermögensinteressen wahrzunehmen, verletzt und dadurch dem, dessen Vermögensinteressen er zu betreuen hat, Nachteil zufügt, wird mit Freiheitsstrafe bis zu fünf Jahren oder mit Geldstrafe bestraft.

(2) § 243 Abs. 2 und die §§ 247, 248a und 263 Abs. 3 gelten entsprechend.

Definitionen

Begriff	Definition
Missbrauch	Missbrauch ist das Überschreiten des rechtlichen Dürfens im Rahmen des rechtlichen Könnens. § 35 Rn. 11
Vermögensbetreuungspflicht	Die Vermögensbetreuungspflicht hat als Hauptpflicht eine durch Eigenverantwortlichkeit und Selbstständigkeit geprägte Geschäftsbesorgung für einen anderen in einer nicht ganz unbedeutenden Angelegenheit zum Gegenstand. § 35 Rn. 29

§ 266b

(1) Wer die ihm durch die Überlassung einer Scheckkarte oder einer Kreditkarte eingeräumte Möglichkeit, den Aussteller zu einer Zahlung zu veranlassen, mißbraucht und diesen dadurch schädigt, wird mit Freiheitsstrafe bis zu drei Jahren oder mit Geldstrafe bestraft.

(2) § 248a gilt entsprechend.

Begriff	Definition
Missbrauch	Missbrauch ist die Ausnutzung der Möglichkeit, den Aussteller zu einer Zahlung zu veranlassen, ohne dass die Voraussetzungen hierfür im Innenverhältnis erfüllt sind. § 37 Rn. 14

§ 290

Öffentliche **Pfandleiher**, welche die von ihnen in Pfand genommenen Gegenstände **unbefugt in Gebrauch nehmen**, werden mit Freiheitsstrafe bis zu einem Jahr oder mit Geldstrafe bestraft.

Begriff	Definition
Pfandleiher	Pfandleiher ist der Betreiber eines Pfandleihgeschäfts. § 9 Rn. 14
Ingebrauchnahme	Ingebrauchnahme ist jede Nutzung des Pfandgegenstands, die über dessen bloße Verwahrung hinausgeht. § 9 Rn. 14
unbefugt	Die Ingebrauchnahme ist unbefugt, wenn sie ohne Einwilligung des Verpfänders erfolgt. § 9 Rn. 14

§ 303

(1) Wer rechtswidrig eine **fremde Sache beschädigt** oder **zerstört**, wird mit Freiheitsstrafe bis zu zwei Jahren oder mit Geldstrafe bestraft.

(2) Ebenso wird bestraft, wer unbefugt das **Erscheinungsbild** einer fremden Sache **nicht nur unerheblich** und **nicht nur vorübergehend verändert**.

(3) Der Versuch ist strafbar.

Definitionen

Begriff	Definition
Sache	Sachen sind körperliche Gegenstände unabhängig von ihrem Aggregatzustand iSv § 90 BGB. *§ 20 Rn. 6*
fremd	Eine Sache ist im Einklang mit den zivilrechtlichen Regeln fremd, wenn sie verkehrsfähig ist und zumindest auch im Eigentum eines anderen steht. *§ 20 Rn. 7*
beschädigen	Eine Sache wird beschädigt, wenn durch eine nicht unerhebliche körperliche Einwirkung auf die Sache ihre stoffliche Zusammensetzung verändert (Substanzverletzung) oder ihre Brauchbarkeit gemindert (Funktionsbeeinträchtigung) wird (hM, str.). *§ 20 Rn. 9*
zerstören	Eine Sache ist zerstört, wenn sie aufgrund der erfolgten Einwirkung vollständig vernichtet oder unbrauchbar geworden ist. *§ 20 Rn. 12*
nicht nur unerhebliche/vorübergehende Veränderung des Erscheinungsbildes	Nicht nur unerheblich sind regelmäßig solche Veränderungen, bei denen unmittelbar auf die Substanz der Sache selbst eingewirkt wird, wie dies namentlich bei Graffiti der Fall ist; nicht nur vorübergehend ist die Veränderung regelmäßig, wenn sie nicht mühelos mit einfachen Hausmitteln beseitigt werden kann, ohne dass dadurch weitere Beeinträchtigungen entstehen. *§ 20 Rn. 18 f.*

§ 316a

(1) Wer zur Begehung eines Raubes (§§ 249 oder 250), eines räuberischen Diebstahls (§ 252) oder einer räuberischen Erpressung (§ 255) einen **Angriff** auf Leib oder Leben oder die Entschlussfreiheit des **Führers eines Kraftfahrzeugs** oder eines **Mitfahrers** verübt und dabei die **besonderen Verhältnisse des Straßenverkehrs ausnutzt**, wird mit Freiheitsstrafe nicht unter fünf Jahren bestraft.

(2) In minder schweren Fällen ist die Strafe Freiheitsstrafe von einem Jahr bis zu zehn Jahren.

(3) Verursacht der Täter durch die Tat wenigstens leichtfertig den Tod eines anderen Menschen, so ist die Strafe lebenslange Freiheitsstrafe oder Freiheitsstrafe nicht unter zehn Jahren.

Begriff	Definition
Angriff	Ein Angriff ist ein auf die Verletzung der Güter Leib, Leben oder Entschlussfreiheit bezogenes Verhalten. *§ 19 Rn. 3*
Kraftfahrzeuge	Kraftfahrzeuge sind alle mit Maschinenkraft bewegten Fahrzeuge, soweit sie nicht an Bahngleise gebunden sind. *§ 19 Rn. 6*
Führer eines Kraftfahrzeuges	Führer eines Kraftfahrzeugs ist derjenige, der die mit dem Betrieb des Fahrzeugs verbundenen Verkehrsvorgänge bewältigt. *§ 19 Rn. 6*
Mitfahrer	Mitfahrer ist jeder, der (mit seinem oder gegen seinen Willen) mit dem Kraftfahrzeug befördert wird. *§ 19 Rn. 6*
Ausnutzen der besonderen Verhältnisse des Straßenverkehrs	Die besonderen Verhältnisse des Straßenverkehrs werden ausgenutzt, wenn das Gelingen des Angriffs dadurch gefördert wird, dass die Abwehrmöglichkeiten des Opfers durch dessen (aktive oder passive) Teilnahme am Straßenverkehr verringert sind. *§ 19 Rn. 8*

Stichwortverzeichnis

Die Angaben verweisen auf die Paragrafen des Buches (**fette Zahlen**) sowie die Randnummern innerhalb der einzelnen Paragrafen (magere Zahlen).
Beispiel: § 9 Rn. 10 = **9** 10

Abgenötigtes Verhalten und Pfandkehr **10** 14
Abrechnungsbetrug **27** 103
Absatzerfolg **48** 25
Absetzen **48** 14 f., 22 ff.
Absetzen helfen **48** 14 f., 26 ff.
Absicht
– bei räuberischem Überfall **19** 14
– der Bereicherung **48** 29
– der Vereitelung der Befriedigung des Gläubigers **38** 10
– der Vorteilssicherung **47** 1, 12, 23
– der Vorteilsverschaffung **27** 78 ff.
– rechtswidrige, bei der Pfandkehr **10** 10
– rechtswidrige Schädigung **8** 11
– überschießende Innentendenz **13** 20, **17** 47, **19** 12
Absichtslos doloses Werkzeug **2** 115
Absprache, rechtswidrige **45** 6
Additionsklausel **44** 17 f.
Affektionsinteresse **3** 44, **7** 11
Aggregatzustand
– von Sachen **20** 6
– von Sachen **2** 9
– von Tatmitteln **4** 6, 22
Akzessorietät **3** 62 f., **4** 39 f.
Amtsträger **3** 3, **4** 19, **27** 92, **29** 14, 22 f.
Amtsunterschlagung **6** 53 f.
Aneignungsrecht **2** 25, 73, **6** 9, **11** 1, 17, 27, 41, **20** 14
Angabe **29** 8, 12 f., **30** 3
Angehörige **7** 3 f., **47** 16
– der Heilberufe **46** 35
Angreifer **19** 7
Angriff auf Leib, Leben und Entschlussfreiheit **19** 2 ff.
Ankaufen **48** 14 f., 21
Annehmen eines Vorteils **46** 19 f.
Anschlussdelikt **47** 2, **48** 7, 35
Arbeitgeber **36** 2 f., 8 f.
Arbeitsentgelt, Vorenthalten v. **36** 1 ff.
Arbeitskraft **26** 22

Arbeitsmittel, technische **23** 2
Auf frischer Tat **16** 10 ff.
Ausbeutung **44** 2 f., 10
Ausnutzung **3** 37 ff., **44** 2, 10
Ausschreibung **26** 10, **27** 19, 99, **45** 3 f.
Ausspielung **43** 13 ff.
Ausweis **2** 97, **3** 15, **33** 14, 16
Bande **4** 29 ff., **5** 1 f., 4, **14** 10, **17** 58, **28** 38
– Mitglied einer **4** 30 ff., **5** 2, **14** 10, 12, **17** 58, **27** 89, **29** 25, **43** 9, **48** 33, **49** 21
Bandendiebstahl **4** 29 ff.
– schwerer **5** 1 ff.
Bandenhehlerei **48** 33
Bandenmäßige Tatausführung **4** 34 ff., **5** 2, **14** 10, 12
Bandenraub **14** 12
Bankautomat **2** 96, **3** 22, **6** 55
Bankautomatenmissbrauch **28** 41 ff., **37** 10 ff.
Bankrott **39** 1 ff.
Bauwerk **3** 8, **22** 3 ff.
Beeinflussung der Datenverarbeitung **28** 5, **29** ff.
Beeinflussung eines Sportwettbewerbs
– regelwidrige **34** 10
– zugunsten des Wettbewerbsgegners **34** 9
Beendigung **2** 80, 119 ff., **13** 27, 32, **14** 17, **27** 87, **47** 22
Begleitschäden, Bedeutung für die Geringwertigkeit **7** 12
Begünstigung
– eines Gläubigers **41** 1 ff.
– eines Schuldners **42** 1 ff.
– von Angehörigen **47** 13
Behältnis **2** 52, 101, **3** 20, 22 f., 44
– verschlossenes **2** 36, **3** 23
Behörde **2** 32, **7** 13, 15, **20** 1, **21** 9, **25** 1, 8, **29** 9, 14, 18
Behördenakten, Wert **7** 13

Stichwortverzeichnis

Beihilfe 2 126 f., 3 62 f., **13** 32, **16** 18 f., **17** 61, **29** 6, **43** 2, **47** 6 ff., **48** 27 ff.

Beiseiteschaffen **32** 7 f., **38** 9, **39** 13

Beisichführen
- von (sonstigen) Werkzeugen 4 26 ff., 5 2, **14** 2
- von Waffen und gefährlichen Werkzeugen 4 14 ff., 5 2, **14** 11, 17

Beiträge des Arbeitnehmers **36** 5

„Benzindiebstahl" 2 46

Beobachtung beim Diebstahl 2 54

Bereicherung **17** 49, **27** 79 ff.
- Absicht der **17** 47 ff.
- und Zueignung 2 80 ff., 8 9
- Unrechtmäßigkeit der **17** 50 f.
- Vorteil **17** 49

Berufssportlicher Wettbewerb **34** 20 f.

Berufswaffenträger 4 19

Beschädigen 2 99 ff., 3 11, **10** 8, **11** 20, 29, **20** 9 ff., **21** 1, 11, **24** 5, **25** 6, **32** 4
- Abgrenzung zur Sachentziehung **20** 25 f.

Besitz
- als Zueignungsvoraussetzung 6 13 ff.
- Begriff 2 30, **16** 15
- Eigenbesitz 2 67, 88, 93, 110, 112 ff., 6 6 ff., 18, 22 ff., **11** 17, **16** 15, **27** 57, **48** 17
- Fremdbesitz 2 88, 108, 117, 6 18, 24, **32** ff., 53
- Gewahrsamswille 2 33, 40
- Herrschaftswille 2 28, 32, 34, 51
- juristischer Personen 2 32
- Mitbesitz 2 93, 6 45
- mittelbarer Besitz 2 93, 110, 6 13, 19 ff., **32** ff., **48** 6
- Recht zum Besitz 2 30, 6 19 ff., 9 6 ff., **10** 2 ff., 9, **27** 55
- unmittelbarer Besitz und Gewahrsam 2 30, 6 19 ff.
- verbotener Besitz 2 14

Besitzsicherungswille **16** 14 f.

Besonders gesicherte Sachen 3 18 ff.

Besonders schwerer Fall 3 1 ff., **11** 23 ff., **17** 58, **44** 20

Bestechlichkeit **46** 1 ff., 3 f., 14 ff.
- Gesundheitswesen **46** 12
- im Sport **34** 3, 4 ff., 19 ff.

Bestechung **46** 1 ff., 7, 28 ff.
- Gesundheitswesen **46** 13

- im Sport **34** 3, 14 ff., 24 ff.

Beteiligung 2 124 ff., 3 62 f., 4 35, 37, 46, 6 60, 7 9, **13** 17, **30** ff., **14** 10, 19, **15** 11, **16** 18 ff., **17** 60 f., **19** 19, **28** 55, **30** 5 ff., **32** 11 ff., **42** 8, **47** 21 ff.
- am unerlaubten Glücksspiel **43** 11 f.

Betreffen **16** 3 ff.

Betreuer 7 3 f., **35** 9

Betrieb **20** 1, **21** 9, **25** 1 f., 8 f., **31** 2 ff., **35** 11 f.
- Geschäftlicher **46** 14
- Leistungen an -e **29** 7

Betrug **26** 1 ff., **27** 1 ff.
- Anstellungs- **27** 100 f.
- Computer- **28** 1 ff.
- Dieselskandal **27** 23
- Dreiecks- **17** 43, **27** 47 ff., 107, **28** 33
- Eingehungs- **27** 99 ff.
- Erfüllungs- **27** 102 ff.
- Forderungs- **27** 49 f., 53, 55, 82, 96
- Kapitalanlage- **30** 1 ff.
- Kredit- **31** 1 ff.
- Leistungs- **27** 98
- Provisionsvertreter- **27** 84
- Prozess- **27** 46, 107
- Sach- **27** 50, 52, 55 ff., 82
- Scheck- **27** 4
- Sicherungs- **27** 116
- Spenden- **27** 108 ff.
- Subventions- **29** 1 ff.
- verbotene Geschäfte **27** 111 ff.

Beutesicherung 2 121, 4 20, **13** 27, **14** 7, 17, **15** 5, **16** 2 f., 11, 14 ff., **18** f., **22** f.

Beweglich 2 2, 4, 11 f., 6 3, **10** 1 ff., **13** 8, **20** 5, **21** 4, **26** 1, **32** 3, **38** 6

Bilanz **30** 4, **31** 9, **39** 19, **40** 2

Blinder Passagier 9 4

Brauchbarkeitsbeeinträchtigung 2 100, **20** 11, 24, **27** ff., **32** 3 ff., **39** 13

Brücken **22** 3

Buchführung **31** 4, **35** 40, **39** 4, **16** f., **40** 1 f.

Chantage **17** 54 ff.

Codekarte 2 96, 3 14, 6 55, **28** 16, **41** ff., **37** 10 ff.

Computersabotage
- Ransomware **25** 4

Containern 2 18, 73

Stichwortverzeichnis

Corona-Soforthilfe
– subventionserhebliche 29 10 f.
Dämme 22 4
Daten 2 10, 20 2, 36, 24 1 ff., 25 1, 3, 5 ff., 28 4, 8 ff., 15 ff., 21 ff., 43 ff., 33 7
– Löschen von 24 5, 25 5
– Schadsoftware 24 6
– unbrauchbar machen von 24 2, 4, 7, 25 5 f., 8
– Unterdrücken von 24 6, 25 5, 28 16
– Verändern von 24 4, 8, 25 5 f.
– Verwenden von 28 15, 19 ff.
Datenträger 2 10, 20 36, 24 5 f., 14, 25 6
Datenverarbeitung 2 10, 20 2, 36, 25 1 ff., 7, 28 1, 4 ff., 9, 20, 23, 25, 29, 55
– Störung der 25 2, 7
Denkmal 21 6 f.
Dereliktion 2 18
Diebesfalle 2 47 ff.
Diebstahl 2 1 ff.
Dienstleistung 46 4 f., 8, 9
Dienstraum 3 9
Dietrich 3 15
Drittzueignung
– Abgrenzung zur Selbstzueignung 2 66, 112 f., 6 6
– Beteiligung 2 124, 13 30
– durch Unterlassen 2 125
– Hehlerei 48 8, 17
– Konstellationen 2 114 ff., 6 29 ff.
– Mehrpersonenverhältnisse 2 118
– Voraussetzungen 2 110 ff., 6 8 f., 8 9, 11 17
Drohung 4 21, 25, 13 6 f., 14 11, 15 3, 16 12, 17 6 ff., 53 ff., 18 2, 10 ff., 19 5
– Finalzusammenhang 13 22
– Mehrpersonenverhältnisse 13 17 ff., 18 4 f.
– mit Unterlassen 13 6, 17 14 ff.
Eigenmacht, verbotene 2 121
Eigentum 1 4, 7, 2 1, 4 f., 13 ff., 6 1, 6, 9, 55, 57, 7 6, 8 5, 9 1, 10 1, 12, 11 13, 17, 37, 41, 12 1 ff., 20 3 ff., 23 1, 26 11, 19, 47 8
Eigentumsdelikte 1 4, 2 1 f., 5, 11 17, 37 ff., 12 1, 20 3 f.
Eigentumstheorie 2 82

Eigentumsvorbehalt 2 22, 6 45, 9 1, 10 6, 26 20, 41 7
Einbrechen 3 5, 11, 17, 4 41 ff.
Eindringen 3 12 ff., 45, 4 42
Einheit von Sachen
– ästhetische 20 6
– funktionale 20 6
Einsteigen 3 12, 17
Einverständnis 2 44 ff., 72, 3 13, 6 34, 45, 9 5 ff., 10 10, 12, 13 9, 27 45, 54, 35 41, 48 16, 22
– bedingtes 2 45, 46
– hypothetisches 35 15
– mutmaßliches 35 15
Einwilligung 8 10, 11 6, 11, 35, 43, 27 115, 42 1, 4 f., 47 1
– bei der Sachbeschädigung 20 14, 32
– des Unternehmens 46 5, 9, 26
– in Bezug auf Daten 24 9
– mutmaßliche 20 32
Eisenbahn 3 7, 21 9, 22 4, 33 8
Elektrische Anlage 8 4
Elektrische Einrichtung 8 4
Elektrische Energie 8 3
Elektrischer Leiter, nicht ordnungsgemäßer 8 6 f.
Enteignungsrecht qua Einziehung 2 73
Entgeltlichkeit 33 2 f., 13
Entziehen elektrischer Energie 8 5
Erfolgsdelikt 20 8, 39 21
– kupiertes 2 77, 80
Erfolgsqualifikation
– Rücktritt 15 9
– Versuch 15 9
Erfolgsqualifiziertes Delikt 14 9, 15 1 f., 4, 19 17
– Versuch 15 8 f.
Erlangen 2 81 ff., 27 84, 33 2, 6, 10, 16, 49 18
– durch die Vortat 48 3 ff.
Erlegen des Wildes 11 14 f., 27 f., 43
Erpressung 1 4, 8, 12 1 ff., 17 1 ff., 18 1 ff., 19 1, 14, 26 13, 35 1
– Dreieckserpressung 17 42 ff.
– Sukzessive Tatausführung 17 62
– Verhältnis zum Betrug 17 43, 65
– Verhältnis zum Diebstahl 17 21
– Verhältnis zum Raub 17 63, 18 1, 5 ff.
– Verhältnis zur Nötigung 17 64

Stichwortverzeichnis

Erschleichen
- einer Stellung 27 101
- von Leistungen 33 1 ff.

Exspektanz 26 10, 16, 24, 27 98

Fahrrad 9 2 f., 20 11, 48 2

Fahrradschloss 3 20

Fehlüberweisung 27 20

Fischen 11 28

Fischereirecht 11 2, 27 ff., 34 f.

Fordern eines Vorteils 46 16 f., 20

Freiheit, persönliche 1 2 f., 12 3, 17 1, 18 9

Fremd
- Betriebe 25 1, 8
- Daten 24 9 f.
- elektrische Energie 8 2 f.
- Jagdbefugnis 11 4 ff.
- Sache 2 7 ff., 6 5, 11 13, 41, 20 5, 7, 22 2

Führer eines Kraftfahrzeugs 19 6

Fundunterschlagung 6 21

Furtum usus 1 8, 2 104 ff., 9 1, 18 13 f.

Garantenpflicht 13 26, 17 46, 27 29, 48 14

Garantenstellung 6 19, 13 23, 27 4, 25, 35 50, 38 2, 39 4, 47 4

Gattungsanspruch 2 75 f.

Gattungssache 6 27, 48 8

Gattungsschuld 2 75

Gebäude 3 8 ff., 17, 22 3

Gebrauchsrecht 9 6, 10 1, 6
- angemaßtes 2 109

Gefahr
- abstrakte 4 2, 10, 13, 19
- gemeine 3 40
- konkrete 14 4, 9, 14
- tatbestandsspezifische 15 4 f.

Gefährdungsdelikt
- abstraktes 29 1, 30 1, 31 1, 32 1, 34 1, 39 3, 44 1, 45 1, 46 1, 47 1

Gefährlicher Raub 14 3 ff.
- lebensgefährlicher Raub 14 14

Gefährliches Werkzeug 4 5 ff.

Gegenleistung 17 35 f., 27 4, 61, 63, 66 f., 72, 99, 102 f., 106, 113, 29 5, 33 2 f., 10, 44 3, 10 f., 15, 46 21, 49 14

Geldwäsche 49 1 ff.
- Bitcoin 49 2
- Gegenstand 49 2
- verpflichtete Person 49 20

Geringwertigkeit 3 43 ff., 5 2, 7 11 ff., 47 17
- bei Sachen von objektiv-ideeller Bedeutung 7 13

Gesamtsaldierung 27 64
- Unmittelbarkeit 35 44

Geschäftsherrenmodell 46 1, 24

Geschäftsraum 3 9

Gewähren
- Austausch von Leistungen 44 3, 10
- einer Befriedigung 41 4 f.
- von Vorteilen 34 15, 46 30

Gewahrsam
- Begriff 2 28 ff., 7 6 f.
- Begründung 2 31 ff., 13 8
- Bruch 2 43 ff., 3 21, 9 4 ff., 13 8 f.
- Bruch bei Pfandkehr 10 9
- -senklave 2 52

Gewahrsamsdiener 2 57 ff., 3 37, 17 43

Gewalt 2 121, 3 17, 4 12, 21, 13 3 f., 22 ff., 14 11, 15 3, 7, 16 12, 17 3 ff., 21, 24 f., 27 ff., 18 2 f., 10 f., 19 5, 26 13, 27 44
- Angriff 13 5, 19 3 f.
- durch Unterlassen 13 23 ff.
- gegenüber Kindern, Schlafenden und Bewusstlosen 13 16
- -monopol 16 10

Gewerbsmäßig 3 24 ff., 62 f., 5 4, 11 24, 17 58, 27 89, 28 38, 43 9, 44 20, 48 33

Gewerbsmäßigkeit 48 33

Gewinnsucht 20 4, 36 12, 39 30

Gewohnheitsmäßig 11 24

Gläubiger
- Abwehrrechte gegen den 2 74, 39 19
- -begünstigung 41 1 ff.
- -gesamtheit 42 6
- -gewahrsam 10 9
- im Insolvenzverfahren 41 3, 7, 42 2
- -schutz 39 1, 3, 12, 42 1
- -vermögen 40 1
- Vollstreckungsvereitelung 38 1, 5

Glücksspiel 17 53, 43 1 ff.
- Beteiligung am 43 11 f.
- Erlaubnis zum 43 6, 14
- öffentliches 43 5, 14

484

Stichwortverzeichnis

- Veranstalten eines 43 7
- Grabmal 21 5
- Graffiti 20 16 ff., 22
- Greenwashing 27 9, 30 3
- Gutglaubenserwerb 27 51, 97, 35 12, 48 5 f., 20, 49 7 ff., 18
- Gutglaubensregeln 27 51, 53
- Gutgläubigkeit 2 115, 4 16, 6 1, 29, 11 13, 19, 27 35, 46, 51, 53, 28 55, 32 15, 46 19
- Handelsbücher 39 17
- Häusliche Gemeinschaft 7 3 f.
- Haus- und Familiendiebstahl 7 1 ff.
- Hehlerei 48 1 ff.
  - Banden- 48 33
  - Ersatz- 48 6
  - gewerbsmäßige 48 33
  - gewerbsmäßige Banden- 48 33
- Hilflosigkeit 2 34, 3 38, 41
  - Ausnutzen 3 41
- Ignorantia facti 27 33
- Ingebrauchnahme eines Fahrzeugs 2 108, 9 2, 4
- Inhabermarken 2 94
- Insolvenz
  - Begriff des -strafrechts 39 1
  - -delikte 39 1 f., 42 1
  - Eröffnung des -verfahrens 39 13, 28
  - -masse 39 3, 12, 41 1, 3, 7, 42 1 f.
  - -verwalter 35 9, 39 2, 13, 20, 42 1
- Integrität des Sports 34 1
- Interessentheorie 39 5
- Irrtum
  - beim Betrug 27 31 ff.
  - Kontaktloses Zahlen 27 41
- Jagdbefugnis 11 4 ff., 12
- Jagdbezirk 11 5, 8 ff.
- Jagd in unweidmännischer Weise 11 25
- Jagdschein 11 7
- Jagdwilderei 11 3 ff.
  - und Hehlerei 11 36
- Juristische Person 17 19
- Kausalität
  - beim Betrug 27 75
- Kettenbrief 43 4
- Kirchendiebstahl 3 27 ff.

- Konkurrenzen 34 28
- Konnexe Leistung 17 54 ff.
- Körper/Körperteile
  - als Werkzeuge 4 6, 23
  - Sacheigenschaft/Fremdheit 2 23 ff.
- Korruption im Sport 34 2
- Kraftfahrzeug
  - Begriff 9 3, 19 6
  - der Polizei 23 3
- Kredit 31 3
  - -limit 6 55, 27 20, 28 43 ff., 37 7, 16
  - -verträge 27 68
  - -wucher 44 18
- Kreditkarte 27 97, 37 4, 6 ff.
  - Missbrauch 35 4, 37 1 ff.
  - Wert 7 13
- Kulturgüter 3 33 ff., 20 4, 21 8
- Kunstgegenstände 3 32, 34, 20 15, 21 8
- Legitimationspapiere 2 94
- Leichnam 2 25
- Leichtfertigkeit 15 7, 11, 39 24
- Leistungsautomaten 33 3, 5
- Leistungserschleichung 33 1 ff.
- Leistungswucher 44 3 ff.
- Lenkradschloss 3 20
- Love-Scam 27 109
- Lucrum
  - ex negotio cum re 2 84
  - ex re 2 84
- Manipulation
  - am Preisetikett 27 21
  - Input-, Output-, Programm- 28 4, 15
  - von Sportereignissen 27 19
  - von Stromzählern 8 7
  - von Warenautomaten 28 32
- Manipulation berufssportlicher Wettbewerbe 34 1 ff., 19 ff.
- Missbrauch
  - der Befugnis 35 11 ff.
  - von Scheck- und Kreditkarten 37 1 ff.
- Missbrauchstatbestand 35 3 ff., 7 ff.
- Missverhältnis
  - auffälliges 44 15 f., 19
  - von Leistung und Gegenleistung 44 3
- Miteigentümer 2 21, 7 6 f.
- Mitgewahrsam 27 57, 48 6
  - gleichrangiger 2 56
  - untergeordneter 2 57 ff.

Mitgliedschaft in einer Bande 4 30 ff., 5 2, 14 10
Mittelbare Täterschaft 17 29 ff., 28 55, 31 10
Motivbündel bei der Absicht 16 14
Nachstellen, dem Wilde 11 14 f., 22, 27 f.
Nachteilige Veränderung 20 9 ff.
Nachtzeit 11 25
Naturdenkmal 21 7
Nötigung 13 3 ff., 15 3 ff., 16 12, 17 3 ff., 18 2 f., 5 f., 10 ff., 48 4, 19, 36
Notrechte 16 10
Notstand 11 43, 17 11
Nutznießungsrecht 10 3

Öffentliche Gelder 35 45
Öffentlicher Betrieb 20 1
Öffentlicher Nahverkehr 33 8
Öffentlicher Nutzen 21 9
Omissio libera in causa 36 6
Organisierte Kriminalität 4 31, 5 1, 17 1, 43 2

Perpetuierungstheorie 48 19, 23
Persönliche Verhältnisse bei Haus- und Familiendiebstahl 7 1, 5 f.
Pfandgläubiger 6 23, 33 f., 10 5
Pfandkehr 10 1 ff., 17 21, 18 13
Pfandleiher 9 14
Pfandrecht 10 4
– besitzloses 10 9
– und Vermögen 26 19
Pfändungspfandrecht 10 5
Pflichtverletzung gegenüber dem Geschäftsherrn 46 25
Postpendenz 48 37

Raub 13 1 ff.
– Finalzusammenhang 13 20 ff., 29, 18 17
– Handtaschenraub 13 5
– Kausalzusammenhang 13 14
– Verhältnis zur Geiselnahme 13 35
– Verhältnis zur räuberischen Erpressung 18 1, 3, 5 ff.
Räuberische Erpressung 18 1 ff.
– Verhältnis zum Raub 18 1, 3, 5 ff.
Räuberischer Angriff auf Kraftfahrer 19 1 ff.

Räuberischer Diebstahl 16 1 ff.
Raub mit sonstigen Werkzeugen 14 2
Raub mit Todesfolge 15 1 ff.
Raub mit Waffen 14 2, 12 f.
Recht
– Begriff 1 2 f.
– höchstpersönliches 1 2
– übertragbares 1 3
Rechtsgut
– Begriff 1 1 ff.
Regelbeispiele 3 1 ff., 5 2, 11 1, 23 ff., 25 1, 27 88, 29 20, 34 18, 35 47, 39 30, 44 20, 46 40, 49 21
Reparaturen 20 30

Sachbeschädigung 20 1 ff.
– optische Zustandsveränderung 20 16 ff.
Sache 2 8 ff., 6 3 ff., 7 11, 8 1, 10 2, 13 1, 8, 17 5, 20 6 f.
– dem Gottesdienst gewidmete 3 30, 21 4
– dem Jagdrecht unterliegende 11 18 f.
– der religiösen Verehrung dienende 21 3
– gegen Diebstahl besonders gesicherte 3 18 ff.
– geringwertige 3 43 f., 46 ff., 7 10 ff.
– herrenlose 2 16 ff., 11 13, 21 1
– unpfändbare 10 4
– vergessene 2 41
– verlegte 2 39
– verlorene 2 40
– versteckte 2 42
Sachnutzentheorie 2 83
Sachwerttheorie 2 84
Saldierungsprinzip 27 63 ff.
Schadenseinschlag
– Dieselskandal 27 67
– individueller 27 63, 66 ff.
Schadenslehre
– juristische 27 60
– wirtschaftliche 17 35 f., 27 63 f., 72 f., 102, 110
Schädigungsabsicht 8 1, 8, 11
Scheck
– Bar- 27 97
– -formulare, Wert 7 13, 41 6
– -karten, Wert 7 13, 37 1 ff., 5, 12
– und Kredit 31 3
Scheinwaffe 4 25, 14 2

Stichwortverzeichnis

Schieds-, Wertungs-, Kampfrichter 34 5
Schiffe 3 7, 9 3, 22 5, 23 3
Schlüssel 3 14 f., 23
- Codekarte 37 11 f.
- elektrischer Schlüssel 28 24
- Entwidmung 3 14
- falscher 3 14 f.
- Nachschlüssel 3 5
Schonzeiten für das Wild 11 25
Schreckschusspistole 4 4
Schuldner 39 4, 41 3 f., 42 1 ff.
- -begünstigung 42 1 ff.
- -vermögen 38 1, 6
Schutzbereite Person 13 13, 18 f., 14 8, 16 9
Schutzvorrichtung 3 18 ff.
Schwere Misshandlung 14 13
Schwerer Bandendiebstahl 5 1 ff.
Schwerer Raub 14 1 ff.
Selbstbedienungsladen 2 38, 27 21
Selbstbegünstigung 47 4, 13 ff.
Selbstschädigungsdelikt 17 22, 29, 43
Selbstverantwortungsprinzip 17 17
Se ut dominum gerere 2 82
Sicherungsetiketten 2 55, 3 21
Sichgewährenlassen 44 13
Sich verschaffen 48 16 ff., 49 11
- einem Dritten verschaffen 48 16 ff.
Sichversprechenlassen 44 12, 46 18
Skimming 28 39
Sparbuch 2 95
Spekulationsgeschäft 30 5, 39 14
Speziesanspruch 2 74 f.
Sport
- eSport 34 6
- organisierter 34 6
Sportler 34 4
Sportwettbetrug 34 1 ff.
Sportwette
- öffentliche 34 11
- Vermögensvorteil 34 12
Stoffgleichheit 17 49, 27 82 f., 48 30
Strafantrag 4 1, 7 1 ff., 8 1, 9 1, 12, 10 1, 11 30 f., 17 10, 20 37, 21 1, 24 1, 25 1, 35 47, 37 1, 38 1, 45 9 f., 46 1, 47 16, 48 4
Strafantragsberechtigung 2 6, 7 6 f., 15

Strafmaß bei Sachbeschädigung 20 4
Straße 22 4
Straßenverkehr, besondere Verhältnisse 19 8 ff.
Tatbezogene Merkmale 3 63, 4 28, 40
Täterbezogene Merkmale 3 63, 4 40
Tätige Reue 46 23 f.
Tatsache 27 3 ff.
- Behauptung von -n 27 3 f., 6 ff.
- subventionserhebliche 29 8, 17 f.
- Verschweigen nachteiliger -n 30 3
- Vorspiegeln falscher -n 27 2 ff.
Täuschung 27 2, 30 3 ff.
- als unerlaubtes Risiko 27 24 ff.
- ausdrückliche 27 13
- durch Irreführung 27 12 ff.
- durch Unterlassen 27 25 ff.
- konkludente 27 14 ff.
Telekommunikation 33 7, 13
Tiere 2 9, 17, 11 13, 20 6
- Haustiere 2 36
Trainer 34 4
Treuebruchtatbestand 35 27 ff.
Treueverhältnis 6 44, 35 2, 28
Trickdiebstahl 27 45
Übel 13 6 f., 17 6 ff.
- Adressat 17 18, 42
- angekündigtes 17 6
- empfindliches 17 17
- erlaubtes Handeln 17 55
Übereignung
- bedingte 2 22
- und Rechtswidrigkeit 2 74 ff., 6 9, 20 14
Übereignungsanspruch, fälliger und einredefreier 2 71, 74 f., 6 9, 20 14
Überschuldung 35 18, 43, 39 9
Umschlossener Raum 3 6 f.
Unbefugter Gebrauch
- eines Kraftfahrzeugs 9 1 ff.
- von Pfandsachen 9 12 ff.
Unglücksfall 3 39
Unmittelbarkeit 15 6
- der Gefahrverursachung 14 6, 14
- der Vermögensverfügung 27 45
- des Vermögensschadens 28 32
- des Vermögensvorteils 27 82

- zwischen Nötigung und Wegnahme **13** 11
- zwischen Vermögensnachteil und erzwungenem Verhalten **17** 41

Unrechtsvereinbarung **34** 8 ff., 22 f., **46** 21, 24, 30

Unternehmensdelikt **11** 14, 22, 28, **17** 1

Unterschlagung **6** 1 ff.

Untreue **35** 1 ff.
- Schädigungsvorsatz **35** 46

Veranstaltung einer Lotterie **43** 13 ff.

Verbergen, Geldwäsche **49** 9

Verborgenhalten **3** 16

Vereinigungstheorie **2** 85

Vereitelungshandlungen, Geldwäsche **49** 10

Verfügungsbefugnis **27** 17, 55, **35** 9
- angemaßte **2** 1
- bei Daten **24** 9 f.
- Missbrauch **35** 49

Verfügungsgewalt **2** 89, 110, 116, **6** 29, **11** 17, **48** 16 ff.

Verfügungsmacht
- des Besitzers **2** 28, 50 f., 122
- des Eigentümers **2** 4, 65 f., **6** 13 f., 40, **17** 45, **26** 11
- staatliche **10** 5

Verheimlichen, Geldwäsche **49** 13

Verkehrsanschauung **2** 50 f., 122

Verkehrswert **3** 44, **7** 11, 13, **24** 1

Verletzung einer Rechtspflicht **17** 12

Vermieterpfandrecht **10** 4

Vermögen **1** 3 f., **11** 1, **12** 1 f., **17** 1, **19** 1, **26** 8 ff., **39** 13
- formeller Begriff **1** 4
- gesteigerter -sverlust **27** 90
- -slehren **26** 9 ff.
- -szuordnung **26** 18 ff.
- Verhältnis zum Eigentum **18** 15

Vermögensbegriff
- juristischer **26** 10 f.
- juristisch-ökonomischer **26** 16 f.
- personaler **26** 14 f.
- wirtschaftlicher **26** 12 f.

Vermögensbetreuungspflicht **35** 4, 6, 26 f., **28** ff., 40, 49, **37** 1, 8

Vermögensgefährdung **17** 40, **27** 97, 99, **28** 34, **35** 43, **37** 18

Vermögensminderung **17** 34, 36, 39, **26** 4, 11, 22, **27** 43 ff., 59 f., 96, 109 f., **28** 34, 35 19, **38** 8, **39** 14

Vermögensnachteil **17** 1 f., 32 ff., **27** 97, **35** 42 ff.
- Bezifferungsgebot **35** 43
- Verschleifungsverbot **35** 43

Vermögensschaden **17** 32 ff., **27** 59 ff., 102, **28** 3, 32, 34, **35** 42 ff., **37** 18

Vermögensverfügung **17** 20 ff., **27** 42
- Begriff **27** 42 ff.
- unbewusste **27** 44, 58

Vermögensvorteil **17** 49, 54, **26** 4, **27** 81 ff., **28** 35, **33** 2, **34** 1, **42** 6, **44** 10 f., **46** 1, **48** 29 ff.

Vernichtungswille **2** 18

Verpflichtungsbefugnis **35** 5 f., 9, 31

Verschleiern, Geldwäsche **49** 13

Versicherungsfall, Vortäuschen eines -s. **27** 93

Versicherungsmissbrauch **32** 1 ff.

Veruntreuung **6** 42 ff.
- von Arbeitsentgelt **36** 1 ff.

Verwahren, Geldwäsche **49** 12

Verwaltungsakzessorietät **43** 6

Verwenden, Geldwäsche **49** 12

Verwerflichkeit **17** 52

Verwertungsbefugnis **6** 9

Vis
- absoluta **13** 4, **17** 5, 22 f., 31
- compulsiva **13** 4, **17** 5, 22, 31

Vormundschaft **6** 45, **7** 3 f., **35** 28

Vorsatzwechsel **3** 49 ff., **7** 14

Vortat **16** 2, **27** 93
- bei Begünstigung **47** 2 ff., 8 f., 13 ff., 21 ff.
- bei Geldwäsche **49** 1
- bei Hehlerei **48** 3 ff., 35 ff.
- bei räuberischem Diebstahl **16** 2, 18

Vortat im Ausland
- bei Geldwäsche **49** 3 ff.

Vorteil **46** 20, **47** 2 f.
- -hafte Angaben **29** 8, 13

Waffen **1** 8, **3** 42, **4** 3 f., **11** 26, **13** 35, **14** 2 f., 11 f.

Wahlfeststellung **48** 37

Waren **45** 4

Warenautomaten **2** 45, **28** 9, **32**, **33** 4 f.

Stichwortverzeichnis

Wegnahme 1 8, 2 27 ff., 4 2, 20, 35 f., 10 8 f., 13 8 ff., 21 ff., 16 18, 17 28, 63, 18 13 ff.
- durch Unterlassen 2 61

Wegnahme am Geldautomaten 2 46

Wertpapiere 2 94, 30 2, 5, 39 15 f., 47 3

Werturteil 27 8 f.

Wettbewerb 45 1
- ausländischer 46 4, 8
- Bevorzugung im 46 22
- freier 34 1, 45 1, 46 1
- inländischer 46 4, 8

Wild 11 12 f.

Wohnung 2 29, 33, 36, 3 10, 41, 4 42, 10 8

Wucher 44 1 ff.
- Individual- 44 2
- Leistungs- 44 3 ff.
- Sozial- 44 2
- Vermittlungs- 44 4

Zahlungseinstellung 39 27

Zahlungsunfähigkeit 39 2, 6, 10 f., 21, 27, 41 2 f., 13, 42 3, 7

Zerstören 10 8, 11 20, 29, 20 4, 8, 12, 28, 21 11, 22 6, 23 5, 25 6, 32 4 f., 35 40, 38 9, 39 13, 18

Zueignung 2 64 ff., 6 6 ff., 9 14, 11 17, 36
- Aneignung 2 64 ff., 6 6

- durch Erklärungen 6 22
- durch Verfügungen 6 24 f.
- durch vertragliche Pflichtverletzungen 6 19
- Enteignung 2 64 ff., 89 f., 104 ff.
- Rechtswidrigkeit 2 71 ff., 8 10, 10 10
- Rückgabewille 2 87, 95, 107 f., 6 51
- Selbstzueignung 2 66, 84, 92, 110, 112 f., 6 6, 20 ff., 35, 37, 8 9, 48 17
- wiederholte 2 93, 127, 6 39 ff., 59

Zueignung durch Impfraser
- Rechtswidrigkeit 6 9 f.

Zueignungsabsicht 2 68 ff., 77 ff., 8 8 f., 13 1, 25, 30, 35, 16 18, 18 3
- Drittzueignungsabsicht 2 110 f., 8 9, 13 30

Zurückbehaltungsrecht 10 7, 41 5

Zusammenhang, örtlicher und zeitlicher 13 11

Zutritt 33 2, 9, 19

Zwangsvollstreckung
- drohende 38 2 ff., 4 f.
- Vereiteln der 38 8 f.

Zweckverfehlungslehre 17 34 ff., 27 61 ff., 66, 72 f., 76 f., 109 f., 35 45
- Verfassungsmäßigkeit 27 74